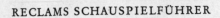

RECLAMS SCHAUSPIELFÜHRER

Reclams Schauspielführer

HERAUSGEGEBEN
VON OTTO C. A. ZUR NEDDEN
UND KARL H. RUPPEL

DREIZEHNTE AUFLAGE
MIT 32 BILDTAFELN

PHILIPP RECLAM JUN. STUTTGART

Universal-Bibliothek Nr. 7817
Alle Rechte einschließlich derer der Mikrofotografie und der
Übersetzung in fremde Sprachen vorbehalten. © Philipp Reclam
jun. Stuttgart 1969. Schrift: Linotype Garamond-Antiqua. Prin-
ted in Germany 1976. Herstellung: Reclam Stuttgart
ISBN 3-15-007817-2

Zur 11. Auflage

Zweieinhalb Jahrtausende dramatischer Kunst faßt »Reclams Schauspielführer« in Darstellung des Inhalts der Werke, in knappen literatur- und theatergeschichtlichen Charakteristiken, in geistiger Deutung und kurzen Überblicken auf Leben und Schaffen der Autoren zusammen. Die Entwicklung dieser Dichtungsgattung von Aischylos und Sophokles bis zu den neuesten Bühnenwerken soll dem Leser nahegebracht werden.

Das Handbuch verfolgt in erster Linie praktische Zwecke: es will das heute lebendige Theater der verschiedenen Kulturvölker einem größeren Kreis erschließen. Als »lebendig« verstehen wir die großen Dramen der Weltliteratur und die Stücke von literarischer Bedeutung, die heute auf unseren Bühnen häufig gespielt werden.

Der »Schauspielführer« gliedert sich in drei Teile. Der erste behandelt die Dramen von Aischylos bis etwa 1900 (Ibsen, Björnson, Tolstoi, Tschechow). Er wurde von *Otto C. A. zur Nedden* bearbeitet, über die russischen Dramatiker des 19. Jahrhunderts schrieb *Johannes von Guenther*, über das österreichische Volkstheater (Raimund, Nestroy, Anzengruber) *Wilhelm Zentner*. Den zweiten Teil von Strindberg bis etwa 1950 behandelte *Karl H. Ruppel*. Beiträge zu diesem Teil lieferten ferner *Klaus Gurr*, *Wilhelm Zentner*, *Johannes von Guenther*, *Wilhelm Grenzmann* und *Hans Daiber*. Die nicht von den Herausgebern selbst stammenden Artikel sind mit den Anfangsbuchstaben des jeweiligen Bearbeiters gezeichnet.

Für die 11. Auflage hat *Hans Daiber* einen dritten Teil zusammengestellt. In seinen ergänzenden Artikeln berücksichtigt er weitgehend die heute modernen Autoren mit ihren Stücken, außerdem gibt er einleitend einen Überblick zur Geschichte des Schauspiels in der zweiten Hälfte des 20. Jahrhunderts.

Die Auswahl für die neueste Zeit war nicht einfach. Hier ist alles noch im Fluß, und niemand kann mit Sicherheit sagen, welche Werke sich bleibend auf den Bühnen behaupten werden. Zudem war es aus Umfangsgründen notwendig, die Anzahl der Stücke zu begrenzen. Einen gewissen Ausgleich bieten die Überblicke, auch wurde jeweils im Vorspann zu den einzelnen Autoren eine Reihe von Stücken kurz charakterisiert, die nicht ausführlich analysiert werden konnten.

Zwei alphabetische Register aller behandelten (oder zumindest erwähnten) Werke und Dramatiker erleichtern den Gebrauch

Zur 13. Auflage

Die vorliegende Neuauflage bringt im dritten Teil die Behandlung einer Anzahl von inzwischen uraufgeführten Stücken. Vollständigkeit konnte bei dem vorgegebenen Umfang nicht erreicht werden, doch wurden Titel und Daten auf den neuesten Stand gebracht.

Philipp Reclam jun. Stuttgart

Zur Geschichte des Schauspiels

Von den ältesten Zeiten bis ins 19. Jahrhundert

Der Ursprung des Theaters liegt, soweit wir es zu erkennen vermögen, bei allen Völkern und zu allen Zeiten im *religiösen Kultus.* Feiern zu Ehren der Gottheit oder einzelner Götter erregten den Wunsch nach einer plastisch-lebendigen Wiedergabe des Mythos, der sich im Glauben an eine übermenschliche Macht herausgebildet hatte. Und da fast alle diese Gottheit-Vorstellungen mit den Urbegriffen des Daseins: Entstehen – Werden – Vergehen, in Zusammenhang stehen, die ihrerseits die Bilder von Kampf, Sieg und Untergang hervorriefen, ist es ganz natürlich, daß diese Grundbegriffe auch zu denen des Theaters wurden. Als das älteste Beispiel dieser Art wird man wohl die pantomimische Darstellung des Osiris-Mysteriums im alten *Ägypten* ansehen dürfen, wie sie die Inschrift auf dem Tempel von Abydos aus der Zeit 2000 bis 1700 v. Chr. schildert: das Boot des Gottes bewegt sich den Fluß hinab, eine große Schlacht spiegelt die Überwindung seiner Feinde wider, der Gott kehrt unter den Freudenrufen des Volkes in den Tempel zurück. Wird man hierin, wie Joseph Gregor vermutet, die älteste Spur von Theater kultischen Ursprungs erblicken dürfen, so in dem zeitlich nicht fixierbaren Auftreten von Gauklern, Tänzern, Ringern und Taschenspielern aller Art, wie es für das primitive Volksleben im Urzustand kennzeichnend ist, den Anfang des *Mimus*, d. h. des Possenreißers, der sich den allen Menschen eingeborenen Trieb des Nachahmens, die Freude an der Spiegelung des irdischen Treibens in charakteristischen Einzelzügen, zunutze macht und sie durch scharfe Beobachtung auf den verblüffend einfachen Nenner zurückführt.

Die Theaterkulturen der verschiedenen Völker haben sich anscheinend in einer gewissen Parallelität von Kultus und Mimus entwickelt, wobei die Durchdringung des kultischen Elementes mit dem mimischen zur Loslösung vom Kultus führte und damit zur Selbständigkeit der Kunstform ›Theater‹.

Überblicken wir zunächst die außereuropäischen Völker, so können wir überall Spuren des Theaterspielens und der Freude an theatralischen Darbietungen finden. Aus der Welt des Fernen Ostens wissen wir, daß ein Kaiser in *China* schon in der ersten Hälfte des 8. Jh.s (nach unserer Zeitrechnung) eine große Schauspielertruppe besaß. Die frühesten Beispiele chinesischer Theaterkunst stammen aus dieser Epoche. Als die ersten Meisterwerke der dramatischen Kunst gelten nach chinesischer Auffassung Stücke aus dem 13. und 14. Jh. Aus dieser Zeit stammt auch das Schauspiel »Der Kreidekreis« von *Li Hsing-tao*, das durch neuzeitliche Bearbeitungen (von Klabund, Johannes von Guenther und Bertolt Brecht) europäische Bühnenberühmtheit erlangt hat. Nach dem Vorbild des chinesischen Theaters hatte sich auch in *Japan* aus Kulttänzen und pantomimisch-tänzerischen Spielen heraus eine Theaterkunst entwickelt, die als Nô-Theater (= Kunst-Theater) zu einer nationalen Blüte führte und deren Erzeugnisse noch heute den festen Besitz des japanischen Theaters ausmachen. Es ist ein strenges Stil-Theater, das in Maske, Musik und Ausdrucksformen an gewisse starre Prinzipien gebunden ist, die dem europäischen Verständnis nicht ohne weiteres zugänglich sind. Als Meister des späteren volkstümlichen Dramas der Japaner gilt *Chikamatsu Monzaemon* (1653 bis 1724), der zahlreiche Stücke und Puppenspiele hinterließ. Von seinem jüngeren Zeitgenossen *Takeda Izumo* (1688 bis 1756), dem Leiter der berühmten Puppenbühne in Osaka, drangen die Tragödien »Die Dorfschule« und »Die 47 Getreuen« über die Grenzen Japans hinaus. In den Übersetzungen Wolfgang von Gersdorffs können sie dem deutschen Leser einen Eindruck von der besonderen Art fernöstlicher Bühnenkunst vermitteln. Während das chinesische Theater sich von europäischen Einflüssen ferngehalten hat, machten sich solche in Japan vom 19. Jh. an in steigendem Maße geltend.

Auf eine lange einheimische Tradition blickt das Theater in *Indien* zurück. Seine Entstehung wird dem Gotte Brahma zugeschrieben. Seine Gesetze schuf der heilige Brahmane Bharata. Musik und Tanz nehmen darin eine breite Rolle ein. Schattentheater und Puppenspiel gingen der eigentlichen dramatischen Kunst, wie sie in den Meisterwerken des 4. und 5. Jh.s n. Chr. überliefert ist, voraus. Von früh an gibt es

die Narren-Figur des Vidūṣaka (Schimpfer). Erstaunlich
reich ist die in mehreren Lehrbüchern überlieferte Dramaturgie des indischen Theaters. Wir erfahren daraus Einzelheiten über den Bau der Handlung, über die verschiedenartigsten dramatischen Mittel und die Einteilung in Rollen-
fächer. Der entscheidende Unterschied zum abendländischen
Theater liegt im Fehlen des Tragischen. Der Held darf nicht
untergehen. Ein tragischer Ausgang ist sogar verboten. Der
größte Dichter des indischen Theaters war *Kālidāsa*, dessen
Werke nachstehend behandelt werden. Außer ihm hat sein
Vorgänger, der sagenhafte König *Śūdraka*, durch das mehrfach übersetzte und bearbeitete Drama »Vasantasenā« Geltung gewonnen. Es ist ein reizvolles Spiel um die Liebe des
edlen, aber armen Kaufmanns Cārudatta zu der schönen
Kurtisane, das sich auch auf europäischen Bühnen der Neuzeit Eingang verschafft hat. Die aus tiefen mythischen Ur-
gründen geborene und in den Zauber der tropischen Natur
getauchte Kunst des indischen Theaters hat seit ihrem Bekanntwerden in Europa im 18. Jh. die Wissenschaft ebenso
wie die Bühne angezogen. Goethe empfing von der »Śakuntalā« des Kālidāsa wesentliche Anregungen.

Der entscheidende Impuls für das europäische Theater, ja
für das gesamte Theater der Welt, ging aber von der *hellenischen Antike* aus. Wahrscheinlich war auch das indische
Theater bereits von ihr beeinflußt. Der kultische Ursprung
des griechischen Theaters ist eindeutig. Chorlieder zu Ehren des Gottes Dionysos stehen am Anfang. Rundtänze um den
Altar lockern die Feier auf. Ein Einzelsänger löst sich aus
dem Chor und wird zum Schauspieler. Dem Dionysos-Prie-
ster *Thespis* aus Ikaria bei Marathon, von dessen Karren
(Festwagen im Bakchos-Zug) man noch heute als Symbol
für das Theater spricht, wird diese schöpferische Tat zugesprochen. Der entscheidende Zeitpunkt sind die großen
Panathenäen 536 bis 534 v. Chr. in Athen, bei denen eine
Tragödie des Thespis aufgeführt wurde. Eine Generation
später, und wir stehen bereits am Vorabend der Hochblüte
der griechischen Tragödie. Aus den primitiven Tänzen im
Bocksgewand des Dionysos-Zuges, aus dem Mythos des Gottes – seinem Einzug im Frühling, seiner Kraft, die Welt in
Rausch zu versetzen – ist die erhabene, auf Kothurnen ein-
herschreitende Tragödie geworden, die Götter- und Men-

schenschicksale beschwört und sie im Kreisrund der Orchestra zu einer gottesdienstartigen Handlung werden läßt. Dem ersten Schauspieler wird ein zweiter und alsbald ein dritter gegenübergestellt. Der Chor erhält sich, gleichsam als mythischer Untergrund der ganzen Kunstform, und spielt sich auch noch in die Komödie hinüber, als die Tragödie schon in Verfall geraten ist. Und mehr und mehr wird die Szene, der eigentliche Bühnenraum im Abstand vom Zuschauerraum, zum Schauplatz, auf dem die letzten Fragen des Daseins in Rede und Gegenrede, Spiel und Gegenspiel abgehandelt werden. Das amphitheatralisch angelegte Theatron für die Zuschauer, die kreisrunde (später halbierte) Orchestra für den Chor und das Bühnenhaus (Skene), auf und vor dem die Schauspieler in Masken auftreten, bilden das Fundament und den äußeren Rahmen des griechischen Theaters. Auf die Tragödie folgte schon in den ältesten Zeiten stets ein Satyrspiel, aus dem sich später die Komödie als eigene Kunstgattung entwickelte. Sinnvoll ausgedachte dramaturgische Gesetze bestimmen den Ablauf der Handlung, die, in letzter Konzentration zusammengeballt, durch das erregende Beispiel die Erschütterung in der Brust des Menschen herbeiführt, die nach griechischer Auffassung das Ziel und der Zweck der Tragödie ist. Der Grieche nennt sie Katharsis, d. h. Läuterung, Reinigung und Erhebung der Seele durch Furcht und Mitleid. Über die wichtigsten Werke des griechischen Theaters, die Tragödien des *Aischylos, Sophokles* und *Euripides,* unterrichten die nachstehenden Kapitel. Die Inszenierungen hat man sich – nach den neuesten Forschungsergebnissen – weit aufgelockerter hinsichtlich dekorativer Ausstattung, dreigeteilter Bühnenform (Vorder-, Mittel- und Oberbühne auf der Skene im Bühnenhaus), Einsatz von Flug- und Schwebemaschinen, überhaupt hinsichtlich anschaulicher Anordnung vorzustellen, als man bisher annahm. Es kann hier nur auf das Werk von Heinrich Bulle »Szenenbilder zum griechischen Theater des 5. Jahrhunderts v. Chr.« (Berlin 1950) verwiesen werden. Das Gesagte gilt auch für die Komödienkunst des *Aristophanes,* mit der das griechische Theater der klassischen Zeit sein Ende fand. Der große Theoretiker des griechischen Theaters, dem wir wesentliche Erkenntnisse über die Bühnenkunst der Griechen und ihre mit dem Theater verbundenen Absichten verdanken, ist der

Philosoph *Aristoteles* (384–322 v. Chr.) gewesen. Die Bedeutung, die dem griechischen Theater für das abendländische Theater zukommt, kann man am besten daran ermessen, daß eine Beschäftigung mit ihm in späterer Zeit stets zu seiner Wiedergeburt geführt hat, wenn auch natürlich unter Verschmelzung mit den jeweils herrschenden Zeitströmungen und Kunstidealen.

Zunächst finden wir das Theater der *Römer* ganz und gar unter dem Einfluß des griechischen stehend. Der einzige tragische Dichter von Rang und Namen, *Seneca* (um 4 v. Chr. bis 65 n. Chr.), bediente sich der Stoffe der griechischen Tragiker (Medea, Phädra, Ödipus, Agamemnon u. a.). Seine Fassungen wurden in vielen Fällen Vorbild für spätere Neugestaltungen, haben also weniger Eigenbedeutung als die einer Vermittlung und Überleitung. Wesentlicher ist der Beitrag, den das römische Theater in der Komödie geleistet hat. Freilich war auch hier Griechenland Vorbild und Anreger. Die sog. neuere attische Komödie eines *Menander* (um 342 bis 291 v. Chr.) – eine Neufassung seiner Komödie »Das Schiedsgericht« bringt Reclams UB 8676 –, eines *Philemon* (um 365 bis um 263 v. Chr.) und *Diphilos* (vor 350 bis um 275 v. Chr.) bot den römischen Komödiendichtern *Plautus* und *Terenz* sowohl die Stoffe wie die Form der bürgerlichen Komödie, die das Alltagsleben auf die Bühne stellt und in feststehenden Typen zu fixieren sucht. Aber sie gingen dabei so geschickt und bühnengewandt vor, daß zahlreiche Motive ihrer Stücke für die spätere europäische Komödie fruchtbar geworden sind. Man findet Spuren von Plautus und Terenz ebenso bei Shakespeare, Molière und Holberg wie bei Hans Sachs, J. M. R. Lenz und Heinrich von Kleist. Ansätze zu einer selbständigen Theaterkunst der Römer finden sich auch in den sog. *Atellanen*, kleinen Volkslustspielen mit wiederkehrenden Masken. Die spätere Commedia dell'arte (Stegreifkomödie) hat hier ihren Ursprung. Nachweisbar sind sie bis ins 3. Jh. v. Chr. Hauptfiguren waren der Maccus (Vorläufer des Pulcinell), Bucco (der spätere Brighella), Pappus (der Pantalone), Dossenus (der Dottore). Die Komödien des Terenz wurden im Mittelalter durch die Nonne *Hrotsvitha von Gandersheim* (935 bis um 975) wieder aufgegriffen, allerdings in freier Form, wobei sie in ihren lateinisch geschriebenen Dramen (»Dulcitius«/»Abraham«; Reclams

UB 7524) Exempel christlicher Moral des Mittelalters darstellt.

Religion und Kultus haben sodann eine eigenartige Erscheinung der europäischen Theatergeschichte hervorgerufen,
die lange Zeit vergessen schien, der man sich aber in jüngster
Zeit wieder ernsthaft zu nähern begonnen hat, sowohl von
wissenschaftlicher wie von dichterischer Seite aus: *das christliche Theater des Mittelalters.* Es ist kein Theater der festgefügten Handlung gewesen, dem eine bestimmte Dramaturgie zugrunde lag (wie bei den Griechen oder den Indern).
Es ist ein ursprünglich von der Kirche geleitetes, in latei-
nischer Sprache verfaßtes, dann in Laienhände übergegange-
nes, aber immer auf das eine gleiche Ziel ausgerichtetes
Volkstheater großen Stils gewesen, dem die Absicht zugrunde lag, das Leben Christi in allen seinen Phasen szenisch
zu verlebendigen, es durch die sinnlich wahrnehmbare Anschauung zum tiefen religiösen Erlebnis gleichermaßen für
die Spieler wie für die Zuschauer werden zu lassen. Dem
Mit-Spielen kam dabei zweifellos die größere Bedeutung zu
als dem bloßen Zu-Schauen. Und die völlig eigene Form
dieser Art von Theaterspiel, die das Theater des Mittelalters
dabei entwickelt hat, ist die sog. *Simultan-Bühne* gewesen,
d. h. eine Bühne, bei der gleichzeitig mehrere Schauplätze
neben- oder übereinander aufgebaut sind, die ein Neben-
und Ineinander des Handlungsablaufes gestatten an Stelle
des dramatisch zugespitzten Gegen- und Nacheinander im
sonst üblichen Theaterspiel. Die Urformen waren: das *Weih-
nachts- und Krippenspiel* in der Kirche, das in seinen Anfängen bis ins 5. Jh. zurückreicht und als Hirtenspiel noch
heute gepflegt wird (Texte alter Weihnachtsspiele sind aus
dem 12. und 13. Jh. erhalten), und die *Osterspiele*, die von
der Szene der drei Marien ausgingen, die den Heiland am
Grabe suchen und denen die Engel antworten (»Das Inns-
brucker Osterspiel«/»Das Osterspiel von Muri«; Reclams
UB 8660/61). Von dieser Marienszene, einem der wichtigsten
Ausgangspunkte der ganzen mittelalterlichen Theaterkunst,
sind allein über 100 verschiedene Fassungen aus dem 12.
und 13. Jh. überliefert. Mit dem Wettlauf der Apostel zum
Grabe, der kaum noch innerhalb der Kirche dargestellt werden konnte, trat dann das komische Element hinzu, das
mancherlei mimische Auflockerung gestattete, überhaupt die

Verbreiterung ins Volkstümliche und in die Sprache des Volkes mit sich brachte. Höhepunkt und eigentlicher Zielpunkt des gesamten mittelalterlichen Theaterspielens wurden aber die Passionsszenen, die sich zu *Passionsspielen* größten Ausmaßes ausweiteten, oftmals über mehrere Tage hin und unter stärkster Anteilnahme aller Bevölkerungskreise. Textbücher, Regiepläne und Dekorationsskizzen derartiger Aufführungen, die sich mit symbolischen Spielorten über ganze Marktplätze der mittelalterlichen Städte hin erstreckten, sind erhalten und geben Aufschluß über die höchst eigenartige Form dieser Theaterkunst. Aufschluß geben aber auch Gemälde aus dem 14., 15. und 16. Jh., die die »Stationen« dieser Spiele in ihrer vielschichtigen Aufgliederung festgehalten haben (so etwa von Hans Multscher, Hans Memling, Gillis Mostaert und zahlreichen anderen Malern). Die heutigen Festspiele in Oberammergau können als ein letzter Überrest dieser alten Tradition angesehen werden, wenn ihr Charakter auch durch spätere Zutaten in vieler Hinsicht ein anderer geworden ist. Der Weg, den das christliche Theater des Mittelalters vom Spiel in der Kirche, dann vor der Kirche und zuletzt auf dem Marktplatz gegangen ist, ist der Weg von der kultischen Handlung zum Volkstheater großen Stils, wie ihn in dieser Form sonst keine andere Entwicklung innerhalb des europäischen Theaters aufzuweisen hat. Daß in Italien, Frankreich, England, Spanien, Deutschland und den Niederlanden sich Eigenformen des mittelalterlichen Theaterspielens ergeben haben, kann hier nur erwähnt, nicht aber näher ausgeführt werden. Eine Sonderstellung nimmt unter den überlieferten Texten das sog. *Antichristspiel* aus dem 12. Jh. ein, das seiner Eigenart wegen in den Textteil des vorliegenden Werkes aufgenommen wurde. Neben den Weihnachts-, Oster- und Passionsspielen kennt das Theater des Mittelalters noch die Form der *Mysterienspiele*, in denen einzelne bestimmte Abschnitte aus der Heilsgeschichte zur szenischen Gestaltung gelangten. Als ältestes deutsches Beispiel dieser Art gilt das »Spiel von den klugen und törichten Jungfrauen« (1321 in Eisenach aufgeführt). Das Spätmittelalter bildete daneben noch die sog. *Moralitäten* aus, die allegorische Figuren (wie Tugend, Laster und dgl.) auftreten ließen und stark didaktischen Charakter haben. »Jedermann. Das Spiel vom Sterben des reichen Mannes«, wie es Hugo von Hofmannsthal neu gestaltet hat, gibt auch dem heutigen Leser oder Zuschauer einen lebendigen Begriff dieser aus der mittelalterlichen Theatertradition erwachsenen eigentümlichen Form des Schauspiels. Dazu gehört auch »Das Zürcher Spiel vom reichen Mann und vom armen Lazarus« (Reclams UB 8304). Die Moralität erhielt sich über die Schulkomödie und das Jesuitentheater bis in das 16. und 17. Jh. hinein und hinterließ im europäischen Theater die mannigfachsten Spuren. So herrschte sie auch in den Niederlanden vor, wo sich im 15. und 16. Jh. beachtliche Kräfte in Richtung auf eine dramatisch-theatralische Kunst regten. Moralitäten und Sinnspiele geben der *Bühne der »Rederijker«* (Verbände von Narrengilden und geistlichen Bruderschaften) das Gepräge. Das Thema vom verlorenen Sohn wird hier bezeichnenderweise mit Vorliebe immer wieder behandelt. Im Laufe des 16. Jahrhunderts entwickeln sich in den Niederlanden völlig eigene Bühnenformen, die durch den Einsatz allegorischer Schaubilder auf der Bühne charakterisiert sind. Unter Mitwirkung der Malergilden wird der dekorativen Bühnenausstattung besondere Aufmerksamkeit geschenkt. Man kommt hier zu ähnlichen, wenn auch andersgearteten Ergebnissen wie um die gleiche Zeit in Italien. In den beiden Dichtern *Pieter Corneliszoon Hooft* (1581–1647) und *Joost van den Vondel* (1587–1679) erwuchs den Niederlanden im Zeitalter des Frühbarock ein Dichterpaar, das den Geist des Humanismus mit einheimischen Traditionen zu verschmelzen wußte.

Vom 16. Jh. ab spaltet sich das Theater in Europa dann in die verschiedensten Kulturkreise auf, innerhalb derer es zu verschiedenen Zeitpunkten und in verschiedenen Formen bedeutsame Gipfel erreichte. Das Fundament waren die Überreste des mittelalterlichen Theaters (Mysterium und Moralität) und das überall wache Treiben des Mimus, der als Clown das englische Drama, als Grazioso das spanische, als Hanswurst das deutsche, als Arlecchino das italienische, als Harlequin das französische Theater beherrscht. Aus der christlichen Welt- und Gottesanschauung geboren, vom antikisierenden Geist des Humanismus befruchtet, durchsetzt mit dem komödiantischen Urtrieb des Menschen, entwickelt sich nun das Theater im abendländischen Raum zur höchsten Blüte in Spanien, England, Frankreich, Italien und Deutsch-

land als seinen hauptsächlichsten Stützpunkten, überall
Marksteine der Entwicklung hinterlassend.

Ungefähr gleichzeitig vollzieht sich die Entwicklung zur
höchsten nationalen Blüte in Spanien und England. 1562
wird *Lope de Vega* geboren, 1564 *Shakespeare*. Beiden Ländern gemeinsam ist die Form des Wirtshaushoftheaters, einer
primitiven Bühne, die sich mit einer »über Bohlen und Fäs-
sern geschichteten Plattform« als szenischem Raum begnügt,
dekorativ dem Auge wenig bietet, sich nur im Kostüm reicher gibt. Spanien entwickelt daneben noch das höfische
Schloß- und Freilichttheater mit barocker Prunkentfaltung
und Kulissenbühne. Das große Theatererlebnis vermittelt in
beiden Ländern das kunstvoll gearbeitete, den Schauspieler
als gewandten Mimen fordernde Stück. In England schreiben
es (als Vorläufer Shakespeares) *John Lyly* (1554?–1606),
Thomas Kyd (1558–94), *George Peele* (um 1556 bis um
1596), *Robert Greene* (1558–92), *Thomas Lodge* (um 1558
bis 1625) und der hochbegabte, früh tragisch endende
Christopher Marlowe (1564–93). Neben und nach Shakespeare machte vor allem *Ben Jonson* (1573–1637) von sich
reden. Sie alle überragt das Genie des Schauspielerdichters
William Shakespeare, dessen universales Werk ebenso die
große Tragödie wie die echte Komödie umfaßt und für das
der Bühnenboden zum Schauplatz des gesamten menschlichen
Treibens und Irrens im Spiegel der dramatischen Kunst wird.
Als Schöpfer ausgelassener Komödien und mit tragischen
Motiven überhäufter Trauerspiele begann Shakespeare, um
nach einer Wanderung durch alle Himmel und Höllen der
Menschenseele und ihrer Leidenschaften als weiser Prospero
mit tiefsinnigen Märchenspielen von Gut und Böse zu schließen. Sein Gesamtwerk, das tief in der Weltanschauung der
Renaissance wurzelt und im Gewissen des einzelnen Menschen die letzte moralische Instanz erblickt, wurde als Typ
des Charakterdramas in Tragödie und Komödie zum großen
Gegenstück der im Mythos verhafteten Bühnenkunst der
Griechen. Sein Einfluß auf die weitere europäische Bühnenkunst war außerordentlich; viele seiner Werke beherrschen
noch heute die Spielpläne der Theater.

In Spanien sind *Fernando de Rojas* (als Mitverfasser der
eigenartigen »Celestina«), der Portugiese *Gil Vicente* (seit 1502
als Theaterdichter tätig), *Torres Naharro* (seit 1517), *Lope*

de Rueda (seit 1544) und mit Zwischenspielen (Entremeses) auch der berühmte Verfasser des »Don Quijote«-Romans, *Miguel de Cervantes* (1547–1616), die Träger der Entwicklung. Unter dem großen Theaterfürsten Philipp IV. erreicht das spanische Theater den Gipfel seiner Möglichkeiten. Es wird zum wirklichen Welttheater und bietet dem Spanier »Ersatz der verlorenen Welt, die mit der Armada versunken, von den Holländern weggenommen, von den Franzosen und Genuesen verraten worden war« (Joseph Gregor). Das leuchtende Dreigestirn *Lope de Vega, Tirso de Molina* und *Calderón de la Barca* verleiht diesem Höhepunkt der spanischen Bühnenkunst den Glanz ewiger Schönheit und die magische Gewalt stets sich erneuernder Anziehungskraft. Wurde Lope de Vega zum fruchtbarsten Dramatiker der gesamten Weltliteratur, so Tirso de Molina zum ersten Bewältiger des für die spätere europäische Bühnenkunst so tragfähigen ›Don Juan‹-Stoffes. Calderón aber überragt seine beiden Vorgänger noch durch unerschöpfliche Phantasie und vollendete Beherrschung sämtlicher Formen und Stile der spanischen Bühne. Er ist Meister in der graziösen Form der ›Mantel-und-Degen-Komödie‹ wie im höfischen Ausstattungsstück, im bürgerlichen Trauerspiel und im tiefsinnigen, philosophisch angehauchten Märchendrama ebenso wie im *Auto sacramental* (geistliches Festspiel am Fronleichnamstag). Die überwältigende Fülle der Werke dieser Dichter wird noch ergänzt durch die Arbeiten eines *Guillén de Castro y Bellvis* (1569–1631) als bedeutsamem, erstem Dramatiker des ›Cid‹-Stoffes und eines *Agustín Moreto* (1618–69) als Verfasser der reizenden Komödie »Donna Diana«, die den Grazioso, die Possenreißerfigur der spanischen Bühne, noch einmal mit der Gloriole umgibt.

Der Anteil *Italiens* an der Entwicklung des europäischen Theaters um und nach 1600 besteht vor allen Dingen in der Schöpfung der neuen *Perspektiv-Bühne*, die das theatralische Geschehen in den festen Rahmen eines nach der Tiefe zu plastisch geformten Bühnenraumes und Bühnenbildes setzt, den Vorhang einführt und die Herstellung einer vollkommenen Illusion als letztes Ziel anstrebt. Hand in Hand damit geht die Entwicklung der neuen Kunstform der Oper, die zeitweilig beherrschend in den Vordergrund tritt. Ganz zurückdrängen ließ sich aber das Schauspiel nicht. Es schöpfte

seine Kräfte vor allen Dingen aus der *Commedia dell'arte*
(Stegreifkomödie mit feststehenden Typen), die in den verschiedenen italienischen Landschaften zu verschiedenen Formen führte, als Ganzes sich aber ähnelt und einen ungeheuren Einfluß auf die gesamte europäische Komödienkunst
ausgeübt hat. In *Carlo Goldoni* (1707–93) und *Carlo Gozzi*
(1720–1806) erwuchsen dem italienischen Schauspiel dann im
18. Jh. zwei Dichter, die – so divergierend ihre Bestrebungen
auch waren – den lebendigsten Begriff vom Wesen und von
der Entwicklung italienischer Theaterkunst geben.

In *Frankreich* fällt die Blütezeit des Theaters, dem aus
der späteren Rückschau die Bedeutung des ›klassischen‹ Zeitalters französischer Bühnenkunst beigemessen wird, in das
17. Jahrhundert. *Pierre Corneille* (1606–84) und *Jean Baptiste Racine* (1639–99) als Schöpfer der klassizistischen Tragödie, *Molière* (eigtl. Jean Baptiste Poquelin, 1622–73) als
Schöpfer der großen Form der französischen Charakterkomödie sind die überragenden Geister, die das Zeitalter
Ludwigs XIV. auf der Bühne repräsentieren. Schwungvolle
Rhetorik, verbunden mit meisterhafter Kunst der Handlungsführung, charakterisiert das Wesen der tragischen Werke
der erstgenannten Dichter, geniale Satire ewig menschlicher
Schwächen in allgemein verbindlicher Form die Komödie
Molières. In *Pierre Marivaux* (1688–1763) erstand dem
Schauspiel ein Komödiendichter von spielerischer Anmut,
der zum Rokoko überleitet (»Das Spiel von Liebe und Zufall«/»Die Aufrichtigen«; Reclams UB 8604). Ein Nachglanz
der klassischen Periode fällt auf das dramatische Schaffen
Voltaires (1694–1778), der mit einem »Ödipus« Corneille
nacheifert, mit »Zaïre« und »Tancred« Racine. Seinen »Mahomet«, den Goethe übersetzt und in Weimar aufgeführt
hat, nennt er selbst einen »Tartuffe mit dem Schwert in der
Hand«. Shakespeare ist für Voltaire freilich nicht mehr als
ein »betrunkener Wilder« und »Seiltänzer«. In der weiteren
Entwicklung der französischen Bühnenkunst, der'man (gewiß nicht mit Unrecht) das Vorherrschen des Rationalen vor
dem Gefühlsmäßigen nachsagt, ist es eigentümlich zu beobachten, wie stark sie die Musik, die gefühlsbetonteste aller
Künste, angezogen hat. Die Meisterlustspiele des *Pierre
Augustin Caron de Beaumarchais* (1732–99), »Der Barbier
von Sevilla« und »Die Hochzeit des Figaro«, wurden durch

die Vertonungen Rossinis und Mozarts unsterblich. *Eugène Scribe* (1791–1861), dieser kalt berechnende Theaterpraktiker par excellence, befruchtete das Opernlibretto eines Auber, Meyerbeer und Halévy auf das nachdrücklichste. *Alexandre Dumas'* (1824–95) »Kameliendame« lebt heute vornehmlich als »Traviata« Verdis, während das Urbild des Schauspiels nur noch selten auf der Bühne erscheint. Ähnliches gilt von dem einstmals so gefeierten Bühnenroutinier *Victorien Sardou* (1831–1908), dessen meistaufgeführtes Stück – trotz der Erfolge seiner historischen Komödie »Madame Sans-Gêne« und der Salonkomödie »Cyprienne« – doch erst seine »Tosca« in der Vertonung von Puccini wurde.

In *England* belebte sich, nach einer Stagnation in der Nach-Shakespeare-Zeit infolge des theaterfeindlichen Puritanismus, mit den sog. ›Restaurationsdramatikern‹: *William Congreve* (1670–1729), *George Farquhar* (1678–1707) u. a. das Theater neu.

Als letztes Land in Europa eroberte sich *Deutschland* im 18. und 19. Jahrhundert seinen Platz auf dem großen Rund europäischer Bühnenkunst. Doch geht dem Höhenflug eine lange bodenständige Entwicklung voraus. Als einem der frühesten Dokumente szenischen Charakters kommt dem Dialog »Der Ackermann aus Böhmen« des *Johannes von Tepl* (um 1400, Reclams UB 7666) Bedeutung zu. Joseph Gregor hat das Werk, das Elemente der Totentanzdichtung mit denen der Moralität verbindet, durch eine Bearbeitung der Bühne neu gewonnen. Das Humanisten- und Schuldrama in Deutschland repräsentieren am eindrucksvollsten *Johannes Reuchlin* (1455–1522) mit der »Henno«-Komödie (Reclams UB 7923) und der vielseitige *Conrad Celtis* (1459–1508) mit seinen Neuausgaben von Tragödien des Seneca und Komödien des Terenz. Auch dichtet Celtis selbst höfische Festdramen wie »Das Spiel der Diana«, das bei der Aufführung 1501 in Linz den anwesenden Kaiser Maximilian mit in das Spiel einbezieht. Von der Kunst der Meistersänger und dem Geist des Humanismus getragen, gestützt auf das Vorbild der römischen Komödie, schuf *Hans Sachs* (1494–1576) im Zeitalter der Reformation in Nürnberg sein Riesenwerk von Schwänken und Dramen, dessen hauptsächliches Versmaß, der Knittelvers, in Goethes »Faust« und Schillers »Wallensteins Lager« einging. An den Geist der Moralitätendichtung knüpft *Jakob Bidermann* (1578–1639) mit seinen zahlreichen allegorischen Figuren im größten Frühbarock-Drama in Deutschland an: »Cenodoxus, Doktor von Paris« (deutsche Übersetzung Joachim Meichels in Reclams UB 8958/59). Hofmannsthal plante eine Bearbeitung des Stückes, das inzwischen mehrfach wiederaufgeführt wurde – ein vielschichtiges und vielgesichtiges Werk, das im Zeitalter Shakespeares der deutschen Bühnenkunst alle Ehre macht. Die Kunst des großen Briten selbst gelangt durch die *englischen Komödianten* seit etwa 1592 nach Deutschland, wenn auch vorerst in entstellter Form. Diese wandernden Berufsschauspieler gehen allmählich in den deutschen Wandertruppen auf. Sie wirken an den verschiedensten Fürstenhöfen für beschränkte Zeit. Ihr Aktionsradius erstreckt sich bis hin nach Süddeutschland und Wien. Das Repertoire besteht außer in Stücken von Shakespeare in solchen von Marlowe, Kyd und Moralitäten wie z. B. dem englischen Jedermann-Spiel. Später kamen auch Stücke deutscher Barockdichter hinzu, u. a. von *Jakob Ayrer* (um 1543 bis 1605), Herzog *Heinrich Julius von Braunschweig* (»Von einem Weibe«/»Von Vincentio Ladislao«; Reclams UB 8776/77).

Der namhafteste deutsche Dramatiker im Zeitalter des Hochbarock ist *Andreas Gryphius* (1616–64), von dem die amüsanten Lustspiele »Herr Peter Squentz« und »Horribilicribrifax«, aber auch beachtliche Tragödien vorliegen. Die große Epoche des deutschen Schauspiels im 18. und 19. Jahrhundert wird durch zwei Erscheinungen eingeleitet: durch die starke Persönlichkeit *Gotthold Ephraim Lessings* (1729 bis 1781) und durch die etwa um 1760/70 einsetzende literarische Bewegung des sogenannten *Sturm und Drang*. Lessings Kräfte, wesentlich geschult und gewachsen an der kritischen Auseinandersetzung mit dem klassizistischen Theater der Franzosen, vermochten es, das Fundament zu schaffen, auf dem sich eine eigenwüchsige deutsche Bühnenkunst im Lustspiel (»Minna von Barnhelm«), im Trauerspiel (»Emilia Galotti«) und in der Toleranzdichtung neuhumanistischen Geistes (»Nathan der Weise«) entfalten konnte. Die Sturm-und-Drang-Bewegung, so genannt nach dem Schauspiel »Sturm und Drang« (Reclams UB 248/48a) von *Friedrich Maximilian Klinger* (1752–1831), verhalf dem Lebensgefühl einer jungen Generation zum Durchbruch, die sich gegen den

Rationalismus wehrte und den vollen Strom der Phantasie und des Gefühls in ihren Werken ausgoß. Shakespeare wurde ihr Abgott. Mit *Heinrich Wilhelm Gerstenbergs* (1737 bis 1823) Tragödie »Ugolino« (Reclams UB 141/41a) setzte diese Bewegung im Drama ein. In *Heinrich Leopold Wagner* (1747–79) fand sie mit der »Kindermörderin«-Tragödie (Reclams UB 5698/98a) einen typischen Vertreter. Der geniale *Jakob Michael Reinhold Lenz* (1751–92) führte die Linie in bedeutsamen Werken fort, *Johann Anton Leisewitz* (1752 bis 1806) brachte mit dem Trauerspiel »Julius von Tarent« (Reclams UB 111/12) zu großem Bühnenerfolg. Mit ihren Jugendwerken sind auch *Goethe* und *Schiller* der Sturm-und-Drang-Bewegung verhaftet. Der weltweite Gesichtskreis dieser beiden Dichter steigerte ihr Schaffen jedoch über diesen revolutionären Beginn hinaus zu klassischer Gültigkeit. Schiller erwuchsen aus der Beschäftigung mit der Geschichte Riesenkräfte zur Bewältigung großer historischer Stoffe auf der Bühne, Goethe führte die bedeutsame Synthese griechischer und abendländischer Kunstideale herbei. Von 1791 bis 1817, als Goethe das Hoftheater leitete, wurde Weimar zum Vorort der deutschen Bühnenkunst und Bühnendichtung. Fast alle ›klassischen‹ Werke des heutigen Repertoires gelangten hier zum ersten Male auf die Bühne. Zu ihnen gehörte auch »Der zerbrochne Krug« des unglücklichen *Heinrich von Kleist* (1777–1811). Daß in diesem Dichter neue, ungeahnte Kräfte sowohl in Richtung auf die große Tragödie wie auf die echte Komödie wirksam waren, hat freilich erst eine spätere Zeit voll erkannt. In *August von Kotzebue* (1761–1819) und dem Schauspieler und Theaterleiter *August Wilhelm Iffland* (1759–1814) fand das ›klassische Zeitalter‹ des deutschen Schauspiels die gewandten Schriftsteller, die für das Unterhaltungslustspiel und das Rührstück sorgten. Heiß umworben wurde das Schauspiel von der *Romantik*. Doch kam es durch sie – sieht man von *Eichendorffs* »Freiern« und Einzelzügen bei Kleist (im »Käthchen von Heilbronn«) ab – zu keiner großen und bleibenden Bühnentat. Geistesgeschichtlich kann die Romantik für sich in Anspruch nehmen, durch die Brüder *Schlegel* und *Ludwig Tieck* (1773–1853) bahnbrechend für Shakespeare ebenso wie für die Spanier gewirkt zu haben. Tieck kommt darüber hinaus das Verdienst zu, der sog. ›romantischen

Ironie‹ mit dem Spiel vom »Gestiefelten Kater« (Reclams UB 8916) literarische Geltung verschafft zu haben. Auch sein z. T. geniales Drama »Ritter Blaubart« wird zuweilen noch aufgeführt, während die Dramen von *Zacharias Werner*, *Achim von Arnim* u. a. nur noch den Literarhistoriker interessieren. Die große Erfüllung dessen, was die Romantik bedeutet, brachte auf der Bühne die *Oper* eines E. T. A. Hoffmann, Weber, Marschner, Richard Wagner, Hans Pfitzner u. a., die mit den Mitteln der Musik alles das zum Erklingen bringen konnte, was den eigentlichen Wesensgehalt der Romantik ausmachte. Eine Zwischenstellung zwischen Romantik und dem nun anbrechenden Realismus nimmt *Karl Immermann* (1796–1840) ein, der in Düsseldorf für kurze Zeit eine hochbedeutsame Theatertätigkeit entfaltete (man spricht noch heute von der Immermannschen ›Musterbühne‹, d. h. einer auf den geistigen Gehalt des Schauspiels hinarbeitenden, sorgfältig vorbereiteten Inszenierung) und der mit seinem Mysterium »Merlin«, einer höchst eigenartigen Gedankendichtung, die antike und mittelalterliche Stoffe und Ideen zu einem Ganzen zu verbinden trachtet, eines der merkwürdigsten Kunstwerke des Jahrhunderts schuf. Der ›romantischen Ironie‹ im Gewande einer aristophaneischen Komödie huldigte Immermanns Zeitgenosse, *August Graf von Platen* (1796–1835), mit dem satirischen Lustspiel »Die verhängnisvolle Gabel« und dem »Romantischen Ödipus«.

In *Christian Dietrich Grabbe* (1801–36) erwuchs dem deutschen Drama noch einmal eines jener Kraftgenies, wie sie für die Sturm-und-Drang-Zeit typisch gewesen waren. Das Jahr 1813 wurde zum Geburtsjahr dreier deutscher Dramatiker, die in ihren Werken die nun folgende Entwicklung bedeutsam widerspiegeln: *Otto Ludwig* (1813–65) als Verfechter des ›poetischen Realismus‹, *Friedrich Hebbel* (1813–63) als psychologischer Dialektiker der Geschichte und aufwühlender Bühnenrealist, *Georg Büchner* (1813–37) als politischer Dramatiker (»Dantons Tod«) und als genialer Schöpfer des »Woyzeck«-Fragmentes, das bereits den Expressionismus voraussahnen läßt. Neben dieser Entwicklung lief im Südosten des deutschen Sprachgebietes die eigenständige Entfaltung des österreichischen Volkstheaters. 1790 wird *Ferdinand Raimund* geboren, der das Wiener Volksstück mit seiner starken Märchen-Phantasie durchsetzt; ein

Jahr später *Grillparzer*, der dem Geist Goethes und Schillers
ebenso verpflichtet ist wie der Antike, den einheimischen
Traditionen und den Spaniern. Aus diesen Elementen gestaltet er ein Neues, zumal in der Erschließung kompliziert-
sensibler Charaktere und psychologischer Realistik. Die
Vollendung des volkstümlichen österreichischen Theaters bedeutet das Schaffen *Johann Nestroys* (1801–62). Als glänzender Parodist, scharfer Satiriker und ironisierender Kritiker des vormärzlichen Wien nimmt er eine einzigartige
Stellung im deutschen Bühnenschrifttum ein. *Ludwig Anzengruber* (1839–89) leitet mit seinen Dorfkomödien und
Bauerntragödien zum Realismus im süddeutschen Raum
über.

   Im Zuge der Bestrebungen zu nationaler Selbständigkeit
in der Bühnenkunst des 19. Jahrhunderts trat nun auch *Rußland* erstmalig mit bodenständigen Schöpfungen auf den
Plan. *A. S. Gribojedow* (1795–1829) bahnte einer national-
russischen Theaterkunst mit seiner genialen, gesellschaftskritischen Komödie »Verstand schafft Leiden« den Weg. *Alexander S. Puschkin* (1799–1837) schuf an der entscheidenden
Wende von der Romantik zum Realismus mit dem »Boris
Godunow« die erste große russische Tragödie, die in der
Vertonung ihrer Hauptszenen durch Modest Mussorgski zu
einem Standardwerk der europäischen Opernbühne wurde.
N. W. Gogol (1809–52) schrieb mit dem »Revisor«, dieser
glänzenden Satire auf das Beamtentum, die klassische russische Komödie, zugleich eines der genialsten Bühnenwerke
der Weltliteratur. *A. N. Ostrowski* (1823–86) führte als ge-
übter Theaterpraktiker die nun schon zu einem festen Begriff
gewordene russische Komödienkunst, deren hauptsächlichstes
Anliegen die Geißelung gesellschaftlicher Zustände ist, mit
zahlreichen Werken auf bedeutende Höhe. Seine Bühnensicherheit und die Schlagkraft seiner Szenenführung erinnern
zeitweilig an Molière. Mit *A. P. Tschechow* (1860–1904)
zieht die Kunst der feineren psychologischen Motivierung in
das russische Bühnenschrifttum ein. Seine Stücke spiegeln in
ihrer pessimistischen Grundhaltung, die aber nicht eines gewissen überlegenen Humors entbehrt, die Morbidität der
höheren Gesellschaftskreise in Rußland im ausklingenden
19. Jahrhundert wider. Die düstere Grundstimmung der
Bühnenwerke *L. N. Tolstois* (1828–1910) und *Maxim Gorkis*

(1868–1936) läßt bereits die große Krise ahnen, der Rußland im 20. Jh. in politischer und geistiger Hinsicht entgegen-
ging.

Die im Laufe des 19. Jh.s allenthalben in Erscheinung ge-
tretene Bewegung des Realismus empfing einen unerwarte-
ten und starken Auftrieb aus einem europäischen Bezirk, der
bis dahin nur wenig auf dem Gebiet der Theaterdichtung
hervorgetreten war: dem *Norden.* Hatte der dänische
Komödiendichter und Begründer des Nationaltheaters in
Kopenhagen, *Ludvig Holberg* (1684–1754), erstmalig die
Aufmerksamkeit auf ihn gelenkt, sein Landsmann *Adam
Oehlenschläger* (1779–1850) durch sein Sich-Einsetzen für
deutsche Literatur und durch Trauerspiele romantisch-klas-
sizistischer Prägung von sich reden gemacht, so wurde mit
der machtvollen Erscheinung des Norwegers *Henrik Ibsen*
(1828–1906) Skandinavien zum führenden Faktor in der
gesamten weiteren Entwicklung der Schauspielkunst in
Europa. Als Schöpfer großer historischer Dramatik, die aber
bewußt wirklichkeitsgetreu und nicht idealisierend gehandhabt wird, als scharfer Gesellschaftskritiker, dem die ›Lebenslüge‹ das hauptsächliche Thema ist, eröffnete Ibsen dem
Drama völlig neue Möglichkeiten, die über die Aufgaben,
die der Realismus gesehen hatte, hinausgingen und das Tor
zu der Entwicklung aufstießen, die zum Naturalismus eines
Gerhart Hauptmann und – darüber hinaus – zur ›Moderne‹
bis in unsere Tage führte. Ihm zur Seite stand sein Landsmann *Björnstjerne Björnson* (1832–1910), der auf seine
Weise dem gleichen Ziel zustrebte: dem bürgerlichen Drama
des Realismus die sozialkritisch-kämpferische Note zu geben,
die fortan bestimmend für die Entwicklung des Schauspiels
bis ins 20. Jahrhundert hinein werden sollte.

So spannt sich ein großer Bogen einheitlicher Zielsetzung
von der hellenischen Antike bis ins europäische 19. Jahrhundert. Immer wieder drängte das Theater darauf, die Tragik
nicht ausschließlich dominieren zu lassen, sondern mit der
Wendung zur Komik auch die heitere Seite des Lebens zu
Wort kommen zu lassen. Die Abwandlung ins Komödien-
hafte tritt sogar mit einer gewissen Gesetzmäßigkeit in Erscheinung. Das andere Grundgesetz des Theaters, das sich
aus dem Überblick über zweieinhalb Jahrtausende Theatergeschichte ableiten läßt, ist dieses: groß war das Theater im-

mer da, wo es in der Vermittlung des Ewigen seinen Auftrag
sah, wo es sich seiner Verwurzelung im Überirdischen und
im Kosmischen bewußt blieb, wie bei den *Griechen* im Mythos, bei den *Indern* in der Verbundenheit mit dem Universum, bei den *Spaniern* in den Wundern der Eucharistie, bei
Shakespeare im Gewissen als moralischem Anker, bei den
deutschen Klassikern und Nachklassikern im Blick auf die
»großen Gegenstände der Menschheit« (Geschichte und Humanitas), bei *Ibsen* und seinen geistigen Nachfahren im
kämpferischen Ethos. Ein Verfall des Theaters setzte immer
da ein, wo es diese Bindung zum Ewigen aufgab. Das heiße
und ungemein vielseitige Ringen um ein neues Kunstideal
des Theaters, wie es für das ausgehende 19. und beginnende
20. Jh. kennzeichnend ist, bietet die Gewähr dafür, daß
seine metaphysischen Kräfte nicht erschöpft sind und daß
ihm bei der Formung eines neuen Welt- und Menschenbildes
ein entscheidender Anteil zukommen wird.

Otto C. A. zur Nedden

AISCHYLOS

* um 525 v. Chr. in Eleusis
† 456 v. Chr. in Gela (Sizilien)

*Aischylos war der Sohn eines Tempelbeamten von Eleusis.
Schon als Fünfundzwanzigjähriger trat er in Athen bei den
Dionysos-Festen im Wettkampf der Dichter auf. Als Vierzig-
jähriger errang er den ersten Sieg. Nach dem Erfolg der
»Perser« (472) ist sein Ruhm so gewachsen, daß ihn der
Tyrann von Syrakus, Hieron, nach Sizilien einlädt. Später
wieder in Athen, unterliegt er (468) dem jungen Sophokles.
Zehn Jahre danach wird sein größtes Werk, die »Orestie«,
aufgeführt.*

Aischylos ist der erste uns bekannte Dramatiker, der aus
Chören, Hymnen und Sprechgesängen eine echte dramatische
Handlung formte. Ihm wird auch die Einführung des zweiten Schauspielers zugesprochen, wodurch erst die Voraussetzung für den Dialog gegeben war. Von den etwa 90 Stükken, die er geschrieben haben soll, sind nur sieben erhalten.
Die Stoffe bilden mythologische Vorgänge, Konflikte aus
Sage und Vorzeit, gelegentlich auch geschichtliche Ereignisse
seiner Zeit. Das älteste uns überlieferte Werk, *Die Schutz-
suchenden* (Reclams UB 1038), noch stark vom Chor beherrscht, behandelt die Sage von den Töchtern des Danaos,
die zur Ehe mit den Söhnen des Königs Aigyptos gezwungen
werden sollten, aber nach Griechenland zum König Pelasgos
flohen. Stärkere dramatische Momente zeigen *Die Perser*,
die Zeitgeschehen aus dem Leben des Dichters, den Zug des
Perserkönigs Xerxes gegen Griechenland, auf die Bühne
brachten. Das Werk kennt bereits den Botenbericht und die
Geistererscheinung als dramatische Mittel. Die *Sieben gegen
Theben* schildern Vorgänge aus der Ödipus-Sage, den Kampf
der Ödipus-Söhne Eteokles und Polyneikes um die Stadt
Theben. Die Tragödie ist ein Hohes Lied der Vaterlands-
liebe und enthält in der Gestalt des Eteokles Ansätze zur
Charakterschilderung eines einzelnen Helden. Das *Prometheus*-Fragment ist für die weitere Entwicklung des Dramas
von größter Bedeutung. Hier tritt der Begriff des Tragischen
im Sinne von Trotz und Auflehnung gegen göttliches Gebot

zum ersten Male deutlich in Erscheinung. Gleichzeitig gewinnt in ihm der Monolog als Stilelement des Dramas Form und Gestalt. Die *Orestie* ist die einzige uns vollständig überlieferte Trilogie des griechischen Theaters. In ihr behandelt der Dichter in grandioser Wucht das Agamemnon-, Klytaimnestra- und Orest-Schicksal. Stoff und Formung haben bis in die jüngste Zeit hinein die Dramatiker aller Völker beschäftigt und zur Nacheiferung angeregt. Das Werk vermag auch heute noch auf der Bühne und beim Lesen zu erschüttern, zu erheben und zu läutern, wie es das Ziel und das Streben des griechischen Theaters war. Aischylos trat aber auch als Verfasser von Satyrspielen in Erscheinung. Von einigen Stücken dieser Art sind Fragmente überliefert.

Die Perser

Tragödie (Mittelstück aus einer Trilogie)
Erste Aufführung: 472 v. Chr. in Athen

Personen: Xerxes, König der Perser – Atossa, seine Mutter – Ein persischer Krieger (als Bote) – Der Geist des Dareios – Der Chor (persische Greise als fürstlichen Geschlechtern).
Ort und Zeit: Hof innerhalb des persischen Königspalastes zu Susa, 480 v. Chr.

Der Chor zählt die gewaltigen Heeresmassen auf, die Xerxes gegen die Griechen geführt hat, um die Schmach von Marathon zu rächen. Die Greise erwarten mit Atossa in banger Sorge Nachricht vom Kriegsschauplatz. Da bringt ein Bote die fürchterliche Kunde: das ganze Heer der Perser ist vernichtet. Die Totenklage des Chores beschwört den Geist des letzten Herrschers, des Königs Dareios. Er sagt noch Schlimmeres voraus: auch die letzten Reste des Heeres werden vernichtet werden. Und schon naht der unglückliche König Xerxes selbst. Mit seinen herzzerreißenden Klagen und Selbstvorwürfen endet das Stück.

Aischylos feierte mit diesem Werk den gewaltigen Sieg der Hellenen über die Perser bei Salamis, einen Sieg, an dem er selbst als Kämpfer teilhatte. Indem er den Schauplatz der Handlung auf die Seite des geschlagenen Feindes verlegte, gab er seinen Landsleuten die Warnung, nicht in den Fehler des Feindes zu fallen, die Hybris, den Übermut. (Reclams UB 1008.)

Der gefesselte Prometheus

Tragödie (Teilstück aus einer Trilogie)
Erste Aufführung: in Athen (Zeit unbekannt)

P e r s o n e n : Prometheus – Kratos und Bia (Sinnbilder der Macht und Gewalt) – Hephaistos, der Götterschmied – Okeanos, Meeresgott – Io, Tochter des Königs von Argos – Hermes, Götterbote – Der Chor (die Töchter des Okeanos).
O r t und Z e i t : Eine hochgelegene Felsschlucht, in mythischer Vorzeit.

Kratos und Bia schleppen den gefesselten Prometheus herbei, um ihn mit Hilfe des Hephaistos an den Felsen anzuschmieden, weil er das Gebot des Zeus übertreten und den Menschen das Feuer gebracht hat. Kein Wort kommt über die Lippen des Titanen, bis seine Peiniger ihn verlassen haben. Dann erfolgt ein gewaltiger monologischer Ausbruch. Er beklagt sich, daß er, selbst ein Gott, von Göttern Unrecht leiden muß. Der Chor erscheint und versucht ihn zu trösten. Prometheus aber bleibt hart. Nur Klage entringt sich seinem Mund, keine Reue, auch nicht, als Okeanos zu ihm kommt und ihm zur Mäßigung rät. Trotzendes Titanentum und diplomatisches Einlenken stehen sich gegenüber, ohne daß der Vertreter der einen Anschauung den der anderen zu überzeugen vermöchte. Prometheus will leiden und vermeint seinen Richter Zeus dadurch nur tiefer zu treffen. Zwei weitere Besucher nahen der Schmerzensstätte: die wahnsinnige Königstochter Io, die gleichfalls Götterzorn verfolgt, und der Götterbote Hermes, der dem Gefesselten noch schlimmere Strafen androht, falls er seine Schmähreden nicht einstelle. Prometheus aber erhebt sich zur höchsten Stufe seines wilden Aufbegehrens. Auch jetzt noch schleudert er seine Drohreden gegen den Himmel. Zur Strafe versinkt er unter Blitz und Donner in die Tiefen des Tartaros.

Als Tragödie des Trotzes und Aufbegehrens gegen die bestehende Weltordnung kommt diesem Werk grundlegende Bedeutung zu. Es wurde richtungweisend für die Entwicklung der abendländischen Tragödie. (Reclams UB 988.)

Die Orestie

Trilogie
Erste Aufführung: 458 v. Chr. in Athen

I. Teil: Agamemnon

P e r s o n e n : Agamemnon, König von Argos – Klytaimnestra, Königin – Kassandra, trojanische Königstochter – Aigisthos – Ein Wächter – Ein Herold – Der Chor (Greise der Stadt Argos).
O r t   u n d   Z e i t : Vor dem Königspalast in Argos, am Ende des Trojanischen Krieges.

Auf dem Dach des Königspalastes hält ein Wächter nach dem von Berg zu Berg springenden Feuerzeichen Ausschau, das die Heimkehr der Krieger von Troja ankündigen soll. Da leuchtet es auf, und er eilt in den Palast, um es der Königin zu verkünden. In der Orchestra zieht der Chor der Greise ein. Ein Herold bringt die Nachricht von der bevorstehenden Ankunft des siegreichen Königs Agamemnon. Mit vollendeter Verstellung heuchelt Klytaimnestra Freude über die Heimkehr des Gatten, während sie bereits im Innern des Palastes mit Aigisthos, mit dem sie Agamemnon in der Zeit seiner Abwesenheit betrogen hat, seinen Tod vorbereitet. Die Seherin Kassandra, die Agamemnon auf seinem Kriegswagen als Beute mit sich führt, sagt in düsterer Vision dem Chor die kommenden Greueltaten voraus: der nach zehnjähriger Abwesenheit heimgekehrte König wird im Bad von Klytaimnestra und Aigisthos erschlagen, sie selbst wird mit ihm ermordet werden! Und so geschieht es: nachdem auch sie in den Palast gegangen ist, dringen von dort Todesschreie zu dem harrenden Chor, und bald tritt Klytaimnestra heraus und bekennt in schamlos-wilder Freude selbst die Tat. Sie rechtfertigt sie vor dem Chor mit der Behauptung, daß sie nur Sühne für den Opfertod ihrer Tochter Iphigenie sei, an dem Agamemnon die Schuld trage. (Diese Vorgeschichte schildert das Drama des Euripides *Iphigenie in Aulis*, s. dort.) Nun zeigt sich auch Aigisthos und nimmt, entgegen dem Willen des Volkes, den der Chor verkörpert, Besitz vom Thron der Argiver. (Reclams UB 1059.)

II. Teil: Die Totenspende

Personen: Klytaimnestra – Aigisthos – Orestes – Elektra – Die
Amme Kilissa – Ein Diener – Der Chor (Dienerinnen des Königshauses).
Ort und Zeit: Vor dem Königspalast in Argos (wie im I. Teil),
einige Jahre später.

Orestes, der Sohn Agamemnons und Klytaimnestras, der in
der Fremde aufwuchs, ist gekommen, um den Tod des Vaters zu rächen. Zunächst noch unerkannt, wird er Zeuge,
wie der Chor der Dienerinnen und Elektra am Grabe Agamemnons Opferspenden bringen müssen, da Klytaimnestra
schlimme Träume schrecken. Orestes gibt sich Elektra als ihr
Bruder zu erkennen. Beide beschließen Klytaimnestras und
Aigisthos' Tod. Orestes läßt sich nun durch einen Diener im
Palast als fremder Wanderer anmelden, der wichtige Kunde
zu bringen habe. Der Königin erzählt er von dem vermeintlichen Tod des Orestes. Die Amme Kilissa wird geschickt,
Aigisthos herbeizuholen. Als dieser in den Palast tritt, ermordet ihn Orestes. Das Geschrei des Dieners lockt Klytaimnestra herbei. Sie ahnt sogleich, wer gekommen ist: »So
wie wir selbst getötet, fallen wir durch List.« Vergeblich
bittet sie den Sohn um Gnade. Orestes fühlt sich als Vollstrecker göttlichen Gebotes und zieht die Mutter in den
Palast. Kaum jedoch, daß er auch an ihr die Rache vollzogen hat, glaubt er die Schlangenhäupter der rächenden
Erinyen auf sich gerichtet. Im Wahnsinn stürzt er davon.
(Reclams UB 1063.)

III. Teil: Die Eumeniden

Personen: Apollo – Athena – Hermes – Pythia – Orestes – Der
Schatten der Klytaimnestra – Der Chor der Erinyen.
Ort und Zeit: Vor dem Tempel des Apollo in Delphi, später in
Athen, einige Zeit nach dem II. Teil.

Orestes, den die Erinyen verfolgen, ist schutzsuchend vom
Orakel nach Delphi geflohen. Apollo nimmt sich seiner an
und befiehlt Hermes, ihn nach Athen zu geleiten. Aber der
Schatten Klytaimnestras jagt die schlafenden Erinyen hoch
und hetzt sie dem Muttermörder nach. In Athen vor dem
Areopag des Volkes, der über die Tat des Orest zu richten

hat, greift die göttliche Gerechtigkeit lösend in den Konflikt ein. Orestes wird entsühnt. Athene selbst, die Schutzgöttin der Stadt, wirft den weißen Stein des Freispruchs in die Abstimmungsurne und versöhnt die zürnenden Erinyen, indem sie sie zu gnädigen Eumeniden wandelt. In einem einzigen Jubel der Freude endet die Trilogie.

Die *Orestie* brachte Gestalten und Geschehnisse auf die Bühne, die jedem Griechen der damaligen Zeit geläufig waren und die auch von anderen Dichtern und Dramatikern behandelt worden sind. Nicht nur der gewaltige mythische Stoff dieses Dramas macht es groß: entscheidend ist die dramatische Form, in die Aischylos die Geschehnisse goß, entscheidend auch die Kraft des Ethos, von der das Werk erfüllt ist. Für die kultische Bedeutung der Trilogie ist kennzeichnend, daß Aischylos am Schluß den Konflikt von der irdischen Basis in die himmlische Sphäre emporträgt und Götter und Menschen miteinander zu versöhnen trachtet. (Reclams UB 1097.)

SOPHOKLES

* 496 v. Chr. in Kolonos (bei Athen)
† 406 v. Chr. in Athen

Sophokles genoß als Sohn eines wohlhabenden Bürgers eine sorgfältige Erziehung. Bei der Siegesfeier nach der Schlacht bei Salamis führte er den Knabenchor an. Im Alter von 28 Jahren siegte er zum ersten Male als tragischer Dichter über Aischylos. Er bekleidete mehrere öffentliche Ämter ehrenhalber, u. a. das des Schatzmeisters des attischen Seebundes und das eines Strategen. Perikles verwandte ihn auch in diplomatischen Diensten. Die Einführung des Asklepios-Kultes in Athen wird ihm zugeschrieben. Neunzigjährig starb er und wurde in Kolonos beigesetzt. Die Athener verehrten ihn als Heros.

Die Entwicklung des griechischen Theaters wurde durch Sophokles außerordentlich gefördert: er führte den dritten Schauspieler ein, er löste das Drama aus dem Trilogie-Verband, er stellte den Menschen als Individuum in den Mittelpunkt der Handlung, und er erhob die tragische Analysis, d. h. die nach rückwärts aufgerollte Handlung, zum dramaturgischen Prinzip. Dies alles können wir erkennen, obwohl von den 123 Stücken, die er der Überlieferung nach geschaffen hat, nur sieben erhalten sind. Das Tragische tritt bei ihm sowohl als Schicksal in Erscheinung, gegen das sich der Mensch vergeblich aufzulehnen sucht, wie als Schuld des Individuums. Eine besondere Kunst zeigt er in der Motivierung der Handlungen. »Seine Charaktere besitzen alle eine solche Redegabe und wissen die Motive ihrer Handlungsweise so überzeugend darzulegen, daß der Zuhörer fast immer auf der Seite dessen ist, der zuletzt gesprochen hat«, sagt Goethe. Zwei von Sophokles' Stücken gehören zum Stoffkreis der *Ilias*, die *Aias*-Tragödie, das vermutlich früheste der uns überlieferten Werke, und der *Philoktet*. In beiden Werken steht ein tragischer Held im Mittelpunkt, in beiden tritt Odysseus als Nebenfigur auf. Drei Tragödien befassen sich mit Stoffen aus der Ödipus-Sage, zwei davon mit dem Schicksal des unglücklichen Königs selbst, der nach griechischer Vorstellung das schwerste aller Menschenlose zu tragen hatte: *König Ödipus* und *Ödipus auf Kolonos*, eines mit dem der Ödipus-Tochter *Antigone*. In allen drei Stücken begegnet als Gegenspieler die Gestalt des Kreon. Die zwei weiteren Stücke haben bekannte, auch sonst von griechischen Dichtern immer wieder behandelte Frauengestalten zum Mittelpunkt, die Dejaneira der Herakles-Sage in den *Trachinierinnen* und die Agamemnon-Tochter und rachedurstige Schwester des Orest in *Elektra*. Durch alle Werke des Sophokles zieht sich als ethisches Postulat die Aufforderung zur Besonnenheit, zum Maßhalten. Sobald der Mensch seinen Leidenschaften nachgibt, setzt er sich in Widerspruch zur göttlichen Weltordnung und führt seinen eigenen Untergang herbei.

Von den etwa 30 Satyrspielen des Dichters konnte eines, *Die Spürhunde*, aus überlieferten Fragmenten fast vollständig rekonstruiert werden.

Aias

Tragödie
Erste Aufführung: in Athen (Zeit unbekannt)

P e r s o n e n : Athene – Aias – Tekmessa – Teukros – Odysseus – Agamemnon – Menelaos – Ein Bote – Der Chor (Krieger des Aias).
O r t und Z e i t : Vor dem Zelt des Aias und am Meeresstrand, während des Trojanischen Krieges.

Unruhig schreitet Odysseus vor dem Zelt des Aias auf und ab. Rätselhaftes ist in der letzten Nacht geschehen: Aias hat das gesamte Beutevieh mit den Hirten erschlagen. Niemand kennt den Grund. Athene, die Schutzgöttin des Odysseus, klärt ihn auf: Aias, tief in seinem Ehrbewußtsein und seiner Eitelkeit gekränkt, daß nicht ihm, sondern Odysseus die Waffen Achills zugesprochen wurden, wollte Rache nehmen und Odysseus sowie Agamemnon und Menelaos ermorden. Aber Athene hatte es verhindert, indem sie seine Sinne verwirrte, so daß er die Tiere für die Fürsten nahm. Am Morgen erwacht Aias aus seinem Wahnsinnsrausch. Das Furchtbare und Entehrende seines Verhaltens wird ihm in steigendem Maße bewußt. Er sieht nur noch einen Ausweg aus der schmachvollen Situation: den Tod durch Selbstmord. Vergebens versuchen seine Krieger und die Geliebte Tekmessa ihn von seinem Entschluß abzuhalten. Nur vorübergehend scheint es so, als ob er sich habe umstimmen lassen. Allein am Meeresstrand stürzt er sich ins Schwert, das ein Geschenk seines Todfeindes Hektor war. Um den Leichnam entbrennt sofort ein neuer Konflikt. Sein Halbbruder Teukros will ihn bestatten, Menelaos und Agamemnon aber wollen den Verhaßten, der ihnen nach dem Leben trachtete, unbestattet verwesen lassen. Da greift Odysseus in den Streit ein. Der allzeit Kluge weiß Agamemnon zu bestimmen, dem toten Helden, der einst viel für die Sache der Atriden vor Troja tat, die Totenruhe zu gönnen.

Mit großer dichterischer Gestaltungskraft zeichnet Sophokles die Charaktere, an erster Stelle Aias als echten tragischen Helden. Seine drei monologischen Ausbrüche umreißen ungemein plastisch die ausweglose Situation, in die er sich im Übermaß seiner Eitelkeit und seines Kraftbewußtseins gebracht hat. In der Auseinandersetzung über die Bestattung zeigt sich die Kultgebundenheit der griechischen Tragödie, die Sophokles von Aischylos übernahm. (In der späteren *Antigone* sollte ein solcher Bestattungsstreit zum Hauptthema einer Tragödie werden.) In den Chören klingt das Heimweh der Krieger nach Salamis, der Heimatinsel des Aias und seiner Männer, ergreifend an. Bereits in diesem, vermutlich ältesten der überlieferten Werke des Sophokles ist der Hinweis auf das ›Maßhalten‹, das allein ein friedvolles Dasein gewährleistet und dessen Überschreiten zu tragischen Konsequenzen führen muß, das Fazit der Tragödie.

Antigone

Tragödie
Erste Aufführung: etwa 443 v. Chr. in Athen

P e r s o n e n : Antigone – Ismene, ihre Schwester – Kreon, König von Theben – Eurydike, seine Gemahlin – Haimon, beider Sohn – Teiresias, ein blinder Seher – Ein Wächter – Ein Bote – Ein Diener – Der Chor (thebanische Greise).
O r t   u n d   Z e i t : Vor dem königlichen Palast in Theben, griechische Vorzeit.

Antigone, die Tochter des Ödipus, führt ihre Schwester Ismene in der Morgenfrühe vor den Palast, um sie zur Mithilfe an der Beerdigung ihres toten Bruders Polyneikes zu bewegen, dessen Bestattung Kreon, der neue König von Theben, ausdrücklich verboten hat, während er die Beerdigung des Eteokles anordnete. Beide Brüder fielen im Kampf um Theben, Polyneikes als der Angreifer, Eteokles als der Verteidiger. Ismene lehnt ab und bittet die Schwester vergeblich, von ihrem Tun, auf dem der Tod steht, abzulassen. Antigone vollzieht die geheiligten Bestattungsbräuche an der Leiche des Polyneikes, wie der Wächter alsbald Kreon zu vermelden weiß. Bei der nun folgenden Auseinandersetzung zwischen Kreon und Antigone vertritt Antigone das göttliche Gebot, dessen Ruf sie im Herzen vernimmt (»Mitlieben, nicht mithassen ist mein Teil«), gegenüber dem irdischen, das Kreon als Staatsoberhaupt verkörpert. Kreon bleibt hart und verurteilt sie zum Tode durch Einmauerung. Vergeblich versucht sein Sohn Haimon, der mit Antigone verlobt ist, ihn

umzustimmen. Auch als der blinde Seher Teiresias ihn zur
Besonnenheit mahnt, verharrt Kreon zunächst trotzig auf
seinem Standpunkt und bezichtigt den Greis, bestochen zu
sein. Erst als dieser dem König selbst ein furchtbares Schicksal als Strafe für seine vermessene Freveltat weissagt, wird
Kreon unsicher und folgt der Mahnung des Chores, von seinem Starrsinn abzulassen – jedoch zu spät. Als er seine Befehle rückgängig macht, hat sich Antigone bereits erhängt,
Haimon an ihrer Leiche sich erdolcht und Eurydike, Kreons
Gemahlin, auf diese Schreckenskunden hin sich selbst das
Leben genommen. Mit Kreons schuldbewußten Klagerufen
endet das Stück.

Der Dichter schrieb mit diesem Werk seine am stärksten
verinnerlichte Tragödie. Die Gestalt der Antigone ergreift
in ihrer liebenden, frommen Hingabe an das höhere göttliche
Gebot (denn ein solches ist die Pflicht der Totenbestattung
des Bruders), dem sie gegen die menschliche Willkür opfer-
mutig folgt. Dennoch läßt Sophokles in tiefer Wahrheit sie
offen ihre Furcht vor dem Tode auf ihrem Gang zur Richt-
stätte aussprechen. Kreons Starrsinn wirkt um so tragischer,
als er von vollendeter Verblendung diktiert erscheint und
mit zwingender Notwendigkeit zum Abgrund führen muß.
Die Chorlieder der Tragödie gehören zu den schönsten, die
wir von Sophokles kennen. Auf den Begrüßungsgesang an
die Sonne folgt das berühmte Preislied auf den Menschen als
den Herrn der Natur, dem gleichwohl gottgewollte Grenzen
gezogen sind. An das tragische Schicksal des Labdakiden-
hauses, dem Ödipus und seine Kinder als letzte Sprößlinge
angehören, erinnert der dritte Chor. Dem Preis der Allmacht
des Eros sowie dem Ausdruck der Klage und einem Gebet
an Bakchos sind die weiteren Chöre gewidmet. Aufbau,
dichterische Durchformung und innerer Gehalt haben die
Antigone seit jeher zu dem am meisten bewunderten und
gepriesenen Werk ... Sophokles werden lassen. (Reclams
UB 659.)

König Ödipus

Tragödie
Erste Aufführung: 425 v. Chr. in Athen

P e r s o n e n : Ödipus, König von Theben – Iokaste, seine Gemahlin –
Kreon, Iokastes Bruder – Teiresias, ein blinder Seher – Der Priester des
Zeus – Ein Bote – Ein Hirt – Ein Diener – Der Chor (thebanische Greise).
O r t u n d Z e i t : Vor dem Königspalast in Theben, griechische Vor-
zeit.

Die Stadt Theben ist von einer Pestseuche ergriffen. Priester
und Volk wenden sich hilfesuchend an König Ödipus, der
schon früher einmal Theben von dem Unheil befreit hat, das
die Sphinx über die Stadt brachte. Ödipus ist entschlossen,
zu helfen, ja er hat schon vor sich aus seinen Schwager Kreon
zum Orakel nach Delphi gesandt, um dessen Meinung zu
erfahren. Kreon kehrt zurück und berichtet: Blutschuld liege
über der Stadt, der Mord an dem letzten König Laios sei
noch nicht gesühnt, dies der Grund der Plage, die über die
Stadt gekommen sei. Sofort geht Ödipus mit Übereifer ans
Werk, den Mörder zu finden. Vergeblich warnt ihn der
blinde Seher Teiresias, in dieser Sache weiterzuforschen.
Ödipus bezichtigt ihn selbst der Tat, woraufhin der Seher
nicht länger mit der Wahrheit zurückhält: kein anderer als
Ödipus sei der Mörder des Laios. Nun will der gereizte König erst recht Licht in das Dunkel bringen. Seiner Ansicht
nach ist Teiresias von Kreon aufgestachelt, der nach dem
Throne strebe. Doch je mehr Ödipus forscht, desto furchtbarer treten die wahren Zusammenhänge der Dinge zutage:
Ödipus wurde einst als kleines Kind von seinen Eltern ausgesetzt, da seinem Vater prophezeit war, er würde durch die
Hand des Sohnes sterben. Mitleidige Diener und Hirten ret-
teten ihn. Er wuchs am Hofe des Königs Polybos von Korinth auf, den er für seinen Vater hielt. In Wahrheit sind
aber Laios und Iokaste seine Eltern. Bei einem Streit am
Kreuzweg hatte Ödipus als Jüngling einen alten Mann erschlagen, der niemand anderes als sein Vater Laios war, und
hatte dann in völliger Unkenntnis seiner Herkunft in Theben seine Mutter geheiratet und mit ihr Kinder gezeugt.
Früher noch als Ödipus erkennt Iokaste aus der Erzählung
des Hirten den Zusammenhang der Dinge. Sie zieht sich

schweigend in den Palast zurück, wo sie sich das Leben nimmt. Ödipus aber sticht sich, als keine Zweifel mehr an seiner Blutschuld und Blutschande bestehen können, beide Augen aus und verbannt sich selbst aus Theben.

Aufbau, Charakterzeichnung und tragischer Gehalt sind in diesem größten und berühmtesten Werk des Sophokles unvergleichlich, Schicksal und Schuld unlöslich miteinander verknüpft, die Steigerung der Handlung bis zur endgültigen Klärung der Vorgeschichte und damit zur Katastrophe durch die rückwärts aufgerollte Handlung ungewöhnlich spannungsvoll herbeigeführt. »Der Ödipus ist gleichsam nur eine tragische Analysis«, sagt Schiller. »Alles ist schon da, und es wird nur herausgewickelt«, wobei »das Geschehene, als unabänderlich, seiner Natur nach viel fürchterlicher ist und die Furcht, daß etwas geschehen sein möchte, das Gemüt ganz anders affiziert als die Furcht, daß etwas geschehen könnte.« Mit sicherer und erfahrener Kunst zeichnet der Dichter den Charakter des Königs als einen zwar edlen, aber hochfahrenden, leicht jähzornigen und unbeherrschten Mann, den sein entsetzliches Schicksal tief, aber nicht ganz unverschuldet trifft. Die Chöre des Werkes künden in eindringlicher Weise von der religiösen Auffassung des Dichters, daß nur die Furcht vor der Gottheit und weise Besonnenheit die Haltung des Menschen im irdischen Dasein bestimmen dürfen. Die Wirkung, die von dieser Tragödie auf das Theater des Abendlandes ausging, war außerordentlich. Generationen von Dichtern und Dramatikern aller Völker und Zeiten haben sich an ihr geschult und verdanken ihr die Kenntnis der dramaturgischen Grundregeln. Zahllos sind auch die Nachschöpfungen im Drama, in der Oper und im Oratorium (bis in die jüngste Vergangenheit). Doch hat keine das Vorbild erreicht. Unter den zahlreichen deutschen Übersetzungen ragt als sprachlich gewaltigste die von Friedrich Hölderlin hervor. Noch heute wirkt das Werk auf der Bühne ganz im Sinne dessen, was nach Aristoteles Ziel und Aufgabe der echten Tragödie ist: die Katharsis, die Reinigung und Läuterung der Seele durch Mitleid und Furcht. (Reclams UB 630.)

Elektra

Tragödie
Erste Aufführung: um 413 v. Chr. in Athen

P e r s o n e n : Elektra – Orestes – Klytaimnestra – Aigisthos – Chrysothemis – Der alte Pfleger des Orestes – Pylades (stumme Rolle) – Der Chor (Jungfrauen von Mykene).
O r t und Z e i t : Vor dem Palast in Mykene, griechische Vorzeit.

Orestes ist mit seinem alten Pfleger und seinem Freunde Pylades nach Mykene gekommen, um den Tod seines Vaters Agamemnon zu rächen, den Klytaimnestra und ihr Buhle Aigisthos nach seiner Rückkehr aus dem Trojanischen Krieg ermordet hatten. Orest gibt sich zunächst nicht zu erkennen, sondern läßt durch den Pfleger im Palast seinen vermeintlichen Tod melden, um Klytaimnestra in Sicherheit zu wiegen. Tiefer als alle anderen muß die Nachricht Elektra treffen, die Schwester des Orest, die sich in maßlosem Leid um das Vergangene verzehrt, nur dem Gedanken der Rache für ihren Vater lebt und sehnsüchtig auf den Bruder harrt. Schroff weist sie alle Einlenkungsversuche ihrer Mutter Klytaimnestra zurück, ebenso aber auch die ihrer Schwester Chrysothemis. Nun sie Orestes tot glaubt, ist sie entschlossen, die Sühne an Aigisthos selbst zu vollziehen. Ihrem wilden, unbeugsamen Leid gegenüber vermag Orestes sich nicht länger zu verstellen. Er gibt sich ihr zu erkennen. Überglücklich umarmt ihn Elektra und treibt ihn zur Tat. Orestes ermordet die Mutter und Aigisthos.

Wie vor ihm Aischylos und nach ihm Euripides finden wir in diesem Stück auch Sophokles um den an dramatischen Situationen so reichen Atriden-Stoff bemüht. Er stellt Elektra ganz in den Mittelpunkt der Handlung. Ihr Leid, ihr Haß, aber auch ihr Jubel über die Heimkehr des Bruders sind in Worten von mitreißender Leidenschaft gezeichnet. Die große Erkennungsszene zwischen Elektra und Orestes gehört zu den ergreifendsten Szenen dieser Art aus dem Altertum. (Reclams UB 711.)

Unter den zahlreichen Nachdichtungen nimmt die *Elektra* von Hugo von Hofmannsthal (1903) einen besonderen Rang ein. In der Vertonung von Richard Strauss (1909) lebt das Werk des Sophokles auf allen Opernbühnen der Welt.

Philoktet

Tragödie
Erste Aufführung: 409 v. Chr. in Athen

P e r s o n e n : Philoktet – Odysseus – Neoptolemos – Ein Diener, als
Schiffsherr verkleidet – Herakles – Der Chor (die Männer des Neoptolemos).
O r t und Z e i t : Auf der Insel Lemnos, zur Zeit des Trojanischen
Krieges.

Odysseus ist mit Neoptolemos, dem Sohn des Achilles, auf
der Insel Lemnos gelandet, um den vor neun Jahren auf der
Fahrt nach Troja hier ausgesetzten Philoktet mit List nach
Troja zu entführen. Philoktet, der mit einem furchtbaren,
übelriechenden Giftgeschwür behaftet ist, wurde damals auf
das Betreiben des Odysseus auf der Insel zurückgelassen.
Nunmehr ist seine Überführung nach Troja aber zur Notwendigkeit geworden, da Troja einem Orakel zufolge nur
durch die mit dem Blute der lernäischen Schlange getränkten
Pfeile des Herakles erobert werden kann, die im Besitz des
Philoktet sind. Zunächst weigert sich Neoptolemos, den Anweisungen des Odysseus, die auf eine hinterlistige Entführung zielen, Folge zu leisten, läßt sich aber schließlich doch
von ihrer Notwendigkeit überzeugen. Odysseus wartet nun
auf dem Schiff, während Neoptolemos mit Philoktet zusammentrifft. Mit klugen Worten versteht es Neoptolemos,
den an der furchtbaren Krankheit Leidenden zu täuschen
und ihm Bogen und Pfeile abzugewinnen, indem er ihm
seine Freundschaft anbietet und verspricht, ihn in seine Heimat nach Griechenland zurückzubringen. Kaum ist dies geglückt – Odysseus hatte bereits durch einen als Schiffsherrn
verkleideten Diener zum eiligen Aufbruch mahnen lassen –,
erfaßt Neoptolemos, der Zeuge eines der furchtbaren Krank-
heitsanfälle Philoktets geworden ist, Mitleid mit ihm und
Reue wegen des falschen Spieles, das er mit dem Unglücklichen getrieben hat. Er gesteht ihm den Betrug: daß die
Fahrt nicht nach Griechenland, sondern nach Troja zu den
Atriden gehen sollte, gegen die Philoktet einen unversöhnlichen Haß hegt, weil sie ihn auf der einsamen Insel zurück-
ließen. Ehe sich das Weitere entscheidet, greift Odysseus ein
und zieht Neoptolemos mit sich fort. Doch nun vollzieht

sich in diesem die große Wandlung. Er kehrt um und gibt Philoktet den Bogen und die Pfeile zurück, die das einzige Pfand in der Hand des Schwergeprüften sind. Philoktet legt auf Odysseus an. Doch dieser entweicht, auch fällt ihm Neoptolemos in den Arm. Nun wollen Philoktet und Neoptolemos nach Griechenland aufbrechen, als Herakles erscheint und sie alle nach Troja verweist, wo nach dem Willen des Zeus die Krankheit des Philoktet geheilt werden soll. Philoktet folgt der Weisung und nimmt Abschied von der Insel seiner Schmerzen.

Ein ergreifendes Drama, das nicht nur in der Zeichnung der Charaktere meisterhaft gearbeitet ist, sondern erstmals in der Gestalt des Neoptolemos einen Charakter in der Entwicklung zeigt. In den Konflikt gestellt zwischen Staatsinteressen, die Odysseus vertritt, und menschlichem Mitgefühl, das das Schicksal des Philoktet in ihm erweckt, ringt sich Neoptolemos, ein geistiger Bruder der Antigone, ganz zu reiner Menschlichkeit durch. Das Erscheinen des Herakles als ›deus ex machina‹ am Schluß des Werkes wirkt auf uns als äußeres Dazwischentreten, doch war es für den Griechen Ausdruck der Gebundenheit des irdischen Geschehens an den Willen der Götter, wie sie in der Sage vom Fall Trojas vorgebildet war. Trotz dieser Lösung des Konflikts ist der eigentliche Gehalt des Werkes durchaus tragisch. (Reclams UB 709.)

Die Trachinierinnen (Tragödie. Zeit der ersten Aufführung unbekannt). – Dejaneira erwartet mit Sorge ihren Gatten Herakles, der zu neuen Taten ausgezogen ist und von dem sie seit über einem Jahr nichts gehört hat. Eben will ihr Sohn Hyllos auf ihr Geheiß ausziehen, ihn zu suchen, als ein Bote die Nachricht bringt, daß Herakles auf der Rückkehr begriffen ist. Die Kriegsbeute schickt er in Gestalt der schönen jungen Iole voraus. Diese ist jedoch mehr als das, wie Dejaneira alsbald zu ihrem Kummer von dem Boten erfahren muß. Sie ist die Geliebte des Herakles. Obwohl Dejaneira Großzügigkeit vorgibt, erfaßt sie doch die Eifersucht. Sie erinnert sich des Liebeszaubermittels, das ihr einst der von Herakles' Pfeil tödlich getroffene Kentaur Nessos gab. Sie bestreicht damit das Festgewand, das sie Herakles zum Willkommen entgegensendet, in der Hoffnung, daß es den Gatten aufs neue in Liebe zu ihr entflammen würde. Kaum hat sie es abgesandt, erfaßt sie Zweifel und Furcht, daß Nessos sie betrogen haben könnte, um sich an Herakles zu rächen. Und schon bringt Hyllos die furchtbare Kunde: Das Gewand verzehrt den Helden. In wilder Verzweiflung tötet sich Dejaneira selbst. Der sterbende Herakles befiehlt dem Sohn, Iole zu heiraten und ihn selbst zur Verbrennung auf das Öta-Gebirge zu bringen.

Das Stück, das unter dem Einfluß des Euripides zu stehen scheint (Schilderung von Leidenschaften um ihrer selbst willen), zählt zu den schwächeren Arbeiten des Sophokles, enthält aber in der Gestalt der Dejaneira einen bedeutsam herausgearbeiteten Frauencharakter. Wiewohl Dejaneira behauptet, die Untreue des Gatten gewohnt zu sein, bringt sie es nicht über sich, die Geliebte im Hause neben sich zu dulden, und wird unschuldig-schuldig zum Anlaß seines Todes.

Eine bedeutsame Nachdichtung des Stückes schuf in neuerer Zeit der Amerikaner Ezra Pound unter dem Titel *Die Frauen von Trachis*.

Ödipus auf Kolonos (Tragödie. Erste Aufführung 401 v. Chr. in Athen). – Nach langer Irrfahrt kommt Ödipus, der unglückliche König von Theben, der unwissend seinen Vater erschlug und seine Mutter heiratete, als blinder Greis zum Hain der Eumeniden bei Kolonos. Nur seine Tochter Antigone ist bei ihm. Beglückt erfährt er von einem vorübergehenden Bewohner von Kolonos, wo er sich befindet. Denn hier soll, wie ein Orakel besagt, sein Leidensweg ein Ende haben. Aber noch hat er letzte Prüfungen zu bestehen. Zwar verspricht ihm Theseus, der König des nahegelegenen Athen, Schutz und Hilfe. Auch gesellt sich seine zweite Tochter, Ismene, zu ihm. Doch Kreon, sein Schwager, rückt an, um ihn mit Gewalt nach Theben zurückzuholen, wo um den Thron des Ödipus schwere Konflikte zwischen seinen Söhnen Polyneikes und Eteokles entbrannt sind und wo der Stadt nur Segen erblühen kann, wenn (wie ein Orakel besagt) der Leichnam des vertriebenen Königs in heimatlicher Erde bestattet wird. Da Ödipus die Rückkehr nach Theben hartnäckig verweigert, sucht Kreon sich seiner und der Mädchen mit Gewalt zu bemächtigen. Nur das Eingreifen des Theseus verhindert das Gelingen dieses Vor-

habens. Und kaum ist Kreon fort, als Polyneikes naht.
Flehentlich bittet er den Vater, an dessen Vertreibung aus
Theben er teilhatte, um Verzeihung und um seinen Segen
für den bevorstehenden Kampf um die Vaterstadt. Doch
Ödipus bleibt auch hier hart. Blitz und Donner verkünden
unmittelbar nach dem Fortgang des Polyneikes das bevor-
stehende Ende des schwergeprüften Königs. Eiligst läßt er
Theseus rufen und geht mit ihm in den heiligen Hain, wo
ihn unter geheimnisvollen, aber günstigen Vorzeichen die
Götter gnädig ins Totenreich aufnehmen.

Mit diesem Alterswerk, das fünf Jahre nach dem Tode
des Dichters in Athen aufgeführt wurde, gibt Sophokles seinem *König Ödipus* noch einen ergreifenden Epilog. Vieles in
dem Werk, so der Schauplatz der Handlung (Kolonos), der
Geburtsort des Dichters, der prachtvolle Chor auf Athen
und vor allen Dingen die Gedankentiefe und die (bei allem
Pessimismus) versöhnliche Grundstimmung scheinen subjektiven Charakter zu haben und lassen es als sein dramatisches
Testament erscheinen. Der Charakter des Ödipus ist sicher
festgehalten und zeigt in den Szenen mit Kreon und Polyneikes monumentale Größe. (Reclams UB 641.)

EURIPIDES

* um 480 v. Chr. in Salamis
† 406 v. Chr. in Pella (Makedonien)

*Euripides war der Sohn eines wohlhabenden Gutsbesitzers
auf Salamis. Er gilt als Schüler des Philosophen Anaxagoras
und des Sophisten Protagoras. Er scheint ein zurückgezoge-
nes Leben auf der Insel Salamis geführt zu haben. Vielfacher
Anfeindungen wegen folgte er im Jahre 408 dem Rufe des
makedonischen Königs Archelaos nach Pella, wo er kurze
Zeit darauf starb. Als die Kunde von seinem Tode in Athen
eintraf, legte Sophokles Trauerkleider an und ließ auch die
Schauspieler und den Chor unbekränzt auftreten.*

Die Dramen des Euripides – von 92 sind 18 überliefert –
stellen das großartige Ende der hohen griechischen Tragödie
dar. Er führte den Prolog als Stilmittel in das Drama ein.

Fast immer eröffnet ein solcher seine Stücke und gibt die
Vorgeschichte der Handlung, die dann in ihren entscheidenden Momenten selbst vorgeführt wird. Der Chor tritt an
Bedeutung zurück, bildet jedoch auch jetzt noch das Bindeglied im Gefüge der Handlung. Die kennzeichnende Neue-
rung des Euripides war, daß er den Menschen, unabhängig
von Schicksals- und Göttervorstellungen, zum Maßstab des
dramatischen Geschehens machte. Er malte die Leiden und
Leidenschaften, mit denen die Menschen geschlagen sind, um
ihrer selbst willen. Er geht ihren psychologischen Voraussetzungen nach und zeigt sie in ihrer ganzen Blöße im Spiegelbild der Kunst. Dabei wurde er zum ›tragikotatos‹ (zum
tragischsten) unter den Dichtern, wie Aristoteles ihn nannte.
Nietzsche dagegen nannte ihn den Zerstörer der griechischen
Tragödie, da er den Mythos durch rationale Reflexion und
Psychologie ersetzt und gleichsam den aufgeklärten sokratischen Zuschauer auf die Bühne gestellt habe. Im Dialog
kommt Euripides bereits zur Sentenz, d. h. zur dichterisch
formulierten und philosophisch abstrahierten Lebensweis-
heit, was den späteren ›Klassikern‹ des Theaters vielfach
zum Vorbild geworden ist. Zur Bühnenwirksamkeit seiner
Tragödien mag in manchem die Freundschaft beigetragen
haben, die ihn mit dem Schauspieler Kephisophon verband,
von dem berichtet wird, daß er in seinem Hause gelebt und
möglicherweise mit ihm zusammengearbeitet habe. Die Kon-
fliktstellungen des Euripides sind so allgemeingültig, so
zwingend, daß sie sich stets aufs neue als wirkungsvoll und
ergiebig auf dem Theater erwiesen haben. Das gilt insbesondere für die von ihm erstmalig groß gestaltete *Medea*-Tra-
gödie, ebenso aber für die aus den Sagen des Trojanischen
Krieges entnommenen *Iphigenie in Aulis, Iphigenie bei den
Taurern, Helena, Troerinnen, Hekabe* und *Andromache.*
Einen breiten Raum nehmen bei ihm (erstmals auf dem
abendländischen Theater) Frauen-Probleme ein. Die Liebesleidenschaft einer Frau als tragisches Problem tritt in der
Gestalt der Phaidra im *Hippolytos* in Erscheinung, die
opferbereite Frau wird in der *Alkestis* vorgeführt, die Tragik greiser Mütter in den *Troerinnen,* in den *Phönikerinnen*
und der *Hekabe* erschütternd dargestellt. In *Orest* und
Elektra geht Euripides auf seine Weise diesen von allen
griechischen Dichtern immer wieder behandelten Stoffen

nach. Einen besonderen Platz nehmen unter seinen Werken die *Bakchen* ein. Sie haben den Dionysos-Kult zum Thema, also jenen Kult, dem die Tragödie als Kunstform ihre Entstehung verdankte. Der *Kyklop* ist das einzige aus dem Altertum vollständig überlieferte Satyrspiel, das sich an die Vorführung der Tragödien anschloß.

Zu seinen Lebzeiten war Euripides harten Angriffen ausgesetzt, vor allen Dingen von seiten des Komödiendichters Aristophanes, der ihm die Leugnung der Existenz der Götter und die Dialektik seines Denkens und seiner Ausdrucksweise vorwarf. Um so größer wurde sein Nachruhm. Fast alle seine überlieferten Werke sind um- und nachgedichtet worden, angefangen von den römischen Dichtern über das klassische Theater der Franzosen und der Deutschen bis zum Theater der Gegenwart. Zu seinen besonderen Bewunderern zählte Goethe, der ein Fragment des Dichters, *Phaëthon*, wiederherzustellen suchte und ihn gegenüber abschätzigen Urteilen der Romantiker oder falsch wertender akademischer Beurteilung immer wieder verteidigte. »Haben denn alle Nationen seit ihm einen Dramatiker gehabt, der nur wert wäre, ihm die Pantoffeln zu reichen?« rief er aus. Wenn Nachwirkung und Fortleben dichterischer Konzeptionen ein Maßstab für die Bedeutung einer Persönlichkeit sind, so besteht Goethes Einschätzung gewiß auch heute noch zu Recht. Bei der Vielzahl der Werke seien im folgenden nur die wichtigsten, soweit sie sich für das abendländische Theater als richtunggebend erwiesen haben, herausgegriffen.

A l k e s t i s (438 v. Chr.). – Im Prolog enthüllt Apollo die Vorgeschichte der Handlung. Admet, dem König von Pherai in Thessalien, ist der Tod bestimmt. Doch kann er gerettet werden, wenn sich ein anderer für ihn opfert. Aber niemand ist dazu bereit, nicht einmal die hochbetagten Eltern. Nur seine treue Gattin Alkestis will das Opfer auf sich nehmen. Und schon naht Thanatos, der Gott des Todes, um Alkestis zu holen. Vergeblich bemüht sich Apollo, ihn zum Verzicht zu bewegen. Aus dem Munde einer Dienerin erfahren wir, wie Alkestis sich zum Abschied rüstet. Dann erscheint sie selbst am Arme des Gatten. Sie ist fest entschlossen zu sterben, da die Kinder den Vater nötiger brauchen als die Mutter. Nachdem Admet ihr das Versprechen gegeben hat, sich

nicht wieder zu verheiraten, stirbt sie. Doch nun tritt eine
Wendung zum Guten ein. Herakles kehrt als Gast bei Admet ein. Als er den wahren Grund der Trauer des Königs
erfährt, der ihn zunächst verschwiegen hatte, um den Gast
nicht zu beschweren, ist er sofort entschlossen zu helfen.
Er bricht auf, Alkestis dem Todesgott wieder zu entreißen. Und
wirklich führt er sie Admet in der Schlußszene wieder zu.

Das Werk, das den Abschluß einer Tetralogie bildete, mit
der Euripides im Wettkampf mit Sophokles den zweiten
Preis errang, enthält zwei Szenen von besonderer dichterischer Bedeutung und Schönheit: die komödiantisch gefärbte
Trunkenen-Szene des Herakles, der im Palast des Königs
ein Zechgelage feiert (starke Kontrastwirkung), und die Erkennungsszene der Gatten am Schluß (Herakles hatte die
aus dem Totenreich zurückgeführte Alkestis zunächst ver-
schleiert als einen im Kampf errungenen Siegespreis und als
eine ihm selbst gehörige Dienerin bezeichnet).

M e d e a (431 v. Chr.). – Aus dem Prolog der Amme erfahren wir, daß Medea, die Kolcherin, am Hofe des Königs
Kreon von Korinth schmählich verraten worden ist. Jason
hat sie, die ihm einstmals auf dem Argonautenzug das Goldene Vlies zu gewinnen geholfen hatte und dem sie als Gemahlin gefolgt war, um der schönen jungen Königstochter
willen verlassen. Medea brütet Rachepläne aus. Der Hofmeister bringt die Nachricht, daß noch Schlimmeres geplant
sei, nämlich die Verbannung Medeas vom Königshofe. Medea
enthüllt nun in einer Ansprache an den Chor der Tragödie
(Frauen aus Korinth) ihren Racheplan. Sie ist nicht gesonnen, die schmähliche Behandlung, die man ihr zuteil werden
läßt, ungesühnt hinzunehmen. Als Kreon ihr mitteilt, daß sie
Korinth zu verlassen habe, ist sie entschlossen, den König,
seine Tochter und Jason umzubringen, ändert aber später
ihren Entschluß dahin, Jason am Leben zu lassen, dafür aber
die Kinder aus ihrer Ehe mit Jason zu töten und Jason der
völligen Verzweiflung auszuliefern. Nach einer Auseinandersetzung mit ihrem Gatten, in der sich Jason vergeblich
damit zu rechtfertigen sucht, daß er die neue Ehe nur eingegangen sei, um das schwere Flüchtlingsschicksal der Kinder
zu mildern, führt Medea mit großer Verstellungskunst und
innerlich gestärkt durch den König Aigeus von Athen, der sie

aufzunehmen verspricht, ihr Vorhaben aus. Sie sendet die Kinder mit einem vergifteten Festgewand zu der Königstochter, das nicht nur diese, sondern auch den König Kreon vergiftet. Dann bringt sie nach heftigem innerem Kampf die Kinder um und entzieht sich der Rache Jasons, vor dessen Augen sie auf einem Drachenwagen, den ihr Helios gesandt hat, davonfährt.

Die Zeichnung des Charakters der Medea ist sehr eindrucksvoll. Das Motiv der Kindertötung, das die Sage nicht kannte, stellt eine der wichtigsten Erfindungen des Dichters dar. Die tragische Gestalt der verlassenen Gattin und Kindesmörderin hat Dichter und bildende Künstler späterer Zeiten vielfach zu Nachformungen angeregt. (Reclams UB 849.)

H i p p o l y t o s (428 v. Chr.). – Aphrodite, die Göttin der Liebe, führt im Prolog in die Handlung ein: Hippolytos, der Sohn des Theseus, hat der Liebe abgeschworen. Um sich an ihm zu rächen, hat sie Phaidra, seine Stiefmutter, mit heftiger Liebesleidenschaft zu ihm geschlagen. Zunächst wird Hippolytos dem Zuschauer vorgeführt, wie er am Altar der keuschen Göttin Artemis opfert, dem Altar der Aphrodite jedoch (trotz der Warnung eines Greises) fernbleibt. Dann erleben wir Phaidra, die krank ist aus Liebessehnsucht nach Hippolytos. Gegen den Willen Phaidras, die lieber sterben will als ihr Geheimnis preisgegeben sehen, gibt die Kammerfrau Hippolytos Kenntnis von deren Neigung. Entrüstet wendet sich Hippolytos von ihr ab. Nun gibt sich Phaidra wirklich den Tod. Um sich an dem Jüngling zu rächen, hinterläßt sie jedoch an ihrer Bahre eine Mitteilung an Theseus, in der Hippolytos als Schänder ihrer Ehre und Ursache ihres Todes bezeichnet wird. Aufs höchste ergrimmt, verflucht Theseus seinen Sohn und verweist ihn des Landes. Unmittelbar darauf erfahren wir, daß Poseidon den Fluch erfüllt hat. Hippolytos wurde von einem Ungeheuer, das aus dem Meere aufstieg, gejagt und getötet. Sterbend verzeiht er jedoch dem Vater, nachdem die Göttin Artemis den König über seinen Irrtum aufgeklärt hat. Dem edlen Jüngling prophezeit sie, daß ihm nach seinem Tode göttliche Ehren durch alle Jungfrauen, die zur Hochzeit schreiten, zuteil werden sollen.

In dieser berühmtesten Tragödie des Euripides, von der wir sicher wissen, daß er mit ihr den Preis im Wettkampf davontrug, finden wir zum erstenmal die Liebesleidenschaft einer Frau mit kühnen Bildern und Worten im Drama geschildert. Dadurch, daß der Dichter den Charakter des Hippolytos als den eines allzu selbstgefälligen, in seine Reinheit nahezu verliebten Jünglings zeichnet, sind die Fäden der Handlung sicher geknüpft, wird das tragische Ende glaubhaft herbeigeführt. Meisterhaft ist auch die Herausarbeitung des kupplerischen Wesens der Kammerfrau. Unter den zahlreichen Nachdichtungen ist die des französischen Klassikers Racine die bekannteste. (Reclams UB 8601.)

Die Troerinnen (415 v. Chr.). – Das Stück beginnt mit einem Prolog des Poseidon. Der Gott, der einst der Beschützer der Stadt Troja war, nimmt jetzt, nach ihrem Fall, von ihr Abschied. Doch will er sich an den Achaiern, den Zerstörern der Stadt, rächen und sie auf ihrer Heimfahrt behindern. Er weiß sich hierin mit Athena einig, die zu einem kurzen Gespräch ihm erscheint. Athena ist auf ihre einstigen Schützlinge erzürnt, weil sie ihr Heiligtum in Troja geschändet haben. Nach diesem Vorspiel ruft die greise Königin Hekabe, deren Gestalt den Mittelpunkt des Werkes bildet, den Chor der gefangenen Troerinnen herbei. Den Frauen, die noch im ungewissen über ihr weiteres Schicksal sind, verkündet der griechische Herold Taltybios das künftige Los: Kassandra, Hekabes Tochter, wird Agamemnon zugeteilt, Andromache, die Gattin Hektors, dem Neoptolemos, Achills Sohn, Hekabe selbst dem Odysseus. Kassandra enthüllt im Taumel des Wahnsinns die Zukunft (das tragische Schicksal Agamemnons und die lange Irrfahrt, die Odysseus bevorsteht). Dann kommt Andromache mit ihrem Söhnchen Astyanax auf dem Arm. Hekabe will sie in ihrem großen Schmerz aufrichten. Doch schon bringt Taltybios die Kunde, daß sie Astyanax hergeben muß. Die Griechen haben seinen Tod beschlossen. Nach dem ergreifenden Abschied der Mutter vom Kind tritt Menelaos auf, um von den Frauen die Herausgabe Helenas zu verlangen. Helena tritt ihm im Selbstbewußtsein ihrer allezeit unwiderstehlichen Reize gegenüber. Sie sucht sich vor ihm zu rechtfertigen, indem sie, die nach aller Ansicht die Hauptschuldige an dem Kriege war, sich als ein Opfer ihrer Schönheit hinstellt. Hekabe hält ihr jedoch ihre Schuld vor. Menelaos ordnet an, sie nach Griechenland zu bringen, wo über sie Gericht gehalten werden soll. Doch es ist nicht ausgeschlossen, daß es ihr gelingen wird, Menelaos wieder schwankend zu machen. Nach ihrem Fortgang steigert sich das Leid Hekabes in unvorstellbarer Weise. Nicht genug damit, daß sie bei der Zerstörung Trojas den Gatten und alle ihre Söhne verloren hat, daß man sie von allen ihren noch lebenden Kindern getrennt hat, daß auch ihre Tochter Polyxena am Grabmal Achills geopfert wurde, sie muß auch den kleinen Astyanax, dessen Leiche man ihr bringt, bestatten, und sie muß zusehen, wie die Brandfackel in Trojas Ruinen geworfen wird und die stolze Stadt in Schutt und Asche versinkt. Als sie sich selbst in das Feuer stürzen will, wird sie daran gehindert. Sie muß mit den Frauen in die Gefangenschaft.

Die Tragödie, die zu den ergreifendsten gehört, die wir von Euripides besitzen, stand ursprünglich in einem Trilogie-Verband, dem einzigen, von dem wir im Werk des Dichters wissen. Voran ging ein *Alexandros* (zweiter Name für Paris) und ein *Palamedes*. Aber auch ohne deren Kenntnis wirken die *Troerinnen* als selbständiges Kunstwerk. Inmitten der großen und erschütternden Klagescenen um Hekabes und Andromaches Leid ist mit sicherer dramaturgischer Kunst die Menelaos-Helena-Scene eingeflochten, die in der Charakteristik der »schönsten und gefährlichsten Frau der Welt« ihresgleichen in der antiken Tragödie – ja in der dramatischen Weltliteratur überhaupt – sucht. Franz Werfel schrieb in unmittelbarer Anlehnung an Euripides eine Nachdichtung der *Troerinnen*.

Iphigenie bei den Taurern (412 v. Chr.). – Der Prolog Iphigeniens erzählt, wie sie nach Tauris kam. Die Göttin Artemis hatte sie hierher entführt, um sie vor dem Opfertod zu retten, der ihr in Aulis von den Griechen auf der Fahrt nach Troja zugedacht war. Ein Traumbild hat sie erschreckt: sie wähnt ihren Bruder Orestes tot, will ihm das Totenopfer weihen und geht in der Göttin Heiligtum. Indessen treten Orestes und Pylades auf. Sie sind nach Tauris gekommen, um auf Apollons Geheiß das Standbild der Artemis nach Griechenland zu bringen. Zum Lohn dafür soll

Orestes von der Verfolgung durch die Erinyen befreit werden, die ihn, den Muttermörder, bedrängen. Aber ehe sie
noch zur Tat schreiten können, fallen sie in die Hände der
Taurer und werden Iphigenie zugeführt, die als Priesterin
der Artemis die Fremdlinge zum Opfertod vorzubereiten
hat. Es kommt zur Erkennungsszene der Geschwister, nachdem Iphigenie die Fremdlinge nach ihrer Heimat ausge-
forscht hat. Nun wollen sie gemeinsam fliehen und das Bild
der Göttin mit sich nehmen. Den König der Taurer, Thoas,
täuscht Iphigenie, indem sie vorgibt, das durch den Muttermörder entheiligte Götterbild im Meere reinigen zu müssen.
Die Flucht gelingt. Doch ein ungünstiger Wind wirft sie ans
Ufer zurück. Schon droht Strafe durch Thoas, als Athene
erscheint und ihm befiehlt, die Griechen ziehen zu lassen.
Thoas beugt sich dem Willen der Göttin.

Das Werk, das in den Grundzügen das unmittelbare Vorbild für Goethes *Iphigenie* werden sollte, überzeugt vor allen Dingen durch den geschickten Aufbau der Handlung
und durch die wirkungsvoll in den Mittelpunkt gestellte Erkennungsszene der Geschwister. (Reclams UB 737.)

Die Phönikerinnen (um 409 v. Chr.). – Das tragische Geschick des Ödipus-Hauses, das Iokaste im Prolog
schildert, wird in dieser Tragödie vom Kampf der Ödipus-
söhne, Eteokles und Polyneikes, um die Herrschaft über
Theben aus gesehen und dramatisch aufgerollt. Zu Beginn
unternimmt Iokaste als Mutter einen letzten Versuch, die
feindlichen Brüder miteinander zu versöhnen. Vergeblich.
Der ehrsüchtige Eteokles will die ganze Herrschaft an sich
reißen. Dem weicheren Polyneikes bleibt nichts anderes
übrig, als den begonnenen Kampf zu Ende zu führen. Er
spitzt sich zum Zweikampf der Brüder zu, die schließlich
beide fallen. An ihren Leichen nimmt sich Iokaste das Leben.
Der neue Herrscher über Theben, Kreon, verweist am Schluß
des Stückes den alten blinden Ödipus aus der Stadt. Antigone wird ihn nach Kolonos geleiten, wo ihm zu sterben
bestimmt ist. Als Episode ist in die Handlung das helden-
hafte Ende des Menökeus, Kreons Sohn, eingeflochten. Er
opfert sich freiwillig für die Stadt.

Die Tragödie weist Szenen von bedeutender dichterischer
Schönheit auf, so vor allem den Versöhnungsversuch der

Mutter und den ergreifenden Abschied des alten Ödipus
von Theben. Schiller übersetzte den ersten Teil des Werkes
in freier Form. Er entnahm ihm wesentliche Anregungen zu
seiner *Braut von Messina.*

I p h i g e n i e in A u l i s (um 405 v. Chr.). – Das Griechenheer liegt auf der Fahrt nach Troja in Aulis fest. Günstige Winde zur Weiterfahrt verheißt der Priester Kalchas
erst, wenn Iphigenie, die Tochter Agamemnons und Klytaimnestras, der Göttin Artemis geopfert ist. Agamemnon hat
Iphigenie unter dem Vorwand, sie mit Achilles verloben zu
wollen, ins Lager kommen lassen. Klytaimnestra ist ihr gefolgt. Vergeblich flehen Mutter und Tochter, das Opfer zu
unterlassen. Achilles, der erst durch Klytaimnestra erfährt,
daß man sich seines Namens bedient hat, um Iphigenie her-
beizulocken, will sich schützend vor sie stellen. Agamemnon
möchte das Leben der Tochter retten, sieht sich aber dem
Druck des Heeres ausgesetzt, das gebieterisch das Opfer verlangt. In edlem Entschluß ringt sich Iphigenie schließlich
selbst dazu durch, die Notwendigkeit des Opfers zu bejahen,
damit der Zug nach Troja stattfinden kann und die Ehre
der Griechenvölker, die durch den Raub der Helena durch
den Trojaner Paris beleidigt wurde, wiederhergestellt wird.
Die Göttin Artemis belohnt ihren Opfermut, indem sie, wie
wir am Schluß des Stückes durch Botenbericht erfahren,
Iphigenie am Altar in einer Wolke entführt.

Der dramatische Aufbau, die Konflikte und vor allen
Dingen die rührende Frauengestalt der jungen Iphigenie
haben das Werk zu einem der meistbewunderten des Dich-
ters werden lassen. Zahlreiche Nachdichtungen (Seneca,
Racine, Gerhart Hauptmann) zeugen davon. Gluck schrieb
in enger Anlehnung an Euripides eine seiner schönsten
Opern. Schiller übersetzte das Werk in freien Versen ins
Deutsche. (Reclams UB 7099.)

D i e B a k c h e n (um 406 v. Chr.) schildern die Einführung des Dionysos-Kultes in Theben, dem sich der König
Pentheus heftig widersetzt. Dionysos kündigt im Prolog seinen Plan an, die widerstrebende Stadt sich gewaltsam zu
unterwerfen. Er hat die Frauen in das Gebirge getrieben,
wo sie im Rauschzustand als rasende Mänaden umherschwei-

fen. Er selbst warnt in der Gestalt eines Jünglings den König. Pentheus beharrt aber auf seinem ablehnenden Standpunkt und läßt den vermeintlichen Fremdling festnehmen.
Zur Strafe zertrümmert Dionysos den Palast und versetzt
auch Pentheus in den Zustand der Raserei. In Frauenklei-
dern muß er die Stadt verlassen, um Zeuge der Orgien zu
sein. Die Frauen, unter ihnen seine eigene Mutter Agaue
und seine Schwestern, fühlen sich belauscht und zerfleischen
Pentheus. Nur ganz allmählich weicht der Rausch. Im Innersten getroffen, erkennt sich die Mutter als Mörderin ihres
Sohnes wieder. Dionysos verweist das alte Herrscherhaus
des Landes.

Dieses Spätwerk des Euripides, das er am Hofe des Königs Archelaos von Makedonien dichtete und das erst nach
seinem Tode in Athen aufgeführt wurde, gehört zu seinen
merkwürdigsten Schöpfungen. Wie kein zweites Werk der
Antike gibt es Auskunft über das Wesen des Dionysos-Kultes und des Einswerdens von Mensch und Natur in der
Ekstase des Rausches. Plutarch berichtet, daß es noch im
Jahre 53 v. Chr. von griechischen Schauspielern bei der
Hochzeit eines Königs von Armenien aufgeführt wurde, wobei der Darsteller des Pentheus das Haupt des römischen
Triumvirn Crassus, der kurz zuvor von den Parthern besiegt
worden war, unter dem Jubel der Zuschauer in die Orchestra
trug. (Reclams UB 940.)

ARISTOPHANES

* um 445 v. Chr. in Aigina, † um 385 v. Chr. in Athen

Über das Leben des Aristophanes, des ersten großen Komödiendichters des Abendlandes, ist so gut wie nichts überliefert. Von den 44 Komödien, die er geschrieben hat, sind
11 erhalten. Seine Werke zeichnen sich durch überaus kühnen
Freimut in der Kritik am öffentlichen Leben aus. Sie umfas-
sen nahezu alle Gebiete des Lebens seiner Zeit, an erster
Stelle die Politik, aber auch Fragen der Kunst und alltägliche Probleme. Aristophanes vermag selbst dem schwersten
und tragischsten Problem seiner Zeit, dem selbstmörderi-
schen Bruderkampf der Athener und Spartaner im Pelopon-

nesischen Krieg, noch die heitere Seite abzugewinnen. Aber
sein Humor ist aus tiefem ethischem Verantwortungsbewußtsein geboren, ja aus Zorn und Verachtung. Im Grunde ist es
ihm heiliger Ernst. Aristophanes liebt sein Vaterland über
alles und möchte es, hart am Abgrund, vor dem Untergang
bewahrt und wieder zu dem gemacht wissen, was es zur Zeit
der Perserkriege und der großen Tage von Marathon und
Salamis war. Darum gilt seine Liebe dem Aischylos, sein
Spott und Hohn dem Euripides, in dem er einen allzu ›aufgeklärten‹ Dichter erblickt. Goethe nennt Aristophanes (im
Epilog seiner Bearbeitung der *Vögel*) den »ungezogenen
Liebling der Grazien«. Wir sehen heute in Aristophanes den
einzigen Komödiendichter des Abendlandes, der das Staatsganze zum Thema der Komödie erhob. Am ehesten wäre
wohl in neuerer Zeit George Bernard Shaw mit ihm zu vergleichen. Freilich finden sich in den Werken des Aristophanes so viele und spezielle Zeitanspielungen, daß der Zugang
zu ihm nicht ganz leicht ist und in jedem Fall der erläutern-
den Erklärung bedarf, was die Lektüre erschwert und einer
Wiedergabe seiner Werke auf der heutigen Bühne im Wege
steht.

Bereits in dem frühesten der uns überlieferten Werke, den
Acharnern (425 v. Chr.), finden wir das politische Thema
der Friedenssehnsucht nach dem seit sechs Jahren tobenden
Kampf mit Sparta angeschlagen. Auch wird in diesem Werk
schon Euripides, dessen dichterischer Ruhm um diese Zeit in
Blüte stand, angegriffen. In den *Rittern* (424 v. Chr.) wird
in der Gestalt des Paphlagoniers die damals vielumstrittene
Persönlichkeit des Demagogen Kleon einer vernichtenden
Kritik unterzogen. *Die Wolken* (423 v. Chr.) sind eine großartige literarische Auseinandersetzung mit der Sophistik, mit
Dialektik und Wortspalterei, wobei kein Geringerer als Sokrates zum Angriffsobjekt dient. *Die Wespen* (422 v. Chr.)
haben die Prozeßwut der Athener zum Gegenstand und
leuchten tief in das Justizwesen jener Tage hinein, darüber
hinaus in Allzumenschliches in diesem Bezirk überhaupt.
Der Frieden (421 v. Chr.) ist eine scharfe Satire auf den
Krieg. Die Märchenkomödie *Die Vögel* (414 v. Chr.) zeigt
in ihrer sinnbildhaften Verkörperung menschlichen Sehnens
nach einem »Wolkenkuckucksheim« eine bemerkenswerte Erweiterung des dichterischen Strebens des Aristophanes. Die

Lysistrate (411 v. Chr.) mit ihrem Aufruf zum Ehestreik der
Frauen als Allheilmittel für Kriegsbeendigung ist die popu-
lärste Komödie des Dichters in neuerer Zeit geworden, ein
einzigartiges Dokument seiner Berufung für die echte, große
Volkskomödie. *Die Weiber am Thesmophorenfest* (411 v.
Chr.) bringen wiederum eine schonungslose Verhöhnung des
Euripides, über den die Weiber hier zu Gericht sitzen im
Hinblick auf das, was er über sie in seinen Stücken schrieb.
Die Frösche (405 v. Chr.) stellen dem Euripides in der
Unterwelt den ehrwürdigen Schatten des Aischylos gegen-
über, wobei Aristophanes offen für diesen Partei ergreift.
Die Weibervolksversammlung (392 v. Chr.) knüpft an frü-
here Themen des Dichters an und zeigt die Folgen einer
Staatsgründung mit Güter- und Weibergemeinschaft, auf
(wir würden heute sagen) kommunistischer Grundlage, mit
den Frauen als Herrschern. Das letzte der uns überlieferten
Werke des Dichters, *Plutos* (388 v. Chr.), gestaltet in überlegener Altersweisheit das Problem des Reichtums und der
Armut in ihren wechselseitigen guten und schlechten Einflüssen auf das menschliche Leben.

Die Wolken

Komödie
Erste Aufführung: 423 v. Chr. in Athen

P e r s o n e n : Sokrates – Schüler des Sokrates – Strepsiades – Pheid-
ippides, sein Sohn – Pasias – Amynias – Der Anwalt der guten Sache –
Der Anwalt der schlechten Sache – Xanthias, Diener – Chor der Wolken.
O r t u n d Z e i t : In Athen zu Aristophanes' Zeiten.

Strepsiades, ein Bürger von Athen, leidet schwer unter der
Schuldenlast, die ihm sein verschwenderischer Sohn Pheidippides durch seine Pferdeliebhaberei aufgebürdet hat. Als
Ausweg erscheint ihm nur noch die Schule der Sophisten, die
für Geld lehren, aus Recht Unrecht und aus Oben Unten zu
machen. Pheidippides soll bei ihnen in die Lehre gehen. Als
dieser sich weigert, begibt Strepsiades sich selbst zum Haus
des Sokrates. Einer der Schüler des großen Meisters gibt ihm
sogleich in naturwissenschaftlichen Belehrungen einen Vorgeschmack von den Künsten der Schule. Sokrates selbst

thront in einer Hängematte gleichsam über dem Erdenstaub. Er nimmt Strepsiades als Schüler an und beschwört den Chor der Wolken, die die Gedanken, Ideen und Begriffe der Dialektik verkörpern, den Zauber des Wortes, den blauen Dunst der Übertölpelung und Überredung. Strepsiades erweist sich aber als ein sehr ungelehriger Schüler. Denn sein einziges Sinnen und Trachten geht danach, zu lernen, wie man Gläubiger am besten prellen kann. Schließlich erteilt ihm der Chor den Rat, seinen Sohn in die Lehre zu schicken. Diesmal läßt Pheidippides sich dazu herbei. Die Anwälte der guten und der schlechten Sache führen nun vor dem Zuschauer einen großen Redekampf, bei dem jeder den Sohn für sich gewinnen will. Während der erstere die Erziehungsmethoden angewandt wissen will, die das Heroengeschlecht der Marathonkämpfer bildeten, preist der zweite die Vorzüge des gegenwärtigen Genußlebens und begründet sie dialektisch mit geschickten Wendungen. Der Anwalt der guten Sache muß sich schließlich für besiegt erklären. Pheidippides geht mit dem Anwalt der schlechten Sache in das Haus des Sokrates, worüber Strepsiades hoch beglückt ist und ein Triumphliedchen singt. Sehr bald zeigt sich aber, daß dies voreilig war. Denn nun nahen die Gläubiger Pasias und Amynias, denen gegenüber alle Künste der Dialektik nichts nützen. Und die Lehren, die Pheidippides empfing, rächen sich bitter an Strepsiades selbst. Denn der ungeratene Sohn wendet sie nur an, um seinen Vater zu verprügeln mit der Begründung, daß auch er einst von ihm Prügel erhielt (»aus Lieb' und Fürsorg'«) und daß die Alten, da sie zweimal Kinder seien, zweimal soviel Prügel verdienten wie die Jungen. Erbost ruft Strepsiades schließlich seinen Diener Xanthias herbei und läßt das Haus des Sokrates samt seiner Philosophenschule in Brand stecken.

Eigenartig erscheint an dieser Komödie (die Aristophanes in einem ihrer Chöre als seine beste erklärt), daß er zum Angriff auf den Unfug der Sophisterei die ehrwürdige Gestalt des großen Philosophen Sokrates wählte, die uns heute geradezu als Urbild hellenischer Weisheit und hellenischen Menschentums gilt. Lessing nimmt an (91. Stück der *Hamburgischen Dramaturgie*), daß Aristophanes es nicht auf eine Verunglimpfung des weisen Mannes abgesehen, sondern die Methode der Dialektik überhaupt habe geißeln wollen. Wie dem auch sei, die ethische Tendenz des Werkes ist eindeutig: so, wie die Menschen ehemals in Zeus den Weltregenten sahen, der regnen und donnern ließ, erklären jetzt die Dialektiker Regen und Donner als rational faßbare Vorgänge. Und so, wie die Wolken ehemals als Naturwunder und göttliche Wesen vor den Augen der staunenden Menschen am Himmel vorüberzogen, stehen sie jetzt, ihres göttlichen Regen-, Blitz- und Donnerzaubers entkleidet, als greifbare menschliche Gebilde (im Chor der Komödie) vor uns. Die durch die Dialektik gewonnenen naturwissenschaftlichen Erkenntnisse scheinen dem Dichter gefährlich, weil sie den naiven Götterglauben zerstören, wodurch nicht nur die Religion, sondern auch der Staat gefährdet ist. Wie in allen seinen Werken zeigt sich hier Aristophanes besonders eindrucksvoll als der große Komödiendichter, dem es bei aller Ausgelassenheit bitterer Ernst um die ethischen Werte ist, auf denen seiner Auffassung nach ein Staatsgebilde ruht und die es vor allzu ›aufklärerischen‹ Tendenzen zu bewahren gilt. (Reclams UB 6498/99.)

Die Vögel

Komödie
Erste Aufführung: 414 v. Chr. in Athen

P e r s o n e n : Pisthetairos – Euelpides – Der Wiedehopf – Der Zaunschlüpfer – Chor der Vögel – Vogelherolde – Ein Poet – Ein Wahrsager – Meton, der Mathematiker – Ein attischer Kommissar – Ein ungeratener Sohn – Kinesias, Dithyrambendichter – Ein Sykophant – Iris, Götterbotin – Prometheus – Poseidon – Herakles – Triballos – Vögel aller Art. O r t und Z e i t : Zwischen Himmel und Erde, in Wolkenkuckucksheim.

Zwei alte Athener, Pisthetairos (Ratefreund) und Euelpides (Hoffegut), haben sich aufgemacht, um im Reich der Vögel eine Stätte zu finden, in der es sich besser als in Athen leben lasse. Der Türhüter Zaunschlüpfer empfängt sie. Alsbald stehen sie vor König Wiedehopf. Ratefreund macht ihm den Vorschlag, zwischen Himmel und Erde eine Stadt zu bauen. Kein Opferduft würde dann in Zukunft mehr ohne Willen der Vögel zu den Göttern dringen können. Über Menschen und Götter würde sich das Reich der Vögel erheben. Wiedehopf ist von diesem Vorschlag beglückt. Sein und der Nachtigall Locklied ruft die ganze Schar der Vögel herbei. Anfangs wollen sie die fremden Eindringlinge bekämpfen, da die Menschen sich stets als Feinde der Vögel erwiesen hätten. Als dann aber Ratefreund ihnen in längeren Ausführungen erzählt, daß die Vögel älter als selbst die Götter seien, und ihnen sein Projekt vorlegt, die Menschen in Schach zu halten, indem sie ihnen die Saat von den Äckern wegpicken, und die Götter, indem sie ihnen den Einfluß auf die Erdenwelt entziehen, lassen sie sich umstimmen. Ratefreund und Hoffegut werden im Vogelreich geduldet und legen Vogelkleider an. Wolkenkuckucksheim soll das Zwischenreich heißen, das nun erbaut wird. Die Kunde davon ist alsbald zu den Menschen gedrungen. Von dort erscheinen die verschiedenartigsten Vertreter: ein bettelnder Poet, ein Orakelpriester, der Mathematiker Meton, der die Luft vermessen will, und ein Kommissar, der sich in die Verwaltung der neuen Stadt einmischen will. Sie alle weist Ratefreund zurück. Kaum steht die Wolkenstadt fertig da, verfliegt sich die Götterbotin Iris in sie. Sie ist von Zeus gesandt, um die Menschen zum Opferdienst zu ermahnen. Ratefreund begegnet ihr ziemlich grob. Von den Menschen berichtet sodann ein Herold, daß ein wahrer Taumel der Begeisterung die Erdenbewohner erfaßt habe. Alle sehnen sich nach Wolkenkuckucksheim. Abermals erscheinen Vertreter von dort: ein ungeratener Sohn, dem sein Vater zu lange lebt und der ihn nach Vogelart umbringen möchte, der Dithyrambendichter Kinesias, der eine Nachtigall werden möchte, ein Sykophant, der um Flügel bittet, um seine Ohrenbläsereien noch besser betreiben zu können. Und schließlich erscheint Prometheus. Er verkriecht sich unter einem Sonnenschirm, damit Zeus ihn nicht sieht. Er gibt Ratefreund gute Ratschläge für die Verhandlungen mit den Abgesandten des Göttervaters Zeus. Und schon nahen diese: Poseidon, Herakles und Triballos. Herakles, wie immer freßlustig, läßt sich durch den Duft gebratener Vögel beeinflussen und rät Poseidon, die Bedingungen des neuen Weltherrschers Ratefreund (die Überlassung des Zeuszepters und die Hand der Basileia, des personifizierten Königtums) anzunehmen. Mit Hochzeitsliedern und dem Triumphlied des Ratefreund schließt die Komödie.

Aristophanes schrieb mit den *Vögeln* eine Märchenkomödie, deren Fabel überzeitliche Geltung hat. Nach einem

›Wolkenkuckucksheim‹ sehnten sich immer Menschen und
werden sich immer wieder nach einem solchen sehnen, wie
Ratefreund und Hoffegut. Ob der Dichter auch sonst Zeit-
ereignisse, wie etwa die sizilische Expedition des Alkibiades,
damit hat geißeln wollen, ist heute schwer zu entscheiden.
Wie alle seine Werke enthält auch diese Komödie zahlreiche
Anspielungen auf das politische und geistige Leben der
Athener jener Tage. Viele sehen in den *Vögeln* (Reclams
UB 1379/80) den künstlerischen Höhepunkt der Werke des
Aristophanes. Goethe schuf eine freie Bearbeitung des ersten
Teils. Walter Braunfels schrieb eine romantische Oper *Die
Vögel* (1919) nach dem Text des griechischen Dichters.

Lysistrate

Komödie
Erste Aufführung: 411 v. Chr. in Athen

Personen : Lysistrate – Kalonike – Myrrhine – Lampito, aus Sparta –
Ein Ratsherr – Kinesias, Mann der Myrrhine – Ein Herold der Sparta-
ner – Chor der Alten – Chor der Frauen.
Ort und Zeit : Straße vor der Akropolis in Athen, während des
Peloponnesischen Krieges.

Lysistrate, eine streitbare Athenerin, hat vor der Akropolis
die Frauen Athens zusammengerufen, um ihnen einen Plan
zur Beendigung des Krieges zu unterbreiten, in den Athen
mit Sparta schon seit langem verwickelt ist. Auch eine Abgesandte von Sparta, Lampito, ist dazu erschienen. Die Frauen
sollen sich den Männern so lange vorenthalten, bis der Frieden geschlossen ist. Die beiden Athenerinnen Kalonike und
Myrrhine wollen sich zunächst nicht damit einverstanden
erklären, fügen sich aber schließlich. Ein feierlicher Eid wird
geschworen und durch einen gemeinsamen Umtrunk bekräftigt. Während Lampito nach Sparta zurückkehrt, um dort
ein Gleiches zu veranlassen, besetzen die Athenerinnen die
Akropolis und wehren einen Ansturm der alten Männer, die
die Burg in Brand stecken wollen, tapfer ab, indem sie Wasser von oben herab auf sie gießen. Nun erscheint ein Ratsherr, dem Lysistrate die Begründung für das Verhalten der
Frauen gibt. Es kommt zu neuen Zusammenstößen zwischen
dem Chor der alten Männer und den Frauen. In der weite-

ren Entwicklung zeigt sich freilich, daß sich die Frauen doch etwas zuviel zugemutet haben. Lysistrate hat alle Mühe, einige der liebestollen Frauen ihres Gefolges, die sich unter allerlei Vorwänden aus der Burg zu ihren Männern schleichen wollen, zurückzuhalten. Es gelingt ihr, indem sie sie auf den Eid verweist. Nun kommt es zu einer intimen Liebesszene zwischen Myrrhine und ihrem Manne Kinesias, der voller Liebessehnsucht herbeigeeilt ist und nach ihr verlangt. Myrrhine weiß ihn immer wieder hinzuhalten, um ihn schließlich doch ganz aufsitzen zu lassen. Hier erreicht das tolle Spiel der Frauen den Höhepunkt. Als dann ein Herold der Spartaner eintrifft, der von ähnlichen Vorgängen und Zuständen in Sparta berichtet, ist der Weg für eine Verständigung frei. Der Frieden wird geschlossen und mit Festmahl und Tänzen fröhlich gefeiert.

In ernsten Zeiten während des brudermörderischen Kampfes zwischen Athen und Sparta entstanden und aufgeführt, hatte dieses ausgelassene Spiel hochpolitische Bedeutung. Ging es doch dem Dichter um nichts Geringeres, als die Friedensbereitschaft im sinnlosen Kriegsgeschehen zu stärken. Die Freiheit und Kühnheit in der ungeschminkten Darstellung derb-natürlichen Trieblebens sind einmalig in der Theatergeschichte. Unzählige Nachahmungen und Bearbeitungen des Werkes in Komödie, Oper und Operette konnten das Urbild nicht erreichen. In der Myrrhine-Kinesias-Szene stößt der Dichter über das sonst stark chorisch angelegte Werk in die Solo-Szene vor. Sie bildet ein Kabinettstück in der gesamten Komödienliteratur und weist der kommenden Entwicklung zur Charakterkomödie den Weg. (Reclams UB 6890.)

Die Frösche

Komödie
Erste Aufführung: 405 v. Chr. in Athen

P e r s o n e n : Dionysos – Xanthias, sein Sklave – Herakles – Pluton – Charon – Aiakos – Aischylos – Euripides – Ein Toter – Zwei Wirtinnen – Eine Dienerin Persephones – Chor der Frösche – Chor der Eingeweihten.
O r t u n d Z e i t : Vor dem Hause des Herakles und in der Unterwelt, Januar/Februar 405 v. Chr.

Dionysos macht sich mit seinem Diener Xanthias auf den
Weg, um Euripides aus dem Hades zu holen, da es in Athen
nach dem Tode des Sophokles und des Euripides keine gu-
ten Dichter mehr gibt. Er holt sich zunächst bei Herakles
Rat, der den Weg dorthin von seiner Fahrt in den Hades
kennt. Wie Herakles voraussagt, haben Dionysos und
Xanthias allerlei Abenteuer zu bestehen, bis sie glücklich in
Plutons Reich angelangt sind. Ein Toter weigert sich, das
Gepäck zu tragen, da Dionysos ihm zu wenig Geld bietet.
Auch Charon behandelt sie nicht eben gut, und bei der Überfahrt über den Styx bringt das »Brekekekex koax koax« des
Chores der Frösche Dionysos fast zur Verzweiflung. Zwei-
mal tauschen dann Dionysos und Xanthias die Rollen, was
zu allerlei komischen Situationen führt. Der Chor der Eingeweihten zeigt ihnen schließlich den Eingang zu Plutons
Palast. Im Vorhof verwehrt ihnen jedoch Aiakos den Eintritt,
der ebenso wie zwei Wirtinnen und eine Dienerin Persephones in dem einen der beiden Herakles vermutet und alte
Forderungen an ihn stellt. Schließlich sind jedoch alle Hindernisse überwunden. Nun beginnt (als Mittelpunkt des
Stückes) in der Unterwelt ein großer Dichterwettstreit zwischen Aischylos und Euripides, zu dem Dionysos als Schieds-
richter bestellt wird. Die beiden großen attischen Tragö-
den werfen sich mit heftigen Schimpfworten die Eigenarten
ihrer Dichtkunst vor. Euripides spottet über den gespreiz-
ten, hölzernen Tragödienstil des Aischylos, dieser schmäht
in Euripides den Dichter von »Hurenliedern« und »blut-
schänderischen Buhlschaften«. Beide halten sich erbarmungslos Sonderheiten und Schwächen ihrer Kunst vor, bis zu
persönlichen Anspielungen auf ihr Privatleben. Um den
Streit zu schlichten, läßt Dionysos eine große Waage holen, in die hinein jeder seinen Vers sprechen muß. Wenn
hierbei auch Euripides jedesmal als zu leicht befunden wird,
so kann sich Dionysos doch nicht eindeutig für den einen
oder anderen entscheiden. Erst nach dem Auftreten des
Pluton entschließt er sich, Aischylos zum Sieger zu erklären,
da sein Herz für diesen spreche. Pluton bereitet nun
für Dionysos und Aischylos noch ein Abschiedsmahl und
entläßt sie dann zur Oberwelt. Aischylos bestimmt, daß
inzwischen Sophokles seinen Ehrensitz im Hades einnehmen
soll.

Als erstes Beispiel einer geistvollen Literaturkomödie, in der ästhetische Fragen zum Gegenstand eines Bühnenwerkes gemacht werden, haben *Die Frösche* bleibende Bedeutung in der abendländischen Kulturgeschichte. Wir erfahren aus dem Werk nicht nur Einzelheiten über die Bewertung der tragischen Dichtkunst im alten Griechenland, es eröffnet auch Zugänge zur Kunst der Tragödie und Komödie überhaupt. Für ihre Zeit hatten *Die Frösche* außerdem eine große politische Bedeutung, indem Aristophanes mit ihnen inmitten zahlreicher Zersetzungs- und Verfallserscheinungen im öffentlichen Leben Athens die Rückkehr zu den alten Idealen der aischyläischen Frühzeit, also der Zeit der ersten Perserkriege und ihrer Tugenden, forderte. Die Fabel der Handlung, der kunstvolle Aufbau und der geistsprühende Dialog der Komödie sprechen auch jetzt noch an, obwohl das Werk im wesentlichen von Dingen handelt, die dem heutigen Leser nicht ohne weiteres geläufig sind. (Reclams UB 1154/55.)

PLAUTUS

* vor 250 v. Chr. in Sarsina (Umbrien)
† 184 v. Chr. in Rom

Titus Maccius Plautus stammte aus ärmlichen Verhältnissen. In jungen Jahren kam er nach Rom, wo er zunächst als Theaterdiener tätig war. Dann verdingte er sich als Knecht bei einem Müller. In späteren Jahren hatte er als Theaterdichter große Erfolge.

Plautus soll mehr als 130 Stücke geschrieben haben, von denen 20 erhalten sind. Vorwiegend handelt es sich dabei um Bearbeitungen von Werken der jüngeren attischen Komödie eines Poseidippos, Philemon und Menander, die Plautus den römischen Verhältnissen anpaßte. Es ist nicht mehr die große politische Komödie eines Aristophanes, die das Staatsganze zum Vorwurf hat, es ist die Komödie des Alltags mit Gestalten und Verwicklungen aus dem Leben des Bürgers im Zeitalter des Verfalls der griechischen Kultur

und der Punischen Kriege. In diesen Stücken wimmelt es von
besorgten Vätern, leichtsinnigen Söhnen, Schmarotzern (*Cur-
culio*, Der Mehlwurm, Reclams UB 8929), bramarbasierenden Soldaten, Dirnen, Kupplern, Betrügern und listigen
Sklaven, wie sie das Alltagsleben der Großstädte jener Zeit
mit sich brachte. In der Zeichnung der Figuren und ihrer
Typisierung zeigt sich Plautus als Meister, der eine breite
Publikumswirkung erreichen konnte. Das ›Beiseite-Sprechen‹
auf der Bühne sowie die Technik des Verwechslungsspieles
werden in dieser Komödienkunst entwickelt und virtuos gehandhabt. Die Stücke enthalten Typen und Situationen, die
für die gesamte weitere Bühnenkunst des Abendlandes richtunggebend und anregend geworden sind. So wurden die
Menaechmi (Die Zwillinge) Vorbild für Shakespeares *Komödie der Irrungen*. Die *Aulularia* (Der Goldtopf) regte
Molière zu seinem *Geizigen* an. Das Thema des *Amphitryo*
wiederholte sich bei Molière, Kleist und vielen anderen. Der
Miles gloriosus (Der Bramarbas) weist als Typ des ruhm-
redigen Angebers eine lange Nachkommenschaft auf der
Bühne auf, die über den Capitano der Commedia dell'arte,
Shakespeares Falstaff, den Horribilicribrifax des Gryphius bis
zu Hofmannsthal-Strauss' Ochs von Lerchenau reicht. Die
Captivi (Die Kriegsgefangenen, Reclams UB 7059) übersetzte
Lessing; auch vom *Trinummus* (Der Schatz) schuf er eine
Bearbeitung für die deutsche Bühne. Der Sturm-und-Drang-
Dichter J. M. R. Lenz übertrug sechs Lustspiele des Plautus
in freier Manier. Als früher Vertreter und Mitschöpfer einer
auf breite Wirkung berechneten echten Volkskomödie behauptet Plautus seinen Platz in der dramatischen Weltliteratur, mag er auch heute nur selten auf dem Spielplan erscheinen. Seine Technik und sein Geist leben latent in der Lust-
spielliteratur aller europäischen Völker weiter.

Miles gloriosus (Der Bramarbas). – Pyrgopolynikes
(der Bramarbas) führt sich gleich in der 1. Szene als der ein,
der er ist: ein Prahlhans und Maulheld, der von Heldentaten spricht, die er nie vollbracht hat. Natürlich glaubt er
sich auch von den Frauen vergöttert. Der Schmeichler Arto-
trogus durchschaut ihn, hält sich aber an ihn, da er nichts zu
beißen hat. Als Großsprecher und verbuhlten Weiberhelden
charakterisiert den Bramarbas auch sein Sklave Palästrio,

der den Zuschauer prologartig in die Handlung einführt. Der Bramarbas hat die junge Griechin Philokomasium nach Ephesus entführt, dem Schauplatz der Handlung. Philokomasium liebt aber den jungen Griechen Pleusikles und trifft sich heimlich mit ihm. Bei einem dieser Rendezvous sind sie belauscht worden. Hier setzt nun die Handlung ein. Es gilt, den Bramarbas hinters Licht zu führen. Auf den Rat des Palästrio wird behauptet, daß nicht Philokomasium, sondern eine vorgetäuschte Schwester von ihr, die soeben in Ephesus angekommen sei, sich mit dem jungen Griechen getroffen habe. Der Plan gelingt, indem Philokomasium beide Rollen spielt (die eigene und die ihrer angeblichen Schwester). Um nun den eitlen und dummdreisten Bramarbas ein für alle Mal zu kurieren, wird eine Dirne, Akroteleutium, engagiert, die als die ehrsame Gattin eines alten Mannes hingestellt wird und die angeblich in den Bramarbas sterblich verliebt ist. Der Bramarbas geht ins Netz und empfängt dabei eine gehörige Tracht Prügel. Das junge Paar (Philokomasium und Pleusikles) entflieht, und auch Palästrio, der alles geschickt eingefädelt hat, geht mit ihm auf und davon. Der Bramarbas bleibt als der Geprellte zurück.

Das Stück, das auf griechischen Vorbildern beruht, wie im Monolog des Palästrio bezeugt wird, setzt sich aus mehreren Handlungselementen zusammen, wodurch eine gewisse Uneinheitlichkeit der Komposition entsteht, wie sie vielfach in der römischen Komödie anzutreffen ist. Die Titelfigur und die Abfuhr, die ihr zuteil wird, sind aber von zwingender Bühnenwirkung und nehmen manches von der Situation des Falstaff in den *Lustigen Weibern von Windsor* bei Shakespeare vorweg. Hierin beruht die theatergeschichtliche Bedeutung des Stückes. (Reclams UB 2520.)

Die Zwillinge (Menaechmi). – Menaechmus I. schenkt den Mantel seiner Frau der Dirne Erotium und sagt sich zu Tisch bei ihr an. Statt seiner diniert Menaechmus II., der unerwartet angekommen ist, mit ihr. Daraus ergeben sich mannigfache Verwechslungen. Menaechmus II. spielt schließlich den Wahnsinnigen, um sich vor den Verfolgungen der Frau von Menaechmus I. zu retten. Erst ganz am Schluß des Stückes klärt sich durch eine Gegenüberstellung der Zwillingsbrüder alles auf.

Auch in diesem Stück gibt es als Nebenfiguren den Schmarotzer, die Dirne, den besorgten Schwiegervater und den Diener. Mit sicherem Blick für szenische Wirkungen führt Plautus acht gut gebaute Verwechslungssituationen durch, bis der Knoten sich löst. Shakespeare schloß sich in seinem Jugendwerk *Die Komödie der Irrungen* eng an dieses Werk an und erhöhte die Wirkung durch die Verdoppelung des Zwillingsthemas.

TERENZ

* um 200 v. Chr. in Karthago
† 159 v. Chr. in Griechenland

Publius Terentius Afer kam als Sklave nach Rom, wurde aber von dem Senator Terentius Lucanus, der ihn schätzte und ausbilden ließ, freigelassen. Zum Dank nannte er sich nach ihm. Er verkehrte in römischen Aristokratenkreisen und galt als Dichter der Nobiles, ja als besonderer Liebling der Scipionen. Zwischen 166 und 160 wurden sechs Stücke von ihm aufgeführt. 159 v. Chr. starb er auf einer Reise nach Griechenland.

Die erhaltenen 6 Stücke des Terenz stützen sich, wie die des Plautus, auf griechische Vorbilder, in erster Linie auf Menander. Gegenüber den derberen des Plautus zeichnen sich seine Stücke durch feinere Charakteristik und kunstvolleren Aufbau aus. In den Prologen verteidigt er sich gegen literarische Angriffe und verweist selbst auf seine Vorbilder. Das älteste Stück, *Das Mädchen von Andros* (*Andria*; Reclams UB 9345/46), von dem ein Aufführungsdatum 166 v. Chr. bei den Megalensischen Spielen bekannt ist, behandelt die Liebesgeschichte der Glycerium, die ein Kind von dem jungen Griechen Pamphilus hat, dessen Vater aber den Sohn anderweit verheiraten will. Gut durchgeführt ist die Rolle des listigen Sklaven Davus. Ähnliche Konflikte behandelt *Der Selbstquäler* (aufgeführt 163 v. Chr.). Der *Phormio* hat einen Schmarotzertyp zum Gegenstand, die *Hekyra* eine Schwiegermutter. Als sein Meisterwerk gilt *Der Eunuch* (161 v. Chr.), in dem die künstlerische Überlegenheit des

Terenz gegenüber Plautus in gleichgearteten Figuren deutlich in Erscheinung tritt. Sein letztes uns überliefertes Werk ist *Die Brüder* (160 v. Chr.), in dem sich zwei ungleiche Brüder um die Erziehung des jungen Aeschinus streiten. Molière entlehnte diesem Stück den Konflikt zu seinem Lustspiel *Schule der Männer*. Die Stücke des Terenz sind es vornehmlich gewesen, die über das Mittelalter hinweg das Theater der Renaissance befruchtet und zur Beschäftigung mit dem Theater der Antike angeregt haben.

Der Eunuch. – Die Hetäre Thais wird von zwei Liebhabern umworben, die sich beide durch Geschenke bei ihr beliebt zu machen suchen. Der bramarbasierende reiche Soldat Thraso übereignet ihr die junge Sklavin Pamphila. Der andere Liebhaber, Phädria, schenkt ihr einen Eunuchen. Thais versichert Phädria ihre Liebe, was sie aber nicht hindert, mit Thraso auszugehen. Während sie abwesend ist, spielt sich in ihrem Hause ein tolles Intrigenstück ab: Chärea, der Bruder des Phädria, hat sich in Pamphila verliebt. Um auf dem schnellsten Wege in den Besitz der Geliebten zu kommen, verkleidet er sich auf den Rat des Sklaven Parmeno als Eunuch und erlangt auf diese Weise im Hause der Thais Zutritt zu Pamphila, ja er nutzt die schöne Gelegenheit aus, das noch unschuldige Mädchen nach dem Bade zu vergewaltigen. Beim Gastmahl des Thraso mit Thais hat es inzwischen einen Streit gegeben, der Thais nach Hause führt. Entsetzt erfährt sie von ihrer Dienerin Pythias, was sich Chärea mit Pamphila erlaubt hat. Sehr bald wird aber alles zum guten Ende geführt. Es stellt sich heraus, daß Pamphila keine Sklavin, sondern eine freie Bürgerin ist. Chärea wird sie heiraten. Thais bekennt sich zu Phädria. Aber auch Thraso geht durch Vermittlung seines Schmarotzer-Freundes Gnatho nicht ganz leer aus. Er darf weiter die Rolle des Nebenbuhlers spielen und alles bezahlen.

Das aus zwei Stücken des Menander (dem *Eunuchen* und dem *Schmeichler*) geformte Stück zeichnet sich durch vorzügliche Charakterisierung aus. Die Dirne Thais, der bramarbasierende Thraso (in der Profilierung feiner und überlegener als der Miles gloriosus des Plautus), der schmeichlerische Gnatho, der listige Sklave Parmeno, die verliebten Jünglinge, die schlaue Pythias, sie alle sind mit wenigen

Strichen meisterhaft umrissen und bühnensicher eingesetzt.
Das Gewagte des Stoffes wird mit Delikatesse behandelt.
(Reclams UB 1868.)

KĀLIDĀSA

lebte um die Wende des 4. zum 5. Jahrhundert n. Chr.

Genauere Daten über das Leben des Dichters sind nicht be-
kannt. Anekdoten und Sagen berichten, daß er von Brahma-
nen abstammte, früh verwaiste und von Hirten erzogen
wurde. Von der Göttin Kālī soll er die Kunst der Sprache
und der Dichtung erlernt und sich zum Dank dafür nach ihr
benannt haben. Möglicherweise ist er wie andere Dichter in
der Zeit der Hochblüte indischer Poesie von Königshof zu
Königshof gezogen, um Geschenke und Ehren für seine
Kunst zu gewinnen. Sein Tod soll im Hause einer Hetäre
erfolgt sein, als er zum Besuche des Königs Kumaradasa in
Ceylon weilte.

Kālidāsa, der größte Dichter, den die altindische Kultur hervorgebracht hat, ist sowohl als Lyriker wie als Epiker und
Dramatiker hervorgetreten. Ein dramatisches Frühwerk des
Dichters ist das Schauspiel *Mālavikā und Agnimitra*. Es handelt von der Prinzessin Mālavikā, die vom König geliebt
und für eine Zofe der Königin gehalten wird, bis sie sich zu
erkennen gibt. Aus einem Vedischen Lied nahm Kālidāsa
den Stoff zu dem Schauspiel *Urvaśī*, das die Liebe des Königs Purūravas zu der Apsara (Götterjungfrau) Urvaśī zum
Gegenstand hat und in dessen Mittelpunkt eine große monologische Wahnsinnsszene des Königs steht, der Tiere, Berge,
Wolken und Flüsse anruft, um Auskunft über die verlorene
Geliebte zu erhalten. Höhepunkt von Kālidāsas Schaffen,
wie überhaupt des indischen Dramas, bildet die *Śakuntalā*
(oder der Wiedererkennungsring), deren Stoff einem Abschnitt aus der indischen Nationaldichtung *Mahābhārata* entnommen ist. Es erzählt die Geschichte der Liebe des Königs
Duṣyanta zu der von einer Götterjungfrau abstammenden
Śakuntalā. Alle Sonderheiten und Vorzüge des indischen

Dramas scheinen in diesem Schauspiel, das über Zeit und Raum hin von der Höhe der Theaterkultur im alten Indien Zeugnis ablegt, wie in einem Brennpunkt vereinigt.

Śakuntalā

Drama in sieben Akten

Personen: König Duṣyanta – Śakuntalā – Kaṇva, ihr Pflegevater – Anasūyā und Priyaṃvadā, ihre Freundinnen – Der Narr des Königs – Die alte Gautamī – Brahmanen und Einsiedler – Polizeibeamte – Ein Fischer – Sānumatī, ein Göttermädchen – Mātali, Indras Bote – Mārīca und Aditi, die Eltern der Himmelsbewohner – Bharata, des Königs und Śakuntalās Sohn.

Ort und Zeit: Bei einer Einsiedelei im Gebiet des Himalaja, in König Duṣyantas Residenz Hastināpura (Delhi) und in einem heiligen Hain, indische Vorzeit.

Nach dem traditionellen Eröffnungsgebet gibt der Spielleiter in einem kurzen Vorspiel den Titel des Stückes bekannt und fordert die Schauspielerin auf, ein Lied zur Einstimmung der Zuschauer zu singen. Dann beginnt die Handlung. Wir sehen den König Duṣyanta auf der Gazellenjagd. Sie führt ihn überraschend in das Gebiet eines Büßerhains. Hier belauscht er Śakuntalā und ihre beiden Freundinnen bei Gartenarbeiten. Er verliebt sich sogleich in Śakuntalā, gibt sich aber zunächst nicht zu erkennen. Als er nach der Hauptstadt zurückgerufen wird, schickt er sein Gefolge voraus und vermählt sich mit Śakuntalā, die auch zu ihm in tiefer Liebe entbrannt ist. So groß ist Śakuntalās Liebe, daß sie darüber eine ihrer Pflichten im Büßerhain versäumt hat. Diese Unachtsamkeit zieht ihr den furchtbaren Fluch eines zornigen Heiligen zu: der König soll sie vergessen, wie man die Bilder des Rausches vergißt. Auf dringendes Bitten der Freundinnen Śakuntalās wird der Fluch dahingehend gemildert, daß der König durch einen Ring an sie erinnert werden kann. Nachdem dieser den Hain verlassen hat und Śakuntalā, die ein Kind erwartet, nichts mehr von ihm hört, bricht sie im Gefolge der alten Gautamī und zweier Brahmanen nach der Hauptstadt auf. Ihr Pflegevater Kaṇva, ihre Freundinnen und alle Tiere des heiligen Geheges, zu denen sie in inniger Beziehung stand, geben ihr bis zum Rand des Waldes das Geleit. In der Hauptstadt erwartet sie großes Leid. Der König, der unter dem Fluch steht, leugnet, sie zu kennen. Der Wiedererkennungsring, den sie vom König erhalten hatte, ging ihr unterwegs beim Baden verloren. So wird sie verstoßen, von einem Priester am Hofe aber bis zur Geburt ihres Kindes aufgenommen und später von Götterjungfrauen nach dem heiligen Hain der Eltern der Himmelsbewohner gebracht. Inzwischen ist an Duṣyantas Hof ein Fischer erschienen, der einen wertvollen Ring im Bauche eines Fisches gefunden hat. Vor den König gebracht, erweist dieser Ring sich als derjenige, den er einst Śakuntalā gab. Nun erinnert der König sich ihrer und wird von furchtbaren Qualen der Reue und Sehnsucht nach der verlorenen Geliebten erfaßt. Nahe am Rande des Wahnsinns erreicht ihn der Auftrag des Götterboten Mātali, für Indra gegen Dämonen zu streiten. Er nimmt den Auftrag an und besteht den Kampf siegreich. Auf dem Rückflug im Wolkenwagen Indras setzt Mātali ihn am heiligen Ort der Goldspitze ab. Hier sieht der König einen Knaben, zu dem er sich innig hingezogen fühlt, er erkennt in ihm alsbald seinen Sohn. Auch Śakuntalā trifft er hier wieder. Vor Mārīca und Aditi, dem Elternpaar der Himmelsbewohner, klären sich die Zusammenhänge, die der Fluch verschuldet hatte. Duṣyanta, Śakuntalā und ihr Sohn, der mit den Zeichen des kommenden Weltherrschers geboren wurde, kehren mit dem Segen der Heiligen nach Duṣyantas Königssitz zurück.

»Weibliche Reinheit, schuldlose Nachgiebigkeit, Vergeßlichkeit des Mannes, mütterliche Abgesondertheit, Vater und Mutter durch den Sohn vereint, die allernatürlichsten Zustände, hier aber in den Regionen der Wunder, die zwischen Himmel und Erde wie fruchtbare Wolken schweben, poetisch erhöht«, sagt Goethe von dem Stück, in das er sich jahrelang versenkte und dessen Beginn ihn zum »Vorspiel auf dem Theater« des *Faust* inspirierte. Es war über den Umweg einer englischen Übersetzung in der Übertragung ins Deutsche durch Georg Forster 1791 an ihn gelangt. Theatergeschichtlich bedeutsam ist die vollendete Kunst der Dramaturgie, die aus dem Werk spricht. Eine spannende Handlung, gut durchgeführte Rollen, Wechsel der Stimmungen unter

Einbeziehung der heiteren Note, Wechsel auch von Prosa
und Vers und (als Charakteristikum des indischen Theaters)
die enge Verbundenheit von Mensch und Natur in der
Atmosphäre tropischer Landschaft geben der ergreifenden
Dichtung das Gepräge. Die häufige Veränderung des Schauplatzes der Handlung, z. B. am Anfang bei der Jagd des
Königs, dürfte durch Gebärden- und Tanzspiel pantomi-
misch angedeutet worden sein. Zahlreiche Bearbeitungen
und Nachdichtungen brachten *Śakuntalā* wiederholt auf die
deutsche Bühne, auch als Oper. Alexander Tairow eröffnete
1914 sein Kammertheater in Moskau mit diesem Spitzen-
werk des altindischen Theaters. Die 1890 erstmals erschienene Übersetzung nach der zentralindischen Fassung des
Stückes von Camillo Kellner wurde von Hans Losch seiner
verbesserten Neuübertragung zugrunde gelegt. (Reclams
UB 2751/51a.)

DAS SPIEL VOM ANTICHRIST

(Ludus de Antichristo)

Personen: Die Kirche – Die Synagoge – Die Heidenheit – Der
römische Kaiser, später Der König der Deutschen – Der König der Franken – Der König der Griechen – Der König von Jerusalem – Der König
von Babylon – Der Antichrist – Die Heuchelei – Die Ketzerei – Der
Prophet Enoch – Der Prophet Elias – Gesandte – Heuchler – Ein Engel –
Ein Scheintoter – Chor.

Zu Beginn des Spieles beziehen die verschiedenen Spieler
und Spielergruppen in dem Kreisrund oder Oval des Spielfeldes ihre Positionen. Es sind dies: die Heidenheit mit dem
König von Babylon, die Synagoge mit dem Chor der Juden
und die Kirche, im weiblichen Gewand, mit ihrem Gefolge
und dem römischen Kaiser mit den Rittern. Außerdem treten auf die Könige der Franken, der Griechen und der König von Jerusalem. Der Kaiser, in dem sich des Reiches
Macht verkörpert, mahnt die Könige an ihre Dienstpflicht
und fordert sie auf, den Tribut zu entrichten. Die Herolde
fordern ihn zuerst vom König von Frankreich ein, der ihn
aber verweigert. Der Kaiser zieht nun mit seinen Rittern

gegen ihn zu Felde. Der König von Frankreich wird besiegt und gefangen vor den Thron des Kaisers gebracht. Der Kaiser begnadigt ihn und überträgt ihm erneut sein Land zu Lehen. Die Könige von Griechenland und Jerusalem beugen sich dem Kaiser ohne Widerstand. Nun rückt der König von Babylon mit der Heidenheit gegen den König von Jerusalem vor. Eilig sendet dieser Boten an den Kaiser um Hilfe. Der Kaiser verspricht zu kommen, sammelt das Heer und zieht mit großer Macht gegen die Feinde der Christenheit. Der König von Babylon unterliegt und flieht. Die heiligen Stätten in Jerusalem – symbolisiert durch ein großes Kreuz im Spielfeld – sind wieder in den Händen des Abendlandes. Der Kaiser kniet mit seinen Rittern vor dem Kreuz, legt Krone und Mantel (die Zeichen seiner Majestät) vor dem Altar ab und tritt in den Kreis der deutschen Ritter zurück, um fortan nur noch deutscher König zu sein. Der auf diese Weise herrschlos gewordenen Menschheit bemächtigt sich der *Antichrist.* In christusähnlicher Gestalt erscheint er, ruft die Heuchelei und die Ketzerei zu seinen Helfern herbei und schafft überall Verwirrung und Unruhe. Es gelingt ihm, bis an die heiligen Stätten vorzudringen und den König von Jerusalem zu vertreiben. Heuchelei und Ketzerei schmücken den Antichrist mit den Insignien des Königs. Verzweifelt wendet sich der König von Jerusalem an den deutschen König. Der Antichrist regiert inzwischen mit frecher Geste in Jerusalem. Wie einstmals der Kaiser, sendet er seine Boten aus, um sich huldigen zu lassen. Den König von Griechenland gewinnt er ohne weiteres, den König von Frankreich besticht er mit Geschenken und einem Kuß auf die Stirn. Der deutsche König allein widersteht ihm, bricht zum Kampf gegen ihn auf und besiegt ihn. Doch dann, als der Antichrist Lahme und Aussätzige heilt, ja sogar Tote erweckt, läßt sich auch der deutsche König durch diese Wundertaten umstimmen und huldigt dem Antichrist. Zur Weltherrschaft fehlen nun nur noch das Königreich von Babylon und die Juden. Die Heidenheit rottet sich unter der Führung des Königs von Babylon gegen ihn zusammen, wird aber besiegt. Die Juden hofft der Antichrist zu gewinnen, indem er sich als der erwartete Messias ausgibt. Auch dieser Betrug gelingt. In den Propheten Elias und Enoch erwächst dem Antichrist aber scharfe Gegnerschaft. Sie bekennen offen, daß sie

ihn für den falschen Christus halten. Die Knechte des Antichrist schleppen die Propheten und die rebellisch gewordene
Judenschaft vor ihren Herrn. Der Antichrist läßt die Propheten zum Tode führen. Während sie als Märtyrer sterben,
singen die Judenschaft und die christliche Gemeinde ihnen
den Sterbegesang. Der Antichrist glaubt sich nun im Besitz
der Weltherrschaft. Da erscheint die Gestalt des sieghaften,
wahren wiederkehrenden Christus. Der Antichrist und sein
Reich fallen in sich zusammen. Die christliche Gemeinde erfüllt das ganze Spielfeld und beendet das Spiel mit dem
Gregorianischen Lobgesang.

Dem Spiel liegt die Überlieferung von dem Auftreten des
Antichrist vor der Wiederkehr Christi zugrunde, wie sie dem
Verfasser des Spiels das *Buch vom Antichrist* des Mönchs
Adso von Toul aus dem 10. Jahrhundert bot. Eine Auffüh-
rung des Stückes muß etwa um 1160 stattgefunden haben.
Das gehaltvolle, ideenreiche Werk nimmt unter den über-
lieferten Texten mittelalterlicher Spiele insofern eine Son-
derstellung ein, als es über den Rahmen der sonst üblichen
Weihnachts-, Oster- und Passionsspiele weit hinauswächst.
Es schwingt in ihm das Zeitalter der Kreuzzüge mit und das
politische Bekenntnis seines Verfassers zum Kaiser- und
Reichsgedanken. Das Simultanprinzip des mittelalterlichen
Theaters, d. h. die dauernde Anwesenheit aller Mitspieler
und Spielgruppen am Rande des Spielfeldes, wird hier an
einem eindrucksvollen Beispiel deutlich. Eine Neuauffüh-
rung fand 1922 in Hamburg statt, in der Übersetzung und
Bearbeitung von Ludwig Benninghoff. Das in einer Handschrift des Klosters Tegernsee erhaltene Spiel kann als frühes
Beispiel dramatischer Kunst auf deutschem Boden angesehen
werden. (Reclams UB 8561.)

HANS SACHS

* 5. November 1494 in Nürnberg
† 19. Januar 1576 in Nürnberg

Hans Sachs war der Sohn eines Schneidermeisters. Er be-
suchte die Lateinschule seiner Vaterstadt, erlernte das Schuh-
macherhandwerk und wurde von dem Webermeister Nun-

nenbeck in die Kunst der Meistersänger eingeführt. Nach
Wanderjahren, die ihn u. a. nach Regensburg, Köln, Trier,
Frankfurt a. M. führten und ihn auch die Kunstpflege am
Hofe Kaiser Maximilians kennenlernen ließen, kehrte er
1516 nach Nürnberg zurück. Mit der Reformation setzte er
sich selbständig auseinander und huldigte Luther mit der
»Wittenbergisch Nachtigall« (1523), blieb aber Katholik.
Nachdem er seine Frau und sieben Kinder überlebt hatte, hei-
ratete er 66jährig zum zweiten Male. 1567 gab er selbst eine
Übersicht über sein Schaffen: 4275 Meisterschulgedichte, 1700
Erzählungen und Schwänke, 208 dramatische Dichtungen.

Hans Sachs ist der erste deutsche Dichter gewesen, der sich in
beachtlicher Weise mit der dramatischen Kunstform beschäftigt und in ihr, wenn auch keine großen Meisterwerke, so
doch gute Handwerksarbeit geliefert hat. Die Schwänke und
Spiele gehören zum Besten seiner umfangreichen Produktion. Zwar bleibt er vielfach im rein Dialogischen stecken,
doch vermag er auch, genügend an Plautus und Terenz geschult, zu echter Bühnenwirkung vorzustoßen, so vor allem
in den Fastnachtsspielen. Die Stoffe zu seinen Stücken – er
schrieb auch Tragödien und Historien – entnahm er der
Bibel, der Geschichte, den Sagen des klassischen Altertums
und deutschen Märchen- und Volksbüchern. Doch schöpfte
er vielfach auch aus neueren Novellensammlungen, so aus
dem Boccaccio, mied aber alles Erotisch-Schlüpfrige. Seine
Kunst hat etwas angenehm Biederes, Gesund-Derbes an sich.
Als Beispiele echter Volkskunst, gleich wertvoll im Hand-
werklich-Gekonnten wie im holzschnittartigen Zuschnitt,
verfehlen seine Spiele auch heute noch niemals ihre Wirkung.
Es seien hier nur genannt: *Das Narrenschneiden* (1536), in
dem in Anlehnung an Sebastian Brants satirisches Gedicht
Das Narrenschiff die Heilung eines Kranken von seinen
Leiden geschildert wird, die der Arzt als allgemein menschliche Laster erkennt. Er schneidet sie ihm nacheinander aus
dem Bauch: den Narren der Hoffart, des Geizes, des Neides, der Unkeuschheit, der Völlerei, des Zorns und der Faulheit. Zum Schluß wird auch noch das Narrennest heraus-
geholt, damit keine neuen Narren ausgebrütet werden. Mit
der moralischen Nutzanwendung schließt das Stück. *Der*
fahrende Schüler im Paradies (1550) zeigt, wie ein schlauer

Scholar erst die dumme Bäuerin übertölpelt und dann den
Bauern, der sich für klüger hält. Der Frau, die Paris mit
Paradies verwechselt, erzählt er, daß er ihren ersten Mann
im Paradies angetroffen habe, und läßt sich Geld und Kleider für ihn mitgeben. Den Bauern, der ihm das ergaunerte
Gut wieder abjagen will, bringt er um sein Pferd, indem er
sich verstellt und den Bauern zu Fuß den angeblichen Spuren des Vaganten nacheilen heißt. *Das heiße Eisen* (1551) ist
eines der besten, wenn auch etwas lockeren Fastnachtsspiele
von Hans Sachs. Die Bäuerin hat Verdacht, daß ihr Mann
sie betrügt. Auf Rat der Gevatterin verlangt sie die Eisen-
probe, d. h., er soll ein glühendes Eisen auf der Hand tragen, ohne sich zu verbrennen. Der Mann schützt sich durch
einen Span, den er im Ärmel versteckt. Darauf verlangt er
die Gegenprobe von seiner Frau. Diese bekommt es mit der
Angst und gesteht, ihn mit dem Kaplan und sechs weiteren
Männern betrogen zu haben, nicht gerechnet die jungen Gesellen. Der Mann ist erbost, verzeiht ihr jedoch, da er sich
selbst auch nicht frei von Schuld fühlt. *Das Kälberbrüten*
(1551) hat einen Bauern zum Mittelpunkt, der aus Käse
Kälber brüten wollte. Von besonderem theatergeschicht-
lichem Interesse ist *Das Weib im Born*, wo bereits die gleiche
Konfliktstellung gegeben ist – einem Motiv Boccaccios folgend – wie in Molières *George Dandin*. Melusine betrügt
ihren Mann Feuerbart. Sie wird von ihm ausgesperrt, täuscht
Selbstmord vor und gelangt auf diese Weise wieder ins
Haus. Der Kläger wird zum Beklagten. Der betrogene Ehemann bezieht noch obendrein Prügel durch die schnell herbeigerufenen Nachbarn und muß Abbitte tun.

Die bei Hans Sachs häufig wiederkehrenden Typen des
tolpatschigen Bauern, der zänkischen Alten, des buhlerischen
Eheweibes, des bramarbasierenden Landsknechtes, des betrügerischen Wirtes u. a. stammen aus älteren Vorlagen, wie
z. B. der römischen Komödie, haben aber ihrerseits dazu beigetragen, eine deutsche Tradition von feststehenden Theater-
typen zu begründen. Aufführungsorte der Hans-Sachsschen
Stücke waren Kirchen (als ständige Versammlungsorte der
Meistersänger), öffentliche Plätze, Privathäuser und Wirts-
häuser. Die Annahme, daß von 1550 an in Nürnberg ein
von der Meistersängerzunft errichtetes eigenes, amphitheatralisch angelegtes Schauspielhaus bestanden habe, hat sich

als irrig erwiesen. Die Mehrzahl der Schauspieler waren
Handwerker und Bürgersöhne. Hans Sachs ist selbst häufig
als Schauspieler aufgetreten (»den meisten Teil selbst agieren und spielen helfen«), wie er im 3. Band seiner Werke
berichtet. Die Frauenrollen wurden durch ältere Knaben
dargestellt.

Nachdem Hans-Sachssche Stücke noch bis in die Mitte des
17. Jh.s hinein gespielt wurden, z. B. am Hofe zu Dresden,
verblaßte ihr Ruhm allmählich, um sich im 18. Jh. zu erneuern. Goethe vor allem kommt das Verdienst zu, auf ihn
durch sein Gedicht *Hans Sachsens poetische Sendung* nach-
drücklichst hingewiesen zu haben. Doch hatten ihn auch
schon Gottsched, Lessing, Herder und Wieland gelobt und
sich für ihn eingesetzt. Die höchste Ehrung wurde seinem
Andenken dadurch zuteil, daß sich Goethe im *Faust* und
Schiller in *Wallensteins Lager* der Reimform Hans Sachsens,
des sog. Knittelverses, bedienten und diesen als eine typisch
deutsche Versform zu klassischer Vollendung führten. Dem
Menschen Hans Sachs setzte Richard Wagner in den *Meister-
singern von Nürnberg* ein Denkmal, nachdem ihn schon zuvor Deinhardstein in einem dramatischen Gedicht (1829)
und Lortzing in einer Oper (1840) als Bühnenfigur verwendet hatten. (Auswahl der Fastnachtsspiele und Schwänke in
Reclams UB 7627.)

LOPE DE VEGA

* 25. November 1562 in Madrid
† 27. August 1635 in Madrid

*Lope Félix de Vega Carpio war der Sohn eines Kaufmanns,
der ein Stickereigewerbe betrieb. Seine Eltern stammten
beide aus dem Carriedotal in Nordspanien. Nach Besuch
der Jesuitenanstalt bezog er die Universität Alcalá und erwarb das Baccalaureat. 1588 wurde er in einen Verleum-
dungsprozeß verwickelt, verhaftet und auf vier Jahre aus
Madrid verbannt. Im gleichen Jahre trat er als Freiwilliger
in die spanische Kriegsflotte ein und nahm auf einem Admi-
ralsschiff der Armada an der berühmten Seeschlacht gegen
England teil. Danach finden wir ihn jungverheiratet für*

zwei Jahre in Valencia, wo er Theatererfolge errang. Etwa 1590 trat er in Toledo als Sekretär in die Dienste des Herzogs von Alba, eines Enkels des berühmten Feldherrn. Dann lebte er wiederum in Madrid, später als Sekretär des Herzogs von Sessa, dem er sowohl in seinen höfischen wie intimen privaten Angelegenheiten zu Diensten war. 1614 trat er, zum zweiten Male Witwer geworden, in den geistlichen Stand. Papst Urban VIII. verlieh ihm 1627 den theologischen Doktorgrad. Als erfolgreicher Bühnendichter beim Volke beliebt, wurde er seines freien Lebenswandels wegen bei Hofe kritisch betrachtet.

Lope de Vega ist der Schöpfer des nationalen spanischen Theaters gewesen, gleichzeitig der fruchtbarste Bühnenschriftsteller, den die Weltliteratur kennt. Nach seinen eigenen Angaben hat er 1500 Stücke geschrieben, sein erster Biograph Juan Pérez de Montalbán nennt sogar 1800 Comedias und 400 Autos sacramentales (Fronleichnamsspiele). Überliefert sind in Texten 470 Stücke, den Titeln nach über 770. Für mehr als 100 Stücke will Lope nur je 24 Stunden gebraucht haben. Alle seine Bühnenwerke sind in Versen geschrieben. Die staunenswerte Zahl seiner dramatischen Arbeiten erklärt sich zum Teil aus der übersprudelnden Phantasie des Dichters und der Einmaligkeit seiner Persönlichkeit, zum Teil aber auch aus den Zeitverhältnissen. »Lopes Zuschauer waren«, sagt Karl Voßler, »keine Proletarier, sondern echtes Volk. Er beherrschte, beglückte und begeisterte es, wie es seinerseits ihn als seinen größten Meister und Liebling vergötterte, ihn beflügelte und trug. Freilich, es hetzte ihn auch und zwang ihn zur Improvisation. Es wollte keine Wiederholungen, sondern jedesmal neue und wieder neue Stücke.« So griff Lope mit einer gewissen Sorglosigkeit nach jedem Stoff, der sich ihm bot, gleichviel ob aus Sage, Geschichte oder Gegenwart. »Er konnte anklingen, was er wollte, er war des Widerhalls in jedem spanischen Gemüt gewiß.« Überschäumende Lebensfreude und Daseinsbejahung sind die Elemente seiner Kunst. Problematische Naturen wird man vergeblich bei ihm suchen. Auch dem Tragischen weicht er nach Möglichkeit aus. Das Religiöse beherrscht sein Denken, wie das aller spanischen Dichter jener Zeit, ist jedoch nicht von der Tiefe und Bedeutung wie

bei Calderón. Über die Technik seiner Stücke hat er sich in
dem ironisch-humorvoll angelegten Lehrgedicht *Arte nuevo
de hacer comedias in este tiempo* (Von der neuen Kunst, in
diesen Zeitläuften Komödien zu schreiben) selbst geäußert.
Hier setzt er sich kritisch mit Aristoteles auseinander, bejaht
aber doch die Einheit der Handlung und will alles auf die
Schlußsituation zugeschnitten wissen. Mischung von Tragik
und Komik sei angebracht. Der wahre Zweck der Komödie
ist, »die Handlungen der Menschen nachzuahmen und die
Sitten der jeweiligen Zeit zu malen«. Bedeutsam für die
Struktur des spanischen Theaters wurde die Einführung des
Grazioso, der heiteren Figur, als ständigem Begleiter des
Caballero, der Graziosa als Begleiterin der Dame. Lope
schreibt sie sich selbst zu, und zwar als zum ersten Male
verwendet in seiner Komödie *La francesilla* (1598). Sie
dürfte aber älteren Ursprungs sein. Für das Theater Lopes
ist die geringe Ausstattung charakteristisch, die es erfordert.
Er selbst sagt, daß für ihn, um sein Publikum mitreißen zu
können, eigentlich nur »vier Böcke, zwei Bretter, zwei
Schauspieler und eine Leidenschaft« nötig seien. Mag dies
übertrieben scheinen, so erklärt dieser Grundsatz doch in
gewissem Sinn die Vielzahl seiner Produktion. Eine chrono-
logische Ordnung der Stücke anzugeben ist ebenso unmöglich wie ihre gattungsmäßige Einteilung. In buntem Wechsel
stehen neben Schäferspielen und mythologischen Komödien
Stücke mit Stoffen aus der spanischen und der übrigen
europäischen Geschichte und Sage. Bezeichnenderweise hat er
auch die Entdeckung Amerikas durch Columbus dramatisiert. Einen breiten Raum nehmen Ehebruchs- und Intrigen-
stücke ein, ferner die sog. Mantel-und-Degen-Komödien
(Comedias de capa y espada), die das gesellschaftliche Leben
der Spanier im 16. und 17. Jh. in immer neuen Varianten
spiegeln. Mehrfach berührt Lope sich stofflich mit Shakespeare, ohne sich jedoch mit dem Briten in der Tiefe der
Behandlung messen zu können. Liebe, Eifersucht und Ehre,
Verkleidung und Verstellung, Verwandlung und Enthüllung
sind die Spannung schaffenden und lösenden Motive, wobei
weniger das einzelne Stück als die Summe aller das entscheidende Faktum bedeutet. »Lope hat nicht ein einziges Stück
geschrieben, das vortrefflich zu nennen wäre«, sagt Grillparzer, »aber er hat auch vielleicht nicht ein einziges, worin

nicht zugleich eine Szene dem Besten im Shakespeare gleichkäme.« Rechnet man zu Lopes weltlichen Schauspielen noch die große Zahl seiner biblischen Stücke hinzu, ferner die sog. Heiligenkomödien (Comedias de Santos) und die Fronleichnamspiele sowie das umfangreiche epische Schaffen, so ersteht in der Tat ein Lebenswerk von einer kaum faßlichen Fülle. Es erscheint begreiflich, daß ein Cervantes in ihm ein »Wunder der Natur« erblickte, den »Alleinherrscher der Bühne«, und daß Lopes Name sprichwörtlich für alles Vollkommene und Einmalige bei den Spaniern wurde, ja man verstieg sich sogar zu der Credo-Formulierung: »Ich glaube an Lope, den allmächtigen Dichter Himmels und der Erden.« Nach seinem Tode geriet er zunächst über der größeren dichterischen Leistung Calderóns in Vergessenheit. Erst Grillparzer ist es gewesen, der durch 40 Jahre hin sich einem eingehenden Studium Lopes widmete und nachdrücklich auf ihn hinwies. Er sah in ihm den Dichter der reinen Natur und verglich ihn in gewissem Sinne mit Goethe. Zu mehreren seiner eigenen Werke ließ sich Grillparzer durch Lope inspirieren, so vor allem zu dem Trauerspiel *Die Jüdin von Toledo*. In neuester Zeit verhalf Hans Schlegel durch ein Übersetzungswerk von mehr als 100 Stücken Lopes dem Dichter zu neuem Bühnenleben auch in Deutschland.

Der Ritter vom Mirakel. Komödie in drei Akten. – Luzmán, ein Abenteurer, Angeber und notorischer Windhund, treibt als Angehöriger der spanischen Söldnerarmee in Rom sein Unwesen. Er hält es gleichzeitig mit drei Frauen: den beiden Kurtisanen Otavia und Beatriz sowie mit Isabella, der Gattin des alten Patrizio. Einem Zweikampf mit dem Fähnrich Leonato, der sich um Otavias Gunst bewirbt, weiß er geschickt auszuweichen. Den plumpen wallonischen Offizier, der abgöttisch in Beatriz vernarrt ist, versteht er durch Verleumdungen beiseite zu schaffen, und dem alten lüsternen Patrizio (Isabellas Gatten) spielt er Beatriz in die Hände, nachdem er erkannt hat, daß Isabella für ihn ihres Reichtums wegen die vorteilhafteste Beziehung ist. Mit unglaublicher Keckheit und virtuoser Redegewandtheit meistert er immer wieder alle heiklen Situationen, die sich aus seinen leichtsinnigen Reden und Handlungen ergeben. Zuletzt entlockt er Isabella eine größere Summe Gold und will damit

nach Spanien entfliehen. Da er aber in seinem Übermut die
Torheit begeht, seine Helfershelfer, insbesondere seinen Diener Tristán, schlecht zu belohnen, zeigt ihn dieser bei Isabella
an, und in kürzester Zeit bricht das ganze Gebäude seiner
Lügen und Intrigen zusammen. Aller Mittel beraubt, von
allen als Schurke und Hochstapler durchschaut, bittet er vergeblich um Hilfe. Der Reihe nach weisen sie ihn ab, wie er
seine Netze um sie gesponnen hatte: Isabella, die erkannt
hat, daß es ihm nur um ihren Reichtum zu tun war, Beatriz,
die zu ihrem Offizier zurückgekehrt ist, Otavia, die sich mit
einem langjährigen alten Bewerber verheiratet, und Tristán,
dessen Dienste er so schmählich belohnte. Kein ›Mirakel‹
hilft mehr, wie früher. Es bleibt für ihn nur noch, nackt und
bloß wie er ist, der Weg ins Spital. Aber sein Lebensmut ist
nicht gebrochen, und er meint, daß sich doch noch Frauen
finden lassen müßten, die auf ihn hereinfallen.

Das Stück zeigt in besonders einprägsamer Weise Lopes
Genie. Leicht hingeworfen, kühn und gewagt im Inhalt, ersteht bei aller flüchtigen Diktion doch in der Figur des Luzmán, dieses Glücksritters par excellence, ein dichterisch kon-
zipierter Charakter einmaliger Prägung, ein Schurke mit
Charme, möchte man sagen, ein Spitzbube mit Esprit.
Gleichzeitig kann man in dieser Gestalt, wie Voßler treffend
bemerkt, »eine leichte Persiflage der spanischen Großtuerei«
erblicken, vom Dichter »mit offenbarer Freude an schauspielerischer Bravour« geschrieben. Im ganzen ist *El caballero
del milagro* ein Stück, das von der Schablone abweicht und
eine starke Originalität aufweist. (Reclams UB 8496.)

Fuente Ovejuna. Schauspiel in drei Akten. – König
Ferdinand hat dem Großkomtur Fernán Gómez de Guzmán die Herrschaft über den Ort Fuente Ovejuna übertragen.
Guzmán ist ein brutaler Tyrann, der eine hemmungslose
Willkürherrschaft ausübt. Er belästigt Laurencia, die Tochter
des Alkalden Esteban, mit seinen Anträgen. Von ihr abgewiesen, überrascht er sie im Walde, wo sie soeben Frondoso,
den Sohn eines reichen Bauern, zurückgewiesen hatte. Mit
Gewalt will er sich ihrer bemächtigen, als Frondoso eingreift
und das Mädchen befreit. Wutentbrannt muß Guzmán sich
zurückziehen. Im zweiten Akt wiederholt sich Ähnliches:
Guzmán muß ins Feld ziehen und versucht unterwegs ein

junges Mädchen aus Fuente Ovejuna, Jacinta, sich zu Willen
zu machen. Da auch sie ihn verschmäht, überläßt er sie der
Soldateska. Den Bauern Mengo, der Jacinta schützen will,
läßt er auspeitschen. Indessen haben sich in Fuente Ovejuna
Laurencia und Frondoso gefunden. Das tapfere Verhalten
Frondosos hat ihm die Neigung des Mädchens eingebracht.
Esteban gibt sie ihm zur Frau. Die Hochzeitsfeier wird jäh
durch die Rückkehr des Komturs unterbrochen. Braut und
Bräutigam werden gefesselt aufs Schloß geschleppt, Esteban,
der als Vater und Alkalde vergeblich einzuschreiten sucht,
geschlagen. Doch daraufhin ist das Dorf nicht mehr zu halten. Man trifft sich zur Beratung, wie man die Schande
rächen kann. Laurencia, der es gelungen ist, sich zu befreien,
entflammt den ganzen Ort. Das Schloß wird gestürmt, der
Tyrann, der schon dabei war, Frondoso zu Tode zu foltern,
wird erschlagen. Nachdem sich der erste Sturm gelegt hat,
wird man sich darüber klar, daß man den vom König eingesetzten Herrn getötet hat und daß man Strafe zu gewärti-
gen habe. Auf den Rat Estebans wird beschlossen, als Täter
nicht einzelne, sondern den ganzen Ort zu benennen. Der
König schickt alsbald einen Richter nach der Stadt. Trotz
strengsten Verhöres erfolgt auf die Frage, wer den Komtur
getötet habe, stets nur die eine Antwort: Fuente Ovejuna.
Diese Einmütigkeit sowie die Ursachen, die den Aufstand
hervorriefen, veranlassen den König, Fuente Ovejuna zu
schonen und dem Ort keinerlei Strafen aufzuerlegen.

Den auch sonst in der spanischen Dichtung öfters abge-
handelten Stoff entnahm Lope der Chronik des Calatrava-
Ordens. Es ist ein echtes Volksdrama, das mit unerbittlicher
Folgerichtigkeit den Konflikt aufreißt und zu Ende führt.
Karl Voßler rechnet das Werk »zu den gewaltigsten Dramen
des abgewehrten Unrechtes, die das spanische Theater
kennt«. Hier »wächst der kleine Mann aus dem Volk zum
großen Menschen, und mit ihm erhebt sich die volkstümliche
Dichtung zu welthistorischem Rang«. Theatergeschichtlich
bedeutsam ist die Rolle, die in diesem Werk bereits das
Problem der Spannung zwischen Adel und Volk spielt. In
Calderóns *Richter von Zalamea*, dessen Stoff Lope gleich-
falls behandelte, finden wir es dichterisch überhöht wieder.
Hans Schlegels Nachdichtung und Übertragung von *Fuente
Ovejuna* trägt den Titel *Loderndes Dorf*.

Die Sklavin ihres Geliebten. Komödie in drei
Akten. – Elena, ein junges alleinstehendes Mädchen aus gutem Hause in Sevilla, liebt den Studenten Juan, den Sohn
des vermögenden Don Fernando. Auch Juan, ein etwas un-
entschlossener und schüchterner Jüngling, liebt sie. Das
große Hindernis für eine Eheschließung ist die Tatsache, daß
Don Fernando seinen Sohn zum geistlichen Stand bestimmt
hat. Als Juan, von Elena zur Rede gestellt, sich entschließt,
dem Vater zu erklären, daß er nicht Priester werden wolle,
wird er des Hauses verwiesen, sogar seine Sachen werden
ihm aus dem Fenster nachgeworfen. So groß ist der Zorn
des Alten. Juan findet nun im Hause Leonardos, eines
Freundes Don Fernandos, den das Schicksal Juans dauert,
Unterkunft. Hier harren des etwas unbedarften Jünglings
neue Komplikationen: Serafina, die Schwester Leonardos,
ist seit langem in ihn verliebt. Sie hofft nun bald zum Ziel
ihrer Wünsche zu gelangen, und Juan weiß sich in seiner
Ratlosigkeit nicht zu helfen und versäumt es, Serafina über
seine wahre Herzensneigung und -bindung aufzuklären. Inzwischen hat Fernando beschlossen, einen Sklaven als Soh-
nesstatt anzunehmen und zum Erben seines Vermögens einzusetzen. Elena, die davon gehört hat, läßt sich durch den
Kapitän Alberto als Sklavin bei Fernando einführen. Der
Alte ist sofort von ihr entzückt und kauft sie. Durch Fleiß
und Geschick gewinnt Elena bald das volle Vertrauen Fernandos, der ihr auch von dem ›mißratenen‹ Sohne Mitteilung macht. Langsam beginnt sein Groll sich zu legen. Er ist
sogar bereit, dem Sohne zu verzeihen und ihm eine Heirat
zu gestatten, lebt allerdings in dem Glauben, daß Serafina
die erwählte Geliebte Juans sei. Eine Eheschließung mit dieser wäre ihm sehr willkommen, da sie reich ist. Elena befindet sich nun erneut in schwieriger Lage, zumal sie durch
das unentschlossene Auftreten Juans glaubt, Grund zur
Eifersucht haben zu müssen. Da es ihr (trotz ihrer vermeintlichen Sklavin-Rolle) nicht an Bewerbern fehlt, glaubt Juan
seinerseits, Grund zur Eifersucht zu haben. Schon spitzen sich
die beiderseitigen Eifersuchtskomplexe tragisch zu, als Juan
endlich dem Vater bekennt, wer die Sklavin ist und daß
diese (und nicht Serafina) die Erwählte seines Herzens sei.

Lope treibt in dieser Komödie, die von vielen als eine
seiner besten bezeichnet wird, die Spannung im Liebes- und

Eifersuchtsspiel bis zum Äußersten und erhält den Hörer (getreu seinem dramaturgischen Arbeitsprogramm) bis zum allerletzten Augenblick in Spannung über den Ausgang. Die Rolle der Elena ist ungemein reizvoll und fein durchgearbeitet, ein Spiegelbild der verschiedensten Eigenschaften der liebenden Frau: Stolz und echte Leidenschaft sprechen aus ihr ebenso wie Aufopferung und Eifersucht. Aber auch die Rolle Juans (als sinnvoller Kontrastfigur) ist in der Zeichnung des schüchternen Liebhabers eindrucksvoll gestaltet. Sein Gefolgsmann Pedro nimmt die Stellung des Halb-Grazioso ein. Als echtes komödiantisches Spiel mit einer tragenden Mittelpunktsfigur kann *La esclava de su galán* als Beispiel für die Feinheit und virtuose Kunst Lope de Vegas gelten, den Hörer mit den immer wiederkehrenden Mitteln seines Theaters (Liebe, Eifersucht, Verkleidung) zu fesseln und zu verzaubern.

TIRSO DE MOLINA

* 1571 in Madrid
† 12. März 1648 im Kloster Soria (Kastilien)

Über das Leben des Dichters, der eigentlich Gabriel Téllez hieß, ist wenig bekannt. Nicht einmal das Geburtsjahr ist genau überliefert, von manchen Forschern wird 1584 angegeben. Fest steht nur, daß er 1601 in den Orden der Mercedarier eintrat und für diesen in Toledo, Madrid, Salamanca u. a. tätig war. 1616 bis 1618 war er auf Haiti in Santo Domingo als Missionar seines Ordens. Die letzten zweieinhalb Jahre seines Lebens verbrachte er als Comendador und Superior in dem Kloster Soria.

Tirso de Molina ist der bedeutendste spanische Bühnenschriftsteller nächst Lope de Vega und Calderón gewesen. Nach seinen eigenen Aussagen hat er 300 bis 400 Bühnenwerke geschrieben, von denen heute noch 86 bekannt sind. Ein Schwerpunkt seines Schaffens fällt in die Zeit von 1600 bis 1626. Von Lope übernahm er die Form der Mantel-und-Degen-Stücke, deren berühmtestes sein *Don Gil von den grünen Hosen* (1635) wurde. Dieses wie auch andere seiner

Stücke verraten ein ungewöhnliches Einfühlungsvermögen in die weibliche Psyche, deren Schilderung er sich immer wieder angelegen sein ließ. Manche Forscher nehmen an, daß die Menschenkenntnis des Dichters im Beichtstuhl reichliche Nahrung bekommen habe. »Tirsos Dichtung ist voll vom Widerhall zwischen sinnlicher und mystischer Erotik«, sagt Karl Voßler, »ich kenne keinen zweiten spanischen Bühnendichter, den der Untergrund der menschlichen Seele, das, was wir heute das Unbewußte oder Unterbewußte oder Verdrängte, vom Tageslicht Verscheuchte nennen, so anhaltend beschäftigt, so unwiderstehlich anzieht.« Seine religiöse Haltung und Einstellung offenbart das Schauspiel *Der Verdammte aus Kleingläubigkeit*, in dem die himmlische Gnade dem reuigen Räuber Enrico zuteil wird, während sie dem in Sünde abgleitenden Büßer Paolo versagt bleibt. Eine Genietat ersten Ranges war der Griff nach dem Don-Juan-Stoff, den Tirso in seinem *Verführer von Sevilla oder Der steinerne Gast* (1630) erstmalig für die Bühne eroberte und dem er sogleich entscheidende Züge abzugewinnen wußte. Hier zeigt sich vornehmlich die Berufung dieses seltsamen Mönches für die Bühne, der in besonderer Weise das Leben eines Klosterbruders mit dem eines Bühnendichters zu verbinden wußte und dem das Menschenleben ebenso zum Objekt religiöser Betrachtung wie zum Abbild spielerischer Anmut und Grazie wurde.

Don Gil von den grünen Hosen. Komödie in drei Akten. – Doña Juana ist in Männertracht ihrem treulosen Geliebten Don Martin von Valladolid nach Madrid nachgereist. Sie ist fest entschlossen, Don Martin nicht aus den Augen zu lassen, zumal sie erfahren hat, daß er unter dem Namen eines Don Gil sich in Madrid um die Hand der reichen Ines im Einverständnis der beiderseitigen Väter bewerben soll. Den treuen alten Diener Quintana entläßt sie nach Valladolid. Ihr neuer Diener in Madrid wird der windige Caramanchel, der schon viele Herren gehabt hat und eben einen neuen sucht. Don Pedro, der Vater der Doña Ines, möchte es nun besonders schlau machen, die Ehe zwischen Martin und Ines zu stiften. Die jungen Leute sollen sich zwanglos im Park kennenlernen. Dies erfährt Juana rechtzeitig. Sie eilt zum Park, ehe ihr treuloser Geliebter auf

Freiersfüßen dort erscheint. Als junger Cavalier macht sie Ines, die sich in Begleitung ihres Verehrers Don Juan und ihrer Freundin Doña Clara befindet, den Hof und gibt sich als den erwarteten Don Gil aus. Der Streich gelingt. Ines ist entzückt von ihr und verliebt sich heftig in den vermeintlichen zarten Jüngling. Als dann Don Pedro und Don Martin ankommen, ist die erwünschte große Verwirrung eingetreten: Ines ist von dem ›neuen‹ Don Gil wenig erbaut und spricht nur von dem ihrigen, den sie als den »Don Gil von den grünen Hosen« bezeichnet. Um ganz sicher zu gehen und den treulosen Geliebten nicht auf die Spur zu bringen, wer sein Doppelgänger als Don Gil sein könnte, läßt Juana durch Quintana Don Martin vermelden, daß Juana Valladolid verlassen, sich in ein Kloster begeben habe und dort ein Kind von ihm erwarte. Diese Nachricht erschüttert Don Martin, hindert ihn aber nicht daran, seine Bewerbungen um Ines' Hand fortzusetzen. Juana treibt nun ihr Possenspiel zum Höhepunkt. Sie erscheint nicht nur weiterhin als der von Ines angebetete Don Gil von den grünen Hosen, sondern daneben auch in Frauentracht als Doña Elvira, die einem treulosen Geliebten nachgereist sei, wobei sie Ines gegenüber als diesen eben jenen Don Gil bezeichnet, der sich um Ines' Hand bewerbe. Don Martin sowie auch dem pfiffigen Caramanchel erscheint der ominöse Don Gil alsbald als unheimlicher Geist aus einer anderen Welt, ja Don Martin hält ihn bei seinem schlechten Gewissen allen Ernstes für den rächenden Geist seiner verlassenen Geliebten Juana, deren angeblicher Tod im Kloster ihm inzwischen von Quintana mitgeteilt wurde. Damit nicht genug, hat sich auch noch Doña Clara, die Freundin der Ines, in den »Don Gil von den grünen Hosen« verliebt. Es entsteht nun unter dem Balkon der Ines ein tolles Durcheinander, in dem sich niemand mehr zurechtfindet. Vier verschiedene Don Gils erscheinen der Reihe nach, die teils aus Liebe, teils aus Eifersucht die grünen Hosen angezogen haben: Don Juan, Don Martin, Doña Clara und Doña Juana. Es kommt zu Streitigkeiten der verschiedenen Gils unter sich, Verhaftungen und Verleumdungen, bis schließlich das ganze Quiproquo offenbar wird und Caramanchel die Requisiten Don Gils (Hut und grüne Hosen) vorüberträgt und mit geweihten Kerzen besteckt, um die Schimäre zu Grabe zu tragen.

Die ausgelassene Komödie, die einen Gipfelpunkt innerhalb der spanischen Mantel-und-Degen-Stücke darstellt, ist
von mitreißender Bühnenwirkung. Ungereimtheiten in der
Handlung, die man beim Lesen empfindet, nimmt der Zuschauer im Theater ohne weiteres hin. Tirso erweist sich hier
als Virtuose der Szene, »des allgemeinen Beifalls sicher, auch
heute noch bei uns, wenn Doña Juana als Don Gil verkleidet in ihren weltberühmten grünen Hosen über die Bretter
huscht und ihren treulos entlaufenen Bräutigam wieder ein-
fängt« (Voßler). Nachdichtungen für die deutsche Bühne
schrieben in neuerer Zeit Johannes von Guenther (Reclams
UB 8722) und Hans Schlegel. Zur Oper formte den Stoff
u. a. Walter Braunfels (1924).

Der Verführer von Sevilla oder Der steinerne Gast. – Im Palast des Königs von Neapel hat
sich Don Juan Tenorio heimlich eingeschlichen und sich der
Herzogin Isabella genähert, die ihn für ihren Verlobten, den
Herzog Octavio, hielt. Als Isabella den Betrug merkt, ruft
sie um Hilfe. Don Juan wird ergriffen, von seinem Onkel
Don Pedro Tenorio, der spanischer Gesandter am Hofe ist,
aber wieder freigelassen, ja, sein Oheim verhilft ihm sogar
zur Flucht. Kaum ist er dieser Gefahr entronnen, als er sich
in ein neues Abenteuer stürzt. Bei einem Schiffbruch wird
er mit seinem Diener Catalinon an die Küste bei Tarragona
verschlagen, wo ihn die Fischerin Tisbea rettet. Zum Lohn
dafür verführt er Tisbea, die sich bisher allen Männern
gegenüber spröde gezeigt hatte, und läßt sie dann im Stich.
Inzwischen ist die Kunde von seinem Abenteuer mit Isabella
an den Hof von Sevilla gedrungen. Der König Don Alfonso
verlangt von Don Juans Vater, Don Diego Tenorio, daß
Don Juan Isabella zur Wiederherstellung ihrer Ehre heiraten soll. Auch für den Herzog Octavio, der sich dem König schutzsuchend zu Füßen wirft, weiß er eine Frau: Doña
Anna, die Tochter des Großkomturs Gonzalo de Ulloa.
Anna liebt den Marquese de la Mota und ist daher wenig
erbaut von diesem Heiratsprojekt. Ehe die Verwicklung sich
jedoch entwirrt, ist Don Juan in Sevilla zur Stelle und löst
das Problem auf seine Weise. Er schleicht sich unter dem
Mantel des Marquese heimlich bei Doña Anna ein, so, wie
er es ehedem bei Isabella getan hatte. Doch Doña Anna

merkt den Betrug rechtzeitig. Ihr Vater, der Großkomtur, eilt auf ihren Hilferuf herbei. Es kommt zum Zweikampf, bei dem Don Juan den Großkomtur tötet und dann entflieht. An seiner Stelle wird der Marquese verhaftet. Und abermals stürzt sich Don Juan in ein ländliches Liebesabenteuer. Er verführt am Hochzeitstage das Landmädchen Aminta durch ein Heiratsversprechen. Der betrogene Bräutigam Patricio hat das Nachsehen. Wieder in Sevilla, treibt der Übermut den Leichtsinnigen zum Äußersten. Er lädt die Statue des Großkomturs, den er getötet hat, zu sich zum Gastmahl. Und wirklich erscheint diese zum Schrecken Catalinons und der übrigen Diener, während Don Juan ihr unerschrocken gegenübertritt. Er nimmt auch eine Einladung der Statue an, sie in ihrer Gruft zu besuchen. Im Palast des Königs haben sich inzwischen Isabella, Tisbea und Aminta eingefunden, also alle Opfer des Verführers, ebenso der Herzog Octavio und der Marquese de la Mota. Catalinon berichtet ihnen das Ende des Bösewichtes. Er folgte der Einladung der Statue in die Gruft, wo sie ihm einen Vorgeschmack der Qualen gab, die seiner in der Hölle warten, und ihn dann in die Tiefe mit sich riß. Der König kann nun die durch Don Juans Intrigen auseinandergerissenen Paare wieder miteinander vereinen.

Tirso entnahm den Stoff aus alten spanischen Chroniken, die von einem Mitglied der berühmten Familie der Tenorios in Sevilla berichteten, der den Komtur Ulloa umbrachte, nachdem er dessen Tochter gewaltsam entführt hatte. Der Komtur wurde im Kloster der Franziskaner in einer Familiengruft beigesetzt. Die Mönche, die Don Juans schamloses Treiben schon längere Zeit beobachtet hatten, sollen ihn eines Tages zu sich ins Kloster gelockt, ihn getötet und das Gerücht verbreitet haben, Don Juan habe in der Kapelle die Statue des Komturs beleidigt und sei von ihr zur Strafe in die Hölle gezogen worden. Die große dichterische Tat Tirsos in der Behandlung dieses Stoffes beruht in der genialen Fixierung des Charakters des Don Juan, der wie von Dämonen getrieben in unersättlicher Lebensgier von einem Liebesabenteuer zum nächsten eilt. »Im Vorübergehen, im Nu beleidigt, betrügt, verführt und verlacht er seine Opfer. Das Improvisierte gehört hier zu der Natur der dichterischen Vision«, sagt Karl Voßler. Von Tirsos *El*

burlador de Sevilla führt eine direkte Linie zu Mozarts Oper
Don Giovanni. Ein interessantes Zwischenglied bildet (zeitlich und künstlerisch) Molières Komödie *Don Juan*.

CALDERÓN DE LA BARCA

* 17. Januar 1600 in Madrid
† 25. Mai 1681 in Madrid

*Don Pedro Calderón de la Barca entstammt einer alten
Adelsfamilie aus dem Tal von Carriedo bei Burgos, wo auch
Lope de Vega herkommt. Die Vorfahrenlinie der Mutter verweist nach dem Hennegau. Eine Ahne von ihm soll angeblich
scheintot zur Welt gekommen und erst in einem mit heißem
Wasser gefüllten Kessel (caldero, caldera) zum Leben erwacht sein. Nach Erziehung bei den Jesuiten in Madrid und
Studium in Salamanca versuchte er sich schon als 22jähriger
in der dramatischen Dichtung. Als Soldat nahm er an Kämpfen in Italien und Flandern teil. Seine Erfolge auf dem Theater veranlaßten den König Philipp IV., ihm 1635 die Leitung
der theatralischen Aufführungen bei Hofe, insbesondere im
Schloß von Buen Retiro, zu übertragen. 1651 wurde er Priester, 1663 Hofkaplan. Als 81jähriger starb er, nachdem er die
letzten Lebensjahrzehnte in stiller Zurückgezogenheit verbracht hatte. Dreitausend Personen sollen, mit Kerzen in der
Hand, seinem Sarg gefolgt sein. Grab und Monument befinden sich jetzt in der Kongregationskirche in Madrid.*

Calderón ist nicht nur Spaniens größter Dichter, sondern
auch einer der größten, den der Katholizismus bisher hervorgebracht hat. Sein Schaffen bildet in der dramatischen
Literatur der Völker eine Welt für sich wie das Shakespeares. Es soll über 400 Bühnenwerke umfaßt haben. Überliefert sind 120 Comedias und 80 Autos sacramentales (geistliche Festspiele). Eine genaue Datierung der Werke stößt auf
Schwierigkeiten. Auch eine Einteilung in verschiedene Gruppen nach dem Gattungscharakter der Stücke (ein Spezial-
problem der Calderón-Forschung) ist nicht eindeutig möglich, da die Stile und Formen, die er anwendet, sich vielfach

überschneiden. Anfangs ist die von ihm bevorzugte dramatische Ausdrucksform zweifellos die sog. Mantel-und-Degen-Komödie gewesen (Comedia de capa y espada), deren Form Calderón von Lope de Vega und Tirso de Molina übernahm. Darin gibt er ein anschauliches Kulturbild von den ›verwegenen Liebestreiben‹ in der Hauptstadt Madrid. Ihre Technik hat der Dichter selbst einmal dahingehend persifliert, daß in solchen Komödien »ein Bruder oder Vater stets zu ungelegener Zeit komme« und daß es dabei »notwendig immer einen versteckten Liebhaber und eine verschleierte Frau« geben müsse. Als Typ dieser Art lebt heute noch die Komödie *Dame Kobold* (1629) auf unseren Bühnen. Doch pflegte Calderón nicht nur das Genre des reinen Verwechslungs- und Überraschungsspieles. In der Komödie *Hüte dich vor stillen Wassern* (1649) z. B. sind die Randfiguren des Junkers Don Torribio Quadradillos und der Amme scharf umrissene Charakterfiguren shakespeareschen Formates. Neben den Komödien stehen die bürgerlichen Schauspiele (wie wir sie heute nennen würden), in denen Männer als Rächer der verletzten Ehre des Hauses auftreten und die Probleme des Ehebruchs vielfältig abgehandelt werden. *Der Arzt seiner Ehre* (1637) kann als Beispiel hierfür gelten, aber auch des Dichters bis auf den heutigen Tag berühmtestes Schauspiel aus der bürgerlichen Sphäre, *Der Richter von Zalamea* (um 1643), in dem ein Vater als Rächer der Ehre seiner Tochter bedeutsam in Erscheinung tritt. Vielfach griff Calderón auf historische Stoffe zurück, so in *Eifersucht das größte Scheusal* (1635) auf das schicksalhaft gesehene Ehedrama von Herodes und Mariamne, in der *Großen Zenobia* (1636) auf die Zauberwelt des Orients, die auch in dem großen Doppeldrama um die Königin Semiramis *Die Tochter der Luft* (1653) farbenprächtig und mit allen Künsten romantischer Poesie geschildert wird. Ein zeitgeschichtliches Ereignis von damals aktueller politischer Bedeutung spiegelt *Das Schisma von England* (um 1637), in dem Calderón den gleichen Stoff wie Shakespeare im *Heinrich VIII.* behandelt, den Glaubenswechsel in England, der Spanier von der katholischen Seite aus gesehen, der Brite von der entgegengesetzten. Einen Stoff aus der Geschichte der Kämpfe mit den Mauren in Nordafrika behandelt *Der standhafte Prinz* (vor 1636). Das Stück weitet sich jedoch zur Märtyrertragödie aus und hat als erhabenstes Beispiel dieser Gattung zu gelten. Den Gestalter religiöser Legenden (Comedias de Santos) und des kirchlichen Wunderglaubens finden wir in seiner ganzen Größe in der *Andacht zum Kreuze* (um 1634). Einen besonderen Platz nehmen in Calderóns Schaffen auch die philosophisch orientierten Werke ein, in denen er Antwort auf letzte Lebensfragen erteilt. Hierzu ist vor allen Dingen *Das Leben ist ein Traum* (1635) zu rechnen, aber auch ein Werk wie *Der wundertätige Magier* (1637), das man als den ›spanischen Faust‹ bezeichnet hat. Den Lustbarkeiten am Hofe zu Buen Retiro dienten Calderóns Festspiele (Fiestas), in denen er mit Vorliebe Themen aus der Mythologie der Antike theatralisch gestaltet. Das große Ausstattungsstück *Über allem Zauber Liebe* (1635) bietet hierfür das sprechendste Beispiel. Von 1637 an ist Calderón als Verfasser von geistlichen Festspielen (Autos sacramentales) nachweisbar, die ihn vornehmlich als katholischen Dichter und tiefsinnigen Deuter religiöser Probleme in der Form der Bühnenkunst erweisen. Viele sehen in diesem Schaffenszweig, den er regelmäßig von 1644 ab bis zu seinem Tode pflegte, des Dichters bezeichnendste Tat, so z. B. August Wilhelm Schlegel, der von Calderón sagt: »Die Religion ist seine eigentliche Liebe, das Herz seines Herzens.« Calderón verwendet zu seinen geistlichen Festspielen, die am Fronleichnamstag mit z. T. recht beträchtlichen Ausstattungskosten in Szene gesetzt wurden, ebenso Stoffe aus der Bibel wie aus Sagen des klassischen Altertums, aber auch selbsterfundene. Manches Stück früherer Zeit wurde zum Auto sacramentale umgewandelt, so z. B. *Über allem Zauber Liebe* oder die Ehebruchstragödie *Der Maler seiner Schande*. Zu den für uns heute interessantesten Stücken dieser Art gehört *Das große Welttheater* (erschienen 1675), in dem das ganze menschliche Leben als Schauspiel aufgefaßt wird.

Die Wirkung Calderóns auf Mit- und Nachwelt steht der der bedeutendsten Dramatiker des Abendlandes nicht nach. Sahen einige in ihm das größte katholische Genie nach Dante, so betonte Goethe die theatralische Vollkommenheit: »Seine Stücke sind durchaus bretterrecht, es ist in ihnen kein Zug, der nicht für die beabsichtigte Wirkung kalkuliert wäre.« In ähnlichem Sinne sagt Schlegel: »Ich weiß keinen Dramatiker, der den Effekt so zu poetisieren gewußt hätte, der zugleich so sinnlich kräftig und ätherisch wäre.« Die deutschen Romantiker erhoben Calderón stellenweise noch über Shakespeare, welcher Anschauung Goethe mit dem Bild entgegentrat, daß Shakespeare uns »die volle reife Traube vom Stock« reiche, während wir von Calderón bereits »abgezogenen, höchst rektifizierten Weingeist« empfangen. 1825 sprach Goethe von der Calderón-Begeisterung sogar wie von einer glücklich überstandenen Krankheit. Außer Goethe in Weimar traten auch Immermann in Düsseldorf und E. T. A. Hoffmann in Bamberg als Theaterleiter nachdrücklich für Calderón durch Aufführungen seiner Werke ein. Um die Übersetzung ins Deutsche machten sich A. W. Schlegel und J. D. Gries besonders verdient. 12 Autos sacramentales übersetzte Eichendorff, darunter *Das große Welttheater*.

Der standhafte Prinz

Schauspiel in drei Akten
Erste Aufführung: Zeit unbestimmt
(Entstehung zwischen 1629 und 1636)

P e r s o n e n : Don Fernando, Prinz von Portugal – Don Enrique, sein Bruder – Don Juan Coutinjo – Alfonso, König von Portugal – Der König von Fez – Phönix, seine Tochter – Muley, sein Feldherr – Tarudante, König von Marokko – Brito, ein portugiesischer Soldat – Dienerinnen der Prinzessin – Christensklaven – Soldaten.
O r t und Z e i t : Am Hofe des Königs von Fez und an der Seeküste bei Tanger, um 1440.

Die portugiesischen Prinzen Fernando und Enrique sind mit einer Flotte an der nordafrikanischen Küste gelandet, um Tanger zu belagern und es dem König von Fez zu entreißen. Anfangs sind sie vom Glück begünstigt. Es gelingt Don Fernando sogar, den Feldherrn Muley gefangenzunehmen. Als dieser ihm die Geschichte seiner Liebe zu der Prinzessin Phönix erzählt, in der er sich durch einen Nebenbuhler bedroht fühlt, gibt ihn Fernando mit echt iberischer chevaleresker Geste wieder frei. Die Portugiesen haben jedoch zu früh gejubelt. Tarudante, der König von Marokko, und der König von Fez haben sich schnell verbündet und ziehen von zwei Seiten gegen die Christen heran. Fernando gerät in

Gefangenschaft. Der König von Fez ist bereit, ihn wieder
auszuliefern im Tausch gegen die Festung Ceuta. Die Portugiesen verlassen Afrika, um hierüber die Meinung ihres Königs einzuholen. Fernando wird indessen am Hofe in Fez
mit Auszeichnung behandelt, bis zu dem Augenblick, da
Botschaft von seiner Heimat eintrifft. Sein Bruder, König
Eduard von Portugal, starb aus Gram über die Nachricht
von der Gefangennahme des Prinzen. In seinem Testament
hat er angeordnet, daß der Prinz gegen Ceuta ausgelöst
werde. Hiergegen wehrt sich jedoch Fernando mit aller
Macht. Er will auf keinen Fall, daß Ceuta wieder in die
Hände der Ungläubigen falle, und begibt sich freiwillig in
die Sklavendienste. Auch als der König von Fez ihm streng-
ste Behandlung androht, läßt er sich nicht erweichen. Er will
ihm beweisen, daß er im Dulden der Stärkere sei. Die portugiesische Gesandtschaft muß unverrichteterdinge abziehen.
Und der König von Fez macht aus seinen Drohungen Wahrheit. Der Prinz muß gleich den übrigen Christensklaven nie-
derste Dienste verrichten, ja er wird schließlich, da er sich
standhaft weigert, irgendeinem Drucke nachzugeben, in solches Elend getrieben, daß Krankheit ihn lähmt und aufzehrt.
Auch einen Befreiungsversuch, den ihm Muley in dankbarer
Erinnerung an seine eigene Lösung aus der Gefangenschaft
anbietet, lehnt er ab. Noch einmal erscheint eine Gesandtschaft aus Portugal, an ihrer Spitze König Alfonso selbst,
um ihn durch Gold auszulösen. Doch der König von Fez besteht auf Ceuta, das die Christen nicht hergeben wollen. Und
so ist das Schicksal des Prinzen besiegelt. Weder Muley noch
die Prinzessin Phönix, die für Linderung der Leiden des
Gefangenen bitten, erhalten Gehör. Der hartherzige Mauren-
könig bleibt bei seiner Auffassung, Fernando habe sein
Schicksal selbst in der Hand und könne es durch Nachgiebigkeit jederzeit ändern. Aber selbst angesichts des nahen Todes
kennt Fernando nur sein festes Verharren im Glauben. Er
stirbt, um unmittelbar darauf als Geistererscheinung die Seinen anzufeuern, die inzwischen mit großer Heeresmacht her-
angerückt sind und die Mauren besiegen. Der König von
Fez sieht sich genötigt, den Leichnam des edlen Märtyrers
den Christen auszuhändigen.

»Einen Triumph des Ewigen über das Irdische von so tragischer Gewalt, wie sie kein Schauspiel aller anderen Natio-

nen aufzuweisen hat«, nennt Eichendorff den *Principe con-
stante.* Goethe war bei einer Lektüre des Schauspiels 1807
im Hause Johanna Schopenhauers von der Szene, in der der
Geist des Prinzen mit der Fackel erscheint und die Scharen
der Portugiesen anführt, derart erschüttert, daß er vor innerer Erregung nicht weiterlesen konnte. Immermann zählte
wie E. T. A. Hoffmann, Wilhelm Grimm und Richard Wagner zu den besonderen Bewunderern des Werkes. Wer Calderón kennenlernen will, tut gut daran, von diesem Stück
auszugehen. Der Zauber der Dichtung erstreckt sich nicht
nur auf die Titelfigur und ihr erschütterndes Schicksal, sondern ebensosehr auf die übrigen Gestalten, in erster Linie
auf die von tiefer Schwermut und Melancholie beschattete
Prinzessin Phönix. Ihr Gespräch mit dem gefesselten Prinzen
bei der Begegnung im Garten, in dem der Prinz Sklavendienste verrichten muß, gehört wohl zum Schönsten, was
Calderón geschrieben hat. In dieser Szene berühren sich
abendländisches und orientalisches Denken, Christentum
und Islam, so scharf sie auch sonst als auseinanderklaffende
Welten im Gang der Handlung gezeichnet sind. (Reclams
UB 1182.)

Dame Kobold

Komödie in drei Akten
Erste Aufführung: um 1629 in Madrid

P e r s o n e n : Doña Angela, eine junge Witwe – Don Juan, Don Luis,
ihre Brüder – Doña Claudia – Don Manuel – Isabel, Zofe der Doña
Angela – Cosme, Diener Don Manuels – Diener und Dienerinnen.
O r t und Z e i t : Straße in Madrid und Zimmer in Don Juans Haus,
um 1629.

Don Juan und Don Luis halten ihre Schwester, die junge
Witwe Doña Angela, des guten Rufes wegen streng in ihrem
Hause verborgen. Gleichwohl verläßt Angela gelegentlich
unterm Schleier mit ihrer Dienerin Isabel das Haus. Bei
einem dieser Gänge wird sie von ihrem Bruder Don Luis
verfolgt. Ihr Retter ist Don Manuel, der auf ihre Bitten hin
Don Luis aufhält und mit ihm in Streit gerät. Der da-
zwischentretende Don Juan erkennt in Manuel seinen
Freund, den er als Gast in seinem Haus erwartet hatte. Hier

wohnt Manuel nun unmittelbar im Zimmer neben Angela.
Ohne daß Manuel davon weiß, besteht zwischen beiden
Zimmern eine Geheimtür, mit Hilfe derer Angela und ihre
Dienerin Isabel ein tolles und gewagtes Spiel zu treiben beginnen. Sie schleichen sich immer dann heimlich bei ihm ein,
wenn sie niemanden anwesend glauben, und richten allerlei
Unfug an, der Don Manuel verwirren und seinen ängstlichen
Diener Cosme gar an einen Kobold glauben lassen muß.
Manuel vermutet zunächst in den Briefchen, die Angela für
ihn hinterläßt, eine Geliebte des Don Luis, die hier verborgen wohne und seine Hilfe erbitte. Er antwortet entsprechend, muß aber bald erkennen, daß er sich im Irrtum befindet. Als er für eine Nacht zum Escorial aufbrechen will,
Cosme ein Paket mit wichtigen Papieren für die Fahrt vergessen hat und sie umkehren, ertappen sie Angela und Isabel
in Manuels Zimmer bei neuen Streichen. Doch das Dunkel
der Nacht und die Geheimtür sind noch einmal die Rettung
der Frauen. Nunmehr glaubt selbst Manuel an einen übernatürlichen Spuk, bis im weiteren Verlauf des Spieles, das
Angela geschickt in die Länge zu ziehen versteht und das
noch einmal zu einem Duell zwischen Don Luis und Don
Manuel als vermeintlichem Bedroher der Ehre Angelas führt,
das Geheimnis der Schrank-Tür offenbar und der Kobold
entlarvt wird. Don Manuel reicht nunmehr Doña Angela
die Hand zum Ehebunde.

Das Motiv des Wandschrankes entnahm Calderón älteren
Vorbildern, insbesondere einer Komödie von Tirso de Molina. Manche Forscher sehen in dem Werk sogar nur eine
Bearbeitung einer Komödie gleichen Titels von Tirso. Doch
abgesehen von der Quellenfrage bildet *La dama duende* in
der Sicherheit der Handlungsführung, dem ergötzlichen
Spiel mit den Möglichkeiten des Stoffes und in der Zeichnung des Charakters der Doña Angela, die mit fraulicher
Zielsicherheit zu Werke geht, ein echtes Beispiel Calderónscher Poesie. In der Gestalt von Manuels Diener Cosme
haben wir den Grazioso (die stets im Theater der Spanier
wiederkehrende Harlekin-Figur) in bester Form vor uns.
Unter den Mantel-und-Degen-Komödien des Dichters wurde der *Dame Kobold* stets ein erster Platz eingeräumt. Auch
heute noch ist ihre Wirkung auf der Bühne unfehlbar. (Reclams UB 6107.)

Das Leben ist ein Traum

Schauspiel in drei Akten
Erste Aufführung: 1635 in Madrid

P e r s o n e n : Basilius, König von Polen – Sigismund, sein Sohn –
Astolf, Herzog von Moskau, Neffe des Königs – Estrella, Nichte des
Königs – Clotald, Sigismunds Aufseher – Rosaura – Clarin, ihr Diener –
Soldaten.
O r t   u n d   Z e i t : Wilde Gegend mit einem Turm und am Hofe des
Königs, etwa 16. Jh.

Rosaura (in männlicher Kleidung) und ihr Diener Clarin
haben sich im Walde verirrt und sind dabei zu einem Turm
geraten, in welchem der König Basilius seinen Sohn Sigismund gefangenhält. Rosaura ist auf der Suche nach Astolf,
der ihr die Ehe versprochen und sie dann verlassen hat.
Sigismund enthüllt in einem Monolog sein beklagenswertes
Gefangenenschicksal. Er weiß von keiner Sünde, außer der,
daß er geboren ward. Er fühlt sich unter Menschen als Wild
und unterm Wild als Mensch. Rosaura hört seine Klagen
voll Mitleid. Clotald, der Wächter des Turms, nimmt Rosaura und Clarin gefangen, fühlt sich aber zu Rosaura
merkwürdig hingezogen, um so mehr, als das Schwert, das
sie führt, ihm bekannt ist. Er ließ es einst einer geliebten
Frau als Pfand zurück. Er hält Rosaura für seinen Sohn.
Seine Treue zum König veranlaßt ihn jedoch, diesem die Gefangenen vorzuführen. Die nächste Szene am Hofe des Königs Basilius enthüllt das Schicksal Sigismunds. Der König
hat ihn in dem einsamen Turm, fern der Menschenwelt, auf-
wachsen lassen, da er aus den Sternen gelesen hatte, sein
Sohn würde ein verwegener Mensch und grausamer Despot
werden, das Reich ins Verderben stürzen und den Fuß auf
den Nacken des Vaters setzen. Basilius, der sich den Wissenschaften, besonders der Sternenkunde, ergeben hat, ist jedoch
entschlossen, ehe er die Herrschaft seinem Neffen Astolf
überträgt, Sigismund selbst zu prüfen. Zu diesem Zwecke
soll Sigismund, durch einen Schlaftrunk betäubt, an den Hof
gebracht und als Herrscher eingesetzt werden. Straft sein
Benehmen dann die Prophezeiung Lügen, soll er das Königtum behalten. Gebärdet er sich aber wild und grausam, soll
er in den Turm zurückgebracht werden. Clotald führt

Rosaura und Clarin dem König vor, der sie begnadigt, da er
ja selbst nunmehr das Geheimnis des Turmes und seines Gefangenen preisgegeben hat. Rosaura gibt sich Clotald als
Weib zu erkennen und fordert ihn auf, ihre Ehre an Astolf
zu rächen. Wir erleben nun zunächst die Prüfung Sigismunds.
Berauscht von der Pracht der königlichen Umgebung, in die
er sich plötzlich versetzt sieht, erweist sich Sigismund ebenso
jähzornig und schreckenerregend, wie ihn die Prophezeiung
hingestellt hatte. Er wirft einen Diener, der ihm widerspricht, vom Altan der Burg hinab. Er begegnet Estrella, der
Nichte des Königs, wie auch Rosaura ungebührlich. Er zückt
den Dolch gegen Clotald und rechnet mit dem König in
drohender Weise ab, weil er ihn hinter Kerkermauern auf-
wachsen ließ. Doch ehe er sich völlig austoben kann, wird er
wieder in Schlaf versenkt und zum Turm zurückgebracht.
Rosaura ist inzwischen am Hofe des Königs in einen schweren Konflikt geraten. Sie muß als Dame im Gefolge Estrel-
las, in deren Dienste sie auf Clotalds Rat getreten ist, zusehen, wie Astolf, ihr ehemaliger Geliebter, um Estrella
wirbt. Wir erleben nun – abermals zum Turm in der Einsamkeit versetzt – das Erwachen Sigismunds. Indem er sich
in seiner früheren Lage als Gefangener wiederfindet, muß
ihm das inzwischen Erlebte als Traum erscheinen, und er
kommt zu dem Schluß, daß das ganze Leben nur ein Traum
sei. Aber das Erlebte hat auch für ihn ein Gutes gehabt. Er
ist entschlossen, falls er wieder einmal ›träumen‹ sollte, sich
nicht so wild zu gebärden und seine Wut zu zähmen. Schon
bald ist hierzu Gelegenheit. Soldaten dringen in seine Einsamkeit. Sie rufen ihn als den angestammten Herrscher zum
König aus. Und diesmal benimmt Sigismund sich wahrhaft
königlich. Er überwindet sich, auf Rache an seinem Vater zu
verzichten, als dieser ihm in die Hände fällt, und er bringt
das noch größere Opfer, Rosaura, zu der er sich innig hingezogen fühlt, nicht für sich selbst zu gewinnen, sondern zur
Wiederherstellung ihrer Ehre Astolf zuzuführen. Er selbst
reicht Estrella die Hand zur Ehe.

La vida es sueño, ein Werk, das in tiefer dichterischer
Schau die Eitelkeit alles Irdischen erleben und das ganze
Leben einem Traume gleichen läßt, wurde von jeher zu den
glücklichsten Schöpfungen Calderóns gezählt. Der Zusammenklang von Haupt- und Nebenhandlung ist geschickt

vollzogen, die Grundidee tritt plastisch in Erscheinung, ohne
daß der philosophische Gehalt des Stückes den theatralischen
erdrückt. Der Dichter selbst hat das Stück noch zu einem
Auto sacramental verwandt. Unzählige Bearbeitungen und
Nachdichtungen folgten, auch als Opern. Es seien hier nur
die deutsche Bühnenbearbeitung des Wiener Dramaturgen
Schreyvogel und die Oper *Sigismondo* von Rossini genannt.
Grillparzers *Traum ein Leben* (1840) wurde unmittelbar
durch Calderóns Dichtung angeregt. In neuerer Zeit schuf
Hugo von Hofmannsthal eine freie Nachdichtung unter dem
Titel *Der Turm*. Übersetzungen der Calderónschen Dichtung
entstanden in fast allen Kultursprachen der Welt. (Reclams
UB 65.)

Der Richter von Zalamea

Schauspiel in drei Akten
Erste Aufführung: um 1643 in Madrid

P e r s o n e n : Philipp II., König von Spanien – Don Lope de Figueroa,
General – Don Alvaro, Hauptmann – Pedro Crespo, ein reicher Bauer –
Isabel, seine Tochter – Juan, sein Sohn – Ines, seine Nichte – Don Mendo,
ein armer Landedelmann – Nuño, dessen Diener – Ein Sergeant – Rebol-
ledo, Soldat – Chispa, Marketenderin – Ein Gerichtsschreiber – Soldaten –
Bauern.
O r t und Z e i t : In und bei Zalamea, einem Flecken in Estremadura,
um 1580.

Ein Trupp spanischer Soldaten kommt auf dem Marsch nach
Portugal gegen Abend zu dem Dorfe Zalamea. Der Hauptmann Don Alvaro wird im Hause des reichen Bauern Pedro
Crespo einquartiert. Obwohl er zunächst nichts von Bauernmädchen wissen will, entflammt ihn Crespos Tochter Isabel
zu leidenschaftlichem Begehren. Vergeblich hatte der Bauer
sie beim Einmarsch der Truppen in der oberen Stube seines
Hofes verbergen wollen. Ein vorgetäuschter Streit mit einem
seiner Leute verschafft dem Hauptmann gewaltsam Zutritt
zu Isabels Versteck. Schon droht es zu Tätlichkeiten zwischen
dem Hauptmann und Juan, dem Sohne Crespos, zu kommen, als der General Don Lope dazwischentritt, selbst im
Hause des Bauern Quartier nimmt und den Hauptmann

fortschickt. Die einmal entfachte Leidenschaft ist aber nicht
mehr zu dämpfen. Don Alvaro will um jeden Preis das
Mädchen besitzen. Da auch nächtliche Ständchen, die die
Soldateska vor dem Bauernhofe bringt, nicht zum Ziele führen und er den Befehl zum sofortigen Abmarsch erhält,
greift er zum Äußersten: er überwältigt nach dem Fortgang
des Generals und nach dem Abzug der Truppen mit nur
wenigen seiner Leute den Bauern Crespo und entführt die
Tochter mit Gewalt. Wir erleben dann zunächst die leidenschaftliche, ergreifende Klage Isabels am Morgen nach den
furchtbaren Geschehnissen im Waldgebirge. Sie trifft auf
ihren Vater, den die Soldaten an einem Baum festgebunden
haben. Sie löst seine Bande und bittet, da sie ihre Ehre verloren sieht, um ihren Tod. Crespo heißt sie aber, sich zu fassen und ihm ins Dorf zu folgen. Eben als sie aufbrechen wollen, erreicht ihn durch den Gerichtsschreiber die Nachricht,
daß der Gemeinderat des Ortes Crespo einstimmig zum
Richter gewählt hat. Die erste Amtshandlung, die er zu verrichten hat, ist die Aburteilung des Hauptmanns, der nach
seiner Freveltat von Crespos Sohn Juan gestellt, im Zweikampf verletzt und von seinen Leuten ins Dorf zurückgebracht wurde. Ehe Crespo ihn aburteilt, spricht er allein mit
ihm. Er fordert ihn auf, ja bittet ihn, durch eine Eheschließung die Ehre seiner Tochter wiederherzustellen. Der
Hauptmann beharrt jedoch in überheblichem und beleidi-
gendem Hochmut auf seinem Standpunkt, daß er zu nichts
verpflichtet sei und daß über ihn nur ein Kriegsgericht, kein
Bauernrichter urteilen könne. Als auch ein Kniefall Crespos
vor ihm nichts nützt, macht der Bauer von seinem Recht Gebrauch und läßt den Hauptmann und seine Leute verhaften.
Inzwischen ist der General Don Lope von dem Vorfall in
Kenntnis gesetzt worden und kommt eiligst in das Dorf
zurück. Aber auch ihm gelingt es nicht, die Herausgabe seines Offiziers von Crespo zu erwirken. Schon droht es zu
offenen Zwistigkeiten zwischen den Soldaten und den
Bauern zu kommen, als der König eintrifft. Er verlangt
gleichfalls zunächst die Herausgabe des gefangenen Offiziers. Da läßt Crespo die Türen des Gemeindehauses öffnen.
Man sieht den erdrosselten Hauptmann mit dem Strick um
den Hals. Das Urteil ist bereits vollstreckt. Der König prüft
nun die Akten und billigt das Urteil, nachdem er festgestellt

hat, daß rechtmäßig verfahren wurde, ja, er ernennt Crespo auf Lebenszeit zum Richter von Zalamea.

El alcalde de Zalamea ist Calderóns populärste, meist übersetzte und mehrfach bearbeitete Bühnendichtung geworden, die sich bis auf den heutigen Tag großer Beliebtheit erfreut. Die von Szene zu Szene sich steigernde Handlung, die ungemein lebensvolle Charakteristik sämtlicher Figuren und der sozialgeschichtlich bedeutsame Konflikt von Adel und Bauer, der hier erstmals in der Theatergeschichte wirksam und bühnengerecht abgehandelt wird, haben dem Stück diese Sonderstellung in Calderóns Schaffen verliehen. Im Mittelpunkt steht die prachtvolle Gestalt des auf seine bäuerliche Abstammung ebenso stolzen wie menschlich gerecht empfindenden Bauernrichters Crespo. Als sein Spiegelbild in den Adelskreisen ist ihm der General Don Lope gegenübergestellt. Die von starkem Humor gewürzten Szenen, in denen die beiden (gleichermaßen halsstarrigen) Alten miteinander reden und rechten, gehören zu den feinsten dieser Art in der dramatischen Weltliteratur. Mit reicher Palette ist auch das übrige Bild gemalt: der unbeherrschte Hauptmann, die dem Vater charakterlich nachschlagenden Kinder Crespos, Isabel und Juan, und die verwahrloste Soldateska. In den Randfiguren des verarmten Landjunkers Don Mendo und seines Dieners Nuño zielt Calderón bewußt auf eine Kopie des Don Quijote und seines Dieners ab. Da der *Richter von Zalamea* auf einem älteren gleichnamigen Stück von Lope de Vega beruht, hat man gelegentlich Calderóns Anteil an dem Werk herabsetzen wollen. Bis auf einige übernommene Grundzüge der Handlung steht jedoch Lopes Werk weit hinter Calderón zurück. »Es hat hier ein Wettstreit zweier Genies stattgefunden«, sagt Fr. v. Schack, »der Meister ist zwar vorausgegangen, aber sein Schüler hat ihn weit übertroffen.« Karl Immermann hat den *Richter von Zalamea* 1835 erstmalig in Düsseldorf aufgeführt und damit das Werk auf den deutschen Bühnen eingebürgert. (Reclams UB 1425.)

Das große Welttheater

Geistliches Festspiel
Erste Aufführung: 1675 am Fronleichnamstag zu Sevilla

P e r s o n e n : Der Meister – Das Gesetz der Gnade – Die Welt – Der
König – Der Weise – Die Schönheit – Der Reiche – Der Landmann – Der
Bettler – Ein Kind – Eine Stimme.

Der Meister, mit Sternenmantel und Strahlenkrone, beschwört die Welt, um sich auf ihr als Bühne ein Schauspiel
vorzuführen, zu dem er selbst die Rollen verteilt. Es sind
dies: ein König, ein Reicher, ein Landmann, ein Bettler, die
Schönheit, ein Weiser und ein Kind. Das Stück, das sie spielen sollen, heißt: »Tue recht – Gott über euch.« Die Welt
reicht allen die Insignien ihres Daseins: dem König Krone
und Purpur, der Schönheit einen Blumenstrauß, dem Reichen Gold und Silber, dem Weisen Kutte und Geißel, dem
Landmann den Spaten, dem Bettler – nichts. An dem Schauspiel, das nun beginnt und zu dem die Welt zwei Türen für
Auftritt und Abgang der Spieler einrichtet (Symbole für
Wiege und Grab), nimmt der Meister als Zuschauer auf einer
erhöhten Oberbühne teil. Zunächst singt der Weise dem Meister ein Loblied, dann spricht das Gesetz der Gnade den
Prolog. Das eigentliche Spiel beginnt mit einer Auseinandersetzung zwischen dem Weisen und der Schönheit, die sich
nicht miteinander verständigen können. Dann rühmt der
Reiche sich seines Reichtums, der Landmann beklagt sein
hartes Los der Arbeit und Steuerbelastung, der König pocht
auf seine Macht. Sie alle wollen nichts von der Antwort
wissen, die das Gesetz der Gnade ihnen mit dem Wahlspruch
»Tue recht – Gott über euch« erteilt. Der Reihe nach geht sie
nun der Bettler vergeblich um ein Almosen an. Die Schönheit
ist ganz und gar mit sich und ihrem Schmuck beschäftigt, der
Reiche fertigt ihn schroff ab, der König verweist ihn an seinen Fachminister, der Landmann verlangt, daß er arbeite.
Nur der Weise schenkt ihm ein Stück Brot. Ein jeder gibt
dann auf Veranlassung des Weisen noch einmal seine Her-
zensmeinung kund. Hierauf werden sie durch eine Stimme
von der Grabespforte her abberufen. Der König, die Schönheit und der Landmann enden ihre Lebensbetrachtung wenigstens mit einem Reuespruch. Selbst der Bettler beklagt in

Shakespeare, Romeo und Julia

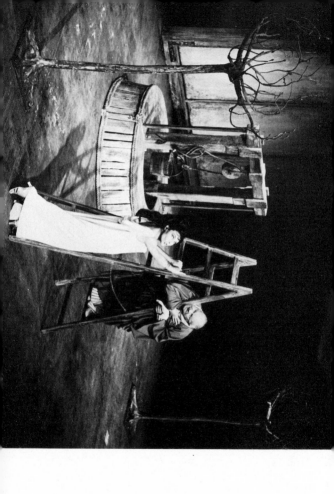

Shakespeare, Troilus und Cressida

einem wilden Schmerzensausbruch weniger das harte Los der
Armut, das ihm zuteil ward, als daß er in Sünden geboren
ward. Nur der Reiche bleibt verstockt. Der Weise hat das
Schlußwort des Spieles. Er eilte dem Rufe der Todesstimme
schon immer sehnsüchtig voran, all sein Tun und Denken ins
stille Grab versenkend. Im Nachspiel nimmt die Welt jedem
die zu Beginn ausgeteilten Insignien wieder ab. Dann folgt
beim großen Gastmahl des Meisters mit Kelch und Hostie
der Richterspruch: der Bettler und der Weise werden sofort
zu ihm erhoben. Die Schönheit, der König und der Landmann müssen erst durchs Fegefeuer, ehe sie der himmlischen
Freuden teilhaftig werden. Nur der Reiche bleibt für immer
von ihnen ausgeschlossen. Das Schlußwort, das die Welt
spricht, betont noch einmal den Grundgedanken des ganzen
Spieles, daß das Menschenleben nur ein Schauspiel vor dem
höchsten Richterstuhl darstellt. (Reclams UB 7850.)

Das tiefsinnige Werk kam in Hugo von Hofmannsthals
Nachdichtung als *Salzburger Großes Welttheater* (1922)
auch in neuerer Zeit wieder zu starker Wirkung.

Über allem Zauber Liebe. Komödie in drei Ak-
ten (1635). – Odysseus landet im sechsten Jahr seiner Irr-
fahrten auf der Insel der Zauberin Circe. Seine Gefährten
werden von ihr alsbald in Tiere verwandelt. Ihn selbst
schützt davor ein Mittel, das ihm die Götterbotin Iris gibt.
Auch erreicht er die Rückverwandlung der Gefährten. Dem
Liebeszauber der Circe aber erliegt er. Circe ist ihm ebenso
verfallen und weiß ihn mit allen Reizen ihrer sinnverwirrenden Verführungskünste zu halten. Vergeblich versuchen
die Gefährten, ihn mit Waffenlärm an seine früheren Heldentaten zu gemahnen. Erst der Anblick der Waffen des
Achill und eine Erscheinung Achills selbst vermögen ihn zur
Besinnung zu bringen. Aus der Erkenntnis heraus, daß die
Liebe nur besiegt, wer sie flieht, verläßt er heimlich die
Insel. Circe will in ihrer Wut das Meer in Feuer verwandeln,
um den Flüchtigen zu strafen. Die Nymphe Galatea aber,
die sich Odysseus für die Blendung Polyphems verpflichtet
fühlt, verhindert dies. Und nun läßt Circe in ihrer Verzweiflung die ganze Zauberinsel versinken und stirbt mit ihr
als ein Opfer des größten Zaubers, der noch über alles andere geht, der Liebe. – *El mayor encanto amor*, das auch in

den Nebenrollen der Umgebung Circes und Odysseus' vorzüglich durchgearbeitete und in den Grazioso-Partien des
Leporell und Clarin mit viel Humor durchsetzte Stück, ist
ein typisches Beispiel der mythologischen Festspiele (Fiestas),
wie sie von Calderón und anderen Dichtern für die Hoffestlichkeiten in Buen Retiro geschrieben wurden. Es zeichnet sich durch barocke Prachtentfaltung in Wort und Szene
aus. Wir besitzen Berichte von Aufführungen des Werkes
mit großem Maschinerie- und Musikaufwand auf dem
Schloßteich von Buen Retiro in der Johannisnacht 1635 und
auf der Hofbühne am gleichen Ort Pfingstmontag 1639.
Calderón selbst hat den Stoff auch noch für ein Auto sacramental verwandt unter dem Titel *Der Sünde Zauberei.*
(Reclams UB 8847.)

Der wundertätige Magier. Schauspiel in drei
Akten (1637). – Cyprianus, ein Gelehrter in Antiochia im
4. Jahrhundert n. Chr., wird zufällig im Gebirge Zeuge eines
Streites, den zwei junge Edelleute um Justina austragen wollen, die sie beide lieben. Cyprianus bietet sich als Vermittler
an. Er will bei Justina erkunden, welchen der Liebhaber sie
vorziehen würde. Als er jedoch Justina erblickt, wird er
selbst von heftiger Leidenschaft zu ihr ergriffen. Justina, im
geheimen zum Christentum neigend, weist alle Bewerbungen
ab. In Cyprianus, der von seiner Liebe nicht lassen will,
sieht nun Satan ein willkommenes Opfer. Er erscheint ihm
in verschiedenartiger Gestalt und wird als Schiffbrüchiger
in sein Haus aufgenommen. Hier verspricht er Cyprianus
den Besitz Justinas, wenn er ihm seine Seele verschreibe. Der
Pakt wird mit einem Tropfen Blut aus Cyprianus' Arm
unterzeichnet. Ein Jahr lang unterrichtet nun Satan Cyprianus in der Bergeinsamkeit in seinen Künsten. Dann erfolgt
die Beschwörung Justinas. Es gelingt jedoch Satan nicht, sie
zu gewinnen. An ihrer Reinheit und ihrem festen Glauben
an Gott scheitern alle seine Künste. Um Cyprianus zu entschädigen, schickt er ihm ein Phantom der Justina. Als
Cyprianus es in Armen hält, entpuppt es sich als Leichnam.
Cyprianus, der sich von Satan betrogen sieht, stellt ihn zur
Rede und zwingt ihn zu dem Geständnis, daß seine Macht
an Gott eine Grenze habe. Cyprianus löst sich nun von ihm.
In leidenschaftlicher Selbstanklage bekennt er sich vor dem

Statthalter von Antiochia zum Christentum und stirbt zusammen mit Justina den Märtyrertod. – *El mágico prodigioso*, eine tiefsinnige Dichtung, die ebensoviel Gemeinsames wie Trennendes mit Goethes *Faust* hat, ist vielleicht noch vor *Das Leben ist ein Traum* und dem *Standhaften Prinzen* entstanden. Belegt ist eine Aufführung am Fronleichnamstag 1637. Von großer poetischer Schönheit sind die Verse, mit denen Cyprianus seine Liebe schildert, nicht minder die, mit denen der als Dämon auftretende Satan in der Erzählung seiner Herkunft die Geschichte des gefallenen Engels gibt. Aber auch die Rolle der Justina hat in einem Monolog, in dem sie mit den Verführungskünsten Satans ringt, hervorragende Züge. Goethe, der das Werk 1794 in einer Übersetzung kennenlernte, schrieb darüber: »Der wundervolle Magus ist das Sujet vom Doktor Faust mit einer unglaublichen Großheit behandelt.« Immermann hat das Stück in eigener Bearbeitung 1836 auf seiner Musterbühne in Düsseldorf gebracht. (Reclams UB 4112.)

CHRISTOPHER MARLOWE

* 6. Februar 1564 in Canterbury
† 30. Mai 1593 in Deptford bei London

Marlowe war der Sohn eines Schusters, er besuchte die Schule in Canterbury und studierte in Cambridge, wo er sich die akademischen Grade des Baccalaureus und des Magisters der freien Künste erwarb. Auch kämpfte er als Soldat in den Niederlanden. Um 1585 kam er nach London, wo er in enge Verbindung zum Theater trat und wahrscheinlich als Schauspieler und Theaterdichter in der Truppe des Earl von Nottingham tätig war. Bei einer Messerstecherei in einem Vorort von London kam er, noch nicht dreißigjährig, ums Leben.

Marlowe ist der bedeutendste Vorläufer Shakespeares auf der Elisabethanischen Bühne, ein Dichter von ausschweifender, aber grandioser szenischer Phantasie. Er führte als erster den Blankvers auf dem Theater ein. Sein früher Tod »war vielleicht der größte Verlust, den das Theater überhaupt jemals erlitten hat« (Joseph Gregor). Denn »er vereinigte die großartigen mittelalterlichen Visionen mit den ungeheuren szenischen Möglichkeiten der Barockbühne, die Shakespeare nicht zugänglich waren oder die er mit Absicht mied«. Marlowes hinterlassene sechs dramatische Werke sind: *Tamerlan der Große*, die Tragödie des asiatischen Weltherrschers, ein weit ausgreifendes Erobererdrama, *Eduard II.*, ein Königsdrama, das nachhaltig auf Shakespeares *Richard II.* eingewirkt hat, *Der Jude von Malta*, dessen Hauptfigur, Barabbas, eine dämonische Persönlichkeit von größten tragischen Ausmaßen, zu Shakespeares Shylock überleitet, *Die tragische Historie vom Doktor Faustus*, der das deutsche Volksbuch von 1587 dramatisiert und nicht ohne Einfluß auf Goethes *Faust* geblieben ist, *Das Blutbad von Paris*, das die Ereignisse der Bartholomäusnacht, kaum zwanzig Jahre später, auf die Bühne bringt, und die Liebestragödie *Dido, Königin von Karthago*, die Marlowe zusammen mit Thomas Nash verfaßte.

Wenn Marlowes Bühnendichtungen auch nicht die ausgeglichene Reife und künstlerische Formvollendung der Shakespeareschen Werke besitzen, so offenbaren sie doch, daß dieser frühvollendete Titan, die einzig kongeniale Begabung des englischen Renaissancetheaters neben Shakespeare, in Form und Werk mehr als nur ein Bahnbrecher für einen Größeren war.

Die tragische Historie vom Doktor Faustus (um 1594). – Faustus setzt sich mit den vier Fakultäten auseinander. Doch weder die Philosophie noch die Medizin, noch die Juristerei, noch die Theologie können ihm genügen. Einzig die ›Nekromantenbücher‹ scheinen ihm noch des Studiums wert. Obwohl ein »Guter Engel« ihn davor warnt, hört er nur auf den »Bösen Engel«, der ihm rät, in der Übung dieser Kunst fortzuschreiten. Faust verschreibt sich für 24 Jahre dem Mephistopheles, einem Knecht des großen Luzifer. Und ein mit Fausts Blut gezeichneter Vertrag besiegelt diesen Bund mit der Hölle, der Faust die Erfüllung aller seiner Wünsche verspricht, wogegen er nach Ablauf dieser Frist mit Leib und Seele dem Teufel verfallen ist. Wiederholt treten der Gute und der Böse Engel zu ihm, dieser ihn antreibend, jener ihn warnend. Mephistopheles läßt nun zunächst zu Fausts Erheiterung die Sieben Todsünden (Hoffart, Geiz, Zorn, Neid, Völlerei, Trägheit und Wollust) vor ihm erscheinen, führt ihn in die Geheimnisse der Astronomie und der Kosmographie ein, um ihn dann nach Rom zu versetzen, wo dem Papst ein Streich gespielt wird. Faust und Mephistopheles erscheinen, für den Papst unsichtbar, in dessen Privatgemach, der Papst empfängt sogar eine Ohrfeige von Faust. Dann geht es an den Hof des deutschen Kaisers, wo Faust Alexander den Großen erscheinen läßt und mit der höfischen Umgebung, die an seine Zauberkünste nicht glauben will, ein derbes Possenspiel treibt. Auch den Herzog von Anhalt und die Herzogin unterhält Faust mit seiner Zauberei. Vor Studenten in Wittenberg läßt er die schöne Helena von Griechenland erscheinen. Einen alten Mann, der es ehrlich mit ihm meint und der sein Gewissen wachrüttelt, liefert er Mephistopheles aus. Als letzte Bitte muß der Höllengeist ihm noch einmal Helena herbeiführen, die er sich zum Liebchen wünscht und die er mit glühenden Liebesworten anredet. Dann ist seine Zeit abgelaufen. Vor seinen Gelehrten bekennt er in reuiger Selbstanklage seine Schuld. In einem grandiosen Schlußmonolog bittet er den Himmel um Frist. Er weiß, daß ein Tropfen von Christi Blut ihn retten könnte. Doch beim Schlag der Mitternachtsglocke kommen die Teufel und zerreißen Faust in viele Stücke. So finden ihn die Gelehrten. Das Schlußwort hat der Chorus, der das Beispiel von Fausts Sturz zum Anlaß nimmt, den Weisen zu mahnen, »nur staunend anzusehn das Unerlaubte: *der* Abgrund muß solch kühnen Geist verleiten, das gottgesetzte Maß zu überschreiten«. (Reclams UB 1128.)

Die 1587 in Frankfurt a. M. erschienene *Historia von D. Johann Fausten, dem weitbeschreyten Zauberer und Schwartzkünstler* (Reclams UB 1515/16), die in kurzer Frist auch ins Englische übersetzt wurde, diente Marlowe als Unterlage für sein bereits 1588/89 verfaßtes Stück. Ohne Akt- und Szeneneinteilung führt es in konzentrierter Bühnenform durch die wichtigsten Stationen der Vorlage. Die Handlung ist mit zahlreichen Clown- und Rüpelszenen durchsetzt. Bewundernswert an diesem frühesten Faust-Drama ist vor allen Dingen die tiefe Anlage der Titelfigur,

in der bereits viel von der Faust-Problematik, wie sie zwei
Jahrhunderte später Goethe behandeln sollte, aufbricht. Dies
gilt nicht nur für den Anfangsmonolog, sondern ganz besonders auch für die Vision von Fausts Ende, das hier aber entsprechend dem Glauben des Mittelalters und dem Urbild der
Sage die Verdammnis ist.

WILLIAM SHAKESPEARE

* 23. April 1564 in Stratford
† 23. April 1616 in Stratford

*William Shakespeare war der Sohn eines wohlhabenden
Wollhändlers und späteren Bürgermeisters von Stratford.
Seine Mutter stammte aus einer angesehenen, dem Landadel
angehörenden Familie aus Warwickshire. Er besuchte die
Lateinschule seines Heimatortes und kam früh mit dem
Theater in Verbindung durch die Schauspielertruppen, die
den Ort zu Gastspielen aufsuchten. 1582 heiratete er die
acht Jahre ältere Ann Hathaway. Der Ehe entstammten drei
Kinder. Von etwa 1586 an scheint Shakespeare in London
gewesen zu sein. 1592 wird er dort als Schauspieler erwähnt.
Spätestens 1598 steht sein literarischer Ruhm fest. Aus diesem Jahre stammt das erste Verzeichnis seiner dramatischen
Werke. Seine steigenden Erfolge brachten ihm wirtschaftlichen Wohlstand und die Mitdirektion des vom Hofe be-
günstigten Globe-Theaters. Von etwa 1610 an zog sich
Shakespeare aus dem öffentlichen Wirken zurück und lebte
vorwiegend wieder in Stratford, wo er 1616 im Alter von
52 Jahren starb.*

Shakespeare, der Dichter des Elisabethanischen Zeitalters,
des ›merry old England‹, ist das größte dramatische Genie
des Abendlandes. Die Gestalten seiner 36 Stücke bedeuten in
ihrem Streben nach grenzenloser Entfaltung des Individuums
zugleich den vollkommensten Ausdruck der Renaissance. Indem Shakespeare den einzelnen Charakter zum Ausgangspunkt der dichterischen Schau nimmt, der keinem anderen
Gesetz unterworfen ist als dem des eigenen Gewissens, wird

sein Gesamtwerk zum großen literarischen Gegenstück der
Antike und ihrer schicksalsbedingten Tragik. Auch in der
Form zeigt sich der Unterschied von Gebundenheit und nur
der Phantasie gehorchender freier Gestaltung. Doch wäre es
falsch, über der Lebensfülle und der dichterischen Sprach-
gewalt von Shakespeares Dramen die innere Architektonik
übersehen zu wollen. Sie ist durch die Gesetze der Bühne
ebenso gegeben wie durch die Sicherheit, mit der Shakespeare den Faden der Handlung, die »Einheit des Ereignisses« (Herder), trotz aller Abschweifungen überlegen festzu-
halten weiß.

Das Einmalige in der Kunst Shakespeares resultiert aus
der Doppelbegabung von Schauspieler und Dichter. »Shakespeare hat seine Stücke aus dem Herzen der Schauspielkunst
heraus geschrieben«, sagt Otto Ludwig, »der Dichter gefällt
darin in demselben Grade, als er dem Schauspieler Gelegenheit bietet, zu gefallen.« Ebenso sah auch Grillparzer darin,
»daß der Schauspieler in ihm so tätig war als der Dichter«,
das »Eigentlichste« von Shakespeares Geist. Gewiß ist, daß
Shakespeares Dichtungen ohne die Bühne nicht denkbar sind
und daß auch der Leser (wie Herder es so treffend formuliert hat) »eine Bühne in sich tragen muß«, wenn er Wesen
und Eigenart der Stücke erfassen will.

Die Entstehungszeit der einzelnen Werke ist meist nur zu
vermuten, doch hat die Shakespeare-Forschung eine gewisse
Chronologie aufgestellt. Danach beginnt Shakespeares dichterisches Werk mit den ›Königsdramen‹ *Heinrich VI.* (um
1591 bis um 1592, 3 Teile) und *Richard III.* (um 1592).
Diese zeitlich frühesten aus jener langen Reihe von Stücken
über den Krieg der Häuser Lancaster und York beschäftigen
sich mit den letzten rivalisierenden Persönlichkeiten der
›weißen‹ und der ›roten‹ Rose. Besonders *Richard III.* zeigt
Shakespeare bereits auf der Höhe seiner dichterischen und
theatralischen Meisterschaft. Unter den Lustspielen ist das
früheste wohl die *Komödie der Irrungen* (um 1592, Reclams
UB 273). Sie stützt sich auf die *Menaechmi* des Plautus,
verdoppelt aber das Verwechslungsspiel durch ein zweites
Zwillingspaar. In den lyrischen Partien übertrifft Shakespeare bereits sein Vorbild Lyly. Bei diesem Dichter fand er
auch Anregung für ein anderes Werk der heiteren Gattung:
Verlorene Liebesmüh (um 1595), ein nicht sehr tief lotendes

Spiel um eine Akademie von Männern, die reine Platoniker sein wollen und sich von den Frauen eines Besseren belehren lassen müssen. Die Schauertragödie *Titus Andronicus* (um 1594) atmet noch ganz den Geist Marlowes und seiner bramarbasierenden Helden. Immerhin scheint der Dichter auch mit diesem Werk einen beachtlichen Bühnenerfolg errungen zu haben.

Zum italienischen Stoffkreis gehören die übermütige Komödie *Der Widerspenstigen Zähmung* (um 1594), *Die beiden Veroneser* (um 1594), die Liebestragödie *Romeo und Julia* (um 1595), zu der sich in verschiedenen Punkten Ansätze in den *Beiden Veronesern* finden, und das in Hell-Dunkel getauchte Schauspiel *Der Kaufmann von Venedig* (um 1596). In den *Beiden Veronesern,* diesem Stück um zwei Freunde aus Verona, die nach anfänglicher Trennung am Hofe des Herzogs von Mailand wieder zusammentreffen und dort das gleiche Mädchen lieben, des Herzogs Tochter Silvia, finden sich zahlreiche Motive, Sprachwendungen und Bilder, die schon für die eigentliche, reife Gestaltungskraft Shakespeares beispielhaft sind. Eine Gelegenheitsarbeit, jedoch weit über das Auftragsmäßige hinausgehend und erfüllt von echter Poesie, dürfte der *Sommernachtstraum* (um 1595) gewesen sein.

Zur gleichen Zeit erfolgt eine neuerliche Hinwendung zur Historie, so mit dem nur noch selten gespielten *König Johann* (um 1595), vor allem aber mit den bis auf den heutigen Tag immer wieder aufgeführten Dramen *König Richard II.* (um 1595), *Heinrich IV.* (um 1597 bis um 1598, 2 Teile) und *Heinrich V.* (um 1599). Durch diese Heinrich-Dramen geht, manchmal beherrschend in den Vordergrund tretend, die großartige Komödienfigur des Sir John Falstaff, dem Shakespeare (nach einer alten Überlieferung auf besonderen Wunsch der Königin Elisabeth) noch ein eigenes Lustspiel widmete: *Die lustigen Weiber von Windsor* (um 1599). Die Tragödie *Julius Cäsar* folgte wohl noch im selben Jahr.

Nach dem Intermezzo des Lutspiels *Viel Lärmen um nichts* (um 1599) entstanden die beiden von Schwermut angehauchten Komödien *Wie es euch gefällt* (um 1599) und *Was ihr wollt* (um 1600), wahre Perlen der Kunst Shakespeares, die aus dem europäischen Bühnenleben nicht mehr wegzudenken sind. Auf sie folgen (unterbrochen von einer kurzen Schaffenspause) die sog. ›schweren‹ Tragödien, in denen tragische Menschheitsprobleme in grandioser Tiefenschau auf der Bühne Gestalt gewinnen: *Hamlet* (um 1601), *Troilus und Cressida* (um 1601), *Othello* (1604), *König Lear* (um 1605), *Macbeth* (um 1606), *Antonius und Cleopatra* (um 1607), *Timon von Athen* und *Coriolanus* (beide um 1608). Dazwischen liegen die Komödien *Ende gut, alles gut* (um 1602) und *Maß für Maß* (1604). Mit dem *Timon* und seiner weltverachtenden Stimmung, der es an einer lösenden Katharsis mangelt, scheint äußerlich und innerlich ein Tiefpunkt mit allen Anzeichen einer schweren Krise erreicht zu sein, von der schon der zwiespältige *Troilus* Zeugnis ablegt. Doch dann – offenbar in Verbindung mit der Abkehr Shakespeares vom Londoner Bühnenleben, in dem sich ein bürgerlicher Realismus breitmachte – erhebt sich nach der Heimkehr aufs Land (man spricht von dem berühmten ›Ritt nach Stratford‹), der Genius des Dichters noch einmal zur lichten Höhe verklärender Märchenpoesie in den drei sog. Romanzen: *Cymbelin* (um 1609), *Das Wintermärchen* (um 1611) und dem dramatischen Testament *Der Sturm* (um 1611). Umstritten ist Shakespeares Autorschaft an einem weiteren Königsdrama *Heinrich VIII.* sowie an Stücken wie *Pericles von Tyrus, Der Londoner verlorene Sohn* u. a.

Unsere Kenntnis der Werke Shakespeares stützt sich auf die 1623 erfolgte erste Gesamtausgabe (sog. Folio). Einzeldrucke (Quartos) waren schon früher erschienen. Nachdem Shakespeares Werke bereits im 17. Jh. durch die ›Englischen Komödianten‹ auf das Festland gedrungen waren (allerdings in sehr verstümmelter Form) und nach den Prosaübersetzungen von Wieland und Eschenburg schufen A. W. Schlegel und Ludwig Tieck mit ihrem großartigen Übersetzungswerk (1794 bis 1833) die für die deutsche Bühnenpraxis bis heute gültige und meistgespielte Textvorlage. Neuere Übersetzungen gaben Hans Rothe, Walter Josten, Richard Flatter, Rudolf Schaller, Erich Fried, Wolfgang Swaczynna u. a. Für die Aufführung der Werke Shakespeares wurde seit dem frühen 19. Jh. eine ›Shakespearebühne‹ entwickelt, die sich mit ihren Möglichkeiten des schnellen Szenenwechsels die Bühnenform von Shakespeares Lebzeiten zum Vorbild nahm.

Die Tatsache, daß Shakespeares Stücke die Arbeiten eines Schauspielers sind, der auch die kleinste Rolle liebevoll und bühnengerecht auszustatten weiß, hat wohl dazu beigetragen, daß fast alle seine Werke zu Repertoirestücken wurden. Der Blick, den sie in die Höhen und Tiefen des menschlichen Daseins eröffnen, ist der Anlaß gewesen, daß sich unzählige Dichter und Denker späterer Zeiten mit ihnen beschäftigt haben. Zu den zeitgenössischen Verehrern gehörten: Francis Meres, Ben Jonson und Drayton, zu den späteren: Lessing, Herder, Goethe, Schiller, Grillparzer, Otto Ludwig, Heinrich Heine und viele andere. Nur Voltaire sah in ihm (ganz aus der Tradition des regelstrengen französischen klassizistischen Theaters kommend) einen »betrunkenen Wilden«. In bemerkenswerter Weise hat sich Gerhart Hauptmann mit Shakespeare auseinandergesetzt (Hamlet-Studien, eigenes Stück *Hamlet in Wittenberg* und Roman *Im Wirbel der Berufung*). Der Pflege Shakespeares in Wissenschaft und Forschung widmet sich insbesondere die 1864 in Weimar gegründete »Deutsche Shakespeare-Gesellschaft«. Einer ihrer Präsidenten, der bedeutende Shakespeare-Regisseur und -Kenner Saladin Schmitt, brachte nahezu das gesamte Werk des Dichters auf die Bochumer Bühne, darunter zum ersten Male in der Theatergeschichte in geschlossenen Zyklen die 10 Königsdramen und die 4 Römerdramen. Für das moderne Theater waren die überaus lebendigen, farbigen Shakespeare-Inszenierungen Max Reinhardts von größter Bedeutung, die er 1908 mit dem *Sommernachtstraum* begann.

König Richard III.

Schauspiel in fünf Akten
Erste Aufführung: um 1593 in London

P e r s o n e n : König Eduard IV. – Eduard, Prinz von Wales, und Richard, Herzog von York, die Söhne des Königs – George, Herzog von Clarence, und Richard, Herzog von Gloster (nachmals König Richard III.), die Brüder des Königs – Heinrich, Graf von Richmond, nachmals König Heinrich VII. – Herzog von Buckingham – Lord William Hastings – Sir William Catesby – Sir James Tyrrel – Elisabeth, Gemahlin Eduards IV. – Margaretha, Witwe König Heinrichs VI. – Herzogin von York, Mutter Eduards IV., Clarences und Glosters – Anna, Witwe Eduards, des Sohnes König Heinrichs VI., nachmals mit Gloster vermählt – Zwei Mörder u. a.
O r t und Z e i t : In London, im Königspalast, vor und im Tower, Schlachtfeld bei Bosworth, etwa 1482 bis 1485.

Richard, Herzog von Gloster, von Natur häßlich und miß-
gestaltet, ist gewillt, »ein Bösewicht zu werden«, wie er in
einem Auftrittsmonolog selbst ankündigt. Die ersten Opfer
sollen sein Bruder Clarence und der regierende König
Eduard IV. sein, die er gegeneinander aufgehetzt hat. Und
schon führt eine Wache den verhafteten Clarence vorbei.
Richard verspricht ihm heuchlerisch, sich beim König für ihn
einsetzen zu wollen, in Wirklichkeit bereitet er seinen Tod
vor, indem er zwei Mörder dingt, die Clarence im Tower
umbringen. Inzwischen wirbt Richard um die Hand der
Prinzessin Anna, deren Gemahl, Prinz Eduard, er ebenso
beseitigt hat wie dessen Vater, König Heinrich VI. Die Werbung bringt er vor, als Anna mit dem Trauerzug für König
Heinrich VI. durch die Straßen Londons zieht. Der anfangs
tief Erbosten und ihm Fluchenden bietet er zum Beweis seiner Liebe sein Schwert dar und die entblößte Brust, ihn zu
töten. Anna zielt zweimal mit dem Degen nach ihm, läßt ihn
dann aber fallen. »Nimm auf den Degen oder nimm mich
auf!« sagt Richard, und Anna läßt sich umstimmen. »Ward
je in solcher Laun' ein Weib gefreit?« höhnt Richard ihr
nach. Als der kranke König Eduard IV. stirbt, sind für
Richard, der skrupellos nach dem Throne strebt, nunmehr
die Söhne des Königs, der Prinz von Wales und der Herzog
von York, im Wege. Richard lockt beide in den Tower, wo
auch sie alsbald gedungenen Mörderhänden zum Opfer fallen. Der edle Hastings, der sich nicht zu den Machenschaften
Richards hergeben will, muß ebenfalls dran glauben. Um
das Volk zu gewinnen, wird vor dem Lord Mayor und vor
den Abgeordneten der Bürgerschaft ein heuchlerisches Spiel
getrieben, als ob Richard die ihm angetragene Krone nur
gezwungen annehmen, sich lieber geistlichen Übungen hingeben würde. Sein eifrigster Helfer bei diesem Spiel ist
Buckingham. Zum Lohne dafür wird er, als er nur einen
Augenblick zaudert, weiterhin an Richards Seite im Blut zu
waten, enthauptet. Furchtbare Flüche der Frauen fallen nach
dem Prinzenmord auf den »Höllenhund«, ebenso aus dem
Munde der alten Königinwitwe Margaretha wie seiner eigenen Mutter und der Witwe König Eduards. Doch davon
unberührt läßt Richard die Trommeln über die »Schnick-
schnackweiber« schlagen und nennt sich selbst »des Herrn
Gesalbten«, ja er scheut sich nicht, nachdem er inzwischen

auch Anna beseitigt hat, um die Hand der jungen Tochter
der Königin Elisabeth zu werben. Wie ehedem Anna, so erliegt auch die Königin Elisabeth seiner Überredungskunst,
so daß Richard ihr: »Nachgieb'ge Törin! wankelmütig
Weib!« nachrufen kann. Doch damit ist auch der Wendepunkt in der Laufbahn dieses Ungeheuers in Menschengestalt
erreicht. Unter der Führung der jungen Grafen Richmond
haben sich inzwischen alte und neue Gegner Richards gesammelt und ziehen mit Heeresmacht gegen ihn. Am Vorabend der Entscheidungsschlacht erscheinen die Geister der
von ihm Ermordeten zwischen den Zelten Richards und
Richmonds, diesem den Sieg verkündend, auf jenen mit
einem »Verzweifl' und stirb!« alle seine Mordtaten herab-
beschwörend. Zum ersten Male wird Richard am Morgen
vor der Schlacht, durch die Traumbilder der Nacht erschreckt, von furchtbaren Gewissensbissen geplagt (»Find
ich selbst in mir doch kein Erbarmen mit mir selbst.«). In
der Schlacht rafft er sich jedoch mutig zum Verzweiflungs-
kampf auf, bis Richmond als Sieger verkünden darf: »Das
Feld ist unser und der Bluthund tot.« Nunmehr ist auch der
langwährende Krieg der Häuser Lancaster und York beendet. »England war lang im Wahnsinn, schlug sich selbst.«
»Nun mögen Richmond und Elisabeth, die echten Erben
beider Königshäuser, durch Gottes schöne Fügung sich vereinen!«

   Das Werk, das sich inhaltlich an den 3. Teil von *Hein-
rich VI.* anschließt, bildet – vom Stoff her gesehen – den
Schluß der sog. Königsdramen, die den Zeitabschnitt der
englischen Geschichte von 1399 bis 1485 behandeln. Seiner
Entstehung nach gehört es aber zu den frühesten historischen
Stücken des Dichters. Beherrschend ist in ihm die Gestalt
Richards III., des größten und in seiner Dämonie einmaligen
Bösewichts der dramatischen Weltliteratur. Außer den Chroniken von Holinshed und Hall dienten Shakespeare zwei
ältere dramatische Bearbeitungen des Stoffes, aus denen
mancherlei in seine Fassung übergegangen ist, als Vorbild,
ebenso die ›Übermenschen‹ in den Marloweschen Dramen.
Die Herausarbeitung der Gestalt Richards zum vollendeten
Bösewicht, dessen Blutgier und Skrupellosigkeit grenzenlos
sind und dessen Heuchelei alles Maß des Vorstellbaren überschreitet, ist jedoch Shakespeares ureigenste dichterische Tat.

Dadurch, daß er Richard mit großer geistiger Überlegenheit handeln läßt, sichert er ihm trotz aller Schrecknisse die Anteilnahme des Zuschauers. Schiller sah in dem Werk »die reine Form des tragisch Furchtbaren, was man genießt«, und sagt weiter: »Kein Shakespearesches Stück hat mich so sehr an die griechische Tragödie erinnert.« Die zahlreich in dem Stück vorhandenen tragischen Vorankündigungen mögen zu dieser Folgerung der Anlaß gewesen sein. Die Rolle Richards III., schon zu Shakespeares Zeiten eine Bravourleistung des Theaterdirektors Burbadge, später von dem berühmten englischen Schauspieler Garrick (1763) zu neuem Bühnenleben erweckt, gehört zu den schwierigsten, aber auch höchst grandiosen Aufgaben der Darstellungskunst. (Reclams UB 62.)

Der Widerspenstigen Zähmung

Komödie in einem Vorspiel und fünf Akten
Erste Aufführung: um 1594/95 in London

Personen des Vorspiels: Ein Lord – Christopher Sly (Schlau), ein betrunkener Kesselflicker – Wirtin – Schauspieler – Ein Page u. a.
Personen des Stückes: Baptista, ein reicher Edelmann in Padua – Katharina und Bianca, seine Töchter – Vincentio, ein alter Edelmann aus Pisa – Lucentio, sein Sohn – Petruchio, ein Edelmann aus Verona – Gremio und Hortensio, Biancas Freier – Tranio und Biondello, Lucentios Diener – Grumio, Petruchios Diener – Ein Magister – Eine Witwe u. a.
Ort und Zeit: In Padua und in dem Landhause des Petruchio, Renaissance.

Vorspiel: Der betrunkene Kesselflicker Sly wird von der Wirtin vor die Tür des Wirtshauses gesetzt, wo er einschläft. Hier findet ihn ein Lord, der von der Jagd kommt und sich einen Spaß daraus macht, den in tiefem Rausch Schlummernden auf sein Schloß zu bringen, um ihn dort als vornehmen Herrn erwachen zu lassen. Des Weges kommende Schauspieler werden zu einer Vorstellung auf das Schloß geladen. Dem erwachten Sly, der sich nicht recht in seine neue Situation zu finden weiß, sollen die Schauspieler ein lustiges Stück vorführen, um ihm seine Traurigkeit zu vertreiben. – Diese Rahmenhandlung, die hernach nur noch einmal kurz (während des ersten Aktes) fortgesetzt wird, bringt ein beliebtes, ursprünglich aus dem Orient stammendes Märchenmotiv, das Shakespeare nur anklingen läßt, ohne es im Ganzen durchzuführen. Es bleibt bei Aufführungen meist weg. Gelegentlich wird der Versuch gemacht, Sly den Ablauf der Handlung weiterhin durch Gebärdenspiel begleiten zu lassen.

K o m ö d i e : Der junge Lucentio, Sohn des reichen Vincentio aus Pisa, ist mit seinem Diener Tranio nach Padua gekommen, um hier seine Studien aufzunehmen. Lucentio verliebt sich auf den ersten Blick in Bianca, die Tochter des alten, sehr auf einen vermögenden Schwiegersohn bedachten Baptista. Bianca wird außerdem von zwei Edelleuten aus Padua umworben, dem schon etwas angegrauten Gremio und dem jungen Hortensio, und obendrein hat Baptista sich in den Kopf gesetzt, Bianca nicht eher zu verheiraten, bis Katharina, die ältere Tochter, unter die Haube gebracht ist. Diese fliehen aber alle Männer, da sie ebenso kratzbürstig wie energisch ist. Auch tyrannisiert sie die jüngere, weichere Schwester, wo immer sie nur kann. Lucentio und Hortensio verschaffen sich nun Zutritt in Baptistas Haus, indem sie sich als Gelehrte und Musiklehrer bei ihm einführen lassen. Und für Katharina zeigt Petruchio, ein Edelmann aus Verona, Interesse, dem es geradezu eine Aufgabe ist, sie »aus 'nem wilden Kätzchen zu 'nem Kätchen zu wandeln«. Indem er ihr grundsätzlich noch derber kommt, als sie sich gibt, und alles, was sie sagt und tut, sofort mit doppelter Münze zurückzahlt, erzwingt er in stürmischer Werbung binnen kürzester Frist die Heirat mit ihr. Zu dieser erscheint er nicht nur verspätet, sondern in ruppigem Aufzuge, reißt die Braut ohne viel Federlesens mit sich auf sein Landhaus fort, wo er sie zunächst hungern und nicht einmal zum Schlafen kommen läßt. Auch am Kleiderputz nimmt er ihr jegliche Freude, indem er alles schön findet, was sie häßlich findet, und umgekehrt. Auf diese Weise erreicht er es, daß sie langsam weich wird, ja daß sie sogar bereit ist, es ihm zu überlassen, zu bestimmen, ob der Mond oder die Sonne am Himmel stehen, ob der alte Vincentio, der ihnen auf dem Wege nach Padua begegnet, ein alter Mann oder ein junges Mäd-

chen ist ... Inzwischen hat im Hause Baptistas unter den
Freiern um Biancas Hand der junge Lucentio den Sieg davongetragen. Doch dem Verlöbnis steht noch die Bedingung
des alten Baptista entgegen, der es urkundlich verbrieft
haben will, daß das Vermögen Lucentios selbst im Falle,
daß er vor seinem Vater sterben sollte, an die Tochter fällt.
Der schlaue Diener Lucentios, Tranio, der schon die ganze
Zeit über geschickt seinen Herrn vertritt, weiß auch hier Rat.
Er schafft einen Magister herbei, der die Rolle von Lucentios
Vater spielen soll. Im entscheidenden Augenblick trifft aber
der alte Vincentio selbst in Padua ein. Doch klärt sich alles
zugunsten Lucentios auf, und Sohn und listiger Diener erhalten Verzeihung. Zum Schluß findet sich alles zum Bankett
zusammen, bei dem nun Bianca und eine Witwe, die Hortensio zum Ersatz für die verlorene Bianca dient, sich als die
»starrköpf'gen« Frauen erweisen, während Katharina, die
noch eben als die »widerspenstigste« von allen galt, ihren
Geschlechtsgenossinnen mit beredten Worten zu erklären
weiß, daß der Ehemann »Herr, Erhalter, Licht, Haupt und
Fürst« der Frauen ist, dem sie sich in schuldigem Respekt in
allem zu fügen haben ...

Unter den Komödien Shakespeares steht *The Taming of
the Shrew* dem Geist der italienischen Commedia dell'arte
am nächsten. Lucentio spricht geradezu von Baptista als dem
»alten Herrn Pantalon«, und Bergamo (der traditionelle
Heimatort des Arlecchino) wird auch als der Ort bezeichnet,
aus dem der Diener Tranio stammt. Die Technik der Verwicklungen des Stückes (Tausch der Herren- und Diener-
Rolle zwischen Lucentio und Tranio, Einführung der falschen Lehrer in das Haus Baptistas, die Kontrastierung der
Frauenrollen) erinnern stark an das italienische Volkstheater und die italienische Renaissancekomödie. Doch gab
Shakespeare, dem für dieses Stück ein gleichnamiges älteres
englisches Bühnenwerk Modell war, der Handlung so viel
von seinem Theatertemperament, daß *Der Widerspenstigen
Zähmung* trotz gewisser Derbheiten und Überspitztheiten
sich bis auf den heutigen Tag als unverwüstliches Lustspiel
von dem ewigen Machtkampf der Geschlechter in der Liebe
erwiesen hat und immer aufs neue erweist. Hermann Götz
verarbeitete den Stoff zu einer feinsinnigen komischen Oper.
(Reclams UB 26.)

König Richard II.

Schauspiel in fünf Akten
Erste Aufführung: um 1595 in London

Personen: König Richard II. – Herzog von York, sein Oheim –
Heinrich Bolingbroke (nachmals König Heinrich IV.) – Der alte Gaunt,
Herzog von Lancaster, Bolingbrokes Vater – Graf von Northumberland –
Heinrich Percy, sein Sohn – Herzog von Norfolk – Herzog von Aumerle –
Bushy, Bagot und Green, Kreaturen Richards – Die Königin – Herzogin
von York – Herzogin von Gloster u. a.
Ort und Zeit: an verschiedenen Orten in England und Wales,
um 1400.

Bolingbroke und der Herzog von Norfolk klagen sich gegenseitig vor König Richard II. des Hochverrates an und fordern sich zum Zweikampf. Nachdem Richard ihn zunächst
bewilligt, widerruft er im Augenblick des Kampfbeginnes
und bestimmt von sich aus, was zu geschehen hat: der Herzog von Norfolk wird auf Lebenszeit verbannt, Bolingbroke zunächst auf 10 Jahre, dann (auf Bitten des alten
Gaunt) auf 6 Jahre. Kurze Zeit darauf stirbt der alte
Gaunt, der prophetisch die schweren Jahre des Bürgerkrieges
für England kommen sieht. Vergeblich hat er vor seinem
Tode Richard seine Verschwendungssucht vorgehalten und
ihn vor den Schmeichlern, die ihn umgeben, zu warnen versucht. Während Richard gegen Rebellen in Irland zu Felde
zieht, landet Bolingbroke in England. Der Graf von Northumberland und andere Große des Reiches, die über Richards
gewaltsame Aneignung der Gauntschen Güter und über die
schwächliche Regierung des genußsüchtigen Königs empört
sind, schließen sich ihm an. Aus Irland zurückgekehrt, findet
Richard nur noch ein kleines Häuflein von Anhängern vor.
Er gefällt sich, ohne zu handeln, in eitler, sich selbst bemit-
leidender Kommentierung seines Unglücks. Der Forderung
Bolingbrokes nach Aufhebung des Bannes und Rückgabe
des Gauntschen Erbes fügt er sich widerspruchslos, mehr
noch: er gibt sich kampflos in die Hände seiner Gegner, entsagt der Krone und läßt sich, sein Königtum nur noch rheto-
risch verteidigend, ins Gefängnis nach Pomfret führen, wo
ihn Exton, ein williger Arm Bolingbrokes, alsbald umbringt.
Bolingbroke hat sofort mit Widerständen innerhalb der

Adelskreise zu kämpfen, denen der schnelle und unrühmliche Fall Richards als Schmach erscheint. Doch gelingt es ihm, dieser Herr zu werden. Bolingbroke besteigt als König Heinrich IV. Englands Thron. Den Mörder Richards schüttelt er von sich ab und gelobt eine Fahrt ins Heilige Land, um die Blutschuld von sich abzuwaschen.

Richard II. steht, den dargestellten geschichtlichen Ereignissen nach, an erster Stelle unter den Königsdramen, ist jedoch erst nach *Richard III.* entstanden. Die Quelle bildet Holinsheds Chronik. Theatergeschichtlich war wohl die Tragödie *Eduard II.* von Marlowe Vorbild. Die Titelgestalt ist eine der eigenartigsten Charakterstudien Shakespeares. Dieser in aller Schwäche wahre König, der sein Königtum im Untergang mit wunderbaren Worten zu umschreiben weiß, im Besitze seiner Macht aber weder zu herrschen noch sich zu behaupten vermag, erweckt tragisches Mitleid, obwohl sein Sturz mit zwingender Notwendigkeit erfolgt. Sein genaues Gegenstück ist der weltsichere, skrupellose Bolingbroke, der jede Situation ausnutzt, nicht vor der Usurpation und dem Mord zurückscheut, sich aber im rechten Augenblick auch der Geste königlicher Gnade zu bedienen weiß (Begnadigung Aumerles) und bei aller Selbstsicherheit am Ende doch sein Glück mit Blut bespritzt sieht. Dem sterbenden alten Gaunt hat Shakespeare sein großes Loblied auf das »paradiesische« England, das »gekrönte Eiland«, das »Kleinod, in die Silbersee gefaßt«, in den Mund gelegt. (Reclams UB 43.)

Romeo und Julia

Trauerspiel in fünf Akten
Erste Aufführung: um 1595 in London

P e r s o n e n : Escalus, Prinz von Verona – Graf Paris, Verwandter des Prinzen – Montague und Capulet, Häupter zweier miteinander verfeindeter Häuser – Romeo, Montagues Sohn – Julia, Capulets Tochter – Gräfin Montague – Gräfin Capulet – Mercutio, Romeos Freund – Benvolio, Montagues Neffe – Tybalt, Neffe der Gräfin Capulet – Bruder Lorenzo – Juliens Amme – Ein Apotheker – Bediente, Musiker, Bürger von Verona u. a.
O r t und Z e i t : In Verona, frühe Renaissance.

Zwei angesehene Familien in Verona, die Montagues und die Capulets, leben seit langem in Feindschaft, die sich bis auf die beiderseitigen Dienerschaften erstreckt. Wo sie nur einander begegnen, züngelt die Fehde auf; so auch zu Beginn des Stückes nach einem Wortgefecht der Diener, das sich schnell zum Degenkampf zwischen Tybalt und Benvolio, ja zwischen dem alten Capulet und dem alten Montague erweitert. Erst als der Prinz Escalus erscheint, beruhigen sich die erhitzten Gemüter. Der Prinz verhängt die strengsten Strafen über denjenigen, der den Frieden erneut bricht. Nun hören wir aus dem Munde der alten Montagues und ihres Neffen Benvolio, wie es um Romeo, den Sohn der Montagues, bestellt ist. Er treibt sich ruhelos umher, meidet das Elternhaus und scheint von einem tiefen Gram erfaßt. Benvolio ermittelt, daß es die unerfüllte Liebe zu der schönen Rosalinde ist, die ihn quält. Vergeblich suchen Benvolio und sein Freund Mercutio ihn davon abzubringen. Benvolio rät, das Fest der Capulets zu besuchen, auf dem er Vergleiche zwischen seiner Angebeteten und den schönsten Frauen Veronas anstellen könne. Nur widerwillig läßt sich Romeo darauf ein. Unter Masken betreten das Haus der Capulets, wo sie alsbald »der grimm'ge Tybalt« entdeckt. Doch der alte Capulet will keinen Zank auf dem Fest und hindert ihn daran, Romeo zu stellen. Aber in anderer Weise wird dieses Fest zum Schicksal für Romeo. Er sieht Julia, die Tochter der Capulets, und ist auf den ersten Blick ebenso tief von ihr ergriffen wie sie von ihm. Vergessen ist der Schmerz um Rosalinde. Auch Julia weiß, daß sie ihm angehören wird und nicht Graf Paris, den ihr die Eltern zum Gemahl zugedacht haben. Doch beide Liebende sind sich auch von Anfang an der tragischen Situation bewußt, in der sie sich bei dem unversöhnlichen Haß ihrer Eltern befinden. Die leidenschaftliche Liebe, die sie zueinander hegen, überspringt jedoch alle Hindernisse. Gleich nach dem Fest treibt es Romeo in den Garten der Capulets, wo Julia vom Balkon des Palastes ihre Sehnsuchtsseufzer der Sommernacht anvertraut. Romeo, der sie belauscht, entdeckt sich ihr und schwört ihr seine Liebe, der nichts wehren kann. Und kaum, daß sie sich kennenlernten, beschließen sie die Vermählung. Pater Lorenzo, ein still-versonnener Franziskaner, vertraut mit Kräutern aller Art, in denen er Gottes Wunderwerke bestaunt,

soll auf Bitten Romeos den Bund der Liebenden so rasch
wie möglich besiegeln. Er findet sich dazu bereit, obwohl
ihm die schnelle Sinnesänderung Romeos, dessen Neigung
für Rosalinde er kannte, allzu plötzlich kommt. Er hofft
jedoch, die unselige Feindschaft der Häuser durch diese Heirat beenden zu können. Doch kaum ist unter seinem Segen
die Eheschließung heimlich vollzogen, als die Tragik über
das junge Paar in furchtbarer Weise hereinbricht. Wiederum
entbrennt unter der heißen Sonne Veronas ein Streit zwischen den Capulets und Montagues. Tybalt nennt Romeo
einen Schurken. Mercutio greift für ihn zum Schwert. Romeo
will dem Streit wehren, wird dadurch aber zum unschuldigen Anlaß, daß Tybalts Klinge Mercutio tödlich trifft. Nun
kann auch Romeo sich nicht mehr mäßigen. Er tötet Tybalt.
Und die Folge hiervon ist, daß der erzürnte Prinz Romeo
aus Verona verbannt. Nur noch die Hochzeitsnacht, zu der
er heimlich über eine Strickleiter den Palast der Capulets
erklimmen muß, ist ihm an Julias Seite vergönnt: die tiefste
und hinreißendste Szene dieses Liebesdramas. Dann muß er
nach Mantua fliehen. Und von Julia verlangt Vater Capulet
schnelle Heirat mit dem reichen Grafen Paris. Die Verzweifelte weiß keinen anderen Ausweg, als sich Rat bei Pater
Lorenzo zu holen. Dieser gibt ihr einen Schlaftrunk, der sie
in einen todesähnlichen Schlaf versetzen wird. So finden sie
am Morgen des festgesetzten Hochzeitstages die Eltern. Sie
halten Julia für tot und bahren sie in der Familiengruft der
Capulets auf. Hier soll sie nach dem Plan des Paters beim
Erwachen mit Romeo zusammentreffen und mit ihm nach
Mantua fliehen. Doch das Schicksal will es anders. Der Brief,
den der Pater an Romeo nach Mantua sandte, kam durch
einen Zufall nicht in seine Hände. Romeo erhält nur die
Nachricht von dem vermeintlichen Tode Julias. Er besorgt
sich bei einem Apotheker Gift und bricht nach Verona zur
Grabstätte der Capulets auf. Hier trifft er, ehe noch Julia
erwacht ist, mit Paris zusammen, den er im Zweikampf
tötet. An der Seite der scheintoten Julia nimmt er sich dann
selbst das Leben. Zu spät erwacht Julia und folgt dem Geliebten in den Tod. Die herbeieilenden Eltern und der Prinz
erfahren von Pater Lorenzo den wahren Zusammenhang
der tragischen Verkettungen. Versöhnt reichen sich die Väter
über den Leichen der Kinder die Hände.

Was diese Liebestragödie zur schönsten der Weltliteratur
gemacht hat – ihre Namensträger wurden zum Symbol der
Liebe überhaupt –, ist nicht so sehr die Fabel der Handlung,
die Shakespeare älteren englischen und italienischen Quellen
(Brooke und Bandello) entnahm, als vielmehr der heiße
Atem echter Liebesleidenschaft, der die Dichtung durchweht.
Lessing nannte sie treffend eine Tragödie, »an der die Liebe
selbst hat arbeiten helfen«. Alles an dieser Liebe scheint ganz
unmittelbare Natur, und mit genialer Kunst der Sprache
läßt der Dichter die Seelen der jungen Liebenden erblühen.
Die echt südländische Atmosphäre dieses Stückes (wie auch
anderer des Dichters) hat zu der Vermutung Anlaß gegeben,
daß Shakespeare Italien aus eigener Anschauung gekannt
haben müsse. Doch ist das nicht erwiesen. Die Dichtung hat
nicht nur auf das Schauspiel der späteren Zeiten nachhaltig
gewirkt, ihr lyrischer Gehalt hat vielfach Komponisten zu
Opern, Balletts oder symphonischer Gestaltung angeregt,
so Berlioz, Gounod, Tschaikowski im 19. Jh., Prokofieff und
Sutermeister in neuerer Zeit. (Reclams UB 5.)

Ein Sommernachtstraum

Komödie in fünf Akten
Erste Aufführung: um 1595 in London

P e r s o n e n : Theseus, Herzog von Athen – Hippolyta, Königin der
Amazonen – Egeus – Hermia, seine Tochter – Lysander, Demetrius, Lieb-
haber der Hermia – Helena, in Demetrius verliebt – Oberon, König der
Elfen – Titania, Königin der Elfen – Puck, ein Elfe – Squenz, der Zim-
mermann – Schnock, der Schreiner – Zettel, der Weber – Flaut, der Bälge-
flicker – Schnauz, der Kesselflicker – Schlucker, der Schneider u. a.
O r t und Z e i t : Athen und ein nahegelegener Wald, zu unbestimmter
Zeit.

Theseus rüstet das Fest seiner Hochzeit mit der Amazonenkönigin Hippolyta. Die Zeit bis dahin soll mit Lustbarkeiten am Hofe verbracht werden. Ein athenischer Bürger,
Egeus, klagt dem Herzog, daß seine Tochter Hermia sich
nicht mit Demetrius verbinden wolle, der sie liebt und den
er ihr zum Manne bestimmt habe, sondern den Werbun-
gen Lysanders Gehör leihe. Da nach athenischem Recht der

Vater über die Eheschließung der Tochter zu bestimmen hat, droht Hermia, wenn sie sich nicht fügt, der Tod oder das Kloster. Sie aber beschließt mit ihrem Geliebten Lysander zu fliehen. Sie weihen Helena, Hermias Freundin, in das Geheimnis ein. Diese liebt, wie sie gesteht, Demetrius, der nichts von ihr wissen will. Im Walde nahe bei Athen treffen die Paare zusammen: Hermia und Lysander auf der Flucht, Helena vergeblich um die Gunst des Demetrius werbend. Doch ehe wir das Weitere hierüber erfahren, beschwört der Dichter eine phantastische Zauberwelt von Natur- und Waldgeistern: Kobolde und Elfen beherrschen den Wald, an ihrer Spitze Oberon und Titania, die Eifersucht entzweit hat. Der Elfenkönig läßt sich durch seinen Diener Puck eine Wunderblume bringen, deren Saft, »geträufelt auf entschlafne Wimpern«, »Mann und Weib in jede Kreatur, die sie zunächst erblicken, toll vergafft« machen soll. Damit will er Titania strafen. Zunächst werden die jungen athenischen Liebespaare durch den Zaubersaft völlig durcheinandergewirbelt. Es ist für Puck ein Hauptspaß, dies zu bewerkstelligen, so daß sich umgekehrte Beziehungen wie bisher ergeben: aus der von zwei Liebhabern umworbenen Hermia wird die von beiden Verlassene, während Helena an ihre Stelle getreten ist. Doch damit nicht genug. Der Dichter führt auch noch ein derbes Männersextett in den verzauberten Wald, biedere Handwerker, die ein Zwischenspiel einstudieren wollen, um es dem Herzogspaar zu seiner Hochzeit vorzuführen. Sie kommen Puck gerade recht, um ihren Wortführer, den Weber Zettel, mit einem Eselskopf zu begaben, in den sich die erwachende Titania sterblich verlieben muß. So quirlt alles in buntem Spiel durcheinander, bis »Auroras Herold« das Gewölk durchteilt, der Morgen sich ankündigt und den Spuk der Nacht verscheucht. Oberon befreit die Elfenkönigin von ihrem Bann und Zettel von seinem Eselskopf, er versöhnt sich mit ihr, Hermia und Lysander, Helena und Demetrius finden sich zu ihrem eigenen Erstaunen zusammen, und alle gedenken »der Geschichten dieser Nacht« wie »der Launen eines Traums«. Der Herzog verzeiht den Flüchtigen, und im Palast können zur Hochzeitsfeier die Handwerker ihr Rüpelspiel von »Pyramus und Thisbe« zum allgemeinen Ergötzen aufführen, wobei auch Löwe, Mondschein und Wand die entsprechende

Verkörperung durch die »Meisters« finden. Als alle sich zur
Ruhe begeben haben, segnen Oberon und Titania dem neuen
Paare den Palast.

Mit großer Wahrscheinlichkeit für die Hochzeit eines Adligen am Hofe der Königin Elisabeth geschrieben, stellt *A
Midsummer Night's Dream* eines der poesievollsten Stücke
des Dichters dar. Während man im 19. Jh. das Werk – nicht
zuletzt durch die Musik Mendelssohns – aus seinem romantischen Gehalt her empfand und aufführte, neigt man neuerdings dazu, in ihm in Verbindung mit der Musik von Carl
Orff mehr eine »Komödie der panischen Verzauberung« zu
sehen, die die Elementargeister wachruft und ihren dämonischen Einfluß auf die Menschen sich austoben läßt. Der englische Komponist Benjamin Britten verwendete den Stoff für
seine Oper *Ein Sommernachtstraum* (1960). Shakespeares Absicht war es zweifellos, vor allem die Blindheit der Liebe, die
»mit dem Gemüt, nicht mit dem Auge sieht«, zu charakterisieren. »Dem schlechtesten Ding an Art und Gehalt, leiht Liebe
dennoch Ansehen und Gestalt.« Die Phantasie bestimmt ihr
Wesen. Verliebte und Verrückte sind beide »von so brausendem Gehirn«, daß die Vernunft vor ihnen kapitulieren muß.
Wie immer man das Werk auch betrachtet, der *Sommernachtstraum* bleibt eine der genialsten Komödien der Weltliteratur,
in der sich Romantik und Realismus, die Menschen- und
die Geisterwelt zu einem wunderbaren Ganzen verbinden.
(Reclams UB 73.)

Der Kaufmann von Venedig

Schauspiel in fünf Akten
Erste Aufführung: um 1596 in London

P e r s o n e n : Antonio, der Kaufmann von Venedig – Bassanio, sein
Freund – Der Doge von Venedig – Portia, eine reiche Erbin – Nerissa, ihre
Begleiterin – Shylock, ein Jude – Jessica, seine Tochter – Gratiano,
Solanio, Salarino, Freunde des Antonio – Der Prinz von Marocco – Der
Prinz von Aragon – Lorenzo, Liebhaber der Jessica – Lanzelot Gobbo,
Shylocks Diener – Der alte Gobbo, sein Vater – Tubal, ein Jude, u. a.
O r t u n d Z e i t : In Venedig und in Belmont, Portias Landsitz,
Renaissance.

Antonio, dem ›königlichen Kaufmann‹ in Venedig, schwimmen eine Reihe von Schiffen auf den Meeren, die seinen Reichtum ausmachen. Ohne lange Besinnung entleiht er von dem Juden Shylock die Summe von dreitausend Dukaten, um damit seinen Freund Bassanio ausstatten zu können, der um die Hand der schönen Portia werben möchte. Shylock, von tiefem Haß gegen die Christen erfüllt, die ihn verachten und seinen Handel schmälern, sieht hierin eine willkommene Gelegenheit, an Antonio, den er vor allen anderen haßt, Rache zu üben. Er läßt sich einen Schuldschein unterschreiben, der ihm gestattet, im Falle der Nichtrückzahlung des Geldes zum vereinbarten Termin ein Pfund Fleisch aus dem Körper Antonios zu schneiden. In Belmont, dem Landsitz Portias, bewerben sich unterdessen die Prinzen von Marocco und von Aragon um Portias Hand. Nach dem Wunsche ihres verstorbenen Vaters erlangt sie nur der, der von drei Kästchen (einem goldenen, einem silbernen und einem bleiernen) dasjenige wählt, das Portias Bild enthält. Nachdem die Prinzen in äußerlicher Prachtliebe und eitler Selbstbespiegelung die falschen Kästchen (das goldene und das silberne) gewählt haben, ist es Bassanio vergönnt, mit der Wahl des bleiernen Kästchens die Hand Portias zu gewinnen, deren Herz ihm bereits vorher gehörte. Ihre Gesellschafterin Nerissa findet gleichzeitig zu Bassanios Freund Gratiano. In Venedig haben sich inzwischen schlimme Dinge ereignet. Antonios Schiffe sind gesunken, sein Reichtum ist dahin, und Shylock besteht auf seinem Schein. Rache an Antonio ist sein einziger Gedanke, zugleich sein Trost über die Entführung seiner Tochter Jessica durch den jungen Venezianer Lorenzo. Als die Nachricht von Antonios Mißgeschick in Belmont eintrifft, bricht Bassanio sofort mit Gratiano nach Venedig auf, um dem Freund in seinem Unglück beizustehen. Aber auch Portia und Nerissa verlassen Belmont, »wie junge Männer aufgestutzt«, um ihnen zu einem »Anschlag« zu folgen, den sich Portia erdacht hat. Im Gerichtssaal von Venedig spitzt sich nun der Konflikt zwischen Antonio und Shylock fast bis zur Tragödie zu. Der Jude besteht auf seinem Schein und ist allen Ermahnungen zur Milde von seiten des Dogen unzugänglich. Auch die doppelte Summe, die ihm Bassanio bietet, schlägt er aus. Das Gericht hat zur Überprüfung des schwierigen Rechtsfalles die Stellungnahme des namhaften

Rechtsgelehrten Dr. Bellario eingeholt. Portia und Nerissa (als junger Doktor von Rom und dessen Schreiber verkleidet) überbringen das Gutachten des Gelehrten, und Portia übernimmt nun die Führung der weiteren Verhandlung. Noch einmal versucht sie, Shylock zur Mäßigung zu bewegen, um dann, als er verstockt bleibt und schon das Messer zückt, mit dem er Antonio zu Leibe gehen will – auch die Waage hat er nicht vergessen –, den auf sein Recht Pochenden mit den Waffen des Rechts zu schlagen. Hab und Gut Shylocks sind nach dem Gesetz Venedigs dem Staat verfallen, wenn er bei Vollzug seines Anspruches nur ein Tröpfchen Blut von Antonio vergießt. Auch hat das Gesetz einen Anspruch auf Güterentzug, ja auf sein Leben, weil er einem Bürger von Venedig nach seinem Leben trachtete. Der völlig gebrochene Shylock verläßt die Sitzung und erklärt sich zu allem bereit, was das Gericht von ihm verlangt, wozu auch gehört, daß er sich zum Christentum bekennt und alles, was er hinterläßt, an seine entlaufene Tochter Jessica und Lorenzo vermacht. Nach der dramatisch bewegten Gerichtsszene klingt das Stück mit einem heiteren, von Musik erfüllten Nachspiel in Belmont aus, das die drei Liebespaare (Portia–Bassanio, Nerissa–Gratiano, Jessica–Lorenzo) in beglückter Vereinigung zeigt, in ihrer Mitte Antonio, dem die frohe Nachricht zuteil wird, daß doch nicht alle seine Schiffe versanken.

In der sicher geführten Handlung, der wirksamen Kontrastierung von adeliger Gesinnung (in der Welt der venezianischen Aristokratie) und gnadenlosem Haß (in der Figur Shylocks) und in der polyphonen Verbindung heiter-beschwingter, komischer und tragischer Momente ist das Werk einzigartig; zudem enthält es zwei Perlen der Shakespeareschen Poesie: die wunderbaren Verse über das Wesen der Gnade (in der Gerichtsszene von Portia gesprochen): »Die Art der Gnade weiß von keinem Zwang«, und die Verse über die Sphärenharmonie (zu Beginn des 5. Aktes Lorenzo in den Mund gelegt): »Komm, Jessica! Sieh, wie die Himmelsflur ist eingelegt mit Scheiben lichten Goldes!« Ein älteres, verlorengegangenes Schauspiel *Der Jude* und Christopher Marlowes *Der Jude von Malta* dürften Vorbilder und Anregung zum *Kaufmann von Venedig* gewesen sein. Die weiteren Quellen sind die *Gesta Romanorum* und eine Novelle von Giovanni Fiorentino (1378), in denen die Konflikte und Motive der Handlung vorgebildet sind. Die heutige Auffassung der Rolle des Shylock schwankt zwischen tragischem Märtyrertum und einer mehr komödiantisch empfundenen des geprellten Teufels. Die letztere dürfte den ursprünglichen Intentionen des Werkes mehr entsprechen. Doch läßt sich auch der tragisch-dämonische Anhauch, den der Dichter dieser einmaligen Figur verliehen hat, nicht übersehen. Zu den besonderen Bewunderern des Stückes gehörten Grillparzer und Otto Ludwig. Dieser sagt: »Es ist, als hätte die Phantasie die Folge der Szenen bestimmt und alles geordnet. Es ist etwas so Sprunghaftes darin, als hätte der schwerfällige, schleichende Verstand gar keinen Anteil daran.« (Reclams UB 35.)

Heinrich IV.

Schauspiel in zwei Teilen
Erste Aufführung: um 1597/98 in London

P e r s o n e n : König Heinrich IV. – Die Prinzen Heinrich und Johann, seine Söhne – Graf von Northumberland – Heinrich Percy, gen. Heißsporn, sein Sohn – Scroop, Erzbischof von York – Grafen und Lords (Freunde und Feinde des Königs) – Sir John Falstaff – Poins, Gadshill, Bardolph, Pistol, Falstaffs Kumpane – Schaal und Stille, Friedensrichter auf dem Lande – Lady Northumberland – Lady Percy – Frau Hurtig, Wirtin der Schenke zum Wilden Schweinskopf in Eastcheap – Dortchen Lakenreißer u. a.
O r t   u n d   Z e i t : In London und verschiedenen Grafschaften Nordenglands, in den ersten Jahrzehnten des 15. Jahrhunderts.

Heinrich Bolingbroke, der als Heinrich IV. den englischen Thron nach dem von ihm gestürzten Richard II. bestiegen hat, wird seiner Herrschaft nicht froh. Zwei große Verschwörungen sind es, die seine Regierung bedrohen. Diese bilden jeweils den Handlungskern der beiden Teile des Schauspiels. Zunächst ist es der tapfere, junge Heinrich Percy, gen. Heißsporn, der sich gegen die Herrschaft des »Dornstrauches Bolingbroke«, der die »süße Rose Richard« ausriß, auflehnt und an die Spitze eines Kreises von Rebellen tritt, die dem König in offenem Krieg begegnen. In der

Schlacht bei Shrewsbury werden sie besiegt. Percy fällt durch den jungen Prinzen Heinz. Dann ist es im II. Teil eine Verschwörergruppe, die sich um den Erzbischof Scroop bildet, die gleichfalls eine Heeresmacht sammelt, im Walde von Yorkshire aber durch eine List des Prinzen Johann zerstreut wird. Der Prinz schließt mit den Verschwörern einen Waffenstillstand und überfällt die Häupter der Verschwörung, nachdem sie vereinbarungsgemäß ihre Truppen entlassen hatten. Es gelingt König Heinrich IV. auf diese Weise, sich bis zu seinem natürlichen Tode auf dem Throne zu behaupten. Doch noch im Sterben drückt ihn die Gewissensschuld der »Nebenschliche und krummen Wege«, mit denen er die Krone erlangte. Mit seinem Tode und der Inthronisierung des Prinzen Heinz als Heinrich V. schließt das zehnaktige Doppeldrama.

Neben dem vorzüglich charakterisierten Heinrich IV., der seines Königtums nicht froh wird (die Tragik der Macht, die nicht einmal im Schlafe Entspannung findet, kommt am deutlichsten im Nachtmonolog des Königs zu Beginn des 3. Aktes des II. Teiles zum Ausdruck), ist vor allem die Gestalt des Percy Heißsporn von dichterischem Interesse. Er ist ein Jüngling fast moderner Prägung, der sich im Reden und Handeln überstürzt und trotz seiner adligen Gesinnung und seiner Tapferkeit zugrunde gehen muß. Einen breiten Raum nehmen, eingestreut in die Darstellung der politischen und kriegerischen Ereignisse, die Szenen um die weltberühmt gewordene Gestalt des Sir John Falstaff ein, Shakespeares größter und bedeutendster Komödienfigur. Theatergeschichtlich aus dem *Miles gloriosus* des Plautus und dem Capitano der Commedia dell'arte ableitbar, zeigt sie weit über diese Vorbilder hinausreichend Shakespeares übersprudelnde Phantasie in hellstem Lichte. Der Dichter wird nicht müde, den feisten, trinkfesten Ritter, der von sich selbst sagt, daß er nicht bloß witzig ist, sondern auch Ursache sei, daß andere Witz haben, in immer neuen Situationen zu zeigen. Er ist Zechkumpan und Zielscheibe des Spottes für den jungen Prinzen Heinz. Zunächst machen sich Prinz Heinz und Poins einen Spaß daraus, den Ritter, der sich durch einen Raubüberfall auf Kaufleute bereichern will, ihrerseits verkleidet zu überfallen und ihn hernach von seinen vermeintlichen Heldentaten in der »Schenke zum Wilden Schweinskopf in

Eastcheap« (dem Hauptquartier der Falstaffiaden) prahlen
zu lassen. Seiner eiligen Flucht nach dem Überfall überführt,
weiß Falstaff sich sofort überaus geschickt herauszuschwin-
deln mit der Behauptung, den Prinzen unter der Maske erkannt zu haben. In der Schlacht bei Shrewsbury, an der
teilzunehmen man Falstaff veranlaßt hat, stellt er sich nach
einem unrühmlichen Zweikampf tot (»Das bessere Teil der
Tapferkeit ist Vorsicht, und mittels dieses besseren Teils
habe ich mein Leben gerettet«). Den Schlingen des Gesetzes,
die ihn wegen der Schulden und eines nicht eingehaltenen
Eheversprechens an die Schenkenwirtin Frau Hurtig zu erfassen drohen, weiß er sich mit ebensoviel Geschick wie Red-
nerkunst zu entziehen. Mit Dortchen Lakenreißer, die ihn
ihr »verwettertes, kleines, zuckergebackenes Weihnachts-
schweinchen« nennt, schäkert er ungeniert auch in Gegenwart
des Prinzen Heinz. Im zweiten Krieg zum Ausheben von
Rekruten gezwungen, benutzt Falstaff die Gelegenheit, sich
an Bestechungsgeldern, die er durch seinen Handlanger Bardolph (den »Erzschelm mit der Burgundernase«) eintreiben
läßt, zu bereichern. Seine große Stunde glaubt Falstaff gekommen, als sein geliebter Prinz Heinz König geworden ist.
Er sieht sich nun dem Thron am nächsten und verspricht nach
allen Seiten hin Ämter: »Glücklich sind die, welche meine
Freunde waren.« Aber das Erwachen aus dieser eingebildeten Günstlingsstellung ist bitter. Der neue König verweist
ihn unmittelbar nach seiner Thronbesteigung mit harten
Worten in seine Schranken. Aus Gram hierüber stirbt Falstaff (wie wir in *Heinrich V.* aus dem Munde seiner ehemaligen Freunde erfahren). (Reclams UB 81/82.)

Shakespeare schuf als Variante seiner Meistergestalt noch
Die lustigen Weiber von Windsor, wo er Falstaff als strau-
chelnden und mehrfach gefoppten Liebesritter zeigt. Dieses
Lustspiel wurde die Unterlage für die Opern *Die lustigen
Weiber von Windsor* von Otto Nicolai und für den *Falstaff*
von Verdi. (Siehe Reclams Opernführer.)

Julius Cäsar

Trauerspiel in fünf Akten
Erste Aufführung: um 1599 in London

P e r s o n e n : Julius Cäsar – Octavius – Marcus Antonius – Ämilius
Lepidus – Marcus Brutus – Cassius – Casca – Decius Brutus – Ein Wahrsager – Artemidorus, ein Sophist von Knidos – Cinna, ein Poet – Lucius,
junger Diener des Brutus – Calpurnia, Cäsars Gemahlin – Portia, Gemahlin des Brutus – Senatoren, Verschworene gegen Cäsar, Feldherren,
Tribunen, römisches Volk u. a.
O r t   u n d   Z e i t : In Rom, Sardes und Schlachtfeld bei Philippi, 44 bis
41 v. Chr.

Die Stellung Cäsars in Rom ist umstritten. Während das
Volk ihm zuneigt und gerne Feiertag macht, um sich an sei-
nen Triumphen zu erfreuen, schwelt es in gefährlicher Weise
unter der Decke: die Volkstribunen hetzen gegen ihn, und
Cassius hat begonnen, die Feinde Cäsars um sich zu sam-
meln. Er möchte gerne auch den edlen Brutus gewinnen,
dessen Name viel in Rom gilt. Doch dieser behält sich seine
Stellungnahme noch vor. Cäsar gefällt sich in großzügiger
Ablehnung der Königskrone, die ihm Marc Anton vor allem
Volk anbietet. Den Wahrsager, der ihn vor den Iden des
März warnt, bezeichnet er als Träumer. Doch sieht sein
wachsames Auge sehr wohl den »hohlen Blick« des hageren
Cassius (»Er denkt zu viel: die Leute sind gefährlich«) und
möchte stattdessen lieber »wohlbeleibte Männer« um sich
sehen. So stehen die Dinge, als ›Wunderzeichen des Himmels‹ (Unwetter, seltsame Erscheinungen bei Menschen und
Tieren) die an sich schon gespannte Atmosphäre in Rom zur
Entladung bringen und ein Werk reifen lassen, das ebenso
»blutig, feurig und höchst fürchterlich« ist wie der Aufruhr
der Elemente. Cassius bringt eine Anzahl angesehener Römer
zu einer Verschwörung zusammen, die es auf Cäsars Tod
abgesehen haben. Zu ihr gehört jetzt auch Brutus, der nicht
mehr schlief, seit Cassius ihn »gegen Cäsar spornte«, und
den anonyme Briefe – Cassius schickte sie ihm ins Haus – an
den Ahnherrn gemahnen, der einstmals einen anderen Tyrannen von den Straßen Roms verjagte. Und nicht nur Cäsar
soll fallen, so wünscht es Cassius, sondern auch Marc Anton.
Hiergegen wehrt sich jedoch Brutus. Er will, daß die Ver-

schworenen im Auge des Volkes als Reiniger, nicht als Mörder erscheinen. Cäsar wird indessen zu Hause von seinem Weib Calpurnia, die schlimme Träume hat, gewarnt, in den Senat zu gehen. Auch die Auguren, zu denen er schickte, raten ihm ab. Doch der Mitverschworene des Cassius, Decius Brutus, weiß ihn durch den Hinweis, daß der Senat beabsichtige, dem »großen Cäsar« die Königskrone anzubieten, geschickt umzustimmen. Cäsar folgt den Verschworen, die ihn abholen. Noch einmal warnt ihn der Wahrsager vor den Iden des März, die nun gekommen sind. Auch Artemidorus, ein Sophist von Knidos, der Cäsars Feinde kennt, findet kein Gehör. So vollzieht sich auf dem Kapitol das Schicksal: Cäsar wird, nachdem er einem Gesuch um Gnade für den verbannten Bruder des Metellus Cimber nicht stattgegeben, statt dessen noch einmal unüberhörbar seine Machtgelüste kundgetan hat, von den Verschworenen überfallen und erdolcht. Sein sterbender Blick gilt Brutus, den er für seinen Freund hielt (»Brutus, auch du? – So falle, Cäsar!«). Die große Frage für die Verschworenen nach Cäsars Tod ist das Verhalten des Marc Anton. Dieser erscheint unmittelbar nach der Tat vor den Verschworenen und versteht es mit höchster diplomatischer Kunst, seinen Schmerz um Cäsars Tod zum Ausdruck zu bringen, ohne die Mörder Cäsars dabei zu verletzen. Er bittet nur um die Vergünstigung, die Leichenrede für Cäsar auf dem Forum halten zu dürfen. Cassius will es ihm verwehren, Brutus aber gestattet es. Und kaum daß die Verschworenen die Szene verlassen haben, läßt Marc Anton die Maske fallen und spricht offen aus, daß er nur zum Scheine »mit diesen Schlächtern freundlich tat« und als der große Rächer Cäsars auftreten wird, zu dem er sich berufen fühlt. Sogleich nimmt er die Verbindung mit Octavius auf, der mit Truppen vor Rom steht und den er auf seiner Seite weiß. Ehe er sich aber mit ihm trifft, hält er auf dem Forum die Leichenrede auf Cäsar. Er spricht derart geschickt, daß das wankelmütige Volk, das noch eben dem Brutus als dem Befreier Roms von dem Tyrannen Cäsar zujubelte, sofort umfällt und mit wilden Racherufen den Tod der Cäsar-Mörder verlangt. Er erreicht diesen Umschwung, indem er Cäsars Größe im Spiegelbild der Auffassungen des »ehrenwerten« Brutus und seiner »ehrenwerten« Freunde zeigt und in meisterhafter Steigerung im Augenblick des Stimmungswechsels auf den blutigen Mantel Cäsars deutet, den seine angeblichen »Freunde« so zugerichtet haben, und dann noch Cäsars Testament vorweist, das jedem Bürger Roms 75 Drachmen verspricht und Cäsars Gärten am Tiber zum Volksgarten werden läßt. Nun ist kein Halten mehr. In wildem Aufruhr vertreibt das Volk die Mörder Cäsars aus Rom und steckt ihre Häuser in Brand. So sinnlos tobt die Masse, daß ihr sogar der arme Poet Cinna zum Opfer fällt, bloß deshalb, weil sein Name an den eines der Mitverschworenen erinnert. Antonius, Octavius und Lepidus herrschen nun als Triumvirn in Rom. Die eigentlichen Herren sind aber nur Marc Anton und Octavius. Lepidus ist (nach Marc Antons Ansicht) »zum Botenlaufen nur geschickt«. Aber auch Brutus und Cassius werben Völker. Fast hätte ein Streit die beiden Freunde getrennt. Der rechtliche Brutus kann es nicht dulden, daß Cassius Bestechungen zugänglich ist. Doch kommt es zur Aussöhnung. Die bevorstehende Entscheidungsschlacht wirft ihre Schatten in beklemmender Weise für Brutus voraus: der Geist Cäsars erscheint ihm in seinem Zelt zu Sardes als sein »böser Engel«. Bei Philippi soll er ihn wiedersehen. In der Tat vollzieht sich nun das Schicksal im Kampf um die Weltherrschaft in der Ebene von Philippi. Brutus und Cassius werden besiegt und stürzen sich in ihre Schwerter. »Besänft'ge, Cäsar, dich!« sind Brutus' letzte Worte; »Nicht halb so gern bracht' ich dich um als mich.« Marc Anton bekräftigt an seiner Leiche, daß Brutus einer der besten Römer war (»Dies war ein Mann!«) und daß ihn nicht, wie die anderen Mörder Cäsars, Mißgunst trieb, sondern die Rücksicht auf das allgemeine Staatswohl.

Die Tragödie, seit jeher eine der beliebtesten des Dichters, stützt sich auf die Lebensbeschreibungen des Plutarch. Doch gab es auch schon vor Shakespeare Bearbeitungen des Stoffes auf der Elisabethanischen Bühne. Shakespeare schuf mit ihm ein echtes politisches Schauspiel, das typische Probleme historisch-politischer Dramatik behandelt: den Kampf einzelner starker Persönlichkeiten um die Macht, Sturz eines Tyrannen, die Wankelmütigkeit des Volkes und die Tragödie des echten Idealisten (Brutus). Der »große Cäsar« bleibt dabei, obwohl sein Tod bereits im ersten Drittel des Stückes erfolgt, doch der eigentliche Mittelpunkt des Werkes. Stär-

ker als sonst in irgendeinem Drama des Dichters tritt das
Volk hier bedeutungsvoll in Erscheinung. Nur in dem späteren *Coriolanus* wiederholt sich Ähnliches. Die Leichenrede
Marc Antons – sie ist dramatischer Gipfelpunkt des Werkes – bildet eines der nie wieder erreichten Beispiele großartiger Bühnenrhetorik, gleich überwältigend in der sprachlichen Diktion wie in der dramaturgischen Funktion. In der
Idealistentragödie des Brutus – sein rechtschaffener Charakter erhält besonders in dem Streit mit Cassius (IV 3) Farbe
und Beleuchtung – haben viele Forscher eine Anspielung auf
die Verschwörung des Grafen Essex erblicken wollen, die
sich vor Shakespeares Augen am Hofe der Königin Elisabeth
abspielte und die gewisse Parallelen aufweist. Daß Shakespeare der Figur des Brutus warme innere Anteilnahme zuteil werden ließ, zeigt sich auch an den Randfiguren, die er
ihr als lyrische Komponente zur Seite stellte: der Gattin
Portia und dem ihn bedienenden Knaben Lucius. (Reclams
UB 9.)

Viel Lärmen um nichts. Komödie in fünf Akten.
– Graf Claudio verliebt sich nach der Rückkehr aus dem
Krieg in Hero, die Tochter Leonatos, des Gouverneurs von
Messina. Don Pedro, der Prinz von Aragon, macht für ihn
den Brautwerber. Don Juan, der böse Halbbruder Pedros,
tut jedoch alles, das Brautpaar wieder auseinanderzubrin-
gen. Eine abgefeimte Intrige Don Juans und seiner schur-
kischen Diener Borachio und Conrad liefert den scheinbaren
Beweis von Heros Untreue. Claudio geht nun so weit, der
Braut am Altare Sittenlosigkeit vorzuwerfen. Durch die einfältigen Gerichtsdiener Holzapfel und Schlehwein kommt
aber schließlich die Wahrheit an den Tag. Claudio, der seine
Braut bereits gestorben glaubte, wird mit ihr wieder vereint.
Neben dieser Handlung läuft eine zweite um Heros Base
Beatrice und den Edelmann aus Padua, Benedict. Die Wort-
gefechte dieser beiden, die jeder das andere Geschlecht zu
verachten vorgeben, bis sie zuletzt doch zueinander finden,
bilden den komödiantischen Hauptreiz des Stückes. Shakespeare entfaltet in ihnen seinen ganzen brillierenden Witz
und seine Kunst des zugespitzten Dialogs.
  Die Quelle zu der Liebesgeschichte des gefühlvollen Paares
Claudio–Hero ist eine Novelle Bandellos, das wortgewaltige

Paar Benedict–Beatrice ist freie Erfindung des Dichters. Das etwa um 1599 entstandene Lustspiel erinnert entfernt an *Der Widerspenstigen Zähmung*, wenn hier auch der weibliche Teil als der geistig überlegenere erscheint. Daß Beatrice und Benedict durch Hinweise ihrer Umgebung einander zugeführt werden (Benedict erzählt man, daß Beatrice in ihn verliebt sei, und umgekehrt), ist ein großartiger Theatereinfall. Daneben sind auch die beiden einfältigen Gerichtsdiener Holzapfel und Schlehwein wahre Prachtstücke drastischer Komik. (Reclams UB 98.)

Wie es euch gefällt

Komödie in fünf Akten
Erste Aufführung: um 1599 in London

P e r s o n e n : Der Herzog in der Verbannung – Friedrich, sein Bruder, Usurpator des Gebietes – Amiens, Jacques, Edelleute – Le Beau, ein Hofmann – Charles, Herzog Friedrichs Ringer – Oliver und Orlando, Brüder – Adam, ein alter Diener – Probstein, Narr – Ehrn Olivarius Textdreher, ein Pfarrer – Silvius, ein Schäfer – Phoebe, Schäferin – Rosalinde, Tochter des vertriebenen Herzogs – Celia, Friedrichs Tochter – Käthchen, ein Bauernmädchen, u. a.
O r t und Z e i t : Bei Olivers Haus, am Hofe Herzog Friedrichs und im Ardenner Wald, Renaissance.

Am Hofe des Herzogs Friedrich gehen schlimme Dinge vor sich. Friedrich hat seinen Bruder, den rechtmäßigen Herzog, vertrieben, und der Verbannte hat sich in den Ardenner Wald zurückgezogen, wohin ihm eine Reihe getreuer Edelleute gefolgt ist. Nicht besser ergeht es dem jungen Orlando, den sein älterer Bruder, Oliver, um sein Erbteil betrogen hat. Orlando muß es sogar erleben, daß sein Mut, seine körperliche Gewandtheit und sein edler Sinn ihm nur zum Nachteil werden. Denn er muß, nachdem er den prahlerischen Ringer des Herzogs Friedrich, Charles, wider aller Erwarten besiegt hat, fliehen, da sein böser Bruder ihm nach dem Leben trachtet. Aber eines hat Orlando sich durch seine Tapferkeit doch gewonnen: das Herz der edlen Rosalinde, der Tochter des verbannten Herzogs, die gleichfalls des Landes verwiesen wird und sich als Knabe verkleidet in den Wald

Shakespeare, Othello

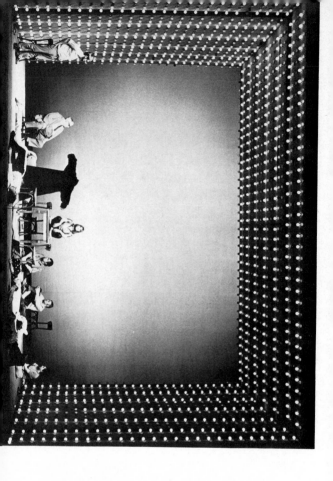

Shakespeare, Maß für Maß

aufmacht. Sie wird begleitet von dem Narr Probstein und von ihrer Base Celia, der Tochter des Herzogs Friedrich, die in inniger Freundschaft an Rosalinde hängt und das Unrecht, das ihr angetan wird, mit ihr tragen will. Im Ardenner Wald spielen sich nun an verschiedenen Schauplätzen die weiteren Szenen ab: Der vertriebene Herzog hält hier unter Bäumen Hof und fühlt sich in der Natur weit sorgenfreier als im Leben des »gemalten Pomps«. Aus seinem Gefolge ragt als melancholischer Sonderling der geistvolle Jacques hervor, dem der Dichter die berühmt gewordenen Verse »Die ganze Welt ist Bühne und alle Fraun und Männer bloße Spieler« in den Mund gelegt hat. Orlando stößt mit dem treuen Diener Adam zu den Vertriebenen und wird freundlich von ihnen aufgenommen. Rosalinde, Celia und Probstein erleben den Wald auf ihre Weise: sie kaufen sich eine Schäferei und entdecken an den Bäumen lauter Liebesgedichte, die der nach Rosalinde schmachtende Orlando aufgehängt hat. Es kommt zur Begegnung der Liebenden, und die Knabenrolle, die Rosalinde spielt, gibt Anlaß zu einem ebenso langwierigen wie überaus reizvollen Versteckspiel, das ganz von Rosalindes Charme getragen wird. Der Narr Probstein findet ein ländliches Käthchen, das ihm zugetan ist, und den Landpfarrer Ehrn Olivarius Textdreher, der sie trauen soll. Rosalindes Knabenaufzug schafft Verwirrung bei einem ländlichen Paar, dem unglücklich liebenden Schäfer Silvius und der Schäferin Phoebe, die sich in den vermeintlichen Knaben Ganymed (dies Rosalindes Name in der Verkleidung) vergafft. Doch auch Celia findet ihr Glück in Oliver, dem bösen Bruder Orlandos, dem Orlando vor wilden Tieren das Leben rettet und der sich dadurch zum Besseren wandelt und bekehrt. Zum Schluß sieht sich Herzog Friedrich genötigt, das Herzogtum dem echten Fürsten zurückzugeben. Vier Paare können nun beglückt den Hochzeitsreigen tanzen: Orlando und Rosalinde, Celia und Oliver, Silvius und Phoebe, Probstein und Käthchen. Nur Jacques will im Walde verbleiben und in der verlassenen Höhle der Befehle seines Herzogs harren.

Die musikdurchwobene und von leiser Schwermut beschattete Komödie stützt sich auf den Schäferroman *Rosalynde* von Thomas Lodge (1590). In der Handlungsführung locker gebaut, offenbart sie in der Charakteristik, der Verskunst und der Stimmungsmalerei die ganze Größe von Shakespeares Meisterschaft. Ein Kabinettstück für sich ist die Rolle des Jacques, aus der man persönliche Bekenntnisse des Dichters herauszuhören glaubt. Der Beginn der tiefsinnigen Betrachtung »Die ganze Welt ist Bühne« übernimmt in freier Form den Spruch »Totus mundus agit histrionem«, mit dem das Globe-Theater in London am Eingang unterhalb des die Weltkugel tragenden Herkules als Sinnspruch aller Bühnenkunst den Theaterbesucher begrüßte. Das Liebesspiel der als Bursch verkleideten Rosalinde mit Orlando gehört zu den reizvollsten Szenen, die für das Fach der jugendlichen Charakterspielerin existieren. Das doppelbödige Spiel mit den Geschlechtern wird fast irrational, wenn man berücksichtigt, daß Frauenrollen auf der Shakespeare-Bühne von Knaben dargestellt wurden. (Reclams UB 469.)

Was ihr wollt

Komödie in fünf Akten
Erste Aufführung: um 1600 in London

P e r s o n e n : Orsino, Herzog von Illyrien – Sebastian und Viola, Zwillingsgeschwister – Antonio, ein Schiffshauptmann – Olivia, eine reiche Gräfin – Maria, ihr Kammermädchen – Junker Tobias von Rülp, Olivias Oheim – Junker Andreas von Bleichenwang – Malvolio, Olivias Haushofmeister – Der Narr, in Diensten Olivias – Kavaliere des Herzogs u. a.
O r t u n d Z e i t : Eine Stadt in Illyrien, Renaissance.

Orsino, Herzog von Illyrien, liebt mit der Melancholie des unglücklich Liebenden die Gräfin Olivia. Als Liebesbote dient ihm Viola, die ein widriges Geschick – sie verlor auf hoher See ihren Zwillingsbruder Sebastian – nach Illyrien verschlagen hat und die als Page verkleidet unter dem Namen Cesario bei ihm Dienste nimmt. In den vermeintlichen hübschen Jüngling verliebt sich nun Olivia, während Viola in Liebe zu Orsino entbrennt. Dies wechselseitige Liebesspiel zieht sich durch das ganze Stück, bis die Dazwischenkunft des Zwillingsbruders Sebastian, der von seinem treuen Freund Antonio nach dem Schiffsunglück gerettet wurde, neue Verwirrung schafft, den Knoten aber schließlich auch lösen hilft, indem Olivia in Sebastian die ersehnte Erfüllung ihrer Wünsche findet und Orsino der ihm treu ergebenen Viola die Hand reicht. Um diesen Handlungskern legt der Dichter ein üppiges Rankenwerk von Neben- und Randfiguren, das starkes Eigenleben besitzen und den wehmütigmelancholischen Grundcharakter des Stückes teils unterstreichen, teils durchbrechen. Da treibt im Hause Olivias der trunksüchtige Junker Tobias, ein entfernter Bühnenverwandter Sir John Falstaffs, sein Unwesen mit dem dummen Junker Andreas von Bleichenwang, den er mit seiner Nichte verheiraten möchte. Er läßt es bis zum Zweikampf zwischen dem Junker und Viola kommen, die er gegeneinander aufhetzt. Und da treibt das Kammermädchen Maria ein tolles Spiel mit dem Haushofmeister der Gräfin, Malvolio, der allzusehr an Eigenliebe krankt und nach Marias Ansicht nichts anderes als ein »gezierter Esel« ist, dem einmal eine gründliche Abfuhr gebührt. Sie bewerkstelligt diese mit ebensoviel Witz wie Geist, indem sie Malvolio einen Brief in der Handschrift ihrer Herrin zuspielt, der den eitlen Mann glauben machen muß, Olivia sei in ihn verliebt. Malvolio geht ins Garn und bezieht das mysteriöse »M.O.A.I.« des Briefes ohne weiteres auf sich. Er erscheint vor der Gräfin mit »gelben Strümpfen, kreuzweise gebundenen Kniegürteln« und mit einem stereotypen »Lächeln«, wie es der Brief als Kennzeichen gefordert hatte. Der Gräfin, die von diesen Machenschaften keine Ahnung hat, muß sein Benehmen mehr als sonderbar vorkommen, während die Junker und Maria ihre helle Freude an dem gelungenen Streich haben. Olivia liefert Malvolio an Tobias aus, und nun treiben dieser, der Narr und Maria weiter ihren Spott mit ihm, indem sie ihn einsperren, den Narren sich als »Ehrn Matthias, der Pfarrer« verkleiden und dem Hilflosen arg ins Gewissen reden lassen. Als die Gräfin von alledem erfährt, veranlaßt sie, daß ihm seine Freiheit wiedergegeben wird. Der Unverbesserliche hat aber wenig Verständnis für das Possenspiel, das man mit ihm trieb, und sinnt nur auf Rache in späterer Zeit. Über das ganze Stück hin läßt der Dichter den Narren seine Weltweisheit verbreiten, denen ebensoviel Tiefsinn wie Schwermut innewohnt. Dem Narren gehört auch der Schluß des Stückes mit dem berühmt gewordenen Narrenlied »Hopp heißa, bei Regen und Wind«.

Shakespeare schrieb mit diesem, von eigentümlicher
Schwermut gesättigten Stück eine seiner schönsten Komödien. Die Fabel der Handlung geht auf eine Novelle Bandellos zurück, in der die meisten Motive vorgezeichnet sind.
Eigene Zutat Shakespeares ist die Gestalt des Malvolio, eine
der charakteristischsten Figuren seiner Phantasie. Er wird im
Stück als »Pietist« bezeichnet, so daß die Vermutung nahe-
liegt, in ihr eine Verspottung des Puritanertums, das sich im
London Shakespeares besonders in Angriffen auf das Theater gefiel, zu sehen. Doch ist mit dieser Erklärung nicht alles
gesagt. In ihrer tragikomischen Zwielichtigkeit rückt sie stellenweise zur zentralen Figur des Stückes auf. *Twelfth Night,
or What You Will* steht unmittelbar vor der Wendung
Shakespeares zu den sog. ›schweren‹ Tragödien seiner reifsten Schaffenszeit. (Reclams UB 53.)

Hamlet, Prinz von Dänemark

Trauerspiel in fünf Akten
Erste Aufführung: 1602 in London

P e r s o n e n : Claudius, König von Dänemark – Hamlet, Sohn des
vorigen und Neffe des gegenwärtigen Königs – Horatio, sein Freund –
Polonius, Oberkämmerer des Königs – Laertes, sein Sohn – Rosenkranz
und Güldenstern, Hofleute – Osrick, Hofmann – Fortinbras, Prinz von
Norwegen – Gertrude, Königin von Dänemark und Hamlets Mutter –
Ophelia, Tochter des Polonius – Der Geist von Hamlets Vater – Eine
Schauspielertruppe u. a.
O r t und Z e i t : Am dänischen Königshofe in Helsingör, etwa 10. Jh.

Den wachhabenden Offizieren auf der Terrasse vor dem
königlichen Schloß ist zwei Nächte hintereinander ein Geist
erschienen, der die Gestalt des verstorbenen Königs von
Dänemark hatte. Auch in der dritten Nacht erscheint er, als
Horatio mit auf der Wache ist. Horatio spricht ihn an, aber
er antwortet nicht und verschwindet beim ersten Hahnen-
schrei. Erst als Prinz Hamlet, der von der Hohen Schule in
Wittenberg an den Hof nach Dänemark zurückgekehrt ist,
um an der Leichenfeier seines Vaters teilzunehmen, nachts
mit auf der Terrasse weilt, steht er Rede und Antwort. Was
der Geist ihm zu sagen hat, bestätigt Hamlets dunkle

Ahnung von einem furchtbaren Verbrechen, das mit der schnellen Wiederverheiratung seiner Mutter im Zusammenhang steht: der neue König Claudius hat den Bruder »um Leben, Krone, Weib mit eins gebracht«, indem er dem Schlafenden Gift ins Ohr träufelte. Hamlet soll, so fordert es der Geist, diesen schnöden Mord rächen. Doch soll er nichts gegen seine Mutter unternehmen und sie »dem Himmel und den Dornen, die im Busen ihr stechend wohnen«, überlassen. Hamlet verspricht es und läßt die Freunde, die Zeugen seiner Begegnung mit dem Geist waren, schwören, niemandem etwas von dem zu erzählen, was sie die Nacht erlebt haben, auch niemandem Aufklärung zu geben, wenn er es in der Folgezeit für nötig erachten sollte, »ein wunderliches Wesen anzulegen«. Sehr bald erfahren wir dann von einer merkwürdigen »Verwandlung Hamlets«. Polonius, der redselige und übereifrige Kämmerer des Königs, hält sie für Schwärmerei der unerfüllten Liebe Hamlets zu seiner Tochter Ophelia. Doch der argwöhnische König Claudius ist nicht unbedingt von dieser Erklärung überzeugt und beauftragt die Hofleute Rosenkranz und Güldenstern, Hamlets Gesellschaft zu suchen und die Gründe seiner Veränderung auszuforschen. Hamlet gefällt sich in brillierenden Geistesblitzen sowohl dem alten Polonius wie den liebedienerischen Hofleuten gegenüber, deren Absicht er auf den ersten Blick durchschaut und entlarvt. Aus seinen Reden spricht aber auch eine tiefe Melancholie und ein offenes Eingeständnis, daß es »übel um seine Gemütslage« bestellt ist. Ein wenig Erheiterung bedeutet für ihn die Ankunft einer Schauspielertruppe, von der er sich sofort eine Probe ihrer Kunst vorspielen läßt. Die hochtragische Priamus-Hekuba-Szene, die ein Schauspieler in starker Ergriffenheit rezitiert, weckt in Hamlet das Bewußtsein seiner Unentschlossenheit gegenüber dem Auftrag, den er von dem Geist erhielt. Doch hegt er noch Skrupel, ob die Erscheinung des Geistes nicht ein Werk des Teufels war, der gerade bei Menschen von seiner »Schwachheit und Melancholie« sehr mächtig ist. Darum soll ein Schauspiel, das er den König vorführen lassen will und das einen ähnlichen Vorgang darstellen soll wie die Ermordung seines Vaters, die Schlinge sein, in der sich das Gewissen des Königs fängt. Bevor dieses Experiment vor sich geht, sehen wir, wie Hamlet – vom König und Polonius be-

lauscht – der armen Ophelia unter furchtbaren Ausbrüchen
seines Pessimismus, die alles Maß des für ein junges Mädchen Tragbaren überschreiten, den Rat erteilt, ins Kloster zu
gehen. Erschüttert erkennt Ophelia, »welch ein edler Geist
ist hier zerstört«, und der König beschließt, den so gefährlich Rasenden in einer politischen Mission nach England zu
schicken. Das Schauspiel im Schauspiel, das wir erleben
– Hamlet erteilt den Akteuren zuvor die berühmt gewordenen, bedeutsamen Anweisungen Shakespeares über die
Schauspielkunst –, bringt durch plötzlichen Aufbruch des
Königs an der entscheidenden Stelle, wo der Mörder im
Schauspiel am König im Schauspiel genauso handelt wie
Claudius an Hamlets Vater, alles an den Tag, was Hamlet
wissen wollte. Nun ist kein Zweifel mehr: der Geist sprach
wahr. Doch zögert Hamlet immer noch und schreckt vor der
rächenden Tat zurück, als er – auf dem Wege zu seiner Mutter – dem im Gebet versunkenen König begegnet (»Jetzt
könnt' ich's tun, bequem; er ist im Beten. Jetzt will ich's
tun«). Er beschließt jedoch, die Tat hinauszuziehen, dem
König nicht das Sterben im reuigen Gebet zu gönnen. Statt
dessen redet er der Mutter ins Gewissen, so hart und unbarmherzig, daß der Geist seines Vaters ihm noch einmal erscheint und ihn zur Mäßigung mahnt. Ein Opfer gibt es bei
diesem nächtlichen Gespräch: Polonius. Er hat hinter der
Tapete gelauscht und wird von Hamlet auf ein Geräusch
hin erstochen, im Glauben, es sei der König. Nun vollzieht
sich das Weitere mit großer Folgerichtigkeit: der König sinnt
nur noch auf Hamlets schnellen Untergang und gibt Rosenkranz und Güldenstern, die ihn auf die Seefahrt begleiten
sollen, einen Brief mit, der Hamlets Tod den Empfängern in
England zur Pflicht macht. Auf dem Wege dorthin begegnet
Hamlet dem jungen Prinzen Fortinbras von Norwegen, der
aus nichtigem Anlaß in einen Krieg gegen die Polen zieht.
In seinem Tatendurst und kriegerischen Elan bildet Fortinbras das Gegenstück zu dem ewig zögernden Hamlet (»Wie
jeder Anlaß mich verklagt und spornt die träge Rache an!«).
Dem Tod, den ihm König Claudius zugedacht hat, entgeht
Hamlet jedoch dadurch, daß er auf der Überfahrt den
Uriasbrief des Königs entdeckt und ihn dahingehend ab-
ändert, daß Rosenkranz und Güldenstern die Opfer werden. Er selbst wird durch Korsaren gefangengenommen und

nach Dänemark zurückverschlagen. Auf dem Kirchhof, wo
er in einer berühmten Szene mit dem Totengräber über die
Vergänglichkeit philosophiert, wird er Zeuge der Beerdigung
Ophelias. Das durch die Ereignisse dem Wahnsinn verfallene
zarte Mädchen ist im Fluß ertrunken. Ihr Bruder Laertes
war als Rächer seiner Familie aufgetreten und hatte einen
Aufruhr entfacht, den der König nur mühsam zu beschwichtigen vermochte. Jetzt treffen sich Hamlet und Laertes auf
dem Kirchhof bei Ophelias Bestattung und geraten dabei in
eifersüchtig gesteigertem Gram über den Verlust der Geliebten und Schwester in Streit. Man trennt sie. Kurz danach
nimmt jedoch Hamlet die Aufforderung des Königs zu
einem Duell mit Laertes an. Der König und Laertes haben
insgeheim beschlossen, daß dieser sportlich getarnte Zweikampf zu Hamlets Tod führen soll. Die Spitze des Rapiers,
mit dem Laertes kämpft, wird vergiftet sein, und um ganz
sicher zu gehen, hat der König einen vergifteten Trank bereit. Hamlet geht zu dem Duell mit dem dunklen Vorgefühl
eines schlimmen Endes. Doch »in Bereitschaft sein ist alles«.
Der Zweikampf nimmt den erwarteten tragischen Verlauf,
nicht nur für Hamlet, sondern auch für die Königin, die
versehentlich den Gifttrank trinkt, für Laertes, der in der
Hitze des Gefechtes mit Hamlet die Rapiere tauscht und
sterbend die Untat bekennt, und endlich auch für den König,
den Hamlet ersticht. Der junge Prinz Fortinbras von Norwegen wird das Erbe des Reiches antreten, und der edle
Horatio, der gerne mit dem Freund gestorben wäre, wird
auf Hamlets Bitten der Nachwelt die Zusammenhänge aufklären. »Der Rest ist Schweigen«, ist Hamlets letztes Wort,
Fortinbras aber läßt Hamlet mit königlichen Ehren bestatten und Feldmusik und alle Kriegsgebräuche laut für ihn
sprechen.

   Hamlet ist Shakespeares tiefsinnigste und zugleich berühmteste Tragödie, mit seinem Namen und seiner Kunst
untrennbar verknüpft. Die Fabel der Handlung geht auf die
Gesta Danorum des Chronisten Saxo Grammaticus (Ende
12. Jh.) zurück. Das theatermäßige Vorbild war ein älteres
englisches Hamlet-Schauspiel, das wahrscheinlich von Kyd
stammte. Aus den Anweisungen an die Schauspieler, deren
Kunst »der Natur gleichsam den Spiegel vorhalten« und die
»die abgekürzte Chronik des Zeitalters« sein soll, spricht

unverkennbar Shakespeares persönliche Auffassung vom
Theater und von seiner Mission als Dichter. Aus den berühmten Monologen Hamlets, vor allen Dingen aus dem
sprichwörtlich gewordenen »Sein oder Nichtsein – das ist
hier die Frage«, spricht gleichfalls ein Mehr als nur der Charakter des Dänenprinzen. Die Gestalt Hamlets hat zu Er-
läuterungen und Kommentaren so zahlreicher Art geführt
– ein Unikum bildet das mehrbändige *Corpus Hamleticum*
(Hamlet in Sage und Dichtung, Kunst und Musik) von
Josef Schick –, daß diese eine Bibliothek für sich bilden. Die
Geschichte der Hamlet-Deutungen in Deutschland beginnt
mit Goethe: »Eine große Tat auf eine Seele gelegt, die der
Tat nicht gewachsen ist.« Sie führt über zahlreiche mehr oder
minder geistvolle Auslegungen im 19. Jh. zu der vorläufig
letzten bedeutsamen von Gerhart Hauptmann, der den akti-
vistischen Hamlet betont sehen und auf ihn noch ganze
Stücke des Laertes-Textes übertragen wissen wollte. Die
Auffassungen schwanken im übrigen je nach der Analyse des
Hamlet-Charakters zwischen stärkerer Betonung des tat-
gehemmten, reflektierenden Dänenprinzen, des von tiefer
Melancholie beschatteten Psychopathen oder des in schwe-
rem Gewissenskonflikt männlich handelnden und tapferen
Rächers. Sosehr die Auffassungen auseinandergehen mögen,
einig sind sich alle Kommentatoren in der Einmaligkeit und
Tiefe der Gestalt, die neben Prometheus und Faust zu den
großen, das menschliche Dasein von weltumspannenden geistigen Perspektiven her erfassenden Theaterfiguren des
Abendlandes gehört. Neben der Titelfigur sind der König
Claudius, dessen Tat den »ersten und ältesten der Flüche,
Mord eines Bruders«, in sich trägt, die sinnliche, aber nicht
unedle Königin Gertrude, der schwatzhafte Polonius, die
zarte Ophelia, Laertes, Horatio, ja auch die Randfiguren
wie die Höflinge Rosenkranz und Güldenstern, der philoso-
phierende Totengräber, Prinz Fortinbras und sogar noch die
Charge des 5. Aktes, die »Mücke« Osrick, von großer Prägnanz in der Charakteristik. (Reclams UB 31.)

T r o i l u s   u n d   C r e s s i d a. Trauerspiel in fünf Akten.
– Der alte kupplerische Pandarus ist eifrig bemüht, seine
Nichte Cressida, die Tochter des Priesters Calchas, mit dem
trojanischen Fürstensohn Troilus zusammenzubringen. Es ge-

lingt ihm, doch nicht zum Heile des leidenschaftlich in Cressida verliebten Prinzen, wie sich bald herausstellt. Ehe wir jedoch das Weitere hierüber erfahren, versetzt uns der Dichter ins Lager der Griechen, wo unter Agamemnons Vorsitz Rat unter den Griechenfürsten gehalten wird, wie der Krieg gegen Troja zu beenden sei. Der kluge Ulysses erblickt das Hauptübel in der Uneinigkeit der Fürsten untereinander, an welcher der vom Kampf sich fernhaltende Achilles die Hauptschuld trage. Es kommt zu Verhandlungen mit den Trojanern, deren Sprecher Äneas ist. Er bietet den Griechen einen Zweikampf an, bei dem Troja durch Hektor vertreten sein soll. Die Griechen stellen (auf Rat des Ulysses) ihm nicht Achilles, sondern den starken, aber dummstolzen Ajax gegenüber, der neidisch auf den Ruhm des Achill ist. Die Tatsache, daß Ajax gegen Hektor kämpfen wird, stachelt wiederum Achills Ehrgeiz auf. Auf trojanischer Seite mahnt der Wehe-Ruf der Cassandra vergeblich zum Frieden. Troilus und Cressida finden sich, von Pandarus zusammengeführt, und schwören sich ewige Liebe und Treue. Allzu schnell freilich findet das Liebesglück des jungen Paares ein Ende. Der Priester Calchas, der zu den Griechen übergetreten ist, erbittet von Agamemnon den Austausch Cressidas gegen den von den Griechen gefangengenommenen Troer Antenor. Cressida kommt auf diese Weise ins Lager der Griechen, wo sie sich sehr schnell als das entpuppt, wofür sie Ulysses von Anfang an hielt: als ein leichtes Mädchen. Der Zweikampf zwischen Hektor und Ajax findet ein groteskes Ende: Hektor erinnert an die Blutsverwandtschaft, die sie verbindet, und bricht den kaum begonnenen Kampf ab. In der nun eintretenden Kampfespause zwischen Griechen und Troern wird Troilus zum Zeugen, wie Cressida, alle Liebesschwüre und Treuegelöbnisse in den Wind schlagend, in die Arme des Griechen Diomedes sinkt. Troilus' Verzweiflung ist grenzenlos. Er kennt nur noch ein Ziel: in dem nun neu entbrennenden Kampfe sich mit Diomedes zu messen. In schmerzvoller Ahnung bittet Andromache ihren Gatten Hektor, vom Kampfe fernzubleiben. Noch einmal warnt auch Cassandra. Vergeblich. Hektor fällt durch die Myrmidonen Achills, aber nicht in offenem Kampfe, sondern als wehrloses Opfer, als er »sein Tagwerk« getan glaubte und sich einen Augenblick am Abend der Schlacht ohne Waffen

zur Ruhe setzte. Triumphierend sieht Agamemnon den Krieg
nun bald beendet, während Äneas und Troilus ihn fortsetzen wollen. Das Schlußwort hat Pandarus, der das Schicksal
der Kuppler in dieser Welt beklagt.

Das um 1601 entstandene Stück ist eines der problema-
tischsten von Shakespeare. Es leidet an einer Überfülle von
Motiven und gehört zeitlich in den Kreis der großen Tragödien. Halb Tragödie, halb Satire, hat es zu mancherlei Auslegung Anlaß gegeben. Während Goethe in ihm den »freien
Geist« des Dichters zu erkennen glaubte, der den Stoff der
Ilias »auf seine Weise« behandle, ist man sich bis auf den
heutigen Tag über den Charakter des Stückes nicht eindeutig
klargeworden. Neben der Charakterisierung echten Helden-
tums steht die Heldenverspottung (fast schon an einen
G. B. Shaw gemahnend). Philosophische Betrachtungen über
den Sinn des Daseins werden übertönt von dem schauer-
lichen Hohngelächter des Thersites, das mehr als nur der
übliche Narrenkommentar ist. Uneinheitlich wie der Charakter des ganzen Stückes ist auch der Schluß. Es fehlt die
Conclusio, die Zusammenfassung, die der Dichter sonst immer gibt. *Troilus und Cressida* bedeutet so nicht nur für den
Shakespeare-Forscher, sondern auch für den Regisseur des
Stückes eine der schwierigsten Aufgaben der Interpretation.
Es setzt jedenfalls ein sehr shakespearekundiges und für die
besonderen Probleme des Stückes aufgeschlossenes Publikum
voraus. (Reclams UB 818.)

Ende gut, alles gut. Komödie in fünf Akten. – Die
Gräfin von Roussillon verabschiedet ihren Sohn Bertram,
der in Begleitung des eitlen Parolles zum Hofe des Königs
von Frankreich zieht. Nicht nur die Mutter trauert dem
Sohne nach, sondern auch Helena, ihre Pflegetochter. Sie
liebt Bertram. Sehr bald bietet sich für Helena eine günstige
Gelegenheit, dem Geliebten nachzueilen. Der König ist
krank, und sie als Tochter eines Arztes besitzt das Heilmit-
tel, das ihn rettet. Aus Dankbarkeit hierfür erlaubt ihr der
König, sich einen Gemahl aus seiner Umgebung zu wählen.
Helena wählt Bertram. Doch dieser ist so wenig von der
ihm aufgezwungenen Heirat erbaut, daß er es vorzieht, mit
Parolles nach Italien zu gehen und für den Herzog von
Florenz Kriegsdienste zu leisten. Nicht eher will er nach

Frankreich zurückkehren, bis Helena einen Ring, den er selbst am Finger trägt, und ein Kind vorweisen kann, zu dem er der Vater ist. Helena, der der Gedanke unerträglich ist, Bertram aus seinem Vaterland vertrieben zu haben, tritt eine Pilgerfahrt an. Diese führt sie nach Florenz, wo ihr alsbald Bertram wieder begegnen muß. Mit Hilfe der hübschen Florentinerin Diana, der Tochter ihrer Wirtin, der Bertram nachstellt, weiß Helena es einzurichten, daß in entscheidender Stunde nicht Diana, sondern sie selbst (durch das Dunkel der Nacht geschützt) mit Bertram vereint wird. Auch den Ring hat Diana dem liebesdurstigen Bertram abgeschmeichelt. Ehe sich nun über dem noch unwissenden Bertram und der tapferen und klugen Helena das »Ende gut, alles gut« vollzieht, erleben wir im Kriegslager der Florentiner noch die Entlarvung des Parolles als feigen, hinterhältigen Schuft. In eine nur vorgetäuschte Gefangenschaft gebracht, ist er allzuschnell bereit, sämtliche Kriegsgeheimnisse auszuplaudern und Bertram zu verleumden, nur um sein Leben zu retten. Der richtenden Hand des Königs bleibt es im letzten Akt vorbehalten, den wieder nach Frankreich zurückgekehrten Bertram und die treue Helena, die er tot glaubte, zusammenzuführen, nachdem Bertram ihren wahren Wert erkannt hat. Auch Parolles wird, obwohl er es nicht verdient, so weit in Gnaden wieder aufgenommen, daß er nicht gerade zu verhungern braucht.

Das schwer datierbare Stück wird von der Forschung etwa in die Jahre um 1602 angesetzt. Die Quelle ist eine Novelle aus Boccaccios *Decamerone*. Motive des Stückes finden sich auch in anderen Werken des Dichters, so die Frau, die dem Geliebten nachreist, bis sie ihn nach langem Mühen für sich gewonnen und von ihrem Wert überzeugt hat, in den *Beiden Veronesern*, die Hingabe an den Geliebten in der Verkleidung einer anderen in *Maß für Maß*. Auch die Entlarvung des Parolles erinnert an das Spiel um Falstaff in *Heinrich IV*. Herbert Eulenberg, der dem Parolles ein geistvolles Essay widmete, nennt diesen die Hauptfigur des Stückes, »den widerlichsten Kerl«, den der Dichter je schuf. (Reclams UB 896.)

Othello, der Mohr von Venedig

Trauerspiel in fünf Akten
Erste Aufführung: 1604 in London

P e r s o n e n : Herzog von Venedig – Brabantio, Senator – Othello, ein
vornehmer Mohr im Dienst des Staates Venedig – Cassio, sein Leutnant –
Jago, sein Fähnrich – Rodrigo, ein junger Venezianer – Montano, Statt-
halter von Zypern – Desdemona, Brabantios Tochter – Emilia, Jagos
Frau – Bianca, eine Kurtisane u. a.
O r t u n d Z e i t : In Venedig und auf der Insel Zypern, um 1570.

Jago hetzt den jungen Rodrigo auf, vor dem Hause des
Senators Brabantio Lärm zu schlagen und Othello der Entführung Desdemonas, der Tochter Brabantios, anzuklagen.
Rodrigo, der Desdemona liebt, wird ganz zum Werkzeug
Jagos. Tatsächlich hat Othello Desdemona gegen den Willen
des Vaters zu sich genommen und sich mit ihr vermählt. Der
erboste Brabantio klagt Othello noch in der gleichen Nacht
beim Senat, der eben in wichtigen Staatsgeschäften zur Beratung versammelt ist, an, seine Tochter durch Zauberkünste
verführt zu haben. Die Türkenflotte naht Zypern. Othello,
der tapfere und erprobte Feldherr Venedigs, soll sofort zur
Verteidigung der Insel aufbrechen. So prallen vor dem Herzog die staatlichen und die privaten Interessen in erregter
Sitzung zusammen. Der Senat bestimmt Othello zu seiner
militärischen Aufgabe und sucht Brabantio mit dem Hinweis
zu beruhigen, des Mohren Absichten seien redlich. Othello
erläutert, daß es nicht Verführungskünste, sondern seine
Heldentaten waren, die ihm Desdemonas Herz gewannen:
»Sie liebte mich, weil ich Gefahr bestand, ich liebte sie um
ihres Mitleids willen.« Die herbeigerufene Desdemona bekennt sich vor dem Herzog und vor ihrem Vater offen zu
Othello und erbittet sich die Genehmigung, ihrem Gatten
auf die Kriegsfahrt folgen zu dürfen. Brabantio kann sich
nicht in das Geschehene fügen und gibt Othello den bösen
Spruch auf den Weg: »Den Vater trog sie, so mag's dir ge-
schehn.« In Zypern angekommen, spitzen sich hier die Dinge
ganz zur Tragödie der Liebenden zu, nachdem der Sturm
die Flotte der Türken zerstreut hat. Jago ist die treibende
Kraft. Er kann es Othello nicht vergessen, daß er Cassio
und nicht ihn zum Leutnant machte. Abgrundtief ist sein

Haß gegen den Mohren. Nicht nur, daß er sich zurückgesetzt sieht, er glaubt, daß der »üpp'ge Mohr« ihm auch bei seinem Weibe »ins Gehege kam«. Und dafür will er Rache nehmen, ja bis zum Äußersten gehen. Er kennt des Mohren »grad und frei Gemüt«, das jeden für ehrlich hält. Und nun beginnt sein teuflisch-boshaftes Spiel, über dessen Dämonie er sich selbst im klaren ist (wie seine Monologe bloßlegen). Zunächst hetzt er Rodrigo und Cassio gegeneinander auf mit dem Erfolg, daß Cassio seines Amtes als Leutnant enthoben wird. Dann rät er Cassio, sich an Desdemona um Vermittlung bei Othello zu wenden. Dies eingefädelt, läßt er Othello beobachten, wie Cassio mit Desdemona spricht, und träufelt so das Gift der Eifersucht in das Ohr des Mohren, nicht ohne ihn gleichzeitig vor dem »grüngeaugten Scheusal« zu warnen, »das schafft die Speise, die es nährt«. Auf diese Weise erreicht er, daß Othello sich immer mehr in seine blinde Leidenschaft für Desdemona und den Zweifel an ihrer Treue hineinsteigert. Er verleumdet sie, indem er vorgibt, sich als Venezianer besser in den Sitten und Gepflogenheiten der Venezianerinnen auszukennen als der Mohr. Und er schafft ihm den Beweis, den Othello fordert, in Gestalt eines Taschentuches, des ersten Liebespfandes, das Othello an Desdemona schickte. Er hat es sich über seine Frau, Emilia, die Desdemona als Kammerfrau dient, besorgt, es geschickt in die Hände Cassios gespielt, mit dem er über sein »Schätzchen« plaudert, unter dem Cassio die Kurtisane Bianca versteht, Othello aber als Lauschender Desdemona vermuten muß. Nun verliert der Mohr die Fassung. Er läßt sich dazu hinreißen, Desdemona vor einem Abgesandten Venedigs, der Othello zurückberuft und Cassio zum Kommandanten von Zypern bestellt, ins Gesicht zu schlagen. Allen Unschuldsbeteuerungen Desdemonas wie auch Emilias gegenüber bleibt er blind. Er sieht nichts als Verstellung und Kuppelei. Aus seiner rasenden Verblendung erwacht Othello nicht eher, bis er Desdemona in ihrem eigenen Bett, der vermeintlichen Stätte ihrer Untreue, erwürgt hat. Jago, der indessen noch einmal Rodrigo und Cassio gegeneinander gehetzt hat, wobei Rodrigo auf der Strecke bleibt, wird – auf dem Höhepunkt seiner Teufeleien angekommen – im letzten Augenblick durch das Zeugnis Emilias entlarvt. Es nützt ihm nichts, daß er auch noch Emilia umbringt. Er wird verhaftet und sieht schwerster Aburteilung entgegen. Othello aber vollzieht die Strafe, die er zur Wahrung seiner Ehre an Desdemona vollstrecken zu müssen glaubte, nun durch Selbstmord an sich. Wie er sie küßte, ehe er sie tötete, küßt er sie sterbend noch einmal.

Die erschütternde Tragödie gehörte von jeher zu den erfolgreichsten des Dichters. Sie stützt sich auf eine Novelle des Giraldi Cintio. Die triebhafte Wildheit Othellos ist ebenso wirksam herausgearbeitet wie die Dämonie der Teufeleien Jagos, der mit seiner Umgebung virtuos zu spielen weiß. Den Kontrast bildet die engelhafte Reinheit Desdemonas, die noch sterbend die Schuld von Othello nehmen will, indem sie sich selbst als die Urheberin ihres Todes bezichtigt. Auch die Nebenfiguren, besonders der »Gimpel« Rodrigo und der den Gefahren der Trunkenheit allzuschnell verfallende Cassio, sind plastisch und voller Lebensblut gestaltet. Es war von jeher für große Schauspieler eine begehrte Aufgabe, den Othello oder den Jago zu spielen. Eine späte Überhöhung dieser Eifersuchtstragödie ins Metaphysisch-Musikalische erfuhr Shakespeares Dichtung durch die Vertonung von Verdi. (Reclams UB 21.)

Maß für Maß. Komödie in fünf Akten. – Vincentio, Herzog von Wien, sieht mit Besorgnis, wie die Sittenlosigkeit in seinem Staat »dampft, siedet und überschäumt«. Aus diesem Grunde will er ein altes Gesetz wieder in Kraft treten lassen, das sittliche Vergehen unter schwere Strafen stellt. Doch will er dabei selbst sich »vom Kampfe fern« halten und »frei vom Tadel bleiben«. Er legt die Zügel der Regierung in die Hände Angelos, den er für sittenrein und -streng hält, und sagt, er wolle außer Landes gehen, in Wirklichkeit bleibt er jedoch als Mönch verkleidet zurück. Er wird nun alsbald Zeuge einer höchst verbrecherischen Handlungsweise seines Stellvertreters: der junge Claudio, dessen Braut Julia ein Kind erwartet, soll das erste Opfer des neuen Regimes sein. Angelo hat ihn gefangensetzen lassen und zum Tode verurteilt. Claudios Schwester Isabella, die im Begriff ist, ins Kloster einzutreten, fleht Angelo um Begnadigung des Bruders an. Ihr Anblick weckt heftiges sinnliches Begehren in Angelo. Angelo erklärt sich bereit, Claudio zu begnadigen, wenn Isabella ihm zu Willen ist. Isabella weist dies schändliche Ansinnen nicht nur entrüstet zurück, sie überzeugt auch Claudio, der sich zunächst an diese Hoffnung klammern will, daß sein Leben nicht um diesen Preis erkauft werden darf. Das Eingreifen des als Mönch verkleideten Herzogs verhindert, daß die Handlung zur Tragödie wird. Er rät Isabella, zum Scheine auf den Antrag Angelos einzugehen, und läßt Mariana, eine frühere Geliebte Angelos, an ihrer Stelle (im Dunkel der Nacht) zu seiner Frau werden. Als Angelo dann, trotz seines scheinbar geglückten ruchlosen Unterfangens, Claudio doch hinrichten lassen will, verhindert er auch dies und kündigt durch Briefe seine Rückkehr als Herzog an. Vor aller Öffentlichkeit läßt er dann Isabella Klage wider Angelo führen und entlarvt den schlimmen Statthalter, dem nun »Maß für Maß«, d. h. die gleiche Strafe zuteil werden soll, die er Claudio zugedacht hatte. Doch wird er begnadigt, da Claudio ja noch lebt, und mit Mariana vereint, wie Claudio mit Julia. Strenge Züchtigung läßt der Herzog nur dem Wüstling Lucio angedeihen, der (in Abwesenheit des Herzogs) nicht nur Verleumdungen über ihn verbreitet hatte, sondern (zur Rede gestellt) diese nicht mehr wahrhaben will und als deren Urheber den vermeintlichen Mönch bezeichnet. Der Herzog bittet zum Schluß Isabella, tief beeindruckt von ihrer Reinheit, um ihre Hand.

Das eigenartige Stück, dem ein älteres von G. Whetstone (1578) zugrunde liegt, ist schwer zu datieren. Es steht in stilistischer und geistiger Hinsicht offenbar in *Hamlet*-Nähe und wird von der Forschung mit dem Regierungsantritt Jakobs I. (1603) in Verbindung gebracht. In der Gestalt des Herzogs, der als Mönch verkleidet sich unter sein Volk mischt, klingt das uralte orientalische Märchenmotiv von Harun al Raschid nach. In dieser Idealfigur eines Herrschers, die durch den Monolog am Schluß des 3. Aktes (»Wem Gott vertraut des Himmels Schwert, muß heilig sein und ernst bewährt«) noch besonders hervorgehoben wird, wird man in der Tat mehr als nur eine Bühnenfigur erblicken dürfen. In dieser Hinsicht wie mit seinen tiefgründigen Weisheiten über Recht und Gesetz ist das Stück persönliche Aussage. Urechter Shakespeare auch hier wieder die komödienhaften Randfiguren, die diesmal (zur Charakteristik der Sittenlosigkeit im Staate) von äußerster Freiheit in moralischer Beziehung sind: die Kupplerin Frau Überley, ihr Bierzapfer

Pompejus, der einfältige Gerichtsdiener Elbogen, der alberne junge Mensch Schaum, der Kerkermeister, der Scharfrichter Grauslich und der Mörder Bernardino. Das Stück erfreut sich großer Beliebtheit. Richard Wagner formte aus ihm den Text zu seiner Oper *Das Liebesverbot*. (Reclams UB 196.)

König Lear

Trauerspiel in fünf Akten
Erste Aufführung: um 1606 in London

P e r s o n e n : Lear, König von Britannien – Goneril, Regan, Cordelia, seine Töchter – König von Frankreich (mit Cordelia vermählt) – Herzog von Cornwall (mit Regan vermählt) – Herzog von Albanien (mit Goneril vermählt) – Graf von Gloster – Edgar, sein Sohn – Edmund, Glosters Bastard – Graf von Kent – Der Narr – Oswald, Gonerils Haushofmeister u. a.
O r t und Z e i t : In Britannien, in sagenhafter Vorzeit.

König Lear, ein eigenwilliger und leicht reizbarer Greis, verteilt sein Königreich vorzeitig an seine Töchter. Die ihm schmeichelnden Goneril und Regan erhalten das ganze Erbe, während die jüngste, Cordelia, sein bisheriger Liebling, die sich nicht wie die Schwestern zu offenkundig scheinheiliger Heuchelei entschließen kann, leer ausgeht. Der Graf von Kent, der den König vor den Folgen dieser vorschnellen Teilung bewahrt wissen möchte und Einspruch erhebt, wird verbannt. Nur allzubald zeigen sich die Konsequenzen dieser unüberlegten Handlungsweise. Lear hatte sich vorbehalten, daß er mit kleiner Hofhaltung je einen Monat bei Goneril und Regan verweilt. Doch die Schwestern, denen der Greis mit seiner Gefolgschaft und seinem »launische Alter« sehr bald lästig wird, verschließen ihm ihre Tore. Nur der edle Kent, der sich verkleidet erneut in seine Dienste begibt, harrt bei ihm aus. Er nimmt es auch auf sich, von Regan in den Block gelegt zu werden, weil er Gonerils Haushofmeister, einen »Hundsfott« und »Tellerlecker«, geschlagen hatte. Gonerils und Regans Kälte gegenüber ihrem Vater steigert sich zu einem solchen Grad von Herzlosigkeit, daß sie es ohne Bedenken dulden, den alten hilflosen Mann, dessen Verstand sich verzweifelt gegen den aufkeimenden

Wahnsinn wehrt, bei Sturm, Blitz und Donner auf die Heide hinausirren zu lassen. Hier entlädt sich im Gleichklang mit dem Aufruhr der Elemente der ganze, bisher nur mühsam unterdrückte Zorn Lears auf die undankbaren Töchter. Er möchte am liebsten »den Schöpfungskeim« des undankbaren Menschengeschlechtes auf einmal vernichtet sehen. Und seine Ausbrüche nehmen mehr und mehr den Charakter des Wahnsinns an, bis er schließlich tatsächlich in ihn verfällt. Neben dieser Handlung läuft eine zweite, die in Parallele zum Lear-Schicksal steht. Der alte Graf von Gloster hat zwei Söhne, den legitimen Edgar und den Bastard Edmund. Letzterer kann es nicht ertragen, bloß wegen seiner unehelichen Geburt zurückgesetzt zu werden. Er glaubt »im heißen Diebstahl der Natur mehr Stoff« empfangen zu haben als der im rechtmäßigen Ehebett erzeugte Edgar. Darum will er den Halbbruder verdrängen. Und er fädelt eine wirksame Verleumdungsintrige ein, die Gloster glauben macht, Edgar strebe dem Vater nach dem Leben. Edgar muß fliehen, bleibt aber im Land und verkleidet sich als Tollhausbettler. Als solcher trifft er auf der Heide mit Lear zusammen. Der nur gespielte Wahnsinn Edgars steht neben dem echten Lears. Der Narr vollendet das grausige Terzett der Stimmen, indem er fortgesetzt Lear daran erinnert, daß er selbst der Urheber allen Elends ist, weil er sein Königreich vorzeitig verschenkte. Das Maß des allgemeinen Unglücks und der Schurkereien wird auf den Gipfel geführt, als Edmund schließlich Regan und ihrem Gatten, dem Herzog von Cornwall, verrät, daß sein Vater heimlich zur Partei des verstoßenen Königs Lear halte und mit Cordelia und deren Gatten, dem König von Frankreich, konspiriere, der mit Heeresmacht gegen Britannien zieht. Gloster wird geblendet und schutzlos ins Freie gestoßen. Hier trifft er auf seinen Sohn Edgar, der immer noch den Tollen spielt und den Vater nach Dover geleitet, wo er den Blinden auf seinen Wunsch einen vermeintlichen Felsen herabspringen läßt. Gloster findet auf diese Weise nicht den erwünschten Tod und glaubt sich wunderbar gerettet. Er begegnet dem nun in vollem Wahnsinn schwärmenden Lear. Es kommt zum erschütternden Wiedersehen zwischen Lear und Gloster, wobei der eine mit den Augen blind ist, der andere mit dem Verstand. Inzwischen ist die Hilfe von Frankreich gekommen.

Cordelia ist in Britannien gelandet und nimmt sich des Vaters an, der unter ihrer liebevollen Pflege für kurze Zeit noch einmal zu klarem Bewußtsein gelangt. Diese Wendung zum Guten ist jedoch nur vorübergehend. In der Schlacht zwischen dem König von Frankreich und den von Edmund geführten Scharen Gonerils und Regans siegt Edmund. Lear und Cordelia werden gefangen. Edmund, um dessen Gunst sich sowohl Goneril wie Regan bewerben, ereilt sein Schicksal durch Edgars Schwert. Goneril und Regan verfallen gleichfalls dem verdienten Los: »Die eine gab um mich der andern Gift und dann sich selbst den Tod«, erzählt der sterbende Edmund. Nun aber steht dem Zuschauer der Tragödie die letzte, erschütterndste Szene bevor: Lear kommt, seine Tochter Cordelia tot in den Armen tragend. Es war Edmunds Befehl, beide zu töten. Cordelia starb, bevor der Befehl widerrufen wurde. Doch Lears zerrüttete Natur übersteht diesen letzten, grausamen Schicksalsschlag nicht mehr. Auch würde ihn derjenige nur hassen (wie Kent bemerkt), der ihn noch länger »auf die Folter dieser zähen Welt« spannen wollte. Die Überlebenden erfüllt allgemeine Trauer bei dem Ende dieses furchtbar geschlagenen Königs, der noch sterbend die volle Verzweiflung am Leben ausrast. Kent und Edgar übernehmen die Herrschaft des Staates.

Von vielen als Shakespeares gewaltigste Tragödie angesehen, offenbart *König Lear* fast ein Übermaß an tragischem Geschehen. Doch ist die Untergangsstimmung einheitlich festgehalten und liegt in genauer Fortsetzung der weltanschaulichen Linie, die mit *Hamlet* begann. Eine genial konzipierte Gestalt, gleichzeitig eine der dankbarsten Rollen, die das Theater Shakespeares kennt, ist der greise Lear: »jeder Zoll ein König«, für seine Charakterfehler schwer und erschütternd büßend. Durch die Wiederbegegnung mit Cordelia und durch sein Überleben ihres Todes ergibt sich eine geradezu unheimliche tragische Wirkung. Berühmte Lear-Darsteller waren: Richard Burbadge (zu Shakespeares Zeiten), David Garrick (im 18. Jh.) Ludwig Devrient (im 19. Jh.), Ludwig Wüllner und Albert Bassermann (im 20. Jh.). (Reclams UB 13; zweisprachige Ausgabe Reclams UB 9444-46.)

Macbeth

Trauerspiel in fünf Akten
Erste Aufführung: um 1606 in London

Personen: Duncan, König von Schottland – Malcolm und Donalbain, seine Söhne – Macbeth und Banquo, seine Feldherren – Macduff, schottischer Edelmann – Fleance, Banquos Sohn – Lady Macbeth – Lady Macduff – Ein Arzt – Eine Kammerfrau – Ein Pförtner – Drei Mörder – Hekate und drei Hexen u. a.
Ort und Zeit: In Schottland und England, Anfang des 11. Jh.s.

Macbeth und Banquo haben sich als tapfere Feldherren ihres Königs Duncan bei der Niederwerfung aufständischer Vasallen erwiesen. Macbeth zeichnete sich besonders durch Tapferkeit aus und wird dafür vom König zum Than von Cawdor ernannt. Ehe er davon weiß, begegnen ihm und Banquo auf der Heide drei Hexen, die einen magischen Kreis um sie ziehen und ihnen die Zukunft prophezeien: Macbeth wird Than von Glamis, Than von Cawdor und künftiger König sein, Banquo (»nicht so beglückt, und doch weit glücklicher«) der Stammvater einer langen Königsreihe. Noch sind sich die beiden Feldherren nicht im klaren darüber, was sie von dem Spruch der Hexen zu halten haben, als sie ein Bote des Königs erreicht, der Macbeth die neue Würde des Thans von Cawdor überbringt. Die schnelle Erfüllung einer der Prophezeiungen weckt in Macbeth dunkle Wünsche nach Höherem. Er teilte die wunderbare Begegnung mit den Hexen sogleich durch einen Brief seiner Gemahlin mit, die unbedenklich »Mordgedanken« und »Morddämonen« beschwört, um an der Seite ihres Mannes zum Throne zu gelangen. Sie weiß ihren Mann zwar nicht ohne Ehrgeiz, doch noch allzu »voll von Milch der Menschenliebe«, weshalb es ihr notwendig erscheint, daß sie ihn antreibt und selbst alle Weiblichkeit ablegt bis zur vollendeten Grausamkeit. Schneller als sie es ahnen konnte, ergibt sich nun eine Möglichkeit zur Verwirklichung ihrer furchtbaren Pläne. Der König kommt nach glücklich beendeter Schlacht mit Macbeth auf ihr Schloß. Ohne jegliche Hemmung stachelt die Lady nun ihren Mann an, die Gelegenheit zu benutzen und den König zu töten. Und Macbeth läßt sich, ganz unter ihrem Einfluß stehend, dazu verleiten, obwohl ihm bewußt ist, daß er aus keinem anderen Beweggrund als »einzig Ehrgeiz« handelt. Kaum ist der Mord begangen – der Dichter malt das Unheimliche der Stimmung, die über der Mordnacht liegt, mit großer Kunst –, wird Macbeth von schweren Gewissensskrupeln geplagt, daß er »den Schlaf mordete«. Er ist auch unfähig, nach dem Mord die bei dem König schlafenden Kämmerer mit Blut zu beschmieren, um den Verdacht auf sie zu lenken. So muß die Lady selbst es tun. Den Übergang zum Morgen bis zur Entdeckung der blutigen Tat füllt der Dichter mit der bizarren Szene eines betrunkenen Pförtners aus, der das Schloßtor öffnet. Macduff sieht als erster die furchtbare Bluttat und schreit das Verbrechen aus. Lady Macbeth weiß in einem kritischen Augenblick, als Macbeth sich wegen der Tötung der Kämmerer zu rechtfertigen versucht, durch eine vorgetäuschte Ohnmacht die Aufmerksamkeit von ihm abzulenken. Die Söhne des Königs, Malcolm und Donalbain, brechen sofort nach England und Irland auf, um ihr Leben, das sie bedroht fühlen, zu retten. Macbeth kommt dies sehr gelegen. Er leitet den Mordverdacht auf sie und läßt sich zum König krönen. Doch einer ist da, der von Anfang an vermutet, daß Macbeth »schändlich spielte«, und der um die Zauberschwestern auf der Heide und ihre Prophezeiungen wie er selbst weiß: Banquo. So muß Macbeths nächstes Ziel sein, ihn unschädlich zu machen. Er dingt sich Mörder, die Banquo und seinen Sohn Fleance umbringen sollen, damit sein Gemüt, das ohnehin »von Skorpionen voll« ist, Ruhe finden kann. Doch verstrickt er sich in Wahrheit nur immer tiefer in Verbrechen und Unsicherheit. Der Mord an Banquo gelingt, nicht aber der an Fleance, der den Mörderhänden im Dunkel der Nacht entkommt. Und Banquos Geist erscheint unmittelbar nach seiner Ermordung bei einem Festbankett im Prunksaal des Schlosses und hindert Macbeth zweimal daran, seinen Platz einzunehmen. Niemand sieht ihn außer Macbeth, und für die wirren Reden, die er an ihn richtet, kann die Lady den verstörten Gästen nur die Erklärung geben, daß er solche Anfälle von Jugend an habe. Macbeth beschließt, die Zauberschwestern noch einmal aufzusuchen. Was er von ihnen erfährt, ist rätselhaft: er soll Macduff nicht trauen, ihm selbst könne keiner schaden, der von einem Weibe geboren sei, und nie würde er besiegt, wenn nicht der große Birnams-Wald zum Schloß

Dunsinan emporsteige. Schon glaubt Macbeth sich sicher, als die Hexen ihm Banquo als den Stammvater von acht Königen zeigen. Das ist zuviel für Macbeth. Er flucht der Unglücksstunde, die ihm so Schlimmes prophezeite: »Nur keine Geister mehr!« Unbarmherzig läßt er die Familie des geflohenen Macduff töten. Die Nachricht hiervon erreicht Macduff in England, wohin er zu Duncans Sohn Malcolm geeilt ist. Hier reift die Schicksalswende heran (»Macbeth ist reif zur Ernte, und dort oben bereiten ew'ge Mächte schon das Messer«). Die Vergeltung vollzieht sich zuerst an der Lady Macbeth, die nachtwandelnd und dem Wahnsinn verfallen die Bilder der Vergangenheit nicht von sich streifen kann und das Geheimnis der Untaten, die sie und Macbeth begingen, ausplaudert. Und auch an Macbeth erfüllt sich alles, wie es die Hexen prophezeit hatten. Es rückt ein Heer heran, geführt von Malcolm und Macduff, das sich (um seine Stärke zu tarnen) Zweige aus dem Wald von Birnam abbricht und gegen das Schloß Dunsinan zieht, in dem sich Macbeth verschanzt hat. Macbeth glaubt sich trotzdem noch nicht verloren. Auch die Nachricht vom Tode seines Weibes spornt ihn eher zu tapferer Gegenwehr an, als daß sie ihn einschüchterte. Erst als er Macduff im Zweikampf stehen und von ihm erfahren muß, daß dieser vor der Zeit »geschnitten ward aus Mutterleib«, bricht seine »Mannheit« zusammen. Damit erfüllt sich auch der letzte Spruch der Hexen. Macduff kann alsbald »des Usurpators Haupt« dem neuen König Malcolm zu Füßen legen.

Macbeth ist die geschlossenste und kürzeste, in der geballten Grundstimmung nahezu balladenhaft wirkende Tragödie Shakespeares. Goethe erklärte sie für »sein bestes Theaterstück; es ist darin der meiste Verstand in bezug auf die Bühne«. Wiederum bildete Holinsheds Chronik die Quelle, in welcher der Dichter alles (auch den Hinweis auf die »weird-sisters«, die Schicksalsschwestern, die Macbeth und Banquo mit ihren Prophezeiungen entgegentraten) vorfand. Doch ist die dramatisch-dichterische Erfüllung des Stoffes ausschließlich sein Verdienst. Eine einmalige Konzeption ist die Gestalt der Lady Macbeth, deren Entwicklung in umgekehrter Richtung gezeigt wird wie die des Titelhelden. Während zu Anfang die Lady die treibende Kraft des Bösen ist, dann aber völlig in sich selbst zusammenbricht, verliert

Macbeth immer mehr von seinen Skrupeln und endet zum
Schluß nicht ohne tragische Größe. Über die Bedeutung der
Hexen ist vielfach gestritten worden. Man wird gut daran
tun, sie als Elementargeister zu nehmen und nicht zuviel in
sie hineingeheimnissen zu wollen. »Was ihr da vor euch
seht«, sagt Grillparzer, »sind Hexen und nicht der Ehrgeiz.«
Goethe übernahm viel von ihnen in die Hexenküche des
Faust. Schiller schuf eine Bearbeitung des *Macbeth* für die
Weimarer Bühne, die jedoch dem Werk Gewalt antut, indem
sie die so ungemein Shakespearesche Pförtner-Szene in ein
frommes ›Morgenlied‹ des Pförtners umwandelt. Verdi
schrieb nach Shakespeares Werk eine Oper (s. Reclams
Opernführer), in der besonders die ›Große Szene des Nacht-
wandelns‹ der Lady Macbeth kongenial mit den Mitteln der
Musik erfaßt wird. (Reclams UB 17.)

Antonius und Cleopatra

Trauerspiel in fünf Akten
Erste Aufführung: um 1607 in London

P e r s o n e n : Marcus Antonius – Octavius Cäsar – Ämilius Lepidus –
Sextus Pompejus – Enobarbus, Feldherr des Antonius – Cleopatra, Köni-
gin von Ägypten – Octavia, Cäsars Schwester – Freunde des Antonius,
des Octavius und des Pompejus – Zwei Dienerinnen der Cleopatra –
Mardian, im Dienst der Cleopatra – Ein Wahrsager – Ein Bauer u. a.
O r t und Z e i t : In Ägypten und in Italien, um 40 v. Chr.

Marc Anton, der ruhmbekränzte römische Triumvir, führt
in Ägypten an der Seite der Königin Cleopatra ein schwel-
gerisches Genußleben, das seinen Offizieren nur noch als
»Liebeswahnsinn« erscheinen muß. Nachrichten aus Rom
über das neuerliche Aufbegehren des Sextus Pompejus und
über innere Wirren im Staat bringen ihn aber langsam zur
Vernunft und zu der Einsicht, daß er die »Zauberkönigin«
fliehen, »Ägyptens starke Fessel« brechen muß, wenn er
nicht untergehen will. Die Versuche Cleopatras, ihn zu halten, vermögen diesmal nichts. Er reißt sich los und trifft in
Rom mit Octavius und Lepidus zusammen. Er versöhnt sich
mit ihnen und verpflichtet sich Octavius auf das engste
durch die Heirat mit dessen Schwester Octavia. Doch ist sich

Marc Anton selbst bewußt, daß er diese Heirat nur dem
Frieden unter den Triumvirn zuliebe schloß. »Im Ost wohnt
meine Lust.« Als Cleopatra die Nachricht von Marc Antons
Vermählung empfängt, schlägt sie in hysterischer Wut auf
den Boten ein. Die Triumvirn rücken indessen gemeinsam
gegen Pompejus vor. Dieser ist klug genug, auf ihre Ver-
mittlungsvorschläge einzugehen. An Bord von Pompejus'
Galeere findet ein rauschendes Versöhnungsfest statt, bei
dem die »drei Weltenteiler« zum Schluß mit Pompejus in
der Trunkenheit singen und tanzen (»Trinkt, bis alle Welten
schwanken«). Nicht lange danach kommt es zu neuen Konflikten: Marc Anton ist wieder in Ägypten. »Cleopatra hat
ihn zu sich gewinkt«, muß Octavius der schwer gekränkten
Schwester mitteilen. Den Triumvir Lepidus hat Octavius
als »armen dritten Mann« beiseite geschafft und zieht nun
gegen Marc Anton zu Felde. Bei Aktium kommt es zum
Kampf. Im entscheidenden Augenblick verläßt Cleopatra
mit ihren Schiffen die Schlacht. Antonius folgt ihr »wie ein
brünst'ger Entrich«, um sich hernach in Alexandria seiner
Schmach bewußt zu werden. »Oh, wohin brachtst du mich,
Ägypten?« Die Eifersucht auf Cleopatra, die er schon mit
Octavius liebäugeln zu sehen glaubt, gibt ihm noch einmal
seine alte Kraft zurück, doch ist es nur das letzte Aufflak-
kern. »Wenn ein so Großer rast, ward er gejagt bis zur Erschöpfung«, kommentiert man auf Octavius' Seite. Nach
anfänglichen Erfolgen wird Marc Anton vor Alexandria besiegt und muß sich geschlagen in die Stadt zurückziehen.
Cleopatra, der er heftig flucht (»Die schändliche Ägypte-
rin!«, »Dreifache Hure!«, »O falsch ägyptisch Herz! O tiefer Zauber!«), erweist sich jedoch edler, als er vermutet hat.
Noch ein letztes Spiel der Koketterie: ihr Eunuch Mardian
muß zu Marc Anton und ihm mitteilen, sie habe sich selbst
getötet: »Sag ihm, mein letztes Wort war Marc Anton . . .
Und melde mir, wie er es nimmt.« Dann aber finden sich die
Liebenden zum gemeinsamen Ende zusammen. Marc Anton
stürzt sich auf die Nachricht von Cleopatras vermeintlichem
Tode in sein Schwert, läßt sich aber auf die Kunde hin, daß
sie noch lebe, zu ihr tragen und stirbt versöhnt mit ihr vor
ihren Augen. Cleopatra, der der Gedanke unerträglich ist,
von Octavius im Triumph nach Rom geschleppt zu werden,
folgt dem Geliebten im »Sehnen nach Unsterblichkeit« und

setzt die giftigen Schlangen an ihren Körper, die ihr ein Bauer durch Octavius' Wachen hindurch brachte. Noch der Anblick der toten Königin veranlaßt Octavius zu dem bewundernden Ausruf: »Sie gleicht dem Schlaf, als wollte sie Anton von neuem fangen im starken Netz der Schönheit.« Er läßt die beiden in einem Grab zusammen bestatten.

Das Trauerspiel, das sich gleich den anderen Römertragödien des Dichters auf Plutarch stützt, ist in der Handlung locker gebaut. Häufiger Szenenwechsel und die sehr in die Länge gezogenen Schlußakte geben ihm die äußere Struktur. Doch ist die Charakterzeichnung von letzter Vollendung und Tiefe. Shakespeare wird im 4. und 5. Akt nicht müde, die tragische Größe der beiden Titelfiguren zu unterstreichen, Marc Anton als »das edle Antlitz, aus dem die Majestät des Weltalls blickt«, Cleopatra als die Frau, die im Angesicht des Todes zu der starken, nur auf einen Mann gerichteten Liebe emporwächst: »Gemahl, ich komme. Jetzt schafft mein Mut ein Recht mir zu dem Titel.« Diese Steigerung der Liebestragödie zweier großer Persönlichkeiten ins Transzendentale gibt dem Trauerspiel seinen besonderen Sinn und seine einmalige Bedeutung. Es gehört der besten dichterischen Schaffenszeit Shakespeares an und ist eine seiner reifsten Schöpfungen. (Reclams UB 39.)

Timon von Athen. Trauerspiel in fünf Akten. – Timon, ein edler Athener, geht mit seinem Reichtum allzu verschwenderisch und freigebig um. »Wie viele Freunde hat der Edle!« ruft ein schmarotzender Künstler aus, der es gleich den anderen Gästen des Hauses nur auf die Gaben abgesehen hat, die hier im Überfluß zu bekommen sind. Einzig der Philosoph Apemantus durchschaut die Hohlheit des Freundeskreises um Timon. Aber Timon will von seinen Warnungen nichts wissen. Er baut darauf, daß ihm, falls er einmal in Not geraten sollte, ebenso geholfen wird, wie er jetzt allen Bedürftigen hilft. Aus dem Munde seines treuen Haushofmeisters Flavius vernehmen wir zuerst, daß die Schätze bald aufgebraucht sein werden. Und wie es Flavius vorausgesagt hat, kommt es. Alles ist weggeschenkt. Timon freut sich »in gewisser Art« darüber, weil er glaubt, nun Gelegenheit zu haben, seine Freunde prüfen zu können. Das Resultat ist aber furchtbar. Nicht nur, daß keiner von denen, die einst frohe Stunden mit ihm teilten, bereit ist, ihm auch nur eine Drachme zu leihen, die Senatoren beschließen wegen seines schwelgerischen Lebens sogar seinen Tod. Als der Feldherr Alcibiades auf die Verdienste Timons verweist, wird er nicht gehört und selbst aus Athen verbannt. Timon lädt noch einmal seine Freunde zu einem Gastmahl ein. Sie folgen zum Teil, da sie glauben, er besitze noch Geld und habe sie nur prüfen wollen. Timon hat aber unter den verdeckten Schüsseln nichts als heißes Wasser auftragen lassen, das er ihnen ins Gesicht gießt. Er treibt sie aus dem Hause und verläßt die undankbare Stadt. In furchtbaren Flüchen entlädt sich nun sein Haß. Er sieht nichts als Bosheit in der fluchbeladenen Menschheit und wünscht dem ganzen Geschlecht Vernichtung. Im Walde findet er, als er nach Wurzeln gräbt, Gold. Doch dieses will ihm jetzt nur noch als Gift erscheinen, das die Habgier weckt und die Menschen verdirbt. Er schenkt es weg, wo er kann, nicht ohne entsetzliche Flüche daran zu heften. So sollen zwei Hetären, die mit Alcibiades zu ihm kommen, es nur dazu verwenden, »Auszehrung ins hohle Gebein des Manns« zu säen. Er steigert sich immer mehr in Menschenhaß und Weltverachtung hinein. Auch die Belehrungen des Apemantus, daß er nie den »Mittelweg der Menschheit« kenne, sondern nur »die beiden äußersten Enden«, vermag ihn nicht umzustimmen. Nur einmal noch wird er für einen Augenblick anderer Meinung, als ihm der alte treue Flavius aufsucht und ihm auch in seiner jetzigen Not seine Dienste anbietet: »Verzeiht den raschen, allgemeinen Fluch, ihr ewig-mäß'gen Götter! ... Ein Mensch ist redlich ... einer.« Doch dies war die letzte versöhnliche Regung in ihm. Als die Senatoren zu ihm in den Wald kommen, um ihn nach Athen zurückzurufen, weigert er sich, ihnen zu folgen, weil sie nur aus Furcht vor Alcibiades kommen, der die Stadt mit Truppen angreifen will. Er bleibt im Wald, stirbt bald darauf und hinterläßt noch auf seinem Grabstein einen furchtbaren Fluch allem, was da lebt!

Das von tiefster Verbitterung diktierte Stück stellt einen Sonderfall in Shakespeares Schaffen dar. Es ist in der Titelfigur von einem unversöhnlichen Haß erfüllt, der noch weit über das hinausgeht, was der Dichter im *König Lear* und im *Coriolanus* zum Thema Undank sagt. Es offenbart in dem

Vernichtungswillen Timons gegenüber allem Kreatürlichen
einen Nihilismus fast moderner Prägung. Es dürfte ebenso
Tiefpunkt wie Wende in der Krise gewesen sein, in der sich
der Dichter nach der langen Reihe der ›schweren‹ Tragödien
befand und die sich dann später in der verklärenden Märchenpoesie der drei letzten Werke, der sog. Romanzen, lösen
sollte. (Reclams UB 308.)

Coriolanus

Trauerspiel in fünf Akten
Erste Aufführung: um 1608 in London

P e r s o n e n : Cajus Marcius, gen. Coriolanus, ein edler Römer – Menenius Agrippa, sein Freund – Titus Lartius und Cominius, Feldherren der
Römer – Sicinius und Brutus, Volkstribunen – Tullus Aufidius, Anführer
der Volsker – Volumnia, Mutter Coriolans – Virgilia, Gemahlin Coriolans – Valeria, Virgilias Freundin – Coriolans kleiner Sohn u. a.
O r t und Z e i t : In und vor Rom, vor und in Corioli und in Antium,
um 490 v. Chr.

Cajus Marcius ist das Gespräch des Volkes in Rom. Sosehr
er als tapferer Soldat bekannt ist, so doch auch als ein stolzer Mann, der das gemeine Volk verabscheut. Es droht eine
Hungerrevolte. Der alte würdige Menenius sucht die aufrührerischen Bürger mit der Fabel vom Bauch, gegen den die
Glieder revoltieren, zu beschwichtigen. Cajus Marcius ist
empört darüber, daß man dem Volk, »um seine Pöbelweis-
heit zu vertreten«, Tribunen bewilligt hat. Doch über die
Spaltung, die sich hier auftut, setzt zunächst noch der Krieg
mit den Volskern hinweg, der Rom von neuem bedroht.
Cajus Marcius kämpft mit solcher Tapferkeit, daß er alle
seine früheren Heldentaten noch übertrifft. Er wird bei der
Belagerung von Corioli, als ihn das niedere Volk (»Verdammt! für sie Tribunen!«) im Stich läßt, in der Stadt eingeschlossen, kämpft sich aber frei und ruht nicht, ehe ein
vollständiger Sieg über die Volsker errungen ist. Der Anführer der Römer, Cominius, verleiht ihm zum Lohn für
seine Taten vor und in Corioli den Beinamen Coriolanus.
Nach Rom zurückgekehrt, ernennt ihn der Senat zum Konsul. Um in den Besitz dieser Würde zu gelangen, ist es aber

erforderlich, daß Coriolan selbst auf dem Forum auch das Volk um seine Stimme angeht. Nur widerwillig läßt sich Coriolan zu diesem Schritt herbei. Die Art und Weise, wie er einzelne Bürger anspricht, ist von derart beißendem Hohn, daß die Volkstribunen Sicinius und Brutus ein leichtes Spiel haben, die Meinung der Bürger, die ihre Stimme zunächst für Coriolan gegeben haben, gegen ihn zu wenden. Es kommt nun auf offener Straße zu einem heftigen Zusammenstoß zwischen Coriolan und den Volkstribunen, bei dem sich Coriolan dazu hinreißen läßt, die »schmutz'ge, wankelmüt'ge Menge« in beleidigender Weise zu beschimpfen und den Adel Roms als höchst töricht zu bezeichnen, dem Pöbel das Recht auf die Wahl eigener Beamter gestattet zu haben: »Was soll das Volk, was soll's mit den kahlköpfigen Tribunen? ... In einem Aufruhr, da nicht das Recht, nein, da die Not Gesetz war, da wurden sie gewählt.« Die Volkstribunen und das von ihnen aufgestachelte Volk fordern nun ihrerseits die sofortige Absetzung Coriolans, ja seinen Tod durch Sturz vom Tarpejischen Felsen. Nur mit Mühe gelingt es den Patriziern, Coriolan vor der Wut der Menge nach seinem Hause zu retten. Hier reden ihm seine Freunde, ganz besonders aber seine Mutter Volumnia, mit eindringlichen Worten zu, sich zu mäßigen (»Du konntest mehr der Mann sein, der du bist, wenn du es wen'ger zeigtest«). Coriolan läßt sich schließlich durch sie bestimmen, noch einmal vor das Volk zu treten. Menenius wird der Vermittler sein. Doch trotz guten Willens bricht Coriolans Zorn wieder in hellen Flammen durch, als ihn der Tribun Sicinius mit »Volksverräter« tituliert. Nun ist keine Verständigung mehr möglich. Coriolan wird »in des Volkes Namen« aus Rom verbannt. Mutter, Gattin und Freunde geleiten ihn bis zum Stadttor. Er begibt sich zum Feinde Roms, zu den Volskern, nach Antium. Hier wird er von seinem bisherigen Gegner Aufidius zunächst mit großer Herzlichkeit aufgenommen, die sich jedoch bald in Mißtrauen verwandelt. Es kommt erneut zum Krieg zwischen Rom und den Volskern. Coriolan hat als Feldherr der Volsker nur noch den einen Gedanken: Rache an Rom. Alle Vermittlungsversuche, die von Rom kommen, weist er zurück, sogar den alten Menenius, seinen väterlichen Freund, der erschüttert feststellen muß: »Es ist nicht mehr Gnade in ihm als Milch in einem männlichen Tiger.« Erst als seine Mutter Volumnia und seine Gattin Virgilia, gefolgt von deren Freundin Valeria und seinem kleinen Sohne, zu ihm dringen und vor ihm knien, schmilzt sein Herz. Gegenüber Volumnias Vorhaltungen, die dem »großen Sohne« rät, Frieden zwischen Rom und den Volskern zu stiften und seinen Namen nicht mit der Schande der Zerstörung des eigenen Vaterlandes zu belasten, vermag er nicht länger in seinem Rachedurst zu beharren. Doch ist sich Coriolan bewußt, daß er damit sich selbst sein Grab gräbt. (»Oh! meine Mutter! Mutter! Oh! Für Rom hast du heilsamen Sieg gewonnen; doch deinen Sohn ... ihm höchst gefahrvoll hast du den bezwungen, wohl tödlich selbst.«) Die Volsker ziehen ab. Volumnia wird jubelnd in Rom empfangen. Es folgt nun, was zu erwarten war: in Antium klagt Aufidius Coriolan des Hochverrates an und liefert ihn den Dolchen seiner Mitverschworenen aus.

Coriolanus ist die Tragödie des aristokratischen Hochmutes, des allzu bewußt zur Schau getragenen Stolzes eines edlen, großen Mannes gegenüber dem niederen Volk. So groß Coriolans Heldentaten sein mögen, so männlich bescheiden sein Auftreten im Krieg ist, so reizbar und unbeherrscht erweist er sich gegenüber dem Volk, dem »Tier mit vielen Köpfen«, das er einzig in ihm zu sehen vermag. An solcher Übersteigerung seines Wesens zerbricht er. Außer diesem großartigen tragischen Konflikt mag den Dichter auch das Thema: Undank des Volkes an echten Patrioten, wie er es an Feldherren und Admiralen seiner Zeit miterleben mußte, zu dem Stück veranlaßt haben. Die Quelle, der er sehr genau folgte, ist die Lebensbeschreibung Plutarchs. Außer der Charakterzeichnung des Titelhelden erweist vor allem die Gestalt der Volumnia den großen Dichter. Ihr Gang zum Sohne vor dem belagerten Rom (V 3) gehört zu den szenischen Höhepunkten des Shakespeareschen Theaters. (Reclams UB 69.)

C y m b e l i n. Schauspiel in fünf Akten. – König Cymbelin von Britannien, der unter dem Einfluß seiner zweiten Frau steht, verbannt den edlen Posthumus von seinem Hofe, weil dieser Imogen, Cymbelins Tochter aus erster Ehe, gegen seinen Willen geheiratet hatte. Die neue Königin möchte, daß ihr Sohn aus erster Ehe, Cloten, mit Imogen vermählt und damit Erbe des Königsthrones werde. Posthumus begibt sich nach Rom, wo er bei einem Freund seines Vaters Unterkunft findet. Bei einem Wortstreit kommt es zu einer verhängnisvollen Wette zwischen Posthumus und dem Italiener Jachimo. Jachimo behauptet, jede Frau sich zu Willen zu machen. Posthumus setzt auf die Treue seiner Imogen. Jachimo bricht nun nach England auf, versucht vergeblich, Imogens Treue ins Wanken zu bringen. Um nicht der Verlierer der Wette zu sein, verschafft er sich auf unredliche Weise Kenntnis über Intimitäten von Imogens Schlafgemach. Damit erschüttert er den Glauben des Posthumus an Imogens Treue. Posthumus rast voll Eifersucht und enttäuschter Liebe gegen Imogen. Er befiehlt seinem Diener Pisanio, der in England verblieben ist, Imogen zu töten. Pisanio bringt dies nicht übers Herz. Er verläßt mit Imogen den Hof des Königs, weiht sie in den übereilten Auftrag des Posthumus ein und rät ihr, in Knabenkleidern Posthumus aufzusuchen. So trifft Imogen im Gebirge mit Bellarius und dem Jünglingspaar Arviragus und Guiderius zusammen. Es sind dies (unter fremden Namen) ein vom Hofe verbannter Lord und zwei Söhne des Königs, die Bellarius aus Rache für seine ungerechte Verbannung dem König entführt hatte. Auch der brutale und minderwertige Prinz Cloten, der von Imogens Flucht Kenntnis erhalten hat und ihr nachgeeilt ist, gesellt sich zu ihnen, wird aber nach einem Wortwechsel von Guiderius erschlagen. In dem nun ausbrechenden Krieg zwischen Britannien und den Römern (wegen eines rückständigen Tributs) werden die Hauptfiguren des Stückes auf wunderbare Weise wieder zusammengeführt. Posthumus hat sich zunächst den Römern angeschlossen, verrichtet dann aber als britischer Bauer verkleidet wahre Wundertaten an Tapferkeit zugunsten Britanniens. Die Entscheidung in der Schlacht führen »zwei Knaben und ein Greis« (Bellarius mit Arviragus und Guiderius) herbei, die den schon in römische Gefangenschaft geratenen König Cymbelin befreien. Imogen und Posthumus werden neu vereint, der »gelbe Jachimo« wird entlarvt und bereut, die böse Königin stirbt im Wahnsinn, und der König findet seine längst totgeglaubten Söhne wieder. Ein Freudenhymnus beschließt das Stück.

Shakespeare verarbeitete in *Cymbelin* einen Novellenstoff Boccaccios und Angaben aus Holinsheds Chronik. Die

Szenenführung ist sehr frei und offenbart den Spätstil des Dichters, der aus der Verbitterung des *Timon von Athen* in die versöhnliche Atmosphäre märchenhafter Konflikte und Lösungen führt. Die Traumerscheinungen des Posthumus im Gefängnis (V 4) weisen auf Elemente des italienischen Barocktheaters hin, das um die Entstehungszeit des Stückes (um 1609) in England seinen Einzug hielt. Dem unter Blitz und Donner erscheinenden Jupiter sind auch die Worte in den Mund gelegt, die die Quintessenz des Stückes bilden: »Den hemm ich, den ich lieb; es wird sein Lohn, verspätet, süßer nur.« Wahres Glück wird nur durch tiefes Leid begründet. Mit der Gestalt der Imogen schuf der Dichter eine seiner schönsten Frauenrollen. In den Bellarius-Szenen klingt noch einmal das bei ihm so beliebte Motiv vom Vorzug des Lebens in der Natur gegenüber dem Leben am Hofe »in geborgter Seide« an, wo »bis zum Gipfel klimmen, sicheren Fall« bedeutet. Der 5. Akt faßt die verschlungenen Fäden der Handlung meisterhaft zusammen und kündet mit dem Freudenjubel am Schluß von der wiedergewonnenen Lebensbejahung des Dichters nach der schweren vorangegangenen Krise. (Reclams UB 225/25a.)

Das Wintermärchen

Schauspiel in fünf Akten
Erste Aufführung: 1611 in London

Personen : Leontes, König von Sizilien – Hermione, seine Gemahlin – Perdita, ihre Tochter – Polyxenes, König von Böhmen – Florizel, sein Sohn – Antigonus und Camillo, vornehme Sizilianer – Paulina, Gemahlin des Antigonus – Ein alter Schäfer – Sein Sohn – Autolycus, ein Spitzbube – Edelleute – Schäfer und Schäferinnen – Die Zeit als Chorus u. a.
Ort und Zeit : In Sizilien und Böhmen, zu unbestimmter Zeit.

Leontes, König von Sizilien, beschuldigt ungerechterweise seine Gemahlin Hermione des Ehebruchs mit Polyxenes, dem König von Böhmen, der als alter Jugendfreund zu Besuch am Hofe in Sizilien weilt. Die Eifersucht des Leontes entsteht nur daraus, daß Polyxenes erst auf Drängen Hermiones seinen Aufenthalt in Sizilien verlängert, und nicht schon auf seine (des Königs) Bitte. Leontes läßt sich in seiner Verblendung dazu hinreißen, dem getreuen Hofmann Camillo die Tötung des Polyxenes aufzutragen. Camillo weiß sich nicht anders zu helfen, als sich Polyxenes zu offenbaren und mit ihm schleunigst das Land zu verlassen. Dies ist für Leontes Grund genug, nun ohne weiteres an Hermiones Schuld zu glauben. Er läßt die unglückliche Königin einkerkern und ist auch nicht bereit, das Kind, das sie im Gefängnis zur Welt bringt, als sein eigenes anzuerkennen. Der Hofmann Antigonus erhält den Befehl, es in der Wildnis an der Grenze des Landes auszusetzen. Erst ein von Leontes eingeholter Spruch des Orakels in Delphi, der Hermiones Unschuld sowie die Treue Camillos bestätigt, Leontes aber einen »eifersüchtigen Tyrannen« nennt, führt eine Wendung herbei. Zunächst freilich tobt Leontes auch gegen den Spruch der Gottheit. Als ihm aber der Tod seines älteren Knaben gemeldet wird und auch Hermione auf diese Nachricht hin wie tot umsinkt – Paulina, die Gemahlin des Antigonus, erklärt sie sogar wirklich für gestorben –, tritt die Wandlung bei Leontes ein. Er wird von bitterer Reue erfaßt und will sein weiteres Leben nur der Trauer weihen, täglich in der Gruft der Königin verweilen. Antigonus hat inzwischen das Kind, wie befohlen, an der Landesgrenze ausgesetzt, bei ihm aber ein Paket mit Geld und Dokumenten hinterlassen, aus dem seine Herkunft hervorgeht. Auf Geheiß Hermiones, die ihm im Traume erschien, nennt er es Perdita (d. h. die Verlorene). So findet ein alter Schäfer das Kind, der es zu sich nehmen und aufziehen will. Antigonus aber wird in der Wildnis von einem Bären angefallen und zerfleischt. Der Dichter läßt nun die Zeit als Chorus auftreten und die Handlung erst 16 Jahre später wieder einsetzen. Wir erleben in der Gegend, in der Perdita aufwuchs, ein überaus reizvolles Schäferidyll mit Gesang, Tanz und Maskeraden. In seiner Mitte steht Perdita, die inzwischen zu einer anmutigen Jungfrau herangewachsen ist und um die sich heftig der junge Prinz Florizel, der Sohn des Polyxenes (als Schäfer Doricles verkleidet), bewirbt. Unter dem Volk, das das Schafschurfest feiert, begegnet der alte Schäfer (Perditas Pflegevater) dem König Polyxenes, der von dem Liebesabenteuer seines Sohnes Wind bekommen und sich verkleidet mit Camillo hierher aufgemacht hat. Komödiantischer Mittelpunkt des Festes ist der

Spitzbube Autolycus, der der Reihe nach als Bettler, Hausierer und Bänkelsänger auftritt und sich aus allen Taschen auf redliche und unredliche Weise zu bereichern versteht. Als Florizel (Doricles) sich schließlich öffentlich mit Perdita verloben will, greift Polyxenes ein, gibt sich zu erkennen und droht dem Sohne mit schwerer Strafe, wenn er nicht sofort dem Liebesidyll mit der Schäferin ein Ende setzt. Doch Camillo, der einstmals dem Vater in Sizilien das Leben rettete, wird nun in Böhmen auch zum Bringer des Glücks für den Sohn. Er verhilft Florizel mit Perdita zur Flucht, wozu Florizel mit Autolycus die Kleider tauschen muß. Autolycus weiß in seiner neuen Rolle als »Mann vom Hofe« sofort Kapital aus dem alten Schäfer und seinem dummstolzen Sohne zu schlagen. Er verspricht ihnen gegen erkleckliche Summen Geldes seine »Protektion« bei Hofe. Die Handlung nimmt dann wieder in Sizilien ihren Fortgang, wo Leontes sich in Reue verzehrt und sich weigert, eine neue Ehe einzugehen, wozu ihn die Hofleute drängen wollen. Die Ankunft des flüchtigen Florizel und Perditas, denen bald darauf Polyxenes und Camillo folgen, bringt neue Hoffnung in sein kummervolles Dasein. Die Öffnung der Dokumente, die der alte Schäfer Polyxenes aushändigte, erweist Perdita als seine totgeglaubte Tochter. Nun ist, wie die Hofleute zu berichten wissen, des Staunens, der Verzückung und der Seligkeit bei Hofe kein Ende. Doch den Gipfel des Glücks und der Überraschungen hat Paulina noch bis zu diesem Augenblick vorbehalten. Sie hat all die Jahre hindurch die totgesagte Hermione bei sich im Hause verborgen und mit ihr auf die eine Möglichkeit gewartet, die das Orakel in Delphi dem reuigen Leontes offengelassen hatte, daß nämlich nicht alles verloren sei, »wenn das, was verloren ist, wiedergefunden« würde. Dieser Fall ist durch die Entdeckung Perditas eingetreten. Paulina führt nun die Staunenden in ihr Haus, um ihnen eine Statue zu zeigen, die ein großer Künstler nach dem Bilde Hermiones täuschend echt geschaffen habe, so echt, daß man glauben könne, sie lebe wirklich. Unter Klängen von Musik läßt Paulina die Statue schließlich sich beleben. Es ist Hermione, die dem tief bewegten und erschütterten Gatten in die Arme sinkt und den Segen der Götter auf das Haupt ihres Kindes herabfleht. Und nicht nur die königlichen Paare sollen die Beglückten sein. Leontes legt die Hand der treuen Paulina in die des treuen Camillo.

Die Quelle für dieses Märchenstück, das Shakespeares Spätstil in großer Vollendung zeigt, war ein Roman von Greene *Pandosto oder der Triumph der Zeit* (1588). Shakespeare schlägt in seiner eigenwüchsigen Bearbeitung der Vorlage noch einmal das Othello-Motiv grundloser Eifersucht an, um es aber diesmal in einen versöhnlichen Schlußakkord ausklingen zu lassen. Einen breiten Raum nimmt das Schäferidyll ein, dessen liebevolle Ausmalung offenkundig mit Shakespeares Rückkehr aufs Land in Zusammenhang steht. Von starker komödienhafter Bühnenwirkung sind die Rollen des Autolycus und des alten und des jungen Schäfers. Die Erhebung der letzteren zu Edelleuten (als Belohnung für ihre Verdienste um Perdita) bildet einen Gipfelpunkt drastischer Komik. Doch sind auch die ernsten Probleme des Stückes, in erster Linie das Leid Hermiones, vom Dichter mit genialer Tiefenschau und gefühlsstarker Charakteristik erfaßt. (Reclams UB 152.)

Der Sturm

Schauspiel in fünf Akten
Erste Aufführung: um 1613 in London

P e r s o n e n : Alonso, König von Neapel – Sebastian, sein Bruder – Ferdinand, sein Sohn – Prospero, der rechtmäßige Herzog von Mailand – Antonio, sein Bruder – Gonzalo, ein ehrlicher alter Rat – Trinculo, ein Spaßmacher – Stephano, ein betrunkener Kellermeister – Miranda, Tochter des Prospero – Ariel, ein Luftgeist – Caliban, ein wilder und mißgestalteter Sklave, u. a.
O r t u n d Z e i t : Auf einer einsamen Insel, zu unbestimmter Zeit.

Eine einleitende Szene läßt uns einen Schiffsuntergang erleben, bei dem ein König mit seinem Gefolge den Wellen preisgegeben scheint. In der darauffolgenden Szene, die (ebenso wie alle übrigen des Stückes) auf einem einsamen Eiland spielt, erfahren wir aus dem Munde Prosperos, des Beherrschers der Insel, daß er es war, der den Sturm mit seiner Zauberkraft erregt und die Schiffbrüchigen an ihr Ufer hat werfen lassen. Es sind dies: der König Alonso von

Neapel, sein Bruder Sebastian, der ehrliche alte Gonzalo
und Antonio, Prosperos Bruder. Ein großes Verbrechen ging
voraus, das nun seine Sühne finden soll. Antonio hatte vor
zwölf Jahren seinen Bruder Prospero des Herzogtums von
Mailand beraubt. Er hatte es sich zunutze gemacht, daß
Prospero sein »Büchersaal« zum Herzogtum geworden war.
Damit nicht genug, daß der großzügige Prospero (»hingerissen in geheimes Forschen«) ihm ohnehin schon das Regiment
im Lande überlassen hatte, wollte Antonio der Alleinherrscher sein und hatte mit Hilfe des Königs von Neapel, an
den er das freie Herzogtum Mailand auslieferte, den Bruder
samt seiner kleinen, damals erst dreijährigen Tochter Miranda in einem Boot ausgesetzt. Hätte nicht der gütige alte
Gonzalo ihnen etwas Nahrung und Prospero seine Bücher
(»mehr wert mir als mein Herzogtum«) mitgegeben, wären
sie gewiß umgekommen. So aber gelangten sie zu dem Eiland, zu dessen Herrscher sich Prospero kraft seiner Zauberkünste aufgeschwungen hat. Er machte sich zwei Elementarwesen zu Dienern: den Luftgeist Ariel (einen entfernten
Bühnenverwandten Pucks aus dem *Sommernachtstraum*) und
den viehischen Caliban, den Wechselbalg der Hexe Sycorax,
ein Wesen halb Fisch, halb Mensch, das Prospero vergeblich
zu einer besseren Kreatur zu erziehen versucht hat. Ariel
muß ihm nun behilflich sein, die Bestrafung der Schuldigen,
wie sie Prospero sich erdacht hat, durchzuführen. Er hat
zunächst den jungen Ferdinand, den Sohn des Königs, vom
Vater getrennt, der ihn in den Wellen untergegangen glaubt.
Er läßt den König in trostloser Trauer auf der Insel umher-
streifen. Schon bahnt sich unter seinem Gefolge ein neues
teuflisches Verbrechen an: Antonio beredet Sebastian zu
einem gemeinsamen Anschlag, er selbst will Alonso im Schlaf
töten, Sebastian soll Gonzalo umbringen. Aber Ariel greift
ein und verwirrt sie alle mehr und mehr, bis sie schließlich
mit Wahnsinn geschlagen umherirren. Der junge Ferdinand
ist inzwischen mit Miranda, Prosperos Tochter, zusammen-
getroffen. Prospero billigt die aufkeimende Liebe des jungen
Paares, unterzieht sie aber der Prüfung. Ferdinand muß eine
Zeitlang harte Arbeit verrichten, und beide müssen sich
standhaft in der Überwindung sinnlichen Begehrens bis zur
Hochzeitsfeier zeigen. Und noch eine dritte Aufgabe hat
Ariel. Zu Caliban, der immer wieder aufrührerische Gedan-

ken hegt, haben sich der Spaßmacher Trinculo und der betrunkene Kellermeister Stephano (Schiffbrüchige von des Königs Schiff) gesellt. Auch hier wird eine Revolution geplant. Caliban hofft, mit Hilfe Stephanos Prospero zu ermorden und sich in den Besitz der Insel zu setzen. Prospero hat aber alle Fäden sicher in der Hand. Zum Schluß offenbart er sich und wird vom König, der seine Tat bereut, wieder in sein Herzogtum eingesetzt. Ferdinand und Miranda werden ein beglücktes Paar. Caliban und seine Spießgesellen, die sich schon mit den gestohlenen Kleidern Prosperos als Herrscher fühlten, bekommen die verdiente Tracht Prügel. Prospero kann den Luftgeist Ariel entlassen und mit den Fürsten ausgesöhnt nach seinem Herzogtum zurückkehren.

Das tiefsinnige Märchendrama, mit dem Shakespeare seine Laufbahn als Bühnendichter abschloß, trägt alle Kennzeichen eines dichterischen Testaments. Am eindeutigsten wird dies in Prosperos Monolog zu Beginn des 5. Aktes klar, in dem der Beherrscher der Geister in einem großartigen Anruf an die Elementarwelt dem »grausen Zaubern« abschwört, den Zauberstab zerbricht und »manche Klafter« tief in die Erde versenkt. Heimgekehrt, soll sein »dritter Gedanke das Grab sein«, und ein Epilog bestätigt, daß nun alle seine Künste dahin sind. Mit gewohnter Meisterschaft entfaltet *The Tempest* noch einmal das Auf und Ab der Shakespeareschen Szenerie: Raub von Fürstenkronen, hinterhältiger Verrat, liebessehnsüchtige Jugend, randalierende Unterwelt (durch die Figur Calibans ungemein symbolkräftig erfaßt) und edles Menschentum in der großartigen Gestalt des weisen Prospero. Mit dem großen Spanier Calderón berührt sich Shakespeare, wenn er als Quintessenz »dies kleine Leben« von einem Schlaf umfaßt sein läßt und visionär »die wolkenhohen Türme, die Paläste, die hehren Tempel, selbst der große Ball, ja, was daran nur teil hat, untergehn«, wie Träume vorüberziehen sieht. (Reclams UB 46.)

BEN JONSON

* 11. Juni 1573 in Westminster (London)
† 6. August 1637 in London

Benjamin Jonsons Vorfahren stammten aus Schottland. Er besuchte in London die Schule von Westminster. Sein Stiefvater, ein Maurer, veranlaßte ihn, auch diesen Beruf zu erlernen. Ben Jonson lief jedoch bald davon, wurde Soldat in Flandern und kehrte 1592 nach England zurück, wo er in London als Schauspieler und alsbald auch als Bühnendichter hervortrat. Ein Duell mit einem Schauspieler der Truppe Henslowes, bei dem er den Gegner tötete, brachte ihn fast an den Galgen. Im Gefängnis trat er zum Katholizismus über, von dem er sich aber zwölf Jahre später wieder löste. Trotz mannigfacher Erfolge und Ehrungen starb der »poeta laureatus« krank und einsam. Er wurde in der Westminsterabtei neben den großen Dichtern seines Landes beigesetzt.

Ben Jonson verkörpert im Gegensatz zu Shakespeare den Typ des gelehrten, mit dem ganzen Bildungsballast seiner Zeit beladenen Dichters. Auch in seinen typisierenden Komödien unterscheidet er sich von den individuell charakterisierenden Shakespeares. Trotz dieses Wesensunterschiedes waren beide Dichter befreundet. Ben Jonson schrieb zur Folio-Ausgabe der Werke Shakespeares sein berühmt gewordenes Lobgedicht auf den »stolzen Schwan vom Avon«, in dem er prophetisch Shakespeares kommenden Ruhm voraussagt und ihn neben die großen griechischen Tragiker stellt.

Ben Jonson begann als Bühnendichter mit dem nach antikem Muster geformten Lustspiel *Jedermann hat seine Schwächen* (1598), dem er ein Jahr später noch ein ähnliches Stück *Jedermann ohne seine Schwächen* folgen ließ. Mit satirischen Lustspielen wie *Der dumme Teufel* und *Der Poetaster* (1601), die scharfe Angriffe gegen Zeitgenossen enthielten, erzielte er starke Publikumserfolge, zog sich aber auch viele Feindschaften zu. Sein Bedeutendstes schuf Ben Jonson mit den Sittenkomödien *Volpone* (1605), *Der Alchimist* und *Epicoene oder die schweigsame Frau* (1609). Weniger glücklich war er mit seinen Römertragödien *Der Fall des Sejanus* und *Catilina*. Für Hoffestlichkeiten schrieb er Masken-

(›Masques‹) und Zwischenspiele. Sein *Volpone* lebt heute
noch auf unseren Bühnen. *Die schweigsame Frau* wurde in
einer Bearbeitung von Stefan Zweig zum Opernlibretto für
Richard Strauss (siehe Reclams Opernführer).

Volpone

Komödie in vier Akten
Erste Aufführung: 1605 in London

P e r s o n e n : Volpone – Mosca, sein Haushofmeister – Voltore, Ad-
vokat – Corbaccio, ein Kaufmann – Bonario, sein Sohn – Corvino, ein
Patrizier – Celia, seine Nichte – Lord Patrick Wouldbee, ein reisender
Engländer – Lady Arabella, seine Frau – Der Oberrichter – Senatoren u. a.
O r t und Z e i t : Venedig, um 1605.

Volpone, ein in Venedig reich gewordener Ausländer, treibt
zusammen mit seinem Haushofmeister Mosca ein einträg-
liches Spiel: Volpone gibt vor, krank und nahe dem Tode zu
sein. Dies ist für eine Reihe von Erbschleichern Grund genug, immer wieder mit Geschenken bei Volpone vorzuspre-
chen, um im Testament bedacht zu werden. Es sind dies: der
ehrgeizige und gewissenlose Advokat Voltore, der alte Geiz-
hals Corbaccio und der nicht minder habgierige Patrizier
Corvino. Mosca verspricht einem jeden, daß er der alleinige
Erbe sein werde. Sie überbieten sich in Geschenken und An-
geboten. Corbaccio ist bereit, seinen Sohn Bonario zu ent-
erben und ein Testament zugunsten Volpones zu machen,
bloß um sich diesem gefällig zu erweisen. Und Corvino geht
sogar so weit, seine Nichte Celia, die er eigentlich selbst
gerne heiraten möchte, an Volpone zu verkuppeln, bloß um
über diesen Umweg dessen Vermögen zu ergaunern. Bei dem
schändlichen Unternehmen, Celia Volpone in die Hand zu
spielen, tritt aber Bonario, Corbaccios Sohn, der Celia liebt
und von ihr wiedergeliebt wird, dazwischen. Es kommt zum
Skandalauftritt in Volpones Haus, der ein gerichtliches
Nachspiel hat. Schon sind Bonario und Celia in höchster
Gefahr, da die Erbschleicher gegen sie unter einer Decke
stecken und auch Volpone, der sich schon entlarvt glaubte,
mit Moscas Hilfe weiterhin das falsche Spiel des alternden
kranken Mannes spielen kann. Da fängt sich Volpone in der
eigenen Schlinge. Er ist durch den für ihn günstigen Ausgang

der Gerichtsverhandlung übermütig geworden und möchte vor seinen Augen das Schauspiel genießen, wie sich die Erbschleicher um sein Vermögen raufen. Er läßt in Venedig seinen Tod verkünden, setzt Mosca zum Alleinerben ein und beobachtet hinter dem Vorhang seines Bettes den Kampf der sofort herbeieilenden ›Freunde‹. Er hat aber weder mit der Gerissenheit seines Kumpans Mosca gerechnet noch mit der Gerechtigkeit des Oberrichters von Venedig, der schon während des Prozesses die wahren Zusammenhänge zu durchschauen begonnen hatte. Mosca will von dem Testament, das ihn zum Alleinerben einsetzte, sofort Gebrauch machen, ohne Rücksicht auf seinen Herrn, und alles, was nicht niet- und nagelfest ist, auf ein Schiff bringen lassen, um damit ins Ausland zu fliehen. Voltore legt unter diesen Umständen dem Oberrichter gegenüber das Geständnis ab, daß seine Aussagen vor Gericht falsch waren. Im Höhepunkt der Verwicklung tritt der totgesagte Volpone selbst dazwischen. Der Oberrichter entzieht ihm aber sein Vermögen und läßt ihn zusammen mit Mosca nach dem Ausland schaffen, Voltore verliert seine Advokatur, Corvino wird die Vormundschaft über Celia genommen, und auch Corbaccio muß seinen Sohn für die erlittene Unbill entschädigen. Celia und Bonario werden ein beglücktes Paar, dem der Oberrichter die Hälfte des Vermögens von Volpone zuweist. In den Randfiguren eines reisenden Engländerpaares glossiert der Dichter Dünkelhaftigkeit und Bildungsstolz.

Als satirische Komödie mit ausgesprochenen Typen (der Dichter gibt den Figuren bezeichnenderweise Tiernamen: Volpone = der Fuchs, Mosca = Stechfliege, Corbaccio = der Rabe usw.) ist das Stück ein wesentlicher Schritt zur Typenkomödie des 17. Jahrhunderts. Molières *Geiziger* scheint hier ebenso vorgebildet wie entsprechende Figuren bei Holberg und Goldoni. Bewundernswert ist vor allem die dramaturgische Meisterschaft, die den Zuschauer zum Mitwisser macht und dadurch starke Effekte erzielt. Ludwig Tieck brachte 1793 eine Übersetzung des *Volpone* ins Deutsche unter dem Titel *Ein Schurke über den anderen oder die Fuchsprelle.* Eine in neuerer Zeit viel gespielte freie Bearbeitung der Komödie schuf Stefan Zweig (1926). Dem Original näher kommt die Übersetzung und Bearbeitung von Arthur Luther (1946), auf die sich die obige Inhaltsangabe stützt.

WILLIAM CONGREVE

* 10. Februar 1670 in Bardsey bei Leeds
† 19. Januar 1729 in London

*Der Dichter stammte aus einem alten Geschlecht in Stafford-
shire. Er studierte Jura in Dublin und kam 1688 nach London. Mit 17 Jahren schrieb er seinen ersten Roman, mit
23 Jahren sein erstes Lustspiel. Er lebte in guten Verhältnissen und war der besondere Günstling der Herzogin von
Marlborough. Der Bischof Jeremy Collier warf ihm Unsittlichkeit seiner Lustspiele vor. Krankheiten und Erblindung
verdüsterten sein Lebensende.*

»Ich bin kein Schriftsteller, ich bin ein Gentleman« sagte
Congreve zu Voltaire, als dieser ihn in London besuchte.
Und der bissige Franzose äußerte 1730, nach Congreves Tod,
die Stücke dieses Dichters seien vorzüglich, seine Figuren
sprächen wie Edelleute und handelten wie Schurken, was ein
Beweis dafür sei, »daß Congreve die Welt genau kannte und
in der sogenannten besseren Gesellschaft ein- und ausging«.
Es ist sicherlich kein Zufall, daß das erfolgreichste der Lustspiele dieses Engländers, *Liebe für Liebe,* heute auf deutschen Bühnen eine Renaissance erlebt. Die leicht satirische
Note, die feine Ironie, mit der die Gestalten aus der ›besseren Gesellschaft‹ charakterisiert werden, gehen mit den gesellschaftskritischen Tendenzen der Bühnenliteratur des
20. Jh.s konform. Das virtuose handwerkliche Können
– Congreve schreibt nur dankbare Rollen – sichert ihm zudem zu allen Zeiten das Interesse der Bühnen. In mancher
Pointe seines spritzigen Dialogs glaubt man schon die späteren Nachfahren, einen Oscar Wilde und G. B. Shaw, herauszuhören. Von nachhaltiger Wirkung erwiesen sich auch
die theoretischen Erörterungen Congreves über den Humor
und das Lachen, von denen die Erkenntnis, daß jeder Mensch
seinen eigenen, nur ihm zugehörigen Humor habe, die bedeutendste ist.

L i e b e f ü r L i e b e. Komödie in vier Akten (1695). –
Das Wesentliche an diesem Lustspiel ist nicht so sehr der
Inhalt als der witzige Dialog und die sichere Beherrschung
der Szene. Der junge Lebemann Valentine hat ein leicht-

sinniges und verschwenderisches Leben geführt und sieht sich
zu Beginn des Stückes harter Kritik seines zungenfertigen
Dieners Jeremy und seines zynischen Freundes Scandal ausgesetzt, vor allem was sein hoffnungsloses Werben um die
reiche Miss Angelica angeht, die er leidenschaftlich liebt.
Sein Vater, der reiche Witwer Samson Legend, will ihn ent-
erben und seinen andern Sohn, den schwadronierenden Seemann Benjamin, zum Erben einsetzen, ja – er bewirbt sich
schließlich selbst um Angelicas Hand. Angelica liebt aber im
geheimen Valentine und gibt ihm ihr Jawort, nachdem sie
erkannt hat, daß es Valentine nicht um ihr Geld, sondern
wirklich um sie geht. Liebe für Liebe soll und muß belohnt
werden ... Um diesen Handlungskern ranken sich verschiedene Nebenhandlungen, die alle gut durchgeführt und mit
wirkungsvollen Auftritten versehen sind. Da gibt es den
Schwätzer Tattle, der sich erst an die Unschuld vom Lande,
Miss Prue, heranmacht und zuletzt mit der nicht gerade sehr
keuschen Mrs. Frail verheiratet wird. Da ist Mr. Foresight,
Onkel und Vormund der Angelica, eifriger Astrologe, den
seine Sterne fortgesetzt betrügen und den Scandal mit seiner
zweiten Frau betrügt. Da ist eine besorgte Amme der Miss
Prue und ein steifer und gezierter Advokat Buckram. Alles
dreht sich um Geld, Liebe und Schlauheit, wobei immer ein
feiner Ton echter Lebenswahrheit mitschwingt, ohne daß die
Charakterisierung in die Tiefe ginge oder in der Kritik
aggressiv würde. Es war dem Dichter zweifellos nur um
wirkungsvolle, bühnengerechte Kontrastierung der Gestalten und um angenehme Unterhaltung für den Zuschauer zu
tun. (Reclams UB 8781.)

ANDREAS GRYPHIUS

* 2. Oktober 1616 in Glogau
† 16. Juli 1664 in Glogau

*Gryphius (eigentlich Greif) war der Sohn eines Predigers.
Er wuchs in Fraustadt, Görlitz und Danzig auf. 1638 bezog
er die Universität Leyden, wo er auch Vorlesungen hielt.
Von 1643 an finden wir ihn auf Reisen durch Holland,
Frankreich und Italien, 1646 in Straßburg und dann wieder*

in Danzig, von wo er 1647 in seine schlesische Heimat zu-
rückkehrte. Von 1650 bis zu seinem Tod war er Syndikus
bei den Ständen des Fürstentums Glogau. In den letzten
Lebensjahren wurden ihm mancherlei Ehrungen und vielsei-
tige Anerkennung als Dichter und Gelehrter zuteil.

Gryphius, die stärkste Begabung der deutschen Barockdichtung, hat sich zwischen Hans Sachs und Lessing entscheidend
um die Entwicklung einer deutschen dramatischen Kunst bemüht. Vielseitig gebildet und belesen, hat Gryphius sich sowohl in der Tragödie wie in der Komödie versucht. Für
erstere waren ihm vor allem die Trauerspiele des Holländers
Joost van den Vondel Vorbild, für letztere die römische
Komödie eines Plautus und Terenz. Doch waren ihm auch
Shakespeares Werke offenbar nicht unbekannt. Bereits der
Schüler in Fraustadt schrieb ein Trauerspiel *Der Kinds-*
mörder Herodes (1633), das verlorengegangen ist. Aus dem
Straßburger Jahr stammt das erste uns erhaltene Trauerspiel
Leo Armenius (1646; Reclams UB 7960/61). Es folgten
die Märtyrertragödie *Catharina von Georgien* (1647) und
die Liebestragödie *Cardenio und Celinde* (1647; Reclams
UB 8532). Diese ist unter den tragischen Arbeiten des Dichters zweifellos die bemerkenswerteste, sie wurde später noch
öfters bearbeitet (so z. B. von A. v. Arnim und von Immermann). Das Trauerspiel *Carolus Stuardus* (1649; Reclams
UB 9366/67) entstand kurz nach der Enthauptung des englischen Königs: eines der ersten deutschen historischen Trauerspiele. *Sterbender Papinian* (Reclams UB 8935/36), ein
Trauerspiel um den römischen Rechtsgelehrten und seine
Weigerung gegen das kaiserliche Verlangen nach Rechtsbeu-
gung, folgt dem Tacitus-Motto »Du bist in Zeiten hineingeboren, wo es angebracht ist, sich an Beispielen vorbildlicher Standhaftigkeit zu stärken«. Neben dem Pathos der
Tragödien steht mit der *Absurda Comica oder Herr Peter*
Squentz (1648/50) eine glänzende Satire auf das dilettie-
rende Schauspielertum in Anlehnung an das Rüpelspiel in
Shakespeares *Sommernachtstraum.* Eine der originellsten
Leistungen Gryphius' als Bühnendichter ist das Scherzspiel
Horribilicribrifax (um 1650), das mit sicherem Griff zeitgenössische Sittenschilderung mit bühnengerechter Typisie-
rung verbindet. Ein eigenartiges Erzeugnis seiner Muse bildet

das Doppelwerk der ineinander verflochtenen Stücke *Das
verliebte Gespenst* und *Die geliebte Dornrose* (zuerst aufgeführt 1660). Während das erste ein in Versen gehaltenes
Singspiel mit Personen der höheren Stände darstellt, ist
das zweite ein in niederschlesischer Mundart geschriebenes
Prosastück mit Personen aus dem Bauernstand. Man glaubt
bei den Dialektszenen der *Geliebten Dornrose* fast schon die
Sprache eines Gerhart Hauptmann herauszuhören.

Herr Peter Squentz. Schimpfspiel in drei Akten. –
Peter Squentz, Schreiber und Schulmeister zu Rumpelskir-
chen, beschließt, mit etlichen ehrsamen Handwerkern »eine
jämmerlich schöne Komödie zu tragieren«, in der Hoffnung,
nicht nur Ehre und Ruhm damit vom Junker König zu erlangen, »sondern auch ein Geschenk und gute Verehrung«.
Zur Darstellung soll die »tröstliche Komödie« von Piramus
und Thisbe gelangen. Die Rollenverteilung macht einige
Schwierigkeiten. Aber man einigt sich schließlich darauf, daß
Peter Squentz den Prolog und den Epilog spricht, des Königs lustiger Rat Pickelhering den Piramus spielt, Meister
Klotz-George, der Spulenmacher, die Thisbe. Und auch die
wichtigsten Dekorationsgegenstände sollen mit Personen be-
setzt werden. So wird Meister Kricks Überundüber, der
Schmied, den Mond vorstellen, Meister Bulla-Butän, der
Blasebalgmacher, die Wand, Meister Lollinger, der Leine-
weber und Meistersinger, den Brunnen. Die Rolle des Löwen
wird Meister Klipperling, dem Tischler, zugedacht. Die
Hofgesellschaft, bestehend aus dem König Theodorus, dem
Prinzen Serenus, der Königin Kassandra, der Prinzessin
Violandra und dem Marschall Eubulus, quittiert mit Dank
und mit Sinn für Humor das Anerbieten des Schulmeisters,
der sein »schön Spiel« über Gebühr anpreist: »schön wegen
der Materie, schön wegen der Komödianten und schön wegen der Zuhörer.« Niemals zuvor sei etwas Derartiges »tra-
gieret noch gedrucket« worden. Es soll auch keine »Sau«
(d. h. Fehler) darin vorkommen. Das Spiel um Piramus,
der sich mit seiner Geliebten durch ein Loch in der Wand
unterhält, sich mit ihr zu einem Stelldichein beim Monden-
schein verabredet, wobei dann ein Löwe Thisbe erschreckt,
Piramus sie von dem Löwen getötet glaubt und sich selbst
tötet, woraufhin sich auch Thisbe an seiner Leiche das Leben

nimmt, geht nun mit viel Geschrei und Streit der Darsteller untereinander vor sich. Es kommt sogar zu Prügeleien der Mimen während des Spiels. Auch fehlt es nicht an »Säuen«. Der König erweist sich aber als großmütig und läßt die Darsteller nach der Anzahl der »Säue« honorieren. Für einen Abend haben die Handwerker ihm und seiner Gesellschaft Kurzweil geboten, und die Zuschauer sind dabei vom Lachen müder geworden als vom Zusehen.

Im Vorwort zu dem Stück berichtet Gryphius, daß es schon vor seiner *Absurda Comica* einen *Peter Squentz* gegeben habe, dessen Verfasser Daniel Schwenter (1585–1636) war. Er habe das Spiel nur verbessert. Die ältere Vorlage stützte sich zweifellos auf das Rüpelspiel in Shakespeares *Sommernachtstraum*, der durch die englischen Komödianten schon zu Lebzeiten Shakespeares auf dem Festland bekannt geworden war. Was bei dem großen Briten nur Beiwerk zu seiner im übrigen in höchste Poesie getauchten Dichtung war, wird hier zur Hauptsache und zum reinen Schwank gemacht, der dem Darsteller alle Narrenfreiheit des Stegreifspiels gibt. Inwieweit Gryphius mit dem Lächerlichmachen der schauspielernden Handwerker die Überreste der theatralischen Bemühungen der Meistersänger hat treffen wollen, bleibt eine offene Frage. Sicherlich hat er mit der Figur des wichtigtuerischen Peter Squentz einen gewissen Schulmeistertyp seiner Zeit angreifen wollen. (Reclams UB 917.)

Horribilicribrifax. – Das Stück kreist um drei Frauen, die im Verlaufe des Scherzspiels ihren Männern zugeführt werden, und um zwei großsprecherische Hauptleute außer Diensten, die sich im Anpreisen ihres Heldenmutes überbieten und, wenn es darauf ankommt, rechte Hasenfüße sind. Da ist zunächst die hochmütige Selene, die nicht auf die guten Ratschläge ihrer Mutter Antonia hört, sondern auf der Verlobung mit dem einen der bramarbasierenden Hauptleute besteht. Sie hält ihn für reich, er sie ebenso. Tatsächlich sind sie aber beide arm. Das Ende ist, daß sie sich gegenseitig Betrug vorwerfen. Erst ganz am Schluß des Stückes führt der Statthalter durch Übertragung eines Garnisonkommandos an den Hauptmann die Möglichkeit für eine Eheschließung herbei. Da ist weiter die von echter Liebe zu dem wohlhabenden Jüngling Palladius erfüllte Coelestina. Sie

läßt von ihrer Liebe nicht ab, obwohl Palladius nicht für sie
bestimmt erscheint. Am Ende siegt aber ihre Standhaftigkeit
über alle Widerstände. Palladius, vom Fürsten zum Marschall erkoren, erkennt, welchen Schatz er in Coelestinas
Treue und Zuneigung besitzt, und nimmt sie zu seiner Frau.
Und da ist schließlich die keusche und ihre Keuschheit bis
zum Äußersten verteidigende Sophia, die nicht nur den
leichtsinnigen Reden ihrer Mutter Flaccilla Widerstand leisten, sondern sogar eine (allerdings nur als Prüfung ge-
dachte) gewaltsame Entführung über sich ergehen lassen
muß. Sie besteht alle Proben auf ihre Tugend glänzend und
wird die Gattin des Statthalters Cleander, der sie königlich
zu belohnen weiß. Und noch ein viertes Paar hat der Dichter in die Handlung eingeflochten: die Kupplerin Cyrilla
und den »alten verdorbenen Dorfschulmeister von großer
Einbildung« Sempronius, der fast nur in lateinischen und
griechischen Zitaten spricht und den Cyrilla mit List einzufangen weiß. Des Sempronius Neigung gilt an sich Coelestina. Dies nutzt Cyrilla aus, indem sie sich im Garten
Coelestinas bei Nacht mit Sempronius trifft, der die Kupplerin für die Geliebte hält. Als der Irrtum an den Tag
kommt, gibt es eine köstliche Prügelszene zwischen dem
Schulmeister und der Kupplerin, die sich aber in Wohlgefal-
len auflöst, als beide erkennen, daß es klüger ist, sich zu
vertragen und zu ehelichen. Den eigentlichen komödiantischen Mittelpunkt des Stückes bilden jedoch die beiden
prahlerischen, mit französischen, italienischen und spanischen
Redensarten freigebig um sich werfenden Hauptleute Don
Horribilicribrifax und Don Daradiridatumtarides samt
ihren Dienern Don Cacciadiavolo, Don Diego und Harpax.
Diese sind dazu da, ihren Herren bei ihren Aufschneidereien
zu sekundieren, zeigen sich aber auch schlau genug, sie gelegentlich gerade durch Ausspinnen ihrer Lügenmärchen zu
blamieren. Mit großer Kunst hat der Dichter den Zusammenprall der beiden Bramarbasse fast bis zum Ende des
Stückes aufgehoben. In einer meisterhaft angelegten Szene
treten sich hier die Maulhelden im Duell gegenüber – Horribilicribrifax als Verteidiger der Ehre Selenes –, um sich, ehe
es zum Gefecht kommt, als angeblich alte Kriegskameraden
und Waffenbrüder in die Arme zu sinken. Das an sich schon
reiche Personal des Stückes wird noch ergänzt durch den

Juden Isaschar, der mit hebräischen Vokabeln aufwartet, und durch den Edelknaben Florian, der als Diener des Palladius mit viel Grazie und Charme durch das Stück trällert.

Gryphius schrieb mit dem *Horribilicribrifax* sein bestes Bühnenstück. Das meiste an ihm beruht auf eigener Erfindung. Für die beiden angeberischen Hauptleute hat der *Miles gloriosus* des Plautus Pate gestanden, für die Kupplerin Cyrilla dürfte die altspanische *Celestina* einige Züge geliefert haben. Die kunstvoll verschlungene Handlung wird vom Dichter mit sicherer Hand durchgeführt, sie gibt ein farbenprächtiges Bild origineller Frauen- und Männergestalten mit dem Kolorit der Zeitverhältnisse in Deutschland nach dem Dreißigjährigen Krieg. Auch heute noch vermag das Werk auf der Bühne zu fesseln.

PIERRE CORNEILLE

* 6. Juni 1606 in Rouen
† 1. Oktober 1684 in Paris

Corneille war der Sohn eines Advokaten, er besuchte das Jesuitenkollegium in Rouen und wurde gleichfalls Advokat. Mit 23 Jahren begann er erfolgreich als Lustspieldichter seine literarische Laufbahn, kam nach Paris und wurde 1634 dem Kardinal Richelieu vorgestellt, der ihn in sein Autorenkollegium berief, später aber den »Cid« bemängelte. Auf der Höhe seiner Erfolge wurde Corneille Mitglied der Académie Française und bezog eine Rente des Königs. Seine Zeitgenossen nannten ihn »Le Grand«. 1652 zog er sich, verärgert durch Mißerfolge, für sieben Jahre vom Theater zurück, um später doch noch einige Bühnenwerke zu schreiben. Er überlebte seinen Ruhm und starb arm und verlassen.

Corneille ist der Schöpfer des klassischen Dramas der Franzosen, eines ausgeprägten Stiltheaters, das von Formenstrenge beherrscht, zugleich aber von echter Theatralik erfüllt ist und das in pathetischen Gesten und Reden vor allem den Ideen von Ruhm und Ehre das Wort redet. Nach der jugendlich-beschwingten Pastoralkomödie *Mélite*, durch die Corneille, inspiriert von einem Liebeserlebnis, zum

Dichter wurde, ist die *Medea* (1635) der entscheidende Schritt zur Stiltragödie, die dann im *Cid* (1636) sogleich ihre Höhe und beispielhafte Verwirklichung erreichte. In den Römertragödien *Horace* (1640) und *Cinna* hielt der Dichter diese Linie ein unter noch strengerer Beobachtung der von der Akademie geforderten Grundregeln der Einheit von Zeit, Raum und Handlung. Im *Polyeucte* (1643) sind römisches Heldentum und christliches Märtyrertum eindrucksvoll einander gegenübergestellt. Mit dem *Lügner* (1643; Reclams UB 1217) schrieb Corneille auf Grund einer spanischen Vorlage ein erstes, bedeutsames Charakterlustspiel, das der kommenden Charakterkomödie den Weg bahnen sollte. Von seinen späteren Werken ragt noch ein *Ödipus* (1659) und das zur Vermählungsfeier Ludwigs XIV. geschriebene Festspiel *Das goldene Vlies* (1660) hervor. Bemerkenswert sind auch die gegen Ende seines Lebens herausgegebenen *Trois discours sur l'art dramatique* (Drei Reden über die dramatische Kunst), in denen er sich, ebenso wie in den Vorreden zu seinen Stükken, mit den Regeln des Aristoteles auseinandersetzt und grundlegende Erkenntnisse zur Kunst des Dramas vermittelt.

Die Beurteilung Corneilles durch die Nachwelt ist sehr unterschiedlich gewesen. Während Goethe sagte, von ihm gehe eine Wirkung aus, die fähig sei, Heldenseelen zu bilden, tadelte Schiller an ihm »die Armut der Erfindung, die Magerkeit und Trockenheit in der Behandlung der Charaktere, die Kälte der Leidenschaften, die Lahmheit und Steifigkeit im Gange der Handlung«. Napoleon meinte auf St. Helena: »Ich hätte einen Dichter wie Corneille zum Fürsten ernannt.« Ähnlich hoch ist die Bewertung durch Nietzsche.

Der Cid

Tragische Komödie in fünf Akten
Erste Aufführung: 1636 in Paris

P e r s o n e n : Don Ferdinand, König von Castilien – Doña Urracca, Infantin – Don Rodrigo, gen. der Cid – Don Diego, sein Vater – Don Gomez, Graf von Gormas – Ximene, seine Tochter – Don Sancho – Don Arias – Don Alonso – Leonore, Erzieherin der Infantin – Elvire, Erzieherin Ximenes, u. a.
O r t u n d Z e i t : In Sevilla, 11. Jh.

Ximene liebt den jungen, tapferen Don Rodrigo. Da auch
die beiderseitigen Väter einer Heirat gewogen sind, scheint
einer Eheschließung nichts im Wege zu stehen. Die Infantin,
die gleichfalls Rodrigo liebt, ist edelmütig genug, zurückzu-
treten. Da macht ein plötzlich aufflammender Streit zwischen den Vätern der Liebenden, bei welchem Don Gomez
den alten Diego schlägt, dem Glück ein jähes Ende. Diego
sieht sich außerstande, die Beleidigung selbst zu rächen, und
überläßt dies seinem Sohn Rodrigo. Dieser tötet Don Gomez
im Zweikampf. Nun ist ein doppelter Konflikt gegeben:
Ximene, die Rodrigo liebt, muß bei dem König um der Ehre
willen die Bestrafung des Mörders, der ihr Geliebter ist,
verlangen. Rodrigo muß um der Ehre seines Vaters willen
zu seiner Tat stehen. Er sieht nur noch einen Ausweg: den
Tod. Doch sein Vater weist ihm einen anderen Weg. Sevilla
ist von neuem durch einen Einfall der Mauren bedroht.
Todesmutig wirft sich Rodrigo in den Kampf und erringt in
einem kühnen Überfall einen vollständigen Sieg über die
Feinde, bei dem er zwei ihrer Könige gefangennimmt, die
ihn in ihrer Sprache als Cid (= Herr) begrüßen. Don Ferdinand, Castiliens König, verleiht ihm diesen Namen als
Ehrennamen und sieht in dieser kühnen Waffentat Rodrigos
Schuld an dem Zweikampf mit Gomez gesühnt. Doch Ximene, tief durchdrungen vom dem Ehrbegriff, fordert auch jetzt
noch Rache für den Mord an ihrem Vater. Don Ferdinand
bestimmt einen Zweikampf zwischen Don Rodrigo und Don
Sancho, der Ximene gleichfalls liebt und für sie zu kämpfen
bereit ist. Dem Sieger soll Ximene die Hand reichen. Rodrigo
ist entschlossen, sein Leben dabei freiwillig hinzugeben, damit die Ehre der Geliebten wiederhergestellt werde und kein
Makel auf ihm selbst laste. Das Geständnis Ximenes, daß
sie ihn noch immer liebe, stimmt ihn jedoch um. Nun wird
er um sie kämpfen! Im Zweikampf siegt Rodrigo. Doch
schont er den Gegner, der bereit war, für Ximene sein Blut
hinzugeben. Dann wirft er sich dem König zu Füßen, der
bestimmen soll, was zu geschehen habe. Don Ferdinand entscheidet, daß Rodrigo erneut gegen die Mauren ziehen und
sie in ihrem eigenen Lande schlagen solle. Nach einem Jahr
soll dann die Vermählung Rodrigos mit Ximene stattfinden.

Der Dichter schrieb sein Stück um den spanischen Natio-
nalhelden nach älteren Vorlagen; die unmittelbare Quelle

sind die *Mocedades del Cid* von Guillém de Castro. Mit
dem *Cid* wurde Corneille zum Begründer des nach strengen
Regeln gebauten französischen klassizistischen Dramas.
Wenn uns heute auch der überspitzte Ehrbegriff, der das
Stück beherrscht, überholt erscheint und die Konstruktion
der Handlung schematisch aufgebaut wirkt, so bleibt doch
die dramatische Struktur bewundernswert. Eine gespannte
Situation löst die andere ab. Der Konflikt, in den die Liebenden gestellt sind, ist zwingend. Die das Ganze beherrschende Idee des Vorrechts der Ehre vor allen anderen Begriffen, mit Ausnahme des Staatsbegriffes, dem auch die
private Ehre sich zu beugen hat, tritt überzeugend in Erscheinung. Das Pathos der Rede, mit der die Personen ihre
Handlungsweise begründen, ist mitreißend. Zahlreiche Nachdichtungen und Umarbeitungen, auch als Oper, zeugen von
der weithin reichenden Ausstrahlung des Werkes auf die
europäische Theaterkultur. (Reclams UB 487.)

JEAN RACINE

* 21. Dezember 1639 in La Ferté-Milon
† 21. April 1699 in Paris

Racine entstammte einer Familie des Amtsadels. Früh ver-
waist, wurde er von seinem Großvater erzogen. 1651 bis
1655 besuchte er das Kolleg von Beauvais. Mit 16 Jahren
trat er in die Schule der »Messieurs de Port Royal« ein, auf
der er mit der für die damalige Zeit bedeutsamen katholi-
schen Richtung des Jansenismus bekannt wurde, die die Leh-
ren des Augustinus vertrat. Eine Ode auf den König ver-
schaffte ihm 1660 eine Gratifikation. 1664 führte Molière
eines seiner Stücke in Paris auf. Nach mannigfachen Erfol-
gen und Mißerfolgen in Paris kehrte Racine 1677 dem
Theater für zwölf Jahre den Rücken. In dieser Zeit war er
als Vorleser und Hofhistoriograph des Königs tätig und be-
gleitete ihn auf seinen Feldzügen. Durch Frau von Mainte-
non angeregt, schrieb er später noch biblische Stücke für das
Pensionat von St. Cyr. Er starb mit 60 Jahren an einer ver-
spätet durchgeführten Operation.

Racine stellt gegenüber Corneille das seelenvollere Element der französischen Klassik dar. Zwar dominieren auch bei ihm der formstrenge Bau der Handlung, das Pathos des Gefühls und die Gestik der Sprache. Aber neben den Staats- und Ehrbegriffen gibt er den menschlichen Leidenschaften Raum, verleiht insbesondere den Frauengestalten seiner Werke Beseelung und Tiefe. Mit der *Andromache* (1667) nach dem gleichnamigen Stück seines Lieblingsdichters Euripides beginnt seine große Zeit. Der Erfolg der Tragödie entfachte nach zeitgenössischem Urteil die gleiche Begeisterung wie ein Menschenalter zuvor Corneilles *Cid*. Es folgten das Lustspiel *Les plaideurs* (1668; nach Aristophanes' *Wespen*), die Römertragödie *Britannicus* (1669), das lyrisch gehaltene dramatische Gedicht *Bérénice* (1670; Reclams UB 8909), die orientalische Palasttragödie *Bajazet* (1672) und die vielgerühmte *Iphigenie in Aulis* (1674). Mit der *Phädra* (1677) erreichte sein Genie den Höhepunkt. Allerdings wurde gerade dieses Werk von den Zeitgenossen angegriffen, was den leicht verletzlichen Dichter tief kränkte und ihn veranlaßte, sich vom Theater zurückzuziehen. Erst zwölf Jahre später fand er mit den biblischen Dramen *Esther* (1689) und *Athalie* (1691) wieder zur Bühne.

Nachdem lange Zeit in Deutschland infolge Lessings scharfer Polemik eine gewisse Voreingenommenheit gegen das französische klassizistische Drama geherrscht hatte, erkennen wir heute wieder seine besonderen Schönheiten und dichterischen Werte, vor allem im Drama Racines. Schiller bahnte hierfür durch seine *Phädra*-Übersetzung den Weg, und in neuester Zeit hat die vorzügliche Übersetzungsarbeit von Arthur Luther, Rudolf Alexander Schröder, Wilhelm Willige und Max Kapp nicht wenig zu einer gerechteren Würdigung des Dichters beigetragen. Auch auf den Bühnen erscheint er wieder häufiger, nicht nur mit der *Phädra*, sondern auch mit *Bérénice* und anderen Werken.

Phädra

Tragödie in fünf Akten
Erste Aufführung: Januar 1677 in Paris

P e r s o n e n : Theseus, König von Athen – Phädra, seine Gemahlin –
Hippolyt, Theseus' Sohn aus erster Ehe – Aricia, aus dem königlichen
Geschlecht der Palantiden in Athen – Oenone, Amme und Vertraute der
Phädra – Theramen, Erzieher des Hippolyt – Ismene, Vertraute der
Aricia – Panope, im Gefolge der Phädra.
O r t   u n d   Z e i t : Troezene im Peloponnes, offene Halle im könig-
lichen Palast, griechische Vorzeit.

Hippolyt, der Sohn des Theseus und der Amazonenkönigin
Antiope, will Troezene verlassen, um seinen Vater zu
suchen und gleichzeitig vor der Liebe zu fliehen, die ihn zu
Aricia, der Gefangenen seines Vaters, erfaßt hat. Phädra,
die zweite Gattin des Theseus, ist von verzehrender Liebesleidenschaft zu Hippolyt beseelt und gesteht in großer Verzweiflung ihrer Amme Oenone ihre verbrecherische Neigung. Phädra will am liebsten sterben. Die Nachricht von
Theseus' Tod verändert die Situation. Oenone überredet die
Königin, nunmehr ohne Scham ihre Liebe zu gestehen.
Phädra folgt diesem Rat. Doch Hippolyt wendet sich entrüstet von ihr ab und will Aricia fliehen, um ihr, die
durch ihre Geburt einen Anspruch auf den athenischen
Königsthron hat, zu ihrem Recht zu verhelfen. Die Heimkehr des Theseus, der fälschlich totgesagt war, treibt die
Handlung zur Katastrophe. Phädra läßt sich von Oenone
überreden, es zu dulden, daß Hippolyt bei Theseus durch
den Mund der Amme des Verbrechens angeklagt wird, dessen Phädra selbst schuldig ist. Theseus rast vor Wut und
verweist Hippolyt, der edel genug ist, zu schweigen, des
Landes. Phädras Seelenqualen werden noch dadurch erhöht,
daß sie von der Liebe Hippolyts zu Aricia erfahren muß.
Noch ehe Theseus völliges Licht in das Dunkel der Liebesbeziehungen gebracht hat, erfüllt sich der Fluch, den er auf
das unschuldige Haupt des Hippolyt von Poseidon herab-
beschworen hat. Theramen berichtet von dem furchtbaren
Ende des unglücklichen Jünglings: ein Meeresungeheuer hat
ihn mit giftigem Hauch getötet. Phädra vollzieht die Sühne
für ihre Schuld an sich selbst, indem sie Gift nimmt. Die

Amme Oenone hat sich schon vor ihr durch Sturz ins Meer getötet. Der erschütterte Theseus kann nur noch Aricia an Tochterstatt annehmen und damit einen letzten Wunsch des sterbenden Hippolyt erfüllen, der sie durch den Mund des Theramen dem Schutze des Königs anvertrauen ließ.

Die Tragödie, die sich durch edlen Schwung der Sprache, kunstvollen Aufbau der Handlung und sichere psychologische Motivierung auszeichnet, baut auf dem *Hippolytos* des Euripides auf. Einige Züge lieferte auch die dem attischen Dichter nachgebildete Tragödie des Römers Seneca. Der Hauptunterschied gegenüber den antiken Vorbildern liegt in der Zeichnung des Hippolyt, der nicht, wie dort, der Frauenliebe ganz entsagt hat, sondern in Aricia das Ziel seiner Wünsche erblickt. Im Gegensatz zu Euripides' Tragödie, in der die Amme das Geheimnis der Liebe an Hippolyt verrät, gesteht Phädra hier selbst ihre Liebe. Und schließlich ist Phädra bei dem französischen Dichter nur mittelbar schuld an der Verleumdung des Hippolyt. »Ich habe versucht, Phädra etwas weniger hassenswert erscheinen zu lassen als bei den Alten, wo sie selbst sich entschließt, den Hippolyt anzuklagen«, schreibt Racine in der Vorrede zu dem Stück. »Ich habe geglaubt, Verleumdung sei etwas zu Unwürdiges, zu Gemeines, um einer Fürstin in den Mund gelegt zu werden, die sonst so vornehm und tugendhaft empfindet. Eine so niedrige Handlung schien mir eher zur Dienerin zu passen, der man solche Gesinnung wohl zutrauen könnte und die trotzdem die falsche Anklage nur vorbringt, um Leben und Ehre ihrer Herrin zu retten. Phädra läßt sie gewähren, weil sie sich in einer Geistesverfassung befindet, die sie völlig aus dem inneren Gleichgewicht bringt, und sie erscheint ja auch gleich darauf in der Absicht, die Unschuld zu rechtfertigen und die Wahrheit zu bekennen.« Wir sehen, wie sehr der Dichter um eine tiefere Motivierung der tragischen Vorgänge bemüht war. Das Stück, das zu den Spitzenwerken der französischen klassischen Dichtung gehört, wurde von Schiller glanzvoll ins Deutsche übersetzt, der jedoch den französischen gereimten Alexandriner-Vers in die fünffüßigen Jamben des deutschen klassischen Dramas umwandelte. (Reclams UB 54.)

MOLIÈRE

* 15. Januar 1622 in Paris, † 17. Februar 1673 in Paris

*Jean Baptiste Poquelin war der älteste Sohn eines Hof-
tapezierers. Von 1636 bis 1641 besuchte er das vornehme
Jesuitenkolleg Clermont in Paris. Auf die Nachfolge seines
Vaters in dessen Stellung am Hofe verzichtete er. Für kurze
Zeit studierte er Jura in Orléans, 1642 lernte er die Schauspielerin Madeleine Béjart kennen, gründete mit ihr und
anderen 1643 das »L'Illustre Théâtre«, den Vorläufer der
»Comédie Française« und nannte sich seitdem Molière. Nach
langjährigen Wanderfahrten (vorwiegend im Süden Frankreichs) konnte sich die Truppe schließlich 1658 in Paris nie-
derlassen, wo Molière den besonderen Schutz des Königs
Ludwig XIV. genoß und wo ihm 1660 das »Théâtre du
Palais Royal« übertragen wurde. In Paris entstanden die
wichtigsten seiner Werke, vielfach umbrandet von Intrigen
und Verleumdungen, vor allem im Zusammenhang mit dem
»Tartuffe«. Seit langem leidend, starb er 1673 unmittelbar
nach einer Vorstellung des »Eingebildeten Kranken«. Der
Erzbischof von Paris untersagte das christliche Begräbnis,
der König jedoch gestattete es.*

Molière stellt, neben Shakespeare, den seltenen Fall dar, daß
sich der Berufsschauspieler und das dichterische Genie in
einer Person vereinen. Seine Werke, von denen 32 erhalten
sind, repräsentieren mit den Tragödien Corneilles und
Racines das klassische französische Theater, und zwar wurde
Molière zum Schöpfer der französischen Komödienkunst, ja
zum Begründer der neueren Charakterkomödie überhaupt.
Als das Ziel seiner Kunst hat er selbst einmal bezeichnet,
»sich mit den lächerlichen Zügen der Menschheit zu befassen und die Gebrechen, die alle Welt hat, auf dem Theater
angenehm zu machen«. Er nimmt sich dabei mit nahezu
programmatischer Konsequenz der Reihe nach die verschiedensten Laster seiner Zeit und Schwächen der Menschheit
überhaupt vor: Heuchelei, Lüge, Geiz, Scharlatanerie, Schöngeisterei, Erbschleicherei, Parvenutum u. a. Ausgestattet mit
einem scharfen Verstand, rückte er diesen Lastern unbarmherzig zu Leibe und deckte sie schonungslos auf. Theater-

geschichtlich noch vielfach in der älteren französischen Farce und der italienischen Commedia dell'arte verwurzelt, führte Molière durch zugespitzte Charakteristik, Herausmeißelung bestimmter menschlicher Eigenschaften in sinnbildhafter Typik die Kunst der Komödie auf einen weithin leuchtenden Gipfel. Von der menschlichen Seite aus betrachtet, durchzieht das Werk dieses großen und echten Komödianten bei aller Ausgelassenheit ein spürbarer Hang zur Melancholie. Viel mag dazu beigetragen haben, daß es ihm, dem tiefen Welt- und Menschenkenner, nicht gelang, seine um zwanzig Jahre jüngere Frau, die Tochter der einstmals von ihm verehrten Schauspielerin Béjart, wirklich an sich zu fesseln. Nicht nur der *Misanthrop*, auch zahlreiche Stellen in anderen Werken des Dichters scheinen von dieser Tragik zu künden.

Die Erfolgsserie seiner Stücke begann mit der Komödie *L'etourdi* (1655; *Der Unbesonnene* – in neuerer Zeit auch unter dem Titel *Der Wirrkopf* in der Übersetzung von Hans Weigel aufgeführt). Es folgten *Der Liebeszwist* (1656) und *Die lächerlichen Preziösen* (1659), eine Satire auf das überspannte Literatentum in weiblichen Kreisen jener Zeit. Bereits in diesem Werk warf Molière, der selbst die Rolle des Mascarille spielte, falscher höfischer Unnatur den Fehdehandschuh hin. In den beiden Lustspielen *Die Schule der Männer* (1661) und *Die Schule der Frauen* (1662; Reclams UB 588) werden Ehemänner, die allzu klug handeln möchten, von weniger klugen Frauen hinters Licht geführt. Mit dem *Tartuffe* (1664), seinem Meisterwerk, zog sich Molière die Feindschaft der Geistlichkeit zu, die über seinen Tod hinaus anhalten sollte und nur durch die schützende Hand des Königs beschwichtigt wurde. Auf das große Selbstbekenntnis des *Misanthrop* (1666) folgten unter anderen Werken: das Lustspiel *Amphitryon* (1668; Reclams UB 8488), in dem die Beziehung des Königs zur Marquise de Montespan eine symbolisierende mythologische Rechtfertigung erhält, die Komödie *George Dandin* (1668), in der viele eine schmerzliche Klage des betrogenen Ehemannes Molière erblicken wollen, die Charakterkomödie *Der Geizige* (1668) mit der überlebensgroßen Titelfigur des Harpagon und mehrere Ballettkomödien (gemeinsam mit dem Komponisten Lully) – unter ihnen die bekannteste *Der Bürger als Edel-*

mann (1670). 1671 folgte die Komödie *Scapins Streiche* (Reclams UB 8544). Abschluß seiner ruhmreichen Dichterlaufbahn sind die beiden Komödien *Die gelehrten Frauen* (1672), eine neuerliche Verspottung weiblicher Blaustrümpfe, und *Der eingebildete Kranke* (1673).

Die Wirkung der Molièreschen Komödien war ebenso groß auf die Mitwelt wie die Nachwelt. Zu seinen besonderen Verehrern zählte Goethe, der nicht müde wurde, sein Genie, vor allem als echter Theaterdichter, zu rühmen. Um Übersetzungen ins Deutsche machten sich Wolf Graf Baudissin, Adolf Laun, Ernst Leopold Stahl und Ludwig Fulda verdient. Neuere Übertragungen von Arthur Luther, Rudolf Alexander Schröder, Reinhard Koester, Johannes von Guenther, Max Kapp, Hans Weigel u. a.

Tartuffe

Komödie in fünf Akten
Erste Aufführungen: 12. Mai 1664 in Versailles
und 5. August 1667 in Paris

P e r s o n e n : Tartuffe, ein Scheinheiliger – Madame Pernelle – Orgon, ihr Sohn – Elmire, dessen Frau – Damis, Orgons Sohn – Mariane, Orgons Tochter – Valère, Marianes Verlobter – Cléante, Orgons Schwager – Dorine, Kammermädchen – Loyal, Gerichtsbeamter – Ein Polizeioffizier u. a.
O r t und Z e i t : Paris, in Orgons Haus, 17. Jh.

In Orgons Haus ist große Unruhe gekommen, seit der Hausherr den scheinheiligen Herrn Tartuffe aufgenommen hat. Während Orgons Mutter, Madame Pernelle, und der Hausherr selbst die Partei Tartuffes ergreifen, dessen Frömmigkeit sie für echt halten und dem sie restlos vertrauen, ist die übrige Familie anderer Ansicht und beklagt sich bitter über den von der Straße aufgelesenen Mann, hinter dessen scheinheiligem Wesen sich nichts als Eigennutz und Lüge verberge. Aber Orgon ist nicht zu überzeugen, weder durch die besonnenen Warnungen seines Schwagers Cléante noch durch die Spötteleien der zungenfertigen Dorine. Als Orgon sogar so weit geht, die Hand seiner Tochter Mariane, die bereits dem von ihr geliebten Valère verlobt ist, dem Herrn Tartuffe zu versprechen, hat Dorine alle Mühe, wenigstens einen Aufschub dieses Vorhabens zu erreichen. Tartuffe wähnt sich im Schutze Orgons so sicher, daß er es wagt, Elmire, der Gattin Orgons, eine Liebeserklärung zu machen. Hierin von Damis, dem Sohne Orgons, belauscht, ist er der Entlarvung nahe. Doch sein unterwürfiges und heuchlerisches Wesen rettet ihn noch einmal. Orgon ist so blind, den heftig anklagenden Sohn aus dem Hause zu weisen. Und damit nicht genug: Orgon überschreibt Tartuffe auch noch sein Haus zum Eigentum und hält unabänderlich an dem Plan fest, ihn zum Schwiegersohn zu machen. Nun bleibt Elmire, der Gattin, nichts anderes übrig, als ein gewagtes Spiel zu treiben. Sie wird Tartuffe ihrem Gatten in flagranti vorführen. Sie veranlaßt Orgon, sich unter dem Tisch zu verstecken, um Zeuge zu sein, wie sich Tartuffe ihr mit unzüchtigem Werben nähert. Das Spiel gelingt. Endlich ist Orgon von dem schurkischen Charakter Tartuffes überzeugt. Er wirft ihn aus dem Hause. Doch nun reckt sich dessen Teufelei zu gewaltiger Größe empor. Er pocht auf die Abtretungsurkunde, mit der Orgon ihm sein Haus schenkte, und weist seinerseits Orgon mit seiner Familie aus dem Haus. Die tragische Situation spitzt sich noch weiter zu, als herauskommt, daß Orgon in seiner Vertrauensseligkeit den Heuchler in den Besitz eines Kästchens mit wichtigen Dokumenten gesetzt hatte, mittels derer Tartuffe in der Lage ist, den armen Orgon bei dem König wegen Unterstützung eines politischen Flüchtlings zu verklagen. Schon erscheint der Gerichtsvollzieher Loyal, um Orgon und seine Familie aus dem Haus zu vertreiben, als ein Polizeioffizier in letzter Stunde die Rettung bringt. Der König hat den ganzen Betrug durchschaut. Tartuffe, ein seit langem gesuchter Betrüger, muß hinter Schloß und Riegel. Orgon bekommt sein Eigentum zurück. Valère, der sich in der Stunde der Not als treuer Freund des Hauses Orgon bewährt hatte, erhält Marianes Hand.

Die Komödie, eine scharfe Anklage gegen die Heuchelei unter dem Deckmantel der Frömmigkeit, stellt in der Konzentration der Handlung, der Charakteristik und der Verskunst einen Höhepunkt in Molières Schaffen dar. Besonders Tartuffe, der erst im 3. Akt auftritt, ist sofort mit wenigen Worten glänzend umrissen. Er entbehrt nicht einer gewissen dämonischen Größe, wenn er in letzter Konsequenz seiner

boshaften Natur sogar den für ihn gefährlichen Schritt
wagt, den betrogenen Orgon um sein Hab und Gut zu bringen. Mit sicherer Hand sind auch alle übrigen Figuren des
Stückes lebensvoll gezeichnet. Sogar aus der nur ganz am
Schluß auftretenden Gestalt des Gerichtsbeamten Loyal
macht Molière ein Kabinettstück feinster, hintergründiger
Komik. Die Exposition der Komödie nennt Goethe »das
Größte und Beste, was in dieser Art vorhanden«. Der vielfach getadelte Schluß (das Eingreifen des Königs als Deus ex
machina) ist künstlerisch zwingend und sollte dem Dichter
nicht nur als Huldigung vor seinem König Ludwig XIV. ausgelegt werden. Das Stück trug Molière heftige Feindschaften
des Klerus sowie mannigfache Verbote ein, die jedoch Ludwig XIV. aufhob. Auf eine Aufführung des noch nicht vollständigen Werkes vor dem König in Versailles 1664 folgte
die erste öffentliche 1667 in Paris unter dem Titel *Der Betrüger.* Aber erst 1669 erfolgte die endgültige Freigabe. Die
Anziehungskraft des Stückes hat bis heute nicht nachgelas-
sen. (Reclams UB 74.)

Don Juan oder Der steinerne Gast. Komödie
in fünf Akten (1665). – Don Juan hat Doña Elvira geheiratet, die seinetwegen das Kloster verlassen hatte. Gleich nach
der Hochzeit hat sich Don Juan aber auf und davon gemacht. »Das ganze Vergnügen an der Liebe beruht auf dem
Wechsel«, ist seine Parole. Er befindet sich mit seinem Diener Sganarelle in Sizilien, wo neue Abenteuer mit zwei
Landmädchen winken, denen er beiden die Ehe verspricht.
Doch ehe sich die hieraus entstehenden Verwicklungen gelöst
haben, drohen neue Konflikte: Don Carlos und Don Alonso,
die Brüder der Elvira, sind Don Juan gefolgt, um die betrogene Schwester zu rächen. Da Don Juan dem einen der
Brüder, Don Carlos, der von Räubern überfallen wird, das
Leben rettet, erhält er noch einmal Aufschub. In grenzenlosem Übermut lädt er die Statue des Komturs, den er im
Zweikampf ermordete, als der Komtur die Ehre seiner Tochter Doña Anna wahren wollte, zum Gastmahl zu sich ein.
Ehe sich sein Schicksal erfüllt, treten zwei gewichtige Warnungen an ihn heran. Sein Vater Don Luis erscheint, um ihn
von seinem leichtsinnigen Lebenswandel auf den Pfad der
Tugend zurückzuführen. Die Reue, die Don Juan ihm gegen-

über zeigt, ist jedoch nur geheuchelt. Dann erscheint noch einmal Doña Elvira. Sie ist entschlossen, ins Kloster zurückzukehren, möchte aber den einstmals Geliebten vor dem Untergang bewahrt wissen und redet auch ihrerseits ihm nachdrücklich ins Gewissen. Vergeblich. Don Juan empfindet bei ihrem Anblick nichts anderes als ein neu erwachtes sinnliches Gelüsten nach ihr. Und schon naht die Statue des Komturs als steinerner Gast. Auch seinem Warnruf gegenüber bleibt Don Juan der gleiche: nichts von Reue! Da ergreift die Statue seine Hand und zieht ihn unter Blitz und Donner mit sich in die Tiefe. Das Schlußwort hat Sganarelle: alle sind nun befriedigt, der Himmel ist versöhnt, die Ehre der von Don Juan beleidigten Frauen gerächt, nur er ist um seinen Lohn geprellt. (Reclams UB 5402.)

Das Werk bildet ein wichtiges Glied in der Entwicklungsgeschichte der Don-Juan-Dramen auf dem Weg zu Mozarts *Don Giovanni*.

Der Misanthrop (Der Menschenfeind)

Komödie in fünf Akten
Erste Aufführung: 4. Juni 1666 in Paris

P e r s o n e n : Alceste, der Misanthrop – Philinte, sein Freund – Célimène, eine junge Witwe – Oronte – Acaste – Clitandre – Eliante – Arsinoë u. a.
O r t und Z e i t : Paris, in Célimènes Haus, 17. Jh.

Alceste ist mit der Welt zerfallen. Ihr ganzes Treiben ist ihm zuwider. Er sieht nichts als Unrecht, Lüge, Selbstsucht und Verstellung. Sein Freund Philinte versucht vergeblich, ihm klarzumachen, daß man die Menschen nehmen müsse, wie sie sind, und daß es gefährlich sei, sich in Menschenhaß und Weltverachtung hineinzusteigern. Vor allen Dingen hält er ihm die Inkonsequenz vor, die in seiner Neigung zu Célimène liege, die Alceste anbetet, obwohl doch ihr oberflächliches und flatterhaftes Wesen offenkundig sei. Wir erleben nun zunächst, wie Alceste mit Oronte abrechnet, einem bei Hofe angesehenen Verseschmied, dem Alceste schonungslos die Wahrheit über die Hohlheit seiner Dichtkunst sagt. Ebenso offen spricht er sich Célimène gegenüber aus, der er

ihre ganze Oberflächlichkeit, ihr Tändeln und Kokettieren
mit vielen Liebhabern vorhält. Célimène weiß ihm geschickt
zu begegnen und ihn hinzuhalten, ohne ihr eigenes Verhalten zu ändern. Zum Überdruß angeekelt fühlt sich Alceste,
als die beiden Marquis Acaste und Clitandre zu Besuch erscheinen und sich mit Célimène in Hofklatsch ergehen.
Sämtliche Laster der Zeit leitet Alceste von der Spottlust
und der Schmeichelei her, mit der die Kavaliere seiner Ansicht nach auch Célimène verdorben haben. Während die
beiden Marquis sich noch nicht im klaren sind, wem von beiden Célimène ihre Gunst zugewendet habe – sie spielt mit
beiden –, klärt sie die schon etwas ältliche Arsinoë Alceste über
Célimènes Briefwechsel mit Oronte auf. Nun glaubt Alceste
endlich einen Beweis für die Untreue seiner Angebeteten in
Händen zu haben. Doch abermals erliegt er ihren Reizen
und ihren klug ausgesonnenen Ausflüchten, bis sämtliche
Bewerber um Célimènes Gunst (Oronte, Acaste, Clitandre
und Alceste) bei ihr zusammentreffen und sie mit unwider-
legbaren Briefdokumenten entlarven. Diesmal gelingt es ihr
nicht mehr, sich herauszureden. Alle Liebhaber verlassen sie,
bis auf Alceste, der gesonnen ist, ihre Fehler ihrer Jugend
zugute zu halten, ja, er will ihr verzeihen, wenn sie bereit
ist, ihm in die Einsamkeit zu folgen. Doch dazu kann sich
die junge, lebenslustige Célimène nicht entschließen. Und so
wird Alceste sich allein von der Welt zurückziehen. Sein
Freund Philinte und Eliante, die Alceste in selbstloser Weise
gewogen ist, hoffen jedoch, ihn von diesem Entschluß wieder
abbringen zu können.

Das Stück, das Molière selbst eine Komödie nennt, steht
hart an der Grenze des Tragischen. Es muß als erschütterndes Selbstbekenntnis des Dichters angesehen werden. »Man
frage sich«, sagt Goethe, »ob jemals ein Dichter sein Inneres
vollkommener dargestellt habe.« Rechnet man hinzu, daß
Molière die Titelrolle selbst spielte und seine leichtsinnige
Gattin Armande die Célimène, so wird das Besondere der
Situation augenscheinlich. Daß Molière sich jedoch der tragikomischen Rolle, die der an der Menschheit krankende Alceste spielt, bewußt war, zeigt das Gegenbild, das er ihm in
dem verständigen, die Schwächen der Menschheit ruhiger
nehmenden Philinte gegenüberstellt. Gleichsam zwischen den
Zeilen entwirft das Stück ein glänzend geschildertes Kultur-

bild des gesellschaftlichen Lebens und Treibens in Paris zur Zeit Ludwigs XIV. (Reclams UB 394.)

G e o r g e   D a n d i n   o d e r   D e r   b e t r o g e n e   E h e - m a n n. Komödie in drei Akten (1668). – George Dandin, ein reicher Bauer, ist mit Angelique verheiratet, der Tochter des Landedelmannes von Sotenville. Aber zu seinem Kummer muß er feststellen, daß es ein großer Fehler für einen Bauern war, eine Adlige zu heiraten. Angelique betrügt ihn offenkundig mit dem Vicomte Clitandre, weiß sich aber jedesmal so geschickt herauszureden, daß es Dandin nicht gelingt, sie vor ihren Eltern zu überführen. Und immer wieder hält die adlige Familie zusammen und läßt ihn seine mindere Abkunft spüren. Als Dandin seine Frau schließlich bei einem nächtlichen Stelldichein im Garten mit Clitandre überrascht und die Eltern herbeirufen läßt, in dem sicheren Glauben, sie diesmal wirklich überführt zu haben, versteht es Angelique mit äußerster Geschicklichkeit, die Schuld auf Dandin abzuwälzen. Sie gesteht ihm zunächst ihren Fehltritt ein und bittet ihn um Verzeihung. Als Dandin diese nicht annehmen will, täuscht sie Selbstmord vor, lockt auf diese Weise Dandin aus dem Hause und schließt sich selbst hinein. Als die Eltern kommen, zeigt sie Dandin der Trunksucht und des nächtlichen Bummelns. Der Schein spricht gegen ihn, und so muß Dandin sich abermals als Geschlagener bekennen und reumütig um Verzeihung bitten.

Das oft zitierte »Tu l'as voulu, George Dandin« (Du hast es so gewollt), das der Bauer zu sich selbst sagt, heißt eigentlich »Vous l'avez voulu, George Dandin«. (Reclams UB 550.)

Der Geizige

Komödie in fünf Akten
Erste Aufführung: 9. September 1668 in Paris

P e r s o n e n : Harpagon – Cléante, sein Sohn – Elise, seine Tochter – Valère, Elisens Liebhaber – Mariane, Cléantes Geliebte – Anselme, Valères und Marianes Vater – Frosine, Intrigantin – Simon, ein Makler – Jacques, Koch und Kutscher bei Harpagon – Frau Claude, Haushälterin bei Harpagon – La Flèche, Cléantes Diener – Ein Kommissar u. a.
O r t   u n d   Z e i t : Paris, in Harpagons Haus, 17. Jh.

Alle im Hause Harpagons leiden unter dem unnatürlichen
Geiz des Hausherrn. Valère, der Liebhaber seiner Tochter,
hat Angst, sich zu erklären, da er den Zorn Harpagons
fürchtet. Er hält es deshalb für geraten, auf dem Wege der
Schmeichelei sich allmählich die Gunst des Alten zu erringen,
und hat sich ihm als Haushofmeister verdingt. Cléante, der
Sohn, hat Schulden und liebt Mariane, ein armes Mädchen.
Auch er wagt nicht, seinem Vater offen gegenüberzutreten.
Harpagon selbst lebt in ständiger Furcht, betrogen und be-
stohlen zu werden. Er hat deshalb eine größere Summe Gold
in einer Kassette im Garten vergraben. Als die Kinder sich
schließlich doch ein Herz fassen und mit dem Vater über
ihre Heiratspläne reden wollen, kommt er ihnen zuvor, indem er erklärt, selbst Mariane heiraten zu wollen. Für Elise
hat er Anselme, einen reichen Witwer, erkoren. Mit Cléante
gerät er in heftigen Konflikt, als er ihn auf dem Wege, bei
dem Makler Simon Schulden zu machen, ertappt. Den
Schmeicheleien der Intrigantin Frosine, die der Werbung des
Sechzigjährigen um Mariane Vorschub leisten soll, erliegt er,
macht sie sich aber zur Feindin, als er sich auch ihr gegenüber geizig zeigt. Harpagon veranstaltet nun ein Festmahl in seinem Hause zu Ehren Marianes. In den Anordnungen dazu
überbietet sich sein Geiz in den lächerlichsten Einschränkungen der Aufträge gegenüber seinem Personal. Mit dem Sohne
gerät er in neuen Konflikt, als er ihm das Geheimnis seiner
Liebe zu Mariane herausgelockt hat. Alle persönlichen und
häuslichen Sorgen sind aber vergessen, als er feststellen muß,
daß ihm die Geldkassette im Garten gestohlen worden ist.
Sofort muß ein Kommissar her, der mit den Untersuchungen
beginnt. Aus einem Verhör Valères, der ihm endlich seine
Liebe zu Elise gestehen will, hört der durch den Verlust des
Geldes halb verrückt gewordene Harpagon nur ein Schuld-
geständnis an dem Diebstahl heraus. Tatsächlich hat aber La
Flèche, der Diener Cléantes, die Kassette an sich genommen,
um dem Alten einen Streich und Cléante ein Pfand in die
Hand zu spielen. Der Auftritt Anselmes, der niemand anderes als der totgeglaubte Vater Valères und Marianes ist,
löst alle Verwicklungen. Die jungen Paare finden zueinander, und auch Harpagon gibt sich zufrieden, wenn Anselme die Kosten der Hochzeiten übernimmt und auch bereit
ist, den Kommissar zu bezahlen.

Die Komödie geht auf die *Aulularia* des Plautus zurück. Sie ist im wesentlichen um die Figur des Harpagon gebaut, eine Glanzrolle, die Molière selbst spielte. Der monologische Ausbruch im tragikomischen Jammer um den Verlust des Geldes am Schluß des 4. Aktes bildet einen Höhepunkt im Komödientheater Molières. Die Handlung ist im übrigen etwas locker gefügt und in erster Linie nur dazu da, die Mittelpunktsfigur in das rechte Licht zu rücken. Aus ihr spricht nicht nur der Dichter Molière, sondern auch der virtuose Schauspieler. (Reclams UB 338.)

Der Bürger als Edelmann. Ballettkomödie in fünf Akten (1670). – Der reiche Herr Jourdain möchte es unter allen Umständen dem Adel gleichtun. Er nimmt Unterricht bei einem Musik-, Tanz- und Fechtmeister. Und ein Philosoph ist bestellt, ihn in die Wissenschaften einzuführen. Auf eine angebliche Freundschaft mit dem Grafen Dorante ist er unendlich stolz. Dieser hat es jedoch nur auf sein Geld abgesehen, was Herr Jourdain nicht merkt, wohl aber Madame Jourdain, eine resolute Bürgersfrau. Jourdain läßt durch den Grafen der Marquise Dorimène allerlei Huldigungen und Geschenke übermitteln, in der Hoffnung, dadurch ihre Gunst zu erringen. Der Graf, der die Marquise liebt, gibt ihr gegenüber jedoch alles als seine eigenen Gaben aus. Er behauptet auch, daß das Fest, das nun im Hause Jourdains in Abwesenheit der Hausfrau stattfindet, von ihm (dem Grafen) zu Ehren der Marquise bestellt sei, während Jourdain es für sein eigenes Arrangement hält. Durch das unerwartete Auftreten der Madame Jourdain wird das Bankett unliebsam unterbrochen. Jourdain aber ist immer noch nicht geheilt. Er fällt auf den großen Schwindel, den Cléonte, ein Liebhaber seiner Tochter Lucile, und dessen Diener Covielle veranstalten, ohne weiteres herein. Jourdain hatte dem Cléonte die Hand seiner Tochter verweigert, weil er kein Edelmann sei. Nun spielen Cléonte und Covielle ihm eine Maskerade vor. Sie geben sich als türkischer Prinz und dessen Dolmetscher aus, versetzen Jourdain in den Stand eines Paladin des Großtürken und erreichen bei ihm, daß der angebliche Prinz der Schwiegersohn des Hauses wird. Die anfangs heftig protestierenden Damen, Madame Jourdain und Lucile, willigen sofort ein,

als sie das Spiel durchschauen. Den Schluß bildet eine große
Tanzvorführung ›Das Ballett der Nationen‹.

Das Stück, eine der typischen Ballettkomödien, die
Molière zusammen mit dem Komponisten Lully verfaßte,
wurde im Auftrage Ludwigs XIV. für den Hof geschrieben.
Auf Anregung des Königs wurde auch der türkische Mum-
menschanz eingefügt. Hugo von Hofmannsthal schuf eine
Bearbeitung und Erweiterung des Werkes, zu der Richard
Strauss die Musik schrieb. Später wurde aus dem Werk die
Oper *Ariadne auf Naxos* (siehe Reclams Opernführer).
Doch besitzt Molières Komödie dank der Glanzrolle des
Jourdain, die er selbst verkörperte, und dank ihrem ausge-
lassenen Humor auch als Stück der Sprechbühne nach wie
vor Eigenwert. (Reclams UB 5485.)

Die gelehrten Frauen. Komödie in fünf Akten
(1672). – Im Hause des Herrn Chrysale stehen sich zwei
Parteien gegenüber: die schöngeistigen, allzu versiegten
Damen Philaminte, Belise und Armande (Gattin, Schwester
und Tochter des Hausherrn) und die nüchternen, auf dem
Boden der Wirklichkeit bleibenden Chrysale, Ariste und
Henriette (Hausherr, dessen Bruder und zweite Tochter).
Zur Partei der Nüchternen gehört noch die Köchin Martine,
die wegen ihrer grammatikalisch-schlechten Sprache von
Philaminte aus dem Hause gewiesen werden soll, von Chry-
sale aber beschützt wird. Zum offenen Konflikt kommt es,
als Henriette heiraten will. Ihr Auserwählter ist Clitandre,
der einstmals ihre Schwester Armande liebte, von ihr aber
wegen seiner Ungeistigkeit zurückgewiesen wurde und nun
sein Herz ganz Henriette zugewendet hat. Philaminte, die
Mutter, möchte Henriette aber an den schöngeistigen Herrn
Trissotin verheiraten, den sie und ihre Partei anschwärmen.
Die Parteien können sich nicht einigen, ja es kommt vor dem
zum Ehekontrakt bestellten Notar zu heftigen Auseinandersetzungen. Da gelingt es Ariste, durch einen vorgetäuschten
Bescheid über den angeblichen Vermögensverlust Chrysales
die weltabgewandten Damen von der Nichtswürdigkeit
Trissotins zu überzeugen, der es nur auf das Geld des Hau-
ses abgesehen hatte.

Die Komödie, die von vielen den besten Werken Molières
gleichgestellt wird, zeichnet sich durch die Zeichnung der

Charaktere wie durch die Sprache aus. Im Thema knüpft sie an *Die lächerlichen Preziösen* an und schildert noch einmal den Unfug eitler, selbstgefälliger Schöngeisterei. Der Dichter erweist sich auch hier als Anwalt gesunder, verständiger Natur, dem alles unechte Getue um Dichtung und Philosophie zuwider ist und der scharfe Hiebe auszuteilen weiß. Eine sehr feine Charakterstudie ist der Herr des Hauses, Chrysale, der den starken Ehemann spielen möchte und doch immer wieder unterliegt. (Reclams UB 113.)

Der eingebildete Kranke

Komödie in drei Akten
Erste Aufführung: 10. Februar 1673 in Paris

P e r s o n e n : Argan – Belinde, seine zweite Frau – Angelique, seine Tochter – Beralde, sein Bruder – Cléante, Angeliques Liebhaber – Dr. Diafoirus – Thomas Diafoirus, sein Sohn – Dr. Purgon, Argans Arzt – Fleurant, Apotheker – Herr de Bonnefois, Notar – Toinette, Argans Dienstmädchen – Louison, die kleine Schwester Angeliques.
O r t und Z e i t : Paris, in Argans Wohnung, 17. Jh.

Argan, der ›eingebildet Kranke‹, wie man eigentlich übersetzen müßte, ist beständig mit sich und seinen vermeintlichen Krankheiten beschäftigt. Seine Tochter Angelique soll deshalb auch nur einen Arzt heiraten, damit er immer ärztliche Hilfe um sich hat. Der Sohn des Dr. Diafoirus, der eben seine erste medizinische Prüfung bestanden hat, ist als Schwiegersohn auserkoren. Angelique vermag freilich diesem, der nur in gedrechselten akademischen Redensarten spricht, keinerlei Interesse abzugewinnen. Ihr Herz gehört Cléante. Zur Feindin hat sie ihre Stiefmutter Belinde, Argans zweite Frau, die durch faustdicke Schmeicheleien des tut, um sich Argans Liebe zu erhalten und von ihm als alleinige Erbin eingesetzt zu werden. Zum Freund hat sie Beralde, Argans Bruder, der sich ehrlich bemüht, den Bruder von seinem Krankheitswahn abzubringen und auch dem jungen Liebespaar zu seinem Glück zu verhelfen. Die geschickteste Drahtzieherin zum guten Ende hin ist aber Toinette, das spitzbübische Dienstmädchen im Hause. Sie treibt nicht nur als Arzt verkleidet ihren Schabernack mit dem eingebildeten Kranken, sie ergreift auch offen Angeliques Partei, und sie entlarvt schließlich Belinde, indem sie Argan veranlaßt, sich tot zu stellen, um den wahren Charakter der heimtückischen Frau kennenzulernen. Mit dem gleichen Rezept versöhnt sie Vater und Tochter. Denn während sich Belinde bei Argans vermeintlichem Tode habgierig und brutal benimmt, enthüllt sich Angeliques ehrlicher Schmerz und Kummer um den Verlust des Vaters. Argan ist nun bereit, der Ehe mit Cléante zuzustimmen, allerdings unter der Bedingung, daß dieser Medizin studiert und Arzt wird, wozu er sich natürlich bereit findet. Noch besser aber wäre es, so meint Beralde, wenn Argan selbst zum Arzt würde. Mit einer schnell arrangierten Doktorpromotion (Ballett) schließt die Komödie.

Molière gibt mit diesem seinem letzten Werk noch einmal eine glänzende Charakterstudie und geißelt mit ihr eine menschlich-allzumenschliche Schwäche, nämlich sich allzuleicht und allzusehr der Sorge um das eigene Wohlbefinden hinzugeben. Gleichzeitig bedeutet das Stück eine scharfe Satire auf die Medizin und das Ärztewesen, von denen der Dichter nicht allzuviel gehalten zu haben scheint. Ihm galt die Heilkraft der Natur alles, wie in der großen und ernsthaften Unterredung zwischen Argan und Beralde im dritten Akt offen ausgesprochen wird. Neben der virtuos gearbeiteten Titelfigur ist vor allem die der schlagfertigen Toinette, einer Theaterschwester der Dorine im *Tartuffe*, eine äußerst dankbare schauspielerische Aufgabe. Molière brach in der vierten Aufführung des Stückes im Palais Royal zusammen und starb wenige Stunden danach, noch im Kostüm der Titelrolle. (Reclams UB 1177.)

PIERRE CARLET DE MARIVAUX

* 4. Februar 1688 in Paris
† 12. Februar 1763 in Paris

Sohn eines Münzamtsdirektors, studierte Jurisprudenz, verkehrte in Salons, erheiratete 1717 ein Vermögen und erbte 1719 ein zweites, verlor aber sein Geld 1720 beim Zusammenbruch der Banque royale, die John Law zur Finanzierung der Südsee-Compagnie gegründet hatte. Marivaux, der seine Faulheit gerühmt hatte, wurde fleißig. Er gründete die Zeitschrift »Le Spectateur français« (25 Nummern bis 1724) und arbeitete konsequent mit den italienischen Komödianten zusammen. Es entstanden annähernd drei Dutzend Theaterstücke und zwei umfangreiche Romanfragmente (»Das Leben der Marianne« und »Der Bauer im Glück«). Marivaux versuchte noch zweimal sein Glück mit kurzlebigen Zeitschriften. Die Pompadour setzte ihm eine Rente aus; er fand auch andere Gönner, blieb jedoch verschuldet. Im Jahre 1742 wurde er in die Académie Française aufgenommen. Obwohl Marivaux viel Erfolg hatte, weiß man wenig über ihn. Wahrscheinlich deshalb, weil er so sehr im Einklang mit seiner Zeit war. Als die Zeit sich wandelte, war Marivaux passé. ›Marivaudage‹ wurde zum Synonym für ›Schwulst‹. Marivaux starb, bevor die gesellschaftlichen Ideen sich durchsetzten, die seine Rokoko-Welt zerstörten. Diderot nannte ihn als Beispiel für einen Autor, der übel gelaunt sei, »weil er sich bedroht sieht, seinen Ruf zu überleben«. Den Tod von Marivaux haben seine Zeitgenossen nicht beachtet.

Der Nachruhm Marivaux' litt darunter, daß dieser zwischen die Epochen geriet, nämlich zwischen den Sonnenkönig und den letzten Bourbonen. Die Zeit Ludwigs XV. hat dagegen verhältnismäßig wenig Historiographen bewegt, sie erscheint einerseits als Periode des Verfalls, andererseits als Epoche der Vorbereitung auf die Revolution. Das Theaterspiel war das Hauptvergnügen der guten Gesellschaft. Wer ein großes Haus führte, spielte dort auch Theater. Man schrieb sich die Rollen auf den Leib. In Marivaux erstand der Bourgeoisie das Talent, das ihrer Vorstellungswelt die Berufsbühne eroberte. Der Hof hatte seine Rolle als Vorbild ausgespielt. Nicht zufällig gibt es unter Marivaux' Bühnenpersonal wohl Adlige, aber keine Höflinge. Er lokalisierte seine Divertissements weder in Versailles noch in Paris, sondern in Pavillons und Eremitagen, wo der Höfling wie der Wohlhabende ›Ferien vom Ich‹ zu machen pflegte. Der effeminierten Oberschicht, die sich einen Minnedienst nach absurden Regeln erklügelt hatte, stehen pfiffige Diener gegenüber. Sie leben in der materiellen Welt, die Herren in der Gefühlswelt. Dazwischen als Vermittler Arlequin und Frontin, die Diener in

Herzensangelegenheiten. Im *Spiel von Liebe und Zufall* sind die sozialen Rollen nur spielerisch vertauscht, bevor es ans Heiraten geht, wird die gesellschaftliche Hierarchie wiederhergestellt. Kritische Ansätze sind vorhanden. In *Les serments indiscrets* (1732, *Die geschwätzigen Schwüre*) sind die Diener zum Bewußtsein ihrer Überlegenheit gelangt: Frontin und Lisette versichern einander, daß sie ihre Herren beherrschen und nicht umgekehrt. In *Le dénouement imprévu* (1724, *Die unvorhergesehene Entscheidung*) äußert sich ein Bauer abfällig über den Adel: »Von vornehmem Geblüt? Das ist eine geniale Idee, zweierlei Blut zu erfinden, während sie aus derselben Gosse gekommen sind!« In *La nouvelle colonie ou la ligue des femmes* (1729, *Die neue Kolonie oder Die Frauenliga*) wünscht eine Frau die Aufhebung der sozialen Unterschiede: »Es gibt einen Punkt, der mir mißfällt, und den ich streiche: das Adelsgetue (gentilhommerie), ich verfolge es, um die kleinlichen Lebensbedingungen zu beseitigen, außerdem die ganze Albernheit.« In *La double inconstance* (1723, *Unbeständigkeit auf beiden Seiten*) kritisieren Silvia und Arlequin Luxus und Sitten der Oberschicht. »Eine zufriedene Bürgerin in einem kleinen Dorf gilt mehr als eine heulende Prinzessin im Ballsaal«, meint Silvia. Sie wird im Verlauf der Handlung tüchtig gegen die feinen Damen ausgespielt, läßt sich aber den Kopf verdrehen und wird Harlekin untreu. Im wesentlichen war Marivaux jedoch der Lobredner seiner Kreise. Er suchte den Erfolg, indem er seinem Publikum Selbstbestätigung vermittelte. Seit einigen Jahren ist ein erhöhtes Interesse an Marivaux zu beobachten. »In unserer Zeit, in der die Seele sich an den Körper verliert, ist die Sehnsucht nach einer zerbrechlichen Welt der Illusionen wieder wachgeworden«, schrieb Gilbert Schricke im Nachwort zu einer Ausgabe dreier Komödien von Marivaux (Düsseldorf 1968). Vorliebe für spielerische Intellektualität läßt Marivaux als Phänomenologen der Liebe erscheinen, als Experimentator, als Artisten.

Das Spiel von Liebe und Zufall. Komödie in drei Akten. – *Le jeu de l'amour et du hasard* wurde 1730 in Paris uraufgeführt. Silvia tauscht mit ihrer Zofe Lisette Rolle und Kleider, Dorante mit seinem Diener Arlequin. Sie wollen einander prüfen, bevor sie heiraten. Das Herz läßt

sich nicht täuschen, die vier Partner finden trotzdem so zueinander, wie es sich gehört: Herrschaft zu Herrschaft und
Diener zu Diener. Ein Triumph der Unbeirrbarkeit des Gefühls, zugleich eine Rechtfertigung der Standesunterschiede.
(Reclams UB 8604.) H. D.

CARON DE BEAUMARCHAIS

* 24. Januar 1732 in Paris, † 18. Mai 1799 in Paris

*Pierre Augustin Caron de Beaumarchais war der Sohn eines
Uhrmachers. Er widmete sich zunächst dem Handwerk des
Vaters, suchte Zugang zum Hofe Ludwigs XV. und wurde
Musiklehrer der Prinzessinnen von Frankreich sowie Hof-
sekretär. Auf einer Reise nach Madrid duellierte er sich mit
dem spanischen Schriftsteller Clavijo, der seine Schwester
verführt hatte (dies die historische Unterlage für Goethes
Trauerspiel »Clavigo«, das Beaumarchais später in Augsburg
auf der Bühne sah). Außerdem betrieb er in Madrid dunkle
Geschäfte. Wieder in Paris, verlor er die Gunst des Hofes
und wurde in mancherlei Prozesse verwickelt, deren glänzende Plädoyers ihm große Popularität einbrachten. Später
taucht er als Geheimagent des Hofes in London, Deutschland und Wien auf. Erfolgreiche Spekulationen brachten ihm
ein großes Vermögen ein, das in der Französischen Revolution wieder zerrann. Trotz der revolutionären Tendenzen
in seinen Schriften war er den Jakobinern als ehemaliger
Freund der Aristokraten verdächtig und mußte emigrieren.
Erst 1796 wurde ihm, nach unstetem Wanderleben in England, Deutschland und der Schweiz, die Rückkehr nach
Frankreich gestattet. Der Siebenundsechzigjährige starb nach
einem abenteuerlichen Leben, das seine Schriften anschaulich
spiegeln.*

Beaumarchais ist für die neuere Zeit der Verkünder der
Revolution der unteren Stände gegen den Adel auf der
Bühne geworden, zum Schöpfer der typischen politischen
Komödie im leichten Konversationston. Die gesellschaft-
lichen Zustände seiner Zeit (am Vorabend der Französischen
Revolution) spiegeln sich in seinem Leben wie in seinem

Werk. Nach einigen Rührstücken wurden die beiden Werke um den schlauen Figaro *Der Barbier von Sevilla* (1775) und *Ein toller Tag oder Figaros Hochzeit* (1784) entscheidend für die Bedeutung des Autors in der Theatergeschichte. Wurde der *Barbier von Sevilla* durch Rossinis Vertonung als Oper weltberühmt, so *Figaros Hochzeit* nicht minder durch die Mozarts (s. Reclams Opernführer). Beiden Werken ist aber auch auf der Sprechbühne zu ihrer Zeit und später großer Erfolg beschieden gewesen. Während im *Barbier* der Geist der älteren französischen Komödie vorherrscht, spricht aus dem zweiten Werk nicht mehr zu überhören die gesellschaftskritische Einstellung des Autors, der den Adel vor dem Dritten Stand bloßstellt. Napoleon sagte von dem Stück, mit ihm sei die Revolution anmarschiert. Das Werk hat sich auch als Komödie bis auf den heutigen Tag im Spielplan zu behaupten gewußt.

Ein toller Tag oder Figaros Hochzeit. Komödie in fünf Akten (1784). – Weil der Graf Almaviva nicht nur seiner Gattin, sondern auch der Abenteuer mit ländlichen Schönen überdrüssig ist, hat er seine Gunst der Zofe Susanne zugewendet. Und weil er es recht bequem haben will, soll Susannes künftiges Schlafgemach unmittelbar neben dem Zimmer der Herrschaft liegen. Daß Susanne im Begriff steht, den Kammerdiener Figaro zu heiraten, stört den Grafen wenig. Und obendrein ist er, der sich selbst alle Freiheiten herausnimmt, äußerst empfindlich, wenn es die Ehre und den Ruf seiner Gemahlin gilt. Der kleinste Verdacht genügt schon, ihn in eifersüchtiger Raserei die Zimmer der Gattin durchstöbern zu lassen. Der Page Chérubin, schuldig-unschuldiger Zeuge seiner Bewerbungen um Susanne, wird zum Militär geschickt, und der lästige Figaro, der nicht nur Susannes Schritte, sondern auch die seines Herrn mit allzu sicherem Blick beobachtet, soll anderweitig verheiratet werden. Doch Graf Almaviva hat nicht mit der Intelligenz, dem Geschick und der Respektlosigkeit seines Kammerdieners gerechnet, und erst recht nicht mit der weiblichen Klugheit und List seiner Gattin und Susannes. Alle seine Pläne und Bemühungen um Susannes Gunst scheitern. Zu guter Letzt entdeckt er beim nächtlichen Stelldichein im Park der Geliebten allzu offen seine wahren Absichten und muß nachher feststellen, daß seine Worte an Stelle von Susannes Ohren die seiner Gattin erreichten, da die Frauen die Kleider getauscht hatten.

Um diese leichtgeschürzte Handlung läßt Beaumarchais ein wahres Feuerwerk sprühen von treffsicheren Bonmots, angriffslustigen Redewendungen und witzigen Bühnensituationen. In der Gestalt des liebestollen Pagen Cherubin, den schon der Anblick einer jeden Frau zittern läßt und der zu jeder sagen möchte: ich liebe dich, sowie im sommernächtlichen Verwechslungsspuk des letzten Aktes kommt echte Poesie zu Wort. Der Mittelpunkt des Werkes aber ist Figaro, dieser geschickteste aller heimlichen Drahtzieher, verkappte Revolutionär und frühe Verkünder der Menschenrechte, dieser echte Franzose aus dem Volk, voll munterer Laune und Mutterwitz. Zu Beginn des 5. Aktes läßt Beaumarchais ihn einen großen Monolog sprechen, der zu einem Selbstbekenntnis des Dichters wird: bald Herr, bald Knecht, ehrgeizig aus Eitelkeit, Poet zur Erholung, Glücksritter und Bankrotteur in einem, jagt er doch immer seinem Frohsinn nach, um das Dasein trotz aller Schwere mit Blumen zu bekränzen. In dieser zum Typus verdichteten Gestalt zeigt sich besonders Beaumarchais' glänzende Charakterisierungskunst und seine Berufung zum Bühnendichter seiner Zeit.

LUDVIG HOLBERG

* 3. Dezember 1684 in Bergen
† 28. Januar 1754 in Kopenhagen

Holberg war der Sohn eines Offiziers. Seine Mutter stammte aus theologischen Kreisen. Er verlor früh beide Eltern. Nach dem Besuch der Lateinschule in Bergen und der Universität in Kopenhagen führten ihn weite Reisen nach Holland, Deutschland, England, Frankreich und Italien (1704–16). Dann ließ er sich endgültig in Kopenhagen nieder, wo er an der Universität Professor der Metaphysik, Beredsamkeit und Geschichte wurde. Als 1722 das erste nationale dänische Theater begründet wurde, schrieb er für dieses laufend Stücke, bis zur Schließung des Theaters mehr als 20 Komö-

*dien, denen er später für das 1747 eröffnete neue dänische
Theater noch sechs weitere folgen ließ. Holberg starb im
Alter von 70 Jahren, reich gesegnet mit Ehrungen und Ver-
mögen.*

Holberg ist der Schöpfer des nationalen dänischen Theaters.
Seine volkstümlichen Komödien, in denen er Gebrechen seiner Zeit zur Zielscheibe seines Spottes und seines geistvollen
Humors nahm, stellen ihn neben die großen Komödiendichter des 17. und 18. Jh.s. »Meine Gemütsart bringt es mit
sich«, schreibt er in den Nachrichten von seinem Leben, »daß
ich immer im Scherze die Wahrheit sage.« »In meinen
Schauspielen habe ich mir besonders angelegen sein lassen,
die Laster anzugreifen, zu denen die dänische Nation neigt
und die von andern noch nicht behandelt worden sind.« Alle
seine Stücke verraten den erfahrenen Bühnenpraktiker, der
sich an Plautus und Molière geschult hat und der (ähnlich
wie Goldoni) durch die Überwindung der stereotypen Mas-
kenfiguren italienischer Tradition zur vertieften Charakterkomödie kam und hier sein dichterisches Talent voll entfalten konnte.

Gleich sein Bühnenerstling, die Komödie um den politisierenden Spießbürger: *Der politische Kannegießer* (1722),
wurde ein Meisterwerk, das von vielen bis auf den heutigen
Tag als sein bestes Stück angesehen wird. Doch enthalten
auch seine späteren Stücke eine Fülle origineller Einfälle und
dankbarer Bühnenaufgaben. In *Jean de France* verspottet
der Dichter einen jungen Dänen, der in Paris gewesen ist
und von dort eine unheilbare Schwärmerei für alles Französische mitgebracht hat. In *Jeppe vom Berge* ist das uralte
Komödienthema vom Bauern, der in betrunkenem Zustand
in den Glanz des Reichtums versetzt wird, in eigenwüchsiger
Weise abgehandelt. *Meister Gert Westphalen* ist der Barbier,
der über seiner Schwatzhaftigkeit seine Braut verliert. *Die
Wochenstube* soll (nach des Dichters eigenen Worten) »alle
die unverständlichen Gebräuche, die in Wochenstuben üblich
sind«, geißeln, vor allem die »Torheiten der Frauenzimmer«,
die die arme Wöchnerin plagen. Zugleich wird der alternde,
eifersüchtige Ehemann verspottet. In *Ulysses von Ithakien*,
einer geistvollen Literaturpersiflage aristophaneischer Prägung, geht es »über die abgeschmackten, törichten Komödien

her, die ehedem bei uns von Landstreichern aufgeführt wurden«. Eine Hauptfigur ist der Diener des Ulysses, Kilian, der mit dem gesunden Menschenverstand alle »Widersinnigkeiten« des Stückes aufdeckt und kommentiert. Das Werk ist über seinen zeitgebundenen Zweck hinaus zu einer der köstlichsten Literatursatiren der dramatischen Weltliteratur geworden. In *Erasmus Montanus* wird ein wichtigtuerischer, durch Gelehrsamkeit aufgeblasener Bauernbursche entlarvt und zur Heilung kurzerhand in den Soldatenrock gesteckt. *Viel Geschrei um wenig Wolle* ist die Komödie um den geschäftigen Herrn Vielgeschrei, den »Mann ohne Zeit«, der um dieser seiner Eigenschaft willen von seiner Umgebung gefoppt wird. In der Tragikomödie *Don Ranudo de Colibrados* wird das Thema übertriebener Adelsstolz und Armut abgehandelt und glossiert.

Holbergs Bühnensicherheit und sein offener Blick für die Schwächen des menschlichen Geschlechtes haben ihm den Ehrentitel eines ›dänischen Molière‹ eingebracht. Doch wird er um seines klaren Verstandes und seiner kritischen Feder willen zuweilen auch mit Lessing verglichen. Durch Übersetzungen Georg August Dethardings kamen seine Stücke bereits zu seinen Lebzeiten nach Deutschland und wurden in Gottscheds »Deutsche Schaubühne« aufgenommen. Große deutsche Schauspieler der Zeit, wie Friedrich Ludwig Schröder und Konrad Ekhof, glänzten in Holbergschen Rollen. Auch Goethe spielte ihn in Weimar. Schiller sah indessen einen »Sumpf, in welchen Holberg den Leser« führe. Zu Holbergs begeisterten Vorkämpfern in Deutschland gehörte auch Ludwig Tieck. In neuerer Zeit erwarben sich der Däne Vagn Börge und (als Übersetzer) Hans und Agathe Holtorf Verdienste um die Verbreitung und Förderung des Holbergschen Komödien-Erbes in Deutschland.

Der politische Kannegießer

Komödie in fünf Akten
Erste Aufführung: 25. September 1722 in Kopenhagen

Personen: Hermann, Kannegießer – Gesche, seine Frau – Engelke, seine Tochter – Anton, Wagnermeister, ihr Freier – Heinrich, Geselle – Bürstenbinder Richard, Kürschner Gert, Zöllner Sivert, Schankwirt Jens,

Messerschmied Franz (Mitglieder des Collegium Politicum) – Herr und
Frau Abraham – Herr und Frau Sanders – Diener, Advokaten u. a.
O r t und Z e i t : Vor und in der Wohnung Hermanns, des Kanne-
gießers, in Hamburg, 1722.

Meister Hermann, der biedere Kannegießer in Hamburg, hat
seit kurzem den politischen Spleen. Er vernachlässigt über dieser Liebhaberei, die im wesentlichen aus unverdauter Lektüre
politischer Bücher und aus Besserwisserei besteht, nicht nur
sein Handwerk. Er möchte auch seine Tochter Engelke nicht
dem rechtschaffenen, nur etwas schüchternen Wagnermeister
Anton zur Frau geben, sondern einen Schwiegersohn haben,
»der sich aufs Politische versteht«. Jeden Tag findet ein
Collegium Politicum mit einem Kreis von Handwerkern aus
Hamburg statt, bei dem heftig darüber diskutiert wird, »wo
Deutschlands wahres Interesse liegt«, ob die Kriegsführung
des Prinzen Eugen die richtige ist, warum der Rat von Hamburg sich nicht um Kolonien in Indien bemüht und dergleichen mehr. Dabei müssen erst Landkarten herbeigeholt werden, um festzustellen, ob Paris eine Seestadt ist. Um ihrem
Geschwätz den Garaus zu machen, verfallen zwei junge
Leute, Herr Abraham und Herr Sanders, darauf, Hermann
als dem Oberhaupt des Collegium Politicum einen bösen,
aber heilsamen Streich zu spielen. Sie verkleiden sich als
Abgesandte des Rates der Stadt und überbringen ihm seine
Ernennung zum Bürgermeister. Hermann fällt darauf herein und sonnt sich in seiner neuen Würde. Auch Gesche, seine
brave Frau, die bisher den politischen Ambitionen ihres Mannes mehr als skeptisch gegenüberstand und mit Schrecken
das Absinken des Gewerbes ihres Mannes sah und zu vertuschen suchte, ist nunmehr bereit, ihre »Kannegießerzicken«
abzulegen und sich ganz dem Reiz des neuen Lebens hinzugeben. Sie empfängt huldvoll als »Frau Bürgermeister« die
Frauen von Abraham und Sanders als ihre ›Mitkolleginnen‹
und versichert ihnen: »Ich und der Herr Bürgermeister stehn
Euch jederzeit zur Verfügung.« Das Glück findet sehr
schnell ein Ende, als der neue Bürgermeister allerlei Amtsge-
schäfte zur Erledigung zugetragen bekommt und in kürzester Frist aus dem Wust von Akten, Prozeßentscheidungen,
die seiner harren, und politischer Missionen beim Empfang
einer fingierten ausländischen Gesandtschaft nicht mehr
herausfindet. Er will sich vor Verzweiflung sogar aufhän-

gen. Mit überzeugender Deutlichkeit stellt sich ihm nun dar, daß räsonieren leichter ist als regieren. Er ist überglücklich, als er erfährt, daß alles nur eine Erfindung war, und gerne bereit, den Spott dafür einzustecken. Auch gibt er nun sein Einverständnis, daß seine Tochter den braven Meister Anton zum Manne bekommt. Seine politischen Bücher soll man schleunigst verbrennen . . .

Den politiske Kandstøber sollte nach Holbergs eigenen Worten auf gewisse Prahler und Projektemacher abzielen, die »in den Wirtshäusern Obrigkeit und Rat tadeln und doch nichts wissen«. Diese Absicht hat der Dichter so vollkommen verwirklicht, daß Titel und Held des Stückes zum festen Begriff für den politisierenden Spießbürger im allgemeinen Sprachgebrauch geworden sind. Die komödiantische Durchführung des Themas verbirgt in vorbildlicher Weise die erzieherische Absicht des Stückes. Neben der Hauptfigur sind auch die übrigen Rollen (vor allen Dingen die der Kannegießersfrau und des Gesellen Heinrich) dankbare Bühnenaufgaben. In Deutschland ist es die seit Holbergs Zeit am häufigsten gespielte Komödie des Dichters. (Reclams UB 198.)

Jeppe vom Berge. Komödie in fünf Akten (1722). – Das einzige, wovor der trunksüchtige Bauer Jeppe vom Berge Angst hat, ist »Meister Erich«, die Karbatsche, mit der ihn sein Weib Nille immer wieder verprügelt. Alle im Dorfe wissen, daß er ein Säufer ist, aber – so philosophiert er – sie sagen nicht, »warum Jeppe säuft«. Er behauptet, er täte es, weil sein Weib ihn prügelt, der Verwalter ihn wie ein Stück Vieh zur Arbeit treibe und der Küster ihn fortgesetzt zum Hahnrei mache. Nille hat ihm nun einige Schillinge gegeben, um Einkäufe in der Stadt zu machen. Jeppe versäuft sie aber lieber sofort bei Jakob Schuster, dem Schankwirt. Als er vollkommen betrunken daliegt, läßt ihn der des Weges kommende Baron Nilus auf sein Schloß schaffen und mit reichem Schlafrock angetan im Bett des Barons als Baron erwachen. Jeppe glaubt, nachdem er das erste Staunen überwunden hat, er habe sich gestern bei Jakob Schuster zu Tode gesoffen und sei nun im Paradies. Nur sein Durst läßt sich nicht erklären . . . Die herbeieilenden Kammerdiener, Doktoren und Sekretäre reden ihm ein, daß er wirklich der Baron sei und daß eine krankhafte Geistesverwirrung ihn glauben ließ, er sei bisher ein Bauer gewesen. Im Verkehr mit den Kammerdienern, die er wegen zu hoher Besoldung aufhängen möchte, und dem Verwalter, dessen hübsche Frau er für die nächste Nacht zu sich ins Bett bestellt, erweist sich Jeppe jedoch derart grausam und plebejisch-brutal, daß der Baron ihn mittels eines Schlaftrunkes schleunigst wieder in seinen früheren Zustand zurückversetzen und ihm noch eine gründliche Strafe zuteil werden läßt. Jeppe wird (nun wieder als betrunkener Bauer auf dem Misthaufen liegend) nicht nur von Nille reichlich mit »Meister Erich« traktiert, er wird auch noch vor den Richter gestellt und wegen seines angeblichen Eindringens in das Schloß des Barons zum Tode verurteilt. Seine Erhängung am Galgen geschieht jedoch – ebenso wie vorher seine Transposition ins Schloß – nur zum Schein. Er erwacht am Galgen, an den man ihn im Zustand der Trunkenheit an den Armen aufgehängt hatte. Nille, die ihn zunächst tatsächlich für tot hält, schlägt das Gewissen. Sie bejammert ihn aufs heftigste und bereut, um unmittelbar darauf, als der vom Tode zum Leben Erwachte nach Branntwein verlangt, sofort wieder zum »Meister Erich« zu greifen und Jeppe, noch am Galgen hängend, erneut zu verprügeln. Jeppes wundersame Versetzung ins Schloß macht sehr schnell im Lande die Runde. Jeppe selbst muß sie (am Schluß des Stückes) aus dem Munde des Bauern Magnus als »tolle Geschichte«, die einem »Manne namens Jeppe vom Berge« passiert sei, hören und sich den Spott gefallen lassen. Das Fazit des Stückes zieht der Baron mit der Lehre, daß man »das Unterste nicht gleich zuoberst kehren« soll, um das Land vor Tyrannei zu schützen.

Holberg entnahm, wie er berichtet, den Stoff dem Roman *Utopia* des Jakob Bidermann. Das Motiv des Bauern, der in der Trunkenheit in ein Schloß versetzt wird, begegnet schon im Vorspiel zu Shakespeares *Der Widerspenstigen Zähmung*, die Gleichsetzung von Leben und Traum, die sich hieraus ergibt, in Calderóns *Das Leben ist ein Traum*. In neuerer Zeit wandelte Gerhart Hauptmann in *Schluck und Jau* das immer wieder bühnenwirksame Motiv auf seine Weise ab. Holbergs Behandlung des Stoffes zeichnet sich vor allem durch die hervorragende Charakterisierung des Bauern Jeppe aus, der unter seinen Händen zu einer prächtigen Komödienfigur mit stark schwankhaftem Einschlag wurde.

CARLO GOLDONI

* 25. Februar 1707 in Venedig
† 6. Februar 1793 in Paris

*Goldoni war der Sohn eines Arztes. Nach dem Besuch des
Jesuitenkollegiums in Perugia studierte er Jurisprudenz in
Pavia und promovierte 1731 in Padua. 1732 ließ er sich als
Advokat in Venedig nieder. 1741 vertrat er als Konsul die
Republik Genua in Venedig. 1745 bis 1747 hatte er eine
Advokatenpraxis in Pisa. Ab 1748 finden wir ihn in Venedig als Hausdichter des Teatro S. Angelo (Medebacsche
Theatertruppe), für das er u. a. in einem Jahre 16 Stücke
schrieb. 1753 wechselte er in gleicher Eigenschaft zum Teatro
S. Luca über, dessen Besitzer der venezianische Nobile Ven-
dramini war. 1762 verließ Goldoni Venedig für immer. Die
letzten 31 Jahre seines Lebens verbrachte er in Paris, wo er
zunächst für das dortige Italienische Theater Stücke schrieb,
dann bei Hofe als Vorleser und Sprachlehrer der Prinzessinnen tätig war. Durch die Französische Revolution verlor er
seine Pension, die ihm erst 1793 vom Konvent wieder gewährt wurde, als er schon auf dem Totenbett lag.*

Goldonis Mission (von ihm selbst früh erkannt und zielbewußt verfolgt) war die Überwindung der Commedia
dell'arte und ihre Umformung in die dichterische Komödien-
und Lustspielkunst auf nationaler Grundlage. Die Charakterkomödie Molières war ihm das große Vorbild, doch schuf
er sich seinen eigenen, aus der Tradition des italienischen
Volkstheaters gewachsenen Stil. Goldoni hat (nach seinen
Angaben im Vorwort zu seinen Lebenserinnerungen) 150
Stücke geschrieben: Stegreifkomödien, Lustspiele aller Art,
auch Tragödien, Schauspiele und Operntexte. Bleibende Bedeutung haben jedoch nur seine Charakterkomödien gewonnen, in denen er ein ungemein vielseitiges dichterisches Talent
entfaltet, den Blick stets auf die Bühne und ihre Voraussetzungen gerichtet. In der Kunst, aus oftmals nur gering-
fügigen Konflikten bühnengerechte Handlungen zu formen,
steht Goldoni in der ersten Reihe der großen Bühnendichter
der Weltliteratur. Seine Erfolge auf dem venezianischen
Theater in den Jahren 1751 bis 1761 zogen ihm den unver-

söhnlichen Haß von literarischen Gegnern zu (Abbate Chiari und Carlo Gozzi), die gegenüber Goldonis Reformen die Traditionen der Commedia dell'arte hochzuhalten suchten. Doch war ihr Sieg, der Goldoni zum Verlassen Venedigs zwang, nur vorübergehend. Mehr und mehr setzte sich auch in Italien die Erkenntnis durch, daß Goldoni einer der wertvollsten Geister seiner Zeit und seiner Nation gewesen ist und daß in ihm die italienische Komödie ihren wahren Genius gefunden hat. Mit *Viel Lärm in Chiozza* (1761/62) hat Goldoni die Welt des Volkes entdeckt und sein modernstes Stück geschrieben (Reclams UB 8568). Eine allgemeine Goldoni-Renaissance in neuerer Zeit inaugurierte seit 1891 Edgardo Maddalena in Wien. Seine Schülerin Lola Lorme übersetzte Goldoni ins Deutsche. Die jüngsten Übertragungen stammen von Heinz Riedt.

Der Diener zweier Herren

Komödie in zwei Akten
Erste Aufführung: 1746 in Venedig

P e r s o n e n : Pandolfo, ein Kaufmann – Rosaura, seine Tochter – Doktor Lombardi – Silvio, sein Sohn – Beatrice – Florindo – Tebaldo, Wirt – Blandina, Rosauras Mädchen – Truffaldino, der Diener zweier Herren u. a.
O r t u n d Z e i t : Im Hause des Pandolfo, vor und in Tebaldos Gasthof in Venedig, Mitte des 18. Jh.s.

Beatrice, eine junge Schöne aus Turin, ist in Männerkleidern (unter dem Namen ihres Bruders Federico Rasponi) ihrem Geliebten Florindo nach Venedig nachgereist. Beide steigen im gleichen Gasthofe ab, ohne zunächst voneinander zu wissen. Beatricens Diener Truffaldino verdingt sich auch noch Florindo. Um die Aufträge, die ihm nun als Diener zweier Herren erteilt werden, entspinnt sich das Spiel. Mit großer Gewandtheit versteht es Truffaldino immer wieder, sich aus der Schlinge zu ziehen, die sich um sein Lügenspiel zu legen droht, bis am Schluß mit der Erkennung des Liebespaares auch sein Betrug offenbar wird. Aber ihm wird nicht nur verziehen, er findet in der Zofe Blandina auch die Lebensgefährtin.

Il servitore di due padroni kreist um die Glanzrolle des Truffaldino, die Goldoni für den Arlecchino Antonio Sacchi in Venedig schrieb, der das Stück bei ihm bestellt und ihm auch den Stoff gegeben hatte. Es gehört noch ganz in die Tradition der Stegreifkomödie. In der Figur des venezianischen Kaufmanns Pandolfo erkennt man den Pantalon der Commedia dell'arte, in der des Doktor Lombardi den Dottore. Die Anmut und Grazie des Lustspiels sind unvergleichlich und sichern ihm einen dauernden Platz im Spielplan der Bühnen in aller Welt. In Deutschland ging Max Reinhardt 1924 im Zuge der allgemeinen Goldoni-Renaissance mit einer beispielgebenden Inszenierung voran. Große Resonanz fand der *Diener zweier Herren* in neuester Zeit in der Inszenierung Giorgio Strehlers für das Mailänder »Piccolo Teatro«, mit der dieses Ensemble auf fast allen bedeutenden Bühnen gastierte. (Reclams UB 463.)

Das Kaffeehaus

Komödie in drei Akten
Erste Aufführung: 2. Mai 1750 in Mantua

Personen: Ridolfo, Kaffeehausbesitzer – Don Marzio, ein neapolitanischer Edelmann – Eugenio, ein Kaufmann – Vittoria, dessen Frau – Flaminio, unter dem falschen Namen Graf Leandro – Placida, dessen Frau – Lisaura, Tänzerin – Pandolfo, Besitzer eines Spielhauses – Trappola, Kellner.
Ort und Zeit: Platz vor einem Kaffeehaus in Venedig, Mitte des 18. Jh.s.

Der junge Kaufmann Eugenio ist von der Spielleidenschaft ergriffen und huldigt ihr im Spielhaus des Herrn Pandolfo, ohne zu merken, daß er von diesem und dem angeblichen Grafen Leandro mit falschen Karten betrogen wird. Vergeblich bemüht sich seine treue Gattin Vittoria, ihn von seiner Leidenschaft zurückzuhalten. Vittoria findet Unterstützung in dem redlichen Ridolfo, dem Kaffeehausbesitzer, der sich dem verstorbenen Vater Eugenios zu Dank verpflichtet fühlt und seinerseits alles tut, um Eugenio auf den Pfad der Tugend zurückzuführen. Ebenso wie Vittoria bemüht sich auch Placida, die Gattin des Pseudografen Leandro, ihren Mann aus den Armen der Tänzerin Lisaura und den Betrügereien

Pandolfos zurückzugewinnen. Beiden Frauen ist schließlich
der ersehnte Erfolg beschieden. Pandolfo wandert ins Gefängnis. Dieser Sieg der Tugend wäre viel früher eingetreten, wenn nicht der Schwätzer und Ohrenbläser von Beruf,
Don Marzio, ständig bestrebt gewesen wäre, die Parteien
durch üble Nachrede aufzuhetzen und noch mehr gegeneinander aufzustacheln.

La bottega del caffè, ein echter Goldoni in der meister-
haften Charakter- und Milieuschilderung, ist das dritte in
der Reihe der 16 Stücke gewesen, die der Dichter in einem
Jahre zu schreiben versprochen hatte. Bei der Gestaltung des
Don Marzio scheint ihm eine bestimmte Person im damali-
gen Venedig vorgeschwebt zu haben, die ihm dann auch »mit
Degen, Dolch und Pistole« drohte, ohne daß es jedoch zum
Duell kam. Das Stück zeigt den Dichter auf dem Wege von
der alten Form der Commedia dell'arte zu einem eigenen
Stil, dem des Charakterlustspiels auf der Basis realistischer
Zeit- und Menschenbeobachtung.

Der Lügner

Komödie in drei Akten
Erste Aufführung: 23. Mai 1750 in Mantua

P e r s o n e n : Dr. Balanzoni, Arzt in Venedig – Beatrice und Rosaura,
seine Töchter – Colombina, deren Kammerzofe – Ottavio, ein Edelmann –
Florindo, Medizinstudent, Rosauras Liebhaber – Brighella, sein Vertrauter – Pantalone, ein venezianischer Kaufmann – Lelio, sein Sohn u. a.
O r t und Z e i t : Venedig, vor und in den Häusern des Dr. Balanzoni und des Kaufmanns Pantalone, Mitte des 18. Jh.s.

Lelio, der Erzlügner, versteht es geschickt, die Liebeshuldi-
gungen, die der schüchterne Florindo der schönen Rosaura
heimlich darbringt (Serenade, Geschenke, Sonett), für sich in
Anspruch zu nehmen. Auch seinem eigenen Vater sowie dem
Vater des Mädchens und dem Liebhaber der Beatrice, Ottavio, tischt er nichts als Lügen über seinen bisherigen Lebenswandel auf, so daß eine allgemeine Verwirrung über die
wahren Zusammenhänge eintritt. Fast gelingt es ihm, dem
das Lügen zur zweiten Natur geworden ist, Rosaura für sich
zu gewinnen, als ihn ein Heiratsversprechen, das er seiner

früheren Geliebten in Rom gegeben hat, zur Umkehr
zwingt. Nun wird sein ganzes Lügengewebe offenbar, und
es bleibt ihm nichts anderes übrig, als sich zurückzuziehen
und die Betroffenen demütig um Verzeihung zu bitten.

Goldoni hat *Il bugiardo* nach Corneilles Lustspiel *Le
menteur* geschrieben, das auf einem Dilettantentheater in
Florenz unauslöschlichen Eindruck auf ihn gemacht hatte.
Er fügte die Gestalt des schüchternen Liebhabers Florindo
hinzu, der (wie er selbst sagt) den »waghalsigen Charakter
des Lügners erst recht hervorhebt und ihn in sehr komische
Situationen bringt«. Das Stück dreht sich völlig um die
Hauptfigur des Lelio, der mit so viel Charme lügt, daß man
ihm nicht einmal böse sein kann. Die übrigen Figuren des
Stückes, z. T. unmittelbare Sprößlinge der alten Commedia
dell'arte (der Kaufmann Pantalone, der Doktor aus Bologna,
die Bedienten Brighella und Arlecchino, Colombina), treten
ihr gegenüber zurück und bewegen sich im Herkömmlichen.
Um der Titelfigur willen, einer virtuosen Aufgabe für einen
virtuosen Darsteller, erscheint das Stück immer wieder auf
der Bühne. (Reclams UB 8934.)

Mirandolina

Komödie in drei Akten
Erste Aufführung: 26. Dezember 1751 in Venedig

Personen: Mirandolina, Wirtin – Der Graf von Albafiorita – Der
Marchese di Forlipopoli – Der Cavaliere di Ripafratta – Fabrizio, Kell-
ner – Ortensia und Dejaneira, zwei Schauspielerinnen – Ein Diener des
Cavaliere – Ein Diener des Grafen.
Ort und Zeit: In Florenz im Gasthof (Locanda) der Mirandolina,
Mitte des 18. Jh.s.

Mirandolina, die hübsche und kluge Wirtin, wird heftig von
dem reichen Grafen von Albafiorita und dem armen Marchese di Forlipopoli, die in ihrem Gasthof in Florenz abgestiegen sind, umworben. Aber auch Fabrizio, der Kellner des
Gasthofes, hat ein Auge auf sie geworfen und beobachtet
eifersüchtig ihre Schritte. Nur der Cavaliere di Ripafratta,
Hagestolz aus Prinzip, glaubt, sich ihren Reizen entziehen
zu können. Eben darum legt es Mirandolina darauf an, diesen geschworenen Weiberfeind eines Besseren zu belehren.

Mit allen Künsten weiblicher Raffinesse versteht sie es, ihn
langsam, aber sicher zu Fall zu bringen. Als sie ihr Ziel erreicht hat und er hoffnungslos in sie verliebt ist, reicht sie
ihre Hand – Fabrizio. Als Episode ist der Auftritt zweier
Schauspielerinnen eingeflochten, die sich in dem Gasthof aus
Übermut als Gräfin und Baronin ausgeben.

Der Reiz und die Bedeutung des Stückes liegen in dem
vorzüglich herausgearbeiteten Charakter der Mirandolina,
die ihr Gefallen daran findet, mit den Männern zu spielen,
ohne sich etwas zu vergeben, und die klug genug ist, auf der
Höhe ihrer Triumphe das Spiel abzubrechen und sich dem
Manne anzuvertrauen, der der redlichste unter ihren Bewerbern ist und der ihren Interessen am meisten dient. Eine
Glanzrolle, die schon auf dem venezianischen Theater zu
Goldonis Zeiten zu einem heftigen Kampf unter den Darstellerinnen der Medebacschen Truppe im Teatro S. Angelo
führte! Aber auch die drei aristokratischen Liebesritter und
ihr glücklicher Nebenbuhler Fabrizio sowie die kleineren
Rollen der beiden Schauspielerinnen sind liebevoll charakterisiert. Der Dialog ist voller Anmut und Witz. Mit der
Locandiera hatte sich Goldoni völlig von der Tradition der
Commedia dell'arte gelöst und eine wirkliche Charakterkomödie geschaffen; der Erfolg gab ihm recht: damals wie
heute gilt sie als eines seiner besten, wirksamsten Stücke.
(Reclams UB 3367.)

Über den Inhalt von vier weiteren Stücken Goldonis, die
der deutsch-italienische Opernkomponist Ermanno Wolf-
Ferrari als Opern vertonte, siehe Reclams Opernführer. Es
sind dies: *Die schalkhafte Witwe* (1748), *Die neugierigen
Frauen* (1752), *Il Campiello* (1755) und *Die vier Grobiane*
(1760).

CARLO GOZZI

* 13. Dezember 1720 in Venedig
† 4. April 1806 in Venedig

*Graf Gozzi stammte aus einer alten venezianischen Adels-
familie. Mit 16 Jahren wurde er Soldat und nahm an Kämpfen in Dalmatien teil. 1739 kehrte er nach Venedig zurück.*

*Als Mitglied der konservativen Akademie der Granelleschi
setzte er sich für die Erhaltung italienischer Theatertraditionen ein, insbesondere der Commedia dell'arte, und wurde
damit zum entschiedenen Gegner Goldonis. Er schrieb für
die Truppe des Arlecchino-Darstellers Antonio Sacchi die
zehn später berühmt gewordenen phantastischen Märchenstücke (Fiabe drammatiche), die nachhaltig auf die deutsche
Romantik einwirken sollten. Gozzi starb einsam und vergessen. Eine ausführliche Lebensbeschreibung enthalten seine
»Memorie inutili«.*

Gozzis Bedeutung für die Theatergeschichte besteht in seinem energischen Eintreten für die Bewahrung und Erneuerung der Commedia dell'arte, deren Grundtypen er bei-
behielt, die er aber mit phantastischen und märchenhaften
Zutaten ausstattete, wodurch ein merkwürdiges Mixtum
compositum entstand. »Er mischt das Tragische mit dem
Komischen, Geschichtliches mit Zauberei, Fabelhaftes mit gewöhnlichen Gemeinplätzen, Mögliches mit Unmöglichem.
Statt einer französischen Nachahmung des bürgerlichen und
Rührstückes bringt er Originalität und die glänzenden komischen Masken in neuem Gewand« (Gottfried Müller). Die
Motive zu seinen Stücken entnahm Gozzi italienischen Novellensammlungen sowie den *Märchen aus 1001 Nacht*. Er
begann mit dem dramatischen Märchen *Die Liebe zu den
drei Orangen* (1761), das in erster Linie seiner Kampfstellung gegen die Komödie Goldonis entsprang. Auch das
zweite Werk, *Der Rabe*, ist von satirischen Absichten diktiert. Mit dem dritten Stück *König Hirsch* nähert er sich seinem eigensten Gebiet, der Märchenkomödie. Ohne Zauberei
geht es in dem nächsten Werk, dem am berühmtesten gewordenen Stück der ganzen Reihe, zu, der ›Fiaba chinese
teatrale tragicomica‹ *Turandot* (1764). Durch Schillers Bearbeitung lebt sie bis auf den heutigen Tag auch auf den
deutschen Bühnen. Von den restlichen Stücken der ›Fiabe‹
tauchen gelegentlich noch *Das laute Geheimnis* und *Die glücklichen Bettler* auf. Gozzis Bestrebungen einer Neubelebung
der Commedia dell'arte, vermischt mit burlesker Märchen-
symbolik, weckten neue Kräfte – weniger in der italienischen
als in der deutschen Literatur der Romantik. E. T. A. Hoffmann lobte Gozzi überschwenglich, die Gebrüder Schlegel

verglichen ihn gar mit Shakespeare, Tieck ahmte ihn im *Ritter Blaubart* nach, und Richard Wagner schuf eine seiner ersten Opern, *Die Feen,* nach der *Frau als Schlange.* Überhaupt sollte der Einfluß der Gozzischen Märchenstücke auf die Oper besonders nachhaltig werden. *Turandot* erfuhr mehrfache Bearbeitung als Oper, *Die Liebe zu den drei Orangen* vertonte der russische Komponist Prokofieff, und die Persönlichkeit Gozzis selbst samt seiner näheren Umwelt nahm der deutsche Pianist Wilhelm Kempff zum Gegenstand seiner Oper *Familie Gozzi* (1934). Als Theoretiker des Theaters (Vorreden zu seinen Stücken und eine dramaturgische Schrift) stellte Gozzi die vielbeachtete Behauptung auf, daß es im ganzen für die Bühne nur 36 dramatische Situationen gäbe.

Turandot, Prinzessin von China. – Kalaf, Prinz von Astrachan, trifft in Pekin mit seinem alten treuen Haushofmeister Barak zusammen. Ein schweres Schicksal hat den jungen Prinzen Heimat und Thron verlieren lassen. Nun will er dem Kaiser von China als Soldat dienen. Barak, der in Pekin unter falschem Namen lebt, möchte ihn unter allen Umständen vor dem Schicksal so vieler Prinzen bewahrt wissen, die nach Pekin kamen, um am Kaiserhofe um die Hand der stolzen Prinzessin Turandot zu werben. Kaum daß Kalaf jedoch ein Bild von Turandot erblickt hat, ist auch er von ihrer Schönheit so entflammt, daß nur eines für ihn gilt: »Tod oder Turandot. Es gibt kein Drittes.« Die grausame Prinzessin hat nämlich den Besitz ihrer Hand von der Lösung dreier Rätsel abhängig gemacht, die sie dem Bewerber stellt. Noch keiner vermochte sie zu lösen, und der Preis, den Turandot fordert, ist das Haupt des Bewerbers. Vergeblich bemüht sich ihr Vater, der alte Kaiser Altoum, Turandot zu bewegen, von ihrer Forderung abzulassen. Der neue Bewerber, Kalaf, hat es ihm durch seine schöne Gestalt und den Adel seines Auftretens besonders angetan. Auch Turandot scheint – zum ersten Mal in ihrem Leben – von einer tieferen Regung berührt. Es sei nicht Grausamkeit, was sie zu ihrem Tun veranlasse – erklärt sie –, nur der Wunsch, frei zu leben und ihr »beleidigtes Geschlecht« am »stolzen Männervolk« zu rächen. »Ich will nun einmal von dem Mann nichts wissen, ich haß ihn, ich verachte seinen Stolz und Übermut.« Da aber auch Kalaf nicht ablassen will, um die Schönheit Turandots als höchstes Glücksziel seines Lebens zu werben, kommt es zur Rätselprobe. Zur allseitigen Überraschung und zur größten Freude des Kaisers besteht sie Kalaf. Doch Turandot gibt sich noch immer nicht geschlagen. Und nun stellt Kalaf ihr ein Rätsel, für dessen Lösung er freiwillig sein Haupt verpfändet. Turandot soll bis zum andern Morgen sagen, wer er sei. Kalaf hatte nämlich seine Herkunft bis dahin verschwiegen und nur angegeben, daß er ein Prinz sei. Da in ganz Pekin niemand, außer dem treuen Barak, seine wahre Herkunft kennt, glaubt Kalaf sich unbedingt sicher. Es tritt nun eine andere Figur des Stückes, die bis dahin nur eine untergeordnete Rolle spielte, in den Vordergrund: die tatarische Prinzessin Adelma, die als Sklavin der Turandot in Pekin am Hofe lebt und die Kalaf schon früher einmal begegnet war, als er Knechtsdienste am Hofe ihres Vaters, des Königs Keikobad, im Land der Karazanen verrichtete. Sie gibt sich ihm zu erkennen und fleht ihn an, mit ihr zu fliehen. Sie liebt ihn und möchte ihn um jeden Preis der »kalten, herzlosen« Nebenbuhlerin Turandot entreißen. Als sie ihm vortäuscht, daß Turandot ihm nach dem Leben trachte, läßt Kalaf sich dazu verleiten, ihr seinen Namen und seine Herkunft zu nennen. Und als Kalaf sich weigert, mit ihr zu fliehen – lieber will er für Turandot sterben, wenn er sie schon nicht besitzen kann –, verrät Adelma das Geheimnis seines Namens und seiner Abstammung an Turandot. Triumphierend nennt nun am andern Morgen Turandot vor dem Kaiser und vor allem Volk Kalaf beim Namen. Und schon will Kalaf aus Verzweiflung über sein Mißgeschick (»Ich bin mein eigner Mörder; meine Liebe verlier ich, weil ich allzusehr geliebt!«) sich selbst das Leben nehmen. Da fällt Turandot ihm in den Arm. Sie bekennt, daß nicht ihre Klugheit ihr das Rätsel von Kalafs Herkunft lösen half, sondern der Verrat Adelmas; doch »um meinem eignen Herzen zu gehorchen, schenk ich mich Euch«. Sie erklärt sich für besiegt, und der glückliche Kaiser gibt Kalaf nicht nur sein Kaiserreich mit der Hand seiner Tochter, sondern auch den verlorenen Thron von Astrachan zurück. Die unglückliche Adelma will sich aus Scham und Schmerz erdolchen. Kalaf verhindert es und erbittet ihre Freiheit, die der Kaiser großmütig gewährt, mehr noch: er gibt ihr auch die väterlichen Staaten zurück.

Um diesen Handlungskern ist eine Fülle von Nebenhandlungen gelegt, die das Ganze bereichern, die Lösung des Konfliktes hinausziehen und das manchmal ans Pathetisch-Tragische grenzende Geschehen komödiantisch auflockern: dem treuen Barak ist ein schwatzhaftes Weib, Skirina, an die Seite gegeben, die die Ankunft des fremden Prinzen in Pekin voreilig bei Hofe ausplaudert und dadurch eine Möglichkeit für Turandot offenläßt, dem Geheimnis von Kalafs Herkunft auf die Spur zu kommen. Im Augenblick der größten Spannung trifft in Pekin Kalafs Vater, Timur, der vertriebene König von Astrachan, auf der Suche nach dem Sohne ein. Zelima, Skirinas Tochter und zweite Sklavin Turandots (neben Adelma), versucht ihrerseits, Kalaf sein Geheimnis zu entlocken. Die Umgebung des Kaisers bilden die vier (aus der Welt der Commedia dell'arte stammenden) Figuren des Tartaglia (als Minister), des Pantalon (als Kanzler), des Truffaldin (als Aufseher der Verschnittenen) und des Brigella (als Hauptmann der Wache). Auch die Doktoren des Diwans, die die Rätselprobe zu überwachen haben, gehören zum komödiantischen Rollenrequisit des Stückes. Als ›tragikomisches Märchen‹ bildet *Turandot* ein originelles Stück abendländischer Theatergeschichte, dem Schiller auf Grund der Übersetzung des Wieland-Schülers F. A. C. Werthes eine bühnenkundige Bearbeitung zuteil werden ließ, der die obige Inhaltsangabe folgt (Reclams UB 92). Neuere Übersetzungen stammen von Karl Vollmoeller und von Paul Graf Thun-Hohenstein. (Reclams UB 8975.)

Das exotisch-märchenhafte Kolorit der *Turandot* hat oftmals Anlaß gegeben, den Stoff als Oper zu verwenden. Bekannt wurde außer Busonis Vertonung (1919) vor allem Puccinis Fassung (1926; s. Reclams Opernführer).

GOTTHOLD EPHRAIM LESSING

* 22. Januar 1729 in Kamenz (Oberlausitz)
† 15. Februar 1781 in Braunschweig

Lessing entstammte einer Pfarrersfamilie. Nach dem Besuch der Fürstenschule in Meißen studierte er an den Universitäten Leipzig und Wittenberg, erst Theologie, dann Medizin.

*1752 promovierte er in Wittenberg zum Magister der freien
Künste. Die nächsten Jahre lebte er als freier Schriftsteller
in Berlin und Leipzig sowie auf Reisen. Während des Siebenjährigen Krieges war er einige Jahre Gouvernementssekretär
des Generals v. Tauentzien in Breslau. 1767 folgte er einem
Ruf als Dramaturg nach Hamburg an das damals neu gegründete »Deutsche Nationaltheater«. Nach dem Scheitern
dieses Unternehmens fand er 1770 wieder eine feste Stellung
als Bibliothekar des Herzogs von Braunschweig in Wolfen-
büttel. Im Jahre 1775 verbrachte er mehrere Monate mit
dem Prinzen Leopold von Braunschweig in Italien. Auf einer
Reise nach Braunschweig starb er 1781 im Alter von
52 Jahren.*

Lessing, der Reformator der deutschen Literatur, fühlte sich
zeitlebens aufs engste mit dem Theater verbunden und widmete ihm seine beste Schaffenskraft. Schon als Student kam
er in Leipzig mit der Schauspielertruppe der Caroline Neu-
ber in Berührung, die 1748 sein Lustspiel *Der junge Gelehrte*
(Reclams UB 37/37a) aufführte. Das Trauerspiel *Miß Sara
Sampson* (1755) und der Einakter *Philotas* (1759) kündig-
ten schon den großen Dramatiker an. An der *Matrone von
Ephesus* nach Petron und *D. Faust*, die beide Fragment
blieben, arbeitete er bis in die siebziger Jahre. (Beide Dra-
menfragmente in Reclams UB 6719.) Mit dem Lustspiel
Minna von Barnhelm (1767) und dem Trauerspiel *Emilia
Galotti* (1772) schuf er die ersten Meisterwerke deutscher
dramatischer Dichtkunst, die bis auf den heutigen Tag nichts
an Frische und Wirkungskraft eingebüßt haben und zum
ständigen Repertoire der Bühnen gehören. Mit dem dramatischen Gedicht *Nathan der Weise* (1779) krönte Lessing
seinen Ruhm als Theaterdichter. Das Werk sollte sowohl in
seiner geistigen Haltung wie in der Form bahnbrechend für
das Drama der deutschen Klassik werden. Mit den drei letzt-
genannten Werken lieferte Lessing die praktischen Beispiele
in seinem theoretischen Kampf gegen den (seiner Ansicht
nach) erstarrten Klassizismus des französischen Dramas und
für die griechischen Tragiker und Shakespeare. Mit der
Hamburgischen Dramaturgie, die als Frucht seiner Beobach-
tungen und praktischen Erfahrungen als Dramaturg in
Hamburg entstanden war, schuf er das erste deutsche theo-

retische Werk zur Kunst des Dramas. Es ist keine systematisch aufgebaute Formenlehre des Dramas, sondern eine lose Sammlung von Theater-Rezensionen, doch entwickelt sie am einzelnen Beispiel so viele grundsätzliche Erkenntnisse und gültige Aussagen über das Wesen des Theaters und der Schauspielkunst, daß sie zu einem Standardwerk geworden ist. Auch als Übersetzer antiker Stücke, französischer und italienischer Bühnenliteratur ist Lessing hervorgetreten.

M i ß S a r a S a m p s o n. Trauerspiel in fünf Aufzügen (1755). – Sir William Sampson ist seiner Tochter Sara nachgereist, die ein gewissenloser Verführer, Mellefont, entführt hat. Ehe Vater und Tochter sich wiedersehen, erleben wir den Konflikt, in den Mellefont gestellt ist. Der unentschlossene Mann fühlt sich nicht nur durch die auf Heirat drängende Liebe Saras bedrückt, auch seine frühere Geliebte, Marwood, ist ihm nachgereist und läßt alle Minen springen, ihn zurückzugewinnen, wobei sie auch das Kind des einstigen Liebesbundes, Arabella, auftreten läßt. Während Mellefont noch schwankt, was er tun soll, führt die Marwood die Tragödie herbei: sie läßt sich durch Mellefont als seine angebliche Verwandte bei Sara einführen und decouvriert sich im gegebenen Augenblick, um die Rivalin um so tiefer zu treffen, ja, sie scheut nicht vor dem Mord durch Gift zurück, das sie der unglücklichen Sara einzuflößen versteht. Der endlich auftretende Vater findet nur noch eine Sterbende, die in überirdischer Güte allen verzeiht, die ihr Übles antaten. Diesem Edelmut ist selbst der Verführer Mellefont nicht mehr gewachsen. Er erdolcht sich an ihrer Leiche, während die Marwood entflohen ist. Das Kind Arabella wird Vater Sampson in Verwahrung nehmen, weil die sterbende Sara es so bestimmt hat.

Das Stück ist unter dem Einfluß englischer Vorbilder entstanden, denen Lessing in der Absicht nacheiferte, auch für die deutsche Bühne ein ›bürgerliches Trauerspiel‹ zu liefern. Die erste Aufführung fand am 10. Juli 1755 in Frankfurt a. d. Oder statt. Wir glauben es gerne, daß (wie Lessing an Gleim schreibt) »die Zuschauer vier Stunden wie Statüen saßen und in Thränen zerflossen«. Trotz des Mangels an tieferer Charakteristik und trotz der allzu aufdringlichen Rührseligkeit, die heute für unsern Geschmack dem Stück anhaftet, ist sein theatralischer Gehalt überzeugend. Hier begegnen uns zum ersten Male in einem ›deutschen Trauerspiel‹ Gestalten, Typen und Situationen, die in mannigfachen Variationen zunächst bei Lessing selbst, dann bei Goethe und Schiller immer wiederkehren sollten, vor allem in den Frauengestalten. Die sentimentale Sara und die verführerische Marwood sind die Urbilder einer Emilia und Orsina, einer Maria und Adelheid, einer Luise und Lady Milford. Mag auch der dichterische Gehalt des Stückes nicht sehr tief sein, als spannend geschriebenes Theaterstück zeigt es Lessings dramatisches Können ebenso wie seine späteren Meisterwerke. (Reclams UB 16.)

Philotas. Trauerspiel in einem Aufzug (1759). – Der junge Königssohn Philotas ist bei dem ersten Gefecht, an dem er teilnahm, in die Gefangenschaft des Königs Aridäus geraten. Das »wunderliche Kriegsglück« hat es jedoch gefügt, daß gleichzeitig des Aridäus Sohn in die Gefangenschaft von Philotas' Vater geriet. Aridäus will nun schleunigst einen Austausch der Prinzen herbeiführen. Philotas, der seine Gefangenschaft jedoch als tiefe Schande empfindet, will seine Ehre wiederherstellen und nimmt sich, damit sein Vater frei über seinen Gefangenen verfügen kann, das Leben, ehe der erzürnte Aridäus und sein Feldherr Strato dies verhindern können.

Lessings Absicht war es, mit diesem Einakter eine Heldentragödie der allereinfachsten Art zu schreiben. Es ist ihm durchaus gelungen. In der »wunderbaren Vermischung von Kind und Held« ist Philotas zu einer ergreifenden Gestalt geworden, der man (trotz der etwas gestelzten Sprache) das Mitgefühl nicht versagen kann. Der jugendliche Held des deutschen klassischen Dramas kündet sich hier in einem ersten Beispiel an.

Minna von Barnhelm

oder das Soldatenglück

Lustspiel in fünf Aufzügen
Erste Aufführung: 30. September 1767 in Hamburg

Personen.: Major v. Tellheim, verabschiedet – Minna v. Barnhelm –
Graf v. Bruchsall, ihr Oheim – Franziska, ihr Mädchen – Just, Bedienter
des Majors – Der Wirt – Paul Werner, gewesener Wachtmeister des
Majors – Eine Dame in Trauer – Ein Feldjäger – Riccaut de la Marli-
nière.
Ort und Zeit: In einem Wirtshause in Berlin, um 1764.

Der edelmütige Major v. Tellheim, einstmals mit dem Fräulein v. Barnhelm verlobt, ist nach dem Ende des Siebenjährigen Kriegs in eine mißliche Lage geraten. Seines Vermögens
verlustig und in seiner Ehre durch Verleumdungen gekränkt,
lebt er zurückgezogen in einem Gasthof in Berlin. Aus seinem bisherigen Quartier wird er durch den geldgierigen Wirt
vertrieben, um seine Zimmer einer neuangekommenen reichen Dame zu überlassen. Diese ist keine andere als seine
ehemalige Braut, Minna v. Barnhelm, die nach dem Bräutigam fahndet, von dem sie außer durch einen einzigen Brief
seit Kriegsende nichts mehr gehört hat. Minna ist überglücklich, den Geliebten wiedergefunden zu haben. Der Wiedervereinigung steht jedoch das etwas überspitzte Ehrgefühl
des Majors im Wege. Er will das Fräulein nicht mit seiner
heruntergekommenen Existenz belasten. Erst als Minna auch
seine Haltung einnimmt, sich als die angeblich von ihrem
Oheim Verstoßene und Enterbte hinstellt, die dem Major
nach seiner Rehabilitierung nicht mehr angehören könne,
ändert sich seine Einstellung. Schon droht sich die Handlung
tragisch zuzuspitzen. Da erscheint im rechten Augenblick der
Oheim des Fräuleins, der Graf v. Bruchsall. Der fromme
Betrug Minnas klärt sich auf, der Major wird durch das
Eingreifen des Königs rehabilitiert, und der Vereinigung der
Liebenden steht nichts mehr im Wege.

Aus eigener Anschauung hatte Lessing als Gouvernementssekretär in Breslau während des Siebenjährigen Krieges
Schicksale der verschiedensten Stände seiner Zeit beobachten
können. Aus solchen Erfahrungen formte er das Lustspiel,

dessen Handlung im übrigen frei erfunden ist. In frischester
Lebensechtheit und feiner Psychologie ersteht die Liebesgeschichte vor dem real gezeichneten geschichtlichen Hintergrund. Neben dem Liebespaar sind auch die übrigen Personen vom Dichter charaktervoll und bühnensicher gestaltet:
der redliche, gutmütig-patzige Bediente Just, der ebenso
edelmütig wie Tellheim denkende und handelnde Wachtmeister Paul Werner, der listige, neugierige und raffige Wirt,
die zungenfertige und allzeit muntere Zofe Franziska, auf
die der Wachtmeister alsbald ein Auge wirft, und (als
Episodenfigur zu Beginn des 4. Aktes) der Glücksritter und
Falschspieler Riccaut de la Marlinière, der von des Majors
Rehabilitierung gehört hat und Kapital für sich daraus
schlagen will. Die Durchformung der Charaktere, der köstlich zugespitzte Dialog, der straffe Aufbau der Handlung
und der poetische Reiz der Liebesgeschichte haben dieses
Lustspiel zu einem der besten seiner Gattung werden lassen,
wenn nicht (wie Grillparzer meinte) zu dem besten deutschen Lustspiel überhaupt. »Ein glänzendes Meteor« nannte
es Goethe. »Es machte uns aufmerksam, daß noch etwas
Höheres existiere, als wovon die damalige schwache literarische Epoche einen Begriff hatte.« (Reclams UB 10.)

Emilia Galotti

Trauerspiel in fünf Aufzügen
Erste Aufführung: 13. März 1772 in Braunschweig

Personen: Emilia Galotti – Odoardo und Claudia Galotti, ihre
Eltern – Hettore Gonzaga, Prinz von Guastalla – Marinelli, Kammerherr
des Prinzen – Graf Appiani – Camillo Rota, einer von den Räten des
Prinzen – Conti, ein Maler – Angelo, ein Bandit – Pirro, Bedienter –
Gräfin Orsina, ehemalige Geliebte des Prinzen.
Ort und Zeit: Am Hofe des Prinzen von Guastalla, in der Wohnung der Galottis und auf Schloß Dosalo, Mitte des 18. Jh.s.

Der Prinz, ein typischer Vertreter schrankenloser Tyrannenwillkür, hat Emilia, die Tochter des Obersten Galotti, gesehen und sich heftig in sie verliebt. Die Tatsache, daß Emilia
im Begriffe steht, dem Grafen Appiani ihre Hand zu reichen, steigert nur seine Leidenschaft. So wird er zum willen-

losen Werkzeug in der Hand seines schurkischen Kammerherrn Marinelli, der sofort eine raffiniert eingefädelte Intrige ins Werk setzt, um seinem Herrn gefällig zu sein. Zunächst soll der Graf aus der Nähe seiner Braut entfernt werden, indem er unter dem Deckmantel eines ehrenvollen Auftrages im Dienst des Prinzen fortgeschickt wird. Dieser Plan mißlingt jedoch, da der Graf sich weigert, vor seiner Hochzeit abzureisen. Nun greift Marinelli, ein persönlicher Gegner des Grafen, zu schärferen Mitteln. Er läßt das Paar auf der Fahrt zur Hochzeit in der Nähe des fürstlichen Lustschlosses Dosalo von gedungenen Banditen überfallen, um auf diesem Wege die Braut in die Hände des Prinzen zu spielen. Dieser Plan gelingt nur allzu gut. Der Graf wird bei dem Überfall erschossen, Emilia ins Schloß des Prinzen gebracht. Der Prinz sucht sich nach Möglichkeit von dem Verbrechen zu distanzieren. Da er aber so unvorsichtig war, Emilia am Hochzeitsmorgen in der Kirche heimlich Liebesworte zuzuflüstern, verdichtet sich in der Familie der Galottis sehr bald der Verdacht auf den wahren Täter, zumal der sterbende Graf Appiani mit bedeutungsvoller Betonung den Namen »Marinelli« hauchte. Einen dramatischen Höhepunkt erreicht die Handlung, als im Lustschloß die verlassene Geliebte des Prinzen, die Gräfin Orsina, auftaucht. Vergeblich versucht Marinelli, der sie als Verrückte hinstellen will, ihre Aussagen als unzuverlässig zu entkräften. Sie hat sehr schnell die wahren Zusammenhänge durchschaut, und die Aufklärungen, die sie dem alten Obersten Galotti gibt, zeigen diesem in letzter Deutlichkeit, in welcher Gefahr Emilia schwebt. So kommt er allen weiteren Folgen zuvor, indem er wie der Vater der Römerin Virginia handelt. Er erdolcht die Tochter, ehe der Tyrann sie schänden kann.

Mit großer Kühnheit hat Lessing in diesem Stück dem schamlosen Treiben absolutistischer Fürsten und ihrer Kreaturen den Spiegel vorgehalten. Der kunstvolle Aufbau der Handlung, die meisterhafte Zeichnung kontrastreicher Charaktere und die, wie Goethe bemerkte, »lakonische« Sprache geben dem Werk seine Eigenart. Prägnant sind die Haupt- und die Nebenrollen herausgearbeitet: der schwankende, nur seinem Genußtrieb folgende Prinz, der teuflische Marinelli, der ernste, Unheil ahnende Graf Appiani, der rechtliche, von altrömischen Bürgertugenden geleitete Vater Odoardo,

die von weiblicher Eitelkeit und übertriebenem Stolz auf die
Schönheit der Tochter nicht ganz freie Mutter Claudia und
– ein einmaliger Wurf dichterischer Konzeption – die verlassene Geliebte des Prinzen, die Gräfin Orsina. Ihr Auftritt im 4. Akt, im Scheitelpunkt der Handlung, gehört zu
den wirkungsvollsten Szenen nicht nur dieses Trauerspiels,
sondern der deutschen Bühnenliteratur überhaupt. Die Titelheldin selbst ist am schwächsten geraten und in der Charakterschilderung nicht ganz einheitlich. Die Wirkung der Dichtung auf Mit- und Nachwelt war unvergleichlich. Keiner der
späteren deutschen Dramatiker hat sich ihr entziehen, mancher unmittelbar hier anknüpfen können wie z. B. Schiller
in *Kabale und Liebe*. (Reclams UB 45.)

Nathan der Weise

Dramatisches Gedicht in fünf Aufzügen
Erste Aufführung: 14. April 1783 in Berlin

P e r s o n e n : Sultan Saladin – Sittah, seine Schwester – Nathan, ein
reicher Jude – Recha, dessen angenommene Tochter – Daja, eine Christin,
Gesellschafterin der Recha – Ein junger Tempelherr – Ein Derwisch – Der
Patriarch von Jerusalem – Ein Klosterbruder u. a.
O r t   u n d   Z e i t : In Jerusalem, im Hause des Juden und an Saladins
Hof, spätes Mittelalter.

Im Hause des reichen und edelmütigen Juden Nathan ist
Recha aufgewachsen, nicht ahnend, daß sie nicht seine Tochter, sondern eine Christin ist, die Nathan nach Verlust von
sieben, von den Christen ermordeten Söhnen an Kindesstatt
annahm. Von einer Reise zurückkehrend, erfährt Nathan
von Daja, daß Recha einer großen Gefahr entgangen ist.
Bei einer Feuersbrunst wäre sie fast umgekommen, wenn
nicht ein junger Tempelherr ihr zum Retter geworden wäre.
Nathan sucht die Bekanntschaft des Tempelherrn, um ihm
seinen Dank abzustatten. Doch dieser weicht ihm aus und
lehnt eine durch Daja übermittelte Einladung in Nathans
Haus ab, bis eine spätere persönliche Begegnung sie einander
näherbringt. Die aufkeimende Liebe des Tempelherrn zu
Recha findet endlich ihre Lösung und Erklärung in der Tatsache, daß er ihr Bruder ist, den seltsame Schicksale nach

Jerusalem verschlagen hatten. Mit dieser Handlung verschlungen ist eine zweite, die an den Hof des freigebigen Sultan Saladin und seiner klugen Schwester Sittah führt. Saladin ist in Geldverlegenheiten, sucht und findet aber schließlich die Hilfe Nathans. Die Brücke für ihre Freundschaft ist in der ›Ring-Erzählung‹ gegeben. Vom Sultan befragt, welche Religion die wahre sei, das Christentum, das Judentum oder der Islam, antwortet Nathan mit der Parabel von den drei Ringen, die einander so sehr gleichen, daß sie in ihrem Wert nicht mehr zu unterscheiden sind. So soll man auch keiner der drei Religionen den Vorzug geben. Vor Gott sind sie alle gleich, und diejenige ist die beste, die am meisten mit den anderen in der von Vorurteilen freien Liebe wetteifert. Zum Schluß des Werkes sind die Handlungen kunstvoll zusammengeführt. Außer der Enthüllung der Geschwisterschaft Rechas mit dem Tempelherrn stellt sich heraus, daß die beiden auch mit Sultan Saladin blutsverwandt sind.

Dieses letzte dramatische Werk Lessings ist entstanden, als ihm seine Streitschriften gegen den orthodoxen Hauptpastor Goeze verboten wurden. »Ich muß versuchen, ob man mich auf meiner alten Kanzel, dem Theater, wenigstens noch ungestört will predigen lassen«, hat Lessing gesagt, als er den *Nathan* schuf, um gegen die Unduldsamkeit in religiösen Fragen zu Felde zu ziehen. Der Intoleranz seiner Gegner stellt er das Humanitätsideal der »von Vorurteilen freien Liebe« entgegen und damit das Fundament, auf dem die kommende deutsche ›klassische‹ Dichtung stehen sollte. Trotz gelegentlich konstruiert anmutender Handlungsverknüpfungen ist das Werk eines der schönsten und reinsten unserer Literatur, in dem hohen Ethos seiner Gesinnung und in kostbaren dichterischen Partien, so vor allen Dingen in der aus Boccaccios *Dekamerone* entnommenen, aber geistig sehr vertieften Parabel von den drei Ringen. Formal gesehen, führte Lessing mit dem *Nathan* den fünffüßigen Jambus in das deutsche Drama ein. So wurde auch dieses letzte Werk des Dichters in jeder Beziehung zum Programm für die Zukunft. (Reclams UB 3.)

JOHANN WOLFGANG GOETHE

* 28. August 1749 in Frankfurt a. M.
† 22. März 1832 in Weimar

*Der Dichter war der Sohn eines kaiserlichen Rates. Seine
Mutter stammte aus Frankfurter Patrizierkreisen. Zu den
Ahnen mütterlicherseits gehörte der große Maler der Reformationszeit, Lucas Cranach. Nach der Schulausbildung, die
im wesentlichen in Privatunterricht bestand, bezog Goethe
1765 die Universität Leipzig. Er studierte Jura, hörte aber
auch Literaturvorlesungen bei Gellert. Nach schwerer Erkrankung kehrte er 1768 nach Frankfurt zurück. 1770 setzte
er das Studium in Straßburg fort und beendete es 1771 mit
dem juristischen Lizentiat. Hier wurde die Bekanntschaft
mit Herder bedeutungsvoll, der ihn nachdrücklich auf
Shakespeare hinwies. 1772 war Goethe einige Monate als
Praktikant am Reichskammergericht in Wetzlar tätig. Von
1775 an lebte Goethe in Weimar. Zunächst nur Gast des
Herzogs Karl August, wurde er 1776 zum Legationsrat mit
Sitz und Stimme im Staatsrat ernannt, 1779 Geheimrat,
1782 vom Kaiser Joseph II. geadelt. Zum nachhaltigen Erlebnis wurde die 1786 bis 1788 unternommene Italienreise.
Von 1791 bis 1817 leitete Goethe das Weimarer Hoftheater.
1825 fand eine große Feier zu Goethes 50jährigem Aufenthalt in Weimar statt. Der 83jährige starb nach kurzer
Krankheit und wurde in der Fürstengruft in Weimar beigesetzt.*

Dem Theater stand Goethe von früher Jugend an nahe, es
bildet einen wesentlichen Bestandteil seines Schaffens und
Wirkens. In *Dichtung und Wahrheit* berichtet er selbst von
dem starken Eindruck, den das Puppenspiel auf das Kind im
Elternhaus machte, »der in eine große, langdauernde Wirkung nachklang«. Das Goethehaus in Frankfurt a. M. zeigt
noch heute die kleine Bühne. Die ersten wirklichen Theatererlebnisse vermittelte das alte Frankfurter Komödienhaus,
als mit der Besetzung Frankfurts durch die Franzosen eine
französische Schauspielertruppe dort einzog. Den überwältigenden Eindruck, den der Straßburger Student in der von
Herder angeregten intensiven Beschäftigung mit Shakespeare

empfing, spiegelt die hymnische *Rede zum Schäkespears Tag*
(14. Oktober 1771) wider. In Weimar war es zunächst das
Liebhabertheater bei Hofe, das ihn anzog und in dem er
selbst mehrfach als Darsteller auftrat, so als Wilhelm in den
Geschwistern, als Alcest in den *Mitschuldigen* und als Orest
in der *Iphigenie*. Als ihm 1791 die Leitung des Weimarer
Hoftheaters übertragen wurde, schlug auch auf der Bühne
die große Stunde der Geburt des ›klassischen deutschen
Theaters‹. Goethe machte die Weimarer Bühne zur Stätte
fast aller Uraufführungen der Schillerschen Dramen aus seiner reifsten Zeit, ebenso der eigenen bedeutendsten Werke,
und pflegte einen Spielplan von höchsten geistigen Ansprüchen (Shakespeare, Calderón, Molière, Goldoni, Holberg,
Gluck, Mozart u. a.), ohne dabei die Anforderungen des
Theaters an Gebrauchsstücken außer acht zu lassen. Sein
Rücktritt von der Direktion erfolgte nach 26jähriger Tätigkeit infolge einer Intrige der Schauspielerin Caroline Jage-
mann, der Freundin des Herzogs. Sein Interesse galt dem
Theater aber bis in sein hohes Alter, wie die Gespräche mit
Eckermann, die Beendigung des *Faust, II. Teil* und zahlreiche größere und kleinere Arbeiten für und über das Thea-
ter beweisen.

Als Bühnendichter begann Goethe mit dem Schäferspiel
Die Laune des Verliebten (1768), dem er das im gleichen
Stil des gereimten Alexandriners geschriebene Lustspiel *Die
Mitschuldigen* (1769) folgen ließ. Der *Götz von Berlichingen*
(1773) ist neben zahlreichen anderen dramatischen Plänen
und Entwürfen in dieser Zeit lebendiger Ausdruck seiner
Shakespeare-Begeisterung, gleichzeitig frühestes Dokument
seiner eigenen Berufung für das große historische Schauspiel.
Zwischen 1773 und 1779 entstand eine Reihe von ›Satiren,
Farcen und Hanswurstiaden‹ (Reclams UB 8565-67). *Clavigo* (1774) und *Stella* (1776) zeigen ihn im Besitz der vollen Meisterschaft im Bezirk des bürgerlichen Schauspiels
Lessingscher Prägung. Mit den *Geschwistern* (1776) schrieb
Goethe das einzige bis auf den heutigen Tag auf den Bühnen
heimisch gebliebene Beispiel des intimen Kammerspiels aus
den Tagen der Weimarer Klassik. Mit der *Iphigenie* (erste
Fassung in Prosa 1779, zweite Fassung in Versen 1787) und
dem *Egmont* (1787), die beide auf der Italienreise abgeschlossen wurden, schuf er Kunstwerke echter, verinnerlichter drama-

tischer Poesie, die in Form und Gehalt große Wirkung auf
die deutsche Dichtung des 19. Jh.s ausgeübt haben. Auf der
gleichen Höhe klassischer Vollendung bewegt sich das Künstlerdrama *Torquato Tasso* (1789), das zum porträtartigen
Spiegelbild des Dichters wie der Atmosphäre des Weimarer
Hofes wurde. Die starke Erschütterung, die die Französische
Revolution in ganz Europa auslöste, fand in Goethes Bühnenschaffen in verschiedenen Werken Widerhall, so u. a. in
dem Lustspiel *Der Groß-Kophta* (1791), das die berüchtigte
Halsband-Geschichte dramatisiert, in dem Lustspiel *Der
Bürgergeneral* (1793), in dem der pfiffige Schnaps sich als
jakobinischer Revolutionsmacher aufspielt, um ein Frühstück
zu gewinnen, sowie in dem Trauerspiel *Die natürliche Tochter* (1803), das den Auftakt zu einer Trilogie bilden sollte.
Die Summe von Goethes theatralischem Können und seinem
dichterisch-universalen Streben zieht die *Faust*-Dichtung, die
ihn fast sein ganzes Leben lang begleitete und an die er
letzte Hand erst kurz vor seinem Tode legte.

Außer diesen Werken schrieb Goethe noch eine Fülle von
größeren und kleineren Arbeiten für die Bühne: Singspiele,
Operntexte, Festspiele und Gelegenheitsarbeiten aller Art.
Auch übersetzte er zwei Werke Voltaires: *Mahomet* (1802)
und *Tancred* (1802). Von bleibender Bedeutung für das
abendländische Geistesleben haben sich auch seine dramaturgischen Erkenntnisse erwiesen, die er in Schriften, Briefen
und Gesprächen über Dichter und einzelne Werke der dramatischen Weltliteratur ausgesprochen hat. Seine Intuition,
sein scharfer kritischer Verstand und seine große Bühnen-
erfahrung haben ihn fast stets das Richtige und Wesentliche
an der Kunst des Schauspiels erkennen lassen, wie die zahlreichen Urteile über das Theater der Griechen, über Kālidāsa,
Shakespeare, Calderón, Molière, Goldoni, Schiller u. a. erweisen.

Die Laune des Verliebten. Schäferspiel in einem
Akt. – Eridon liebt Amine, vergeht aber vor Eifersucht. Er
duldet es nicht, daß sie gerne tanzt, was er selbst nicht gern
tut. Es macht ihn rasend, zu sehen, wenn ein anderer ihr
beim Tanz die Hand drückt, überhaupt wie andere Jünglinge nach ihr sehen. Darum soll sie dem Tanze fernbleiben,
ja sogar (Höhepunkt seiner Verstiegenheit) alle anderen

Jünglinge hassen. Dieser vollendeten Tyrannei der Liebe weiß die weiche Amine nichts als grenzenlose und willige Gegenliebe entgegenzusetzen, durch die sie das Unheil aber nur fördert. Zum Glück weiß ihre Freundin Egle Rat. Sie gibt mit ihrem Freunde Lamon das Vorbild einer innigen und doch großzügigen Liebe, die selbst den Kuß mit einem anderen Partner leicht verzeiht. Und Egle ist es auch, die den Quälereien Eridons ein Ende macht. Sie umgaukelt Eridon mit großer Koketterie. Der Verblüffte erliegt nur allzu schnell ihrem Reiz und läßt sich dazu verleiten, sie zu küssen. Nun sieht der schuldbewußte Eridon ein, daß er Amine, die nie einem anderen Jüngling ihre Lippen zum Kuß reichte (es selbst beim Pfänderspiel nur ungern tat), zu Unrecht quälte. Ein Kuß belehrte ihn. Und Egle rät allen eifersüchtigen Männern, ehe sie ein Mädchen plagen, den eigenen Streichen nachzudenken ...

Das in anmutigen deutschen Alexandrinern gedichtete Jugendwerk Goethes aus seiner Leipziger Studentenzeit erfreut sich als Gelegenheitsstück noch immer großer Beliebtheit. Es eignet sich vorzüglich für Liebhaber-Aufführungen. Es ist das einzige ›Schäferspiel‹, einer im 17. und 18. Jh. in Europa sehr beliebt gewesenen Dichtungsart, das in die deutsche klassische Literatur eingegangen ist. (Reclams UB 108.)

Die Mitschuldigen. Lustspiel in drei Aufzügen. – Alcest, ein wohlhabender junger Mann, ist seit einiger Zeit Gast im Wirtshause. Was ihn hierher getrieben hat, ist seine heftige Neigung zur Tochter des Wirts, Sophie, die er früher einmal geliebt hat. Sophie hat inzwischen den leichtsinnigen Söller geheiratet, mit dem sie aber nicht glücklich geworden ist. Söller ist ebenso faul wie vergnügungssüchtig und muß sich deshalb sowohl den Tadel seines Schwiegervaters wie seiner Frau gefallen lassen. Alcest strebt nun eine Zusammenkunft mit Sophie an. Diese weicht ihm aus, wo sie kann. Als Alcest jedoch mit Abreise droht, erklärt sie sich zu einem nächtlichen Rendezvous in Alcests Zimmer bereit. Ehe es dazu kommt, schleicht sich Söller in Alcests Zimmer, um ihn zu bestehlen und mit dem Geld drängende Spielschulden zu begleichen. Noch hat er das Zimmer nicht verlassen, als der Wirt kommt, gleichfalls auf verbotenen Pfa-

Lessing, Minna von Barnhelm

Goethe, Faust II

den. Seine unbezwingbare Neugierde läßt ihn nach einem
versiegelten Brief forschen, den Alcest erhalten hat und in
dem er interessante politische Neuigkeiten wittert. Der Wirt
wird vertrieben, als er Frauenschritte hört. Es ist Sophie, die
zum Stelldichein kommt. Söller, der sich im Alkoven in
Alcests Zimmer verbirgt, wird nun ungewollt Zeuge des
Rendezvous seiner Frau mit Alcest. Sophie gesteht dem einstigen Freund, wie unglücklich sie durch den Leichtsinn ihres
Mannes geworden sei und wie sehr sie noch immer den alten
Jugendfreund liebe. Als Alcest mehr von ihr fordern will als
nur Küsse, verläßt sie ihn. Am andern Morgen ist in der
Wirtsstube große Aufregung wegen des nächtlichen Diebstahls in Alcests Zimmer, der das Renommee des Hauses zu
verderben droht. Der Wirt beschuldigt die Tochter, und
diese, die in Alcests Zimmer den Wachsstock des Vaters
fand, beschuldigt den Vater. Bekümmert glaubt Alcest, in
der geliebten Sophie die Diebin sehen zu müssen. Keiner
denkt zunächst an Söller, da man annahm, er sei an dem
fraglichen Abend auf einem Ball gewesen. Eine Auseinandersetzung zwischen Söller und Alcest, in der Söller Alcest vorwirft, sich an seiner Frau vergangen zu haben, bringt aber
die ganze Wahrheit an den Tag. Zum Schluß sind alle vier
(der Wirt, Sophie, Söller und Alcest) froh, als ›Mitschul-
dige‹ einander nichts vorzuwerfen zu haben und für diesmal
ungestraft zu bleiben. Alcest überläßt das gestohlene Geld
großzügig dem Dieb, und alle verzeihen großmütig einander . . .

Das bald nach der *Laune des Verliebten* entstandene drei-
aktige Lustspiel (gleichfalls in Alexandrinern geschrieben),
verrät große Bühnensicherheit und Sprachgewandtheit. Bei
der Aufführung auf der Liebhaberbühne in Weimar (1777)
spielte Goethe selbst den Alcest. Das Stück besitzt mit seinem witzigen Einfall der Mitschuld aller Beteiligten und mit
seinem pikanten Mittelakt (dem Rendezvous Sophiens mit
Alcest) auch heute noch lebendige Bühnenwirkung. (Reclams
UB 100.)

Götz von Berlichingen
mit der eisernen Hand

Schauspiel in fünf Akten
Erste Aufführung: 12. April 1774 in Berlin

P e r s o n e n : Kaiser Maximilian – Götz von Berlichingen – Elisabeth,
seine Frau – Maria, seine Schwester – Karl, sein Söhnchen – Georg, sein
Bube – Bischof von Bamberg – Adelbert von Weislingen – Adelheid von
Walldorf – Liebetraut – Olearius, beider Rechte Doktor – Bruder Martin –
Hans von Selbitz – Franz von Sickingen – Lerse – Franz, Weislingens
Bube – Anführer rebellischer Bauern – Kaiserliche Räte – Ratsherren,
Bauern, Zigeuner u. a.
O r t und Z e i t : In Franken, Bayern und Württemberg, Anfang des
16. Jh.s.

Götz von Berlichingen, der edle Ritter mit der eisernen
Hand, »den die Fürsten hassen und zu dem die Bedrängten
sich wenden«, liegt in Fehde mit dem Bischof von Bamberg.
Es gelingt ihm, den Bambergern Adelbert von Weislingen
wegzufangen und auf seine Burg Jagsthausen zu bringen.
Er ist sein alter Jugendfreund, den er nicht wie einen Gefangenen, sondern wie einen Gastfreund aufnimmt und den
er gerne von dem Wert »eines freien Rittersmannes« überzeugen möchte, der »nur abhängt von Gott, seinem Kaiser
und sich selbst«. Und scheinbar hat er Erfolg. Weislingen
läßt sich bestimmen, das »unglückliche Hofleben und das
Schlenzen und Scherwenzen mit den Weibern« aufzugeben,
ja er bindet sich aufs neue fest an den alten Jugendfreund
durch Verlobung mit Götzens Schwester Maria. Am Hofe zu
Bamberg bedauert man indessen aufs lebhafteste die Entfernung Weislingens. Und als Franz, Weislingens Bube, zu ihm
nach Jagsthausen kommt und ihm berichtet, wie sehr man
ihn dort entbehre und daß »ein Engel in Weibesgestalt«,
Adelheid von Walldorf, Bamberg neuerdings zum »Vorhofe
des Himmels« gemacht habe, wird der »Paradiesvogel« (wie
Götz Weislingen nennt) alsbald wieder schwankend. Ein
kurzer Besuch in der alten Residenz und die Bekanntschaft
mit Adelheid genügen, Weislingen bundbrüchig werden zu
lassen. Götzens treuer Bube Georg, der sich nach Bamberg
aufgemacht hat, um Näheres zu erkunden, sieht »das Geständnis seines Lasters in seinem Gesicht«. Weislingen heira-

tet Adelheid und steht damit wieder auf der Seite der Gegner Götzens. Maria findet jedoch in dem (Götz gleichgesinnten) edlen Franz von Sickingen den Mann, der sich zutraut, »den Schatten eines Elenden« aus ihren Augen zu verjagen. Über Götz ziehen sich indessen dunkle Wolken zusammen. Da er es nicht lassen kann, den Bedrängten im Lande zu helfen – die Nürnberger Kaufleute, die von der Frankfurter Messe kamen, hat er neuerlich überfallen und beraubt –, spricht der Kaiser über ihn die Acht aus. Weislingen ist es, der dem Kaiser besonders zur Strenge rät. Eine Reichsexekution wird aufgeboten, Götz »in die Enge zu treiben und lebendig gefangenzunehmen«. Götz macht sich einen Spaß daraus, eine Zeitlang zu trotzen, was ihm um so leichter fällt, als er in dem Buben Georg und dem neu zu ihm stoßenden Lerse die besten Waffengefährten hat und die Reichstruppen nicht eben sehr tapfer kämpfen. Schließlich muß er aber doch der Übermacht weichen und nimmt das Angebot freien Abzuges an. Doch kaum hat er die Burg verlassen, als sie treulos über ihn herfallen. »Im Namen des Kaisers ihr Wort nicht zu halten!« ruft Götz empört aus. Im Rathaus zu Heilbronn verlangen kaiserliche Räte, daß er Urfehde schwören soll. Er gerät heftig mit ihnen aneinander, da sie in ihm nichts anderes als einen »Rebellen« erblicken wollen. Im rechten Augenblick befreit Franz von Sickingen ihn mit einer Reiterschar. Doch sein sonst so froher Mut und seine Zuversicht scheinen gebrochen: »Ich weiß nicht; seit einiger Zeit wollen sich in meiner Seele keine fröhlichen Aussichten eröffnen.« Er zieht sich auf seine Burg Jagsthausen zurück, wo seine Frau ihn zur Fortsetzung seiner Chronik veranlassen möchte. »Gott weiß, daß ich mehr geschwitzt hab, meinen Nächsten zu dienen, als mir, daß ich um den Namen eines tapferen und treuen Ritters gearbeitet habe, nicht um hohe Reichtümer und Rang zu gewinnen«, kann er mit Stolz von sich sagen. Aber noch ist sein Werk nicht getan. Noch harren seiner große und schwere Aufgaben. Die Bauern haben »einen entsetzlichen Aufstand« erregt. Es geht allenthalben drunter und drüber. Und Götz von Berlichingen wollen sie, nachdem der erste Rausch des Brennens und Mordens sich ausgetobt hat, zu ihrem Hauptmann. Götz läßt sich dazu bestimmen, sich auf einige Zeit an sie zu binden. Und kaum hat er es getan, als die Brandstiftung von

Miltenberg sofort einen Konflikt zwischen ihm und den Anführern der Bauern heraufbeschwört. Weislingens Reiter überfallen die Mordbrenner – der tapfere Georg, den Götz abgeschickt hatte, ihnen Einhalt zu gebieten, findet dabei den Tod –, und Götz, verwundet, wird gefangen. Ehe wir jedoch das Weitere über sein Schicksal erfahren, läßt der Dichter uns das Ende Weislingens erleben. Adelheid ist seiner bald überdrüssig geworden und strebt nach Höherem, nach der Gunst des neuen Kaisers Karl. Ihr heimlicher Bote, Weislingens Bube Franz, ist so sehr in ihrem Bann, daß er sich dazu verleiten läßt, Weislingen heimlich Gift einzuflößen. Als dieses zu wirken beginnt, stürzt Franz sich jedoch aus dem Fenster in den Fluß. Weislingen stirbt von allen verlassen. Nur Maria ist bei ihm, die von Götzens Frau zu ihm geschickt war, um Gnade für Götz bei ihm, dem kaiserlichen Kommissar, zu erwirken. Nun muß sie den Sterbenden trösten. Adelheid aber wird von einem geheimen Femegericht zum Tode verurteilt. Dann erleben wir Götzens Ende. Im Turm zu Heilbronn wird er gefangengehalten. »Sie haben mich nach und nach verstümmelt, meine Hand, meine Freiheit, Güter und guten Namen.« Doch es ist ihm ein verklärender Tod beschieden, an einem schönen Frühlingstag im Gärtchen am Turm, umgeben von seiner Frau, Maria und Lerse. »Himmlische Luft – Freiheit! Freiheit!« sind seine letzten Worte. Und Maria und Lerse beschließen das Stück mit dem Nachruf: »Edler Mann! Wehe dem Jahrhundert, das dich von sich stieß! Wehe der Nachkommenschaft, die dich verkennt!«

Goethes *Götz von Berlichingen* leitet die große Epoche deutscher historischer Dramatik ein. Das Werk liegt in drei Fassungen vor. Ursprünglich als dramatisierte Chronik gedacht (mit der Autobiographie des Ritters als Vorlage), erschien die 1771 entstandene erste Fassung als *Geschichte Gottfriedens von Berlichingen mit der eisernen Hand* erst in der Gesamtausgabe der Werke Goethes 1832 im Druck. Dieser sog. *Urgötz* wird heute häufig als Text für den Bühnengebrauch gewählt. Die zweite Fassung (1773 im Selbstverlag erschienen) stellt der ersten gegenüber eine Konzentration und Glättung des Textes dar, die jedoch in manchem der Frische und Unbekümmertheit der ersten Niederschrift ermangelt. Goethe ließ dann 1804 noch eine dritte Fassung

folgen, die den besonderen Bühnenverhältnissen der Zeit
Rechnung tragen sollte, die Dichtung jedoch stellenweise
wesentlicher Elemente entkleidet. Die Unterschiede in den
drei Fassungen betreffen in erster Linie die Rolle der Adelheid, die im *Urgötz* am stärksten ausgeprägt in Erscheinung
tritt. Die obige Inhaltsangabe stützt sich auf die zweite Fassung von 1773 als der in den meisten Goethe-Ausgaben bevorzugten.

Was dem Werk sein besonderes Gepräge gibt und es mit
einem Schlage über die gesamte Produktion seiner Zeit erhob, ist neben der vorzüglichen Zeichnung der Charaktere
die des historisch-politischen Hintergrundes: Ritter, Bürger
und Bauern treten ebenso in Erscheinung wie Kaiser, Kirche
und Adel. Männer- und Frauenschicksale, Reichskriege, der
Bauernkrieg und private Fehden vereinen sich zu einem lebendigen Bild der Zeitläufte des ausklingenden Mittelalters.
Überragend hebt sich vor diesem Hintergrund die Gestalt
Götzens ab, in dessen Schicksal das ganze Zeitalter wie in
einem Brennspiegel eingefangen erscheint. In der Weislingen-
Tragödie erwies sich Goethe erstmalig als der große Gestalter zwiespältiger Charaktere und fesselnder Frauengestalten.
Die ungeheure Wirkung, die das Werk in seiner Zeit aus-
löste, hat bis heute angehalten. (Reclams UB 71.)

Clavigo

Trauerspiel in fünf Aufzügen
Erste Aufführung: 23. August 1774 in Hamburg

P e r s o n e n : Clavigo, Archivarius des Königs – Carlos, sein Freund –
Beaumarchais – Marie Beaumarchais – Sophie Guilbert, ihre Schwester –
Guilbert, Sophiens Mann – Buenco – Saint George.
O r t u n d Z e i t : In Madrid, um 1770.

Clavigo, ein von den Kanarischen Inseln nach Madrid ge-
kommener junger Mann »ohne Stand, ohne Namen, ohne
Vermögen«, hat es durch seine Schriftstellerei und durch ge-
schicktes Auftreten innerhalb weniger Jahre bis zum Archivarius des Königs gebracht und Aussicht auf eine glänzende
Karriere. Nur eine Erinnerung belastet ihn: er hat einer
jungen Französin, die mit ihrer Schwester in Madrid lebt,

Marie Beaumarchais, die Ehe versprochen und sie inzwischen
verlassen. (»Die Weiber, die Weiber! Man vertändelt gar
zuviel Zeit mit ihnen.«) Sein Freund Carlos beruhigt ihn:
»Sie ist nicht das erste verlaßne Mädchen«, und er rät ihm,
erst am erwünschten Ziel sein Glück durch eine kluge Heirat
zu krönen. In Guilberts Wohnung, bei Mariens Schwager,
ist inzwischen als Rächer der beleidigten und verlassenen
Schwester Beaumarchais, ihr Bruder, eingetroffen. Ohne
weitere Umstände begibt sich Beaumarchais zu Clavigo. Indem er ihm die Geschichte seiner Schwester so erzählt, als
wäre es die einer Fremden, versetzt er Clavigo in größte
Verwirrung und Unruhe, bis er ihm (am Ende der Erzählung) auf den Kopf zusagt: »Und der Bruder – bin ich; und
der Verräter bist du!« Und er sagt ihm auch, daß er »nicht
gekommen ist, den Komödienbruder zu machen, der den
Roman entwickeln und seiner Schwester einen Mann schaffen will«. Er zwingt den bestürzten Clavigo, in Gegenwart
seiner Bedienten eine Erklärung zu unterschreiben, in der er
offen bekennt, Marien Beaumarchais »durch hundertfältig
wiederholte Heiratsversprechungen betrogen« zu haben. Nur
so lange wird Beaumarchais das Blatt noch zurückhalten, bis
sich herausgestellt hat, ob Clavigo, der ehrliche Reue bekundet, Marien doch noch heiratet. Die Sinnesänderung Clavigos wird in Guilberts, des Schwagers, Haus sehr geteilt aufgenommen. Während Sophie geneigt ist, an die Wandlung
Clavigos zu glauben, bekundet Buenco, der Freund des Hauses und stille Verehrer Mariens, offen seine Skepsis. Er hält
Clavigo für ebenso feige wie nichtswürdig. Letzte Zweifel
in Mariens Seele beseitigt das Erscheinen Clavigos. Mit
glühenden Worten bekennt er erneut seine Liebe, und als sie
ihm vergibt, ruft er triumphierend aus: »Ich bin der glücklichste Mensch unter der Sonne.« Beaumarchais zerreißt den
Revers mit dem Geständnis seiner Schuld. Buenco aber, der
»melancholische Unglücksvogel«, bleibt bei seiner Skepsis:
»Ich haß ihn nun einmal bis ans Jüngste Gericht. Und gebt
acht, mit was für einem Menschen ihr zu tun habt.« Seine
Warnung soll zu Recht bestehen. Kaum ist Clavigo wieder
mit Carlos zusammen, als dieser ihm mit beredten Worten
die negativen Seiten einer Heirat mit Marie vor Augen
führt, einer Heirat, die ihn in den Augen des Hofes ebenso
wie in denen der ihn umschwärmenden Frauen nur herab-

setzen würde, da Marie arm und ohne Stand sei, »eine trippelnde, kleine, hohläugige Französin, der die Auszehrung aus allen Gliedern« spreche. Und Clavigo bekennt dem Freund, daß er selbst bei ihrem Anblick erschrak, als er sie wiedersah, wie entstellt, bleich und abgezehrt sie aussah. Und er wirft sich mit dem Ausruf: »Rette mich! Freund! mein Bester, rette mich!« bedingungslos in Carlos' Arme. Carlos weiß den Ausweg. Clavigo muß sofort Madrid verlassen, und er (Carlos) wird dafür sorgen, daß Beaumarchais seines erpresserischen Auftretens wegen zur Rechenschaft gezogen wird. Dieser neue Treubruch Clavigos führt unmittelbar zur Katastrophe. Beaumarchais, dem geraten wird, das Land sofort zu verlassen, tobt wie ein »rasendes Tier« nach Rache. Marie, die den neuen Erschütterungen nicht mehr gewachsen ist, stirbt. Bei ihrem Leichenbegängnis treffen Clavigo und Beaumarchais aufeinander. Beaumarchais tötet Clavigo, der echte Reue bezeigt und sich sterbend über Mariens Leiche beugt: »Ich danke dir, Bruder! Du vermählst uns.« Den herbeieilenden Carlos bittet er, für Beaumarchais' Rettung zu sorgen.

Das in wenigen Tagen 1774 niedergeschriebene Trauerspiel stützt sich auf das 4. Mémoire des Pierre Augustin Caron de Beaumarchais. Die große Szene Beaumarchais–Clavigo (2. Akt) ist fast wörtlich aus der Vorlage in das Stück übernommen. Clavigo ist (nach Goethes eigenen Worten) »der Pendant zum Weislingen im Götz, vielmehr Weislingen selbst in der ganzen Rundheit einer Hauptperson«. Über Carlos sagt Goethe, daß er in ihm »den reinen Weltverstand mit wahrer Freundschaft gegen Leidenschaft, Neigung und äußere Bedrängnis« wirken lassen wollte (anstatt der üblichen Theaterbösewichter). Und über die weibliche Hauptrolle des Stückes sagt der Dichter: »Die beiden Marien in Götz von Berlichingen und Clavigo, und die beiden schlechten Figuren, die ihre Liebhaber spielen, möchten wohl Resultate reuiger Betrachtungen« im Sinne seiner »hergebrachten poetischen Beichte« sein. Das Trauerspiel ist in seinem geschlossenen Aufbau, seiner stürmisch vorwärtsdrängenden Handlung und seiner feinen Charakteristik (vom dramaturgischen Standpunkt aus gesehen) eines der besten Theaterstücke Goethes. Beaumarchais, der Verfasser der Quelle des Werkes, sah sich selbst in einer Aufführung in

Augsburg auf der Bühne. Doch urteilte er nicht eben günstig
darüber. (Reclams UB 96.)

S t e l l a. Schauspiel in fünf Akten. – Madame Sommer
steigt mit ihrer Tochter Lucie in einem Gasthof ab. Lucie
soll Gesellschafterin bei Stella werden, die ganz in der Nähe
des Gasthofes wohnt, der »besten Seele von der Welt«, wie
die Postmeisterin zu erzählen weiß. Stella liebte einen Mann,
der sie verlassen hat und nicht wiederkam. »Ein Bild meines
ganzen Schicksals«, kann Madame Sommer dazu feststellen.
Bald darauf steigt Fernando, »ein schöner langer Offizier«,
in dem gleichen Gasthof ab. Er ist, wie wir alsbald erfahren,
sowohl der Geliebte, der Stella verlassen hatte, wie auch der
Gatte von Madame Sommer (Cäcilie) und Vater ihrer Tochter Lucie. Fernando wollte reumütig zu Stella, die er einst
aus dem Hause ihres reichen Oheims entführte, zurückkehren. Die Begegnung mit seinem Weibe und seiner Tochter
stürzt ihn in heftigste Konflikte. Zunächst will Cäcilie, nachdem sie erkannt, welch edler Mensch Stella ist, sofort mit
Lucie wieder abreisen. Fernando zeigt sich entschlossen, ihr
zu folgen. Eine neuerliche Begegnung mit Stella, die nun aus
seinem eigenen Munde hören muß, daß Cäcilie Fernandos
Frau ist, macht ihn schwankend. Die Situation, die er »von
einem Ende zum anderen immer wieder durchgedacht hat«,
wobei sie »nur immer quälender und schrecklicher wurde«,
scheint schließlich durch Cäcilies hochherzigen Entschluß,
Fernando freiwillig zugunsten Stellas freizugeben, eine Lösung zu finden. Fernando will aber seinerseits dieses Opfer
nicht annehmen. So löst zu guter Letzt die Fabel von dem
deutschen Grafen von Gleichen, der aus dem Kreuzzug ein
zweites Weib aus dem Orient mit auf sein Schloß nach Thüringen brachte, wobei das Glück und die Liebe dieser drei
Menschen schließlich »eine Wohnung, ein Bett und ein Grab«
umfaßte, den Knoten. So werden auch Cäcilie, Stella und
Fernando sich in Zukunft zusammen ihrer gegenseitigen
Liebe erfreuen. Diese positive Wendung ersetzte Goethe in
einer späteren Fassung durch die tragische: Fernando, der
keinen Ausweg mehr weiß, erschießt sich, Stella nimmt Gift
und stirbt ebenfalls.

  Der Reiz dieses ein Jahr nach dem *Clavigo* entstandenen
›Schauspiels für Liebende‹ liegt nicht so sehr in der überaus

dramatischen Konfliktstellung als in der Zeichnung der Frauencharaktere. Der seelenvollen Stella ist die mütterlich empfindende Cäcilie gegenübergestellt. Fernando, ein geistiger Bruder Weislingens und Clavigos, scheint ihnen gegenüber weniger überzeugend gestaltet. Das im Grunde genommen Unlösbare des Konfliktes kommt in der Divergenz der beiden Schluß-Fassungen symbolisch zum Ausdruck. (Reclams UB 104.)

Die Geschwister. Schauspiel in einem Akt. – Wilhelm, ein Kaufmann, lebt mit Marianne zusammen, die ihn für ihren Bruder hält. In Wirklichkeit ist sie die Tochter Charlottens, einer früher von Wilhelm geliebten Frau, die ihm sterbend ihr Kind anvertraute. Wilhelm ergeht sich immer wieder in Erinnerungen an Charlotte. Der Freund des Hauses, Fabrice, muß sich zum wiederholten Male die Geschichte Wilhelms, der sein väterliches Vermögen verschwendete und erst durch die Liebe zu Charlotte zu einem soliden Kaufmannsleben kam, erzählen lassen. Während Wilhelm noch einen Gang durch die Gassen macht, entdeckt Fabrice sich Marianne. Er liebt sie und begehrt sie zur Frau. Marianne, der der Gedanke unerträglich ist, dadurch ihren Bruder verlassen zu müssen, gibt eine ausweichende Antwort (»Reden Sie mit meinem Bruder«), die Fabrice voreilig als Ja-Wort nimmt. Als Fabrice nun bei dem zurückkehrenden Wilhelm in aller Form um Mariannes Hand anhält, offenbart sich, wie tief Wilhelm selbst Marianne liebt. Er erklärt Fabrice, daß Marianne nicht seine Schwester, sondern die Tochter und das Ebenbild seiner einst so heiß geliebten Charlotte ist. Eilig verläßt der auf diese Wendung nicht vorbereitete Fabrice das Haus. Ohne Zutun Wilhelms enthüllt nun Marianne dem vermeintlichen Bruder ihr ganzes Innere: sie kann Fabrice nie und nimmer heiraten, da Wilhelm sie ganz besitzt, ihr »ganzes Herz« und »ihren ganzen Kopf«, so daß »jetzt noch etwas anderes Mühe hat, ein Plätzchen drin zu gewinnen«. Sie kann sich ihr Leben nicht mehr anders als in Sorge und Liebe für Wilhelm vorstellen. Überwältigt sinkt ihr Wilhelm zu Füßen und umarmt die anfangs Erschreckte, dann Glückliche, nicht mehr mit dem Kuß »des zurückhaltenden Bruders«, sondern mit dem »eines ewig einzig glücklichen Liebhabers«. – Das 1776 entstandene

Stück wurde für das Weimarer Liebhabertheater geschrieben.
Goethe spielte bei der ersten Aufführung im November
1776 selbst den Wilhelm, Amalie v. Kotzebue (die Schwester
des Lustspieldichters August v. Kotzebue) die Marianne. In
den Beziehungen der Liebenden schwingen unverkennbar
Goethes Empfindungen für Charlotte v. Stein mit. (Reclams
UB 108.)

Iphigenie auf Tauris

Schauspiel in fünf Akten
Erste Aufführung: 6. April 1779 in Weimar

P e r s o n e n : Iphigenie – Thoas, König der Taurier – Orest – Pylades –
Arkas.
O r t und Z e i t : Hain vor dem Tempel der Diana in Tauris, griechi-
sche Vorzeit.

Iphigenie, Agamemnons Tochter, kann sich nicht an das Le-
ben in Tauris gewöhnen. Tagelang steht sie am Ufer des
Meeres, »das Land der Griechen mit der Seele suchend«.
Zwar hat sie als Priesterin der Diana schon manches Gute
in Tauris stiften können, vor allem den alten, grausamen
Brauch abgeschafft, daß jeder Fremde am Altar der Diana
geopfert wird. Doch nichts kann ihre Sehnsucht nach der
Heimat und den Ihrigen stillen. Standhaft weist sie auch die
Werbung des Königs Thoas ab, der seine Familie verloren
hat und sie gerne als Gattin heimführen würde. Als Thoas
(zu Beginn des Stückes) erneut um ihre Hand wirbt, enthüllt
sie ihm – als Zeichen ihres Vertrauens – zum ersten Male ihre
Abkunft: sie stammt aus dem fluchbeladenen Geschlecht des
Tantalus, der im Übermut den Göttern trotzte und dessen
Nachkommen in Bruder- und Kindermorden sich austobten.
Sie selbst, Iphigenie, ward auch schon fast zum Blutopfer.
In Aulis, als ihr Vater Agamemnon mit den Griechen gegen
Troja zog, sollte sie geopfert werden, um günstigen Wind
für die Fahrt (nach des Sehers Kalchas Spruch) zu erlangen.
Doch die Göttin Diana nahm sich ihrer an und versetzte sie,
in eine Wolke gehüllt, nach Tauris. So steht sie nun vor ihm:
»des Atreus Enkel, Agamemnons Tochter, der Göttin Eigen-
tum«. Thoas hindert dies alles nicht, auf seiner Werbung zu

bestehen, ja er sucht sogar einen Zwang auf Iphigenie auszuüben, indem er die alte Menschenopferung wieder eingeführt wissen will, wenn sie seiner Werbung nicht Gehör
schenkt. Zwei Fremde sind in Tauris gelandet. Diese sollen
den Göttern als »erstes, rechtes, lang entbehrtes Opfer« dargebracht werden. Iphigenie, die vor dieser Forderung tief
zurückschaudert, wird alsbald in einen noch größeren Konflikt gestellt. Die Fremden sind nicht nur Griechen, Landsleute von ihr, es sind ihr jüngster Bruder Orest und sein
Freund Pylades, die einem göttlichen Befehl folgend nach
Tauris gekommen sind. Orest, schwer beladen mit dem Fluch
des Muttermörders – er tötete seine Mutter Klytaimnestra,
nachdem diese Agamemnon bei seiner Heimkehr aus Troja
mit Hilfe ihres Buhlen Aigisthos umgebracht hatte –, ist von
Apollo geweissagt worden, daß der Fluch, der auf ihm
lastet, sich lösen würde, wenn er »die Schwester, die an Tauris Ufer im Heiligtume wider Willen« lebe, nach Griechenland zurückbrächte. Orest und Pylades legen es so aus, daß
mit der ›Schwester‹ das Götterbild der Diana, Apollos
Schwester, gemeint sei, und streben danach, dieses dem Tempel zu entführen. Es kommt nach anfänglicher Verstellung
der Jünglinge zur erschütternden Erkennungsszene zwischen
den Geschwistern, wobei Iphigenie zum ersten Male von
Trojas Fall und dem furchtbaren Heimkehrerschicksal ihres
Vaters Agamemnon Kunde erhält. Orest, der an eine für
ihn günstige Wendung der Dinge nicht mehr glauben kann
und will, verfällt erneut den Schreckbildern der ihn verfolgenden Furien. Der mitfühlenden schwesterlichen Liebe
Iphigeniens und ihrer entsühnenden priesterlichen Kraft gelingt es jedoch, ihn von der Gewissensqual zu erlösen und
den Wahnsinn von ihm zu nehmen. Und schon bereiten die
drei die gemeinsame Flucht vor. Das Götterbild soll mitgenommen und Thoas getäuscht werden. Nun aber offenbart
sich die ganze Seelengröße Iphigeniens. In letzter innerer
Auseinandersetzung mit dem wilden Titanismus ihres Geschlechtes, der alten Feindschaft zwischen Göttern und Menschen, deren gewaltiger Ausdruck der ›Gesang der Parzen‹
ist, ringt sie sich ganz zu der neuen Religion entsühnender
Liebe und wahrer Menschlichkeit durch (»Olympier ... Rettet mich und rettet euer Bild in meiner Seele!«). Selbst auf
die Gefahr hin, den Bruder, Pylades und sich selbst dem

Untergang preiszugeben, vermag sie es nicht, den König
Thoas, der ihr zu einem zweiten Vater geworden war, zu
betrügen (»O weh der Lüge! Sie befreiet nicht, wie jedes
andre, wahrgesprochne Wort, die Brust! Sie kehrt, ein los-
gedrückter Pfeil, von einem Gotte gewendet und versagend,
sich zurück und trifft den Schützen«). Sie gesteht dem König die beabsichtigte Flucht und gibt sich bedingungslos seiner Großmut anheim. Und sie hat sich nicht getäuscht. Nach
anfänglichem Zögern verzeiht Thoas. Dianas Bild bleibt in
Tauris, da der Götterspruch ja nun eine andere sinngemäße
Auslegung möglich macht. Von Iphigeniens Anruf edelster
menschlicher Gesinnung überwältigt, läßt Thoas sie mit den
Ihrigen freiwillig ziehen.

Der Iphigenien-Stoff, den Goethe der Tragödie des Euripides entnahm, wurde von ihm 1779 begonnen, zunächst in
Prosa behandelt, dann allmählich in die Verssprache umgegossen. Die Vollendung erfolgte 1786 in Rom. Goethe
näherte sich in bedeutsamer Weise der Antike und schuf sogleich das vollendetste Beispiel antikisierender Dramatik in
deutscher Sprache. Nach dem Vorbild der attischen Tragödie
entwickelt sich die Handlung zunächst im Enthüllen des
Vergangenen (analytische Technik). Erst gegen Ende des
Werkes greifen Vorgeschichte und aktives Handeln ineinander. Sprache und Gedankenreichtum sind von letzter
Vollkommenheit. In der *Iphigenie* vollzieht sich erstmalig
im deutschen Schauspiel die Vereinigung antiken und neuzeitlichen Kunstwillens, wie sie dann von Goethe selbst weiter gepflegt und von zahlreichen späteren Dichtern immer
wieder angestrebt wurde. Hatte Euripides den Rohstoff der
Sage zum Drama geformt, so verlegte Goethe die Konflikte
ganz ins Seelische. Mit der Ausdeutung der Rolle der Iphigenie als der zur Lüge unfähigen, reinen Priesterin dokumentierte Goethe besonders eindrucksvoll sein Humanitätsideal. Innerer Gehalt, Verssprache und die wunderbar sich
auflösende Tragik klingen in dieser Dichtung zu einem
Akkord von einzigartiger Reinheit und Schönheit zusammen. (Reclams UB 83.)

Egmont

Trauerspiel in fünf Aufzügen
Erste Aufführung: 9. Januar 1789 in Mainz

P e r s o n e n : Margarete von Parma, Regentin der Niederlande – Graf
Egmont – Wilhelm von Oranien – Herzog von Alba – Ferdinand, sein
natürlicher Sohn – Machiavell, in Diensten der Regentin – Richard,
Egmonts Geheimschreiber – Klärchen, Egmonts Geliebte – Brackenburg,
ein Bürgerssohn – Klärchens Mutter – Soest, ein Krämer, Jetter, ein
Schneider, Zimmermann, Seifensieder (Bürger von Brüssel) – Buyck,
Soldat unter Egmont – Vansen, ein Schreiber – Volk, Gefolge, Wachen
usw.
O r t und Z e i t : In Brüssel, 16. Jh.

Beim Armbrustschießen in Brüssel kommt das Gespräch der
freiheitlich gesinnten Bürger immer wieder auf Egmont. Er ist
ihr Abgott, den sie lieber als Regenten der Niederlande sehen
würden als die vom spanischen König Philipp eingesetzte
Margarete von Parma. (»Die Inquisitionsdiener schleichen
herum und passen auf. Wir sind nicht gemacht, wie die Spanier, unser Gewissen tyrannisieren zu lassen.«) Auch im
Palast der Regentin, die wegen der Unruhen im Lande besorgt ist, scheint Egmont der unsichtbare Mittelpunkt. »Er
trägt das Haupt so hoch, als wenn die Hand der Majestät
nicht über ihm schwebte«, muß die Regentin feststellen, und
ihr Sekretär Machiavell ergänzt: »Die Augen des Volks sind
alle nach ihm gerichtet, und die Herzen hängen an ihm.«
Die Regentin sieht sogar in Egmont den Schuldigen an dem
ganzen Unglück in Flandern. Denn er habe den ketzerischen
Religionslehren, die sich im Lande auszubreiten beginnen,
als erster Vorschub geleistet. Und trotzdem ist auch ihr Herz
nicht ganz frei von einer Neigung zu Egmont. Denn »sie
fürchtet Oranien und fürchtet für Egmont«. Und noch einen
dritten Schauplatz führt uns der Dichter vor, in dem Egmont
der Mittelpunkt allen Denkens und Lebens ist (ehe er ihn
selbst auftreten läßt): die Bürgerstube seiner Geliebten.
»Alle Provinzen beten ihn an, und ich in seinem Arm sollte
nicht das glücklichste Geschöpf von der Welt sein?« sagt
Klärchen. Und als die Mutter sie auf das Bedenkliche ihrer
Beziehungen zu dem Volkshelden aufmerksam macht, weiß
sie nur die eine Antwort: »Egmonts Geliebte verworfen? –

Diese Stube, dieses kleine Haus ist ein Himmel, seit Egmonts
Liebe drin wohnt.« Damit muß sich auch der unglückliche
Brackenburg abfinden, der sich nicht von ihr losreißen kann,
obwohl er doch sehen muß, daß ein anderer Klärchens Herz
besitzt. Noch einmal werden wir unters Volk versetzt, dem
der listige Schreiber Vansen (»ein verwegener Taugenichts«)
einzureden versucht, daß es die spanischen Ketten sprengen
könnte. Er erinnert die Bürger an die alten Privilegien, die
gegolten haben, bis die Spanier ihnen das Netz über die
Ohren gezogen hätten. Da nicht alle seiner Meinung sind,
kommt es zu einer Schlägerei. Und erst jetzt läßt der Dichter Egmont selbst auftreten. Es gelingt ihm sogleich, die erregten Gemüter zu besänftigen. In schauerlicher Vorahnung
des Kommenden sieht freilich der ängstliche Schneider Jetter
den »schönen Herrn als ein rechtes Fressen für den Scharfrichter«. Es kommt dann zur entscheidenden Begegnung zwischen Egmont und Wilhelm von Oranien. Während der
ruhig-überlegene Oranien, dem kein Zug seines Gegners für
unbedeutend gilt, es für angeraten hält, daß sie beide als
Repräsentanten des Adels Brüssel sofort verlassen, stützt
sich der sorglose Egmont auf seine vermeintliche Unantastbarkeit als Ritter des Goldenen Vlieses. Auch die Nachricht,
Herzog Alba sei im Anmarsch, läßt ihn ungerührt. Oranien
nimmt bewegten Abschied von ihm, da er prophetisch in
Egmont einen Verlorenen sieht. Egmont aber empfindet derlei Bedenklichkeiten als einen »fremden Tropfen in seinem
Blut« und weiß ein sicheres Mittel, die »sinnenden Runzeln
von seiner Stirne wegzubaden«. Er geht zu Klärchen.
»Freudvoll und leidvoll« harrt sie seiner, und die Welt hat
keine Freuden mehr für sie außer ihrer Liebe. Indessen hält
der »hohläugige Toledaner mit dem tiefen Feuerblick« (wie
die Regentin Alba charakterisiert) seinen Einzug in Brüssel.
Die Regentin weiß: damit ist ihre Zeit als Statthalterin der
Niederlande um. Auf den Straßen von Brüssel verbreitet
sich bald die Nachricht, daß sie – wie Oranien – die Stadt
verlassen hat, daß nur noch Egmont da ist, was für die durch
drakonische Maßnahmen Albas eingeschüchterten Bürger
einen kleinen Trost bedeutet. Wieder gibt Vansen seine Weisheiten mit »losem Maul« zum Besten. Aber schon zieht die
»steife und mürrische« Soldateska Albas auf und verhindert
Zusammenrottungen. Im Culenburgischen Palast trifft Alba

Vorbereitungen, um den sorglos zur Begrüßung und Aussprache zu ihm eilenden Egmont zu verhaften. Ein von Alba nur so lange hingezogenes Gespräch, bis ihm die Festnahme von Egmonts Geheimschreiber gemeldet wird, dient dazu, den völlig arglosen Egmont zu reizen und damit einen äußeren Grund für seine Verhaftung zu haben. Die Nachricht hiervon veranlaßt das arme Klärchen zu einem Verzweiflungsschritt. Sie geht in der Dämmerung auf die Straßen, um einen Volksaufruhr zur gewaltsamen Befreiung Egmonts zu entfachen. Doch überall begegnet sie nur Feigheit und Furcht. Der treue Brackenburg begleitet sie nach Hause, wo sie mit Gift ihrem Leben ein Ende setzt. Egmont empfängt indessen im Gefängnis sein Todesurteil. Im Angesicht des Todes wird ihm noch eine letzte Freude zuteil: Ferdinand, der natürliche Sohn Albas, bekennt sich zu ihm als dem ›Stern seiner Jugend‹. Retten kann auch er Egmont nicht mehr, aber Egmont gewinnt durch ihn und sein schönes Bekenntnis seine innere Ruhe und Sicherheit wieder. In einem letzten Schlaf, unmittelbar vor seiner Hinrichtung, erscheinen ihm freundliche Traumbilder: die Freiheit im himmlischen Gewande, die Züge Klärchens tragend, verheißt ihm, sein Tod werde den Provinzen die Freiheit verschaffen. So geht er mutig und gefaßt dem Henker entgegen: »Ich sterbe für die Freiheit, für die ich lebte und focht und der ich mich jetzt leidend opfre.«

Goethe setzte mit dem *Egmont* die Linie des historisch-politischen Trauerspiels fort, die er mit dem *Götz von Berlichingen* begonnen hatte. Wie dort wird auch hier eine geschichtliche Persönlichkeit über die historischen Quellen hinaus idealisiert und zum Mittelpunkt einer farbig gezeichneten Umwelt gemacht. Die Arbeit an dem Werk erstreckte sich über zwölf Jahre, es wurde auf der italienischen Reise 1787 vollendet. Den vielfach gerügten Mängeln der lockeren Szenenfolge steht die meisterhafte Charakterzeichnung des Titelhelden gegenüber. In der Mischung von Leichtsinn, Tapferkeit und persönlichem Charme, dem sich keiner, nicht einmal die Regentin, entziehen kann, ist Egmont eine einmalige Figur in der Geschichte des Schauspiels. Goethe selbst sah in ihm eine Verkörperung des ›Dämonischen‹ im besonderen Sinne dieses Wortes, wie er ihn in *Dichtung und Wahrheit* (IV 20) deutet. »Unnachahmlich schön und wahr

gezeichnet« ist (nach Schillers Ausdeutung) auch Klärchen.
Wie im *Götz* nehmen die Volksszenen einen breiten Raum als
Fundament des Ganzen ein. Innerhalb der Volkstypen ist
der hintergründige Schreiber Vansen am schärfsten profiliert. Schiller schuf eine Bearbeitung des *Egmont*, die dem
Werk den Weg über die Bühnen ebnen half. Beethoven schrieb
eine kongeniale Bühnenmusik. (Reclams UB 75.)

Torquato Tasso

Schauspiel in fünf Aufzügen
Erste Aufführung: 16. Februar 1807 in Weimar

P e r s o n e n : Alfons II., Herzog von Ferrara – Leonore von Este, seine
Schwester – Leonore Sanvitale, Gräfin von Scandiano – Torquato Tasso –
Antonio Montecatino, Staatssekretär.
O r t   u n d   Z e i t : Auf dem Lustschloß Belriguardo, 2. Hälfte des
16. Jh.s.

Torquato Tasso steht hoch in der Gunst des Fürsten
Alfons II. und der Frauen am kunstsinnigen Hofe in Ferrara, der Schwester des Herzogs, der Prinzessin Leonore,
und der Gräfin Leonore Sanvitale. Als Tasso dem Herzog
das fertige Epos über das befreite Jerusalem im Park des
Schlosses von Belriguardo überreicht, bekränzt die Prinzessin ihn mit einem Lorbeerkranz. Tasso, der die Prinzessin in
schwärmerischer Neigung verehrt, muß diese Auszeichnung
als höchstes Glück empfinden. Doch es scheint, als wolle dieses Glück nicht lange anhalten. Kaum ist des Herzogs Staatssekretär, Antonio, in den Kreis getreten, entspinnt sich ein
Rivalitätskonflikt zwischen dem Dichter und dem Weltmann. Antonio sieht nicht ohne herablassenden Seitenblick
auf die Ehren, die Tasso vom Fürsten und den Frauen empfängt, spricht in wohlabgewogenen Worten von der Welt
der großen Diplomatie in Rom, in der er soeben wieder für
seinen Herrn einen politischen Sieg errungen hat, und verletzt Tasso durch betontes Lob des Dichters Ariost, dessen
Büste im Park die Frauen bekränzt haben. Noch herrscht
aber Harmonie und Frieden am Fürstenhof. Die Prinzessin
und Tasso ergehen sich in freundschaftlich-bewegtem Gespräch über das ›goldene Zeitalter‹ der Menschheit, das

Tasso angebrochen sieht, wenn »erlaubt ist, was gefällt«, die Prinzessin aber, wenn »erlaubt ist, was sich ziemt«. Und letzteres zu bestimmen, ist Sache edler Frauen. (»Nach Freiheit strebt der Mann, das Weib nach Sitte.«) Im Überschwang des Glücksgefühls seiner Liebe zur Prinzessin bietet Tasso nun auch Antonio seine Freundschaft an, da die Prinzessin es wünscht. Er tut es jedoch in so fordernder, ja herausfordernder Weise, daß der bedächtige und reservierte Antonio immer weiter von ihm abrückt. Schließlich fallen beleidigende Worte von beiden Seiten, und Tasso läßt sich dazu hinreißen, nach dem Degen zu greifen. In diesem Augenblick tritt Herzog Alfons dazwischen. Er schlichtet den Streit und verhängt über Tasso, der den Degen zog, Zimmerarrest. Doch auch Antonio tadelt er: »Wenn Männer sich entzweien, hält man billig den Klügsten für den Schuldigen.« Und Antonio ist klug genug, seine Schuld einzusehen, sich gerne dem edlen Herrn zu beugen, »der überzeugt, indem er uns gebietet«. In Tasso führt der über ihn verhängte Arrest zu furchtbaren Ausbrüchen seines alten Mißtrauens. Er glaubt in allem nur »die ganze Kunst des höfischen Gewebes« zu sehen, glaubt sich von allen verlassen und verraten, auch von der Prinzessin, die ihm in Wahrheit doch nach wie vor zugetan ist und den alten Zustand des allseitigen Einvernehmens so bald wie möglich wiederhergestellt wissen möchte. Leonore Sanvitale ist es, die eine Vermittlung übernimmt, nicht ohne selbstsüchtige Hintergedanken: sie möchte den berühmten Dichter gerne an sich fesseln und ihn mit an ihren Hof nach Florenz nehmen. Ihr bekennt Antonio offen, daß er Tasso beneidet, nicht um den Lorbeer, wohl aber um »die Gunst der Frauen«. Doch Antonio findet sich bereit, zu Tasso zu gehen und mit ihm Frieden zu schließen. Wie sehr Tasso des Rates und der Hilfe eines erfahrenen, reifen Freundes bedarf, zeigt die weitere Entwicklung. Kaum aus der Haft entlassen, beabsichtigt er, allen gutgemeinten Ratschlägen zum Trotz, Belriguardo zu verlassen, ja überhaupt den Hof des Fürsten, wo man nach wie vor nur sein Bestes will. Beim Abschied von der Prinzessin überwältigt ihn erneut sein Gefühl für sie. Unbeherrscht will er die Fürstin in stürmischer Umarmung an sich reißen. Die sofortige Abreise des Fürsten, der Prinzessin und der Gräfin von Belriguardo ist die

Folge, und Tasso, dem allein seine Dichtkunst Erlösung aus
aller irdischen Qual bedeutet, wirft sich Antonio als retten-
dem Felsen im Schiffbruch seines Lebens in die Arme.

Der *Tasso*, 1780 entworfen, in Italien ausgearbeitet und
1789 in Weimar vollendet, gibt in der Form des Bühnen-
kunstwerkes die intimste Beichte des Dichters Goethe über
sein Verhältnis zur Welt. »Ich hatte das Leben Tassos, ich
hatte mein eigenes Leben, und indem ich zwei so wunderliche Figuren mit ihren Eigenheiten zusammenwarf, entstand
mir das Bild des Tasso, dem ich als prosaischen Kontrast den
Antonio entgegenstellte.« Hof- und Lebens- und Liebesver-
hältnisse erschienen ihm als die gleichen, »in Weimar wie in
Ferrara«, und so glaubte er mit Recht von seiner Darstellung
sagen zu können: »Sie ist Bein von meinem Bein und Fleisch
von meinem Fleisch.« Die Gestalt des Tasso, dessen »rascher
Geist von einer Grenze zu der andern schwankt«, wurde dabei zum dichterischen Symbol der tragischen Spannung zwischen dem echten Genius und seiner Umwelt. Aber auch die
übrigen Figuren des Schauspiels, das in der äußeren Form
den Stil der *Iphigenie* fortsetzt, atmen die Größe und den
Geist der Goetheschen Welt- und Menschenkenntnis: so das
sichere Auftreten des Weltmannes und Diplomaten Antonio,
die Seelentiefe und sittliche Feinheit der Prinzessin (in die
Züge der Frau von Stein eingingen), die eigensüchtige, leicht
intrigante Art der Leonore Sanvitale und der als echter
Renaissancefürst über den Konflikten stehende, kunstsinnige
Herzog Alfons. Die Titelfigur ist auch als schauspielerische
Aufgabe immer wieder gesucht. Josef Kainz, Alexander
Moissi, Horst Caspar waren hervorragende Interpreten des
Tasso. (Reclams UB 88.)

Die natürliche Tochter. Trauerspiel in fünf Akten. – Im dichten Wald, auf der Jagd, abseits des »entfernten Weltgetöses Widerhall«, vertraut der Herzog seinem
Neffen, dem König, an, daß er außer seinem ungeratenen
einzigen Sohn noch eine natürliche Tochter besitzt: Eugenie.
Ihre Mutter, die Fürstin, starb vor kurzem. Der Herzog
hält sich jetzt für befugt, das Geheimnis zu lüften. Der König zeigt sich überaus erfreut über diese Eröffnung und ist
bereit, Eugenie als eine nahe Verwandte des königlichen
Hauses anzuerkennen. Eugenie schwelgt im neuen Glück der

fürstlichen Abstammung. Sehr bald zeigt sich jedoch, daß der Sohn des Herzogs (der selbst in dem Stück nicht in Erscheinung tritt) nicht gesonnen ist, die Schwester, die man bisher verbarg, sich nun gefallen zu lassen. Er steht mit dem Sekretär des Herzogs und mit der Hofmeisterin, Eugeniens Erzieherin, in geheimem Komplott. Eugenie wird durch die Hofmeisterin entführt, um außer Landes gebracht zu werden. Dem Herzog wird gesagt, sie sei tot. Ein Weltgeistlicher muß diesen Betrug bemänteln, indem er Einzelheiten über die angeblich beim Reiten Gestürzte und bis zur Unkenntlichkeit Entstellte berichtet. In einer Hafenstadt spielt sich das Weitere ab. Hier befinden sich die Hofmeisterin und Eugenie. Vergeblich versucht Eugenie, Klarheit über ihr Schicksal zu gewinnen. Die Hofmeisterin, die über ein Blatt mit königlichem Siegel verfügt, das Eugeniens Abtransport nach den fernen Inseln anordnet, sieht nur eine Rettung für die Unglückliche, wenn sie sich entschließen könnte, unter Verzicht auf ihre hohe Abkunft »im Kreise des Bürgerstandes« unterzutauchen. Es bietet sich dazu Gelegenheit in Gestalt des edlen Gerichtsrates, der ihr als Bürger der Hafenstadt Hand und Herz bietet. Eugenie ist nicht bereit, das Glück, »das Hymen uns verspricht, zum Rettungsmittel« ihrer Not zu entweihen. Die Gefahr der Einschiffung rückt nun immer näher. Auch der Gouverneur und die Äbtissin, denen Eugenie begegnet und die Interesse an ihr nehmen, wagen nicht, gegen das königliche Siegel, das die Hofmeisterin vorzeigt, zu handeln. Erst im letzten Augenblick entschließt sich Eugenie, der Werbung des Gerichtsrates nachzugeben. Doch muß dieser ihr versprechen, sie nur als Bruder »mit reiner Neigung« zu empfangen und sie ganz im Verborgenen leben zu lassen. Eugenie hofft, auf diese Weise dereinst ihrem Vaterlande, dem auf Grund vieler bedrohlicher Anzeichen ein jäher Umsturz bevorsteht, dienlich sein zu können, ja vielleicht sogar noch ihrem Vater, dem Herzog, und dem König als Retter erscheinen zu können.

Das Stück stellt den ersten Teil zu einer Trilogie dar, die Goethe über die Französische Revolution zu schreiben geplant hatte. Zu den folgenden Teilen sind nur wenige Skizzen vorhanden, die keinen Schluß zu ziehen gestatten, wie Goethe sich die weiteren Schicksale Eugeniens und die Darstellung des über das Land hereinbrechenden revolutionären

Geschehens dachte. In dem ersten Teil weckt die feine Charakteristik der anmutigen Eugenie starkes Interesse. Herder nannte das Stück die »köstlichste, gereifteste und sinnigste Frucht eines tiefen, nachdenkenden Geistes, der die ungeheuren Begebenheiten dieser Zeit still in seinem Busen getragen und zu höheren Ansichten entwickelt« hätte. Das am 2. April 1803 zum ersten Male in Weimar gespielte Trauerspiel erscheint heute nur noch selten auf der Bühne. Als reife Dichtung von großer sprachlicher Schönheit und auch dramatischer Qualität behauptet sie die *Natürliche Tochter* gleichwohl ihren Platz neben *Iphigenie* und *Tasso*, denen sie in Stil und Form nahesteht. (Reclams UB 114.)

Faust

Tragödie in zwei Teilen
Erste Aufführung des I. Teiles:
19. Januar 1829 in Braunschweig,
des II. Teiles: 4. April 1854 in Hamburg,
erste Gesamtaufführung: 6. und 7. Mai 1876 in Weimar

Vorspiel auf dem Theater: Direktor, Theaterdichter und Lustige Person diskutieren über den Sinn des Theaterspielens. Während der Direktor nur auf volle Häuser sieht und alles nach dem Gesichtspunkt des Erfolges bei der Menge berechnet, bekennt sich der Dichter zu der hohen, göttlichen Poesie, die sich von der Menge eher abgestoßen als angezogen fühlt. Die Lustige Person gibt praktische Ratschläge, wie man das Publikum am besten unterhalten kann. Goethe nahm die Anregung zu diesem Vorspiel aus dem indischen Theater, das ihm 1791 durch Forsters Übersetzung der *Śakuntalā* des *Kālidāsa* bekannt geworden war.

Prolog im Himmel: Die drei Erzengel Raphael, Gabriel und Michael rühmen »die unbegreiflich hohen Werke« der Schöpfung Gottes. Mephistopheles, der sich zum Gesinde des Herrn rechnet, ist anderer Meinung. Er sieht nur, »wie sich die Menschen plagen«. Sie würden seiner Ansicht nach wesentlich besser leben, wenn der Herr ihnen nicht in der Vernunft einen »Schein des Himmelslichts« gegeben hätte, mit dem sie aber wenig anzufangen wüßten.

Der Herr lenkt das Gespräch auf den Dr. Faust, den er als seinen »Knecht« bezeichnet. Mephistopheles verhöhnt die Leidenschaft, mit der dieser Tor ihm diene (»Vom Himmel fordert er die schönsten Sterne, und von der Erde jede höchste Lust«). Der Herr sieht aber gerade hierin das Fruchtbare. Mephistopheles bietet dem Herrn eine Wette an, es würde ihm gelingen, Faust von ihm abzuwenden. Der Herr geht darauf ein, doch nur, solange Faust auf Erden lebe. Mephisto werde am Ende beschämt erkennen müssen: »Ein guter Mensch in seinem dunklen Drange ist sich des rechten Weges wohl bewußt.« Die Wette wird geschlossen. Der Herr überläßt das Weitere getrost dem »Schalk«, den er in Mephistopheles erblickt. Er hat seinesgleichen nie gehaßt, sondern in seinen Weltplan eingebaut, da der Mensch in seinem Tätigkeitsdrang allzu leicht erschlaffe und des Antreibers bedarf. Der »Prolog im Himmel« ist angeregt worden durch das 2. Kapitel des *Buches Hiob*, dem er in wesentlichen Zügen folgt.

Der Tragödie erster Teil

Personen: Faust – Mephistopheles – Wagner – Schüler – Allerlei Volk beim Osterspaziergang – Frosch, Brander, Sybel, Altmayer (lustige Gesellen in »Auerbachs Keller«) – Hexen, Meerkatzen und Meerkater – Margarethe – Valentin, ihr Bruder – Marthe Schwerdtlein u. a.
Ort und Zeit: In Fausts Studierstube, vor dem Tore der Stadt, Auerbachs Keller in Leipzig, verschiedene Schauplätze in einer deutschen Kleinstadt, am Brocken und anderwärts, 16. Jh.

Faust grübelt in seiner Studierstube bei Nacht über den Sinn des Daseins. Die herkömmlichen Wissenschaften (Philosophie, Juristerei, Medizin und auch die Theologie) vermögen ihm nichts mehr zu geben. Nur noch in der Magie sieht er einen Weg, in das Geheimnis der Welt einzudringen. Er schlägt das Zauberbuch des Nostradamus auf und berauscht sich beim Anblick des Zeichens des Makrokosmos an der Harmonie, die das All durchdringt. Doch hofft er sich noch mehr Befriedigung vom Zeichen des Erdgeistes, den er mit geheimnisvollen Formeln beschwört. Der Geist erscheint, jedoch nur, um Faust seine Zwergenhaftigkeit als Mensch gegenüber der Natur und ihren ewig schaffenden Gewalten

fühlen zu lassen. Nach einer kurzen Unterbrechung, die das
nächtliche Meditieren durch seinen Famulus Wagner (»den
trocknen Schleicher«) erfährt, wendet Faust sich wieder im
Selbstgespräch den ihn bedrängenden Fragen des »ungewissen Menschenloses« zu. So tief ist seine Verzweiflung, so
stark sein unstillbarer Drang nach letzter Klarheit, daß er
den Tod als Erlösung herbeisehnt und sich »heiter« zu diesem letzten ernsten Schritt entschließt. Doch kaum hat er die
kristallene Schale mit Gift an den Mund gesetzt, als Glok-
kenklang und Chorgesang ihm des »Osterfestes erste Feier-
stunde« künden. Überwältigt von Jugenderinnerungen und
dem Auferstehungswunder des Osterfestes, setzt er die
Schale vom Mund wieder ab, und wenn ihm auch der Glaube
an die frohe Botschaft fehlt, fühlt er sich doch der Erde neu
zurückgegeben (»O tönet fort, ihr süßen Himmelslieder! Die
Träne quillt, die Erde hat mich wieder!«). Mit seinem Famulus Wagner tritt Faust nun am Ostermorgen einen Spazier-
gang an vor das Tor der Stadt. Ehrfurchtsvoll begrüßt ihn
das Volk, dem er einst in jungen Jahren bei Bekämpfung
einer Pestseuche hilfreich zur Seite stand. Der Anblick der
untergehenden Sonne ruft in ihm aber aufs neue die metaphysische Sehnsucht wach, und er kommt zu der Selbsterkenntnis: »Zwei Seelen wohnen, ach! in meiner Brust, die
eine will sich von der andern trennen.« Auf dem Heimweg
umkreist ihn ein geheimnisvoller, schwarzer Pudel, der ihm
in sein Studierzimmer folgt. Wieder sitzt Faust allein bei
Nacht am Pult und grübelt. Und wiederum fühlt er, selbst
beim besten Willen, keine Befriedigung aus seinem Busen
quillen. Beim Versuch, das Neue Testament in sein »geliebtes
Deutsch« zu übertragen, stößt er gleich am Anfang des
Johannes-Evangeliums auf die unüberwindbare Schwierigkeit der Übersetzung des griechischen Wortes Logos. In seiner landläufigen Bedeutung als »Wort« kann es ihm nicht
genügen. So wählt er die Formulierung: »Im Anfang war
die Tat!« Doch nun beginnt der Pudel in seinem Zimmer zu
randalieren. Er entpuppt sich, nachdem Faust erkannt hat,
daß es kein gewöhnliches Tier ist und ihn mit Zauberformeln
beschwört, als Mephistopheles (in der Gestalt eines fahrenden Scholaren). »Ich bin der Geist, der stets verneint«,
offenbart er Faust, »ein Teil von jener Kraft, die stets das
Böse will und stets das Gute schafft.« Als Faust erfährt,

daß auch die Hölle ihre Gesetze und Rechte hat, ist er bereit, mit ihm einen Pakt zu schließen. Mephistopheles gibt ihm sofort eine Probe seiner Kunst, indem er ihn einschläfert und ihm wollüstige Bilder vorgaukelt. Als Faust erwacht, ist Mephistopheles, der sich durch ein Pentagramm am Fußboden in seiner Bewegungsfreiheit behindert sah, verschwunden. Doch nicht lange danach kehrt er zurück. Und nun wird, nachdem Faust noch einmal in wilden, aufbegehrenden Worten seinen ganzen Unmut über die Last und Qual des irdischen Daseins ausgetobt hat, ein Pakt geschlossen und mit einem Tropfen Blut aus Fausts Arm besiegelt: Mephistopheles verbindet sich auf Erden ganz zu Fausts Diensten. Dafür erhebt Mephisto Anspruch auf ihn, wenn sie sich »drüben« wiederfinden. Entscheidend soll sein, ob Faust jemals durch die Erfüllung seiner Wünsche befriedigt werden kann, so daß er zum Augenblicke sagen möchte: »Verweile doch! du bist so schön!« Dann möge die Totenglocke schallen, und dann soll Mephisto seines Dienstes ledig sein. Ehe sie nun ihre Reise in die Welt antreten, fertigt Mephistopheles einen Schüler ab, den er auf diabolische Weise in die Wissenschaften einführt, wobei er ihn ganz besonders die Medizin preist, bei der man am schnellsten von der ›grauen Theorie‹ zum ›grünen Baum des Lebens‹ gelange ... Mit einer derben Szene bei einer »Zeche lustiger Gesellen« in Auerbachs Keller in Leipzig beginnt dann Fausts »neuer Lebenslauf«. Anzügliche Reden, Einzel- und Rundgesänge von der Ratte, die Gift im Leibe hatte, vom König und dem Floh und von den Zechern, denen »kannibalisch wohl« ist »als wie fünfhundert Säuen«, geben dem Gelage das Gepräge. Mephisto läßt aus Löchern, die er in den Tisch bohrt, Wein fließen. Im Höhepunkt der Verwirrung verschwinden Faust und Mephisto aus dem Keller. Mephisto schleppt Faust nun in die Hexenküche, wo es unter Geschrei von Meerkatzen und -katern toll hergeht und wo »Junker Satan« sich erst Respekt verschaffen muß. In einem Spiegel sieht Faust das himmlische Bild eines Weibes, für das er sofort leidenschaftlich entflammt ist. Die Hexe muß ihm einen Verjüngungstrank reichen, der aus dem himmelstürmenden Professor der Philosophie einen verliebten Jüngling machen soll. Mit diesem Trank im Leibe wird er (wie Mephisto prophezeit) bald »Helenen in jedem Weibe« sehen.

Das unschuldige Geschöpf, an dem sich Fausts Liebes-
sehnen in tragischer Weise erfüllen soll, ist Gretchen. Er begegnet ihr – sie kommt von der Beichte – und spricht sie
sofort in stürmischer Werbung an. Mephisto kann nicht
schnell genug Geschmeide herbeischaffen, mit dem das arme
Kind betört werden soll. Im Haus und Garten der kupplerischen Nachbarin, Marthe Schwerdtlein, vollzieht sich das
Weitere. Mephisto führt sich bei Marthe Schwerdtlein ein,
indem er vorgibt, Nachricht für sie von ihrem in Italien verstorbenen Manne zu haben. Faust ist der Zeuge. So treffen
sich Faust und Gretchen wieder. Es kommt zum rührenden
Geständnis des zum ersten Liebeserleben erwachten Mädchens. Mit ahnendem Instinkt sieht sie in Mephisto den
›bösen Geist‹, der zwischen ihr und ihrer Liebe steht, und
ihr gläubiges Gemüt ist in tiefer Sorge um die Stellung des
Geliebten zur Religion, die auch durch das berühmte (pantheistische) Glaubensbekenntnis Fausts nicht behoben werden
kann. Immerhin ist in Faust über dem Erleben mit dem unschuldigen, reinen Kind sein besseres Ich erwacht. Verzweifelt hat er versucht, sich von Mephisto zu lösen, und doch
kann er nicht ohne ihn zu seinem Ziel gelangen. Nachdem
Gretchen Faust in ihre Kammer eingelassen hat, während
ihre Mutter durch einen Trank, den ihr Faust gab, in tiefen
Schlaf versetzt wurde, ist die tragische Entwicklung nicht
mehr aufzuhalten. Valentin, Gretchens Bruder, ein tapferer
Soldat, hat erfahren, was sich im Hause begab. Er stellt
Faust zum Zweikampf, bei dem Valentin fällt, da Mephisto
seine Hand erlahmen ließ. Sterbend flucht Valentin der
Schwester und schilt sie eine Hure (»Du fingst mit einem
heimlich an, bald kommen ihrer mehre dran«). Vergeblich
betet Gretchen, die ein Kind unterm Herzen trägt, vor dem
Bild der Mater dolorosa (»Ach neige, Du Schmerzenreiche,
Dein Antlitz gnädig meiner Not!«). Nicht anders ergeht es
ihr im Dom, wo ihr unter dem Gesang des »Dies irae« die
Stimme des bösen Gewissens so hart zusetzt, daß sie ohnmächtig niedersinkt. Faust wird währenddessen zur Ablen-
kung von Mephisto zu dem großen Hexensabbat der Walpurgisnacht auf den Blocksberg geführt, wo sie im Aufstieg
auf den Brocken in den tollen Strudel der entfesselten
Dämonenwelt hineingezogen werden. Faust vermeint zuletzt
in der Ferne »ein blasses, schönes Kind« zu sehen, das dem

»guten Gretchen gleicht«. An ihr hat sich inzwischen das unabwendbare, bittere Schicksal vollzogen: ihre Mutter starb an dem Trank, ihr Bruder ist tot, das Kindlein, das sie zur Welt brachte, ertränkte sie. So findet Faust nur noch eine Wahnsinnige im Kerker, deren Verbrechen »ein guter Wahn« war und bei deren Anblick Faust »der Menschheit ganzer Jammer« anpackt. Vergeblich versucht Faust, Gretchen aus dem Gefängnis zu retten. Ihr Geist ist verwirrt. Der Anblick Mephistos reißt sie jedoch zu letzter Klarheit empor. Sie befiehlt sich reuig der Gnade Gottes an. Es graut ihr selbst vor Faust. »Sie ist gerichtet!« ruft Mephisto. Doch aus der Höhe erklingt eine Stimme: »Ist gerettet!« Mephisto reißt Faust mit sich davon. (Reclams UB 1/1a.)

Der Tragödie zweiter Teil

P e r s o n e n : Faust – Mephistopheles – Der Kaiser – Die Hofgesellschaft – Masken aller Art – Der Knabe Wagenlenker – Paris und Helena – Doktor Wagner – Baccalaureus – Homunculus – Chiron – Thales und Anaxagoras, griechische Philosophen – Nereus – Galatee – Proteus – Sphinxe, Sirenen, Greife, Nymphen, Nereiden, Tritonen, Phorkyaden u. a. Gestalten der griechischen Mythologie – Lynceus, Turmwärter – Euphorion, Fausts und Helenas Sohn – Die drei Gewaltigen (Raufebold, Habebald, Haltefest) – Erzmarschall, -kämmerer, -truchseß, -schenk – Erzbischof – Philemon und Baucis – Vier graue Weiber (der Mangel, die Sorge, die Schuld, die Not) – Heilige Anachoreten – Die eine Büßerin (sonst Gretchen genannt) – Mater gloriosa – Chorus mysticus u. a.
O r t und Z e i t : Anmutige Gegend, Kaiserliche Pfalz, Fausts Studierstube und Laboratorium, Pharsalische Felder und andere Orte in Griechenland, Hochgebirge und Bergschluchten, zeitlich im Anschluß an den I. Teil.

Auf blumigem Rasen in anmutiger Gegend schläft Faust. Der Luftgeist Ariel veranlaßt, daß Geistergesang »des Vorwurfs glühend bittere Pfeile« aus den Gedanken des Schlummernden entfernt und sein Inneres von »erlebtem Graus« reinigt. Erwacht, fühlt Faust des »Lebens Pulse« frisch lebendig schlagen. Im Nachsinnen über den Sonnenaufgang, der ihn emporreißt, um gleich darauf seine Augen zu schmerzen, wie über den Wassersturz, der sich in abertausend Strömen ergießt mit des »bunten Bogens Wechseldauer« darüber, erkennt er resigniert: »Am farbigen Abglanz haben

wir das Leben«, d. h. das Leben ist die endliche Erscheinung
eines unerkennbar Metaphysisch-Ewigen. Wir werden nun
an den Hof des Kaisers versetzt, wo Mephistopheles an die
Stelle des Hofnarren tritt. Der Kanzler, der Heermeister,
der Schatzmeister und der Marschalk breiten die Nöte des
Reiches aus, die im wesentlichen auf Geldmangel hinauslau-
fen. Mephistopheles weiß Rat. Man brauche nur Papiergeld
auszugeben, das durch die Bodenschätze des Landes gedeckt
sei, und allen ist geholfen. Vorerst wird bei Hofe Karneval
gefeiert. Ein schier endloser Mummenschanz mit allerlei
Volkstypen, mythologischen Masken und dem »Knaben
Wagenlenker« (allegorische Figur für die Poesie) zieht unter
der Leitung des Herolds auf. Faust steckt dabei in der Maske
des Plutus (als Gott des Reichtums), Mephisto in der des
Geizes, der Kaiser erscheint als der große Pan. Als das
»Flammengaukelspiel« vorüber ist, begrüßt der Kaiser dankbar, daß Faust an seinen Hof gekommen ist. Denn seit seiner Ankunft wird Rechnung über Rechnung beglichen, alles
mit Papiergeld, und die Sorgen scheinen geschwunden. Und
schon hat der Kaiser neue Wünsche: er will Helena und Paris
vor sich sehen, die Musterbilder aller Männer und Frauen.
Das ist selbst für Mephistopheles keine ganz leichte Sache.
Und er weist darauf hin, daß nur Faust selbst diese Aufgabe
lösen kann, indem er zu den Müttern hinabsteigt, die als
Göttinnen in hehrer Einsamkeit, in ort- und zeitloser Tiefe,
thronen. Faust findet sich dazu bereit, und als er von der
geheimnisvollen Fahrt wieder auftaucht, führt er dem erstaunten Kaiserhof die ebenso berühmten wie berüchtigten
Gestalten des griechischen Altertums leibhaftig vor. Die
Damen brechen bei dem Erscheinen des Paris in Entzücken
aus, während die Herren mancherlei an ihm auszusetzen
haben. Umgekehrt ist es bei dem Erscheinen der Helena: die
Männerwelt, jung und alt, begeistert sich an ihrer Schönheit,
während die Damen an die zweifelhafte Vergangenheit der
»Buhlerin« erinnern. Faust selbst ist so hingerissen von der
Erscheinung Helenas, daß er nach ihr greifen will. Im gleichen Augenblick erfolgt eine Explosion, die Erscheinungen
gehen in Dunst auf, und Faust liegt ohnmächtig am Boden.
So bringt ihn Mephistopheles in seine alte Studierstube zurück, wo er den Pakt unterzeichnete und wo noch die Feder
liegt, mit der Faust sich dem Teufel verschrieb. Während

Faust (von »Helena paralysiert«) schläft, reizt es Mephisto, noch einmal den Dozenten zu spielen. Wieder erscheint der Schüler, doch nun (»entwachsen akademischen Ruten«) als Baccalaureus. Nicht mehr bedarf es des Rates der Lehrer. Er selbst berät sie und meint, es sei am besten, die alten Professoren zeitig totzuschlagen. Doktor Wagner aber, Fausts Famulus von einst, braut im Laboratorium ein »herrlich Werk«: Homunculus, den künstlichen Menschen, der nicht mehr auf natürliche Weise gezeugt wird, sondern der durch »Mischung« von vielen hundert Stoffen, die Wagner herausexperimentiert hat, in der Retorte hergestellt wird. Mephistopheles kommt gerade im rechten Augenblick, da das künstliche Gebilde sich zum ersten Male aus der Phiole vernehmen läßt. Es entschlüpft der Flasche und seinem Erzeuger und gibt aus der Höhe Mephistopheles gute Ratschläge, was er mit Faust anzufangen habe, nämlich ihn zur »klassischen Walpurgisnacht« nach Griechenland zu bringen, wo er genesen könne. Mephistopheles, dem als »nordischem Gespenst« zuerst nicht recht wohl bei dem Gedanken an die »antikischen Kollegen« ist, findet aber doch Geschmack daran, sobald Homunculus von »thessalischen Hexen« spricht. Homunculus und Mephistopheles brechen nun dorthin auf. Den noch immer schlafenden Faust nehmen sie auf dem Zaubermantel mit, den verblüfften Wagner lassen sie zurück.

An der Stätte der Entscheidungsschlacht von Pharsalus, in der Cäsar über Pompeius siegte, treffen sich am Jahrestage der Schlacht (nach alter Überlieferung) die Sagengestalten der Antike zu einer Art Walpurgisnacht (wie die nordischen Hexen bei Frühjahrsbeginn auf dem Brocken). Die thessalische Zauberin Erichtho, die das Spiel eröffnet, hat das »Nachgesicht« der Schlacht. Hierhin geht der Weg der Luftfahrer. Faust erwacht, als er den Boden berührt. Seine erste Frage gilt Helena: »Wo ist sie?« Die Sphinxe (»Vor solchen hat einst Ödipus gestanden«) verweisen ihn an den weisen Kentaur Chiron, der ihn auf seinem Rücken zu der Seherin Manto trägt. Diese, die Verständnis für Fausts Begehren zeigt, zu Helena zu gelangen (»den lieb ich, der Unmögliches begehrt«), geleitet ihn zur Unterwelt, wo er Helena finden soll. Mephistopheles findet sich indessen in der bunten Fabelwelt antiker Wesen zwischen Sphinxen,

Sirenen und Greifen nur mühsam zurecht (»Zwar sind auch wir von Herzen unanständig, doch das Antike find' ich zu lebendig«). Ein Erdbeben, das der Gott Seismos erregt, läßt ihn sich fast verirren. Schließlich stellt er sich aber inmitten der gespenstischen, blutsaugenden Lamien fest, daß es »vom Harz bis Hellas immer Vettern« für ihn gibt (»Viel klüger scheint es, bin ich nicht geworden; absurd ist's hier, absurd im Norden«). Weitläufige Verwandte glaubt er bei den drei uralten häßlichen Phorkyaden zu entdecken, die zusammen nur einen Raffzahn und ein Auge besitzen. Mephistopheles verwandelt sich nun zur Phorkyas, als der für ihn in dieser Welt gemäßen Maske. Homunculus, der sich von ihm gelöst hat, wird von dem Naturphilosophen Thales zu dem Meeresgott Nereus gebracht. Sein Sehnen geht dahin, sich aus dem kleinen, leuchtenden Zwerglein, als welches er zur Welt gekommen ist, zu verkörperlichen. Nereus verweist ihn an den großen Verwandlungskünstler Proteus, der ihm nach allerlei Proben seiner Kunst empfiehlt, im Wasser (als dem eigentlichen Urstoff der Welt) zu beginnen. Zu Füßen der Nereus-Tochter Galatee, der schönsten der Meeresnymphen, die auf dem Muschelwagen dahergezogen kommt, zerschellt die Glashülle des Homunculus, als wäre er von »Pulsen der Liebe« gerührt, und er verwandelt sich in Meeresleuchten. So vereinigen sich im Banne des »Eros, der alles begonnen«, die vier Elemente als Schlußapotheose dieses überaus phantasievollen, barocken Prachtgemäldes der »Klassischen Walpurgisnacht«, das wie eine leuchtende Brücke aus dem rauhen, mittelalterlichen Norden in die sonnenklare Welt der hellenischen Antike überleitet.

Vor dem Palast des Königs Menelas zu Sparta tritt uns nun Helena leibhaftig entgegen. Wie in der attischen Tragödie ist sie von einem Chor gefangener Trojanerinnen begleitet. »Bewundert viel und viel gescholten«, ist die schönste Frau der Welt in Sorge, was ihr Gatte Menelas mit ihr nach der Rückführung von Troja vorhaben könnte. Als sie den Palast betritt, erschreckt sie ein überaus häßliches altes Weib, das sich als Schaffnerin des Hauses ausgibt. Es ist Mephistopheles in der Gestalt der Phorkyas. Diese warnt Helena: alles ist im Palast zu ihrer Opferung vorbereitet. Nur schnelle Flucht kann helfen. Phorkyas-Mephistopheles versetzt Helena und ihre Frauen nun auf eine Burg im Gebirge, wo ihnen Faust (in ritterlicher Hofkleidung des Mittelalters) entgegentritt. Von Helenas Schönheit geblendet, vergaß der Turmwächter Lynceus ihre Ankunft zu melden. Erschreckt muß Helena erkennen, daß es ihr Geschick ist, »überall der Männer Busen zu betören«. Der Werbung Fausts gibt sie statt und ergötzt sich an der Sprechweise der neuen Umgebung (Faust lehrt sie in Reimen sprechen). Menelas, der mit Kriegsmacht heranzieht, wird abgewehrt. Und nun vollzieht sich in arkadischen Gefilden die Vermählung Fausts mit Helena. Der Ehe entspringt ein Sohn: der strahlende Knabe Euphorion, der sich mit dem Chor in anmutigen Spielen und Reigen ergeht. Dem Glück ist jedoch nur kurze Dauer beschieden. Euphorion, ein zweiter Ikarus, will immer höher steigen und fliegen, bis er tot zu den Füßen der Eltern liegt. Er zieht die Mutter nach sich ins Reich der Schatten. Dem Glück und der Schönheit ist es nicht vergönnt, sich dauerhaft zu vereinen. Faust hält nur noch Helenas Kleid und Schleier in den Armen. Die ganze antike Welt des Helena-Aktes versinkt. Auch Phorkyas verwandelt sich wieder in Mephistopheles zurück. Er ist der heimliche Drahtzieher des ganzen Geschehens gewesen.

Im Hochgebirge treffen wir Faust wieder. In Wolkengebilden glaubt er noch einmal Idealbilder griechischer Frauenschönheit zu sehen (»Junonen ähnlich, Ledan, Helenen«). Sie spiegeln ihm den großen Sinn der »blendend flüchtigen Tage« wider, die hinter ihm liegen. Doch zugleich steigen Bilder der Vergangenheit, steigt Gretchen in ihm auf und ziehen »das Beste seines Innern mit sich fort«. Er fühlt Kraft in sich zu neuen Taten und kühnem Fleiß (»Die Tat ist alles, nichts der Ruhm«). Er möchte dem Meere Land abgewinnen. Und Mephistopheles sieht dazu sogleich Gelegenheit. Der Kaiser, den sie einst in seinen jungen Tagen mit Geld und Gaukelspiel unterhielten, ist durch Aufruhr in Schwierigkeiten geraten. Er steht vor der Entscheidungsschlacht. Faust soll eingreifen, wozu ihm Mephisto »aus Urgebirgs Urmenschenkraft« die »drei Gewaltigen« (Raufebold, Habebald und Haltefest) zur Verfügung stellt. Als Lohn soll Faust sich vom Kaiser den grenzenlosen Strand als Lehen erbitten. Von dem Vorgebirge, auf dem des Kaisers Zelt aufgeschlagen ist, sehen Faust und Mephisto der Schlacht zu und bieten dem Kaiser ihre Hilfe an. Der Kaiser,

der sich lieber aus eigener Kraft geholfen hätte, gerät in
Bedrängnis und sieht sich genötigt, die Hilfe anzunehmen.
Nach gewonnener Schlacht bereichern sich als erste Habebald
und die Marketenderin Eilebeute im Zelt des Gegenkaisers
an den erbeuteten Schätzen. Daß der Sieg nur mit »Satans
Kunst« errungen wurde, bleibt nicht verborgen. Der Erzbischof verlangt nun, daß der Hügelraum, von dem aus die
Schlacht geleitet wurde, der Kirche zufällt, ja auch die Erträgnisse, die »des Reiches Strand«, der an Faust verliehen
wurde, abwirft, sollen der Kirche zufließen. Dem Kaiser,
der sich durch die Sünde teuflischer Zauberei belastet fühlt,
bleibt nichts übrig, als sich dem Willen der Kirche zu fügen.
   Mit der Landgewinnung und dem Bau eines Palastes auf
dem neugewonnenen Grund ist die letzte Station in Fausts
Leben erreicht. Seinem nie genügsamen Geist schweben aber
immer neue Projekte vor. Zunächst wünscht er einen Hügel
seinem Besitze einzuverleiben, auf dem in ärmlicher Hütte
ein altes Ehepaar (Philemon und Baucis) haust. Da die Alten
nicht freiwillig gehen, zerstört Mephistopheles ihre Hütte
durch Brandstiftung, wobei sie zugrunde gehen. Vier graue
Weiber (der Mangel, die Sorge, die Schuld und die Not)
treten nun zu Faust, finden jedoch keinen Einlaß bei ihm.
Nur die Sorge schleicht durch das Schlüsselloch ein. Ihr Anhauch bewirkt, daß Faust erblindet (»Die Menschen sind
im ganzen Leben blind, nun, Fauste! werde du's am Ende«).
Doch auch jetzt noch erfüllen Pläne über Pläne des besten
Geist des Ruhelosen. Millionen von Menschen möchte er Lebens-
räume zwischen Hügel und Meer schaffen. »Solch ein Ge-
wimmel möcht' ich sehn, auf freiem Grund mit freiem Volke
stehn.« Das wäre ein Augenblick, zu dem er sagen dürfte:
»Verweile doch, du bist so schön! Es kann die Spur von
meinen Erdentagen nicht in Äonen untergehn.« Doch mit
diesem Wunsch hat sich sein Leben erfüllt. Er stirbt. Mephistopheles hat die Wette, die er einst mit ihm schloß, scheinbar gewonnen. Und schon rüstet er mit Hilfe der Lemuren
die Grablegung. Mit phantastischen Beschwörungsgebärden
läßt er Teufel erscheinen und einen Höllenrachen sich auftun, der Faust verschlingen soll. Doch herabschwebende
Engel, die den ganzen Raum einnehmen und Mephistopheles
verwirren, so sehr, daß die ›appetitlichen Racker‹ ihn lüstern
machen, entreißen ihm Fausts Unsterbliches. Resigniert muß

Mephistopheles bekennen: »Du bist getäuscht in deinen alten
Tagen. Ein großer Aufwand, schmählich! ist vertan.« Heilige Anachoreten, gebirgauf verteilt und zwischen den Klüf-
ten gelagert, begrüßen die Engel, die mit Fausts unsterblicher Seele emporschweben (»Wer immer strebend sich
bemüht, den können wir erlösen«). In der höchsten Sphäre erscheint die Mater gloriosa selbst. Eine der Büßerinnen (sonst
Gretchen genannt) bittet für den »früh Geliebten, nicht mehr
Getrübten«. Und für sie bitten die drei großen Büßerinnen
der Bibel (die Magna peccatrix, Maria Magdalena, des
Lukas-Evangeliums, die Mulier Samaritana des Johannes-
Evangeliums und die Maria Aegyptiaca der Acta Sancto-
rum). »Komm! Hebe dich zu höhern Sphären, wenn er dich
ahnet, folgt er nach«, ist die Antwort der Mater gloriosa.
Ein Chorus mysticus, der auf das Vergängliche alles Irdischen hindeutet, das nur Gleichnis für das Ewige, »Unzulängliche« ist, beschließt das Werk. »Das Unbeschreibliche,
hier ist's getan; das Ewig-Weibliche zieht uns hinan.« (Reclams UB 2/2a.)

Faust ist Goethes universalste Dichtung, zugleich eine der
bedeutendsten Dichtungen deutscher Sprache. Sie stützt sich
quellenmäßig auf das Volksbuch *Historia von D. Johann
Fausten* von 1587 (Reclams UB 1515/16) und auf Christopher
Marlowes *Faust*-Drama. Die Beschäftigung Goethes mit dem
Stoff und der Dichtung erstreckt sich über 60 Jahre hin und
reicht von der Straßburger Studentenzeit bis in die letzten
Lebensjahre in Weimar. Die erste Niederschrift erfolgte in
den Jahren 1774/75, von der eine Abschrift erhalten ist, der
sog. *Urfaust* (1887 von Erich Schmidt wiederentdeckt, uraufgeführt am 2. Mai 1912 in Weimar, Reclams UB 5273). Er
enthält bereits die wichtigsten Bestandteile des späteren
I. Teiles. Dieser wurde von Goethe in Abschnitten 1790 und
1808 veröffentlicht. Der II. Teil wurde ein Jahr vor Goethes
Tod abgeschlossen und von ihm versiegelt, um erst nach seinem Tode an die Öffentlichkeit zu gelangen. Ursprünglich
nicht für die Bühne bestimmt, hat sich der *Faust* doch
als theatralisches Kunstwerk einen dauernden Platz im
Schauspiel-Repertoire der deutschen Bühnen erobert. Das
gilt besonders für den I. Teil. Doch enthält auch der II. Teil
so viel Bühnenwirksames und echt Theatermäßiges, daß bedeutende Theaterleiter und -regisseure immer wieder den

Versuch gemacht haben, ihn für die Bühne zu gewinnen. Daß
erst bei einer Darstellung des gesamten Werkes die großen,
übergeordneten Gesichtspunkte der Dichtung und ihr weltumspannender Ideengehalt zutage treten, steht außer Frage.
Nur bedarf es dazu der straffenden Kürzung des II. Teiles
und der Herausarbeitung der Grundlinien, die den Ablauf
handlungsmäßig bestimmen.

Ein großer Bogen spannt sich sinnvoll von dem »Prolog
im Himmel« und der zwischen dem Herrn und Mephistopheles abgeschlossenen Wette bis zum Schluß des II. Teiles
und Fausts ›Verklärung‹. Den inneren Bogen bildet die zwischen Faust und Mephistopheles abgeschlossene Wette, die
sich vom Teufelspakt im I. Teil bis zu Fausts Tod im II. Teil
erstreckt, gleichfalls sinngemäß durchgeführt, indem Fausts
ruheloses und durch keine Erfüllung zu sättigendes Begehren erst mit seinem Tode erlischt. Ungemein sicher festgehalten ist durch die ganze Dichtung hindurch (trotz der
jahrzehntelangen Abfassungszeit) der Kontrast der Hauptgestalten: *Faust* und *Mephistopheles*. Faust ist stets der ewig
unbefriedigte, die Grenzen des Menschlichen überschreiten-
wollende Titan, einerlei ob als alternder Gelehrter, jugendlicher Liebhaber oder im hohen Greisenalter stehender Ko-
lonisator. Mephistopheles ist immer der zynische Spötter,
der »Geist, der stets verneint«, einerlei ob als »Schalk« im
Prolog, als »Junker Satan« im I. Teil oder als antikisches
Ungeheuer in Gestalt der Phorkyade im II. Teil, ja, noch in
der ›Grablegungs‹-Szene, ganz am Schluß, wird er als
lüsterner, geprellter Teufel hingestellt, der sich selbst verspottet, daß ihm die Engel Fausts unsterbliches Teil, »diesen
großen, einzigen Schatz«, entwendet haben. Um diese
Hauptgestalten ist ein reicher Kranz von Figuren und Ideen
gelegt, die das Werk zu einem echten dramatischen Weltgedicht machen. Im I. Teil ergreift menschlich vor allem die
schlichte Innigkeit und aufwühlende Tragik der Gretchen-
Handlung. Im II. Teil sind Fausts Gang zu den ›Müttern‹,
die Beschwörung der Helena, die feine Ironie der Homun-
culus-Szenen und das Euphorion-Idyll von hohem poetischem Reiz. Die Vermählung von Faust und Helena tritt
szenisch als Symbol für die Vereinigung abendländischen
Geistes mit dem griechischen Schönheitsideal in Erscheinung.
Bei der Gestaltung Euphorions schwingt die Erinnerung an

Schiller, Die Räuber

Schiller, Die Verschwörung des Fiesko

das Schicksal Lord Byrons mit. Von großer Plastik ist insbesondere der 5. Akt des II. Teiles: Fausts Alter, Tod, Grablegung und Verklärung. Hier spricht der Dichter Goethe zugleich als Mensch und Weltweiser zur Menschheit, wenn er davor weiß, die Grenzen menschlichen Vermögens zu durchbrechen (»Nach drüben ist die Aussicht uns verrannt; Tor, wer dorthin die Augen blinzelnd richtet! Er stehe fest und sehe hier sich um; dem Tüchtigen ist diese Welt nicht stumm«), oder wenn der bereits erblindete Faust als »der Weisheit letzten Schluß« bezeichnet: »Nur der verdient sich Freiheit wie das Leben, der täglich sie erobern muß.« Bei den oft zitierten Versen der ›Verklärung‹ Fausts: »Wer immer strebend sich bemüht, den können wir erlösen«, wird oft der Nachsatz vergessen, daß »ein Erdenrest, zu tragen peinlich«, übrigbleibt, den zu tilgen nur »die Liebe von oben« vermag. Von hier aus gewinnen auch die sonst unverständlichen Schlußworte der ganzen Dichtung (»Das Ewig-Weibliche zieht uns hinan«) erst Sinn und Bedeutung: die eine Büßerin (sonst Gretchen genannt) als Symbol für die irdische Liebe, und die Mater gloriosa, die »zu den höchsten Sphären« aufruft, für die himmlische.

So stellt sich der *Faust*, als Gesamtwerk betrachtet, in Form, Gehalt und weltumspannender Thematik in eine Reihe mit den größten Dichtungen der Weltliteratur, neben die Epen Homers, Dantes *Göttliche Komödie* und neben den Kosmos der Bühnenwerke Shakespeares.

JAKOB MICHAEL REINHOLD LENZ

* 12. Januar 1751 in Seßwegen (Livland)
† 24. Mai 1792 in Moskau

Jakob Michael Reinhold Lenz war der Sohn eines Predigers. Er studierte Theologie in Dorpat und Königsberg, fühlte sich jedoch stärker von der Literatur angezogen. 1771 ging er als Hofmeister (Begleiter und Dolmetscher) zweier Kurländischer Adliger nach Straßburg, wo er mit Goethe bekannt wurde. Nach dessen Weggang von Straßburg verliebte er sich in Sesenheim in Friederike Brion, deren Eltern ihn jedoch ablehnten. Lenz war ohne Vermögen und mußte sich als Hauslehrer seinen Lebensunterhalt verdienen. Nach weiteren unglücklichen Verliebtheiten verließ er Straßburg und versuchte 1776 am Weimarer Hof Fuß zu fassen. Wegen verschiedener, auf seinem unausgeglichenen Wesen beruhender Vorfälle mußte er noch im gleichen Jahr Weimar wieder verlassen. Nach längerem Umherirren fand er freundliche Aufnahme bei Goethes Schwager Schlosser in Emmendingen. Eine geplante Italienreise kam nicht zustande, er blieb in der Schweiz zurück. Im Winter 1778 erfolgte ein schwerer Wahnsinnsanfall. Über Straßburg kam Lenz dann abermals zu Schlosser nach Emmendingen, wo liebevolle Pflege seinen Zustand besserte. 1779 wurde er von seinem Bruder abgeholt und in die Heimat gebracht. Nach vergeblichen Bemühungen, zu einer festen Anstellung zu kommen, starb er in Moskau im Elend.

Lenz war eine jener hochbegabten, aber innerlich nicht gefestigten Naturen, wie sie in der sog. Genie-Periode der deutschen Literatur im 18. Jh. mehrfach auftauchen. Ein »seltsamstes und indefinibelstes Individuum« nannte ihn Goethe, und an anderer Stelle sagte er: »Aus wahrhafter Tiefe, aus unerschöpflicher Produktivität ging sein Talent hervor, in welchem Zartheit, Beweglichkeit und Spitzfindigkeit miteinander wetteiferten, das aber bei aller seiner Schönheit durchaus kränkelte, und gerade diese Talente sind am schwersten zu beurteilen.« Die neuere Forschung sieht in Lenz den Begründer der modernen europäischen Sozialkomödie. In seinen *Anmerkungen übers Theater* (1774), die der willkürlichen Szenenführung das Wort reden und zum oft zitierten richtungweisenden dramaturgischen Hauptwerk der Stürmer und Dränger wurden, hatte Lenz eine eigenartige Theorie über die beiden Gattungen der dramatischen Dichtkunst, Tragödie und Komödie, entwickelt. In der Tragödie müsse die Handlung um der Person willen aufgestellt werden, in der Komödie dagegen müsse sich die Handlung aus den Charakteren entwickeln. Er schuf Bearbeitungen von verschiedenen Komödien des Plautus. Seine schöpferische Begabung und seine Eigenart spiegelt sich in der Komödie *Der Hofmeister* (1774), in der Adel, Bürgertum und Bauernstand gleichermaßen treffsicher charakterisiert und kritisch beleuchtet werden. In der Komödie *Der neue Menoza* (1774) hält Lenz dem alten Europa, als dem angeblich ›aufgeklärten‹ Kontinent, einen Spiegel in bitter-böser sarkastischer Weise vor. Und in den *Soldaten* (1776) wird der Ehelosigkeit des Offiziersstandes, wie sie damals herrschte, kritisch zugesetzt. In seiner Mischung von Tragik und Komik zeigt dieses Werk sehr eindrucksvoll die knappe, schlagkräftige Bühnensprache von Lenz. Seine große Begabung für groteske Komik offenbart die Literatursatire *Pandaemonium Germanicum*, in der er fast alle dichtenden und schreibenden Zeitgenossen in Europa (einschließlich Goethe und sich selbst) auftreten läßt und schon nach Art der späteren Romantik ironisiert.

Der Hofmeister oder Vorteile der Privaterziehung. Komödie in fünf Akten. – Läuffer, der Sohn eines Stadtpredigers, tritt als Hofmeister (d. h. Erzieher und Lehrer) in den Dienst des Majors von Berg. Ihm wird nicht nur ein noch unmündiger Sohn anvertraut, sondern auch das Gustchen, die schwärmerisch veranlagte Tochter. Diese schwört sich mit ihrem Vetter Fritz von Berg, der auf drei Jahre zum Universitätsstudium fortgeht, ewige Liebe und Treue, wie sie sich einst Romeo und Julia schwuren. Fritzens Vater, der Geheime Rat von Berg, will aber von dergleichen »Romanen« nichts wissen. Man wird »den Junker unter die Soldaten und das Fräulein ins Kloster« stecken, wenn sie nicht vernünftiger werden. Gustchens Mutter, eine herrschsüchtige Frau, hat ihrerseits den Plan, die Tochter mit dem Grafen Wermuth zu verheiraten. Gustchens überspannter Liebesdrang geht indessen sonderbare Wege. Sie gibt sich ihrem Erzieher, dem Hofmeister Läuffer, hin. Als sie merkt, daß sie ein Kind erwartet, verläßt sie heimlich das Elternhaus. Läuffer flieht zu dem Schulmeister Wenzeslaus, bei dem er sich unter falschem Namen verbirgt und als Kollaborator ein Auskommen findet. Als der Major, der Geheime Rat und der Graf ihn dennoch hier aufspüren, schießt der Major auf ihn. Er wird am Arm verletzt und erhält von dem Geheimen Rat ein Schmerzensgeld. Läuffer empfindet jedoch selbst tief das Tadelnswerte seines Benehmens und kastriert sich, wodurch er dem Sonderling von Schulmeister höchlich imponiert. Gustchen hat indessen bei einer alten, blinden Frau Marthe ein Kind zur Welt gebracht. Sie weiß, daß ihr Vater, der Major, abgöttisch an ihr hängt. Sie will ihm Nachricht von sich geben. Auf dem Wege dahin wird sie ohnmächtig und will sich, als sie wieder zu sich gekommen ist, in den Teich stürzen. Die schon fast Ertrunkene rettet der des Weges kommende Major. Fritz von Berg hat indessen auf den Universitäten seinem Vater gleichfalls Kummer gemacht. Er selbst vergibt sich zwar nichts, tritt aber derart selbstlos für den leichtsinnigen und verschuldeten Studienkameraden Pätus ein, daß er für diesen als Bürge ins Gefängnis gerät und auch in die Liebeshändel des Freundes verstrickt wird. Zum guten Ende lösen sich aber alle Konflikte: Fritz von Berg und Gustchen werden ein glückliches Paar, Pätus rehabilitiert sich durch Eheschließung mit der Tochter des Musikers Rehaar, die er verführt hatte, und selbst Läuffer wird nicht unbeweibt bleiben. Die Bauernmagd Lise hat es ihm angetan, und sie stößt sich nicht an seinem jetzigen Zustand, da ihr nichts am Kinderkriegen liegt. Sogar das uneheliche Kind Gustchens und Läuffers, das bei der alten, blinden Frau Marthe geblieben war, findet sich wieder, und die alte, blinde Frau ist niemand anderes als die Mutter des alten Herrn Pätus, der sie vor Jahr und Tag aus Eigennutz aus seinem Hause gestoßen hatte. Den Schluß des Stückes bildet die Feststellung Fritzens, den »süßen Jungen« Gustchens und Läuffers, den er gerne an Vaterstatt annehmen will, weil er die Züge Gustchens trägt, »nie durch Hofmeister erziehen« zu lassen.

Es ging Lenz in dieser Komödie sichtlich um eine gesellschaftskritische Tendenz mit satirisch-ironischem Einschlag. Dabei stehen nicht nur Adel und Bürgertum in Kontrast. Der Geheime Rat von Berg spricht dem Pastor Läuffer gegenüber von seiner Schwägerin und seinem Bruder als einer »dampfigten Dame und einem abgedämpften Offizier«. Die Vorteile der Hofmeister-Erziehung verteidigt der bürgerliche Pastor gegen den adligen Geheimrat. Der Schluß zeigt eine für die Entstehungszeit des Stückes erstaunliche sozialkritische Tendenz: Anerkennung des unehelichen Kindes, Hinwegsetzen über Standesvorurteile und über enge Moralkomplexe. Witzig und originell sind auch die Randfiguren gezeichnet, so vor allem der Schulmeister Wenzeslaus und der Lautenist Rehaar. An Shakespearescher Charakterisierungskunst geschult, zeigen sie dennoch ein durchaus eigenwüchsiges Gepräge. Als frühestem Beispiel der modernen Sozialkomödie mit grotesken Zügen kommt dem *Hofmeister* sowohl dichterische wie theatergeschichtliche Bedeutung zu. Eine moderne Bearbeitung des Stückes mit starker Unterstreichung der sozialrevolutionären Tendenz verfaßte Bert Brecht. (Reclams UB 1376.)

Die Soldaten. Komödie in fünf Aufzügen. – Marie, die Tochter des Galanteriehändlers Wesener in Lille, ist die umworbene, aber auch innerlich gefährdete Schönheit der Stadt. Stolzius, Tuchhändler in Armentières, ist ihr Verlobter, und sie liebt ihn auch. Ihre Neigung gerät aber ins Wanken, als Desportes, ein Edelmann aus dem Hennegau und Offizier in französischen Diensten, in ihren Umkreis tritt. Desportes gibt vor, sie zu lieben, ja sie heiraten zu wollen, hat es im Grunde aber nur auf ein flüchtiges Liebesverhältnis abgesehen. Vater Wesener, der anfangs den Verkehr Maries mit ihm zu verbieten sucht – denn Marie ist ja »noch nicht einmal zum Tisch des Herrn gewesen« und darf mit dem jungen Baron nicht allein die Komödie besuchen –, steht ihr aber doch mit Rat und Tat zur Seite, als es gilt, dem armen Stolzius den Abschiedsbrief zu schreiben. »Stolzius – ich lieb' dich ja noch«, philosophiert das unflügge Mädchen, »aber wenn ich nun mein Glück besser machen kann – und Papa selber mir den Rat gibt –.« Das Offizierskorps, das in Armentières liegt, treibt unterdessen seinen Spaß mit dem betrogenen Bräutigam, und in Lille laufen die Dinge, wie sie laufen müssen. Marie kommt nur allzu schnell in den Ruf, »Soldatendirne« geworden zu sein, Desportes zieht sich aus der Affäre zurück, wie die Jungfer Zipfersaat als erste zu berichten weiß, und er läßt nicht nur Marie sitzen, sondern hinterläßt auch noch etliche Schulden. Um Marie bewirbt sich alsbald einer der Offiziere aus Armentières, Herr v. Mary. Stolzius, der tief an dem Schicksal der ehemaligen Geliebten leidet, wird sein Bursche. Aber es bewirbt sich auch noch ein anderer junger Aristokrat um Marie, der junge Graf de la Roche. In seiner Mutter, der alten Gräfin, findet das arme Mädchen eine warmherzige Freundin, die Marie ins Gewissen redet, ihr vor Augen führt, wie fehlerhaft es war, sich in Liebschaften mit Herren über ihrem Stande ein-

zulassen und wie glücklich sie einen rechtschaffenen Bürger
hätte machen können. »Armes betrogenes, durch die Eitelkeit gemißhandeltes Kind!« Aber die Gräfin tadelt nicht
nur, sie bietet Marie, deren Ehre »einen großen Stoß erlitten«, hilfreich die Hand. Sie nimmt sie als Gesellschafterin
in ihr Haus unter der Bedingung, daß sie vorerst jeglichem
Verkehr mit Männern entsagt. Herr v. Mary läßt aber nicht
von ihr. Er ist »zum Rasendwerden« in Marie verliebt.
»Wenn der Desportes das Mädchen nicht heiratet, so heirate
ich's.« Er schleicht sich heimlich zu ihr in den Garten der
Gräfin, um sie zu überreden, das abgeschlossene Leben »wie
in einem Kloster« aufzugeben. Marie, die nicht mehr ein
noch aus weiß, flieht aus dem Hause der Gräfin, um sich in
Philippeville, bei Desportes' Vater, Klarheit über ihre Zukunft zu verschaffen. Auf dem Wege nach Armentières
bricht sie vor Hunger fast zusammen. So findet sie ihr Vater, dem sie zunächst als lästiges Bettelweib erscheint. Als sie
sich erkennen, sinken beide um und »wälzen sich halbtot auf
der Erde«. Den kalten Verführer Desportes hat indessen in
der Wohnung des Herrn v. Mary sein Schicksal ereilt. Zynisch behauptet er, daß Marie von Anfang an eine »Hure«
gewesen sei und kein besseres Schicksal verdiene. Er hat
vorgesorgt, daß sie bei ihrer Ankunft in Philippeville bei
seinem Vater durch einen Jäger in Stubenarrest gehalten
und von diesem nach Möglichkeit überwältigt wird. »Das
ist doch malhonett«, erklärt ihm sein Kamerad. Desportes
glaubt aber, Marie »genug versorgt zu haben«, wenn sein
Jäger sie heiratet ... Ohne daß Desportes es ahnt, ist Stolzius Zeuge dieser Unterredung gewesen. Er macht sich nun
kein Gewissen mehr daraus, Desportes Gift in die Suppe zu
gießen, an dem der gewissenlose Verführer stirbt. Stolzius
selbst hat ebenfalls Gift genommen, fühlt sich aber im Bewußtsein, Marie gerächt zu haben, sicher: »Gott kann mich
nicht verdammen.« Die letzte Szene spielt zwischen der alten
Gräfin und dem Obristen, Graf v. Spannheim, der das Verhalten Desportes' aufs schärfste mißbilligt und alles tun
will, was er »bei dem Vater des Bösewichts für diese durch
ihn verwüstete Familie auswirken kann«. Die Gräfin, die
das Schicksal Maries heftig beklagt, hält ihm entgegen: »Das
sind die Folgen des ehlosen Standes der Herren Soldaten.«
Der Obrist hat demgegenüber den Vorschlag zu machen, der

König solle eine Pflanzschule von Soldatenweibern anlegen, »Amazonen müßten es sein«. Der König würde auf diese Weise die Werbegelder sparen. Denn die Kinder gehörten ihm. Wogegen die Gräfin erwidert: »Ich zweifle, daß sich ein Frauenzimmer von Ehre dazu entschließen könnte. Wie wenig kennt ihr Männer doch das Herz und die Wünsche eines Frauenzimmers.«

Trotz dieser merkwürdig anmutenden ›Reformpläne‹ am Schluß des Werkes – Lenz trug sie auch dem Herzog in Weimar vor – bedeuten die *Soldaten* mehr als nur ein gut gesehenes und lebendig geschildertes Sitten- und Tendenzstück. Die Hauptgestalt, Marie, ist mit dem starken Reiz, den sie auf ihre Umgebung ausstrahlt, zu einer außerordentlich anziehenden Bühnenfigur geworden. Ihre vier Liebhaber (Stolzius, Desportes, Mary und der junge Graf) sind mit wenigen Strichen kontrastreich gezeichnet. Von echter menschlicher Wärme ist die Gestalt der alten Gräfin durchpulst. Geradezu virtuos ist das Treiben des Offizierskorps geschildert. Jede Figur, so klein die Rollen auch sein mögen, hat Farbe. Da gibt es einen philosophierenden Hauptmann Pirzel, einen großsprecherischen Major Haudy, einen spitzfindig-intriganten Rammler und einen ehrenwerten Feldprediger Eisenhardt. Auch dieses Stück zeigt die große Begabung des Dichters. Georg Büchners Stil der realistischen Menschenschilderung, vermischt mit Gesellschaftskritik und Ironie, erscheint hier vorgebildet. Eine den Text fast wörtlich übernehmende Gestaltung des Werkes als Oper schuf Manfred Gurlitt (1930). In neuerer Zeit hat der Komponist Bernd Alois Zimmermann (1960) in einer Oper dem Werk mit modernen Klangmitteln Ausdruck zu verleihen vermocht. (Reclams UB 5899.)

FRIEDRICH SCHILLER

* 10. November 1759 in Marbach
† 9. Mai 1805 in Weimar

Schiller war der Sohn eines württembergischen Feldschers und Werbeoffiziers. Nach dem Besuch der Lateinschule in Ludwigsburg kam er 1773 auf die Karlsschule bei Stuttgart,

*wo Rechtswissenschaft und Medizin seine hauptsächlichen
Studienfächer waren. 1780 wurde er Regimentsmedikus.
Vom Herzog Karl Eugen mit Arrest und dem »Verbot,
Komödien zu schreiben« bestraft, floh Schiller 1782 nach
Mannheim, wo die erste Aufführung der »Räuber« mit großem Erfolg stattgefunden hatte. Nach einem Aufenthalt auf
dem Landgut der Frau v. Wolzogen in Bauerbach bei Meiningen wurde er 1783 nach Mannheim als Theaterdichter
verpflichtet. Differenzen mit dem Intendanten v. Dalberg
ließen jedoch hieraus keine festere Bindung werden. Schiller
genoß dann längere Zeit die Gastfreundschaft des Konsisto-
rialrats Christian Gottfried Körner, zunächst in Leipzig,
dann in Dresden. 1784 ernannte ihn Herzog Karl August
zum Weimarischen Rat, 1789 wurde er Professor für Geschichte in Jena. Von 1794 an datiert die Freundschaft mit
Goethe, die 1799 zur Übersiedlung Schillers von Jena nach
Weimar führte. Schiller vertrat Goethe gelegentlich auch in
der Direktion des Weimarer Hoftheaters, dessen Blütezeit
um die Jahrhundertwende eng mit dem Zusammenwirken
der beiden Dichter verbunden ist. Auf der Höhe seines dichterischen Schaffens starb Schiller im Alter von 46 Jahren.*

Schiller ist Deutschlands größter Theatraliker und zusammen mit Goethe der hervorragendste Repräsentant der deutschen klassischen Dichtung. Seine besondere Gabe der großen, pathetischen Bühnensprache, sein instinkthaftes Wissen
um den echten ›Theatereffekt‹ und sein allezeit wacher
Blick für die »großen Gegenstände der Menschheit« haben
sein Werk zu einem der eigenwüchsigsten und wichtigsten der
dramatischen Weltliteratur werden lassen. Seine Fähigkeit,
Menschen aller Klassen und Stände unmittelbar anzuspre-
chen, mitzureißen und sie an dem hohen Schwung seiner
sittlichen Ideale teilhaben zu lassen, ist einmalig gewesen
und geblieben, so viele Nachahmer und Epigonen sich auch
in der gleichen Art versucht haben. *Die Schaubühne als eine
moralische Anstalt betrachtet*, wie der Titel einer frühen
Vorlesung von ihm aus dem Jahre 1784 lautet, war sein
großes und bedeutendes Programm, in welchem der Bühne
die hohe Mission zugeteilt wird, die Religion und die Gesetze zu unterstützen. »So gewiß sichtbare Darstellung
mächtiger wirkt als toter Buchstabe und kalte Erzählung, so

gewiß wirkt die Schaubühne tiefer und dauernder als Moral und Gesetze«, heißt es da, und weiter: »Die Gerichtsbarkeit der Bühne fängt da an, wo das Gebiet der weltlichen Gesetze endigt.« Das Leitmotiv nahezu aller Dramen Schillers ist die Idee der Freiheit, die immer wieder anklingt und vielfach zum Hauptthema erhoben wird, jedoch nicht als Willkür des Individuums verstanden, sondern als sittliches Postulat der Menschenwürde, das Schiller auch in der Philosophie Kants lebendig ansprach. Im einzelnen betrachtet, weist Schillers Schaffen eine grandiose Entwicklung und Steigerung auf vom revolutionären Zeitstück der Sturm-und-Drang-Epoche der Jugendjahre bis zum ausgereiften klassisch-vollendeten Versdrama der letzten Weimarer Jahre.

Den geborenen Dramatiker offenbaren sogleich *Die Räuber* (1780). Hier wie auch in dem frühesten historischen Stück, der *Verschwörung des Fiesko zu Genua* (1782), und in dem bürgerlichen Trauerspiel *Kabale und Liebe* (1784) tobt sich das noch ungezügelte Genie in wuchtigem Angriff auf Lasterhaftigkeit, Tyrannenwillkür und höfische Korruption aus. Der *Don Carlos* (1787) bringt die große Abklärung, zugleich die Verkündung der allgemeinen Menschenrechte (beinahe in Thesenform) von der Bühne herab durch den Mund des Marquis von Posa. Die Erfassung großer geschichtlicher Perspektiven, die sich in diesem Werk ankündigt, wird dann in der *Wallenstein*-Trilogie (1799) zur eigentlichen Aufgabe. Auf der gleichen Ebene der nunmehr gewonnenen geistigen und formalen Höhe bewegen sich das Trauerspiel *Maria Stuart* (1800), die romantische Tragödie *Die Jungfrau von Orleans* (1801), der einmalige Versuch eines Trauerspiels mit Chören, antiker Form sich nähernd, *Die Braut von Messina* (1803) und, als Krönung des gesamten Lebenswerkes, das Schauspiel *Wilhelm Tell* (1804). In diesem letzten vollendeten Werk geht es nicht mehr um einzelne Gestalten oder Gruppen als Revolutionäre der Freiheit, sondern um ein ganzes Volk. Bis zum 2. Akt gedieh das grandiose *Demetrius*-Fragment (Reclams UB 8558/59), über dem der Dichter starb. Unter den weiteren geplanten Werken atmet besonders der Entwurf *Die Malteser* den Geist echt Schillerscher Dramatik und Ideen. Neben diesen eigenen Werken steht eine stattliche Zahl von Übersetzungen und Bearbeitungen von Werken der dramatischen

Weltliteratur, so der *Iphigenie in Aulis* und der *Phönikerinnen* des Euripides (1789), des *Macbeth* von Shakespeare (1800), des tragikomischen Märchens *Turandot* von Gozzi (1801), zweier Lustspiele nach dem Französischen des Louis-Benoît Picard, *Der Neffe als Onkel* und *Der Parasit* (1803, Reclams UB 99), und der *Phädra* des Racine (1805). Schillers theoretische Auseinandersetzungen mit dem Theater und seinen besonderen künstlerischen Funktionen enthalten die Abhandlungen über *Die Schaubühne als moralische Anstalt betrachtet*, die Vorreden und Kommentare zu einzelnen seiner Stücke und der Briefwechsel mit Goethe.

Die Räuber

Schauspiel in fünf Akten
Erste Aufführung: 13. Januar 1782 in Mannheim

Personen: Maximilian, regierender Graf von Moor – Karl und Franz, seine Söhne – Amalia von Edelreich – Spiegelberg, Schweizer, Grimm, Razmann, Schufterle, Roller, Kosinsky, Schwarz (Libertiner, nachher Banditen) – Hermann, Bastard von einem Edelmann – Daniel, Hausknecht des Grafen von Moor – Pastor Moser – Ein Pater – Räuberbande.
Ort und Zeit: In Deutschland, um die Mitte des 18. Jh.s.

Maximilian, regierender Graf von Moor, hat zwei ungleiche Söhne, den edlen, hochstrebenden Karl und den boshaften und von der Natur benachteiligten Franz. Franz versteht es, den Vater gegen Karl einzunehmen. Mit Hilfe von gefälschten Briefen treibt er es so weit, daß der alte Moor in Karl nur noch einen verluderten Studenten sieht, den man steckbrieflich verfolge und auf dessen Kopf bereits ein Preis gesetzt sei. Der Vater läßt ihm durch Franz schreiben, daß er seine Hand von ihm ziehe, und enterbt ihn. Franz, »die Kanaille«, triumphiert und sieht sich nahe seinem Ziel: alleiniger Herr auf dem Schloß und über die Güter seines Vaters zu werden. Karl Moor hat gewiß ein wildes Leben geführt und mancherlei Streiche mit seinen Kameraden verübt. Sie sind jedoch nicht so schwerwiegend, daß sie nicht gesühnt werden könnten. Und schon ist er entschlossen, zu seinem Vater zurückzukehren, ihn um Vergebung zu bitten und an

der Seite seiner Braut Amalia ein ruhiges Leben zu führen,
als der Schandbrief des Bruders eintrifft, der ihm jeglichen
Weg zur Versöhnung abschneidet. Nun ist kein Halten mehr
bei dem mit höchsten Energien geladenen Jüngling, dem
seine Zeit nur als ein »tintenklecksendes Säculum«, als ein
»schlappes Kastraten-Jahrhundert« vorkommt, »zu nichts
nütze, als die Taten der Vorzeit wiederzukäuen und die
Helden des Altertums mit Kommentationen zu schinden und
zu verhunzen mit Trauerspielen«. Und die Gesellschaft
flüchtiger Studenten, in der Karl Moor sich befindet, ist nur
dazu angetan, die geballte Leidenschaft zur Entladung zu
bringen. Der großsprecherische Spiegelberg plädiert als erster
dafür, sich in den böhmischen Wäldern niederzulassen und
eine Räuberbande zu bilden. Der Gedanke zündet. Doch
als Roller davon spricht, daß das Tier auch seinen Kopf
haben muß, daß »auch die Freiheit ihren Herrn« braucht,
wird Karl Moor, nicht Spiegelberg, von der Bande zum
Hauptmann gewählt. Und dieser, durch die Machenschaften
seines Bruders Franz zur Verzweiflung getrieben, willigt
ein. Die neue Räuberbande und ihr Hauptmann schwören
sich gegenseitig Treue und Gefolgschaft bis zum Tod. Auf
dem Schloß des alten Moor treibt indessen Franz sein Spiel
weiter. Er hofft, nunmehr auch Karls Braut, Amalia von
Edelreich, die als Waise auf dem Schloß lebt, für sich zu
gewinnen. Wenn er auch vorerst von ihr nichts als Verachtung empfängt, so hofft er doch, Karl mit Verleumdungen
aus ihrem Herzen vertreiben und sie mit der Zeit ganz für
sich gewinnen zu können. Um schneller in den Besitz der
Herrschaft seines Vaters zu gelangen, sinnt er auf Mittel,
den alten Grafen aus der Welt zu schaffen. Hermann, eine
seiner Kreaturen, muß in der Verkleidung eines Boten melden, daß Karl als Soldat bei einem Treffen vor Prag gefallen sei. Der Schreck soll – so hofft Franz – den Vater töten.
Der Plan scheint zu gelingen. Der alte Moor, ohnehin von
Selbstanklagen wegen der Verfluchung Karls geplagt, sinkt
bei der Nachricht wie tot um. Nun werden wir in die
»Böhmischen Wälder« versetzt, wo Karl und seine Gesellen
ein freies Leben führen. Aber durch die Bande geht ein tiefer
Riß: während es einem Teil – ihr Exponent ist Spiegelberg –
nur um Raub, Brandstiftung und ein zügelloses Leben zu
tun ist, das nicht einmal vor Klosterschändung und Nonnen-

vergewaltigung zurückscheut, geht das Streben des Hauptmanns Karl Moor einzig dahin, den Bedrängten zu helfen,
die Unschuld zu rächen, Minister, Finanzräte und Advokaten, die »die Gerechtigkeit zur feilen Hure machen«, zu strafen. Mit einzelnen seiner Bande fühlt er sich auf Tod und
Leben verbunden, so mit Roller, den er wenige Schritte vor
dem Galgen noch zu retten weiß und für dessen Befreiung
er eine ganze Stadt in Schutt und Asche legt. Als er mit der
Bande im Walde von regulärem Militär eingeschlossen wird,
kommt es zu einem dramatischen Höhepunkt: ein Pater bietet der Bande Generalpardon an, wenn sie den Hauptmann
gefesselt ausliefert. Karl Moor, der ohnedies an der Tragik
seines Räuberlebens leidet, bietet sich freiwillig als Opfer
für alle an. Roller reißt die Bande aber mit dem Anruf:
»Und wenn die Hölle uns neunfach umzingelte! Wer kein
Hund ist, rette den Hauptmann!« zu wilder Kampfesbegei-
sterung fort. Es gelingt ihnen, sich durchzuschlagen. Auf
dem Moorschen Schlosse regiert nunmehr Franz. Vergeblich
wirbt er um die Hand Amalias. Da sie sich standhaft weigert, will er sie mit Gewalt zu seiner Mätresse machen, wogegen sie sich mit der Waffe in der Hand zu wehren weiß.
Aus dem Geständnis des reuigen Hermann erfährt Amalia,
daß Karl noch lebt. Die Räuberbande ist inzwischen bis zur
Donau vorgestoßen. Hier rastet sie nach dem aufregenden
Durchbruchskampf, der nur einem von ihnen, Roller, das
Leben kostete. Seinen Platz wird in Zukunft der junge
Kosinsky einnehmen, der neu zu ihnen stößt. Er hat ein
ähnliches Lebensschicksal wie Karl Moor, und die zufällige
Namensgleichheit seiner Braut Amalia ist der Anlaß, daß
Karl Moor mit der Bande nach seiner Heimat in Franken
aufbricht. Er läßt sich auf dem Schloß als »Graf von
Brand« einführen. Es kommt zur Begegnung mit Amalia
und mit dem alten treuen Diener Daniel, der ihn an einer
Narbe an der Hand erkennt. Schon wittert Franz Verdacht,
und schon will Karl Moor, der mit Selbstmordgedanken
spielt, die Stätte seiner Kindheit wieder verlassen, als er zum
Zeugen des furchtbaren Verbrechens wird, das sein Bruder
an seinem Vater verübt hat. Der alte Moor war damals nicht
gestorben. Franz wollte den Lebenden aber nicht länger dulden und hatte ihn lebendig begraben lassen. Hermann hatte
ihn dann aus dem Sarg befreit und in einem alten verfalle-

nen Turm in der Nähe des Schlosses, wo die Räuberbande lagert, versteckt gehalten. Karl Moor sieht, wie Hermann ihm heimlich Nahrung bringt. Nun kennt Karl Moors Zorn gegen seinen Bruder keine Grenzen mehr. »Höre mich, dreimal schrecklicher Gott. Hier schwör' ich, das Licht des Tages nicht mehr zu grüßen, bis des Vatermörders Blut gegen die Sonne dampft.« Schweizer, der inzwischen den verräterischen Spiegelberg beseitigt hat, wird beauftragt, Franz lebend zu fangen. Auf dem Schloß findet indessen Franz, von schwerer Gewissensschuld gedrückt, keine Ruhe. Er schildert dem alten Daniel das Traumbild des Jüngsten Gerichtes, das er hatte, und sucht mit gotteslästerlichen Reden auch dem schnell herbeigerufenen Pastor Moser gegenüber sich zu betäuben. Als die Sturmglocke läutet und Schweizer mit seinen Leuten hereindringt, erdrosselt er sich. Schweizer, der nun den Auftrag seines Hauptmanns, Franz lebend zu bringen, nicht erfüllen kann, erschießt sich. Es kommt vor dem Turm zur letzten, erschütternden Wiedererkennungsszene zwischen dem alten Moor und Karl und zwischen Karl und Amalia. Bei der Eröffnung, daß Karl der Hauptmann von »Räubern und Mördern« ist, gibt der alte Moor seinen Geist auf. Amalia bekennt sich aber trotzdem zu Karl Moor. Doch die Bande fordert gebieterisch: »Opfer um Opfer! Amalia für die Bande!« So tötet Karl Moor Amalia, die selbst zu sterben wünscht. »Moors Geliebte soll nur durch Moor sterben.« Karl Moor sieht aber nun mit aller Deutlichkeit, daß es ein Trugschluß war, zu wähnen, »die Welt durch Greuel zu verschönern und die Gesetze durch Gesetzlosigkeit aufrecht zu halten.« Er muß am Ende »mit Zähneklappern und Heulen« erfahren, »daß zwei Menschen wie er den ganzen Bau der sittlichen Welt zugrunde richten würden«. Dieser höheren Einsicht fügt er sich, löst die Räuberbande auf und stellt sich selbst der Justiz. Er wird sich einem armen Tagelöhner mit elf Kindern in die Hände spielen, der die 1000 Louisdore haben soll, die man auf den »großen Räuber« gesetzt hat.

Die Räuber sind das frühreife Geniewerk des zwanzigjährigen Schiller, der damit nicht nur dem eigenen Schaffensdrang zum Durchbruch verhalf, sondern der deutschen Bühnendichtung überhaupt zu einer ihrer größten Triumphe. Wie der zehn Jahre zuvor erschienene *Götz von Berlichingen* Goethes redet auch dieses Drama dem Begriff der ›Freiheit‹

das Wort, freilich hier noch um etliche Temperamentsgrade erhöht. Bewundernswert bleibt an den _Räubern_ trotz der vielfach überhitzten Sprache und der sich überschlagenden Rodomontaden der Hauptpersonen die Führung der Handlung und der klare Blick in den »Bau der sittlichen Weltordnung«. Obwohl Schiller das Schauspiel zunächst als nicht für die Bühne geeignet erachtet hatte, wie seine Vorrede zu dem Stück (geschrieben Ostermesse 1781) ausdrücklich hervorhebt, zeigt doch gerade dieses Erstlingswerk alle Kennzeichen des geborenen Dramatikers: die Kontrastierung der Figuren, derart, »daß die Guten durch die Bösen schattiert« werden, den Aufbau der Handlung auf zwei Hauptrollen (Franz und Karl Moor), den mitreißenden Schwung der Szenenführung und vor allen Dingen den Blick für den dramatisch auswertbaren Stoff. Mit diesem Frühwerk legte Schiller bereits den Grundstock für sein ganzes späteres Schaffen, das sich im Gehalt steigern, in der Sprache verfeinern und durch die Eroberung geschichtlicher Perspektiven noch unendlich erweitern sollte, im idealistischen Grundzug wie auch im dramaturgischen Fundament aber mehr oder weniger gleich blieb. Erstaunlich modern mutet den heutigen Leser die Herausarbeitung des Franz Moor an. Seine »Philosophie der Verzweiflung« (wie Pastor Moser sie nennt) trägt alle Züge des existentialistischen Nihilismus des 20. Jahrhunderts. (»Laß einen Wassertropfen in deinem Gehirne verirren, und dein Leben macht eine plötzliche Pause, die zunächst an das Nichtsein grenzt, und ihre Fortdauer ist der Tod.«) Schwach wirkt die einzige weibliche Gestalt des Werkes, Amalia. Doch geht es nicht an (wie es gelegentlich geschieht), sie bei Aufführungen einfach zu streichen. Ideenmäßig gehört auch sie zur Gesamtkonzeption dieses Dramas der glühenden Kampfansage gegen Zwang und Gewalt. (Reclams UB 15.)

Die Verschwörung des Fiesko zu Genua

Republikanisches Trauerspiel in fünf Aufzügen
Erste Aufführung: 11. Januar 1784 in Mannheim

P e r s o n e n : Andreas Doria, Doge von Genua – Gianettino Doria, sein Neffe – Fiesko, Graf von Lavagna – Verrina, Republikaner – Bourgognino, Calcagno, Sacco, Verschworene – Lomellino, Gianettinos Vertrauter – Muley Hassan, ein Mohr – Romano, ein Maler – Leonore, Fieskos Gemahlin – Julia Gräfin Imperiali, Gianettinos Schwester – Berta, Verrinas Tochter – Mißvergnügte, Wachen, Bürger u. a.
O r t und Z e i t : Genua, im Jahre 1547.

Leonore, Fieskos Gemahlin, glaubt sich von ihrem Gatten, der heftig der Gräfin Julia Imperiali den Hof macht, betrogen. Doch ist das Verhalten Fieskos nur ein abgekartetes Spiel. Fiesko geht es um Großes. Er sieht Genua unter der Tyrannei des Gianettino Doria, der nach der Herzogswürde strebt, leiden. Um jeglichen Verdacht von sich zu lenken, eine Änderung der bestehenden Verhältnisse herbeiführen zu wollen, spielt Fiesko den Epikureer. Er will die Dorias in Sicherheit wiegen, um sie im gegebenen Augenblick um so sicherer zu verderben. Wie recht Fiesko mit dem Verdacht hat, daß Gianettino nach der Krone strebt und willens ist, alle, die ihm im Wege sein könnten, beiseite zu schaffen, zeigt der Mordanschlag, den Muley Hassan, ein von Gianettino gedungener Mohr, an Fiesko verübt. Geschickt weicht Fiesko aus, mehr noch: es gelingt ihm, den Mohren in seine Dienste zu verpflichten. Außer Fiesko sind es noch andere Männer in Genua, denen das wüste Treiben Gianettinos ein Dorn im Auge ist und die es nicht dulden wollen, daß die Freiheit der Republik zunichte wird. An ihrer Spitze steht Verrina. Dieser überzeugte und ehrliche alte Republikaner hat nicht nur ein allgemeines Interesse an dem Sturze der Dorias, sondern auch noch ein persönliches: Gianettino hat seine Tochter Berta vergewaltigt. Verrina schwört furchtbare Rache (»Genuas Los ist auf meine Berta geworfen, mein Vaterherz meiner Bürgerpflicht überantwortet«). Und Bourgognino, der Mitverschworene und Bräutigam Bertas, bekräftigt: »An einem und ebendem Tag werden Berta und Genua frei sein.« Noch sind sich die Verschworenen über Fieskos Verhalten nicht im klaren. Denn auch diesen gegenüber hüllt sich Fiesko in seine Maske. Aber langsam läßt er sie fallen: zunächst einigen Mißvergnügten gegenüber, die sich bei ihm über die neuesten Eigenmächtigkeiten Gianettinos bei der Prokuratorenwahl beschweren. Fiesko gibt ihnen deutlich zu verstehen, daß die »Epoche der Meerbeherrscher« für Genua vorbei ist, daß Genua aber doch einen »Souverän« brauche. Dann benutzt Fiesko die Gelegenheit, einigen Handwerkern mit Hilfe einer Tierfabel die Notwendigkeit eines Monarchen vor Augen zu führen. Zuletzt offenbart er sich Verrina und seinen Mitverschworenen, als sie ihm ein Bild des Malers Romano vorführen, das die Geschichte der Virginia und des Appius Claudius darstellt: »Dachtet ihr, der Löwe schliefe, weil er nicht brüllte? Waret ihr eitel genug, euch zu überreden, daß ihr die einzigen wäret, die Genuas Ketten fühlten?« Während die Verschworenen im geheimen planten, hat Fiesko bereits gehandelt: Soldaten von Parma geworben, Geld und Galeeren beschafft und alles für den gewaltsamen Umsturz vorbereitet. Aber auch Gianettino Doria hat, wie wir erfahren, gehandelt und auf seine Weise Vorbereitungen getroffen, die Herrschaft gewaltsam an sich zu reißen. Zwölf Senatoren (darunter Verrina, alle Verschworenen und auch Fiesko) stehen auf seiner Todesliste, und militärische Rückendeckung soll ihm Kaiser Karl bieten. So stehen die Dinge auf des Messers Schneide, als Verrina seinen künftigen Schwiegersohn Bourgognino bei Nacht abseits in eine furchtbare Wildnis führt, ihm hier ein Geheimnis anvertraut, dessen Konsequenzen er wohl alleine vollführen, aber das er nicht allein tragen kann: »Fiesko muß sterben!« Denn, so folgert er: »Den Tyrannen wird Fiesko stürzen, das ist gewiß! Fiesko wird Genuas gefährlichster Tyrann werden, das ist gewisser!« Daß Verrina mit dieser Vermutung recht hat, bestätigt die Selbstaussage Fieskos, der sich für den größten Mann in ganz Genua hält: »Gehorchen und Herrschen! Sein und Nichtsein! Ein Augenblick Fürst hat das Mark des ganzen Daseins verschlungen. Ich bin entschlossen!« Auch seine Gemahlin Leonore muß sich vorerst noch seinen Plänen fügen und es erdulden, ihrer Nebenbuhlerin, der Gräfin Imperiali, aufgeopfert zu werden. Daß Julia einen Giftmordanschlag auf Leonore vorbereitet hat, erfährt Fiesko durch den Mohren. Nun hat die Stunde des Handelns geschlagen. Fiesko lädt den Adel Genuas zu einer Festlichkeit ein. Alle Verschworenen versammeln sich bei ihm. Der Sturz der Dorias steht unmittelbar bevor. Doch Verrina denkt schon an die Zukunft: »Wenn ich den zweiten Mord nicht begehe, kann ich den ersten niemals verantworten. Wenn Genua frei ist, stirbt Fiesko!« Im Augenblick höchster Spannung, als Fiesko dabei ist, seinen Gästen das Programm des Umsturzes zu enthüllen, trifft die Nachricht ein, daß der Mohr alles an den alten Doria verraten hat. Die Verwirrung, die dadurch entsteht, wird noch gesteigert, als der Doge Andreas Doria den Mohr gefesselt an Fiesko zurückschickt und durch diesen Akt des Großmuts Fieskos Schwingen lähmt. Doch die Entwicklung ist nicht mehr aufzuhalten. Fiesko läßt nunmehr auch der Gräfin Julia Imperiali gegenüber seine Maske fallen und bereitet durch ihre Demütigung seiner Gemahlin Leonore einen glänzenden Triumph. Dann vollzieht sich das Weitere mit tragischer Folgerichtigkeit. Vergeblich fleht Leonore Fiesko an, dem ehrgeizigen Streben, Herzog von Genua zu werden, zu entsagen: »Traue diesen Rebellen nicht! Wo ich hinsehe, ist Fiesko verloren.« Fiesko ist aber nicht mehr umzustimmen. Der Aufruhr bricht los und zieht alle gewaltsam in den Strudel des Verderbens: zunächst Gianettino Doria, der durch die Hand Bourgoninos den verdienten Tod findet, dann Leonore, die sich als Mann verkleidet auf die Straßen begibt und »im Scharlachrock Gianettinos« durch Fieskos eigene Hand fällt. »Spiegelfechterei der Hölle! Es ist mein Weib!« ruft Fiesko entsetzt aus, als er erkennen muß, wen er getötet hat. Doch nach dem ersten furchtbaren Schmerzensausbruch faßt er sich wieder und glaubt, in dem Geschehen den Wink der Vorsehung erblicken zu müssen, die ihm diese Wunde schlug, um sein Herz »für die nahe Größe« zu prüfen. »Ich will Genua einen Fürsten schenken, wie ihn noch kein Europäer sah.« Zum Herzog von Genua ausgerufen, begegnet Fiesko »im herzoglichen Schmuck«, mit dem Purpurmantel angetan, dem alten Verrina. Nun kommt es zur letzten, großen Auseinandersetzung. Verrina fordert Fiesko auf, die Schande abzutun, die er damit begangen habe, daß er »Genuas Patrioten mit Genua Unzucht treiben« ließ. Er fleht ihn als Mensch und Freund an, den »häßlichen Purpur« abzutun. Doch Fiesko sieht in Verrina nur den »Starrkopf« und kann sich nicht von der so lange' erstrebten

und nun errungenen Fürstenwürde trennen. Daraufhin
stürzt Verrina ihn ins Meer. Die Partei des rechtmäßigen
alten Dogen Andreas Doria gewinnt wieder die Oberhand
in Genua, und Verrina begibt sich zu ihm. – Den Schluß hat
Schiller variiert; in der ›Mannheimer Fassung‹ bleibt Fiesko
am Leben, auf Verrinas Beschwörung hin entsagt er der
Herzogswürde.

Das oft mißverstandene und abgelehnte Stück, das Schiller ein Jahr nach der Uraufführung der *Räuber* vollendete,
gewinnt in dem Augenblick Sinn und Wert, wenn man es als
»republikanisches Trauerspiel« auffaßt, d. h. als ein heißes
und leidenschaftliches Ringen des Dichters um den Begriff
der republikanischen Freiheit. Daß Fiesko die Freiheit Genuas erkämpfen will, um sie nach dem Sieg sofort den eigenen Machtgelüsten aufzuopfern, ist seine tragische Schuld.
Verrina, der ›verschworene Republikaner‹, wird in diesem
Sinne zu seinem eigentlichen Gegenspieler. Diesem Gesichtspunkt ist alles untergeordnet, auch die Gestaltung der
Frauenrollen. Von hier aus muß das Trauerspiel angefaßt
und der Überladung an Motiven und Geschehnissen, an der
es leidet, entkleidet werden. Es kann zum mitreißenden
Theatererlebnis werden, da es den gleichen hohen Schwung
und das glühende Theatertemperament aufweist, das Schiller schon in den *Räubern* bewiesen hatte. Erstmals nähert er
sich hier einem historischen Stoff, also einem Gebiet, auf dem
sich nachmals sein Genie in einzigartiger Weise bewähren
sollte. Wie sehr es ihm um eine Steigerung seiner dichterischen
Ziele zu tun war, zeigt die Vorrede, die er der ersten Veröffentlichung des Stückes voranschickte: »Ich habe in meinen
›Räubern‹ das Opfer einer ausschweifenden Empfindung
zum Vorwurf genommen. Hier versuche ich das Gegenteil,
ein Opfer der Kunst und Kabale«, heißt es da. Und weiter
sagt der Dichter, er habe es als seine eigentliche Aufgabe
angesehen, »die kalte, unfruchtbare Staatsaktion aus dem
menschlichen Herzen herauszuspinnen und eben dadurch an
das menschliche Herz wieder anzuknüpfen – den Mann
durch den staatsklugen Kopf zu verwickeln – und von der
erfinderischen Intrige Situationen für die Menschheit zu
entlehnen«. (Reclams UB 51.)

Kabale und Liebe

Bürgerliches Trauerspiel in fünf Aufzügen
Erste Aufführung: 13. April 1784 in Frankfurt a. M.

Personen: Präsident von Walter – Ferdinand, sein Sohn – Hofmarschall von Kalb – Lady Milford, Favoritin des Fürsten – Wurm, Sekretär des Präsidenten – Miller, Stadtmusikant – Seine Frau – Luise, ihre Tochter – Sophie, Kammerjungfer der Lady – Ein Kammerdiener des Fürsten u. a.
Ort und Zeit: Am Hofe eines deutschen Fürsten, 18. Jh.

Der Stadtmusikant Miller hat ernste Besorgnisse, seine Tochter Luise könnte mit ihrem Liebhaber Ferdinand von Walter, dem Sohne des Präsidenten, ins Gerede kommen. Seine Frau, die sich doch durch die Besuche des »gnädigen Herrn« bei ihrer Tochter geehrt fühlt, sieht diese Verbindung nicht ungern. Sie hofft, daß eines Tages aus ihrer Tochter eine »gnädige Madam« werde. Miller hält es aber für geraten, Seine Exzellenz, den Vater Ferdinands, wissen zu lassen, daß seine Tochter gewiß »zu schlecht zu Dero Herrn Sohnes Frau« sei, ihm aber »zu Dero Herrn Sohnes Hure zu kostbar, und damit basta!« Luise selbst ist ganz von ihrer großen und reinen Liebe zu Ferdinand erfüllt. Und auch Ferdinand ist fest entschlossen, sich zwischen Luise und das Schicksal zu werfen, das den Standesunterschied zwischen sie setzte. Präsident von Walter will vorerst noch nicht an ein »ernsthaftes Attachement« seines Sohnes mit der »Bürgerkanaille« glauben, wie es ihm sein Sekretär Wurm einreden möchte. Er hat ganz andere Pläne mit seinem Sohn: der Herzog sucht eine Partie für seine Favoritin, die Lady Milford, und Ferdinand soll ihr Gatte werden, womit der Präsident sich den Herzog aufs neue verpflichten will. Ehe er noch mit dem Sohn gesprochen hat, läßt er die für den Hofklatsch sensationelle Neuigkeit, daß »Lady Milford Majorin von Walter wird«, durch den für derlei Kolportagen besonders geeigneten Hofmarschall von Kalb in der ganzen Residenz verbreiten. Die Aussprache mit Ferdinand führt dann allerdings zu einer für den Präsidenten unerwartet heftigen Auseinandersetzung mit dem Sohn. Ferdinand weigert sich standhaft, »eine privilegierte Buhlerin« zu heiraten. Als der Vater ihm dann (zum Schein, um ihn zu prüfen) eine andere Heirat mit einer

Dame des Hofes von untadeligem Ruf vorschlägt, die er
gleichfalls ausschlägt, schleudert er ihm die Drohung entgegen: »Wenn ich auftrete, zittert ein Herzogtum. Laß doch
sehen, ob mich ein Starrkopf von Sohn meistert.« Ferdinand
begibt sich zur Lady Milford, jedoch nicht, um dem Willen
des Vaters zu gehorchen, sondern um ihr einen Spiegel vor-
zuhalten und der stolzen Britin die Moralbegriffe eines
deutschen Jünglings zu unterbreiten. In Lady Milford lernt
er nun freilich zu seiner größten Überraschung nicht die
»Abenteurerin« kennen, die er erwartet hatte, sondern eine
edel empfindende, vom Schicksal schwer geschlagene Waise
fürstlichen Geblütes, der es bei ihrer Verbindung mit dem
Herzog, der ihre wehrlose Jugend überraschte, nicht um
Koketterie und Wollust zu tun war, sondern um das hohe
Ziel, dem Fürsten die Zügel seiner tyrannischen Regierung
zu nehmen und ihn zur Mäßigung zu zwingen, wo immer
sie es vermochte. »Ich habe Kerker gesprengt – habe Todes-
urteile zerrissen und manche entsetzliche Ewigkeit auf Galeeren verkürzt und die verlorne Sache der Unschuld oft
noch mit einer buhlerischen Träne gerettet.« Echte Liebe hat
sie bisher nur einmal empfunden, und zwar zu Ferdinand.
Die geplante Verbindung mit ihm ist nicht (wie es den Anschein hat) ein Werk der Hofkabale, sondern ihrer Liebe.
Diesem offenen Geständnis setzt Ferdinand das seinige entgegen: »Ich liebe, Mylady – liebe ein bürgerliches Mädchen.«
Die Milford, von dieser Eröffnung tief getroffen, sagt prophetisch voraus, daß, wenn es so stehe, drei Menschen zugrunde gerichtet würden: er, sie und »noch eine Dritte« …
Ferdinand läßt es in dem nun einsetzenden Kampf bewußt
zum Äußersten kommen: »Ich will die Kabalen durchbohren
– durchreißen will ich alle diese eisernen Ketten der Vor-
urteils – Frei wie ein Mann will ich wählen, daß diese Insek-
tenseelen am Riesenwerk meiner Liebe hinaufschwindeln.«
Es kommt zu einem dramatischen Auftritt von ungewöhnlicher Wucht: der Präsident erscheint selbst in der Wohnung
Millers, um den Sohn zur Räson zu rufen, den aufbrausenden Musikanten ins Zuchthaus bringen zu lassen und die
Mutter samt »Metze von Tochter« an den Pranger zu stellen. Ferdinand, nunmehr keine Konsequenzen scheuend,
schleudert dem Vater als Rache für sein teuflisches Verhalten
die Drohung entgegen, der Residenz eine Geschichte zu er-

zählen, wie man Präsident wird. Nunmehr gibt der Präsident Luise frei und zieht sich zurück. Denn diese Drohung hat er zu fürchten. Sein Aufstieg war der eines Verbrechers, durch Mord an seinem Vorgänger gezeichnet. Und schon glaubt der Präsident selbst, er sei zu weit gegangen. Da stachelt ihn sein Sekretär Wurm erneut auf. Wurm weiß einen Weg, Ferdinand von Luise zu trennen, wobei ihm selbst noch der Lohn in Gestalt von Luisens Hand winkt, um die er sich seit langem vergeblich bewirbt. Der Präsident braucht nur Vater Miller einen Halsprozeß zu machen, weil er sich zu Drohungen gegen den Präsidenten hatte hinreißen lassen, und dem Sohne Luise verdächtig zu machen. Er selbst wird Luise zwingen, einen Liebesbrief an den Hofmarschall zu schreiben, aus dem ihre scheinbare Untreue gegen Ferdinand hervorgeht. Das Leben ihres Vaters wird das Druckmittel sein, um den Betrug von Luise zu erpressen. Und dieser Brief, in Ferdinands Hände gespielt, wird das Paar auf natürlichem Wege auseinanderbringen. Das Gewebe dieser Intrige ist so »satanisch fein«, daß der Präsident darauf eingeht und seinerseits den Hofmarschall dafür zu gewinnen weiß. Wurm besorgt das Weitere bei Luise. Das unglückliche Mädchen, das den Vater verloren glaubt, weicht trotz heftiger innerer Abwehr der sie ›überlistenden Hölle‹ und schreibt den verhängnisvollen Brief. Der Werbung Wurms weiß sie freilich die Antwort entgegenzusetzen, daß sie ihn »in der Brautnacht erdrosseln« und sich dann »mit Wollust« dafür aufs Rad flechten lassen würde. Ferdinand findet den Brief, glaubt sich von Luise betrogen und stellt den Hofmarschall zur Rede: »Bube! Wenn du genossest, wo ich anbetete? Wie weit kamst du mit dem Mädchen?« Der Erschreckte weicht dem Pistolenduell aus, zu dem ihn Ferdinand fordert, und gesteht schließlich dem Major, daß er Luise gar nicht kenne. Doch Ferdinand nimmt das in seiner Verblendung nur als Ausflucht, glaubt, da er für das Mädchen Verzicht getan habe auf die ganze herrliche Schöpfung, sich zu ihrem Richter aufwerfen zu dürfen, und bereitet ihren Tod vor. Ehe wir das tragische Ende erleben, führt uns der Dichter noch einmal in das Kabinett der Lady Milford, die Luise zu sich gebeten hat. Es kommt zu der (theatralisch sehr effektvollen) Gegenüberstellung der beiden Frauen, die damit endet, daß die Lady sich durch die Hoheit

und Sicherheit von Luises Auftreten tief beschämt sieht und
den hochherzigen Entschluß faßt, ihre Beziehungen zum
Hofe und zum Herzog zu brechen, sich ganz in die Arme
der Tugend zu werfen und das Herzogtum zu verlassen.
Dann erleben wir das Ende der Tragödie im Hause Miller.
Miller ist zwar aus der Haft entlassen. Aber er muß seine
ganze Seelenkraft aufbieten, um die Tochter vom Selbstmord, den sie an der Seite Ferdinands erstrebt, abzuhalten.
Fast gelingt ihm dies, als Ferdinand zu ihnen kommt. Noch
immer im Wahn der Untreue Luises, schüttet er Gift in die
Limonade, von der sie beide trinken. Erst von der sterbenden Luise erfährt Ferdinand die ganze Wahrheit. Doch ist er
selbst schon vom Tode gezeichnet. Vor dem schnell herbeieilenden Präsidenten spielt sich das bittere Ende ab: der
Präsident will alle Schuld auf Wurm schieben, dieser droht
aber mit fürchterlichen Enthüllungen. Der sterbende Ferdinand reicht dem um Vergebung flehenden Vater die Hand,
dann gibt sich der Präsident selbst gefangen.

Auch dieses dritte der Jugendwerke Schillers ist ein flam-
mender Protest gegen Unterdrückung, Ausbeutung und Erpressung der menschlichen Natur durch Tyrannenmacht, gesellschaftliche Vorurteile und Willkür. Es ist von stürmischer
Leidenschaft diktiert und überschlägt sich oftmals in ver-
stiegenen Wort-Tiraden, Anhäufung von szenischen Effekten und Schwarz-Weiß-Malerei der Charaktere. Dennoch
überwältigt trotz dieser offenkundigen Mängel der heiße
Atem echten Theatertemperaments bei jeder Aufführung
aufs neue, sei es nun, daß der Akzent der Inszenierung auf
den Zusammenprall der Gesellschaftsschichten (Adel und
Bürgertum) gelegt wird, auf die Liebestragödie Ferdinands
und Luisens oder auf das ›Ich klage an!‹ als dem revolutionären Grundgehalt des Werkes. Für alle diese Auffassungen
lassen sich in der Dichtung Belege finden. Bemerkenswert
ist, daß Schiller das Stück zunächst *Luise Millerin* getauft
hatte und den Titel erst auf Vorschlag von Iffland für die
Mannheimer Erstaufführung in *Kabale und Liebe* abwandelte. Neben dem auf äußerste Spannung berechneten Ablauf der Handlung und der wirkungsvollen Kontrastierung
der Charaktere zeigt sich Schillers Genie auch in der Herausarbeitung von Episoden-Szenen, wie z. B. der berühmt
gewordenen des Kammerdieners der Lady Milford mit dem

Hinweis auf den Brillantenschmuck, den der Herzog seiner
Favoritin schickt, bezahlt mit den »siebentausend Landes-
kindern«, die als Soldaten nach Amerika verkauft wurden.
Das Werk, das im wesentlichen auf freier Erfindung beruht
und Zeit- und Lebensumstände des jugendlichen Dichters
widerspiegelt, schließt die Sturm-und-Drang-Epoche Schillers ab. Schon das nächste Stück, der *Don Carlos*, zeigt ihn
auf dem Wege zum großen historischen Schauspiel mit welt-
und menschheitsgeschichtlichen Ausblicken. (Reclams UB 33.)

Don Carlos, Infant von Spanien

Dramatisches Gedicht in fünf Akten
Erste Aufführung: 29. August 1787 in Hamburg

P e r s o n e n : Philipp II., König von Spanien – Elisabeth von Valois,
seine Gemahlin – Don Carlos, der Kronprinz – Marquis von Posa, ein
Malteserritter – Herzog von Alba – Domingo, Beichtvater des Königs –
Graf von Lerma – Herzog von Medina Sidonia, Admiral – Der Groß-
inquisitor – Prinzessin von Eboli – Marquise von Mondecar – Spanische
Granden, Damen der Königin u. a.
O r t und Z e i t : In Spanien, am Hofe König Philipps II., 2. Hälfte
des 16. Jh.s.

Domingo, der Beichtvater König Philipps II., versucht vergeblich, den Grund des »rätselhaften Schweigens« und des
»feierlichen Kummers« zu erforschen, mit denen Don Carlos, der Kronprinz des großen spanischen Weltreiches, seit
Monaten belastet scheint. So verschlossen und mißtrauisch
sich Carlos dem Priester gegenüber zeigt, so unbedenklich
offen und vertrauensvoll gibt er sich seinem Jugendfreund
gegenüber, dem Marquis von Posa, der von einer längeren
Reise durch Europa nach Spanien zurückgekehrt ist. Ihm enthüllt Carlos auch das Geheimnis seines Herzens: er liebt
seine Stiefmutter, die Königin Elisabeth, die ihm ursprünglich als Braut zugedacht war und die er an seinen Vater,
König Philipp, verlor. Posa, bekümmert, in Carlos nur noch
den von dieser unglücklichen Liebe eingesponnenen Jüngling
anzutreffen, nicht mehr den glühenden Idealisten, auf den
die unterdrückten flandrischen Provinzen als letzte Rettung
ihre Augen gerichtet haben, erklärt sich aus Freundschaft für

Carlos bereit, ihm zu einer Unterredung mit der Königin zu
verhelfen. Es gelingt ihm dies auch in der Abgeschiedenheit
der Sommerresidenz von Aranjuez trotz des strengen Hof-
zeremoniells, das die Königin umgibt. Carlos kann sich der
Königin entdecken. Die leidgeprüfte Frau ist jedoch den
Erklärungen, die der Prinz in verwegener Sprache vorbringt,
wenig geneigt. Aber sie versteht es, den Unglücklichen mit
warmen Worten aufzurichten und auf seine größere Aufgabe als Thronfolger des gewaltigen Reiches hinzuweisen:
»Elisabeth war Ihre erste Liebe. Ihre zweite sei Spanien!«
Die Unterredung wird durch den König unterbrochen. Erstaunt, die Königin allein, ohne Begleitung, anzutreffen, entläßt er die Marquise von Mondecar als scheinbar Schuldige
unter den Damen des Gefolges sofort aus dem Hofdienst.
Im König lernen wir den großen, seiner Herrschermacht bewußten Monarchen kennen, der gleichwohl nicht der menschlichen Beziehung zu seiner Gemahlin Elisabeth entraten
kann (»Hier ist die Stelle, wo ich sterblich bin«). Das sonderbare Betragen des Infanten Carlos ist ihm nicht entgangen (»Der Knabe Don Karl fängt an, mir fürchterlich zu
werden«). Die ganze schauerliche Größe spanisch-katholi-
scher Majestätsglorie leuchtet auf, wenn der König zur
Unterdrückung des Aufruhrs und der Ketzerei in den Niederlanden ein Autodafé anbefiehlt, zu dem der ganze Hof
feierlich nach Madrid eingeladen wird (»Dies Blutgericht
soll ohne Beispiel sein«). Don Carlos und Marquis Posa, als
die ideellen Gegenspieler zu dieser Welt des Zwanges und
der Vergewaltigung, schließen einen Freundschaftsbund auf
ewig (»in des Worts verwegenster Bedeutung«). Er soll auch
dann gelten, wenn Carlos dermaleinst zum König aufgerückt
ist. Im königlichen Palast zu Madrid findet die entscheidende Aussprache zwischen dem König und Don Carlos
statt. Carlos erzwingt, daß sie Auge in Auge zwischen Vater
und Sohn, ohne die vom König gewünschte Gegenwart des
Herzogs von Alba, vor sich geht. Carlos unternimmt in »dieser längst erbetnen großen Stunde« den letzten Versuch einer
Versöhnung mit dem Vater und erbittet sich das Kommando
über das Heer, das nach Flandern gehen soll. Der König
beharrt bei seiner Meinung, daß dieses Amt einen Mann wie
Alba erfordere, keinen heißblütigen, unerfahrenen Jüngling,
den er einzig in Carlos zu erblicken vermag. Der König geht

sogar so weit, die Größe seines Mißtrauens dem Sohn gegenüber in dem Verdacht geltend zu machen, Carlos strebe nur danach, das beste Kriegsheer Spaniens in die Hände zu bekommen, um zum Mörder des Vaters zu werden. Und doch ist der König von dieser Unterredung mit dem allzu gefühlvollen Sohn nicht unberührt geblieben. Er erklärt dem verblüfften Alba, daß Prinz Carlos künftig seinem Throne näherstehen würde als bisher. Die nun eintretende Krise – heraufbeschworen durch eine Intrige der Prinzessin von Eboli – vereitelt allerdings für die Zukunft jede weitere Möglichkeit einer Verständigung zwischen König und Kronprinz. Die Prinzessin von Eboli liebt Carlos und bescheidet ihn durch ein anonymes Billet zu sich. Carlos vermutet, nicht die Eboli, sondern die Königin sei der Absender, und gerät dadurch erneut in die Verzückung seiner Liebesschwärmerei für die Königin. Die Aussprache mit der Eboli führt zur Bloßstellung der Prinzessin, offenbart aber gleichzeitig dieser die Neigung des Prinzen zu seiner Stiefmutter. Die Verwicklung wird noch dadurch kompliziert, daß der König ein heimlicher Verehrer der Eboli ist und sie durch briefliche Anträge bestürmt. Die Eboli, die unvorsichtig genug war, hiervon Carlos Kenntnis zu geben, will sich nun ihrerseits rächen, indem sie der Werbung des Königs nachgibt und die Königin bei ihm verklagt. Der Herzog von Alba und Domingo sind dabei auf ihrer Seite. Wie gefährlich dadurch die Situation für Carlos geworden ist, erkennt er selbst zunächst nicht, wohl aber Marquis Posa. Dieser rückt nun als Hauptfigur der weiteren Entwicklung bestimmend in den Vordergrund. Nachdem die Eboli beim König den Verdacht der Untreue der Königin geweckt hat, ringt der König mit dem Entschluß, furchtbare Strafe sowohl an der Königin wie an Carlos zu vollziehen. Doch will er ganz sicher gehen und sehnt sich nach einem »Menschen«, dessen Aussage ihm die reine Wahrheit verbürgt und dessen Handeln nicht (wie das der Eboli, des Herzogs und des Priesters) durch eigensüchtige Absichten beeinflußt wird. Im Marquis Posa, der sich bisher seinen Diensten entzog, obwohl er sich Verdienste um die Krone erwarb, glaubt er ihn gefunden zu haben. Posa fühlt die Größe der Stunde, die ihn zur Audienz beim König beruft. Er weiß, was es gilt: »– und wär's auch eine Feuerflocke Wahrheit nur, in des Despoten Seele kühn

geworfen«. In stolzem, selbstbewußtem Auftreten sagt er dem
König offen ins Gesicht, daß es ihm unmöglich sei, »Fürsten-
diener« zu werden, mehr noch: er hält dem König schonungslos ein Bild der unwürdigen, unfreien Gegenwart und
der erträumten Zukunft vor und fordert als letzte Konsequenz seiner mit beredten Worten vorgetragenen Mensch-
heits-Verbrüderungs-Ideen: »Geben Sie die unnatürliche
Vergöttrung auf, die uns vernichtet. Gehn Sie Europens
Königen voran. Geben Sie Gedankenfreiheit.« – Der König,
nicht unbeeindruckt von den Worten des Marquis, weiß
trotzdem nichts anderes darauf zu erwidern als die Warnung vor der Inquisition. Aber er sieht in Posa die geeignete
Persönlichkeit, die private Sphäre seines Familienlebens zu
klären und das Herz der Königin zu erforschen. Zu diesem
Zwecke soll der Marquis künftig eine erste Rolle am Hofe
spielen. Posa nützt sie, um seine eigenen geheimsten Wünsche
zu fördern. Carlos soll – entgegen den Absichten des Königs – heimlich nach Brüssel und dort durch eine Rebellion
die spanische Krone zwingen, milder mit den Provinzen zu
verfahren. Posa weiht die Königin in dieses Projekt ein, die
ihm zustimmt und es unterstützen will. Posa spielt nun ein
gewagtes Spiel: er läßt sich von Carlos seine privaten Papiere aushändigen und überzeugt mit ihrer Hilfe den König
von der Unschuld des Prinzen in seinem Verhalten zur
Königin. Der König muß erkennen, daß er der Königin bitter Unrecht tat, wenn er an unlautere Beziehungen zwischen
ihr und Carlos dachte. Das »verruchte Bubenstück«, das die
Eboli, der Herzog von Alba und Domingo angezettelt hatten, wird entlarvt. Posa geht aber noch einen Schritt weiter.
Er läßt sich vom König einen Verhaftsbefehl für Carlos
aushändigen. Er will den Freund ganz in der Hand haben,
um ihn auf diese Weise um so sicherer nach Flandern bringen zu können. Die weitsichtigen Pläne Posas rufen jedoch
Mißtrauen bei Carlos hervor. Der Umstand, daß Posa
den Freund nicht selbst einweihte, führt zur Katastrophe.
Carlos, durch den Grafen Lerma vor Posas scheinbarem
›Verrat‹ gewarnt, begeht den Fehler, sich der Eboli anzuvertrauen. Bei ihr überrascht ihn Posa, der nun sofort von
seinem Verhaftsbefehl Gebrauch macht. Posa sieht das Geheimnis der Liebe Carlos' zur Königin abermals in die
Hände der Eboli gelegt und weiß keinen andern Ausweg

mehr, als die Eboli zu töten oder sich selbst zu opfern. Er
wählt den letzteren Weg. Nach dem ergreifenden Abschied
von der Königin, der er seine ganze glühende Liebe zu Carlos, aber auch seine stille Verehrung für sie gesteht – sie soll
nach seinem Tode Übermittlerin seiner letzten Botschaft an
Carlos sein, das »kühne Traumbild eines neuen Staates«
wahr zu machen –, schreibt er einen Brief an Wilhelm von
Oranien nach Flandern, in dem er sich selbst bezichtigt, die
Königin zu lieben. Dieser Brief wird, wie Posa genau weiß,
sofort zum König gelangen, da alle Post, die nach Flandern
geht, geöffnet wird. Der König muß auf diese Weise Posa
für einen Hochverräter halten. Wie Posa es eingefädelt hat,
vollzieht sich das Weitere. Der König setzt Don Carlos in
Freiheit und läßt Posa erschießen. In sicherer Gewißheit seines nahen Endes hatte Posa dem Freund die wahren Zusammenhänge noch enthüllen können. Carlos, tief erschüttert über die Treue und den Opfertod des Freundes,
klagt an der Leiche Posas den König als Mörder an: »Ihn
zu beherrschen wähnten Sie – und waren ein folgsam Werkzeug seiner höhern Pläne.« Ein Aufruhr, der in Madrid infolge der Verhaftung des Kronprinzen ausbricht, dringt
kaum an Carlos' Ohr. Die Granden stellen sich schützend
vor den König, der seinen Thron wanken sieht. Carlos
scheint von der Leiche Posas nicht weichen zu wollen. Erst
die Nachricht, daß die Königin ihm noch eine letzte Botschaft des toten Freundes zu übermitteln habe, weckt ihn
aus seiner Lethargie. Im Mönchsgewand, in Gestalt des verstorbenen Kaisers Karl V., soll er in der Nacht heimlich zur
Königin kommen und von hier aus seine Flucht nach Flandern antreten, für die Posa alles vorbereitet hat. Herzog
Alba ist diesem Trugspiel jedoch auf die Spur gekommen.
Die letzten Briefe und Anordnungen Posas, die das weit-
verzweigte Netz einer groß angelegten Erhebung der Nie-
derländer und ihren Abfall von der spanischen Krone enthüllen, geraten in die Hände des Königs. Dieser, der eben
noch Posa nachtrauerte (»In diesem Jüngling ging mir ein
neuer, schönrer Morgen auf«), sieht sich nun wirklich verraten. Eine Unterredung mit dem Kardinal-Großinquisitor,
der dem König bittere Vorwürfe macht, sich überhaupt mit
dem »Ketzer« Posa eingelassen zu haben, führt ihn ganz
und gar in die Arme der Kirche zurück. Der König liefert

Don Carlos der Inquisition aus. Im Gemach der Königin vollzieht sich das Ende. Carlos ist in der Verkleidung unbemerkt bis zu ihr vorgedrungen und empfängt die letzte Botschaft des toten Freundes. Er fühlt sich zum Mann gereift und will von Flandern aus »einen öffentlichen Gang« mit dem Vater tun. Da überrascht ihn der König mit dem Großinquisitor: »Kardinal! Ich habe das Meinige getan. Tun Sie das Ihre.«

Der *Don Carlos* stellt den Übergang von Schillers revolutionären Jugendwerken zu den ausgereiften historischen Dramen der späteren Zeit dar. Auch in der Sprache zeigt sich die Entwicklung von realistischer Prosa zur dichterisch-überhöhten Verssprache. Schiller begann das Werk 1783 und schloß es 1787 ab, nahm es sich jedoch später wieder vor, zuletzt in seinem Todesjahr. Mit seinen 5370 Versen ist es eines der längsten Dramen der deutschen Bühnenliteratur. Ursprünglich als fürstliche Familientragödie gedacht, zu der eine Novelle Saint-Réals den Stoff bot, weitete sich das Werk im Laufe der langen Abfassungszeit mehr und mehr zur großen historischen Tragödie mit weltgeschichtlichen Perspektiven aus. Das »ungeheure Schicksal der Provinzen« klingt ebenso an wie der Untergang der Armada. Szenen, die das höfische Leben im Al-fresco-Stil schildern, wechseln mit solchen privater Intrigen und Probleme. Beherrschend tritt, besonders im mittleren Teil, die Gestalt des Marquis von Posa in den Vordergrund, den der Dichter zum Sprachrohr seiner philosophisch-politischen Ideen von Freiheit und Menschenadel macht. Schiller selbst war sich bewußt, daß er sich zu lange mit dem Stück getragen hatte und daß es zu weitläufig angelegt war. Seine sehr lesenswerten *Briefe über den Don Carlos* geben hierüber, wie überhaupt über die Probleme des Werkes (insbesondere über die Figur Posas), wichtige Aufschlüsse. Hiervon abgesehen bleibt der *Don Carlos* mit seinem Gedankenreichtum, seinen plastisch gearbeiteten Gestalten (insbesondere der großartigen Figur Philipps II.) und seinem mitreißenden Pathos eines der bedeutsamsten Werke der deutschen Bühnenliteratur. Mit den wirklichen historischen Vorgängen hat das Werk freilich wenig gemein, vieles (wie die Gestalt Posas) ist frei erfunden und das Ganze von dem Humanitätspathos des 18. Jahrhunderts durchweht. Schiller selbst lieferte zwei Bühnen-

bearbeitungen, eine in Jamben und eine in Prosa. Heute
dient die Ausgabe letzter Hand (1805) zur Grundlage der
Inszenierung. Es bleibt die Aufgabe des Regisseurs, mit sinn-
gemäßen Strichen den Grundcharakter der historisch-politischen Ideen-Dichtung herauszuarbeiten, der vom 3. Akt an
immer stärker in Erscheinung tritt. (Reclams UB 38/38a.)

Eine späte, den metaphysischen Gehalt der Dichtung und
der Charaktere erschöpfende und erweiternde Umwandlung
des *Don Carlos* zur Oper vollzog Giuseppe Verdi. (Siehe
Reclams Opernführer.)

Wallenstein

Dramatisches Gedicht in einem Vorspiel und zwei Teilen
Erste Aufführungen: 12. Oktober 1798, 30. Januar und
20. April 1799 in Weimar

Vorspiel: Wallensteins Lager

Der umfangreichen Trilogie geht ein Prolog voraus, in dem
Schiller von Wallenstein, dem größten und populärsten
Feldherrn des Dreißigjährigen Krieges, als einem verwegenen Manne spricht, dessen Charakterbild »von der Parteien
Gunst und Haß verwirrt« in der Geschichte schwanke. Weiter heißt es: »Sein Lager nur erkläret sein Verbrechen.«
Dementsprechend führt uns der Dichter zunächst in einem
Vorspiel dieses Lager vor. – Es sind Soldaten aus aller Herren Länder und Armeen, die sich unter der Fahne des Friedländers zusammengefunden haben und als geschlossene Heeresmacht vor der Stadt Pilsen in Böhmen liegen. Sie wollen
sich nicht auseinanderreißen lassen, wie es vom Hofe in Wien
geplant zu sein scheint. Sie beschließen, von jedem Regiment
ein Promemoria schreiben zu lassen, das ihre feste Absicht
bekundet, nur unter Wallenstein dienen zu wollen. Die
Wortführer sind: ein biederer Wachtmeister von einem Terz-
kyschen Regiment, Holkische reitende Jäger, Pappenheimer
Kürassiere, Buttlersche Dragoner u. a. Aber es werden auch
Gegenstimmen laut, wie die eines Arkebusiers vom Regiment
Tiefenbach, der darauf hinweist, daß Wallenstein dem Kaiser zur Treue und zum Gehorsam verpflichtet sei. Auf diese

Weise bereitet der Dichter in äußerst geschickter, kaum spürbarer Weise den großen Konflikt vor, auf dem das eigentliche Wallenstein-Drama steht: den Abfall des Feldherrn
vom Kaiser. Noch stehen aber die Dinge zugunsten des
Friedländers. Das Heer ist ihm bedingungslos ergeben und
sieht in ihm seinen Abgott. Ein Kapuziner, der gegen die
Sittenlosigkeit des Lagerlebens, den Übermut der Soldateska
und gegen Wallenstein als den Haupturheber dieser Übel
predigt, wird verjagt. Alle Gerüchte, die über den Feldherrn
kursieren, über seine scheinbare Unverwundbarkeit, die nur
durch einen Teufelspakt zu erklären sei, über das graue
Männlein von Sterndeuter in seiner Umgebung usw., dienen
nur dazu, ihn in der Meinung der Soldaten zu heben und als
einen Auserwählten erscheinen zu lassen. Mit dem schwung-
vollen Reiterlied: »Wohlauf, Kameraden, aufs Pferd, aufs
Pferd« schließt das Vorspiel, das in besonders eindrucksvol-
ler Weise seinen Zweck als Einstimmung und Vorbereitung
auf das Kommende erfüllt.

I. Teil: Die Piccolomini

Personen: Wallenstein, Herzog zu Friedland, kaiserlicher Genera-
lissimus – Octavio Piccolomini, Generalleutnant – Max Piccolomini, sein
Sohn, Oberst bei einem Kürassierregiment – Graf Terzky, Wallensteins
Schwager, Chef mehrerer Regimenter – Illo, Feldmarschall, Wallensteins
Vertrauter – Isolani, General der Kroaten – Buttler, Chef eines Dragoner-
regiments – Kriegsrat von Questenberg, vom Kaiser gesendet – Baptista
Seni, Astrolog – Herzogin von Friedland, Wallensteins Gemahlin –
Thekla, ihre Tochter – Gräfin Terzky, Schwester der Herzogin – Generale
Wallensteins u. a.
Ort und Zeit : In Pilsen, im Jahre 1634.

Wallenstein hat seine gesamte Heeresmacht offenbar mit
einer bestimmten Absicht in Böhmen zusammengezogen. Im
Rathaus zu Pilsen treffen sich die Generale. Kriegsrat von
Questenberg, der Abgesandte des Kaisers, muß zu seinem
Erstaunen feststellen, daß die Stimmung unter den Offizieren weit revolutionärer ist, als er erwartet hatte und als
man es sich am Kaiserhof in Wien hatte träumen lassen.
»Hier ist kein Kaiser mehr. Der Fürst ist Kaiser!« ruft er
entsetzt aus. Daß Wallenstein jetzt auch Frau und Tochter
ins Lager kommen läßt, deutet gleichfalls »auf einen nahen

Ausbruch der Empörung«. Nur wenige Generale scheinen kaisertreu. Ihr bedeutendster Repräsentant ist Octavio Piccolomini. Die Rolle, die dieser ebenso kluge wie bedächtige Kopf in dem großen nunmehr anhebenden Ringen um die Macht spielt, ist zweideutig. Wallenstein vertraut ihm blind, seitdem Octavio ihm am Morgen der Lützener Schlacht ein anderes Pferd anbot, wodurch er gerettet wurde. »Seit jenem Tag verfolgt mich sein Vertrauen in gleichem Maß, als ihn das meine flieht.« Octavio hält bedingungslos zum Kaiser und fühlt sich deshalb auch zu seinem Intrigenspiel gegen Wallenstein berechtigt. Die schwierige Lage, in die Octavio dadurch gerät, macht sich für ihn weniger in seinem Verhältnis zu Wallenstein bemerkbar als in dem zu seinem Sohne Max. Dieser, im Lager aufgewachsen, ein Kind des Krieges und glühender Verehrer Wallensteins, in dem er den geborenen Herrscher erblickt, trifft im Lager mit der Herzogin von Friedland und der Tochter Thekla ein. Er hat sie als Reisebegleiter im Auftrag des Herzogs hierhergebracht. Die Reise ist, wie Octavio Piccolomini mit Scharfblick feststellt, von großer Bedeutung für den jungen Feuerkopf geworden. Sie hat ihn der Tochter Wallensteins nahegebracht, und Octavio sieht darin ein Netz, das von der Umgebung Wallensteins bewußt über ihn geworfen wurde. Noch sind die Dinge freilich undurchsichtig. Terzky und Illo, Wallensteins Vertraute, dringen mit aller Macht in den zaudernden Herzog, sich zu entscheiden, dem »Fuchs« Octavio nicht zu trauen und die günstige Stunde zum Abfall vom Kaiser wahrzunehmen. Doch Wallenstein gefällt sich darin, auch diesen seinen nächsten Freunden gegenüber alles noch offen zu lassen und die Entscheidung sich vorzubehalten, bis »die rechte Sternenstunde« angebrochen sei. Ihm, der zum Okkultismus und zur Sterndeuterei neigt, ist in »dieser Welt des Staubes« nichts Zufall. Alles baut sich organisch auf mit tausend Sprossen, bis in die Sternenwelt hinauf, und nur das entsiegelte Auge »der hellgebornen, heitern Joviskinder«, über das er zu verfügen glaubt, sieht die tieferen Zusammenhänge. Questenberg muß vor Wallenstein und den versammelten Kommandeurs nochmals die Forderungen des Wiener Kaiserhofes vortragen. Sie laufen darauf hinaus, die Armee zu spalten, um ihr dadurch die Schlagkraft für selbständiges Handeln zu nehmen. Wallenstein, der dies durch-

schaut (»Wohl ausgesonnen, Pater Lamormain! Wär' der
Gedank' nicht so verwünscht gescheit, man wär' versucht,
ihn herzlich dumm zu nennen«), gibt sich den Anschein,
unter diesen Umständen lieber freiwillig das Kommando
niederlegen zu wollen. Doch dagegen revoltieren seine Offiziere, die von einer Abdankung nichts wissen wollen. Terzky
und Illo nützen die Hochstimmung zugunsten Wallensteins.
Sie veranstalten ein Bankett, bei dem die Generale zu einer
schriftlich fixierten Bindung an Wallenstein als ihren alleinigen Herrn verpflichtet werden sollen. Illo glaubt es besonders klug zu machen, wenn er die Erklärung, die den
Generalen zur Unterschrift vorgelegt werden soll, in doppelter Fassung anfertigen läßt, einmal, vor Beginn des Ban-
ketts zu lesen, mit einer Klausel, die sie an Wallenstein nur
verpflichtet unbeschadet der Eidespflichten gegenüber dem
Kaiser, nach dem Bankett bei der zu leistenden Unterschrift
ohne diesen Zusatz. Dieses etwas plumpe Manöver führt
aber nur scheinbar zum Erfolg. Ehe wir das Bankett miterleben, führt uns der Dichter in die Welt der Frauen des
Stückes ein. Es sind dies: Thekla, Wallensteins Tochter, die
zu Max Piccolomini in reiner Liebe entbrannt ist und dieser
zu ihr, und die Gräfin Terzky, Wallensteins Schwägerin, die
über dieser Liebe mit Argwohn wacht. Teils begünstigt sie
sie, da sie Max an die Partei Wallensteins bindet, teils
dämpft sie sie, da Wallensteins Pläne mit seiner Tochter
noch viel weitreichendere sind. Mit dem wachen Blick der
Liebe erkennt Thekla, daß Max und sie keine Freunde im
Lager haben und niemandem als sich selbst trauen können.
Dann erleben wir das Bankett der Generale. Zunächst
scheint alles nach Illos und Terzkys Wunsch zu gehen. Alle
unterzeichnen die Ergebenheitserklärung für Wallenstein,
auch Octavio Piccolomini. Nur Max Piccolomini weigert
sich. Seine Gedanken sind anderwärts, und er hält auch eine
solche Unterschrift für seine Person für überflüssig. Dies
bringt den betrunkenen Illo so in Wut, daß er das Geheimnis der »Klausel« selbst ausplaudert und gegen Max den
Degen zieht. In der Nacht nach dem Bankett kommt es zur
entscheidenden Aussprache zwischen Octavio und Max Piccolomini. Der Vater offenbart sich dem Sohn, sucht ihn mit
dringlichen Worten und Beweisen von dem Verrat Wallensteins am Kaiser zu überzeugen und zeigt ihm das Papier,

mit dem der Kaiser bereits den Nachfolger Wallensteins als
Heerführer bestimmt hat. Es ist Octavio Piccolomini. Max
gerät in den fürchterlichsten Konflikt, der noch dadurch
eine Steigerung erfährt, daß während der Aussprache eine
Meldung bei Octavio eintrifft, die von der Gefangennahme
eines Boten berichtet, den Wallenstein als Unterhändler mit
den Schweden benutzte. Max weiß aus alledem nur einen
Ausweg: »Mein Weg muß gerad sein. Ich geh' zum Herzog.«
Prophetisch sieht er, daß das ganze feine Gewebe der
»Staatskunst«, das der Vater gesponnen hat, letzten Endes
nur zu ihrer aller Untergang führen wird, denn Wallenstein,
dieser »Königliche, wenn er fällt, wird eine Welt im Sturze
mit sich reißen.« (Reclams UB 41.)

II. Teil: Wallensteins Tod

Personen: Die gleichen wie im I. Teil (außer Questenberg), ferner:
Oberst Wrangel, von den Schweden gesendet – Gordon, Kommandant von
Eger – Deveroux und Macdonald, Hauptleute in der Wallensteinschen
Armee – Ein schwedischer Hauptmann – Eine Gesandtschaft von Küras-
sieren – Fräulein von Neubrunn, Hofdame Theklas, u. a.
Ort und Zeit: Zu Pilsen und Eger, im Jahre 1634.

Wallenstein befragt mit seinem Astrologen Seni die Sterne.
Alles scheint günstig für ihn zu stehen, die großen Drei
(Jupiter, Venus und Mars) endlich in dem für Wallenstein
günstigen Verhältnis zueinandergerückt. »Jetzt muß gehandelt werden«, sagt er. Und doch befällt ihn, als Illo und
Terzky zu ihm kommen und ihn bedrängen, erneut die alte
Zweifelsucht, das alte Zögern. Die Nachricht von der Gefangennahme des Unterhändlers führt ihm den Ernst der
Lage vor Augen. Aber er will es auch jetzt noch nicht wahrhaben, daß er nicht mehr die Freiheit haben soll, umzukeh-
ren. Die Unterredung mit dem schwedischen Oberst Wrangel klärt die Lage nach den tatsächlichen Gegebenheiten hin:
die Schweden bieten ihm die böhmische Königskrone an,
wenn er sich ihnen anschließt, den Abfall vom Kaiser offen
vollzieht und ihnen fürs erste Prag und Eger räumt. »Sei's
um Eger! Aber Prag? Euch meine Hauptstadt räumen!«
Wallenstein will die Vorschläge in Erwägung ziehen. Kaum
daß der Schwede fort ist, befallen ihn neue Zweifel. Sie zu

bannen gelingt weder Illo noch Terzky, wohl aber der Gräfin Terzky, die dem Herzog den scheinbaren Hochverrat
am Kaiser als Notwehr auszulegen weiß und ihm mit beredten Worten den Undank, den er vom Hofe in Wien erntete, ins rechte Licht rückt. Jetzt endlich ist Wallenstein entschlossen. Das Bündnis mit den Schweden wird vollzogen,
die letzten Brücken zu der alten Welt werden abgebrochen.
Es beginnt nun der Kampf um die Anhänger. Octavio Piccolomini, den Wallenstein nach wie vor auf seiner Seite
glaubt, läßt er zu Illos und Terzkys Kummer entwischen,
indem er ihm ein Kommando gibt, bei dem er sich abseits zu
halten vermag. Mit Max ringt Wallenstein in einem schweren Kampf: »Du mußt Partei ergreifen in dem Krieg, der
zwischen deinem Freund und deinem Kaiser sich jetzt entzündet.« Max fleht ihn an, nicht zum Verräter zu werden.
Er will beim Kaiser vermitteln: »Und sein Vertrauen bring'
ich dir zurück.« Doch Wallenstein beharrt fest auf seinem
Vorhaben: »Was tu' ich Schlimmres, als jener Cäsar tat, des
Name noch bis heut' das Höchste in der Welt benennet? Er
führte wider Rom die Legionen, die Rom ihm zur Beschüt-
zung anvertraut. Ich spüre was in mir von seinem Geist.«
Bekümmert stürzt Max davon. Octavio Piccolomini gelingt
es, den Kroatengeneral Isolani und den Dragonergeneral
Buttler auf seine Seite zu bringen, indem er jenem die Ordre
des Kaisers vorzeigt, die Wallenstein in die Acht erklärt,
und diesem den Nachweis erbringt, daß Wallenstein sich
über seine Bemühungen um den Grafentitel lustig machte.
Buttler, der aus dem Mannschaftsstand zum General aufstieg, fühlt sich dadurch schwer gekränkt. Er ist nunmehr
nicht nur bereit, sofort auf Piccolominis Seite zu treten,
mehr noch – er will in Wallensteins Nähe bleiben: »Traut
mir! Ihr überlasset ihn seinem guten Engel nicht!« Es kommt
dann noch einmal zu einer letzten Aussprache zwischen
Octavio und Max Piccolomini. Die Würfel über Wallensteins Zukunft sind inzwischen gefallen. Max hält dem Vater
bitter vor: »Du steigst durch seinen Fall.« Vertrauen, Glaube, Hoffnung – alles ist für den edel denkenden Jüngling
dahin. Nur eines bleibt ihm noch: »Der einzig reine Ort ist
unsre Liebe, der unentweihte in der Menschlichkeit.« Darum
will er sich auch nicht aus dem Lager Wallensteins entfernen,
ehe er nicht von Thekla Abschied genommen hat. Schmerz-

voll ahnt Octavio, daß der blutige Krieg, der nun entbrennt,
Vater und Sohn für immer trennen wird. Die jetzt folgenden Ereignisse ballte Schiller in einem Akt zu solcher Spannung und Konfliktsteigerung zusammen, daß dieser Teil
der Trilogie zu einer der großartigsten dichterischen Visionen der gesamten dramatischen Weltliteratur wurde. Während Wallenstein selbst noch im Glauben lebt, daß alles zu
seinem Besten steht – Max Piccolomini ist ihm als Gatte
Theklas nicht würdig genug (»nicht niedriger fürwahr ge-
denk' ich sie als um ein Königsszepter loszuschlagen«) –, hat
sich im Lager bereits sein Abfall vom Kaiser herumgespro-
chen. Die meisten Truppen verlassen Wallenstein. Tief trifft
ihn die Nachricht vom Verrat Octavio Piccolominis: »Das
war kein Heldenstück, Octavio! Nicht deine Klugheit siegte
über meine, dein schlechtes Herz hat über mein gerades den
schändlichen Triumph davongetragen.« Doch faßt er sich erstaunlich schnell wieder. Als alles verloren scheint, die Mehrzahl der Regimenter dem Kaiser neu gehuldigt hat, fühlt sich
Wallenstein wie befreit von einem großen Druck: »Nacht
muß es sein, wo Friedlands Sterne strahlen.« Und er wirft
sich beglückt dem scheinbar einzig Treuen unter so vielen
Abtrünnigen in die Arme: Buttler. Mit Hilfe des schwedischen Heeres, das zu ihm stoßen soll, hofft Wallenstein in
Kürze sich seine alte Machtposition zurückerobert zu haben.
Doch seine Rechnung ist falsch. Als einige Übereifrige in
Terzkys Regimentern den kaiserlichen Adler von den Fahnen reißen und Wallensteins Zeichen aufpflanzen, fallen
auch die ihm bis dahin noch zugetanen Pappenheimer Kürassiere von ihm ab. Vergeblich hatte er versucht, eine Abordnung von ihnen dahingehend zu beschwichtigen, daß er es
nur zum Scheine mit den Schweden halte. Dann kommt es
zur letzten Begegnung mit Max Piccolomini. Alles wirft
Wallenstein in die Waagschale, den jungen Freund, den er
wie keinen sonst geliebt hat, an sich zu fesseln: das doppel-
züngige Spiel Octavio Piccolominis, die langjährigen gemeinsamen Erlebnisse im Kriegslager, die Möglichkeit für
Max, schuldlos zu bleiben: »Wenn ich am Kaiser unrecht
handle, ist's mein Unrecht, nicht das deinige.« Max, tief
durchdrungen von der unseligen schicksalhaften Verkettung
der »Doppelschuld« der Väter, die ihn wie ein gräßliches
Schlangenpaar umwindet, legt die Entscheidung in die

Hände Theklas. Nur sie kann noch für ihn bestimmen, ob er
dem Kaiser Eid und Pflicht abschwören und in das Lager
Octavios die vatermörderische Kugel senden oder sich von
ihr, der Geliebten, trennen soll. Thekla verweist ihn auf sein
erstes Gefühl, das ihm seine Pflicht gegenüber dem Kaiser
zu erfüllen gebot. »Uns trennt das Schicksal, unsre Herzen
bleiben einig.« Mit Gewalt reißt sich Max schließlich von ihr
und von Wallenstein, ohne den zu leben er noch nicht gelernt hat, los. Den Schutz für das ihm »ewig teure und ver-
ehrte Antlitz« des Feldherrn, über dem jetzt des Kaisers
Acht hängt, empfiehlt er (Höhepunkt der tragischen Ironie!)
Buttler an. Mit Ausrufen wilder Verzweiflung (»Wer mit
mir geht, der sei bereit zu sterben!«) wirft Max sich seinen
Kürassieren in die Arme, die mit Gewalt in den Saal einge-
drungen sind, um ihren Oberst, den sie gefangen glauben,
zu befreien. Was sich nach dieser nicht mehr zu überbieten-
den Gipfelung an dramatischer Spannung weiterhin vollzieht, ist Ausklang, folgerichtige Auflösung der gewaltigen
Konflikte, die die vorangegangenen Ereignisse heraufbeschworen haben. Wallenstein hält seinen Einzug in Eger,
wo indessen Buttler seine Ermordung vorbereitet. Die
Schweden sind im Anmarsch. Es steht zu befürchten, daß
sich Wallenstein mit ihnen vereinigt. Buttler hat sein Haupt
verpfändet, ihn lebend oder tot zu liefern. Da der Verrat
am Kaiser offenkundig ist, muß sich auch Gordon, der Kommandant von Eger, ein alter Jugendfreund Wallensteins,
den Anordnungen Buttlers fügen. Die Lage hat sich dadurch
verschärft, daß ein Gefecht zwischen den Schweden und den
kaisertreuen Pappenheimern stattgefunden hat, bei dem die
letztere unterlagen. Auch Max Piccolomini ist dabei gefallen. Die Nachricht hiervon läßt Illo und Terzky aufjubeln.
Sie wollen »bei eines Gastmahls Freuden« den Sieg feiern.
Sie sehen voreilig die alten glücklichen Tage Wallensteins
wiederkehren und ihn als Sieger in Wien am Kaiser Rache
nehmen. Doch Buttler zieht das bereits ausgespannte »Mord-
netz« nur um so fester über ihren Häuptern zusammen. Die
Nachricht vom Tode Max Piccolominis läßt Thekla, der ein
schwedischer Hauptmann ausführlich von seinem Ende berichten muß, zur Stätte eilen, wo der Geliebte aufgebahrt
ist (»Der einz'ge Fleck ist mir die ganze Erde«). Max' Geist
ist's, der sie ruft. »Was ist das Leben ohne Liebesglanz? Ich

werf' es hin, da sein Gehalt verschwunden.« Heimlich verläßt sie bei Nacht Eger, gefolgt von dem treuen Fräulein von Neubrunn. Buttler dingt inzwischen die beiden Hauptleute Deveroux und Macdonald zu Mördern Wallensteins. Sie sollen ihn in der Nacht umbringen. Ihre anfänglichen Einwände (»Den Feldherrn ermorden, das ist eine Sünd' und Frevel, davon kein Beichtmönch absolvieren kann«) weiß er zu beschwichtigen. Dann erleben wir zum letzten Male Wallenstein selbst. Er steht tief unter dem Eindruck von Max Piccolominis Tod. »Er ist der Glückliche. Er hat vollendet. Weg ist er über Wunsch und Furcht, gehört nicht mehr den trüglich wankenden Planeten.« Doch mit ihm, so will es Wallenstein scheinen, ist auch die Blume aus seinem eigenen Leben hinweg. »Denn er stand neben mir wie meine Jugend.« Der Gräfin Terzky, die von schweren Vorahnungen kommenden Unheils bedrückt ist, spricht er Mut zu. Beim Anblick Gordons, der die Festungsschlüssel bringt, überkommen ihn Erinnerungen aus alter Zeit. Während der Jugendfreund schon gealtert scheint, nennt Wallenstein noch immer die Hoffnung seine Göttin. Er sieht sich trotz des tiefen Sturzes, den er jetzt tat, wieder aufsteigen. Selbstsicher schlägt er auch die Warnungen in den Wind, die im letzten Augenblick der Astrolog Seni vorbringt und mit ihm Gordon. Noch sei es nicht zu spät zur Umkehr, meint der Jugendfreund, der Kaiser könne noch versöhnt werden. »Zu spät«, erwidert Wallenstein. »Blut ist geflossen, Gordon. Hätt' ich vorher gewußt, daß es den liebsten Freund mir würde kosten, kann sein, ich hätte mich bedacht – kann sein auch nicht.« So meditiert er, seinem Charakter entsprechend, bis zum letzten Augenblick. Als Wallenstein sich zum Schlaf zurückgezogen hat, kommen die Mörder. Schon sind Illo und Terzky beim Bankett umgebracht. Noch einmal versucht Gordon alles, was in seiner Macht steht, Buttler von dem gewaltsamen Ende des großen Feldherrn abzuhalten. Buttler drängt den »schwachsinnigen Alten« beiseite. Trompeten in der Ferne scheinen zur höchsten Eile zu mahnen. Aber es sind nicht die Schweden, wie Buttler vermutet, es sind die Kaiserlichen, und mit ihnen Octavio Piccolomini, der das Äußerste verhüten möchte. Da verkündet Seni schon die »blutige, entsetzensvolle Tat«. Octavio möchte sich für unschuldig erklären und Buttler anklagen, seinen Befehl miß-

braucht zu haben. »Ihr habt den Pfeil geschärft«, erwidert
Buttler kaltblütig, »ich hab' ihn abgedrückt.« Buttler wird
sich selbst in Wien den Lohn für den pünktlichen Gehorsam
holen. Die Schlußworte der gewaltigen Tragödie haben Octavio Piccolomini und die Gräfin Terzky. Die Gräfin hat
Gift genommen und will den Fall ihres Hauses nicht überleben. Octavio empfängt ein kaiserliches Schreiben, das ihn
in den Fürstenstand erhebt.

Schillers *Wallenstein* ist (nach Goethes Urteil) »so groß,
daß in seiner Art zum zweitenmal nichts Ähnliches vorhanden ist«. Alle Vorzüge der Schillerschen Denk- und Arbeitsweise erscheinen hier auf das glücklichste vereint: der mit-
reißende Schwung der Sprache, der dynamisch gesteigerte
Aufbau der Handlung, der Reichtum an Männergestalten
und männlichen Konflikten, und – als einmalige Genietat –
die Verlebendigung des weltgeschichtlichen Hintergrundes
einer bedeutsamen Epoche der abendländischen Geschichte
mit den sparsamsten Mitteln. Die Arbeit an dem Riesenwerk
erstreckte sich fast über ein Jahrzehnt hin. Die umfangreichen historischen Studien, die der Stoff erforderte, spiegeln die fünf Bücher von Schillers *Geschichte des Dreißigjährigen Kriegs* wider. Daß die Dichtung trotzdem an keiner
Stelle von dem Ballast der Quellenstudien belastet erscheint
und immer und überall unmittelbar wirkt, ist das vielleicht
größte Wunder an ihr. Im Mittelpunkt steht die Gestalt des
ehrgeizigen, von dämonischen Impulsen getriebenen Feldherrn, der, weit über die historische Vorlage hinausgehend,
zu einem der eigenartigsten Charakterbilder der Weltliteratur geworden ist. Wohl bestimmen Machtgelüste und Ehrgeiz sein Handeln. Aber er ist mit seiner Unentschlossenheit,
seiner Taktik, nichts Schriftliches von sich zu geben, seiner
Sucht, das irdische Handeln mit den Vorgängen im Kosmos
in Einklang zu bringen, seinem blinden Vertrauen einerseits
und seinem ewig zögernden Mißtrauen andererseits ein nur
schwer zu enträtselnder Charakter, jedenfalls nicht auf einen
einfachen Nenner zu bringen, und eben darum der immer
wieder fesselnde, bald anziehende, bald abstoßende Mittelpunkt der ganzen Trilogie. Ebenso individuell gefärbt ist
sein eigentlicher Gegenspieler, Octavio Piccolomini. Auch er
kein einfacher ›Verräter‹ an Wallenstein, sondern eine bedeutende Persönlichkeit. Einem Illo und Terzky muß er als

nichts anderes denn als ›Fuchs‹ und ›Schlange‹ erscheinen.
Seine Kaisertreue entbehrt aber keineswegs der inneren Berechtigung. Daß sein glänzender Erfolg über Wallenstein
mit dem Tode des einzigen Sohnes verbunden ist, macht
auch sein Handeln und Tun tragisch. Von den Frauengestalten gehören die männlich denkende und hoheitsvoll sterbende Gräfin Terzky sowie die anmutige und ihrem Max
Piccolomini im bedingungslosen Idealismus ebenbürtige
Thekla zu den besten Schillers. Daß eine Zusammenzie-
hung der drei Teile auf einen Theaterabend möglich ist, hat
Schiller selbst zugegeben. Doch wird eine Verteilung auf
zwei Abende immer vorzuziehen sein. Nur eine einigermaßen
vollständige Aufführung kann den weiten Horizont der
Dichtung als weltgeschichtliches Schauspiel und als erhabene
Charaktertragödie voll zur Entfaltung bringen. (Reclams
UB 42.)

Maria Stuart

Trauerspiel in fünf Aufzügen
Erste Aufführung: 14. Juni 1800 in Weimar

Personen : Elisabeth, Königin von England – Maria Stuart, Königin
von Schottland, Gefangene in England – Robert Dudley, Graf von Leicester – Georg Talbot, Graf von Shrewsbury – Wilhelm Cecil, Baron von
Burleigh, Großschatzmeister – Wilhelm Davison, Staatssekretär – Amias
Paulet, Hüter der Maria – Mortimer, sein Neffe – Melvil, Haushofmeister Marias – Hanna Kennedy, Marias Kammerfrau – Französische Gesandte u. a.
Ort und Zeit : In England, im Jahre 1587.

Im Schloß zu Fotheringhay wird Maria Stuart, Königin
von Schottland, gefangengehalten. Als Mörderin ihres Gatten von Schottlands Thron und Volk verjagt, suchte sie
Schutz in England. Elisabeth, Königin von England, glaubt
aber, in Maria eine gefährliche Rivalin erblicken zu müssen,
die es im geheimen auf den englischen Thron und eine Verbindung der schottischen mit der englischen Königskrone
abgesehen habe. Deshalb wird sie in strengster Haft gehalten. Diese scheint um so gebotener, als schon mehrfach von
Anhängern der Maria Befreiungsversuche gemacht und Auf-
stände zu ihren Gunsten erregt wurden. Inwieweit Maria

selbst daran beteiligt war, wird nicht deutlich. Tatsache ist, daß die starke persönliche Anziehungskraft, die von ihr ausgeht, immer wieder wagemutige Jünglinge lockt, sich für sie zu opfern. Ein solcher ist auch der junge Mortimer, Neffe des zum Hüter Marias bestellten Sir Paulet. In strenger Puritanerzucht aufgewachsen, hat diesem feurigen Jüngling eine Reise nach Italien die Welt der katholischen Kirche erschlossen. In Frankreich hat er Fühlung mit dem Kardinal von Guise, dem Oheim der Maria, aufgenommen und sich zum katholischen Glauben bekannt. Sein Ziel ist, Maria mit Hilfe von »zwölf edlen Jünglingen des Landes« gewaltsam zu befreien. Maria, der dieses Angebot völlig überraschend kommt, verweist ihn an den Grafen von Leicester, der als besonderer Günstling der Königin Elisabeth eine mächtige Stellung am englischen Königshofe einnimmt und dem sie ihr Bildnis durch Mortimer übersenden läßt. Kaum hat Mortimer sie verlassen, als Lord Burleigh, der Großschatzmeister von England, ihr das Urteil verkündet, das das oberste Gericht des Landes über sie gesprochen hat. Es lautet: daß man »bis in den Tod die Schuldige verfolge«. Maria erkennt in stolzer, selbstbewußter Haltung weder die Richter an, die »unter vier Regierungen den Glauben viermal« änderten, noch das Urteil, das nur durch erpreßte Zeugenaussagen und auf Grund eines Gesetzes zustande gekommen sei, eigens zu ihrem Untergang bestimmt. Wie wenig Einmütigkeit in der Beurteilung Marias und der über sie zu verhängenden Strafe am Hofe der Königin Elisabeth besteht, zeigt die weitere Entwicklung. Während Burleigh es als eine Staatsnotwendigkeit ansieht, daß das Haupt der Stuart falle, erweist sich der edle Graf von Shrewsbury als ihr warmer Anwalt. Eine mittlere Stellung nimmt Graf Leicester ein. Zwar hat auch er als Richter seine Stimme für Marias Tod abgegeben, im engsten Staatsrat der Königin Elisabeth jedoch spricht er für lebenslängliche Haft (»Sie lebe – aber unterm Beile des Henkers«). Elisabeth behält sich ihre Stellungnahme noch vor. Sie versucht Mortimer, der seinen Übertritt zum katholischen Glauben und seine Entführungsabsichten geschickt zu tarnen weiß, für sich zu gewinnen, Maria heimlich umzubringen. Mortimer geht zum Schein auf diesen Antrag der »falschen, gleisnerischen Königin« ein, um Maria desto sicherer beschützen zu können. Auch offenbart er sich Leicester, der nun-

mehr seinerseits die Maske fallen läßt und zugibt, Maria
einst geliebt zu haben. »Damals hielt ich Mariens Hand für
mich zu klein, ich hoffte auf den Besitz der Königin von
England.« Nachdem er aber »zehen bittre Jahre lang dem
Götzen ihrer Eitelkeit geopfert« hat und Elisabeth nunmehr
an den König von Frankreich zu verlieren in Gefahr ist,
wenden sich seine Blicke »in diesem Schiffbruch seines
Glücks« wieder der ersten schönen Liebeshoffnung seines
Lebens zu. Er möchte Maria retten und besitzen. Der kühne
Entführungsplan Mortimers scheint ihm aber allzu gewagt.
Auch befürchtet er, mit seiner Person irgendwie darin ver-
strickt zu werden, eine Haltung, die ihn in den Augen des
leidenschaftlich empfindenden Mortimer als höchst veräcḥt-
lich erscheinen lassen muß. Alles, was Leicester tun kann
und will, ist, eine Begegnung Elisabeths mit Maria herbeizuführen, um die Maria die Königin brieflich gebeten hat.
Eine Jagd in der Nähe von Fotheringhay gibt Elisabeth
Gelegenheit, Maria »wie von ohngefähr« zu treffen. Es
kommt zur Begegnung der beiden Königinnen. Aber der
Ausgang des Gesprächs ist völlig anders als erwartet. Maria,
von Shrewsbury nachdrücklich zur Besonnenheit und Beherrschung ermahnt, gibt sich alle Mühe, ihre durch die
jahrelange Haft aufgespeicherten Haß- und Rachegefühle
zu unterdrücken. Demütig beugt sie ihre Knie vor der glücklicheren Schwester. Sie erinnert an das gemeinsame Tudor-
Blut, das in ihren Adern fließt, und fleht sie um Gnade an.
Ja, sie entsagt »jedwedem Anspruch auf dies Reich«. »Ihr
habt's erreicht, ich bin nur noch der Schatten der Maria.«
Doch als Elisabeth die Frau in ihr beleidigt, ihr vorwirft,
alle ihre bisherigen Freier getötet zu haben wie ihre Männer,
ist es mit Marias Mäßigung dahin. Sie beleidigt nun ihrerseits die Frau in Elisabeth, indem sie ihr vorwirft, »die wilde
Glut verstohlner Lüste« nur scheinbar mit dem Ehrenmantel
der Tugend überdeckt zu haben, mehr noch: Maria rührt an
den wunden Punkt von Elisabeths Abstammung: »Der
Thron von England ist durch einen Bastard entweiht, der
Briten edelherzig Volk durch eine list'ge Gauklerin betrogen.
– Regierte Recht, so läget Ihr vor mir im Staube jetzt, denn
ich bin Euer König.« Damit hat Maria ihr Schicksal besiegelt.
Zu ihrem Unglück glaubt sich Mortimer, der Zeuge des Strei-
tes der Königinnen war, nun erst recht zu ihrem Retter auf-

gerufen, ja bei der unsicheren Haltung Leicesters auch zu
ihrem Geliebten (»Ich rette dich, ich will es – doch so wahr
Gott lebt! ich schwör's, ich will dich auch besitzen«). Die
ohnehin äußerst kritische Lage wird dadurch noch verschärft,
daß auf die Königin Elisabeth auf dem Heimweg nach London ein Mordanschlag von einem der Mitverschworenen
Mortimers verübt wird. Der alte Shrewsbury hat den Stoß
des Mörders aufgefangen, so daß Elisabeth verschont blieb.
Aber das Ende Marias ist nun so gut wie gewiß. In eine
äußerst gefährliche Lage ist Leicester geraten. Man hat unter
den Papieren Marias einen Brief gefunden, aus dem hervorgeht, daß er mit ihr in Beziehung steht. Leicester, von Mortimer nunmehr zu schnellem und offenem Handeln aufgerufen, entzieht sich der drohenden Gefahr auf seine Weise.
Er läßt Mortimer verhaften und sucht sich damit vor der
Königin Elisabeth zu rechtfertigen, daß er als einziger um
die Verschwörung Mortimers gewußt habe. Da Mortimer
bei seiner Verhaftung sich selbst ersticht, sind keine gegen-
teiligen Beweise vorhanden. Burleigh allerdings kommentiert: »Graf! Dieser Mortimer starb Euch sehr gelegen.«
Nunmehr setzt der Endkampf um das Leben der Maria ein.
Noch einmal warnt der alte Shrewsbury die Königin: »Du
zitterst vor dieser lebenden Maria. Nicht die Lebende hast
du zu fürchten. Zittre vor der Toten, der Enthaupteten.«
Elisabeth, »des Lebens und des Herrschens müd«, beklagt in
einem großartigen Monolog ihr Los. Sie sieht »diese Stuart,
ein ewig drohendes Gespenst«, sich ihr entgegenstellen.
»Maria Stuart heißt jedes Unglück, das mich niederschlägt.«
Aber es bleibt ihr keine Wahl mehr. Die Rivalin muß fallen,
damit sie »im echten Ehebett geboren« erscheint. Sie unterzeichnet das Todesurteil. Die Verantwortung will sie aber
nicht allein tragen. Der Staatssekretär Davison wird das
unschuldige Opfer ihrer unbarmherzigen Handlungsweise.
Sie händigt ihm das Urteil aus, ohne ihm klar zu sagen, ob
er es weiterleiten soll oder nicht. Kaum wird es Lord Burleigh gewahr, als er triumphierend mit ihm zur Vollstrek-
kung schreitet. Wir werden dann Zeuge von Marias Ende.
In würdiger und gefaßter Haltung nimmt sie Abschied von
ihrer getreuen Dienerschaft. Ein unerwarteter Trost wird
ihr dadurch zuteil, daß der alte Haushofmeister Melvil ihr
die Absolution ihrer Kirche erteilen kann. Er ist eigens zu

diesem Zwecke Priester geworden. Ihm legt sie die letzte Beichte ab. Dann erscheinen Burleigh und Leicester, um an ihrer Hinrichtung teilzunehmen. An den treulosen Leicester richtet Maria ihre letzten Worte: »Ihr durftet werben um zwei Königinnen. Kniet zu den Füßen der Elisabeth! Mög' Euer Lohn nicht Eure Strafe werden!« Zu spät erkennt Leicester, was er in Maria verliert. Unfähig, Zeuge ihres Endes zu sein, bleibt er auf ihrem Gang zum Schafott zurück und sinkt schließlich, als die Geräusche der Hinrichtung zu ihm dringen, ohnmächtig zusammen. Im königlichen Palast zu London harrt indessen Elisabeth des Ausgangs. Und als ihr der Tod Marias gemeldet wird, jubelt sie auf: »Ich bin Königin von England!« Der Welt gegenüber sucht sie aber den Schein zu wahren, indem sie den unglücklichen Davison verhaften läßt und auch Burleigh als voreiligen Vollstrecker ihres Willens hinstellt. Der alte Shrewsbury, dem sie sich hinfort als Führer und Freund anvertrauen will, erbittet jedoch seinen Abschied aus dem Hofdienst. Und als sie nach Leicester fragt, muß sie erfahren: »Der Lord läßt sich entschuldigen, er ist zu Schiff nach Frankreich.«

Das bald nach dem *Wallenstein* vollendete Trauerspiel ist eines der beliebtesten Theaterstücke Schillers, gleichermaßen anziehend für die Bühne wie für das Publikum. Es gipfelt in der Gegenüberstellung der rivalisierenden Königinnen, die mit allen Eigenschaften des Herzens und der Politik ausgestattet sind: *Maria* als erniedrigte Büßerin, die ›menschlich und jugendlich gefehlt‹ hat, sich aber dennoch ihrer königlichen Berufung bewußt bleibt, *Elisabeth* als kalte, berechnende Herrscherin, der es gleichwohl nicht an menschlichen Zügen und tragischer Größe mangelt. Das Doppelspiel der Frauen findet seine Spiegelung in den Männergestalten. Dem idealistischen, todesbereiten Mortimer ist der egoistische, ängstliche Leicester gegenübergestellt, dem staatsklugen, kühlen Burleigh der warmherzige, edle Shrewsbury. Wie immer bei Schiller sind auch in diesem Werk die kleineren Rollen und Episodenfiguren mit äußerster Prägnanz gearbeitet, so der korrekte Wächter der Maria, Sir Paulet, die treue Amme Kennedy, der Haushofmeister Melvil und – eine Tragödie im Kleinformat für sich – der Staatssekretär Davison, der erst kurz bei Hofe ist und schon in den Strudel höfischer Doppelzüngigkeit hinabgezogen wird. (Reclams UB 64.)

Die Jungfrau von Orleans

Romantische Tragödie in einem Prolog und
fünf Aufzügen

Erste Aufführung: 11. September 1801 in Leipzig

Personen: Karl VII., König von Frankreich – Königin Isabeau,
seine Mutter – Agnes Sorel, seine Geliebte – Philipp der Gute, Herzog
von Burgund – Graf Dunois, Bastard von Orleans – La Hire, Du Chatel,
königliche Offiziere – Erzbischof von Reims – Talbot, Feldherr der Engländer – Lionel, Fastolf, englische Anführer – Montgomery, ein Walliser –
Thibaut d'Arc, ein reicher Landmann – Margot, Louison, Johanna, seine
Töchter – Etienne, Claude Marie, Raimond, ihre Freier – Bertrand, ein
Landmann – Raoul, ein lothringischer Ritter – Die Erscheinung des
schwarzen Ritters – Ratsherren von Orleans – Köhler und Köhler-
weib u. a.
Ort und Zeit: In Frankreich, um 1430.

Der fünfaktigen romantischen Tragödie schickt der Dichter
ein Vorspiel voraus, das uns den Aufbruch Johannas aus
ihrer ländlichen Umgebung zur Befreiung Frankreichs von
der Invasion der Engländer zeigt, zu der sie sich durch göttlichen Auftrag berufen fühlt. Die Nachrichten von den Sie-
gen der Engländer über die mutlos gewordenen Franzosen
sind bis in die ländliche Gegend gedrungen, in der Johanna
als Tochter eines reichen Landmannes aufgewachsen ist.
Thibaut d'Arc, der Vater, verheiratet unter dem Eindruck
der drohenden Kriegsnöte seine beiden Töchter Margot und
Louison mit ihren Freiern. Auch Johanna wünscht er unter
dem männlichen Schutz ihres Bewerbers, des »wackren Jünglings« Raimond. Doch Johannas Sinnen und Trachten geht
in eine ganz andere Richtung. Als der Landmann Bertrand
mit einem Helm kommt, den ihm eine Zigeunerin in der
Stadt unter seltsamen Umständen aufgedrängt hat, nimmt
Johanna ihn an sich: »Mein ist der Helm, und mir gehört er
zu.« Er ist für sie das Zeichen, nun nicht mehr länger zu
zögern und zur Rettung des bedrängten Königs von Frankreich aufzubrechen. Schon ist Paris erobert. Die Engländer
stehen vor Orleans. Es gilt höchste Eile. »Der Retter naht,
er rüstet sich zum Kampf. Vor Orleans soll das Glück des
Feindes scheitern.« Mit einem Anruf an die Berge, die geliebten Triften und traulich stillen Täler nimmt Johanna

Abschied von ihrer Heimat. Sie ahnt, daß sie nie mehr zurückkehren wird. Der Beginn des eigentlichen Trauerspiels versetzt uns dann in das Hoflager König Karls zu Chinon. Die Siege der Engländer und ihr unaufhaltsam scheinendes Vordringen haben zur völligen Mutlosigkeit des Königs geführt. Der tapfere Dunois empört sich über den König, den er von Gaukelspielern und Troubadours umgeben und in musischen Träumen versponnen sieht, anstatt zu kämpfen. Karl will aber lieber dem Thron entsagen als noch einen letzten Kampf wagen. Der Opfermut seiner Geliebten Agnes Sorel, die ihren letzten Schmuck hergeben will, um die Truppen zu bezahlen, reißt ihn zu romantischen Lobeshymnen auf die »Krone aller Frauen« hin, ja, er glaubt damit bereits die Weissagung einer Nonne erfüllt, daß ein Weib ihn zum Sieger über alle seine Feinde machen würde. Doch die neuesten Nachrichten, die La Hire vom Kriegsschauplatz bringt, lauten nicht danach. Das Parlament in Paris hat Karl seines Thrones für verlustig erklärt und den jungen Harry Lancaster als König eingesetzt. Herzog Philipp von Burgund und Karls eigene Mutter, die Königin Isabeau, haben dem neuen König gehuldigt. Da tritt ganz unerwartet eine Schicksalswendung ein. Das Unglück scheint sich erschöpft zu haben. Es hat ein Treffen stattgefunden, bei dem – wie der lothringische Ritter Raoul zu berichten weiß – die Engländer den Verlust von zweitausend Mann zu beklagen hatten, die Franzosen aber nicht einen Mann verloren. Das Wunder führte eine »Jungfrau mit behelmtem Haupt« herbei, die plötzlich aus der Tiefe des Gehölzes trat und »wie eine Kriegesgöttin, schön zugleich und schrecklich anzusehn«, die Feinde verwirrte und die Franken zu kriegerischer Begeisterung mitriß. Und schon naht Johanna selbst. Den König erkennt sie, obwohl sie ihn nie zuvor gesehen hat und Dunois zunächst seinen Platz einnahm. Der überraschten Hofgesellschaft enthüllt sie das Wunder ihrer Berufung. Die Heilige Mutter Gottes selbst war zu ihr getreten. »Steh auf, Johanna«, hatte sie gesagt, »laß die Herde. Dich ruft der Herr zu einem anderen Geschäft!« Drei Nächte nacheinander war sie ihr erschienen. »Vor solcher göttlicher Beglaubigung« beugt sich auch der Erzbischof, der ihr den Segen der Kirche erteilt. Mit dem Bild der Himmelskönigin auf der Fahne zieht Johanna in den Kampf. Im Lager der Engländer herrscht höchste Verwirrung. Die geschlagenen Feldherren, der gewaltige Kriegsheld Talbot und der Herzog von Burgund, drohen sich zu entzweien. Königin Isabeau stiftet Frieden. Kaum ist ihr dies gelungen, als die Feldherren aus ihrer Abneigung gegen das Mannweib, das in unnatürlicher Weise den eigenen Sohn preisgegeben hat, keinen Hehl machen. Ehe noch ein neuer Schlachtplan gefaßt ist, bricht Johanna mit ihren Scharen in das englische Lager ein. Ihr Schlachtruf »Gott und die Jungfrau!« übt eine niederschmetternde Wirkung auf das englische Heer aus. Talbot, der sich wie der einzige Nüchterne bei der allgemeinen Verwirrung vorkommt, sieht seinen Kriegsruhm durch die »Schreckensgöttin« gefährdet. Johanna erringt nicht nur den Sieg in der Schlacht, sie erringt darüber hinaus noch einen größeren diplomatischen über den Herzog von Burgund. Es gelingt ihr, den Abtrünnigen mit der Überzeugungskraft ihrer Worte für die Sache Frankreichs zurückzugewinnen (»O komm herüber! Edler Flüchtling, komm! Ich selbst, die Gottgesandte, reiche dir die schwesterliche Hand«). Der Herzog findet sich sogar unter dem Einfluß Johannas zur Versöhnung mit Du Chatel, dem Mörder seines Vaters, bereit. Nach so großen Erfolgen ist es nicht verwunderlich, daß sich die edelsten und tapfersten Ritter von Frankreich, Dunois und La Hire, um ihre Hand bewerben. Doch Johanna muß alle Bewerbungen zurückweisen. »Berufen bin ich zu ganz anderm Werk, die reine Jungfrau nur kann es vollenden, und keinem Manne kann ich die Gattin sein.« Sie fühlt es deutlich: würde ihr Herz jemals von einer Neigung zu einem Manne bewegt, wäre es ihr besser, nie geboren zu sein. Aus dieser Konfliktstellung baut der Dichter die Fortsetzung der Handlung auf. Zunächst erleben wir jedoch in einer Szene von ungewöhnlicher Eindruckskraft den Tod des großen Talbot. »Unsinn, du siegst, und ich muß untergehn! Mit der Dummheit kämpfen Götter selbst vergebens«, ist der schmerzvolle Ausruf des Sterbenden, und »von dem mächt'gen Talbot, der die Welt mit seinem Kriegsruhm füllte, bleibt nichts übrig als eine Handvoll leichten Staubs«. Hatte Johannas Glaube und ihr unerschütterlicher Wille, sich bedingungslos ihrer hohen Mission zu widmen, bis hierher unaufhaltsam zum Siege geführt, so tritt nun auch an sie die große Versuchung irdischer Wunschverstrickung heran. Der

Dichter leitet sie ein mit dem Auftreten eines rätselvollen Ritters in schwarzer Rüstung mit geschlossenem Visier. Er fordert Johanna auf, sich mit dem bisher erworbenen Ruhm zu begnügen, das Schlachtfeld von jetzt ab zu meiden. Doch Johanna sieht in ihm nur einen widerspenstigen Geist der Hölle und achtet der Warnung nicht. Unmittelbar darauf wird sie in einen Zweikampf mit dem englischen Feldherrn Lionel verstrickt. Schon hat sie ihn besiegt, als ihr Blick sein Gesicht trifft. Tief von ihm beeindruckt, läßt sie das Schwert fallen und verschont den Feind, um unmittelbar darauf ihre Schuld zu fühlen: »Gebrochen hab' ich mein Gelübde.« Die tiefe Neigung, die sie hier empfunden hat, überschattet die große Siegesfeier und die Krönungsfeierlichkeiten in Reims, deren Mittelpunkt Johanna sein soll. (»Mir ist das Herz verwandelt und gewendet, es flieht von dieser Festlichkeit zurück ins brit'sche Lager.«) Von nah und fern ist das Volk herbeigeeilt. Auch Thibaut d'Arc und Margot und Louison sind gekommen, Johanna am Tage ihres großen Triumphes zu sehen. Doch Johanna wankt »bleich und wie verstört« im Krönungszuge mit. Die Orgeltöne in der Kathedrale erschallen ihr wie Donner im Ohr. Entsetzt stürzt sie aus der Kirche, und als ihr eigener Vater vor dem König und allem Volk ihre Taten als »des Teufels Kunst« anprangert, schweigt sie wie unter einem Banne stehend. Donnerschläge scheinen die furchtbare Anklage des Vaters noch zu bekräftigen. Alle verlassen sie, bis auf Dunois, der fest an ihre Unschuld glaubt. Doch Johanna weist auch ihn von sich. Erst beim Anblick Raimonds, ihres einstigen Verlobten, erwacht sie aus ihrer Erstarrung und läßt sich von ihm fortziehen. Ihre Verbannung läßt die Engländer sofort wieder ihr Haupt erheben. Erneut ziehen sie gegen die Franzosen zu Felde. Johanna gerät als »Hexe von Orleans« in die Gefangenschaft der Königin Isabeau. Willenlos ergibt sie sich auch darein. Erst als Isabeau sie zu Lionel bringen lassen will, gerät wieder Leben in sie. Sie möchte eine Begegnung verhindern, kann es aber nicht. In einer Aussprache mit Lionel widersteht sie tapfer aller Liebeslockung. Eingedenk ihrer einstigen Mission, sagt Johanna sich gänzlich von ihm los. In schwere Ketten gelegt, hört sie einen Bericht über den Verlauf der Schlacht. Als sie für die Franzosen verloren scheint, Dunois schwer verwundet wird, der König in Gefangen-

schaft zu geraten droht, fleht Johanna inbrünstig zu Gott.
Sie wird erhört. Die Fesseln fallen von ihr. Sie eilt zum
Kampf und rettet noch einmal die Schlacht für Frankreich.
Aber diesmal wird sie selbst tödlich verwundet. Versöhnt
mit den Ihren und mit der Vision der Mutter Gottes vor
Augen stirbt sie: »Der schwere Panzer wird zum Flügel-
kleide. Kurz ist der Schmerz, und ewig ist die Freude!«

Man wird dieser neuerdings oftmals mißdeuteten und geringer geschätzten Dichtung Schillers am ehesten gerecht,
wenn man sie als das nimmt, als was der Dichter sie im
Untertitel ausdrücklich bezeichnet hat, nämlich als eine
»romantische Tragödie«. Stärker als in irgendeinem anderen
Drama Schillers bestimmen übersinnliche Mächte und Vorstellungen den Ablauf der Handlung: Johannas Berufung,
die rätselvolle Herkunft des Helms, der schwarze Ritter, die
Donnerschläge bei der Krönungsszene, ihre Befreiung aus
dem Kerker, die Vision der Mutter Gottes im Tode – sind
die vom Dichter sinngemäß eingesetzten Stützen der Handlung. Dem festen, unerschütterlichen Glauben Johannas an
ihre göttliche Berufung ist der Nihilismus des unterliegenden
irdischen Kriegshelden Talbot wirkungsvoll kontrastiert:
»So geht der Mensch zu Ende – und die einzige Ausbeute,
die wir aus dem Kampf des Lebens wegtragen, ist die Einsicht in das Nichts und herzliche Verachtung alles dessen,
was uns erhaben schien und wünschenswert.« In Agnes Sorel,
der opferfreudigen Geliebten König Karls, und der Königin
Isabeau, der »rasenden Megäre«, stellt Schiller in wirkungs-
vollem Kontrast Extreme weiblicher Charaktere auf die
Bühne. In dem bewegten Auf und Ab der Schlachtenszenen,
in der farbigen Zeichnung der Umwelt und in der groß-
flächigen Architektur der szenischen Gliederung zeigt sich
wiederum die einzigartige Berufung des Dichters zum großen historischen Schauspiel. Wenn Schiller Johanna von sich
sagen läßt: »Mir zeigt der Geist nur große Weltgeschicke«,
so hat dies Wort auch für den Dichter selbst Geltung. (Reclams UB 47.)

Die Braut von Messina

oder die feindlichen Brüder

Trauerspiel mit Chören in vier Aufzügen
Erste Aufführung: 19. März 1803 in Weimar

P e r s o n e n : Donna Isabella, Fürstin von Messina – Don Manuel und
Don Cesar, ihre Söhne – Beatrice – Diego – Boten – Chor, besteht aus
dem Gefolge der Brüder – Die Ältesten von Messina.
O r t und Z e i t : In Messina, im Mittelalter.

Donna Isabella, die Fürstin von Messina, tritt vor die Ältesten der Stadt, um ihnen zu verkünden, daß sie ihrerseits
alles getan habe, den unseligen Streit zu schlichten, der zwischen ihren beiden Söhnen, Don Manuel und Don Cesar,
wütet und der Messina in zwei Lager spaltet. Seit ihr Gemahl starb, ist der bis dahin nur latent schwelende Konflikt
offen zum Ausbruch gekommen, »alle heil'gen Bande der
Natur« scheinen gelöst, das »tapfre Heldenpaar glorreicher
Söhne«, einstmals des Landes Stolz, von einem unseligen
Bruderhaß befallen. Doch hofft die Fürstin noch auf einen
Ausgleich und hat die feindlichen Brüder zu sich bestellt.
Die Söhne nahen, und mit ihnen zwei Chöre, die ihre Anhänger repräsentieren. Den werbenden und eindringlichen
Worten der Mutter gelingt es schließlich, die anfangs noch
starren Herzen der Brüder zu lösen und sie zur Versöhnung
zu bringen. Über diesem menschlich schönen Ergebnis mütterlicher Überredungskunst waltet aber kein guter Stern. Um
das Glück des versöhnten Hauses zu krönen, schickt die
Fürstin den alten treuen Diego zu einem entlegenen Kloster
hin, wo sie noch eine Tochter, Beatrice, bisher allen unbekannt, verborgen gehalten hat. Nunmehr soll das Geheimnis
gelüftet und den versöhnten Brüdern die Schwester zugeführt werden. Das Verhängnis, das über dem Fürstenhause
waltet, will aber, daß Beatrice in der Einsamkeit des Klosters nicht ganz unbemerkt blieb. Don Manuel führte einst
ein Jagderlebnis, als er eine fliehende Hindin bis in die
Klostermauern hinein verfolgte, zu Beatrice. Aus der ersten
Begegnung erwuchs in den beiden eine heftige Liebesneigung,
wobei Don Manuel seine wahre Herkunft verschwieg. Aber
auch Don Cesars und Beatricens Wege hatten sich schon ein-

mal auf eigentümliche Weise gekreuzt. Diego hatte Beatrice
heimlich an der Leichenfeier des Fürsten teilnehmen lassen.
Hier war sie Don Cesar aufgefallen, der gleichfalls sofort
heftig für sie entbrannte, ohne nachher ihren Aufenthalt
erkunden zu können. Die Anhänger Don Cesars haben
Beatrice nun in einem Garten in der Nähe Messinas ausfindig gemacht, in den Don Manuel sie hat bringen lassen, um
sie seiner Mutter alsbald als Braut vorstellen zu können.
Das Weitere entwickelt sich nun folgerichtig zur Tragödie.
Don Cesar sucht Beatrice auf, die ihrerseits sehnlichst Don
Manuel erwartet. Statt des Geliebten kommt ihr zweiter Bewerber, der ihr bei der Leichenfeier »mit dem Flammenauge«
nahte, ihr nun seine glühende Liebe erklärt und sich als
Fürstensohn von Messina zu erkennen gibt. Beatrice, die
»sich selber ein Geheimnis« aufwuchs, schaudert bei der
Nennung des Namens tief auf, da sie von dem »Schlangen-
haß der Brüder« gehört hat. Der alte Diego meldet indessen
der Fürstin, daß er Beatrice nicht mehr in dem Kloster wie
ehedem angetroffen habe. Er vermutet Raub durch Korsaren. Die Mutter eröffnet den Söhnen die Tatsache, daß sie
noch eine Schwester haben, und gebietet ihnen, sofort aufzubrechen, die Schwester den Räubern wieder zu entreißen. Im
Garten, in dem Beatrice weilt, kommt es dann zum Zusammenstoß, zunächst der Anhänger der Brüder, dann dieser
selbst. Der alte Haß flammt auf, da jeder der Brüder auf
Beatrice als Braut Anspruch erhebt. Don Cesar ersticht Don
Manuel. Vor der Mutter enthüllt sich am Ende die furchtbare Wahrheit, daß Beatrice die Schwester der feindlichen
Brüder ist und Don Cesar den Bruder tötete. Somit erfüllen
sich auf einen Schlag die zwei Orakelsprüche, von denen die
Fürstin wußte und um deren Sinn sie vergeblich gerungen
hatte. Ihrem Gemahl, dem verstorbenen Fürsten, war einst
ein Traumbild erschienen: er sah, wie aus seinem hochzeitli-
chen Bette zwei Lorbeerbäume wuchsen und zwischen ihnen
eine Lilie, die zur Flamme ward und »schnell das ganze
Haus in ungeheurer Feuerflut verschlang«. Ein sternkundi-
ger Araber hatte es so gedeutet, daß, wenn seiner Frau eine
Tochter geboren würde, diese die beiden Söhne töten und
den ganzen Stamm vernichten würde. Aus diesem Grunde
hatte der Fürst bei der Geburt Beatricens befohlen, sie zu
töten, Isabella hatte sie aber heimlich retten und in dem

entlegenen Kloster auferziehen lassen. Der zweite Spruch
kam von einem Mönch, der ein Traumbild der Fürstin dahingehend gedeutet hatte, daß diese Tochter ihr der Söhne
Herzen in heißer Liebe vereinen würde. Beide Sprüche sind
nun in Erfüllung gegangen, und es zeigt sich (wie der Chor
meditierend verkündet): »Noch niemand entfloh dem verhängten Geschick. Und wer sich vermißt, es klüglich zu wenden, der muß es selber erbauend vollenden.« Mutter und
Tochter versuchen, Don Cesar am Leben zu erhalten. Vergeblich. Dieser, von tiefer Reue über den Brudermord erfüllt, aber auch noch immer nicht frei von Eifersucht und
Neid auf den Bruder, den Beatrice vorzog, kann nicht »mit
gebrochnem Herzen« leben. An der Bahre des Bruders ersticht er sich. So wird die Fürstin an einem Tag zweier
Söhne beraubt. Der Chor zieht (»nach einem tiefen Schweigen«) das Fazit: »Das Leben ist der Güter höchstes nicht,
der Übel größtes aber ist die Schuld.«

Die Braut von Messina stellt einen kühnen Versuch dar,
Form und Wesenselemente der griechischen Tragödie in neuzeitlicher Form erstehen zu lassen. Anders als in Goethes
Iphigenie oder im Helena-Akt des *Faust* II. Teil werden
hier Antike und Neuzeit zu einem Ganzen verbunden. »Ich
habe die christliche Religion und die griechische Götterlehre
vermischt angewendet«, sagt Schiller, »ja, selbst an den mau-
rischen Aberglauben erinnert.« Einen breiten Raum nehmen
neben der Handlung die Chöre ein. Ihr Zweck war, wie es
in dem Vorwort (*Über den Gebrauch des Chors in der Tragödie*) heißt, »die großen Resultate des Lebens zu ziehen
und die Lehren der Weisheit auszusprechen«. Es geschieht
dies »mit der vollen Macht der Phantasie, mit einer kühnen
lyrischen Freiheit, welche auf den hohen Gipfeln der
menschlichen Dinge wie mit Schritten der Götter einhergeht«.
Die Erfindung der Fabel ist frei. Doch spürt man allenthalben das Vorbild des *König Ödipus* von Sophokles und
der *Phönikerinnen* des Euripides. Über die Möglichkeit der
Aufteilung der Reden des Chors auf Einzelsprecher hat
Schiller selbst Anweisungen gegeben. (Reclams UB 60.)

Wilhelm Tell

Schauspiel in fünf Aufzügen
Erste Aufführung: 17. März 1804 in Weimar

P e r s o n e n : Hermann Geßler, Reichsvogt in Schwyz und Uri – Werner, Freiherr von Attinghausen, Bannerherr – Ulrich von Rudenz, sein Neffe – Werner Stauffacher, Konrad Hunn, Itel Reding u. a. Landleute aus Schwyz – Walter Fürst, Wilhelm Tell, Pfarrer Rösselmann, der Hirte Kuoni, der Jäger Werni, der Fischer Ruodi, aus Uri – Arnold vom Melchtal, Konrad Baumgarten u. a. aus Unterwalden – Gertrud, Stauffachers Gattin – Hedwig, Tells Gattin – Berta von Bruneck, eine reiche Erbin – Rudolf der Harras, Geßlers Stallmeister – Johannes Parricida, Herzog von Schwaben – Stüssi, der Flurschütz – Frießhart und Leuthold, Söldner – Walter, Tells Knabe – Armgard, eine Bäuerin – Fronvogt – Gesellen und Handwerker – Ein Reichsbote – Barmherzige Brüder u. a.
O r t   u n d   Z e i t : An verschiedenen Orten in der Schweiz, Anfang des 14. Jh.s.

Mit einem Idyll am Vierwaldstätter See – Fischerknabe, Hirte und Alpenjäger künden zum Kuhreigen und dem Geläut der Herdenglocken von ihrem Leben in den Bergen – führt der Dichter in den Schauplatz der Handlung ein. Das friedliche Dasein wird jäh unterbrochen durch ein plötzlich einsetzendes Unwetter, und der atemlos hereinstürzende Konrad Baumgarten, der einen Burgvogt des Kaisers erschlagen hat und sich auf der Flucht vor den Reitern des Landvogts befindet, deutet darauf hin, daß auch über den Bewohnern des Landes sich schwere Unheilswolken zusammenballen. Baumgarten fleht den Fischer Ruodi an, ihn im Kahn über den See nach dem rettenden anderen Ufer zu setzen. Doch der ängstliche Fischer wagt nicht, sich dem See bei dem Unwetter anzuvertrauen. Schon scheint Baumgarten verloren, als Wilhelm Tell, der des Weges kommt, ohne viel Bedenken die Rettung übernimmt (»Landsmann, tröstet Ihr mein Weib, wenn mir was Menschliches begegnet, ich hab' getan, was ich nicht lassen konnte«). Kaum daß sich Tell und Baumgarten entfernt haben, sprengen des Landvogts Reiter heran und nehmen durch Überfall auf die Herden und Hütten Rache an den Zurückgebliebenen. »Wann wird der Retter kommen diesem Lande?« Nach diesem ungemein dramatischen und spannungsvollen Auftakt läßt der Dichter uns in

den nächsten Szenen das Nähere über die verzweifelte Lage
der Schweizer erfahren. Das Land leidet unter der Tyrannis
und dem Übermut der Reichsvögte, die es auf eine völlige
Unterdrückung der freiheitlich gesinnten Bevölkerung abgesehen haben. Zwingburgen werden errichtet und in Altdorf
soll sogar einem Hut an Kaisers Statt mit entblößtem Haupt
und gebogenem Knie Reverenz erwiesen werden. Unter der
Decke schwelt aber bereits der Funke der Empörung. Im
Hause des besonnenen Walter Fürst treffen sich Gleichge-
sinnte, und das Treuegelöbnis, das sich Walter Fürst, Arnold
vom Melchtal und Werner Stauffacher als Vertreter der drei
Kantone Uri, Schwyz und Unterwalden schwören, wird
zum Auftakt für den nun bald beginnenden Freiheitskampf.
Besonderen Anlaß zur Rache hat der jugendlich-heftige
Arnold vom Melchtal, dessen greiser Vater von den Folter-
knechten des Vogtes Landenberg aus geringfügigem Anlaß
geblendet wurde. Die Spannung zwischen Volk und Reichs-
vögten hat auch auf den Landadel übergegriffen. Hier ist es
der fünfundachtzigjährige Freiherr von Attinghausen, der
mit seinem Neffen Rudenz in Konflikt gerät. Während der
ehrwürdige alte Freiherr, der mit seinen Knechten aus einem
Becher dem Frühtrunk teilt, ganz mit dem Volke fühlt, zieht
es den Neffen nach Altdorf auf die Herrenburg. Vergeblich
versucht der alte Attinghausen ihn davon abzuhalten: »Dort
an dem stolzen Fürstenhof bleibst du dir ewig fremd. Ans
Vaterland, ans teure, schließ dich an. Das halte fest mit deinem ganzen Herzen. Hier sind die starken Wurzeln deiner
Kraft.« Mit sicherem Blick hat der alte Freiherr erkannt,
daß es auch noch andere Bande sind, die Rudenz zur Herrenburg ziehen: »Berta von Bruneck, das Ritterfräulein, willst
du dir erwerben mit deinem Abfall von dem Land.« So ist
es, und so verläßt ihn denn auch Rudenz tatsächlich. Der im
Hause Walter Fürsts beschworene Bund hat sich indessen
auf Betreiben Melchtals und Werner Stauffachers zu einem
größeren erweitert. Auf dem Rütli finden sich die Abgesandten der drei Länder bei Nacht zusammen und erneuern das
uralte Bündnis der Schweizer Stämme. Sie stehen treu zum
Kaiser, sind jedoch nicht gesonnen, sich unter Trennung vom
Reiche Österreichs Hoheit anzuvertrauen, wie es das Ziel
der Politik der Vögte ist. »Wer von Ergebung spricht an
Österreich, soll rechtlos sein und aller Ehren bar«, lautet ihr

Beschluß. Da der Kaiser für ihre Boten keine Zeit hatte,
wollen sie zur Selbsthilfe greifen, die Vögte mit ihren Knechten verjagen und die festen Schlösser brechen. Doch soll der
Ausbruch der Empörung noch bis zum nächsten Christfest
verschoben werden. Beim Morgengrauen schwören sie den
Eid des neuen Bundes: »Wir wollen sein ein einzig Volk von
Brüdern, in keiner Not uns trennen und Gefahr.« Inzwischen hat Rudenz erkennen müssen, daß er sich in Berta von
Bruneck getäuscht hat. In einsamer Waldgegend, auf der
Jagd, kommt es zu einer Aussprache. Rudenz muß zu seiner
höchsten Überraschung erfahren, daß Berta mit ihrem Herzen auf der Seite des Volkes steht und in Rudenz einstwei-
len nichts anderes als den »naturvergeßnen Sohn der
Schweiz« sieht. Er ist sofort bereit, sich nunmehr auf die
Seite der Unterdrückten zu stellen. Denn sein ganzes Sehnen
in die Weite war im Grunde genommen nichts anderes als
ein Streben nach Bertas Liebe. Rudenz hat bald Gelegenheit,
sich offen zu seinem Volk zu bekennen. In Altdorf, vor dem
Hut auf der Stange, dem niemand Reverenz erweisen will
– lieber machen die Schweizer einen großen Umweg –,
kommt es zur entscheidenden Auseinandersetzung zwischen
Wilhelm Tell und dem Reichsvogt Geßler. Tell, der nicht an
dem Schwur auf dem Rütli teilgenommen hat – er ist kein
Mann des Rates, sondern der Tat und huldigt dem Grundsatz: »Der Starke ist am mächtigsten allein« –, geht mit seinem Knaben an dem Hut vorbei, ohne ihm die vorgeschrie-
bene Huldigung zu erweisen. Er wird als »Feind des Kaisers« festgenommen. Landleute eilen herbei, unter ihnen
Walter Fürst (Tells Schwiegervater) und Melchtal, und wollen ihn befreien. Da kommt der Landvogt Geßler selbst, in
seinem Gefolge Berta und Rudenz. Als Strafe für den Ungehorsam fordert Geßler von Tell, daß er einen Apfel von
seines Knaben Kopf schießen soll. »Du schießest oder stirbst
mit deinem Knaben.« Vergeblich dringen Walter Fürst,
Berta von Bruneck und zuletzt auch Rudenz in Geßler, von
diesem unmenschlichen Verlangen abzulassen. Geßler besteht
darauf. Es kommt zu einem heftigen Wortwechsel zwischen
Geßler und Rudenz. Dieser bekennt sich nun offen zu seinem Volk. Währenddessen schießt Tell und trifft den Apfel.
Alles jubelt ihm zu: »Das war ein Schuß! Davon wird man
noch reden in den spätsten Zeiten.« Da fragt der Landvogt

Tell, was er mit dem zweiten Pfeil vorgehabt habe, den er vor dem Schuß in den Köcher gesteckt habe. »Mit diesem zweiten Pfeil durchschoß ich – Euch«, erklärt Tell freimütig, nachdem ihm der Landvogt das Leben zugesichert, »wenn ich mein liebes Kind getroffen hätte, und Eurer – wahrlich! hätt' ich nicht gefehlt.« Geßler läßt nun Tell (zur Empörung aller Zeugen dieser unerhörten Vorfälle) verhaften, um ihn außer Landes zu bringen und in ewiger Kerkerhaft verschmachten zu lassen. Das Schicksal will es jedoch anders. Das Herrenschiff von Uri, das den Landvogt und den gefesselten Tell nach Küßnacht bringen soll, gerät in Sturm. Zur Rettung weiß Geßler keinen anderen Ausweg, als Tell von seinen Fesseln zu befreien und ihm das Steuer anzuvertrauen. Tell nutzt die Gelegenheit, aus dem Schiff auf eine Felsenplatte zu springen und das Schiff »mit gewalt'gem Fußstoß« auf das Wasser zurückzustoßen. So findet er sich am Ufer des Vierwaldstätter Sees wieder, »gerettet aus des Sturms Gewalt und aus der schlimmeren der Menschen«. Ehe wir das Weitere über sein Vorhaben, am Landvogt Rache zu nehmen, erfahren, versetzt uns der Dichter abermals an den Edelhof zu Attinghausen. Der greise Freiherr stirbt, mit der Welt versöhnt, nachdem ihm die Landleute noch von dem tapferen Auftreten des Rudenz Kunde gegeben haben. Prophetisch verkündet der Sterbende die kommenden Schicksale der Schweiz und mahnt zur Einigkeit. Dann führt uns der Dichter in die »hohle Gasse bei Küßnacht«. Hier erwartet Tell den Landvogt. Seine Gedanken waren bis dahin »rein von Mord«. Doch Geßler hat mit seiner Grausamkeit die »Milch der frommen Denkart« bei ihm in »gärend Drachengift« verwandelt. Tell fühlt sich als Vollstrecker göttlichen Willens. Und als der Landvogt naht, seine bösartige Gesinnung dem Stallmeister Rudolf dem Harras gegenüber in wilden Drohmaßnahmen, die er über die Schweizer zu verhängen willens ist, kundtuend, schießt Tell dem Tyrannen seinen letzten Pfeil mitten ins Herz. Der Sterbende weiß: »Das ist Tells Geschoß«, und Tell zeigt sich ihm von der Höhe des Felsens herab: »Du kennst den Schützen, suche keinen andern! Frei sind die Hütten, sicher ist die Unschuld vor dir, du wirst dem Lande nicht mehr schaden.« Die Ermordung Geßlers, die in wirksamem Kontrast zu der Sterbeszene des alten Attinghausen steht, umrahmt der Dich-

ter in kühner Weise mit der Einschaltung eines Hochzeits-
zuges, der des Weges kommt, und mit dem Elendsschrei der
bis aufs Äußerste getriebenen Armgard, die sich aus Not
und Verzweiflung vor des Landvogts Pferd wirft. Den Beschluß dieser aufwühlenden Szene bildet ein Chor Barm-
herziger Brüder: »Rasch tritt der Tod den Menschen an, es
ist ihm keine Frist gegeben. Bereitet oder nicht, zu gehen, er
muß vor seinen Richter stehen!« Die Tat Tells hat den Anstoß zum offenen Ausbruch der Empörung im ganzen Land
gegeben. Überall fallen nun die Zwingburgen und Tyrannen-
schlösser, »und herrlich ist's erfüllt«, was auf dem Rütli beschworen wurde. Da trifft eine merkwürdige Schreckens-
kunde ein: der Kaiser ward ermordet. Herzog Johann von
Schwaben, sein Neffe, ist der Mörder. Für die Schweizer
bedeutet dies freilich keinen Verlust, sondern eher einen Gewinn, sowenig sie auch die Untat gutzuheißen vermögen.
Denn sie sind nun einer großen Furcht entledigt. »Gefallen
ist der Freiheit größter Feind.« Von dem neuen Kaiser ist
Gerechtigkeit zu erhoffen. Alle ziehen nun zu Tells Hof im
Gebirge, um ihm, der ihrer Freiheit wahrer Stifter war, zu
huldigen. In Tells Haus findet dann eine eigenartige Begegnung statt. Der Mörder des Kaisers, der Herzog von Schwaben, genannt Johannes Parricida, hofft bei Tell, dem Ty-
rannenmörder, Verständnis für seine Tat zu finden. Tell
weist dies Ansinnen aber weit von sich. Ihm ging es um »die
gerechte Notwehr eines Vaters«, der Herzog hat jedoch aus
egoistischen Motiven gehandelt. Doch will Tell ihn nicht
ganz ohne Trost von seiner Schwelle ziehen lassen. Er zeigt
ihm den Weg nach Rom, um sich beim Papst Vergebung für
seine Schuld zu erflehen. Dann erleben wir die Ankunft der
Eidgenossen vor Tells Haus, um ihm als großem Schützen
und Erretter des Landes zu huldigen. Berta von Bruneck,
die auch noch kurz zuvor die Hand des Tyrannen zu spüren
bekommen hatte und eingekerkert war, dann aber von Rudenz befreit wurde, ist »die erste Glückliche, die Schutz gefunden in der Freiheit Land«. Sie reicht Rudenz die Hand
zum Lebensbunde, und dieser erklärt alle seine Knechte zu
freien Schweizern.

Wilhelm Tell ist Schillers volkstümlichste Bühnendichtung
geworden. In seinem letzten Werk zieht der Dichter noch einmal alle Register seiner einzigartigen Kunst der Gestaltung

von geschichtlich-legendären Vorgängen auf der Bühne, der Massenbeherrschung und der Einzelcharakteristik. Da geschieht nichts, das nicht im Zusammenhang mit dem Ganzen stände. Das Einzelschicksal und das des ganzen Volkes sind auf das engste miteinander verwoben. Mit staunenswerter Sicherheit hat sich Schiller in das Wesen der Schweizer Gebirgslandschaft eingefühlt, ohne je selbst in der Schweiz gewesen zu sein. Und trotz dieser echten Umweltszeichnung ist der eigentliche Gehalt des Werkes doch so allgemein gefaßt, daß der Kampf der Schweizer zum Gleichnis für den Freiheitskampf eines unterdrückten Volkes und der wahren Demokratie wird. Die Anregung zu dem Schauspiel geht auf Goethe zurück, der ursprünglich selbst ein episches Tell-Gedicht im Stile von *Hermann und Dorothea* plante, den Stoff dann aber an Schiller abtrat und ihm in der Herausarbeitung des Milieus hilfreich zur Seite stand. *Wilhelm Tell* bildet den letzten tragenden Höhepunkt des klassischen deutschen Dramas und ein letztes Zeugnis für das fruchtbare Zusammenwirken Goethes und Schillers. Das Schauspiel ist nicht nur in Deutschland, sondern vor allem auch in der Schweiz zum Volksfestspiel geworden. (Reclams UB 12.)

AUGUST VON KOTZEBUE

* 3. Mai 1761 in Weimar, † 23. März 1819 in Mannheim

August Friedrich Ferdinand von Kotzebue war der Sohn eines großherzoglich-weimarischen Legationsrates. Nach dem Besuch des Gymnasiums in Weimar, wo sein Oheim, der Märchendichter Musäus, sein Lehrer war, studierte er Jurisprudenz in Jena und Duisburg. Nach kurzer Rechtsanwaltstätigkeit in Weimar ging er 1781 als Sekretär eines Generalgouverneurs nach Rußland, wurde 1783 Gerichtsassessor in Reval und 1785 Präsident des Gouvernements-Magistrats der Provinz Estland. 1797 war er Hoftheaterdichter in Wien. Dann ist er wieder in Weimar. Als er 1800 erneut nach Rußland reist, wird er verhaftet und nach Sibirien gebracht (autobiographischer Bericht: »Das merkwürdigste Jahr meines Lebens«). Durch Zar Paul von Rußland in

*Freiheit gesetzt, erhält er als Entschädigung ein Krongut in
Livland und betätigt sich als Direktor des deutschen Theaters
in Petersburg. Dann hält er sich abwechselnd in Rußland
und Deutschland auf, wird 1813 russischer Generalkonsul in
Königsberg und 1816 Staatsrat in Petersburg. 1817 von Zar
Alexander mit der Berichterstattung über deutsche und fran-
zösische Verhältnisse beauftragt, gerät er in den Verdacht,
Spion zu sein. Nachdem schon auf dem Wartburgfest seine
»Geschichte des Deutschen Reiches« verbrannt worden war,
wurde er 1819 in Mannheim von dem fanatischen Burschen-
schaftler und Teilnehmer am Wartburgfest Karl Ludwig
Sand ermordet.*

Kotzebue ist einer der fruchtbarsten deutschen Bühnenautoren gewesen. Er schrieb über 200 Stücke: Trauerspiele,
Schauspiele, Lustspiele, Schwänke, Possen, Operntexte, Par-
odien, Zwischenspiele u. a. Die Stoffe und Motive nahm er
aus Geschichte, Gegenwart und Literatur, wo immer er sie
fand und für seine Zwecke brauchen konnte. Die allzu leichte
Hand, mit der er schrieb, und mangelnder dichterischer Gehalt haben jedoch nur sehr wenige seiner Stücke sich auf den
Bühnen behaupten lassen. Seine Bühnengewandtheit, seine
geschickte Dialogführung und sein Instinkt für das, was das
Theater braucht, stehen aber außer Frage. Selbst Goethe,
den er heftig bekämpfte und der in ihm einen Gegenspieler
sah, der es sich »zum besonderen Geschäft gemacht hatte,
ihm auf jede Art und Weise« entgegenzuarbeiten, spricht
von dem »ausgezeichneten Talent« Kotzebues. Der Theaterdirektor Goethe erkannte vor allem an, »wie viele Mittel er
uns in die Hand gegeben hat, die Zuschauer zu unterhalten
und der Kasse zu nutzen«. Kotzebue war zu seiner Zeit
einer der meistgespielten, wenn nicht der meistgespielte
Autor. Seine Wirkung erstreckte sich über ganz Europa. Seinen Ruhm als Bühnenschriftsteller begründete das während
des ersten Rußlandaufenthaltes entstandene Trauerspiel
Menschenhaß und Reue (1789), das sofort europäischen Ruf
erwarb. Heute leben auf unseren Bühnen nur noch die beiden Lustspiele *Die deutschen Kleinstädter* und *Die beiden
Klingsberg*. Doch gibt es unter den zahlreichen ›Dramatischen Spielen zur geselligen Unterhaltung‹ Kotzebues noch
manches Stück, das auch jetzt noch bei Liebhaberaufführun-

gen seine Wirkung nicht verfehlen würde. Das Lustspiel *Der Rehbock* (1815) wurde von Albert Lortzing zu seiner heiteren Oper *Der Wildschütz* verarbeitet. (Siehe Reclams Opernführer.)

Die deutschen Kleinstädter

Lustspiel in vier Aufzügen
Erste Aufführung: 1803, Ort unbestimmt

Personen: Nikolaus Staar, Bürgermeister zu Krähwinkel – Frau Staar, seine Mutter – Sabine, seine Tochter – Herr Staar, sein Bruder – Frau Brendel, Frau Morgenrot, zwei Muhmen – Herr Sperling, Sabines Bräutigam – Olmers – Klaus, Ratsdiener – Ein Nachtwächter u. a.
Ort und Zeit: In und vor dem Hause des Bürgermeisters zu Krähwinkel, um 1800.

Sabine, die Tochter des Bürgermeisters Nikolaus Staar zu Krähwinkel, wartet sehnsüchtig auf einen Brief ihres Geliebten Olmers, den sie vor einigen Wochen in der Residenz kennenlernte. Er hatte versprochen, bald zu kommen. Und daß er bald kommt, ist wichtig, da Sabine nach dem Wunsch des Vaters und der Verwandten den »Herrn Bau-, Berg- und Weginspektorssubstitut« Sperling heiraten soll, der sie mit seinem poetischen Talent fortgesetzt verfolgt, aus dem sie sich aber gar nichts macht. Ein Bild von Olmers, das Sabine bei sich trägt, gibt sie ihrer Großmutter gegenüber, der »Frau Unterstevereinnehmerin« Staar, als ein Bild des Königs aus. Nicht nur Vater und Großmutter reden auf Sabine ein, den wohlbestallten Herrn Sperling zu heiraten, sondern auch der »Herr Vizekirchenvorsteher« Staar, der einen Gewürzkramladen hat, sich auf die Literatur versteht und eine Lesebibliothek hält. Der Vater, der »Herr Bürgermeister, auch Oberältester« der Kleinstadt, hat freilich noch andere Sorgen: »Die Jurisdiktion zwischen unserer guten Stadt Krähwinkel und dem benachbarten Amte Rummelsburg war strittig.« Seit neun Jahren haben sie um die Bestrafung einer Diebin prozessiert. Jetzt endlich ist es soweit. Die Delinquentin, die »indessen wohlverwahrt worden – Gott sei Dank! sie lebt noch«, soll morgen am Pranger stehen. Das verspricht ein großes Volksfest zu werden. Am

gleichen Tage soll auch die Verlobung Sabines mit Sperling
bekannt gemacht werden. Da bringt ein Bauer die Nachricht, draußen im Steinbruch sei ein vornehmer Herr mit
seinem Wagen verunglückt. Ihm ist nichts passiert, aber der
Wagen liegt in Trümmern. Es ist Herr Olmers, der sich durch
einen Brief von »Sr. Exzellenz, dem dirigierenden Herrn
Minister« Grafen von Hochberg als dessen alten Schul- und
Universitätsfreund einführt. Die Ankunft eines so vornehmen Herrn bringt das ganze Haus des Bürgermeisters in
Aufregung. Sabine triumphiert: »Er hat doch Wort gehalten.« Der Großmutter allerdings mißfällt es, daß es nur ein
»Herr Olmers« ist, ohne Titel, ohne Amt. Da muß etwas
dahinterstecken! Vielleicht ist es sogar ein Minister, der incognito zu bleiben wünscht. Und schon werden Pläne geschmiedet, daß der vermeintlich einflußreiche Mann Sabine
helfen könne, aus ihrem Bräutigam alsbald einen »Runkel-
rübenkommissionsassessor« zu machen. Zunächst werden
einmal die beiden Muhmen, die »Frau Oberfloß- und Fisch-
meisterin« Brendel und die »Frau Stadt-Akzisekassaschrei-
berin« Morgenrot, herbeigerufen, um alle Einzelheiten über
einen würdigen Empfang zu beraten, den man dem Ehren-
gast im Hause des »Bürgermeisters, auch Oberältesten« der
Stadt schuldig zu sein glaubt. Als dann Olmers schließlich
erscheint – der Dichter legt vorher noch einen Aktschluß ein,
der die zur Empfangstür hin redenden und sich verbeugen-
den Frauen beim Fallen und Wiederaufgehen des Vorhangs
zeigt –, sind sie einigermaßen enttäuscht: Frau Staar hat er
mit »Madame« angeredet (»Ich bin mit Gott und Ehren Frau
Untersteuereinnehmerin und keine Madame«), die beiden
anderen Frauen hat er kaum beachtet und nur Augen für
Sabine gehabt. Doch da fällt der Großmutter plötzlich auf,
daß es derselbe Herr ist, von dessen Bild Sabine gesagt hatte,
es sei der König. Mit dem Ausruf: »Niklas! Niklas! der
König ist in deinem Hause«, versetzt sie auch ihren Sohn in
höchste Aufregung. Schon werden Bürgerwache, Schützen-
kompanie und der Magistrat mit den Waisenkindern alarmiert, als Olmers alles zurückweist und Sabine den Irrtum
aufklärt. Den vornehmen Fremden, der vom Herrn Minister
mit Handschreiben empfohlen war, muß man gleichwohl zu
Tisch empfangen. Das freie Benehmen des Gastes gibt allerdings den Muhmen erneut Anlaß zu ungnädiger Kritik.

Schlimmer als alles andere aber ist dies: »Weil er selbst keinen Titel hat, so gibt er auch keinem Menschen seine gebührende Ehre.« Die Großmutter kommentiert: Zu meiner Zeit führten bei Tisch nur betitelte Personen von gesetzten Jahren das Wort, die unbetitelte Jugend hörte und lernte. Die größere Überraschung steht aber noch bevor. Herr Olmers hält in aller Form, wenn auch kurz und sachlich, bei dem Bürgermeister um die Hand Sabines an. Das ist zuviel! »Weiß er denn nicht einmal, daß man vorher ein halbes Jahr in einem Hause ab und zu, aus und ein gehen muß, bis die ganze Stadt davon spricht, ehe man zu solchen Extremitäten schreitet?« Der rasch herbeigerufene Familienrat lehnt das Ansinnen ab, möchte aber »aus schuldigem Respekt vor Sr. Exzellenz dem Herrn Minister« den fremden Mann nicht unbeweibt aus Krähwinkel fortziehen lassen. Da ist noch eine andere, erst neunjährige Tochter des Bürgermeisters, auf die könne er doch warten und sich in der Zwischenzeit in der Lesebibliothek des Herrn Vizekirchenvorstehers Staar bilden ... Ja, auch eine der Muhmen, die seit einigen Monaten Witwe ist, käme in Frage. Als dann Olmers auf die Antwort dringt, wagt keiner in der Wahrheit ins Gesicht zu sagen. So finden sich schließlich Olmers, Sabine und Herr Sperling auf der Szene zusammen, wobei Sabine und Olmers geschickt über den »Nebenbuhler« hinwegreden. Es kommt dann – als dem dichterischen und szenischen Höhepunkt des Stückes – zu einem reizenden Schlußakt vor dem Hause des Bürgermeisters. Vor der Haustüre treffen sich bei Nacht Olmers und Sabine, während Sperling am Fenster von seinem Zimmer aus seiner Braut ein Ständchen bringt, die Großmutter ihren Abendchoral singt und der Nachtwächter ins Horn tutet. Sabine überzeugt den Geliebten davon, daß er sich auf den bisherigen Wegen nicht die Gunst der Kleinstadtfamilie erringen wird. Das Haupterfordernis ist, daß er mit einem Titel aufwartet und auch die Titel der anderen berücksichtigt. Olmers verspricht es. Da stört der Ratsdiener Klaus das nächtliche Idyll mit dem Ausruf: »Der Staat ist in Gefahr!« Die Delinquentin, die morgen öffentlich an den Pranger gestellt werden soll, ist entwichen. Der Herr Vizekirchenvorsteher ist letzten Endes an dem Unheil schuld. Denn er hat der Inhaftierten aus seiner Lesebibliothek »Trenks Leben und Flucht aus dem Gefängnisse« zu lesen

gegeben, und sie hat daraus gelernt. Der Bürgermeister sieht
Ehre und Ruhm der Stadt Krähwinkel verloren und seine
ganze Reputation in der Residenz dahinschwinden. Da legt
sich Olmers ins Mittel. Er wird bei Hofe intervenieren. Auch
gibt er nun bekannt, daß er einen Titel hat: »Geheimer
Kommissionsrat«. Das überzeugt. Nun ist sogar die Großmutter bereit, ihre Einwilligung zum Verlöbnis mit Sabine
zu geben. Denn »etwas Geheimes haben wir in unserer Familie noch nicht gehabt«. Vollends gewinnt Olmers ihr Herz,
als er sie nun nicht mehr mit »Madame«, sondern als »Frau
Untersteuereinnehmerin« anredet. So werden Olmers und
Sabine ein beglücktes Paar. Und der »Herr Bau-, Berg- und
Weginspektorssubstitut« Sperling wird gebeten, das Hoch-
zeitsgedicht zu verfertigen. (Reclams UB 90.)

Kotzebue schrieb mit diesem Lustspiel sein Meisterstück.
Die Persiflage auf die Titelsucht der Deutschen und auf
kleinbürgerliche Beschränktheit überhaupt ist glänzend. Der
zum Begriff gewordene Name »Krähwinkel« ist Kotzebues
Erfindung. Die Szenerie des Schlußaktes mit nächtlicher
Serenade, versteckt stehendem Liebespaar und Nachtwäch-
terhorn wirkte auf den II. Akt der *Meistersinger von Nürnberg* von Richard Wagner nach. Als Vorlage diente Kotzebue
ein Lustspiel *La petite ville* des französischen Dichters Louis-
Benoît Picard. Kotzebue ließ den *Deutschen Kleinstädtern*
später zwei Fortsetzungen folgen, *Carolus Magnus* (1806)
und *Des Esels Schatten oder Der Gallatag in Krähwinkel*
(1809), die jedoch nicht vom gleichen Erfolg begünstigt waren.

Die beiden Klingsberg. Lustspiel in vier Aufzügen. – Das Lustspiel ist auf dem Konflikt aufgebaut, daß
der dreiundsechzigjährige Graf Klingsberg und sein Sohn
Adolph sich fortgesetzt bei ihren amourösen Bestrebungen
ins Gehege kommen. Zunächst ist es Ernestine, das Kammermädchen der Schwester des alten Grafen, die sich der Zudringlichkeiten beider erwehren muß, wobei der Vater den
Sohn ertappt und glaubt, ihn zurechtweisen zu müssen: »Ei,
ei, mein Sohn! Das ist nicht delicat, sich mit Kammermädchen abzugeben! Hast du jemals dergleichen von mir gesehen?« Leider hat der »Herr Windbeutel von Sohn« dergleichen nur allzuoft bei seinem Herrn Vater sehen müssen,

weshalb es ihm nichts ausmacht, ihm auch bei Madame Amalie Friedberg, die der Alte von seinen Gütern nach Wien hat schaffen lassen, in die Quere zu kommen. Bei der sittsamen Frau erreichen aber beide nichts. Und schließlich begegnen sie sich auch noch in den ärmlichen Zimmer Henriettens, einer ins Unglück geratenen Adligen, die als Putzmacherin das Geld zum Lebensunterhalt für sich und ihren Bruder verdient. Der junge Graf Klingsberg bleibt hier der Sieger, nachdem es zuvor beinahe zu einem Duell zwischen ihm und Henriettens Bruder, dem Baron v. Stein, gekommen wäre. Baron von Stein ist aber zugleich der Gatte von Amalie Friedberg, wie sich im Laufe des Stückes herausstellt. Ein unglückliches Schicksal hatte die Gatten getrennt und Amalie eine Zeitlang bei einem Pächter auf den Klingsbergschen Gütern unterkommen lassen. So steht der alte Graf am Ende als der allseits Betrogene da. Zwei verliebte und glückliche Paare haben sich vor seinen Augen gefunden bzw. wiedergefunden: der junge Graf Klingsberg mit Henriette und Baron v. Stein mit seiner Frau. So bleibt ihm nichts anderes übrig, als seine alte Schwester, die verwitwete Gräfin Woellwarth, zu umarmen, die ihrerseits an dem Ein- und Ausfädeln der Verwicklungen nicht ganz unbeteiligt war und ihren Bruder nur allzu gerne bei seinen Abenteuern genasführt sieht. »Um zu lieben, wird man nie zu alt«, ist die Philosophie des alten Grafen Klingsberg und zugleich die Devise des Stückes. Das liebenswürdige und leichtgeschürzte Lustspiel zeigt alle Vorzüge der Kotzebueschen Schreibart: eine geschickte Handlungsführung, einen witzigen, wenn auch nicht tiefschürfenden Dialog und wirkungsvolle Aktschlüsse.

FRIEDRICH HÖLDERLIN

* 20. März 1770 in Lauffen am Neckar
† 7. Juni 1843 in Tübingen

Hölderlin war der Sohn eines Klosterhofverwalters. Er wuchs in Nürtingen auf und besuchte das Maulbronner Seminar und das Tübinger Stift zum Theologiestudium. 1793 wurde er Hauslehrer bei Frau v. Kalb in Waltershausen.

*Später studierte er eine Zeitlang in Jena, wo er öfters mit
Schiller zusammenkam. 1796 trat er eine Stelle als Hauslehrer bei dem Bankier Gontard in Frankfurt a. M. an, die zu
der tragischen Liebe zu Susette Gontard (seiner Diotima)
führte. 1798 verließ er Frankfurt und gelangte nach unruhevollen Jahren in Homburg, Stuttgart und in der Schweiz
1801 nach Bordeaux, wo er abermals eine Stelle als Hauslehrer einnahm. Von dort kehrte er 1802 geisteskrank nach
Nürtingen zurück. Vorübergehend bekleidete er noch eine
Stelle als Bibliothekar in Homburg. Von 1806 ab erschien
seine Krankheit unheilbar. Er lebte dann noch volle 36 Jahre
in geistiger Umnachtung in Tübingen im Hause eines Tisch-
lers.*

Hölderlin, der große Lyriker und hymnische Dichter des
Hyperion, stand im Grunde der Bühne fern. Doch führte
seine Beschäftigung mit der Antike wie selbstverständlich
zur dichterischen Aussage auch in der dramatischen Form.
In die Hauslehrerzeit in Waltershausen fällt ein dramatischer Plan *Der Tod des Sokrates* (1793), den er, wie er an
einen Freund schreibt, »nach den Idealen der griechischen
Dramen« bearbeiten wollte. Erhalten ist davon, ebenso wie
von einem später entstandenen Trauerspiel *König Agis*,
nichts. Zu einer *Empedokles*-Tragödie liegen aber mehrere
Entwürfe vor (1797–1800), die ihn auf dem Wege zu einer
Bühnenkunst von höchsten geistigen Ansprüchen zeigen. Einsam in ihre Zeit ragend wie dieses Werk sind auch die beiden
Sophokles-Übersetzungen Hölderlins, der *Antigonae* (die
Carl Orff zur Grundlage seines Musikdramas genommen
hat) und des *König Ödipus* (1804). In der freien Hand-
habung des Verses und in der sprachschöpferischen Kühnheit
suchen sie ihresgleichen. So gebührt Hölderlin, bei aller Büh-
nenfremdheit im üblichen Sinne, doch ein bedeutsamer Platz
auch in der Geschichte des Schauspiels, kraft seiner geistigen
Bedeutung wie seiner großgefügten gewaltigen Sprache, an
der sich die neue deutsche Versdichtung des 20. Jahrhunderts
orientiert hat.

Der Tod des Empedokles. – Empedokles, den
Philosophen von Agrigent (um 500 v. Chr.), zieht es un-
widerruflich fort von der Welt der Menschen. Er möchte

von ihr scheiden, ohne zu sagen, wohin er geht. Nur Pausanias, der junge Freund, der ihn vergöttert und der sein Los
mit ihm teilen möchte, wird Zeuge seiner letzten Offenbarungen. Doch darf auch er ihm nicht auf dem allerletzten
Gang zu den Höhen des Ätna folgen, in dessen Feuergluten
sich Empedokles stürzen will, um sich durch freiwilligen
Tod mit der unendlichen Natur zu vereinigen. Panthea, die
Tochter des Archonten Kritias, die Empedokles von schwerer Krankheit heilte und die ihn schwärmerisch verehrt, ist
die junge Priesterin der Vesta, die unumstößlich zu ihm
hält. Ihr Vater, der unter dem Druck des Priesters Hermokrates stehende Herrscher der Stadt, möchte Empedokles
helfen, findet aber nicht die Kraft dazu. Hermokrates, der
Priester, sieht in Empedokles nichts als den Mann, der sich
freventlich Gottähnlichkeit anmaßt. Empedokles erblickt
seinerseits in Hermokrates den »Heuchler«, »der Heiliges
wie ein Gewerbe treibt«. Hermokrates setzt es durch, daß
Empedokles aus der Stadt verwiesen wird. Später aber sucht
er ihn in der Gegend des Ätna auf und möchte ihn zur
Rückkehr bewegen, was Empedokles ablehnt. Das Volk verhält sich schwankend. Erst stimmt es in den Fluch des Priesters ein, hernach möchte es Empedokles nicht nur zurückhaben, sondern ihn sogar zum König erwählen. Empedokles
geht den »selbsterkornen Pfad« des Todes und »trinkt am
Todeskelch sich glücklich«.

   Das nur in Bruchstücken und fragmentarischen Ansätzen
überlieferte Werk eröffnet Ausblicke auf eine von höchster
Geistigkeit und religiöser Gedankentiefe getragene Bühnenkunst. Als Bekenntnisdichtung kommt ihm biographische
Bedeutung zu. Der Dichter sah zweifellos in Schicksal und
Weltanschauung des sizilianischen Naturphilosophen ein ihm
Verwandtes. Die Monologe des Empedokles, seine Reden an
die Agrigentiner und die Aussprachen mit dem Freund Pausanias sind reinste Verkörperung hellenischen Pantheismus
in neuzeitlichem Geiste. Zu einer stark dramatischen Szene
kommt es in der heftigen Auseinandersetzung mit Hermokrates, während das Schwergewicht der Dichtung im übrigen
in einer lyrischen Hymnik liegt. Die verschiedenen Bruchstücke und Entwürfe weisen eine unterschiedliche äußere und
innere Haltung auf. Im *Plan zum Empedokles*, der ersten
Niederschrift, ist die Verwandtschaft mit dem *Hyperion-*

Roman spürbar, und zwar in der »Sehnsucht nach einsamer Vollendung bis zum freigewählten Tod, an den Hyperion nur im Augenblick äußerster Verzweiflung denkt« (Fr. Seebaß). Hier zeigt sich noch die Absicht des Dichters, ein fünfaktiges Trauerspiel mit steigender und fallender Handlung zu schreiben. Die erste ausgeführte Fassung *Der Tod des Empedokles* (in zwei Akten) belastet den Helden mit dem Schuldgefühl der Hybris, der Überheblichkeit: »Die Götter waren mir dienstbar nun geworden, ich allein war Gott und sprach's im frechen Stolz heraus«, »Umsonst wird nichts den Sterblichen gewährt«, »Heut ist mein Herbsttag, und es fällt die Frucht von selbst«. Beherrschend aber ist in dieser Fassung bereits der große pantheistische Gedanke: »Was euch der Väter Mund erzählt, gelehrt, der alten Götter Namen, vergeßt es kühn und hebt, wie Neugeborne, die Augen auf zur göttlichen Natur!«, »Es fühlt sich neu in himmlischer Verwandtschaft, o Sonnengott, der Menschengenius, mit dir, und dein wie sein ist, was er bildet.« Die *zweite Fassung*, gedacht als Trauerspiel in fünf Akten, bringt eine Vertiefung der Gestalt des Hermokrates, wenn dieser von Empedokles sagt: »Fallen muß der Mann! Verderblicher denn Schwert und Feuer ist der Menschengeist, der götterähnliche, wenn er nicht schweigen kann, und sein Geheimnis unaufgedeckt bewahren«, »Jeder, der Göttliches verrät, in Menschenhände liefert, muß hinab!« Empedokles ist in diesem Fragment ganz der Titan: »Alles weiß ich, alles kann ich meistern«, »Mein ist die Welt und untertan und dienstbar sind alle Kräfte mir«, »Was sind die Götter und ihr Geist, wenn ich sie nicht verkündige!« Im dritten und letzten Fragment *Empedokles auf dem Ätna* bekennt Empedokles sich wieder schuldig: »Denn viel hab ich vor Jugend auf gesündigt, die Menschen menschlich nie geliebt!« Doch nach dem Abschied von Pausanias kommt durch den greisen Ägypter Manes noch ein neuer Gesichtspunkt in die Dichtung, die Ankündigung des »neuen Retters«, der da kommen wird, die Menschen und die Götter auszusöhnen, »liebend nimmt er, was sterblich ist, an seinen Busen, und milde wird in ihm der Streit der Welt«. Der Tod des Empedokles wird hier als religiöser Opfertod gedeutet in Voraussahnung des Kreuzesopfers Christi. Doch bleiben die letzten Fragen ungeklärt.

Obwohl der *Empedokles* Hölderlins kaum für die Bühne gedacht war und die Fragmente verschiedene Stufen eines großen gedankenlyrischen Oratoriums darstellen, hat er in den Bearbeitungen von Wilhelm v. Scholz und Paul Smolny doch tiefen Eindruck in vielen Aufführungen hinterlassen. Der religiöse Gehalt, geboren aus dem Verkündigungsdrang eines vom Göttlichen erfüllten Genius, die herrliche, von hohen Gedanken und einem reichen Bilderstrom getragene Verssprache, die Intensität dieser aus schmerzlichstem eigenem Erlebnis und einer mystischen Trunkenheit quellenden Dichtung reißen auch *den* Hörer mit, der die Problematik des Werkes und seines Helden erkennt mitten zwischen einem heidnischen Pantheismus und einem (mythisch geschauten) Christus der Spätdichtung Hölderlins. (Reclams UB 7500/00a.)

HEINRICH VON KLEIST

* 18. Oktober 1777 in Frankfurt (Oder)
† 21. November 1811 am Wannsee bei Potsdam

Kleist stammte aus einer alten preußischen Offiziersfamilie. Nach dem frühen Verlust beider Eltern wurde er, der Familientradition gemäß, zunächst Soldat, nahm aber 1799 als Leutnant seinen Abschied, um zu studieren. Nach einem unsteten Leben, das ihn von Frankfurt (Oder) aus nach Berlin, Würzburg und wieder nach Berlin, dann nach Dresden, an den Rhein, nach Paris und schließlich in die Schweiz führte, kam es 1802 bei der Rückkehr nach Deutschland in Oßmannstedt bei Weimar zu der denkwürdigen Begegnung mit dem alten Wieland, der einer der wenigen gewesen ist, die Kleists Genie zu seinen Lebzeiten erkannten. 1803 begann abermals ein unruhiges Wanderleben, das ihn über Leipzig und Dresden erneut in die Schweiz und dann nach Frankreich führte. In Paris stand er in selbstquälerischem Zweifel an seiner dichterischen Berufung nahe vor dem Selbstmord. Als er sich in französischen Kriegsdienst begeben wollte, um gegen England zu kämpfen, wurde er an der Kanalküste aufgegriffen und nach Deutschland zurückgebracht. 1804 kam Kleist nach Potsdam und fand eine Anstellung beim Finanzdepartement in Königsberg. 1807 gab er diese Stelle wieder auf, um sich ganz der poetischen Arbeit zu widmen. Eine Pension der Königin Luise schien eine gewisse wirtschaftliche Grundlage zu bieten. Im gleichen Jahr ließ er sich in Dresden nieder, wo eine für ihn verhältnismäßig günstige Epoche begann. Hier begründete er mit Adam Müller das Kunstjournal »Phoebus«, das jedoch nur ein Jahr bestehen konnte. Die Wirren der Napoleonischen Kriege führten ihn 1809/10 über mannigfache Umwege nach Berlin, wo er die Redaktion der »Berliner Abendblätter« übernahm, die aber kaum ein halbes Jahr bestanden. Völlig vereinsamt und in äußerste Not geraten, setzte er 1811 im Alter von 34 Jahren seinem Leben selbst ein Ende.

Heinrich v. Kleist ist die genialste und ursprünglichste dramatische Begabung unserer Literatur. Mit einer glühenden Phantasie verband sich ein starker Wille zur plastischen Gestaltung, der sein vielfach ins Maßlose schweifendes Gefühlsleben ins Werk zu bannen wußte. Das Prometheisch-Titanenhafte seiner Dramatik ist einmalig in unserer Dichtung und findet nur in den Werken Beethovens seine musikalische Entsprechung. Sein Ziel war, die Elemente antiker Dramatik mit denen der Shakespeareschen Kunst zu einem neuen, höheren Ganzen zu verschmelzen. Wenn er sich hierin mit manchen Bestrebungen Goethes und Schillers berührt, so ging er doch durchaus eigene Wege. Gegenüber Goethe macht sich ein stärkerer Zug zum eigentlich Tragischen bemerkbar, gegenüber dem Idealismus Schillers das stärkere Betonen des Individuell-Charakteristischen, ja ›Existentiellen‹ in Wesen und Schicksal seiner Helden. Kleists Berufung für die große Tragödie spiegelt sich auch im Ablauf seines Lebens, das im tathaften Drang nach dem Unbedingten (der Wahrheit, der Liebe, der Gerechtigkeit, der patriotischen Hingabe) tragisch scheiterte. »Die Wahrheit ist«, heißt es in einem Abschiedsbrief Kleists vor seinem Tod, »daß mir auf Erden nicht zu helfen war.« Tragisch war auch sein Verhältnis zu Goethe, dem er »auf den Knien seines Herzens« nahte, der ihm aber aus der Schau seiner klassizistischen Schaffensepoche nicht mehr das Verständnis entgegenzubringen vermochte, das der junge Genius so notwendig gebraucht hätte.

Kleist begann als Dramatiker mit dem fünfaktigen Trauerspiel *Die Familie Schroffenstein* (1801), das unter dem Einfluß von Shakespeares *Romeo und Julia* steht, in vielem aber schon ganz eigene Kleistsche Züge trägt. In voller Größe zeigt sich sein Genius in dem *Robert Guiskard*, der ihn in seiner unruhevollen Wanderzeit von 1801 an jahrelang beschäftigte und dessen mündlicher Vortrag den alten Wieland zu dem prophetischen Ausruf hinriß: »Wenn die Geister des Aeschylus, Sophokles und Shakespeares sich vereinigten, eine Tragödie zu schaffen, sie würde das sein, was Kleists ›Tod Guiskards des Normannen‹.« Das uns heute vorliegende Fragment (Reclams UB 6857) stammt aus einer Veröffentlichung im »Phoebus« (1808). Daß Kleist nicht nur die Sphären der großen Tragödie, sondern ebensosehr die der echten großen Charakterkomödie offenstanden, zeigt der Einakter *Der zerbrochne Krug* (1806) und die Komödie *Amphitryon* (1807). Mit jenem schuf Kleist das einzige bedeutende heitere Bühnenwerk der deutschen Hochklassik, mit diesem eine Gestaltung des alten mythologischen Stoffes in einem ganz neuen, religiös vertieften Geist. *Penthesilea* (1808) ist die Tragödie erotischer Leidenschaft in ihrem bis zu rasendem Ausbruch gesteigerten unerbittlichen Verhängnis. Das Gegenstück zu diesem titanischen Werk bildet das romantische Ritterschauspiel *Das Käthchen von Heilbronn* (1808), das in gleicher Weise – nur von entgegengesetztem Blickpunkt aus – zu extremen Möglichkeiten der weiblichen Psyche vorstößt. Mit den beiden vaterländisch-historischen Schauspielen *Die Hermannsschlacht* (1808, Reclams UB 348) und *Prinz Friedrich von Homburg* (1811) schloß Kleists dramatisches Schaffen. War das Tendenzdrama *Die Hermannsschlacht* ein elementarer Ausdruck des Hasses und ein politischer Aufruf gegen Napoleon als Unterdrücker Deutschlands, so gab der *Prinz von Homburg* die vollendete Lösung des Ringens um die Staatsidee und ihre Fundierung in der freien sittlichen Selbstüberwindung des Individuums. Die Größe und Berufung des Dichters als unseres dritten Klassikers neben den Großen von Weimar wurde erst spät erkannt. Das Verdienst, die Werke Kleists nach seinem Tode gesammelt herausgegeben und dadurch der Nachwelt erhalten zu haben, gebührt Ludwig Tieck (erste dreibändige Gesamtausgabe 1826).

Der zerbrochne Krug

Lustspiel in einem Akt
Erste Aufführung: 2. März 1808 in Weimar

P e r s o n e n : Walter, Gerichtsrat – Adam, Dorfrichter – Licht, Schreiber – Frau Marthe Rull – Eve, ihre Tochter – Veit Tümpel, ein Bauer –
Ruprecht, sein Sohn – Frau Brigitte u. a.
O r t und Z e i t : In der Gerichtsstube in einem niederländischen Dorfe
bei Utrecht, 18. Jh.

Der Schreiber Licht trifft am Morgen in der Gerichtsstube
den Dorfrichter Adam nicht eben in der besten Verfassung
an. Er hat Wunden am Kopf, das Gesicht ist zerschunden,
und er scheint überhaupt ungewöhnlich mitgenommen und
zerstreut. Er gibt vor, beim Aufstehen aus dem Bett hinge-
schlagen zu sein und sich am Ofen gestoßen zu haben. Das
ist um so peinlicher für ihn, als – wie der Schreiber erfahren
hat – der Herr Gerichtsrat Walter sich auf einer Revisions-
bereisung der Ämter in der Nähe befindet. Im Nachbardorf
ist bereits ein Richter suspendiert worden und hat einen
Selbstmordversuch begangen. Adam bittet seinen Schreiber,
ihm beizustehen (»Ihr wollt auch gern, ich weiß, Dorfrichter
werden. Drückt Euren Ehrgeiz heut hinunter«). Und kaum,
daß Adam nur das Nötigste für den möglichen hohen Besuch
hat richten lassen – nicht einmal eine Perücke ist zur Stelle
(über den Verbleib derselben erfindet Adam fortgesetzt neue
Lügen) –, ist der Gerichtsrat schon da. Kahlköpfig, wie
Adam ist, muß er sofort mit der Amtsausübung beginnen,
da heute Gerichtstag ist. Der Gerichtsrat wird der Verhandlung beiwohnen. Es erscheint streitendes Bauernvölkchen.
Frau Marthe Rull beschimpft Ruprecht, den Sohn des Bauern
Veit Tümpel, einen Krug im Zimmer ihrer Tochter Eve zertrümmert zu haben. Ruprecht erklärt: »'s ist der zerbrochne
Krug nicht, der sie wurmt, die Hochzeit ist es, die ein Loch
bekommen.« Er war mit Eve verlobt, beschimpft seine Braut
aber jetzt als »Metze«. Und Frau Marthe bestätigt ihrer
Tochter gegenüber: »Dein guter Name lag in diesem Topfe,
und vor der Welt mit ihm ward er zerstoßen.« Noch ehe die
Gerichtssitzung beginnt, versucht Adam, dem beim Anblick
der Streitenden nicht recht geheuer ist, Eve beiseite zu nehmen und ihr heimlich unter Hinweis auf ein Papier, das er

in der Tasche trage, zu drohen. Die zweimalige Aufforderung des Gerichtsrates, nicht vor Beginn der Session mit den Parteien zu sprechen, veranlaßt ihn endlich, mit dem Verhör zu beginnen. Marthe Rull trägt umständlich und unter genauester Schilderung der Beschaffenheit des Kruges, der zertrümmert ward, vor, wie sie am Abend durch laute Männerstimmen und einen Tumult in die abgelegene Kammer ihrer Tochter Eve gelockt wurde, wie dort der Krug zertrümmert lag und wie sie Eve, die Hände ringend, mit dem »Flaps«, dem Ruprecht, antraf. Ruprecht habe behauptet, nicht er habe den Krug vom Sims herabgestoßen, sondern ein anderer. Ruprecht bestätigt, daß er bei Eve war, stellt aber fest, daß er einen anderen Mann bei ihr angetroffen habe – wer es war, hat er nicht erkannt –, daß dieser, als er polternd in Eves Kammer einbrach, aus dem Fenster gesprungen sei und daß er ihm die Türklinke zweimal auf den Kopf geschlagen habe. Als er dem Flüchtigen nachspringen wollte, habe dieser ihm eine Handvoll Sand in die Augen geworfen. Adam, der immer wieder das Verhör in die Länge zu ziehen oder es auf ein anderes Geleise zu schieben versucht, meint schließlich, daß die Sache sich gut zu einem »Vergleich« eigne. Der Gerichtsrat, dem das sonderbare Gebaren des Dorfrichters längst aufgefallen ist und der ihn wissen läßt, daß es die letzte Verhandlung sei, die er führe, besteht darauf, der Sache auf den Grund zu gehen. Letzten Endes kann nur Eve das Rätsel lösen und sagen, wer der Mann war, der vor Ruprecht zu ihr in die Kammer kam. Adam möchte zu gern den Verdacht auf den Flickschuster Leberecht gelenkt wissen, in dem Ruprecht den Schuldigen vermutet, und er droht Eve noch einmal, ehe sie ihre Aussage macht, unmißverständlich: »Willst du mir hier von einem andern trätschen, und dritten etwa, dumme Namen nennen: sieh Kind, nimm dich in acht, ich sag nichts weiter.« Eve erklärt, daß nicht Ruprecht den Krug zerschlug, doch sie glaubt, weitere Aufklärungen vermeiden zu müssen: »Es ist des Himmels wunderbare Fügung, die mir den Mund in dieser Sache schließt.« In Wahrheit fürchtet sie für das Leben ihres Ruprecht, wenn sie den Dorfrichter beschuldigt. Erst eine neue Zeugin, die Muhme Brigitte, bringt Licht in das Dunkel. Bis sie herbeizitiert wird, traktiert Adam den Gerichtsrat mit einem Frühstück und Rheinwein und wendet seine ganze Schläue und

Beredsamkeit an, von der Sache abzulenken und auch den
Verdacht abzuwehren, der bereits auf ihn gefallen ist. Die
Aussage der Muhme Brigitte bringt es aber an den Tag: sie
hat die Perücke gefunden, die Adam auf seiner Flucht verloren hat, und sie hat die Spuren im Schnee verfolgt, die unabweisbar zum Hause des Schuldigen führen (der Klumpfuß
des Dorfrichters erweist sich als verräterisch, und die neue
Ausrede, daß es möglicherweise der Teufel selbst gewesen
sei, verfängt wenig). Als Adam schließlich den Spruch fällt,
nach welchem Ruprecht als Schuldiger ins Gefängnis soll,
geht die empörte Eve endlich aus ihrer Zurückhaltung heraus: »Der Richter Adam hat den Krug zerbrochen!« Er war
es, der bei Eve in der Kammer war. Adam ergreift nach dieser Entlarvung schleunigst die Flucht. Eve aber wirft sich
dem Gerichtsrat zu Füßen und fleht ihn an, Ruprecht vor
der Konskription zu retten. Adam hat ihr mit einem – wie
sich herausstellt – gefälschten Papier gedroht, Ruprecht
würde zum Militär eingezogen und müsse nach Ostindien,
von wo kaum einer lebend zurückkehren würde. Er wolle
und könne es verhindern. Um es mir auszufertigen, schlich
er in mein Zimmer, »so Schändliches, ihr Herren, von mir
fordernd, daß es kein Mädchenmund wagt auszusprechen.«
Das ist das Ende der Richterlaufbahn Adams. Der Gerichtsrat setzt den Schreiber Licht zu seinem Nachfolger ein, will
jedoch das Äußerste bei der Bestrafung Adams verhindern,
wenn er die Kassen in Ordnung findet. Eve und Ruprecht
können sich versöhnen. Frau Marthe Rull aber gibt sich noch
nicht zufrieden. Sie will bei der Regierung in Utrecht um
den zerbrochenen Krug klagen.

Wer den ganzen Reiz dieser genialen Komödie auskosten
will, muß durch die saftige Komik der äußeren Vorgänge
hindurch den Hintersinn erspüren, den Kleist zart, aber
deutlich durchscheinen läßt. Schon die Namen der Hauptpersonen deuten darauf: der Dorfrichter als der ›alte
Adam‹, den seine Begehrlichkeit auf die junge Eve zu Fall
bringt, diese sein heller Gegenpol, gefeit durch die Liebe zu
ihrem Ruprecht, von dem sie dieselbe opferbereite Liebe
auch gegen den Augenschein fordert, der Gerichtsrat als
›Walter‹ der Gerechtigkeit und Abgesandter höherer Macht,
dem der Schreiber ›Licht‹ hilft, die dunkle Affäre zu durch-
leuchten. Der Gerichtsprozeß mit dem Schuldigen als Rich-

ter hat eine große tragische Parallele, auf die Kleist selbst hingewiesen hat: in dem *König Ödipus* des Sophokles, dem die Komödie auch in ihrer analytischen Enthüllungstechnik folgt – nur daß Adam seine Schuld nur allzu gut kennt und sie mit aller Durchtriebenheit zu vertuschen sucht. Seinem grotesken Gerichtsverfahren läuft das Walters entgegen, das die Wahrheit endlich zutage bringt: in der kunstvollen Verschlungenheit der beiden Prozesse liegt die eigentümlichbängliche, durch Retardierungen gesteigerte Spannung des Spiels, dessen Humor nur um Haaresbreite von der Tragik geschieden ist. Das niederländische Milieu und die Gestalten sind von der Realistik Teniersscher Genrebilder. Voran der Dorfrichter in der Mischung von breiter Behäbigkeit, genialer Gerissenheit, bösem und wieder armem, gehetztem Teufel so unausdeutbar schillernd und doch aus einem Guß, daß diese Figur, ähnlich der Falstaffs, zu einer Glanzrolle für große Darsteller geworden ist. Nicht minder echt die sieben anderen Gestalten, wobei neben der Eve vor allem die Frau Marthe Rull mit ihrer prachtvollen Zungenfertigkeit unvergeßlich bleibt. Die vibrierende Gespanntheit des Einakters muß in einem raschen Zuge ablaufen (bei der Uraufführung durch Goethe in Weimar wurde das Stück durch Teilung in drei Akte völlig um seine Wirkung gebracht). Die Anregung zum *Zerbrochnen Krug* erhielt Kleist durch einen Kupferstich »La cruche cassée« von Le Veau; mit drei jungen poetischen Freunden war er 1802 einen Wettkampf eingegangen, die dort dargestellte Situation literarisch auszudeuten. Vollendet wurde die Komödie erst 1806 in Königsberg. (Reclams UB 91.)

Amphitryon

Lustspiel in drei Akten
Erste Aufführung: 8. April 1899 in Berlin

P e r s o n e n : Jupiter, in der Gestalt des Amphitryon – Merkur, in der Gestalt des Sosias – Amphitryon, Feldherr der Thebaner – Sosias, sein Diener – Alkmene, Gemahlin des Amphitryon – Charis, Gemahlin des Sosias – Feldherren der Thebaner u. a.
O r t   u n d   Z e i t : In Theben vor dem Schloß des Amphitryon, in sagenhafter Vorzeit.

Sosias, der Diener des Feldherrn Amphitryon, hat von seinem Herrn den Auftrag erhalten, in Theben Alkmene, der jungen Gemahlin Amphitryons, von dem großen Sieg zu künden, den er über die Athener errungen hat. Als Sosias bei Nacht vor dem Schlosse in Theben eintrifft, stellt sich ihm sein Ebenbild entgegen, das ihm den Eintritt verweigert und ihn obendrein noch prügelt, weil er es wage, sich als Sosias auszugeben. Es ist Merkur in der Gestalt des Sosias, der hier ein Liebesabenteuer seines Herrn, des Göttervaters, bewacht. Jupiter hat sich bei Alkmene in der Gestalt Amphitryons eingeschlichen. Nachdem Merkur den geschlagenen Sosias, der nicht mehr weiß, für was er sich selbst halten soll, fortgetrieben hat, erscheint Jupiter, um Abschied von Alkmene zu nehmen. Der Gott möchte die junge Frau, die ihn für den Gatten nahm, veranlassen, zwischen den Begriffen »Gemahl« und »Geliebter« zu unterscheiden. Für Alkmene sind sie jedoch nicht zu trennen. Auch möchte er gar zu gerne von ihr bestätigt wissen, daß diese Nacht, die er bei ihr verbrachte, ihr kürzer und seliger erschien als andere, worauf Alkmene nur ein tiefbewegtes »Ach« zu erwidern hat. Nachdem der Gott sich zurückgezogen, hat Merkur Mühe, sich der Dienerin Charis zu erwehren, die in ihm ihren Mann Sosias zurückgekommen wähnt und nach dem Vorbild des fürstlichen Ehepaares ihrerseits auf eine zärtliche Wiedersehensstunde hofft. Merkur begegnet ihr ziemlich grob und zieht sich eilig aus der Schlinge. Bei Tagesanbruch kehrt Amphitryon nach Theben zurück. Was ihm Sosias von einem zweiten Sosias zu erzählen weiß, erklärt er als »Irrgeschwätz«, »Wischwasch« und »Gehirnverrükkung«. Sosias weist zur Beglaubigung seinen geschlagenen ›Buckel‹ vor. Doch was Amphitryon dem Diener nicht glauben kann und will, muß das Wiedersehen mit Alkmene alsbald zur Gewißheit werden lassen. Ihr Bericht, daß er doch schon am gestrigen Tage »um die Abenddämmerung« bei ihr ganz plötzlich erschienen, mit ihr gescherzt und sich dann »jede Freiheit« erlaubt habe, die nur dem Gemahl zustehe, muß ihn völlig in Verwirrung bringen. Die ganze Dienerschaft sei Zeuge gewesen, daß er kam, sagt Alkmene. Nun reißt Amphitryon die Geduld. Er erklärt offen, daß er nicht in Theben war und daß derjenige, der sich um die Dämmerung hier als Amphitryon eingeschlichen habe, der »nichts-

würdigste der Lotterbuben« gewesen sei. Alkmene, ihrerseits
tief empört, sieht darin nichts als einen abscheulichen Kunstgriff ihres Gemahls, der sich »einer anderen zugewendet«
habe und sich auf diese Weise von ihr lösen wolle. So entzweien sich die Gatten. Amphitryon will die Feldherren zu
Zeugen rufen, daß er die letzte Nacht nicht in Theben war.
Was sich zwischen Alkmene und Amphitryon abspielt, wiederholt sich auf niederer Ebene zwischen Sosias und Charis.
Auch hier Streit. Nur hat Merkur-Sosias Charis gemieden,
was diese tief gewurmt hat und was sie den echten Sosias
nun entgelten läßt. Zum Höhepunkt der Verwicklung und
der vom Dichter angestrebten Gefühlsverwirrung Alkmenes
wird die Handlung getrieben, als nun Jupiter abermals vor
Alkmene in der Gestalt ihres Gatten erscheint. Schon das
Diadem, das ihr Jupiter-Amphitryon hinterließ und in dem
sie plötzlich statt des erwarteten »A« als Namenszug ein
»J« eingegraben entdeckt, hat sie außer Fassung gebracht.
Vollends verwirrt wird sie, als Jupiter-Amphitryon ihr erklärt, es sei Jupiter gewesen, der ihr zur Nacht erschienen
sei: »Es war kein Sterblicher, der dir erschienen, Zeus selbst,
der Donnergott, hat dich besucht.« Und wiederum – wie
schon zu Beginn des Stückes – möchte Jupiter ihr das Geständnis abringen, daß sie bereit sei, den Gott, wenn er sich
ihr zeige, noch mehr zu lieben als Amphitryon. Hat er doch
als Allwissender feststellen müssen, daß sie im Gebet nicht
vor Jupiter, sondern vor Amphitryon im Staube lag. Und
verwirrt bekennt Alkmene: »Ich brauche Züge nun, um ihn
zu denken.« So fragt er sie denn, wie sie sich verhalten
würde, wenn er in aller seiner Allmacht ihr erschiene und
von ihr Liebe erflehte. Denn: »Auch der Olymp ist öde ohne
Liebe.« Er will geliebt sein, »nicht ihr Wahn von ihm«.
Alkmene aber bleibt fest. Selbst wenn sie vom Schicksal bestimmt wäre, »vieler Millionen Wesen Dank, ihm seine
ganze Fordrung an die Schöpfung in einem einz'gen Lächeln
auszuzahlen«, so bliebe sie doch immer nur Jupiter in Ehrfurcht, Amphitryon aber in Liebe zugetan. Beschämt und
beglückt zugleich muß der Gott bekennen: »Mein süßes, an-
gebetetes Geschöpf! In dem so selig ich mich, selig preise! So
urgemäß dem göttlichen Gedanken, in Form und Maß, und
Sait' und Klang, wie's meiner Hand Äonen nicht ent-
schlüpfte! Es wird sich alles dir zum Siege lösen. Es drängt

den Gott Begier, sich dir zu zeigen.« Er verläßt sie, und
wiederum beschließt eine Sosias-Charis-Szene, als grotesk-
satirisches Widerspiel des Vorangegangenen, den auf höchster
Ebene ausgetragenen göttlich-menschlichen Konflikt. Noch
immer aber bleibt für die Umwelt das Rätsel um den doppelten Amphitryon. Merkur-Sosias gefällt sich darin, den
eifersüchtigen Amphitryon aufs äußerste aufzustacheln. Er
läßt ihn nicht in sein Schloß, weil dort Amphitryon bei
Alkmene weile: »Hüte dich, das Glück der beiden Liebenden
zu stören.« Rasend vor Eifersucht will Amphitryon mit den
Feldherren Thebens, die an ihn glauben, dem lügnerischen
Höllengeist, der sich seine Gestalt und seinen Namen an-
maßte, mit Gewalt zu Leibe gehen. Da tritt Jupiter aus dem
Schloß, und die beiden Amphitryonen stehen sich gegenüber.
Die Feldherren neigen dazu, Jupiter-Amphitryon als den
rechtmäßigen zu bezeichnen. Verzweifelt will Amphitryon
neue Zeugen aus der Stadt herbeirufen, wogegen Jupiter-
Amphitryon nichts einzuwenden hat. In der Zwischenzeit
läßt Merkur-Sosias noch einmal den armen Sosias, der vergeblich einen Kompromiß mit seinem »Zwillingsbruder« anstrebt, seine ganze Macht fühlen. Als dann Amphitryon mit
den Obersten des Heeres und mit dem Volk zurückkehrt,
wird die Entscheidung darüber, wer der richtige Amphitryon
sei, in die Hände Alkmenes gelegt. Sie entscheidet sich für
Jupiter-Amphitryon, und der echte muß sich verzweifelt zu
der Erkenntnis durchringen, daß jener »Amphitryon ist«.
Doch nun läßt Jupiter die Maske fallen. Unter Blitz und
Donnerschlag erscheint der Adler, der ihm den Donnerkeil
reicht. Der Gott gibt sich zu erkennen: »Zeus hat in deinem
Hause sich gefallen«, und verheißt dem Manne, dessen Gestalt er annahm: »Dir wird ein Sohn geboren werden, des
Name Herkules: es wird an Ruhm kein Heros sich der Vor-
welt mit ihm messen.« Alkmene, die ohnmächtig in Amphitryons Arme gesunken ist, wird ihm verbleiben. Mit dem
wehmütig-schmerzlichen »Ach«, das sich von den Lippen der
Wieder-Erwachten losringt, schließt das Stück.

  Kleist gestaltet mit diesem Werk, das er bescheiden »Lustspiel nach Molière« nennt, den uralten, oft behandelten
Mythos vom Gott, der sich mit einem Erdenweib vermählt,
auf seine eigene tiefsinnige Weise. Die Grundzüge der
Handlung und große Partien entnahm er zwar Molières

Komödie, doch während diese mit viel Grazie und Humor
auf die Pointe zusteuert, daß es keine Schande für einen
Ehemann sei, mit Jupiter zu teilen, ging es Kleist um das
Bild einer Frau, wie sie reiner nicht gedacht werden kann.
Alkmene ist die eigentliche Heldin des Stückes, die einem
raffinierten, Gefühl und Sinne verwirrenden Experiment in
der typisch Kleistschen ›Inquisitionstechnik‹ unterzogen
wird. Mit der unbeirrbaren Sicherheit ihres reinen Gefühls
bleibt sie sich und ihrem Gatten treu: auch Jupiter (seltsam
schillernd zwischen Versucher und liebendem Schöpfergott)
vermag mit seiner welthaften Liebessehnsucht, mit seinem
Appell an ihre religiöse Ergebenheit ihn nicht aus ihrer Seele
zu drängen und muß sich bescheiden, nur als Amphitryon sie
beglückt zu haben – gerade hiermit wird sie das würdige
Gefäß für die Geburt des Halbgottes. Dem äußerst differenzierten Spiel zwischen Jupiter, Alkmene und Amphitryon, das zu Momenten schneidender Tragik und bis in die
Tiefen des Mysteriums führt, korrespondieren die es kontra-
punktisch durchkreuzenden burlesk-komödiantischen Szenen
zwischen dem Dienerpaar und Merkur, von köstlichem
Humor insbesondere in der Gestalt und den Reden des
Sosias. Diese Verbindung von Erhabenstem und Lächer-
lichem, Weihespiel und Satyrspiel kennzeichnet das einzigartige Werk, das mit seinen bunten Elementen zu einer echten
Theaterdichtung von hohem Zauber geworden ist. (Reclams
UB 7416.)

Penthesilea

Trauerspiel in vierundzwanzig Auftritten
Erste Aufführung: 25. April 1876 in Berlin

Personen: Penthesilea, Königin der Amazonen – Prothoe, Meroe,
Asteria, Fürstinnen der Amazonen – Die Oberpriesterin der Diana –
Achilles, Antilochus, Odysseus, Diomedes, Könige des Griechenvolks –
Griechen und Amazonen.
Ort und Zeit: Schlachtfeld bei Troja, in sagenhafter Vorzeit.

Während die Kämpfe zwischen den Griechen und Trojanern
vor der Burg Troja noch unentschieden toben, tritt ein Ereignis ein, das beide Parteien verwirrt und das sich erst nach

einiger Zeit klärt: das Heer der Amazonen ist unter der
Führung ihrer Königin Penthesilea in das Schlachtfeld eingebrochen, ohne sich zu einem der beiden streitenden Völker
zu bekennen. Zunächst hat es den Anschein, als wollten sie
den Trojanern zu Hilfe kommen, um Troja zu entsetzen.
Bald zeigt sich jedoch, daß sie diesen ebenso feindlich gegen-
übertreten wie den Griechen. Eines aber ist das Merkwürdigste von allem: Penthesilea, die Königin, scheint unwiderstehlich von dem Griechen Achilles angezogen, bei dessen erstem
Anblick sie sich verfärbte (»als schlüge ringsum ihr die Welt
in helle Flammenlohe auf«) und auf dessen »schimmernder
Gestalt« ihr Blick wie trunken ruhte. Und sie sucht im
Schlachtgewühl immer wieder den Sohn der Thetis, um ihn
zum Kampf zu stellen. Doch auch Achill ist schon an sie gebunden. Als von dem Heerführer Agamemnon der Befehl
an die Griechen ergeht, sich zu den Schiffen zurückzuziehen
und den Kampf mit den Amazonen zu meiden, schwört
Achilles, »eher von dieser Amazone Ferse« nicht zu lassen,
bis er »bei ihren seidnen Haaren sie von dem gefleckten
Tigerpferd gerissen«. So beginnt nun ein tolles Jagen, das
von den beiden sonderbaren Gegnern mit einer Waghalsig-
keit ohnegleichen betrieben wird. Bald scheint Achill in den
Händen der Amazonen, dann wieder Penthesilea von dem
Griechen in kühnem Waffengang überwältigt. Keiner will
sich für besiegt erklären, und doch ist es im tiefsten Kern
nicht Haß, sondern leidenschaftliche Liebe, die sie zuein-
anderzieht. Achill erklärt dem Odysseus, daß er, wenn es
sein müßte, Jahre um Penthesilea freien würde und nicht
eher nach Hause kehren wolle, bis er sie zu seiner Braut
gemacht. Und Penthesilea versichert ihrer Freundin Prothoe:
»Ich will zu meiner Füße Staub ihn sehen, den Übermütigen,
der mir, wie keiner noch, das kriegerische Hochgefühl verwirrt.« Vergeblich versucht Prothoe, sie von ihrem Vorhaben
abzubringen. Ist doch der eigentliche Zweck des Amazonen-
zuges bereits erfüllt, eine Schar von überwundenen Jünglingen gefangen, die sie zum Hochzeitsfest nach der Heimat
Themiscyra führen können. Nur Penthesilea zögert noch,
das Schlachtfeld zu verlassen, und weist jeden gutgemeinten
Rat der Freundin zurück. »Verflucht das Herz, das sich
nicht mäßigen kann.« Ihr Ziel ist und bleibt: »den einen
heißersehnten Jüngling« sich siegreich zu gewinnen. Inmitten

der immer wieder aufflammenden Kämpfe kommt es zu einer wunderbaren lyrischen Szene. Penthesilea hat das »Rosenfest« angeordnet. Die Oberpriesterin der Diana rüstet es mit ihren Priesterinnen und einer Schar junger Mädchen. Schon glauben die Amazonen das Ende ihres Kriegszuges herbeigekommen, als das Verhalten Penthesileas alles wieder in Frage stellt. Taub für die Stimme der Vernunft, »vom giftigsten der Pfeile Amors« getroffen, überschreitet die Königin das Gebot ihres Landes, das einer Amazone verbietet, im Kampfe sich auf *einen* Mann einzustellen. Ihr geht es nicht mehr um das Wohl des Amazonenstaates und um dessen Gesetze. Ihr geht es nur noch um Achilles. Sie stellt sich ihm erneut zum Kampf und unterliegt. Um sie, die durch einen schweren Sturz gelitten hat und ohnmächtig wurde, zu schonen, überredet Prothoe den siegreichen Achill, Penthesilea glauben zu machen, daß nicht er, sondern sie der Sieger sei. Achill geht darauf ein. Und nun enthüllt sich, als Penthesilea erwacht, in einer Szene von einzigartiger Schönheit der ganze Zauber der Liebe dieser beiden titanenhaften Naturen, die weit über das gewohnte Menschenmaß hinausragen und bei deren Zusammenprall die Erde zu erzittern schien, »wie wenn zwei Sterne aufeinander schmettern«. Achill ergibt sich willig in die vorgetäuschte Gefangenschaft, und Penthesilea gibt der Gedanke: »Der junge Nereïdensohn ist mein!« die volle Kraft ihrer Jugend zurück. Doch wie sie ehedem im Schmerz raste, tut sie es nun in der Freude. Bekümmert muß Prothoe feststellen: »Freud' ist und Schmerz dir, seh ich, gleich verderblich, und gleich zum Wahnsinn reißt dich beides hin.« In tiefer Selbsterkenntnis ihrer tragischen Natur bekennt Penthesilea: »Zum Tode war ich nie so reif als jetzt.« Und sie spricht Worte, wie sie nur eine Penthesilea in einer solchen Situation sprechen kann: »Der Mensch kann groß, ein Held, im Leiden sein. Doch göttlich ist er, wenn er selig ist!« Diese Atempause im Ablauf des tragischen Geschehens ist nur von kurzer Dauer. Die wahre Lage, daß Penthesilea die Gefangene des Achill ist und nicht umgekehrt, kann nicht lange verborgen bleiben. Noch eben hat sie Achill die sonderbare Vorgeschichte ihres Heimatlandes erklärt, wie es in grauer Vorzeit zu dem großen Männermorden kam, als rauhe Äthioperstämme in das Skytherland einfielen, wie die Frauen sich schwuren, fortan

allein zu bleiben, einen »Frauenstaat« zu bilden, der nur
dann, wenn es der Fortbestand des Staates erfordert, erwählte »Marsbräute« aussendet, um »in den Wald der Männer« einzubrechen, und »die Reifsten derer, die da fallen,
wie Samen, wenn die Wipfel sich zerschlagen, in unsre heimatlichen Fluren« hinzuwehn. Da wird durch erneutes Vordringen der Amazonen, die ihre Königin befreien wollen,
offenbar, daß Penthesilea die Gefangene des Achill ist.
Achill versucht, sie zu überreden, mit ihm als Königin nach
seiner Heimat zu ziehen: »Du sollst den Gott der Erde mir
gebären! Prometheus soll von seinem Sitz erstehn und dem
Geschlecht der Welt verkündigen: Hier ward ein Mensch, so
hab ich ihn gewollt.« Doch im Gewühl des Kampfes werden
sie getrennt, Penthesilea den Amazonen zurückgewonnen,
Achill von Odysseus fortgerissen. Was nun folgt, ist grandiose tragische Übersteigerung der Geschehnisse und Gefühle.
Achill fordert durch einen Herold noch einmal Penthesilea
zum Kampf auf Tod und Leben heraus. Doch ist es seine
Absicht, sich ihr nur zum Schein zu stellen, um ihr dann
freiwillig zu erliegen und nach ihrer Heimat Themiscyra
zum »Rosenfest« zu folgen. Penthesilea verkennt in ihrer
Sinnesverwirrung diese seine wahre Absicht. »Mit zuckender
Wildheit« ruft sie nach ihren Hunden und Elefanten, um
mit dem ganzen »Schreckenspomp des Kriegs« dem Gelieb-
ten in sinnloser Haß-Liebe entgegenzuziehen. »Mit allen
Zeichen des Wahnsinns« ruft sie Ares an und fällt über den
Wehrlosen her. So weit geht ihre Raserei, daß sie »mit
schaumbedeckter Lippe«, einer Mänade gleich, sich mit den
Hunden auf den Geliebten stürzt und, nachdem sie dem
Fliehenden den Pfeil durch den Hals gejagt hat, »die
Rüstung ihm vom Leibe reißend, den Zahn in seine weiße
Brust« ihm schlägt. »Als ich erschien«, berichtet Meroe der
entsetzten Oberpriesterin, »troff Blut von Mund und Händen ihr herab.« Das Ende ist furchtbares Erwachen. Penthesilea, im Innersten aufgewühlt und zerstört, kann nur noch
feststellen: »Küsse, Bisse, das reimt sich, und wer recht von
Herzen liebt, kann schon das eine für das andre greifen.«
Sie folgt Achilles in den Tod, indem sie tief aus ihrem Busen
»ein vernichtendes Gefühl« hervorgräbt, das sie »in der Glut
des Jammers« hart zu Stahl läutert, es zu einem Dolche
formt und mit diesem sich tötet. »Sie sank, weil sie zu stolz

und kräftig blühte«, schließt Prothoe die Tragödie, »die abgestorbne Eiche steht im Sturm, doch die gesunde stürzt er schmetternd nieder, weil er in ihre Krone greifen kann.«

Kleist sagte von der *Penthesilea*: »Mein innerstes Wesen liegt darin ... der ganze Schmerz zugleich und Glanz meiner Seele.« Die Gestalt der Amazonenkönigin (»halb Furie, halb Grazie«, nennt Achill sie) wurde zur einzigartigen dichterischen Vision, antik-plastisch in der Bildhaftigkeit ihrer Züge, und zugleich von modern-seelischer Differenziertheit. Kleist steigt bis in Urgründe des weiblichen Eros und entwickelt eine Stufenleiter der Empfindungen, die von den leisesten Tönen erster träumerischer Liebesregungen über das offene Bekennen (»Staub lieber als ein Weib sein, das nicht reizt«) bis zum Furioso sinnverwirrenden Mänadentums reicht. Der oft getadelte und als psychopathisch angesprochene Schluß ist durchaus folgerichtig aus dem Wesen der Heldin entwickelt und zudem auch theatergeschichtlich ableitbar von der Schlußszene der *Bakchen* des Euripides. Einfühlung in antik-dionysisches Geschehen vereinigt sich hier grandios mit tiefenpsychologischer Durchleuchtung extremer Möglichkeiten der Seele, das Geschehen ist gestaltet in einer rauschhaft gesteigerten, elementar dahinbrausenden Bildersprache. Daß Kleist hier seiner Zeit weit vorauseilte, macht die Ablehnung verständlich, die der Dichtung zunächst widerfuhr. Für die Fabel der Handlung fand Kleist in Hederichs *Lexicon mythologicum* nur spärliche Hinweise. Sie ist im wesentlichen seine Erfindung. Eine späte Ausdeutung des metaphysischen Gehaltes der Dichtung durch die Musik fand Kleists Tragödie in der Tondichtung *Penthesilea* von Hugo Wolf (1885). Seine Komposition offenbart zugleich die im tiefsten Kern musikalisch-symphonische Struktur der Dichtung Kleists, der die Musik als die Wurzel aller übrigen Künste betrachtete. (Reclams UB 1305.)

Das Käthchen von Heilbronn

oder die Feuerprobe

Großes historisches Ritterschauspiel in fünf Akten
Erste Aufführung: 17. März 1810 in Wien

P e r s o n e n : Der Kaiser – Friedrich Wetter, Graf vom Strahl – Gräfin
Helena, seine Mutter – Ritter Flammberg, des Grafen Vasall – Gottschalk, sein Knecht – Kunigunde von Thurneck – Rosalie, ihre Kammerzofe – Theobald Friedeborn, Waffenschmied aus Heilbronn – Käthchen,
seine Tochter – Gottfried Friedeborn, ihr Bräutigam – Maximilian, Burggraf von Freiburg – Der Rheingraf vom Stein, Verlobter Kunigundes –
Räte des Kaisers und Richter des heimlichen Gerichts u. a.
O r t und Z e i t : An verschiedenen Orten in Schwaben, Mittelalter.

Graf Wetter vom Strahl muß sich vor dem heimlichen Gericht der Feme verantworten. Der Heilbronner Waffenschmied Theobald Friedeborn verklagt ihn in wilden Zornesausbrüchen, seine Tochter Käthchen verführt und mit Teu-
felskünsten an sich gelockt zu haben. Das Verhör ergibt, daß
Käthchen beim ersten Anblick des Ritters, als er die väterliche Werkstatt betrat, wie verzaubert zu ihm aufblickte
und sich dann aus dem Fenster stürzte, als er wegritt. Und
mehr noch: von den Verletzungen des Fenstersturzes genesen, hat sie sich aufgemacht, dem Ritter auf allen seinen
Wegen zu folgen. Der Graf vom Strahl bestreitet, irgendwie
unlauter gehandelt zu haben. Was Käthchen tat, geschah aus
ihrem freien Willen. Und so bestätigt es sich auch, als Käthchen selbst vor dem Femegericht erscheint. »Mein hoher
Herr«, redet sie den Grafen an und erblickt in ihm ihren
alleinigen Richter und Herrn. Auch als der Graf sie – von
den Femerichtern hierzu aufgefordert – verhört und ihr sug-
gerieren will, ihre demütige Hingabe mißbraucht zu haben,
kommt es zu keiner anderen Erklärung, als daß Käthchen
wie unter einem rätselhaften Banne stehend dem Grafen
folgen muß. Das Gericht spricht den Grafen einstimmig frei.
Auf Veranlassung der Richter übt der Graf seinen Einfluß
auf Käthchen aus und befiehlt ihr, zu ihrem Vater nach
Heilbronn zurückzukehren. Im Walde vor der Höhle des
heimlichen Gerichts enthüllt der Graf in einem Monolog,
daß er Käthchen innig liebt (»Du Schönere als ich singen

kann, ich will eine eigene Kunst erfinden, und dich weinen«).
Zum Weibe kann und will er sie freilich nicht begehren.
Denn seine adligen Ahnen heißen ihn, sich ihrem stolzen
Reigen anzuschließen. Und doch meint er, daß, wenn Käthchen die Stammutter des ganzen Geschlechtes gewesen wäre,
sein Stammvater mit ihr ein Geschlecht von Königen gezeugt
hätte, »und Wetter vom Strahl hieße jedes Gebot auf
Erden«. Vorerst aber bleibt ihm keine Zeit, seinen Gedanken
nachzuhängen. Es gilt, eine neue Fehde mit Kunigunde von
Thurneck auszufechten, die ihm schon den dritten Reichs-
ritter – diesmal ihren Verlobten, den Rheingrafen vom
Stein – wegen strittiger Güter auf den Hals schickt. Der Zufall will aber, daß der Graf vom Strahl unfreiwillig zu
Kunigundes Retter wird. Der Burggraf von Freiburg, ein
früherer Verlobter des Fräuleins, hat Kunigunde gefangen
und bei einem Gewitter gefesselt und geknebelt in eine Köhlerhütte gebracht. Hier entdeckt sie der Graf vom Strahl,
dem sich Kunigunde (ohne es zu wissen, wen sie vor sich
hat) hilfeflehend zu Füßen wirft. Als es zur Erkennung
kommt, ist die beiderseitige Überraschung groß. Kunigunde
faßt sich aber schnell und begibt sich nur zu gerne in die
»Haft« auf Schloß Wetterstrahl, wo man sie gastlich aufnimmt. Sie hat es jetzt auf den Grafen vom Strahl abgesehen, und dieser, dem ein Traum in der Silvesternacht eine
Kaisertochter zum Weibe verhieß, glaubt sie in Kunigunde
gefunden zu haben, da sie »vom Stamm der alten sächsischen
Kaiser« ist. Käthchen wird indessen von ihrem Vater und
ihrem einstigen Verlobten, dem Vetter Gottfried, zu einer
Einsiedelei gebracht. Sie will ins Kloster. Beim Abschied von
ihrem Vater, der gramgebeugt nunmehr bereit ist, sie wieder
zur Strahlburg zu bringen, schreckt sie aber doch vor dem
letzten Schritt zurück. Sie will weder ins Kloster noch zur
Strahlburg. Als sie aber zufällig Zeuge eines Anschlags wird,
den der Rheingraf gegen Kunigundes Schloß und gegen
deren Bräutigam, den Grafen vom Strahl, vorhat, läuft sie
nach der Burg Thurneck und setzt die Betroffenen davon in
Kenntnis. Der Graf vom Strahl weist Käthchen von sich, ja
er hebt sogar die Peitsche gegen sie, bringt es aber doch nicht
über sich, sie ganz von sich zu stoßen. Es kommt zum Überfall auf die Burg. Das Schloß gerät in Brand. Kunigunde,
die mit Argwohn das Interesse verfolgt, das der Graf an

Käthchen nimmt, schickt das arme Kind in das brennende
Schloß, um ein Futteral zu holen, das ihr wertvoll ist. Während Käthchen noch danach sucht, stürzt das Schloß zusammen. Sie scheint verloren. Aber »ein Cherub in der Gestalt
eines Jünglings, von Licht umflossen«, führt sie unversehrt
aus den Trümmern hervor. Auf Schloß Wetterstrahl, am
äußeren zerfallenen Mauerring der Burg, dort, »wo in süß
duftenden Holunderbüschen ein Zeisig zwitschernd sich das
Nest gebaut«, kommt es zur entscheidenden Szene, zugleich
zum poetischen Höhepunkt des Schauspiels. Hier findet der
Graf das schlafende Käthchen. Er will erfahren, warum sie
hinter ihm herschreitet »einem Hunde gleich, durch Feuer
und Wasser«. Gottschalk, sein Knecht, hat ihm gesagt, daß
Käthchen einen tiefen Schlaf hat, wie ein Murmeltier, daß
sie wie ein Jagdhund träumt und daß sie im Schlafe spricht.
»Auf diese Eigenschaften hin« will er seinen Versuch gründen. Er spricht die Schlafende an, und nun enthüllt sich ihm
das geheimnisvolle Wunder, das sie aneinanderbindet. Ein
Cherub erschien sowohl ihr wie ihm in der Silvesternacht.
Er hat sie schon lange zuvor einander zugeführt. Der Graf
vom Strahl zweifelt nun nicht mehr, daß Käthchen des Kaisers Tochter ist, die ihm verheißen ward. Er läßt Käthchen,
als sie erwacht, zu seiner Mutter aufs Schloß bringen. Während sich so Käthchens Schicksal zum Guten wendet, entwickeln sich die Dinge für die ränkische Kunigunde ungün-
stig. Käthchen wird, ohne es zu wollen, in der Badegrotte
Zeugin, daß die Schönheit Kunigundes nur eine vorgetäuschte ist. Kunigunde will die Verhaßte nun schleunigst durch
ihre Kammerzofe Rosalie mittels Gift aus dem Wege schaffen lassen. Graf Wetter vom Strahl tritt unterdessen kühn
vor den Kaiser und behauptet, daß Käthchen nicht die Tochter des Heilbronner Waffenschmiedes, sondern des Kaisers
ist. Der Kaiser ist empört. Ein Gottesgericht soll entscheiden.
Der Graf vom Strahl stellt sich ihm waffenlos. Der bewaffnete Theobald unterliegt seinem bloßen Blick. Das Gottesgericht hat für den Grafen entschieden. Und nun geht der
Kaiser in sich. »Der Engel Gottes, der dem Grafen vom
Strahl versichert hat, das Käthchen sei meine Tochter: ich
glaube, bei meiner kaiserlichen Ehre, er hat recht!« Vor Jahren, bei einem Turnier in Heilbronn, hatte er mit einem
Bürgermädchen namens Gertrud ein intimes Erlebnis gehabt,

und Käthchens Mutter heißt Gertrud. Ein Amulett, das er der Verlassenen zum Andenken schenkte, besitzt Käthchen. »O Himmel! Die Welt wankt aus ihren Fugen!« Sie ist sein Kind. Und also wird er die Prophezeiung wahrmachen und sie mit dem Ritter verbinden. Doch zuvor wird noch Kunigunde entlarvt. Was Käthchen unfreiwillig gesehen hatte, wußte der Burggraf von Freiburg schon längst: die Schönheit Kunigundes ist künstlich »aus allen drei Reichen der Natur zusammengesetzt. Ihre Zähne gehören einem Mädchen aus München, ihre Haare sind aus Frankreich verschrieben, ihrer Wangen Gesundheit kommt aus den Bergwerken in Ungarn, und den Wuchs hat sie einem Hemde zu danken, das ihr der Schmied aus schwedischem Eisen verfertigt hat.« Nun scheut der Graf vom Strahl nicht davor zurück, die »Giftmischerin« vor aller Augen, in Gegenwart des Kaisers, bloßzustellen. Er reicht vor der festlichen Versammlung nicht ihr, sondern Käthchen, die der Kaiser durch eine Urkunde zur kaiserlichen Prinzessin von Schwaben erhoben hat, die Hand zur Vermählung.

»Ein wahres Wunder an Kraft, Anmut und farbiger Volkstümlichkeit« nennt Gerhart Hauptmann das Werk. Kleist schuf mit ihm das große Gegenstück zur *Penthesilea*. Er selbst nennt es »die Kehrseite der Amazonenkönigin, ihren anderen Pol, ein Wesen, das ebenso mächtig ist durch Hingebung, als jene durch Handeln«. Wie dort alles auf den Kampf der Geschlechter und auf höchste Tragik gestellt ist, so hier alles auf die weibliche Hingabefähigkeit und die Auflösung ins Märchenhafte. Der somnambule Zwang, unter dem Käthchen handelt, ist aus den unbewußten Tiefen der weiblichen Psyche entwickelt. Ungemein farbig ist die Umwelt geschildert. Die Zeichnung der Ritterwelt erfolgt mit einer feinen Ironie, die gelegentlich das Parodistische streift. Weniger gelungen ist die Gestalt der Kunigunde, die ursprünglich als dämonische Melusine geplant, zu einem vom Haß gezeichneten Zerrbild geworden ist. Die Szene, da der Graf vom Strahl unter den Holunderbüschen Käthchen das Geheimnis ihrer Liebe entlockt, gehört zum Wunderbarsten deutscher Poesie. Der romantische Gehalt des Werkes fand in der Bühnenmusik Hans Pfitzners Widerhall. Nachdem das *Käthchen von Heilbronn* zu Lebzeiten Kleists in verstümmelter Form in Wien und Bamberg gespielt worden

war, auch später noch in der Laubeschen Fassung entstellt
blieb, gaben erst die Meininger und Max Reinhardt dem
Werk seine ursprüngliche Gestalt wieder. (Reclams UB 40.)

Prinz Friedrich von Homburg

Schauspiel in fünf Akten
Erste Aufführung: 3. Oktober 1821 in Wien

P e r s o n e n : Friedrich Wilhelm, Kurfürst von Brandenburg – Die
Kurfürstin – Prinzessin Natalie von Oranien, seine Nichte – Feldmar-
schall Dörfling – Prinz Friedrich Arthur von Homburg, General der
Reiterei – Obrist Kottwitz – Graf Hohenzollern, von der Suite des Kur-
fürsten – Obersten und Rittmeister u. a.
O r t u n d Z e i t : Bei Fehrbellin und in Berlin, im Jahre 1675.

Im Schloßpark von Fehrbellin windet sich der Prinz von
Homburg nachtwandelnd einen Lorbeerkranz. Sein Freund,
der Graf von Hohenzollern, holt den Kurfürsten mit der
ganzen Hofgesellschaft herbei, um ihnen dies sonderbare
Schauspiel vorzuführen. Der Kurfürst nimmt ihm den
Kranz aus der Hand, schlingt seine Halskette darum und
gibt ihn der Prinzessin von Oranien. Der Prinz von Homburg verfolgt diese Vorgänge, greift nach der Prinzessin und
redet sie mit: »Natalie! Mein Mädchen! Meine Braut!« an.
Die Hofgesellschaft entweicht entsetzt. Nur ein Handschuh
der Prinzessin bleibt in des Prinzen Hand zurück. Erwacht,
erzählt er dem Freunde sein Traumgesicht. Vergeblich versucht der Graf von Hohenzollern, ihn von dem Gedanken
abzubringen, daß der Handschuh, den der Prinz in den
Händen hält, und das Bild, das er traumwandelnd sah, in
Zusammenhang stehen. Am andern Morgen – schon dringt
der Kanonendonner der bevorstehenden Schlacht mit den
Schweden herüber – läßt der Kurfürst durch den Feldmarschall Dörfling seinen Generalen den Schlachtentwurf mitteilen. Der Prinz von Homburg ist aber nicht sehr bei der
Sache. Er hat entdeckt, daß der Handschuh, den die Prinzessin Natalie beim Aufbruch mit der Kurfürstin vermißt,
eben derjenige ist, den er noch immer bei sich hat. So hört er nur
mit halbem Ohre hin, daß ihm nach dem Plan des Kurfürsten streng untersagt ist, von dem angewiesenen Platz aus

in die Schlacht einzugreifen, bevor der Kurfürst ihm nicht
einen Boten sendet. Und der Kurfürst fügt noch selbst, ehe
er zur Schlacht aufbricht, hinzu: »Herr Prinz von Homburg,
dir empfehl ich Ruhe! Du hast am Ufer, weißt du, mir des
Rheins zwei Siege jüngst verscherzt; regier dich wohl, und
laß mich heut den dritten nicht entbehren, der Mindres nicht,
als Thron und Reich mir gilt.« Der Prinz glaubt aber, durch
das sonderbare Traumerleben mit der Prinzessin tief beglückt, seine Locken vom Glück gestreift: »Ein Pfand schon
warfst du im Vorüberschweben aus deinem Füllhorn lächelnd
mir herab«, und begibt sich im Hochgefühl des kommenden
Sieges in die Schlacht. Hier begeht er dann den Fehler, der
ihm zum Verhängnis wird. Er stürzt sich voreilig mit der
Reiterei in den Kampf, obwohl er von seiner Umgebung
ausdrücklich nochmals auf den Befehl des Kurfürsten zu
warten hingewiesen wird. Der Sieg bleibt trotzdem auf seiten Brandenburgs. Die Schweden werden vernichtend geschlagen. Die Nachricht vom Tode des Kurfürsten, die inzwischen die Kurfürstin und Natalie erreicht, stellt sich als
Irrtum heraus. Der brave Stallmeister Froben hat sich für
seinen Herrn geopfert. Er ritt den Schimmel in der Schlacht,
der als das Pferd des Kurfürsten galt und das Ziel der
feindlichen Kanonenkugeln war. In Berlin ordnet der Kurfürst aber an, daß trotz des glänzenden Sieges sofort ein
Kriegsgericht bestellt wird, das den aburteilt, der eigenmäch-
tig (»bevor ich Ordre gab«) die Reiterei in die Schlacht geführt: »Der ist des Todes schuldig, das erklär ich, und vor
ein Kriegsgericht bestell ich ihn.« Der Prinz von Homburg,
der Siegestrophäen dem Kurfürsten zu Füßen legt und im
Überschwang seines Gefühls bereits die Leiter an den Stern
des Cäsar Divus setzen wollte, stürzt jäh vom Gipfel seines
Glücks herab, als man ihm den Degen abfordert. »Mein
Vetter Friedrich will den Brutus spielen«, höhnt er überheb-
lich, »die schwed'schen Fahnen in dem Vordergrund und auf
dem Tisch die märk'schen Kriegsartikel. Und wenn er mir in
diesem Augenblick wie die Antike starr entgegenkömmt, tut
er mir leid, und ich muß ihn bedauern.« Sehr bald wandelt
sich des Prinzen Stimmung jedoch in furchtbare Verzweiflung, als er erfahren muß, daß es dem Kurfürsten bitterer
Ernst ist. Sein Freund Hohenzollern besucht ihn im Gefängnis in Fehrbellin und läßt ihn wissen, daß der Vollzug des

Todesurteils, das das Kriegsgericht über ihn gesprochen hat, unabwendbar erscheint. Der Prinz zweifelt noch immer. Er hält es für unmöglich, daß der Kurfürst, dem er »wert wie ein Sohn« war, es wirklich zum Äußersten kommen lassen würde. Als er aber erfahren muß, daß bereits Verhandlungen mit den Schweden aufgenommen wurden, um die Prinzessin Natalie durch eine Heirat an das schwedische Königshaus zu binden, glaubt er, durch seine heimliche Verlobung mit Natalie sich die Gunst des Kurfürsten tatsächlich verscherzt zu haben, und sieht sich nun selbst verloren. Bestürzt will er einen letzten Versuch zur Rettung wagen, indem er sich der Kurfürstin-Tante zu Füßen wirft und sie um ihre Fürsprache angeht. Auf dem Wege zu ihr sieht er das Grab, das am andern Tage seine Gebeine aufnehmen soll. Dieser Anblick erschüttert ihn derart, daß er vor der Kurfürstin und in Anwesenheit der Prinzessin jeden Halt verliert, von Todesfurcht geschüttelt nur noch um die Erhaltung des nackten Lebens fleht und sogar jeden Anspruch auf Nataliens Hand aufgibt. Er will nichts als leben und sich, falls er begnadigt wird, als Privatmann auf seine Güter am Rhein zurückziehen. Tief bekümmert, den einst so strahlenden Helden derart gesunken zu sehen, beschließt Natalie, beim Kurfürsten noch einen letzten Versuch zu wagen, das Leben des Geliebten zu retten. »Ich will ihn nicht für mich erhalten wissen«, sagt sie zu dem Oheim, »ich will nur, daß er da sei, wie eine Blume, die mir wohlgefällt.« Und sie meint, daß der Fehltritt, den der Prinz in der Schlacht beging (»blond, mit blauen Augen«), nicht einer solchen Strafe wert sei, zumal er zum Ruhme des brandenburgischen Fürstenhauses begangen wurde. Der Kurfürst, der ihr ebenso herzlich wie wohlgelaunt begegnet, hält ihr gleichwohl in bedeutsamen Worten den Ernst der Lage vor, die entsteht, wenn Willkür statt der Satzung im Staate herrschen. Aber als er von der Todesfurcht des Prinzen hört, ist er sofort zur Begnadigung bereit, wenn der Prinz selbst den Spruch des Kriegsgerichts für ungerecht halte. Natalie soll ihm auf der Stelle ein Handschreiben des Kurfürsten bringen, in dem ihm für diesen Fall die sofortige Lösung aus der Haft und völlige Freiheit zugesprochen wird. Mit dieser Wendung hat der Kurfürst dem Prinzen seine Beherrschung zurückgegeben. Indem er selbst zur Entscheidung aufgerufen wird, erkennt der

Prinz, daß es keinen anderen Weg für ihn gibt, als daß »das heilige Gesetz des Krieges«, das er im Angesicht des ganzen Heeres verletzte, durch seinen Sühnetod erhalten wird. Er vertritt diese Auffassung sogar gegenüber dem gesamten Offizierskorps, das sich mit Bittschriften für ihn beim Kurfürsten verwendet und das ihn unter allen Umständen am Leben erhalten wissen will. Durch diese Selbstüberwindung ist er zum Manne gereift, den nunmehr auch der Kurfürst, unter dem Jubel seiner Offiziere, begnadigen kann. Mit einem kurzen Nachspiel, das an die Nachtwandler-Szene des Anfangs anknüpft – der Prinz wird mit verbundenen Augen in den Schloßpark geführt, glaubt sich auf dem Wege zum Tod, während der Kurfürst ihm nur die einstige Vision der Verbindung von Lorbeerkranz, Fürstenkette und Braut zur Wirklichkeit werden lassen will –, schließt das Schauspiel.

Dieses letzte und reifste Drama Kleists ist ein preußisches Offiziersstück; aber in dem Konflikt um die Fragen von Insubordination und Kriegsgesetz wird zugleich ein allgemein menschlich-sittliches Problem aufgeworfen und zur gültigen Lösung geführt. Es geht um das Verhältnis eines genialischen Einzelnen, des überschwenglichen Träumers und Phantasten (als welcher der junge Homburg gezeichnet ist), zu der Ordnung eines größeren Ganzen, hier des Staates, dessen Bestand auf unverbrüchlichen Gesetzen beruht: er ist verkörpert in der überlegenen Herrschergestalt des Großen Kurfürsten. Ist das Todesurteil über den Sieger von Fehrbellin, der »unbewußt« und aus »reinem Gefühl« (typisch Kleistsche Kategorien) die objektive Satzung verletzt hat, sittlich gerechtfertigt? Die Frage wird dialektisch mit allen Mitteln Kleistscher Kasuistik in erregender Dramatik abgehandelt. Die Sympathien des Dichters und fast aller Personen des Stückes liegen beim Prinzen, seine Schuld scheint leicht zu wiegen und wird fast hinwegdisputiert (von Natalie, Kottwitz, Hohenzollern). Auch der Fürst liebt ihn wie einen Sohn – dennoch scheint er in der Wahrung des Gesetzes zum äußersten entschlossen. Die oft angefochtene Szene, da der Prinz angesichts des schimpflichen über ihn verhängten Todes völlig zusammenbricht, ist der notwendige Durchgang zu seiner Katharsis – es ist die Existenzangst eines scheinbar sinnlos verspielten Lebens, die ihn überwältigt –, erst als der Kurfürst ihm die Entscheidung selbst in die Hand legt,

wächst er in der freien Bejahung des Gesetzes zum wahren
Helden, der den erträumten Kranz und die Liebe Nataliens
nun wirklich verdient hat. Gesetz und Freiheit: diese scheinbaren Antithesen sind hier in einer höheren Synthese gelöst,
und aller Glanz fällt auf den zum Tode reifen, den Tod
überwindenden Prinzen, in dem Kleist sein eigenes Wesen
und sein Streben nach Liebe, Ruhm, Gerechtigkeit, Unend-
lichkeit dichterisch verklärt hat. Die Verse, die Kleist ihn
auf seinem vermeintlichen Todesgang sprechen läßt: »Nun,
o Unsterblichkeit, bist du ganz mein«, gehören zum Schönsten, was je in unserer Sprache gedichtet wurde. Dieses
Schlußbild ist ganz vom Schimmer des Transzendenten um-
strahlt, während die Haupthandlung in ihrem straffen Bau,
den hinhaltend spannenden, schlagkräftigen und im Auftritt
des alten Kottwitz auch von einem echt märkischen Humor
durchblitzten Szenen nochmals die Hand des berufenen Dramatikers zeigt. *Der Prinz von Homburg* wurde neuerdings
auch in Frankreich ein starker Theatererfolg. (Reclams
UB 178.)

JOSEPH VON EICHENDORFF

* 10. März 1788 auf Schloß Lubowitz bei Ratibor
† 26. November 1857 in Neiße

*Eichendorff entstammte einem der ältesten deutschen Adels-
geschlechter. Zuerst durch Hauslehrer erzogen, besuchte er
von 1801 an das Gymnasium in Breslau und bezog die Universitäten Halle und Heidelberg. Nach längeren Reisen bestand er in Wien die juristische Staatsprüfung und meldete
sich 1813 als Freiwilliger bei dem Lützowschen Freikorps,
1816 wurde er Referendar bei der Regierung in Breslau,
dann Beamter im Kultusministerium in Berlin; 1821 Sach-
bearbeiter für die katholische Schul- und Kirchenabteilung
in Danzig, 1824 Oberpräsidialrat in Königsberg und kam
1831 wieder nach Berlin ins Kultusministerium. 1844 trat er
in den Ruhestand und lebte an verschiedenen Orten, zuletzt
in Neiße im Hause seiner Tochter.*

Wenn der Schwerpunkt der Eichendorffschen Dichtungen auch im Roman, in der Novelle und vor allem in der Lyrik liegt, so hat doch das Theater in seinem Leben und Schaffen keine geringe Rolle gespielt. Schon der zehnjährige Knabe versuchte sich an einer Tragödie aus der römischen Geschichte. In Breslau sah er Schillers Dramen und Mozarts Opern. Auf den Hallenser Studenten machten die Musteraufführungen Goethes und Schillers im Lauchstädter Theater Eindruck. In Heidelberg trug er sich mit dem Plan eines *Hermann*-Dramas. Später schrieb er dramatische Satiren, in denen er sich nach Art der Romantiker in parodistisch-ironischer Weise mit Zeiterscheinungen auseinandersetzte: *Krieg den Philistern* (1824), *Meierbeths Glück und Ende* (1827). Doch versuchte er sich auch im historischen Trauerspiel: in *Ezelin von Romano* (1828) und in der Tragödie des Ordensmeisters Heinrich von Plauen *Der letzte Held von Marienburg* (1830). Sein Bestes als Bühnenschriftsteller gab Eichendorff in dem Lustspiel *Die Freier* (1833), einer reizvollen Bühnenimprovisation, in der sich literarische Reminiszenzen in glücklicher Weise mit Elementen romantischer Ironie und Poesie mischen. Als politischer Satiriker von Geist und Humor erwies er sich in dem Puppenspiel *Das Incognito* (1841), das sich gegen die preußische Beamtenservilität richtete. Ein besonderes Verdienst erwarb sich Eichendorff durch die Übersetzung von zehn Geistlichen Schauspielen Calderóns (unter ihnen *Das große Welttheater*), die er in zwei Bänden von 1846 bis 1853 herausgab. Als eine wertvolle literaturgeschichtliche Studie erwies sich die Schrift *Zur Geschichte des Dramas* (1854). Um eine gerechte Würdigung Eichendorffs in seinen Beziehungen zur Bühne haben sich neuerdings vor allem Paul Kluckhohn und Wilhelm Kosch bemüht.

Die Freier. Lustspiel in drei Aufzügen. – Der pedantische Hofrat Fleder erhält von seinem Präsidenten ein Schreiben mit der Bitte, in der Heiratsangelegenheit seines Neffen, des Grafen Leonard, nach dem Rechten zu sehen. Graf Leonard soll die reiche Gräfin Adele heiraten. Allerdings scheinen sich dabei Komplikationen zu ergeben. Denn »sie verachtet die Männer und er die Weiber«. Trotzdem hofft der Präsident, die beiden zusammenzuführen. Wie der

Präsident erfahren hat, beabsichtigt Graf Leonard als reisender Schauspieler das Schloß der Gräfin aufzusuchen, um unerkannt seine zukünftige Gemahlin kennenzulernen. Der Hofrat beschließt nun, sich gleichfalls zu verkleiden und als reisender Flötenspieler der ihm vom Präsidenten auferlegten Pflicht nachzukommen, »zwei verwilderte Herzen für die allgemeine Sache der Menschheit zu erwärmen«. Auf dem Schloß der Gräfin ist man über die bevorstehende Ankunft der beiden verkleideten Herren genau orientiert und beschließt deshalb, sich gleichfalls zu verkleiden. Die Gräfin Adele wird zur Kammerzofe Flora und die Kammerzofe zur Gräfin. Der Hofrat und Graf Leonard haben unterdessen, auf dem Weg zum Schloß, in dem Schauspieler Flitt und dem Musikanten Schlender, einem vagabundierenden Künstlerpaar, Gesellschaft gefunden. Leonard führt sich nun als »Sänger Florestin« auf dem Schloß ein, den Schlender auf der Violine begleiten soll, der Hofrat als »Flötenspieler Arthur«, dem der aufdringliche und großsprecherische Flitt bald im Wege ist. Damit ist der Verkleidungen und des Versteckspielens aber noch kein Ende: der Jäger Victor redet Flitt ein, die Gräfin sei in ihn verliebt und er müsse sie entführen. Aus Schlender macht Victor eine Dame, indem er ihm vorgaukelt, die von ihm angebetete Gräfin werde als Mann erscheinen. Beim Stelldichein im Park trifft aber der Hofrat, der sich ebenfalls in die »Gräfin« verliebt hat, mit Schlender zusammen und macht ihm, als vermeintlicher Gräfin, seine Liebeserklärung. Flora hat bis dahin nicht nur die Rolle der »Gräfin« gut gespielt, sie tritt nun auch noch als Offizier verkleidet auf und gerät mit Leonard in Konflikt, der sie für einen Nebenbuhler bei der echten Gräfin hält. Aus dem Wirrwarr lösen sich schließlich als Liebespaare heraus: Graf Leonard und die Gräfin Adele, der Jäger Victor und Flora. Hofrat Fleder, Flitt und Schlender, die sich als »Freier« um die vermeintliche Gräfin betrogen sehen, verlassen die Stätte ihrer Blamage.

Das sichtlich von Shakespeare (besonders von *Was ihr wollt*) und den Verwechslungsspielen der spanischen Mantel-und-Degen-Komödie inspirierte Stück hat gleichwohl seine eigene Note. Es atmet den Zauber und die Romantik Eichendorffscher Poesie. Das Quiproquo wird bis zur letzten Möglichkeit getrieben, überhaucht von Naturstimmungen und

romantisch empfundener Liebessehnsucht. Die originellste
Gestalt des Stückes ist der Hofrat Fleder, vom Dichter mit
aller ihm eigenen Spottlust ausgestattet. Die beiden köstlichen Landstreicher Flitt und Schlender sorgen dafür, daß
das romantische Gefühlselement der Dichtung nach der
komödiantischen Seite hin aufgelockert wird. In manchen
Partien etwas flüchtig gearbeitet – besonders im 3. Akt –,
bedarf das Stück der helfenden Hand des Bearbeiters und
der szenischen Ausfüllung durch Musik. Zu Lebzeiten des
Dichters kaum beachtet, gingen die *Freier* in der Bearbeitung
Otto Zoffs seit 1908 über mehrere Bühnen und erfuhren
dann verschiedentlich, vor allem in der Bearbeitung von
Ernst Leopold Stahl, zahlreiche Wiederbelebungen. (Reclams
UB 7434.)

FRANZ GRILLPARZER

* 15. Januar 1791 in Wien, † 21. Januar 1872 in Wien

*Grillparzer war der Sohn eines Hof- und Gerichtsadvokaten
in Wien. Er besuchte das Anna-Gymnasium und studierte
dann Philosophie und Rechtswissenschaft. Nach dem frühen
Tod des Vaters war er zunächst als »Hofmeister« tätig.
1813 trat er in den österreichischen Staatsdienst, anfangs bei
der Hofbibliothek, dann beim Hauptzollamt und später bei
der Finanzverwaltung. Vorübergehend war er auch als
Theaterdichter am Burgtheater angestellt. Seit 1832 war er
Hofarchivdirektor und wurde als solcher 1856 pensioniert.
Reisen führten ihn nach Italien, Frankreich, England, Griechenland und Konstantinopel. 1826 traf er in Weimar mit
Goethe zusammen. Seit 1849 wohnte er im Hause der
Schwestern Fröhlich, deren dritte, Katharina, seine »ewige
Braut« war. Gegen Ende seines Lebens wurden ihm nach
mancherlei Enttäuschungen reiche Ehrungen zuteil. Sein
80. Geburtstag wurde von ganz Deutschland gefeiert. Er
starb im Alter von 81 Jahren und wurde in der Nähe
Beethovens und Schuberts, mit denen ihn persönliche Beziehungen verbunden hatten, beigesetzt.*

Grillparzer ist der größte Dramatiker, den das alte habsburgische Österreich hervorgebracht hat, zugleich einer der
bedeutendsten Vertreter der deutschen nachklassischen Dichtung. Sein Schaffen gründet ebensosehr in den klassizistischen Bestrebungen seiner Zeit, dem Erbe der historischen
Dramatik Shakespeares und Schillers wie in den barockvolkstümlichen Traditionen des Wiener Theaters. Er begann
mit der *Ahnfrau,* einem in der damaligen Zeit äußerst beliebten Schicksalsdrama, das ihm 1817 einen großen Erfolg
eintrug. Heute steht uns diese Dichtung, deren Schicksalsverkettungen allzu konstruiert anmuten, ferner. Die Stimmungsmalerei und die musikalisch empfundene Verssprache
offenbaren jedoch schon hier den bedeutenden Dichter. Als
solcher erwies sich Grillparzer in hohem Maße in der
Sappho (1818), einem tief empfundenen Bekenntnisdrama
über das Thema Kunst und Leben. Die Trilogie *Das goldene
Vlies* (1820) zeigt Grillparzer bereits auf der Höhe seines
Könnens und seiner Berufung als Nachfahre Goethes in der
Ausbildung eines an die Antike angelehnten Tragödienstiles.
Mit dem historischen Trauerspiel aus der böhmisch-habsburgischen Geschichte *König Ottokars Glück und Ende* (1825)
näherte er sich Shakespeare und Schiller. Das Trauerspiel
aus der ungarischen Geschichte *Ein treuer Diener seines
Herrn* (1826/27, Reclams UB 4383) überzeugt künstlerisch
weniger in der Gestalt der passiven Titelfigur, des edlen
Staatskanzlers Bancbanus, als in der seines Gegenspielers,
des Herzogs Otto von Meran, eines genial erfaßten brüchigen Charakters. Mit *Des Meeres und der Liebe Wellen*
(1829) schuf Grillparzer eine der intimsten Liebestragödien
deutscher Sprache, die in glücklichster Synthese das klassische
Sagengut auf moderne Weise widerspiegelt. Das dramatische
Märchen *Der Traum ein Leben* (1831) zeigt ihn als tiefsinnigen Ausdeuter und Vollender bodenständiger Wiener
Theatertraditionen. Das Lustspiel *Weh dem, der lügt!,* dessen mißfällig aufgenommene Erstaufführung in Wien 1838
seinen Schöpfer tief verbitterte, erwies sich in der Folge als
eines der wenigen bedeutsamen Charakterlustspiele der deutschen Bühnenliteratur. Seine Ablehnung durch Publikum
und Kritik war der Anlaß, daß der allezeit menschenscheue,
selbstquälerische und empfindsame Dichter seine späteren
Werke der Öffentlichkeit vorenthielt, die erst im Nachlaß

gefunden wurden. Unter diesen ragen das von Lope de Vega inspirierte Trauerspiel *Die Jüdin von Toledo*, die gedankentiefe dramatische Dichtung *Libussa* (Reclams UB 4391) und die historisch-politische Staatstragödie *Ein Bruderzwist in Habsburg* hervor. Besonders das letztgenannte Werk gehört zu den bedeutendsten Arbeiten des Dichters. Es nimmt unter den nicht allzu zahlreichen wirklich großen Bühnendichtungen mit Stoffen aus der deutschen Geschichte einen ersten Platz ein. Aus der eingehenden Beschäftigung Grillparzers mit der dramatischen Weltliteratur gingen seine Studien über Lope de Vega hervor, mit dem er sich über 40 Jahre auseinandergesetzt hat und auf den er als erster in neuerer Zeit wieder nachdrücklich hinwies. Zunächst berühmt, dann lange Zeit nahezu vergessen und verkannt und erst von dem Burgtheaterdirektor Heinrich Laube der Bühne neu gewonnen, gehört Grillparzers Werk heute zum bleibenden Bestand deutscher Bühnendichtung. Um eine zyklische Erfassung seiner Werke machte sich Saladin Schmitt in Bochum verdient.

Die Ahnfrau

Trauerspiel in fünf Aufzügen
Erste Aufführung: 31. Januar 1817 in Wien

P e r s o n e n : Graf Zdenko von Borotin – Berta, seine Tochter – Jaromir – Boleslav – Günther, Kastellan – Ein Hauptmann – Ein Soldat – Die Ahnfrau u. a.
O r t und Z e i t : Schloß der Borotins, Mittelalter.

Dem Grafen von Borotin wurde sein einziger Sohn einstmals mit drei Jahren geraubt. Trost seines Alters ist ihm nur seine Tochter Berta, die in Liebe zu dem Retter ihres Lebens aus Räuberhand, Jaromir, entflammt ist. Der Graf ist nicht abgeneigt, ihm ihre Hand zu geben. Aber es liegt eine düstere Stimmung über den Bewohnern des alten Schlosses. Eine Überlieferung besagt, daß auf den Borotins wegen eines Verbrechens in der Vorzeit ein Fluch laste. Unheimlich geistert die schuldige Ahnfrau durch die Gemäuer. Günther, der Kastellan, weiß um ihr Verbrechen: sie hieß gleichfalls Berta, beging, von ihren Eltern zu »verhaßter Ehe Bund« gezwungen, Ehebruch. In den Armen ihres Buhlen überfiel

sie der Gemahl und tötete sie. Ihr Geist wird erst zur Ruhe
kommen, wenn der letzte Zweig des Stammes ausgerottet
von der Erde. – Mit aufgerissenem Wams, verworrenem
Haar und dem zerbrochenen Degen in der Rechten stürzt
Jaromir herein. Räuber hätten ihn im Walde überfallen. Er
wird gastfrei aufgenommen, fühlt sich aber in der Nacht
von Gespenstern aufgescheucht und nimmt, als der Hauptmann einer Truppe regulärer Soldaten eintrifft, die der
Räuberbande im Walde auf der Spur sind, diese in Schutz.
In der gespannten Situation muß Berta als erste an Jaromir
irre werden. Denn ein Stück einer Schärpe, die sie ihm gab,
bringt ein Soldat als Fundstück eines neuerlichen Kampfes
zwischen dem gesuchten Räuberhauptmann und den Soldaten. Jaromir, der das Schloß verlassen hatte und verwundet
zurückkehrt, gesteht Berta die Wahrheit: er ist der gesuchte
Räuber. Unter Räubern aufgewachsen, fühlt er sich nicht
unbedingt schuldig an seinem Schicksal und fleht Berta an,
ihm zu einem Schlosse, fern am Rhein, zu folgen, wo sie ein
neues Leben beginnen könnten. Widerstrebend erklärt sich
Berta dazu bereit. Doch noch ist das Schloß umstellt, und im
Auf und Ab der zugespitzten Lage ereignet sich Fürchter-
liches: der alte Graf beteiligt sich an der Suche nach dem
Räuberhauptmann, wird im Dunkeln von Jaromir erstochen
und erfährt sterbend von dem Räuber Boleslav, daß sein
Sohn einst nicht getötet, sondern entführt wurde und unter
Räubern aufwuchs. Jaromir ist also sein Sohn und zugleich
sein Mörder. Ein Dolch des Hauses, dessen Jaromir sich als
Waffe bedient hatte, bildet den Beweis. Und Berta ist somit
die Schwester des Unglücklichen. Der Graf stirbt in der Erkenntnis, daß »tiefverhüllte, finstre Mächte« diese unselige
Entwicklung herbeigeführt haben und daß die frühere
Schuld der Ahnfrau es war, die unabdingbar zur Katastrophe drängte. Berta nimmt, ehe sie Jaromir wiedersieht,
Gift. Jaromir erfährt von Boleslav, der sich als seinen Vater
ausgegeben hatte, die Zusammenhänge. Er will dem Schicksal trotzen und Berta als Geliebte entführen. Aber im
Grabgewölbe des Schlosses zeigt ihm die Ahnfrau selbst die
tote Berta im Sarg, nimmt ihn in ihre Arme und legt den
Entseelten neben die tote Schwester. Der Fluch hat sich erfüllt: die Letzten des Hauses Borotin starben. Nun kann
auch die Ahnfrau sich in ihr Grabgewölbe für immer zu-

Kleist, Der zerbrochne Krug

Büchner, Woyzeck

rückziehen: »Öffne dich, du stille Klause, denn die Ahnfrau kehrt nach Hause«, heißt der vielzitierte Schluß des Trauerspiels.

Grillparzer gab mit diesem seinem ersten Stück einen glänzenden Beweis seines Bühnentalentes. Die Handlung ist mit Spannung geladen, die düstere Stimmung über dem Ganzen faszinierend herausgearbeitet. Als Vers hat der Dichter den viertaktigen Trochäus der spanischen Bühne gewählt. Das Trauerspiel, das auf französischen Quellen beruht und in dem Motive des Sophokleischen *Ödipus* ebenso nachklingen wie Einflüsse der Schillerschen *Braut von Messina*, kam dem Zeitgeschmack nach Schauer- und Gespenstergeschichten sehr entgegen. (Reclams UB 4377.)

Sappho

Trauerspiel in fünf Aufzügen
Erste Aufführung: 21. April 1818 in Wien

P e r s o n e n : Sappho – Phaon – Eucharis und Melitta, Dienerinnen Sapphos – Rhamnes, Sklave – Ein Landmann – Dienerinnen, Knechte, Landleute.
O r t   u n d   Z e i t : Auf der Insel Lesbos, um 600 v. Chr.

Sappho kehrt ruhmbekränzt von Olympia, wo sie den Siegerkranz in der Dichtkunst errungen hat, auf ihre Insel zurück. Begeistert empfängt sie ihre nächste Umgebung: der treue alte Sklave Rhamnes, die beiden jungen Dienerinnen Eucharis und Melitta und das Volk der Landleute. An Sapphos Seite steht der junge Grieche Phaon, der sich ihr in Olympia entzückt nahte und den sie auserkor, ihr zu folgen, um mit ihm zusammen, wie sie hofft, »ein einfach stilles Hirtenleben« zu führen, »den Lorbeer mit der Myrte gern vertauschend«. Sehr bald stellt sich jedoch heraus, daß dies nicht möglich ist. Phaon, anfänglich von Sapphos Dichterruhm geblendet und stolz darauf, daß »Hellas' erste Frau« auf ihn, »Hellas' letzten Jüngling«, die Blicke warf, wendet sich der jüngeren und in naiver Unschuld zum ersten Liebeserleben erblühten Melitta zu. Tief bewegt und in innerster Seele getroffen, muß Sappho erkennen, daß ihre Absicht: »das Leben aus der Künste Taumelkelch, die Kunst zu schlürfen aus der Hand des Lebens« ein Wahn war, daß die ganze Reife ihres Wesens, die Größe ihrer Kunst, ihr Ruhm und ihr schönheittrunkenes Sehnen nichts gegen die Jugend Melittas vermögen und daß Phaon ihr nur allzu schnell entgleitet, um in Melitta, ihrem Geschöpf, die wahre Erfüllung seiner Liebessehnsucht zu finden. Sie überrascht die beiden wiederholt in ihrer Liebesversunkenheit und muß nun alle Stadien quälender Eifersucht durchleiden. In leidenschaftlicher Aufwallung glaubt Sappho zunächst noch, durch Entfernung Melittas (der treue Rhamnes soll sie zu einem Gastfreund nach der Insel Chios bringen) die Situation für sich retten zu können. Doch sie bewirkt dadurch nur das Gegenteil. Phaon entdeckt ihre Absicht, sieht in Sappho nur noch eine falsche, heuchlerische Circe und vereitelt den Plan, indem er mit Melitta zusammen zu fliehen versucht. Doch nun erweist sich die Anhänglichkeit der Landleute von Lesbos an ihre Herrin. Sie holen die Flüchtigen auf dem Meere ein und bringen sie vor Sappho. Und Rhamnes hält in aufrüttelnden Worten Phaon das Verblendete seiner Handlungsweise vor Augen, derart eigenwillig und selbstsüchtig an Sappho, »Hellas' Kleinod«, handeln zu wollen. Sappho selbst hat durch die erregenden Ereignisse zu sich zurückgefunden. In überlegener Größe und Ruhe nimmt sie von ihrer erschütterten Umgebung Abschied und zahlt »die letzte Schuld des Lebens«, indem sie sich vom Felsen ins Meer stürzt.

Grillparzer, der nach der auf starke Theateraffekte zielenden *Ahnfrau* mit dieser ganz auf inneres Erleben gestellten schlichten Tragödie seine wahre Berufung zum Dichter erwies, schuf mit der *Sappho* ein Seitenstück zu Goethes *Tasso*. Die Spannung zwischen Kunst und Leben ist das innere Thema des Stückes. Der Dichter läßt im 3. Akt Sappho selbst das Grundproblem ihrer Tragik aussprechen: »Wen Götter sich zum Eigentum erlesen, geselle sich zu Erdenbürgern nicht; der Menschen und der Überird'schen Los, es mischt sich nimmer in demselben Becher. Von beiden Welten eine mußt du wählen, hast du gewählt, dann ist kein Rücktritt mehr.« Mit feinstem Einfühlungsvermögen ist das Liebeswerben Sapphos, ihre Enttäuschung, das Aufkeimen der Eifersucht, ihr leidenschaftlicher Racheausbruch und ihre Läuterung gezeichnet. Mit sicherem Einfühlungsvermögen hat Grillparzer daneben die unschuldige, vom ersten Liebesanhauch berührte Melitta erfaßt, die zwar mit dem Geliebten zu fliehen vermochte, aber doch nicht leben kann, wenn Sappho sie verdammt. Phaon, der unschuldig-schuldige Urheber der Konflikte, ist der kurzsichtig handelnde, verliebte Jüngling, den die Situation erforderte. Dem treuen Rhamnes ist mit der großen Preisrede auf Sappho im 5. Akt ein Kabinettstück edelster klassischer Rhetorik in den Mund gelegt. Das Stück gehört seit seiner ersten Aufführung auf dem Burgtheater zum bleibenden Repertoire aller deutschsprachigen Bühnen. Die Titelrolle, zuerst von Sophie Schröder verkörpert, später die Glanzrolle einer Charlotte Wolter, Hedwig Bleibtreu u. a., gehört zu den beliebtesten des Faches der klassischen Heldin. (Reclams UB 4378.)

Das goldene Vlies

Dramatisches Gedicht in drei Abteilungen
Erste Aufführung: 26. und 27. März 1821 in Wien

I. Der Gastfreund

Trauerspiel in einem Aufzuge

P e r s o n e n : Aietes, König von Kolchis – Medea, seine Tochter – Gora, Medeas Amme – Peritta, eine ihrer Jungfrauen – Phryxus, ein Grieche – Griechen, Kolcher.
O r t und Z e i t : Wilde Gegend in Kolchis, griechische Vorzeit.

Medea opfert am Altar der kolchischen Göttin Darimba. Sie verstößt Peritta, eine ihrer Jungfrauen, die sich einem Hirten zum Manne versprochen hat, aus ihrer Umgebung. Eben will sie zur Jagd aufbrechen, als ihr Vater, König Aietes, kommt und ihre Hilfe bei der Abwehr von Fremden verlangt, die in Kolchis landeten. Es sind Griechen. Alsbald nahen sie, an ihrer Spitze Phryxus. Er bietet dem König Frieden an und nennt als Grund seines Kommens den Auftrag des Gottes in Delphi, das Vlies (»des Gottes Goldpanier«) nach Kolchis zu bringen. Erstaunt erkennt Phryxus am Altar der Kolcher ein Doppelbild des Standbildes, das er in Delphi sah. Er bittet, Aietes möge ihn freundlich aufnehmen. Wenn nicht, will er selbst, auf der Götter Beistand ver-

trauend, Besitz von dem Lande nehmen. Aietes, lüstern nach
dem Gold, will nichts von dieser ihm aufgezwungenen Gastfreundschaft wissen. Medea, die Phryxus als ein Wesen »halb
Charis, halb Mänade« erscheint, muß ihm das Schwert ab-
verlangen. Heuchlerisch lädt Aietes die Fremden zu sich zum
Gastmahl, um sie dann durch einen Schlaftrunk reif für den
Untergang zu machen. Phryxus, der sich noch rechtzeitig
zum Schiff zurückzuziehen versucht, wird von Aietes getötet. Sterbend heftet er einen furchtbaren Fluch an den
Besitzer des Vlieses: der den Gastfreund getötet hat, soll
»niederschaun auf seiner Kinder Tod«. Medea, deren Gefühle bei diesen Ereignissen zwiespältig waren, ahnt eine
schlimme Zukunft und sieht das Haus ihres Vaters von den
Rachegeistern umdroht. (Reclams UB 4379.)

II. Die Argonauten

Trauerspiel in vier Aufzügen

P e r s o n e n : Aietes, König von Kolchis – Medea, Absyrtus, seine
Kinder – Gora, Medeas Amme – Peritta – Jason – Milo, sein Freund –
Argonauten – Kolcher.
O r t u n d Z e i t : In Kolchis, wilde Gegend und Inneres eines Turmes,
einige Jahre nach dem I. Teil.

Medea lebt seit dem Raub des Vlieses und Phryxus' Tod
abgeschieden in einem Turm. Und wiederum, wie damals bei
Phryxus' Landung, kommt ihr Vater Aietes zu ihr, um von
ihr, die geheimer Zauberkünste mächtig ist, Hilfe zu erbitten. Griechen sind gekommen, die Phryxus' Tod rächen und
die Schätze des Erschlagenen zurückverlangen wollen. Medea
verweigert zunächst ihre Hilfe, da das Haus des Vaters ihr
nach der Ermordung des Gastfreundes verhaßt ist. Erst als
Aietes sich mit seinem Sohne Absyrtus freiwillig den Schwer-
tern der Feinde ausliefern will, erklärt sie sich bereit, die
Götter zu befragen und ihrerseits alles zu tun, um den Vater
zu retten. Im Innern des Turmes tritt ihr an Stelle der beschworenen Götter der Grieche Jason entgegen, der Führer
der Argonauten, der sich mit seinem Freunde Milo aufgemacht hat, das Land zu erforschen. Jason ist vom Zauber
der Erscheinung Medeas stark beeindruckt. Auch Medea ist

nicht unberührt von ihm, rettet ihm zweimal vor den Verfolgern der Kolcher das Leben und glaubt zunächst, daß es wirklich ein Gott war, der ihr erschien. Jason, der mehr und mehr von der »düstren Märchenwelt« des Landes eingefangen wird, begegnet Aietes ebenso stolz wie mißtrauisch. An der Forderung der Rückgabe des Vlieses hält er unumstößlich fest. Noch ehe die Lage geklärt ist, entringt sich seinen Lippen das Geständnis, daß er Medea liebe. Und auch Medea wird unwiderstehlich in seinen Bann gezogen. Zum ersten Male enthüllt sich ihr der Zauber der wahren Liebe, die sie an Peritta, ihrer einstigen Gespielin, so streng zu tadeln wußte (»Liebe, ein schöner Name für eine fluchenswerte Sache«). Im Auf und Ab des offenen Kampfes, der nun zwischen den Griechen und den Kolchern ausbricht, schwankt Medea anfangs noch, bekennt sich dann aber offen zu Jason, ja, sie läßt sich von ihm sogar dazu bestimmen, ihm behilflich zu sein, das goldene Vlies, das eine Schlange tief im Turm hütet, zu gewinnen. Nicht einmal des Vaters Fluch, der ihr das furchtbare Schicksal der Verspottung und Verhöhnung in der Fremde voraussagt, hält sie zurück. Sie ist bereit, mit Jason zu leben und zu sterben. Als Opfer ihres Verrates an der Sache der Kolcher fällt ihr Bruder Absyrtus. Siegreich verlassen die Griechen mit dem wiedergewonnenen Vlies und mit Medea und ihrer Amme Gora an Bord der Argo das Land Kolchis. (Reclams UB 4379.)

III. Medea

Trauerspiel in fünf Aufzügen

Personen: Kreon, König von Korinth – Kreusa, seine Tochter – Jason – Medea – Gora – Ein Herold der Amphiktyonen – Ein Landmann – Medeas Kinder – Diener und Dienerinnen.
Ort und Zeit: In Korinth, vor den Mauern der Stadt und in Kreons Königsburg, einige Jahre nach dem II. Teil.

Medea vergräbt vor den Mauern Korinths ihre Zaubergeräte und auch das Goldene Vlies. Alles, was an die Vergangenheit erinnert, soll vergessen sein. Doch mit eindringlichen Worten führt ihr die alte Gora die Situation vor Augen, wie sie seit der Rückkehr Jasons nach Griechenland und seit ihrer Ehe mit Jason, der bereits zwei Kinder entsprossen sind, wirklich ist: alle Welt flieht sie voller Abscheu, Jasons Oheim verschloß ihm die Tür des Vaterhauses, und sein plötzlich eingetretener Tod wird Jason und Medea zur Last gelegt. Nun will Jason den König von Korinth, Kreon, an dessen Hofe er einstmals glückliche Jugendtage verlebte, um Aufnahme bitten. Zunächst hat es den Anschein, als ob Kreon gewillt sei, den Unglücklichen zu helfen, zumal auch Kreusa, Kreons Tochter, sich warmherzig für die Flüchtigen einsetzt. Doch mehr und mehr enthüllt sich das Bild der völlig zerrütteten Ehe Jasons und Medeas. Sie, die ihm vor dem dunklen Hintergrund der düsteren Landschaft von Kolchis als seine Lebensretterin begehrenswert wurde, erscheint ihm im helleren, freundlicheren Griechenland als unheimliche Zauberin, deren Augen ihn immer wieder mit dem Blicke der Schlange anschauen, die das Vlies bewachte (»und nur mit Schaudern nenn ich sie mein Weib«). Medea ihrerseits, die um ihrer Liebe zu Jason willen ihre Heimat verließ und schwere Blutschuld auf sich lud (den Tod des Bruders wie auch den des Vaters, der sich inzwischen aus Gram das Leben nahm), klammert sich nur um so verzweifelter und fester an Jason (»Von allem, was ich war, was ich besaß, es ist ein einziges mir nur geblieben, und bis zum Tode bleib ich es: dein Weib«). Da keiner der Ehepartner gesonnen ist, von seinem Standpunkt abzugehen, vollzieht sich die Tragödie mit zwingender Folgerichtigkeit. Jason fühlt sich, nicht zuletzt durch die liebliche Erscheinung Kreusas, die ihm einst zum Weib bestimmt erschien, mehr und mehr in seine Jugendzeit zurückversetzt und möchte sie wiedergewinnen. Medea versucht vergeblich, sich der ihr fremden, lichten Welt griechischer Heiterkeit und Kultur anzupassen. Als ein Herold den Spruch der Amphiktyonen verkündet, nach welchem Jason und Medea aus ganz Griechenland verbannt werden wegen des ihnen zur Last gelegten Todes von Jasons Oheim, gelangt der bis dahin nur verborgen schwelende Konflikt zum offenen Ausbruch. Kreon stellt sich schützend vor Jason, ja, er ist sogar bereit, ihm Kreusa zum Weib zu geben. Medea aber soll das Land verlassen, nicht einmal die beiden Kinder werden ihr gegönnt. Doch dies ist zuviel für das tief beleidigte Weib. Nun erwacht die Kolcherin in ihr. In einer letzten großen Auseinandersetzung mit Jason versucht sie noch einmal, ihn durch die Erinnerung an das, was sie ihm in Kolchis bedeutete, zurückzugewinnen, und bittet ihn, als das fehlschlägt, ihr wenigstens die Kinder, ja notfalls nur einen der beiden Knaben zu belassen. Doch Jason und auch Kreon bleiben hart. Und nun schlägt die Rache der furchtbar Beleidigten entsetzlich aus. Sie läßt durch Gora an Kreusa ein Geschenk bringen, aus dem (mit Hilfe ihrer alten Zauberkunst) Feuer aufzüngelt, das Kreusa tötet und den ganzen Palast in Schutt und Asche legt. Und als Krönung ihrer Rache an Jason tötet sie mit eigener Hand die beiden Kinder, die ihr verhaßt geworden sind, seit sie hat erkennen müssen, daß auch sie sich von ihr und ihrer Welt abwandten und zu der lichteren Welt Kreusas neigen. In einer letzten Begegnung, schon außerhalb Korinths, rechnet sie noch einmal mit Jason ab (»Dir scheint der Tod das Schlimmste; ich kenn ein noch viel Ärgres: elend sein«). Sie wird nach Delphi gehen und das goldene Vlies, das Phryxus einst vom Altar des Gottes genommen hatte, zurückbringen. Die Priester sollen ihr sagen, welches Los ihr weiterhin bestimmt ist, Jason aber soll allein, ohne Weib, ohne Kinder, seinem Elend überlassen bleiben.

Die Trilogie *Das goldene Vlies*, die Grillparzer 1818 bis 1820 schrieb, stellt nicht nur dem Umfang, sondern auch dem Gehalt nach sein größtes Werk dar. Sie weitet sich über die Charaktertragödie der Medea hinaus zum dramatischen Weltgedicht, in das der Dichter viel von seinen philosophischen Erkenntnissen und seiner Weltschau hineingelegt hat. Das Vlies wird zum Symbol des Fluches, der an einer bösen Tat haftet. Der Gegensatz von Kultur und Natur, Griechentum und Barbarentum, leuchtet immer wieder auf, und »das Ganze ist die große Tragödie des Lebens, daß der Mensch in seiner Jugend sucht, was er im Alter nicht brauchen kann«, wie der Dichter selbst gesagt hat. Mit großer Meisterschaft ist aber das Drama, ohne jemals von diesen Gesichtspunkten tendenziös belastet zu werden, auf den rein menschlichen Gehalt verdichtet, der am erschütterndsten in der Gestalt der Medea in Erscheinung tritt. Ihre erste Begegnung mit einem Griechen (Phryxus) wird bereits zur Schicksalswende. Schon hier kämpft sie in sich den Kampf zwischen Neigung und Verachtung, der ihr später zum Verhängnis wird. Die Liebe zu Jason wühlt dann das Innerste in ihr auf und läßt

sie alle Höhen und Tiefen der Leidenschaft durchlaufen, wie
sie eine Frau in einer zuerst glücklichen und später unglücklichen Ehe nur erleben kann. Das tragische Ende ist unabwendbar. Die *Medea* des Euripides wie in Einzelheiten auch
die des römischen Dichters Seneca waren Vorbild, wurden
aber in der psychologischen Motivierung verfeinert und vertieft. Weit mehr als in seinen anderen klassizistischen Dramen zeigt sich Grillparzer hier der letzten, härtesten Konsequenz der echten Tragödie aufgeschlossen. So entstand ein
Werk, das in jeder Beziehung das Genie des Dichters erhellt.
Die in neuerer Zeit vielfach geübte Gewohnheit, den
III. Teil der Trilogie, die *Medea*, allein zu spielen, wird
weder dieser Gestalt noch der Konzeption der Dichtung gerecht. Mit sinnvollen Kürzungen, die der Text verträgt, läßt
sich das Werk durchaus an einem Theaterabend inszenieren
und in seiner vollen Größe auf der Bühne entfalten. (Reclams UB 4380.)

König Ottokars Glück und Ende

Trauerspiel in fünf Aufzügen
Erste Aufführung: 19. Februar 1825 in Wien

P e r s o n e n : König Ottokar von Böhmen – Margarete von Österreich,
seine erste Frau – Kunigunde von Massovien, seine zweite Frau – Rudolf
von Habsburg – Bela, König von Ungarn – Der alte Merenberg – Sey-
fried, sein Sohn – Benesch, Milota, Zawisch (die Rosenbergs) – Berta,
Beneschs Tochter – Braun von Olmütz, Ottokars Kanzler – Herbott von
Füllenstein u. a.
O r t u n d Z e i t : Im Schloß zu Prag, an der Donau und an anderen
Orten in Böhmen, 13. Jh.

Aus dem Munde des alten Merenberg erfahren wir, daß
König Ottokar von Böhmen im Begriffe steht, sich von seiner Frau, Margarete von Österreich, zu trennen. Aber nicht
Berta, die Tochter Beneschs, ist, wie sie gehofft hatte, die
künftige Auserwählte, sondern die Enkelin des Ungarn-
königs, Kunigunde von Massovien. So macht der König sich,
ohne es zu ahnen, die Rosenbergs zu Feinden, unter denen
der schlaue Zawisch der gefährlichste ist. Doch noch stehen
Ottokars Sterne günstig, er, der soeben die Ungarn besiegt

hat, scheint sich jetzt erst dem Zenit seines Glückes zu nähern. Die Stände von Österreich, Steiermark und Kärnten huldigen ihm, und aus Frankfurt trifft eine Gesandtschaft des Reichstages ein, die ihm die deutsche Kaiserkrone anbietet. Solchem Übermaß von Glück ist der hochfahrende, überhebliche Charakter Ottokars nicht gewachsen. Er vollzieht die Scheidung von Margarete, ohne die nachteiligen politischen Konsequenzen zu bedenken, sonnt sich arglos im Lichte seines jungen Ruhmes und stößt die Abgesandten des Reiches durch selbstherrliches Benehmen vor den Kopf. Sehr bald zeigen sich die Folgen. Die Österreicher stehen zu Margarete und fliehen seinen Hof, der Reichstag wählt Rudolf von Habsburg zum deutschen Kaiser, und Zawisch macht in schamloser Weise der neuen jungen Königin den Hof, ohne daß Ottokar es ihm zu wehren vermöchte. Auch der alte Merenberg und sein Sohn treten zur Gegenpartei über. Nur mit Mühe gelingt es dem Kanzler Braun von Olmütz, der treu zu Ottokar steht, seinen Herrn zu einer Zusammenkunft mit Rudolf von Habsburg auf der Insel Kaumberg in der Donau zu bewegen, nachdem immer mehr Anhänger von Ottokar abgefallen sind und dem neuen Kaiser huldigen. Nur gezwungen unterwirft sich Ottokar dem Spruch der Majestät und empfängt kniend seine bisherigen Länder als Lehen. Zawisch weiß es einzurichten, daß der Kniefall des ehrgeizigen Böhmenkönigs nicht verborgen bleibt. In seinem Stolz tief getroffen, irrt Ottokar heimlich durch Böhmen. Kunigunde, seine zweite Frau, begegnet ihm mit offen gezeigter Verachtung und stachelt ihn zu neuen verblendeten Taten auf. Er bricht mit dem Kaiser und stellt sich zur Entscheidungsschlacht. Am Vorabend derselben begegnet er dem Leichenzug seiner ersten Gattin, Margarete. An ihrem Sarg wird ihm, den Kunigunde in der Zwischenzeit an der Seite Zawischs verlassen hat, der Wandel seines Glückes bewußt, der mit seiner neuen Eheschließung begann. Unfähig, sich der Übermacht, die sich gegen ihn erhoben hat, zu erwehren, fällt Ottokar durch die Hand Seyfried Merenbergs, der damit zugleich seinen (von Ottokar als Verräter hingerichteten) Vater rächt. Kaiser Rudolf deckt auf dem Schlachtfeld in großherzigem Mitgefühl mit dem Toten seinen Kaisermantel als Leichentuch über ihn, »daß als ein Kaiser du begraben werdest, der du gestorben wie ein Bettler bist«. Die

Geschicke der österreichischen Lande legt der Habsburger seinem ältesten Sohne in die Hände.

Grillparzer schrieb mit *König Ottokars Glück und Ende* ein historisch-politisches Stück, das seine Beschäftigung mit Shakespeares Königsdramen und Schillers historischer Dramatik offenbart, zugleich aber auch seine Berufung für diese Gattung des Schauspiels zeigt. Das Schicksal des von der Hybris befallenen Böhmenkönigs wird vor einem breit aufgerollten Hintergrund gezeichnet. Für die Wahl des Stoffes ist die Ähnlichkeit mit dem Schicksal Napoleons entscheidend gewesen, vor allen Dingen, »daß den Wendepunkt von beider Schicksal die Trennung ihrer ersten Ehe und eine zweite Heirat gebildet hatte«. Den beiden Frauengestalten des Werkes (Margarete und Kunigunde) widmete der Dichter besondere Sorgfalt, jene in stiller Größe und fast mütterlicher Haltung dem undankbaren Gatten gegenübertretend, diese nur von Herrschsucht und Egoismus getrieben. Dem hochfahrenden, ehrgeizigen Ottokar ist der ruhige, verantwortungsbewußte Rudolf von Habsburg wirksam gegenübergestellt. Eine geniale Charakterstudie bildet der verführerische, raffinierte Zawisch. Die dramaturgische Meisterschaft Grillparzers zeigt sich besonders in der Exposition des 1. Aktes, in dem bereits sämtliche Motive des Stückes anklingen, aber auch in einzelnen Szenen, wie etwa in der Annäherung Zawischs an die junge Königin in Gegenwart des Königs. Das Drama, von der Zensur Metternichs umkämpft, brachte dem Dichter nicht die erhoffte Anerkennung und wurde erst spät in seinem wahren Wert erkannt. (Reclams UB 4382.)

Des Meeres und der Liebe Wellen

Trauerspiel in fünf Aufzügen
Erste Aufführung: 5. April 1831 in Wien

P e r s o n e n : Hero – Der Oberpriester, ihr Oheim – Leander – Naukleros – Janthe – Der Tempelwächter – Heros Eltern – Volk.
O r t u n d Z e i t : Vorhof im Tempel der Aphrodite in Sestos, Tempelhain, vor und in Heros Turm, vor Leanders Hütte in Abydos, griechische Sagenzeit.

Hero, Abkömmling aus einem alten Priestergeschlecht, begegnet am Tage ihrer Weihe zur Priesterin dem jungen Leander, der mit seinem Freunde Naukleros von Abydos nach Sestos gekommen ist, um an dem Feste teilzunehmen. Auch die Eltern Heros sind gekommen, um den Ehrentag der Tochter mitzuerleben. Hero, fest entschlossen, ihr Leben ganz dem Tempeldienste zu weihen, der für sie an das Gesetz der Ehelosigkeit gebunden ist, wird von der Erscheinung des Jünglings beeindruckt, ohne sich zunächst selbst über ihre Gefühle im klaren zu sein. Eine zweite Begegnung im Tempelhain zeigt nun Leander, dessen Trübsinn der gesprächige Naukleros bisher vergeblich aufzuheitern suchte, von tiefer Liebe zu Hero erfaßt. Die junge Priesterin weist seine heftige Werbung in die Schranken und will nur von einem Wiedersehen am Jahrestage der Tempelweihe etwas wissen. Die erste Nacht im Turm am Meer, der der Priesterin als Wohnung dient, wird ihr und ihm zum Verhängnis. Nachdem der Oberpriester, Heros Oheim, sie mit mahnenden Worten auf ihre künftigen Aufgaben und Pflichten verwiesen hat, überläßt sie sich ganz ihren Träumen und Gedanken, die nur allzu schnell zu dem »schönen Jüngling« zurückführen, der ihr am Vormittag begegnete, als sie an Amors Bildsäule opferte, und der im Tempelhain so leidenschaftlich um sie warb. (»Ich weiß nunmehr, daß, was sie Neigung nennen, ein Wirkliches, ein zu Vermeidendes.«) Doch glaubt sie sich ruhig und gefaßt, als Leander plötzlich in ihrem Turmgemach vor ihr steht. Der allzu Kühne ist durch das Meer geschwommen, angelockt von Heros Leuchte, und hat die steilen Turmmauern erklommen, aller Gefahren nicht achtend. Abermals hält sie ihm entgegen: »Ich bin verlobt zu einem strengen Dienst, und liebeleer heischt man die Priesterin.« Ihn dem Tempelwächter, der in bedrohlicher Nähe auftaucht, auszuliefern, vermag sie jedoch nicht, sondern verbirgt ihn in ihrem Schlafgemach. Überwältigt von der Größe der Liebe Leanders, die keiner Gefahren achtet, bestimmt sie schließlich selbst die Stunde des nächsten Wiedersehens: »Komm morgen denn.« Der nächste Tag entscheidet über das Schicksal der Liebenden. Der Oberpriester, argwöhnisch geworden durch den Bericht des Tempelwächters über die geheimnisvolle Unruhe rund um den Turm in der letzten Nacht – erst gegen Morgen sah er einen Jüngling

ins Meer springen und unmittelbar darauf Hero aus dem
nahen Gebüsch treten –, sorgt dafür, daß Hero den ganzen
Tag über von Pflichten erfüllt ist und nicht ihrer offen zur
Schau getragenen Müdigkeit nachgeben kann. Als sie am
Abend auf der Bank vor dem Turm einschläft, löscht er das
Licht im Fenster, das Hero als Zeichen für Leander entzün-
det hatte. Leander, den sein Freund Naukleros in Abydos
selbst mit Gewalt in seiner Hütte nicht zurückzuhalten ver-
mochte, gerät in einen Sturm und wird als Leiche in Sestos
angeschwemmt. So findet ihn Hero am anderen Morgen.
Vergeblich versucht der Oberpriester das Geschehene zu ver-
heimlichen, in der Hoffnung, das Erlebte würde Hero in
Zukunft vor jeder weiteren Verlockung behüten. Die dem
Geliebten auf Leben und Tod Verbundene stirbt in den
Armen der Freundin Janthe in dem Augenblick, da die
Leiche Leanders davongetragen wird. Mit Janthes Frage an
Amor, den Gott der Liebe: »Versprichst du viel und hältst
du also Wort?« schließt das Stück.

   Des Meeres und der Liebe Wellen ist eine der schönsten
Liebestragödien in deutscher Sprache. Zu dem kunstvollen
Aufbau der Handlung, der Musik der Verse und der eindrucksvollen Charakterzeichnung gesellt sich die einmalige
Verbindung von Antike und romantisch empfundener Stimmungsmalerei. Die Hauptquelle war das Märchen des Mu-
saios aus dem 6. Jh. n. Chr. *Hero und Leandros*, in dem die
Entwicklung der Handlung vorgezeichnet ist. Die Gestalt
der Hero in ihrer weltvergessenen Liebesfähigkeit verkörpert in reinster Form Grillparzers Frauenideal. Neben ihr
haben Leander als verträumter und doch leidenschaftlich
Liebender sowie der strenge, aber keineswegs unedle Oberpriester Farbe und Leben. Die Liebesszene im Turm im
3. Akt gehört zu den Höhepunkten nicht nur der Grillparzerschen Kunst, sondern der deutschen Bühnenliteratur
überhaupt. Nicht die erste Aufführung 1831 am Burgtheater, sondern die zwanzig Jahre später von Heinrich Laube
inszenierte entschied eindeutig zugunsten des Stücks. An der
Druckvorlage hatte der Dichter unablässig gefeilt und verbessert. (Reclams UB 4384.)

Der Traum ein Leben

Dramatisches Märchen in vier Aufzügen
Erste Aufführung: 4. Oktober 1834 in Wien

Personen: Massud, ein reicher Landmann – Mirza, seine Tochter –
Rustan, sein Neffe – Zanga, Negersklave – Der König von Samarkand –
Gülnare, seine Tochter – Der alte Kaleb (stumme Rolle) – Karkhan – Der
Mann vom Felsen – Ein altes Weib – Höflinge, Soldaten u. a.
Ort und Zeit: Ländliche Gegend, Inneres einer Hütte, am Hofe des
Königs von Samarkand, zu unbestimmter, märchenhafter Zeit.

Mirza, die Tochter des alten Massud, harrt sehnsüchtig ihres
Geliebten Rustan, den sein ungestümes Wesen immer wieder
in Begleitung seines Sklaven Zanga in die Wälder treibt und
erst spät heimkehren läßt. So auch diesmal. Und diesmal
bittet er sogar den Oheim, ihm Urlaub zu geben. Er empfindet das stille Landleben als drückend. Mit Macht drängt
es ihn in die »große Welt« der Abenteuer, des kriegerischen
Ruhmes und aufregender Ereignisse. Massud will ihn nicht
halten, gibt ihm aber den Rat, noch eine Nacht im Hause
zu bleiben und seinen Plan zu bedenken. Diese eine Nacht
wird für Rustan zum entscheidenden Erlebnis. Ein aufrüt-
telnder Traum, der zugleich die Erfüllung seiner geheimsten
Wünsche vorwegnimmt wie die Gefahren aufzeigt, in die er
sich begibt, spiegelt die ersehnte Zukunft: Rustan befindet
sich in der Morgenfrühe in Freiheit, Zanga treibt ihn an,
unter Verleugnung seiner niederen Herkunft sich als Mann
von Adel an den Hof des Königs von Samarkand zu begeben. Das Glück ist ihm günstig. Der König naht selbst,
verfolgt von einer Schlange. Rustan schleudert seinen Speer
nach ihr, verfehlt jedoch das Ziel. Ein anderer, der Mann
vom Felsen, wirft seinen Spieß und trifft die Schlange tödlich, verschwindet aber gleich darauf. Der aus der Ohnmacht
erwachende König glaubt in Rustan seinen Retter erkennen
zu müssen, und Rustan, aufgestachelt durch Zanga, läßt ihn
in dem Glauben. So ist gleich Rustans Eintritt in die »große
Welt« mit einer Lüge verbunden. Vorerst erwarten ihn aber
Ruhm und Ehren. Gülnare, die Königstochter, naht und
lockt ihn mit ihrer Gunst. Doch noch einmal taucht der Mann
vom Felsen auf und pocht auf seine Rechte. Rustan bietet
ihm vergeblich alles an, was er will, wenn er ihm nur den

Ruhm der Tat lasse, die Schlange getötet zu haben. Doch der Fremde läßt sich auf nichts ein, und der verblendete Rustan heftet an das erste Verbrechen der Lüge sogleich das zweite, den Mord. »Fall der Notwehr«, erklärt zynisch Zanga, und beide folgen dem Ruf des Königs an den Hof. Hier vollbringt Rustan zunächst große Kriegstaten, wenn auch in entscheidenden Momenten sein persönliches Verdienst wiederum zweifelhaft erscheint. Vorerst sonnt er sich aber im jungen Ruhm, und der alte König wünscht ihn sich als Schwiegersohn. Nur die Frage der etwas dunklen Herkunft steht im Wege, und dann gibt der alte stumme Kaleb keine Ruhe. Er ist der Vater des ermordeten Mannes vom Felsen, dessen Leiche man fand und dessen Angehörige eine Untersuchung verlangen. Da es sich um einen Höfling handelt, den der König vom Hofe verbannt hatte, fällt Verdacht auf den König. Rustan ist dies nicht unlieb. Im geeigneten Augenblick läßt er den König einen Gifttrank trinken, an dem er stirbt, und dann wird der alte Kaleb, der als einziger in der Todesstunde beim König war, des Mordes verdächtigt. Doch die Angehörigen unter Führung Karkhans geben nicht nach. Und Gülnare, jetzt Fürstin des Landes, stellt sich auf ihre Seite, da auch sie nicht gesonnen ist, sich Rustans Tyrannei zu beugen. Immer tiefer wird Rustan in das Netz seiner Lügen verstrickt; zuletzt bleibt ihm nichts anderes übrig als schleunige Flucht. Mit Zanga, der Rustans Unentschlossenheit und seinen »halben Mut« verspottet, findet er sich an der Stelle im Wald wieder, wo er einst die Schlange verfehlte und seines »Unheils Pfad« begann. Hier erreichen ihn schließlich Gülnares Krieger, und verzweifelt stürzt Rustan sich in den Abgrund. Seine wilden Angstrufe gehen über in das Erwachen am Morgen in der Hütte Massuds. Beglückt erkennt er allmählich, daß alles nur ein Traum war: »Eine Nacht! Und war ein Leben. Eine Nacht. Es war ein Traum.« Aber er leistet der »dunklen Warnung einer unbekannten Macht« willig Folge und ringt sich zu der Erkenntnis durch, daß »Eines nur ist Glück hienieden, Eins: des Innern stiller Frieden und die schuldbefreite Brust.« Gerne gewährt ihm Massud die drei Bitten, die er nun an ihn hat: Verzeihung, die Entlassung Zangas und die Hand Mirzas.

Grillparzer schrieb mit diesem dramatischen Märchen, dessen Stoff er einem Roman Voltaires und einem satirischen

Epos von Klinger entnahm, eine seiner tiefsinnigsten und zugleich bühnenwirksamsten Dichtungen. Der Titel deutet bewußt eine Parallele zu Calderóns *Das Leben ist ein Traum* an. Wie in dem Werk des großen Spaniers bildet auch hier die Idee von der Nichtigkeit des Irdischen die eigentliche Triebkraft. Während bei Calderón das ganze Leben dem Traum gleichgesetzt erscheint, wird hier ein Traum zum Regulator des Lebens, zur Deutung und Läuterung eigener Triebe und Wünsche. Mit großer Kunst ist die real gefärbte Rahmenhandlung (vor und in Massuds Hütte) von der sprunghaft geführten und besonders zum Schluß hin mit allen Kennzeichen des echten Angsttraumes ausgestatteten Traum-Handlung abgehoben. Zweimal wird der Zuschauer im Ablauf des Stückes daran erinnert, daß alles nur Traum ist. Jahrelange Studien und genaueste Beobachtung eigenen Träumens befähigten den Dichter zu dieser genialen Leistung. Die Melodie der Sprache wird durch den (dem Theater der Spanier angelehnten) vierfüßigen Trochäus in mannigfaltiger Abwandlung erhöht. *Der Traum ein Leben* bedeutet zugleich Grillparzers Beitrag zum Wiener Volksstück, dessen romantische Tendenzen und naives Spielen mit Raum- und Zeitbegriffen hier die höchstmögliche literarische Glorifizierung erfahren haben. (Reclams UB 4385.)

Weh dem, der lügt!

Lustspiel in fünf Aufzügen
Erste Aufführung: 6. März 1838 in Wien

P e r s o n e n : Gregor, Bischof von Châlons – Atalus, sein Neffe – Leon, Küchenjunge – Kattwald, Graf im Rheingau – Edrita, seine Tochter – Galomir, ihr Bräutigam – Sigrid, Gregors Hausverwalter – Der Schaffer und Knechte Kattwalds – Ein Pilger u. a.
O r t   u n d   Z e i t : Am Hofe des Bischofs, in der Burg Kattwalds, waldige Gegend und vor den Wällen von Metz, zur Zeit der Christianisierung Deutschlands, etwa 9. Jh.

Leon, der pfiffige Küchenjunge am Hofe des Bischofs Gregor, will seinen Abschied nehmen, da die Haushaltung ihm allzu beschränkt erscheint (»Pfui Schande über alle Knauserei«). Als er jedoch erfährt, daß hinter dem vermeintlichen

Geiz des Bischofs die Absicht steht, Geld zu sparen, um damit Atalus, den Neffen des Bischofs, aus der Gefangenschaft
des heidnischen Rheingrafen Kattwald zu lösen, ändert er
seinen Entschluß. In aufrichtiger Verehrung für seinen
Herrn will er versuchen, den Neffen zu befreien, wozu ihn
eine innere Erleuchtung blitzartig antreibt. Der Bischof, eine
von tiefer Wahrheitsliebe durchdrungene Persönlichkeit,
läßt ihn ziehen, gibt ihm jedoch ein wiederholtes »Weh dem,
der lügt!« als Richtschnur mit auf den Weg. Leon schließt
sich einem Pilger an, der ohnedies auf dem Wege nach Trier
ist. An Ort und Stelle angekommen, veranlaßt Leon den
Pilger, ihn als Koch an Kattwald zu verkaufen, damit der
Pilger den versprochenen Lohn erhalte. Mit großer Zungenfertigkeit versteht es Leon alsbald, sich bei seinem neuen
Herrn in Respekt zu setzen. Auch Edrita, die Tochter Kattwalds, die an einen Stammesverwandten (den »dummen
Galomir«) verheiratet werden soll, findet schnell Gefallen
an dem schlauen Burschen. Von ihr geleitet, kommt er früher
als erwartet mit Atalus zusammen, der als Geisel Kattwalds
Pferde hüten muß. Leon will ihn sich als Gehilfen in der
Küche ausbitten, stößt aber damit auf Widerstand nicht nur
bei Kattwald, der Fluchtabsichten wittert, sondern auch bei
Atalus selbst, der Leon hochmütig behandelt und sich von
Edrita geliebt glaubt. Doch schneller als es selbst der nie
verlegene Leon vermutet hat, bietet sich beim Festgelage zu
Ehren der bevorstehenden Hochzeit Edritas mit Galomir
Gelegenheit zur Flucht. Leon hat die Speisen scharf gewürzt,
um die Trunksucht zu steigern und den Hausherrn auf diese
Weise einzuschläfern. Atalus findet sich bereit, einen Brük-
kenpfosten anzuschlagen, damit dadurch eine etwaige Verfolgung aufgehalten wird. Und schon scheint alles nach
Wunsch zu gehen, die Flucht zu gelingen, als Kattwald vorzeitig erwacht. Nur mit Hilfe Edritas, die die Flucht begünstigt, gelingt es Leon und Atalus, zu entkommen. Der
dumme Galomir stürzt in den Graben. Im ersten Zorn erhebt Kattwald den Speer gegen Edrita, die daraufhin schnell
entschlossen den Flüchtigen nacheilt. Im Walde treffen sich
Atalus, Leon und Edrita. Leon kann, getreu der Mahnung
seines Bischofs (»Ich habe meinem frommen Herrn versprochen: nichts Unerlaubtes, Greulichs soll geschehen«), die
Teilnahme Edritas an der Flucht nicht gutheißen. Einem

Vater die Tochter entführen, scheint ihm fluchwürdig. Allein Edrita, der vor der Ehe mit Galomir schaudert, schließt sich ihnen auf eigene Verantwortung an. Gemeinsam schütteln sie nun Galomir, der sie eingeholt hat, von sich ab und gelangen nach mancherlei Fährnissen nach Metz. Beinahe wäre noch das Übersetzen über den Strom ihnen zum Verhängnis geworden. Der Fährmann, den Edrita in Diensten ihres Vaters glaubte, war inzwischen zu einem Gegner Kattwalds geworden. Doch Leons offenes Bekenntnis, daß sie auf der Flucht vor Kattwald seien, rettet die Situation. Noch einmal scheinen sie unmittelbar vor Metz in die Hände ihrer Verfolger zu fallen, als das »Wunder«, das Leon heiß vom Himmel erfleht, tatsächlich eintritt: aus der Stadt ertönen Glocken. Sie war über Nacht von den Franken besetzt worden. Bischof Gregor selbst naht in Begleitung von Chorknaben. Beglückt hält er den befreiten Neffen im Arm. Und nun bleibt nur noch ein Konflikt zu lösen: Edrita hatte sich, da Leon standhaft ihre Flucht mißbilligte, an Atalus angeschlossen. Atalus erwählt sie, die sich zum Christentum bekehrt, zu seiner Frau. Schon will der Bischof diesen Bund segnen, als Leon offen seine Neigung zu Edrita gesteht und seinen Abschied erbittet, da er nicht zusehen mag, wie sie sich einem anderen vermählt. Nun gesteht auch Edrita, daß sie Leon von Anfang an geneigt war (was der Zuschauer längst weiß). Atalus verzichtet großmütig zugunsten dessen, der seine Flucht ermöglichte, und Bischof Gregor wird in Zukunft in Leon seinen zweiten Neffen erblicken.

Den Stoff zu diesem Lustspiel nahm Grillparzer aus der *Historia Francorum* des Gregor von Tours. In freier Behandlung der Vorlage, die von einem Küchenjungen Leon berichtet, der sich als Sklave in das Haus verkaufen läßt, in dem Atalus, der Neffe des Bischofs von Langres, als Geisel zurückbehalten wurde, und ihm zur Flucht verhalf, formte der Dichter den Leon zu einer echten Komödienfigur. Sie hat manches vom spanischen Grazioso an sich. Das Gegenstück zu ihr bildet der würdige Bischof, dem Grillparzer Züge seines eigenen Wahrheitssuchens und Wahrheitsfanatismus verliehen hat. Darüber hinaus war es ihm um Schilderung des Gegensatzes von verfeinerter christlicher Kultur und heidnischem Barbarentum zu tun, letzteres in Kattwald

und dem nur Naturlaute von sich gebenden Galomir verkörpert. Die unfreundliche Aufnahme, die das Stück bei der
ersten Aufführung am Burgtheater fand, hat viel dazu beigetragen, den Dichter zu verbittern und ihn für Jahre der
Bühne den Rücken kehren zu lassen. Erst Franz v. Dingelstedt
ist es gewesen, der 1879, nach dem Tode Grillparzers, den
neuen Versuch einer Aufführung wagte und dem Werk den
Platz im deutschen Bühnenspielplan eroberte. (Reclams
UB 4381.)

Die Jüdin von Toledo. Historisches Trauerspiel in
fünf Aufzügen. – Im königlichen Garten von Toledo begegnet der noch jugendliche König Alfons VIII. von Kastilien
der schönen, reizvollen Jüdin Rahel. Er, der an der Seite
seiner Gemahlin, der kühlen Engländerin Eleonore, bisher
nur die Ehe, nicht aber die Leidenschaft kennengelernt hat,
verspürt nun die Wirkung, die »das Weib als solches, nichts
als ihr Geschlecht«, auf den Mann auszuüben vermag. Er
tändelt mit ihr im nahegelegenen Gartenhaus und läßt sie
schließlich samt ihren Verwandten ins königliche Lustschloß
Retiro bringen, wo ihr Vater Isaak sich alsbald die Lage
zunutze macht, Bittsteller abfertigt und Schätze häuft.
Alfons glaubt sich stark genug, sich jederzeit von diesem
»Traumspiel« lösen zu können, ist aber doch tiefer in Rahels
Reize verstrickt, als er selbst ahnt. Zur Tragödie wird das
Ganze, als die Stände des Reiches in Anwesenheit der Königin zusammentreten und Rahels Tod beschließen. Alfons
greift sofort, als er davon hört, ein, löst die Versammlung
auf und bittet die Königin in ehrlicher Reue um Verzeihung.
Schneller als er es zu verhindern vermag, ist jedoch an Rahel
das Todesurteil vollstreckt. Wütend will der in seiner Autorität verletzte König alle an Rahels Tod Schuldigen zur
Rechenschaft ziehen. Doch der Anblick der toten Geliebten
hat nicht die erwartete aufstachelnde Wirkung bei ihm zur
Folge, sondern das Gegenteil: »Statt üpp'ger Bilder der Vergangenheit trat Weib und Kind und Volk mir vor die Augen.« Er sieht seine Schuld ein und wird als Buße gegen die
Mauren zu Felde ziehen.

Angeregt durch ein Schauspiel Lope de Vegas hat Grillparzer sich lange mit dem Werk beschäftigt und es zu seinen
Lebzeiten nicht aus der Hand gegeben. Mittelpunkt des

Stückes ist nicht so sehr das Schicksal der Titelheldin als das Thema der Wandlung des jungen Fürsten, der über dem Liebeserlebnis zum berufenen Herrscher heranreift. In diesem Sinne wurde das Trauerspiel auch von Josef Kainz 1888 in Berlin auf der Bühne erfolgreich interpretiert (nach anfänglichen Mißerfolgen in Prag und Wien). Es bleibt aber ein unbefriedigender Rest. Denn das Schicksal Rahels, deren Charakterisierung die ganze Größe der Grillparzerschen Kunst zeigt, erweckt so starke Anteilnahme, daß die Kälte, mit der über sie als unschuldiges Opfer hinweggeschritten wird, als Grausamkeit erscheint. (Reclams UB 4394.)

Ein Bruderzwist in Habsburg. Trauerspiel in fünf Aufzügen. – Rudolf II., römisch-deutscher Kaiser, ein menschenscheuer, den Hintergründen des Lebens nachforschender Geist, dessen zurückhaltende, mißtrauische Haltung seiner Umgebung als »feindlich düstre Laune« erscheinen muß, spürt tief das Umstürzlerische der Zeitenwende, in der er lebt. Es ist die Epoche der großen Spannungen auf religiösem, politischem und sozialem Gebiet unmittelbar vor dem Ausbruch des Dreißigjährigen Krieges. Erzherzog Mathias, der unter dem Einfluß des Bischofs Klesel steht, sucht ihn in Prag auf und läßt sich von ihm ein Kommando in Ungarn geben, wobei sein heimlicher, nicht ausgesprochener Hintergedanke das Streben nach der Kaiserkrone des Bruders ist. Mathias kämpft nicht eben glücklich gegen die Türken und schließt aus eigener Vollmacht Frieden. Rudolf durchschaut seine Absichten, läßt ihn aber gewähren. Als es zum offenen Aufstand kommt, die Ungarn Mathias zum König erheben und Österreich ihm huldigt, sieht Rudolf sich gezwungen, den böhmischen Ständen mit einem Majestätsbrief »Freiheit der Meinung und der Glaubensübung« zuzugestehen. Doch trotz aller guten Absichten des Kaisers kommt es zu dem, was er sein Leben lang hat verhüten wollen: zum Bürgerkrieg. Mathias zieht gegen Prag, das ihm zujubelt. Nur vorübergehend vermag der junge kaisertreue Erzherzog Leopold die Lage zugunsten Rudolfs zu ändern. Der Kaiser, den die Prager nicht mehr respektieren, wird zum Gefangenen auf dem Hradschin. Er flucht der geliebten Stadt, um den Fluch gleich darauf wieder zurückzunehmen. Zwar leisten ihm die Erzherzöge Max und Ferdinand, die an der Erhebung Mathias' nicht unbeteiligt waren, Abbitte. Doch der des Lebens und des Herrschens müde Kaiser, der vergeblich »im weisen Zögern« die einzige Rettung der Lage zu sehen glaubt, ist bereit, abzudanken: »Mathias herrsche denn.« Er stirbt, ehe eine Klärung der gespannten Lage herbeigeführt ist. Unter den Augen des neuen Habsburgers rücken Wallensteins Truppen in Wien ein. Der Ausbruch des großen Krieges steht unmittelbar bevor.

Grillparzer hat in dieses Werk, das erst nach seinem Tode bekannt wurde, historische Erkenntnisse und staatspolitische Einsichten von tiefer Weisheit verarbeitet. Das Werk wurde so zu einem der wesentlichen menschlich-politischen Dramen der deutschen Bühnenliteratur. Dem Kaiser Rudolf hat der Dichter viele Züge seines eigenen Charakters verliehen. Man wird das Stück in mehr als einer Hinsicht als sein dramatisches Testament ansprechen dürfen. (Reclams UB 4393.)

CHRISTIAN DIETRICH GRABBE

* 11. Dezember 1801 in Detmold
† 12. September 1836 in Detmold

Grabbe stammte sowohl väterlicher- wie mütterlicherseits von lippischen Bauerngeschlechtern ab. Sein Vater war Zuchthaus- und Leihhausverwalter in Detmold; dieses Berufsmilieu überschattete die Jugend des Dichters. Von 1820 bis 1823 studierte er in Leipzig und Berlin Rechtswissenschaft. Verschiedene Versuche, Schauspieler zu werden, die auch zu einer Begegnung mit Ludwig Tieck in Dresden führten, scheiterten. So kehrte er nach Detmold zurück, wo er das juristische Examen bestand, 1824 Advokat und 1827 Auditeur (eine Art Gerichtsoffizier) wurde. Unter der Last der beruflichen Tätigkeit und der gleichzeitigen dichterischen Arbeit, aber auch infolge einer nicht glücklichen Eheschließung und immer wiederkehrender alkoholischer Exzesse, brach er schließlich zusammen und wurde 1834 aus dem Staatsdienst entlassen. Über Frankfurt führte ihn dann sein Weg nach Düsseldorf. In der Nähe Karl Immermanns, mit dem er sich anfangs befreundete, später aber überwarf, er-

*folgte ein letztes Aufflackern seines Talentes und seiner
Schaffenskraft. Als gebrochener und frühzeitig verbrauchter
Mann kehrte er nach Detmold zurück, wo er im Alter von
35 Jahren in den Armen der Mutter starb.*

Grabbes dramatische Dichtungen stellen ein eigentümliches
Bindeglied zwischen der klassischen deutschen Dichtung und
dem Realismus dar. Aber auch verspäteter Sturm und Drang
sowie romantische Elemente wirkten auf seinen Stil ein.
Schon den Gymnasiasten bedrängten dichterisch-dramatische
Visionen, die in dem Trauerspiel *Herzog Theodor von
Gothland* (1822; Reclams UB 201-03) ihren Niederschlag
fanden, wohl dem wirrsten, ungeschlachtesten Drama deutscher Sprache; doch zeigt es in der Gestalt des Negers Berdoa,
eines Bösewichts von gewaltigen Ausmaßen, dichterische Ansätze. Auf weit höherer Stufe steht das Lustspiel *Scherz,
Satire, Ironie und tiefere Bedeutung* (1822), ein frühreifes
Werk, das als geistvolle Literaturkomödie besonderen Reiz
hat. Nach weniger gelungenen oder unvollendet gebliebenen
Werken (u. a. *Marius-und-Sulla*-Fragment, 1823) erklomm
Grabbe in den knapp bemessenen, relativ gesicherten Det-
molder Amtsjahren mit der Tragödie *Don Juan und Faust*
(1828), den Hohenstaufen-Dramen *Kaiser Friedrich Barba-
rossa* (1829) und *Kaiser Heinrich der Sechste* (1830) sowie
mit dem Drama *Napoleon oder die hundert Tage* (1831) die
ihm erreichbare dramatische Höhe. In die Düsseldorfer Zeit
fallen die Vollendung der Tragödie *Hannibal* (1835; Reclams UB Nr. 6449) und des dramatischen Märchens *Aschen-
brödel*. Kurz vor seinem Tode beschloß er mit der in Düsseldorf begonnenen *Hermannsschlacht* sein dramatisches Schaffen. Durch alle Werke Grabbes geht ein wirklichkeitsnaher
Zug, der sich in den historischen Stücken zum Dichterisch-
Visionären ausweitet. Daß ihm aber auch die Bezirke des
Komödiantischen und der romantischen Ironie offenstanden,
zeigt das Lustspiel. Die szenischen Bemerkungen seiner
Stücke, besonders im *Napoleon* und in der *Hermannsschlacht*, greifen an manchen Stellen weit über das hinaus,
was die Bühnen seiner Zeit zu erfüllen vermochten, und
muten uns heute fast wie eine Vorwegnahme filmischer
Visionen an. Von seinen ästhetischen Schriften erregte die
Auseinandersetzung mit Shakespeare (*Über die Shakspearo-*

Manie, 1827) Aufsehen, in der er sich gegen eine allzu starke
Bevormundung des deutschen Bühnenwesens durch den im
übrigen von ihm keineswegs unterschätzten Briten verwahrte.
Einen scharfen kritischen Verstand zeigen auch seine *Rezen-
sionen einzelner Aufführungen des Düsseldorfer Theaters.*
Seine Gereiztheit gegenüber Goethe spiegelt die Abhand-
lung *Etwas über den Briefwechsel zwischen Schiller und
Goethe* (1830).

Grabbes *Dramatische Dichtungen,* die noch z. T. zu Goe-
thes Lebzeiten erschienen und von Grabbe auch nach Weimar
geschickt wurden, allerdings ohne Echo von dort, fanden
erst spät ihre literarische Anerkennung und Würdigung.
Nach seinem Tode zunächst fast völlig vergessen, gab 1870
Rudolf Gottschall die erste Gesamtausgabe seiner Werke bei
Philipp Reclam jun. in Leipzig heraus. Eine weithin beach-
tete zyklische Aufführung von acht Bühnenwerken' des
Dichters, also nahezu seines gesamten Lebenswerkes, brachte
Saladin Schmitt in der ›Grabbe-Woche‹ in Bochum 1941.

Scherz, Satire, Ironie und tiefere Bedeutung

Lustspiel in drei Aufzügen
Erste Aufführung: 27. Mai 1907 in München

P e r s o n e n : Baron v. Haldungen – Liddy, seine Nichte – Herr v.
Wernthal, mit ihr verlobt – Freiherr v. Mordax – Herr Mollfels – Ratten-
gift, ein Dichter – Der Schulmeister des Dorfes – Tobies, ein Bauer –
Gottliebchen, sein Sohn – Gretchen, Dienstmagd – Konrad, ein Schmied –
Vier Naturhistoriker – Der Teufel – Seine Großmutter – Kaiser Nero, ihr
Bedienter – Grabbe, der Verfasser des Lustspiels, u. a.
O r t und Z e i t : In und bei dem Dorfe des Barons, um 1820.

Wesentlich in diesem Stück ist nicht so sehr der Handlungsablauf als die Typisierung der einzelnen Gestalten und der
überaus geistreiche und spritzige Dialog. Da ist der schnaps-
durstige Schulmeister, der die Bauern übers Ohr haut, das
äußerst beschränkte Gottliebchen auf dem Schloß als neues
literarisches Genie anpreist und den Teufel im Vogelkäfig
mittels der Werke von Casanova einzufangen weiß. Da sind
die drei Freier um die Hand der schönen Liddy: der ver-
schuldete Wernthal, der nur allzu schnell bereit ist, die Braut

um Geld loszuschlagen, der grimmige Freiherr v. Mordax, der sie mit Gewalt entführen will, und der edle, aber häßliche Herr Mollfels, der zum Retter der bedrängten Unschuld wird. Da ist weiter der Dichter Rattengift, der sich als ebenso literaturunkundig wie feige erweist. Und da ist schließlich (eine Hauptfigur des Stückes) der Teufel selbst, der sich als Kanonikus in das Schloß des Barons eingeschlichen hat, dem der Schmied den Pferdefuß beschlagen muß und dessen wahre Natur die vier Naturhistoriker vergeblich zu ergründen trachten. Allen diesen Gestalten legt Grabbe immer wieder Anspielungen auf Dichter, Schriftsteller und Schriftstellerinnen aus alter und neuer Zeit in den Mund, wobei auch die größten, wie Goethe, Schiller, Calderón und Klopstock, nicht geschont werden. Aber wie Grabbe, der am Schluß selbst auftritt und sich als einen dummen Kerl charakterisiert, der auf alle Schriftsteller schimpft und selber nichts taugt, in einem Vorwort zu dem Stück betont, »verspottet das Lustspiel sich selbst, und werden daher die literarischen Angriffe von den beteiligten Personen leicht verziehen werden«. Das Lustspiel, einheitlich in der Konzeption und Durchführung, gehört zu dem Besten, was Grabbe hinterlassen hat. Es zeugt von dem genialen Funken, der in diesem durch Schuld und Schicksal allzu schwer belasteten Dichterleben glühte. Von Grabbe selbst wohl kaum als Bühnenstück, sondern nur als Lesestück gedacht, hat doch gerade diese geniale, an Aristophanes gemahnende Literaturkomödie sich Heimatrecht auf den deutschen Bühnen erworben und alle Aussicht, sich auf ihnen zu behaupten. Es bedarf nicht einmal einer Umwandlung der literarischen Anspielungen auf zeitgenössische Verhältnisse. So sehr ist es dem Dichter gelungen, ewig Menschliches und immer Gültiges im Literaturbetrieb zu glossieren und dramatisch zu verlebendigen. Uraufgeführt wurde das Stück in einer Bearbeitung von Max Halbe. (Reclams UB 397.)

Don Juan und Faust

Tragödie in vier Akten
Erste Aufführung: 29. März 1829 in Detmold

P e r s o n e n : Der Gouverneur Don Gusman – Donna Anna, seine
Tochter – Don Octavio – Don Juan, spanischer Grande – Dr. Faust – Ein
Ritter – Signor Rubio, Polizeidirektor – Signor Negro – Leporello, Diener
des Don Juan, u. a.
O r t   u n d   Z e i t : Rom, auf dem Montblanc, Renaissance.

Don Juan stellt in Rom Donna Anna nach, der Tochter des
Gouverneurs Don Gusman, obwohl sie mit Don Octavio
verlobt ist. Sein Diener Leporello muß ihm dabei Hilfe leisten. Don Juan versteht es geschickt, den Verdacht der Verführung Donna Annas auf den gleichfalls in Rom weilenden
Dr. Faust zu lenken. Tatsächlich entfacht ein schwarze Ritter (die Mephisto-Figur des Stückes) in Faust, der sich ihm
(ähnlich wie bei Goethe) mit einem Tropfen Blut verschreibt,
heftige Liebe zu Donna Anna. Bei der Hochzeitsfeier Donna
Annas mit Don Octavio reizt Don Juan Octavio zum Streit
und tötet ihn. Aber ehe er sich Donna Annas bemächtigen
kann, hat Faust sie auf ein Zauberschloß auf dem Montblanc entführt, das ihm der schwarze Ritter hat errichten
müssen. Don Juan macht sich auf, ihr zu folgen, tötet aber
vorher noch den Gouverneur im Zweikampf. Faust wirbt
indessen vergeblich um die Gunst Donna Annas. Sie, die um
der Ehre willen dem Andenken ihres getöteten Bräutigams
Octavio die Treue hält, ist im tiefsten Innern ihres Herzens
von der bezwingenden Leidenschaft Don Juans angerührt,
was Faust merkt und was ihn zur Raserei treibt. Er versetzt
Don Juan und Leporello, die sich bereits dem Schloß nähern,
mit Zauberkraft nach Rom zurück und tötet schließlich
Donna Anna, da sie seinem Werben nicht nachgibt. Don
Juan lädt auf dem Friedhof die Statue des Gouverneurs zu
sich ein. Die letzte Szene der Tragödie bringt den Untergang
Fausts, der auch mit der Nachricht von Donna Annas Tod
den überschäumenden Lebenswillen seines Nebenbuhlers
nicht zu dämpfen vermag. Der schwarze Ritter reißt ihn mit
sich fort. Aber auch Don Juan, zu dessen Gastmahl die
Statue des Gouverneurs erscheint, verschlingen zusammen
mit Leporello die Flammen der Hölle.

Unverkennbar haben bei diesem Werk außer Byrons *Manfred* und *Kain* vor allen Dingen Goethes *Faust I* und Mozarts Oper *Don Giovanni* Pate gestanden, wobei allerdings zu bedenken ist, daß Grabbes Stück zu einer Zeit geschrieben wurde, als der II. Teil von Goethes *Faust* noch nicht in der Öffentlichkeit erschienen war. Die Verkoppelung der beiden Stoffgebiete ist geschickt durchgeführt und zeigt in der genialisch hingeworfenen Form ein eigenes Gesicht. Es kam dem Dichter darauf an, den Untergang der »zu sinnlichen Natur« Don Juans ebenso aufzuzeigen wie den der zu »übersinnlichen Natur« Fausts, ein Unternehmen, das ihm geglückt ist, zumal es sich um Pole seines eigenen Wesens handelte. In dem geradlinigen Aufbau (»theatralisch korrekt«, wie Grabbe selbst sagt) gilt dieses Werk als Grabbes bühnenfähigstes. Es war das einzige, das Grabbe in Detmold auf der Bühne erlebte (mit Musik von Albert Lortzing) und das zu seinen Lebzeiten auch noch in Lüneburg und Augsburg gespielt wurde. (Reclams UB 290/90a.)

Napoleon oder die hundert Tage

Drama in fünf Aufzügen
Erste Aufführung: 2. September 1895 in Frankfurt am Main

P e r s o n e n : Napoleon – Hortense, seine Stieftochter – Bertrand – König Ludwig XVIII. – Die Herzogin von Angoulême – Der Herzog von Berry – Fouché – Carnot – Vitry und Chassecoeur, zwei alte kaiserliche Gardisten – Jouve, ein Jakobiner – Blücher – Gneisenau – Der Herzog von Braunschweig – Der Herzog von Wellington – Französische, englische und preußische Generale, Offiziere und Soldaten – Volk aller Art.
O r t und Z e i t : Paris, Elba und die Schlachtfelder von Ligny und Belle Alliance, 1815.

Während in Paris die Bourbonen, König Ludwig XVIII., die frömmelnde Herzogin von Angoulême und ihre Anhänger das alte Königtum zu erneuern suchen, ohne die rechte Resonanz im Volke zu finden – in den Volksszenen arbeitet der Dichter vornehmlich die beiden alten Veteranen der kaiserlichen Garden Vitry und Chassecoeur heraus –, schmiedet Napoleon mit Hilfe des getreuen Bertrand auf Elba Pläne zur Wiederherstellung seines Kaisertums. Noch wäh-

nen sich der König und seine Ratgeber in Sicherheit, als
Napoleon mit gewohnter Überraschungstaktik in Frankreich
landet und ihm die alten Anhänger zuströmen. Aber der
Revolutionspöbel regt sich und erfährt in der Gestalt des
Jakobiners Jouve, des »Kopfabhackers von Versailles und
Avignon«, meisterhaft prägnante Verkörperung. Napoleon
bändigt wie einst das Chaos und hält seinen Einzug in die
Tuilerien. Die folgenden Szenen zeigen Stimmungen und
Lageratmosphäre auf preußischer Seite, sowohl in den Gestalten Blüchers und Gneisenaus wie in denen einzelner freiwilliger Jäger, Offiziere und Soldaten. Auch das Hauptquartier des Herzogs von Braunschweig wie das des Herzogs
von Wellington werden in charakteristischen Szenen vorgeführt. Den übrigen Teil des 4. und 5. Aufzuges bilden
Schlachtenbilder, bald auf französischer, bald auf preußischer und englischer Seite, rund um die Gefechte bei Ligny
und Belle Alliance. Der Dichter führt dabei immer in die
Brennpunkte des Geschehens hinein und erweist sich als kühner Realist in der Schilderung des dramatischen Auf und Ab
einer Entscheidungsschlacht von weltgeschichtlicher Bedeutung. Dabei hält er sich von Parteinahme so weit wie möglich
entfernt und sucht die Ereignisse aus den tatsächlichen Gegebenheiten her zu erfassen. So entstand ein dramatisches
Kolossalgemälde, das die alten Formen des Dramas ebenso
sprengte wie zukünftigen den Weg bahnte. Der Realismus,
in manchem schon der Expressionismus (Fritz v. Unruhs
Bonaparte), haben hier eine ihrer Wurzeln. In der langen
Reihe von Napoleon-Dramen des 19. und 20. Jh.s ist Grabbes Stück jedenfalls nicht nur das erste, sondern in vieler
Hinsicht noch immer das bemerkenswerteste geblieben. Mangelt dem Stück auch der dramatisch-ausgewogene Aufbau,
so entschädigt dafür sein revolutionierender Schwung. Das
Werk ist für unser heutiges Empfinden mehr ein unausge-
führtes Drehbuch für einen Film als ein fertiges Drama für
die Bühne, eben darum aber entwicklungsgeschichtlich von
Bedeutung und stellenweise von faszinierender Wirkung.
Grabbe zeigt sich hier als überlegener Gestalter eines welt-
politischen Dramas, besonders in den groß angelegten Massenszenen. (Reclams UB 258/59.)

FRIEDRICH HEBBEL

* 18. März 1813 in Wesselburen
† 13. Dezember 1863 in Wien

*Friedrich Hebbel war der Sohn eines Maurers. Er wuchs in
ärmlichen Verhältnissen auf. Nach dem Besuch der Volks-
schule trat er mit 14 Jahren in den Dienst des Kirchspiel-
vogts seines Heimatortes, zunächst als Laufbursche, dann als
Schreiber und Sekretär. 1835 siedelte Hebbel nach Hamburg
über, wo er mit Hilfe ihm gewogener Frauen (Amalie
Schoppe, Elise Lensing) seine Schulkenntnisse so weit aufzu-
bessern suchte, daß er 1836 ein Semester Jura und Geschichte
in Heidelberg studieren konnte. Hier reifte in ihm der Entschluß, sich ganz der Literatur zu widmen. 1836 bis 1839
verbrachte er sehr schwere Jahre in München, kehrte dann
nach Hamburg zurück, wo seine ersten bedeutenden dramatischen Arbeiten entstanden. Ein neuer Abschnitt seines Lebens begann, als er 1842 Hamburg mit einem Reisestipen-
dium des Königs von Dänemark verließ. Paris und Rom
waren die wichtigsten Stationen. Die Rückreise über Wien,
1845, wurde zur Schicksalswende. In der Burgschauspielerin
Christine Enghaus fand er die Lebensgefährtin und gefeierte
Darstellerin seiner großen Frauengestalten. Kurz vor seinem
Tode erhielt er für seine »Nibelungen«-Trilogie den Schiller-
preis.*

Hebbel ist der große Dramatiker des deutschen Nordens mit
den typischen Eigenschaften seiner Menschen- und Seelenart,
mit Grillparzer der wichtigste Vertreter der deutschen Nach-
klassik. Ein »Glutmensch durch und durch«, wie Eduard
Mörike ihn nannte, geht jegliche Gefühlsäußerung bei ihm
erst durch starke verstandesmäßige Arbeit in die künstlerische Form ein. Unerbittliche Konsequenz, strenge logische
Konstruktion kennzeichnen seine Werke. Dabei ist der Blick
stets auf »die großen Gegenstände der Menschheit« gerichtet.
Den Hintergrund fast aller seiner Stücke bildet eine Zeitenwende, aus der heraus er die Konflikte sieht und ableitet.
Neben bedeutenden Männerschicksalen beschäftigten ihn vor
allem Frauencharaktere, in deren Wesen er mit der scharfen
Sonde seines Verstandes eindrang. Von Hebbel zu Ibsen

führt gerade in dieser Hinsicht nur ein kleiner Schritt. Alle
Kennzeichen der Hebbelschen Kunst finden sich bereits in
der Tragödie *Judith* (1840), mit der er sich sogleich einen
ersten Platz im Bühnenschaffen seiner Zeit eroberte. Proble-
matischer blieb sein Versuch einer *Genoveva*-Tragödie (1841,
Reclams UB 5443/43a), in der lediglich der dämonische Charakter des Golo interessiert. Als ein Schmerzenskind seiner
Muse erwies sich auch die Komödie *Der Diamant* (1841),
das Spiel um den Edelstein, den ein Jude verschluckt hat.
Nach Hebbels eigenen Worten ein Werk, das »zwischen
Satire und naiver Komik auf märchenhaftem Hintergrund«
schwankt, erfüllte es nicht den hohen Anspruch, den sich der
Dichter damit gestellt hatte: das beste Lustspiel nach Kleists
Zerbrochnem Krug zu sein. Um so mehr offenbarte sich
seine Berufung zum großen dramatischen Dichter in dem
bürgerlichen Trauerspiel *Maria Magdalena* (1843), in dem
Hebbel erschütternde Tragik innerhalb eines sozial beengten
Lebenskreises aufwühlend zu gestalten weiß, ohne den Konflikt aus dem Zusammenprall zweier verschiedener Gesellschaftsklassen entstehen zu lassen wie Schiller in *Kabale und
Liebe*. Wiederum bedurfte es zweier mißglückter Stücke, der
Tragikomödie *Ein Trauerspiel in Sizilien* (1847) und des
Trauerspiels *Julia* (1847), um Hebbel zu einer größeren
dichterischen Arbeit, vielleicht der bedeutendsten und eigenwüchsigsten seines Lebens überhaupt, heranreifen zu lassen,
der Tragödie *Herodes und Mariamne* (1848). In dieser ergreifenden Dichtung klingen alle Leitmotive des Hebbelschen
Schaffens zu einem machtvollen Akkord zusammen: die
große Zeitenwende als Hintergrund, die Glut der Empfindungen und das bedeutende Frauenschicksal. Vor den nächsten Gipfelpunkten seiner Dramatik, dem deutschen Trauerspiel *Agnes Bernauer* (1851) und der einen antiken Stoff mit
modernem Empfinden erfüllenden Tragödie *Gyges und sein
Ring* (1854), stehen abermals zwei kleinere Werke, die heute
nur noch den Spezialisten interessieren können: das orientalische Märchenlustspiel *Der Rubin* (1849) und das (den römischen Reiseeindrücken entsprungene) zweiaktige Künstlerdrama *Michel Angelo* (1850). Den krönenden Abschluß seines Lebenswerkes bildet die Trilogie *Die Nibelungen*, die bis
auf den heutigen Tag bühnenwirksamste Neugestaltung des
alten Epos. In Hebbels Nachlaß fand man ein *Demetrius-*

Fragment, das seine typische Auffassung der schuldfreien Tragik offenbart, aber leider an entscheidender Stelle im 5. Akt abbricht. Einen bedeutenden Raum in seinen theoretischen Schriften und seinen Tagebüchern nehmen Abhandlungen über das Wesen des Dramas, der Tragik und des Schuldbegriffes ein, die die ›pantragische‹ Weltanschauung Hebbels enthüllen, deren Ausdruck seine Dramen sind.

Judith

Tragödie in fünf Akten
Erste Aufführung: 6. Juli 1840 in Berlin

P e r s o n e n : Judith – Holofernes, Feldherr der Assyrer – Mirza, Judiths Magd – Ephraim – Achior, Hauptmann der Moabiter – Hauptleute und Gefolge des Holofernes – Gesandte von Libyen und Mesopotamien – Priester und Bürger in Bethulien, darunter: Ammon, Hosea, Assad und sein stummer Bruder Daniel, Samaja, Samuel, ein uralter Greis u. a.
O r t und Z e i t : Vor und in der Stadt Bethulien, zu Nebukadnezars Zeiten.

Holofernes, Feldherr des assyrischen Königs Nebukadnezar, eine Kraftnatur von ungewöhnlichem Ausmaß, befindet sich auf Kriegszug. Der Ruf seiner Grausamkeit und Unbesiegbarkeit läßt alle Völker sich ihm auf Gnade und Ungnade ergeben, so auch die Libyer und Mesopotamier. In seinem überschäumenden Kraftgefühl spottet er der Götter der unterworfenen Länder und wünscht sich nichts als »einen Feind, nur einen, der mir gegenüberzutreten wagte«. Als solchen schildert ihm der Hauptmann der Moabiter, Achior, die Ebräer, deren nahegelegene Stadt Bethulien das nächste Angriffsziel des Holofernes sein wird. In der jungen Ebräerin Judith, die nach kurzer, unerfüllt gebliebener Ehe den Ruf Gottes zu großer Tat verspürt, erwächst ihm die ebenbürtige Gegenspielerin. »Geh hin und töte den Holofernes«, ruft sie Ephraim zu, der sie heftig umwirbt. Und als dieser dazu nicht fähig ist, keimt in ihr der Gedanke auf, es selbst zu wagen. Doch sie weiß, daß der Weg zu dieser Tat »durch die Sünde« geht. Während in der belagerten Stadt der Wassermangel die Einwohner Bethuliens zur Verzweiflung treibt und mit dem Gedanken der Übergabe spielen läßt – es kommt zu erregten Szenen, in denen Stumme zu reden anfangen, Volk und Priester aneinandergeraten, verzückte Prophetenworte fallen –, geht Judith den Weg ins Lager des Feindes, gefolgt nur von ihrer treuen Magd Mirza. Holofernes empfängt sie gnädig und ist von ihrer Schönheit berührt. Sie fleht um Gnade für ihr Volk. Als Holofernes diese weigert, spielt sie das große Spiel. Sie heuchelt Bewunderung für die Größe des Holofernes, den Gott zur Bestrafung ihrer schwächlichen Landsleute geschickt habe, und erbittet sich nur eine kurze Frist, um im Gebirge vor der Stadt zu beten und der Offenbarung Gottes zu harren. Als diese abgelaufen ist, kehrt sie zu Holofernes zurück und gibt sich ihm hin. Den Schlafenden enthauptet sie und befreit damit ihr Volk von der drohenden Gefahr der Vernichtung. Die Assyrer ziehen sich fluchtartig zurück. Judith, die von der starken Persönlichkeit des Holofernes nicht unberührt geblieben war, hat nur den einen Wunsch, daß ihr Schoß unfruchtbar bleiben möge. Die Priester Bethuliens sollen sie töten, wenn sie es selbst begehrt. »Ich will dem Holofernes keinen Sohn gebären.«

Bereits mit diesem kraftgenialischen Jugendwerk des Dichters, das er mit 27 Jahren schrieb, erfährt eines der Hauptthemen der Hebbelschen Dramatik, der Kampf zweier außerordentlicher Naturen (eines Übermannes und eines Überweibes), eine erste bedeutsame Formung. »Judith ist der schwindelnde Gipfelpunkt des Judentums, jenes Volkes, welches mit der Gottheit selbst in persönlicher Beziehung zu stehen glaubte«, erläutert Hebbel in einem Brief an die erste Darstellerin der Titelrolle in Berlin 1840, »Holofernes ist das sich überstürzende Heidentum, er faßt in seiner Kraftfülle die letzten Ideen der Geschichte, die Idee der aus dem Schoß der Menschheit zu gebärenden Gottheit.« Der Gestalt der Judith hat der Dichter auch bereits die ganze bohrende Tiefe der psychologischen Motivierung angedeihen lassen, die alle seine Frauengestalten auszeichnet. Hebbel spricht später selbst von der Gefühlsdialektik, in die sich Judith nach der Katastrophe ein wenig zu tief verliere. Neben den Hauptfiguren sind die meisterhaft gestalteten Volksszenen hervorzuheben, in denen Hebbel im engsten Raume eine Fülle von packenden Einzelbildern gibt, die nicht nur die

dramatische Spannung erhöhen, sondern auch der Tat Judiths den Hintergrund verleihen. Druck und erste Aufführung des Werkes 1840/41 begründeten den Ruhm Hebbels
als Dramatiker. (Reclams UB 3161.)

Maria Magdalena

Bürgerliches Trauerspiel in drei Akten
Erste Aufführung: 13. März 1846 in Königsberg

P e r s o n e n : Meister Anton, ein Tischler – Seine Frau – Klara, seine
Tochter – Karl, sein Sohn – Leonhard – Ein Sekretär – Wolfram, ein
Kaufmann – Adam, Gerichtsdiener, u. a.
O r t u n d Z e i t : Eine mittlere deutsche Stadt, 1. Hälfte des 19. Jh.s.

Über dem Hause des Tischlermeisters Anton brütet eine gewitterschwüle Stimmung. Zwar ist seine Frau von schwerer
Krankheit genesen und kann wieder einen Kirchgang antreten. Aber der von ihr verwöhnte Sohn Karl und die an
Leonhard versprochene Tochter Klara machen den Eltern
Sorge. Karl fühlt sich von der Enge der bürgerlichen Anschauungen der Eltern bedrückt, und Klara trägt ein heim-
liches Leid mit sich herum. Aus ihrer Begegnung mit Leonhard erfahren wir bald das Nähere. Er ist gekommen, um
bei ihrem Vater um ihre Hand anzuhalten. Aber es ist nicht
Liebe, die sie aneinander bindet. Klara hatte einen anderen
geliebt, der zur Akademie gezogen war und sie vergessen zu
haben schien. Da hatte sie sich auf Anraten der Mutter Leonhard versprochen. Doch der andere kam wieder. Und auf
einem Tanzfest war es geschehen, daß Leonhard aus Furcht,
die alte Jugendliebe könnte bei Klara wieder erwachen, das
Opfer der Hingabe von ihr erzwungen hatte. Nun fühlen
sie sich aneinander gebunden, ohne innere Neigung. Wie
unwürdig Leonhard Klaras ist, offenbart er selbst durch die
zynische Erzählung, wie er zum Amt des bestallten Kassierers kam. Er hatte dafür gesorgt, daß der Mitbewerber im
entscheidenden Augenblick betrunken auf dem Amte erschien. Und er hatte sich auch nicht geschämt, in der Zwischenzeit der »buckligten Nichte« des Bürgermeisters den
Hof zu machen. »O mein Gott«, ruft Klara verzweifelt aus,
»an diesen Menschen bin ich gekettet.« Schneller als erwartet

spitzen sich die Verhältnisse zur Tragödie zu: Karl gerät in den Verdacht, einen Juwelendiebstahl im Hause des Kaufmanns Wolfram begangen zu haben, und wird verhaftet. Der Schreck tötet die Mutter. Für Leonhard ist die Schande, die damit über das Haus des Tischlermeisters gekommen ist, willkommener Anlaß, seine Verlobung mit Klara zu lösen. Dieser Schritt fällt ihm um so leichter, als er von Meister Anton erfahren hat, daß er mit keiner großen Mitgift hätte rechnen können. Meister Anton, der aus dunklen Andeutungen Klaras Verdacht geschöpft hat, läßt sie an der Leiche der Mutter schwören, daß sie sei, was sie sein soll. Klara schwört ausweichend, daß sie ihm nie Schande machen wolle. Doch damit ist erst der Anfang der tragischen Verwicklungen gegeben. Meister Anton ist entschlossen, nachdem er »nun dreißig Jahre lang in Züchten und Ehren die Last des Lebens getragen«, dem Schicksal auch weiterhin zu trotzen und sich aufrecht zu halten. Nur eines könnte ihn umwerfen: daß man auch auf Klara mit Fingern zeigen würde. In diesem Falle – so schwört er Klara zu – würde er sich mit dem Rasiermesser umbringen. Dieser fürchterliche Schwur treibt in der Folge Klara zum bitteren Ende. Zwar lichten sich die Wolken noch einmal ein wenig, als der Kaufmann Wolfram die Nachricht bringt, daß Karl unschuldig ist. Der Juwelendiebstahl war eine Tat seiner geistesgestörten Frau. Auch sucht der Sekretär, Klaras Jugendfreund, die Unglückliche auf, um ihr erneut Hand und Herz zu bieten. Doch als er von ihr den wahren Grund ihrer Verzweiflung und ihrer Bindung an Leonhard erfährt, fällt von seiner Seite der schicksalsschwere Satz: »Darüber kann kein Mann weg.« Nun gibt es für sie nur noch den einen Ausweg, den Gang zu Leonhard. Sie geht zu ihm und fleht ihn an: »Heirate mich.« Nur um die Wiederherstellung ihrer Ehre ist es ihr zu tun. »Mein Vater schneidet sich die Kehle ab, wenn ich –.« Aber nichts vermag den Ehrgeizigen und Hartherzigen, der bereits um seiner Karriere willen ein neues Verhältnis mit der »buckligten Nichte« des Bürgermeisters eingegangen ist, zu rühren. Zum Letzten entschlossen verläßt Klara ihn. Aber sein niederträchtiges Benehmen bleibt nicht ungerächt. Der Sekretär zwingt Leonhard zum Pistolenduell, bei dem Leonhard fällt. Doch auch der Sekretär ist schwer verwundet. Mit letzter Kraft schleppt er sich zur Wohnung

Büchner, Dantons Tod

Raimund, Der Alpenkönig und der Menschenfeind

des Tischlermeisters, wo sich der tragische Ausgang unerbitt-
lich vollzieht. Karl, aus dem Gefängnis entlassen, will zur
See gehen und Matrose werden. Vorher will er aber noch
Rache am Gerichtsdiener nehmen, der ihn verhaftet hat.
Klara stürzt sich in den Brunnen in der Hoffnung, daß man
dies als einen Unglücksfall auslegen werde. Doch sie ist da-
bei beobachtet worden. Der sterbende Sekretär hält Meister
Anton vor, daß die Schuld an allem bei ihm selbst und bei
Meister Anton liege, indem sie das Urteil der Leute über
Klaras Jammer gestellt hätten. Meister Anton bleibt diesem
Vorwurf gegenüber ungerührt aufrecht stehen. Nur ein sin-
nendes »Ich verstehe die Welt nicht mehr« kommt über seine
Lippen.

Die erschütternde, mit strenger Folgerichtigkeit durch-
dachte und ausgeführte Tragödie geht auf Eindrücke zurück,
die Hebbel in seiner Münchener Zeit im Haus des Tischlermeisters Anton Schwarz empfangen hatte. »Es war meine
Absicht«, sagt der Dichter, »das bürgerliche Trauerspiel zu
regenerieren und zu zeigen, daß auch im eingeschränktesten
Kreise eine zerschmetternde Tragik möglich ist, wenn man
sie nur aus den rechten Elementen, aus den diesem Kreise
selbst angehörigen, abzuleiten versteht.« Dieses Vorhaben ist
ihm zweifellos gelungen. Und auch darin wird man ihm
recht geben, wenn er von dem Werk sagt: »Mit den allereinfachsten Mitteln wird die höchste tragische Wirkung erzielt, der Alte ist ein Riese geworden, und Leonhard bloß
ein Lump, kein Schuft.« Klaras Verhalten wird man am
ehesten verstehen und (vom Standpunkt des Dichters aus)
gerechtfertigt finden, wenn man in ihr in erster Linie die
Tochter des starrsinnigen Vaters erblickt. Auch ihre Hingabe
an Leonhard war nichts anderes als eine Art Trotz. »Sie er-
gab sich gewiß nur darein«, sagt Leonhard, »um meine Vorwürfe zu widerlegen, denn sie war kalt gegen mich wie der
Tod.« So ersteht gerade in Klara ein typisch Hebbelscher
Frauencharakter mit der ganzen diesem Dichter eigenen
Herbheit. Die aufrüttelnde Tragödie wurde zur wegweisen-
den literarischen Tat des Realismus im deutschen Drama.
(Reclams UB 3173.)

Herodes und Mariamne

Tragödie in fünf Akten
Erste Aufführung: 19. April 1849 in Wien

P e r s o n e n : König Herodes – Mariamne, seine Gemahlin – Alexandra,
ihre Mutter – Salome, Schwester des Königs – Joseph, Vizekönig in Abwesenheit des Herodes – Soemus, Statthalter von Galiläa – Titus, ein
römischer Hauptmann – Sameas, ein Pharisäer – Drei Könige aus dem
Morgenlande – Richter, Galiläer, Diener u. a.
O r t und Z e i t : Burg Zion in Jerusalem, um Christi Geburt.

Herodes, von den Römern als König in Jerusalem eingesetzt,
steht in schweren Konflikten: ringsum lodert der Haß gegen
ihn auf von seiten der altjüdischen Pharisäerpartei, geschürt
von seiner eigenen Schwiegermutter Alexandra. Und Antonius, der römische Triumvir, hat ihn zu sich beordert, da
Alexandra ihn auch dort verklagt hat. Aristobulos, Alexan-
dras Sohn, der letzte männliche Sproß aus dem Stamm der
Makkabäer, wurde von Herodes umgebracht, weil er in ihm
einen gefährlichen Rivalen zu erblicken glaubte. Alexandra
führte darüber Klage bei Antonius und hat es außerdem
verstanden, ihn auf die Schönheit Mariamnes, ihrer Tochter,
der Gemahlin des Herodes, aufmerksam zu machen. Grund
genug für Herodes, auf der Hut zu sein. In blinder Leidenschaft für Mariamne und in dem unseligen Wahn, ihrer
Liebe und Treue nach seinem Tode nicht mehr gewiß sein zu
können, läßt Herodes sich, ehe er dem Rufe des Antonius
folgt, dazu verleiten, Mariamne unters Schwert zu stellen.
Sein Schwager Josephus erhält den Auftrag, sie zu töten,
wenn er nicht wiederkehre. Alexandra schürt in seiner Abwesenheit die Stimmung im Volke. Es gelingt ihr, durch den
alten Pharisäer Sameas einen Aufruhr zu entfachen. Ihre
Tochter Mariamne vermag sie aber nicht gegen Herodes
aufzubringen. Mariamne steht, obwohl auch sie unter dem
Tod ihres Bruders leidet, doch zu ihrem Gatten und wirft
der Mutter vor, selbst Schuld an dem Tod des Aristobulos
zu haben, indem sie ihn als Werkzeug ihrer eigenen ehrgeizigen Pläne benutzte. Mariamnes unbedingtes Vertrauen zu
Herodes (»Ich sterbe, wenn er stirbt«) gerät jedoch ins Wanken, als sie Josephus, dem Vizekönig, das furchtbare Geheimnis entlockt, daß ihr Gatte sie unters Schwert gestellt

hat (»Das ist ein Frevel, wie's noch keinen gab«). Die plötzliche Rückkehr des Herodes, den Antonius freundlich aufgenommen hatte, führt zur großen Auseinandersetzung der Gatten, die Salome, die Schwester des Herodes und Gattin des Josephus, durch törichte Eifersucht auf Mariamne steigert. Herodes entdeckt alsbald, daß Josephus das Geheimnis preisgegeben hat, und läßt ihn, ohne Gericht, hinrichten. Vergeblich versucht er sich Mariamne gegenüber zu rechtfertigen. Den Brudermord hatte sie ihm verziehen, allein daß er sie unters Schwert gestellt hatte, hat die Menschheit in ihr geschändet. »Keiner will das Leben sich nehmen lassen als von Gott allein, der es gegeben hat.« Tiefer aber noch als alles andere hat er das Weib in ihr gekränkt. Im Höhepunkt der Auseinandersetzung scheint noch einmal ein gütiges Geschick alles zum Guten wenden zu wollen. Es trifft neue Botschaft von Antonius ein. Der Kampf um die Weltherrschaft mit Octavian hat begonnen. Herodes muß ins Feld, abermals fort zu einer für ihn gefährlichen Kriegsfahrt. Mariamne jubelt auf. Jetzt wird sich's zeigen, »ob's bloß ein Fieber war, das Fieber der gereizten Leidenschaft, das ihn verwirrte«, oder ob sich ihr »in klarer Tat sein Innerstes verriet!« Zu Mariamnes Unheil wird alsbald offenbar, daß letzteres der Fall ist. Herodes stellt sie noch einmal unters Schwert, ehe er fortzieht. Diesmal soll sein alter Freund Soemus, der Statthalter von Galiläa, der Vollstrecker seines unseligen Willens sein. Und wiederum erfährt Mariamne von diesem den furchtbaren Befehl, den Soemus nicht auszuführen willens ist und den er nur übernommen hat, um Mariamne im gegebenen Fall um so sicherer schützen zu können. Er fühlt sich, gleich ihr, in seinem »Heiligsten« gekränkt und ist nicht gesonnen, sich als Werkzeug gebrauchen zu lassen. Mariamne aber, nun zum Äußersten entschlossen, läßt ein Fest rüsten, um vor aller Öffentlichkeit mit Herodes zu brechen, gleichviel ob er wiederkommt oder nicht. Und er kommt wieder. Nach dem Untergang des Antonius hat ihn der neue Weltherrscher Octavian überraschend freundlich empfangen und ihm nicht nur erneut Judäa, sondern auch noch Ägypten zur Regentschaft übertragen. Der Anblick der tanzenden Mariamne, die aufstachelnden Reden der Salome (»Hier ward gejubelt über deinen Tod«) und die Bestätigung der vermeintlichen Untreue Mariamnes durch den Römer Titus veranlassen den verblendeten Herodes, Mariamne vor Gericht zu stellen und sie des Ehebruchs anzuklagen. Er fordert ihren Tod. Mariamne verteidigt sich nicht. Denn sie hat sich auf ewig von ihm abgekehrt und will sterben. Die Richter wollen »die letzte Makkabäerin« zu retten versuchen. Vergeblich. Doch vor ihrem Tode enthüllt Mariamne dem unparteilichen Römer Titus (»weil du gelassen-kalt hineingeschaut in unsre Hölle«) ihre wahre Seelenverfassung, nachdem sie ihm den Schwur abgenommen hat, darüber zu schweigen, bis sie tot sei: Herodes, der für den Fall seines eigenen Todes ihr den Henker bestellt hatte, sollte dieser nun selber im Leben werden. Darum gab sie das Fest! Alles war nur Larve. Hätte Herodes den Dämon in seiner Brust überwunden, könnte sie ihm verzeihen. »Sterben kann ein Mensch den andern lassen, fortzuleben zwingt auch der Mächtigste den Schwächsten nicht.« Mit Grauen und Mitleid blickt der Römer in die Abgründe, die sich hier vor ihm auftun. Er möchte helfend eingreifen. Doch sein Wort bindet ihn. Erst nach vollzogener Hinrichtung enthüllt er dem nun völlig gebrochenen Herodes die wahren Zusammenhänge. Herodes, dem die drei Könige aus dem Morgenlande von der Geburt eines neuen »Königs aller Könige« künden, rafft sich zu dem furchtbaren Befehl des Kindermordes in Bethlehem auf.

Hebbel sah mit seinem allezeit wachen, sich selbst beobachtenden Blick nicht mit Unrecht in diesem Werk sein Meisterstück. Mit großer Kunst hat er es verstanden, »das Fieber des Herodes aus der Atmosphäre, in der er atmete, und diese aus dem dampfenden, vulkanischen Boden, auf dem er stand, zu entwickeln«. Die Ehetragödie, die wir hier an zwei außergewöhnlichen Naturen erleben, ist mit echt Hebbelscher Konsequenz und psychologischer Feinheit herausgearbeitet. Neben dem von seinem Dämon getriebenen Herodes steht die stolze, wahrhaft königliche Mariamne, die ihr Frauentum höher wertet als ihr Leben und in beispielloser Folgerichtigkeit handelt, liebt und stirbt, eine Frauengestalt einmaliger Prägung im deutschen Drama. Aber auch die anderen Frauenfiguren, die kalte, herrschsüchtige Alexandra und die triebhaft-eifersüchtig handelnde Salome, sind vorzüglich modelliert. Die zum Schluß hin sich ins Metaphysische steigernde Tragödie wird durch den Auftritt der Heili-

gen Drei Könige, mit dem Hebbel den Anbruch eines neuen
Zeitalters andeuten wollte, nicht eben glücklich beendet.
Doch läßt sich durch Streichung dieses Auftrittes die Einheit
leicht erhalten, zumal auch der an sich sinnvolle Hinweis
auf die Geburt Christi inmitten des Chaos der geschilderten
Zeit schon durch die Prophezeiung des zum Tode verurteil-
ten Pharisäers Sameas zum Ausdruck kommt. (Reclams
UB 3188.)

Agnes Bernauer

Deutsches Trauerspiel in fünf Aufzügen
Erste Aufführung: 25. März 1852 in München

P e r s o n e n : Ernst, regierender Herzog zu München-Bayern – Al-
brecht, sein Sohn – Hans von Preising, sein Kanzler – Kaspar Bernauer,
Bader und Chirurgus zu Augsburg – Agnes, seine Tochter – Theobald, sein
Geselle – Ritter auf der Seite des Herzogs Ernst – Ritter auf der Seite
des Herzogs Albrecht u. a.
O r t   u n d   Z e i t : In Bayern, 1. Hälfte des 15. Jh.s.

Agnes, die schöne Augsburger Baderstochter, wird von dem
Gesellen Theobald heftig umworben. Aber er ist nicht der
einzige, der von ihrer Erscheinung wie geblendet ist. Eigentlich sind es alle Männer, denen sie begegnet, so daß Neid
und Verdächtigung schon ihre ständigen Begleiter werden.
Auf dem Ritterturnier, das sie nur widerwillig besucht, erregt sie die Aufmerksamkeit des Herzogssohns Albrecht, und
bei dem anschließenden Tanz der Geschlechter und Zünfte
auf dem Rathaus wirbt Albrecht, dem eine ungeliebte fürstliche Braut entflohen ist, um sie. So hingerissen ist Albrecht
von Agnes, daß er nur noch den einen Wunsch hat, sie über
alle Standesschranken hinweg zu seinem Weibe zu machen.
Vergebens warnen die Ritter seiner Umgebung ihn vor diesem unbedachten Schritt, der die ganze Hauspolitik seines
Vaters, des Herzogs Ernst, über den Haufen werfen muß.
Vergeblich versucht auch der Vater der Agnes, der biedere
Bader und Chirurgus Bernauer, durch eine schnelle Heirat
mit Theobald den drohenden Konflikt zu verhindern. Agnes
würde lieber ins Kloster gehen, denn auch sie ist schon von
tiefer Liebe zu Albrecht ergriffen. Albrecht läßt sich mit

Agnes heimlich mit dem Segen der Kirche trauen und bringt
die junge Gattin auf das Schloß seiner Mutter, die Vohburg
an der Donau. Dem jungen Paare ist jedoch nur eine kurze
Spanne des Glückes beschieden. Herzog Ernst schickt seinen
alten Kanzler Preising zu Albrecht mit der Mitteilung, daß
eine neue fürstliche Braut für ihn bestimmt wurde, die Tochter des Herzogs von Braunschweig, damit »Welf und Wittels-
bach« fester aneinandergekettet werden. Auf dem Turnier
in Regensburg, zu dem er ihn bescheidet, soll die Verlobung
verkündet werden. Die Eheschließung mit der Baderstochter
erkennt der Herzog nicht an. Albrecht beharrt jedoch auf
seinem Standpunkt: »Wir sind vereint, und nur der Tod
kann uns noch trennen.« So kommt es auf dem Turnier
in Regensburg zum offenen Bruch zwischen Vater und
Sohn. Herzog Ernst enterbt Albrecht zugunsten seines
kranken Neffen. Albrecht rechnet mit der Sympathie des
Volkes. Ein Bürgerkrieg droht. Empört beschließt Herzog
Ernst: »Im Namen der Witwen und Waisen, die der Krieg
machen würde, im Namen der Städte, die er in Asche legte,
der Dörfer, die er zerstörte: Agnes Bernauer, fahr hin!« Er
unterschreibt ihr Todesurteil, das die namhaftesten Juristen
seines Landes gefällt haben. »Aber es ist doch auch entsetzlich, daß sie sterben soll, bloß weil sie schön und sittsam
war«, sagt der alte Preising. Albrecht hat indessen Agnes
auf die Burg nach Straubing gebracht, wo sie in dunkler
Vorahnung sich eine Totengruft bauen läßt. Während
Albrecht von seinem Vater zu einem Turnier nach Ingolstadt
beordert wird, fallen die Häscher über die »Hexe« her. Sie
wird in die Donau gestürzt, nachdem der alte Preising noch
einen vergeblichen Versuch gemacht hat, sie im Kerker zum
freiwilligen Verzicht auf die Hand Albrechts zu bewegen.
Der sofort herbeigerufene Herzogssohn schäumt vor Wut
und entfacht nun einen Bürgerkrieg. Die Begegnung mit seinem Vater auf dem Schlachtfelde bringt ihn zum Stillstand,
doch erst drohende Reichsacht und Kirchenbann zur Besinnung. Herzog Ernst ist bereit, die tote Agnes als rechtmäßige
Gemahlin des Sohnes anzuerkennen und ihr »einen feierlichen Totendienst zu stiften, damit das reinste Opfer, das
der Notwendigkeit im Laufe aller Jahrhunderte gefallen ist,
nie im Andenken der Menschen erlösche!« Um Albrecht für
das hohe Herrscheramt, zu dem er berufen ist, zu gewinnen,

reicht er ihm sogleich seinen Herzogsstab und dankt ab, um sich im Kloster Andechs von dieser Welt zurückzuziehen. Indem der Vater so den Sohn zum Richter über sich selbst einsetzt, führt er die wahrhafte Versöhnung herbei.

Hebbels Absicht mit diesem Stück ist aus den letzten Worten des Herzogs zu erkennen. Es ging ihm um das Verhältnis von Individuum und Staat, das er »nie so deutlich« ausgeprägt wie in dem Schicksal der schönen Baderstochter zu erblicken glaubte. Auch schwebte ihm etwas wie eine »Antigone der modernen Zeit« vor. Diese Absichten hat er folgerichtig durchgeführt, soweit sie den Untergang des Individuums zugunsten der Staatsordnung betreffen. Es haftet der Idee des Stückes jedoch eine gewisse Grausamkeit an, die sich immer dann einstellen wird, wenn dem Zuschauer eine solche Weisheit auf Kosten eines unschuldigen Individuums demonstriert wird (ähnlich wie bei Grillparzers *Jüdin von Toledo*). Abgesehen hiervon, liegen die Vorzüge dieses »deutschen Trauerspieles« in den prächtigen Farben, mit denen deutsches Kulturleben im Mittelalter in seinen verschiedensten Schichten gezeichnet ist, und in der scharfen Charakterzeichnung, insbesondere des alten Herzogs Ernst. (Reclams UB 4268.)

Gyges und sein Ring

Tragödie in fünf Akten
Erste Aufführung: 25. April 1889 in Wien

Personen : Kandaules, König von Lydien – Rhodope, seine Gemahlin – Gyges, ein Grieche – Lesbia und Hero, Sklavinnen – Thoas und Karna, Sklaven – Volk.
Ort und Zeit : Am Hofe des Königs von Lydien, in mythischer Vorzeit.

Kandaules, der neuen Ideen zugeneigte König der Lydier, sieht es nur ungern, daß sein Gastfreund und Günstling, der Grieche Gyges, sich an den Wettkämpfen seines Volkes beteiligen will. Er fürchtet für das Leben des jungen Freundes im harten Kampf mit den ungestümen Lydiern. Doch Gyges besteht darauf und schenkt dem König als Gegengabe für die Gewährung seiner Bitte einen kostbaren Ring, der die Kraft in sich hat, den Träger unsichtbar zu machen.

Gyges fand ihn einst in einem Grabe in Thessalien, als er
von Räubern verfolgt wurde, und konnte die unheimliche
Eigenschaft des Ringes sofort erproben. Kandaules zeigt den
Ring seiner Gemahlin Rhodope, die nach der Sitte ihres
Heimatlandes – sie stammt aus einem Lande, »wo indische
und griechische Art sich mischen« – in tiefster Zurückgezogenheit lebt und keinen anderen Blicken zugänglich ist als
denen des Königs und ihrer Dienerinnen Hero und Lesbia.
Sofort erfaßt sie ein Schaudern vor diesem seltsamen Ring.
Sie bittet den König, ihn fortzuwerfen oder ihn ihr zu überlassen. Kandaules ist dazu bereit, wenn sie seine Bitte erfüllt,
sich bei dem bevorstehenden Feste öffentlich als Königin zu
zeigen, was wiederum Rhodope ablehnen muß: »Du holtest
dir von weit entlegner Grenze die stille Braut und wußtest,
daß vor deinem nur noch das Vaterauge auf ihr ruhte.« So
bleibt der Ring in den Händen des Kandaules, der ihn alsbald zu schlimmem Unterfangen verwendet. Gyges, mehr-
facher Sieger bei den Spielen, wirft ein Auge auf die schöne
Sklavin Lesbia. Kandaules, der es beobachtet, kann es nicht
unterlassen, mit der noch größeren Schönheit Rhodopes zu
prahlen. Es reizt ihn, einen Zeugen dafür zu haben, »daß
ich nicht ein eitler Tor bin, der sich selbst belügt, wenn er
sich rühmt, das schönste Weib zu küssen«. Gyges soll dieser
Zeuge sein, und der verhängnisvolle Ring soll das gefährliche Unternehmen ermöglichen. Nur widerwillig geht Gyges
darauf ein. Die Nacht, da er Rhodope im Schlafgemach
(selbst ungesehen) erblickt, entscheidet über ihr aller Schicksal. Gyges, von Rhodopes Schönheit überwältigt, hat sich in
der Nacht im Schlafgemach für einen Augenblick sichtbar
gemacht, in der Absicht, von Kandaules für diesen Frevel
getötet zu werden. So tief ist er von der Erscheinung Rhodopes beeindruckt. Kandaules weigert dieses Ansinnen, das
Gyges ihm am andern Morgen in offenem Bekennen vorträgt. Noch hofft Kandaules auf Beruhigung der aufgestör-
ten Seele des Freundes. Er schickt ihm die Sklavin Lesbia
zum Geschenk, was Gyges nur als Hohn empfinden muß
und dem armen Mädchen als Entgelt für das schlimme Spiel,
das mit ihr getrieben wird, die Freiheit schenkt. Nun ist für
Kandaules kein Ausweg mehr. Er verabschiedet den Freund,
der seine Reise nach Ägypten fortsetzen will. Doch weder
Kandaules noch Gyges haben mit Rhodope gerechnet, die

sich in unbestimmter, aber doch instinktsicherer Ahnung betrogen fühlt: »Ich bin befleckt, wie niemals noch ein Weib!« Vergeblich versucht Kandaules sie abzulenken. Ihr Verdacht muß sich nur um so gewisser auf Gyges richten, als Kandaules ihr von seinem Fortgang erzählt. Sie verlangt, daß Kandaules ihn strafen soll, wie er noch nie gestraft habe. Und als der König sich weigert, schickt sie selbst einen treuen alten Diener dem Fortgegangenen nach und läßt ihn vor sich bringen. Sie sagt ihm, der ihr unbefangen und mit Worten höchsten Adels seine Liebe erklärt, daß er sterben müsse, was Gyges ruhig aufnimmt, ja, er ist sogar bereit, in Gegenwart des Königs alle Schuld an dem, was geschehen, auf sich zu nehmen. Dieses wiederum will Kandaules nicht: »Ich bin ein Mann, der für den Frevel, den er selbst beging, nicht einen andern sterben läßt.« So kommt es zu dem von Rhodope selbst gewünschten Zweikampf zwischen Kandaules und Gyges. Vorher nehmen die Freunde voneinander Abschied. Kandaules ringt sich zum Bekenntnis seiner vollen Schuld durch und sieht in dem Ring die verhängnisvolle Gabe der Gottheit (»Nicht zum Spiel und nicht zu eitlen Possen ist er geschmiedet worden, es hängt vielleicht an ihm das ganze Weltgeschick«). Sein großer Fehler war es, an den »Schlaf der Welt« zu rühren, indem er neue Sitten und Ordnungen einführen wollte. In ehrlichem Zweikampf fällt der »letzte Heraklide«. Gyges, zum König der Lydier ausgerufen, reicht am Altar der Hestia Rhodope die Hand zum Ehebunde. Doch unmittelbar darauf ersticht sie sich selbst. Nur diese Zeremonie galt es noch. »Ich bin entsühnt, denn keiner sah mich mehr, als dem es ziemte.«

Aus antiken Quellen (Herodot und Platon) schöpfend, fand Hebbel hier einen ihm und seiner Art besonders gemäßen Stoff. »Mich reizte die Anekdote, die mir, etwas modifiziert, außerordentlich für die tragische Form geeignet schien, und nun das Stück fertig ist, steigt plötzlich zu meiner eigenen Überraschung wie eine Insel aus dem Ozean *die Idee der Sitte* als die alles bedingende und bindende daraus hervor«, interpretierte der Dichter selbst das Stück. Die Gestalt der Rhodope wurde dabei zu einer seiner charakteristischen Frauengestalten. In ihrer mimosenhaften Keuschheit zeigt sie ein Extrem des überhaupt Möglichen, wie es Hebbel liebt. Neben ihr steht das Freundespaar des asiatischen

Königs und des griechischen Jünglings, die sich im Adel der Gesinnung gegenseitig überbieten. Der Ring ist Symbol für das unheimliche Walten des Schicksals. So entstand eine Tragödie, in der nach dem Wunsche des Dichters »die antike und moderne Atmosphäre ineinander übergehen, auf eine allgemein menschliche, allen Zeiten zugängliche Weise«. (Reclams UB 3199.)

Die Nibelungen

Deutsches Trauerspiel in drei Abteilungen
Erste Aufführung: 31. Januar und 18. Mai 1861 in Weimar

I. Der gehörnte Siegfried

Vorspiel in einem Akt

P e r s o n e n : König Gunther – Hagen Tronje – Dankwart, dessen Bruder – Volker, der Spielmann – Giselher, Gerenot, Brüder des Königs – Siegfried – Ute, die Witwe König Dankrats – Kriemhild, ihre Tochter, u. a.
O r t und Z e i t : Am Hofe König Gunthers in Worms, 6. Jh. n. Chr.

Hagen spottet der christlichen Osterbräuche, die keine Jagd erlauben. Auf Gunthers Vorschlag soll der Spielmann Volker den Recken die Zeit durch Erzählungen verkürzen. Und Volker erzählt vom gehörnten Siegfried, der durch das Bad im Drachenblut unverwundbar wurde, und von Brunhild, die »im tiefen Norden, wo die Nacht nicht endet«, wohnt. »Wer um sie wirbt, der wirbt zugleich um seinen Tod.« Denn ein Flammenmeer umgibt sie, und jeden Freier, der ihr naht, stellt die übermenschlich starke Jungfrau zum Kampf, den sie (»begabt mit Kräften, vor denen selbst ein Held zuschanden wird«) noch immer gewonnen hat. Die Schilderung erweckt in Gunther den Wunsch, Brunhild zur Königin Burgunds zu machen. Mitten in diese Gespräche ertönen Trompeten: Siegfried, der Held aus Niederland, erscheint an der Spitze von zwölf Recken am Hof von Worms. In jugendlichem Überschwang will der sieggewohnte Held mit Gunther um sein Reich kämpfen. Doch die Burgunder lassen ihn merken, daß sie um seine Unverwundbarkeit wissen. So schlägt Siegfried einen Wettkampf im Steinwurf vor, den sie annehmen. Die Königinwitwe Ute und ihre Tochter Kriemhild verfolgen von der Burg aus gespannt den Kampf im Hofe, bei dem Siegfried jedesmal einen der Burgunder im Wurf um Schuhbreite überbietet, bis er zuletzt auch Hagen besiegt. Siegfried hat beobachtet, daß Kriemhild zusah, und diese ihrerseits ist von der strahlenden Erscheinung des Helden gebannt. So kommt es bald zu einem Vertrag: Gunther wird Siegfried seine Schwester zum Weibe geben, Siegfried wird dafür Gunther behilflich sein, Brunhild zu gewinnen. Zwar warnt Siegfried nachdrücklich vor dieser nicht einfachen Unternehmung, die nordische Jungfrau, »der flüss'ges Eisen in den Adern kocht«, zu freien. Er weiß, daß nur er selbst sie überwinden kann. Er sah sie schon, ohne von ihrer Schönheit berührt zu werden. Und er erzählt den burgundischen Recken, was er von ihr und ihrer Burg weiß, auch wie er an einem einzigen Tage zum Schwerte Balmung, zum Nibelungenhort und zu der Nebelkappe kam, die die Kraft besitzt, den Träger unsichtbar zu machen. Aber nichts vermag Gunther von dem Wunsche, Brunhild zu besitzen, abzuhalten. Die Tarnkappe soll helfen, die Kämpfe zu bestehen, indem Siegfried unsichtbar an Gunthers Seite kämpfen wird. Hagen fordert Verschwiegenheit, daß das Geheimnis unter den Männern bleibe. »In Ewigkeit kein Wort!« verspricht Siegfried, und die Burgunder brechen nach Isenland auf.

II. Siegfrieds Tod

Trauerspiel in fünf Akten

Personen: Die Personen des Vorspiels – Brunhild, Königin von Isenland – Frigga, ihre Amme, u. a.
Ort und Zeit: Brunhilds Burg, in Worms und im Odenwald, kurz nach den Ereignissen des Vorspiels.

In Brunhilds Burg hat ihre Amme Frigga am frühen Morgen den alten Göttern geopfert. Sie enthüllt ihrer Herrin, was sie bisher verschwieg: Brunhild stammt von »Nornen und Valkyrien« ab. Gefahr droht. Doch Brunhild fürchtet nichts. Als die Burgunder nahen, begegnet sie ihnen mit gewohnter

Siegeszuversicht, ja, sie hat die Offenbarung, daß sie dereinst »schicksallos, doch schicksalkundig« über der ganzen
Erde thronen wird und daß auch der Tod ihr nichts anhaben
kann. Doch sie hat zu früh triumphiert. Sie erliegt im
Kampfe und muß Gunther als sein Weib folgen. Siegfried,
der (durch die Tarnkappe geschützt) diesen Sieg über Brun-
hild für Gunther erfochten hat, ist vorausgeeilt und hat es
nicht mehr miterlebt, daß Brunhild, als Gunther ihr auf dem
Schiff im Angesicht der nahen heimatlichen Burg den ersten
Kuß rauben wollte, ihn mit vorgestrecktem Arm weit in den
Rhein hinaushielt. So betritt Brunhild den burgundischen
Boden nicht ohne den Verdacht, betrogen worden zu sein.
Vor allem fällt es ihr auf, daß Siegfried, der als Gunthers
»Dienstmann« im Isenland erschien, hier ohne weiteres um
die Königstochter Kriemhild freien darf und Ehren genießt,
die ihrer Ansicht nach einem »Vasallen« nicht zukommen.
Um der großen Gefahr einer Entlarvung von Gunthers
Schwäche gegenüber Brunhild in der Hochzeitskammer zu
entgehen, verlangen Hagen und Gunther von Siegfried, daß
er sie noch einmal mit Hilfe der Tarnkappe bändigen solle.
Nur widerwillig findet Siegfried sich dazu bereit. Hagen,
Gunther und Siegfried wissen allein um diesen neuen Betrug. Und Hagen bestimmt als Vierten in dem Bunde den
Tod. Zum Verhängnis wird, daß ein Gürtel, den Siegfried
bei dem Ringkampf in Gunthers Hochzeitskammer Brunhild
entriß und dann achtlos einsteckte, schließlich in Kriemhilds
Hände gekommen ist. Kriemhild will durchaus wissen, woher Siegfried ihn hat. Und er läßt sich dazu verleiten, ihr
das Geheimnis preiszugeben. Einmal in ihrem Kopfe, vermag sie es nicht zu hüten, zumal die Eifersucht in ihr erwacht
ist. Bei einem Gang zum Dome gerät Kriemhild mit Brunhild, die nach ihrer Niederlage in der Hochzeitsnacht in
Gunther den stärksten Mann der Welt zu erblicken glaubt,
in Streit über den Vortritt. Von Brunhilds Worten aufgestachelt, nennt Kriemhild sie das Kebsweib ihres Gatten und
sagt es ihr offen ins Gesicht, daß Siegfried es war, der sie
überwand. Der Gürtel ist der Beweis. Nun kennt Brunhild
keine Schranken mehr. Zu der Beschimpfung kommt das
Bewußtsein, von Siegfried verschmäht worden zu sein.
»Weib, Weib«, ruft sie in leidenschaftlichem Ausbruch
Kriemhild nach, »wenn du in seinen Armen auch eine Nacht

gelacht hast über mich, so sollst du viele Jahre dafür weinen!« Und von Frigga angefeuert, bohrt sie sich immer tiefer in ihr Leid hinein: »Ihm selbst zum Weib zu schlecht, war ich der Pfennig, der ihm eins verschaffte.« Unstillbar ist ihr Rachedurst, und in Hagen findet sie den Vollstrecker ihres Willens, der sofort erkennt und es offen ausspricht: »Der Mann muß sterben, der dir das getan.« Mit List entlockt Hagen der besorgten Kriemhild das Geheimnis der verwundbaren Stelle in Siegfrieds Rücken, die ein Lindenblatt bedeckte, als er im Drachenblute badete. »Nun ist dein Held nur noch ein Wild für mich«, triumphiert der Grimmige, der nicht frei von Neid auf den strahlenden Helden ist. Während Brunhild in ihrer Kammer sitzt – sie hat geschworen, keine Speise und keinen Trank mehr anzurühren, bis Siegfried tot ist –, ziehen die Burgunder mit Siegfried zur Jagd. Voll schlimmer Vorahnungen nimmt Kriemhild von ihrem Gatten bewegten Abschied. Bei der Rast am Brunnen im Walde wirft Hagen den Speer in Siegfrieds Rücken. Den Burgundern fluchend stirbt er. In Worms wird erzählt, daß Schächer die Mörder waren. Doch Kriemhild verlangt die Totenprobe. Und im Dom, wo man Siegfried aufgebahrt hat, beginnt die Wunde erneut zu bluten, als Hagen vor ihn tritt. Die Anklage des Mordes, die Kriemhild ihm nun ins Gesicht schleudert, nimmt er gelassen auf sich. Sogar das Balmungschwert Siegfrieds nimmt er für sich in Anspruch. »Zum Mord den Raub!« schreit Kriemhild auf. Vergeblich versuchen der Kaplan und ihre Mutter sie zu beruhigen. Ihr wäre es gleich, wenn über Siegfrieds Tod das ganze Geschlecht der Burgunder zugrunde ginge. »Denn hier ist's überzahlt!«

III. Kriemhilds Rache

Trauerspiel in fünf Akten

Personen: Die gleichen wie in dem vorigen Stück (ohne Brunhild und Frigga) – König Etzel – Dietrich von Bern – Hildebrant, sein Waffenmeister – Markgraf Rüdeger – Götelinde, seine Gemahlin – Gudrun, ihre Tochter – Werbel, Swemmel, Etzels Geiger u. a.
Ort und Zeit: In Worms, am Donau-Ufer und in Etzels Burg, einige Jahre später.

Markgraf Rüdeger ist nach Worms gekommen, um im Namen des Heunenkönigs Etzel um Kriemhilds Hand zu werben. Kriemhild, die seit dem Tode Siegfrieds mehr an seiner
Gruft als am Königshofe ihres Bruders weilt, weist die Werbung ab. Erst als sie hört, daß Hagen sich gegen die Annahme der Werbung ausgesprochen habe, horcht sie auf. Sie,
die nur noch dem Gedanken an Rache für Siegfrieds Tod
lebt, ruft noch einmal König Gunther um »Klage über
Hagen Tronje« an. Als ihr diese verweigert wird, läßt sie
sich von Rüdeger schwören, ihr als Königin der Heunen keinen Dienst zu versagen. Rüdeger schwört es, und Kriemhild
nimmt die Werbung an. Ihre Aufforderung an die Brüder,
sie zum Hofe König Etzels zu geleiten, lehnt Gunther ab.
Doch verspricht er für später einen Besuch an Etzels Hof.
Sieben Jahre später brechen die Burgunder dorthin auf. Am
Donau-Ufer prophezeien Meerweiber Hagen, daß niemand
von ihnen den grünen Rhein wiedersehen würde. »So oder
so«, quittiert Hagen die Warnung, »wir sind im Netz des
Todes.« In Bechlarn, am Hofe Markgraf Rüdegers, gibt es
Aufenthalt. Wieder begegnet den Burgundern in Gestalt
Dietrichs von Bern ein Warner. Sie achten seiner Worte
nicht und glauben, durch die Verlobung Giselhers mit
Gudrun, der Tochter Rüdegers, sich »Etzels redlichsten Vasallen« zum Freund gemacht zu haben. An Etzels Hof wird
ihnen von Kriemhild ein frostiger Empfang zuteil. Hagen
veranlaßt, daß sie unter Waffen bleiben, selbst zum Gang in
den Dom. Kriemhild trifft alle Vorbereitungen, um sie zu
vernichten. Es ist ihr jedoch in erster Linie um Hagen zu tun.
Giselher vor allem möchte sie verschont wissen, zumal seit
sie von seiner Verlobung hörte. Etzel läßt ihr, die ihm seinen
Wunsch nach einem Erben erfüllt hat, freie Hand. Doch wäre
es ihm lieber, den Burgundern in offener Schlacht zu begegnen. Kriemhild aber will »für die Schlächterei« im Odenwald keinen »offenen Heldenkampf«, sondern »Mord um
Mord!«. Dennoch würde Etzel das Gastrecht nicht verletzt
haben, wenn nicht Kriemhild veranlaßt hätte, daß das ganze
Gefolge der Burgunder, abgetrennt von den Königen, umgebracht wurde. Als Dankwart mit dieser Nachricht zum
Bankett der Fürsten kommt, bei dem gerade Otnit, Etzels
und Kriemhilds Knabe, herumgereicht wird, enthauptet
Hagen das Kind. Nun kennt auch Etzel kein Halten mehr:

»Jetzt seid ihr aus dem Frieden der Welt gesetzt und habt zugleich die Rechte des Kriegs verwirkt.« Ein furchtbares Blutbad hebt an. Die Burgunder werden im Saal eingeschlossen, und dieser wird in Brand gesteckt. »Hier hat sich Schuld in Schuld zu fest verbissen, als daß man noch zu einem sagen könnte: Tritt zurück«, kommentiert Dietrich von Bern. Hagen, Gunther, Volker, Dankwart, Gerenot und Giselher kämpfen den letzten Kampf der Verzweiflung. In einer Kampfespause beobachtet der alte Hildebrant, wie sie auf den erschlagenen Feinden sitzen und Blut trinken, um den Durst zu stillen. Mit Worten wilder Leidenschaft und unstillbarer Racheglut treibt Kriemhild den unglücklichen Rüdeger in den Kampf, indem sie ihn an seinen Schwur erinnert. Gerenot, Giselher, Volker und Dankwart fallen, doch auch Rüdeger. Als nunmehr Etzel selbst eingreifen will, bringt Dietrich von Bern Hagen und Gunther gefesselt vor ihn. Etzel will die Schwerverwundeten noch eine Nacht leben lassen. Doch Kriemhild verlangt von Hagen zu wissen, an welcher Stelle er den Nibelungenhort im Rhein versenkt habe. Hagen will das Geheimnis nicht preisgeben, solange einer seiner Könige lebt. Nun läßt Kriemhild durch einen Heunen Gunther töten, und als Hagen triumphierend erklärt, daß nun der Ort nur noch Gott und ihm bekannt sei, erschlägt ihn Kriemhild mit Siegfrieds Schwert Balmung. Das aber ist dem alten Hildebrant zuviel. Er tötet Kriemhild. Erschüttert tritt Etzel seine Kronen an Dietrich von Bern ab. Und dieser nimmt sie an: »Im Namen dessen, der am Kreuz erblich!«

In dem Widmungsgedicht an seine Frau, das Hebbel der *Nibelungen*-Trilogie vorausschickt, spricht er selbst davon, daß ein starker Eindruck, den er in seiner Jugend vom Nibelungen-Epos empfing, sowie ein Bühneneindruck, den ihm seine Gattin als »Rächerin Kriemhild« in dem Stücke eines anderen Dichters vermittelte, die Antriebe zu seinem Werk gewesen seien. Es war die fünfaktige Tragödie *Der Nibelungenhort* von Raupach, »keinem Sohn Apolls«, wie Hebbel lakonisch bemerkt. Im Gegensatz zu den meisten anderen Dramatikern, die vor oder nach Hebbel sich an den großen Stoff gewagt haben, ist es das Verdienst Hebbels, nichts weiter als eine möglichst inhaltsgetreue Umdichtung des Epos zur Tragödie angestrebt zu haben. Er sah in dem Schöpfer »unseres Nationalepos in der Konzeption einen

Dramatiker vom Wirbel bis zur Zeh«, der ganz besonders
in der Gestalt der Kriemhild uns »langsam, Stufe nach
Stufe, emporführt, keine einzige überspringend und auf
einer jeden ihr Herz mit dem unendlichen, immer steigenden
Jammer entblößend, bis sie auf dem schwindligen Gipfel
angelangt, wo sie so vielen mit bitterem Schmerz gebrachten
Opfern das letzte, ungeheuerste noch hinzufügen oder zum
Hohn ihrer dämonischen Feinde auf den ganzen Preis ihres
Lebens Verzicht leisten muß«. Der Dichter des Nibelungen-
Epos hat sich dabei (nach Hebbels Ansicht) noch lange nicht
so weit vorgewagt wie Aischylos in seiner Klytaimnestra,
und er »söhnt uns vollkommen dadurch mit Kriemhild aus,
daß ihr eigenes inneres Leid selbst während des entsetzlich-
sten Racheaktes noch viel größer ist als das äußere, das sie
andern zufügt«. Volle sechs Jahre hat Hebbel an die Trilogie verwandt, in ihr sich noch einmal als Schöpfer über-
lebensgroßer Frauengestalten auf der Bühne erwiesen, auch
»die mythische Grundwurzel des Ganzen« im Fluch, der auf
dem Nibelungenhort lastet, anklingen lassen und an mehr
als einer Stelle die ›Weltenwende‹ betont, die im Übergang
vom germanischen Heidentum zum Christentum lag. »Der
letzte Riese und die letzte Riesin« standen sich in Siegfried
und Brunhild gegenüber, und »Mann und Weib« sollten in
der Niederzwingung Brunhilds »für alle Ewigkeit den letzten Kampf ums Vorrecht« ausgekämpft haben. Das höchste
Menschentum aber ist in Dietrich von Bern verkörpert, der
Heldentum mit Demut vereint und dem das Schlußwort der
gewaltigen Tragödie gehört. Das Verdienst, die Trilogie
noch zu Hebbels Lebzeiten auf der Bühne aus der Taufe
gehoben zu haben, gebührt dem Weimarer Intendanten
Franz v. Dingelstedt. (Reclams UB 3171/72.)

GEORG BÜCHNER

* 17. Oktober 1813 in Goddelau (bei Darmstadt)
† 19. Februar 1837 in Zürich

*Büchner war der Sohn eines Arztes. Nach dem Besuch des
Gymnasiums begann er in Straßburg mit dem Studium der
Naturwissenschaften, besonders der Zoologie und verglei-*

*chenden Anatomie, das er von 1833 ab in Gießen auf die
praktische Medizin und Philosophie erweiterte. In die revolutionären Wirren in Hessen verwickelt, floh Büchner im
März 1835 nach Straßburg. Hier schrieb er eine naturwissenschaftliche Doktorarbeit über das Nervensystem der
Barben, mit der er an der philosophischen Fakultät der
Universität Zürich promovierte. 1836 wurde er Privatdozent an der Universität Zürich. Nach nur einem Semester
Vorlesungstätigkeit erfaßte ihn eine Typhusepidemie, der er
im Alter von 23 Jahren erlag.*

Büchner gehört zu den genialen Frühvollendeten, selbst die
Fragmente, die er hinterlassen hat, verraten seine überragen-
de Begabung. Inmitten revolutionärer Umtriebe schrieb er
mit 22 Jahren sein Erstlingsdrama *Dantons Tod.* In ihm
weht der gleiche heiße revolutionäre Atem, der auch seine
politische Flugschrift *Der Hessische Landbote* erfüllt, mit
der Büchner sich im Juli 1834 zu dem Kampfruf »Friede
den Hütten! Krieg den Palästen!« bekannte. Sie brachte ihm
eine steckbriefliche Verfolgung wegen »indizierter Teilnahme an staatsverräterischen Handlungen« ein. *Danton* ist
ein dem Sturm und Drang verwandtes Drama, eine geniale
Beschwörung der Männer der großen Revolution, die auf
der Guillotine endeten. Die geballte Wucht der Prosa-
sprache, die stürmisch vorwärtsdrängende dramatische Dynamik und die fast nihilistisch skeptische Lebens- und Kunst-
auffassung, die das Werk charakterisieren, haben es zum
Vorläufer des Realismus auf der Bühne werden lassen, der
in Hebbel und später im Naturalismus seine Fortsetzung
finden sollte. In Straßburg entstand, angeregt durch ein
Preisausschreiben des Cotta-Verlages, 1836 in wenigen Wochen das Lustspiel *Leonce und Lena,* das zu einem der besten
deutschen Lustspiele zählt, in seinen stilistischen Grundlagen
vielfach erörtert und umstritten. Alfred de Musset, Clemens
Brentano, aber auch Shakespeare und die Commedia del-
l'arte haben bei ihm Pate gestanden. Wahrscheinlich in Zürich, vielleicht aber auch schon früher wurde das *Woyzeck*-Frag-
ment konzipiert, das man erst spät entdeckt und in seiner
vollen Bedeutung als frühen Vorläufer des Expressionismus
erkannt hat. Büchner schrieb mit ihm das erste aufrüttelnde
Sozialdrama der Neuzeit, das einen Gerhart Hauptmann

und Frank Wedekind tief beeindrucken und anregen sollte.
Verschollen ist ein Aretino-Stück um den großen Satiriker
der Renaissance. In die Straßburger Zeit fallen zwei Übersetzungen von Dramen Victor Hugos: *Maria Tudor* und
Lucrezia Borgia.

Dantons Tod

Drama in vier Akten
Erste Aufführung: 5. Januar 1902 in Berlin

P e r s o n e n : Georges Danton – Robespierre – Camille Desmoulins –
St. Just – Fouquier-Tinville, öffentlicher Ankläger – Chaumette, Proku-
rator des Gemeinderates – Deputierte – Mitglieder des Wohlfahrtsaus-
schusses – Dillon, ein General – Simon, ein Souffleur – Paris, ein Freund
Dantons – Julie, Dantons Gattin – Lucile, Desmoulins' Gattin – Marion,
Grisette u. a.
O r t und Z e i t : Paris, 1794.

Die große Französische Revolution, der Danton einstmals
den mitreißenden Schwung gegeben hatte, ist in ein gefährliches Stadium der Stagnation getreten. Danton selbst zieht
ein Genußleben vor, ergeht sich seinen Freunden gegenüber
in geistreichen Welt- und Todesbetrachtungen und weigert
sich, vor dem Konvent zu sprechen, während Robespierre im
Jakobinerklub sein Evangelium tugendhafter Enthaltsam-
keit und des Terrors predigt. Die Gegensätze zwischen
Danton und Robespierre spitzen sich zu. Auch eine persönliche Aussprache der beiden Antipoden führt zu keinem
Ergebnis. St. Just und Robespierre sind sich einig, Danton
zu Fall zu bringen, während dieser von seinen Freunden
vergeblich gedrängt wird, zu handeln. Selbst als die Verhaftung Dantons beschlossene Sache ist, weigert er sich zu fliehen. Er glaubt, seine Gegner würden diesen letzten Schritt
nicht wagen. Und als es ernst wird, ist alles, was Danton
noch unternimmt, zu spät. Mit großen Worten und meisterhafter Verteidigung tritt er vor seine Ankläger. Doch diese
wissen geschickt seiner Herr zu werden, indem sie Volks-
unruhen zugunsten Dantons und die scharfen Worte, die
er spricht, zum Anlaß einer schnellen Urteilsfällung nehmen.
Mit Danton müssen seine Freunde aufs Schafott, unter denen

ihm der junge Camille Desmoulins besonders nahesteht. Mit
heroischen Worten und in gefaßter Haltung nehmen die
Freunde im Gefängnis Abschied voneinander. Julie, die
Gattin Dantons, und Lucile, die Gattin Desmoulins', folgen
ihnen freiwillig in den Tod.

Nach Büchners eigenen Worten ist es die höchste Aufgabe
des Dichters, »der Geschichte, wie sie sich wirklich begeben,
so nahe als möglich zu kommen«, also ein Geschichtsschrei-
ber zu sein, aber »statt Charakteristiken Charaktere zu
geben und statt Beschreibungen Gestalten«. In seinem
Danton-Drama hat er dies Ziel in hohem Maße erreicht. Die
Französische Revolution ersteht in ihm mit einer Fülle von
Gestalten und Szenen. Büchner formt die Historie hart und
kühl, aber immer mitreißend und von innerem Schwung
beseelt. Die Sprache wechselt zwischen aphoristischer Kürze
und breit ausladender Rhetorik. In den Konventszenen vernimmt man zum Teil wörtlich die aus den Geschichtsquellen
entnommenen Reden. Wenn auch der Aufbau der 32 Szenen
sehr locker ist, so geht durch sie doch eine innere dramatische
Linie, die in den Verteidigungsreden Dantons ihren Höhepunkt erreicht und in den Gefängnisszenen den lyrischen
Abgesang hat. In der Charakterzeichnung ruht der Schwerpunkt auf den Männergestalten. Vorzüglich sind der epiku-
reische Vollblutmensch Danton und der tugendhaft-kalte
Robespierre einander gegenübergestellt, scharf umrissen ist
auch der unheimliche St. Just, hervorragend in den einzigen
Szene Marion. Außerordentliche Begabung zeigt Büchner in
den Massenszenen, die von erregender Lebensnähe und
Durchschlagskraft sind. Von den zahllosen Versuchen einer
dramatisch-dichterischen Bewältigung des großen Stoffes ist
Büchners Drama bisher der beste und überzeugendste geblieben. (Reclams UB 6060.)

Leonce und Lena. Lustspiel in drei Akten. – Leonce,
der verwöhnte Prinz, weiß nur noch wenig mit seiner Zeit
anzufangen. Valerio, ein noch erfahrenerer Müßiggänger,
gesellt sich zu ihm. Beide verlassen den Hof, als König Peter
vom Reiche Popo seinen Sohn mit der Prinzessin Lena vom
Reiche Pipi verheiraten will, die dieser gar nicht kennt. Vorher entledigt Leonce sich der »sterbenden Liebe« zu Rosetta.
Aber auch Prinzessin Lena will nicht in das Joch der vor-

geschriebenen Ehe gehen und verläßt gleichfalls mit der Gouvernante heimlich ihren Hof. Unerkannt treffen Leonce und Lena im Walde zusammen. Er findet in ihr das weibliche Idealbild, das er immer ersehnte. Im Überschwang der ersten Liebesseligkeit will Leonce sich in den Fluß stürzen. Doch Valerio verspottet seine »Leutnantsromantik« und erhält ihn am Leben. Inzwischen sind am Hofe des vertrottelten Königs Peter alle Vorbereitungen für die Hochzeit getroffen. Die Bauern stehen bereit, um »reinlich gekleidet, wohlgenährt und mit zufriedenen Gesichtern« ihre Ovationen darzubringen. Maskiert erscheint das Brautpaar, um erst nachträglich als das wirkliche und echte erkannt zu werden. König Peter dankt zugunsten des Prinzen ab, und Valerio ernennt sich selbst zum Staatsminister.

Das übermütige, von feiner Ironie durchzogene Lustspiel gehört zu den Perlen deutscher Komödienkunst. Der äußerst anmutige und spritzige Dialog wechselt fortwährend zwischen witzigen Pointen und echten Herzenstönen, das innere Thema ist die Überwindung des Lebensekels einer im Automatismus erstarrten Welt durch die Liebe. Das Gefüge der Handlung gemahnt an die alte Commedia dell'arte der Italiener, die Technik des am Wortspiel sich vorwärtsrankenden Dialogs an Shakespeare. Ein äußerst feines Stilgefühl beim Regisseur ist unbedingte Voraussetzung für die Wirkung des Stückes auf der Bühne. (Reclams UB 7733.)

Woyzeck. Fragment. – Der Füsilier Woyzeck rasiert seinen Hauptmann, der ihm dabei Vorhaltungen macht, daß er ein uneheliches Kind habe. Woyzeck, der Stimmen hört und einen Sinn für das Überwirkliche hat, verdient sich ein Nebengeld als medizinisches Versuchsobjekt des Doktors. Marie, seine Geliebte und Mutter seines Kindes, betrügt ihn mit dem Tambourmajor. In brutaler Weise erregt der Hauptmann in Woyzeck den Verdacht von Mariens Untreue. Im Wirtshaus beobachtet Woyzeck, wie Marie mit dem Tambourmajor tanzt. Furchtbar tobt es in der Brust des Hilflosen. Im Ringkampf unterliegt er dem Tambourmajor. Nun gibt es bei ihm kein Halten mehr. Er bereitet alles auf den Tod vor, übergibt dem Kameraden Andres seine Sachen und ersticht die noch immer heiß geliebte Marie auf dem Waldweg am Teich. Dann stürzt er sich noch einmal im

Wirtshaus in den Strudel des Lebens, um unmittelbar darauf in den Teich zu gehen.

Das nur als Fragment überlieferte Werk ist ein einziger Aufschrei der gequälten menschlichen Kreatur in ihrer untersten Schicht, ein früher Vorläufer des Expressionismus auf der Bühne. Aber man kann auch die Nachwirkung der Beschäftigung Büchners mit Reinhold Lenz im *Woyzeck* erkennen, dem Dichter des *Hofmeisters* und der *Soldaten*, dessen tragisches Lebensschicksal Büchner in einer Novelle gestaltete. Büchners ganzes Mitleid gilt dem Woyzeck, den er in seiner kreatürlichen Not erschütternd gestaltet. Die Umwelt ist mit treffsicherer Schärfe, gelegentlich (in den Figuren des Hauptmanns und Doktors) auch karikaturistisch gezeichnet, die grelle Realistik der Szenen wird durchklungen von der schwermütigen Melodie einer dunklen Volksballade. Das Werk erschien erst nahezu ein halbes Jahrhundert nach Büchners Tod im Druck und gelangte 1913 in München zum erstenmal auf die Bühne. (Reclams UB 7733.)

OTTO LUDWIG

* 12. Februar 1813 in Eisfeld
† 25. Februar 1865 in Dresden

Ludwig war der Sohn eines Stadtsyndikus und herzoglich-hildburghausischen Hofadvokaten. Er besuchte die Stadtschule in Eisfeld und das Gymnasium in Hildburghausen. Mit einem Stipendium des Herzogs von Meiningen trieb er von 1839 an Musik- und Literaturstudien in Leipzig. Nach erneutem Aufenthalt in der Heimat weilte er dann abwechselnd in Leipzig, Dresden und Meißen, um schließlich von 1849 an als freier Schriftsteller Dresden zum dauernden Wohnort zu wählen. Von schwerer Krankheit jahrelang geplagt, starb Otto Ludwig kurz nach Vollendung seines 52. Lebensjahres.

Zunächst mehr der Musik als der Dichtung zugeneigt, begann Otto Ludwig mit einem Liederspiel *Die Geschwister* und seiner Oper *Die Köhlerin*. Vom 30. Lebensjahre ab widmete er sich ausschließlich der Literatur, und zwar vorwiegend der Bühnendichtung, für die er eine reiche Phantasie und natürliche Begabung mitbrachte. Seine Eigenart liegt im »poetischen Realismus« (dieser zum Literatur-Begriff gewordene Ausdruck stammt von ihm) und in einem stark ausgebildeten Sinn für das Architektonische der dramatischen Kunst. Das zeigt bereits in Anfängen sein Erstling, das Verslustspiel *Hanns Frei* (1843), das als Stück in der Manier von Hans Sachsens Schwänken das Lob Ludwig Tiecks erntete. Mit Hebbel berührte Otto Ludwig sich in der Bearbeitung des Agnes-Bernauer-Stoffes, der von ihm zweimal in Angriff genommen wurde, in dem Trauerspiel *Der Engel von Augsburg* (1843) und in dem Fragment *Agnes Bernauerin* (1859). Längere Zeit beschäftigte ihn das Projekt eines Dramas um Friedrich den Großen, von dem aber nur das Vorspiel *Die Torgauer Heide* (1844) erhalten ist. Das Trauerspiel *Die Rechte des Herzens* (1845) brachte ihn mit dem Oberregisseur am Dresdner Hoftheater, Eduard Devrient, in Beziehung, eine Verbindung, die für ihn sehr fruchtbar im Hinblick auf die Kenntnis der Theaterpraxis werden sollte. Nächst dem Trauerspiel *Die Pfarrose* (1845) und der Tragödie *Das Fräulein von Scuderi* (1848) – letztere mit der großartigen Gestalt des Goldschmieds Cardillac nach der Erzählung von E. T. A. Hoffmann im Mittelpunkt – wurde dann *Der Erbförster* (1849) zum Kernstück des Ludwigschen Schaffens, in dem sein Talent der realistischen Schau des Lebens, der farbigen Umweltschilderung und der Zusammenballung tragischer Konflikte unter starker Herausarbeitung des Stimmungsmäßigen sich voll entfalten konnte. Auf gleicher künstlerischer Höhe halten sich *Die Makkabäer* (1852), die kurz nach ihrem Bekanntwerden mit großem Erfolg über die Bühnen in Wien, Dresden und Berlin gingen. Sie sind ein wuchtiges Volksdrama des Befreiungskampfes der Juden von der Herrschaft der Syrer. Im bewegten Auf und Ab der Ereignisse treten zahlreiche Einzelschicksale hervor – der Heldenmutter Lea, des Judas Makkabäus und seines problematischen Bruders Eleazar –, die ein starkes Eigenleben gewinnen und nicht völlig zum dramatischen Gesamtbild zusammenwachsen. Mit zunehmender Krankheit setzte dann bei dem Dichter ein immer beherrschender in den Vordergrund tretendes Theoretisieren ein,

das seine letzten Lebensjahre zu einem wahrhaft tragischen
Ringen um die höchsten Ideale des Dramas werden ließ.
Ludwig selbst spricht vom »Abstraktions- und Reflektions-
staub«, der ihm »fingerdick auf den Flügeln liege« und der
ihn zu keiner großen dramatischen Leistung mehr kommen
ließ. Ludwig hoffte, durch ein gründliches Shakespeare-
Studium »in den Besitz einer so sicheren, so unfehlbaren
Technik und eines nie versagenden dramatisch-theatralischen
Apparates« zu kommen, »daß es ihm in Zukunft nicht
schwer fallen könnte, in den Pausen verhältnismäßiger Gesundheit und Kraft je ein dramatisches Werk im raschesten
Zuge auszuführen«. Was dabei herauskam, war freilich im
Endergebnis ein Trümmerhaufen von Fragmenten. Von blei-
bendem Wert erwiesen sich aber die erst aus dem Nachlaß
veröffentlichten *Shakespeare-Studien*, die Ludwigs sehr tief-
gründiges Einfühlen in die Kunst des großen Briten offenbaren. Otto Ludwigs Werke wurden nach seinem Tode zuerst von Gustav Freytag herausgegeben, der dem Dichter
auch persönlich nahegestanden hatte.

Der Erbförster

Trauerspiel in fünf Aufzügen
Erste Aufführung: 4. März 1850 in Dresden

P e r s o n e n : Stein, ein reicher Fabrikherr und Güterbesitzer – Robert,
sein Sohn – Christian Ulrich, Förster des Gutes Düsterwalde, genannt
der Erbförster – Sophie, seine Frau – Andres, Wilhelm, Marie, ihre Kin-
der – Wilkens, ein großer Bauer, der Försterin Oheim – Der Pastor von
Waldenrode – Möller, Steins Buchhalter – Jäger Gottfried, genannt der
Buchjäger – Weiler, Ulrichs Holzhüter – Der Wirt von der Grenzschenke –
Frei, Lindenschmied, Wilddiebe, u. a.
O r t und Z e i t : Im Jägerhaus von Düsterwalde, in Steins Schloß zu
Waldenrode und Umgegend, 1. Hälfte des 19. Jh.s.

Im Jägerhaus soll Verlobung der Försterstochter Marie mit
Robert, dem Sohne des reichen Fabrikherrn und Güter-
besitzers Stein, gefeiert werden. Wie üblich zanken sich auch
bei diesem Anlaß die Brautväter, der alte hitzige Stein und
der eigensinnige Förster Ulrich, über die Notwendigkeit,
eine bestimmte Stelle im Wald zu durchforsten oder nicht.

Stein besteht darauf, der Förster verweigert es, weil er
Schaden für das ganze Waldgebiet daraus erwachsen sieht.
Der bisher immer in Versöhnung ausgelaufene Disput verschärft sich diesmal erheblich, weil Stein neuerdings das Gut
Düsterwalde aufgekauft hat und nun als Herr des Waldes
dem Förster die Abholzung des strittigen Stückes einfach
»befiehlt«. Der Konflikt wird durch den liebedienerischen
und eingebildeten Buchhalter Möller verschärft, der nicht
schnell genug die Absetzung des Försters wegen Unbotmäßigkeit im Auftrage des »Chefs des Handelshauses Stein
und Sohn« überbringen kann. Als Nachfolger wird der
trunksüchtige und unzuverlässige »Buchjäger« bestimmt.
Der alte Förster Ulrich, der in dritter Generation die För-
sterstelle auf Düsterwalde innehat und sie seit vierzig Jahren in Ehren versehen hat – er ist allgemein als der »Erbförster« bekannt –, läßt sich aber nicht einfach absetzen. Er
glaubt sich im Recht und vertritt diese seine Auffassung mit
dem ganzen Starrsinn seines eigenwilligen Charakters.
Nichts kann ihn von seiner Einstellung abbringen, nicht der
Versöhnungsversuch, den der Pfarrer von Waldenrode im
Auftrage des alten Stein unternimmt – die Absetzung soll
nur eine vorübergehende sein, die Pension verdoppelt werden –, noch die Tatsache, daß ihm Frau und Kinder ver-
lorenzugehen drohen. Der reiche Oheim der Försterin, der
Großbauer Wilkens, will sich ihrer in ihrer jetzigen Notlage
annehmen, jedoch nur unter der Bedingung, daß sich die
Försterin mit ihren Kindern von dem Starrkopf von Mann,
der »absolut mit der Stirn durch die Wand will«, löst. Und
die Försterin glaubt, obwohl sie sich eng mit ihrem Mann
verbunden fühlt, dieses Anerbieten im Interesse ihrer Kinder
nicht abschlagen zu dürfen. Ehe über diese Dinge das letzte
Wort gesprochen ist, gehen aber im Walde Ereignisse vor
sich, die unerbittlich zum tragischen Ende führen. Der neue
Förster, der undisziplinierte Buchjäger, hat sofort sein Amt
angetreten und Andres, den Sohn des Försters, mit Hilfe
von Holzhauern durchgeprügelt, als Andres ihn im Namen
seines Vaters am Holzschlagen im umstrittenen Waldstück
hindern wollte. Der Buchjäger selbst wurde dann vom Lindenschmied, einem rachsüchtigen Wilddieb, umgelegt. Diese
Mordtat geschah mit einem Gewehr des Andres, das der
Mörder dem Förstersohn in einer Grenzschenke entwendet

hatte, weshalb allgemein Andres für den Mörder gehalten wird. Hinzu kommt ein zweiter tragischer Irrtum. Robert, der enttäuschte und um seine Liebe betrogene Fabrikantensohn, versucht, eine letzte Zusammenkunft mit der Geliebten im Walde herbeizuführen. Er wird Zeuge des Überfalls auf den Buchjäger, schießt auf den Mörder und wird somit seinerseits für Andres' Mörder gehalten. Die Nachricht hiervon veranlaßt den sein »Recht« immer bedingungsloser verteidigenden Förster, mit der Flinte in den Wald zu gehen und den vermeintlichen Mörder seines Sohnes aufzuspüren. Er findet Robert und legt auf ihn an. Im letzten Augenblick wirft sich aber Marie, die auf Anraten der Mutter dem Ruf des Bräutigams zum heimlichen Zusammentreffen im Walde gefolgt war, vor den Geliebten. Der Vater wird auf diese Weise zum Mörder der eigenen heißgeliebten Tochter. Erschüttert und im Innersten aufgewühlt, muß der alte Förster erkennen, daß er sich mit aller seiner Rechthaberei doch letzten Endes selbst ins Unrecht setzte. Obwohl seine Umgebung und auch der Pfarrer ihn davon abzuhalten versuchen, tötet er sich als sein eigener Richter.

Man hat das Werk nicht mit Unrecht als »das erste deutsche Volksdrama« bezeichnet. Es ist eine ergreifende »Waldtragödie« (wie der Titel ursprünglich heißen sollte) mit liebevoller Milieu- und Charakterzeichnung. Kleine, unbedeutend erscheinende Reibereien führen, ohne daß die Beteiligten sich dessen recht bewußt werden, mit unheimlicher Schnelligkeit zur Katastrophe. Mag auch der Dichter etwas allzu reichlichen Gebrauch von dem Hilfsmittel des ›tragischen Irrtums‹ gemacht haben, die Handlung ist in ihrem Ablauf folgerichtig aus den Charakteren entwickelt, die düstere Grundstimmung des Ganzen von Anfang an festgehalten und sicher durchgeführt. Die Mittelpunktsfigur, der auf sein Recht pochende Erbförster, der um seine Ehre kämpfen und nicht einsehen will, daß es »zweierlei Recht« geben soll (»Recht muß Recht bleiben – sonst brauchen wir keinen Gott im Himmel«), und der erst da gebrochen erscheint, wo er sich durch den Tod seiner Tochter ins Unrecht gesetzt sieht, gehört zu den großen tragischen Charakterfiguren der deutschen Literatur.

FERDINAND RAIMUND

* 1. Juni 1790 in Wien
† 5. September 1836 in Pottenstein (Niederösterreich)

Raimund ist ein Kind der Wiener Vorstadt Mariahilf, der Sohn des Drechslermeisters Ferdinand Jakob Raimann. Früh verlor er die Eltern und kam zu einem Konditor in die Lehre. Als sogenannte »Numero«, Süßwaren seines Meisters in den Pausen feilbietend, macht er die erste Bekanntschaft mit dem Theater. Er entsagt seinem Handwerk, um Schauspieler zu werden, durchläuft die heilsame Schule der Provinz und landet 1814 am Theater in der Josefstadt in Wien. Aufmerksamkeit erringt er zwar nicht, wie erhofft, im tragischen Fach, aber als Komiker. Seit 1817 Mitglied, später Regisseur, schließlich Direktor des Theaters in der Leopoldstadt, wird er einer der beliebtesten Volksschauspieler, bewundert wegen der Natürlichkeit seiner Darstellung, der wohlausgewogenen Mischung von Humor und Gemüt. Seine ersten Stücke haben ihre Wurzel im Bestreben des Schauspielers, für sich und die Kollegen dankbare Rollen zu schaffen. Bald aber wird Raimund seiner Berufung zum Dichter inne. Bittere Erfahrungen im persönlichen und beruflichen Leben verstärken in seinen letzten Lebensjahren, ungeachtet der Anerkennung, die er auch außerhalb seiner Vaterstadt als Schauspieler und Autor fand, den melancholischen Zug in seinem Wesen, bis er, das Opfer einer Zwangsvorstellung, sich als Sechsundvierzigjähriger das Leben nimmt.

Wien ist stets ein besonderer Nährboden des Volkstheaters gewesen. Eine charakteristische Gattung, der auch Mozart-Schikaneders *Zauberflöte* angehört, hatte sich mit dem Zaubermärchen, der Zauberposse ausgeprägt. Sowohl aus der Tradition des prunkvollen Barocktheaters als auch aus dem Geiste der launenbewegten Stegreifkomödie geboren, in den eingestreuten Liedern, Duetten und Chören Restbestände der Oper während, hatte dieses Zauberspiel niemals die unmittelbare Beziehung zum Volke verloren, war zum eigentlichen Lokalstück geworden. Dieses Wiener Lokalstück, an dessen Entwicklung bisher nur für den Tag schaffende Praktiker des Theaters beteiligt gewesen waren, hat Ferdinand

Raimunds dichterisches Genie, dem sich ebenbürtige schauspielerische Gaben verbanden, zu überzeitlicher, allgemein menschlicher Bedeutung erhoben. Zugleich fand in seinen Dichtungen die bürgerliche Kultur des Wiener Biedermeier eine sehr wesentliche künstlerische Widerspiegelung. Geist- und Wahlverwandte Raimunds auf anderen Kunstgebieten sind die Maler Fürich und Waldmüller, unter den Komponisten Josef Lanner, der erste Meister des Wiener Walzers.

Raimunds dramatisches Schaffen umfaßt acht Stücke. Das erste, *Der Barometermacher auf der Zauberinsel* (1823), war ursprünglich ein Entwurf des Possendichters Meisl. Da dieser damit nicht recht vorankam, bearbeitete Raimund den schon vorhandenen ersten Akt und fügte den zweiten aus eigener Feder hinzu. Durch den Erfolg ermuntert, ließ er 1824 den *Diamant des Geisterkönigs* folgen. Hatte sich der *Barometermacher* noch mehr oder minder in den Bahnen des üblichen Zauberpossenschemas bewegt, so ließ das zweite Werk in der Treffsicherheit der Charakterzeichnung, im poetischen Grundgedanken bereits spezifisch Raimundsche Züge hervortreten. Diese verdichten sich in dem Originalzaubermärchen *Das Mädchen aus der Feenwelt oder Der Bauer als Millionär* (1826) zum ersten Meisterwerk des Dichters. Wenn sich die anschließenden Schöpfungen *Die gefesselte Phantasie* (1826) und *Moisasurs Zauberfluch* (1827) nicht recht durchzusetzen vermochten, so war der Dichter nicht ganz schuldlos daran. Den Autor, der bisher unbefangen aus der Fülle seiner Natur geschaffen hatte, erfaßte literarischer Bildungsehrgeiz, die Sehnsucht nach der tragischen Muse. Diese ließ sich schwer vereinen mit dem Milieu und den Ansprüchen der Wiener Volks- und Vorstadtbühne. Erst in *Alpenkönig und Menschenfeind* (1828) gelang der erstrebte Ausgleich. Enttäuschung hingegen bereitete dem Dichter die frostige Aufnahme der *Unheilbringenden Krone* (1829), eines von hohem Wollen beseelten »original-tragisch-komischen Zauberspiels«, das ebenfalls an jenem schon *Die gefesselte Phantasie* und *Moisasurs Zauberfluch* bedrohenden ungelösten Zwiespalt heterogener Stilelemente litt. Dafür wurde Raimunds letztes Werk und künstlerisches Vermächtnis *Der Verschwender* (1833) zu einem um so nachhaltigeren Erfolg. Das Wiener Volksstück hatte nunmehr endgültig seinen ›Klassiker‹ gefunden.

Das Mädchen aus der Feenwelt

oder Der Bauer als Millionär

Romantisches Original-Zaubermärchen mit Gesang
in drei Aufzügen
Erste Aufführung: 10. November 1826 in Wien

H a u p t p e r s o n e n : Lacrimosa, eine mächtige Fee – Bustorius, Zauberer aus Warasdin – Ajaxerle, Magier aus Donaueschingen – Die Zufriedenheit – Die Jugend – Das hohe Alter – Der Neid – Der Haß – Tophan, Kammerdiener des Hasses – Fortunatus Wurzel, ehemals Waldbauer, jetzt Millionär – Lottchen, seine Ziehtochter – Lorenz, ehemals Kuhhirt bei Wurzel, jetzt sein Kammerdiener – Karl Schilf, ein armer Fischer – Musensohn, Schmeichelfeld, Afterling, Wurzels Zechbrüder – Geister, Zauberer, Bediente, Volk.
O r t und Z e i t : Die Handlung beginnt am Morgen des ersten Tages und endigt am Abend des zweiten, spielt teils im Feenreiche, teils auf der Erde.

Die Fee Lacrimosa hatte sich in den Direktor einer Seiltänzergesellschaft verliebt und diesem ein Mägdlein geboren. Nach dem Tode ihres Gatten ins Geisterreich zurückgekehrt, erzog sie das Kind in großem Reichtum und in der Absicht, es dereinst dem Sohne der Feenkönigin zu vermählen. Diese Vermessenheit bestraft die Feenkönigin durch den wohltätigen Fluch, daß Lacrimosa ihre Feenmacht erst dann zurückgewinnen könne, wenn das Mägdlein, allem Reichtum abhold, die Frau eines armen Mannes, der ihre erste Liebe sein muß, geworden sei. Die Verbindung hat vor dem 18. Geburtstage der Braut stattzufinden. Zu diesem Zwecke hat Lacrimosa ihre Tochter dem Waldbauern Fortunatus Wurzel mit dem Auftrag übergeben, Lottchen einfach zu erziehen und ihr vor Ablauf der bestimmten Frist einen entsprechenden Gatten zu geben. Inzwischen hat der Neid, der Fürst der Galle, ein Auge auf Lacrimosa geworfen und rächt sich für die Abweisung dadurch, daß er Wurzel großen Reichtum in die Hände spielt und dessen Herz verhärtet. Der Bauer will von einer Verbindung Lottchens mit dem Jugendgespielen, dem Fischer Karl Schilf, nichts mehr wissen und wünscht einen reichen Schwiegersohn.

Wenige Tage vor Lottchens 18. Geburtstag hat Lacrimosa befreundete Geister und Magier in ihren Feenpalast geladen

und berichtet diesen von ihren Sorgen und den Ränken des
Neides. Man sagt ihr Hilfe zu, besonders der schwäbische
Magier Ajaxerle, Lacrimosas Vetter, will dafür wirken, daß
Lottchen und Karl ein Paar werden. Im Hause ihres Pflege-
vaters beklagt Lottchen im Gespräch mit Lorenz die Härte
Wurzels. Hat er doch dem armen Karl das Haus verboten;
allein durch Ajaxerles Vermittlung kommt es, während der
Hausherr ausgegangen ist, zu einer Begegnung der beiden
Liebenden. Überraschend kehrt Wurzel zurück, und Ajaxerle, der sich als schwäbischer Schneckenhändler ausgibt, spielt
den Brautwerber für Lottchen. Wurzel weist ihn ab und
versteigt sich zu dem Schwur, nicht eher solle aus dieser
Verbindung etwas werden, bis er so morsch und grau aus-
sehe, daß er auf den Aschenmarkt hinausgehöre. Ajaxerle
nimmt Wurzel beim Wort. Dieser, aufs höchste gereizt, wirft
Lottchen, die »angenomme Kreatur«, aus dem Hause, aber
die Geister der Nacht nehmen sich der Verstoßenen liebreich
an. – Bei der Zufriedenheit hat Lottchen durch Geistermacht
Zuflucht gefunden, während Wurzel mit seinen Zechgenossen feiert. Nachdem diese gegangen, wird der Besuch eines
fremden jungen Herrn gemeldet. Es ist die Jugend, die erschienen ist, um unter den Klängen des »Brüderlein fein ...
einmal muß geschieden sein!« Wurzel die Gefolgschaft zu
kündigen. Kaum ist sie gegangen, als es am hellen Tage
Nacht wird und ein zweiter Gast, das hohe Alter, Einlaß
begehrt. Wurzel will zwar die Türen verschließen lassen,
aber ungehindert fliegt der unwillkommene Besuch auf
einem Leiterwolkenwagen herein. Höhnisch macht das Alter
sein Opfer darauf aufmerksam, daß nunmehr alles anders
werde und Wurzel seine Lebensgewohnheiten gründlich
ändern müsse. Der mit allen Gebrechen des Alters geschlagene Wurzel verflucht den Neid und seinen Reichtum und
wünscht sich in seine Waldheimat zurück. Schon sieht er sich
vor seiner halbzerfallenen Hütte und wird von seinem
Kammerdiener Lorenz, der in Wurzels ehemaligen Kuh-
hirten zurückverwandelt wurde, mit Prügeln bedroht, vom
Neid und Haß verhöhnt. Nach Wurzels Verschwinden teilt
der Neid dem Hasse mit, daß er ihm die weitere Ausführung
der Rache überlassen wolle. Der Haß ersinnt einen teuflischen Plan zum Verderben Karls. Man lockt diesen in eine
Zauberkegelbahn, wo demjenigen, der alle Neun wirft, ein

ungemessene Reichtümer verbürgender Brillantring winkt, dem Fehlenden aber der Tod gewiß ist. Karl, der glaubt, der Reichtum ebne ihm den Weg zu Lottchens Hand, wagt kühn das Spiel und erkegelt den Ring. – Die Diener des Hasses haben für Karl einen prächtigen Palast erbaut, denn solange dieser den Ring am Finger trägt, zwingt er sie zur Fron. Lottchen und die Zufriedenheit, durch Geisterbotschaft von dem Vorgefallenen unterrichtet, erscheinen, um Karl zu bestimmen, den unheilvollen Reif vom Finger zu streifen. Zunächst verwehrt Tophan den Eintritt in den Palast, als aber der Haß persönlich erscheint und, von des hilfreichen Amors Pfeil geritzt, Gefallen an den hübschen Mädchen findet, läßt man sie ein. Als Aschenmann, die Butte auf dem Buckel, die Aschenkrücke in der Hand, naht Wurzel und gerät mit der Zufriedenheit, die er für die Köchin des Hauses hält, ins Gespräch. Der ehemalige Millionär ist ein anderer geworden, hat die Nichtigkeit des Besitzes und menschlichen Glücksstrebens eingesehen und faßt seine Erkenntnisse in dem ergreifenden ›Aschenlied‹ zusammen. Danach bekennt Ajaxerle der Zufriedenheit sein Versäumnis: einem unzeitigen Nickerchen des schwäbischen Magiers ist es zuzuschreiben, daß Karl in einem unbewachten Augenblick in die Schlingen des Hasses geraten ist. Nun aber wollen die Geister alles tun, um im letzten Augenblick die Sache zum Guten zu wenden. Durch gehäufte Zauberkünste gelingt es endlich, Karl, der sich anfangs heftig geweigert hatte, zur Ablegung des Ringes zu bestimmen. Damit ist die Macht des Hasses gebrochen, der Fischer wieder ein armer Mann, die Bedingung des Feenspruches erfüllt. Lacrimosa, wieder im Besitz ihrer Geistermacht, beschenkt das Brautpaar mit einem Fischergut. Wurzel aber, von Ajaxerle schalkhaft an seinen Schwur gemahnt, ist aus dem Aschenmann wieder ein stattlicher Waldbauer geworden und stimmt den Lobpreis der Zufriedenheit an.

Während Raimund in seinen dramatischen Erstlingen sich noch auf bestimmte Vorlagen und Muster gestützt hatte, wurde er im *Bauer als Millionär* auch zum Erfinder des Stoffes, für den ihm das Zeitgeschehen mit seinen starken gesellschaftlichen Umschichtungen lebendigen Anschauungsunterricht bot. Mag man auch in der für den damaligen Geschmack unumgänglichen Feen- und Zauberwelt der Rahmenhandlung und der durch sie bedingten ›Maschinenkomödie‹ noch manches Erkünstelte, dramaturgisch Unzulängliche finden, so treten diese Schwächen zurück vor dem prachtvoll realen Kern des Geschehens, der in Figur und Geschick des Fortunatus Wurzel, Raimunds eigener Rolle, liegt. Sein Los wird zum besonders eindringlichen Sinnbild irdischer Vergänglichkeit, gestaltet durch denkbar einfache Mittel. Jene Szenen, in denen die Jugend Abschied von Wurzel nimmt und das Alter gespenstischen Einzug hält, sind Verlebendigungen dichterischer Visionen, für die sich im Drama des 19. Jh.s wenig Ebenbürtiges findet. Denn während andere Figuren wie Zufriedenheit, Neid oder Haß mehr oder minder im luftleeren Raum der Allegorie verharren, gewinnen Jugend und Alter deswegen so elementares Leben, weil sie Vorgänge in Wurzels eigenem Inneren widerspiegeln. Raimund mag gefühlt haben, wie nah er damit die Zauberposse an tragische Bezirke heranrückte, und so griff er auf der anderen Seite zu manchen »täppischen Kleinigkeiten«, damit das Publikum das Stück nicht zu ernsthaft finde. Man läßt sich dieses krause Rankenwerk gerne gefallen um der dichterischen Substanz willen, die aus Wurzels Schicksal spricht. Die Musik zu diesem Stück schrieb Joseph Drechsler (1782–1852). (Reclams UB 120.)

Der Alpenkönig und der Menschenfeind

Romantisch-komisches Märchen mit Gesang
in zwei Aufzügen
Erste Aufführung: 17. Oktober 1828 in Wien

H a u p t p e r s o n e n : Astragalus, der Alpenkönig – Linarius, Alpanor, Alpengeister – Rappelkopf, reicher Gutsbesitzer – Sophie, seine Frau – Malchen, seine Tochter dritter Ehe – Silberkern, Sophies Bruder – August Dorn, Maler – Lischen, Kammermädchen – Habakuk, Bedienter bei Rappelkopf – Christian Glühwurm, Kohlenbrenner – Marthe, sein Weib – Salchen, seine Tochter – Weitere Kinder Glühwurms – Erscheinungen von Rappelkopfs verstorbenen Weibern – Alpengeister, Genien, Bediente.
O r t u n d Z e i t : Die Handlung spielt auf Rappelkopfs Landgut und in dessen Nähe.

In einem Tal, am Fuße eines majestätischen Alpengipfels, huldigen die Alpengeister ihrem Herrscher Astragalus. Dieser, den Menschen wohlgesinnt, sucht den Verblendeten zu helfen, indem er sie zur Selbsterkenntnis leitet. Nachdem die Geister verschwunden, erscheint Malchen in Begleitung Lischens. Rappelkopfs Tochter erwartet hier ihren Geliebten, den aus Italien zurückkehrenden Maler August Dorn. Allerdings widersetzt sich ihr Vater, in der letzten Zeit zum Menschenfeind geworden, der Verbindung mit dem jungen Künstler, und so stehen die Liebenden ihrer Zukunft in ratloser Verzweiflung gegenüber. Allein der plötzlich auftauchende Astragalus, der ihr Gespräch belauscht hat, verheißt seine Hilfe. Im Hause Rappelkopfs hat Sophie Mühe, die gegen die Launen des Hausherrn aufmurrende Dienerschaft zu beruhigen. Sie, die ihren Gatten trotz seines Menschenhasses noch immer liebt, hat sich an ihren in Venedig wohnenden Bruder, den Verwalter von Rappelkopfs beträchtlichem Vermögen, um Hilfe gewendet. Als Rappelkopf aus dem Munde des eingeschüchterten Lischens von der Zusammenkunft Malchens mit dem Maler erfährt, steigert sich sein Haß gegen Frau und Tochter. Ahnungslos naht der zum Zichorienausstechen beorderte Habakuk mit einem Küchenmesser. Als dieser verlegen hervorstottert, er käme im Auftrage Frau Sophies, glaubt Rappelkopf einen gegen ihn gedungenen Mörder vor sich zu sehen und verläßt sein Haus. In armseliger Köhlerhütte haust Christian Glühwurm mit seiner zahlreichen Familie. Rappelkopf, der sich völlig der Einsamkeit ergeben will, bietet hohen Preis für die Hütte, und die Familie vermag, trotz Salchens Warnung, der Lockung des Goldes nicht zu widerstehen. Unter dem Gesange des Liedes »So leb denn wohl, du stilles Haus« sucht sie ein anderes Unterkommen, während sich Rappelkopf zum Bleiben rüstet. – In Rappelkopfs Hause hat die plötzliche Flucht große Bestürzung hervorgerufen; Habakuk muß sich für sein törichtes Verhalten manche bissige Bemerkung von Lischens spitzer Zunge gefallen lassen. Schon glauben Malchen und August sich vom Alpenkönig im Stich gelassen, als dieser Rappelkopf endgültig von seinem Wahne zu heilen verspricht. In seiner Köhlerhütte fühlt sich der Menschenfeind als zweiter Timon von Athen. Er ruft den Bäumen des Waldes zu, welch schnöde Behandlung er von den Menschen erfahren hat. Als Astragalus ihm darzulegen sucht, daß die Ursache seines Menschenhasses weniger im Verhalten der Mitwelt als vielmehr im eigenen Innern zu suchen sei, versteigt sich Rappelkopf zu dem Schwur, nicht eher von seiner Anschauung zu lassen, bis ihm das Wasser an den Hals gehe. Der Alpenkönig nimmt ihn beim Wort. Gespenstische Erscheinungen von Rappelkopfs verstorbenen Weibern wehren den Eintritt in die Hütte. Eine wilde Sturmnacht bricht los, die hochschwellenden Wasserfluten bedrohen sein Leben. In seiner Todesangst gelobt Rappelkopf Besserung. – Zwischen dem Alpenkönig und dem Menschenfeind ist ein Abkommen getroffen worden. Rappelkopf wird in Gestalt seines Schwagers Silberkern sein Haus aufsuchen, während ein Doppelgänger ihm dort sein bisheriges Denken, Fühlen und Handeln vor Augen führen soll. Beider Leben bildet eine untrennbare Einheit: stößt dem Doppelgänger etwas zu, ist auch Rappelkopf verloren. Als Silberkern wird Rappelkopf zu Hause bewillkommt, während der richtige Schwager durch die List des Berggeistes Linarius unfreiwillige Rast auf einem Alpengipfel halten muß. In seiner Maske findet Rappelkopf Gelegenheit, die wahren Gesinnungen der Seinen, die unerschütterliche Liebe von Frau und Tochter, den Edelsinn des Malers, Lischens und Habakuks Harmlosigkeit zu ergründen. Schon beginnt sein Menschenhaß zu wanken. Nun aber stürmt Astragalus in Rappelkopfs Gestalt herein, schikaniert die Bedienten, mißhandelt Frau und Tochter, so daß der richtige Rappelkopf sich getrieben fühlt, für die Gequälten Partei zu nehmen. Beinahe kommt es zu einem Duell zwischen ihm und dem Doppelgänger, nur die Erwägung, daß der Tod des einen auch das Ende des anderen bedinge, verhindert den Austrag. Als dem falschen Rappelkopf schließlich der Verlust seines Vermögens durch den Fall des Bankhauses in Venedig gemeldet wird, stürzt er sich in den nahen Fluß. Auch der richtige Rappelkopf sinkt in Ohnmacht, erwacht jedoch im Tempel der Erkenntnis. Die Kur hat ihre Wirkung getan, Rappelkopf ist von seinem Menschenhaß befreit und vereint die Liebenden. Zu guter Letzt erscheint der richtige Silberkern mit der beruhigenden Kunde, er habe das Vermögen des Schwagers noch vor dem Bankrott in Sicherheit gebracht. Ein Schlußgesang an die Erkenntnis, die Licht ins Dunkel des Lebens sendet, endet das Stück.

Alpenkönig und Menschenfeind ist Raimunds geschlossenste künstlerische Konzeption, ein dramaturgisches Meisterstück. Literarische Muster bildeten für die Figur des Menschenfeindes Shakespeares *Timon von Athen* und Molières *Misanthrop*, zugleich hat Raimunds eigenes zur Hypochondrie neigendes Wesen ein Vorbild abgegeben. Überdies lagen Weltschmerz und Menschenfeindlichkeit im Zuge der Zeit. Der Dichter hat, indem er dieser Modekrankheit in seinem Drama zu Leibe rückte, nicht nur sich selbst, auch die Welt von dem Übel zu heilen versucht. Was bisher noch nicht so recht gelungen war, die Geisterwelt über eine rein äußerliche Funktion hinauszuheben und sie der Haupthandlung organisch einzugliedern, wurde in *Alpenkönig und Menschenfeind* erreicht. Die Idee, ein seelisches Leiden durch die Spaltung in ein zweites Ich bewußt zu machen, Rappelkopf also durch Rappelkopf gesunden zu lassen, ist ein hervorragendes Zeugnis für Raimunds dichterisches Genie. Auch die Nebenfiguren atmen unmittelbares Leben, Habakuk ist wohl die drolligste der zahlreichen Dienertypen in Raimunds Werken. Von der Szene in der Köhlerhütte sind stilbildende Kräfte ausgegangen; stellt sie doch ein frühes und eindrucksvolles Beispiel ungeschminkter Wirklichkeitsschilderung dar, fern von jener süßlichen Idyllik, mit der das bürgerliche Rührstück in solchen Momenten aufzuwarten pflegte. Die Musik stammt von Wenzel Müller (1767–1835), dem bekannten Singspielkomponisten. Raimund selbst spielte den Rappelkopf. (Reclams UB 180.)

Der Verschwender

Original-Zaubermärchen mit Gesang in drei Aufzügen
Erste Aufführung: 20. Februar 1834 in Wien

H a u p t p e r s o n e n : Fee Cheristane – Azur (ein Bettler), ihr dienstbarer Geist – Julius von Flottwell, ein reicher Edelmann – Wolf, sein Kammerdiener – Valentin, Bedienter – Rosa, Kammerzofe – Gründling, Sockel, zwei Baumeister – Chevalier Dumont – Präsident von Klugheim – Amalie, seine Tochter – Baron Flitterstein – Ein Juwelier – Ein altes Weib – Ein Gärtner – Gäste, Bediente, Genien, Sylphiden, Landleute.
O r t u n d Z e i t : Die Handlung spielt in und um Flottwells Schloß, der 2. Akt drei Jahre später als der 1., der 3. Akt zwanzig Jahre später als der zweite.

Im Hause des reichen Julius von Flottwell rüstet man zu fröhlichem Jagen. Währenddessen verhandelt Kammerdiener Wolf, der Flottwells ganzes Vertrauen genießt, wegen des Baues eines neuen Schlosses mit den Baumeistern Gründling und Sockel, wobei die Wahl auf den letzteren fällt, da der Schlaukopf dem Vermittler eine höhere Provision in Aussicht stellt. Da ist Valentin, obwohl nur ein schlichter Bedienter, eine ehrlichere Haut. Der treuherzige Bursche hat ein Auge auf das resche Kammermädchen Rosa geworfen, die der Werbung des ehemaligen Tischlergesellen jedoch noch neckischen Widerstand entgegensetzt. Inzwischen haben sich die Gäste versammelt, und Flottwell überrascht sie mit der Mitteilung, daß er heute nicht ihr Jagdgenosse sein könne, da er sich von geliebten Lippen das Jawort holen wolle. Die Begehrte ist Cheristane, in Gestalt eines schlichten Landmädchens. Seit seinem siebenten Lebensjahre steht Julius unter dem Schutze dieser Fee, die ihm nahezu ihre gesamte Geistermacht in Gestalt kostbarer Perlen geopfert hat. Heut soll sie auf Geheiß der Geisterkönigin ins Feenreich zurückkehren. Sie gibt deswegen ihre letzte Perle für den Geliebten dahin. Dem Opferrauch entsteigt Azur, dessen Schutz sie Flottwell anvertraut. Als dieser naht, muß er erfahren, daß Cheristane nie die Seine werden kann, sondern für immer von ihm Abschied nehmen muß. Schmerzüberwältigt sinkt er zusammen, während Cheristane auf einem Wolkenkahne entschwebt. – Drei Jahre sind vergangen. Flottwell hat sein Verschwenderleben fortgesetzt, aber Azur verfolgt ihn in Gestalt eines Bettlers, der von Flottwells Milde und Großmut Gaben heischt und empfängt. Amalie, die Tochter des Präsidenten Klugheim, wird von Flottwell geliebt und erwidert diese Neigung. Allein der Vater ist gegen eine Verbindung mit dem jungen Lebemann und hat die Hand seiner Tochter für Baron Flitterstein bestimmt. Immerhin erreicht Flottwell, daß Klugheim mit Amalie einer Einladung auf sein Schloß Folge leistet. Der Schmuck, den er der Geliebten dabei überreichen will, findet nach seiner Fertigung so wenig den Gefallen des Bestellers, daß er ihn kurzerhand zum Fenster hinauswirft. Dort findet ihn der Bettler und steckt ihn zu sich. Rosa aber wird vom Kammerdiener Wolf, der sich für die Abweisung seiner Anträge rächen will, des Diebstahls bezichtigt und wendet sich hilfesuchend an Valentin.

Inzwischen haben sich die Gäste eingestellt, unter ihnen auch
Chevalier Dumont, dessen Passion die Natur ist und den
dies ›Natürliche‹ sogar in der Erscheinung eines alten Weibes
bezaubert. Beim festlichen Empfang will Flottwell
Amalie an Stelle des Schmuckes das Geschenk einer prachtvollen
Vase machen, allein Klugheim weist dies Geschenk als
zu kostbar zurück, Flitterstein stimmt ihm zu, und es kommt
zu Wortwechsel und Duell mit Flottwell, wobei der Baron
verwundet wird. Flottwell überredet Amalie zu nächtlicher
Flucht nach England, Wolf soll ihm folgen; dieser aber zieht
es vor zu bleiben, denn er hat sein Schäfchen bereits ins
Trockene gebracht. Als Valentin, der sich zu diesem Zwecke
einen Schwips angetrunken hat, ihn wegen der Verdächtigung
Rosas zur Rede stellen will, läßt er den »Trunkenbold«
kurzerhand hinauswerfen. Bei Einbruch der Nacht begegnet
Flottwell in einer Kapelle, die er zum Treffpunkt mit
Amalie bestimmt hat, dem Bettler, der ihn wiederum um
Gaben bestürmt. Erst als er diesem einen großen Teil des
mitgenommenen Geldes hingeworfen hat, vermag er den
unersättlichen Mahner loszuwerden. Dann kommt Amalie,
und beide entfliehen unter dem Toben eines Sturmes übers
Meer. In einem kleinen Fahrzeug mit zerrissenem Segel zieht
ihnen der Bettler nach. – Zwanzig Jahre später. In London
hat Flottwell erst sein Weib, dann sein Vermögen verloren.
Als Bettler kehrt er in die Heimat zurück. Sein Schloß sieht
er im Besitz des schurkischen Kammerdieners, der, ein alter,
todgezeichneter Mann, bedauert, seinen früheren Gebieter
nicht beherbergen zu können. Da kommt Valentin, ehrsamer
Tischlermeister, seines Weges und erkennt unter Freudentränen
seinen »gnädigen Herrn«. Er lädt diesen in sein bescheidenes
Haus und stellt seinen zahlreichen Kindern seinen
früheren Wohltäter vor. Dann bekennt er seine schlichte
Lebensphilosophie in dem berühmten ›Hobelliede‹ (»Da
streiten sich die Leut herum«). Allein seine Frau Rosa ist
anderen Sinnes. Sie hat es Flottwell nicht vergessen, daß
sie einst in seinem Hause des Diebstahls verdächtigt wurde.
Außerdem glaubt sie es im Interesse ihrer Kinder nicht verantworten
zu können, daß ein Fremder an ihrem Tische
mitißt. So weist sie während Valentins Abwesenheit den
ungebetenen Gast barsch hinaus und wird erst umgestimmt,
als ihr Mann droht, mit den Kindern das Haus zu verlassen,

wenn der gnädige Herr nicht zurückgeholt werde. Man eilt, den Entschwundenen zu suchen. Flottwell ist indessen zur Ruine seines ersten Schlosses gestiegen, um auf den Trümmern sein Leben zu enden. Da tritt ihm Azur entgegen und überreicht ihm den Schatz, den er einst von dem Verschwender erbettelt. Auch Cheristane zeigt sich ihm noch einmal, ein Wiedersehen in der Liebe grenzenlosem Reich verheißend. Als Valentin mit den Seinen Flottwell gefunden und Verzeihung für sein ungeschliffenes Weib erbeten hat, wird ihm kund, daß sein Herr wieder in den Besitz eines ansehnlichen Vermögens gekommen ist und dieses mit ihm und seiner Familie teilen wird. Ein fröhlicher Schlußgesang mit einem Jodelrefrain der Senner und Sennerinnen bildet den Ausklang.

Aus dem reichen Inhalt des Stückes zeigt Cheristanes romantische Liebe zu Flottwell am deutlichsten, was zeitbedingt war an Raimunds Dichtung. Hingegen ist die Gestalt des Bettlers in ihrer halb phantastischen, halb realistischen Zeichnung immer noch von großer Eindruckskraft. Seine natürlichste Begabung entfaltet der Dichter wiederum dort, wo er dem Wiener Lokalton und dessen lebensnahem Realismus huldigt. So wird Valentin, Sinnbild der Treue und Dankbarkeit, zum eigentlichen Helden des *Verschwenders*; er ist Raimunds eigene, mit Herzblut geschriebene Rolle gewesen. Auch sein weibliches Widerspiel, Rosa, die Realistin neben dem Idealisten, die nicht so leicht vergessen und verzeihen kann, ist eine Charaktergestalt unvergänglicher Prägung. Eine köstliche Probe Raimundschen Humors liefert die Szene des Chevalier mit dem alten Weibe. Die Musik schrieb Konradin Kreutzer (1780–1849), doch ist die Melodie des Hobelliedes, ebenso wie diejenige des Aschenliedes im *Mädchen aus der Feenwelt*, Ferdinand Raimunds Eigentum. (Reclams UB 49.)

JOHANN NESTROY

* 7. Dezember 1801 in Wien, † 25. Mai 1862 in Graz

Nestroy entstammte einer angesehenen Wiener Bürgerfamilie und sollte eigentlich Jurist werden wie sein Vater. Allein von jener »Theatromanie« ergriffen, die in Wien stets in der

*Luft lag, wandte er sich der Bühne zu, zunächst als Sänger,
der als Sarastro in der »Zauberflöte« debütierte, dann als
Schauspieler. Schon während seiner Tätigkeit in der Provinz
versuchte er sich als Bühnenschriftsteller. 1831 faßte er als
Komiker, zu dem er sich hauptsächlich in seinem Grazer
Engagement entwickelt hatte, im Theater an der Wien festen
Fuß. Bald zählte er zu den beliebtesten Volksschauspielern
und Possendichtern. 1845 siedelte er mit dem Direktor Carl,
der ihn entdeckt hatte, in das Theater in der Leopoldstadt
über, an dessen Stelle 1847 das Carl-Theater trat. Nach
Carls Tode (1854) leitete Nestroy selbst diese Bühne bis 1860.
Dann zog er sich zurück und verbrachte seinen Lebensabend
in Graz und Ischl, wo er sich angekauft hatte. 1861 und 1862
sahen ihn die Wiener in zwei längeren Gastspielen wieder;
seine letzte Rolle war der Knieriem in »Lumpazivagabundus«. Ganz Wien war bei seiner Beerdigung auf den Beinen,
um einem seiner größten Lieblinge das letzte Geleit zu geben.*

Über Nestroys Bedeutung für das Wiener Volksstück wird
man sich am besten klar, wenn man ihn mit dem Antipoden
seiner frühen Jahre, Ferdinand Raimund, vergleicht, der
ebenfalls Dichter und Schauspieler in einer Person war.
Beide gingen vom Zaubermärchen und der Zauberposse aus.
Nestroy war jedoch nicht etwa ein Nachahmer seines Konkurrenten. Im Widerspiel zu dem mehr passiven, sich behag-
lich im Zuständlichen ergehenden Humor Raimunds ist Nestroys Komik ausgesprochen aggressiv. Nicht zufällig fühlte
er sich zur Parodie gedrängt. Er hat diese Gattung durch
einige geniale Würfe bereichert: *Robert der Teuxel* (nach
Meyerbeer), *Judith und Holofernes* (Reclams UB 3347;
nach Hebbel), *Tannhäuser* (R. Wagner). Strömten Raimunds
Schöpfergaben aus der Kraft des Gemüts und der poetischen
Anschauung, so schuf Nestroy aus der Schärfe seines kritischen Intellekts, jedoch auch aus der Fülle reger Phantasie.
Den Boden der Zauberposse hat Nestroy, nach dem ersten
großen Erfolg mit *Lumpazivagabundus* (1833), bald verlassen und seine Stücke in ein realistisches Gegenwartsmilieu
mit Wiener Lokalfärbung gestellt. Aus der großen Zahl dieser Stücke heben sich mit dem Anspruch auf künstlerische
Wertbeständigkeit heraus: *Zu ebener Erde und erster Stock*
(1835), *Der Talisman* (1840), *Das Mädl aus der Vorstadt*

(1841, Reclams UB 8553), *Einen Jux will er sich machen* (1842), *Der Unbedeutende* (1846). Durch die Kunst ihrer Charakterzeichnung erreichen diese Possen eine echte, ins allgemein Menschliche übergreifende Komödienwirkung. Mehr und mehr prägt sich in ihnen ein gesellschaftskritisches Element aus. Mit der Revolution von 1848 hat sich Nestroy in der satirischen Komödie *Freiheit in Krähwinkel* (1848, Reclams UB 8330) auseinandergesetzt. In die Zukunft weisende, den dichterischen Realismus vorbereitende Gehalte bergen, die Linie des *Unbedeutenden* fortsetzend, die sozial betonten Sittenstücke *Der alte Mann mit der jungen Frau* (1849) und *Kampl* (1852). Als Direktor des Carl-Theaters schrieb Nestroy jene ›Schauspielerstücke‹, die auf die Hauptdarsteller seines Hauses zugeschnitten waren. Auch an der Einbürgerung der Offenbachschen Operette in Wien hat er aktiven Anteil genommen und mehrere Burlesken dieser Art bearbeitet, von denen der köstliche *Häuptling Abendwind* (1857, Reclams UB 3347) jüngst wieder mit Erfolg neubelebt worden ist.

Nestroys dramaturgische Technik, obwohl unmittelbar aus der Praxis des Theaters entwickelt, ist verhältnismäßig einfach, mitunter schablonenmäßig, seine Stoffe werden meist fremden Vorlagen entnommen, jedoch durch ihre geniale Verarbeitung ganz sein eigen. Unerschöpflich ist er im Ersinnen wirksamer und witziger Bühnensituationen, sein Dialog eine Perlenkette geistvoller Pointen und Repliken, ein Ironiegefunkel, eine aus dem Wissen um die menschliche Unzulänglichkeit geborene satirische Kraft, die auch heute noch fasziniert und hinreißt.

Der böse Geist Lumpazivagabundus

oder Das liederliche Kleeblatt

Zauberposse mit Gesang in drei Akten
Erste Aufführung: 11. April 1833 in Wien

Hauptpersonen: Stellaris, Feenkönig – Fortuna, Beherrscherin des Glücks – Brillantine, ihre Tochter – Amorosa, Beschützerin der Liebe – Lumpazivagabundus, ein böser Geist – Mystifax, alter Zauberer – Hilaris, sein Sohn – Knieriem, Schustergesell – Zwirn, Schneidergesell – Leim,

Tischlergesell – Hobelmann, Tischlermeister in Wien – Peppi, seine Tochter – Signora Palpiti – Camilla, Laura, ihre Töchter – Herr von Windwachel – Herr von Lüftig – Zauberer, Musikanten, Gäste, Kellner, Kellnerinnen, Handwerksleute.
O r t und Z e i t : Die Handlung spielt teils in Ulm, teils in Prag, teils in Wien, teils im Feenreich.

Vor dem Thron des Feenkönigs Stellaris erheben alte Zauberer, geführt von Mystifax, Klage gegen Lumpazivagabundus, den Verführer ihrer Söhne zu liederlichem Lebenswandel. Auf königliches Gebot gibt Fortuna den jungen Leuten ihr vergeudetes Vermögen zurück, aber Lumpazivagabundus spottet dieser Maßnahme, denn Reichtum wird die Jugend nie bessern. Zur Bestätigung erklärt Hilaris, Mystifax' Sohn, das vermöge nur die Liebe, und fordert die Hand Brillantines, der Tochter der Glücksgöttin. Fortuna weigert sich, obwohl Amorosa für die Liebenden Partei nimmt. Schließlich bietet Fortuna folgende Wette: drei lockere Gesellen aus der Menschenwelt sollen mit Gaben ihres Füllhorns überschüttet werden; machen nur zwei unter ihnen von dem Reichtum weisen Gebrauch, bleiben Brillantine und Hilaris ewig getrennt, treten aber zwei ihr Glück hartnäckig mit Füßen, dann ist Amorosa Siegerin. Vor den Toren der Stadt Ulm treffen Knieriem, der dem Studium des Gerstensaftes und der Sternenkunde ergebene Schustergesell, der leichtlebige Schneider Zwirn und der durch den Verlust seiner geliebten Peppi melancholisch gewordene Tischlergeselle Leim zusammen. Sie finden Gefallen aneinander und suchen gemeinsame Herberge in der Stadt. Im Wirtshaus, wo ihnen ein schlichtes Strohlager aufgeschüttet wird, erfahren sie, daß morgen der Haupttreffer der Lotterie zur Ziehung gelangt. In der Nacht läßt Fortuna den Träumenden die Nummer 7359 erscheinen, bei Tagesanbruch erstehen sie mit ihren letzten Groschen das Los. Kurze Zeit darauf sehen sich die Gesellen im Besitz von 100 000 Talern, die redlich geteilt werden. Jeder will nun nach Wunsch und Gefallen leben, Leim seine geliebte Peppi doch noch zu erringen suchen, Zwirn mehr das Leben eines Don Juan als eines Schneiders führen, Knieriem, durch die Sterne von der Tatsache baldigen Weltuntergangs überzeugt, vom Bier zum Wein übergehen. Man scheidet mit der Verabredung, sich nach Ablauf eines Jahres im Hause des Meisters Hobelmann in Wien,

des vermutlichen Schwiegervaters Leims, zu treffen. – In
Wien findet Leim die verloren gewähnte Peppi noch un-
vermählt und treu wie Gold. Meister Hobelmann gibt mit
Freuden seine Einwilligung zur Heirat. Zwirn hat sich inzwischen in Prag etabliert und ist ein Lebemann geworden.
Seine Freunde Windwachel und Lüftig wissen reichen Gewinn aus seinen vornehmen Passionen zu ziehen. Noch
schwächer zeigt sich Herr von Zwirn dem weiblichen Geschlecht gegenüber, vor allem die beiden temperamentvollen
Töchter der Signora Palpiti haben es ihm angetan. – Das
Jahr ist verstrichen. In abgerissenem Zustand klopfen Zwirn
und Knieriem an Hobelmanns Tür. Zunächst läßt sich Leim
verleugnen, um das gute Herz seiner lockeren Kameraden
zu erproben. Diese Prüfung bestehen zwar die beiden, aber
von einem Solidwerden, von Seßhaftigkeit und Familien-
gründung, wie Leim meint, wollen sie nichts wissen. Es zieht
sie wieder hinaus auf die Landstraße. Als sie in einer
Bauernschänke ihr Luderleben fortsetzen wollen, tritt der
Feenkönig dazwischen. Fortuna erklärt sich durch die Un-
verbesserlichkeit der beiden für besiegt, Hilaris und Brillantine werden ein Paar. Amorosa aber gibt die Hoffnung nicht
auf: durch die Macht der Liebe wird sie auch Zwirn und
Knieriem zu anständigen und glücklichen Menschen machen.
Das Schlußbild zeigt, daß dies gelungen ist. In *einem* Hause
arbeiten in verschiedenen Stockwerken die drei ehemaligen
Gesellen und jetzigen Meister, umgeben von Weib und Kindern, bis der Feierabend sie zu Tanz und Lustbarkeit ruft.

Lumpazivagabundus geht auf die Erzählung *Das große
Los* von Karl Weisflog (1827) zurück. Als Nestroy den Stoff
in die Hand bekam, gestaltete er sofort als Dramatiker,
konzentrierte zeitlich und handlungsmäßig und spannte das
realistische Geschehen in den für die Wiener Zauberposse
obligaten Rahmen einer Geisterwette, die in der Urfassung
noch größeren Umfang hatte. Wenn dieser Märchenrahmen
im Gegensatz zu Raimund etwas bläßlich geriet, so lag das
an der mangelnden Beziehung des Realisten Nestroy zu diesem romantischen Milieu. Im Herzpunkt seines Interesses
stand das liederliche Kleeblatt, das bereits eine hochentwik-
kelte Kunst der Charakterzeichnung verrät, zugleich aber
dem Darsteller die Möglichkeit zu weiterer schauspielerischer Ausgestaltung gibt. Der Dialog scheint stellenweise

geradezu darauf angelegt, die Geister der Improvisation und der aus der Laune des Augenblicks quirlenden ›Lazzi‹ zu beschwören. Schon Nestroy selbst, der in der Uraufführung den Knieriem verkörperte, hat ausgiebigen Gebrauch davon gemacht. Auch die Ansiedlung des Geschehens im Wiener Lokalkolorit ist durchaus Nestroys Werk. Die Musik schrieb, wie für die meisten Possen Nestroys, der ungemein leicht produzierende Adolf Müller (1801–85), der noch den Komödien Anzengrubers das musikalische Geleit auf die Bühne gegeben hat. (Reclams UB 3025.)

Eine 1834 erschienene Fortsetzung des *Lumpazivagabundus* mit dem Titel *Die Familien Zwirn, Knieriem und Leim oder Der Weltuntergang*, die die drei Gesellen als rückfällige Sünder zeigt und die Möglichkeit der Besserung bezweifeln läßt, vermochte sich nicht durchzusetzen.

Z u e b e n e r E r d e u n d e r s t e r S t o c k o d e r D i e L a u n e n d e s G l ü c k s. Lokalposse mit Gesang in drei Akten. – Die gesamte Handlung vollzieht sich bei geteilter Bühne. In dem ärmlichen Zimmer unten haust die zahlreiche Familie des Tandlers Schlucker, Mann, Frau, Kinder und Schwager Damian, während oben der Spekulant und Millionär Goldfuchs mit seiner Tochter Emilie ein üppiges Leben führt. Allein Fortunas Gunst ist wandelbar, und so wenden sich die Geschicke der zwei Familien dergestalt, daß im Verlauf der drei Akte aus unten oben, aus oben unten wird. Während bei Schluckers die Glücksbotschaften von Lotteriegewinn, vornehme Gönnerschaft und Erbschaft nicht mehr abreißen wollen, prasselt auf Goldfuchs Unglück über Unglück in Gestalt geschäftlicher Verluste und Fehlspekulationen hernieder. Ein Ausgleich wird allerdings dadurch geschaffen, daß die ehemalige Millionärstochter Schluckers Pflegesohn Adolf, der sich schließlich als der langgesuchte Neffe des Hausherrn Zins entpuppt, die Hand zum Ehebunde reicht.

Die Lokalposse ist das Vorbild zahlreicher ähnlicher Stücke, der späteren Vorder- und Hinterhauskomödien, geworden. Die Vorteile der geteilten Bühne sind von Nestroy mit großem dramaturgischen Geschick und elementarem Bühnensinn genützt worden. Bis in die letzten Kleinigkeiten hinein korrespondieren die beiden Sphären, als ob der Dich-

ter das Prinzip der filmischen ›Überblendung‹ bereits vorausgeahnt hätte. Während unten die Kinder nach Brot jammern, wird oben ein köstliches Mahl aufgetragen, während
unten eine durstige Seele zur Wasserflasche greift, knallen
oben die Champagnerpfropfen, wenn unten Frau Sepherl
zu äußerster Sparsamkeit mahnt, wirft man oben Fett ins
Herdfeuer, damit dieses besser brenne. Die Charakterisierung der unteren Stände ist im allgemeinen lebensvoller geraten als die der oberen. Die Figur der Frau Sepherl in ihrer
rührend besorgten Mütterlichkeit widerlegt den Vorwurf
von Nestroys ›Gemütlosigkeit‹. Mit dem Diener Johann,
den der Autor selbst verkörperte, ersteht ein aus den späteren Stücken nicht mehr verschwindender Typ des kalt-
schnäuzigen Verstandeszynikers, der ins Diabolische hinüber-
spielt. Sein Gegenstück bildet die Figur des ewigen Pech-
vogels Damian, dessen Herzenseinfalt etwas Bezwingendes
hat.

Der Talisman

Posse mit Gesang in drei Akten
Erste Aufführung: 16. Dezember 1840 in Wien

P e r s o n e n : Titus Feuerfuchs, Barbiergeselle – Frau von Cypressen-
burg, Witwe – Emma, ihre Tochter – Constantia, ihre Kammerfrau –
Flora Baumscheer, Gärtnerin – Plutzerkern, Gartengehilfe – Monsieur
Marquis, Friseur – Spund, Bierversilberer – Salome Pockerl, Gänse-
hüterin – Gäste, Bediente, Bauerburschen und Mädchen.
O r t   u n d   Z e i t : Die Handlung spielt auf dem Gute der Frau von
Cypressenburg, nahe bei einer großen Stadt.

Der Barbiergeselle Titus Feuerfuchs tut sich schwer im Leben
und Gewerbe, denn er hat brandrote Haare. Daß die Menschen gegen diese ein Vorurteil hegen, hat auch die Gänse-
magd Salome Pockerl erfahren müssen, denn selbst der häßlichste Bursche im Dorfe weigert sich, mit einer Rothaarigen
zu tanzen. Kein Wunder, wenn sich Salome zu dem Leidens-
genossen Titus hingezogen fühlt. Mit diesem scheint allerdings das Schicksal Größeres vorzuhaben. Der Friseur Marquis, dessen scheugewordenen Gaul Titus zum Stehen bringt,
schenkt seinem Lebensretter eine schwarze Perücke, die ihm
die Gunst der Gärtnerswitwe Flora Baumscheer gewinnt.

Sie steckt den Dunkellockigen in die Kleider ihres verstorbenen Mannes und macht ihn zum Gartenaufseher. Als solchen erblickt ihn die Kammerfrau Constantia, die ebenfalls unter der Bürde ihres Witwentums leidet. Der Schwarzkopf gefällt ihr, und sie beordert ihn als Obstlieferanten ins Schloß. – Titus hat den Dienst bei der Gärtnerin mit der Uniform und Stellung eines Jägermeisters vertauscht. Jedoch der Friseur Marquis, der Constantia seit langem verehrt, wittert in Titus einen Rivalen und nimmt ihm, während der Nebenbuhler schläft, kurzerhand die schwarze Perücke vom Kopf. Inzwischen ist der Ruf des neuen Jägermeisters bis zu Frau von Cypressenburg und ihrer Tochter Emma gedrungen. In verzweiflungsvoller Eile stülpt sich Titus, der einen raschen Griff in Marquis' Bestände getan hat, statt der schwarzen eine blonde Perücke auf. Der Blondschopf gefällt der schriftstellernden Freifrau so wohl, daß sie ihn zu ihrem Sekretär ernennt. Als dieser aber bei einer Abendgesellschaft aus den Memoiren seiner Gebieterin vorlesen soll, wird er von den racheschnaubenden Witwen und Marquis als Perückendieb entlarvt und mit Schimpf und Schande aus dem Hause gejagt. – Der schwerreiche Biersilberer Spund, Titus' Oheim, der sich bisher um den rothaarigen Neffen kaum gekümmert hatte, ist diesem nachgereist und will ihm in der Stadt einen Barbierladen einrichten, damit der Außenseiter der Familie keine Unehre mache. Salome, der Spund sein Herz ausschüttet, schickt diesen aufs Schloß, wo der Gesuchte sich aufhalte. Als man im Schlosse erfährt, daß der Hinausgeworfene einen so gewichtigen Onkel habe, beeilt man sich, ihn zurückzurufen. Bevor Titus dorthin aufbricht, verbirgt er die fatalen roten Haare unter der grauen Perücke des seligen Gärtnermeisters Baumscheer. Die bestürzte Frage Spunds, wohin die roten Haare gekommen seien, benützt Titus zu der Beteuerung, der Kummer über das bisherige lieblose Verhalten seines Oheims habe ihn frühzeitig ergrauen lassen. Gerührt will Spund ihn zum Universalerben einsetzen. Die Witwen schöpfen neue Hoffnung. Als der Notar das Testament ratifizieren will, wird Titus abermals entlarvt. Frau von Cypressenburg besänftigt den Zorn des Biersilberers, aber Titus erklärt, er verzichte auf die Erbschaft und sei zufrieden, wenn Spund ihm zu einem Barbierladen verhelfe. Und weil er damit diejenigen nicht heiraten könne, die rote

Haare nur an einem Universalerben verzeihlich fänden,
wähle er die Salome, die ihm seine Haarfarbe nie zum Vorwurf machen werde.

Die Handlung geht auf ein französisches Vaudeville
Bonaventure von Duperty und de Courcy zurück. Nestroy
hat aus der Vorlage eine seiner im Aufbau geschlossensten,
zügigsten, an heiteren Situationen reichsten Komödien gemacht, an der heute noch jedes Wort lebendig, jede Szene
überwältigend wirkt. Den raschen Aufstieg des rothaarigen
Helden dadurch anschaulich zu machen, daß jede seiner
Gönnerinnen ihn in die Kleider ihres verstorbenen Mannes
steckt, ist ein ebenso einfacher wie genialer Einfall. (Reclams
UB 3374.)

Einen Jux will er sich machen. Posse mit Gesang in vier Akten. – Der Handlungsgehilfe Weinberl hat
den Auftrag erhalten, während der Abwesenheit seines
Chefs, des Gewürzkrämers Zangler, den ihm anvertrauten
Kramerladen zu bewachen. Statt dessen begibt er sich, von
unbezähmbarem Verlangen nach einem Abenteuer ergriffen,
mit dem Lehrbuben Christopherl in die nahe Großstadt. Als
erster begegnet dort den Ausreißern Meister Zangler, vor
dem sie in den Modesalon der Madame Knorr flüchten.
Nach dem Grund seines Erscheinens gefragt, gibt sich Weinberl als der neugebackene Ehemann der Witwe von Fischer
aus, die bald darauf den Laden betritt. Zunächst erstaunt
über die Keckheit, geht diese schließlich aus weiblicher Neugier auf das Spiel ein. Aus der angenommenen Rolle erwachsen Weinberl und seinem Begleiter die peinlichsten Situationen, zumal auch Zanglers Nichte Marie mit ihrem dem
Oheim unerwünschten Bräutigam in die Stadt entwichen ist
und Weinberl mit diesem August Sonders verwechselt wird.
Nach tausend Fährnissen in die Heimat zurückgekehrt, gelingt es Weinberl, durch Verhinderung eines Einbruchs in die
Kramerei die verwirkte Gunst des Chefs zurückzugewinnen
und das Herz der jugendlichen Witwe endgültig zu erobern.
Auch Marie und August werden ein Paar, da eine reiche
Erbschaft des letzteren alle Schwierigkeiten aus dem Wege
räumt.

Das Stück stellt den Typus einer reinen Posse ohne etwaige ideelle Hintergründe dar. Die von Nestroy frei er-

fundene Handlung ist ein dramaturgisches Meisterstück; unvergleichlich, mit welchem Geschick der Autor die Fäden des Geschehens durcheinanderzuschlingen und dadurch einen Knäuel der tollsten Verwicklungen zu erzielen vermag. Die Rolle des Weinberl hat sich Nestroy auf den Leib geschrieben, auch die Gestalt des Christopherl zählt zu den liebenswürdigsten Eingebungen seiner Muse. Die Figur des Hausknechtes Melchior ist mit ihrem stereotypen Ausspruch »Das ist klassisch!« eine so köstliche Verkörperung menschlichen Phlegmas, daß man über ihre mangelnde dramaturgische Notwendigkeit gerne hinwegsieht. (Reclams UB 3041.)

Der Zerrissene

Posse mit Gesang in drei Akten
Erste Aufführung: 9. April 1844 in Wien

P e r s o n e n : Herr von Lips, ein Kapitalist – Stifler, Sporner, Wixer, seine Freunde – Madame Schleyer – Gluthammer, ein Schlosser – Krautkopf, Pächter auf einer Besitzung des Herrn von Lips – Kathi, seine Anverwandte – Staubmann, Notar – Bediente bei Lips – Knechte bei Krautkopf.
O r t und Z e i t : Die Handlung spielt im 1. Akt im Landhause des Herrn von Lips, im 2. und 3. Akt acht Tage später auf Krautkopfs Pachthof.

Der steinreiche Herr von Lips ist ein »Zerrissener«, denn trotz seines Wohlstandes ist er der Welt und ihrer Freuden überdrüssig geworden, da sie ihm nichts mehr als Langeweile zu bieten scheint. Auch der Schlosser Gluthammer, den man aufs Schloß gerufen hat, damit er an einem neuerrichteten Balkon ein eisernes Gitter anbringe, ist mit dem Dasein zerfallen, seitdem ihn eine gewisse Mathilde, der er Herz und Geld geopfert, treulos verlassen hat. Der jungen Kathi, die zu ihrem Paten Lips kommt, um diesem eine ihrer Mutter vor Jahren geliehene Summe zurückzuzahlen, gesteht der Schlosser, daß er die Entschwundene noch immer begehre und suche. Im Kreise seiner Freunde und Zechgenossen tut Lips, dem man zum Ehestande als dem ihm noch einzig Neuen und Unbekannten rät, den Schwur, das erste Frauenzimmer, das ihm heute begegne, zu heiraten. Gleich darauf wird Madame Schleyer gemeldet, die, zur Aufbesserung

ihrer bescheidenen Finanzen, in dem Landhause, das ihr
Seliger ihr als einziges Erbe hinterlassen, einen Ball veranstaltet und Lips hierfür Karten anbietet. Seinem Schwur getreu, beehrt sie Lips mit einem Heiratsantrag, der zuerst
überrascht, dann aber freudig angenommen wird. Weniger
erbaut ist Kathi, die ihrem Paten, ohne dessen Wissen, große
Sympathie entgegenbringt. Nachdem sie erfahren, daß die
künftige Frau des Hauses mit Vornamen Mathilde heiße,
macht sie Gluthammer auf diesen Namen aufmerksam, und
er erkennt in Madame Schleyer seine langvermißte Liebe.
Da Lips auf seinen Heiratsabsichten beharrt, kommt es zu
einer Rauferei zwischen ihm und dem wutentbrannten
Schlosser, in deren Verlauf die Ringenden über das noch un-
befestigte Geländer des Balkons in den unten vorbeiströ-
menden Gebirgsbach stürzen. Ein Entsetzensschrei, denn
beide scheinen gemeinsam den Tod gefunden zu haben. –
Lips, der sich aus den Fluten gerettet, Gluthammer jedoch
ertrunken wähnt, sucht Zuflucht vor dem drohenden Arm
der Justiz in Krautkopfs Pachthof, wo Kathi als Wirtschafterin waltet. Diese bringt es dahin, daß der Pächter ihren
Paten als Knecht einstellt. Während dieser seiner Arbeit
nachgeht, erscheint Gluthammer, der ebenfalls heil davongekommen, sich aber für den Mörder von Lips hält, und bestürmt seinen Freund Krautkopf, ihn zu verbergen. Der
Pächter weist ihm den Getreidespeicher an. Inzwischen ist
Lips' Testament eröffnet worden, und die Freunde Stifler,
Sporner und Wixer sehen sich als Erben eingesetzt. Mit dem
Notar Staubmann kommen sie in den Pachthof, um diesen
als ihr Eigentum in Augenschein zu nehmen. Lips findet in
seiner Verkleidung Gelegenheit, sich unbemerkt über die
wahren Gesinnungen seiner Freunde zu informieren. Diese
sind derart, daß er einen unbewachten Augenblick benützt,
um dem auf dem Tisch liegengebliebenen Testament einen
Zusatz anzufügen, der Kathi zur Alleinerbin macht. Staubmann entdeckt bei nochmaliger Lesung des letzten Willens
den Zusatz und läßt keinen Zweifel an dessen Rechtsgültig-
keit. – Die reiche Erbin Kathi wird sowohl von den drei
Freunden als auch von Krautkopf um die Wette umworben.
Lips entbrennt in wachsender Eifersucht, wird aber von
Kathi durch die Versicherung beruhigt, sie werde den ganzen
Besitz zu Bargeld machen und ihm dieses ins Ausland, wo-

hin er zu entfliehen gedenkt, nachsenden. Den Freunden
gefällt die Vertrautheit Kathis mit dem Knechte gar nicht,
und als Stifler diesen am Kragen fassen will, erkennt er den
Totgewähnten. Beschämt schweigen die Freunde, aber um
so lauter erklärt Notar Staubmann, daß er Lips wegen
Mordverdachts festnehmen müsse. Über Nacht wird Lips
bis zum Eintreffen der Polizei im Getreidespeicher eingeschlossen. Dort entschlüpft in der Dunkelheit Gluthammer
seinem Versteck, und beide glauben, den Geist des Ermordeten vor sich zu sehen. Auf das Geschrei eilen die übrigen herbei; die Sache findet ihre Aufklärung, versöhnt reichen sich
Lips und Gluthammer die Hände. Aber während in diesem
die »Mathildenlieb'« erkaltet ist, ist in Lips die »Kathilieb'«
erwacht, und der Zerrissene kann endlich durch die ihm bisher fehlende eheliche Hälfte ein Ganzes werden.

   Die Vorlage des Zerrissenen ist ein französisches Vaudeville L'homme blasé von Duvert und Lanzanne. Der in der
Figur des Lips zum Ausdruck gebrachte Weltschmerz war
bereits in Raimunds Alpenkönig und Menschenfeind behandelt worden, allerdings in wesentlich anderer, mehr das
Tragische streifender Weise. Obwohl Nestroy dem Original
fast Szene für Szene folgt, wird das Stück unter seinen
Händen ein völlig anderes, insbesondere durch die vertie-
fende Charakterbehandlung. Die Figur des Lips ist eine der
interessantesten, auch schauspielerisch ergiebigsten, die Nestroy geschaffen, die saftige Komik des Gluthammer ganz
des Bearbeiters Eigentum, Kathis kernig-naive Art nicht
minder. Der Dialog in seiner bald naiven, bald humor-
sprühenden, stets lebendigen Diktion ›verwienert‹ vollends
das französische Stück in einer Weise, daß es durchaus als
Originalwerk anmutet. Der Zerrissene vermag auch heute
noch auf der Bühne eine überwältigende Wirkung auszuüben; er zählt zu Nestroys frischesten und glücklichsten
Schöpfungen. (Reclams UB 3626.)   W. Z.

LUDWIG ANZENGRUBER

* 29. November 1839 in Wien
† 10. Dezember 1889 in Wien

Den aus oberösterreichischem Bauerngeschlechte stammenden Vater, einen Beamten, der sich auch literarisch versucht hatte, verlor Anzengruber in jungen Jahren. Die Mutter, eine Wienerin, lebte mit ihrer kärglichen Pension nur der Erziehung ihres Einzigen. Den jungen Buchhändlergehilfen lockt das Theater. Auf mehreren Provinzbühnen versucht er sich als Schauspieler, bald auch als Autor, zunächst ohne Erfolg. Das zwingt ihn, eine kleine Stellung bei der Wiener Polizei anzunehmen. Mit dem unerwartet großen Erfolg seines »Pfarrer von Kirchfeld« (1870) gewinnt er das Selbstvertrauen zurück. Rasch folgen in den nächsten Jahren weitere Dramen, die jedoch ihren Autor auf die Dauer nicht nähren können. 1882–85 redigierte Anzengruber das Familienblatt »Heimat«, seit 1884 bis zu seinem Tode die humoristische Wochenschrift »Figaro«. Zu gleicher Zeit schrieb er, außer Bühnenwerken, Romane, Erzählungen und Kalendergeschichten, unter denen manche wie die sechs »Märchen des Steinklopferhanns« (1874/75), »Der Schandfleck« (1876) und »Der Sternsteinhof« (1884) die künstlerische Höhe der dramatischen Meisterwerke erreichen. 1878 wurde Anzengruber der Schillerpreis, 1887 der Grillparzerpreis zuerkannt. Eine Blutvergiftung riß den eben Fünfzigjährigen aus der Vollkraft seines Schaffens.

Anzengrubers Wurzelgrund ist das Wiener Volksstück, das von ihm bevorzugte Milieu das bäuerliche, auf das ihn Berthold Auerbachs *Schwarzwälder Dorfgeschichten* gebracht hatten. Kaum weniger vertraut war der Dichter mit dem Wiener Großstadtmilieu, vor allem der unteren Volksschichten. So sehr er dabei im einzelnen nach Naturechtheit und bodenständigem Charakter strebte, bildete die ›Natürlichkeit‹ nicht sein einziges und letztes Ziel. Von der erzieherischen Aufgabe des Theaters überzeugt, liebte er es, seine Gestalten zu Ideenträgern dessen zu machen, was er vom Fortschrittsgedanken für die Menschheit erhoffte. Er selbst hat die ›Aufklärung des Volkes‹ als eine seiner Lebensauf-

gaben betrachtet. Deswegen eignet seinen Dramen ein Stück
Tendenz, das in den stärkeren Stücken mit der dichterischen
Substanz zu verschmelzen und so zu einem allgemein
menschlichen Anliegen zu werden vermag, in den schwächeren jedoch die Diskrepanz zwischen der Absicht und der
künstlerischen Wirkung fühlen läßt. Den bäuerlichen Schauspielen und Tragödien *Der Pfarrer von Kirchfeld* (1870),
Der Meineidbauer (1871), *Der ledige Hof* (1876) stellt
Anzengruber heitere Widerspiele in *Die Kreuzelschreiber*
(1872), *Der Gwissenswurm* (1874) und *Die Trutzige* (1877)
gegenüber, indem er die dort ernst behandelten Probleme
ins Blickfeld der Komödie rückt. *Doppelselbstmord* (1875)
läßt das zugrunde liegende Romeo-und-Julia-Motiv dank
der gesunden Natürlichkeit des bäuerlichen Liebespaares
nicht tragisch, sondern heiter-versöhnlich enden. Anzengrubers Bauern sprechen Mundart, allerdings keine, die einem
der Dialekte des bayerisch-österreichischen Sprachgebiets unmittelbar nachgebildet ist, sondern eine etwas willkürlich
zurechtgemachte. Minder glücklich war der Dichter in seinen
hochdeutschen Gesellschaftsstücken, in denen er sich, wie in
der *Tochter des Wucherers, Elfriede* und *Hand und Herz,*
wiederholt versucht hat. Je weiter er sich dabei vom Volksstück entfernte, desto unsicherer wurden seine Schritte. Hingegen war ihm mit dem Wiener Dreifamilienstück *Das vierte
Gebot* (1877) ein großer Wurf gelungen, dessen ganze Bedeutung freilich erst nach Anzengrubers Tode erkannt
wurde, als die Berliner Freie Volksbühne, die Bahnbrecherin
der jungen naturalistischen Bewegung, sich 1890 der Tragödie annahm.

Verglichen mit der inneren Reform und künstlerischen
Läuterung des Volksstücks, die Anzengrubers bleibendes
Verdienst sind, mutet die Bühnentechnik, vor allem die
Schwerfälligkeit der Expositionen, etwas primitiv an. Auch
die Erfindung zählt nicht zu des Dichters stärksten Seiten.
Die dem Lokalstück eigenen Musikeinlagen, ein Erbe des
Barockdramas, behielt Anzengruber bei; für das Melodrama
hegte er eine besondere Vorliebe. Erst in späteren Werken
löst er diesen Zusammenhang mit der Tradition. Günstig
wirkte der Umstand, daß der Dichter sich in jungen Jahren
mit der Praxis des Theaters befaßt hatte. Seine szenischen
Vorstellungen werden durchweg von unmittelbarer An-

schauung geleitet und führen so zu eindrucksvollen Situationen, zu völlig aus dem schauspielerischen Moment heraus empfundenen und gestalteten Bühnencharakteren von starker Plastik.

Der Pfarrer von Kirchfeld. Volksstück mit Gesang in vier Akten. – Der junge Pfarrer Hell in Kirchfeld sucht in seinem Priesteramte praktisches Christentum zu verwirklichen. Seine freie Denkungsart erregt das Mißtrauen des feudal-klerikalen Grundherrn Graf von Finsterberg, durch dessen Drohungen sich Hell jedoch nicht einschüchtern läßt. Aber noch einen zweiten Feind hat der Pfarrer: den Wurzelsepp. Seit diesem, dem Katholiken, von einem früheren Seelsorger die Ehe mit einem lutherischen Mädchen verweigert worden ist, haßt er jeden Priesterrock. Als Hell durch die Vermittlung eines älteren Amtsbruders die Waise Anna Birkmeier als Dienstmagd ins Haus genommen hat, umlauert er die beiden und wird Zeuge einer Szene, wo der Pfarrer dem jungen Mädchen das goldene Kreuz seiner Mutter schenkt. Anna kommt durch Sepp ins Gerede, dem sie dadurch ein Ende macht, daß sie dem ihr treu ergebenen Michel Berndorfer, den sie zwar nicht liebt, aber achtet, die Hand reicht. Hell selbst segnet den Bund. Inzwischen hat die Mutter des Wurzelsepp im Mühlbach den Tod gesucht. Der Wurzelsepp, verzweifelt darüber, daß der Selbstmörderin ein christliches Grab im Gemeindefriedhof versagt bleiben soll, wendet sich an den Pfarrer, der, ohne Sepp etwas nachzutragen, das christliche Begräbnis zusagt und selbst vollzieht. Zu spät kommen Reue und Bekehrung des Wurzelsepp, denn in dem Augenblick, wo Hell Anna mit Michel vor dem Altar vereint hat, erfolgt seine Abberufung und Vorladung vor das Konsistorium. Hell weiß, was ihn erwartet, aber ungebrochen in seiner Überzeugung geht er »wie Luther einst nach Worms« und rettet durch sein Opfer den Gemeindefrieden.

Die erregende Wirkung des Stückes in seiner Zeit ist aus den Konkordatskämpfen im damaligen Österreich, sein Widerhall in Deutschland aus der Kulturkampfstimmung der siebziger Jahre zu erklären. Die letzten Tiefen des von Anzengruber angeschnittenen Problems werden in dem Schauspiel allerdings nicht ausgelotet, der Autor gibt sich mit ihrer Andeutung zufrieden. Die dramatische Entwicklung bleibt in verhältnismäßig engen Grenzen. Ein dramaturgischer Mangel ist es ferner, daß das Gegenspiel Finsterbergs sich völlig hinter den Kulissen vollzieht. Hell selbst bleibt zu sehr reiner Ideenträger, lebendiger ist Anna Birkmeier geraten, die interessanteste Figur entschieden der Wurzelsepp. Mit ihm beginnt die Reihe jener Gestalten, die künftig in fast allen Stücken Anzengrubers vertreten sind, der bäuerlichen Räsoneure und Kritiker, der ›Dorfketzer‹, denen der Dichter mit Vorliebe seine eigenen Gedanken in den Mund legt.

Der Meineidbauer

Volksstück mit Gesang in drei Akten
Erste Aufführung: 9. Dezember 1871 in Wien

Personen: Matthias Ferner, der Kreuzweghofbauer – Crescenz, Franz, seine Kinder – Andreas Höllerer, der Adamshofbauer – Toni, sein Sohn – Der Großknecht – Die alte Burgerliese – Jakob, Vroni, ihre Enkel – Levy, Hausierer – Die Baumahm – Rosl, Kathrein, ihre Nichten – Landleute, Mägde, Knechte, Schmuggler.
Ort und Zeit: Bayern, 2. Hälfte des 19. Jh.s

Der Kreuzweghofbauer Matthias Ferner hat den Hof seiner Väter dadurch an sich gerissen, daß er die mit der ledigen Vroni Burger erzeugten Kinder seines älteren Bruders durch Testamentsbeseitigung und Meineid vor Gericht um ihr Erbe geprellt hat. Der einzige Zeuge der Testamentsverbrennung ist der damals noch im Kindesalter stehende Sohn des Matthias, Franz Ferner, gewesen. Um sein Verbrechen zu verdecken, ist der Kreuzweghofbauer ein frommer Sohn der Kirche geworden, seinen Sohn Franz hat er wider dessen Willen zum Studium der Theologie gezwungen. Allenthalben gilt Matthias für einen ›halben Heiligen‹. Von den Kindern seines Bruders ist Jakob ein Vagabund geworden, Vroni Magd auf dem Adamshof.

Auf dem Adamshof warnt der Großknecht Vroni, sich nicht allzusehr mit dem Jungbauern Toni einzulassen, der schließlich nicht die arme Magd, sondern eine reiche Bauerntochter heiraten werde. Er erzählt ihr deswegen die Geschichte ihrer Mutter, die es auch nicht erreicht habe, Kreuzweghofbäuerin zu werden. Daß der Großknecht mit seinen Warnungen recht gehabt hat, zeigt sich schon, als Matthias Ferner erscheint, um mit dem Adamshofbauern Höllerer über eine Heirat ihrer beiden Kinder Crescenz und Toni zu verhandeln. Da Vroni fühlt, daß Toni dem Wunsche seines Vaters keinen Widerstand entgegensetzen wird, verläßt sie den Adamshof, nicht ohne dem Kreuzweghofbauern vorher dargetan zu haben, daß sie ihn durchschaue. Dann sucht sie Unterschlupf bei ihrer Großmutter, der Burgerliese, die hoch oben im Gebirge eine Schankwirtschaft betreibt. Die Burgerliese ist überzeugt, daß Matthias Ferner damals vor Gericht einen Meineid geleistet hat, noch aber fehlen die Beweise. Da wankt Vronis Bruder, der Vagabund Jakob, herein, der sich mit letzter Kraft zur Großmutter geschleppt hat, um nicht in der Fremde, sondern im Angesicht der heimatlichen Berge zu sterben. Als er der Schwester als einziges Vermächtnis das Gebetbuch des Vaters überreicht, fällt ein Brief des Matthias Ferner heraus, in dem dieser den Empfang des Testamentes bestätigt, zugleich sich aber darüber beklagt, daß er und seine Familie zugunsten der Kinder der Magd leer ausgehen sollen. Nun hält Vroni die Waffe in der Hand, mit der sie den Kreuzweghofbauern bekämpfen kann. – Auf dem Kreuzweghof hat Franz seinem Vater erklärt, daß er das Theologiestudium aufgeben und Bauer werden wolle. Frühzeitig hat ihn Matthias in die Stadt geschickt in der doppelten Absicht, den Zeugen der Testamentsbeseitigung zu entfernen und in dem künftigen Priester einen Entsühner seiner Schuld zu finden. Als ihm Franz schonungslos das Verwerfliche seines Tuns vorhält, enthüllt der Alte die Motive seiner Tat, die Sorge für Weib und Kinder, die Erhaltung des Hofes für die Familie. Inzwischen ist Vroni gekommen, um Ferner als ehrlicher Feind den Frieden aufzukündigen. Als sie dem zunächst zornig Aufbrausenden den Brief zeigt, bricht er zusammen. Franz sucht Vroni in ihrer Kammer auf, um ihr zu versichern, daß er auf ihrer Seite stehe, und sie zugleich vor dem Vater zu warnen, der sich wieder zusammengerafft habe und sich, nichts Gutes planend, auf dem Weg zu ihr befinde. Zu ihrer Sicherheit verspricht er, in der Nähe bleiben zu wollen. Kaum hat er sich durchs Fenster geschwungen, als auf dem gleichen Wege Matthias Ferner erscheint. Mit vorgehaltener Flinte will er

das Mädchen zwingen, ihm den Brief auszuhändigen. Vroni
rettet sich durch die Notlüge, sie habe das Schriftstück an
Franz gegeben, der sie soeben verlassen habe. In wilder
Hast stürmt Ferner seinem Sohne nach, stellt ihn in einer
Schlucht und schießt den vermeintlichen Besitzer des Briefes
nieder. – Vor dem losbrechenden Unwetter hat sich der
Kreuzweghofbauer in die Hütte der Baumahm gerettet.
Hier wird er Zeuge einer Erzählung der Alten, deren Inhalt
sich mit seinem eigenen Schicksal zu decken scheint. In wildem Trotz sucht er die Stimme des bösen Gewissens zu beschwichtigen und sinkt, als er die Schwurhand zum Kreuz-
schlagen vor dem höllischen Erzfeind erheben will, vom
Schlage gerührt zusammen. Noch vor Ferners Tod hat Vroni
den verhängnisvollen Brief verbrannt. Franz, der nur verwundet wurde, macht sie zur Kreuzweghofbäuerin. Crescenz
wird mit Toni vereint, das Geheimnis des alten Ferner in
den Herzen der Wissenden begraben. Ein neues Leben hebt
an, denn, so jubelt Vroni, »da sein neue Leut', und die Welt
fangt erst an«.

Der Meineidbauer ist Anzengrubers stärkste dramatische
Schöpfung, deren Wirkung vor allem auf der Gestalt des
Matthias Ferner beruht. Obgleich er schließlich der äußerlich
Unterlegene ist, bleibt er dank der Wahrheit und Wucht
seiner Charakterzeichnung in künstlerischer Beziehung der
eigentliche Sieger. In manchen Szenen ist Vroni eine ebenbürtige Gegenspielerin, während die Gestalt des Franz mit
seinem mühsam erquälten Hochdeutsch die den beiden anderen Figuren eigene Natürlichkeit vermissen läßt. Sehr eindrucksvoll ist die Szene bei der Baumahm, durch deren Erzählung der Sünder gezwungen wird, Gericht über sich selbst
zu halten: ein Höhepunkt des Volksdramas im 19. Jh. (Reclams UB 133.)

Die Kreuzelschreiber

Bauernkomödie mit Gesang in drei Akten
Erste Aufführung: 12. Oktober 1872 in Wien

P e r s o n e n : Anton Huber, Bauer vom »Gelben Hof« – Josepha, sein
Weib – Der Großbauer von Grundldorf – Der Steinklopferhanns – Veit,
der Wirt – Marthe, sein Weib – Liesel, Kellnerin – Der alte Brenninger –

Klaus, Mathis, Altlechner, Bauern – Michl, Loisl, Martin, Sepp, Burschen – Bauern und Bäuerinnen, Gesinde vom »Gelben Hof«.
O r t und Z e i t : Bayern, 2. Hälfte des 19. Jh.s.

Im Dorfwirtshaus von Zwentdorf, wo der grauhaarige Dorfphilosoph, der Steinklopferhanns, mit den jungen Burschen fröhlich zecht, zeigt sich zum ersten Male, seit er Josepha, die Erbin des Hofes, heimgeführt, der Gelbhofbauer. Daß er beim ersten Wirtshausbesuch seit seiner Verheiratung in der neuen Kellnerin ausgerechnet seinen ehemaligen Schatz wiederfindet, ist ihm zwar nicht gerade angenehm; immerhin fällt ihm ein Stein vom Herzen, als er erfährt, daß die Liesel ihm nichts nachträgt. Gefolgt von älteren Bauern betritt der Großbauer die Gaststube und unterbreitet den Männern von Zwentdorf eine Dankschrift an den »frummen, g'studierten alten Mann in der Stadt« (gemeint ist Ignaz von Döllinger) für seinen mannhaften Widerstand gegen das päpstliche Unfehlbarkeitsdogma. Obwohl die meisten Bauern vom Inhalt der Adresse nichts verstehen, unterzeichnen sie doch mit ihren die Namensunterschrift ersetzenden drei »Kreuzeln«, zumal der Gelbhofbauer mit gutem Beispiel vorangeht. Die jungen Burschen schließen sich allerdings nicht an und folgen dem Steinklopferhanns, der meint, er werde, einerlei, ob mit oder ohne Unterschrift, auch weiterhin seine Steine klopfen müssen. – Im »Gelben Hof« wird der Bauer von seiner jungen Frau Josepha wegen der Unterschrift zur Rechenschaft gezogen. Der Dorfkaplan hat von der Geschichte erfahren und den Bäuerinnen geraten, die eheliche Gemeinschaft so lange zu verweigern, bis die Unterschriften von dem ketzerischen Schriftstück zurückgezogen seien. Außerdem müßten die Unterzeichner zur Buße ihrer Sünden eine Wallfahrt nach Rom unternehmen. Im Wirtshaus beraten die Bauern, zur Erheiterung des Steinklopferhanns und der jungen Burschen, über den Ehestreik. Besonders nahe geht dieser dem alten Brenninger, der bis dahin fünfzig Jahre lang mit seiner Annemirl in Frieden und Eintracht gehaust hatte. Weniger schwer nimmt's der Altlechner, dem eine Romfahrt wegen der damit verbundenen Freiheit nicht unwillkommen wäre – und der Gelbhofbauer scheint nicht abgeneigt, die alten Beziehungen zu Liesel wieder aufzunehmen. So gerät der eintretende Großbauer in eine ziemlich gespannte Situation, die sich bald im Ungewitter einer schweren Rauferei entlädt. Als Sieger in diesem Handel geht der Gelbhofbauer hervor. Der Steinklopferhanns rät ihm, heute Nacht standhaft zu bleiben und bei ihm im Steinbruch zu nächtigen. Als aber Josepha am offenen Schlafzimmerfenster erscheint, wird der Bauer schwach. Mit der Versicherung, alle ihre Wünsche zu erfüllen, schmeichelt er sich in die Kammer seiner Eheliebsten hinein. Der Steinklopferhanns gibt die Sache der Kreuzelschreiber verloren. – Dem alten Brenninger ist das Ausgesperrtsein so zu Herzen gegangen, daß er den Tod im Wildbach gesucht hat. Der Ernst der Lage veranlaßt den Steinklopferhanns einzugreifen. Er weiß die Männer dahin zu bringen, daß sie scheinbar auf die Romfahrt eingehen, läßt aber die Wallfahrer durch eine Kongregation der Zwentdorfer Jungfrauen begleiten. Während man zum Abzug rüstet, schürt er die Eifersucht der Ehefrauen, vor allem Josephas, die sich zur Sprecherin für alle macht. So kommt es, daß der Pilgerzug, ehe er noch begonnen, sein Ende findet und die feindlichen Parteien sich versöhnen. Mit einem Blick auf die sich wieder in den Armen liegenden Ehepaare meint der Steinklopferhanns: »Dös heißen's in der Stadt Gewissensfreiheit!«

Diese in Anlage und Durchführung glücklichste Komödie Anzengrubers überträgt das Aristophanische *Lysistrate*-Motiv ins Bäuerliche. Mit der stofflichen Anknüpfung verband sich zugleich eine geistige Wahlverwandtschaft mit der Komödie des griechischen Dichters. In keiner anderen Figur hat Anzengruber seine eigenen Anschauungen in künstlerisch so überzeugender Form darzulegen vermocht wie im Steinklopferhanns. Auch er ist ähnlich dem Wurzelsepp im *Pfarrer von Kirchfeld* ein Stiefkind des Schicksals, eine Leidensfigur aus dem Volke, jedoch die Folgerungen, die er aus den Erfahrungen seines Lebens gezogen hat, sind wesentlich anderer Art. Sie haben ihn die Befreiung im Humor finden lassen: »Mit 'm Traurigsein richt't mer nix, die Welt is a lustige Welt.« Ein naiver Pantheismus, der sich mit Natur und Welt im Einklang fühlt, erfüllt den Steinklopferhanns trotz seiner Armut mit dem tröstlichen Bewußtsein: »Es kann dir nix g'schehn!«, übrigens ein Anzengruber-Wort, das in den deutschen Zitatenschatz eingegangen ist.

Der Gwissenswurm. Bauernkomödie mit Gesang
in drei Akten. – Der reiche Bauer Grillhofer empfindet den
leichten Schlaganfall, der ihn gestreift hat, als einen Wink
des Schicksals, geht mit sich zu Rate und gedenkt dabei einer
Jugendsünde mit der lebfrischen Riesler-Magdalen, die er
trotz der Folgen hat sitzen lassen. Sein Schwager Dusterer,
dem sich Grillhofer vertraut, nützt dessen Gewissensbisse
für seine erbschleicherischen Absichten. Behauptet er doch,
im Traume habe er die Riesler-Magdalen im Glast des höllischen Fegfeuers erblickt, aus dessen Pein sie nur durch die
Bußfertigkeit ihres Verführers gerettet werden könne. Schon
ist Grillhofer nahe daran, diese Buße in Gestalt der Ver-
schreibung des Hofes an seinen Schwager vorzunehmen, als
er durch einen Zufall erfährt, daß die Jugendgeliebte noch
am Leben ist. Er trifft sie als Weib des Poltnerbauern, zufrieden und mit ihrem Schicksal versöhnt. Über den Verbleib
des Kindes schweigt sie sich jedoch aus. Hier setzt Dusterer
mit einem zweiten Vorstoß ein. Die im Fegfeuer gemarterte
Seele sei nicht die Magdalen, sondern ihre und Grillhofers
Tochter gewesen, er habe sich wegen der Ähnlichkeit nur
verschaut. Aber auch diesmal kommt der Frömmler nicht
zum Ziele. Die frohgemute Horlacher-Lies, die erst vor kurzem als Magd auf dem Grillhoferschen Anwesen eingestan-
den ist, entpuppt sich nämlich als die verloren gewähnte
Tochter. Auch ein Mann nach der Wahl ihres Herzens ist
bereits gefunden: Wastl, Grillhofers tüchtiger Großknecht.
Dusterer wird vom Hof verbannt, nur seine Kinder will
Grillhofer künftig noch sehen, »was net für ihrn Vater
können«.

Das Stück lebt von einer glücklich erfundenen, geradlinig
durchgeführten Fabel, deren zügiger Ablauf dem der *Kreuzelschreiber* nichts nachgibt. Auch hier steht im Mittelpunkt
eine Charakterfigur origineller Prägung, der Dorf-Tartuffe
Dusterer, dessen Drastik an verwandte Typen des Volks-
schwanks und des Fastnachtsspiels gemahnt. Mit nicht ganz
so herzhaftem Griff ist Grillhofer gepackt, seine Leichtgläu-
bigkeit wird allerdings durch seine Kränklichkeit motiviert.
Grillhofers Begegnung mit der einstigen Jugendgeliebten,
der Bäuerin von der Kåhlen Lehnten, ergibt eine Bühnen-
situation, die ein Hauch der Vergänglichkeit alles Irdischen
nahezu tragikomisch umwittert. (Reclams UB 215.)

D o p p e l s e l b s t m o r d. Bauernposse mit Gesang in drei Akten. – Der reiche Großbauer Sentner und der arme Häusler Hauderer sind in jungen Tagen gute Freunde gewesen, aber der Tausch ihrer Bräute, der mehr zum Vorteil Sentners als Hauderers geschehen ist, hat sie auseinandergebracht. Die Abneigung der Väter gegeneinander kann nicht verhindern, daß die Herzen ihrer Kinder, der Hauderer-Agerl und des Sentner-Poldl, in Liebe zueinanderfinden. Schon scheint durch den Bund der Jungen auch die Feindschaft der Alten behoben, als durch Hauderers Dickschädeligkeit neue und endgültige Trennung droht. Poldl und Agerl verschwinden unter Hinterlassung eines Briefes, dem man das Schlimmste entnehmen zu müssen glaubt. Die Sorge um die Kinder bringt die entzweiten Väter wieder zusammen, und alles macht sich auf die Suche nach den vermeintlichen Doppelselbstmördern. Als man diese schließlich hoch droben auf einer Alm findet, stellt sich heraus, daß sie weniger an einen gemeinsamen Liebestod als vielmehr an ihre Hochzeitsfeier gedacht haben, zu der ihnen die ausgesöhnten Väter den nachträglichen Segen erteilen.

Anzengruber hat sein Stück diesmal nicht Bauernkomödie, sondern Bauernposse genannt. Er deutet damit auf die etwas derberen Mittel, deren er sich im *Doppelselbstmord* bedient. Trotz dieser Verlagerung ins mehr Schwankhafte handelt es sich um eine der frischesten, bühnenwirksamsten Arbeiten des Dichters. Die Kunst der Charakterzeichnung triumphiert diesmal hauptsächlich in der Prachtgestalt des alten Hauderer.

Das vierte Gebot

Volksstück in vier Akten
Erste Aufführung: 29. Dezember 1877 in Wien

P e r s o n e n : Anton Hutterer, Hausbesitzer – Sidonie, seine Frau – Hedwig, ihre Tochter – August Stolzenthaler – Schalanter, Drechslermeister – Barbara, seine Frau – Martin, Josepha, beider Kinder – Die alte Herwig, Barbaras Mutter – Johann Dunker, Geselle bei Schalanter – Robert Frey, Klavierlehrer – Jakob Schön, Gärtner und Hausbesorger bei Hutterer – Anna, seine Frau – Eduard, ihr Sohn, Weltpriester – Wiener Bürger und Bürgerinnen, Wirtshausgäste, Gendarmen.

Ort und Zeit: Die Geschehnisse des 2. und 3. Aktes spielen ein Jahr nach dem ersten an demselben Tage, vom Nachmittag bis zum Abend; der 4. Akt einige Wochen danach. Wien und Umgebung. Siebziger Jahre des 19. Jh.s.

Im Garten des Huttererschen Hauses erwartet das Gärtner-ehepaar Schön seinen Sohn Eduard, der zum Stolz von Vater und Mutter soeben die Priesterweihen empfangen hat. Hutterer, der zu ihnen tritt, erfährt durch eine unbedachte Äußerung Annas von der Neigung, die Hedwig mit ihrem Klavierlehrer Frey verbindet. Der Vater, der seine Tochter mit dem reichen August Stolzenthaler zu verheiraten plant und darin auch die Unterstützung seiner Frau Sidonie findet, weist dem Klavierlehrer die Tür. Von Hedwig fordert er Unterwerfung unter seinen Willen. Als diese trotzdem auf ihrer Wahl zu beharren scheint, fragt er den von seinen Eltern freudig empfangenen Eduard, was Kindespflicht sei. Ohne langes Besinnen entgegnet der junge Priester: »Gehorchen und das Glück Gott anheimstellen.« Im Nebenhause führt der Drechslermeister Schalanter mit seiner Familie ein liederliches Leben. Die Tochter Josepha, bisher die Freundin Stolzenthalers, wird von diesem brüsk aufgeklärt, das Verhältnis müsse ein Ende haben, da er Hedwig Hutterer heiraten werde. Martin, der Sohn, ist zum Militär gemustert worden; der lebenslustige Vater erblickt darin einen Grund zum Feiern. Während der Vorbereitungen erscheint die Großmutter Herwig. Tief bekümmert über die Zustände im Hause ihrer Tochter, sucht sie zu Einsicht und Umkehr zu mahnen, wird jedoch von den Eltern nur verhöhnt, während in den Kindern, wenigstens für einen Augenblick, die Erkenntnis aufzudämmern scheint, die alte Frau könne am Ende nicht unrecht haben. Aber vom fröhlichen Wirbel des beginnenden Gelages werden alle Bedenken fortgeschwemmt. – Ein Jahr ist vergangen. Hedwig ist Frau Stolzenthaler geworden und hat ihrem Manne ein krankes Kind geboren, an dessen Siechtum der lockere Lebenswandel des Vaters die Schuld trägt. Schalanter hat jede geregelte Arbeit aufgegeben, als Kellnerin in einem übelbeleumdeten Beisel ernährt Josepha die Familie. Martin kann sich als Soldat nicht in Zucht und Ordnung fügen. Sein Feldwebel ist der ehemalige Klavierlehrer Frey, der nach der Abweisung durch Hutterer wieder zum Militär gegangen ist. Durch einen Zufall

werden Vater und Sohn Schalanter Zeugen eines Gesprächs,
in dem Frey Hedwig bittet, ihm zu ihrer eigenen Sicherheit
seine früheren Briefe auszuhändigen, die sie bisher wie einen
Schatz bewahrt hatte. Schalanter weiß nichts Eiligeres zu
tun, als Stolzenthaler von der Unterredung in Kenntnis zu
setzen. Hedwig wird von ihrem Manne derart mißhandelt,
daß sie sein Haus verläßt und zu den zu spät zur Einsicht
gekommenen Eltern zurückkehrt. – Frey ist an einem Aus-
flugsort in der Nähe Wiens mit der Familie Schalanter zu-
sammengetroffen. Martin sucht sich an seinem Vorgesetzten
zu reiben und deutet schließlich an, daß er um Freys und
Hedwigs Geheimnis wisse. Als Frey dem Erpresser erwidert,
es lasse sich vom Sohn einer Kupplerin und eines Säufers
nichts Besseres erwarten, wird er von Martin niedergeschos-
sen. – Der Mörder ist zum Tode verurteilt worden. Durch
seine Schwester Josepha läßt er den Jugendfreund Eduard
um eine letzte Aussprache bitten. Im Garten trifft der junge
Priester auch Hedwig, die, gebrochen an Leib und Seele,
ihrem nahen Ende entgegensieht. Eduard, in dem bereits sein
Vater Bedenken erweckt hat, gehen bei dieser Begegnung die
Augen darüber auf, was er mit seinem vorschnellen »Gehorchen« angerichtet hat. Martin erwartet im Kerker die Exekution. Eduards Frage, ob er nicht seine Eltern noch einmal
sehen wolle, wird schroff abgelehnt. Dafür empfängt Martin
in freudiger Erschütterung den Besuch der Großmutter, die,
obwohl selbst dem Zusammenbrechen nahe, gekommen ist,
um dem Enkel in seiner letzten Stunde beizustehen. Sein
eigenes Schicksal noch einmal überdenkend, mahnt Martin
den Priesterfreund: »Wenn du in der Schul' den Kindern
lernst: ›Ehre Vater und Mutter‹, so sag's auch von der Kanzel den Eltern, daß 's danach sein sollen.« Das Armesünder-
glöcklein ertönt, und mit dem Segen der Großmutter begibt
sich Martin gefaßt und aufrecht auf seinen letzten Gang.

  Obwohl die verschiedenen Handlungen des Dreifamilien-
stücks nur verhältnismäßig lose miteinander verknüpft sind,
übt das Stück eine starke, in der Schlußszene erschütternde
Wirkung aus. Diese beruht in erster Linie auf der Lebensechtheit des Milieus, das im Hause Schalanter besonders
realistische Dichte erreicht, sowie auf der Überzeugungskraft
und Vielgestaltigkeit der Charaktere. Anzengruber, der *Das
vierte Gebot* selbst sehr hoch stellte, hat hier, wie nur in

wenigen Stücken, aus der Fülle des Lebens geschaffen. Sein unverwüstlicher Glaube an den guten Kern im Menschen scheint zunächst von den geschilderten Verfallserscheinungen bis zur Hoffnungslosigkeit bedroht, wird aber doch durch die ergreifend schlichte Figur der Großmutter Herwig im letzten Bilde bestätigt. An die Stelle der Tendenz ist im *Vierten Gebot* das Interesse des Dramatikers an letzter Folgerichtigkeit der von ihm dargestellten Charaktere getreten.   W. Z.

GUSTAV FREYTAG

* 13. Juli 1816 in Kreuzburg (Schlesien)
† 30. April 1895 in Wiesbaden

Freytag war der Sohn eines Arztes und späteren Bürgermeisters. Er besuchte das Gymnasium in Oels und studierte an den Universitäten Breslau und Berlin. Von 1839 bis 1844 wirkte er als Privatdozent für deutsche Sprache und Literatur an der Universität Breslau. 1847 gab er die akademische Laufbahn auf und siedelte nach Sachsen über (Dresden und Leipzig). Über zwei Jahrzehnte betätigte er sich als Schriftleiter und Mitherausgeber der Zeitschrift »Die Grenzboten«. Im Kriege 1870/71 weilte er als eine Art Kriegsberichterstatter im Hauptquartier des preußischen Kronprinzen. Sein besonderer Gönner war der Herzog Ernst II. von Coburg-Gotha. In der Nähe von Gotha besaß er ein Landgut, auf dem er seit 1851 häufig weilte. Seinen Lebensabend verbrachte er von 1879 ab in Wiesbaden.

Gustav Freytag, der Verfasser vielgelesener kulturhistorischer Romane und Studien, stand auch dem Theater nahe, besonders am Anfang seiner schriftstellerischen Tätigkeit. Mit dem Lustspiel *Die Brautfahrt* (1841) gewann er sogleich den Preis der Berliner Hofbühne. Das Schauspiel *Der Gelehrte* (1844) blieb Fragment. Es folgten die Schauspiele *Die Valentine* (1846) und *Graf Waldemar* (1847), die kein langes Bühnenleben hatten. Einen durchschlagenden Erfolg erzielte von Anfang an das Lustspiel *Die Journalisten* (1852),

der dem Werk bis auf den heutigen Tag treugeblieben ist.
Dem letzten Bühnenwerk des Dichters, das er selbst für sein
bestes erklärte, dem Römerdrama *Die Fabier* (1859), war
jedoch kein nachhaltiger Erfolg beschieden. Gustav Freytag
befaßte sich auch theoretisch mit der dramatischen Kunst.
Seine zuerst 1863 erschienene und nachmals noch oft neu
aufgelegte *Technik des Dramas* wurde zu einem der wichtigsten dramaturgischen Lehrbücher in deutscher Sprache. In
neuerer Zeit vielfach angegriffen als bloße »Gebrauchs-
anweisung der äußeren Mittel zum Dramenschreiben« (Artur
Kutscher), gilt sie für Dramaturgen und Bühnenschriftsteller
noch immer als wesentliches Handbuch.

Die Journalisten

Lustspiel in vier Akten
Erste Aufführung: 8. Dezember 1852 in Breslau

P e r s o n e n : Oberst a. D. Berg – Ida, seine Tochter – Adelheid Runeck – Senden, Gutsbesitzer – Professor Oldendorf, Redakteur – Dr. Konrad Bolz, Redakteur – Bellmaus, Mitarbeiter der Zeitung »Union« –
Blumenberg, Redakteur – Schmock, Mitarbeiter der Zeitung »Coriolan« –
Piepenbrink, Weinhändler und Wahlmann – Lotte, seine Frau – Berta,
seine Tochter – Kleinmichel, Bürger und Wahlmann – Buchdrucker Henning, Eigentümer der Zeitung »Union« – Justizrat Schwarz – Korb,
Schreiber vom Gute Adelheids, u. a.
O r t u n d Z e i t : In einer deutschen Provinzhauptstadt, 1. Hälfte des
19. Jh.s.

Die »leidige Politik« droht, zwei alte Freunde, den Oberst
Berg und den Professor Oldendorf, auseinanderzubringen.
Der konservative Oberst verübelt es dem Professor, daß er
sich als Journalist für die liberale Zeitung »Union« betätigt
und sich sogar als Wahlkandidat für die Kammer hat aufstellen lassen. Ehe er sich's versieht, wird der Oberst aber
selbst in den Strudel der Politik und der bevorstehenden
Wahlen hineingezogen. Der Gutsbesitzer Senden und der Redakteur Blumenberg von der konservativen Zeitung »Coriolan« verstehen es, den Oberst zu bewegen, sich als Gegen-
kandidat Oldendorfs aufstellen zu lassen. Die beiden Gegner versuchen nun, einer den andern zum Rücktritt zu
bewegen. Vergeblich. Der Konflikt spitzt sich zu. Am meisten

hat unter ihm des Obersten Tochter Ida zu leiden, die Oldendorf liebt und den sie nun zu verlieren droht. Im rechten Augenblick greift eine alte Freundin des Hauses ein, Adelheid Runeck, die Generalstochter und als Gutsbesitzerin »reichste Erbin der ganzen Gegend«. Sie vermittelt nicht nur zwischen den entzweiten Freunden, sie gewinnt sich dabei gleichzeitig ihren alten Jugendfreund, den Redakteur der »Union«, Dr. Konrad Bolz, zurück, der die eigentliche geistige Triebkraft der »Union« ist und der inmitten der Wahlmanöver derart geschickt operiert, daß die Wahl im letzten Augenblick zugunsten Oldendorfs und nicht des Obersten ausfällt, der sich schon am Ziel glaubte. Bolz hat es verstanden, auf einer Ressource, die von der konservativen Partei in einem öffentlichen Saale veranstaltet wurde, den für den Wahlausgang wichtigen Weinhändler und Wahlmann Piepenbrink und dessen künftigen Schwiegersohn, den Bürger und Wahlmann Kleinmichel, auf seine Seite zu bringen. Er bewerkstelligte diesen geschickt getarnten Stimmenfang durch forsches Auftreten und durch laute Lobsprüche auf die Güte der Weine aus Piepenbrinks Kellerei. Der Rivalitätskampf der Parteien ist aber nach der Wahl keineswegs zu Ende. Um die liberale »Union« und ihre Anhänger trotz des Wahlsieges, den sie errungen haben, lahmzulegen, kauft die konservative Partei hinter dem Rücken der »Union«-Redakteure die Zeitung von ihrem Eigentümer, dem Druckereibesitzer Henning, auf. Damit scheint für die »Union«-Partei alles verloren. Oldendorf gibt, empört über diese Niedertracht, den Journalistenberuf auf. Da entpuppt sich als der wirkliche Drahtzieher im Hintergrund und Aufkäufer der Zeitung jedoch jemand anderes: Adelheid Runeck. Und damit nicht genug. Sie überträgt alle Rechte zur Weiterführung des Blattes auf den Jugendfreund Konrad Bolz, dem sie zugleich ihre Hand zum Lebensbund reicht. Der Oberst und der Professor versöhnen sich, und auch Ida erhält selbstverständlich ihren geliebten Oldendorf wieder.

Als Kulturbild aus der Zeit des Biedermeier, in der die Kinder die Eltern mit ›Sie‹ anredeten, die Politik anfing, im Bürgertum Wurzel zu schlagen, und der moderne Journalismus in den Kinderschuhen steckte, kommt dem Werk zeitgeschichtliche Bedeutung zu. Die männliche Hauptfigur des Stückes ist der genialische und witzige Redakteur

Dr. Konrad Bolz, das edel empfindende und handelnde Landfräulein Adelheid Runeck scheint eine entfernte Bühnenverwandte der Minna von Barnhelm. Gelungen sind auch die anderen Rollen. Neben den Hauptredakteuren der beiden Parteien sind die Mitarbeiter mit wenigen Strichen scharf profiliert, auf der Seite der »Union« der verhinderte Lyriker Bellmaus, auf der Seite des »Coriolan« der als Typus berühmt gewordene unterdrückte Zeitungsschreiber Schmock, der ebenso für die rechte Partei schreiben kann wie für die linke. *Die Journalisten* galten lange Zeit als exemplarisches deutsches Lustspiel des 19. Jh.s.

EUGÈNE SCRIBE

* 24. Dezember 1791 in Paris
† 20. Februar 1861 in Paris

Scribe war der Sohn eines Pariser Modehändlers. Er studierte Jura, widmete sich aber bald ausschließlich der Literatur. Seine Bühnenlaufbahn begann 1811 mit einem Mißerfolg. Doch 1835 lagen schon elf Bände erfolgreicher Theaterstücke vor. 1836 wurde er Mitglied der Académie Française. In seiner Dankesrede sagte er bezeichnenderweise, es komme beim Bühnenstück nicht auf Gedanken oder Widerspiegelung des Lebens, sondern darauf an, fesselnd zu unterhalten. Als guter Kaufmann, der den Wert des literarischen Werkes zu schätzen wußte, sorgte er für die Einrichtung der Tantieme (finanzielle Beteiligung des Autors an den Einnahmen der Theater an Stelle von Pauschalhonorierung) und verdiente Millionen. Im Alter mußte er es freilich erleben, daß seine Stücke aus der Mode kamen.

Scribe ist der Schöpfer der sog. ›pièce bien faite‹, des ›gut gemachten Stückes‹. Er hat weit über 300 Theaterstücke geschrieben, zum Teil unter Mitarbeit von Schriftstellern, die er dazu heranzog und seinem System einer raffiniert ausgeklügelten dramaturgischen Werkstattarbeit unterordnete. Er kannte keine ästhetischen Ziele, sondern nur das eine: Wirkung auf dem Theater. Einen »kalten Praktiker« nennt ihn Gottfried Müller, »ohne jede dichterische Ambition, dem nichts am Inhalt, an den Charakteren und der seelischen Entwicklung seiner Personen liegt, der alles auf den äußeren Effekt abstellt. Er ist so unpersönlich, daß er ein Dramatiker des Gegenstandes, des Requisits und der sichtbaren Aktion wird. Bei ihm sind es nicht mehr die Worte, die dramatische Ladungen enthalten. Ein vertauschter Hut, eine unsichtbare Tür, ein Brief, ein Klingelzeichen betreiben das dramaturgische Uhrwerk.« Ist hiermit seine Begrenzung im Dichterischen gegeben, so wurde Scribe durch die vollendete Ausbildung seiner Arbeitsweise nach der rein dramaturgischen Seite hin zum erfolgreichsten, überall gespielten französischen Bühnenschriftsteller seiner Zeit, darüber hinaus zu einem der glänzendsten Theatertechniker überhaupt, der in ganz Europa Schule machte und die gesamte weitere Bühnenproduktion beeinflußte. Neben dem abendfüllenden Theaterstück widmete er sich auch dem kurzen Unterhaltungsspiel mit musikalischen Einlagen, dem sog. ›Vaudeville‹ (der Name stammt von dem Städtchen Vaux de Vire, das diese Kurzform bevorzugt pflegte). Auch schrieb er 60 Operntextbücher und zahlreiche Grundrisse für Ballette. Rossini, Boieldieu, Auber, Meyerbeer, Halévy, Verdi und andere Opernkomponisten bedienten sich seiner. Von seinen Lustspielen lebt heute noch auf den Bühnen *Das Glas Wasser* (1840). Gelegentlich begegnet man auch noch dem *Damenkrieg* oder der *Camaraderie (Eine Hand wäscht die andere)*. Über die Technik des Scribeschen Theaterstückes, über die er sich selbst theoretisch nicht weiter geäußert hat, existiert heute eine umfangreiche Literatur.

Das Glas Wasser oder Ursachen und Wirkungen. Lustspiel in fünf Akten. – Das Lustspiel kreist um den historischen Gegensatz des Viscount von Bolingbroke und des Herzogs von Marlborough als Vertreter der Parteien der Tories und Whigs in England zur Zeit der großen Erbfolgekriege in Europa zu Beginn des 18. Jh.s. Bolingbroke ist für Beendigung des Krieges auf dem Festland, die Herzogin von Marlborough (als Stellvertreterin ihres Gatten) für Fortsetzung des Krieges, der geeignet ist, dem Herzog neuen Feldherrnruhm zu bringen. Zwischen beiden steht die schwankende Königin Anna von England. Es kommt

Scribe darauf an, zu zeigen, daß auch in der Politik ›große
Wirkungen durch kleine Ursachen‹ herbeigeführt werden.
Er wählt für diesen Zweck das einfachste Mittel, das es gibt,
um seine These glaubhaft zu machen: die Liebe. Nicht nur
die ehrgeizige Herzogin von Marlborough ist in den hübschen jungen Fähnrich im Garderegiment, Masham, verliebt,
sondern auch die Königin. Beide Damen scheuen die Preis-
gabe ihres Herzensgeheimnisses vor der Öffentlichkeit und
protegieren, lieben und handeln im geheimen. Die Herzogin
hat ihn zur Palastwache versetzen lassen und sorgt alsbald
für seine Beförderung zum Offizier. Aber auch die Königin
ist um ihn besorgt und möchte sich gerne einmal mit ihm
alleine treffen und aussprechen. Masham seinerseits liebt die
kleine Juwelenhändlerin Abigail, die im Zuge der Liebes-
und Hofintrigen zur Dame der Königin avanciert, und
wird von ihr wiedergeliebt. Ehe sich die jungen Leute aber
zum Lebensbunde zusammentun dürfen, geht es durch einen
(mit allen Mitteln raffiniert ausgeklügelter Dramaturgie
gesponnenen) wahren Irrgarten von Palastintrigen, Eifer-
süchteleien, Fallstricken, Beschuldigungen und Erpressungen
aller Art, deren heimlicher Drahtzieher der Viscount von
Bolingbroke ist. Ein Glas Wasser, das (nach wohlvorbereite-
ter Einführung als Kennzeichen der Neigung der Königin
zu Masham) der Herzogin die Augen über ihre Nebenbuhlerin öffnet, führt zum Skandal. Am Ende hat Bolingbroke
sein Ziel erreicht: der französische Gesandte wird (entgegen
den Absichten der Herzogin) von der Königin empfangen,
die Partei Bolingbrokes wird mit der Regierung beauftragt,
der Herzogin ihr Einfluß bei Hofe entzogen und Abigail in
die Arme Mashams geführt, wobei das junge Paar noch
gleichzeitig zur Ehrenrettung der Königin dient, deren heimliche Neigung zu Masham vertuscht werden muß.

　　Die Kunst der Handlungsführung in diesem Stück ist
bewundernswert, der Dialog geistvoll und mit manchen
Wahrheiten aus der Welt der Diplomatie durchsetzt, das
Spiel mit dem Requisit ist aufs äußerste ›gekonnt‹. Die
Charakterzeichnung freilich ist blaß und steht ganz im
Dienst der Absichten des Autors, der nur bestrebt ist, den
Zuschauer immer wieder zu überraschen, zu verblüffen und
in neue Spannung zu versetzen. Als Intrigenstück auf histo-
rischer Grundlage, mit allen Künsten der Scribeschen Tech-

nik ausgestattet, hat sich *Un verre d'eau* auf dem Spielplan
der europäischen Bühnen zu behaupten vermocht, nicht zuletzt dank der Glanzrolle des Bolingbroke. (Reclams UB
145.)

ALEXANDRE DUMAS

* 27. Juli 1824 in Paris
† 27. November 1895 in Marly-le-Roi

Alexandre Dumas war der uneheliche Sohn des Roman-
schriftstellers und Dramatikers Alexandre Dumas (1802 bis
1870), dessen historische Romane (»Die drei Musketiere«,
»Der Graf von Monte Christo«) und Bühnenwerke
(»Henri III.«, »Kean« u. a.) in ihrer Zeit großen Erfolg hat-
ten und Schule machten. Als sein bestes Werk pflegte Dumas
aber selbst seinen Sohn zu bezeichnen, der ihn in dichteri-
scher Beziehung unbedingt übertraf. Bereits mit 17 Jahren
trat Alexandre Dumas-fils (d. h. Sohn, im Unterschied zu
seinem Vater, Dumas-père) mit einem Gedichtband hervor.
Früh kam er mit dem Vater auf Reisen nach Spanien und
Ägypten, die seine Bildung vertieften und seinen Weitblick
öffneten. 1846 erschien sein erster Roman, dem zahlreiche
weitere folgten. Mit Vorliebe behandelte er Frauenprobleme.
»La dame aux camélias« (Die Kameliendame), sein berühm-
testes Werk, dem ein Kurtisanenschicksal seiner Zeit zu-
grunde liegt, erschien 1848 als Roman, 1852 als Schauspiel.
1855 folgte ein zweites Stück dieser Art, »Le demi-monde«,
durch das der Begriff »Halbwelt« geprägt wurde. In Flug-
blättern nahm Dumas auch zur Gesetzgebung in Frauenfra-
gen, insbesondere zur Rechtlosigkeit des unehelichen Kindes,
Stellung.

Dumas gehört zu den Schöpfern des französischen Sitten-
stückes, das für die Literatur Frankreichs im 19. Jh. charakteristisch ist, gleichzeitig war er ein glänzender Praktiker des
Theaters wie sein Vorbild Scribe. Fragen der Moral, besonders der ehelichen, werden in seinen Werken immer wieder
aufgegriffen und schonungslos abgehandelt. Das gesellschaftliche Dirnentum wird literaturfähig gemacht und eröffnet

ungeahnte Möglichkeiten dichterischer Behandlung. Einen »Moralisten und Weltverbesserer, einen Apostel seiner Ideen, ähnlich wie Beaumarchais, dessen geistiger Erbe er war«, nennt ihn Gottfried Müller. Dumas griff das Schicksal der schwindsüchtigen ›grande Cocotte‹ Marie Duplessis heraus, die von Dichtern und Literaten zu Grabe getragen wurde, während ihre adligen Freunde dem Begräbnis fernblieben. Sie wurde in seinem Roman und Schauspiel zum Symbol der ganzen Richtung, zum Fanal der Anklage und Rechtfertigung zugleich, als *Dame aux camélias* (Kameliendame) zur unsterblichen Bühnenfigur, die (nach triumphalen Erfolgen mit den größten Darstellerinnen auf der Sprechbühne) in Verdis Oper *La Traviata* noch eine besondere Vertiefung nach der menschlichen Seite hin erfahren sollte. In der Schöpfung dieser Gestalt beruht vornehmlich Dumas' unvergänglicher Beitrag zum Theater. In seinen *Notes du théâtre* und in Vorreden zu seinen Stücken hat Dumas sich auch ausführlich mit der Theorie des Schauspiels beschäftigt und bemerkenswerte Erkenntnisse vermittelt, die etwa in dem Satz gipfeln: »Der dramatische Autor, der den Menschen wie Balzac und das Theater wie Scribe kennen würde, wäre der größte Dramatiker aller Zeiten.« Dumas' Einfluß ist bedeutend gewesen, nicht nur auf die spätere französische Bühnenliteratur, sondern auch auf die übrige europäische.

Die Kameliendame. Drama in fünf Akten. – Im Salon der Marguerite Gautier treffen sich ihre Freundinnen und Freunde in zwangloser Weise jederzeit. Sie geht ebenso freigebig wie leichtsinnig mit Geld um. Ihre Lieblingsblume ist die Kamelie, nach der ihr die Freunde den Beinamen gegeben haben. Obwohl sie schon zu vielen Männern in Beziehung gestanden hat, ist ihr die wahre Liebe bisher fremd geblieben. Doch als ihr der junge Armand Duval gegenübertritt, der sie seit zwei Jahren in romantischer Weise verehrt und ihr (bis auf Blumengeschenke) noch nicht näherzutreten wagte, ist sie tief beeindruckt. Noch wehrt sie sich gegen das echte Gefühl, das in ihr aufzukeimen beginnt, und warnt selbst den jungen Mann vor dem Umgang mit ihr. Doch die große Leidenschaft, von der Armand beseelt ist und die auf sie überstrahlt, läßt sie allmählich ihr altes Leben abstreifen und (unter Einsatz ihrer letzten Mittel) in einem einsamen Landhaus, fern von Paris, im Zusammenleben mit dem Geliebten das große Glück der Liebe in vollen Zügen genießen. Aber es ist nur von kurzer Dauer. Armands Vater sucht sie in Abwesenheit des Sohnes auf, um sie zum Verzicht auf Armand zu bewegen. Er hat nicht nur diesen Sohn, sondern auch eine Tochter, die im Begriffe steht, sich standesgemäß zu verheiraten. Eine Verbindung Armands mit einer ›Gefallenen‹, die Marguerite im Urteil der Gesellschaft ist, würde die Familie der Duvals diskreditieren und die Eheschließung der Tochter unmöglich machen. Blutenden Herzens ringt sich Marguerite zu dem Entschluß des Verzichtes durch, und um die Trennung herbeizuführen, gibt sie vor, in ihr altes Leben zurückgesunken zu sein. Und wirklich geht sie auch zum Scheine mit einem früheren Verehrer, dem Baron v. Varville, eine allen sichtbare Verbindung ein. Obwohl sie Armand ausweicht, kommt es im Salon ihrer Freundin Olympia beim Glücksspiel zu einer Begegnung. Armand, von Leidenschaft und Eifersucht völlig verblendet, läßt sich dazu hinreißen, die Geliebte vor aller Augen zu beschimpfen und zu erniedrigen. Dies ist aber zuviel für Marguerite. Ihre ohnehin schwächliche Gesundheit tut das übrige. Der Todkranken hat Vater Duval geschrieben, daß er Armand die wahren Zusammenhänge mitgeteilt habe und, selbst tief beeindruckt von ihrer Handlungsweise, einer Verbindung Marguerites mit Armand nichts mehr in den Weg legen wolle. Doch den Liebenden ist nur noch ein letztes Wiedersehen beschieden, in der Todesstunde Marguerites, die in ihrem frühen Tod die Sühne für ihr verfehltes Leben erblickt und in dankbarem Bewußtsein der Aussöhnung mit Armand in den Armen des Geliebten stirbt.

Nicht frei von Sentimentalität, hat das Stück dichterische Vorzüge. Der dramatische Aufbau ist meisterhaft, die Umwelt farbig und mit Überlegenheit gezeichnet. Die Titelfigur, eine Starrolle erster Ordnung, in der eine Sarah Bernhardt und Eleonora Duse Triumphe ohnegleichen feierten, gehört auch heute noch (unbeschadet der Operngestalt Verdis) zu den wirklich großen Aufgaben für eine berufene Schauspielerin, die in ihr die ganze Gefühlsskala eines ergreifenden Frauenschicksals durchlaufen kann. Die Zahl ihrer literarischen Nachfolgerinnen auf der Bühne, in der

Oper und im Film ist unübersehbar. (Reclams UB 245; über
die Gestaltung der *Kameliendame* als Oper durch Verdi siehe
Reclams Opernführer.)

VICTORIEN SARDOU

* 7. September 1831 in Paris
† 8. November 1908 in Paris

*Sardou studierte zunächst Medizin, gab dieses Studium aber
auf, wurde Lehrer und Journalist. Nach den ersten großen
Erfolgen auf der Bühne, zu denen ihm die Schauspielerin
Déjazet verholfen hatte, widmete er sich ganz der Bühnen-
schriftstellerei, in der er es zu europäischer Geltung und
großem Reichtum brachte. 1878 wurde er Mitglied der
Académie Française. In seinen späteren Lebensjahren war
er Besitzer eines Schlosses in Marly und Freund der Schauspielerin Sarah Bernhardt, für die er zahlreiche Rollen
schrieb. Er war auch als Regisseur seiner Stücke tätig.*

Sardou setzte die Tradition der ›pièce bien faite‹ (des gut
gemachten Stückes) eines Scribe fort und überbot seinen
Vorgänger womöglich noch in Bühnenroutine und Effekt-
hascherei. Wie Scribe bediente er sich des öfteren verschiedener Mitarbeiter. Die Zahl seiner Stücke reicht an die hundert. Der Auftakt seiner Laufbahn als Bühnenschriftsteller
mit *La taverne* (1854) war ein Durchfall. Sein erster weit-
reichender Erfolg war die Komödie *Les pattes de mouche*
(1860), ein geschickt gebautes Stück um einen kompromittierenden Brief. Die politische Komödie *Rabagas* (1872),
eine Satire auf den Volksführer Gambetta und die Partei-
wirtschaft, gilt vielen als sein bestes Werk. Große Triumphe
als Lustspieldichter feierte er mit *Cyprienne* (1880), mit dem
er der neuzeitlichen französischen Gesellschaftskomödie den
Weg bahnte. Später wandte er sich auch größeren Stoffen
zu, historischen und tragischen, unter Bevorzugung des Sensationellen und theatralisch Übersteigerten. In *Fédora* (1882)
kritisierte er die russische Gesellschaft in ihrer Neigung zum
Nihilismus. *La Tosca* (1887), für Sarah Bernhardt geschrie-

ben, zeigt seine Vorliebe für das Grausige und den kalt berechneten Effekt. Durch Puccinis Oper wurde dem Stück
ein Welterfolg zuteil (s. Reclams Opernführer). In den
Schauspielen *Thermidor* (1891) und *Robespierre* (1900) bediente er sich des Stoffes der Französischen Revolution zu
großer Ausstattungsdramatik. *Madame Sans-Gêne* (1893),
die Komödie um die zur Marschallin von Frankreich avan-
cierte ehemalige Wäscherin, brachte ihm einen letzten großen
Erfolg, ein Werk, das in glücklicher Weise sein Talent mit
einem geschichtlichen Stoff aus der Napoleonzeit verbindet.
Wenn wir dem theatralischen Stil Sardous und seiner Zeit
heute auch fernstehen, bleibt doch seine Beherrschung des
Handwerklichen der Bühne bemerkenswert und für eine besondere Form des französischen Theaters charakteristisch.

Cyprienne

Komödie in drei Akten
Erste Aufführung: 6. Dezember 1880 in Paris

Personen : Herr von Prunelles – Cyprienne, seine Gattin – Adhémar
von Gratignan, ihr Vetter, u. a.
Ort und Zeit : Salon bei Prunelles und in einem eleganten Restaurant, 2. Hälfte des 19. Jh.s.

Herr v. Prunelles lebt mit seiner jungen Gattin Cyprienne
nicht eben in der besten Ehe. Er hat in ihr »nach einer etwas
stürmischen Jugend« nicht die Ruhe gefunden, die er suchte,
und die junge kapriziöse Frau hat sich bereits in Gestalt
ihres Vetters Adhémar einen Liebhaber zugelegt. Die Ehe-
scheidungsfrage, die in der Abgeordnetenkammer heftig diskutiert wird, schwebt als Damoklesschwert über ihnen.
Wenn sie durchgeht, d. h., wenn die Kammer die neuen Gesetze billigt, will Cyprienne sich scheiden lassen. Prunelles
überrascht sie bei einem Tête-à-tête mit dem Freund. Es
kommt zur Aussprache zwischen den Gatten. Cyprienne hält
Prunelles schonungslos vor, warum sie von ihm enttäuscht
ist. »Was ist denn die Ehe für Euch? Die letzte Station! Für
uns dagegen ist sie die erste.« Sie wünscht sich einen Gatten,
der alle ihre Jugendträume erfüllt und für sie zugleich

»Held und Geliebter« ist. Sie verfügt nach einem wohlbe-
hüteten Mädchendasein auch über keine Erinnerungen an
Abenteuer, die denen des Mannes gleichen und die ihr jetzt
Ersatz für die Enttäuschungen bieten könnten, die für sie die
Ehe bedeutete. Ihr Entschluß steht fest: »Geht die Scheidung durch, so begreifen Sie wohl, daß ich nicht so töricht
sein werde, die Ausgangstür, die der Gesetzgeber öffnen
wird, mir nicht zunutze zu machen.« Und Adhémar beschleunigt diesen Entschluß noch, indem er ein bestelltes
Telegramm ankommen läßt, nach dem die Entscheidung in
der Kammer zugunsten der Scheidung durchgegangen ist.
Prunelles, der seine Frau aufrichtig liebt, greift nun zur List.
Er willigt zum Schein in die Scheidung ein. Nachdem sich
der erste Freudentaumel über die wiedergewonnene Freiheit
bei Cyprienne gelegt hat, können die Gatten alle Geheim-
niskrämerei fallenlassen. Sie erzählt ihm bereitwilligst die
Schliche, die sie anwandte, um sich heimlich mit Adhémar
zu treffen, woraus Prunelles zu seiner Freude entnimmt,
daß die kleine Frau im Grunde genommen nie zu weit ging.
Und als sie mit der Beichte fertig ist, tritt er offiziell dem
glücklicheren, wenn auch nicht so begüterten Nebenbuhler
alle Ansprüche auf seine Frau ab. »Nun denn, junger Mann,
nehmen Sie Madame! Ich danke ab!« Sehr bald stellt sich
nun heraus, daß Prunelles mit diesem etwas gewagten Spiel
richtig gehandelt hat. Liebe ohne Geheimnis, ohne List, ohne
Gefahr ist für Cyprienne langweilig. Gerade das war es,
was sie fesselte, nicht so sehr der Gegenstand ihrer Neigung,
der sich nun als recht uninteressant und sehr an ihrem Gelde
interessiert entpuppt. Und sie gesteht sich offen ein: »Seitdem die Sache erlaubt ist, macht sie mir gar keinen Spaß
mehr!« Und als nun Prunelles sich anschickt, das Haus zu
verlassen, um in einem eleganten Restaurant zu soupieren,
vermutet sie sofort ein Rendezvous mit einer ihrer Freundinnen. Prunelles ist höchlichst amüsiert über diesen »Anfall
von posthumer Eifersucht« und versucht vergeblich, ihr auszureden, daß er sich mit irgend jemand verabredet habe.
Sie bleibt bei dem Verdacht. Und so fordert denn schließlich
Prunelles seine Gattin auf, mit ihm zu gehen und sich vom
Gegenteil zu überzeugen. Bei diesem ›Scheidungssouper‹
bricht die volle Erkenntnis durch: »Der Ehemann hat alle
Fehler, der Liebhaber alle Vorzüge.« Und als Adhémar auf

der Suche nach der entschwundenen Geliebten erscheint und nicht einmal Cypriennes reizendes Füßchen erkennt, das ihm »längs des Wandschirms« am Chambre séparée gezeigt wird, ist der Sieg des Gatten vollständig. Adhémar muß bestürzt und beschämt einsehen: »Seitdem sie mir gehört, gehört sie mir weniger, als wie sie mir nicht gehörte!« Und Cyprienne gesteht Prunelles: »O wie strafbar habe ich gehandelt. Ich liebe nur dich!«

Das reizende Lustspiel, das mit Sardou zusammen mit Emile de Najac verfaßte, kann als Typ der französischen Salonkomödie gelten, die sich aus der Tradition des französischen Intrigen- und Sittenstücks eines Scribe und Dumas entwickelte und ihrerseits Schule machte. Spritziger Dialog, pikante Situationen und das Ehebruchsthema in leichtgeschürzter Form, ohne Problematik, sind die Kennzeichen dieser Gattung, die späterhin als sogenanntes Boulevard-Theater sich die alte und neue Welt eroberte. *Divorçons* (wie der Titel im Original lautet) ist eines der besten, künstlerisch einwandfreiesten Beispiele dieser Art. In Deutschland erzielte es große Erfolge in der Übersetzung und Bearbeitung von Oskar Blumenthal unter dem Titel *Cyprienne*. Späterhin wurde es in einer Bearbeitung von Heinz Hilpert unter dem Titel *Also gut, lassen wir uns scheiden* (1937) zu neuem Bühnenleben erweckt.

GEORGES FEYDEAU

* 8. Dezember 1862 in Paris
† 5. Juni 1921 in Rueil

Feydeau stammte aus einer alten Adelsfamilie. Er schrieb bereits mit 21 Jahren Komödien und war dem Theater zeitlebens verfallen. Während seiner Militärdienstzeit entstand sein erstes erfolgreiches Stück »Der Damenschneider«. »Der Floh im Ohr« brachte ihm große Einnahmen, aber er verstand nicht, mit dem Geld umzugehen. Nachdem er insgesamt 39 Stücke im leichten Genre (darunter »Monsieur Chasse« und »Occupe-toi d'Amélie«) geschrieben hatte, starb er in geistiger Umnachtung.

Der Floh im Ohr. Komödie (1907). – In diesem Stück
werden alle Register gezogen, die jemals für starke Wirkung
auf ein lachfreudiges Publikum eingesetzt wurden: die Verwechslung der handelnden Personen, der Überraschungs-
effekt im Personentausch beim Rendezvous, der anonyme
Brief, der die Verwicklungen heraufführt, der eifersüchtige
Ehemann, der mit Pistolen hantiert, der Mann mit dem
Sprachfehler und, als Hauptakzent, die Doppelrolle, die hier
der des Seitensprungs verdächtigte Ehemann in Personalein-
heit mit dem Hausdiener im Hotel »Zum galanten Kätzchen«
zu spielen hat. Wenn auf diese Weise der Ehemann die obligaten Fußtritte von seiten des Hotelchefs bekommt anstelle
des Hausdieners, sind alle guten Geister der Schwanktechnik
losgelassen. Die Handlung ist um den 2. Akt herum gebaut,
der alle Mitspieler im Hotel garni auf Abwegen zeigt, vereint und durcheinanderwirbelt, sei es als wirkliche Sünder
oder als eifersüchtige Beobachter. Ein reisender Amerikaner,
der hier abgestiegen ist und auf ein Abenteuer hofft, tut das
übrige. Wie bei allen solchen Stücken fällt der 3. Akt ein
wenig ab. Doch hat es der Autor geschickt verstanden, den
Knoten der Handlung bis zum Schluß hin zu knüpfen und
ihn erst aufzulösen, wenn der Vorhang fällt. Das Stück verrät die Tradition der französischen Bühnentechnik des
19. Jh.s, die hier im gut und sicher gebauten Stück noch einmal wahre Triumphe an Durchschlagskraft, Witz und überlegener Szenenführung feiert.

ALEXANDER S. GRIBOJEDOW

* 15. Januar 1795 in Moskau
† 11. Februar 1829 in Teheran

_Alexander Sergejewitsch Gribojedow, dem Rußland sein
erstes nach Europa gedrungenes Stück verdankt, entstammte
einem alten Adelsgeschlecht. Seine Fähigkeiten ermöglichten
es ihm, bereits mit 15 Jahren die Moskauer Universität zu
beziehen, allein schon zwei Jahre darauf (1812) brach der
Krieg mit Napoleon aus; so trat Gribojedow in die Armee_

ein und wurde Husar. Er führte das übliche lustige Leben
der jungen Offiziere. Nach Kriegsende ging er nach Petersburg und geriet hier in die literarischen Zirkel, vor allem
zog ihn das Theater an, und nun entstanden, zum Teil unter
Mitarbeit anderer, seine ersten theatralischen Versuche, Lustspiele, ein wenig von den Franzosen beeinflußt: »Die jungen
Ehegatten« (1815 in Petersburg uraufgeführt); »Der Student«, eine zum Teil sehr merkwürdige Komödie in drei
Akten (1817 gemeinsam mit P. Katenin); später aber auch
das unterhaltsame Operettenlibretto: »Bruder oder Schwester« (gemeinsam mit den Fürsten Wjasemski, 1823). Zwei-
undzwanzigjährig trat er, nachdem er den Militärdienst
quittiert hatte, in das »Staatliche Kollegium für auswärtige
Angelegenheiten« ein, doch widmete er sich dem Dienst nur
wenig. Er wurde Freimaurer und war mit den späteren
Führern des Dekabristenaufstandes befreundet. Seine Neigung zur Dichtung entwickelte sich immer lebhafter, man
weiß, daß er Schiller, Goethe und Shakespeare auswendig
kannte. Dabei führte er ein recht liederliches Leben, doch
war man auf ihn aufmerksam geworden, und so wurde er
mit 24 Jahren zum Sekretär der russischen Gesandtschaft in
Teheran ernannt (1819). Er war ein besonders befähigter
Diplomat und wurde einer der besten Kenner des Ostens.
Während eines längeren Urlaubs, den er in Moskau und
Petersburg verbrachte, vollendete er seine schon in Persien
begonnene Komödie »Verstand schafft Leiden«, die aber
unter den damaligen Zensurbedingungen weder gedruckt
noch gespielt werden konnte, indes existieren unzählige Ab-
schriften, die von der Beliebtheit der Dichtung zeugen. Sein
Name wurde dadurch so bekannt, daß er unmittelbar nach
dem Dekabristenaufstand (Dezember 1825) verhaftet wurde,
doch ließ man ihn bald frei, da man ihm nichts nachweisen
konnte. Mit 33 Jahren wurde er zum Gesandten in Persien
ernannt; auf diesem Posten fand er schon bald einen tragischen Tod: der aufgewiegelte persische Pöbel stürmte am
11. Februar 1829 die Gesandtschaft, wobei Gribojedow ermordet wurde.

Leben und Schaffen des mit 35 Jahren verschiedenen Dichters konzentriert sich in seiner Komödie, die erst zwei Jahre
nach seinem Tode ihre Uraufführung in Moskau fand (1831)

und die erst weitere zwei Jahre darauf mit starken Zensur-
strichen in Buchform erschien. Seit dieser Zeit ist sie nie wieder vom Spielplan der russischen Theater verschwunden und
genießt mit Recht den Ruf, die klassische russische Komödie
zu sein, deren Hauptrolle gewissermaßen das Meisterstück
jedes ehrgeizigen jungen Schauspielers bildet.

Verstand schafft Leiden

Komödie in vier Akten
Erste Aufführung: 1831 in Moskau

P e r s o n e n : Famussow, Direktor einer Behörde – Sophie, seine Tochter – Lisette, deren Zofe – Moltschalin, Famussows Sekretär und Hausgenosse – Tschazki – Oberst Skalosub – Herr und Frau Goritsch – Sago-
retzki und andere aus der Moskauer Gesellschaft.
O r t und Z e i t : Moskau, im Hause Famussows, etwa 1822.

Im Moskauer Hause des hohen Beamten Famussow, Direktor einer Behörde, waren dessen hübsche Tochter Sophie und
der Held Tschazki gemeinsam aufgewachsen, zwei junge,
empfindsame Seelen in dem konventionellen gesellschaftlichen Milieu, darin Heuchelei und Arroganz die dominie-
rende Rolle spielen. Der Vater, ein skrupelloser und ehr-
geiziger Beamter, für den lediglich Geld und Karriere etwas
bedeuten, träumt von einem begüterten Schwiegersohn in
hoher Stellung. Tschazki liebt Sophie, in die er allerdings
weit mehr hineinlegt, als in Wahrheit in ihr steckt; da ihn
jedoch sein Wissensdurst fortreißt, unternimmt er eine drei-
jährige Reise, die ihn weit herumführt. Den Kopf voll von
neuen Gedanken und weitgesteckten Reformplänen, kehrt
er, beschwingt von seiner Liebe, nach Moskau zurück und
muß dort feststellen, daß ihn seine Jugendliebe in der
Zwischenzeit vergessen zu haben scheint. Ja mehr, er muß
voller Schrecken erkennen, daß sie sich in den Sekretär ihres
Vaters, Moltschalin, einen kleinen, verdorbenen Kriecher,
verliebt hat, der mit ihr, die sentimental gezeichnet ist, zwar
die Nächte bei Musik, Plauderei und Anbetung verbringt, in
Wirklichkeit aber viel handgreiflichere Vergnügungen bei
ihrer Zofe Lisette sucht, um die sich auch der ehrenwerte
Herr Papa kümmert. (Beide erreichen bei Lisette nicht ihr

Ziel.) Enttäuschte Liebe, zum Teil auch Eifersucht, bewirken, daß der hochfliegende Geist des jungen Tschazki heftig mit der sturen Dumpfheit des gesellschaftlichen Ungeistes im Beamtentum und Adelsmilieu, in dem er aufgewachsen ist, zusammenstößt, was zu erregten Dialogen (und Monologen) führt, in deren gut aufgebauter konsequenter Steigerung die schockierte Gesellschaft sich nur damit zu retten weiß, daß Tschazki von ihr, zum Teil auf Betreiben der hübschen Sophie, die ihn loswerden will, für verrückt erklärt und damit ausgestoßen wird. Halb freiwillig, halb gezwungen wendet er Moskau den Rücken, während sich zwar über Sophie, Lisette und Moltschalin ein kleines Gewitter der Aufdeckung entlädt, das jedoch allem Anschein nach friedlicher verlaufen wird, als man glauben möchte, weil Richter wie Schuldige gleichermaßen verstrickt erscheinen.

Verstand schafft Leiden, auch *Geist bringt Kummer* genannt, ist eine ›Komödie in vier Akten in Versen‹, eigentlich in fünf Bildern. Die Verse sind entgegen den Gesetzen der französischen klassischen Komödie keine paarweise gereimten Alexandriner, sondern Jamben von wechselnder Länge mit verschieden gesetzten Reimen, wie sie der Prägnanz der Sinngebung in den Versen am besten zu entsprechen scheinen; diese Verse sind von einer auch heute noch wirksamen aphoristischen Eleganz, viele von ihnen haben sich als lebendiges Sprachgut in der russischen Sprache erhalten.

Das Ganze ist eine unübertreffliche satirische Sittenschilderung der damaligen Zustände in jener Gesellschaftsschicht und gleichzeitig ein immer noch aktueller Kampf gegen die Überheblichkeit und Dummheit einer Klasse, deren Bräuche der Dichter dank seiner Herkunft nur zu gut kannte. Doch nicht dieser Kampf hat der Komödie ihre Unsterblichkeit verliehen, sondern das echte junge Feuer, das in dem Helden brennt. Das zweite Bild des 3. Aktes mit dem Sich-Verdichten des Gerüchtes, Tschazki sei wahnsinnig, ist von großer Bühnenwirksamkeit und ebenso der Schlußakt, der mit großer dramatischer Zuspitzung die Lösung bringt. (Deutsche Übertragungen: Arthur Luther, Johannes v. Guenther.)

J. v. G.

ALEXANDER S. PUSCHKIN

* 6. Juni 1799 in Moskau
† 10. Februar 1837 in Petersburg

Alexander Sergejewitsch Puschkin war der Sproß eines alten, berühmten Adelsgeschlechtes. Seine Erziehung genoß er in dem Lyzeum von Zarskoje Selo, wo er bereits als Zwölfjähriger Verse zu schreiben begann, die früh gedruckt wurden. Er trat, nachdem er die Schule verlassen hatte, in den Dienst des »Kollegiums für auswärtige Angelegenheiten«, der ihm völlige Muße ließ, und führte ein frei hingegebenes Gesellschaftsleben; dabei schrieb er Verse und Verserzählungen, die ihn schnell bekannt machten. Einige politische Verse bewirkten, daß er nach dem Süden strafversetzt wurde. Er hauste in Kischinew und Odessa, bereiste die Krim und den Kaukasus, langweilte sich, dichtete, machte schönen Frauen den Hof und setzte seinem Vorgesetzten mit satirischen Epigrammen zu, die eine weitere Bestrafung zur Folge hatten, da gleichzeitig atheistisch gefärbte Äußerungen des Dichters der Zensur bekanntgeworden waren. Er wurde aus der Liste der Beamten gestrichen und auf das unwirtliche Gut seiner Mutter im Norden verbannt. Hier kam er zur Sammlung und Einkehr. Er las Shakespeare und Goethe, studierte die Bibel und die russischen Chroniken und sammelte Volksdichtung. Der Dekabristenaufstand 1825 ging an ihm vorbei, obwohl er mit vielen der Verschwörer befreundet war; knapp ein Jahr darauf wurde der Dichter begnadigt und durfte in die Hauptstadt übersiedeln. Der neue Zar Nikolaus I. wurde selber sein Zensor: ein zweischneidiges Schwert. Es folgte eine Periode intensiver schriftstellerischer Arbeit, vornehmlich in Petersburg, wo Puschkin die Archive geöffnet wurden. Der Dichter heiratete 1831 in Moskau eine gefeierte junge Schöne, die sein Lebenskamerad war, ihm vier Kinder gebar und dennoch sein Verhängnis wurde, denn ihretwegen kam es zu einem Duell mit einem französischen Hochstapler, Stiefsohn des lasterhaften holländischen Gesandten, beide bezeichnenderweise Schützlinge der Hofkamarilla und des hohen Adels, die scheel auf den Ruhm des Dichters blickten und ihr Mütchen an ihm kühlen wollten. An den Folgen dieses Duells verschied der Dichter am 10. Februar 1837.

Neben kleineren Stücken, *Der steinerne Gast* (ein Don-Juan-Stück, 1830), *Der geizige Ritter, Mozart und Salieri*, schrieb Puschkin in der Verbannung, Shakespeare und den Geschichtsstudien hingegeben, sein großes historisches Drama *Boris Godunow* (1825). Dieses erste Trauerspiel in fünffüßigen Shakespeare-Blankversen gehört zu der großen Reihe der Dramen um den falschen Demetrius, die mit einem Stück von Lope de Vega beginnen. Man hat Puschkins Drama als eine Dichtung aus dem Schaffensraum um Shakespeare bezeichnet, doch handelt es sich hier nicht um eine Königstragödie, das einfache Volk tritt so entscheidend in den Vordergrund, daß man eher an eine griechische Tragödie erinnert wird. Die Gestaltung dagegen ist shakespearisch, denn die Helden (der Zar Boris und sein Gegenspieler, der falsche Demetrius) werden nicht nur in dramatisch bewegten Situationen gezeigt, sondern auch in reicher Farbgebung mit ihren guten und schlechten Seiten gemalt. Wie alle Demetrius-Stücke leidet auch dieses daran, daß der Zar Boris und der Usurpator nie zusammen auftreten, so daß zwei Parallelhandlungen nebeneinander ablaufen. *Boris Godunow* wurde zu Lebzeiten des Dichters weder gedruckt noch gespielt. (Reclams UB 2212.)

Das Stück wurde 35 Jahre nach seiner Niederschrift von dem genialen Komponisten Modest Mussorgski zu einer Oper (in naher Anlehnung an Puschkins Text) verwandt, die Welterfolg errang (s. Reclams Opernführer). Es ist nicht abzusehen, welche Möglichkeiten sich diesem größten russischen Dichter, dessen Leben nur 37 Jahre währte, noch erschlossen hätten, zumal es dramatische Fragmente gibt, die neue Wege aufzuzeigen scheinen.   *J. v. G.*

MICHAIL J. LERMONTOW

* 15. Oktober 1814 in Moskau
† 27. Juli 1841 in Pjatigorsk

Wie man in Deutschland neben Goethe Schiller nennt, pflegt man in Rußland oft die großen Dichter Puschkin und Lermontow nebeneinanderzustellen. Michail Jurjewitsch Lermontow war ein Sproß eines verarmten Adelsgeschlechtes, dessen schottischer Urahne George Learmont in russische Dienste getreten war. Mit 13 Jahren schrieb der Jüngling schon vollendete Verse, er besuchte die Moskauer Universität, ging aber dann plötzlich zur Petersburger Kavallerieschule über. Hier schrieb er zur Belustigung seiner Kameraden Pornographien, begann jedoch auch mit der Abfassung einiger Theaterstücke. Lermontows berühmtes Gedicht auf Puschkins tragischen Tod (1837) bewirkte, daß der Kornett in ein Dragonerregiment in den Kaukasus verbannt wurde, wo er seine schönsten Dichtungen schrieb. Er kehrte zwar bald wieder nach Petersburg zurück, um sein früheres leeres Gesellschaftsleben erneut aufzunehmen, doch es kam zu einem Duell, so daß er wieder in den Kaukasus in ein Linienregiment versetzt wurde. Hier nahm er an den Kämpfen gegen die Tscherkessen teil und fand das von ihm in einem seiner schönsten Gedichte vorhergesagte Ende: er fiel am 27. Juli 1841 mit 27 Jahren in einem völlig sinnlosen Zweikampf.

Mit Lermontows unerhört modernem psychologischem Roman *Ein Held unserer Zeit* beginnt die Reihe der großen russischen Seelenanalysen, die jahrzehntelang führend in die Weltliteratur drangen. Seine Stücke (eines trägt den deutschen Titel *Menschen und Leidenschaften*) sind leidenschaftliche Auseinandersetzungen mit sich selber, unerhört privat und darin an den deutschen Stürmer und Dränger Jakob Michael Reinhold Lenz erinnernd, doch eines davon, *Der Maskenball*, versucht mit großem Schwung über das Private hinaus ein Zeitbild großen Stiles zu geben: es ist ein Versdrama, dessen Reimtechnik entfernt an Gribojedows *Verstand schafft Leiden* erinnert. Die düstere Leidenschaft dieses Trauerspiels hat sich auf der Bühne bisher nur selten bewährt, obwohl unmittelbar vor dem Ersten Weltkrieg einer der größten russischen Regisseure damit Erfolg errang. Der geniale junge Dichter besaß alle Anlagen zum großen Dramatiker, die aber ein früher Tod nicht zur Entfaltung kommen ließ.   *J. v. G.*

NIKOLAI W. GOGOL

* 31. März 1809 in Sorotschinzy
† 4. März 1852 in Moskau

*Nikolai Wassiljewitsch Gogol war Ukrainer, der Sohn eines
Landedelmannes; er kam 1828 nach Petersburg, wo er eine
kleine Beamtenstellung erhielt. Sein Traum, Schauspieler zu
werden (er las seine eigenen Werke wunderbar vor), ließ sich
nicht verwirklichen. Seine ersten dichterischen Versuche miß-
langen und wurden verrissen. Ein Plan, Rußland den Rük-
ken zu kehren und nach Amerika auszuwandern, endete
bereits in Lübeck. Erst bei seiner Rückkehr fand Gogol seinen Weg. Er schrieb Erzählungen aus der Ukraine, die unter
dem Titel »Abende auf dem Vorwerk bei Dikanka« erschienen und sogleich Erfolg hatten. Gogol wurde Puschkin vorgestellt, dem entscheidenden Genius, der Gogols Entwicklung von da ab bestimmte. Nach einem Zwischenspiel als
Lehrer an einer Mädchenschule, wozu Gogol sich so wenig
eignete wie zum Beamten, kam ein verunglückter Versuch,
Geschichte an der Universität Petersburg zu lesen; um so
mehr Erfolg hatten 1835 seine Petersburger Novellen und
die ukrainischen Erzählungen »Mirgorod«. Im gleichen Jahr
begann Gogol sich auch dem Theater zuzuwenden; nach
einigen kleineren Versuchen entstand sein unsterblicher »Revisor«, dessen Thema ihm Puschkin geschenkt hatte; das
Stück wäre natürlich nie und nimmer von der Zensur frei-
gegeben worden und hätte somit nie auf die Bühne gelangen
können, wenn nicht Zar Nikolaus bereits im folgenden Jahre
die Aufführung persönlich befohlen hätte. Es war ein sensa-
tioneller Sturm von Haß und Jubel, den der »Revisor« auslöste, er wirbelte Gogol ins Ausland, von wo er erst 1848
endgültig nach Rußland zurückkehrte. Er weilte vornehmlich in Italien und vollendete dort sein Hauptwerk, die
»Toten Seelen« (1842), jenes einzigartige Buch des »Lachens
unter Tränen«. Auch hier das gleiche: Haß und Jubel, nur
wußten sie sofort, daß mit diesem Werk eine neue Ära der
russischen Prosa begann. Wie aber wurde den Russen zu-
mute, als Gogol 1847 seine »Ausgewählten Stellen aus dem
Briefwechsel mit Freunden« herausgab? Alle hatten geglaubt, daß Gogol, dieser harte Kritiker der russischen*

Gegenwart, ein »freiheitlich« gesinnter Mensch sei – und nun galt er plötzlich als Reaktionär. Der Sturm wider Gogol brach los, und der Dichter konnte sich von diesem Schlage nie mehr erholen. Bevor er nach Rußland zurückkehrte, pilgerte er nach Jerusalem zum Heiligen Grabe. Dann lebte er noch vier Jahre in Rußland, immer wieder am zweiten Teil seiner »Toten Seelen« arbeitend und immer wieder alles Geschriebene vernichtend. So mußte es schließlich zur Katastrophe kommen: unter dem Vorwand, sich zur Kommunion vorzubereiten, verweigerte der Dichter die Nahrungsaufnahme und starb am 4. März 1852 unter großen Qualen.

Der Revisor

Komödie in fünf Akten
Erste Aufführung: 19. April 1836 in Petersburg

P e r s o n e n : Anton Antonowitsch Skwosnik-Dmuchanowski, Polizeimeister – Anna Andrejewna, seine Gattin – Maria Antonowna, deren Tochter – Iwan Alexandrowitsch Chlestakow, Beamter aus Petersburg – Ossip, sein Lakai – Beamte der Kleinstadt und deren Frauen – Polizeibeamte, Kellner, Bediente u. a.
O r t und Z e i t : Russische Kleinstadt, in den dreißiger Jahren des 19. Jh.s.

In einer kleinen Provinzstadt wird ein Revisor erwartet. Der Polizeimeister hat schon längst eine Postzensur eingeführt, und so hat man durch einen der perlustrierten Briefe erfahren, daß ein Revisor, der das benachbarte Gouvernement heimsucht, kommen wird. Der Polizeimeister hat seine Getreuen um sich versammelt und bespricht die Lage. Da platzen zwei Herrchen herein, bekannte Klatschmäuler, die im Gasthaus einen gut gekleideten jungen Mann gesehen haben, der seit einiger Zeit dort wohnt und seine Rechnungen nicht bezahlt. Das muß der erwartete Revisor sein! Chlestakow, ein kleiner Beamter, der auf seiner Heimreise aus Petersburg infolge Geldmangels hier Station machen mußte, ist gerade so weit, vor dem drohenden Gasthausbesitzer, der Geld sehen will, zu kapitulieren, da erscheint der Polizeimeister, um dem vermeintlichen Revisor schönzutun, und – ein Mißverständnis jagt das andere – er holt

ihn in sein Haus. Dabei ist dieser gestrenge Revisor ein blut-
junger Mensch, nur darauf bedacht, mit seinen schicken
Kleidern, von denen er sich nicht trennen will, den Provinz-
damen die Köpfe zu verdrehen, ein naiver Bursche, dem es
Spaß macht, aufzuschneiden, und der selber an seine Märchen glaubt, durchaus kein Hochstapler und ganz und gar
kein böswilliger Schuft, sondern ein durch und durch kor-
ruptes charmantes Bürschlein, auf das die erfahrenen, Kummer und Elend gewohnten Beamten samt und sonders hereinfallen. Man bestickt ihn mit prächtigem Essen, mit Geld
und Devotion. Der Polizeimeister sucht ihn mit allen Mitteln
zu fesseln, und seine Frau und seine Tochter sind angenehme
Fallen, in die der junge Fant nur zu gern hineinschliddert.
Er glaubt nämlich, daß seine feinen Petersburger Manieren
den ganzen turbulenten Empfang verursacht haben, er
grabscht mit beiden Händen, da ihm, der zuerst verlegen
drangeht, sein Raubzug immer mehr glückt, je dummdreister
er vorgeht. Aber nicht nur die Beamten, auch die Kaufmannschaft und die Privatpersonen müssen dran glauben und
geben gerne, um nur ja mit einem blauen Auge davonzu-
kommen, und schließlich wird der vermeintliche Revisor, der
nur aus Versehen dem Polizeimeister keine Hörner aufsetzt,
gar noch der Bräutigam von dessen Tochter. Indes, Chlestakow wird der Boden zu heiß: auf den Rat seines köstlichen
mürrisch-pessimistischen Dieners erklärt er, zur Verlobung
die Einwilligung seines natürlich gar nicht existierenden Erb-
onkels einholen zu müssen, und fährt prunkvoll ab auf
Nimmerwiedersehen. Der Polizeimeister, der von einer
sagenhaften Karriere in der Hauptstadt erfüllt ist, wohin
ihn sein mächtiger Schwiegersohn holen wird, träumt von
Abrechnung mit seinen Feinden und genießt gerade die
Wonnen gewaltiger Vorschußlorbeeren, da platzt die Bombe:
unter den Briefen hat der Postmeister einen von unserem
Bürschlein frech und naiv geschriebenen Brief über die An-
nehmlichkeiten der komischen Kleinstadt gefunden, und nun
werden dicke Enthüllungen vorgebracht. Da erscheint ein
Polizist und ladet die Anwesenden vor, sich dem soeben
eingetroffenen *wahren* Revisor vorzustellen. Tableau.
  Diese klassische russische Komödie, das komischste und
unbarmherzigste Stück wider die Korruption im bürgerlichen Leben, von rechts und links bejubelt, ist viele tausendmal

in Rußland, aber auch unzählige Male in allen Kultur-
ländern der Welt gespielt worden. Es existieren, unseres Wissens, allein sieben deutsche Übersetzungen und Bearbeitungen. Die Rollen des Polizeimeisters und des vermeintlichen
Revisors Chlestakow sind die gesuchtesten Glanzpartien für
alle ehrgeizigen Schauspieler, doch sind auch die anderen Figuren in dieser Satire so köstlich herausgearbeitet, daß sie mit
Recht das populärste Stück der russischen Bühne geworden
ist. Werner Egk schrieb nach Gogols Vorlage eine Oper (uraufgeführt 1957, s. Reclams Opernführer). (Reclams UB 837.)

Die Heirat. Komödie in zwei Akten. – Mit diesem
lustigen Stück hat Gogol die Welt der russischen Kaufleute
erschlossen, aus der später Ostrowski seine Stoffe schöpfte.
– Was tut ein russischer Beamter, der heiraten will, damit
Ordnung in sein Leben kommt? Er wendet sich an eine Heiratsvermittlerin, ein Mittelding zwischen Freiwerberin und
Kupplerin, Vertraute aller Hagestolze und ledigen Bräute.
Diese letzteren sind stets aus dem Kaufmannsstande, ganz
wohlhabende, possierliche, strohdumme, äußerst ›vollschlan-
ke‹ Dinger, mit einem unmenschlichen Appetit, was recht
Feines zu heiraten. Ein Beamter hat eine solche Heiratsvermittlerin in Trab gebracht, veranlaßt durch seinen Freund,
der ihn verheiraten will (und der dabei der Heiratsvermittlerin deren Verdienst mißgönnt). Bei der Brautschau stellt
sich nun eine ganze Blütenlese von Freiern aus allen möglichen Ständen ein: Beamte, Kaufleute, Mariniers a. D. und
dergleichen. Unser Beamter freilich ist trotz seiner sichtbaren
Chancen unschlüssig, versucht immer wieder auszureißen
und wird immer wieder von seinem Freunde eingesperrt
oder eskortiert oder apportiert. Diesem gelingt es, alle anderen Bewerber in die Flucht zu schlagen, als es aber so weit
ist, zur Kirche zu gehen, um die Trauung zu vollziehen,
springt der Bräutigam einfach aus dem Fenster und sucht
mit einer Droschke das Weite. Ein unbändig komisches, an-
spruchsloses Stück, das nicht nur unterhaltend ist, sondern
sehr aufschlußreich für ein bestimmtes Rußland, dem es beschieden war, in der zweiten Hälfte des 19. Jahrhunderts
Weltruf zu erlangen, da, geführt von Ostrowski, eine ganze
Schar von Dramatikern sich auf dieses ergiebige Milieu
stürzte. (Reclams UB 7687.)

Die Spieler. Komödie in einem Akt. – Dieses oft gespielte Stück wird im allgemeinen als ein Fragment angesehen, und es könnte auch sein, daß Gogol die Absicht gehabt hat, die Arbeit durch Hinzunahme von Frauenrollen
zu erweitern und auszugestalten. Das ändert aber nichts an
der Tatsache, daß hier eine außerordentlich geschickt aufgebaute dramatische Studie vorliegt, ein Stück aus dem Leben
der berufsmäßigen Falschspieler, vortrefflich durchgeführt
mit sehr spannender Handlung und einem ungewöhnlich gut
zugespitzten Endeffekt, der seine Wirkung nicht verfehlt.
Und wie immer bei Gogol sind die Charaktere sehr gut gezeichnet.   *J. v. G.*

IWAN S. TURGENJEW

* 9. November 1818 in Orel
† 3. September 1883 in Bougival bei Paris

*Iwan Sergejewitsch Turgenjew entstammte einem alten rus-
sischen Adelsgeschlecht, das bereits einen literarischen Namen hatte. Er verbrachte einen Teil seiner Jugend auf dem
elterlichen Gute, ein Umstand, der auf sein späteres Schaffen
eingewirkt hat. Er studierte zuerst in Petersburg und darauf
längere Zeit in Berlin. Auch das ist bemerkenswert, denn
dieser urrussische Dichter hing sehr am Westen. Seine ersten
novellistischen Arbeiten fanden sofort Anklang, und schon
1852 erschien sein erstes Buch, die »Aufzeichnungen eines
Jägers«, das größtes Aufsehen hervorrief. Man hat die Wirkung dieses Werkes mit jener von »Onkel Toms Hütte«
verglichen, so furchtbar schien die Anklage zu sein, die hier
wider die Leibeigenschaft erhoben wurde. Auf jeden Fall
hielt es die Regierung für gut, den unbequemen Autor für
mehrere Jahre auf seinem Gut festzusetzen. Hierauf reiste
Turgenjew ins Ausland. Er lebte lange in Baden-Baden und
schloß Freundschaft mit deutschen Schriftstellern. Nach dem
Kriege 1870/71 aber siedelte er nach Paris über, wo er sich
den französischen Dichtern anschloß und in freundschaft-
lichen Beziehungen zu Flaubert und Zola stand. Die Som-
merzeit verbrachte er zuweilen in seiner Heimat, sein letzter
Besuch in Rußland ist eng mit dem Namen Puschkins ver-*

bunden, denn er hielt neben Dostojewski die Festrede zur
Enthüllung des Puschkin-Denkmals in Moskau im Juni 1880.
Die russische Jugend, die ihm eine Zeitlang wegen seines
Romanes »Väter und Söhne« gram gewesen, umjubelte ihn.
Indes blieb er nicht in Rußland und starb bald darauf, am
3. September 1883, in Bougival bei Paris. Er war der erste
der großen russischen Prosaiker des 19. Jh.s, dessen Oeuvre
ins Ausland drang. Von seinen Romanen dürfte vor allem
»Ein Adelsnest« Unsterblichkeit erlangen.

Der Welterfolg seiner Romane überschattete seine dramatischen Arbeiten, obwohl von diesen eine, die Komödie *Ein
Monat auf dem Lande*, nicht nur in Rußland, sondern auch
in Europa Erfolge erzielte. Indes sollte man über diesem
Stück auch seine anderen dramatischen Arbeiten nicht vergessen. Ganz reizend ist sein Jugendwerk *Die Unvorsich-
tigkeit*, das schon 1834 erschien. Der berühmteste russische
Kritiker seiner Zeit, Belinski, lobte das zierliche Stück sehr.
Auch der *Hagestolz*, eine Komödie in drei Akten, ist interessant, übrigens das erste Stück Turgenjews, das einen nennenswerten Bühnenerfolg zu verzeichnen hatte; der bedeutende russische Dichter Nekrassow äußerte sich darüber
enthusiastisch. Charmant ist ferner der Einakter *Das Provinz-
dämchen*, der im Jahr seines Entstehens mit größtem Erfolg
in Moskau gespielt wurde. Außer diesen Stücken hat Turgenjew auch noch einige andere verfaßt, von denen eines,
Der Kostgänger (Komödie in zwei Akten, 1848), schon vor
seiner Drucklegung verboten wurde und in unzähligen Ab-
schriften im Publikum kursierte.

Ein Monat auf dem Lande

Komödie in fünf Akten
Erste Aufführung: 13. Januar 1872 in Moskau

P e r s o n e n : Islajew, reicher Gutsbesitzer – Natalja, seine Frau –
Kolja, deren Sohn – Verotschka, deren Ziehkind – Schaaf, ein deutscher
Erzieher – Rakitin, der Freund des Hauses – Alexej Beljajew, Student,
Hauslehrer – andere Nachbarn und Dienstpersonal.
O r t u n d Z e i t : Auf dem Lande, zu Beginn der vierziger Jahre des
19. Jh.s.

Der reiche Gutsbesitzer Arkadi Islajew ist mit einer jungen, schönen Frau verheiratet, Natalja, die sich auf dem Lande langweilt, zumal ihr sympathischer, doch nicht eben geistreicher Mann, der sieben Jahre älter ist als sie, ein rechtes Arbeitstier ist. Sein bester Freund, Michailo Rakitin, ein sehr kluger und ästhetisch feiner Mann, ist Hausgenosse der Islajews, er macht der jungen Frau den Hof, ja, er liebt sie und ist ihr ständiger Gesellschafter, ohne daß es zwischen den beiden zu einer Liebesgeschichte kommt. Im Gegenteil, Natalja, die sich sonst in Gesellschaft ihrer bejahrten Schwiegermutter und deren Gesellschafterin Lisaweta, die stets mit dem deutschen Hauslehrer ›Schaaf, der dem zehnjährigen Söhnchen Kolja deutsche Stunden gibt, Karten spielen, übermäßig langweilen würde, ist froh, unterhalten zu werden, und ist andererseits zu gescheit und zu kühl, um mit Rakitin einen Flirt anzufangen, obwohl sie genau weiß, daß er sie wirklich liebt, und ihn dementsprechend zu tyrannisieren versteht. Das alles ändert sich mit einem Schlage, als für den netten Buben ein russischer Hauslehrer engagiert wird, der Student Alexej Beljajew, ein prächtiger, frischer und heiterer Bursche von 21 Jahren, etwas verlegen, da er sich in dem reichen Hause nicht recht zu benehmen weiß. Ob sie es wollen oder nicht, alle verlieben sich in den Studenten, Natalja, die neunundzwanzigjährige Hausfrau, Vera, die siebzehnjährige Pflegetochter Islajews, und endlich sogar das Dienstmädchen Katja, hübsch und erst zwanzig. Der Student tollt mit seinem Zögling und bemerkt nichts von der Liebe um ihn herum, obwohl auch die in ihn verliebte, noch sehr kindliche Verotschka an seinen Spielen teilnimmt. Daß sich unter der anscheinend so harmonischen Oberfläche ein Sturm entwickelt, bemerkt man erst an der Nervosität Nataljas, die zum erstenmal wirklich liebt. Der in sie hoffnungslos verliebte Rakitin bemerkt das zuerst, sie aber bringt, da sie auf die Siebzehnjährige, mit der sich der Student natürlich schnell angefreundet hat, eifersüchtig wird, die Begebenheit insofern ins Rollen, als sie ihre Schutzbefohlene auf Herz und Nieren ausfragt und dabei nicht nur feststellt, daß das junge Mädchen in den Studenten verliebt ist, sondern auch, daß die beiden, schon weil sie beide sehr jung sind, vertrauter miteinander reden als mit den Erwachsenen. Gleichzeitig hält der etwas zynisch gezeichnete Hausarzt im Namen eines

älteren wohlhabenden Nachbarn und Gutsbesitzers von
48 Jahren bei Natalja um die Hand Verotschkas an, die
natürlich, ihrem jungen Gefühl hingegeben, nicht daran
denkt, diese Werbung auch nur ernstzunehmen; Natalja
dagegen ertappt sich bei dem Gefühl, daß es eigentlich nicht
schlecht wäre, auf diesem Wege die Pflegetochter loszuwerden, die ihr auf die Nerven fällt und auf die sie immer
eifersüchtiger wird. Doch auch der Arzt fällt ihr auf die
Nerven und vor allem ihr hellsichtiger Anbeter Rakitin.
Außerdem fürchtet sie sich nicht nur vor den neuen Erkenntnissen in sich selber, sondern auch vor dem Edelmut ihres
Gatten, der ohne sie nicht leben kann. Bei einem ernsthaften
Gespräch zwischen ihr und Rakitin kommt ihr Gatte dazwischen, der, da er beiden restlos vertraut, zwar nichts
äußert, doch von der eigenartigen Situation überrascht ist.
Hilflos ihren neuen Empfindungen preisgegeben, stört Natalja ein Abschiedsgespräch des Studenten, dem sie verraten
hat, daß Verotschka ihn liebt, mit der Pflegetochter, denn
sie hat dem jungen Menschen, um seine Gefühle zu erproben,
nahegelegt, das Haus zu verlassen, da ja das junge Mädchen
ihn hoffnungslos liebe, und wird nun, nachdem sie sich dem
Studenten gegenüber verraten, von Rakitin im letzten
Augenblick zurückgehalten, nur um erneut vom Gatten
überrascht zu werden, der jetzt freilich annehmen muß, daß
zwischen Natalja und seinem Freunde geheimnisvolle Beziehungen spielen. Somit bleibt Rakitin nichts übrig, als das
Haus zu verlassen, er gewinnt jedoch auch den Studenten
dazu, das Haus ohne Abschied zu verlassen, Verotschka dagegen hat, empört über das Verhalten ihrer Pflegemutter,
der Werbung des bejahrten Nachbarn stattgegeben, um nicht
mehr den Launen einer anderen Frau ausgeliefert zu sein.
Alles wirbelt auseinander. Natalja wird sich nach diesem
»Monat auf dem Lande« weiter mit ihrem zu anständigen
Gatten langweilen müssen.

Die Komödie entstand 1848–50 und erschien 1855 im
Druck. Die Uraufführung fand jedoch erst nach 22 Jahren
in Moskau statt. Es gibt von ihr verschiedene mehr oder weniger freie Bearbeitungen, darunter eine deutsche von Eugen
Zabel, die das Stück allerdings zu einem keineswegs glaubhaften Trauerspiel umwandelt; er nannte seine Arbeit
Natalie.

Dieses auf den ersten Blick novellistisch anmutende Hin-
und Herspiel sich überschneidender Liebesgeschichten hat
sehr starke dramatische Akzente, vor allem in der Entwicklung des naiven, lustigen Studenten, der nichts von Liebe
wissen will und der Hausfrau fremd gegenübersteht und der
dann doch, als er erfährt, wie die Dinge stehen, wider Willen
in das machtvolle Spiel der Liebe hineingezogen wird und
die schöne, um acht Jahre ältere, reife und kapriziöse Frau
zu lieben beginnt. Die tiefen und adligen Empfindungen
aller Handelnden nehmen dem Stoff den anrüchigen haut
gout eines Ehebruchdramas im Entstehen. Die hemmungslose
Liebe der um einiges älteren und doch so unerfahrenen reifen
Frau zu dem jüngeren Mann wird mit großer Zartheit behandelt. So ist es ein klassisches Schauspiel hin- und wider-
flutender Liebeserlebnisse, das mit Recht seinen Bühnenruhm
durch die Jahrzehnte getragen hat.   *J. v. G.*

ALEXANDER N. OSTROWSKI

* 12. April 1823 in Moskau
† 14. Juni 1886 in Schtschelykowo

*Alexander Nikolajewitsch Ostrowskis Vater war kleiner
Beamter, man hauste im Kaufmannsviertel des alten Moskau, das den Namen »Hintermoskaustromland« führte.
Diese »Hintermoskauer« Kaufmannschaft lebte ein besonderes Leben, ihre eigenartigen Sitten und Gebräuche prägten
sich der Seele des lebhaft beobachtenden Knaben ein. Er besuchte das damals einzige Gymnasium in Moskau, doch
lernte er nur mäßig, dagegen war er häufig im Moskauer
»Kleinen Theater«. Nach Beendigung der Schule studierte er
an der Moskauer Juristischen Fakultät, doch auch hier fühlte
er sich nicht zu Hause und verließ die Hochschule als Zwanzigjähriger, ohne seine Studien zu beenden. Er wurde zunächst Kanzleibeamter am »Gewissensgericht«, zwei Jahre
darauf am Handelsgericht; hier wie dort sah er viel Interessantes und Dramatisches: böswillige Bankrotte, arge Winkelzüge, dummschlaue Umgehungen der Gesetze, kurz, er lernte
die zukünftigen handelnden Personen seiner Kaufmanns-*

*komödien kennen. Diese »Hintermoskauer« wurden für die
russische Literatur von Ostrowski entdeckt, weshalb er als
»Columbus des Hintermoskaustromlandes« bezeichnet wird.
Mit 24 Jahren wurde er bekannt, als seine ersten Werke gedruckt vorlagen. Noch Gogol hat ihn sehr gelobt.*

Das erste Stück, mit dem er durchdrang, hieß *Der Bankrott*,
später *Es bleibt ja in der Familie* genannt, allerdings wurde
es erst elf Jahre nach seiner Drucklegung von der Zensur
zur Aufführung zugelassen; man konnte es nicht länger verbieten, da Ostrowski im Laufe dieser Jahre elf weitere
Stücke zur Aufführung gebracht hatte, darunter *Armut ist
kein Laster* und *Das Gewitter*. Mit erstaunlicher Konsequenz
brachte der junge Dramatiker jedes Jahr mindestens ein
neues Stück heraus. Insgesamt hat er 47 Komödien, Dramen
und dramatische Chroniken verfaßt, außerdem Stücke von
Shakespeare, Cervantes und Goldoni bearbeitet. Besonderes
Interesse verdienen seine Komödien über den Abstieg des
Adels, vor allem die Lustspiele *Tolles Geld* und *Eine Dummheit macht auch der Gescheiteste*, und sein spätes resolu-
tes Stück *Wölfe und Schafe*. Mit Vorliebe hat Ostrowski
das Theater selber gezeichnet, seine klassische Komödie *Der
Wald* steht hier neben dem anklägerischen *Die schuldlos
Schuldigen* und dem genialen *Talente und ihre Anbeter*. –
Nachdem Ostrowski 1850 den Staatsdienst quittiert hatte,
widmete er sich nur noch seinem dramatischen Schaffen, was
für ihn oft nicht leicht war, denn bis 1881 gab es in Rußland
kein Privattheater; da sich ein Stück in Rußland nur durchzusetzen vermochte, wenn es von den kaiserlichen Bühnen in
Petersburg und Moskau gespielt wurde, befanden sich die
Dramatiker in völliger Abhängigkeit von deren Direktionen.
Ostrowskis Energie wurde jedoch durch seine materiell un-
günstige Lage nicht gehemmt. Er schuf 1874 die »Gesellschaft
russischer dramatischer Schriftsteller und Opernkomponisten«. An der Kommission zur Durchsicht der Theatergesetze
nahm er ebenfalls teil, und endlich kam es 1886 zu der längst
verdienten Ehrung: er wurde zum Chef des Repertoireteiles
der Moskauer Theater und zum Vorsteher der Theaterschule
ernannt. Doch noch im gleichen Jahre erlag er am 14. Juni
einer Angina pectoris. Der Dichter Gontscharow schrieb an
Ostrowski anläßlich dessen fünfunddreißigjährigen Jubi-

läums als Dramatiker: »Sie haben der Literatur eine ganze
Bibliothek künstlerischer Werke geschenkt, für die Bühne
dagegen haben Sie eine ganz besondere Welt geschaffen. Sie
ganz allein haben das Gebäude vollendet, zu dem Fonwisin,
Gribojedow und Gogol die Grundsteine gelegt haben. Erst
nach Ihnen können die Russen mit Stolz sagen, daß wir unser
eigenes russisches nationales Theater besitzen.« Johannes von
Guenther gab Ostrowskis Hauptwerke in einer vierbändigen
Ausgabe in seiner Übersetzung heraus. Übersetzungen einzelner Stücke liegen vor von Arthur Luther u. a.

Das Gewitter

Drama in fünf Akten
Erste Aufführung: 16. November 1859 in Moskau

P e r s o n e n : Dikoj, Kaufmann – Boris, sein Neffe – Marfa Kabanowa, Kaufmannswitwe – Tichon, ihr Sohn – Katerina, seine Frau – Warwara, seine Schwester – Wanja Kudrjasch, dient in Dikojs Kontor – Bürger
und Dienstboten.
O r t   u n d   Z e i t : Die fiktive Stadt Kalinowo am Ufer der Wolga,
russische Provinz, Mitte des 19. Jh.s.

Je reicher und älter die Kaufleute in dem ›dunklen Reiche‹
werden, desto ausgeprägter tritt ein Typus unter ihnen hervor, den der Russe ›samodur‹ nennt, ein Starrkopf voll von
Selbstüberheblichkeit, roh, ungebildet und tyrannisch. Dieser
Typus ist in beiden Geschlechtern zu finden, und je kleiner
und abgelegener das Städtchen, desto blühender die Vertreter dieses Menschenschlages.

In einem Kalinowo genannten Wolgastädtchen hausen zwei
solcher Typen: der reiche und angesehene Kaufmann Dikoj
und die bejahrte Kaufmannswitwe Kabanowa; die deutsch
nicht wiederzugebenden Familiennamen charakterisieren
alles: Dikoj kommt von ›wild, roh‹ und Kabanowa von
›Eber‹. Die Witwe Kabanowa hat einen rührend stillen und
freundlichen Sohn Tichon, der dem Handelshause vorsteht,
und eine lustige Tochter Warwara. Tichons Frau ist Katerina, die Heldin des Dramas. Die Witwe Kabanowa hat den
lieben langen Tag nichts im Sinn, als an ihrem Sohn und
dessen junger Frau herumzunörgeln, und nach der altrussi-

schen Sitte, die absoluten Respekt vor den Eltern heischt,
wagen die beiden nicht, wider die tyrannische Alte aufzu-
mucken; diese dagegen läßt ihre Tochter Warwara ruhig ein
freies Mädchenleben führen, solange sie noch nicht verheiratet ist, was Warja reichlich ausnützt. Tichon und seine Frau,
die ihn nicht aus Liebe geheiratet hat, würden sich nicht
schlecht vertragen, wenn nicht immer die böse, keifende Alte
an der jungen Frau und an der Ehe herumzuwetzen hätte.
So kommt es, daß Katerina, die ein romantisches Mädchenleben geführt hat, im schwiegermütterlichen Hause tod-
unglücklich geworden ist. Tichon, der Ehemann, muß für
kurze Zeit geschäftlich verreisen, derweil soll die Mutter
streng hinter der jungen Frau her sein, Warja dagegen, die
lustige Schwester, hat beschlossen, diese Zeit auszunützen,
der Schwägerin, die sie sehr gern hat, etwas Vergnügen zu
gönnen. – Der Kaufherr Dikoj hat einen Neffen Boris,
einen wohlerzogenen jungen Mann, an dem er genauso her-
umnörgelt und sein Mütchen kühlt, da ihm der feinveran-
lagte junge Mann aufs tiefste mißfällt. In seinem Kontor
dient als Handlungsgehilfe ein lustiger junger Mensch,
Wanja Kudrjasch (Hans Lockenkopf), mit dem Boris befreundet ist; dieser Lockenkopf ist aber gleichzeitig Warjas
lustiger Kumpan. Nun weiß Warwara es so einzurichten,
daß sie und die Schwägerin während der Abwesenheit des
Mannes im Gartenhäuschen schlafen, unweit des Gartenpförtchens, das ins Freie führt – und den Schlüssel dazu hat
sie der Alten gewandt stibitzt. Katerina und Boris kennen
sich zwar nur flüchtig und fast nur vom Sehen, doch das hat
genügt, daß diese beiden jungen Menschen einander liebgewonnen haben. Warja hat derweilen beschlossen, sich die
Nacht mit dem Lockenkopf zu vertreiben, und hat außerdem Boris zum Gartentor bestellt. In einem überaus zärtlichen und romantischen Bilde findet nun die Begegnung der
zwei Paare außerhalb des Gartenpförtchens auf dem Ab-
hang hinter dem Kabanowschen Garten statt. Es ist eine der
innigsten und süßesten Liebesszenen der Weltliteratur. Und
es kommt, wie es kommen muß, die Liebe findet zur Liebe,
und das eingekerkerte Herz erschließt sich einer kurzen
süßen Freiheit. Da kehrt Katjas Mann plötzlich unerwartet
zurück, und das arme, zerrissene Frauengemüt gerät außer
sich. Reue und Skrupel nagen daran, die Gewitterangst

Katerinas kommt dazu, die Stille des Mannes und die Wut
der Schwiegermutter erzwingen das Eingeständnis ihrer
Schuld, und nun bricht die Hölle auf Erden los, denn die
beiden selbstgerechten Dünkler peinigen die so selig und unverhofft in Schuld geratenen jungen Herzen derart, daß
Katerina den Tod in der Wolga sucht und der (wie immer
bei Ostrowski zu schwache) Liebste Boris sich dem zornigen
Onkel nicht widersetzen kann, der ihn nach Sibirien schickt.
Der kurze Abschied der beiden Liebenden ist ein verhaltenes
Meisterstück dunkler Musik. – Der Aufbau des Dramas, die
hervorragende kontrapunktische Gestaltung der Begleitum-
stände, die Charakterisierung der Personen, die Beseeltheit
der Handlung haben eine wirkliche Kostbarkeit der dramatischen Weltliteratur entstehen lassen. Das 1859 entstandene
Stück ist in Rußland viele tausend Mal gespielt worden, es
hat sich auf der ganzen Welt als Repertoirestück erwiesen
und ist auch in Deutschland nicht selten aufgeführt worden.

Der Wald

Komödie in fünf Akten
Erste Aufführung: 1. November 1871 in Petersburg

Personen: Raissa Gurmyschskaja, Witwe und reiche Gutsbesitze-
rin – Axinja, eine arme Verwandte – Alexej Bulanow, ein junger Mann,
dem es nicht glückte, das Gymnasium zu absolvieren – Wosmibratow,
Kaufmann – Pjotr, sein Sohn – Gennadius, genannt der Unglückliche –
Arkadius, genannt der Glückliche, wandernde Schauspieler – Nachbarn,
Bediente.
Ort und Zeit: Russisches Landmilieu, Mitte des 19. Jh.s.

Wir werden auf das Gut der reichen Witwe Raissa Gurmyschskaja geführt, 20 Werst von einer Kreisstadt mitten
im dichten Wald gelegen. In ihrem Hause leben ihre entfernte Verwandte Axinja, die sie mit harter Hand aufzieht,
ein junges, nettes Ding von 20 Jahren, der Lakai Karp, ein
prächtiger Alter, die spinnenwidrige Beschließerin Ulita
und schließlich der strohdumme, aber hübsche junge Mann
Alexej Bulanow, dem es nicht glückte, das Gymnasium
zu absolvieren; in diesen ist die schon 50 Jahre alte, geizige
und sittenstrenge Witwe und Gutsbesitzerin bis über die

Ohren verliebt, will aber trotzdem, um allen die Mäuler
zu stopfen, daß er die Axinja heiraten soll. Diese jedoch
liebt den Pjotr, den herzensgeraden, sehr schlichten Sohn des
Kaufmanns und Holzhändlers Wosmibratow, der natürlich
als Kaufmann ein rechtes Schlitzohr sein muß. Die Witwe,
reich und geizig, ist gleichzeitig ungeschickt in Geldsachen
und verkauft Wald und Land, kurz alles, was zu verkaufen
ist, wovon natürlich der Holzhändler profitiert, aber auch
der junge Bulanow, dem viel davon zufließt. Sie macht zu
Geld, was sie kann, um viel bares Geld in der Hand zu
haben, denn bares Geld kann man verschenken, das braucht
man nicht zu vererben. Nun besitzt aber die Witwe einen
einzigen nahen Verwandten, den Neffen ihres verstorbenen
Mannes, den sie seit 15 Jahren nicht mehr gesehen hat und
den sie zu ihrem Universalerben einsetzen will; er schickt
ihr jedes Jahr kleine Geschenke, nur Briefe schreibt er nicht,
somit weiß sie auch nicht, welchen Beruf er ausübt; sie erzog
den jungen Menschen zu hart, so daß er davonging; außerdem ist sie ihm eine kleine Summe Geldes schuldig. Nun,
dieser Neffe ist der Schmierenkomödiant Gennadius, genannt der ›Unglückliche‹, da er tragische Rollen spielt; er
befindet sich gerade in Begleitung seines Kollegen Arkadius,
genannt der ›Glückliche‹, da er Komiker ist, gleich Don
Quijote und Sancho Pansa restlos abgerissen auf einer Fuß-
wanderung zum Gute eben dieser Tante. Die beiden sind
einander zufällig begegnet und haben sich dann zusammen-
geschlossen. Gennadius will nicht, daß die Tante erfährt, er
sei Schauspieler, und so zwingt er den anderen, sich als seinen Lakai auszugeben. Hier beginnt ein herrliches Durch-
einander- und Aneinandervorbeispielen im Hause der Tante,
wobei die beiden so grundverschiedenen Schauspielercharak-
tere wunderbar zur Geltung kommen. Der ›Unglückliche‹
Gennadius erfährt von der Not seiner Cousine Axinja, die
den Bulanow nicht nehmen will und den Pjotr nicht bekommen kann, weil dessen Vater seinem Sohn nur eine Frau mit
Mitgift zugedacht hat; die Cousine bittet Gennadius, den sie
für reich hält, um das Geld; und da gesteht er ihr nicht nur,
wie es um ihn bestellt ist, sondern er rettet auch der Ver-
zweifelnden das Leben, weil sie sich ertränken will, da sie
keinen Ausweg mehr sieht. Er bestimmt sie, sein Leben zu
teilen und als seine Tochter zur Bühne zu gehen. Zu diesem

Zweck zwingt er die Tante, ihm das Geld, das sie ihm schuldig ist, zu geben, und schon hängen ihm und seinem Kollegen, dem ›Glücklichen‹, die Himmel voller Geigen, da stellt sich heraus, daß die Cousine Axinja doch nicht von ihrem Pjotr lassen kann, und der hochherzige Gennadius schenkt sein Geld, das er mit solcher Mühe von der Tante erhalten, dem Mädchen als Mitgift und zieht arm und abgerissen, wie er kam, mit seinem Kameraden wieder auf die Wanderschaft, derweil die alte Tante den jungen Nichtsnutz heiratet.

Diese köstliche Komödie, die 1870 entstand, ist angefüllt mit jenem Humor, der ein Lachen unter Tränen ist. Die beiden Rollen des ›Unglücklichen‹ und des ›Glücklichen‹ waren bis zum Ersten Weltkrieg die Starrollen aller großen russischen Schauspieler, doch bietet das Stück daneben eine Reihe interessanter und farbiger Nebenrollen. Es wurde mit großem Erfolg in vielen europäischen Ländern, auch in Deutschland, gespielt.

Erläuternd ist zu sagen, daß die Wanderschaft der Schmierenkomödianten in Rußland selbst in der Saisonzeit viel größer war als in jedem anderen Lande, da sogar in guten Zeiten die Unehrlichkeit der Entrepeneure viele Schauspieler häufig zu Fußreisen zwang, weil die Eisenbahn zu teuer war. (Reclams UB 7673/74.)

Eine Dummheit macht auch der Gescheiteste. Komödie in fünf Akten. – Dieses Stück, von allen Lustspielen Ostrowskis vielleicht das leichtestspielbare, ist die Komödie des ehrgeizigen und gerissenen jungen Mannes, der Karriere machen will und dem jedes Mittel dazu recht ist. Er und sein ebenso gerissenes Mütterchen verstehen es gut, der ebenso korrupten reichen Verwandtschaft und Bekanntschaft, die sich nur zu gern dazu hergibt, die »Würmer aus der Nase zu ziehen«. Dieser vulgäre Ausdruck paßt zu der Situation. Heimlich aber führt der intelligente Karrieremacher ein allzu offenherziges Tagebuch, in welchem er die Leute, mit denen er zu tun hat, bösartig schildert und karikiert. Das Tagebuch wird ihm entwendet und seine Heimtücke ans Licht gebracht, alle wenden sich entrüstet von ihm ab und gestehen sich doch heimlich, daß sie ihn sehr bald wieder holen werden, da sie sein gescheites Köpfchen nur zu gut gebrauchen können.

Es ist eine scharfe, aber amüsante gesellschaftskritische Satire auf die untergehende Welt von gestern, heute und morgen. Eine Reihe sehr dankbarer Rollen sichert neben der geschickt durchgeführten Intrige die Unverwüstlichkeit des Lustspiels. (Reclams UB 8491.)

Tolles Geld. Komödie in fünf Akten. – Dieses 1869 entstandene Stück vom degenerierenden Adel und vom heraufkommenden neuen Stand der Unternehmer ist der unbestreitbare Vorgänger des *Kirschgartens* von Tschechow, andererseits hängt es insofern mit dem obenerwähnten Stück *Eine Dummheit macht auch der Gescheiteste* zusammen, als die Hauptfigur daraus in diesem Stück als charakteristische Nebenrolle wiederkehrt. – Sawwa Wassilkow, ein etwas bärenmäßiger Unternehmer aus der Provinz mit dem untrüglichen Sinn für reales Geld und durch kluge Arbeit bedingtes reichliches Geldverdienen, verliebt sich in eine junge Dame aus absinkendem Adel, Lydia Tscheboksarowa, eine eiskalte, verspielte, verwöhnte Schöne, deren Mutter zu der Zahl jener gewitzten Mütter gehört, die über Leichen gehen, um der Tochter eine gute Partie zu verschaffen. Die schöne Lydia, die der Unternehmer kraft seiner Energie, seines intelligenten Auftretens und seines Geldes zur Frau erhält, ist von einer Reihe adliger Verehrer umgeben, großen Herren, Besitzern des »Tollen Geldes«, das sich nicht hält, denn »jetzt ist sogar das Geld klüger geworden, es geht immer nur noch zu den ernsthaften Leuten und nicht zu uns. Früher, da war das Geld dümmer. Und eben solch ein Geld täte Ihnen not ... Tolles Geld. Auch ich habe stets nur tolles Geld bekommen, das man unter keinen Umständen in der Tasche halten kann ...« Lydia wird Wassilkows Frau, verläßt ihn aber schon bald, weil er sich weigert, ihre Rechnungen in dem Ausmaß zu bezahlen, das ihr standesgemäß dünkt. Sie glaubt, ihre alten Freunde würden es als eine Ehre ansehen, ihr luxuriöses Leben zu unterhalten, indes diese alten Schwerenöter haben ja selber kein Geld, oder nur tolles Geld, das aus der Tasche läuft, sie sind amüsant und witzig und viel geistreicher als der schwerfällige und schwerblütige Geldmensch Wassilkow, aber völlig korrupt und unzuverlässig. Somit muß sich die stolze und schöne Frau Lydia entschließen, zu ihrem Geldbären zurückzukeh-

Raimund, Der Bauer als Millionär

Nestroy, Einen Jux will er sich machen

ren, doch dieser stellt nun seinerseits Bedingungen. Er will
sie gewiß zurücknehmen und will ihr sogar mit der Zeit ein
luxuriöses Leben gönnen, wenn sie erst gelernt hat, seine
Wirtschafterin zu werden. Sie stößt sich am Wort. Er nimmt
es jedoch nicht zurück und erklärt ihr, was sie alles zu lassen
habe. Und völlig entsetzt und gebrochen muß sie sich schließlich bereiterklären, in den sauren Apfel zu beißen. Sie tut es
jedoch nicht ohne Grazie.

Diese klug ersonnene Gesellschaftskomödie hat starke
Partien, die nicht verblaßt sind, wenn uns auch heute von
jener Gesellschaft eine Welt trennt. Merkwürdig ist, daß
diese verlotterte Adelsschicht nicht unsympathisch wirkt, obwohl sie mit großem Realismus gezeichnet ist. Doch auch
der Geldmensch wirkt in all seiner deftigen Wirtschaftlich-
keit erfreulich; hier haben wir den elementarsten Beweis für
die Lebensfähigkeit dieses feinen und künstlerisch ausgewo-
gensten Stücks Ostrowskis, das in einer neuen Bearbeitung
noch liebenswürdiger und gescheiter wirkt.

Wölfe und Schafe

Komödie in fünf Akten
Erste Aufführung: 8. Dezember 1875 in Petersburg

Personen: Meropa Mursawetzkaja, ältere Gutsbesitzerin – Apollon
Mursawetzki, ihr Neffe – Glafira, eine arme Verwandte – Jewlampia
Kupawina, reiche junge Witwe – Wassili Berkutow, Nachbar der Kupa-
wina – Michail Lynjajew, Ehrenfriedensrichter – Wukol Tschugunow,
Geschäftemacher – Klawdi, sein Neffe – Bediente und Unternehmer.
Ort und Zeit: Russische Provinz, letztes Drittel des 19. Jh.s.

Die bejahrte, aber deswegen nicht weniger resolute Gutsbesitzerin Meropa Mursawetzkaja, diesmal ein noch lediges
Fräulein, ist eine hervorragende Vertreterin des von dem
Dichter so gern geschilderten Typus der selbstgerechten
Starrköpfe, nur daß sie auch vor kriminellen Übergriffen
nicht zurückscheut und dabei mit erfahrenem Heuchlertum
dennoch ihr Gesicht zu wahren weiß. Man sollte meinen,
diese Frau wäre die richtige Vertreterin für die ›Wölfe‹ in
diesem Stück, und so scheint es auch am Beginn zu sein. Sie
und ihr verschlagener Gehilfe Wukol Tschugunow, dem es
auf ein paar Fälschungen mehr oder weniger nicht ankommt,

legen alle Menschen, mit denen sie geschäftlich zu tun haben, herein und korrumpieren alles, mit dem sie in Berührung kommen. Infolgedessen spielt das alte Fräulein Meropa die größte Rolle im Gouvernement, und alles kriecht vor ihr und ihren Launen. Sie will ihren etwas törichten Neffen Apollon, einen versoffenen Jäger ohne Jagdglück, mit der hübschen und reichen jungen Witwe Jewlampia Kupawina verheiraten, um deren Vermögen in die Hände zu bekommen; sollte diese aber nicht wollen, so droht sie ihr unter Zuhilfenahme betrügerischer Manipulationen ihres Gehilfen mit einem Prozeß, der die Witwe um ihr ganzes Vermögen bringen kann. Eine recht wölfische Handlung, nicht wahr? In ihrem Hause lebt ein armes junges Ding, eine Verwandte, Glafira, die wie ein Nönnchen bescheiden gekleidet herumlaufen muß, stets den Launen und der Willkür der alten reichen Verwandten ausgesetzt. Ein Schaf, nicht wahr? Dem Gehilfen der Mursawetzkaja, dem Herrn Tschugunow, der gleichzeitig Bevollmächtigter der reichen, aber in Geldsachen unerfahrenen Witwe ist, gelingen seine Manipulationen so gut, weil sein Neffe Klawdi, ein junger ausgelassener Bursche, ein Meister der Schönschreibekunst ist, der tadellos Handschriften auf Wechseln zu imitieren weiß und der ein willenloses Werkzeug in den Händen seines Onkels ist, dessen wölfischer Charakter sich hierdurch ebenfalls bekundet. Und doch stellt sich zum Schluß heraus, daß diese Wölfe in Wahrheit die Schafe sind, die von den wirklichen Wölfen mit Haut und Haar verzehrt werden. Das ist die gute und überraschende Pointe dieses mathematisch sicher aufgebauten Stückes. Denn der wirkliche Wolf ist ein kleiner Gutsbesitzer Berkutow, ein Nachbar der Witwe, der jetzt in der Hauptstadt seinen Geschäften nachgeht, der aber noch zu Lebzeiten des Gatten der Witwe mit dieser einen kleinen Flirt begann, weil es in seinen Berechnungen auf lange Sicht lag, sich selber des Vermögens und der Hand der jungen, schönen Frau zu bemächtigen. Dieser eiskalte Geldmensch, der, mit allen Wassern gewaschen, auch mit allen Zungen zu reden weiß, kommt zur rechten Zeit, die in den Schlingen des Fräuleins Meropa schon zappelnde Witwe Jewlampia zu befreien, die Dame Meropa und ihren getreuen Tschugunow durch Aufdeckung von deren Machinationen unschädlich zu machen und elegant an die Wand zu drücken und das Vermögen mitsamt der hübschen Frau zu verspeisen. Als ihm ebenbürtige Wölfin erweist sich das arme, wie ein Nönnchen gekleidete Mädchen Glafira, die einen reichen Gutsbesitzer, der an nichts Böses gedacht hat, nebst seinem Vermögen ebenfalls mit Haut und Haar verspeist. In einer großartigen Schluß- szene müssen sich die gedemütigten vormaligen Wölfe ge- stehen, daß sie nur mit genauer Not mit dem Leben davon- gekommen sind.

Diese Komödie ist das bedeutendste der späten Stücke Ostrowskis (1875), ein weiterer Beitrag zum Niedergang des russischen Adels, in seiner Art ein Pendant zum *Tollen Geld*. Obwohl das Werk an dem dramaturgisch schwer zu verantwortenden Fehler leidet, daß der wirkliche Wolf Ber- kutow, der das Stück entscheidet, wie ein Deus ex machina erst zum Ende des Stückes auftritt, muß dieses bittere Stück mit seiner Unmenge dankbarer Rollen doch zu den auf- regenden Stücken der Weltliteratur gerechnet werden, da die geniale Zeichnung der wirklichen Wölfe hervorragend ist, ganz abgesehen von der einmaligen Rolle des alten Fräu- leins mit ihrer unberechenbaren dünkelhaft-närrischen Her- rennatur.

Die Fülle der Ostrowskischen Stücke beschränkt sich nicht auf die hier aufgezählten. Es sei noch auf *Die schuldlos Schuldigen* hingewiesen, ein Drama aus dem von Ostrowski so geliebten Theatermilieu, dem auch das hervorragend komponierte Lustspiel *Talente und ihre Anbeter* entnom- men ist, auf die großartige Charakterkomödie in fünf Ak- ten *Erst kein Groschen und nun ein Taler*, eine geniale rus- sische Abwandlung des unsterblichen Themas des *Geizigen*, sowie auf die fast romantische Komödie *Ein heißes Herz* und das rührend poetische Drama *Die Ziehtochter. J. v. G.*

LEO N. TOLSTOI

* 9. September 1828 in Jasnaja Poljana (Gouv. Tula)
† 20. November 1910 in Astapowo (Gouv. Tambow)

Graf Lew Nikolajewitsch Tolstoi wurde auf seinem väter- lichen Gut »Jasnaja Poljana« (helle Lichtung) geboren. Seine Eltern verlor er in frühester Jugend und kam schon mit

15 Jahren auf die Universität Kasan, wo es ihm weder in der Fakultät für orientalische Sprachen noch in der juristischen Fakultät recht glücken wollte. 1851 trat er als Fähnrich in ein Artillerieregiment ein, bei dem er vier Jahre im Kaukasus verbrachte. Zu Beginn des Krimkrieges wurde er zum Kriegsschauplatz abkommandiert, was zu der für ihn konsequenten Entscheidung führte, 1856 den Militärdienst zu quittieren. Er begab sich nach Petersburg, um mit den führenden Dichtern seiner Zeit Fühlung zu nehmen, doch auch das schlug im großen und ganzen nicht gut aus. So ging er ins Ausland, das ihm völlig mißfiel, kam wieder nach Hause und heiratete als Vierunddreißiger die achtzehnjährige Tochter eines Moskauer Arztes. Jetzt erst wurde er in Wahrheit seßhaft, denn im Kreise seiner Familie (er hatte viele Kinder) verbrachte er die vielleicht schönsten, bestimmt aber fruchtbarsten Jahre seines Lebens, in denen er seine bedeutendsten Romane (»Krieg und Frieden«; »Anna Karenina«) schuf, die Jahre, in denen er zum großen realistischen Dichter der Weltliteratur aufwuchs. Hierauf jedoch wurde er Moralphilosoph, als welcher er Kultur, Zivilisation, Wissenschaft und Kunst radikal ablehnte, auch Staat und Kirche. Als einzig Positives lehrte er das »Nichtankämpfen wider das Böse«. Trotzdem gelang auch dem Moralphilosophen manches kostbare dichterische Gut wie seine »Volkserzählungen« oder die beiden Stücke, die hier behandelt werden. Dies war auch die Zeit, in der sich mancherlei äußerliche Wandlungen vollzogen, in der er seinen berühmten russischen Bauernkittel anzog, der ihn im Auslande vielleicht noch populärer machte als seine Dichtungen. Als er das Herannahen des Todes fühlte, verließ er am 10. November 1910 heimlich sein Haus. Er starb einsam auf einer kleinen Bahnstation am 20. November. Trotz aller Zwiespältigkeit seines Wesens ging er als großer Dichter und Wahrheitssucher in die Weltliteratur ein – als eine der echtesten Verkörperungen Rußlands.

In seinem Nachlaß fand sich das Drama »Und das Licht scheinet in der Finsternis« (Reclams UB 5434). Es ist ein autobiographisches Bekenntnis seiner letzten Jahre, erfüllt vom Nachdenken über die Frage, wie der Geist der Bergpredigt auf Erden zu verwirklichen sei.

Die Macht der Finsternis

Drama in fünf Akten
Erste Aufführung: 10. Februar 1888 in Paris

Personen : Pjotr, ein reicher Bauer – Anissja, seine Frau – Akulina,
seine Tochter aus erster Ehe – Anjutka, seine Tochter – Nikita, sein
Knecht – Akim, dessen Vater – Matrjona, dessen Mutter – Bauern und
Nachbarn.
Ort und Zeit : Russisches Dorf, Ende des 19. Jh.s.

Dieses Drama, 1886 entstanden, gehört in die späte Schaf-
fensperiode des Dichters. Es wurde infolge seiner eindringlichen Charakterschilderungen und seiner mächtigen und
aufreizenden Handlung eines der Paradestücke des kämpferischen französischen und deutschen Naturalismus. Bezeichnend für den Geist dieses Bauernstücks ist das ihm voran-
gestellte Motto aus dem Evangelium Matthäi (5, 28/29):
»Ich aber sage euch: wer ein Weib ansiehet, ihrer zu begehren, der hat schon mit ihr die Ehe gebrochen in seinem Herzen. Ärgert dich aber dein rechtes Auge, so reiß es aus und
wirf es von dir. Es ist dir besser, daß eins deiner Glieder
verderbe, und nicht der ganze Leib in die Hölle geworfen
werde.« In dieser düsteren Holzschnittmanier ist das ganze
Stück gehalten. – Der reiche, aber kränkliche Bauer Pjotr
ist in zweiter Ehe mit der zehn Jahre jüngeren, zweiund-
dreißigjährigen eitlen Anissja verheiratet, die ihm ein Mädchen geboren hat; aus erster Ehe lebt in seinem Hause außerdem seine Tochter Akulina, etwas töricht und dazu schwer-
hörig. Zwischen diesen und seinem zu Beginn des Stückes
dreiundzwanzigjährigen eitlen Knecht Nikita spielt sich die
Tragödie ab. Nikitas Eltern sind gekommen, ihn heimzu-
holen, weil er dort in der Heimat einem Mädchen die Ehe
versprochen hat. Sein Vater ist ein guter Alter, Bauer alten
Schlages, die Mutter eine verschlagene Kupplerin. Sie bekommt gleich heraus, daß die junge Bäuerin ein Liebesverhältnis mit Nikita begonnen hat, und sie steckt dieser ein
Schlafmittelchen für deren Mann zu. Der Knecht Nikita ist
eine primitive, verliebte Seele, ewig hinter den Weibern her
und roh, wenn er sie loswerden will. Die junge Bäuerin ist
ihm hörig, sie gibt ihrem Mann das »Schlafmittel«, und dieser stirbt daran. Vorher freilich suchen die Weiber sein Geld,

und seine Frau findet es, da er es bei sich trägt, stiehlt es
und gibt's ihrem Liebhaber zur Aufbewahrung. Nikita heiratet sie zwar, das Geld aber behält er für sich und verbum-
melt es in der Stadt, wohin er auch des Verstorbenen erste
Tochter Akulina mitnimmt, die eigentliche Erbin; er beginnt
mit dieser ein Verhältnis. Sie wird in der Stadt herausstaf-
fiert, und er und sie behandeln die Ehefrau immer herausfordernder. Akulina ist als Erbin eine gute Partie geworden,
und so kommen Freier, sie anzuschauen. Aber sie hat ein
Kind von Nikita geboren, und dieses Neugeborene wird
umgebracht, damit Akulina heiraten kann. Zu dieser Hochzeit ist jedoch auch jenes Mädchen gebeten, jetzt eine gut-
verheiratete Frau, die Nikita einst so elend im Stich gelassen;
sie treffen zusammen, und nun rührt sich in Nikitas Innern,
was tief verborgen lag. Er will nicht zu den Gästen, er will
sich lieber aufhängen; seiner Mutter und seiner Frau gelingt
es freilich, ihn ins Haus zu locken, wohin er ihnen nur folgt,
um vor allen Hochzeitsgästen und dem ganzen Volk seine
schwere Sünde zu gestehen. Er nimmt alles auf sich, auch die
Schuld seiner Frau.

Der lebende Leichnam. Drama in sechs Akten. –
Das Stück entstand 1900, wurde jedoch erst aus dem Nachlaß herausgegeben. In seinen zwölf Bildern wird ein Motiv
aufgenommen, das auch schon früher in der Literatur auftrat: das Enoch-Arden-Motiv des Ehegatten, der totgeglaubt
wird und dann wieder auftaucht. Da ist ein Ehepaar: Fjodor
Protassow und Lisa Protassowa, sie haben zwar ein Kind,
indes die Ehe ist zerrüttet, obwohl beide einander lieben.
Fjodor, ein feiner, aber schwacher und in sich zerfallener
Mensch, ist aus dem Hause gegangen, nachdem er das Vermögen seiner Frau durchgebracht und zum Schluß sogar
noch Geld unterschlagen hat. Lisa bittet ihren Jugendfreund
Viktor Karenin, ihren Gatten trotzdem heimzubringen;
Karenin, der sie liebt, dessen Auffassungen von Ehe und
Moral aber sehr streng sind, stimmt zunächst zu. Er findet
Fjodor bei den »Zigeunern«, so nennt man die Mitglieder
der in Rußland so beliebten Zigeunerchöre. Fjodor bewun-
dert die junge Sängerin Mascha; er weigert sich, nach Hause
zu kommen. Er zieht mit Mascha zusammen; doch auch
Karenin will jetzt Lisa heiraten, er kann das aber nur, wenn

Lisa von Fjodor geschieden wird. Fjodor verspricht alles im Sinne der beiden zu tun, damit sie heiraten können, und täuscht seinen Tod vor, indem er an seine Frau einen Abschiedsbrief schreibt und darin vorspiegelt, sich zu ertränken. Karenin und Lisa heiraten und sind zufrieden, da aber wird Fjodor durch einen üblen Menschen in einer Schenke erkannt, angezeigt und schließlich verhaftet. Lisa und Karenin werden wegen Bigamie angeklagt. Die Gerichtsverhandlung ergibt belastende Momente, und es steht für Lisa und Karenin alles auf Spitze und Knopf, da zieht Fjodor, der zum Schluß völlig heruntergekommen war, die Konsequenzen aus einem sinnlosen Leben: um seiner Lisa zu helfen, erschießt er sich.

Es ist um dieses Stück viel herumgerätselt worden, man hat es in Grund und Boden verdammt, für ganz falsch und gedanklich verwerflich erklärt, das ändert jedoch nichts daran, daß starke dichterische Töne darin angeschlagen werden und daß es als spätes Stück eines bedeutenden Dichters nicht nur interessant ist, sondern in vielem aufschlußreich. Auch die Feinde Tolstois hatten diesen poetischen Ausflug des greisen Dichters ins »alte romantische Land« nicht erwartet. (Reclams UB 5364.)   *J. v. G.*

ANTON P. TSCHECHOW

* 29. Januar 1860 in Taganrog
† 15. Juli 1904 in Badenweiler

Sein Vater war ein kleiner Kaufmann, der mit Vieh handelte, sein Großvater war noch Leibeigener gewesen. Anton Pawlowitsch Tschechow studierte Medizin in Moskau und hätte eigentlich Arzt werden sollen, da er jedoch als Student selbst für seinen Unterhalt hatte sorgen müssen, war der junge Mann darauf verfallen, humoristische Skizzen zu schreiben, kleine Geschichten, mit denen er große Erfolge erzielte, und so zog er es vor, Schriftsteller zu werden. Mit 27 Jahren war der Dichter einer der gelesensten Autoren des russischen Kaiserreiches. Sein zweites Novellenbuch, das 1887 erschien, hieß: »In der Dämmerung«, dies charakteri-

siert die Art seiner Dichtung. Den frühen Ruhm, den Tsche-
chow mit seinen Novellen erwarb, vertieften seine Erfolge
als Dramatiker, obwohl eines seiner Stücke, »Die Möwe«,
regelrecht ausgepfiffen wurde. Das berühmte »Moskauer
Künstlertheater« machte es sich zu seiner schönsten Aufgabe,
Tschechows Dramen zum Bühnenerfolg zu verhelfen. Und
dieses Wagnis gelang so überraschend, daß eine Zeitlang der
Dramatiker Tschechow den Erzähler fast in den Hinter-
grund drängte. Da ein Lungenleiden Tschechows in Moskau,
wo er lebte, immer schlimmer wurde, erwarb er ein Stück
Land auf der Halbinsel Krim und ließ sich eine kleine Villa
bauen. Dorthin zog er 1898 und kam nur noch selten nach
dem geliebten Moskau, wenn das Theater rief. Schließlich
aber verschlimmerte sich im Frühjahr 1904 sein Zustand so,
daß ihn die Ärzte nach Badenweiler im Schwarzwald schick-
ten; dort gesellte sich zu der Lungentuberkulose eine Herz-
erkrankung, und schon mit 44 Jahren starb er, viel zu jung,
wie viele der großen Russen.

Während Tschechows gewaltiges erzählerisches Oeuvre ihn
vornehmlich auf den Wegen eines konsequenten Realismus
zeigt, postulieren seine späteren Stücke einen neuen und nur
ihm eigenen Stil, den man als einen realistischen Symbolismus bezeichnen könnte, wohin übrigens auch Gerhart Hauptmann, Henrik Ibsen und Gabriele d'Annunzio zuweilen
tendieren. Die frühen dramatischen Arbeiten Tschechows
gehören mehr zu seinen humoristischen Jugendwerken, wie
z. B. die Farce *Die Hochzeit.*

D e r B ä r. Schwank in einem Akt. – Das Stück erfreut
sich eines dauernden großen Erfolges und ist auch in
Deutschland gespielt worden. Die etwas grobschlächtige
Fabel ist nicht unwirksam. Eine trauernde Gutsbesitzerin
und Witwe ist ganz der Erinnerung an ihren Seligen hingegeben, sie lebt nur noch ihm, wenn sie auch weiß, daß er
sie zu Lebzeiten kräftig zu betrügen pflegte. Da erscheint
ein recht derber Gläubiger des Verstorbenen, der sich nicht
mit »übermorgen«, wenn ihr Verwalter wieder zurück ist,
abwimmeln läßt, sondern der morgen sein Geld braucht.
Nichts verfängt, er bleibt kurzerhand da, um Bezahlung zu
erzwingen. Die Tonart wird von Minute zu Minute gröber,

die Trauernde gibt dem unverschämten Gläubiger immer saftiger heraus, er fordert sie auf Pistolen, sie geht darauf ein, und der Diener läuft, entsetzt, um Hilfe zu holen. Der rasende Gläubiger unterweist die rasende Schuldnerin im Pistolenschießen, und schon wäre alles zum Duell fertig, da stellt sich heraus, daß der Tobende sich inzwischen in die hübsche Witwe verliebt hat, denn obwohl er zwölf Frauen sitzengelassen und von neun hintergangen worden ist: so etwas von rassigem Weibe hat er noch nicht kennengelernt. Es gelingt ihm, die aus ihrer Versunkenheit hitzig Erwachte auch seinen neuen Wünschen gefügig zu machen; in den langen Kuß des Friedensschlusses platzen mit Sense, Beil und Dreschflegel Diener und Knechte herein.

Der Heiratsantrag. Schwank in einem Akt. – Auch dieses etwas dünne Stück ist sehr viel gespielt worden. Ein gutsituierter, doch um seine Gesundheit hypochondrisch besorgter Junggeselle begibt sich im Frack zu seinem Gutsnachbarn, diesen um die Hand seiner Tochter zu bitten; der ist einverstanden und schickt ihm das Mädchen, doch noch ehe der Aufgeregte seinen Antrag vorgebracht hat, geraten beiden in einen wilden Streit über eine Grenzwiese, in den sich auch der Vater, der hinzukommt, einmischt, und es werden so unerfreuliche Worte gewechselt, daß der Antragsteller, der einen Herzschlag fürchtet, hinausrennt. Erst da erfährt die Tochter, was er eigentlich gewollt, und zwingt den Vater, den Freier sofort hereinzuholen, was auch geschieht; doch noch sind die beiden gar nicht aufs rechte Thema gekommen, da geraten sie bei einem Streit über zwei Jagdhunde erneut einander so in die Haare, daß der junge Mann in der Tat in Ohnmacht fällt. Vater und Tochter bringen ihn ins Leben zurück, und schon scheint alles in bester Ordnung, da will sich ein dritter Streit auf Gedeih und Verderb erheben, dem nur ein Ende gesetzt wird, indem der Vater schleunigst Champagner herbeiholt. Mit dieser Aussicht auf ein friedliches Familienleben schließt der Schwank. (*Der Bär, Der Heiratsantrag, Die Hochzeit;* Reclams UB 4454.)

Die Möwe. Komödie in vier Akten. – Trotz der Bezeichnung ›Komödie‹ handelt es sich hier um ein Drama mit traurigem Ausgang. Bei der Uraufführung 1896 in Peters-

burg erlebte das Stück einen Durchfall wie selten eins zuvor;
dennoch gelang es dem Moskauer Künstlertheater des großen Theatermannes Stanislawski schon zwei Jahre darauf,
dem Drama zu einem großen Erfolg zu verhelfen, der ihm
dann treu blieb. Das Theater führte von da ab eine Möwe
als sein Emblem und wurde auch das Theater Tschechows
genannt. Hier trat zum ersten Male der realistische Symbolismus Tschechows in Erscheinung, denn die Möwe, die mit
traurigen Schreien rastlos über den Wassern schwebt und
sucht, wird dem Geschehen im Stück symbolisch vorgeordnet.
– Eine berühmte Schauspielerin, egozentrisch ihrer Kunst
und ihrer Verliebtheit in einen bekannten Schriftsteller hingegeben, hat einen Sohn, einen begabten jungen Dichter, der
sich anscheinend der neuen Kunstrichtung, dem Symbolismus, ergeben hat; ein junges, verwöhntes, schönes Mädchen,
leicht in ihn verliebt, soll die Hauptrolle seines etwas naiv
symbolistisch aufgemachten Stückes darstellen, doch wird
durch seine Empfindlichkeit und die krankhafte Egozentrik
der Mutter nichts daraus. Der junge Mann scheitert in allem:
das Mädchen, das er leidenschaftlich liebt, wird ihm von
dem Liebhaber der Mutter, dem Schriftsteller, fortgenom-
men, seine Dichtung findet keinen Anklang, die stockgeizige
Mutter hilft ihm nicht weiter, so daß er auf dem Lande ver-
sauern müßte, er verliert jeden Auftrieb und bald jede
Selbstachtung und wird schließlich von den Abreisenden auf
dem Gut seines pensionierten Onkels zurückgelassen, wo er
als Kostgänger hausen muß. Nach zwei Jahren treffen sich
alle an der gleichen Stelle wieder; das vom Vater verstoßene
Mädchen ist inzwischen Schauspielerin ohne Erfolg geworden, sie ist die Geliebte des Schriftstellers gewesen, der sie
schließlich hat sitzenlassen, sie ist dann von Stufe zu Stufe
gesunken und nun eine heruntergekommene Provinzschau-
spielerin, die sich die Aufmerksamkeiten der Provinzkauf-
leute gefallenlassen muß; der junge Dichter dagegen ist derweilen bekannt geworden und veröffentlicht seine Arbeiten
in den gleichen angesehenen Zeitschriften, in denen die Arbeiten des Liebhabers seiner Mutter stehen. Tiefe hoffnungslose Melancholie hat sich trotzdem seiner bemächtigt, weil
noch immer die Liebe zu diesem Mädchen an ihm zehrt, und
da sie nun, während die anderen zu einem heiteren Abendessen vereinigt sind, sich heimlich zu ihm findet, gesteht sie

ihm, daß sie trotz alles Häßlichen, das ihr von dem Schriftsteller angetan wurde, diesen dennoch weiterliebe (genau
wie der junge Dichter sie). Sie trennt sich von ihm, um zu
ihrem Provinztheater zurückzukehren, er aber hat damit
den letzten Zusammenhalt mit dem Leben verloren und erschießt sich.

Das eigentliche Thema des Stückes ist die ausweglose
Traurigkeit der jungen Generation, die dazu prädestiniert
ist, zugrunde zu gehen. Eine zufällig geschossene Möwe, die
von einem Präparator ausgestopft wurde und von niemand
benötigt wird, symbolisiert etwas erzwungen die Handlung.
(Reclams UB 4319.)

O n k e l W a n j a. Szenen aus dem Landleben in vier
Akten. – Das Schauspiel fand unter dem Titel »Der Wald-
teufel« 1889 eine kühle Aufnahme. Tschechow arbeitete es
daraufhin um, so daß ein ganz neues Stück daraus wurde,
das 1901 vom Moskauer Künstlertheater mit rauschen-
dem Erfolg aufgeführt wurde. – Ein berühmter Professor
i. R., alt und eigentlich recht überflüssig, lebt an der Seite
einer jungen schönen Frau, die ihm ihre Jugend gegeben, von
den Erträgnissen des Gutes seiner ersten verstorbenen Frau.
Um diese Erträgnisse so zu gestalten, daß er wirklich bequem
davon leben kann, bewirtschaften seine Tochter aus erster
Ehe und sein Schwager dieses Gut und gönnen sich rein
nichts, nur um den hohlen, aufgeblasenen Professor zu erhalten. Wie ein Vampir saugt er allen, die mit ihm in Berührung kommen, ihr Leben aus; seine Schwiegermutter aus
erster Ehe vergöttert ihn, seine junge Frau hat ihn zwar
längst durchschaut, doch sie bleibt bei ihm, sein Schwager
haßt ihn, rackert sich aber trotzdem für ihn ab, er dagegen
nimmt von ihnen alles an, als gehöre es sich so. Der Schwager meutert wider ihn in seiner Empörung, schießt auf ihn
zweimal, ohne ihn zu treffen, und ergibt sich dann in sein
Los. Das Ende ist von hoher dichterischer Beseeltheit; wie
nach der Abreise aller der Personen, durch die ein turbulen-
ter Wirbel herbeigeführt wurde, die Zurückbleibenden wieder nach und nach geduldig an ihre abtötende Alltagsarbeit
für das leibliche Wohl des leeren Götzen, des Professors,
zurückkehren, das ist von einem unendlich traurigen und
hoffnungslosen Schmelz, anscheinend durch und durch un-

theatralisch und dennoch außerordentlich wirksam. (Reclams UB 8738.)

Drei Schwestern. Drama in vier Akten. – Dieses Stück wurde von Tschechow eigens für das Moskauer Künstlertheater geschrieben, wo es 1901 zur Uraufführung kam. Es ist immer wieder in Rußland und in ganz Europa gespielt worden, das Stück von den schönen und an ihrer Sehnsucht nach Moskau in der Provinz verblühenden Schwestern. Auch hier, wie in anderen Werken Tschechows, schimmern aus dem Dialog Visionen eines lebenswerten Lebens an Stelle der nicht lebenswerten Gegenwart. Der Vater dieser drei schönen Schwestern war Regimentskommandeur in Moskau, wo sie ihre Jugend verbrachten, und wurde in die Provinz als Brigadegeneral versetzt. So wurden sie mit ihrer unsterblichen Sehnsucht nach Moskau in das Provinzstädtchen verschlagen, das immer öder und trister wird (wie das Leben) und aus dem zum Schluß sogar das Regiment des verstorbenen Vaters fortverlegt wird. Die eine der drei Schwestern, Mascha, ist mit einem reichlich törichten Gymnasiallehrer verheiratet, die älteste, Olga, wird Direktrice des Mädchengymnasiums, und die jüngste und schönste, Irina, deren Bräutigam im Duell fällt, wird Volksschullehrerin werden. Wie stolz waren sie auf ihren Bruder Andrej und glaubten, daß ein Genie der Wissenschaft aus ihm werden müßte – ein saturierter Philister ist er geworden, der eine unausstehliche Philisterin geheiratet hat. Der melancholische Reiz des Verblühens und Welkens liegt über allem; auch die Liebe ist keine Liebe mehr, eine blasse Sonne aus müder Himmelstiefe, die nicht mehr zu wärmen vermag. Und wärmte doch einmal so sehr! Aus dem Gefälle einer glorifizierten Vergangenheit in die Enttäuschung der Gegenwart und die Hoffnungslosigkeit der Zukunft entwickelt sich das traurige Schauspiel vertaner, aber um so glühenderer Sehnsucht, deren Symbol die Rückkehr nach einem ›Moskau der Seele‹ ist. Das Nocturno der Musik dieses Dialoges erschließt sich nur schwer und langsam; wer an das Stück mit dem Temperament eines zielbewußten Regisseurs herangeht, wird entweder kläglich scheitern oder sich gestehen müssen, daß er diese Sprache nicht zu sprechen versteht. Tschechow war auf dem Wege, aus dem Realismus ein Theater der Seele zu

schaffen; vielleicht das ewige Theater auf der Schaubühne
der passiven russischen Seele, die zur Weltseele werden will.
Deutsch von Johannes v. Guenther, Sigismund von Radecki
u. a. (Reclams UB 4264.)

Der Kirschgarten

Komödie in vier Akten
Erste Aufführung: 17. Januar 1904 in Moskau

P e r s o n e n : Ljubow Ranjewskaja, Gutsbesitzerin – Anja, ihre Tochter – Warja, ihre Pflegetochter – Leonid Gajew, ihr Bruder – Lopachin,
Kaufmann – Pjotr Trofimow, Student – Charlotta, Erzieherin – Personal
des Gutshofes u. a.
O r t und Z e i t : Auf dem Gut der Ranjewskaja, um 1900.

Das letzte Stück Tschechows, seine letzte Freude, denn als er
1904 zur Uraufführung seines Schauspiels (es ist natürlich
keine Komödie) nach Moskau fuhr, war er bereits vom
Schatten des Todes gestreift. Dieses Schauspiel ist das bedeutendste und gleichzeitig merkwürdigste der realistisch-
symbolistischen Stücke des Dichters. Der Kirschgarten ist das
Symbol todgeweihter Schönheit, das Symbol des Absterbens
der alten Zeit. Im Bühnenbild, das der Dichter vorschreibt,
heißt es zu Beginn: »Wenn die Läden aufgestoßen werden,
sieht man durch die Fenster blühende alte Kirschbäume.«
Und die letzte Regieanweisung vor dem Fallen des letzten
Vorhangs lautet: »Die Fensterläden werden von außen geschlossen und zugenagelt. Und die Stille bricht herein. Und
nur noch in der Tiefe des Gartens schlagen die Äxte dumpf
auf das Holz der Bäume.« Der Kirschgarten ist verkauft
und wird von einem Geschäftsmann der neuen Zeit abgeholzt. Dazwischen liegt das Stück. Die gesellschaftskritische
Linie zeichnet das Abgleiten des Adels.
   Frau Ljubow Ranjewskaja aus altem adligem Hause hat
einen simplen Rechtsanwalt geheiratet, keinen Adligen, und
ist schon deswegen bei ihrer Familie in Ungnade; sie sieht
immer noch gut aus, hat sich aber, wie ihr eigener Bruder
sagt, nicht sehr tugendsam benommen. Nicht nur aus Verschwendungssucht hat sie ihr Geld vertan, auch die Liebe hat
dabei mitgewirkt, die Villa in Mentone ist draufgegangen,

das Gut ist hoch beliehen, und als sie nun mit ihrer Tochter
an einem kalten frühen Frühlingsmorgen aus Paris heim-
kehrt, muß sie erfahren, daß, da die Bankzinsen nicht rechtzeitig bezahlt wurden, ein Termin angesetzt ist, an dem das
Gut versteigert werden soll – und mit ihm der Stolz, der
alte Kirschgarten, so berühmt, daß er sogar im Konversa-
tionslexikon steht. Ihr Vertrauensmann, ein Geldmensch, als
Sohn eines vormaligen Leibeigenen auf dem Gut aufgewachsen und diesem somit verbunden, rät ihr zwar immer wieder
gut zu, den riesigen Kirschgarten abholzen zu lassen und das
Terrain in Parzellen aufzuteilen, Villenparzellen, die man
verpachten könnte, das würde mindestens 25 000 Rubel pro
anno bringen, damit wäre man aus allen Schwierigkeiten
heraus, allerdings müßten auch die alten Baulichkeiten abgerissen werden, wie etwa das Haus. – Kein Gedanke daran! Frau Ljubow und ihr Bruder, beide in schwerster Geld-
klemme, lehnen das ab. Eine Stellung für den Bruder mit
6000 Rubel im Jahr? Kommt gar nicht in Frage. Es soll
irgendwelche Generäle in der unweit gelegenen Stadt geben,
die Geld auf Wechsel geben, doch diese Generäle existieren
natürlich nur in der Phantasie. Und die alte Erbtante würde
sicher das Geld hergeben, aber die alte Erbtante kann die
Familie nicht leiden, und sie wird höchstens einen Bruchteil
dessen geben, was man braucht. Mit leeren Reden und Zu-
schauen verstreicht die Zeit; der Termin rückt immer näher,
es geschieht nichts; Landstreichern gibt man, weil man grade
kein Kleingeld hat, ein Goldstück, die eigenen Leute aber
hungern oder kriegen nur Linsen. Der 22. August, der Termin der Versteigerung, rückt immer näher, nichts geschieht.
Am Tage der Versteigerung, zu der als platonischer Beobachter der Bruder gefahren ist, findet auf dem Gute ein
großer Ball statt; man amüsiert sich, man ist zwar gespannt,
wie die Versteigerung ausgegangen sein mag und ob sie vielleicht gar ausgesetzt worden ist, doch das hindert die allgemeine Fröhlichkeit nicht: man tanzt und amüsiert sich.
Schließlich erscheinen der Bruder und der Geldmensch: der
Bruder hat trotz Geldnot einige Delikatessen aus der Stadt
mitgebracht, und der Geldmann berichtet, das Gut mit dem
Kirschgarten sei versteigert worden – und er habe es erstei-
gert. Und erst diese Nachricht trifft die Frau Ranjewskaja
schwer: der Prolet ist Besitzer von Gut und Kirschgarten

geworden. Er prahlt auch dementsprechend. Die Ranjewskaja weint. Da weint er mit: »Warum nur haben Sie nicht auf mich gehört? ... O wären wir schneller imstande, unser ganzes ungereimtes und unglückliches Leben zu verändern.« Das hindert ihn aber nicht, im gleichen Atemzuge zu rufen: »Musik, spiel lauter! Jetzt soll alles so sein, wie ich's mir wünsche! Ich bin imstande, für alles zu zahlen!« Was bleibt Frau Ranjewskaja übrig, als das Geld der verachtenden Erbtante, das diese zur Bezahlung der Bankzinsen geschickt, zu veruntreuen und nach Paris, von wo täglich Telegramme kommen, zurückzufahren, der Bruder nimmt die 6000-Rubel-Stellung an, und die ganze Familie verliert sich aus dem Haus, während bereits Axtschläge schallen: der Kirschgarten wird abgeholzt. Das Geld der neuen Zeit hat triumphiert. Nicht der Geist. Über den Geist einer neuen glücklichen Zeit wird zwar viel gesprochen (wie immer bei Tschechow), indes kommt er nie zum Vorschein. Dies ist typisch.

Neben der zum Symbol gesteigerten, mehr anekdotischen Handlung vom Untergang des Kirschgartens laufen zwar viele kleine Nebenhandlungen, ohne daß eine wirklich tragende Fabel alles einschließt und einbezieht, und doch vermag dieses Schauspiel immer wieder (in Rußland und Europa) das Publikum zu fesseln, da diesem symbolistischen Realismus eine starke Lebenskraft innezuwohnen scheint. Der alte böse Dichter Leo Tolstoi hat nicht umsonst Tschechow als den russischsten der Russen bezeichnet. (Reclams UB 7690.) *J. v. G.*

HENRIK IBSEN

* 20. März 1828 in Skien, † 23. Mai 1906 in Christiania

Ibsen war der Sohn eines Kaufmanns. Die Familie der Mutter stammte aus Deutschland. Er besuchte die Mittelschule seiner Heimatstadt und kam, nachdem sein Vater verarmt war, 1844 zu einem Apotheker in die Lehre nach Grimstad. 1850 siedelte er nach Christiania (heute Oslo) über, um auf der »Studentenfabrik« das Abiturientenexamen nachzuholen. Der Versuch mißglückte. Er erhielt aber alsbald eine

Stellung als Dramaturg und Regisseur an der Nationalbühne in Bergen, die er bis 1857 innehatte. Hierauf wurde er als künstlerischer Direktor an das Norwegische Theater in Christiania berufen. Als dieses Unternehmen 1862 Konkurs machte, ging er als künstlerischer Berater an das alte Christiania-Theater. Im Frühjahr 1864 verließ Ibsen nach mancherlei Mißhelligkeit Norwegen (»alle waren wider mich, ich wurde in Acht und Bann getan«), um fortan mit einem öffentlichen Stipendium und mit Freundeshilfe im Ausland zu leben. Zunächst verbrachte er vier Jahre in Italien, vorwiegend in Rom. 1868 siedelte er nach Deutschland über. Bis 1875 war Dresden sein Wohnsitz, dann bis 1891 München. Den Rest seines Lebens verbrachte der zu europäischem Ruhm gelangte Dichter wieder in Christiania, wo er 1906 starb.

Henrik Ibsen ist der größte Dramatiker Skandinaviens, zugleich eine der stärksten Persönlichkeiten auf dem Gebiet des Dramas im 19. Jh. Sein Schaffen übte ungeheure Wirkung in Europa und der Welt aus und gab der ganzen künftigen Entwicklung des Dramas entscheidende, ja revolutionierende Impulse. Er begann mit dem Römerdrama *Catilina* (1849), von dem er selbst später sagte, daß es »in nebelhaften Andeutungen« vielerlei von dem enthalte, worum seine späteren Dichtungen kreisen: »den Gegensatz von Können und Verlangen, Wille und Möglichkeit, der Menschheit und des Individuums, Tragödie und Komödie«. Mit dem zweiten Werk, dem einaktigen Wikingerschauspiel *Das Hünengrab* (1850), gelangte er erstmalig auf die Bühne des Bergener Theaters. Es folgten, für dieselbe Bühne geschrieben, die Märchenkomödie *Johannisnacht* (1852), das nationale Schauspiel *Frau Inger auf Oestrot* (1854) und das romantische Schauspiel *Das Fest auf Solhaug* (1855), für das 1890 Hans Pfitzner eine Bühnenmusik schrieb. Sage und Geschichte bilden wie bei den zuvor genannten Werken auch für das romantische Schauspiel *Olaf Liljekrans* die Grundlage, das letzte der für das Bergener Theater geschriebenen Stücke. Mit dem Schauspiel *Die Helden auf Helgeland* (1857, in der deutschen Übersetzung 1876 *Nordische Heerfahrt*) setzt dann das eigentlich bedeutsame und wesentliche Schaffen Ibsens ein. Es behandelt den Sagenstoff von Siegfried,

Brünhilde, Kriemhild und Gunther, stützt sich aber nicht auf das Nibelungenlied, sondern auf die isländischen Sagas und gibt eine völlig neue Schau der Gestalten gegenüber den Nibelungendramen von Hebbel und Richard Wagner, indem es »die aus dem Nibelungenliede und der Völsungasaga bekannten riesenhaften Verhältnisse und Vorgänge auf menschliche Dimensionen zurückführt«. Das Neue und in mancher Hinsicht Revolutionäre seiner Behandlungsart kennzeichnet Ibsen selbst in der Vorrede zu der ersten deutschen Ausgabe des Werkes (1876): »Für die Darstellung auf der Bühne eignen sich die idealisierten und gewissermaßen unpersönlichen Sagengestalten heute weniger als je. Ich hatte überhaupt nur die Absicht, unser Leben in der alten Zeit, nicht unsere Sagenwelt darzustellen.« Das nächste Werk, das Versspiel *Komödie der Liebe* (1862), stellt einer philisterhaften Scheinwelt den Dichter gegenüber, der sich im Streben nach Wahrheit aus ihren Bindungen befreit; es hat vor allem biographische Bedeutung. Wie in den *Helden auf Helgeland* einen Sagenstoff gestaltete Ibsen dann in den *Kronprätendenten* (1863) einen großen historischen Stoff aus der mittelalterlichen Geschichte Norwegens: die erbitterten, langwährenden Kämpfe des letzten Königs aus Norwegens Glanzzeit, Haakon Haakonssohn, um Thron und Reich. Es wurde ein großartiges realistisches Geschichtsdrama, das mit den Gestalten des unglücklichen Herzogs Skule als Thronbewerber, seines glücklicheren Nebenbuhlers Haakon Haakonssohn als berufenem Herrscher mit dem ›echten Königsgedanken‹ und vor allem mit der tragisch-dämonischen Figur des Bischofs Nikolas an die Größe Shakespearescher und Schillerscher Dramatik gemahnt. In einem tieferen geistigen Zusammenhang stehen die beiden in Italien entstandenen Werke: das Schauspiel *Brand* (1866) und das dramatische Gedicht *Peer Gynt* (1867). Beide bedeuten eine Abrechnung des Dichters mit seinen norwegischen Landsleuten. In *Brand* zeigte er in der Titelfigur des Pfarrers Brand, eines nach dem Grundsatz ›Alles oder nichts‹ handelnden Idealisten, wie seine Landsleute sein sollten, im *Peer Gynt* zeichnete er sie so, wie sie sind. Mit dem Lustspiel *Der Bund der Jugend* (1869), einer politischen Satire, die teils dem Geiste Holbergs huldigt, teils den Stil der späteren modernen Prosastücke vorwegnimmt, kündigt sich erstmals der Gesellschafts-

kritiker an, der dem späteren Schaffen Ibsens das Gepräge
geben sollte. Zuvor aber entstand in Dresden das zehnaktige
Doppeldrama *Kaiser und Galiläer* (1873), das er als ›Hauptwerk‹ seines Lebens betrachtete. Es stellt die faszinierende
Gestalt des spätrömischen Kaisers Julian Apostata in der
Zeitenwende zwischen der absterbenden Antike und dem
heraufsteigenden Christentum in großartigen dramatischen
Bildern dar, doch erscheint dieses Werk heute nur selten auf
den Bühnen. Mit der Übersiedlung nach München 1875 setzte
dann die Reihe der sogenannten ›Gesellschaftsdramen‹ ein,
in denen Ibsen mit schonungsloser Offenheit und scharfer
kritischer Sonde, zugleich mit der Sicherheit des genialen
Bühnentechnikers, des Meisters in der Psychologie und in
der Kunst, soziales Milieu und atmosphärische Stimmungen
szenisch zu verdichten, den Problemen der ›Lebenslüge‹, der
gesellschaftlichen Heuchelei und Selbstgerechtigkeit der herrschenden Klassen seiner Zeit, zu Leibe ging. Den Anstoß zu
dieser so bedeutsamen Wendung gaben die *Vorlesungen über
die Hauptströmungen in der Literatur des 19. Jahrhunderts*
des dänischen Literaturhistorikers Georg Brandes, die Ibsen
als epochemachend empfand und die ihm »wie die Goldfel-
der Kaliforniens vorkamen, als sie zuerst entdeckt wurden«.
In ununterbrochener Folge erschienen nun in Abständen von
etwa zwei Jahren jene zwölf berühmten Stücke, deren jedes
begierig aufgegriffen wurde, zu heftigen Diskussionen Anlaß gab und oft Skandale hervorrief. Relativ günstig wurde
das erste Werk der neuen Richtung aufgenommen, *Die Stützen der Gesellschaft* (1877; Reclams UB 958), das von
Björnsons *Fallissement* ausgeht, den Einzelfall unehrlichen
Verhaltens im Handelsleben aber auf die gesamten gesellschaftlichen und sittlichen Zustände ausdehnt und in seinem
optimistischen Ausgang den Ruf nach dem ›Geist der Wahrheit und der Freiheit‹ triumphieren läßt. Mit dem weltberühmt gewordenen Ehedrama *Ein Puppenheim* (1879,
deutsch *Nora*), in dem die Frau sich als gleichwertiger Partner gegenüber dem Mann durchsetzt, begannen die Diskussionen. Vollends die *Gespenster* (1881) riefen einen Sturm
der Entrüstung, vor allem in den nordischen Ländern, aber
auch in Deutschland, hervor. Das Werk unterlag zeitweise
der Zensur, die erst mit der Aufführung 1894 am Deutschen
Theater in Berlin als aufgehoben gelten konnte. *Ein Volks-*

feind (1882) brachte die große Abrechnung des Dichters mit
seinen Gegnern, in der ihm eigenen satirischen Schärfe. *Die
Wildente* (1884) behandelt das Thema der Lebenslüge in
einer tragikomischen Variation, die auch ihre positive Funktion deutlich macht. Der tiefe Ernst des Schauspiels *Rosmersholm* (1886), der Liebestragödie zweier reifer Menschen von
hoher Geistigkeit und adliger Gesinnung, kündet von einer
neuen Vertiefung im Schaffen des Dichters. *Die Frau vom
Meer* (1888; Reclams UB 2560) bringt im Gegensatz zu
Nora die nicht-tragische Lösung eines Ehekonfliktes. In dem
Schauspiel *Hedda Gabler* (1890; Reclams UB 2773) ist abermals eine Frauengestalt, die schönheitstrunkene, von starken
Instinkten getriebene Generalstochter, der Mittelpunkt tra-
gischer Auseinandersetzungen. Mit der Künstlertragödie
Baumeister Solness (1892) beginnt der Abgesang des in seine
Heimat zurückgekehrten Dichters, dem die Nachwelt noch
drei gedankentiefe Schauspiele verdankt: die Kindertragödie
Klein Eyolf (1894), das winterlich-dunkle, tief pessimistische
Schauspiel *John Gabriel Borkman* (1896; Reclams UB
8673) und schließlich den dramatischen Epilog *Wenn wir
Toten erwachen* (1899; Reclams UB 8948), Werke, deren
Problematik aus der weisen Altersschau des Dichters ins
Symbolische und Mystische gelöst und überhöht wird. Der
Einfluß, den Ibsen auf die Dramatik des ausklingenden
19. und des beginnenden 20. Jh.s ausgeübt hat, war beispiel-
los. Der Naturalismus und der moderne Symbolismus haben
ebenso in ihm ihre Wurzeln wie der Impressionismus, der
Expressionismus und der Existentialismus. Gerhart Hauptmann, George Bernard Shaw, August Strindberg, Frank Wedekind, Georg Kaiser, aber auch Jean-Paul Sartre und Jean
Anouilh sind ohne Ibsen nicht denkbar. Die tiefe Wirkung
seiner Werke gründet letzten Endes in seiner starken Persönlichkeit. »Alles, was ich gedichtet habe, hängt aufs engste
zusammen mit dem, was ich durchlebt habe, wenn auch nicht
erlebt habe«, schreibt Ibsen 1880 an den ersten deutschen
Übersetzer des *Peer Gynt*, Ludwig Passarge. »Jede neue
Dichtung hat für mich selbst den Zweck gehabt, als geistiger
Befreiungs- und Reinigungsprozeß zu dienen. Man steht
niemals ganz über aller Mitverantwortlichkeit und Mitschuld
in der Gesellschaft, der man angehört. Deshalb habe ich einmal als Widmungsgedicht dem Exemplar eines meiner

Bücher folgende Zeilen vorangesetzt: Leben heißt – dunkler Gewalten / Spuk bekämpfen in sich, Dichten – Gerichtstag halten / über sein eigenes Ich.«

B r a n d. Dramatisches Gedicht in fünf Akten. – Auf den Schneefeldern des norwegischen Hochgebirges begegnen wir dem Pfarrer Brand, einem Mann von strengen Grundsätzen und kompromißloser Haltung. Dem Jugendfreund Ejnar, einem leichtlebigen Künstler, erscheint er als »der reine Gletschermann«. Ihm und seiner Braut Agnes hält Brand die eigene Lebensauffassung vor: er sieht ringsum die Zeit krank, von Halbheiten und Schlaffheiten zerfressen. Sein Gott ist Sturm, wo der der andern nur flauer Wind ist. Während Ejnar diesen Ansichten gegenüber skeptisch bleibt, ist Agnes tief berührt von der Gewalt der Brandschen Worte. Und als Brand unten am Fjord, wo die Bevölkerung in Hungersnot lebt, durch die Tat beweist, daß er ein ganzer Mann ist – er scheut sich nicht, trotz eines Unwetters über den Fjord zu setzen, um einem sterbenden Sünder beizustehen –, verläßt Agnes den Bräutigam und folgt Brand ins Boot, das zu besteigen Ejnar zu feige war. Die mutige Tat verschafft Brand Ansehen bei der Gemeinde. Die Leute bitten ihn, als Pfarrer bei ihnen zu bleiben. Nach anfänglichem Zögern – Brand glaubt sich zu größeren Aufgaben berufen – nimmt er an. Agnes wird sein Weib, obwohl er sie darauf hingewiesen hat, daß er in keiner Sache, auch nicht in persönlichen Dingen, einen Kompromiß kennt. »Alles oder nichts« ist seine Losung. Wie bitter ernst es Brand damit ist, zeigt sich in seinem Verhalten der eigenen Mutter gegenüber. Brand weiß, die Mutter hängt an nichts so sehr wie an ihrem Geld und Gut (dem »Erbtrödel«, wie er es nennt). Brand verlangt, daß sie es opfern soll. Und als sie das verweigert, löst er sich von ihr und läßt sie selbst in ihrer Sterbestunde allein, da sie nur bereit ist, einen Teil zu opfern, nicht das Ganze. »Keinen feigen Kompromiß«, sagt Brand. »Das soll man zum Gesetz erheben«, nicht nur durch Worte, sondern durch Taten. Die tiefere Begründung für seine unerbittliche Haltung sieht Brand in dem Opfertod Christi. Was tat Gott in der Ölberg-Stunde, als ihn der Sohn schier verzweifelnd anflehte: Nimm den Kelch von mir!? Nahm er dem Sohn den Kelch vom Munde? Nein, er mußte ihn bis zur Neige leeren. Es genügt nicht, das Leid zu tragen, man muß es wollen. Als Brand das letzte Wort der sterbenden Mutter erfährt: »Gott ist so hart nicht wie mein Sohn«, sieht er auch hierin nur die gleiche Lüge. In furchtbarer Weise muß jedoch der kraftvolle Eiferer bald nach dem Tode der Mutter die tragische Konsequenz seiner Ideologie selbst erleben. Seinem Söhnchen Alf bekommt das Leben in dem rauhen Klima des Pfarrhofes am sonnenlosen Felsenhang nicht. Schon ist Brand entschlossen, wegzuziehen, als der Doktor ihm Inkonsequenz vorwirft. Brand bleibt nun und hält bei der Gemeinde aus, die seiner bedarf. Das Söhnchen stirbt. Aber auch Agnes zerbricht schließlich an der Starrheit der Brandschen Grundsätze und seinem unerbittlichen Wesen. Als er am Weihnachtsabend von ihr verlangt, auch die letzten Erinnerungen an den Kleinen, ein paar Kleidungsstücke, an ein vagabundierendes Zigeunerweib hinzugeben, geht dies über ihre Kraft. Sie reißt sich zwar von den Andenken los, glaubt sich nun »frei« von allen Banden, hält Brand aber in hektischem Triumph entgegen: »Hilf dir selbst nun angesichts deines Alles oder nichts.« Sie überlebt dieses nicht. Brand baut nun mit dem von der Mutter ererbten Geld eine neue, größere Kirche. Als sie eingeweiht werden soll, führen ihm Gespräche mit dem Probst, einem zu Kompromissen jeder Art bereiten Durchschnittstheologen, und mit dem alten Schulfreund Ejnar, der inzwischen nach einem wüsten Leben Missionar (ohne wirkliche innere Berufung) geworden ist, die Halbheit der herrschenden Kirchenlehre und Kirchenpraxis vor Augen. Er sperrt die Tür der neuen Kirche zu, wirft den Schlüssel in den Bach und hält an die Gemeinde eine flammende Ansprache, in der er sie auffordert, mit dem alten Kompromißgeist zu brechen, mit ihm durch die Lande zu ziehen und eine neue Zeit mit neuen Idealen heraufzuführen. Das Volk, von seinem Anruf mitgerissen, folgt ihm. Bei schlechtem Wetter auf dem Gebirgsplateau weicht die anfängliche Begeisterung aber sehr schnell kleinmütigen und egoistischen Betrachtungen. Und als der Vogt des Ortes angelaufen kommt, um sie mit der Nachricht, daß ein Fischzug den Fjord fülle, der großen Verdienst verspricht, zurückzuholen, sind sie nur allzuschnell zur Umkehr bereit. Brand wird mit Steinwürfen in die Felseneinöde getrieben. Hier hält er Rückschau auf sein Leben und auf sein vergebliches

Streben, das »krüpplig Volk« zu einer höheren Lebensauffassung aufzurufen. In einer weiblichen Gestalt (Agnes als
nebulose Traum-Erscheinung) tritt noch einmal die große
Versuchung an ihn heran. Was er verlor und was ihm teuer
war: Mutter, Weib und Kind, soll ihm wiedergegeben werden, wenn er auf die drei Wörtlein »Alles oder nichts«
Verzicht leiste. Doch Brand bleibt hart und konsequent bis
zum letzten Augenblick, auch als ihn die tolle Gerd, ein in
den Bergen hausendes Zigeunerkind, als Heiland und Er-
löser preist und ihn in ihre »Eiskirche« locken will. Eine her-
abstürzende Lawine begräbt den Furchtlosen, der bis zum
Tode mit seinem Gott ringt. Auf seine letzte Frage, ob nicht
der starke Wille allein zur Seligkeit genüge, antwortet eine
mystische Stimme, die den Lawinendonner übertönt: »Gott
ist Deus caritatis!« –

Brand ist die große Abrechnung Ibsens mit seinen norwegischen Landsleuten, die Reaktion auf ihr Verhalten ihm
gegenüber nach seiner ›Verbannung‹ ins Ausland. Die Dichtung ist, wie Georg Brandes sagt, »eine Vermahnungs- und
Strafpredigt«. Ibsen war aber viel zu sehr Dichter, um in
der bloßen Tendenz steckenzubleiben. Sein Pfarrer Brand
ist eine großartige, von ihrer Mission tief durchdrungene
starke Persönlichkeit, die an der Halbheit und Zwiespältigkeit der Umwelt ebenso scheitert wie an der Maßlosigkeit
ihres kategorischen Imperativs »Alles oder nichts«. Das
Schlußwort der Dichtung: »Gott ist Deus caritatis« macht
deutlich, daß Ibsen die verzeihende göttliche Liebe als das
Höhere betrachtete gegenüber den Forderungen Brands nach
Regeneration des gesamten öffentlichen Lebens in entschie-
dener Strenge und Kompromißlosigkeit. Von Einfluß auf
die Idee und zahlreiche Einzelheiten der Dichtung waren
Vorgänge in Ibsens Zeit. Vorbild für die Gestalt Brands war
der Geistliche Gustav Adolf Lammers, der als Pfarrer in Ibsens
Heimatstadt Skien wirkte und nach seinem Austritt aus der
Landeskirche 1865 eine freie Gemeinde gegründet hatte, mit
der er auf die Bergeshöhen hinauszog, um seine Gottes-
dienste unter freiem Himmel abzuhalten. In den Forderungen Brands nach freiwilligem Märtyrertum und freudigem
Selbstopfer klingen Gedankengänge Sören Kierkegaards an,
dessen Kampf gegen das offizielle Christentum seiner Zeit
und für die volle existentielle Verwirklichung der christ-

lichen Botschaft hier einen Niederschlag gefunden hat. Ibsen selbst wollte von dieser zweifellos vorhandenen Beziehung zu dem dänischen Religionsphilosophen nur bedingt wissen: »Kierkegaard war zu sehr Stubenagitator, Lammers dagegen, der war gerade solch ein Freiluftagitator, wie Brand einer ist«, lautete seine Kommentar. Die erste Aufführung fand am 24. März 1885 in Stockholm statt, die erste deutsche (zum 70. Geburtstag Ibsens) am 17. März 1898 in Berlin.

Peer Gynt

Dramatisches Gedicht in fünf Akten
Erste Aufführung: 24. Februar 1876 in Christiania

P e r s o n e n : Aase, eine Bauerswitwe – Peer Gynt, ihr Sohn – Solvejg – Der Haegstadbauer – Ingrid, seine Tochter – Drei Sennerinnen – Der Dovre-Alte – Trolle aller Art – Master Cotton – Monsieur Ballon – Herr v. Eberkopf – Herr Trumpeterstraale – Anitra, Tochter eines Beduinenhäuptlings – Professor Begriffenfeldt, Vorsteher des Tollhauses zu Kairo – Mehrere Tollhäusler – Ein norwegischer Schiffskapitän – Ein fremder Passagier – Ein Schiffskoch – Ein Knopfgießer u. a.
O r t und Z e i t : Im Gudbrandstal in Norwegen, im Hochgebirge, an der Küste von Marokko, in der Wüste Sahara, im Tollhaus zu Kairo, auf See u. a., 1. Hälfte des 19. Jh.s.

Peer Gynt, »ein stämmiger Bursch von zwanzig Jahren«, hat sich wieder einmal wochenlang im Gebirge herumgetrieben. Seiner besorgten Mutter Aase erzählt er, daß er auf einem Bock reitend einen schwindelnd hohen Grat heruntergesprungen sei. Es sind alles Lügenmären, die er auftischt. Und die Mutter weiß nicht recht, ob sie ihn schelten oder bewundern soll. Denn das Geschichtenerzählen hat er von ihr gelernt. Der väterliche Hof ist schon durch den Leichtsinn des trunksüchtigen Vaters verkommen. Peer könnte alles retten, wenn er Ingrid, die Tochter des steinreichen Haegstadbauern, freien würde, die ihm wohlgesinnt ist. Aber auch das hat er versäumt. Die Hochzeit Ingrids mit dem törichten Mads Moën steht unmittelbar bevor. Peer Gynt bricht sofort zu ihr auf. Die scheltende Mutter setzt er oben aufs Mühldach, damit sie ihm nicht folgen kann. Bei der Hochzeitsfeier Ingrids findet Peer Gynt als ungebetener Gast nicht

viel Gegenliebe. Kein Mädel will mit ihm tanzen. Nur Solvejg, die Tochter armer Zuzüglerleute, scheint ihm gewogen.
Doch tanzen darf auch sie nicht mit ihm. Die Eltern wehren
es wegen des schlechten Rufes, in dem Peer Gynt allgemein
steht. Nun regt sich der Zornesader in ihm. Er, in dem alle
nur den Prahlhans und Lügner, den verlumpten Taugenichts
sehen, wird ihnen einen Streich spielen, an den sie lange denken sollen. Als der gutgläubige Bräutigam sich an ihn wendet, ihm bei seiner Braut, die sich eingeschlossen hat, zu helfen, sagt er zu und – entführt sie ins Gebirge. Nachdem er sein
Mütchen an ihr gekühlt hat, stößt er sie von sich: »Teufels-
kram – ich will's vergessen! Alle Weiber sind besessen!« Nur
eine hat es ihm angetan: Solvejg, an die er immer denken
muß. Peer Gynt muß sich nun, um sich vor den Verfolgungen der Haegstad-Sippe zu schützen, tief ins Hochgebirge
zurückziehen. Auf den Sennhütten treibt er es gleich mit
drei Sennerinnen. Ein grüngekleidetes Weib, die Tochter des
Dovre-Alten, lockt ihn ins Reich der Trolle, wo er mit ihr
vermählt und selbst zum Troll gemacht werden soll. Mit
seiner ganzen Kraft wehrt er sich dagegen. Als Kirchenglocken läuten, verschwindet der Spuk. Peer Gynt ringt nun
mit dem »Großen Krummen«, der sich ihm in den Weg stellt.
Wiederum verscheuchen ferne Glocken die Stimmen der Finsternis und den Flügelschlag unheimlicher großer Vögel.
Peer Gynt findet sich bei Sonnenaufgang im Gebirge wieder. Abseits von aller Welt erbaut er sich eine Hütte. Zu ihr
findet Solvejg den Weg. Aase hat ihr von Peers Jugend und
Leben erzählen müssen; nur bei ihm fühlt sie sich zu Hause.
Einen Augenblick will es scheinen, als ob nun Peer Gynts
unstetes Dasein zur Ruhe kommen solle. Doch die Tochter
des Dovre-Alten, in der Gestalt eines ältlichen Weibes, das
ihm einen häßlichen Jungen bringt, den sie als sein Kind ausgibt, mahnt ihn an seine wüste Vergangenheit. Mit dieser
Belastung fühlt er sich einem Leben an Solvejgs Seite nicht
gewachsen. Er verläßt die Hütte. Solvejg wird seiner harren.
Ehe er in die große Welt aufbricht, kehrt er noch einmal in
der Hütte seiner Mutter ein. Er kommt gerade recht zu
Aases Todesstunde. Wie einstmals setzt er sich an ihr Bett-
ende und spielt mit ihr die Schlittenfahrt nach dem Soria-
Moria-Schloß. Als er sich nach ihr umdreht, ist Aase tot. –
Viele Jahre später finden wir Peer Gynt in Afrika wieder.

Er ist jetzt »ein schmucker Herr von mittleren Jahren«. An der Küste von Marokko spielt er an reich gedeckter Tafel den Grandseigneur und bewirtet Reisende verschiedener Nationen, die er an Bord seiner Luxusjacht genommen hat: den Engländer Cotton, den Franzosen Ballon, den Deutschen v. Eberkopf und den Schweden Trumpeterstraale. Durch Negerhandel und Verkauf von Götterbildern nach China ist Peer Gynt zu einem wohlhabenden Weltbürger geworden. Sein nächstes Ziel ist, durch sein Geld Kaiser zu werden, um »das Gyntsche Selbst« zur höchsten Vollendung zu treiben. Gelegenheit dazu wäre jetzt durch Teilnahme am Freiheitskampf der Griechen gegen die Türken gegeben. Die Herren sollen dorthin aufbrechen, um ihren zur Schau gestellten Tatendrang zu stillen. Peer Gynt wird abseits bleiben. Das ist den Schmarotzern, die nur ihren Vorteil dabei haben wollen, zuviel. Sie annektieren die Jacht und fahren ohne Peer Gynt davon. Peer Gynt sieht ihnen verzweifelt nach. Er ruft den Himmel um Hilfe an. Und tatsächlich erblickt er kurz darauf, wie ein Feuerstrahl aus der Jacht emporschießt und wie sie versinkt. Allein in der Wüste zurückgeblieben, hat Peer Gynt die sonderbarsten Erlebnisse. Zunächst kommt er durch einen Zufall in den Besitz kostbarer Gewandung. Flüchtige Diebe haben sie zurückgelassen. Er wird in ihr für den Propheten gehalten und genießt im Zelt eines Araberhäuptlings göttliche Ehren. Anitra, die Häuptlingstochter, tanzt für ihn. Bei Mondscheinnacht im Palmenhain verlebt er romantische Stunden mit ihr, bis sie über seinen tiefsinnigen Reden einschläft. Als er sie dann entführen will, wofür er ihr eine Seele verspricht, endet das Idyll mit einem tüchtigen Hieb über seine Finger und der Flucht Anitras, nachdem sie ihn um seine Schätze gebracht hat. Er verwandelt sich nun aus seiner türkischen Kleidung in den Europäer zurück und wälzt die phantastischsten Pläne. Er will zunächst die Welt »chronologisch« durchwandern und fängt bei der Memnonsäule in Ägypten an. Sie singt ihm bei Sonnenaufgang ihr Morgenlied. In der Nähe des Dorfes Gizeh gemahnt ihn der rätselvolle Blick der Sphinx an den »Großen Krummen«. Als er die Sphinx anspricht, tritt hinter ihr Professor Begriffenfeldt hervor, der Vorsteher des Tollhauses in Kairo. Dieser nimmt ihn mit nach Kairo ins Irrenhaus. Begriffenfeldt, jetzt selbst wahn-

sinnig geworden, sperrt die Wächter des Tollhauses ein und
liefert Peer Gynt den Insassen der Anstalt aus: dem Fel-
lachen, der sich für König Apis hält, dem Minister Hussejn,
der glaubt, daß er eine Feder sei, und dem tollen Huhu.
Peer Gynt wird von ihnen zum Kaiser der Selbstsucht ge-
krönt. – Wieder sind Jahre vergangen, bis wir Peer Gynt an
Bord eines Schiffes in der Nordsee an der norwegischen
Küste wiedertreffen. Es ist jetzt »ein kräftiger alter Mann
mit eisgrauem Haar und Bart« aus ihm geworden. Der Sturm
treibt das Schiff zur Katastrophe. Peer Gynt droht zu versinken, rettet sich aber, indem er den mit den Wellen ringenden Schiffskoch, einen Familienvater, brutal von den Plan-
ken des Bootes stößt. Doch der unheimliche »fremde Passagier«, der ihm an Bord begegnet und auf seinen Leichnam
spekuliert, jagt ihm Furcht und Schrecken ein. Aus den Fluten des Meeres gerettet, geht er unerkannt an den Stätten
seiner Jugendstreiche vorüber und erfährt, wie er im Gedächtnis der Leute lebt. In die Nähe der alten Hütte im
Hochgebirge gelangt, wo Solvejgs Stimme zu ihm dringt,
kommt Peer Gynt (»still und totenbleich«) zur Einsicht:
»Mein Kaisertum war hier.« Am Kreuzweg begegnet er dem
»Knopfgießer«, der ihn in seiner Kelle umgießen will, weil
er nichts Ganzes und nichts Halbes war, weder gut noch
schlecht, ein Mann, der niemals er selbst gewesen. Peer Gynt
will das Gegenteil beweisen und erkauft sich damit eine
Galgenfrist. Doch niemand will ihm dies bezeugen. Selbst
der »Magere« (Personifikation des Teufels im Priesterrock
und mit einem Vogelstellernetz auf der Schulter), dem Peer
Gynt noch einmal alle Stationen seines lasterhaften Lebens
aufzählt: den Negerhandel, das Prophetenspielen, seinen
brutalen Egoismus beim Schiffsuntergang usw., sieht in allem
nur den »Halbwegsschnack«. Zu einem wirklichen Sünder
reicht das Register nicht aus. Und nun endlich, ganz am
Schluß seines Lebens, findet Peer Gynt die Kraft, »mitten-
durch« und nicht mehr »außen herum« zu gehen wie bisher.
Er tritt Solvejg gegenüber, an der er am meisten im Leben
gesündigt hat. Sie hat ein ganzes langes Leben auf ihn ge-
harrt. Sie soll das Übermaß seiner Schuld aussagen. Doch
Solvejg, glücklich, daß er zurückgekehrt ist, spricht nur davon, daß ihr Leben durch ihn zu einem »schönen Gesang«
wurde. Er war, auch wenn er ferne weilte, immer in ihrem

Glauben, ihrem Hoffen und ihrem Lieben. Erschüttert birgt
Peer Gynt sein Haupt in ihrem Schoß. Sie singt ihm ein
Wiegenlied, wie eine Mutter ihrem Jungen. Hier ist er vor
den Dämonen seines Lebens geschützt. Ihre Stimme übertönt
auch die des Knopfgießers, der bis zuletzt auf seine Forderung pocht.

Wenn Ibsen mit dem *Peer Gynt* auch in erster Linie seinen
norwegischen Landsleuten einen Spiegel vorhalten wollte als
einem Volk, das »in rotwangiger Zufriedenheit sich selbst
genug ist« (Georg Brandes), so wuchs die Dichtung unter
seinen Händen über diesen zeitbedingten Zweck doch weit
hinaus ins Allgemein-Menschliche und wurde zu einem der
großen dramatisch-philosophischen Weltgedichte des Abendlandes, dem man mit Recht den Ehrentitel eines ›nordischen
Faust‹ beigelegt hat. Der Parallelen zu Goethes Werk sind
viele, nicht zuletzt in der glorifizierenden Kraft, die der
weiblichen Reinheit und Treue zugemessen wird. Dennoch
ist der Charakter Peer Gynts von dem Fausts grundver-
schieden, ebenso die Anlage des Ganzen. Meisterhaft ist der
phantastische Zug in Peer Gynts Wesen, das Spiel mit der
Lüge und der Wirklichkeit, herausgearbeitet. Auch sein
›Kaisertum‹, das er von früh an sucht, um es schließlich in
Solvejgs reiner Liebe zu finden, erfährt die mannigfachsten
Varianten. Als ein ›halber Sünder‹ ist Peer Gynt typisch
für den Oberflächenmenschen des 19. (und 20.) Jh.s, doch
liegt all seinen Windbeuteleien und wirren Abenteuern ein
tieferer und echter Wesenskern zugrunde, der ihn der Gnade
erlösender Liebe teilhaftig werden läßt. Neben ihm haben
vor allem die beiden Frauengestalten der Mutter Aase und
der Geliebten Solvejg starkes Eigenleben. Die Sterbeszene
der Aase gehört zu den großen Momenten der abendländischen Bühne. Solvejgs unerschütterlicher Glaube an Peer
Gynt, ihre Treue und ihr Dulden ergreifen um so mehr, als
sie sichtbar über ihr ganzes Dasein hingebreitet erscheinen.
Die zahlreichen märchenhaften Elemente des Stückes, die
großenteils, ebenso wie die Gestalt Peer Gynts, aus älteren
nordischen Volksmärchen stammen, sprengen den Rahmen
des Nur-Realistischen und lassen mythische Urgründe in
neuzeitlicher Form lebendig werden. Die symbolischen Figuren, wie der Große Krumme, der fremde Passagier, der
Knopfgießer, der Magere u. a., leiten das Symboldrama der

Neuzeit ein und haben zahlreiche Nachbildungen (von Strindberg bis Kafka) gefunden. Das lockere Gefüge der Handlung erfährt bei szenischer Wiedergabe durch die kongeniale Musik Edvard Griegs, die Ibsen selbst anregte, eine die Bühnenwirkung sehr fördernde Bindung und Stütze. Die Titelrolle ist in ihrer Entwicklung vom Jüngling zum Greis eine ebenso schwierige wie dankbare Aufgabe für einen Schauspieler großen Formats. Der Erstdruck des Werkes erfolgte 1867 in Kopenhagen. Bereits 1881 wurde *Peer Gynt* ins Deutsche übersetzt, die ersten deutschen Aufführungen fanden 1902 in Wien und Berlin statt. 1892 erfolgte die erste Übersetzung ins Englische, 1896 ins Französische. Über die sehr freie Umgestaltung zur Oper durch Werner Egk siehe Reclams Opernführer. (Reclams UB 2309/10.)

Nora

oder Ein Puppenheim

Schauspiel in drei Akten
Erste Aufführung: 21. Dezember 1879 in Kopenhagen

Personen: Torvald Helmer, Rechtsanwalt – Nora, seine Frau – Christine Linde, Noras Freundin – Dr. Rank – Krogstad – Ein Hausmädchen und ein Kindermädchen bei Helmers – Die drei kleinen Kinder Helmers – Ein Dienstmann.
Ort und Zeit: Salon in Helmers Wohnung, 2. Hälfte des 19. Jh.s.

Weihnachtsnachmitttag. Es herrscht frohe Stimmung bei Helmer und Frau Nora, seinem »Eichkätzchen«, seinem »lockeren Zeisig«, seiner geliebten »Lerche«. Helmer hat nach schweren Jahren endlich die Stellung eines Bankdirektors bekommen, und das zur Verschwendung neigende »Frauchen« glaubt, sich nun keine Zügel mehr anlegen zu brauchen. Sie erhält Besuch von ihrer Freundin Christine Linde, die sie lange nicht gesehen hat. Aus dem Gespräch mit ihr erfahren wir, daß doch nicht alles so rosig aussieht, wie es den Anschein hat. Helmer war gleich nach der Hochzeit schwer erkrankt. Gerettet hat ihn nur ein einjähriger Aufenthalt in Italien, und das Geld dazu hatte Nora aufgebracht. Woher es kam, sollen wir sogleich aus dem Auftritt eines gewissen Herrn Krogstad erfahren, einem Schiffbrüchi-

gen des Lebens, der sich durch eine Wechselfälschung seine
Karriere ruiniert und dann mit dunklen Geschäften weiter-
geholfen hat. Bei ihm hatte Nora das Geld geliehen, das sie
pünktlich zurückzuzahlen bestrebt war, das sie von dem
›Wucherer‹ aber nur auf Grund eines Bürgscheines von
Noras Vater erhalten hatte, dessen Unterschrift Nora, wie
Krogstad ermittelt hat, gefälscht hatte ... Das Verhängnis
will, daß Krogstad Angestellter bei der Bank ist, an der
Helmer Direktor geworden ist, und daß Helmer ihm kündigen will. Nora soll das, so verlangt Krogstad, verhindern.
Hat sie doch auch bereits die Anstellung ihrer Freundin
Christine als Büroarbeiterin bei Helmer vermittelt. Unbarmherzig führt Krogstad ihr die Tragweite ihrer Unterschrifts-
fälschung vor Augen. Nora, die zunächst an das Furchtbare
der Situation nicht recht glauben will, macht alle Versuche,
ihren Gatten zur Wiedereinstellung Krogstads zu bewegen.
Sie erreicht das Gegenteil. Helmer, der Krogstads Vergangenheit nur allzu gut kennt, will sich unbedingt von ihm
lösen, damit er sein neues Amt ohne jede Belastung antreten
kann. Einen Augenblick erhofft sich Nora in ihrer verzweifelten Lage Rettung durch den Freund des Hauses, Dr. Rank,
von dem sie Rat und Tat erbitten könnte. Doch dieser, an
einer unheilbaren Rückenmarkskrankheit leidend, die er dem
lustigen Leutnantsleben seines Vaters zu verdanken hat,
macht in Vorahnung seines baldigen Endes Nora ein Liebesgeständnis, so daß diese mit ihren eigenen Sorgen gar nicht
zu Worte kommt. Nun muß sie das Weitere mit sich allein
ausmachen. Und Krogstad dringt erneut in sie. Er will nicht
nur in die alte Stellung zurück, sondern mit dem verhängnisvollen Schein noch weit mehr von Helmer erpressen. Nora
vertraut sich schließlich ihrer Freundin Christine an und
schwärmt von dem »Wunderbaren«, das eintreten wird,
wenn Helmer die volle Wahrheit erfährt. Oder wäre es vielleicht besser, daß sie vorher aus dem Leben scheiden
würde? ... Doch vorerst soll noch einmal alles so wie früher
sein. Ein Kostümball steht am zweiten Weihnachtstag bevor,
an dem sie als neapolitanisches Fischermädchen verkleidet
die Tarantella tanzen wird. Vorher darf auch Helmer nicht
an den Briefkasten gehen, in dem bereits der inhaltsschwere
Brief Krogstads liegt, der alles enthüllen wird. Erst dann
soll die Entscheidung fallen. Alles scheint sich noch einmal

zum Guten wenden zu wollen, als sich Krogstad unter dem
Einfluß von Christine, der er früher einmal nahestand, bereit findet, sein Spiel nicht weiter zu treiben. Doch Christine
hält eine Aussprache unter dem Ehepaar Helmer für unumgänglich notwendig. Und zu dieser kommt es dann nach dem
Kostümball, als Helmer in angeregter Sektlaune – seine
»einzig geliebte Nora« war die Königin des Festes – sich ihr
mit sinnlichem Begehren nähern will. Jäh schlägt die Stimmung um, als das unmittelbar bevorstehende Ende Dr. Ranks
offenbar wird, das dieser durch eine mit einem schwarzen
Kreuz versehene Visitenkarte andeutet. Dann aber kommt
es zum ›Gerichtstag‹ zwischen den Ehegatten. Voller Empörung und in ›heiligem‹ Zorn stellt Helmer seine Frau zur
Rede, nachdem er Krogstads Brief gelesen hat. Seine Karriere glaubt der ›Unangreifbare‹ ruiniert. Nora sei schuld
daran, und in eitler Selbstbespiegelung spricht er ihr jegliche
moralische Reife ab, auch für die Erziehung der Kinder.
Keinen Augenblick versetzt er sich in Noras Lage, die die
Fälschung ja nur aus Liebe zu ihm und wegen seiner gefährdeten Gesundheit begangen hatte. Doch ebenso schnell
möchte er den alten Zustand wiederhergestellt wissen, als
ein Brief von Krogstad eintrifft, der unter dem segensrei-
chen Einfluß von Christine auf alle weiteren Schritte Verzicht leistet, ja sogar den verhängnisvollen Bürgschein zurückschickt. »Ich bin gerettet! Nora, ich bin gerettet!« ruft
Helmer aus. Aber diesmal hat er sich verrechnet. Nora verlangt ein ›ernstes Gespräch‹ mit dem Gatten, das erste in
ihrer achtjährigen Ehe. Und schonungslos hält nun sie ihm
vor, daß sie nur seine ›Puppenfrau‹ in einem ›Puppenheim‹
war, daß er ihr jetzt ein Fremder geworden ist, den sie nicht
mehr lieben könne, und daß es keinen anderen Ausweg für
sie gibt, als ihn auf der Stelle zu verlassen. Auch die Kinder
können sie nicht zurückhalten. Ehe sie sich wieder der Kin-
dererziehung widmen darf, muß sie sich selbst erziehen, und
Helmer ist nicht der Mann, ihr dabei zu helfen. Das »Wunderbare«, auf das sie gehofft hatte, daß Helmer in echter
Liebe für sie und ihr »Verbrechen« einstehen und die Schuld
auf sich nehmen würde, ist nicht eingetreten. Es bleibt nur
die letzte, allerdings vage Hoffnung auf das »Wunderbarste«, daß aus ihrem Zusammenleben eines Tages doch noch
eine Ehe werden könnte.

Ibsens *Nora* ist ein gesellschaftskritisches Stück ersten Ranges, das durch seine dichterischen wie theatralischen Qualitäten überzeitliche Geltung gewonnen hat. Ibsen selbst betonte, daß er »keines seiner Stücke mit solcher Befriedigung ausgearbeitet wie dieses« (Brief an den Verleger Frederik Hegel). Es ist unter dem Einfluß der zu Ende des 19. Jh.s immer stärker diskutierten Frauenfrage entstanden, doch hat Ibsen Recht und Unrecht in diesem spannungsvollen Ehedrama nicht einseitig-tendenziös verteilt, wenn ihm auch Noras Anliegen in erster Linie wichtig war. Aber auch sie ist nicht frei von Schwächen gezeichnet, ihre Naschsucht, ihr Verschwendungshang und ihre Notlügen treten hervor, überhaupt eine gewisse Oberflächlichkeit, die sich erst im Verlaufe des Stückes zu wandeln beginnt. Und Helmer ist keineswegs der nur unwürdige Ehepartner. Mit großer Kunst ist das ganze Stück auf die Schlußszene zugeführt: die Auseinandersetzung der Ehegatten. Hierin, wie überhaupt in der meisterlichen dramaturgischen Struktur, zeigt sich Ibsen als Könner der ›pièce bien faite‹ (des gut gemachten effektvollen Stückes) der Franzosen. Alles, was gesagt und getan wird, ist beziehungsreich, bis herunter zum Requisit. So wird z. B. die Spannung vom zweiten zum dritten Akt von dem Enthüllungsbrief Krogstads getragen, von dem Nora und die Zuschauer wissen, daß er bereits im Briefkasten liegt, während Helmer noch ahnungslos um ihn herumkreist. Die Titelfigur ist eine der gesuchtesten Frauenrollen des neueren Schauspiels geworden, in der eine Eleonora Duse, Agnes Sorma, Charlotte Wolter u. a. Triumphe feierten. (Reclams UB 1257.)

Gespenster

Familiendrama in drei Akten
Erste Aufführung: 20. Mai 1882 in Chicago

Personen: Helene Alving, Witwe des Hauptmanns und Kammerherrn Alving – Oswald, ihr Sohn – Pastor Manders – Tischler Engstrand – Regine Engstrand, im Hause der Frau Alving.
Ort und Zeit: Auf Frau Alvings Landgut an einem großen Fjord im westlichen Norwegen, 2. Hälfte des 19. Jh.s.

In der Nähe des Landguts von Frau Alving soll ein Kinderheim eingeweiht werden, das zum Andenken an den vor
zehn Jahren verstorbenen Kammerherrn, Hauptmann Alving, aus Familienmitteln erbaut wurde. Pastor Manders,
der alte Freund des Hauses, ist dazu erschienen. Auch der
einzige Sohn, der junge Maler Oswald, ist aus Paris in das
Elternhaus zurückgekehrt, um an der Feier teilzunehmen.
Alles ist gerüstet, und Pastor Manders bespricht mit Frau
Helene Alving, seiner alten Jugendfreundin, die letzten
Formalitäten der Stiftung und der Statuten. Man wird das
neue Heim nicht versichern, da es als ein Gott wohlgefälliges
Werk des Schutzes des Höchsten sicher sein darf. So scheint
alles zum Besten zu stehen, doch das Gespräch zwischen
Pastor Manders und Frau Alving führt allmählich zu
furchtbaren Enthüllungen der Vergangenheit. Als Pastor
Manders Kritik an den Auffassungen Oswalds übt, die dieser über das freie Leben der Künstlerkreise in Paris äußert,
und der Mutter vorwirft, den Sohn nicht in den richtigen
Anschauungen erzogen zu haben, hält Frau Alving ihm vor,
wie es in Wahrheit um ihre Ehe mit dem verstorbenen Kammerherrn bestellt war: neunzehn Jahre lang hat sie ein Martyrium durchgemacht. »Die Wahrheit ist, daß mein Mann
genauso ruchlos starb, wie er immer gelebt hatte.« Ihre ganze
Ehe war ein »verschleierter Abgrund«. Nach kaum einjähriger Ehe hatte Helene Alving erkannt, daß ihr Mann ein un-
verbesserlicher Wüstling war, und sie war vor ihm in die
Arme Pastor Manders' geflohen, dem sie sich nicht nur anvertraut, sondern von dem sie auch unmittelbar Schutz und
Hilfe erhofft hatte. Der sittenstrenge Geistliche war aber
dem Konflikt ausgewichen, hatte der jungen verzweifelten
Frau ihre »überspannten Pläne« ausgeredet und sie »auf den
Weg der Pflicht und in das Heim ihres ehelichen Gemahls«
zurückgeführt. Daß es so schlimm stand, wie er jetzt erfährt,
hatte der Pastor allerdings nicht gewußt, ebenso wie ihm
auch bisher unbekannt geblieben war, daß Regine, halb Bediente, halb Tochter im Hause Alving, in Wahrheit die leibliche Tochter des Kammerherrn ist, Frucht seiner Beziehungen zu dem Kammermädchen Johanne, die man dann, um
den peinlichen Fall zu vertuschen, an den Tischler Engstrand
verheiratet hatte. Gespenster scheinen der entsetzten Frau
Alving im Hause umzugehen, als sie hören muß, wie im

Tschechow, Drei Schwestern

Ibsen, Hedda Gabler

Speisezimmer – eben dort, wo sie einstmals ihren Mann mit dem Kammermädchen Johanne überrascht hatte – jetzt ihr Sohn Oswald mit Regine schäkert. Immer tiefer führen die Gespräche in das Dunkel der Vergangenheit. Während Pastor Manders die einstige Zurückweisung der auch von ihm geliebten Frau als den größten Sieg seines Lebens, den Sieg über sich selbst, preist, spricht Frau Alving von der »kläglichsten Niederlage«, die er erlitten. »Heute sitzen Sie bis über beide Ohren in Ämtern und Kommissionen«, sagt sie dem selbstsicheren Pfarrer ins Gesicht, »und ich sitze hier und kämpfe gegen Gespenster – in mir selbst und um mich her.« Als der Tischler Engstrand die Hilfe des Pfarrers für »sowas wie ein Seemannsheim« erbittet, das er in der Stadt begründen will und in das er Regine als Attraktion mitnehmen will, fällt dieser ohne weiteres auf die scheinheiligen Beteuerungen des alten Heuchlers herein. Frau Alving kommentiert: »Sie sind und bleiben ein großes Kind, Manders.« Zur Katastrophe führen die Enthüllungen und Nachwirkungen des in der Vergangenheit Geschehenen, als Frau Alving vor Oswald und Regine die wahren Zusammenhänge aufdeckt. Regine verläßt das Haus, um dem Tischler Engstrand in sein zweifelhaftes Seemannsheim zu folgen. Oswald, schon in Paris von furchtbarem Kopfweh und quälenden Angstvorstellungen geplagt, erliegt der Krankheit, die ihm sein Vater als Erbteil seines ausschweifenden Lebens hinterließ: der Gehirnparalyse. Das Kinderheim ist, noch ehe es eingeweiht war, durch rätselvolle Ursache in Flammen aufgegangen. Über dem Wahnsinnsausbruch Oswalds und den Verzweiflungsschreien der Mutter geht die Sonne auf, der der erlöschende Geist Oswalds entgegenlallt.

Ibsen schrieb mit der Tragödie *Gengangere* sein düsterstes Werk, das bei seinem Erscheinen vielen Anfeindungen und Mißverständnissen ausgesetzt war. Die Folgen eines leichtsinnigen Leutnantslebens hatte schon die Gestalt des Dr. Rank in der *Nora* aufgezeigt. Hier wertet Ibsen die damals neuen Lehren der Erbforschung noch schonungsloser aus, indem er das Stück mit dem Wahnsinnsausbruch des jungen Oswald als Folge der väterlichen Sünden enden läßt. Und wenn man an der *Nora* getadelt hatte, daß eine Frau ihren Mann und ihre Familie verläßt, so wird hier gezeigt, was entstehen kann, wenn eine Frau ihren Mann nicht beizeiten verläßt und ihr ganzes Leben auf der gesellschaftlichen Lüge aufbaut. »Gesetz und Ordnung«, sagt Frau Alving, »es kommt mir oft so vor, als rühre davon alles Unglück hier auf dieser Welt her.« Sie muß es sich im Alter vorwerfen, daß sie in der Jugend nicht die Kraft besaß, sich zur Freiheit durchzuarbeiten. Mit den Mitteln der Kontrastwirkung hat Ibsen die Randfiguren gezeichnet. »Manders und Engstrand – hier steht Ibsens höllische Charakterisierungsmacht auf ihrer stolzen Höhe«, sagt Paul Schlenther. »Wie die Katze mit der Maus, so spielt der gewitzte Proletarier mit dem studierten und wohlbeamteten Tropf. Dasselbe Alvingsche Vermögen, das dem Asyl dienen sollte, wird nach der ominösen Feuersbrunst dank der Feigheit und Dummheit des guten Pastor Manders einem Seefahrerbordell dienen, in welchem Engstrand der Herbergsvater und Regine die Anziehungskraft sein werden. Das ist das Hohngelächter der Hölle, das durch diese Tragödie hallt und alle Gespenster im Lande weckt.« Meisterhaft wendet Ibsen die dramaturgische Technik der tragischen Analysis an. Die Spannung liegt ausschließlich in den ›Enthüllungen‹ der Vergangenheit. Wir erleben in gedrängtester Form nur das Endstadium einer Familientragödie. Den szenischen Geschehnissen entspricht die Atmosphäre des Stückes mit dem Hintergrund einer »düsteren, von einem gleichmäßigen Regen verschleierten Fjordlandschaft« in den beiden ersten Akten, während die Katastrophe dieser quälenden Tragödie von der aufgehenden Sonne als Sinnbild ewigen Lebens überstrahlt wird.

Die erste deutsche Aufführung fand am 4. April 1886 in Augsburg statt als »Generalprobe unter Ausschluß der Öffentlichkeit für geladenes Publikum«. Über dem Werk, für das sich der Herzog von Meiningen mutig einsetzte, stand bis 1894 ein Zensur-Verbot. (Reclams UB 1828.)

Ein Volksfeind

Schauspiel in fünf Akten
Erste Aufführung: 13. Januar 1883 in Christiania

P e r s o n e n : Dr. Tomas Stockmann, Badearzt – Frau Stockmann – Petra, beider Tochter – Ejlif und Morten, ihre Söhne – Peter Stockmann, Bruder des Doktors, Stadtvogt – Morten Kiil, Frau Stockmanns Pflege-

vater – Hovstad und Billing, Redakteure des »Volksboten« – Horster,
Schiffskapitän – Aslaksen, Buchdrucker, u. a.
O r t   u n d   Z e i t : In einer Küstenstadt des südlichen Norwegen,
2. Hälfte des 19. Jh.s.

Der Badearzt Dr. Stockmann hat das Verdienst, seiner Heimatstadt zu Wohlstand und Ansehen dadurch verholfen zu
haben, daß er die Idee hatte, sie zum Badeort zu machen.
Sein älterer Bruder, Peter Stockmann, Stadtvogt, Haupt der
Polizei und Vorsitzender der Badeverwaltung, hat die Sache
»in Gang gebracht«. Alles wäre in bester Ordnung, wenn
nicht Tomas Stockmann in seinem Wahrheitsdrang weiter
geforscht hätte und gewissen Dingen auf die Spur gekommen wäre, die fatal sind: er hat entdeckt, daß die Seebäder
durch Unrat, der aus dem oberen Mühltal kommt, infiziert
werden und in hohem Maße gesundheitsgefährdend sind.
Auffallende Krankheitsfälle von Typhus und gastrischem
Fieber unter den Badegästen des vorigen Jahres haben den
Doktor nicht ruhen lassen. Er ist der Sache auf den Grund
gegangen, und ein Gutachten der Universität, an die er
Proben vom Trink- und Seewasser schickte, hat seine Befürchtungen bestätigt: »Es ist festgestellt, daß das Wasser
Fäulnisstoffe enthält – Massen von Bazillen.« Es gibt für
den unbestechlichen, idealistischen Doktor, der sich für das
Wohl und Wehe seiner Vaterstadt verantwortlich fühlt, nun
selbstverständlich keinen anderen Weg, als die Dinge sofort
publik zu machen und Abhilfe zu schaffen, koste es, was es
wolle. Hierbei stößt er aber auf Widerstände bei den verschiedensten Stellen. Zunächst hat es den Anschein, als ob die
Mehrzahl aller »rechtlich denkenden Bürger«, die »die kompakte Majorität« bilden, auf seiner Seite stehe. Auch die
»freisinnige, unabhängige Presse«, die die Redakteure Hovstad und Billing verkörpern, erklärt sich für ihn. Man empfindet es überhaupt an der Zeit, auszulüften und mit dem
»Autoritätsdusel« der Behörden aufzuräumen. Als dann
aber Peter Stockmann, der Stadtvogt und Bruder des Doktors, darauf hinweist, welche Unsummen die vom Badearzt
vorgeschlagenen Veränderungen verschlingen würden, daß
für einen Zeitraum von mindestens zwei Jahren das Bad
geschlossen werden müßte und in dieser Zeit wahrscheinlich
die Nachbarstädte den ganzen Fremdenstrom an sich ziehen

würden, kippen alle um: zunächst der Buchdrucker Aslaksen, der Repräsentant der Kleinbürger und Vorsitzender des Vereins der Hausbesitzer, hinter dem die »kompakte Majorität« steht, dann die beiden Redakteure, die bei dem Doktor bisher als Hausgäste ein- und ausgingen, und schließlich die gesamte Öffentlichkeit, soweit sie von den Dingen Kenntnis erhalten hat. Schon hatte Tomas Stockmann einen flammenden Artikel geschrieben, der im »Volksboten« veröffentlicht werden und wie ein Blitz einschlagen sollte, als sein Bruder, der Stadtvogt, ihm zuvorkommt, den Drucker und die Redakteure des »Volksboten« umzustimmen weiß und seinerseits eine beruhigende Erklärung in der Presse erscheinen läßt. Tomas Stockmann, dem es in seinem Eifer für die gute Sache schon gar nicht mehr allein »um das Wasserwerk und die Kloake«, sondern um »das ganze Gemeinwesen« geht und dem sich »unendliche Perspektiven« zu eröffnen scheinen, fühlt sich wie vor den Kopf geschlagen, gibt den Kampf aber keinesweg auf und will ihn nun erst recht führen, gleichgültig, ob ihm dabei seine Absetzung als Badearzt droht und er mit seiner Familie einer ungewissen Zukunft und der Niederträchtigkeit der Masse ausgeliefert wird. Zwar will kein Drucker sein Manifest, das er im Selbstverlag herauszubringen beabsichtigt, drucken, auch kein Versammlungsraum steht ihm mehr zur Verfügung. Aber im Saal des Hauses von Kapitän Horster, der als einziger Bürger der Stadt zu ihm hält, kommt es zu einer Bürgerversammlung, bei der Tomas Stockmann seine Ideen vortragen und seine Anklagen erheben kann. Aus den Erfahrungen der jüngsten Erlebnisse heraus steigern sich diese aber zu so weitgehenden, über das ursprüngliche Ziel hinausreichenden »Enthüllungen«, daß auch die ihm noch wohlwollenden Bürger nicht mehr mitmachen. Tomas Stockmanns Anklage gilt jetzt nicht mehr nur der »Bagatelle, daß unsere Wasserleitung vergiftet ist und unser Kurbad auf verpestetem Boden steht«. Er glaubt die Entdeckung gemacht zu haben, »daß die Quellen unseres gesamten geistigen Lebens vergiftet sind und daß unsere ganze bürgerliche Gesellschaft auf dem verpesteten Boden der Lüge steht«. Und er richtet schwerste Angriffe gegen »die grenzenlose Dummheit unserer Behörden« und gegen »die verdammte, kompakte, liberale Majorität«. Diese ist es, die seiner Ansicht nach die

geistigen Lebensquellen vergiftet und den Boden unter den
Füßen verpestet. Und als er sich gar dazu versteigt, »die
niederen Klassen«, »den Haufen«, »die Masse« auf Kosten
der stets an Zahl geringeren ›geistig vornehmen Persönlichkeiten‹ zu schmähen, hat er sich auch die letzten Sympathien
verscherzt. Die ganze Versammlung brüllt: »Er ist ein
Volksfeind«, jagt ihn davon und demoliert sogar sein Haus.
Seiner Tochter Petra, einer Lehrerin, die tapfer zu ihm hält,
wird gekündigt, er selbst aus seiner Stellung als Badearzt
entlassen, ja auch Kapitän Horster, der Stockmann und seine
Familie mit nach Amerika nehmen wollte, wird von seinem
Reeder gekündigt. Um das Maß der Verwirrung voll zu
machen, kauft Stockmanns Schwiegervater, Kiil, von dem
Erbteil, das er Stockmanns Frau und Kindern zugedacht
hatte, alle Badeaktien des Ortes auf. Nun liegt es an
Dr. Stockmanns weiterem Verhalten, ob diese Aktien in Zukunft noch irgendeinen Wert haben. Als die Journalisten
von dieser Wendung der Dinge hören, stellen sie sich sofort
bei ihm ein, im Glauben, das Ganze sei nur ein Spekulations-
manöver gewesen. Dr. Stockmann bleibt aber bis zuletzt der
unbeugsame, kompromißlose Kämpfer und Idealist, der er
immer war. Er will am Ende allen Widerständen zum Trotz
auch im Ort bleiben und den Kampf um Wahrheit, Sauberkeit und Recht fortsetzen. Er fühlt sich ihm durchaus gewachsen, und das Fazit, das er aus allem zieht, ist: »Der
stärkste Mann hier auf dieser Welt, das ist der, der ganz für
sich allein steht.«

En folkefiende ist Ibsens große Kampfansage an die bürgerliche Welt seiner Zeit, die er von der ›Lebenslüge‹ ganz
und gar zerfressen sieht. In Dr. Stockmann aber ausschließlich ein Sprachrohr Ibsenscher Ideen zu erblicken, wäre
falsch. Ibsen sah in ihm durchaus eine Charakterfigur, »zum
Teil einen grotesken Burschen und einen Strudelkopf«, wie
er zu einem Freunde nach einer Aufführung des Stückes im
Berliner Lessingtheater äußerte. In der Mischung von sozialkritischer Anklage und Satire liegt die Eigenart des Stückes.
Um die Divergenz zu überspielen, die sich daraus ergibt,
daß sozialpolitische Ideen von großer Tragweite durch einen
›Strudelkopf‹ vorgetragen werden, bedarf es allerdings
außergewöhnlicher schauspielerischer Kraft, wie sie in der
Rolle des Dr. Stockmann in neuerer Zeit etwa ein Heinrich

George, Eugen Klöpfer oder Werner Krauß einzusetzen
wußten. Das Stück wurde in neuerer Zeit mehrfach verfilmt.
(Reclams UB 1702.)

Die Wildente

Schauspiel in fünf Akten
Erste Aufführung: 9. Januar 1885 in Bergen

P e r s o n e n : Werle, Großkaufmann – Gregers, sein Sohn – Der alte
Ekdal – Hjalmar Ekdal, sein Sohn, Fotograf – Gina, Hjalmars Frau –
Hedwig, ihre Tochter – Frau Sörby, Haushälterin bei Werle – Relling,
Arzt – Molvik, gewesener Theologe, u. a.
O r t und Z e i t : In Werles Haus und bei Hjalmar Ekdal, 2. Hälfte
des 19. Jh.s.

In einer Gesellschaft, die der Großkaufmann Werle für seinen Sohn Gregers, der lange abwesend war, gibt, kommt es
zu einer Begegnung zwischen Gregers und seinem Jugendfreund Hjalmar Ekdal. Gregers erfährt dabei, daß Hjalmar
seit dem großen Ruin seines Vaters ein kleines Fotografengeschäft betreibt, das der alte Werle ihm einrichtete, und
daß er die frühere Haushälterin bei Werles, Gina, geheiratet
hat. Gregers begnügt sich nicht mit diesen Mitteilungen. Er
stellt seinen Vater zur Rede, warum es zu der Katastrophe
im Hause Ekdal kam und welche Voraussetzungen zu der
Heirat Ginas mit Hjalmar führten. Er beschuldigt den Vater, an der Betrugsaffäre, die den alten Ekdal ins Gefängnis
brachte, beteiligt gewesen zu sein und mit Gina ein Verhältnis gehabt zu haben, das er durch die Verkuppelung Ginas
an Hjalmar zu verdecken suchte. Das Schlimmste in Gregers'
Augen ist dabei, daß Hjalmar nichts von diesem Betrug
weiß und daß das, was er sein Heim nennt, auf eine Lüge
gegründet ist. Gregers, der von einem ›akuten Rechenschafts-
fieber‹ ergriffen ist, sieht es nunmehr als seine Aufgabe an,
Hjalmar über die wahren Zusammenhänge aufzuklären. Er
verläßt voller Entrüstung das Haus seines Vaters, der sich
mit seiner derzeitigen Haushälterin, Frau Sörby, nochmals
zu verheiraten beabsichtigt, und mietet sich bei den Ekdals
ein. Das Milieu, in dem diese sonderbaren Menschen wohnen
und in dem sich alles Weitere abspielt, ist höchst eigenartig.

Das Fotografengeschäft, das die Familie erhält, besorgt in erster Linie Frau Gina. Ihre vierzehnjährige Tochter Hedwig hilft ihr dabei, und die beiden Frauen wetteifern, Hjalmar, der irgendeiner »Erfindung« nachjagt, zu verwöhnen. Mittelpunkt des allseitigen Interesses ist nicht so sehr das Atelier, sondern der Bodenraum der Wohnung, in dem Großvater Ekdal, ehemaliger Leutnant und kühner Bärenjäger, eine Art Jagdrevier aus vertrockneten alten Weihnachtsbäumen mit Hühnern, Tauben, Kaninchen und (als Glanzstück) einer angeschossenen, flügellahmen Wildente eingerichtet hat. Zuweilen kracht dort sogar ein Schuß, wenn Großvater und Hjalmar auf Kaninchenjagd gehen. Das Kind Hedwig hängt mit rührender Liebe an Hjalmar, und dieser bespiegelt sich im Mitleid für den armen, alten, weißhaarigen Vater, den »schiffbrüchigen Mann«, an dessen skurrile Unternehmungen er seine Zeit ebenso verschwendet wie an seine vermeintliche »Erfindung«. Gelegentlich gesellt sich noch der Kandidat Molvik zu ihnen, ein verkrachter Theologe, und Doktor Relling, ein resoluter Kerl, aber gleichfalls eine verbummelte Existenz. In diesem Milieu der »Lüge und Heimlichkeit« aufzuräumen, hält Gregers für seine »Lebensaufgabe«. In ihr will er »Heilung für sein krankes Gewissen« suchen. Das Resultat seiner Bemühungen ist ein ungewolltes: mit der Aufdeckung der früheren Verbindung zwischen dem alten Werle und Gina erreicht er keineswegs die große Regeneration (»die Grundlage für ein ganz neues Leben – für ein gemeinsames Leben im Geiste der Wahrheit, ohne jedes Verschweigen«) zwischen Hjalmar und Gina, wie er es sich erhofft hatte, sondern nur das Gegenteil: Hjalmar, aus der geruhsamen Sicherheit seiner bürgerlichen Existenz aufgescheucht, glaubt es sich schuldig zu sein, das Haus der Schande, in dem er lebt, verlassen zu müssen, findet aber nicht einmal die Kraft dazu, ein Frühstück auszuschlagen, das ihm die lebenskluge Gina nach einer mit Dr. Relling und Molvik verbummelten Nacht vorsetzt. Und Gregers muß es sich von Dr. Relling sagen lassen, daß die »Lebenslüge« in diesem Falle nicht nur nicht ausgerottet werden darf, sondern als »das stimulierende Prinzip« geradezu kultiviert werden muß. »Warum verwenden Sie eigentlich das ausländische Wort Ideale? Wir haben dafür doch das gute, einheimische Wort: Lügen.« So wird alles beim alten bleiben. Das einzige

Opfer dabei ist die kleine Hedwig. Sie wird ungewollt
Zeuge des Gespräches, das Hjalmar mit Gregers über ihre
dunkle Abkunft hat – die Vaterschaft ist ungeklärt –; und
da sie ihren vermeintlichen Vater Hjalmar abgöttisch liebt,
dieser aber bereit wäre, sie aufzugeben, richtet sie auf der
Bodenkammer die Pistole nicht gegen die Wildente, die sie
zum Beweis ihrer Opferbereitschaft auf Veranlassung von
Gregers töten wollte, sondern gegen sich selbst. Hjalmar und
Gina glauben freilich, daß die Pistole nur unglücklich los-
gegangen sei. Dr. Relling stellt aber Gregers gegenüber eindeutig fest, daß es kein zufälliger Schuß, sondern nur Selbstmord gewesen sein kann und daß kein Jahr ins Land gehen
werde, ohne daß »Klein-Hedwig« für Hjalmar nichts anderes als ein schönes Deklamationsthema geworden sein wird,
um von dem Kinde zu sprechen, »das dem Vaterherzen zu
früh entrissen« wurde. »Da sollen Sie mal sehen, wie er sich
einpökelt in Rührung und Selbstbewunderung und Mitleid
mit sich selbst.«

Vildanden ist eine beißende Tragikomödie. Ibsen arbeitet
hier mit allen Mitteln der tragischen Ironie, der Symbolik
und des doppelbödigen Dialogs. Das Thema der ›Lebenslüge‹ erfährt eine Variante nach einer ganz neuen Seite hin,
die in den Worten Dr. Rellings zusammengefaßt erscheint:
»Wenn Sie einem Durchschnittsmenschen seine Lebenslüge
nehmen, so bringen Sie ihn gleichzeitig um sein Glück.« Die
Bühnenwirksamkeit des Stückes, seine ungemein farbige
Milieuschilderung und seine humorvoll-hintergründig gesehenen Figuren haben es von jeher zu einem der interessantesten der Gesellschaftsdramen Ibsens gemacht. (Reclams
UB 2317.)

Rosmersholm

Schauspiel in vier Akten
Erste Aufführung: 17. Januar 1887 in Bergen

P e r s o n e n : Johannes Rosmer, Eigentümer von Rosmersholm, ehemals
Oberpfarrer – Rebekka West, im Hause Rosmers – Rektor Kroll, Rosmers Schwager – Ulrich Brendel – Peter Mortensgaard – Madam Helseth, Haushälterin auf Rosmersholm.

Ort und Zeit: Auf Rosmersholm, einem alten Herrensitze, nicht
weit von einer kleinen Fjordstadt im westlichen Norwegen, 2. Hälfte des
19. Jh.s.

Auf dem Herrensitz Rosmersholm lebt als Sproß eines alten,
angesehenen Geschlechtes von Beamten, Offizieren und
Pfarrern Johannes Rosmer. Er hat seinen Beruf als Pfarrer
aufgegeben, da er sich durch die kirchlichen Anschauungen
zu sehr gebunden fühlte. Seine Ehe mit Beate ist nicht glücklich gewesen. Sie ist kinderlos geblieben, und Beate hat sich
vor etwa einem Jahre durch einen Sturz in den Mühlgraben
das Leben genommen. Sie galt als gemütskrank. Auf dem
Herrensitz führt seitdem Rebekka West, die als Pflegerin
Beates ins Haus gekommen war, »eine Art Regentschaft im
Namen der Hausfrau«. Rebekka ist etwa 30 Jahre alt, Rosmer 43. Rosmers Schwager, Rektor Kroll, möchte Rosmer
dazu überreden, sich in der Politik auf seiten der Konservativen zu betätigen, wovon dieser jedoch nichts wissen will.
Rosmer neigt sogar neuerdings weit mehr zu freisinnigen
Ansichten, wie sie die radikale Zeitung »Leuchtfeuer« vertritt, worüber der stockkonservative Rektor einigermaßen
entsetzt ist. Keiner der streitenden Parteien will Rosmer
angehören. Ihm schwebt ein weit höheres Ziel vor: alle
Leute im Lande zu frohen, unabhängigen Adelsmenschen zu
machen. Die große Welt der Wahrheit und der Freiheit ist
sein Ziel. Und in diesem Streben hat er sich ganz und gar
mit Rebekka West gefunden. Es ist ein schöner Freundschaftsbund geworden, gegründet auf den gemeinsamen
Glauben an die Möglichkeit eines reinen Zusammenlebens
von Mann und Weib, eine Art ›geistiger Ehe‹. Natürlich
kann es nicht ausbleiben, daß ihr Zusammenleben auf dem
alten Herrensitz nach dem Tode Beates verdächtigt wird.
Rektor Kroll, Beates Bruder, klagt den Schwager sogar an,
am Selbstmord Beates mitschuldig zu sein. Beate war zweimal kurz vor ihrem Tode bei ihm, tief verstört darüber, daß
Rosmer im Begriffe sei, von seinem Kinderglauben abzufal-
len. Beim zweiten und letzten Besuch sprach sie die mysteriösen Worte: »Ich habe nicht mehr viel Zeit; denn Johannes
muß nun bald Rebekka heiraten.« Rosmer ist von dieser,
für ihn neuen Enthüllung tief beeindruckt. Und er kann nun
selbst den Verdacht nicht mehr loswerden, daß ihr Freitod

im Wasserfall ein Opfer war, um ihm den Weg zu Rebekka
frei zu machen. Rebekka versucht, ihn von diesen trüben
Gedanken zu befreien. Als er, um alle bedrückenden Spannungen zu lösen, Rebekka bittet, seine Frau zu werden, jubelt sie auf, um im nächsten Augenblick sein Ansinnen ab-
zulehnen, ja sogar damit zu drohen, den gleichen Weg wie
Beate zu gehen, wenn er noch einmal darauf zurückkäme.
Immer quälender bedrängt ihn nun die Frage: wie verhielt
es sich in Wahrheit mit Beates Tod, und welche Rolle hat
Rebekka dabei gespielt? Als Rosmer Rebekka das Bewußtsein seiner Schuld gesteht (»Aus Liebe zu mir sprang sie von
dem Steg dort hinunter in den Wasserfall. Das steht nun
einmal fest, Rebekka, und darüber komme ich nicht hinweg«) und als ihr Rektor Kroll ihre dunkle Herkunft vorhält und sie für die Veränderung von Rosmers Wesen verantwortlich macht, kann Rebekka das Geheimnis ihrer Mitschuld an Beates Tod, das sie bisher verschwieg, nicht mehr
länger für sich behalten. Vor Rosmer und in Gegenwart
Krolls legt sie die Beichte ab: sie war es, die Beate allmählich auf die Irrwege lockte, die am Ende zum Tod im Mühlgraben führten. Sie hatte Beate gegenüber durchblicken lassen, daß, wenn sie noch länger bliebe, irgend etwas geschehen könnte. So bildete sich die kinderlose Frau schließlich
ein, kein Recht mehr zu haben, als Herrin auf Rosmersholm
zu verbleiben, und die Pflicht zu haben, den Platz an Rosmers Seite räumen zu müssen. »Ich wollte Beate weghaben«,
gesteht Rebekka offen ein. Natürlich weiß Rebekka, daß
nun ihres Bleibens auf Rosmersholm nicht länger sein kann.
Es kommt aber doch noch zu einer Aussprache zwischen ihr
und Rosmer, der nach diesem Geständnis tief niedergeschlagen ist und sich wieder den Kreisen um Rektor Kroll genähert hat. In diesem letzten Gespräch offenbart sich, daß
Rebekka keineswegs nichtswürdig ist, daß sie eine große
Wandlung durchgemacht hat und daß ihre Seele wirklich
durch den Einfluß Rosmers geadelt wurde. Jetzt gesteht sie
ihm offen ein, daß sie ihn einstmals leidenschaftlich sinnlich
geliebt hat und kein anderes Ziel kannte, als ihn zu besitzen,
daß das Zusammenleben mit Rosmer in ihr aber die große
entsagende Liebe entwickelt habe, die sie auch den Antrag,
seine Frau zu werden, ausschlagen ließ. Aber das Vergangene ist nicht mehr ungeschehen zu machen. Was verbrochen

wurde, muß gesühnt werden. Und so reift in beiden wie von selbst der Entschluß zum Tod. »Schluß mit der Feigheit jetzt, und nicht schon wieder geflohen«, sagt Rebekka. Und ich nehme dich zur »Ehe als meine rechtmäßige Frau«, sagt Rosmer. Hand in Hand schreiten sie zum Mühlsteg, um den gleichen Weg zu gehen, den Beate ging. »Die Tote hat sie beide geholt«, ist das Schlußwort der Tragödie, das die Haushälterin auf Rosmersholm, Madam Helseth, spricht. Als Episodenfiguren sind in die Handlung verflochten: Peter Mortensgaard, Redakteur des freisinnigen »Leuchtfeuer«, und Ulrich Brendel, ein alter, zum Landstreicher herabgesunkener Idealist und ehemaliger Lehrer Rosmers. Sie sind von Ibsen in gewohnter Meisterschaft mit wenigen Strichen scharf profiliert. Besonderes Interesse weckt Ulrich Brendel, in dem sich (wie Paul Schlenther bemerkt) die beiden Kontrastfiguren aus der *Wildente*, Gregers und Dr. Relling, wie auf einer Seelenwanderung »in einer Person wiedergefunden und amalgamiert haben«.

Rosmersholm wird von manchen als das tiefsinnigste und reifste der Gesellschaftsdramen Ibsens bezeichnet. Die Motivierung aller Vorgänge ist wiederum lückenlos, die analytische Technik virtuos gehandhabt, das ganze Werk von einer feierlichen Stimmung getragen. Symbol für das Geschehen sind »die weißen Pferde« (wie auch ursprünglich der Titel lauten sollte), denen niemand auf Rosmersholm entgeht. Es sind die Toten, die sich nicht von den Lebenden lösen wollen und als stürmende weiße Pferde immer wieder auftauchen. (Reclams UB 2280.)

Baumeister Solness

Schauspiel in drei Akten
Erste Aufführung: 19. Januar 1893 in Berlin

P e r s o n e n : Halvard Solness – Aline, seine Frau – Doktor Herdal, Hausarzt – Knut Brovik, ehemals Architekt, jetzt Assistent bei Solness – Ragnar, sein Sohn, Zeichner – Kaja Fosli, Broviks Nichte, Buchhalterin – Hilde Wangel u. a.
O r t und Z e i t : Im Hause des Baumeisters Solness, 2. Hälfte des 19. Jh.s.

Baumeister Solness hat sich mit einer gewissen Rücksichtslosigkeit hochgearbeitet. Als »armer Bursche vom Lande« hatte er angefangen, heute steht er als einer der ersten in seinem Fach da. Seinen ehemaligen Dienstherrn, den Architekten Brovik, hat er so weit übertroffen, daß dieser auf seine alten Tage als Assistent in seinem Büro arbeiten muß. Auch Broviks Sohn Ragnar ist als Zeichner bei Solness tätig. Der kränkelnde alte Brovik möchte es gerne noch erleben, daß sein Sohn wenigstens wieder den Weg nach oben findet. Solness könnte ihm dazu verhelfen, wenn er Ragnars Zeichnungen begutachten würde. Aber Solness befürchtet, daß ihn die Jugend alsdann nur allzu schnell überflügeln könnte, und er schlägt das Ansinnen des alten Brovik brüsk, wenn auch mit allerlei schönen Begründungen ab. Schlimmer noch für Ragnar ist, daß auch seine Braut, Kaja Fosli, die gleichfalls im Büro von Solness arbeitet, von der Persönlichkeit des großen Baumeisters wie fasziniert ist. Solness steht aber trotz aller dieser Erfolge innerlich keineswegs so gefestigt da, wie es den Anschein hat. Seines Glückes Stunde hatte geschlagen, als die »Räuberburg« seiner Schwiegereltern abbrannte. Das freigewordene Terrain hatte er großzügig bebauen können. Das Brandunglück hatte aber auch zur Folge gehabt, daß seine beiden kleinen Kinder starben. Seitdem ist Aline, Solness' Frau, seelisch völlig erstarrt. Mager, vergrämt und menschenscheu geht sie durchs Leben, nur noch von einem leeren Pflichtbewußtsein getragen (»Das ist ja meine Pflicht« ist ihre ständig wiederkehrende Redensart). Und Solness, der nicht nur der rücksichtslose Selfmademan ist, als der er zunächst erscheint – später ist viel von seinem »gebrechlichen Gewissen« die Rede –, leidet unter der Vorstellung, daß er den Brand des »alten Kastens« herbeigewünscht habe und dadurch zum Mitschuldigen an den Folgen geworden sei. In diesem Sinne empfindet er es »als eine Erleichterung, wenn ich dulde, daß Aline mir unrecht tut«. Am meisten fürchtet er sich aber vor dem Umschwung, der notwendig einmal auch für ihn kommen muß, wenn die Jugend auf den Plan tritt. Und schneller als er es selbst geahnt hat, klopft sie an seine Tür: in Gestalt der Hilde Wangel, eines burschikosen Mädels von etwa 22 Jahren, die ihm ins Haus hereinschneit. Sie kommt, ein altes Versprechen von ihm einzulösen, das er vor zehn Jahren dem damaligen

Schulmädel gegeben hat. Bei dem Richtfest einer von Solness
gebauten Kirche hatte Solness selbst den Kranz an der höchsten Spitze des Kirchturmgerüstes aufgehängt. »Es war
schrecklich spannend, da unten zu stehen und zu Ihnen hin-
aufzusehen«, schwärmt Hilde noch jetzt. Sie hatte ihm laut
zugejubelt, und es hatte wie Harfen in der Luft geklungen.
Bei dem Abendempfang im Hause ihres Vaters hatte Solness
ihr dann versprochen, in zehn Jahren wiederzukommen, wie
ein Troll sie als Prinzessin zu entführen und ihr ein Königreich zu schenken, das Königreich Marzipania ... Und zum
Schluß hatte Solness sie genommen und geküßt. Das alles
hat Hilde nie vergessen, nun fordert sie vom Baumeister die
Einlösung seines Versprechens. Solness, der sich an das alles
nicht mehr genau erinnern kann, empfindet Hildes Ankunft
als großes Glück. Er hatte entsetzliche »Angst vor der Jugend« bekommen (»die Jugend, sehen Sie – das ist die Vergeltung«), und nun scheint sie ihm gerade zur rechten Stunde
den Auftrieb zu geben, den er braucht. Hilde wird zunächst
einmal im Hause bleiben, vielleicht sogar Kajas Stelle übernehmen können, denn an dieser ist ihm nichts mehr gelegen.
Unter dem Einfluß von Hilde läßt er sich auch herbei, Ragnars Zeichnungen zu begutachten. Und schon muß er zu Hilde
bekennen: »Mir scheint, es gibt kaum noch irgendeine Ecke
in mir, die vor Ihnen sicher wäre.« Dem robusten, frischen
Wesen Hildes gelingt es auch, mit dem Problem ihres Verhaltens zu Frau Aline fertig zu werden. Hilde will den
Ehefrieden nicht stören und deshalb ihrer Wege gehen. Aber
Solness soll ihr ein Schloß bauen, und mehr noch – sie wollen zusammen das Schönste bauen, das Wunderbarste, das es
auf Erden gibt: Luftschlösser. Aber dazu muß Solness Hilde
ein Probestück liefern und zeigen, daß er noch ebenso kühn
und jugendfrisch ist wie vor zehn Jahren, als er ohne Furcht
auf die Kirchturmspitze stieg. Gelegenheit dazu ist gerade
jetzt gegeben. Das Richtfest für das neue Haus, das Solness
für sich erbaut hat und in dem, wie er hofft, auch Aline
ihren alten Kummer vergessen soll, steht bevor. Das Haus
hat einen hohen Turm. Solness soll den Kranz selbst an der
höchsten Spitze aufhängen. »Schrecklich spannend« wird das
für Hilde werden, doppelt deshalb, weil niemand mehr daran glauben will, daß Solness auch heute noch dazu fähig sei.
Aline weiß, wie sehr er zum Schwindelgefühl neigt, und

möchte ihn von dem Wagnis abhalten. Doch Hilde drängt
›ihren‹ Baumeister: »Tun Sie noch einmal das Unmögliche!
Nur noch ein einziges Mal!« Und Solness tut es, erklimmt
die Höhe, schwingt den Kranz. Hilde jubelt. Dann stürzt er
ab. »Aber ganz bis oben hinauf ist er gekommen«, sagt Hilde
wie in stillem, irrem Triumph, »mein Baumeister!«

Bygmester Solness leitet die letzte Epoche des Ibsenschen
Schaffens ein. Man hat in ihm ebenso die Tragödie des al-
ternden Künstlers erblicken wollen wie »eine allegorische
Autobiographie« (Maeterlinck). Sicherlich wirkte die zarte
Beziehung des einundsechzigjährigen Dichters zu der jungen
Wienerin Emilie Bardach auf die Idee des Stückes ein. Die
Gestalt der Hilde Wangel ist in dem Schauspiel *Die Frau
vom Meer* vorgebildet, wo sie (halbwüchsige Stieftochter
von Frau Ellida) als kecker Backfisch gezeichnet ist, der alles
unter dem Gesichtspunkt des ›Spannenden‹ betrachtet. Im
Baumeister Solness verläßt sie (nach Ansicht von Paul
Schlenther) den Schauplatz der Handlung »wie das Publikum der Stierkämpfe die Arena«. Es fragt sich aber, ob mit
dieser Auslegung, der die meisten Kommentatoren folgen,
die Figur erschöpfend gesehen ist. Gewiß, sie bekennt sich
selbst zu dem Wikingerblut, das in ihr fließt (»Geraubt zu
werden – das stelle ich mir spannend vor«). Zweifellos steckt
auch ein gut Teil von echtem Idealismus der Jugend in ihr.
Ihren Baumeister ›groß zu sehen‹, mit ihm Luftschlösser zu
bauen, ist der eigentliche Trieb ihres Handelns. Ibsen schuf
jedenfalls mit ihr eine seiner profiliertesten Frauengestalten.
(Reclams UB 3026.)

BJÖRNSTJERNE BJÖRNSON

* 8. Dezember 1832 in Kvikne
† 26. April 1910 in Paris

*Björnson war der Sohn eines Pfarrers. Auf der »Studenten-
fabrik« in Christiania traf er mit dem jungen Ibsen zusammen. 1857–59 leitete er das Theater in Bergen, von 1865 bis
1867 das Theater in Christiania. Die Zwischenzeit war mit
Reisen nach Italien, Deutschland und Frankreich ausgefüllt.*

*Auch später suchte er diese Länder noch öfters auf. 1881
reise er nach Amerika. Von 1882 bis 1887 lebte er in Paris,
dann bis zum Ende seines Lebens vorwiegend in Norwegen
auf seinem Landhaus in Aulestad. 1903 erhielt er den
Nobelpreis für Literatur. Den vielseitigen Publizisten, Politiker, eindrucksvollen Volksredner und Redakteur ereilte
der Tod bei einem Aufenthalt in Paris.*

Björnson ist neben Ibsen die bedeutendste Dichterpersönlich-
keit Norwegens im 19. Jh. Doch war er nicht ausschließlich
Dramatiker, er hat außer etwa 20 Theaterstücken zahlreiche
epische Werke geschrieben (darunter seine sehr erfolgreichen
frühen Bauernnovellen), unzählige politische Abhandlungen
und literarische Feuilletons. Als Dramatiker begann Björnson, wie Ibsen, mit Stücken, denen historische und skandina-
visch-nationale Stoffe zugrunde lagen, den Schauspielen
Zwischen den Schlachten (1856), *Die lahme Hulda* (1857),
König Sverre (1861), der Trilogie *Sigurd Slembe* u. a. Sein
Drama *Maria Stuart* (1864) behandelt die Jugendgeschichte
der schottischen Königin und den Reformator John Knox.
Bahnbrechend, auch für Ibsens Schaffen, wirkte das Schauspiel *Ein Fallissement* (1874), das einen Großkaufmann
durch einen Bankrott hindurchgehen läßt, um ihn von un-
reeller Handlungsweise zur moralischen Reife zu führen.
Das Stück, bereits 1875 ins Deutsche übersetzt, leitet die
Epoche der Gesellschaftsdramatik ein. Seine bedeutendste
dramatische Leistung gab Björnson mit dem Doppeldrama
Über die Kraft (1883/1895). Daneben hat er sich auch mehrfach in der Komödie versucht. Dem reizenden zweiaktigen
Lustspiel *Die Neuvermählten* (1865), das ein junges Mädchen in den Konflikt zwischen ihrer Liebe zu den Eltern
und zu ihrem Gatten stellt, bleibt die Bühnenwirkung niemals versagt. Etwas altmodisch, aber keineswegs überholt
mutet uns heute die Professorenkomödie *Geographie und
Liebe* (1885) an, das Spiel um den Gelehrten, der mit seiner
Gelehrsamkeit die Frauen aus dem Hause treibt. Björnsons
letztes Bühnenstück, das Lustspiel *Wenn der junge Wein
blüht* (1909), von dessen Erstaufführung man dem Dichter
auf dem Sterbebett in Paris berichtete, behandelt in gefälli-
ger Form das uralte Thema der Liebe, die im Frühling die
Herzen junger und auch älterer Menschen höher schlagen

läßt. Es erlebte des öfteren im deutschen Film eine erfolgreiche Auferstehung. Den »großen Sämann Norwegens«, wie Georg Brandes Björnson nannte, verband eine schöpferische Freundschaft mit Ibsen, schöpferisch gerade auch in dem gespannten Verhältnis, in dem die beiden starken Naturen zeitweilig zueinander standen.

Über die Kraft. Schauspiel in zwei Teilen (6 Akten). –
1. Teil: Pfarrer Adolf Sang übt eine rätselhafte Gewalt über seine Mitmenschen aus. Sein kindlicher Glaube und eine übernatürlich scheinende Macht an ihm reißen alle mit sich fort. »Er strahlt beständig vor Sonntagsfreude.« Er gilt als ›Wunderpfarrer‹ im ganzen Land. Kranke, die er berührte, wurden geheilt, ja selbst solche, an die er nur geschrieben hatte, wurden an dem Tage und zu der Stunde gesund, in der er für sie betete. Eine Pfarrerswitwe, die 15 Jahre lang lahm war, kann durch ihn wieder gehen. Ein junges Mädchen, das schon auf dem Totenbette lag, hat er zum Leben erweckt. Viel trägt zu seinem Nimbus das Außergewöhnliche der Landschaft bei, in der er lebt und wirkt. Es ist der hohe Norden Norwegens, wo die Natur selber »über alle gewohnten Grenzen hinausgeht«, wo fast den ganzen Winter über Nacht ist und im Sommer die Tage kein Ende nehmen. Seine gesunde, kräftige Natur erlaubt es Sang, auch in körperlicher Beziehung Ungewöhnliches zu leisten. Tagelang irrt er im Gebirge im Nebel umher, wenn es einen Kranken zu besuchen gilt. Sein Wahlspruch ist: »Ich halte mich an das Gute im Menschen.« Seine Frau, Klara, hat es freilich nicht immer leicht mit ihm gehabt. Da er alles verschenkte, was er besaß, hatte sie die größte Mühe, wenigstens für die beiden Kinder, Elias und Rahel, das Nötigste zusammenzuhalten. Sie wurden bei dem ungeregelten Leben im Pfarrhause zur Erziehung nach auswärts geschickt. Frau Klara, die ihren Mann über alles liebt und bewundert, hat sich bei alledem »zu früh verbraucht«. Sie liegt an schwerer Krankheit (Schlaflosigkeit und Gliederstarre) darnieder und ist an das Bett gebunden. Pfarrer Sang will nun, nachdem er so vielen geholfen hat, auch seiner Frau helfen. Sie erschwert es ihm: »Ich kann ihr nicht helfen, weil ich nicht so recht mit ihr zusammen beten kann, der Widerspenstigen«, die aus einem »alten, nervösen Zweiflergeschlecht« stammt. So hat er die

beiden Kinder nach Hause gerufen, um mit ihnen für die
Gesundheit der Mutter zu beten. Er muß jedoch feststellen,
daß Elias und Rahel gleichfalls von Zweifel befallen sind,
Zweifel vor allem deshalb, weil sie draußen in der Welt gesehen haben, daß die Christen nicht so sind, wie der Vater
es sie gelehrt hatte. Es gibt nur einen wahrhaften Christen
für sie, und das ist ihr Vater. Das Christentum der anderen
ist »ein Kompromiß vor dem, was in ihrer Umgebung und
ihrer Zeit besteht«. Pfarrer Sang beschließt nun, allein seine
Frau zu retten. Er wird in die Kirche gehen und sie nicht
eher wieder verlassen, bis er nicht aus Gottes Hand den
Schlaf für seine Frau empfangen hat, der sie gesund machen
und ihr auch die Möglichkeit wiedergeben soll, vom Kran-
kenlager aufzustehen und zu gehen. Und fast hat es den
Anschein, als ob sich die Kraft des Gebetes erneut bewähren
solle. Kaum daß Sang die Kirche betreten hat – als Zeichen
für den Anfang seines Gebetes läuten die Kirchenglocken –,
schläft die Mutter ein. Auch ein Bergsturz, der seit langem
drohte, nunmehr losbricht und gerade auf die Kirche zusteuert, biegt im letzten Augenblick ab. Die Nachricht von
diesen neuen Wundertaten Pfarrer Sangs verbreitet sich
rasch. Eine große Volksmenge strömt herbei, sogar ein ›Mis-
sionsschiff‹ ist angekommen, um das Ende des Gebets mitzuerleben. Im Pfarrhaus treffen sich in einer abgelegenen
Stube der Bischof des Landes und eine Anzahl Geistlicher,
um zu beratschlagen, wie sie sich vom Kirchenstandpunkt
aus zu dem ›Wunder‹ verhalten sollen. Für die Mehrzahl
von ihnen steht zunächst einmal das Problem des Hungers
im Vordergrund, den sie nach überstandener stürmischer
Überfahrt mit Seekrankheit verspüren. Dann gibt es ein
diplomatisches Hin und Her, bis schließlich einer von ihnen,
Pfarrer Bratt, für den es – ebenso wie für Elias – von entscheidender Bedeutung sein wird, was sich weiter ereignet,
ihnen ernstlich zuredet. Bratt ist von allen Wunderorten in
Europa, die er aufsuchte, enttäuscht heimgekehrt. Pfarrer
Sang und sein Wirken sind ihm der letzte Halt für seinen
Glauben an das Wunder (und damit an das Christentum
überhaupt). »Dieser Mann ist groß.« Und Bratt will seinen
Abschied als Geistlicher, ja von der Kirche, vom Glauben
nehmen, »wenn das Wunder nicht hier ist«. Noch niemand
sah je einen solchen Glauben, der in Wahrheit Berge versetzt

und der dem »ganzen Geschlecht« nottut. Die Geistlichen
schließen sich Bratts Auffassung an. Das Kommende wird
entscheidend für sie alle sein. Und nun tritt das ›Wunder‹
ein. Nachdem der Pfarrer sein Gebet beendet hat und aus
der Kirche tritt, erhebt sich Frau Klara tatsächlich nach langem Schlaf. Sie geht ihrem Manne, den die Menge mit einem
tausendfachen Halleluja begrüßt, entgegen. »Du leuchtetest,
als du kamst, mein Geliebter!« sagt sie – und sinkt entseelt
in seine Arme. »Aber das war ja nicht die Absicht –?« sagt
Sang in kindlichem Ton, sich über sie beugend. »Oder –? – –
Oder – – –?« Und er fällt gleichfalls tot um.
2. Teil: Einige Jahre später. Aus Pfarrer Bratt ist inzwischen
ein sozialistischer Agitator geworden, der einen großen
Streik der Arbeiterschaft organisiert hat, den größten, den
das Land jemals erlebt hat. Elias Sang ist sein gelehriger
Schüler. Er gibt ein Blatt für die Arbeiter heraus. Rahel hat
sich ganz der Krankenpflege gewidmet und ein Hospital
begründet. Die Geschwister verwenden auf diese Weise das
Geld, das ihnen aus der Erbschaft ihrer amerikanischen
Tante, der Schwester ihrer Mutter, zufloß. Der Dichter führt
uns zunächst in die Elendsquartiere der Arbeiterschaft in
einer tiefen Schlucht, »zur Hölle« genannt, wohin kein Son-
nenstrahl dringt und wo sich infolge der gespannten Lage
bereits Furchtbares ereignet hat: eine verzweifelte Frau hat
ihre beiden Kinder und sich selbst getötet. Pfarrer Falk,
einer der Teilnehmer an der Diskussion von Pfarrer Sangs
Ende, geleitet sie zu Grabe. Er redet weder den Armen noch
den Reichen nach dem Munde, ist aber machtlos gegenüber
den aufrührerischen Kampfansagen, mit denen Bratt die
Arbeiterschaft gegen die Reichen aufwiegelt, »die ihnen die
Sonne genommen haben«. Dann lernen wir die Gegenseite
kennen, die Fabrikbesitzer und Kapitalisten, deren rück-
sichtsloser und brutaler, aber machtvoller Repräsentant Holger ist. Er empfängt eine Deputation der Arbeiter, zeigt sich
ihren Forderungen (Anteil am Verdienst, Bauplätze oben an
der Sonne und ein gemeinsames Schiedsgericht) nicht geneigt
und verlangt unnachgiebig die Beendigung des Streiks. Nur
Rahel gegenüber zeigt er sich weniger brüsk. Er schenkt ihr
sein bisheriges Besitztum mit Park für ihr Hospital; die
Kinder seiner Schwester allerdings, Credo und Spera, die mit
rührender Liebe an Rahel hängen, will er ihrem Einfluß

entziehen, um sie ganz im Sinne seiner ›Herrenmoral‹ heranzubilden. Holger nimmt in seinem neuen Schloß Wohnung, einer Art Trutzburg im alten Stil, oberhalb der von unterirdischen Gängen durchzogenen Schlucht, in der die Elendsquartiere der Arbeiter liegen. Der streikenden Arbeiterschaft zum Trotz läßt Holger eben jetzt in die Burg eine Versammlung aller Fabrikbesitzer des Landes einberufen, um eine Art Syndikat der Unternehmer zu bilden: »Bilden die Arbeiter einen Fachverein gegen uns, dann bilden wir einen Fachverein gegen sie.« Das Zukunftsziel ist, diese Bestrebungen auf alle zivilisierten Länder auszudehnen. Es fehlt in der Versammlung nicht an Stimmen, die davor warnen, die Gegensätze zu verschärfen. Der Chemiker Johan Sverd weist darauf hin, daß zuviel Machtanhäufung notwendig zu Übergriffen führen muß und daß es zu einem Aufstand kommen kann, »der weit erbitterter als die Religionskriege unserer Vorfahren« werden könnte. Er wird jedoch überstimmt, ebenso wie der gottesfürchtige Fabrikant Anker, der darauf hinweist, daß sie ein Leben »über die Kraft« führen, das den Anarchismus geradezu züchte. Der brutale Ketil hält ihm, unter dem Jubel der Mehrheit, entgegen, daß »von Zeit zu Zeit ein Aderlaß der Unruhestifter« nötig sei, wie ihn die gewaltsame Niederwerfung des Aufstandes der Kommune in Paris mit zehntausend Toten gezeitigt hätte. Mit dem »Menschentier«, das im Arbeiter schlummere, könne man nicht die Direktion und das Verdienst teilen. Holger spricht das Schlußwort von der »Tradition der Herrenmacht«. Seine Vorschläge werden angenommen. Nun soll ein großes Fest mit Musik und Schloß-Illumination beginnen. Doch Elias Sang hat einen Gegenschlag vorbereitet. Während die ›Herren‹ auf der Burg tagten, sind alle Ausgänge verriegelt worden, als einziger noch anwesender Diener entpuppt sich Elias. Er verkündet den Fabrikherren, daß sie verloren sind: das Schloß ist mit Sprengstoffen unterminiert und wird in wenigen Augenblicken in die Luft fliegen. Holger schießt Elias nieder. Bei der allgemeinen Verwirrung, die nun eintritt – schon springt einer der Fabrikanten aus dem Fenster und zerschmettert unten – behält Holger die Fassung. Er fordert die Herren auf, das Unvermeidliche mit Würde zu tragen: »Einen Tod müssen wir alle sterben.« Und er glaubt vorauszusehen, daß

auf »Leute, die zu so etwas ihre Zuflucht nehmen«, niemals
die Macht übergehen könne. Bei dem Ausruf Ankers »Gott
schütze das Vaterland!« bricht die Burg zusammen. Ein kurzes Nachspiel im Park von Rahels Hospital bringt den Ausklang: Holger überlebte als einziger die Katastrophe, aber
als Krüppel, der an den Rollstuhl gebunden ist. Der an der
Sprengung unbeteiligte Bratt ist irrsinnig geworden. Rahel
leidet schwer unter dem Tod des Bruders, richtet sich aber
an den Kindern Spera und Credo auf, die ihr nun ganz anvertraut sind. Sie will auch zwischen den Arbeitern und
Holger vermitteln. »Denn einer muß den Anfang machen
mit dem Vergeben.«

Björnson wuchs mit diesem Doppeldrama weit über sich
und sein übriges Schaffen hinaus. Das im Titel ausgedrückte
Leitmotiv des Werkes wird in zwei gewaltigen Akkorden
angeschlagen, einmal in der religiösen Fragestellung und
dann in der sozialen. Der über menschliches Maß hinausgreifenden Wirksamkeit Pfarrer Sangs bleibt letztlich ebenso
der Erfolg versagt wie der »Religion des Martyriums«, die
sein Sohn Elias vertritt. Das brutale Herrenmenschentum
Holgers ist ebenso gefährlich wie das agitatorische Wirken
Bratts. Lediglich die verzeihende Güte Rahels überlebt die
Katastrophen (»Das Größte bei der Güte ist, daß sie schöpferisch ist«). Das etwa sind die Grundgedanken dieses bedeutendsten Werkes von Björnson, das die Summe seiner
Erkenntnisse als Politiker, sozialer Reformer und Schriftsteller zieht. Es spricht für die Objektivität und die künstlerische Kraft der Dichtung, daß sie nirgends zum Tendenzdrama wird, ja sogar der Humor kommt zu seinem Recht,
wie die Diskussion der Geistlichen im 1. Teil zeigt. Die Uraufführung fand 1886 in Stockholm statt, die ersten deutschen Aufführungen 1900 in Berlin und Stuttgart. Vom
2. Teil zu Gerhart Hauptmanns *Webern* ist nur ein kleiner
Schritt.

Zur Geschichte des Schauspiels

Vom Beginn bis zur Mitte des 20. Jahrhunderts

Der Zeitabschnitt, in dem die im zweiten Teil dieses Schauspielführers behandelten Werke entstanden sind, umfaßt rund 90 Jahre. Die Dichter, mit denen er beginnt, stehen auf dem Boden, den Björnson und Ibsen bereitet hatten*, dem Boden des bürgerlichen Realismus. Dabei ist aber zu beachten, daß die um 1880 einsetzende Bewegung in Skandinavien und Deutschland sich viel mehr auf den zornigen Wahrheitssucher und anklägerischen Gesellschaftskritiker Ibsen stützte als auf den ewig sonnigen, ewig begeisterten ›Fortschrittler‹ Björnson. Ibsen hatte die Herrschaft des französischen Salonstücks auf dem europäischen Theater gebrochen und ihm, seine Technik übernehmend, das moderne Gesellschaftsstück entgegengestellt. Damit hatte er die Bühne endgültig in den Dienst jener Bestrebung gestellt, die man summarisch als die Grundtendenz der gesamten literarischen Entwicklung des 19. Jh.s bezeichnen kann – der Wirklichkeitssuche. (Der geniale Vorstoß, den Georg Büchner schon in den dreißiger Jahren mit seinem »Woyzeck« und »Dantons Tod« in dieser Richtung unternommen hatte, war ohne Folgen geblieben.) Die Naturwissenschaften hatten in diesem Jahrhundert das Weltbild mächtig erweitert und geschärft, es freilich auch dunkler und an trüben Einsichten reicher gemacht. Dem positivistischen Fortschrittsenthusiasmus stellte sich bald die Erkenntnis zur Seite, daß aus den Triumphen der Wissenschaft letztlich kein anderer Schluß gezogen werden könne, als daß der Mensch auf eine partikulare Existenz in den beiden Bereichen Natur und Gesellschaft beschränkt sei, in der er in zunehmender Gottferne

---

* Der Leser möge bedacht bleiben, daß hier nicht die allgemeine literaturgeschichtliche Entwicklung dargestellt, sondern nur eine kurze Zusammenfassung der geistigen Tendenzen des Dramas gegeben wird, die freilich die bewegenden Impulse des Gesamtverlaufs widerspiegeln. Die Beschränkung des Themas entschuldigt das Fehlen vieler wichtiger Namen, hier gleich am Anfang z. B. derjenigen Zolas und Dostojewskis.

dahinleben müsse; dies sei seine einzige Wirklichkeit, allein aus ihr könne er selbst begriffen werden. So setzte sich auch die Kunst das Ziel, ein möglichst getreues Abbild dieser Wirklichkeit zu geben.

Mit dieser erklärten Absicht trat der *Naturalismus* auf den Plan, dessen literarisches Programm genau die beherrschenden Ideen der Zeit, das naturwissenschaftliche Denken und den Sozialismus, reflektierte. Bezeichnend, daß damals der Biologe Wilhelm Bölsche eine Schrift über die »Naturwissenschaftlichen Grundlagen der Poesie« (1887) veröffentlichte und der streitbare *Arno Holz* (1863–1929), der führende Theoretiker der neuen Richtung, in seiner Schrift »Die Kunst. Ihr Wesen und ihre Gesetze« (1891) die These aufstellte: »Die Kunst hat die Tendenz, wieder die Natur zu sein.« Holz belegte seine Anschauungen z. T. in Gemeinschaftsarbeit mit seinem Freund *Johannes Schlaf* (1862–1941) durch eine Reihe naturalistischer ›Musterstücke‹, von denen hier nur »Die Familie Selicke« (Reclams UB 8987) sowie die zusammen mit *Oskar Jerschke* geschriebenen Schauspiele »Traumulus« und »Büxl« genannt seien. Seiner Überzeugung, daß nur der »konsequente Naturalismus« (für den Johannes Schlaf 1892 mit seinem Drama »Meister Oelze« [Reclams UB 8527] das markanteste Beispiel geliefert hatte) die Wirklichkeit mit unbedingter Wahrhaftigkeit und höchster Lebenstreue einzufangen vermöge und darum die allein mögliche und gültige Kunst der Zeit sei, wurde bald ein Stoß versetzt, als der begabteste Repräsentant der jungen, von der Berliner »Freien Volksbühne« getragenen Bewegung, *Gerhart Hauptmann*, in seinem Schaffen schon sehr früh eine Wendung zur Neuromantik nahm. 1889 hatte der berühmte Theaterskandal bei der Uraufführung von »Vor Sonnenaufgang« gezeigt, wie erschrocken das an die Epigonendramatik eines *Adolf Wilbrandt* (1837–1911) und *Ernst von Wildenbruch* (1845–1909) gewöhnte bürgerliche Publikum über den Einbruch der ›Häßlichkeitsdichtung‹ auf der Bühne war, aber schon sieben Jahre später durfte es sich an der poetischen Märchenwelt der »Versunkenen Glocke« entzücken. Das heißt aber nichts anderes, als daß die Revolution der Wirklichkeitsfanatiker bereits im Verlauf eines knappen Jahrzehnts die ästhetische Gegenrevolution hervorgerufen hatte. Ihr Zentrum war, wenn auch Hauptmann

dort mindestens mit einem Teil seines Schaffens ihre Ziele zu
vertreten schien, nicht Berlin, sondern Wien.

Für das Theater hatte der Naturalismus die Befreiung der
Darsteller von Schwulst und falschem Pathos, von verloge-
ner Pose und geleckter Routine gebracht; das war eine Tat,
die bis heute nachwirkt, denn damals wurde zum erstenmal
die These aufgestellt, daß nicht der der beste Schauspieler
ist, der sein Wesen in tausend Masken verstecken kann, sondern derjenige, der es in der zu verkörpernden Rolle völlig
darbringt. In der Erziehung zu künstlerischer Ehrlichkeit
hat der Naturalismus Bedeutendes geleistet – der Preis dafür war die Gefahr einer Verkümmerung der Phantasie,
einer Verengung des Blickfeldes, das nur noch bestimmte
(soziale) Schichten und Probleme erfaßte. Gewiß bedeutete
es schon eine Auflockerung und Verfeinerung, wenn auch
keine Umbildung des naturalistischen Weltbilds, daß der in
der großen französischen Malerei der zweiten Jahrhunderthälfte weltgültig dokumentierte *Impressionismus* auch in der
Literatur Eingang fand; aber in ihm steckt ja auch noch ein
wissenschaftliches Element – die ›Sehweise‹ –, und die zweite
bewegende Kraft, die die Grobschlächtigkeit des doktrinären Naturalismus zusehends differenzierte, kam vollends
von der Wissenschaft her, nämlich in Gestalt des Wiener
Arztes und Seelenforschers Sigmund Freud (1856–1939), des
Begründers der Psychoanalyse. Die Verfeinerung und Sen-
sibilisierung in der Charakterschilderung von der wissenschaftlichen, die Auflockerung und Nuancierung der Darstellungsmittel von der künstlerischen Seite her bewirkten in
Wien namentlich im dramatischen Schaffen *Arthur Schnitzlers* die feine Nerven- und Sinnenkunst des literarischen
Impressionismus, der die für die Flüchtigkeit und Unbeständigkeit der von ihm mit Vorliebe dargestellten erotischen
Empfindungen, Reize und Genüsse so adäquate Form des
Einakters zu hoher Virtuosität entwickelte. In seiner geistigen Haltung ist der Impressionismus, der sich zum Naturalismus verhält wie das Rokoko zum Barock, gleichfalls anti-
metaphysisch. Er schätzt an der dramatischen Kunst wie
jener vor allem das Dokumentarische, nur daß er dem sozialrevolutionären Eifer, mit dem die bieder fortschrittsgläubi-
gen Naturalisten der Aufbruchsjahre diese Wertfunktion der
Bühnendichtung priesen, seinen relativierenden Zweifel ent-

gegensetzte. Mit seiner Skepsis und seinem müden Sensualismus war der litararische Impressionismus die bürgerliche Spielart, man könnte auch, härter, sagen: die Decadence des Naturalismus und insgeheim der Wegbereiter der ästhetischen Gegenbewegung der Neuromantik.

War der Naturalismus zeitbezogen, materialistisch, prosaisch und vornehmlich großstädtisch, ohne Metaphysik und ohne erkennbares Verhältnis zur Religion, so gab sich die *Neuromantik* zeitflüchtig, idealistisch, poetisch und naturverbunden, dem Metaphysischen, Mythischen und Mystischen zugeneigt. Viel einströmende ausländische Einflüsse halfen ihr den Boden bereiten; von Frankreich her namentlich der Symbolismus (Charles Baudelaire, Paul Verlaine), von Italien Gabriele d'Annunzio, und (mit Teilen ihres Werkes) von England her Oscar Wilde und von Schweden August Strindberg. Auch Friedrich Nietzsche hat seinen mächtigen Schatten über diese künstlerische Bewegung geworfen, die in extremem Gegensatz zum Naturalismus das ›Schöne‹ über das ›Wahre‹ stellte und ihre Anhänger ungeachtet aller individuellen Verschiedenheit im Zeichen eines mehr oder weniger weltflüchtigen Ästhetizismus vereinte. Nur Hauptmann, dessen elementare Potenz ihn befähigte, gleichzeitig im Lager der Naturalisten und der Neuromantiker zu stehen, hielt sich von der ästhetisierenden Fin-de-siècle-Stimmung fern; auch als Neuromantiker bleibt er naiv, weltnah und gefühlsstark. Das Märchen ist mehr seine Domäne als die idealisierte Historie oder Legende, und im Ästhetischen ist er eher ein Versager. Hier ist die Führung unstreitig auf den jungen Wiener *Hugo von Hofmannsthal* übergegangen, der das vom Naturalismus verworfene Wunder und Geheimnis, den Traum und die Entrückung mit gleichsam spielerischer Hand auf die Bühne zurückruft, die ein sozialkritisches Forum geworden war, und zugleich eine neue, nun bewußt kunstvoll und erlesen gebildete Sprache von ihr herabklingen läßt. Von Wien auf Deutschland übergreifend, findet die Neuromantik eine Generation von Dramatikern, die – heute kaum noch lebendig – die Bewegung gewissermaßen ›programmatisch‹ repräsentiert. Dazu gehören *Eduard Stucken* (1865–1936), der die Sagenwelt des Königs Artus und des Grals in Versdramen von mächtigem rhetorischem Prunk abseits von Wagner (und doch in seinem

Bannkreis stehend) auf der Bühne wiederzuerwecken suchte, *Henry von Heiseler* (1875–1928), der einzige Dramatiker aus dem Kreis Stefan Georges, mit seinen um das Zentralmotiv des Todes geordneten Schauspielen aus der russischen Geschichte (Heiseler war wie Stucken in Rußland geborener Deutscher) und *Ernst Hardt* (1876–1947), der anfänglich Hofmannsthals Sprachgebärde in seinem Einakter »Ninon de Lenclos« aufnahm und dann mit den bis zum Manierismus kunststreng gebauten Sagendramen »Tantris der Narr« und »Gudrun« häufig gespielt wurde. Viel leere Wortdekoration umhüllt die einem gänzlich veräußerlichten Schönheitskult huldigenden Bühnenwerke des Schwaben *Karl Vollmoeller* (1878–1948), von denen »Das Mirakel«, eine von Max Reinhardt inszenatorisch großartig aufgezogene Zirkuspantomime ohne jede dichterische Substanz, kurz vor dem Ersten Weltkrieg eine Theatersensation war. Reinhardt war mit seiner österreichisch-barocken, sinnenhaften und bildgesättigten Bühnenphantasie überhaupt der geborene theatralische Wegbereiter der Neuromantik, so wie der Hamburger Otto Brahm mit seiner peniblen Sachlichkeit und Solidität der große Regisseur des Naturalismus gewesen war. Nur mit seiner einigen Werken (»Der natürliche Vater«, »Alles um Geld«, »Belinde«) ist der Rheinländer *Herbert Eulenberg* (1876–1949) der Neuromantik zuzurechnen; im Zentrum seiner großen, aber diffusen und bedenklich kririklosen Begabung wirkten vielmehr Kräfte nach, die die Sturm-und-Drang-Zeit aufgewirbelt hatte. Auch *Wilhelm Schmidtbonn* (1876–1952), Eulenbergs in seiner Dichtung disziplinierterer Landsmann, durchlief zwischen seinem dreißigsten und vierzigsten Lebensjahr die Stilphase der Neuromantik (»Der Graf von Gleichen«, »Der Zorn des Achilles«), von der aus *Franz Dülberg* (1873–1934) schon zum Sprung in den Expressionismus (»König Schrei«, »Das Korallenkettlin«) anzusetzen scheint. *Rudolf Borchardt* (1877 bis 1945) steht mit seiner aus dem Geist hochmütig-strenger Sprachformung vorgenommenen Wiedererweckung mittelalterlicher Mysterienspiele als bewußt zeitabgewandter Dichter neuromantischer Herkunft konsequent abweisend noch mitten im expressionistischen Katarakt der zwanziger Jahre, wogegen der ›Progressist‹ *Stefan Zweig* (1881–1942) damals längst vergessen haben dürfte, daß neuromantisches Lebensgefühl ihn einst auch einmal zum Drama (»Tersites«, »Das Haus am Meer«) gedrängt hatte.

Die Neuromantik, mit ihrer starken Beziehung zum Irrationalen eine literarische Bewegung, die deutscher Eigenart sehr entgegenkam, hat außerhalb des deutschen Sprachgebiets nur in Skandinavien, Irland und Belgien (also wiederum Ländern des germanischen Kulturkreises) Bedeutung erlangt. In Schweden war es *August Strindberg*, der in seinem die ganze Entwicklung vom Naturalismus bis zum Surrealismus vorausnehmenden Riesenwerk mit den Märchenspielen »Die Kronbraut« und »Schwanenweiß« die neuromantische Richtung einschlug – sie ist dort, wo man dem benachbarten norwegischen Naturalismus ebensoviel Widerstand entgegensetzte wie der mitteleuropäischen Artistik der Decadence, die herrschende geblieben. In Irland war die Begründung der ›keltischen Renaissance‹ durch *William Butler Yeats* (1865–1939) die nationale Form, in der sich dort die Neuromantik manifestierte; der Rückgriff auf den nationalen Geist, den nationalen Mythos und die nationale Geschichte ist ja ein Wesensmerkmal jeder Romantik. Belgien aber stellte in *Maurice Maeterlinck* (1862–1949), da Hofmannsthals Entwicklung nach seinen neuromantischen Anfängen in anderen Bahnen verlaufen war, den wohl ausgeprägtesten und konsequentesten Repräsentanten dieser Bewegung innerhalb der gesamten europäischen Literatur: Er hat wie kein anderer das Erbe des Symbolismus in seine Zeit übernommen und in der subtilen Stimmungskunst seiner Dramen, wie z. B. in der einst viel gespielten »Monna Vanna« oder in dem von Debussy komponierten »Pelleas und Melisande« (Reclams UB 9427), lebendig erhalten.

Den Neuklassizismus *Paul Ernsts* (1866–1933) und *Ernst Bacmeisters* (1874–1971) kann man aus dem Bestreben deuten, der oft mehr atmosphärischen als plastischen, in Klängen und Stimmungen zerfließenden Dramatik der Neuromantiker eine feste, auf wenige entscheidende Grundlinien der Handlung und der Charaktere reduzierte Bühnendichtung gegenüberzustellen, die bewußt auf jeglichen Psychologismus verzichtet und das komische oder tragische Element wieder ›rein‹ zum Ausdruck bringen will. Aber hinter diesem Bestreben steht mehr kunsttheoretische Absicht als vitaler künstlerischer Impuls, und sowohl Paul Ernsts Lustspiele

(»Der heilige Crispin«, »Pantalon und seine Söhne«) wie Bacmeisters auf der Forderung einer ›Tragik ohne Schuld und Sühne‹ beruhende Tragödien (»Der Kaiser und sein Antichrist«, »Kaiser Konstantins Taufe«, »Theseus«) sind in erster Linie Modellausführungen ihrer kunstphilosophischen Ideen – Gedankendichtungen, die sich trotz immer wieder unternommener Aufführungsversuche auf der Bühne nicht halten konnten. In die von Paul Ernst gewiesene Richtung tendierte auch das Schaffen *Curt Langenbecks* (1906–53), der sich für eine Erneuerung des deutschen Dramas aus dem Geist der Antike einsetzte (»Alexander«, »Der Hochverräter«, »Das Schwert«) und sich in der dramaturgischen Diskussion in die Ablehnung Shakespeares und der intuitiven dramatischen Phantasie verbiß. Der Neuklassizismus blieb indessen eine Abspaltung der Neuromantik, die nur wenig Boden gewann und die Entwicklung nicht zu bestimmen vermochte. Diese entschieden vielmehr Kräfte, die inzwischen das ganze europäische Theater zu erfassen und es sowohl aus dem Ästhetizismus der Neuromantik wie aus der engen Gegenständlichkeit des daneben ja noch keineswegs abgetakelten Naturalismus herauszuführen begannen. Das waren in England *George Bernard Shaw*, in Schweden *August Strindberg* und in Deutschland *Frank Wedekind*.

Der Rationalist *G. B. Shaw*, der um der Kunst willen nie eine Zeile geschrieben hätte, hat gewiß in seinem Leben niemals etwas mit Neuromantik zu tun gehabt. Aber genauso wenig läßt er sich in den Naturalismus einordnen, wenn er auch dessen gesellschaftskritische Tendenzen als erster in England verfocht (denn die Gesellschaftskritik *Oscar Wildes* zielte ja nicht auf wirkliche Verbesserung, sondern lediglich auf intellektuelles Amüsement ab). Shaw, der von Anfang an keiner Richtung angehörte, sondern lediglich ›er selbst‹ war, setzte der weltmüden, die Untergangsstimmung der Jahrhundertwende ästhetisch genießenden Skepsis der europäischen Decadence die eifernde, aggressive Skepsis des aktiven Weltverbesserers entgegen und pflügte mit der Schärfe seiner Argumente und der Schneide seines Witzes den Boden, auf dem bislang die bildschönen, fragilen oder prunkvoll leuchtenden, aber in seinem Sinn gänzlich unnützen Gewächse der neuromantischen Dichtung gediehen waren, gründlich um. Was er säte, war eine neue Aufmerksamkeit für die Situation des Menschen; unter Shaws Einfluß begann man zu bemerken, daß sie schief und gefährlich wurde, daß man es nicht dabei bewenden lassen konnte, sie im Drama nur zu dokumentieren (wie es die Naturalisten taten) oder gar sie zu ignorieren (wie die Neuromantiker), sondern daß man sie ändern müsse. Shaw trug entscheidend dazu bei, daß die Dichtung in die Realität zurückkehrte (nicht in den Realismus!), daß sie von den ›Problemen‹ wieder zu den ›Stoffen‹ zurückfand, wenngleich er selbst sich um konkrete Stoffe nie sonderlich gekümmert hat. Er stellte ihr aktuelle Themen, er griff neben den sozialen auch politische und ökonomische Fragen auf, er erinnerte das Theater an seine humane Aufgabe. Teils tat er das als zorniger Prediger, teils als capriolierender Spaßmacher. Sein einziges Ziel war, von der Bühne herab Erkenntnis zu verbreiten. Daß man auf ihr auch Bekenntnisse aussprechen könnte, wäre ihm absurd erschienen.

Dennoch hat ein Dichter, der sein Leben lang nichts anderes tat, als Bekenntnisse auszusprechen, gleichzeitig mit dem irischen Moralisten das Theater seiner Zeit in seinen Bann gezogen und die von der Neuromantik zum Expressionismus führende Entwicklung entscheidend mitbestimmt. *August Strindberg*, der sich zuerst mit der ganzen monomanischen Besessenheit seines Charakters dem naturwissenschaftlichen Denken des 19. Jh.s überantwortet hatte, war auch einer der ersten, die sich davon wieder lösten. »Nach Damaskus« ist das Zeichen dieser Wandlung – das Zeichen der Verzweiflung darüber, daß mit den Methoden der Wissenschaft keine Klarheit in den letzten Fragen, insbesondere über das Verhältnis des Menschen zu Gott, zu gewinnen war, und des Ringens um eine neue Gläubigkeit. In Strindberg brach heftiger als in irgendeinem andern Dichter um die Jahrhundertwende die große Krise der Zeit aus, die schreckliche Ernüchterung und Enttäuschung einer Generation, die plötzlich sah, daß das ›Jahrhundert des Fortschritts‹ an den Rand des Nichts geführt hatte – dahin, daß der Mensch im Begriff war, in sich seine Seele, über sich Gott zu verlieren. Schon in seiner naturalistischen Zeit hatte Strindberg noch eine Tragik außerhalb der sozialen Sphäre entdeckt, die Tragik des Geschlechts, welche eine Tragik des Menschen selbst, nicht nur seiner Umstände war. Von hier aus ist Strindbergs enormer Einfluß nicht allein auf Dichtung und Theater, sondern auch auf viele andere geistige Erscheinungsformen seiner Zeit zu erklären. Die Kunst drängte wieder zum Menschen hin, nachdem sie lange genug nur mit seiner pathetisch dekorierten Attrappe (in der Epigonenkunst der Gründerjahre) oder nur mit seinen Verhältnissen (im doktrinären Naturalismus) zu tun gehabt hatte. Die Neuromantik konnte diesem Drang nicht genügen, denn ihr Idol war der poetisierte, der ›exklusive‹ Mensch, der sein Leiden nicht durchlebte, sondern es zelebrierte. Bei Strindberg aber wurde das Leiden – wenn es vornehmlich auch nur *sein* Leiden war – zum erstenmal wieder ernst und wirklich genommen. Sein »Traumspiel«, ein dramaturgisch schwaches und in der künstlerischen Symbolik fragwürdiges Stück, wirkte deshalb so stark, weil sich im irdischen Erlebnis der Indra-Tochter die Erkenntnis menschlichen Leids mit ebenso erschütternder Eindringlichkeit ausgesprochen fand wie in »Nach Damaskus« die Sehnsucht nach Glauben. Der Naturalismus hatte den in seinem sozialen Dasein bedrohten Menschen in den Mittelpunkt seiner Dichtung gestellt, Strindberg stellte (mit vielen Rückfällen in die schreckliche Enge seiner ›speziellen‹ Lebensfrage, der Qual und Quälerei des Geschlechts) den daseinsbedrohten Menschen schlechthin als Zentralfigur auf die Bühne. Er ist diese Zentralfigur bis auf den heutigen Tag, also jetzt über ein halbes Jahrhundert lang, geblieben.

In Deutschland war es *Frank Wedekind*, der das naturalistisch verengte und neuromantisch poetisierte Menschenbild auf dem Theater zu verdrängen begann, wobei nicht zu übersehen ist, daß sein eigenes Schaffen sowohl im Naturalismus (»Erdgeist«) wie in der Neuromantik (»König Nicolo«) wurzelte. Wenn Shaw durch die agitierende Kraft seiner Vernunft, Strindberg durch die stellvertretende Kraft seines Leidens am Ich die bisherige Kunstanschauung revolutionierten, so tat es Wedekind durch die angreiferische Kraft seines Temperaments. Auch ihm ging es um den ganzen Menschen, deshalb griff er ihn in seiner provozierendsten Teilexistenz, nämlich im ›Bürger‹, an. In Wedekinds Stücken erscheint die Vorform der Karikatur des Bürgers, ohne die später der Expressionismus in seinem Typenarsenal nicht mehr auskam, ebenso aber auch sein Gegenbild, der ›Außenseiter‹, der niemals in der bürgerlichen Ordnung Heimische

und Geduldete – der tragisch Vereinzelte, der, nach Brüderlichkeit fiebernd, die eigentliche, sozusagen paradigmatische
Schicksalsfigur des Expressionismus werden sollte. Wedekind
war, wenn man von dem innerhalb seiner Zeit in jedem Fall
unbegreiflichen Phänomen Georg Büchner absieht, der erste
Über-Realist der deutschen dramatischen Literatur, der erste,
der die Groteske (die auf dem französischen Theater von
Molière bis Georges Courteline [1860–1929] und Jean
Anouilh immer heimisch geblieben ist) als Stilelement bewußt anwandte. Seine rebellische Bürgerfeindlichkeit nahmen, ohne seine karikierende Kraft, zwei Autoren auf, die
diesen Mangel durch exzentrische Thematik und die exzes-
sive Darbietung menschlicher Triebhaftigkeit zu verdecken
suchten: Der Schwabe *Hermann Essig* (1878–1918) mit der
monströsen Tragödie »Mariae Heimsuchung« und der Gro-
teskkomödie »Die Glückskuh«, und der im Wahnsinn gestorbene Bayer *Heinrich Lautensack* (1881–1919) mit der einst
sensationell wirkenden »Pfarrhauskomödie« (Reclams UB
7905), einem Stück in der Art der erotischen Schwänke Boccaccios, doch völlig ohne dessen Grazie. Ohne das Vorbild
Wedekinds wäre auch die schneidend angreiferische, im Eises-
glanz eines geradezu artistisch-satirischen Witzes funkelnde
Komödienreihe »Aus dem bürgerlichen Heldenleben« *Carl
Sternheims* nicht denkbar gewesen, dessen konstruierte Dia-
logsprache nur zeitlich mit der Sprachzertrümmerung des
Expressionismus parallel geht, aber wesensmäßig nichts mit
ihr zu tun hat.

Worum ging es dem *expressionistischen Drama*? Um die
Wiedergewinnung der Innerlichkeit, um die Wiederentdek-
kung der Seele, darüber hinaus aber um die Wiederauffin-
dung des Menschen als Kreatur. Der Naturalismus hatte den
Menschen von seinem Milieu, der Impressionismus und die
Kunst des fin de siècle hatten ihn von seinen Nerven (seit
Freud: von seinen ›Komplexen‹) her zu erfassen versucht;
der Neuromantik war er vor allem Gegenstand einer
poetischen Verklärung und Entrückung. Die Dichtergenera-
tion, die kurz vor dem Ersten Weltkrieg auf den Plan trat,
suchte ihn wieder in die Wirklichkeit hereinzuholen – freilich
nicht mehr in die äußere seines sozial, psychologisch oder
sonstwie bedingten Lebens, sondern in die innere Wirklichkeit seiner Seele. Sie stellte ihn gleichsam in seiner geschöpf-

lichen Nacktheit in die Welt – nicht mehr das determinierte Individuum, sondern den ›Bruder Mensch‹. Verbrüderung aus der Solidarität des Menschseins heraus war eine der Grundthesen des Expressionismus, der Kunst, die den ›Ausdruck‹, den Ruf und die Schau aus dem Innern gestalten, das (fast fotografisch getreu wiedergegebene) Außenbild der Welt durch das Innenbild verdrängen wollte. Nichts ist dafür bezeichnender, als daß das expressionistische Drama den vom Naturalismus als nicht der Wirklichkeit entsprechend abgelehnten Monolog wiedereingeführt hat. Die Sprache des Expressionismus war ekstatisch, eruptiv, glühend; oft schleuderte sie nur Satzfetzen heraus (die um 1910 entstandenen Dramen »Mörder, Hoffnung der Frauen« und »Der brennende Dornbusch« des 1886 geborenen großen Malers *Oskar Kokoschka*), oft war sie, wie bei *Georg Kaiser*, nur noch eine Art Gedankenstenogramm. Was dabei unvermeidlich war – der Zerfall der Form – wurde hingenommen um des höheren Zieles willen, den neuen, brüderlichen Menschen aus der völligen Entbundenheit des Gefühls, aus der grenzenlosen Verströmung des schmerzlich vereinsamten Ichs in die Welt, zu schaffen. Die Anrede ›O Mensch‹ kam zumal in der Lyrik des Expressionismus so oft vor, daß sie der ganzen literarischen Epoche den Namen gab; man sprach von der ›O-Mensch-Dichtung‹. Die brüderliche Hingabe an die Welt war als ein Grundgefühl des Expressionismus in einem schon 1911 erschienenen Gedichtband *Franz Werfels* (1890 bis 1954) ausgesprochen, der den bezeichnenden Namen »Der Weltfreund« trug.

Zu den Bahnbrechern des expressionistischen Dramas gehörten *Reinhard Johannes Sorge* (1892–1916) mit dem mystischen Schauspiel »Der Bettler«, *Reinhard Goering* (1887 bis 1936), der aus dem Erlebnis des 1. Weltkriegs das packende Drama »Seeschlacht« (Reclams UB 9357) schrieb, und *Walter Hasenclever* (1890–1940), dessen Schauspiel »Der Sohn« das den Expressionismus so stark beschäftigende Problem des Zwiespalts zwischen den Generationen und des Widerstandes jugendlicher, weltoffener Herzen gegen eine erstarrte Autorität gestaltete. Es war selbstverständlich, daß das Lebensgefühl der frühexpressionistischen Dichter, die ja fast alle am Ersten Weltkrieg teilnahmen, sich gegen das Morden und Schlachten wenden mußte; der Geist der

Brüderlichkeit, den sie beschworen, bedingt ihre leidenschaftlich pazifistische Haltung, wie sie *Fritz von Unruh* in seinen Dramen (»Ein Geschlecht«, »Platz«, »Rosengarten«) vertrat. Daß sich der Verbrüderungsgedanke leicht mit (damals noch kaum kompromittierter) kommunistischer Ideologie verbinden ließ, bewies *Ernst Toller* (1893–1939), ein exaltierter Idealist, der die sozialrevolutionären Stücke »Masse Mensch« und »Maschinenstürmer« und die Tragödie des Kriegsverstümmelten »Hinkemann« (Reclams UB 7950) schrieb. Für ihn wie für den Arzt und Schriftsteller *Friedrich Wolf* (1888 bis 1953) war Dichtung vor allem Agitation; Wolf, der nach seiner Rückkehr aus der Emigration in Ost-Berlin hohe Ämter bekleidete, schrieb, schon losgelöst vom eigentlichen Lebensimpuls des Expressionismus, gegen Militarismus (»Die Matrosen von Cattaro«) und ›sozialreaktionäre‹ Gesetze (»Kolonne Hund«, »Cyankali«), während einer der einstigen Wortführer des Hochexpressionismus, der 1889 in Prag geborene *Paul Kornfeld*, nach seinen Dramen »Die Verführung« und »Himmel und Hölle« später, wie übrigens auch Hasenclever, entschlossen auf das Gebiet der gehobenen Unterhaltungskomödie abschwenkte (»Palme oder Der Gekränkte«, Hasenclevers »Ein besserer Herr«, »Ehen werden im Himmel geschlossen«, »Napoleon greift ein«). Als die unerbittlichste, schärfste und in ihrem ebenso furcht- wie schonungslosen moralischen Rigorismus bedeutendste polemische Auseinandersetzung mit dem Thema Krieg muß hier die in den Jahren 1914–17 geschriebene tragische Satire »Die letzten Tage der Menschheit« des großen Wiener Publizisten und (wie ihn der Dichter Georg Trakl nannte) »Hohenpriesters der Wahrheit« *Karl Kraus* (1874–1936) genannt werden – ein kaum aufführbares, aus Szenen und Dokumenten zusammengesetztes Monstre-Drama, das jedoch an geistigem Gewicht und in der Schärfe der Diagnose einer kommenden Entwicklung zum Unheil die gesamte ekstatische Antikriegs-Dramatik der eigentlichen Expressionisten weit hinter sich läßt. Im Expressionismus wurzelten auch noch der noble, für die deutsch-französische Verständigung wirkende Elsässer *René Schickele* (1883–1940) mit den Dramen »Hans im Schnakenloch« und »Am Glockenturm«, der Sudetendeutsche *Anton Dietzenschmidt* (1893–1955), der von erotischen zu religiösen Themen überging, der Prager

Max Brod (1884–1969), der mit der Dramatisierung von
Kafkas Roman »Das Schloß« dem Theater ein gewichtigeres
Werk gab als mit dem eignen Schauspiel »Lord Byron
kommt aus der Mode«, und der in dostojewskischer Selbst-
qual wühlende und um innere Befreiung ringende Ostpreuße
Alfred Brust (1891–1934), dessen Tragödie »Der ewige
Mensch (Drama in Christo)« dem Expressionismus eine
Wendung ins betont Religiöse gab. Auch das umfangreiche
dramatische Werk *Rolf Lauckners* (1887–1954), des Stief-
sohns von Hermann Sudermann, steht in seinen Anfängen
(»Der Sturz des Apostels Paulus«) im Zeichen expressiver
Gefühlsübersteigerung, begrenzt sich aber später mehr und
mehr auf eine lange Reihe von psychologisch nicht uninter-
essanten Gesellschaftsschauspielen, Komödien (»Der Hakim
weiß es«) und historischen Stücken (»Bernhard von Weimar«,
»Der letzte Preuße«). Der einstige, mit dem Drama »Der
König« und dem Grabbe-Stück »Der Einsame« als Begabung
aufgefallene Expressionist *Hanns Johst* (geb. 1890) warf
sich mit trunkener Begeisterung der Ideologie des National-
sozialismus in die Arme.

Der Expressionismus (Beispiele in »Einakter und kleine
Dramen des Expressionismus«, Reclams UB 8562–64) war
die vorläufig letzte in sich geschlossene literarische Bewegung
in Deutschland. Wie die Entwicklung weitergegangen wäre,
wenn die nationalsozialistische Herrschaft sie nicht jählings
und brutal in ihrer Kontinuität unterbrochen hätte, ist
schwer zu sagen. Der große Strom, der in Deutschland ge-
staut und zurückgedrängt wurde, versickerte in vielen kleinen Adern und kam manchmal weit entfernt wieder ans
Tageslicht: Der ›Klassiker‹ des Expressionismus, *Georg
Kaiser*, wurde in seinem Vaterland erst mundtot gemacht
und dann zur Emigration gezwungen, aber seine Welt- und
Menschensicht, ja sogar seine Technik, hat in manchen Werken des modernen amerikanischen Theaters, z. B. in der
»Rechenmaschine« von *Elmer Rice* und der »Glasmenagerie«
von *Tennessee Williams*, deutliche Spuren hinterlassen. Die
in Deutschland vor allem noch in der bildenden Kunst klar
manifestierte Rückkehr zur Formverfestigung und Dinglich-
keit (gegenüber der reinen Seelenhaftigkeit des Expressionismus), der man den Namen ›Neue Sachlichkeit‹ gegeben
hatte, schien auch auf das Drama überzugreifen. Der Öster-

reicher *Arnolt Bronnen* (1895–1959), der von Anfang an expressionistische und schroff naturalistische Elemente miteinander verband (»Vatermord«, »Exzesse«, »Anarchie in Sillian«), wurde später zum Neonaturalisten (»Rheinische Rebellen«, »Reparationen«), der das dramaturgische Schreibreglement des Dritten Reichs mit vorbereiten half, wenn er auch freilich von diesem immer nur mit halbem Mißtrauen akzeptiert wurde.

Es kennzeichnet die Schwierigkeit, die dem abklingenden Expressionismus etwa von 1925 an folgende Entwicklung begrifflich zu fassen, daß man ihr keinen eine geistige Bewegung charakterisierenden Namen zu geben vermochte, sondern sich mit dem Verlegenheitsausdruck *Zeittheater* begnügen mußte. Darunter fiel die dramatische Diskussion aktueller Tagesfragen wie z. B. der damals zutage getretenen Defekte erotisch mißleiteter oder pädagogisch mißhandelter junger Menschen (*Ferdinand Bruckners* »Krankheit der Jugend«, *Peter Martin Lampels* »Revolte im Erziehungshaus«), der Justizkrise (*Finkelnburgs* »Amnestie«, *Alsbergs* »Voruntersuchung«) und des sich immer anmaßender erhebenden Antisemitismus (*Corrinths* »Trojaner«). Darunter fiel aber auch die Anwendung gesellschaftskritischer Erkenntnisse auf das bislang hinter einer Art heimatschützlerischem Sicherheitszaun gedeihende Volksstück, das dadurch stark satirisch und polemisch angeätzt wurde, wie etwa die gegen das Duliöh-Wien der Operette und der Heurigenfilme gerichtete Komödie »Geschichten aus dem Wiener Wald« des deutsch schreibenden Ungarn *Ödön von Horváth* oder *Marieluise Fleißers* (1901–1974) »Fegefeuer« (1926) und »Pioniere in Ingolstadt« (1929), mit denen der verlogenen Kleinstadtidyllik ein recht unsanfter Stoß versetzt wurde. Als Zeittheater – genauer genommen: zeitkritisches Theater – konnte man auch einige der ihren Esprit zumeist mit einer lässigen Arroganz zur Schau stellenden Komödien des österreichischen Aristokraten *Alexander Lernet-Holenia* (geb. 1897) ansehen, der die Linie der Lustspiele Hugo von Hofmannsthals in seiner »Österreichischen Komödie«, in »Parforce« und »Kavaliere« (allerdings ohne Hofmannsthals geistige Distinktion und Musikalität) fortzusetzen bemüht war. Sein Landsmann und Altersgenosse *Hermann Heinz Ortner* (1895–1956) verarbeitete in seinen rund zwei Dutzend Theaterstücken historische und legendäre Stoffe, neuromantische, expressionistische und neonaturalistische Elemente mit geschickter dramaturgischer Technik – er war ursprünglich Schauspieler und Regisseur –, ohne jedoch mehr als gefällige Wirkungen zu erzielen. (Man kann bekanntlich auch gefällige Tragödien schreiben.) Der mitten im Ersten Weltkrieg gegen den Massenmord aufstehende große Erzähler *Leonhard Frank* (1882–1961), der aus seiner freiwilligen Emigration nach Amerika wieder nach Deutschland zurückkehrte, schrieb mit dem Schauspiel »Karl und Anna« (1927) das von einer tiefen Menschlichkeit erfüllte deutsche Heimkehrer-Drama. *Erwin Guido Kolbenheyer* (1878–1962) aber, der seine biologische Philosophie auch in seiner Kunsttheorie zur Anwendung bringen und zum Zeittheater ein Weltanschauungsdrama (»Giordano Bruno«, »Gregor und Heinrich«, »Die Brücke«, »Jagt ihn – ein Mensch«) entgegenstellen wollte, wandte sich später dem ›Dritten Reich‹ zu.

Von der offiziellen Dramatik der nationalsozialistischen Zeit mit ihrer borniertten thematischen Enge und Simplifizierung, mit ihrer geistigen Armut und sprachlichen Aufgequollenheit ist hier nicht zu reden. Einige Autoren verdankten ihre damaligen Erfolge zum Teil eklatanten Mißverständnissen, wie der kulturpolitisch zwar infizierte, aber als Dramatiker keineswegs linientreue *Hans Rehberg* (Mißverständnis: daß seine Preußendramen Glorifizierungen des ›Fridericus‹-Geistes seien) oder *Richard Billinger* (Mißverständnis: daß man ihn für einen ›Blut-und-Boden‹-Dichter hielt), andere wußten sich zu tarnen, wie der in der Widerstandsbewegung tätige und später wegen Hochverrats ins Zuchthaus geworfene *Günther Weisenborn* (1902–69) – aus seinen Erlebnissen entstand 1947 die Tragödie »Memorial« – oder *Erich Kästner* (1899–1974). *Manfred Hausmanns* (geb. 1898) dramatische Ballade »Lilofee« war ein zartes, von schwermütigem Naturzauber umflossenes Märchen, gegen das selbst die Kunstfeldwebel der Diktatur nichts einwenden konnten. Gegen Komödien waren sie mißtrauischer; wenn ihre sture Humorlosigkeit versteckte Angriffe witterte, wie in *Hans Hömbergs* (geb. 1903) »Der tapfere Herr S.« oder *Max Christian Feilers* (1904 bis 1974) »Die sechste Frau«, waren sie mit Verboten rasch bei der Hand. Manches rutschte ihnen einfach durch, manches wurde mit innerem Widerstreben geduldet, weil das Theater Stücke und das Publikum, namentlich im Krieg, Zerstreuung brauchte; so konnte es geschehen, daß Komödien, die keineswegs der offiziell proklamierten Familienmoral entsprachen, sich zum Vergnügen der ›inneren Emigranten‹ auf den Spielplänen hielten, wie etwa *Axel von Ambessers* (geb. 1910) »Wie führe ich eine Ehe?« und »Lebensmut zu hohen Preisen«, *Hans Schweikarts* (geb. 1895) »Ich brauche dich« und »Lauter Lügen«, *Josef Nowaks* (geb. 1911) »Spuren im Schnee« und sogar, wenigstens noch eine gewisse Zeit, die Stücke von *Curt Goetz.*

Unberührt von Expressionismus, Neuer Sachlichkeit und Nazismus stand über dem ganzen Wechsel der Richtungen und Bewegungen die gewaltige Erscheinung *Gerhart Hauptmanns,* allein getreu dem Gesetz der eignen dichterischen Individualität, berauscht und bekümmert von allem Menschlichen wie eh und je, keiner Kunsttheorie verfallen und keiner Kunstform erlegen als der selbstgeschaffenen, freilich im siebenten und achten Jahrzehnt seines Lebens mehr und mehr an der furchtbaren Zeit leidend, deren herandrängendes Chaos er schon vor dem Ersten Weltkrieg in seinem erst 1956 in Düsseldorf zur Uraufführung gekommenen Schauspiel »Magnus Garbe« vorausgeahnt hatte und dessen Ausbruch ihm die grandiose Schreckvision seiner Atriden-Tetralogie (seines letzten vollendeten Werkes) aufzwang. Mit ihm ging eine Epoche zu Ende, in der Dichtung noch eine ins Leben hineinwirkende Kraft, der Dichter noch bei der geistigen Organisation der Welt mitbestimmend gewesen war.

Und die Zeit nach dem Zweiten Weltkrieg, die für uns die unmittelbarste Gegenwart umschließt – was hat sie in Deutschland auf dem Gebiet des Dramas hervorgebracht? Eines ist sicher: Der erwartete Zustrom an bedeutsamen Werken, die man in den Jahren der Unterdrückung entstanden und vor dem Zugriff ihrer Büttel sorglich versteckt wähnte, ist ausgeblieben. Eine literarische Bewegung, die das tief erschreckende und die Menschen bis in ihren innersten Daseinsgrund verstörende, ja sie zu Millionen aus diesem herausreißende Erleben hätte gestalten können, wie es im und nach dem Ersten Weltkrieg der Expressionismus getan hat, hat sich nicht gebildet. Die Kräfte des Chaos waren übermächtig – das deutsche Drama schien verstummt. Einmal glaubte man seine Stimme wieder zu vernehmen, in *Wolfgang Borcherts* Schauspiel »Draußen vor der Tür«, das aus der tiefsten Verzweiflung des in ein sinn- und lieblos gewordenes Leben zurückkehrenden namenlosen Soldaten den neuen, nüchternen, desillusionierten und doch dichterischen Ton der Passion einer verlorenen Jugend aufklingen ließ. Aber das Stück blieb ein Einzelfall. Sein Verfasser starb mit 26 Jahren 1947 in der Schweiz an einem Lungenleiden, das er sich im Kriege zugezogen hatte, eine große Hoffnung mit ins Grab nehmend. Der suchende Blick fällt auf die starke, aber reißerischen Effekten zuneigende Begabung des Österreichers *Fritz Hochwälder* (»Das heilige Experiment«, »Der öffentliche Ankläger«), auf das gedanklich disziplinierte, aber im Grunde bühnenfremde Schaffen von Henry von Heiselers Sohn *Bernt von Heiseler* (1907–69), der ein Cäsar- und mehrere Hohenstaufen-Dramen geschrieben hat, auf *Walter Erich Schäfer* (geb. 1902), der die Verfolgungsmaschinerie des totalitären Staates in seinem Schauspiel »Verschwörer« mit einer kalten, sachlichen Präzision und gerade darum so unheimlich wirkend vor den Augen des Zuschauers auf der Bühne in Gang setzt und in seinem faszinierend geschichtsdialektisch angelegten Drama »Aus Abend und Morgen« die Todesstunde Friedrich Wilhelms des Ersten von Preußen nicht als die Stunde der Befreiung, sondern als die des beginnenden Untergangs seines Staates deutet. (Daß Schäfer eine echte dramatische Begabung besitzt, hat er schon mit früheren Werken, vor allem »Schwarzmann und die Magd« und »Der Leutnant Vary« bewiesen.) Zwei norddeutsche Dramatiker, deren Stimme lange unterdrückt war, bedeuteten wirkliche Ereignisse des deutschen Theaters nach 1945: *Hans Henny Jahnn*, der Hamburger Orgelbauer, mit seinem elementar-symbolischen, aus einer Hamsun-nahen, panisch-kreatürlichen Nordlandswelt stammenden Schauspiel »Armut, Reichtum, Mensch und Tier« und der Dichtertragödie »Thomas Chatterton«, und der große Bildhauer *Ernst Barlach* mit seinem protestantischen Mysterium »Der Graf von Ratzeburg«.

Zu den Rückkehrern gehören auch zwei Dichter, die, in Charakter und künstlerischer Zielsetzung völlig verschieden, dank der Bedeutung ihres dramatischen Werks schon vor

1933 ihren festen Platz in den deutschen Spielplänen hatten: *Bert Brecht* und *Carl Zuckmayer*. Brechts »Dreigroschenoper« (1928) war vielleicht der größte Bühnenerfolg jener Jahre überhaupt – die (in Gemeinschaft mit dem später in Amerika gestorbenen Komponisten Kurt Weill) geschriebene aggressivste sozialkritische Satire deutscher Sprache, bei der man im Genuß der genialen Parodie alter Theatermittel vergaß, daß das Ganze den schärfsten Angriff auf die bestehende Gesellschaftsordnung darstellte, der seit der Rebellendichtung der Sturm-und-Drang-Zeit unternommen worden war. Von neuen Werken Brechts lernte man nach seiner Rückkehr aus der Emigration nach Ost-Berlin »Mutter Courage und ihre Kinder«, »Herr Puntila und sein Knecht Matti«, »Der kaukasische Kreidekreis«, »Der gute Mensch von Sezuan« u. a. kennen, in denen der radikale Marxist seine Lehre von der notwendigen Änderung der Welt mit großer dichterischer Kraft verkündet. Dieser unermüdlich experimentierende, die Gesetze der Poetik, Dramaturgie und Darstellungskunst ständig untersuchende und in seinen ›Lehrstücken‹ anwendende Autor hatte schon in seinen ersten Stücken (»Baal«, »Trommeln in der Nacht«, beide 1919) kaum noch Beziehungen zum Expressionismus gehabt, für dessen Ekstatik er zu nüchtern war. *Zuckmayer* dagegen begann als reiner Expressionist (»Kreuzweg«, 1921), bis mit dem »Fröhlichen Weinberg« seine der prallen, lebensvollen Realität zugewandte Natur jählings durchbrach und sich in einer Reihe von lyrisch unterströmten Werken manifestierte, in denen eine an Gerhart Hauptmann erinnernde Kraft der Menschengestaltung zutage trat. Mit dem großartigen »Hauptmann von Köpenick« stand Zuckmayer auf der Höhe seines Erfolgs, als er für das deutsche Theater für »untragbar« erklärt wurde – mit »Des Teufels General« kehrte der Farmer aus Vermont (USA) wieder zurück, um es von neuem im Sturm zu erobern.

Seit die erste Auflage dieses Schauspielführers (1953) erschienen ist, meldeten sich hie und da Anzeichen, daß das grauenvolle Erlebnis des von den Machthabern des ›Dritten Reichs‹ entfesselten Krieges nach dramatischer Gestaltung zu rufen beginnt. Von den Stücken, die zur Diskussion gestellt wurden, seien hier nur die ursprünglich als Hörspiel geschriebene Dialogfolge »Das Bild des Menschen« von

Peter Lotar (geb. 1910), ein Requiem auf die von dem Blutrichter Freisler verurteilten Männer des 20. Juli, sowie »Die Legende von Babie Doly« von *Margarethe Hohoff* (geb. 1920) genannt, ein Schauspiel, dem das zwischen Sensationsstory und antikem Schicksalsdrama stehende Erlebnis jener vier jahrelang in einem unterirdischen Marinebunker bei Danzig eingeschlossenen deutschen Soldaten zugrunde liegt, die kaum damit rechnen konnten, noch jemals ins Leben zurückzukehren. *Leopold Ahlsen* zog in seinem Schauspiel »Philemon und Baukis« eine gleichnishafte Parallele zwischen der antiken Erzählung und einem Vorkommnis bei den Partisanenkämpfen in dem von den Deutschen besetzten Griechenland. Von Brecht und Kaiser beeinflußt zeigt sich *Claus Hubaleks* (geb. 1926) Komödie »Der Hauptmann und sein Held«, in der die perfekte Absurdität einer militärischen Verwaltungsmaschinerie scharf und treffend glossiert wird.

Eine andere Aufgabe, die sich bald nach dem Kriege stellte, konnte jedoch schon sehr rasch – etwa vom Jahr 1947 an – erfolgreich in Angriff genommen werden: Diejenige nämlich, das deutsche Publikum wieder in die Welt blicken zu lassen und es mit den Werken bekannt zu machen, die inzwischen außerhalb Deutschlands entstanden waren und von denen es zwölf Jahre lang nichts hatte wissen dürfen. Es begann die Zeit des ›Nachholens‹ – keiner geringen Aufgabe, wenn man bedenkt, daß das deutsche Theater seit der Romantik immer Welttheater gewesen war und sich der dramatischen Dichtung aller Nationen erschlossen hatte. Nun strömte wieder herein, was man seit 1933 innerhalb des deutschen Sprachgebiets allein auf österreichischen und schweizerischen Bühnen (und seit dem ›Anschluß‹ nur noch in der Schweiz) hatte sehen können, nun kam vor allem die Flut der amerikanischen Stücke, in denen so viele Elemente des europäischen Dramas umgeschmolzen und zum Teil auch, wie von *Eugene O'Neill* und *Thornton Wilder*, in überraschend neue Formen gegossen worden waren. Das neue amerikanische Theater im allgemeinen stellte sich jedoch in den Stücken von *Tennessee Williams, Arthur Miller, Terence Rattigan* (geb. 1911), *Paul Osborn* (geb. 1901), *Maxwell Anderson* (1888–1959), *Robert Ardrey* (geb. 1908), *Sidney Kingsley* (geb. 1906), *Clifford Odets* (1906–63),

Irwin Shaw (geb. 1913), _John van Druten_ (1901–57, gebürtiger Engländer) und vielen andern, auch weiblichen Dramatikern als thematisch oft eng begrenzter Reflex des europäischen Naturalismus, Psychologismus und Surrealismus dar, und es scheint, als ob es sich insgesamt an Rang und Bedeutung nicht mit der eigentlichen überragenden Leistung der amerikanischen Literatur im 20. Jh., dem Roman, messen könnte. Zwar ist jenes Hinabtauchen »in den Abgrund des menschlichen Leidens und der Sünde«, das Walther Rathenau vor vielen Jahren als die Voraussetzung dafür bezeichnete, daß Amerika eine Seele bekäme, inzwischen längst vollzogen, aber es sieht so aus, als ob die amerikanischen Bühnenautoren in der von ihnen bevorzugten Gattung des Familienstücks den ganzen Problemkreis des europäischen Dramas der letzten fünfzig Jahre noch einmal ausschreiten wollten – von der sozialen Anklage (Millers »Tod des Handlungsreisenden«) bis zur ironischen Gesellschaftskritik (Clare Booth-Luces »Frauen von New York«), von der humanitären Predigt (Robert Sherwoods »Abe Lincoln in Illinois«) bis zur Psychoanalyse (Tennessee Williams' »Endstation Sehnsucht«). Den spezifisch amerikanischen Typ der Burleskposse, von der zahlreiche Unterhaltungsbühnen des Broadway jahrelang leben, vertrat _John C. Holms_ und _George Abbotts_ glänzend gemachtes Klamaukstück »Drei Mann auf einem Pferd«. Die großen Themen, mit denen die moderne realistische Epik Amerikas Weltgeltung gewonnen hat, griffen im Bereich des Dramas aber nur _O'Neill, Wilder_ und _William Faulkner_ auf, die einzigen, die dafür auch wirklich neue und kühne Formen fanden.

Auch von _England_ kam Neues. Inmitten eines gepflegt realistischen, besonders an guten Gesellschaftsstücken wie z. B. _William Somerset Maughams_ (1874–1965) »Die heilige Flamme« oder »Der Kreis« reichen Theaters, auf dem der große Moralist G. B. Shaw aber die Rolle eines Außenseiters (und beinahe mehr einer kontinentalen als einheimischen Zelebrität) spielte und der ebenfalls sozialkritische und moralistische, aber antirationalistische _John Boynton Priestley_ sich erst durchsetzen mußte – inmitten dieses auf eine keinesfalls muffige Art bürgerlichen und konservativen Theaters erschienen zwei Dichter, die diese kultivierte, aber nicht eben aufregende Sphäre durchstießen und dem britischen Theater neue geistige Ziele wiesen: *Thomas Stearns Eliot* und *Christopher Fry*. Eliot, in Amerika geboren, aber in England naturalisiert und zur Hochkirche übergetreten, vertrat eine betont christliche Haltung, die ihre oberste Aufgabe darin sieht, dem Menschen das Heil zurückzugewinnen, oder, genauer gesagt, ihn für das (schwer zu erlangende) Heil ›reif‹ zu machen. Mit diesem religiösen Ziel verband Eliot zugleich ein poetisches – die Wiedergewinnung des Verses für das Drama. So entstanden in einer eigentümlichen Verbindung von oxfordischem Traditionalismus und erneuertem Symbolismus, von Klassizität und Modernität Dramen, die unter der Oberfläche von Gesellschaftskomödien metaphysische Schichten aufdecken, die wie elegante Dialogstücke angelegt scheinen und Mysterien sind, wie »Der Familientag« und »Die Cocktail-Party«. Mit dem Schauspiel »Mord im Dom« hat T. S. Eliot, der auch als Lyriker Bahnbrecher für neue Ausdrucksformen und als Essayist ein hervorragender Repräsentant des abendländischen humanistischen Kulturbewußtseins war, das mittelalterliche Mirakelspiel mit neuem Geist erfüllt. Seine Leidenschaft für den dramatischen Vers teilt *Christopher Fry*, der ›Poet‹ des zeitgenössischen Theaters, der über eine geradezu bestürzende Sprachphantasie verfügt und die Metaphorik der englischen Dichtersprache Shakespeares und des 17. Jh.s auf eine durchaus eigenständige und originelle Weise wieder zum Blühen gebracht hat. Auch Fry bekennt sich zu einem religiös betonten Humanismus, und wie alle Romantiker zieht ihn das Mystische als ein Weg zur Erkenntnis des Gottesgeheimnisses (»Der Erstgeborene«) oder des Seelen- und Naturgeheimnisses (die Komödien »Die Dame ist nicht für's Feuer« und »Venus im Licht« und das Schauspiel »Das Dunkel ist licht genug«) mächtig an. Die alte englische Vorliebe für Feen, Geister und Gespenster, deren meist fröhlich turbulente Eingriffe in das Alltagsleben moderner Menschen zahlreiche britische Autoren für ihre Komödien ausnutzen – in Deutschland bekannteste Beispiele: *James Matthew Barries* »Peter Pan« und »Mary Rose« und *Noël Cowards* »Geisterkomödie« –, hat *Peter Ustinov*, einen englischen Schauspieler und Dramatiker slawischer Abstammung, auf den amüsanten Einfall gebracht, die vier großen Alliierten des Zweiten

Weltkriegs als moderne Dornröschen-Prinzen auf die Bühne zu bringen (in der tiefsinnig-satirischen Komödie »Die Liebe der vier Obersten«). Der bedeutende, auch als Filmautor (»Der dritte Mann«) bekanntgewordene Romancier *Graham Greene* (geb. 1904) ist 1953 mit dem Schauspiel »Der letzte Raum« als Dramatiker hervorgetreten.

Italien, das nach 1945 mit seinen neoveristischen Filmen so wesentliche Beiträge zur künstlerischen Gestaltung brennender Zeitprobleme geliefert hat, trat auf dem Gebiet des Dramas nur wenig hervor. Das scheint in einem Land, in dem der Begriff ›Theater‹ fast gleichbedeutend mit ›Oper‹ ist, kaum verwunderlich. Das italienische Sprechtheater hat in den ersten Jahrzehnten des hier betrachteten Zeitabschnitts so gut wie völlig von der Nachahmung französischer Boulevarddramatiker gelebt, und auch als *Gabriele d'Annunzio* (1863–1938) mit seinen von höchster Sprachmeisterschaft geformten Bühnenwerken (»Die tote Stadt«, »La Gioconda«, »Francesca da Rimini«, »Das Schiff«, »Phädra« u. a.) hervortrat, geschah es im Gefolge des französischen Symbolismus, dessen artistisches Raffinement d'Annunzio mit seinem französisch geschriebenen Drama »Das Martyrium des heiligen Sebastian« (das ihn in Konflikt mit der Kirche brachte) auf einen Gipfel hob. Die wenigen dramatischen Versuche der Futuristen, die auf dem Gebiet der bildenden Kunst immerhin neues Leben in den erstarrten Traditionalismus ihres Landes gebracht hatten, blieben ohne Resonanz. Erst der Sizilianer *Luigi Pirandello* gab dem italienischen Drama neue Aspekte, indem er die psychologische Problematik des modernen Menschen in einer ihm sehr eigentümlichen unauflöslichen Verbindung von Ernst und Ironie darstellte und – übrigens von der deutschen Romantik angeregt – sein Leben als ein unauflösliches Wechselspiel von Wirklichkeit und Schein gestaltete. Pirandello war nach dem Ersten Weltkrieg so etwas wie eine Sensation des gesamteuropäischen Theaters, bei seinem Tode (1936) schien er beinahe vergessen zu sein, doch neuerdings werden die Stücke des italienischen ›Denkspielers‹ wieder häufiger aufgeführt. Gewisse Nachwirkungen Pirandellos lassen sich in dem erst in den letzten Jahren in Deutschland bekanntgewordenen dramatischen Werk des hohen römischen Juristen *Ugo Betti* (1892–1953, »Die unschuldige Irene«,

»Der Spieler«, »Die Flüchtende«) feststellen, dessen Schauspiele gleichsam wie Prozesse die Generalthemen Schuld und
Unschuld, Recht und Unrecht mit einer bohrenden Logik
nach allen Richtungen hin untersuchen. Aber auch Betti ist
wieder ein Zeuge für die immer latente Tendenz des italienischen Schauspiels, sich an die gleichzeitige französische
Literatur anzulehnen; Einflüsse von Cocteau und Sartre
machen sich bei ihm bemerkbar, der Existentialismus liefert
den geistigen Hintergrund. Die soziale Not der süditalie-
nischen Bauern und Landarbeiter hat in *Ignazio Silone* (geb.
1900) einen beredten Ankläger gefunden, der wegen seiner
Feindschaft gegen den Faschismus lange Jahre in der Schweiz
verbrachte; sein Drama »Und er verbarg sich« überträgt die
ethische Intensität seiner großen realistischen Romane mit
einer noch am ehesten an die rücksichtslose Wahrhaftigkeit
der neoveristischen Filme erinnernden Härte auf die Bühne.

Die Stimme eines großen *spanischen* Dichters drang erst
nach Deutschland, als der Mund, aus dem sie tönte, schon
lange verstummt war: *Federico García Lorca* wurde 1936
ein Opfer des Bürgerkriegs; Falangisten haben ihn ermordet. Dieser Andalusier besaß eine elementare poetische Kraft,
die sich in seinen Bühnenwerken mit dem harten und magischen Realismus verbindet, der von allem Anfang an ein
Wesensmerkmal der spanischen Kunst ist. Befreiung der
erotischen Sehnsucht junger, von der strengen Sitte des bäuerischen Lebens in ihren Triebregungen unterdrückter Frauen
ist, beidemal mit tödlichem Ausgang, das Thema seiner Tragödien »Bluthochzeit« und »Bernarda Albas Haus«, die
großartige Einfachheit echter Symbolik besitzen. Um diese
bemüht sich auch García Lorcas Landsmann *Alejandro
Casona* (1903–65) in seinem Schauspiel »Frau im Morgengrauen«, aber seine Symbolik stammt mehr aus dem Arsenal
bewährter Theatermittel als aus imaginativer Phantasie.
Ungefähr gleichzeitig mit den Spaniern erschienen zwei
Schweizer Autoren auf den deutschen Spielplänen nach 1945,
die vordem aus dem Land der Eidgenossen nur die epigona-
len, wenngleich bühnensicheren historischen Schauspiele des
1949 gestorbenen *Caesar von Arx* verzeichneten: *Max Frisch*
und *Friedrich Dürrenmatt* – ein kluger Skeptiker mit Neigung zu einer gleichsam unter Glas betrachteten Romantik
der eine, von eruptiver Phantasie getriebener Apokalyptiker

und skurriler moralisierender Humorist der andere, beide
mit großem (und gern etwas schweizerisch belehrendem)
Verantwortungsbewußtsein um die Prüfung und (vielleicht)
mögliche Festigung der erschütterten Daseinsgrundlagen des
heutigen Menschen bemüht. Dessen hoffnungs- und ausweglose Isolierung selbst innerhalb der engsten Familiengemeinschaft hat der *Däne Hans Christian Branner* (1908–66)
in seinem Schauspiel »Geschwister« mit einer peinigenden,
aber sehr um Wahrheit besorgten Psychologie dargestellt.

Noch weniger umfassend als dieser notwendig summa-
rische Überblick schon im allgemeinen ist, kann leider der
Blick auf *Frankreich* sein. Denn dieses Land ist das europäische Literaturland par excellence geblieben. Frankreich
ist an allen literarischen Bewegungen des hier zusammen-
gefaßten Zeitabschnitts mit Ausnahme des sehr deutschen
Expressionismus maßgeblich, oft sogar führend beteiligt gewesen – d. h. Frankreich hat die Muster geschaffen und die
Antriebe gegeben, die dann in anderen Ländern aufgenommen und anverwandelt (oder abgewandelt) wurden. Schon
Ibsen hat sich für die dramatische Kritik an seiner Zeit der
Technik des französischen Gesellschaftsstücks bedient, und
der deutsche Naturalismus wäre auch auf der Bühne nicht
denkbar gewesen ohne die epischen Vorbilder in Zolas riesi-
ger Romanreihe der »Rougon-Macquart«. Der Wiener Impressionismus, die Decadence-Dichtung der Jahrhundertwende, die Neuromantik in Skandinavien, Deutschland,
Belgien – sie alle stehen, wie übrigens auch in Italien
d'Annunzio, auf dem Boden des französischen Symbolismus,
der ohne Zweifel die bedeutendste und weitestreichende
literarische Richtung seiner Zeit war. In der Betonung des
musikalisch-romantischen Elements, die historisch als Reaktion gegen die formstrenge Latinität der ›Parnassiens‹ zu
betrachten ist, kamen die gegenpoligen Kräfte zur Klassizität des französischen Geistes zum Durchbruch, und in dem
Spannungsfeld, das sich dabei bildete, formten sich die großartigsten Potenzen der modernen französischen Dichtung:
André Gide, Paul Valéry und *Jean Giraudoux.* Zwar haben
Gide (1869–1951) und Valéry (1871–1945) das Theater in
ihrem dichterischen Gesamtwerk nur gestreift – Gides »König Kandaules« und »Ödipus«, Valérys »Mein Faust« –,
aber ihr Einfluß macht sich im Bühnenschaffen vieler ande-

rer Dichter bemerkbar. Giraudoux insbesondere hat es nicht nur seinem freilich überragenden Talent, sondern vor allem auch den Anregungen Gides zu verdanken, daß er der erste Dramatiker Frankreichs wurde; in seinem Werk ist die Spannung zwischen klassischer ›clarté‹ und romantischer Irrationalität zu einer ungemein reiz- und geistvollen Verbindung geworden, an der sich der für alle geistigen Reize so empfängliche *Jean Cocteau* so delektierte, daß er sie für sein eignes Schaffen übernahm. Giraudoux war vielleicht der letzte große französische Dichter, der seinen trotz aller Skepsis unerschütterlichen Humanismus noch mit spielerischer Grazie vorzutragen wußte; denn die Generation der ›*Littérature engagée*‹, die nach ihm kam, vertritt den Humanismus der Verzweiflung.

Welch ein Weg des französischen Dramas von der reinen Lust am brillanten, sich selbst genügenden Theater eines *Victorien Sardou* und seiner zahllosen Nachfolger, unter denen *Edouard Bourdet* (1887–1945) und *Sascha Guitry* (1885–1957), *Marcel Achard* (1899–1974) und *Louis Verneuil* (1897–1952) auch in Deutschland sehr bekannt wurden, bis zu jener ›Littérature engagée‹, die sich allein der aktuellen Situation des modernen Menschen annahm und ihr geistiges Oberhaupt in *Jean-Paul Sartre* fand. Der 1905 geborene, von dem deutschen Philosophen Martin Heidegger beeinflußte Hauptrepräsentant des atheistischen Existentialismus in Frankreich hat mit seinen technisch virtuosen Bühnenwerken (auch außer- und oberhalb der modischen Sensation, die sie hervorriefen) der fundamentalen Erschütterung der Lebenssicherheit der heutigen Menschheit faszinierenden Ausdruck gegeben und eine literarische Bewegung hervorgerufen, der immerhin so starke Talente wie *Jean Anouilh* und *Albert Camus* zuzurechnen sind. Der alte Zweifel am Sinn des Lebens ist ihnen zur Gewißheit seiner Unsinnigkeit geworden, er hat sich ausgedehnt auf alle bisher als allgemeingültig angesehenen Werte und den Menschen zur Erkenntnis einer absoluten Freiheit gebracht, zu der er ›verurteilt‹ ist. So erfüllt ein abgründiger, nirgends zu einem Ausweg gelangender Pessimismus die Werke dieser Autoren, der in der schauerlich grotesken, nihilistischen Ironie der düsteren Farce »Warten auf Godot« des französisch schreibenden Iren *Samuel Beckett* im Pariser Theaterwinter 1952

bis 1953 bis zu einer anscheinend letzten Konsequenz gelangt
ist – der totalen Ent-stellung des Menschen auf dem Theater,
das zwei Jahrtausende lang dessen Dar-stellung zum Ziel
hatte. Im weiteren Umkreis gehören auch noch Autoren wie
Jean Vercors (geb. 1902), der Flame *Michel de Ghelderode*
(1898–1962) und der Holländer *Jan de Hartog* (geb. 1914)
zu diesen Dramatikern der existentiellen Angst und totalen
Zurückgeworfenheit auf das einsame Selbst.

Demgegenüber steht in Frankreich der mächtige Block des
literarischen Katholizismus um die ragende Erscheinung
Paul Claudels, dessen gesamtes Schaffen um die Manifesta-
tion des Göttlichen in der Diesseitswelt und um die Prüfung
des Menschen für die Gnade Gottes kreist. Sein vierteiliges
Riesendrama »Der seidene Schuh« ist Mysterium und gran-
dioses Welttheater in einem. Den gleichen bedingungs- und
kompromißlosen Glaubensernst wie Claudel vertreten andere führende Dichter des französischen ›Renouveau Catholique‹, so *Georges Bernanos*, der Kämpfer gegen die »lauen
Christen«, in seinem Schauspiel »Die begnadete Angst«,
François Mauriac (geb. 1885), der unerbittlich die Einsamkeit des Menschen eine im Leben im Geiste Gottes schildert
und seine Dramentechnik (»Asmodée«) an Racine schulte,
und *Henry de Montherlant*, der zuerst einem heroischen
Vitalismus huldigte und im Glauben ein Mittel der Disziplin
fand, ein Dramatiker von strenger und zuweilen etwas
affektierter aristokratischer Geistigkeit (»Die tote Königin«,
»Malatesta«, »Das Land, dessen König ein Kind ist«, »Port
Royal«). Als der eigentliche Gegenpol zu Sartre ist in diesem Lager der katholische Existentialist *Gabriel Marcel* (geb.
1889) zu betrachten, dessen Gedankendramen indessen keinesfalls die Durchschlagskraft der Stücke seines Widersachers
erreichen; man hat den Eindruck, als ob Marcel sich nur zur
Verfechtung seiner philosophischen Thesen des Theaters be-
diene, das für Sartres dramatische Begabung zweifellos die
legitime Wirkungsstätte ist.

Man sieht selbst in diesem ganz sporadischen Überblick,
wie das reiche, spannungsvolle literarische Leben in Frankreich das Theater befruchtet. Der große, in diesem Land nie
abreißende Strom des lateinischen Traditionalismus mit all
seinen Gegen- und Unterströmen fließt auch über die Bühnen, und fast in jeder Spielzeit hat das Pariser Theater, auf

dem sich ja die ganze französische Bühnenkunst konzentriert und das sie repräsentiert, sein ›Ereignis‹. Literatur ist in Frankreich noch immer eine Angelegenheit des allgemeinen Interesses, sie nimmt im Leben der Nation noch immer eine beherrschende Position ein. Die Resonanz des französischen Theaters in Deutschland ist bedeutend – das zeigt sich nicht nur in der Menge der hier aufgeführten Stücke, sondern auch in der Beliebtheit der vielen Gastspiele französischer Ensembles.

K. H. R.

In *Rußland* überwand *Maxim Gorki* das lähmende Sündenbewußtsein Tolstois und das resignierende Endzeitgefühl Tschechows. In »Nachtasyl« (1902) äußerte sich die Zukunftshoffnung noch als Schwadronieren im Geiste Nietzsches, aber in den nächsten Jahren stellte Gorki sich auf die realen Verhältnisse ein. Der Krieg gegen Japan erschütterte das Zarenreich, revolutionäre Terrorakte gipfelten 1905 in schweren Unruhen und drakonischen Gegenmaßnahmen. Gorki wurde verhaftet, gegen Kaution freigelassen und schrieb als politischer Flüchtling in Amerika das erste Drama des Klassenkampfs: »Feinde« (Erstausgabe Berlin 1906). Es gilt inzwischen als Muster für sozialistischen Realismus. Schon der gewohnte Realismus, den Friedrich Engels als »getreue Wiedergabe typischer Charaktere unter typischen Umständen« definierte, war gesellschaftskritisch, nun kam kämpferische Tendenz hinzu. Für Gorkis Dramen der ›mittleren Periode‹ (bis zum Ersten Weltkrieg) ist Kritik an der sozialen Haltung der Intellektuellen typisch.

Der Oktoberrevolution (1917) folgte eine stürmische Entwicklung der Künste, auch ein ›Theateroktober‹. Er wurde weniger von Dramatikern als von Regisseuren markiert: *Wsewolod Meyerhold* (1874–1942), *Alexander Tairow* (1885–1950) und *Jewgeni Wachtangow* (1883–1922), alle drei rebellische Schüler des großen *Konstantin Stanislawski* (1863–1938), der 1898 sein »Moskauer Künstlertheater« gründete, nach dem Vorbild der »Freien Bühne« (1889) von Otto Brahm in Berlin und des »Théâtre libre« (1887) von André Antoine in Paris. Stanislawski setzte in Rußland zunächst den Naturalismus durch, dem er Tschechows Dramen beugte, danach den Symbolismus und Surrealismus. Die Revolution machte Stanislawski ratlos, sein Künstlertheater gastierte 1922–24 im Ausland, um Abstand und eine neue Position zu gewinnen. Stanislawski hatte seinen Schülern den Betrieb von Studios ermöglicht, Tairow experimentierte seit 1914 im »Moskauer Kammertheater« mit der Ausdruckskraft des menschlichen Körpers, Wachtangow arbeitete an einer von Gorki angeregten Improvisationsmethode. Inszenierungen von Werken Strindbergs, Maeterlincks, Gozzis und einer jüdischen Legende machten ihn 1921/22 berühmt, weil sie in dieser Periode des Bürgerkriegs und des Hungers als Visionen einer glücklichen Zukunft aufgefaßt wurden. Stanislawskis begabtester Schüler Meyerhold inspirierte und lenkte als Direktor der Sektion Theater beim Kommissariat für Volksbildung sowjetische Theaterformen: ›Agitprop‹ (für ›Agitation und Propaganda‹), ›Proletkult‹ (für ›proletarische Kultur‹) und intellektuellen Avantgardismus. Zum ersten Jahrestag der Revolution inszenierte Meyerhold das utopische Szenarium »Mysterium buffo« (1918) von *Wladimir Majakowski* (1893–1930), das einige Proletarier als einzige Überlebende einer Sintflut in ein technifiziertes Paradies gelangen läßt. Meyerhold inszenierte mathematisch genaue Abläufe von schauspielerischen Bewegungen (›Biomechanik‹) in desillusionierenden technischen Szenerien. Dieser Stil beeinflußte Erwin Piscator (1893 bis 1966), der 1920–31 in Berlin revolutionäres Theater machte.

Nach Lenins Tod (1924) errichtete Stalin eine Bürokratie der Funktionäre. Majakowski beschimpfte sie als ›Bonzen‹ und ›rote Kapitalisten‹, er schrieb die Satiren »Die Wanze« (1928) und »Das Schwitzbad« (1929), die Meyerhold 1929 und 1930 zur Empörung der Funktionäre inszenierte. Im Jahre 1934 dekretierte Stalins Chefideologe Andrej Shdanow den sozialistischen Realismus. Die neue Dramatik ist optimistisch, kämpferisch und oberflächlich, Paraphrase des jeweiligen politischen Kurses. Gorki, der 1928 endgültig in die Sowjetunion zurückkehrte, wurde nicht ›gleichgeschaltet‹, die Dramen seiner letzten Periode, darunter die Zweitfassung von »Wassa Schelesnowa«, sind nicht konformistisch, spiegeln allerdings immer noch die Zeit vor der Oktoberrevolution. Die Freiheit des Theaters wurde als ›bürgerliches Ästhetentum‹, ›Kosmopolitismus‹ und ›Formalismus‹ erst verleumdet, dann abgewürgt. Die international bekannte Bühnenprominenz hatte relativ lange Schonzeit. Meyerholds

Theater wurde erst 1938 geschlossen, er selbst 1939 verhaftet und 1942 ermordet, Tairows Kammertheater erst während der Kampagne gegen den ›Kosmopolitismus‹ 1948/49 geschlossen, doch es war längst bedeutungslos. Stanislawski verabscheute die Tendenzdramatik und perfektionierte sein Ideal, die wirklichkeitsgetreue Darstellung. So entstand ein System, das Ausbildung von Schauspielern sowie Inszenierungsgrundsätze umfaßt und zum offiziellen Muster für Theaterarbeit ernannt wurde. Es dient dazu, schematisch hergestellte Dramatik schematisch zu inszenieren. Stanislawski starb 1938 hochgeehrt als Vater des Sowjettheaters. Shdanow blieb bis zu seinem Tod (1948) der Großinquisitor der Kunst.   *H. D.*

AUGUST STRINDBERG

* 22. Januar 1849 in Stockholm
† 14. Mai 1912 in Stockholm

Strindbergs Vater, aus einer verarmten patrizischen Familie stammend, war Vertreter einer Dampfschiffgesellschaft, seine Mutter eine ehemalige Magd und Kellnerin. Seine Jugend war hart und düster, so daß er früh eine Kampfstellung gegen das Leben, d. h. gegen die Verhältnisse, in denen es sich ihm darbot, bezog. Kurzes Studium in Uppsala, nachher Versuche als Schauspieler und Journalist, dann 1874 bis 1882 Gehilfe an der Königlichen Bibliothek in Stockholm. Schon 1870 hatte der Zwanzigjährige einen Preis der Akademie für seine frühesten schriftstellerischen Arbeiten erhalten. Nach der Enttäuschung seiner ersten Ehe ging Strindberg 1883 nach Paris, dann nach Berlin und nach Dänemark und näherte sich den Auffassungen Nietzsches. Während seines zweiten Auslandsaufenthaltes 1892–96 heiratete er 1893 in Berlin zum zweitenmal, doch wurde diese Ehe 1897 wieder getrennt. Für dauernd nach Schweden zurückgekehrt, eröffnete der Dichter, nachdem auch seine dritte Ehe gescheitert war, 1907 in Stockholm das »Intime Theater«, dem die letzten Lebensjahre des Einsamen gehörten. Strindbergs riesiges Gesamtwerk umfaßt Dramen, Gedichte und Romane, autobiographische Bekenntnisse, philosophische und naturwissenschaftliche Schriften, Abhandlungen über Medizin und Chemie, Fabeln und Märchen. Die ungeheure Arbeitsenergie Strindbergs, der nur 63 Jahre alt wurde, erklärt sich zum Teil aus der Schizophrenie, an der er litt und die ihn zu unaufhörlichen Selbstaussagen zwang.

Es ist nicht von ungefähr, daß der zweite Teil dieses Schauspielführers mit August Strindberg beginnt. Denn dieser schwedische Dichter, dessen Einfluß auf das europäische Theater seiner Zeit und über das Theater hinaus auf das geistige Leben überhaupt enorm war, nimmt in seiner Persönlichkeit vieles von der Entwicklung der folgenden Jahrzehnte voraus. Dieser Geist durchlief nacheinander wie die Stationen eines Passionswegs den Zustand des Empörers, des Zweiflers, des atheistischen Wahrheitsuchers, des Zerknirsch-

ten, des Mystikers und endete in dem des, wenn nicht gläu-
bigen, so doch nach Glauben dürstenden Gottsuchers.
Nietzsche und Swedenborg bezeichnen die großen Wende-
punkte in Strindbergs Entwicklung, der eine den zum radi-
kalen Individualismus, der andere den zum Spiritualismus.
Wie stellt sich diese Entwicklung – unter dem historischen
Aspekt etwa der Zeit von 1880 bis zur Gegenwart – in
Strindbergs dramatischem Werk dar?

Er begann als Realist und Naturalist in der unmittelbaren
Nachfolge Ibsens, und zu seinen ersten Arbeiten zählt wie
bei diesem ein historisches Schauspiel: *Meister Olof* (1872).
Zu den naturalistischen Dramen gehören *Der Vater* und
Kameraden (beide 1887), die elf Einakter (darunter *Fräulein Julie, Gläubiger, Die Stärkere*), *Rausch* (1899), 1901 erschien das Werk, das schon die existentialistische Dramatik
Jean-Paul Sartres anzukündigen scheint, die Höllenvision
des aus dem Geschlechtshaß aufsteigenden total Bösen, das
Huis-clos der Jahrhundertwende: *Totentanz* (Reclams UB
8860/61). Dann aber folgte mit *Nach Damaskus*, der 1901
abgeschlossenen Trilogie, die erste Antizipation des Expressionismus, während gleichzeitig mit den Märchenspielen *Die
Kronbraut* und *Schwanenweiß* die für die skandinavische
Dichtung der Folgezeit so bedeutsame Bewegung der Neuromantik in Schweden Eingang fand. Eine Verbindung von
Mystik und Realismus, die gar nicht mehr weit vom modernen Surrealismus entfernt ist, stellen schließlich das *Traumspiel* (1901) und die *Gespenstersonate* (1907, Strindbergs
letztes ›bekennendes‹ Bühnenwerk) dar. Nimmt man dazu
noch die Trilogie *Moses, Sokrates, Christus* (1903) als Dokument einer im Ringen um einen faßlichen, d. h. weltgeschicht-
lich manifestierten Gottesbegriff entstandenen Ideendichtung und die deutschen und schwedischen Historien (*Luther,
Gustav Adolf, Königin Christine, Karl XII.* u. a.), so findet
man tatsächlich alle Gattungen und Entwicklungsstadien des
europäischen Dramas vom Naturalismus bis zum Existentialismus im Werk dieses einen Dichters vereint, der zeit
seines Lebens die ungeheure Spannung einer gespaltenen
Natur auszuhalten hatte, in der ein nie zur Ruhe kommen-
des, durch Ressentiment überhitztes Empörertum einem
qualvoll sehnsüchtigen, inbrünstigen Läuterungsbegehren
gegenüberstand.

Strindberg, der sich durch seine Abkunft von einer Dienstmagd erniedrigt und beleidigt fühlte, litt unsäglich unter dem Zwiespalt zwischen seinem von ihm selbst als verächtlich empfundenen ›Sklavensinn‹ und seinem (durch die Begegnung mit Nietzsche später noch geschärften) Instinkt für das Aristokratische und Vornehme. Von der seelischen Bürde dieses Zwiespalts suchte er sich durch rückhalt- und rücksichtslose Offenheit zu befreien. Er war einer der fanatischsten Bekenner, die es je in der Weltliteratur gegeben hat, aber jedes Bekenntnis endete doch wieder bei der Erkenntnis seiner ausweglosen Einsamkeit. Auch seine Ehen waren nichts anderes als gescheiterte Befreiungsversuche von der dämonischen Umstrickung des Geschlechtstriebs, den er haßte und dem er sich doch verfallen wußte. Das Erstaunliche an diesem Mann, dessen Werk mit Recht »das überzeugendste Dokument für die erschütternden und zersetzenden Gewalten der großen Krise seiner Zeit« (Eppelsheimer) genannt zu werden verdient, ist die Formkraft seiner künstlerischen Potenz, die zwar nicht alle, aber den größten Teil seiner Bekenntnisse über das Private hinaushebt. Man kann überzeugt sein, daß auch das Theater, ebenso wie die Literaturgeschichte, eines Tages zu Strindberg zurückkehren wird – insbesondere zu jenem Teil seines Werks, der auf dem Fundament von *Nach Damaskus* steht und um die Verbindung des verlorenen, abgespaltenen Einzel-Ichs mit einer höheren geistigen Ordnung, um seine Rückbeziehung auf die ›integrale Kraft‹ des Religiösen ringt. Strindberg hat die seither nicht mehr zum Stillstand gekommene Bewegung eingeleitet, die über das Gottsuchertum des Expressionismus (Franz Werfel, Ernst Barlach) und Franz Kafka bis zum ›christlichen Existentialismus‹ unserer Tage (Gabriel Marcel) hinführt.

Der Vater

Trauerspiel in drei Akten
Erste Aufführung: 14. November 1887 in Kopenhagen

Personen: Der Rittmeister – Laura, seine Frau – Berta, deren Tochter – Dr. Östermark – Der Pastor, Lauras Bruder – Die Amme – Nöjd – Der Bursche.

O r t   u n d   Z e i t : Wohnzimmer im Haus des Rittmeisters auf dem
Lande bei Stockholm, zwischen 1880 und 1890.

Im Haus des Rittmeisters ist das Mädchen Berta dem Einfluß seiner Mutter Laura und der Amme ausgesetzt, die mit
ihrer frömmelnden Einstellung die seelische Entwicklung des
Kindes in den Augen des wissenschaftlich denkenden und
gebildeten Vaters gefährden. Er möchte Berta in der Stadt
unterrichten und auf den Beruf der Lehrerin vorbereiten
lassen, damit sie lebendigen Umgang mit jungen Menschen
lernt und später einmal ihre eigenen Kinder vernünftig erziehen kann. Laura widersetzt sich dem Plan ihres Mannes;
Berta soll Malerin werden, vor allem aber unter ihrem Einfluß bleiben. Darum verbreitet sie, wo sie nur kann, Mißtrauen gegen den Rittmeister und vergiftet damit auch die
Seele ihres Kindes. Die Amme und des Rittmeisters eigene
Mutter sind ihre Helfershelfer, aber auch Lauras Bruder,
der Pastor, läßt sich von seiner willensstarken Schwester
gegen den Schwager einnehmen. Der wissenschaftliche Briefwechsel des Rittmeisters wird kontrolliert oder unterschlagen, Zweifel an seiner Zurechnungsfähigkeit werden in seinem Bekanntenkreis verbreitet – alles lautlos, heimlich und
wie beiläufig, aber mit einer satanischen Folgerichtigkeit. Als
ein neuer Arzt in die Gegend kommt, macht Laura ihn sofort auf die ›Gemütskrankheit‹ ihres Mannes aufmerksam.
Ein Punkt erweist sich allerdings als ein schweres Hindernis
bei der Realisierung des Vernichtungsplanes: das Gesetz
sichert dem Vater in allen Erziehungsfragen das Bestim-
mungsrecht. Um dieses Hindernis zu beseitigen, spielt Laura
ihren bösesten Trumpf aus: Ist es denn gewiß, ob der Rittmeister wirklich Bertas Vater ist? Der Mann ist bereits zu
fest in der Schlinge, als daß er noch seine klare Überlegung
walten lassen könnte; der Zweifel nagt in ihm, schreckliche
Gedanken quälen ihn. Er fragt und forscht – immer erhält
er ausweichende, zweideutige Antworten, die ihn noch tiefer
in die Pein des fruchtlosen Grübelns stoßen. Endlich ist
Laura am Ziel, die langsame geistige Vergiftung hat ihre
Wirkung getan: der Rittmeister bricht mit den Nerven zusammen, und widerstandslos wie ein Kind läßt er sich von
der Amme die von dem getäuschten Arzt schon bereitgehal-
tene Zwangsjacke überziehen. Ein Schlaganfall macht
schließlich seinem Leben ein Ende.

Fadren ist ein Musterbeispiel für das, was der fast vierzigjährige Strindberg unter Naturalismus verstand: die beinahe wissenschaftliche Zergliederung seines eigenen Seelenzustands, verbunden mit einer ressentimentgeladenen dramatischen Polemik gegen die Frauen-Emanzipationsbestrebungen seiner Zeit. Dabei nimmt er unbewußt Partei für die von ihm als wahres Teufelsweib geschilderte Laura, die, wenn auch mit niedrigsten Mitteln, nichts anderes als das Recht der Mutterschaft verteidigt – und gerade weil er die einzige Bestimmung des Weibes im Muttertum sah, haßte Strindberg die Emanzipation. Interessant an dem mit einer monomanischen Unerbittlichkeit auf sein Ziel losgehenden Trauerspiel ist vom heutigen Blickpunkt aus die Vorausnahme eines existentialistischen Gedankens: die Perfektion, mit der das Böse zur Wirkung gelangt, wenn seine Apparatur von einem dazu unbeirrbar entschlossenen Menschen (Laura) in Gang gesetzt wird. (Reclams UB 2489.)

F r ä u l e i n J u l i e. Naturalistisches Trauerspiel. – Eines der elf einaktigen Kammerspiele, die Strindberg in seiner naturalistischen Zeit (1888–92) geschrieben hat, und das in der (wiewohl engen und vorurteilsvollen) Charakterzeichnung der drei handelnden Personen am besten gelungene. Diese sind die Grafentochter Julie, überreizt, hochmütig, herrisch und mannstoll, der Diener Jean, elegant und brutal, nach Strindbergs eigener Charakteristik hin- und herschwankend »zwischen der Sympathie für das, was über ihm steht, und dem Haß gegen die, die jetzt oben sind«, und die Köchin Christine, Jeans Verlobte, zielbewußt, gesund und von Berufsstolz erfüllt, der sie nicht hindert, an ihrer Herrschaft kleine Diebereien zu begehen. Beim Mittsommernachtstanz des Gesindes im Grafenschloß zeichnet Komtesse Julie, die altem Brauch entsprechend das Fest mitfeiert, den Diener Jean in herausfordernder Art aus, verwirrt und verlockt ihn und macht ihn so verrückt, daß er sie nach Überwindung seiner anfänglichen, mehr klassenbewußten als respektvollen Reserviertheit mit sich in seine Kammer zieht, als das berauschte Volk in die Herrschaftsküche hereinflutet und sich mit einem Tanzspiel voll derber erotischer Anspielungen vergnügt. Das ›Nachher‹ ist fürchterlich, Julie ist gebrochen und ernüchtert, Jean ratlos und müde. Gelang-

weilt und nur, um auf Juliens Frage »Was sollen wir tun?«
irgend etwas zu antworten, macht er den Vorschlag, ins
Ausland zu fliehen. Christine nimmt die Affäre von einer
andern Seite: ihr Dienstbotenstolz überwindet zwar ziemlich leicht den Seitensprung ihres Bräutigams, nicht aber die
soziale Verachtung, die darin liegt, daß sich die Komtesse
zu dem Domestiken ›herabgelassen‹ hat; daher kündigt
Christine den Dienst, sie wird ihre Stellung verlassen. Fräulein Julie aber beginnt zu begreifen, daß es für sie keinen
Sinn hat, weiterzuleben; erniedrigt und gedemütigt, wie sie
ist, findet sie jedoch nicht die Kraft, aus ihrer Erkenntnis
die Konsequenz zu ziehen. Erst als Jean, der jetzt seinen
Triumph auszukosten beginnt, sie dazu antreibt, legt sie
Hand an sich. Der Fall in die äußerste Tiefe ist vollzogen.
– Die Frage bleibt, ob Strindberg selbst diese ›Lösung‹ an-
erkennen konnte. Denn was wäre dieses In-den-Tod-Treiben
für ein niederer, erbärmlicher Triumph des Mannes über das
Weib. Im latenten Haß Jeans und Christines gegen die
aristokratische Menschenschicht, in deren Abhängigkeit sie
leben, spürt man noch Strindbergs Ressentiment als ›Sohn
einer Magd‹. (Reclams UB 2666.)

Nach Damaskus

Drama in drei Teilen
Erste Aufführungen: I. Teil 19. November 1900 in Stockholm, II. und III. Teil 9. Juni 1916 in München

Hauptgestalten: Der Unbekannte – Die Dame – Der Bettler –
Der Konfessor – Der Versucher.

Als reine Bekenntnis- und Ideendichtung hat die *Damaskus-*
Trilogie Strindbergs keine erzählbare Handlung. Die insgesamt 34 Szenen der drei Teile sind Stationen eines Läute-
rungsweges, den der »Unbekannte« als Personifikation des
Dichters selbst geht. Die »Dame« ist das Sinnbild der Frau,
nach der er sich immer sehnte und die er im Leben nie traf,
der »Bettler« und der »Konfessor« und auch der »Versucher«
sind personell verdichtete Teile seines Wesens, der Ge-
wissensmahner und der Widersacher in ihm selbst.

Der erste »Anruf« erreicht den Unbekannten, als ihm ein
Bettler den Irrtum seines anarchischen Freiheitsbegriffs vor
Augen führt, der nur Böses hervorruft: Hochmut bei ihm,
dem Unbekannten, selbst, Haß bei den andern. »Herr, Sie
glauben nur Böses und bekommen deshalb nur Böses. Versuchen Sie einmal, Gutes zu glauben« – mit diesen Worten
zeigt ihm der Bettler den rechten Weg. Der Unbekannte ist
bereit, ihn zu betreten, aber noch nicht, ihn zu Ende zu
gehen. Als ihn die Dame, seine Gefährtin, am Schluß des
ersten Teils in die Kirche führt, folgt er ihr nur unter einem
Vorbehalt: »Nun ja, ich kann ja immer hindurchgehen;
aber bleiben tue ich nicht!« – Der zweite Teil erweist, daß
die Kraft, an das Gute zu glauben, in der Tat bei dem Unbekannten noch nicht sehr stark ist. Er ist Goldmacher geworden, nicht um sich zu bereichern, sondern »um die ganze
Weltordnung lahmzulegen, zu zerstören . . .« Der alte Hochmut kehrt wieder, er will seine Seele in Feuerluft verwandeln und zum Äther steigen, »um zu Füßen des Ewigen die
Klage der Menschen niederzulegen«. Aber er spürt auch die
Gegenkraft des »Konfessors« (einer Abspaltung seines Ichs),
die ihn verfolgt und seiner Hybris entgegenwirkt. Ein glänzendes Bankett, auf dem er von Würdenträgern der Regierung, Gelehrten und Notabilitäten aller Art als der größte
Mann im Jahrhundert der großen Erfindungen gefeiert
wird, verwandelt sich plötzlich in eine Versammlung von
trübem Lumpengesindel, das ihn verhöhnt, weil er nicht
bezahlen kann. Der Konfessor bemerkt, daß noch immer
die Kraft des gefährlichen Empörers zum Bösen in dem
Unbekannten wirkt und sein Bemühen, an das Gute zu glauben, niederhält. Die Dame soll diesen Willen zum Glauben
an das Gute wieder in ihm stärken, der Konfessor (der einst
ihr erster Bräutigam war) will ihr dabei helfen. Wieder geht
der Unbekannte, wie am Schluß des ersten Teils, auf die
Möglichkeit der Hilfe ein, aber noch einmal macht er einen
Vorbehalt: »Komm, Priester, *ehe ich meinen Sinn ändere!*«
– Im dritten Teil vollzieht sich endlich die Bekehrung, wie
sie sich einst in Saulus vollzog, da er dem Herrn auf dem
Weg nach Damaskus begegnete und zum Paulus wurde.
Zwar ist der alte Widersachergeist des Unbekannten zuerst
noch weit von Demut und Gehorsam entfernt, als er den
Konfessor auf dem Weg zum Kloster der »Guten Hilfe«

trotzig fragt, warum er ihn diese krummen, hügeligen und endlosen Pfade führe, aber dann kommt er an den Punkt, wo er die Unbeantwortbarkeit aller Fragen des Lebens durch Denken, Forschen und Grübeln erkennt. Er begreift den inneren Widerspruch, der darin besteht, daß er sich »experimentierend auf den Standpunkt eines Gläubigen« (Strindbergs eigene Worte) stellt, er ringt den Versucher, der ihn immer wieder von seinem Weg abbringen will, nieder und ist endlich, nachdem ihm der Prior und die Mönche im Kloster der Auserwählten immer wieder mit unendlicher Geduld geantwortet haben, bereit, nicht mehr zu fragen. Das aber bedeutet die Bereitschaft zum Glauben. »Warum sprechen, wenn die Worte die Gedanken nicht decken?« sagt der Unbekannte zu dem Versucher, bevor er ihn – »Hör auf, sonst kommen wir nie zu Ende!« – endgültig von sich weist, um sich in das symbolische Bahrtuch einhüllen zu lassen. Mit dieser sinnbildlichen Handlung hebt das Jahr des Schweigens an, das dem neu Aufgenommenen auferlegt ist, damit er sich in der Stärke des Glaubens, nunmehr nicht mehr »experimentierend«, sondern meditierend prüfen kann.

In *Till Damaskus* ist der ganze Expressionismus, ja auch schon der Surrealismus vorausgeahnt. Die Gestalten tragen keine Namen, sind keine Individuen mehr, sondern fast nur noch Chiffren für seelische Zustände, Spaltungen des Komplexes ›Mensch‹ in einer seiner gefährlichsten Krisen. Zuweilen glaubt man, wenn von »der Leitung« gesprochen wird oder von dem »Verbrechen«, das jeder einmal begangen hat, daß sich hier schon erste Umrisse jener existenten, aber nicht realen Welt abzeichnen, in die dreißig Jahre später Franz Kafka eindrang. Die Schauplätze der einzelnen Stationen könnten mit den Augen eines surrealistischen Malers gesehen sein, wenn man Szenenangaben wie etwa die aus dem 2. Akt des dritten Teils liest: »Ein Kreuzweg hoch in den Bergen. Rechts Hütten, links ein Teich, um den kranke Menschen in blauen Kleidern und mit zinnoberroten Händen sitzen. Aus dem Teiche steigen dann und wann blaue Dämpfe und blaue Flämmchen. Der Hintergrund wird vom Berg gebildet, mit Fichtenwald, der oben von einem stillstehenden grauen Nebel abgeschnitten wird.« Mit Strindbergs *Nach Damaskus* erscheint auf dem gerade vom Natu-

ralismus eroberten und sich zaghaft der Neuromantik öff-
nenden Theater der Jahrhundertwende das erste moderne
Mysterium.

Ein Traumspiel

Dramatisch-lyrische Phantasie
Erste Aufführung: 17. April 1901 in Stockholm

Hauptgestalten: Indras Tochter – Der Offizier – Der Vater –
Die Mutter – Der Zettelankleber – Die Pförtnerin – Der Glasermeister
– Der Advokat – Der Dichter – Der Magister – Der Quarantänemeister
– Der Blinde – Der Lordkanzler und die Dekane der vier Fakultäten.

Strindberg hat in diesem Traumspiel im »Anschluß an sein
früheres Traumspiel ›Nach Damaskus‹ versucht, die unzu-
sammenhängende, aber scheinbar logische Form des Traumes
nachzubilden. Alles kann geschehen, alles ist möglich und
wahrscheinlich. Die Gesetze von Raum und Zeit sind aufgehoben; die Wirklichkeit steuert nur eine geringfügige
Grundlage bei, auf der die Phantasie weiter schafft und
neue Muster webt: ein Gemisch von Erinnerungen, Erlebnissen, freien Erfindungen, Ungereimtheiten und Improvi-
sationen.« Mit dieser Vorbemerkung hat der Dichter die
Form seines Werkes – in der damaligen Zeit eine unerhörte
Kühnheit – zu rechtfertigen versucht. Auch hier werden
Möglichkeiten der Bühne, deren sich das Theater erst beim
expressionistischen und surrealistischen Drama in vollem
Umfang bedienen lernte, vorausgenommen und mit einer
imaginativen Sicherheit angewandt, die, wenn nichts anderes, so mindestens Strindbergs dramaturgische Meisterschaft
beweisen müßte.

Erzählbar ist die Handlung des *Traumspiels* so wenig wie
die von *Nach Damaskus*. Von der Idee her ist es dessen
kontrapunktisches Gegenstück. Dort wird gezeigt, wie ein
Mensch, der nur das Böse zu glauben vermag, durch innere
Umkehr schließlich doch noch den Weg zum Guten findet;
im *Drömspel* wird ein Wesen höherer Art, das als Götter-
kind zum Guten bestimmt ist, durch äußere Erfahrung in
der Welt der Macht des Bösen inne. Den Schlüssel zum Verständnis der Dichtung gab Strindberg selbst in einem Brief

an seinen deutschen Übersetzer Emil Schering vom 13. Mai
1901, in dem es heißt: »Indras Tochter ist auf die Erde hin-
abgestiegen, um zu sehen, wie die Menschen leben; und da
muß sie erfahren, wie schwer ihr Leben ist. Und das Schwerste ist: anderen Böses zu tun, wozu man gezwungen wird,
wenn man leben will.« Wie ein Kehrreim tönt es immer
wieder aus dem Mund der Göttertochter, wenn sie eine neue
Station irdischer Mühsal durchmessen hat: »Es ist schade um
die Menschen.« Daraus spricht der Glaube an eine ursprünglich edlere Bestimmung des Menschen, die zu erkennen diese
nicht mehr fähig sind. Strindberg hat in seinem gejagten
Denken – Hamsun sprach einmal mit Bezug auf den zehn
Jahre älteren Schweden von einem »Gehirn zu Pferde« – in
kurzen Zeiträumen Entwicklungen durchgemacht, zu denen
andere ein ganzes Leben brauchen. Stand am Anfang seiner
religiösen Wendung, als er *Nach Damaskus* entwarf (1898),
noch durchaus das Leiden am Ich und war darum der Unbekannte noch ganz und gar das Spiegelbild seiner Selbst-
qual, so fühlte er sich drei Jahre später im *Traumspiel* schon
als Sprecher der leidgequälten Menschheit, deren Schicksal,
einander Böses zufügen zu müssen, er nicht mehr an sich
selbst erfährt, sondern als Erfahrungs-›Material‹ der Tochter Indras zuweist. Freilich ist auch sein Ich wiederum in
einer der Gestalten des *Traumspiels* personifiziert – er ist
der Offizier, der immerfort an einer geheimnisvollen Tür
am Theater auf seine Geliebte, eine Sängerin, wartet, die nie
kommt, der promoviert, dann aber wieder auf die Schul-
bank muß, um zu »reifen«, der immer wieder neu Anfan-
gende, nie ans Ziel Kommende, mit all seinen Erfahrungen
nie »fertig« Werdende, der »Zerfrager« seines Lebens. Auch
hier scheinen Kafkasche Motive vorauszuklingen, und wie
die grimmige Parodie eines Enttäuschten auf Nietzsches
Philosophie der ewigen Wiederkunft mutet es an, wenn der
Advokat mit Bezug auf den Offizier zur Indra-Tochter
sagt: »Das ganze Leben besteht bloß aus Wiederholungen
. . . heute fängt er wieder von vorn an und fragt, wieviel
zwei mal zwei ist, und so bleibt es bis zu seinem Tod.«
(Reclams UB 6017.)

Ostern. Modernes Passionsspiel in drei Akten. – Das
Mittelstück der drei zwischen 1898 und 1901 entstandenen

›Jahresfestspiele‹ *(Advent – Ostern – Mittsommer)* zeigt den
Strindberg, der sich von den Selbstquälereien der voraus-
gegangenen Werke zu befreien sucht. In nächster Nähe stand
der zweiteilige *Totentanz* (1900), der in der Kunst der
gegenseitigen Peinigung und Seelenfolterung auch von Sartres *Hinter geschlossenen Türen* nicht übertroffen wird, das
›Damaskus‹-Erlebnis hielt den Dichter in seinem Bann. Es
drängte ihn nach Einfachheit, nach einer Lockerung des
Drucks und Zwangs seiner unaufhörlichen Selbstbegegnun-
gen, Selbstprüfungen und Selbstbekenntnisse, und er wollte
Wahrheiten aussprechen, die sich, wenn nicht von ihm selbst,
so von andern glauben ließen; die Jahresfestspiele sind ein
Versuch der Kontaktnahme seines zuvor nur selbstbezogenen
Ichs mit der Allgemeinheit heilsbedürftiger Menschen – keine
religiösen Stücke, aber doch Bezugnahmen auf den Gottes-
gedanken.

Die Handlung des Schauspiels *Ostern* begibt sich vom
Gründonnerstag bis zum Ostersamstag. Der Junglehrer Elis
geht mit Ernst und Eifer seinem Beruf nach, nicht nur aus
pädagogischer Neigung, sondern auch aus moralischer Verantwortung; er möchte die Schuld seines Vaters wiedergut-
machen, der einst ihm anvertraute Mündelgelder unterschlagen und seine Kinder dadurch allen möglichen Demütigun-
gen ausgesetzt hat. Trotz der Mühe, die er sich gibt, trotz
der tapferen Hilfe seiner Braut Christine gelingt es Elis
aber nicht, sich von dem Makel zu befreien, zumal auch
noch seine Schwester, die geistig etwas zurückgebliebene
Eleonore, in den Verdacht eines Diebstahls gerät und einer
seiner Schüler, den er als Opfer der väterlichen Betrügereien
mit besonderer Liebe unterrichtet hat, in der Prüfung durch-
fällt. Das Verhängnis naht in Gestalt eines Herrn Lindquist,
des Hauptgläubigers der Familie, der sich in Elis' Nähe angesiedelt hat und nun gleichsam als ein lebendiges Menetekel
an seinem Haus vorüberwandelt. Als es dann aber zu der
gefürchteten Begegnung kommt, erweist es sich, daß der
ungeschlachte Lindquist ein guter Kerl ist. Vor vierzig Jahren hat ihm Elis' Vater einmal geholfen, als er in Not war
– das wiegt die Schuld des Vaters auf. Lindquist sieht, daß
der Lehrer sich redlich müht, die Schatten der Vergangenheit
loszuwerden, und zerreißt die Schuldscheine: das Andenken
an eine gute Tat, auch wenn sie lange vergessen schien, steht

mit dem Osterfest wieder auf. Den Symbolcharakter des Schauspiels, das in seiner Form ganz realistisch ist, unterstreicht Strindberg durch die Forderung, daß jedem der drei Akte Musik aus Haydns _Sieben Worte des Erlösers am Kreuze_ vorangestellt werden soll. (Reclams UB 8450.)

Gespenstersonate. Kammerspiel in drei Akten. – Das letzte der um 1910 entstandenen vier ›Kammerspiele‹ (_Wetterleuchten, Die Brandstätte, Der Pelikan_), in dem ein vampyrhaftes, altes Ungeheuer (Direktor Hummel) mit den Gespenstern seiner Vergangenheit ins Gericht geht, aber auch von ihnen gerichtet wird. Drei Szenen von einer grandiosen Trostlosigkeit, agiert von grausig karikierten Sinnbildern der menschlichen Bosheit und Gemeinheit, die wie Fledermäuse in einem nach außen hin reich, solid und angenehm wirkenden Hause nisten: Larven, Mumien und lemurische Masken ihrer eigenen, von Niedertracht, Lumperei und Verbrechen erfüllten Existenz, Fratzen einer durch und durch verfaulten und vermoderten Gesellschaft, die aber immer noch die Kraft besitzen, sich gegenseitig Böses zuzufügen. Ein junger Student, der sich durch mutige Rettungsaktionen bei einem Hauseinsturz ausgezeichnet hat, wird von seinem monströsen »Wohltäter« Hummel in diese Gespensterrunde hineinmanövriert, weil sein Vater einst gewagt hat, der durch sie repräsentierten Gesellschaft die Wahrheit ins Gesicht zu schleudern. Sie hat ihn dafür ins Irrenhaus sperren lassen und beantwortet auch des alten Bösewichts Hummel Versuch, sie nachträglich noch einmal zu entlarven, damit, daß sie ihn in den Selbstmord treibt. Der junge Archenholz verliebt sich in die Tochter des adligen Obersten, der weder adlig noch Oberst ist, aber auch dieses Mädchen ist schon angekränkelt, vermag nur in der von giftigen Düften erfüllten Luft ihres Hyazinthen-Zimmers zu atmen und stirbt unter dem ersten Anhauch des wirklichen Lebens, das sich in Archenholz verkörpert, dahin. Und selbst dieser ist von dem Moderdunst des Gespensterhauses schon so umnebelt, daß er sie nicht mehr zu retten vermag, sondern ihr nur noch einen matten Totenspruch voller Müdigkeit und Entsagung nachrufen kann: »Du armes kleines Kind, Kind dieser Welt des Wahnes und der Schuld, des Leidens und Sterbens; dieser Welt des ewigen Wechsels, der Enttäuschung und des

Schmerzes! Der Herr des Himmels sei dir gnädig auf deinem Wege!« Welch tiefe, zeitentlarvende Ironie offenbart sich darin, daß Strindberg am Schluß Böcklins »Toteninsel« als Hintergrund erscheinen lassen will: selbst das Jenseits dieser Gespenster ist Attrappe – Dekoration der Ausflucht in eine ›Verklärung‹, die nicht weniger muffig, nur schwächlicher ist als die irdische Hölle ihrer qualvoll mitgeschleppten Vergangenheit.

In ihrer dramaturgischen Technik ist die *Spöksonaten* völlig surrealistisch, freilich aus der Perspektive des Symbolismus und der Neuromantik gesehen, die mit ihren gleitenden, verwehenden Stimmungen – in der Szene im Hyazinthen-Zimmer gemahnen sie manchmal an Maeterlinck – einen merkwürdigen Kontrast zu der Beständigkeit der Verzweiflung bilden, der Strindberg sich mit der selbstpeinigenden Tapferkeit eines zum Inferno Verdammten überantwortete. Zu seiner Zeit hat kein anderer Dichter gewagt, die Welt so tief in dieses Inferno blicken zu lassen wie August Strindberg. (Reclams UB 8316.)

KNUT HAMSUN

* 4. August 1859 in Lom (Norwegen)
† 19. Februar 1952 in Nørholm b. Grimstadt (Norwegen)

Von seinem Onkel, einem Pfarrer, erzogen, wurde Knut Pedersen aus Hamsund, der sich später Hamsun nannte, zu einem Schuhmacher in die Lehre geschickt, wanderte früh nach Amerika aus, wo er u. a. Kohlenträger, Holzfäller, Matrose, Heizer, Straßenbahnschaffner und Schlafwagenkontrolleur war, bevor er, nach Europa zurückgekehrt, in Paris sein Erstlingswerk, den sofort berühmt gewordenen, in der Nachfolge Dostojewskis stehenden Roman »Hunger« schrieb. In seiner norwegischen Heimat erwarb Hamsun, der 1920 den Nobelpreis für Literatur erhielt, dann den Gutshof Nørholm, auf dem er sein nur von Reisen unterbrochenes Schriftstellerdasein verbrachte, bis ihm im höchsten Alter das furchtbare Schicksal der Ächtung durch sein ganzes Volk widerfuhr, weil er sich in eigensinniger Verbohrtheit und aus Haß gegen England zu Hitler und Quisling bekannt hatte. Nach einem Prozeß wegen Kollaboration, von dem er in seinem Buch »Auf überwachsenen Pfaden« (1949) berichtet, starb er zwar nicht vergessen, aber totgeschwiegen. Inzwischen vernimmt man wieder Stimmen, die Hamsun den unbestreitbaren Ruhm des größten modernen skandinavischen Dichters zuerkennen.

Hamsuns dichterische Größe dokumentiert sich in seinem gewaltigen epischen Werk, das im Grunde nur ein einziges Thema hat: die Spannung zwischen Natur und Zivilisation und das von dieser Spannung bestimmte Menschenschicksal. Dieses Thema hat Hamsun mit einer grandiosen Einseitigkeit immer wieder behandelt und in einer Überfülle von unvergeßlichen Gestalten abgewandelt, die letztlich alle an dieser Spannung scheitern und zugrunde gehen. Hamsuns Welterfahrung – wenn man davon überhaupt bei einem Autor sprechen kann, der so wenig ›Welt‹ (als objektiven Bestand) in sich hereinließ, obschon er die halbe Erde gesehen hatte – führte zu einer bitteren, abgründigen, nihilistischen Ironie, die nur deshalb nicht vollkommen zerstörerisch wirkt, weil ihr ein panisch-elementares Naturgefühl gegenübersteht, das außer dem Fluch der Zivilisation auch den ›Segen der Erde‹ (Titel eines von Hamsuns berühmtesten Romanen) zu empfinden vermag. Der Bühne hat Hamsun nur einen verhältnismäßig kleinen Teil seines Schaffens gewidmet, doch sollte der Dramatiker Hamsun über dem Epiker nicht ganz vergessen werden. Von seinem riesigen Versdrama *Munken Vendt* (1902), dessen Titelheld eine dem Peer Gynt Ibsens verwandte Gestalt voller Phantastik und Bizarrerie ist, ging ein deutlicher Einfluß auf das vitalistisch-symbolische Schauspiel *Armut, Reichtum, Mensch und Tier* des Hamburgers Hans Henny Jahnn (1894–1959) aus, und in *Königin Tamara* (1903) ist die Stimmungs- und Farbenkraft einer georgischen Legende dank Hamsuns erstaunlichem Einfühlungsvermögen in alles Elementare und Naturhafte (selbst in einer Welt von opernhafter Exotik) suggestiv festgehalten. In seinen zeitkritischen Schauspielen ist Hamsun in der Technik und auch in der Grundtendenz – Enthüllung der Lebenslüge – ein Nachfolger Ibsens, in der Menschengestaltung aber sehr persönlich, viel weniger objek-

tiv und noch zorniger als sein älterer Landsmann, wenn es
gilt, gesellschaftliche und charakterliche Fehler und Schwächen der Verachtung und dem blamierenden Gelächter preiszugeben.

Die *Kareno-Trilogie* (1895–98), die drei Schauspiele *An
des Reiches Pforten*, *Spiel des Lebens* und *Abendröte* umfassend, schildert den Weg eines geistigen Rebellen und
Weltumstürzlers in die Bürgerlichkeit. Der Kandidat der
Philosophie Ivar Kareno, stolz auf seine ›Lappenzähigkeit‹,
greift in seinen Schriften alle Ideale seiner Zeit an: den
Liberalismus, die Humanität, die Arbeiterfreundlichkeit, das
ganze politische und moralische Programm der europäischen
Freisinnigen im späten 19. Jh. Die Verleger weigern sich, die
Bücher zu drucken, wenn er sie nicht revidiert. Kareno ist
arm, er und seine junge Frau sind ständig von der Pfändung
bedroht, aber weder die selbstgefällig wohlwollenden Ermahnungen seines Lehrers, des hochgeachteten Professors
Gylling, noch die fortschreitenden Enttäuschungen in seinem
Kampf können Kareno zum Widerruf bewegen. Deshalb
bekommt er auch nicht das Stipendium, das sein gerade zum
Doktor graduierter Kommilitone Carsten Jerven mit seinen
viel konvenierenderen Ansichten leicht errungen hat. Erst als
seine Frau sich von ihm abwendet und die Beute des oberflächlich geschickten Journalisten Bondesen zu werden droht,
fängt Kareno an zu wanken. Er ist um der Liebe zu dieser
lebenshungrigen Frau willen bereit, sich selber untreu zu
werden. Aber im letzten Augenblick kehrt er wieder um – da
ist die Frau mit dem Liebhaber schon durchgegangen, und
der Stadtvogt kommt, um zu pfänden. Am Schluß des
Schauspiels *An des Reiches Pforten* verbeugt sich der Vorkämpfer eines despotischen Herrenmenschentums vor dem
eintretenden Gerichtsvollzieher.

Zehn Jahre später hat das *Spiel des Lebens* den jetzt beinahe vierzigjährigen Kareno als Hauslehrer auf den Gutshof
des reichen Grundbesitzers Otermann ins Nordland verschlagen, auf dessen Besitz große Marmorvorkommen entdeckt
und von dem einer hauptstädtischen Gesellschaft ausgebeutet
werden. Wieder begegnet Kareno einer lebensgierigen Frau,
Otermanns hexenhaft schöner, herrisch-sinnlicher Tochter
Teresita, die alle Männer auf dem einsamen Nordlandshof
verrückt macht und gegeneinander ausspielt – Kareno gegen

den Telegraphisten Jens Spir und diesen wieder gegen den
Ingenieur Brede. Als Karenos Frau nach Jahren der Trennung wieder zu ihrem Mann, dessen Aufenthalt sie erfahren
hat, zurückkommt, wäre sie beinahe kurz vor der Landung
des Postschiffs bei stürmischem Seegang gestrandet, denn
Teresita hat dafür gesorgt, daß die Lampe in Karenos
Wohnturm, die den Schiffen als eine Art Leuchtfeuer dient,
ausgegangen ist. Ein uralter, halbverwilderter Mann namens
Thy, den das Volk »die Gerechtigkeit« nennt, hantiert mit
einem Revolver, den Teresita Otermann dem von ihr seelisch
ruinierten Telegraphisten Spir gerade schicken will, damit
er auch den letzten Schritt tut. Ein Schuß löst sich und trifft
Teresita tödlich. In Karenos Turm bricht Feuer aus und vernichtet seine Papiere und Schriften; der Himmelsstürmer,
der Gott und der Welt Trotz bieten wollte, erkennt darin
die Strafe des Himmels für seine Sünden. Herr Otermann
aber hat angesichts der Riesengewinne, die die Bergwerks-
gesellschaft aus den Marmorbrüchen zieht, die er ihr einst
für einen billigen Preis überlassen hat, den Verstand verloren.

Nach wiederum zehn Jahren sieht Kareno, der jetzt wieder mit seiner Frau Elina in der Hauptstadt wohnt, die
Abendröte seines Lebens heraufziehen. Er ist immer noch
arm, wird aber von einer Gruppe antiliberaler Leute, armen
Schluckern gleich ihm, als Vorbild von Gesinnungstreue und
unbeugsamer Haltung verehrt, während sein einstiger Kommilitone Jerven, der inzwischen Professor geworden ist,
wegen seiner kompromißbereiten Haltung verachtet wird.
Durch den Tod ihrer Eltern wird aber Frau Kareno plötzlich Erbin eines ansehnlichen Vermögens; sie beredet ihren
innerlich schon lange schwankend gewordenen Mann, sich
auf die neuen Verhältnisse umzustellen. Redakteur Bondesen, der ein schlechtes Gewissen hat, weil Karenos Tochter
Sara eigentlich sein (Bondesens) Kind ist, glaubt den Augenblick gekommen, die ganze, etwas fatale Vergangenheit zu
bereinigen, und rät Kareno, sich als Reichstagskandidaten
für die liberale Partei aufstellen zu lassen; er stellt ihm dafür sein Blatt und seine Feder zur Verfügung. Kareno sagt
sich von seinen ehemaligen Freunden, obwohl er sie immerfort seiner gleichbleibenden Charakterstärke versichert hat,
los und läßt sich von den Freisinnigen mit Festreden und

Blechmusik feiern – er, der einst geschrieben hatte, Renega-
ten müsse man erschießen. Als ihn am Abend nach dem
pompösen Selbstverrat seine Tochter um ein Märchen bittet,
beginnt er zu erzählen: »Es war einmal ein Mann, der wollte
nie sich beugen . . .«

Selbst die ›Littérature engagée‹ nach dem Zweiten Weltkrieg hat kaum ein Werk von so grausamer Ironie hervorgebracht wie die *Kareno-Trilogie*, die Hamsun aus Protest gegen
den bürgerlichen Realismus Björnsons und seine ewig wand-
lungsfreudige Begeisterungsfähigkeit geschrieben hat. Es ist
eine vernichtende dramatische Polemik gegen literarische Diktatoren und Weltzermalmer, die hier in der Gestalt des Drei-
groschen-Nietzsche Kareno getroffen werden, der mit der
blinden Tapferkeit eines Don Quijote an den Pforten eines
neuen Reichs rüttelt, ohne sie je aufstoßen zu können. Hamsun sieht mit dem Blick des geborenen Seelenkenners das
paradoxe Verhängnis im Dasein dieses Wertezertrümmerers,
der zuerst seinen gegen die ganze Welt gerichteten Titanen-
trotz nur an den Widerständen seiner bürgerlichen Umwelt
messen kann, um sich schließlich mit innerstem Behagen in
ihr zu installieren. Ivar Kareno ist das Halbgenie der Jahrhundertwende, mit Zügen des deutschen ideologischen Revolutionärs und des Pariser Bohèmeliteraten – er wäre kaum
mehr als eine Gestalt aus der Sezessionsliteratur der neunziger Jahre, wäre er nicht ein Geschöpf Knut Hamsuns:
vieldeutig, ein Held und ein Narr, ein Prometheus und ein
Don Quijote, im allerernstesten Sinne eine komische Figur.

Vom Teufel geholt. Schauspiel in vier Akten. – Die
Tragikomödie einer alternden Frau, 1910 erschienen, zeigt,
wie sehr sich der Naturalismus Hamsuns von dem Strindbergs oder Hauptmanns unterscheidet. Er ist viel weniger
direkt, viel bizarrer und entwickelt eine Technik szenischer
Kurzschlüsse, die zuweilen fast an Georg Kaiser denken
läßt. Hamsun läßt den Zuschauer nie in die seelischen Abgründe seiner Gestalten blicken; er führt ihn aber immer
dicht an ihrem Rand entlang und erschreckt ihn damit, daß
er den einen oder andern dieser Abgründe mit einem Mal
jählings wie eine Erdspalte aufbrechen läßt, die irgendein
Verderben herausschleudert. So hier, als die an einen alten
reichen Mann verheiratete ehemalige Varietésängerin Juliane

Gihle, genannt die ›Königsjuliane‹, die ihren Geliebten nicht verlieren will, plötzlich die Hände von dessen Braut in einen Kasten mit einer giftigen Kobra drückt, die ein aus Argentinien zurückgekehrter Nabob bei einer Abendgesellschaft seinen Gästen zeigt. Dieser Mann, der am Biß der Schlange, vor der er das junge Mädchen zurückgerissen hat, stirbt, ist einst auch ein Anbeter der Königsjuliane gewesen, deren Verehrerkreis sozial immer mehr absinkt. Zuletzt – ein Schluß, der von Wedekind sein könnte – verfällt sie dem schwarzen Boy, den der Nabob als seinen Diener mitgebracht hat. *Livet ivold* ist eine unheimliche, hintergründige und zuweilen grelle Tragikomödie eines großen und vollkommen unbarmherzigen Menschenschilderers.

GERHART HAUPTMANN

* 15. November 1862 in Obersalzbrunn
† 6. Juni 1946 in Agnetendorf

Der junge Hauptmann, Sohn eines Hotelbesitzers, fühlte sich ursprünglich zum Bildhauer berufen und studierte auf der Breslauer Kunstakademie, kurze Zeit auch in Rom, wechselte dann aber in Berlin und Jena zu Geschichts- und Naturwissenschaften hinüber. Sein erstes Werk, das Epos »Promethidenlos«, erschien 1885, seine erste Novelle »Bahnwärter Thiel« 1888, sein erstes Drama »Vor Sonnenaufgang« 1889. Hauptmann, der sich in den achtziger Jahren in dem Berliner Vorort Erkner niederließ, wurde in der Kampfzeit des Naturalismus bald die führende Persönlichkeit der neuen literarischen Bewegung. Von heftigem Widerstreit umtobt, schuf er Werk um Werk, die Stimmen seiner Gegner immer mächtiger übertönend, bis er 1912 in seinem fünfzigsten Jahr mit dem Nobelpreis die Anerkennung der Welt als einer der großen und repräsentativen Dichter seiner Zeit empfing. Die Universitäten Leipzig und Oxford verliehen ihm den Ehrendoktor, 1914 entschloß sich Kaiser Wilhelm II., heftig widerstrebend, ihn mit dem Roten-Adler-Orden vierter Klasse (!) auszuzeichnen. Von vielen Reisen, namentlich in den Süden, nach Italien und Griechenland, kehrte Haupt-

mann immer wieder auf seinen geliebten »Wiesenstein« im
Riesengebirge zurück, wo er auch, im ›Dritten Reich‹ wider-
willig respektiert, das Ende des Krieges erlebte, mit dem
seine schlesische Heimat unter polnische Verwaltung kam.
Ein Jahr danach ist er vierundachtzigjährig dort gestorben.
Seine Leiche wurde nach der Insel Hiddensee überführt, wo
er in Kloster ein Haus besaß, und dort beigesetzt.

An Gerhart Hauptmann scheint sich das Gesetz zu bewahr-
heiten, daß die jeweils nachfolgende Generation den großen,
stilprägenden Erscheinungen der unmittelbar vorhergehen-
den mit Zweifel und Gleichgültigkeit, wenn nicht gar mit
Geringschätzung begegnet. Von Hauptmanns Riesenwerk,
das in seiner Überfülle erst ganz zu übersehen sein wird,
wenn der gesamte Nachlaß veröffentlicht ist, steht heute nur
ein relativ kleiner Teil im Spielplan der deutschen Bühnen,
und selbst der 100. Geburtstag des Dichters ging 1962 vorüber, ohne daß sich deren Hauptmann-Repertoire nennens-
wert verbreitert hätte. Dabei hat gerade das Theater allen
Grund, Hauptmann dankbar zu sein, denn seit Shakespeare,
Lope de Vega und Calderón hat ihm kein Dichter wieder
eine solche Gestaltenfülle geschenkt wie der Mann, der als
Bannerträger des Naturalismus im Gefolge Ibsens und als
stärkster literarischer Mitbeweger der Zeit neben dem dreizehn Jahre älteren Strindberg begann und als Achtziger mit
der mythischen Vision eines stürzenden Weltalters endete.
Schon früh zeigte es sich, daß in dem Salzbrunner Hoteliers-
sohn, der in seinen ersten Stücken, dem Schauspiel einer
Familiendegeneration *Vor Sonnenaufgang* (1889), den Familiendramen *Das Friedensfest* (1889) und *Einsame Men-*
schen (1890), dem Sozialdrama *Die Weber* (1892) und den
Komödien *Kollege Crampton* (1891) und *Der Biberpelz*
(1893) ein reiner Naturalist zu sein schien, das Erbe der
schlesischen Mystik lebendig war. Wenn man es nicht schon
im letzten Akt der *Weber* (in der Gestalt des alten Hilse)
entdeckte, so wurde es in der Traumdichtung *Hanneles*
Himmelfahrt (1893) offenkundig, wo es sich freilich noch in
dem dem Naturalismus vorgeworfenen ›Elendsmilieu‹ entfaltete. Um so größer war die Verwunderung der Zeitgenossen, als Hauptmann im gleichen Jahr 1896 mit zwei von
seinem bisherigen Oeuvre weit abliegenden Werken hervor-

trat, dem großen historischen Schauspiel *Florian Geyer* und
dem Märchendrama *Die versunkene Glocke*. Mit diesem
Versspiel stellte sich Hauptmann auf die Seite der Neuromantik, und erstaunt gewahrte man in dem ›Dramatiker
des sozialen Mitleids und der sozialen Anklage‹ mit einemmal den ›Poeten‹, der sich drei Jahre später noch einmal in
der Komödie *Schluck und Jau* offenbarte. Lange Zeit blieb
die *Versunkene Glocke* mit ihren von Fabelwesen des deutschen Märchens belebten Waldgründen und etwas wander-
vogelselig erlebten Naturstimmungen *das* Erfolgsstück des
Dichters, doch scheint es uns heute gerade, als ob die Natur
darin ebenso durch einen Plüschvorhang gesehen sei wie in
dem Liebesdrama *Elga* die Leidenschaft. Deutsche legendär
entrückte oder volksstückhaft simplifizierte Vergangenheit
blieb – mit Ausnahme des *Florian Geyer* – eine im ganzen
ziemlich unglückliche Liebe Gerhart Hauptmanns: weder
Der arme Heinrich (1902; Reclams UB 8642) noch *Kaiser
Karls Geisel* (1907) oder gar *Griselda* (1908) zählen zu den
Höhepunkten seines dichterischen Schaffens, und ebensowenig die Spätwerke *Ulrich von Lichtenstein* und *Die Tochter der Kathedrale* (beide 1939 erschienen). Die Reihe der
naturalistischen Dramen bewegte sich dagegen mit *Fuhrmann
Henschel* (1898), *Michael Kramer* (1900), *Rose Bernd* (1903)
und *Die Ratten* (1910) wieder auf der Gipfellinie von
Hauptmanns dichterischer Menschenschau, und mit dem
Glashüttenmärchen *Und Pippa tanzt* (1905) gelang ihm die
tiefste Verbindung von Naturmystik und zarter Seelenent-
hüllung, die die neuromantische Bühnendichtung in Deutschland überhaupt hervorgebracht hat.

   Hauptmann war über 50 Jahre alt, als er sich dem Erleb-
nis- und Gestaltungsbereich näherte, der für den deutschen
Geist von jeher eine entscheidende Begegnung bedeutete und
dem Schaffen deutscher Dichter eine unermeßliche Fülle von
Impulsen, Erkenntnissen, Gesichten und Formen zuleitete:
der Antike. In seinem Tagebuch *Griechischer Frühling* (1908)
hatte er das landschaftliche und künstlerische Erlebnis Hellas festgehalten – produktiv wurde es erst vier Jahre später
in dem Schauspiel *Der Bogen des Odysseus* (1912). Schon
darin zeigte sich, daß Hauptmanns Griechenbild ein ganz
anderes war als das der deutschen Klassik – dunkler, barba-
rischer, mehr von der delphischen Erde als von olympischen

Gipfeln her gesehen. Es scheint, als ob der Dichter damals seiner von chthonischen Mächten hervorgetriebenen Griechenvision noch nicht die endgültige Gestalt habe geben können, denn er schrieb in der Folgezeit eine lange Reihe von Stücken, die thematisch und örtlich alle weitab von der Ägäis liegen: die nordische, düster-großartige *Winterballade* (1916), die beiden im peruanischen Kulturkreis der Inka spielenden dramatischen Phantasien *Der weiße Heiland* und *Indipohdi* (beide 1920 erschienen), den mythisch-blutrünstigen *Veland* (ersch. 1925), die psychologisch subtil verfeinerten spätnaturalistischen Schauspiele *Dorothea Angermann* (ersch. 1926) und *Vor Sonnenuntergang* (1931), die merkwürdig kühle und zugleich empfindsame Romanze *Die goldene Harfe* (ersch. 1933) und jenen eigentümlichen, der rätselhaften Seelenanlage der Titelgestalt nachspürenden Prolog zum *Hamlet* Shakespeares, *Hamlet in Wittenberg* (ersch. 1935), der aber ein großes, fünfaktiges Schauspiel ist. Die geistige Unruhe, die diese ganze, sich noch in große epische Dichtungen *(Der Ketzer von Soana,* die Romane *Phantom, Die Insel der großen Mutter, Wanda)* und Lebensberichte *(Im Wirbel der Berufung)* verströmende Schaffensepoche Hauptmanns erfüllt, brauchte fast drei Jahrzehnte, um sich in erschütternder Großartigkeit in dem Werk zu entladen, das den monumentalen Schlußstein dieses riesigen Lebenswerks bildet – in der im Grauen der letzten Kriegsjahre vollendeten *Atriden-Tetralogie* des Achtzigers, dem ergreifenden Dokument seines Leidens am Untergang seiner Heimat, seines Vaterlandes und seiner Welt.

Gerhart Hauptmann hat sich aus dem Gesetz seiner Persönlichkeit entwickelt, das ihn zu sinnlich-plastischer Weltschau und Gestalterfassung des Menschen verpflichtete; darum ist er an der großen Bewegung des Expressionismus, deren Weltbild der zertrümmerte (und sich aus der Zertrümmerung wieder aufrichtende) Mensch formte, ohne äußere und innere Anteilnahme vorbeigegangen, obgleich sie sich über mehr als ein Vierteljahrhundert seines Lebens erstreckte. Seine elementare Fruchtbarkeit blieb immer näher bei den vitalen als bei den geistigen Mächten der Welt, und immer ist er mehr der rast- und ruhelose Sinn*sucher* als ein Sinn*deuter* ihres Wirkens geblieben. Darum hat er auch nie paradigmatische oder exemplarische Figuren geschaffen, sondern

Wesen, die, vom Auf und Ab des Lebens bewegt, selten es meistern, oft an ihm zerbrechen. Wie immer die literarhistorische Wertung Hauptmanns Maß bestimmen wird – nie wird sie in Abrede stellen können, daß dieser Schlesier einer der größten Gestaltenschöpfer des abendländischen Theaters gewesen ist und daß die menschliche Gültigkeit der überwiegenden Mehrzahl seiner Gestalten unabhängig vom Wandel der Zeiten, in denen sie entstanden, und unerschüttert geblieben ist.

Man hat, wie schon gesagt, in Hauptmann lange Zeit den Dichter des sozialen Mitleids gesehen, und als solchem hat ihm auch die Weimarer Republik vor allem ihre Ehrungen zuteil werden lassen. Gewiß ist sein Frühwerk, das im Grunde mehr von Dostojewski als von Ibsen beeinflußt war, erfüllt von stärkster Anteilnahme an den sozialen Mißständen der Zeit, aber als Verkünder sozialpolitischer Forderungen von der Bühne herab hat Hauptmann sich nie gefühlt. Was seinem Schaffen vom Anfang bis zum Ende seines langen Dichterlebens gebot, war der Eros, den er in den Erzählungen *Der Ketzer von Soana* und *Das Meerwunder* gefeiert hat, der, wenn nicht allenthalben in seinem Werk, in seiner weltaufnehmenden *Natur* allgegenwärtig war als eine fast rauschhafte Kraft, die ihm, Zeugung und Empfängnis *in einem* bewirkend, die elementare Fruchtbarkeit der Phantasie verlieh.

I. DIE NATURALISTISCHEN DRAMEN

Die Weber

Schauspiel aus den vierziger Jahren in fünf Akten
Erste Aufführung: 26. Februar 1893 in Berlin

Personen: Dreißiger, Barchentfabrikant – Frau Dreißiger – Pfeifer, Expedient – Neumann, Kassierer – Weinhold, Hauslehrer bei Dreißigers Söhnen – Pastor Kittelhaus – Frau Kittelhaus – Heide, Polizeiverwalter – Kutsche, Gendarm – Welzel, Gastwirt – Frau Welzel – Anna Welzel – Tischler Wiegand – Ein Reisender – Ein Bauer – Ein Förster –

Schmidt, Chirurgus – Hornig, Lumpensammler – Der alte Wittig,
Schmiedemeister – D i e W e b e r : Bäcker – Moritz Jäger – Der alte
Baumert – Mutter Baumert – Emma Baumert – Ihr kleiner Sohn Fritz –
August Baumert – Der alte Ansorge – Frau Heinrich – Der alte Hilse –
Frau Hilse – Gottlieb Hilse – Luise, Gottliebs Frau – Mielchen, ihre
sechsjährige Tochter – Reimann – Heiber – Färbereiarbeiter, Hauspersonal
bei Dreißiger, viele Weber und Weberfrauen.
O r t u n d Z e i t : An verschiedenen Orten im Eulengebirge in Schle-
sien, in den vierziger Jahren des 19. Jh.s.

Im Expeditionsraum von Dreißigers Barchentfabrik liefern
die Weber ihre Heimarbeit ab. Es sind arme, elende, von
Hunger und Not ausgemergelte Menschen, die um ein paar
Pfennige Lohnerhöhung oder um einen geringen Vorschuß
bitten. Der Expedient Pfeifer aber, früher selbst Weber und
jetzt ein beflissener Leuteschinder im Dienste Dreißigers,
lehnt alles ab, krittelt an dem abgelieferten Zeug herum und
sucht durch möglichst viele Beanstandungen die Hungerlöhne
noch weiter herabzudrücken. Der Weber Bäcker, ein junger,
aufsässiger Bursche, der als einziger nicht bemäkelt wird,
protestiert laut: dies seien keine Löhne, sondern schäbige
Almosen. Ein kleiner Junge bricht vor Entkräftung zusammen. Der herbeigerufene Fabrikant Dreißiger, der in Bäcker
einen der Burschen erkennt, die am Abend vorher das verbotene »Lied vom Blutgericht« (das Trutzlied der Weber)
gesungen haben, ist von dem Vorfall peinlich berührt und
läßt das Kind in sein Privatkontor bringen. Mit billigen
Phrasen über die Verantwortung des Unternehmers sucht er
die murrenden Leute zu beschwichtigen und teilt ihnen mit,
daß er 200 neue Arbeiter einstellen werde. In Wahrheit ist
diese »soziale Maßnahme« nur der Vorwand, um die Meter-
löhne um ein Fünftel herabzusetzen. – In der Hütte des
Häuslers Ansorge arbeiten die Baumertsleute an Webstühlen
und Garnspulen. Der alte Baumert, der seit zwei Jahren
kein Fleisch mehr gegessen hat, hat seinen kleinen Hund geschlachtet und schmort den trüben Braten im Topf. Gerade
hat er neues Webgarn geholt und dabei unterwegs den Re-
servisten Moritz Jäger getroffen, der eine Flasche Schnaps
mitbringt und den mit offenem Mund zuhörenden Webers-
leuten vom Glanz des Soldatenlebens in der Stadt erzählt,
zugleich aber auch angeberische Hetzreden führt. Der ge-
schwächte Magen des alten Baumert kann das Hundefleisch

nicht bei sich behalten. Er weint, sein Weib jammert über
das Elend. Moritz Jäger stimmt das Weberlied an, das die
andern zu auftrumpfender Entschlossenheit reizt: so kann's
nicht weitergehen, es muß anders werden. – In Welzels Gaststube unterhalten sich ein Reisender aus der Stadt und der
Tischler Wiegand über die Unruhe, die unter den Heim-
arbeitern gärt. Der Reisende versucht erst auf alberne Art
mit der Wirtstochter anzubandeln, dann reizt sein sticheln-
des Geschwätz aber die hinzukommenden Weber, daß sie
ihn ins Nebenzimmer hinausdrängen. Die Erregung wächst,
die jungen Männer fangen, von dem Schmied Wittig aufgestachelt, wiederum mit dem Weberlied an. Als der versoffene Gendarm Kutsche Ruhe gebietet, wird die Situation
so bedrohlich, daß der Polizist schleunigst retiriert. Die Weber singen auf der Straße das verbotene Lied weiter. – In
Dreißigers Wohnung wagt der junge Hauslehrer Weinhold
im Verlauf einer kleinen Abendgesellschaft die Frage nach
der sozialen Gerechtigkeit zu stellen. Pastor Kittelhaus hält
ihm in salbungsvollem Ton seinen Irrtum vor, Dreißiger
aber verbittet sich Vorlesungen über Humanität; dafür habe
er den Kandidaten nicht angestellt. Weinhold geht. Die aufständischen Weber sind im Anmarsch. Dreißigers Färbereiarbeiter haben den Rädelsführer Jäger festgenommen und
bringen ihn zum Verhör in die Villa des Fabrikanten. Jäger
gibt dem Polizeiverwalter Heide und dem Pastor höhnische
Antworten. Als Heide ihn ungeachtet der drohenden Haltung vor dem Haus randalierenden Weber abführen
läßt, bricht der Aufruhr mit voller Gewalt los. Jäger wird
befreit, die Polizei verprügelt und selbst der freundliche,
aber gänzlich lebensferne Pastor mißhandelt. Dreißiger
bringt sich mit seiner Familie gerade noch in Sicherheit, bevor die Weber in die Villa eindringen und den Menschen-
schinder Pfeifer, gegen den sich die Wut vor allem richtet,
suchen. Als sie das ganze Haus leer finden, schlagen sie alles
kurz und klein. – Der fromme alte Webermeister Hilse im
Nachbardorf ist entsetzt über den Aufstand. Der Hausierer
Hornig erzählt, daß die tobende Menge unterwegs ist, um
auch hier die Unternehmer zu vertreiben, aber schon ist
Militär aufgeboten, um die Revolte niederzuschlagen. Hilse
glaubt an das Eingreifen einer höheren Gerechtigkeit, aber
seine Schwiegertochter Luise begrüßt den Aufruhr mit fana-

tischer Begeisterung. Die revoltierenden Weber rufen ihre
Kameraden auf die Straße, Hilses alter Freund Baumert ist,
vom Alkohol ermutigt, einer ihrer Anführer. Die Soldaten
schießen, die Weber nötigen sie durch Steinwürfe zum Rückzug. In eigensinniger Gottergebenheit bleibt der einarmige
Vater Hilse in seiner Stube und arbeitet weiter an dem
Platz, an den ihn sein himmlischer Vater hingesetzt hat –
»und wenn d'r ganze Schnee verbrennt«. Draußen kracht
eine neue Salve, der alte Mann bricht an seinem Webstuhl
zusammen. Eine verirrte Kugel hat ihn getötet.

Nach Büchners *Woyzeck* sind Gerhart Hauptmanns *Weber*
das stärkste soziale Drama der deutschen Literatur, mehr
von einem Mitfühlenden als von einem Ankläger geschrieben, aber gerade aus der Gewalt des Mitgefühls wuchs auch
die Kraft der Anklage, gegen deren erschütternde Wahrheit
die ›Hüter des sozialen Friedens‹ im Wilhelminischen
Obrigkeitsstaat vergeblich mit polizeilichen Unterdrük-
kungsmaßnahmen vorzugehen versuchten; so konnte das
Stück zunächst nur in den geschlossenen Aufführungen der
Freien Bühne gespielt werden, die erste öffentliche Aufführung im Deutschen Theater Berlin fand am 25. September
1894 statt. Auch die Anhänger des damals kaum dreißigjährigen Dichters verkannten zunächst, daß es sich bei den
Webern viel mehr um eine Bekundung der Hauptmannschen
Humanitas handelte als um eine sozialrevolutionäre Pro-
klamation, wenn das Stück zunächst auch deren Wirkung
hatte. (Käthe Kollwitz schuf danach einen Zyklus von
Radierungen, der nicht weniger berühmt wurde als Hauptmanns Schauspiel.) Man hat später die *Weber* geringschät-
zend eine szenische Reportage nennen zu können geglaubt
– nichts ist falscher: dieses Schauspiel ist eine echte Tragödie,
nur mit einem Kollektiv- statt mit einem individuellen Helden. Das Thema war damals bereits historisch (während
Reportagen ja nur mit aktuellen Themen möglich sind), aber
die Gesinnung, aus der es geschrieben wurde – man könnte
auch sagen die ›Tendenz‹ –, war um 1890 ebenso modern
wie die Gestaltungsmittel. Die *Weber* waren Hauptmanns
Welterfolg; sie sind noch heute, gut aufgeführt, ein Erfolg
für seine geniale Kunst der Menschenschilderung.

Kollege Crampton. Komödie in fünf Akten. – Im gleichen Jahr wie die *Weber* (1892) erschien Gerhart Hauptmanns erstes Künstlerdrama, die Komödie *Kollege Crampton*, eine Reminiszenz an die Zeit, die er selbst als Student an der Breslauer Kunstakademie verbracht hatte. In ihrem Mittelpunkt steht die Gestalt des genialisch-versoffenen Professors Crampton, des Malers, der von seinem Faktotum, dem Dienstmann Löffler, an seine Lehrerverpflichtungen erinnert werden muß, der vergißt, die Modelle zu bestellen, und den nur die Erwartung eines fürstlichen Gönners und »Mäzens« wenn nicht an die Arbeit, so doch ins Schwadronieren über Kunst bringt. Sein Schüler Strähler, dem Cramptons reizende Tochter Gertrud sehr gefällt, beschließt, dem trotz allem verehrten Lehrer mit Hilfe seines Bruders, eines wohlhabenden Kaufmanns, auf diskrete Weise zu helfen, denn der Professor kann seine Wohnungsmiete nicht bezahlen und muß seine übrige Familie zu den Eltern seiner Frau schicken, damit sie leben kann. Der Herzog, der sehnlichst erwartete Mäzen, hat die Akademie besichtigt, ohne einen Blick in Cramptons Atelier zu werfen, der darob verzweifelt ist und Max Strähler bittet, sich seiner Tochter anzunehmen. Strählers Bruder Adolf und seine verwitwete Schwester nehmen Gertrud liebevoll auf, aber Crampton ist verschwunden. Es gelingt Adolf Strähler, vom Dienstmann Löffler seinen Aufenthalt zu erfahren; er ist von der Akademie entlassen worden und haust in dürftigsten Verhältnissen im Hinterzimmer einer Kneipe. Max Strähler kauft mit Einwilligung seines Bruders die Einrichtung aus Cramptons einstigem Atelier und will ihn nach seiner Verheiratung mit Gertrud zu sich nehmen. Aber es ist schwer, Crampton aus seiner tristen, rauch- und alkoholdurchdunsteten Atmosphäre herauszuholen. Er säuft und spielt Karten mit ehemaligen Schülern und soll, damit der Wirt zu seinem Geld kommt, mit zwei biederen Malermeistern einen Konzertsaal dekorieren. Max Strähler weckt seinen Künstlerehrgeiz, indem er Crampton den Auftrag überbringt, ein Porträt seiner Schwester zu malen. Voll neuer Projekte und grandioser Ideen verläßt Crampton, inzwischen von seiner Frau geschieden, mit seinem Schüler die Spelunke, ist aber empört, als er in Strählers Wohnung seine Möbel wiederfindet; es sei eine Taktlosigkeit, ihm so sein Elend vor Augen zu führen. Erst als Gertrud hinzukommt und sich als Maxens Braut vorstellt, begreift er den wahren Sachverhalt und verspricht sich und den andern, von monumentaler Rührung überwältigt, ein neues Leben im Zeichen inspirierter Arbeit.

Professor Crampton ist eine jener Figuren, die unabhängig von ihrer nach und nach verblassenden Zeitgültigkeit als Rolle noch lange für die Kraft des Menschengestalters Hauptmann zeugen werden. Vor seinem acht Jahre später entstandenen tragischen Pendant Michael Kramer hat er die stärkere Natur und größere Vitalität und, vom Theater her gesehen, den bewegteren komödiantischen Umriß voraus. Crampton ist eine Glanzrolle für große Charakterspieler, und ob man in ihm den wirklichen Künstler oder nur den großsprecherischen Renommisten, das Genie oder den Scharlatan sieht, das ist immer nur nach der inneren Wahrheit zu beurteilen, die der Darsteller aus seiner Natur heraus dem tragikomischen Schlawiner mitgeben wird. Bei den größten – Albert Bassermann, Paul Wegener, Eugen Klöpfer – loderte in diesem ramponierten Professor das echte Feuer der Kunst, leuchteten durch Schnaps- und Bierschwaden die Gesichte des Visionärs.

Der Biberpelz

Diebskomödie in vier Akten
Erste Aufführung: 21. September 1893 in Berlin

Personen: Von Wehrhahn, Amtsvorsteher – Krüger, Rentier – Dr. Fleischer – Philipp, sein Sohn – Motes – Frau Motes – Frau Wolff, Waschfrau – Julian Wolff, ihr Mann – Leontine, Adelheid, ihre Töchter – Wulkow, Schiffer – Glasenapp, Amtsschreiber – Mitteldorf, Amtsdiener.
Ort und Zeit: Irgendwo um Berlin in den achtziger Jahren.

Mutter Wolffen, die tüchtige und bei allen Leuten im Ort bis hinauf zum Amtsvorsteher gern gesehene Waschfrau, hat einen Rehbock in der Schlinge gefangen, den sie an den Spreeschiffer Wulkow verkauft. Dieser klagt, daß er das Reißen habe, worauf Leontine Wolff, die gerade ihrem Dienstherrn, dem Rentier Krüger, weggelaufen ist, beiläufig erwähnt, Herr Krüger habe einen hübschen Biberpelz. Ja,

so was könne er auch gebrauchen, meint Wulkow, bevor er
sich mit seinem Rehbock auf die Beine macht. Der herum-
schnüffelnde angebliche ›Schriftsteller‹ Motes, der mit seiner
Frau vorbeikommt, macht allerlei anzügliche Bemerkungen
über Wilddiebe und Schlingensteller, die er demnächst einmal anzeigen werde, so daß Mutter Wolffen es für geraten
hält, ihm weiterhin Eier und Hausbrot auf Kredit zu geben.
Als diese Gefahr glücklich abgewehrt ist, meint die resolut-
geschäftstüchtige Waschfrau zu ihrem gutmütig-vertrottelten
Mann Julian, es wäre doch schön, wenn man Wulkow zu
einem Biberpelz gegen sein Reißen verhelfen könne; sechzig
Taler habe er dafür geboten, damit könnten sie doch gerade
ihr Häuschen schuldenfrei machen. Inzwischen solle Julian
aber mal ganz sachte das Brennholz holen, das bei Krügers
Anwesen noch auf der Straße liege. (Wegen dieses Holzes,
das sie nach Feierabend nicht auch noch ins Haus schleppen wollte, ist Leontine von Krügers weggelaufen.) Der
große Zugschlitten für die Expedition wird gleich zurecht-
gemacht, und der Amtsdiener Mitteldorf, der Frau Wolff
für den nächsten Tag zum Waschen bei der Frau Amtsvor-
steherin bestellen soll, hält bei ihrem Aufbruch ahnungslos
die Laterne. – Herr von Wehrhahn, forsch konservativ und
königstreu bis auf die Knochen, läßt sich über freisinnige
Umtriebe in seinem Amtsbezirk berichten. Insbesondere will
er von seinem Schreiber Glasenapp Näheres über den
Dr. Fleischer, einen Freund des ebenfalls demokratischer
Anschauungen verdächtige Rentiers Krüger, erfahren. Sein
Vertrauter ist der Spitzel Motes, der einmal mit Dr. Fleischer Krach gehabt hat und eine Gelegenheit zur Rache sucht.
Rentier Krüger, ein alter Choleriker, kommt, um wegen des
Holzdiebstahls Anzeige zu erstatten; Frau Wolff soll ihm
außerdem den Schaden ersetzen, der durch die Weigerung
ihrer Tochter, das Holz ins Haus zu bringen, entstanden ist,
denn dadurch ist ja geradezu die Gelegenheit für die Diebe
geschaffen worden. Mutter Wolffen, aus der Waschküche
geholt, weigert sich entschieden, dieser Forderung nachzukommen. Von Wehrhahn, dem der alte ›liberale‹ Krüger
äußerst unsympathisch ist, verlangt schriftliche Anzeige. Sich
mit solchen Lappalien herumschlagen zu müssen, meint er
zu Motes, dazu bedürfe es einer Kraft, die ihm nur das
Bewußtsein verleihe, für die höchsten Güter der Nation zu

kämpfen. – Krügers Biberpelz hat erfolgreich den Besitzer gewechselt, Mutter Wolffen gibt das Geld ihrem Mann, damit er es im Stall vergräbt. Adelheids Anspielungen auf das neue schöne Knüppelholz werden mit einer Ohrfeige quittiert. Dr. Fleischer kommt mit seinem kleinen Sohn, der gern einmal Kahn fahren möchte. Frau Wolff warnt ihn vor den Machenschaften des üblen Motes, dann kommt das Gespräch auf die Diebstähle bei Krügers, die Mutter Wolffen, ebenso wie Dr. Fleischer, aus tiefster Seele verabscheut und verurteilt. Der bestohlene Rentier kommt, um sich mit Frau Wolff auszusöhnen – sie soll wieder zum Waschen zu ihm kommen, und auch Leontine soll ihren Dienst für höheren Lohn wieder aufnehmen. Gerührt verspricht die Wolffen, sich wieder gut mit Krüger zu vertragen, und pflichtet eifrig seinen Zornesausbrüchen gegen das Diebsgesindel bei, das man endlich hinter Schloß und Riegel bringen müßte. – Wehrhahn will mit den Bagatellsachen des ›Querulanten‹ Krüger nichts mehr zu tun haben, ihn interessiert nur noch der ›politische Fall‹ Dr. Fleischer. Zwar muß er sich von seinem Spitzel Motes etwas distanzieren, doch von seiner Überzeugung, daß die Wolffen eine ehrliche Haut sei, bringt ihn nichts ab. Und warum auch ... Fleischers Angabe, er habe einen Mann mit einem Biberpelz gesehen, kann der Schiffer Wulkow, der wegen einer Geburtsanzeige beim Amtsvorsteher zu tun hatte, einleuchtend widerlegen: Die Geschäfte auf der Spree gehen gut, jetzt kann sich auch mal ein Schiffer einen Pelz leisten – er selbst, zum Beispiel, habe ja auch einen ...

Mit dem *Biberpelz* hat Hauptmann die geringe Zahl der großen klassischen Charakterkomödien der deutschen Literatur um ein Meisterwerk vermehrt. Ein Meisterwerk – trotz des im Sande verlaufenden Schlusses – der Umwelt- und Menschenbeobachtung, der sprachlichen und figuralen Treffsicherheit. Das ist die noch ganz dörfliche Luft der Berliner Vororte in den achtziger Jahren, das ist die Ausdrucksweise ihrer Bewohner, so plastisch und drastisch wie in den Alt-Berliner Possen der Angely, Kalisch, L'Arronge, Glassbrenner, Wilken u. a., aus deren Typenarsenal übrigens Figuren wie der Amtsvorsteher von Wehrhahn und der ewig aufgeregte Rentier Krüger oder der dämliche Polizist Mitteldorf direkt herstammen. Freilich hat Hauptmann sie indi-

vidualisiert und ihnen die Fülle menschlicher Wirklichkeit
gegeben, die den Gestalten dieser Komödie die von allen
Stilwandlungen des Theaters unabhängige und immer gleich-
gebliebene Beliebtheit bei Schauspielern und Zuschauern
sichert. Ganz sein eigenes Geschöpf aber ist das Prachtexemplar der Mutter Wolffen, der ehrbaren Diebin, die so
gut für ihren dusseligen Julian und ihre beiden kessen Gören
sorgt, nur aus hausmütterlichen Überlegungen klaut und auf
Mehrung der familiären Bildung bedacht ist. Herz und Verstand sind bei ihr völlig in Ordnung – nur mit dem Gewissen hapert's ein bißchen, aber Fleiß, Energie und vor allem
ein nie versiegender Mutterwitz machen diesen kleinen Mangel wieder wett. Solange Menschen Humor haben, wird der
Biberpelz das volkstümlichste von Hauptmanns Stücken
bleiben.

Fuhrmann Henschel

Schauspiel in fünf Akten
Erste Aufführung: 5. November 1898 in Berlin

P e r s o n e n : Fuhrmann Henschel – Frau Henschel – Hanne Schäl –
Bertha – Pferdehändler Walther – Siebenhaar – Karlchen – Wermelskirch
– Frau Wermelskirch – Franziska, deren Tochter – Hauffe – Franz –
George – Fabig – Meister Hildebrandt – Tierarzt Grunert – Feuerwehr-
männer.
O r t u n d Z e i t : Der Gasthof »Zum grauen Schwan« in einem schle-
sischen Badeort, sechziger Jahre des 19. Jh.s.

Die kranke Frau des wohlhabenden Fuhrmanns Henschel,
der im Kellergeschoß des Gasthofs »Zum grauen Schwan«
wohnt, macht sich Sorgen, daß zwischen ihrem Mann und
der Dienstmagd Hanne Schäl Beziehungen bestehen könnten, obgleich die Hanne augenscheinlich ein Techtelmechtel
mit dem Hilfskutscher Franz hat. Henschel beruhigt seine
Frau: sie könne sicher sein, daß er nichts mit der Hanne
habe. Trotzdem nimmt sie ihm das Versprechen ab, daß er,
wenn sie stirbt, die Magd nicht heiraten wird. – Nach Frau
Henschels Tod legt Hanne es darauf an, ihren Platz einzunehmen. Sie erklärt dem Fuhrmann, sie käme ins Gerede,
wenn sie als unverheiratetes Mädchen in der Wohnung eines

Witwers bliebe. Henschel denkt an sein Versprechen und zögert; andererseits braucht er jemand, der für seine kränkliche kleine Tochter sorgt, wenn er unterwegs ist. Der Hausbesitzer und Hotelier Siebenhaar, ein gütiger und menschenfreundlicher, aber etwas hillfoser und lebensferner Mann, bemüht sich, Henschels Bedenken zu zerstreuen; das Versprechen habe seinerzeit mehr eine Beruhigung für die todkranke Frau als eine Verpflichtung für ihn, der ja weiter im Leben stehen müsse, bedeutet. Hanne Schäl merkt, daß Henschel wankend wird, und fühlt ihren Triumph voraus. – Henschel hat Hanne geheiratet, die jetzt ihre wahre Natur zeigt. Lebensgierig, sinnlich, herrschsüchtig und egoistisch, betrügt sie den Mann, der ihr nur Gutes tut, mit dem Kellner George, ja, als ihr Henschel, dessen kleine Gustel bald nach ihrer Mutter gestorben ist, ihr eigenes voreheliches Kind ins Haus bringt, das es bei Hannes Vater nicht gut hatte, gerät sie in heftigen Zorn: sie werde davonlaufen, wenn er den Leuten sage, die kleine Berthel sei ihr Kind. Aufgebracht erwidert ihr Henschel, das wüßten die Leute ohnehin alle und er brauche ihnen gar nichts zu sagen. – In der Schenkstube des Gastwirts Wermelskirch, der früher einmal Schauspieler war und dessen halbflügge Tochter Franziska durch die lose Zunge der Hanne Henschel ins Gerede kommt, bricht ein Streit zwischen Henschel und seinem ehemaligen Fuhrknecht Hauffe aus, den Henschel auf Hannes Betreiben entlassen hat. Henschel setzt Hauffe, der fortwährend Stichelreden geführt hat, vor die Tür. Der Pferdehändler Walther, Henschels Schwager (er ist der Bruder seiner verstorbenen ersten Frau), meint, Hauffe habe doch nicht so ganz unrecht und Wilhelm Henschel habe sich seit der Heirat mit der Hanne merkwürdig verändert. Früher habe er bei allen Leuten in höchstem Ansehen gestanden, jetzt käme niemand mehr in seine Stube, man wisse ja, wie's bei ihm zuginge, und überhaupt, wie sei's denn gekommen, daß seine erste Frau und das kleine Mädel so rasch hintereinander gestorben seien? Henschel, von wildem Zorn übermannt, läßt Hanne rufen: sein Schwager behaupte vor allen Leuten, daß sie ihn betrüge. Hanne rennt davon, Henschel, dem die ganze Situation plötzlich klar vor Augen steht, bricht röchelnd zusammen. – Jetzt ist Hanne in Angst um ihren Mann. Henschel, gänzlich gebrochen, findet keinen Schlaf mehr. Das nicht gehaltene Versprechen foltert sein Gewissen. Siebenhaar sucht ihn vergebens zu beruhigen, Wermelskirch schlägt ihm eine Kartenpartie vor, um ihn abzulenken, aber er kommt nicht von seinem Grübeln los. Schließlich rafft er sich auf und geht in seine Kammer: morgen werde alles ein anderes Gesicht haben. Hanne, von jäh aufsteigender Angst befallen, ruft ihn – er gibt keine Antwort. Siebenhaar dringt in die Kammer ein und findet Henschel tot. Er hat seinem Leben selbst ein Ende gemacht.

Schon als noch die theatergeschichtlichen Kämpfe um den Naturalismus tobten, war *Fuhrmann Henschel* von den Gestalten her durchgesetzt. Was Hauptmann ihm an menschlicher Dichte und Kraft der seelischen Wahrheit mitgegeben hatte, das bestand auf der Bühne von vornherein, jenseits der literarischen Einordnung. Wilhelm Henschel ist ein Mensch von apostolischem Wesen, sofern man darunter nicht die Berufung zu Bekenntnis und Lehre, sondern die Kraft, zu sammeln und zu helfen, die hilfsbereite Güte, die Weisheit zu Rat und Zuspruch versteht. Noch in dieses Mannes Zorn flammt der Wille, das Schlechte nicht an sich herankommen zu lassen, und als es dennoch auf ihn zukriecht und er der dumpfen, sinnlichen Gewalt und egoistischen Gier der Hanne Schäl verfällt, da zerbricht er auch innerlich, seinem Weh hilflos preisgegeben, doch ohne Wehleidigkeit. Sein Schicksal ist die Passion des bösen Gewissens.

Einst machte man diesem Schauspiel den Vorwurf, daß es nirgends über die Enge der Milieutragödie hinausgelangt sei. Der zeitliche Abstand hat indessen gerade im Falle *Fuhrmann Henschel* zu der Erkenntnis geführt, daß selbst der konsequente Naturalismus, sofern er Dichtung ist, nicht in der kompletten Gegenständlichkeit der äußeren, sondern in der Überzeugungskraft der inneren Wirklichkeit sein künstlerisches Ziel sucht.

Michael Kramer

Drama in vier Akten
Erste Aufführung: 21. Dezember 1900 in Berlin

Personen: Michael Kramer, Maler, Lehrer an einer Kunstschule
– Frau Kramer – Michaline Kramer, Malerin, und Arnold Kramer,
Maler, ihre Kinder – Ernst Lachmann, Maler – Alwine, seine Frau –
Liese Bänsch, Tochter eines Restaurateurs – Assessor Schnabel, Baumeister
Ziehn, von Krautheim, Quantmeyer, Gäste im Restaurant Bänsch –
Krause, Pedell in der Kunstschule, u. a.
Ort und Zeit: In einer preußischen Provinzialhauptstadt, um 1900.

Zu der Malerin Michaline Kramer, einem etwas verblühten
älteren Mädchen, die mit ihrem Bruder Arnold bei ihren
Eltern lebt, kommt ihr einstiger Studienfreund Lachmann
mit seiner töricht-geschwätzigen Frau zu Besuch. Lachmann
und Michaline Kramer standen sich einmal näher, aber zueinander gefunden haben sie nicht. Beide haben es in ihrer
Kunst nicht sehr weit gebracht, doch von Michael Kramer,
Michalinens Vater, an dem die Tochter mit einer bewundernden Liebe hängt, sprechen sie mit höchster Verehrung.
Es wird verabredet, daß Lachmann seinen alten Lehrer
Kramer in dessen Atelier besucht. Als er mit Michaline gegangen ist, schlurft Arnold Kramer, Michalines Bruder, herein. Er macht der Familie ständig Sorgen und Kummer:
hochbegabt und phantasievoll, ist er äußerlich häßlich,
schiefgewachsen, eine mißtrauische, boshafte Natur mit be-
denklichem Hang zum Nichtstun, das Gegenbild des als
Maler unbedeutenden, aber von der Heiligkeit der künstlerischen Mission glühend überzeugten, rechtlichen und redlichen Vaters. Arnold erschreckt seine brave, kleinbürgerliche
Mutter durch Grimassen, noch mehr aber durch die Erklärung, daß niemand ihm helfen könne und daß, wenn die
Familie nicht davon abließe, ihn ›bessern‹ zu wollen, eines
Tages einmal etwas sehr Ernsthaftes passieren könne. –
Michael Kramer beklagt sich bei Lachmann, der ihn in seinem Atelier aufsucht, über Arnold; einst, bei seiner Geburt,
habe er ihn »dargestellt – vor Gott«, ihn der Kunst geweiht,
aber er sei ein Taugenichts geworden, ein schlechter, gemei-
ner Mensch. Die Gastwirtstochter Liese Bänsch, ein vulgär-
kokettes Mädchen, kommt zu Kramer und führt Klage dar-

über, daß Arnold immer in der Wirtschaft ihres Vaters her-
umsitze und sie anglotze; die Herren vom Stammtisch
amüsierten sich ja manchmal königlich über den komischen
Menschen, aber ihrem Bräutigam sei das fortwährende An-
stieren doch peinlich, und außerdem stelle Arnold ihr immer
nach. Kramer verspricht, Arnold ins Gewissen zu reden. Als
Arnold kommt, bietet Kramer ihm die Hand; er möge einschlagen und Vertrauen zu seinem Vater haben. Um ihn zu
prüfen, fragt er den Jungen (von dem er durch Liese Bänsch
ja nun weiß, wo er sich herumtreibt), wo er die letzte Nacht
gewesen sei. Arnold bleibt verstockt und lügt. Ein hoff-
nungsloser Fall, Michael Kramer ekelt es vor seinem Sohn.
– Arnold hockt wieder in Bänschs Gastzimmer. Die Herren
vom Stammtisch kommen in aufgeräumtester Laune, schä-
kern mit Liese und sticheln gegen ihren »Freund«. Liese versucht Arnold zuzureden, kann es aber auch nicht lassen, mit
ihm zu kokettieren. Arnold begibt sich ins Nebenzimmer,
wo es am Stammtisch mit Bier und Sekt hoch hergeht, angeblich um dort zu zeichnen. Michaline trifft sich mit Lachmann ebenfalls in Bänschs Lokal. Sie tauschen resigniert
Erinnerungen aus. Plötzlich gibt es Lärm im Nebenzimmer,
man ruft nach der Polizei, ein junger Mensch stürzt heraus
auf die Straße, die Stammgäste ihm nach. Einer hat einen
Revolver in der Hand, den man dem Fliehenden abgenommen hat. Michaline erwacht wie aus einer Betäubung:
»Arnold! War das nicht Arnold?« – In Michael Kramers
Atelier ist Arnold, der sich, gehetzt und ohne Ausweg, in der
Oder ertränkt hat, aufgebahrt. Michaline kommt mit Lach-
mann und spricht von der Veränderung, die seit Arnolds
Tod mit ihrem Vater vor sich gegangen ist. Liese Bänsch,
gutherzig und bekümmert über das Unglück, bringt einen
Trauerkranz. Allein geblieben mit Lachmann, hält Michael
Kramer seinem unglücklichen Sohn, in dem jetzt, von irdi-
schen Schlacken befreit, die göttliche Idee des Genius her-
vorgetreten ist, die Totenrede.

Michael Kramer ist, nach *Kollege Crampton*, Hauptmanns
zweites Künstlerdrama. Seine Gestalten erscheinen uns heute
als die Opfer ihrer Epoche, ihr Verhängnis ist die geistige
Erstarrung einer stillstehenden, lähmenden Zeit, die auch
den künstlerischen Menschen in ihre spießbürgerliche Muffig-
keit einfing. Die eigentliche Tragödie Arnold Kramers ist,

daß nicht nur die Stammtischwelt der Banalität gegen ihn
steht, sondern auch die ›Künstlerwelt‹ der eigenen Familie,
in der Sehnsucht nach dem Schöpferischen schon für das
Schöpferische selbst genommen wird, eine Welt, in der die
Kunst zur Ausflucht wird. In ihr spielt sich das Vater-
Sohn-Drama ab, das im Grunde das Seelendrama eines Mannes ist, der mehr an die ›Mission‹ des Künstlers überhaupt
als an seine persönliche Berufung dazu glaubt und in dem
das Sinnieren über die Aufgabe der Kunst fast zur Manie
geworden ist, weil seine bebende Erwartung der aus dem
Sohn hervorbrechenden künstlerischen Leistung niemals Erfüllung fand. Wie in vielen Werken Hauptmanns ist uns
auch hier das Zeitbild entrückt, das Menschliche aber über
allen Zeitenwandel hinweg nahegeblieben. (Reclams UB
7843.)

Rose Bernd

Schauspiel in fünf Akten
Erste Aufführung: 31. Oktober 1903 in Berlin

P e r s o n e n : Bernd – Rose Bernd – Marthel – Christoph Flamm
– Frau Flamm – Arthur Streckmann, Maschinist – August Keil, Buchbinder – Hahn, Heinzel, Golisch, Kleinert, Arbeiter bei Flamm – Die
alte Golischen, die Großmagd, die Kleinmagd, alle in Flamms Diensten
– Ein Gendarm.
O r t und Z e i t : Das Stück spielt auf dem Lande in Schlesien, kurz
nach 1900.

Der Erbscholtiseibesitzer Christoph Flamm hat eine seit vielen Jahren gelähmte Frau, die er herzlich liebt. Aber seine
kräftige Mannsnatur fordert ihr Recht, und bei dem schönen,
gesunden Bauernmädel Rose Bernd findet er sein Glück.
Gerade kommt er an einem strahlenden Maiensonntagmor-
gen mit ihr aus einem Weidengebüsch und ist sehr vergnügt;
aber Rose denkt daran, daß sie dem braven, kränklichen
Buchbinder August Keil versprochen ist, und will die Beziehungen zu Flamm aufgeben. Dieser wehrt sich leidenschaftlich gegen den Gedanken, wegen der »Gebetbuch-
visage« August von dem Mädchen zu lassen, und schließt
sie in seine Arme. Rose wehrt sich und erschrickt, als sie ein
Geräusch hört. Flamm eilt fort, aus den Büschen kommt der

Maschinist Streckmann, der schon lange hinter Rose her ist.
Er hat beobachtet, was unter den Weiden geschehen ist, und
stellt seine Forderung: wenn Rose ihm zu Willen ist, wird er
schweigen. Als ihr Vater und August Keil auf dem Heimweg
von der Kirche dazukommen, spielt Streckmann den Jovialen und hänselt den frömmelnden Buchbinder mit seiner
baldigen Hochzeit. – Bei Flamm, der als Schulze auch Stan-
desbeamter ist, bestellen Keil und der alte Bernd das Aufgebot. Flamm sieht, daß er Rose verliert, und bittet sie noch
einmal um ein Wiedersehen, aber sie weist ihn zurück. Dennoch sträubt sie sich gegen die baldige Heirat und erregt
dadurch den Zorn ihres Vaters, der erbittert mit Keil weggeht. Der gelähmten Frau Flamm, die Rose ins Herz geschlossen hat, gesteht das Mädchen, daß sie ein Kind erwarte.
Frau Flamm, der selbst Kinder versagt sind, tröstet Rose
mit dem Glück, das Mutterschaft für jede Frau bedeutet;
die Anspielungen auf Streckmann überhört sie, von Roses
Beziehungen zu ihrem Mann weiß sie nichts. Sie will sich des
Mädchens annehmen, aber störrisch weist Rose jede Hilfe
zurück. – Es ist Hochsommer geworden, die Leute sind bei
der Feldarbeit. Rose bringt ihrem Vater und August, der
nun doch ihr offizieller Bräutigam ist, das Essen. Auch Rose
hat nichts mehr gegen die baldige Hochzeit einzuwenden,
ihr Zustand zwingt sie dazu. Sie war bei Streckmann in der
Wohnung, um ihn zu bitten, daß er sein Wissen über sie und
Flamm um Gotteswillen für sich behält, und der brutale
Maschinist hat die Gelegenheit für sich ausgenutzt. Nun hat
er das Mädchen um so fester in der Hand. Angetrunken
beginnt er wieder, bei August Keil seine plumpen, hämischen
Anspielungen zu machen, auf die dieser nicht eingeht. Flamm
trifft, als die andern gegangen sind, Rose noch einmal zu
einer Aussprache; er sieht ein, daß sie auseinandergehen
müssen. Streckmann hat Flamm wieder bei Rose stehen sehen
und bedrängt sie von neuem. Außer sich schreit sie ihm ins
Gesicht, daß er ihr Gewalt angetan habe. Der Lärm ruft
Vater Bernd und August mit ein paar Arbeitern herbei.
August geht auf den viel stärkeren, gewalttätigen Streckmann los, der haut zu und schlägt ihm ein Auge aus. – Im
Herbst, in Flamms Haus. Es hat einen Gerichtstermin gegeben wegen Augusts Verletzung, und außerdem hat der
alte Bernd Streckmann auch noch wegen Beleidigung seiner

Tochter verklagt. Flamm mußte als Zeuge erscheinen – nun
erfährt Frau Flamm die ganzen Zusammenhänge. So hart sie
es getroffen hat, redet sie doch noch einmal Rose gut zu und
verspricht ihr wiederum, für sie zu sorgen. Aber jetzt streitet
Rose, die verzweifelt nicht mehr aus noch ein weiß, alles ab,
und Frau Flamm erkennt mit Schrecken, daß sie auch vor
Gericht einen Meineid – gegen die eidlichen Aussagen von
Flamm und Streckmann – geschworen hat. Flamm lacht nun
auch, enttäuscht und voll schlechten Gewissens, verächtlich
über seine Liebe zu Rose, die es mit Streckmann und vielleicht Gott weiß wem noch gehabt hat. Rose aber hat für
alle Fragen, warum sie vor Gericht gelogen habe, nur die
eine Antwort: »Ich hoa mich geschaamt!« – Der Arbeiter
Kleinert hat Rose halb tot hinter einem Weidenbaum liegend
gefunden und bringt sie heim ins Häuschen ihres Vaters. Sie
muß sich gleich wieder hinlegen, ihre kleine Schwester soll
niemand sagen, wie es um sie steht. August Keil, der den
wahren Sachverhalt inzwischen geahnt hat, beweist nun, daß
er nicht nur Bibelsprüche auf den Lippen führt; er will bei
Rose bleiben und mit ihr zusammen in eine andere Gegend
ziehen, wo niemand etwas von den Vorfällen weiß. Zuerst
aber soll der alte Bernd die Beleidigungsklage gegen Streckmann zurücknehmen, damit es nicht wieder zu einer Gerichtsverhandlung kommt, zu der der Gendarm schon die
Ladung an Rose übergeben wollte. Aber Vater Bernd fürchtet für seine Stellung als Kirchenvorstand und will den Prozeß durchführen lassen. Erst als August ihm sagt, was er von
Rose weiß, bricht er zusammen. Rose kommt aus der Kammer, blaß, verstört, und als ihr Vater sich von ihr abwendet,
schreit sie heraus, was ihr angetan wurde. Der Gendarm
kommt wieder, um Rose die Vorladung zu überbringen; als
er wieder gehen will, hält sie ihn zurück und flüstert mit
brennenden Augen: »Ich hab mein Kind erwürgt.« Der Gendarm hält das Geständnis für Phantasie. Aber August Keil
begreift, daß es Wahrheit ist, denn er allein ahnt, was das
Mädchen gelitten haben muß.

Rose Bernd und *Fuhrmann Henschel* sind unter den naturalistischen Dramen Hauptmanns diejenigen, deren tragische
Konflikte ausschließlich aus dem Verhängnis der Eros-Um-
strickung entstehen. Es ist ein primitiver, rustikaler und elementarer Eros von unwiderstehlicher und vernichtender

Kraft, dem im *Fuhrmann Henschel* der Mann, in *Rose Bernd*
das Weib zum Opfer fällt. Hanne Schäl ist die Treibende,
Rose Bernd die Getriebene, beiden stehen kranke, leidende
Frauen gegenüber, von denen die eine (Frau Henschel) in
dumpfer, jammernder Angst das Unglück der erotischen
Überwältigung unausweichlich herannahen sieht, die andere
(Frau Flamm) mit hilfloser, selbstverleugnender Güte seinen
Folgen verstehend und lindernd zu begegnen sucht. Kindes-
tod wirft in beiden Dramen dunkelste Schatten – der zer-
störende Eros trifft vor allem das unschuldigste Leben, indem er lautlos wegsterben läßt, was als Gewissensmahnung
einmal seine Stimme wider ihn erheben könnte (Henschels
Kind aus seiner ersten Ehe), oder gewaltsam vernichtet, was
ein simples Geschöpf wie Rose Bernd nicht als Mal seiner
Allgewalt, sondern nur als ›Makel‹, als Schandmal verstehen
kann (ihr Kind von Flamm). Hauptmann hat als Geschwo-
rener bei einer Gerichtsverhandlung in Schlesien einen Fall
wie den seiner Rose Bernd kennengelernt. Aus seinen Ein-
drücken schuf er das Drama, das dem auf der Bühne wiederholt behandelten Thema der Kindesmörderin (Heinrich
Leopold Wagners *Kindermörderin*, 1776; Goethes *Faust*) die
stärkste Resonanz verschaffte, weil es am tiefsten in die
Seele eines von männlicher Geschlechtsgier verfolgten und
selbst naturhaft getriebenen jungen Weibes hinableuchtet.

Die Ratten

Berliner Tragikomödie in fünf Akten
Erste Aufführung: 13. Januar 1911 in Berlin

P e r s o n e n : Harro Hassenreuter, ehemaliger Theaterdirektor – Seine
Frau – Walburga, seine Tochter – Pastor Spitta – Erich Spitta, Kandidat
der Theologie, sein Sohn – Alice Rütterbusch, Schauspielerin – Natha-
nael Jettel, Hofschauspieler – Käferstein, Dr. Kegel, Schüler Hassen-
reuters – John, Maurerpolier – Frau John – Bruno Mechelke, ihr Bruder
– Pauline Piperkarcka, Dienstmädchen – Frau Sidonie Knobbe – Selma,
ihre Tochter – Quaquaro, Hausmeister – Frau Kielbacke – Schutzmann
Schierke.
O r t u n d Z e i t : In einer ehemaligen Kavalleriekaserne im Berliner
Osten, im Fundusmagazin Hassenreuters und in der Wohnung des
Maurerpoliers John, um 1910.

Auf dem Dachboden einer jetzt als Mietshaus dienenden
alten Kaserne hat der ehemalige Theaterdirektor Hassenreuter seinen Fundus untergestellt, den die Frau des im
Hause wohnenden Maurerpoliers John in Ordnung hält.
Zwischen Kostümen, Ritterrüstungen und sonstigem Büh-
nengerümpel gesteht das vor der Niederkunft stehende polnische Dienstmädchen Pauline Piperkarcka der Frau John,
daß sie mit ihrem ungeborenen Kind in den Landwehrkanal
springen werde, nachdem ihr ›Bräutigam‹ sie sitzengelassen
habe. Frau John, deren eigenes Kind in zartesten Alter gestorben ist und die sich brennend wieder nach einem sehnt,
beschwört sie, diese Sünde nicht zu begehen: sie soll ihr Kind
zur Welt bringen und es Frau John überlassen, die es als ihr
eigenes ausgeben wird. Kein Mensch wird etwas erfahren.
Frau Johns jüngerer Bruder Bruno Mechelke, ein Tunichtgut,
macht sich auf dem Boden zu schaffen, die Piperkarcka
fürchtet sich vor ihm. Als Schritte auf der Treppe laut werden, versteckt Frau John das Mädchen auf dem Oberboden,
wohin sich gleich darauf auch Walburga Hassenreuter begibt, die sich hier mit ihrem Privatlehrer, dem Theologie-
studenten Spitta, treffen wollte, aber beinahe von dem eintretenden Direktor selbst überrascht worden wäre. Hassenreuter seinerseits hat an diesem Sonntagnachmittag sein
Magazin für ein Rendezvous mit seiner ehemaligen ›Naiven‹
Alice Rütterbusch ausersehen, das indessen durch die unerwartete Dazwischenkunft des Kandidaten Spitta gestört
wird, der zu des Direktors entsetztem Erstaunen plötzlich
Schauspieler werden möchte. Er drängt ihn hinaus, Walburga
benützt mit Frau Johns Hilfe den Moment, um vom Oberboden zu verschwinden, und der zurückkehrende Hassenreuter sieht aufgeräumt einer zärtlichen Stunde entgegen. –
Maurerpolier John, der in Altona auf einem Bau arbeitet,
ist nach Berlin gekommen, um beim Standesamt die Geburt
seines kleinen Söhnchens anzumelden, das seine Frau mit
großer Liebe umhegt. Sie duldet nicht mehr, daß Selma
Knobbe, die vierzehnjährige Tochter der verkommenen
Flurnachbarin Sidonie Knobbe, den Kinderwagen mit ihrem
kranken kleinen Brüderchen in ihre Stube schiebt, weil sie
ihr eigenes Kind vor Ansteckung bewahren will. Hassenreuter kommt mit Familie, um den soliden, tüchtigen Johns
zum neuen Stammhalter zu gratulieren. Auch seine Schüler

Kegel und Käferstein erscheinen, man trinkt vergnügt eine
Runde Schnaps. Die Stimmung verdüstert sich, als Spitta
dazukommt, der auf der Straße eine Frau vor einer johlenden Menge beschützt hat. (Es war die Morphinistin Knobbe,
die einen Anfall hatte.) Spitta erregt bei dem patriotisch-
konservativen Hassenreuter Anstoß durch seine sozialistischen Gedanken. Nachdem die Gratulanten gegangen sind,
tritt die Piperkarcka herein: sie will wissen, wie es um ihr
Kind steht. Frau John stellt sich, als verstünde sie kein Wort,
schlägt das Mädchen sogar, als es deutlicher wird, ins Gesicht, wird aber dann von jäher Angst gepackt, daß Pauline
etwas verraten könnte. Der Muttertrieb macht die beiden
Frauen gegeneinander mißtrauisch und eifersüchtig. – Hassenreuter gibt seinen Schülern auf dem Dachboden Unterricht, bei dem Spitta auch durch kunstrevolutionäre Ideen
– Lebenswahrheit gegen schwülstig ›idealistisches‹ Pathos –
seinen Zorn herausfordert. Der schleichende Hausmeister
Quaquaro hat auf dem Oberboden ein Milchfläschchen für
Säuglinge gefunden, Frau John behauptet, es stamme noch
aus der Zeit ihres seligen Adalbertchens. Spittas Vater, ein
Pfarrer aus der Provinz, beschwört Hassenreuter, seinen verblendeten Sohn vor dem Lasterpfuhl ›Theater‹ zu bewahren,
als die Piperkarcka wiederkommt, um nach ihrem Kind zu
fragen, das bei Frau John in Pflege sei. Unwirsch weist sie
Hassenreuter zurecht: Frau John habe nur ihr eigenes Kind.
Die Verwirrung wird immer größer, als nun auch noch, ihr
wirkliches Elend emphatisch verbrämend, Sidonie Knobbe
dazukommt und ihr Söhnchen Helfgott Gundofried, das ihr
»entwendet« worden sei, in einer theatralischen Mutterszene
sucht. Das armselige Würmchen ist auf dem Arm der Frau
Kielbacke, die es für das Kind der Piperkarcka gehalten
hatte, gestorben. – John will seine Arbeitsstelle in Altona
aufgeben und ganz bei seiner Frau in Berlin bleiben. Diese
ist mit dem Kleinen für ein paar Tage zu ihrer Schwägerin
aufs Land gefahren. Während dieser Zeit erzählt Quaquaro
dem Polier, daß die Polizei das polnische Mädchen sucht, das
vor kurzem Anspruch auf sein (Johns) Kind erhob; Pauline
ist verschwunden, man hat sie ein paarmal mit Frau Johns
verludertem Bruder Bruno gesehen. John solle sich ein bißchen darum kümmern, was in seiner Behausung vorginge
– die Piperkarcka habe nämlich vor der Polizei ausgesagt,

das Wurm von der Knobbe sei eigentlich *ihr* Kind und dieses
habe sie bei Frau John in Pflege gegeben. Als Frau John
zurückkommt, erzählt ihr Mann ihr, was der Hausmeister
von ihrem Bruder und der Piperkarcka berichtet hat. Sie
gerät in fürchterliche Unruhe, glaubt, ihr Mann entziehe ihr
sein Vertrauen, und beginnt laut aufzuschluchzen. Bruno ist
leise, wie eine Katze, hereingeschlichen, er trägt seine Sonn-
tagskluft und einen Fliederzweig in der Hand. John erklärt
dem Schubiack, wenn er ihn in einer halben Stunde noch in
seiner Stube fände, hole er die Polizei, und geht angeekelt
hinaus. Frau John dringt in ihren Bruder, ihr zu sagen, was
mit Pauline sei. Schließlich erzählt er, er sei die letzte Nacht
mit ihr tanzen gewesen und habe ihr gesagt, es käme alles in
Ordnung, wenn sie nie mehr zu Jette John ginge und nach
ihrem Kind frage; da sei sie fuchtig geworden, sie hätten
sich gestritten, und dann sei eben etwas passiert ... Und
nun müsse er für viele Jahre verschwinden. Als Bruno gegangen ist, versucht Frau John zu beten. Aber sie bringt
immer nur die Worte hervor: »Ick bin keen Merder, det
wollte ick nich.« – Walburga Hassenreuter und Erich Spitta
fällt das völlig veränderte Benehmen der einst so resoluten
mobilen Frau John auf, die sie eingeschlafen auf ihrem Sofa
treffen. Sie fährt empor und redet wirres Zeug von ihrem
Bruder, hinter dem die Polizei bereits wegen Mordes her ist.
Als John berichtet, was er von der Sache weiß, erkennt sie,
daß die Kindesunterschiebung unmittelbar vor der Entdek-
kung steht. Selma Knobbe wird herbeigeholt. Verängstigt
und eingeschüchtert sagt sie alles: daß Adalbertchen, das
John für sein Kind hält, in Wahrheit das der Piperkarcka
ist und daß Frau John nie ein Kind gehabt hat. Schutzmann
Schierke kommt, um den von Frau John widerrechtlich zu-
rückbehaltenen kleinen Jungen ins Waisenhaus zu bringen.
Vor Angst und Verzweiflung von Sinnen, will Frau John
mit dem Kinde auf die Straße rennen, um sich mit ihm zusammen umzubringen. Hassenreuter und Spitta gelingt es,
ihr das Kind zu entreißen, sie selbst aber stürzt hinaus, ihr
Mann und Selma eilen hinter ihr her. Noch während Hassenreuter und seine Familie um das Kind beschäftigt sind
und sich über die Motive der »entsetzlichen Frau« klarzu-
werden versuchen, kommt Selma schreiend und heulend zurück: Mutter John hat sich umgebracht.

Die Bezeichnung »Berliner Tragikomödie«, die Hauptmann den *Ratten* gegeben hat, bezeichnet zugleich auch die
Stärke und Schwäche des Stücks. Seine Stärke: die packende
Echtheit des Berliner NO-Milieus mit seiner sozialen Ab-
stufung vom leicht ramponierten Bohèmetum, das im Grunde
nur ein bißchen aus der Bahn geratenes Bürgertum ist (Hassenreuter), über das ins Kleinbürgerliche aufstrebende Ar-
beitertum (die Familie John) bis zum Lumpenproletariat
(die Knobbe) und gänzlich Asozialen (Bruno Mechelke).
Seine Schwäche: daß die Muttertragödie der Frau John und
die Mimenkomödie des Direktors Hassenreuter dramaturgisch nicht zwingend ineinandergreifen, sondern eigentlich
mehr nebeneinander gestellt sind. Straffheit des dramaturgischen Gefüges ist nie Hauptmanns Sache gewesen, und die
Atmosphäre hat ihm immer mehr bedeutet als die Struktur.
In den *Ratten* aber ging er darin noch weiter als sonst, indem
er in diese Tragikomödie auch noch ein Stück Bekenntnis-
dramatik mithineinschrieb, deren Träger der Kandidat Erich
Spitta ist. Ihm hat Hauptmann die sozialen und ästhetischen
Ansichten, denen er damals huldigte, ihm hat er das künstlerische Programm des Naturalismus in den Mund gelegt,
aber dank seiner überragenden Meisterschaft in der Menschengestaltung ist diese Figur keineswegs nur ein Thesen-
sprecher und Verkünder von Zeitanschauungen geblieben,
sondern das lebendige Symbol der immer an ihrer jeweiligen
Gegenwart zweifelnden, den überkommenen Werten miß-
trauenden und nach neuem Glauben suchenden Jugend geworden – das Symbol der Generation, die die Ratten unter
dem Boden pfeifen und nagen hört, den die Alten noch für
unerschütterlich fest und sicher halten.

V o r   S o n n e n u n t e r g a n g. Schauspiel in fünf Akten.
– Mit dem Titel dieses Spätwerks, das Hauptmann im Alter
von 66 Jahren (1928) schrieb, stellt er die Beziehung zu
seinem dramatischen Erstling von 1889, dem Schauspiel *Vor
Sonnenaufgang*, her. Verfall einer Familie ist in beiden
Stücken das Thema, in dem Frühwerk aber vor allem unter
sozialkritischem, in dem Altersdrama unter psychologischem
Aspekt. Dort ländlich-bäuerisches, hier großstädtisches und
großbürgerliches Milieu, einst die Familiendegeneration im
Säufertum des Vaters begründet, jetzt sich in der habsüchti-

gen Lieblosigkeit der Kinder gegen den Vater offenbarend,
der sich die Freiheit zu einem neuen Leben nehmen will.
Auch dieses Werk ist, wie so viele Hauptmanns, noch einmal
ein Drama des Eros – des späten, abschiednehmenden, der
nahe bei Schmerz und Tod ist.

Der siebzigjährige Geheimrat Clausen, Großindustrieller
und Inhaber eines Verlagshauses, fühlt drei Jahre nach dem
Tode seiner Frau eine aufkeimende Neigung zu dem Mädchen Inken Peters, der Nichte des Gärtners auf einer seiner
Besitzungen. Seine erwachsenen Kinder, Schwiegersöhne und
-töchter beobachten diese Neigung mit Mißtrauen und auf-
steigendem Haß gegen das Mädchen, das die Liebe des Ge-
heimrats erwidert. Sie veranstalten ein förmliches Kesseltrei-
ben gegen Inken, von dem sich nur Clausens jüngster Sohn
Egmont zurückhält. Die Seele der Familienfronde ist Bettina
Clausen, ein hysterisches Geschöpf, die in der neuen Liebe
ihres Vaters eine Schändung des Andenkens ihrer verstorbenen Mutter sieht und darin von dem mit den Clausens befreundeten Pastor Immoos bestärkt wird. Der Geheimrat
seinerseits verrät seinem alten Freund, dem Cambridger Professor Geiger, daß er sich von seiner Familie verlassen fühlt.
Es kommt zum offenen Bruch, als Clausen sich mit Inken
verlobt; seine Kinder haben Inkens Gedeck von der Tafel
entfernt und ihr damit zu verstehen gegeben, daß es in der
Familiengemeinschaft keinen Platz für sie gibt. Clausen
kauft ein Haus in der Schweiz, wo er mit seiner künftigen
Frau leben will – da ist der entscheidende Schlag gegen
ihn geführt: seine Kinder haben ihn entmündigen lassen. Er
gerät in furchtbare Erregung, bricht dann aber in den Armen
Inkens zusammen. Halb irr vor Wut und Schmerz über das,
was ihm seine Kinder angetan haben, eilt er kurz darauf
nach seinem Gut Broich (wo Inkens Onkel Gärtner ist), um
von dort aus seine Flucht zu betreiben, aber die Meute ist
schon hinter ihm her. Um ihr nicht in die Hände zu fallen,
vergiftet er sich mit Zyankali. Der herbeigerufene Pastor
sucht die Familie von dem Sterbenden fernzuhalten, aber
Geiger meint bitter, man solle sie nur hereinlassen: sie habe
erreicht, was sie wollte.

Die differenzierte psychologische Zeichnung der Personen
ist meisterhaft und trägt über das etwas prekäre Empfinden,
das den Zuschauer angesichts der Liebe zwischen einem Sieb-

zigjährigen und einer Zwanzigjährigen befallen mag, hinweg. Der Stoff wurde mit Emil Jannings, später mit Hans Albers auch verfilmt.

Florian Geyer

Die Tragödie des Bauernkrieges
Schauspiel in einem Vorspiel und fünf Akten
Erste Aufführung: 4. Januar 1896 in Berlin

P e r s o n e n : Bischof Konrad von Würzburg – Markgraf Friedrich, Hauptmann der Besatzung auf »Unserer Frauen Berg« – Gilgenessig, bischöflicher Schreiber – Florian Geyer – Wolf von Hanstein, Georg von Wertheim, Götz von Berlichingen, Wilhelm von Grumbach und viele andere Ritter – Tellermann, Florian Geyers Feldhauptmann – Karlstatt – Rektor Besenmeyer – Lorenz Löffelholz, Feldschreiber Geyers – Jakob Kohl und fünf andere Bauernführer – Schäferhans – Marei, Lagerdirne – Anna von Grumbach – Ritter, Bauernführer, Bürger von Rothenburg, Boten, Knechte, Mönche und Pfaffen, Reisige, Musikanten, Volk.
O r t u n d Z e i t : In der Maingegend zwischen Würzburg, Schweinfurt und Rothenburg, 1524/25.

Das Vorspiel bringt die Motivierung des Bauernkriegs. Auf der Marienfeste zu Würzburg liest der Schreiber Gilgenessig einer Anzahl von Rittern die ›Zwölf Artikel‹ vor, in denen die Bauern ihre Forderungen an die geistliche und weltliche Obrigkeit niedergelegt haben. Die Hauptpunkte sind: freie Pfarrerwahl durch die Gemeinde zu reiner evangelischer Unterweisung »ohne alle menschliche Zusätz«, die Aufhebung des Zehnten als Abgabepflicht und die Befreiung der Bauern von der Leibeigenschaft. Die Ritter weisen diese Forderungen empört zurück, nur Wolf von Hanstein wirbt unter seinen Standesgenossen um Verständnis für die bäuerische Sache. Lorenz von Hutten kommt atemlos hereingestürmt und meldet, daß ›die Evangelischen‹, d. h. die Bauern, im Anmarsch auf Würzburg sind und jede Schonung, selbst für das Kind im Mutterleib, ablehnen, wenn ihnen der Bischof das Schloß Marienberg nicht gutwillig ausliefert. Den darob entstehenden Aufruhr unter den Rittern beschwichtigt der Hofmeister des Bischofs mit der Versicherung, daß die Feste uneinnehmbar sei. Hanstein, der Fürsprecher der Bauern, bezweifelt nicht des Bischofs persönliche Ehrenhaftigkeit und Gerechtigkeit, erinnert die Ritter aber daran, wie die Pfaffen an Ulrich von Hutten gehandelt haben, als er sein »Wach auf, du edle, deutsche Freiheit« schrieb. Wegen ihres Unverstandes sei die Saat der deutschen Freiheit nun unter den Bauern so mörderisch aufgegangen, daß selbst Luther, der anfänglich auf deren Seite stand, nun gegen die blutgierigen höllischen Haufen wettere. Bischof Konrad erscheint. Er bittet die versammelten Ritter, die Burg zu halten, während er selbst sich um die Waffenhilfe des Pfalzgrafen Ludwig und des Schwäbischen Bundes in Ulm bemühen werde. Als die Ritter auf den abwesenden Florian Geyer zu schimpfen beginnen, wendet sich Hanstein, angeekelt von der großsprecherischen Zwietracht unter dem Adel, von dessen Vertretern ab und beschließt, zu den Bauern und ihrer gerechten Sache überzutreten. Markgraf Friedrich übernimmt das Kommando auf der Burg.

Das eigentliche Drama beginnt im Kapitelsaal des Neumünsters zu Würzburg. Florian Geyer hat, wie aus einem Gespräch zwischen seinem Feldschreiber Löffelholz und dem der evangelischen Freiheit verschworenen Rektor Besenmeyer hervorgeht, die beste Aussicht, vor Götz von Berlichingen zum gemeinsamen Anführer der Bauernscharen gewählt zu werden. Vorerst kommt sein Schwager Wilhelm von Grumbach und bittet um Schutz und Geleit; man mißtraut ihm, denn er stand bis vor kurzem noch im Lager der Bündischen Ritter. Geyers Feldhauptmann, der Tellermann, berichtet, wie sein Herr an der Spitze seines gefürchteten schwarzen Haufens unter dem Jubel der Stadtbürger in Würzburg eingeritten ist. Der Anblick eines Pfaffen bringt ihn in sinnlose Wut, seit ein geistliches Gericht seine Mutter als Hexe verbrennen ließ. Mit Mühe wird er zurückgehalten – da erscheint eine Delegation von Rittern des Bischofs, um mit den nun ebenfalls eintretenden Bauernführern zu verhandeln. Florian Geyer, wie immer im schwarzen Harnisch, eröffnet, von seinen Anhängern stürmisch begrüßt, die Versammlung. Einige von diesen wollen nichts von Verhandlungen mit den Bündischen wissen, doch Geyer weist sie darauf hin, daß man verhandeln müsse; denn ohne schweres Geschütz, das sie nicht hätten, könnten sie die Marienfeste nicht einnehmen. Den Rittern wird, falls sie die Burg mit allem, was darin ist, übergeben, freies Geleit für sie selbst und ihren gesamten Troß zugesichert. Ihr Wortführer Sebastian von Rotenhahn wird dies dem Bischof, seinem Herrn, melden. Bevor er geht, erinnert er Geyer daran, wie schmählich es für einen Ritter sei, mit den aufrührerischen Bauern gemeinsame Sache zu machen; aber Geyer weist auf seinen geschorenen Kopf, von dem die ritterlichen Locken gefallen sind: ein Bauer sei er und sonst nichts. Löffelholz mahnt, einen gemeinsamen Anführer zu wählen, Tellermann spricht eindringlich für Florian Geyer, der sauber kämpfe und Plünderungen und Grausamkeiten nicht zulasse. Ein Streit um die Führerschaft droht zwischen Götz von Berlichingen und Geyer auszubrechen, den dieser schließlich mit dem Vorschlag unterbindet, einen Kriegsrat von mehreren Männern zu bilden, die gemeinsam bestimmen sollen, was zu geschehen habe. Er zieht mit Kreide einen Kreis an die Kirchentür und fordert diejenigen, die seiner Meinung beipflichten, auf, ihr Messer in den Ring zu stoßen. Die meisten tun es als symbolischen Todesstoß gegen ihre persönlichen Feinde. Florian Geyer aber stößt »der deutschen Zwietracht mitten ins Herz!«

In der Trinkstube des Wirtes Kratzer zu Rothenburg, der auch zu den Anführern der Bauern gehört, unterhalten sich die samt und sonders mit der evangelischen Sache sympathisierenden Gäste über die Lage. Florian Geyer ist aufs Zeughaus gegangen, um das Geschütz für den Sturm auf die Würzburger Marienfeste zu beschaffen, weil von den Bündischen immer noch kein Bescheid da ist, ob sie übergeben wird. Karlstatt, der fanatische Lutheraner, der alles Katholische mit Feuer und Schwert ausrotten möchte, flieht vor dem marodierenden Landsknecht Schäferhans in die Gaststube; dieser will ihn erschlagen, weil er ein Marienbild zerstört hat. Die Gäste werfen sich dazwischen. Noch während der Schäferhans lärmt und randaliert, treten Florian Geyer und sein Schwager Grumbach herein. Frech und großmäulig erinnert der Schäferhans Geyer daran, wie er einst bei Pavia unter den Franzosen gekämpft habe, wogegen er als ehrlicher deutscher Landsknecht nie wider kaiserliche Majestät und deutsche Nation das Schwert geführt hätte. Geyer streckt den Prahlhans mit einem Faustschlag zu Boden. Als Grumbach Geyer mitteilt, daß in Würzburg mit der Beschießung der Burg begonnen worden sei und Geyer

Strindberg, Der Vater

Strindberg, Ein Traumspiel

daraufhin eiligst nach dort zurückreiten will, erinnert sich
Besenmeyer, daß die erschöpft in einer Ecke schlafende
Lagerdirn Marei eine wichtige Botschaft für Geyer habe.
Dieser weckt voll schlimmer Ahnungen das Mädchen. Sie
übergibt einen Brief von Löffelholz, in dem Geyers Schreiber berichtet, daß die Bauern einen Sturm auf die Marienfeste unternommen haben, ohne das Rothenburger Geschütz
abzuwarten, das hätte Bresche legen sollen. Der Sturm ist
blutig abgeschlagen, Tellermann, der ihn verhindern wollte,
von den rebellischen Haufen ins Eisen gelegt worden. Geyer
reißt seine Rüstung herunter und wirft sein Schwert von
sich. Er sieht, wie gedankenlose Radikalität die ganze evan-
gelische Sache in Gefahr bringt, und ist entschlossen, sich von
ihr zurückzuziehen. Ratlos bleiben die andern zurück.

Im Rathaus zu Schweinfurt sitzt der schwerkranke
Löffelholz, der noch als einziger zu Geyer hält. Seit der
Junker die schwarze Bauernfahne aus der Hand gelegt hat,
ist alles schlecht geraten. Die Ritter, die Geyers Beispiel gefolgt waren, sind wieder vom Bundschuh abgefallen, darunter auch der immer unsichere Grumbach. Die Bauern sind
überall geschlagen worden – dumpfe Verzweiflung bemächtigt sich ihrer Anführer. Plötzlich heißt es: »Der Geyer ist
in der Stadt«, und gleich darauf tritt er auch schon gerüstet
und geschient herein. Zornig wirft er den Mitgliedern seines
Kriegsrats vor, daß sie viel mehr zu ihrem eigenen Vorteil
als für die gemeinsame Sache gehandelt haben. Sie protestieren wild, schon fliegen die Schwerter heraus, da kommt eine
Botschaft aus Würzburg, daß die Brüder dort eine Herde
ohne Haupt seien. Geyer erkennt, daß der Verlust dieser
Stadt droht, und bricht mit den wenigen Getreuen, die ihm
noch geblieben sind, eilends dorthin auf. Der todkranke
Löffelholz bleibt allein zurück, auf eigenen Wunsch zwar,
aber als alle fort sind, bricht er mit dem Schrei »Verlasset
mich nit, liebe Brüder!« ohnmächtig zusammen. – In Krat-
zers Weinstube beginnen sich die Rothenburger Bürger von
Geyer zu distanzieren und werfen dem Wirt vor, daß er
noch zu der verlorenen Bauernsache hält. Karlstatt steht
plötzlich, als die Gäste gegangen sind, in der Tür. Er hat
Furchtbares in der Hölle zu Würzburg erlebt, wo die Überreste der Haufen Greuel über Greuel begehen und ebenso
grausam verfolgt werden. Jetzt bittet er Kratzer um Unter-

kunft. Gleich darauf kommt Florian Geyer mit dem treuen
Bruder Besenmeyer und Menzingen auf dem Weg nach
Würzburg herein, um zu rasten. Er schickt die Marei mit
einer Botschaft zu seiner Frau, die in der Nähe auf der Burg
ihres Bruders Grumbach lebt und ihren Mann beschwört,
ebenfalls dorthin zu kommen. Wie sie noch über die trostlose
Lage reden, wankt Tellermann schwer verwundet mit dem
Stumpf der schwarzen Fahne in der Hand herein; er hat
sich gerade noch aus der fürchterlichen Schlacht von Königs-
hofen retten können, in der ein Bauernheer unter Götz von
Berlichingen vernichtend geschlagen worden ist, und stirbt in
den Armen seines alten Feldkapitäns. Der weiß, daß sein
Stoß, der die deutsche Zwietracht treffen sollte, daneben-
gegangen ist; aber dennoch bleibt er bei seinem Bekenntnis:
»Von Wahrheit ich will nimmer lahn.« – Florian Geyers
Weib ist nicht mehr auf der Burg der Grumbachs, niemand
weiß, wohin sie mit ihrem Kind geflohen ist. Die Marei will
darum auch ihre Botschaft nicht ausrichten und wird von der
Frau des Burgherrn, Anna von Grumbach, mit Schlägen
davongejagt. Die Rittersfrau ist in schwerster Sorge um
ihren Mann, aber ihr Kammermädchen tröstet sie, der bäuerische Aufruhr sei endlich niedergeschlagen, überall höre
man bündisches Freudenschießen. Als Wilhelm von Grumbach gleich darauf mit dem Schäferhans eintritt, überfällt
sie ihn jedoch mit den heftigsten Vorwürfen, daß er es zeitweilig mit den Bauern gehalten habe. Auch als ein Trupp
bündischer Reiter eintrifft, um Florian Geyer in der Burg
seines Schwagers zu suchen, bekommt Grumbach zu hören,
daß er auf seiten des Bundschuhs gestanden habe. Aufgeregt
weist er alles als Verleumdung zurück, auch daß er damals
in der Würzburger Kapitelstube sein Messer in Florian
Geyers Kreidering gestoßen hat, und befiehlt ein festliches
Mahl, um seine Gäste ritterlich und bündisch zu bewirten,
denn er weiß, wie sehr man ihn wegen seiner immer zweideutigen Haltung in Verdacht hat. Das Gelage beginnt, die
Ritter prügeln eine Rotte gefangener Bauern mit ihren
Hundepeitschen durch, dann gehen sie lärmend und betrunken grölend zum Würfelspiel in einen andern Saal. Marei
tritt leise herein, hinter ihr, völlig erschöpft und todesmatt,
Florian Geyer. Er bittet trotz Mareis Warnung seinen
Schwager um Obdach für ein paar Stunden, das dieser ihm

schließlich auch gewährt. Anna aber hat erfahren, daß Geyer in der Burg ist, und verrät den saufenden und würfelnden Rittern sein Versteck. Marei tritt ihnen entgegen. Sie wird erstochen, aber keiner wagt, die Hand gegen Florian Geyer zu erheben. Er wird aufgefordert, sich auf Gnade und Ungnade zu ergeben; hohnlachend weist er das schmachvolle Anerbieten zurück. Da schleicht sich der jetzt in Grumbachs Diensten stehende Schäferhans herbei, der jenen Faustschlag Geyers in der Rothenburger Weinstube nie vergessen hat. Er legt seine Armbrust an und tötet den schwarzen Ritter mit einem Pfeilschuß. Über den Burghof hallt der Freudenruf: »Der Florian Geyer ist tot!«

Mit seinem halben Hundert Rollen und den fünf großen, aus zahllosen Episoden aufgebauten Akten, zu denen noch das Vorspiel am bischöflichen Hof zu Würzburg kommt, ist *Florian Geyer* das umfangreichste Schauspiel Gerhart Hauptmanns. Man hat es seinerzeit – die Uraufführung war ein Mißerfolg – als eine Art thematischer Fortsetzung der *Weber* betrachtet, den Bauernkrieg als historische Parallele zum Aufstand der schlesischen Heimarbeiter genommen und die der Sprache des 16. Jh.s nachgebildete, altertümliche Grobkörnigkeit der Dialoge als historischen Naturalismus bezeichnet. Abgesehen davon, daß die *Weber* ein Kollektivdrama ohne individuellen Helden sind, *Florian Geyer* aber das Drama einer Persönlichkeit ist, besteht die Tragödie des Bauernkriegs viel weniger im Scheitern einer sozialen, als einer politischen Freiheitsbewegung. Auch geschichtlich waren die schlimmen Jahre 1524 und 1525 nicht in erster Linie die Folge einer religiösen und sozialen Bewegung, sondern des von den Bauern unternommenen Versuchs, am politischen Leben der Nation teilzunehmen. Gerhart Hauptmann hat dieses eigentliche Motiv des Bauernkriegs klar erkannt und mit lapidarer Kürze in dem berühmten Satz »Der deutschen Zwietracht mitten ins Herz!« herausgestellt. Florian Geyer scheitert nicht nur an der Zwietracht zwischen Kirche und Adel einerseits, Bürgern und Bauern andererseits, sondern vor allem an der Uneinigkeit in seinem eigenen Lager. Man mag gegen die Überfülle der Episoden dramaturgisch manchen Einwand zu Recht vorbringen – als Monumentalbild einer offenbar konstitutionellen deutschen psychologischen Situation (nicht nur einer ihrer geschichtlich besonders

markanten Ausprägungen) ist der *Florian Geyer* eines von
Hauptmanns bedeutendsten Werken. Erst nach 1918 stellte
sich sein Erfolg ein, nachdem man erkannt hatte, daß nicht
das soziale, sondern das politische Element die bewegende
Kraft des wiederum mit genial gezeichneten Charakteren
ausgestatteten Schauspiels ist. (Reclams UB 7841/42.)

II. DIE ROMANTISCHEN UND MYTHISCHEN DRAMEN

H a n n e l e s   H i m m e l f a h r t. Traumdichtung in zwei
Teilen. – Zwischen dem *Biberpelz* und *Florian Geyer* hat
Gerhart Hauptmann ein Stück geschrieben, das allen denen,
die in ihm den Führer des konsequenten Naturalismus sahen,
und am meisten natürlich dessen unbedingten Anhängern,
keine geringe Mühe machte, es für ihre ›Richtung‹ in Anspruch zu nehmen. Die Traumdichtung *Hanneles Himmelfahrt*, in Schreiberhau geschrieben und im Berliner Königlichen Schauspielhaus am 14. November 1893 uraufgeführt,
bedeutet nicht nur das endgültige Zutagetreten seiner ihm
von der pietistischen Mutter vererbten Religiosität – zum
erstenmal war sie schon in der Gestalt des alten Hilse in den
Webern zu bemerken –, sondern auch die Entschleierung
eines Phantasiebereichs, den die wenigsten bei dem Schöpfer
des Professors Crampton und der Mutter Wolffen vermutet
hätten. Zwar ist auch die Armenhaus-Umwelt des *Hannele*
ganz naturalistisch gesehen, und hier besonders hat man in
Hauptmann den Schilderer des ›Elendsmilieus‹ erkennen
wollen; aber ist die Kraft, die in den Fiebervisionen des
kranken Kindes die Engel erscheinen und ihm das Paradies
verheißen läßt, nicht ebenso groß wie die, welcher das unheimlich realistisch gezeichnete Bettelvolk des Armenhauses
seine Existenz verdankt?

Zu diesem Volk, das sich gegenseitig den armseligsten Besitz neidet und stiehlt, bringt der Lehrer Gottwald eines
Tages ein todkrankes Kind, das kleine Hannele Mattern,
das aus Angst vor seinem Stiefvater, einem arbeitsscheuen
Maurer und Säufer, der es nach dem Tod seiner Mutter
immer nur mißhandelt hat, in den Teich gegangen ist. Gottwald und ein Waldarbeiter haben es gerade noch vor dem
Ertrinken bewahrt, aber nun fiebert es schwer und versetzt

den Doktor und die Diakonissin in schwerste Sorge. Dem
Lehrer, der es gerettet hat und dem es mit kindlicher Liebe
vertraut, erzählt das Hannele, es habe zum Herrn Jesus und
zu seinem toten Mutterle gehen wollen. Im Fiebertraum
wird es von Entsetzen geschüttelt, als ihm der rohe Stiefvater erscheint und es mit Flüchen aus dem Bett jagt. Schwester Martha beruhigt das zitternde Mädchen und singt ihm
ein Schlaflied. Da glaubt Hannele, seine Mutter auf seinem
Bettrand sitzen zu sehen, die zu ihm gekommen ist; die
Armenhausstube erfüllt sich mit überirdischem Glanz, und
drei Engel, schöne geflügelte Jünglinge in kostbaren Ge-
wändern, singen dem Hannele von der leuchtenden ewigen
Stadt, dem himmlischen Jerusalem. Erwachend erzählt es
der Schwester schwärmerisch von dem wunderbaren Besuch
– da tritt der Todesengel herein. Hannele schreit entsetzt
auf, aber nun ist auch Schwester Martha licht und schön wie
ein Engel anzusehen, und alle Todesfurcht weicht von dem
Kinde, als der Dorfschneider an das Bett kommt und ihm
ein kostbares Brautkleid bringt, in dem es in die ewige Seligkeit eingehen soll. Hannele stirbt. Der Lehrer Gottwald
kommt mit den Schulkindern, die ehrfürchtig das arme Din-
gelchen, das nun wie eine verklärte kleine Heilige daliegt,
betrachten. Auch die Armenhäusler kommen herbei und erzählen, man habe im Dorf Engel gesehen. Den Verwün-
schungen gegen den Vater, der wie immer betrunken herein-
torkelt, begegnet ein halb wie der Lehrer Gottwald, halb
wie der Herr Jesus aussehender Fremder, der das Gewissen
des verstockten Säufers erschüttert: in den Händen des toten
Hannele blühen Himmelsschlüssel – verzweifelt stürzt der
Maurer Mattern davon. Der Fremde aber ruft das Hannele
zur Auferstehung, der Raum füllt sich von neuem mit
Engelsgestalten, die ihm den Märchenglanz des Paradieses
schildern und es entschwebend mit sich fortführen. Als die
Erscheinungen verschwunden sind, liegt ein armes blasses
Kind wieder auf der dürftigen Bettstatt, und der ängstlich
fragenden Schwester Martha bestätigt der Doktor mit trü-
bem Nicken: »Tot.«

Schluck und Jau. Komödie in sechs Vorgängen mit
einem Prolog. – Die beiden tragikomischen Helden des am
3. Februar 1900 in Berlin uraufgeführten Stückes sind

eigentlich nur Ableger von Shakespeares betrunkenem Kesselflicker Christoph Schlau (Sly) aus der Rahmenhandlung zu *Der Widerspenstigen Zähmung*. Gerhart Hauptmann hat dem vitalen, grölenden Viechskerl, der bei ihm Jau heißt, in der Gestalt des Schluck einen zarten, rührend kauzigen Tippelgenossen gegeben, der mit sorglich-betulicher Liebe an dem trinkfrohen Walzenbruder hängt. Beide stammen aus Schlesien. Im Rausch werden sie am Gittertor des Schlosses von Jon Rand, einem großen Herrn und Jagdnarren, gefunden, der sie erzürnt ins Stockhaus bringen lassen will, dann aber dem Vorschlag seines Freundes Karl folgt, mit den beiden Lumpen eine Komödie aufzuführen, über die Jon Rands Geliebte, die holde Dame Sidselill, sich endlich einmal nach Herzenslust amüsieren könne; denn dank der ewigen Jagden Jon Rands langweilt sie sich, allein in dem weiten Schloß, beträchtlich. Die Komödie beginnt: Jau, den man im tiefsten Rausch in ein fürstliches Schlafgemach gebracht hat, erwacht auf seidenbezogener Bettstatt, wird als ›Durchlaucht‹ bedient und nach seinen Wünschen befragt und hält sich zunächst für verhext. Dann aber fügt er sich, wenn auch mit Mißtrauen, in seine Rolle, reitet aus und hält ein großes Jagdmahl, bei dem man ihm erzählt, er sei von schwerer Krankheit genesen, während deren er sich für einen Landstreicher gehalten habe. Wie ihm aber Schluck in toller Verkleidung als Königin zugeführt wird, wird er wieder argwöhnisch und ergreift vor der ›Teufelshexe‹ die Flucht. Als bei einem großen Fest im Schloßhof der Herbstrausch über alle, selbst die zarte Sidselill, kommt und niemand mehr weiß, wer der wirkliche Herr ist, gebietet Jon Rand dem Treiben Einhalt und läßt Jau, der, von einer Art lächerlichen Cäsarenwahnsinns befallen, tobt und herumkommandiert, einen Schlaftrunk reichen. Erwachend findet er sich mit seinem treuen Schluck wieder vor der Gartenmauer und erntet nur Hohn und Gelächter, als er der heimkehrenden Jagdgesellschaft Befehle erteilen will. Verwundert schüttelt er den Kopf über den seltsamen Lauf der Welt, erklärt aber seinem Freunde Schluck, der von Jon Rand etwas Geld bekommen hat, er werde jetzt wieder unter die einfachen Leute gehen und mit ihnen »siehr imgänglich« sein.

　　Im tiefsten Grunde ist dieses Scherzspiel, das auf das uralte orientalische Märchenmotiv des ›Königs für einen

Tag‹ zurückgeht, eine Herbstelegie. Die treibende Kraft des
Gedichts ist die Magie der Jahreszeit, die Rausch und Melancholie, Gelächter und Tränen, wilde Lebenslust und trübe
Todesahnung über die Menschen bringt. Der Tanz unter den
alten Nußbäumen des Schloßparks ist eine panische Feier,
für deren trunkene, bacchantische Melodie Hauptmann
Verse von einer an Shakespeare gemahnenden dunklen
Fülle und Schönheit gefunden hat. Vom dionysisch-herbst-
lichen Zauber werden alle Gestalten des Stückes ergriffen,
die hochmütige feudale Schloßgesellschaft, die die Komödie
ersinnt, ebenso wie die beiden armen Schlucker, die darin
agieren müssen. *Schluck und Jau* ist in Hauptmanns Gesamtwerk das erste Stück großer, vom elementaren Erlebnis
aus gestalteter Naturdichtung (denn in der *Versunkenen
Glocke* ist der Wald mit seinen Geschöpfen mehr romantische
Dekoration als wirkliche Natur). (Reclams UB 8655.)

Und Pippa tanzt

Glashüttenmärchen in vier Akten
Erste Aufführung: 19. Januar 1906 in Berlin

P e r s o n e n : Tagliazoni, italienischer Glastechniker – Pippa, seine
Tochter – Der Glashüttendirektor – Der alte Huhn, ein ehemaliger Glas-
bläser – Michel Hellriegel, ein reisender Handwerksbursche – Wann,
eine mythische Persönlichkeit – Wende, Gastwirt – Jonathan, der stumme
Diener Wanns – Glasbläser und -maler, Waldarbeiter, Gäste bei Wende.
O r t u n d Z e i t : Im schlesischen Gebirge zur Zeit des Hochwinters.

In der Schenke des alten Wende im Rotwassergrund sitzen
ein paar schlesische Glasmaler mit dem Italiener Tagliazoni,
einem fragwürdigen Menschen, der aber die berühmte venezianische Glastechnik virtuos beherrscht und ins Riesengebirge gebracht hat, beim Kartenspiel. Auch der Glashüttendirektor, ein forscher Industrieller, der noch voll
flotter Erinnerungen an eine gerade beendete Reise nach
Paris ist, sitzt unter den Gästen. Er will, daß etwas los ist
– Tagliazonis Tochter Pippa, ein geheimnisvolles, zartes, fast
undinisches Wesen, soll tanzen; hundert Lire gibt er dafür.
Er träumt von dem seltsamen Kind, und auch der alte ehemalige Glasbläser Huhn, ein ungefüger, verwilderter Riese
mit Lungen wie ein Blasebalg, sieht Pippa in seinen Träumen

tanzen. Michel Hellriegel, ein reisender Handwerksbursche, kommt müde herein und wird von dem Direktor schnoddrig-jovial ins Gespräch gezogen. Der alte Huhn, der Pippa fas-ziniert anstarrt, beginnt mit einem Mal täppische Tanz-bewegungen zu machen; Pippa nimmt ihr Tambourin und gleitet, halb lockend, halb sich entziehend, um das stamp-fende und schlurfende Mannsungeheuer herum, das sie ver-gebens zu haschen versucht. Plötzlich hat einer der Karten-spieler beobachtet, wie Tagliazoni, den sie schon längst wegen Falschspielens im Verdacht hatten, gezinkte Karten unter-schmuggelt. Sofort gibt es ein Handgemenge, der Italiener zieht sein Messer, flieht aber plötzlich, von den Glasmalern und Waldarbeitern verfolgt, ins Freie. Pippa kauert sich ent-setzt und angstvoll in eine Ecke, Hellriegel und der Direktor stürzen den andern nach. Ein gellender Schrei von der Schneehalde: Tagliazoni ist von seinen Verfolgern erstochen worden. Der alte Huhn hebt die ohnmächtige Pippa auf seine Arme und trägt sie wie eine Beute fort. – Im tiefen, frostklirrenden Bergwald flößt Huhn in seiner Hütte der immer noch ohnmächtigen Pippa Branntwein ein. Sie er-wacht und will fliehen, der Alte hält sie, er bringt ihr Dek-ken und Ziegenmilch. Der Schneesturm tobt und heult um die verwahrloste Behausung des halbtierischen Waldmen-schen. Mit einem Mal klopft es ans Fenster, und eine Stim-me bittet um Obdach. Huhn glaubt, daß man Pippa wieder holen wolle, ergreift einen Knüppel und tappt hinaus, wäh-rend das müde, verängstigte Kind abermals einschläft. Da tritt Michel Hellriegel herein und bläst, da er in dem rauchdunkeln Raum niemand sieht, ein paar Töne auf seiner Okarina. Pippa erhebt sich geschlossenen Auges und be-ginnt, wie von einer geheimnisvollen Macht getrieben, zu tanzen. Erst als sie die Augen aufschlägt, erkennt sie den Wanderburschen aus Wendes Gaststube wieder. Flehend bittet sie ihn, sie aus den Händen des alten Untiers zu be-freien. Michel fühlt, wie ein eigenartiges Gefühl für das kleine, rotblonde, in einer fernen, südlichen Wasserstadt ge-borene Mädchen, das nun vaterlos ist, in sein Herz einzieht. Er verspricht Pippa, sie nicht mehr zu verlassen und sie mit auf seine Wanderschaft zu nehmen. Von draußen hallt wie-der ein Schrei herein – aber diesmal wie der Ruf eines mäch-tigen Waldgottes, tief und langgedehnt: »Jumalaï...« – der alte Huhn ist es, der so ruft. Pippa fragt, während sie mit Michel Hellriegel umschlungen zur Tür hinausgeht, was das seltsame Wort bedeute. Michel deucht es, es hieße »Freude für alle«. – Angelockt wie verirrte Vögel, die es zum Futternäpfchen zieht, erscheinen Pippa und Michel, der beinahe nicht mehr weitergekonnt hätte und erfroren wäre, in der Baude des alten Herrn Wann, einer »mythischen Persönlichkeit«, die der Glashüttendirektor für eine Kreuzung aus venezianischem Magier und pensioniertem preußischem Major hält. Er ist ein Weiser, geheimer Kräfte der Natur kundig, mit seinem Geist in ferne Länder und Zeiten dringend, der das elfenhafte Italienermädchen, das fein und zierlich wie die Rubingläser von Murano ist, und den deutschen, von Fernsehnsucht trunkenen Träumer Michel alsbald mit einem eigenartigen Zauber umspinnt. Er läßt Pippa ein kleines Gondelmodell und ein venezianisches Glas berühren: nun sieht Michel südliche Lagunen, Marmorpaläste und festliche Hallen – bis er erwacht und sich des alten Huhn erinnert, der sie beide ja verfolgen wird. Wann verspricht ihm, Pippa zu behüten, und läßt ihm durch seinen Diener Jonathan eine Kammer zum Schlafen anweisen. Pippa selbst geleitet er in ein anderes Zimmer. Als er zurückkommt, steht Huhn in der Stube. Beide messen sich mit haßerfüllten Blicken. Huhn stapft nach der Tür, hinter der Pippa schläft, Wann wirft sich ihm entgegen, da stößt der alte Waldriese plötzlich einen fürchterlichen Schrei aus und sinkt röchelnd in Wanns Armen zusammen. – Huhn liegt ächzend auf einer Bank, Pippa und Michel kommen aufgeschreckt hinzu. Wann schickt Michel hinaus, einen Eimer Eis zu holen, um es dem Alten aufs Herz zu legen. Als er wieder hereinkommt, ist er verändert – er hat die Eisdämonen gesehen. Huhn stöhnt immer ärger, auch er kämpft mit den Dämonen in seiner Seele, die sich vergebens zu dem zu befreien sucht, »den wir sehnlichst erwarten«, wie Wann es ausdrückt. (Er meint damit den göttlichen Geist der Erkenntnis, der nur dem zuteil wird, der sich von seinem Begehren und seinen Irrtümern zu lösen vermag.) Auch Michel weigert sich, ihn zu rufen. Nun geht Wann selbst, nachdem er Pippa gewarnt hat, mit Huhn, der langsam wieder zu sich kommt, zu tanzen. Pippa fühlt die magische Verlockung, sie kann ihr nicht widerstehen, auch Michel ist wie besessen von dem Wunsch, sie tanzen zu sehen. Er bläst wieder auf seiner Okarina, Pippa beginnt wie ein leuchtendes Fünkchen zu tanzen, Huhn trommelt mit den Fäusten den Rhythmus. Plötzlich kehrt Wann zurück, Huhn bäumt sich auf und zerdrückt in seiner gewaltigen Faust eines von Wanns edlen Murano-Gläsern, aus dem er getrunken hatte. Die Scherben klirren, Pippa sinkt, als wäre sie zerbrochen, tot um. Noch einmal stößt Huhn seinen Triumphschrei »Jumalaî« aus, dann bricht auch er tot zusammen. Michel Hellriegel sieht von all dem nichts mehr; seit er die Eisdämonen erblickt hat, ist er erblindet. Wann tut, als ob er Pippa mit ihm vermähle, setzt ihm den Hut auf und gibt ihm den Wanderstab. Leise und glücklich kichernd tappt der Blinde in den hellgewordenen Wintertag hinaus. Die Weise seiner Okarina verklingt in der Ferne. Wann betrachtet schmerzlich versonnen das kleine Gondelschiffchen aus der Heimat der toten Pippa.

Wie *Schluck und Jau* ist auch dieses Glashüttenmärchen ein Gedicht der jahreszeitlichen Verzauberung. Hauptmanns elementares Naturgefühl bewahrt das Werk vor jeder ›traulichen‹ Winteridyllik, vor jeder billigen Schneemelancholie. Die Natur hat kein ›Sterbekleid‹ angelegt, sondern sie ist von einer gefährlichen Aktivität erfüllt und von einem bösen, blendenden Glanz, stürmisch und mörderisch. Das ist erlebt und aus dem unmittelbaren Erlebnis Bild und Sprache geworden, die Magie einer deutschen Landschaft ist in die dichterische Vision eingegangen. Die geistige Welt aber, die dieser Elementarwelt gegenübersteht, bleibt zum Teil unklar und verschwommen. Wann ringt mit dem alten Huhn, diesem Rübezahl, der unter die schlesischen Industriearbeiter gegangen ist, um die Seele Pippas, aber er kann sie ihm nur tot entreißen; für den blinden Michel Hellriegel bleibt ihm nichts als die barmherzige Lüge des Mitleids. So sehr die Zeit über diese Figur des romantischen Wanderburschen aus dem Klampfenliederbuch mit den Zügen des ewigen Dilettanten und Renommisten hinweggegangen ist, so wenig hat sie dem elfischen Elementarwesen Pippa anhaben können. Glanz und Zauber, Traum und Ferne beflügeln es auf seiner kurzen, im Feuer des Eros leuchtenden Bahn – eines jener Geschöpfe, die Hauptmann aus seiner hellsichtigen Sinnlichkeit mit unbeirrbar bildnerischer Sicherheit fand und formte. (Reclams UB 8322.)

Die Atriden-Tetralogie

Entstanden in Hauptmanns letzten Lebensjahren und erschienen in der Reihenfolge *Iphigenie in Delphi* (1941),
Iphigenie in Aulis (1944), *Agamemnons Tod* und *Elektra*
(1948). – Kein großer Dichter hat am Ende eines langen,
reichen und gesegneten Lebens in tieferem Schmerz und mit
so viel erkennender Verzweiflung von der Welt Abschied
genommen wie Gerhart Hauptmann. Sein letztes, gewaltiges Werk, das er als beinahe Achtzigjähriger in Angriff
nahm, gilt einem der größten tragischen Stoffe der Weltliteratur, der seit seiner ersten Gestaltung durch Aischylos
über Jahrtausende hinweg die dichterische Phantasie beschäftigt hat und der in dem Augenblick, da Hauptmann
ihn ergriff, eine schlechthin bestürzende, zeitnahe Gleichnis-
haftigkeit offenbarte: der Untergang des königlichen Geschlechts der Atriden, das, von Tantalus abstammend, durch
immer neue Frevel und immer neue Schuld die Rache der
Götter auf sich herabzieht, erschien dem Dichter wie eine
Parallele zum deutschen Schicksal des Kriegsendes, das sein
Vaterland im Chaos versinken ließ. Aus seinem Leiden an
der Zeit ist die Tetralogie entstanden, der Schmerz war die
gestaltende Kraft, der Tod – nicht nur für die Hauptfigur
Iphigenie, sondern auch für den Schöpfer selbst – ihr Ende.
Immer wieder stößt man in den vier Dramen auf Stellen,
die Hauptmanns Verzweiflung an Deutschland unmittelbar
hinausschreien, und es bedarf nicht einmal der Ersetzung der
Worte ›Griechenland‹ oder ›Hellas‹ durch ›Deutschland‹,
um ihres Sinnes innezuwerden. Da heißt es z. B. : »Der
Wahnsinn herrscht! Ganz Hellas ist sein fürchterlicher Herd,
auf ihm verbrennt zu Asche, was den Griechen dem Unflat
der Barbarenwelt enthob, und köpflings stürzt er sich in
ihren Blutsumpf« *(Iphigenie in Aulis).* Oder an einer anderen Stelle desselben Stückes: »Einst war ein Reich, man hieß
es Griechenland! Es ist nicht mehr! Denn wo noch wären
Griechen? Ich sehe keinen um mich, weit und breit.« Oder:
»Gewöhnt Euch an das Fürchterliche – hat die Welt sich
längst ja doch daran gewöhnt! Vergeblich ist's, dawider sich
zu wehren« *(Agamemnons Tod).* Und schließlich: »Oh,
große Lüge, große Lüge! Bist du nicht die schwarze Kuh,
aus der wir weiße Milch wie süßes Leben einzutrinken

glauben und die uns doch nur eins: den Wahnsinn, bringt?«
(Iphigenie in Delphi.) Die Unentrinnbarkeit des Fluchs, der
über den Atriden hängt und der nichts als Greuel, Mord,
Irrsinn und Vernichtung bringt, hat Hauptmann auch über
der Zeit gespürt, in der er dieses ungeheure Werk schrieb, das
in der Beschwörung des Nächtlich-Dämonischen, der Todes-
götter und ihres grausen Kultes in der gesamten modernen
Literatur nicht seinesgleichen hat. Die humanistisch gesehene
Antike Goethes – Hauptmann hat sie geliebt – ist in dieser
Vision des Chaos versunken, in der keine ›reine Menschlichkeit‹ die Verfluchten zu entsühnen vermag, sondern jedes
vergossene Blut nach dem Gesetz der rächenden Nemesis
neue Blutopfer verlangt. Iphigenie hat, als sie als Priesterin
Hekates, der schwarzen, menschenblutgierigen taurischen
Artemis, in ihre griechische Heimat zurückkehrt, nicht mehr
die Kraft, in der hellen, vom Geist der Sitte, der Menschlichkeit und Versöhnung beherrschten Tempelregion des delphischen Apollon zu leben; der bleichen Blutgöttin verfallen,
gibt sie sich selbst den Tod. Es scheint nicht unwichtig, darauf hinzuweisen, daß die abschließende Tragödie *Iphigenie
in Delphi*, die die Entsühnung des Muttermörders Orest und
die Befreiung Elektras vom Wahnsinn bringt, als erstes Stück
der Tetralogie schon 1941 erschienen ist, als Hauptmann
noch die Möglichkeit sah, dem tragischen Geschehen einen
versöhnlichen Ausklang zu geben. Die im Handlungsablauf
vorausgehenden, aber später geschriebenen Teile zeigen die
zunehmende Verdüsterung in der Seele des Dichters, die
solche Möglichkeiten nicht mehr zuließ. Es ist kein Zufall,
daß die beiden mittleren Stücke *Agamemnons Tod* und
Elektra, die die grausigen Vorgänge des Gatten- und Mutter-
mordes auf die Bühne bringen, als letzte inmitten der hereinbrechenden Katastrophe des Kriegsendes geschrieben wurden – als die Welt an das Fürchterliche gewöhnt war!

Die Handlung verläuft in den vier Dramen in knappstem
Umriß folgendermaßen:

I p h i g e n i e   i n   A u l i s. – Das Griechenheer, das, um
den Raub der Helena durch die trojanischen Prinzen Paris
zu rächen, im Aufbruch nach Troja begriffen ist, kann nicht
ausfahren. Sengende Hitze und Windstille liegen über der
Bucht von Aulis. Die Göttin Artemis, Apollons jungfräu-

liche Schwester, hat Dürre und Trockenheit gesendet, weil
Agamemnon, der König von Mykene und Anführer der
Griechenmacht, in wilder Jägerleidenschaft ihre heilige
Hirschkuh getötet hat. Der Seher Kalchas, Agamemnons
Feind, hat verkündet, die zürnende Göttin könne nur durch
ein Menschenopfer versöhnt werden: Iphigenie, des Königs
Tochter, müsse auf ihrem Altar sterben. Agamemnon läßt
sie mit ihrer Mutter Klytaimnestra, unter dem Vorwand, sie
mit Achilleus zu vermählen, ins Lager kommen. Aber Peitho,
Iphigeniens taurische Amme, die den grausigen Kult der
Blutgötter kennt, weiß, was die Ankunft eines schwarzen
Schiffes mit blutroten Segeln aus ihrer barbarischen Heimat
bedeutet; es ist das Zeichen, daß Hekate, die taurische Arte-
mis, ihre Hand nach Iphigenien ausgestreckt hat. Zwischen
Agamemnon und Klytaimnestra entspinnt sich ein furchtbarer Kampf, die Mutter sucht die geliebte Tochter vor dem
Vater zu retten, der sie seinem Ehrgeiz opfern will. Sie findet einen Verbündeten in Aigisthos, der sie einst selbst zur
Frau begehrte, dann aber um Iphigenie warb und von Agamemnon abgewiesen wurde. Klytaimnestra durchschaut das
Truggespinst der angeblichen Vermählung ihrer Tochter mit
Achill und sagt sich innerlich von Agamemnon los. Iphigenie
aber ist bereit, für Hellas auf dem Altar der Artemis zu
sterben. Entsetzt sehen Agamemnons Waffengefährten, daß
der König, nur noch vom Gedanken an kriegerischen Ruhm
in Troja beherrscht, das furchtbare Opfer vollziehen will,
das dem Heer die Ausfahrt ermöglicht. Iphigeniens Sinn ist
verwirrt, sie glaubt sich noch die Braut des Achill, steigert
sich aber auch ekstatisch in den Gedanken, von der Göttin
als Sühneopfer berufen zu sein. Während sie diesem Gedanken fast wie in einem verzückten Delirium nachhängt, erscheinen drei hexenhafte weibliche Gestalten, Botinnen der
schwarzen Artemis, und entführen sie. An ihrer Stelle aber
liegt eine Hirschkuh auf dem Altar, die Agamemnon tötet,
ohne daß er den Tausch des Opfers bemerkt. Auch er ist wie
entrückt – »ein taubes Werkzeug in der Hand der Götter«.

Agamemnons Tod. – Klytaimnestra und ihr Buhle
Aigisth herrschen über Mykene. Zehn Jahre sind seit der
Ausfahrt des Griechenheers von Aulis vergangen, jetzt ver-
breitet sich das Gerücht von seiner Niederlage vor Troja

und vom Tod Agamemnons. In Wahrheit aber haben die
Griechen die Stadt erobert und zerstört und sind mit reicher
Beute auf der Heimfahrt. Elektra und Orest, die jüngeren
Geschwister der nach Tauris entrückten Iphigenie, nehmen
in einem Tempel in den Bergen bei Mykene voneinander
Abschied; denn Aigisth haßt den Sohn Agamemnons, weil
Orest, gleich der Schwester Elektra, die Buhlschaft der Mut-
ter mit dem Usurpator, der sich die Herrschaft des rechtmäßigen Königs anmaßt, verabscheut und verwirft. Elektra
aber fühlt, daß ihr Vater nicht tot ist. Ein Bettler von gewaltigem Wuchs tritt mit einem ärmlich gekleideten Weib
und einem andern Mann in den Tempel und bittet dessen
Wächter Thestor um ein Obdach. Es ist Agamemnon mit der
troischen Königstochter Kassandra, der Seherin, die ihm als
Beute zugefallen ist, und seinem treuen Diener Kritolaos.
Sie sind als Schiffbrüchige an Land gekommen und wissen
nicht, wo sie sind. Elektra erzählt ihnen, was man von
Troja weiß, Agamemnon gibt sich zu erkennen. Thestor
führt alle in einen Nebenraum, denn Klytaimnestra naht zu
nächtlichem Gebet an die Todesgöttin Persephoneia, bei der
sie ihre geopferte Tochter Iphigenie wähnt. Agamemnon
kehrt zurück, nach anfänglichem Zweifel erkennt Klytaimnestra den Gatten, der ihr als ›Mörder‹ Iphigeniens in
tiefster Seele verhaßt ist. Kassandra weissagt ihr, sie werde
den König töten, sie selbst aber (Kassandra) werde von der
Hand ihres Buhlen fallen. Klytaimnestra geleitet Agamemnon mit heuchlerischer Unterwürfigkeit zum Bad im heiligen
Wasser, das durch den Tempel fließt. Aigisth kommt und
fragt, wo Klytaimnestra sei; als ihm Kassandra antwortet:
»Bei ihrem Gatten«, ersticht er die Seherin. Aus dem Bad
dringt der Todesschrei Agamemnons – Klytaimnestra hat
ihm mit einem Beil den Kopf gespalten. Das Volk von
Mykene kommt mit den Ältesten des Rates, um seinem König zu huldigen; es hat von Elektra Agamemnons Rückkehr
erfahren. Klytaimnestra tritt ihnen, das blutige Beil hoch
erhoben, entgegen: Kindesmord habe sie gerächt, nun sei sie
bereit, für diese große Tat auch übermenschliche Leiden zu
ertragen. Elektra ruft nach Orest um Rache für den ermordeten Vater, das Volk nimmt ihren Schrei auf. Allein mit
Aigisth zurückgeblieben, wird Klytaimnestra von einem
Schauder erfaßt; auch wenn Feuer den Mordtempel zerstört,

wie Aigisth es will, der heiße, blutige Quell quillt weiter
und überschwemmt das Gewissen der Gattenmörderin.

E l e k t r a. – Wieder sind Jahre vergangen. Der Tempel ist
zerfallen, die Fassung des Bades gebrochen, trüber Dampf
steigt aus der Quelle. Orest ist mit seinem Freund Pylades
aus Delphi geflohen, wo ihm das Orakel des Apollon vor-
aussagte, er werde seine Mutter töten. In dem gemiedenen
Heiligtum suchen sie Rast und stoßen auf ein Gerippe, das
am Boden liegt. Es ist das der Kassandra, die hier von
Aigisth getötet wurde. Von Schauder gepackt, fragt Orest
den Freund, ob er glaube, daß Elektra noch lebe – da tritt
diese, bleich und in Lumpen gehüllt, hinter einem verfallenen Götterbild hervor. Seit dem Tod des Vaters lebt sie, nur
noch von ihrem Rachegedanken erfüllt, in der Tempelruine,
wo einst der Mord geschah; hier, eröffnet sie sogleich dem
Bruder, werde auch er die Mörderin – seine Mutter – erschlagen. Ein Unwetter bricht plötzlich herein, Elektra heult
triumphierend auf. Sie weiß, daß Aigisth und Klytaimnestra
in der Nähe auf der Jagd sind und hier Schutz suchen werden. Gleich darauf kommen beide herein, ohne zu wissen,
welchen furchtbaren Ort sie betreten haben. Als Klytaimnestra fragt, wo sie sind, springt Elektra hervor, um ihr
die Antwort zu geben: »Nenn dieses Nichts den Tod, so
sprichst du Wahrheit.« Orest tritt mit dem Beil, das Agamemnons Schädel spaltete, in der Hand hinzu. Noch einmal
flutet eine Welle der Liebe zu der tiefentbehrten Mutter
über das Herz des zum Rächer bestimmten Sohnes – (es ist
eine der großartigsten und erschütterndsten Szenen, die es in
der gesamten dramatischen Literatur gibt) –, aber voll höh-
nischen Stolzes weist Klytaimnestra den Ausdruck kindlicher
Zuneigung zurück. Elektra hält ihr das Beil unter die Augen:
hat sie damit nicht Agamemnon erschlagen? Klytaimnestra,
schaudernd, flüstert: »Ich weiß es nicht«, doch plötzlich bekennt sie sich zu ihrer Tat – Kindesmord habe sie gerächt,
nun sei sie bereit, sich zu versöhnen, ja Orest das Recht auf
seinen Königssitz in Argos zurückzugeben. Aigisth fährt
wütend dazwischen, wird aber sogleich von Pylades mit dem
Schwert durchbohrt. Klytaimnestra bricht zusammen, Elektra jubelt auf, denn nun ist das Rachewerk im Gang. Noch
einmal reckt sich die Königin wie rasend empor und ver-

flucht ihre Kinder; wie ein Tier fällt sie Orest an, der ringend mit ihr in dem Baderaum verschwindet, in dem Agamemnon starb. Man hört Schreie, dann kommt Orest zurück und drückt das wieder von Menschenblut triefende Beil der völlig erstarrt dastehenden Elektra in die Hand. Sie nimmt es wie etwas Fremdes, Niegesehenes. Das Blutwerk ist vollbracht' – die Nacht des Wahnsinns bricht über sie herein, während Orest in den dämmernden Morgen hinausschreitet.

I p h i g e n i e i n D e l p h i. – Im Apollon-Heiligtum zu Delphi deuten Zeichen darauf hin, daß das Schicksal der vom furchtbaren Fluch ihres Geschlechts verfolgten Atreus-Kinder sich endlich zum Licht wendet. Der junge Priester Proros erzählt seinem Amtsgenossen Aiakos, daß dem Muttermörder Orest ein unerfüllbar-schwerer Auftrag als Sühne auferlegt worden sei: er müsse das Bild der Göttin Artemis, die bei den barbarischen Tauriern blutig als Hekate herrsche, entwenden und nach Delphi bringen, um sie dort wieder mit ihrem Bruder Apollon, dem Herrn des Lichts, zu vereinen. Er erwähnt auch, daß eine fürchterliche Priesterin, die der Hekate die Menschenopfer darbringe, viele Griechen auf dem gräßlichen Altar geschlachtet habe. Elektra kommt mit dem Mordbeil, das ihren Vater Agamemnon und ihre Mutter Klytaimnestra tötete, um es Apollon zurückzugeben, auf dessen Geheiß Orest die Mutter erschlug. Sie bietet sich gleich ihrer (wie sie glaubt) geopferten Schwester Iphigenie den Göttern als Opfer dar, damit sie Orest leben lassen. Proros berichtet ihr, daß jüngst im Tempelbezirk ein Mensch erschienen sei, der unter einem so furchtbaren Fluch der Götter stehen müsse wie nie zuvor ein anderer Sterblicher. Mit dem Schrei: »Das war Orest, mein Bruder«, bricht Elektra zusammen. Gleich darauf kommt ein Fremder mit wüstem, schneeweißem Haar über einem jungen, doch von gräßlichen Erlebnissen gezeichneten Gesicht und legt ein Ruder auf denselben Altar, auf dem Elektra das Mordbeil niedergelegt hat. Er beginnt ein Gespräch mit der aus ihrer Ohnmacht Erwachten, in dessen Verlauf sich beide schwerer Blutschuld zeihen und sich Geschwister im Unglück nennen. Klytaimnestras Geist zieht schattenhaft vorüber, der Fremde glaubt sich von einem Hauch von Mutterliebe angeweht. Es ist Orest, doch verbirgt er Namen und Wesen, nennt sich

Theron und behauptet, Orest sei von jener schrecklichen
Priesterin samt seinem Freund Pylades in Tauris der Hekate
geopfert worden. Pyrkon, der Oberpriester des Apollon,
kann es nicht glauben, denn ihm ist offenbart worden, daß
Orest lebe und entsühnt werde, wenn er das Bild der taurischen Artemis zurückbringe; bald erfährt er durch Pylades,
der mit Orest von Tauris abgefahren ist, die Wahrheit: das
Götterbild befindet sich auf einem ihrer Schiffe. Pylades
weiß aber nicht, wo Orest seit ihrer Ankunft in Griechenland
geblieben ist, ebensowenig, daß Elektra, die ihm einst als
Gattin versprochen war, seelisch zerstört im Pflegehaus des
Tempels weilt. Orest hat seiner Schwester inzwischen, ohne
sich zu erkennen zu geben, berichtet, daß nicht nur das
taurische Götterbild, sondern auch jene Priesterin, von deren
Hand Orest angeblich starb, auf den Griechenschiffen von
Tauris entführt wurde. – Im Tempel rüstet man zur Feier
der Rückkehr des Götterbildes. Der Festzug naht, der Bahre,
auf der die Statue der Artemis hereingetragen wird, folgt
die hoheitsvolle Gestalt der Oberpriesterin. Elektra springt
ihr mit dem Beil entgegen – sie glaubt ja, jene habe ihren
Bruder geopfert. Pylades hält sie zurück; sie solle nun erwachen und auch Orest, da ja die Sühnetat vollzogen, von
seinem Wahne lassen. Es geschieht, Orest nennt klaren Sinnes
seinen Namen und auch zum erstenmal den seiner Schwester.
Elektra sinkt wiederum bewußtlos um. Als Orest nun die
taurische Priesterin fragt, ob nie die Namen Agamemnon
und Iphigenie zu ihr gedrungen seien, zieht sie schaudernd
ihren Schleier übers Gesicht, während Pylades das Götterbild unter festlicher Musik ins Innere des Apollon-Tempels
geleitet. – Die Oberpriesterin ist Iphigenie. Seit dem Tag, an
dem sie vor der Ausfahrt des Griechenheers geopfert werden
sollte und von der schwarzen Artemis entrückt wurde, ist
die dunkle, nächtige Göttin ihre Mutter und Behüterin geworden. Sie hat sich ihrem blutigen Dienst geweiht – nun
kann sie nicht mehr zurück in das Reich des Lichts, in dem
Apollon herrscht, nicht mehr unter die Menschen, die in diesem Lichte leben. Elektra, von ihrem Fieber befreit, kommt,
um sie um Verzeihung zu bitten, daß sie das Beil wider sie
erhoben habe. Iphigenie gewährt die Verzeihung, sie verzeiht auch Orest, der sie in Tauris schon wegen des Griechen-
bluts, das sie vergossen, mit dem Schwert bedroht hatte; aber

noch erkennt sie die Geschwister nicht. Erst als Elektra, wie entrückt, ihr Bilder der gemeinsamen Jugend vor die Seele ruft, kehrt längst versunkene Erinnerung in Iphigenien zurück, und mit einem Mal spricht Elektra es aus: »Du bist in Wahrheit Iphigenie.« Für einen Augenblick weicht die furchtbare Fremdheit, die in Hekates Dienst über Iphigenie gekommen ist, als sie die Schwester überwältigt in die Arme schließt und küßt: »Elektra, meine süße, kleine Schwester.« Dann aber tritt sie zurück in das nächtliche Reich, dem sie zugehört, und vertraut Elektren, daß ihre Wohnung in Persephoneiens Totenland sei; dorthin werde sie zurückkehren. Während Elektra und Pylades einem neuen Leben entgegengehen und Orest, nunmehr Herr und König in seines Vaters Agamemnon Stadt, feierlich entsühnt wird, stürzt Iphigenie sich von den Felsen des heiligen Bezirks in die Tiefe, den Opfertod vollziehend, der ihr einst bestimmt war.

Von Gerhart Hauptmanns *Atriden-Tetralogie* sind die beiden *Iphigenien*-Dramen noch während des Krieges in Berlin, Wien und Dresden zur Darstellung gekommen. 1962 hat Erwin Piscator in Berlin die gesamte Tetralogie für einen Abend eingerichtet und im Haus der Volksbühne aufgeführt.

CARL HAUPTMANN

* 11. Mai 1858 in Obersalzbrunn
† 4. Februar 1921 in Schreiberhau

Gerhart Hauptmanns älterer Bruder, der zuerst bei Ernst Haeckel in Jena und in Zürich Naturwissenschaften studierte und zu Beginn der neunziger Jahre gleich seinem Bruder kurze Zeit in Berlin lebte, um sich dann für dauernd im heimatlichen Riesengebirge niederzulassen, begann als Schriftsteller mit naturalistischen Dramen, in denen sich das religiös-mystische schlesische Sinnierertum aber von Anfang an stärker als bei Gerhart bemerkbar machte. Von hier aus fand er auch, gedrückt durch das Bewußtsein, im Schatten des viel weniger wissenden, aber viel genialeren Bruders zu stehen und immer im unbewußten Wettbewerb mit ihm, den Weg zum Expressionismus, noch bevor dieser als ›program-

matische‹ literarische Bewegung hervorgetreten war. Schon
vor dem Ersten Weltkrieg schrieb er das dramatische Tedeum
Krieg, in dem er die emphatische Verneinung des großen
Sterbens vorausnimmt, die die Generation der jüngeren Expressionisten erst nach 1918 hinauszuschreien begann. Der
Welt von Gerharts *Hannele* hatte Carl Hauptmann sich mit
seinem Märchenstück *Die armseligen Besenbinder* genähert,
und in dem Schauspiel *Die lange Jule* (beide Werke erschienen 1913) glaubt man etwas von dem Wirklichkeitsbegriff
des jüngeren Bruders zu spüren: schlesisches Bauernmilieu, in
dem eine harte Frauensperson unter Verzicht auf fast alle
Freude und Freunde das väterliche Erbe wieder in ihre
Hände bringt, nur um es dann im Feuersturm einer Nacht
von neuem zu verlieren. Viel mehr im Subjektiven bleibend
und aus einem fast wilden Drang, sich der Welt in der Tragik des schöpferischen Menschen darzustellen, schrieb der
Dichter mitten im Ersten Weltkrieg die Trilogie des ringenden Genies *Die goldenen Straßen*, ein Bekenntniswerk, das
namentlich in seinem ersten Teil, der burlesken Tragödie
Tobias Buntschuh, im Schicksal eines scheiternden Erfinders
stark Wedekindsche Züge aufweist. Das mittlere Drama,
Gaukler, Tod und Juwelier, hat einen vom Leben genarrten
Schauspieler zum Helden, das letzte, *Musik*, einen Komponisten – den einzigen, der die goldene Straße findet. In der
Figur dieses Musikers hat Carl Hauptmann, hinter einer
Max-Reger-Maske verborgen, sich wohl am persönlichsten
offenbart, die jähen·Abstürze aus einer liebevoll verständ-
nislosen Kleinbürgerwelt mit Braut und Mutter in alkohol-
durchdunstete Landstreicher- und Zigeunerromantik, die
Qual des Ringens und die tobende Ekstase des Schaffens-
rauschs in packenden, aber formlosen Bildern dargestellt.

Carl Hauptmanns letztes dramatisches Werk ist das 1919
erschienene Schauspiel *Der abtrünnige Zar*, eine »Ouvertüre
zur Menschheitsdichtung« seiner Zeit (Paul Fechter). Gleich
dem Herzog in Shakespeares *Maß für Maß* setzt der legendäre Russenherrscher einen Stellvertreter ein und beendet
sein freiwilliges Exil in der Steppe erst, als jener die ihm
anvertraute Macht zu Gesetzlosigkeit und Willkür mißbraucht.

Von der Hochwelle des Expressionismus emporgetragen,
sind die Bühnenwerke Carl Hauptmanns in den zwanziger

Jahren viel gespielt worden, und man hat versucht, den Dichter über seinen Bruder Gerhart zu stellen; das konnte nur aus dem Irrtum geschehen, daß man seine Bedeutung als Repräsentant der Zeitströmung mit der seiner schöpferischen Begabung überhaupt gleichsetzte. Aber Carl Hauptmann hatte, wenn er den Bereich des Realismus verließ, nicht die Kraft, seine inneren Gesichte zu formen. Den ›Ausdruck‹ mußte er deshalb auf Kosten der Gestaltung überbewerten, und im Gegensatz zu seinem Bruder, der sich in Welt und Wesen jeglicher Art fast grenzenlos verströmte, blieb er auch als expressionistischer »Weltfreund« – (so nannte Franz Werfel einen Band seiner nach Allhingabe drängenden Lyrik) – auf sein an privater geistiger Tragik gewiß schwer tragendes Ich beschränkt und in ihm verhaftet.

HERMANN SUDERMANN

* 30. September 1857 in Matziken (Memelland)
† 21. November 1928 in Berlin

Im Kampf um den Naturalismus galt Hermann Sudermann, der ursprünglich zum Apotheker bestimmte Sohn eines ostpreußischen Bierbrauers, als die zweite große dramatische Potenz neben Gerhart Hauptmann. Seine ersten Bühnenwerke *Die Ehre* (1889), *Sodoms Ende* (1890) und *Heimat* (1893) waren Sensationserfolge und blieben es bei dem Publikum auch, als die sehr wache und spürsinnige Berliner Kritik unter Führung des jungen Alfred Kerr (1867–1948) Sudermann bereits deutlich von Hauptmann distanziert hatte. Aus der heutigen historischen Perspektive betrachtet, steht der in seinen Erzählungen (z. B. den *Litauischen Geschichten*) meisterhafte Schilderer der Landschaft und Menschen des äußersten deutschen Nordostens als Dramatiker den Repräsentanten des Pariser Konversations- und Kolportagetheaters von der Art des jüngeren Dumas, Victorien Sardous, Henry Batailles und Henry Bernsteins viel näher als den Berliner Naturalisten. Seine Welt ist flacher, seine Gestalten sind schablonenhafter, aber seine dramaturgische Technik ist viel brillanter und ›regelrechter‹ als die von

Hauptmann, Arno Holz und Johannes Schlaf. Hätte es damals schon den erst zwischen 1920 und 1930 aufgekommenen Begriff ›Gebrauchsstück‹ gegeben, man hätte den größten Teil von Sudermanns Bühnenwerken von *Es lebe das Leben* (1902) bis zu den durch Paul Wegener noch einmal berühmt gewordenen *Raschhoffs* (1919) mit ihm kennzeichnen können: Stücke, die ein Zeitproblem aufgreifen, es theatergemäß zubereiten, wirksame Rollen enthalten und letztlich doch die Antwort auf die meist schon recht oberflächlich gestellte thematische Frage schuldig bleiben. Der Nachfolger Sudermanns in dieser Hinsicht war Hans José Rehfisch (1891 bis 1960), Verfasser der Tragikomödie *Wer weint um Juckenack?*, der Schauspiele *Affäre Dreyfus, Brest-Litowsk, Wasser für Canitoga* u. a.

Die Witterung für Zeitfragen kann man Sudermann freilich nicht absprechen. Er spürte die beginnenden Emanzipationsbestrebungen im Bürgertum und ergriff in der Geschichte von der weltberühmten Sängerin, die einst von ihrer Familie verstoßen wurde, für sie Partei *(Heimat)*; er beobachtete im Berlin der neunziger Jahre das Aufkommen neuer Vermögensschichten aus der sich wandelnden Sozialstruktur der werdenden Weltstadt und hielt es in dem auf der Bühne noch wenig bekannten Milieu der Kunsthändler und Bodenspekulanten fest *(Die gutgeschnittene Ecke)*; er bemerkte die besonders in sozialistischen Kreisen mit viel Idealismus genährten Tendenzen zu einer »praktischen Humanität des arbeitenden Volkes« und stellte sie in dem Steinmetzmeister dar, der seinen Glauben an das Gute im Menschen dadurch bewährt, daß er entlassene Sträflinge beschäftigt, wobei sich dann manchmal ›Schicksale‹ herausstellen *(Stein unter Steinen)*. Prüft man aber die psychologischen Voraussetzungen der Dramen Sudermanns, so findet man, daß sie ebenso billig sind wie ihre Konflikte banal, und mit der Bühnenwirkung der einst sogenannten Bombenrollen allein ist es auch nicht mehr getan, seit das reisende Virtuosen- und Protagonistentheater zum Aussterben kam. Paul Wegener ging gern mit Sudermann-Stücken auf Tournee, und Eleonora Duse ist als Magda in *Heimat* überhaupt entdeckt worden (auf einer Gastspielreise in den baltischen Ländern). *Fritzchen*, der Titelheld eines technisch brillanten Einakters, in dem ein kleiner Leutnant einen Ehebruch mit seinem Leben büßen muß, war eine Lieblingsrolle von Josef Kainz. Die einst viel gespielte Komödie *Die Schmetterlingsschlacht* lebt von den dramatisierten Witzblattfiguren der umsichtig-beflissen kuppelnden Mutter, die ihre drei unversorgten Töchter unter die Haube bringen muß, des flotten Reisevertreters und des ›tiefveranlagten‹ Fabrikantensohnes, der dann schließlich der Jüngsten standesgemäßer Bräutigam wird.

Ein Werk Sudermanns aber verläßt den Umkreis der gehobenen Theaterkolportage und pocht an die Pforte der Dichtung – das 1900 erschienene Schauspiel *Johannisfeuer*. Wie in Halbes *Strom* das westpreußische winterliche, so ist hier das ostpreußische Land mit seinem herben und glühenden, von panischen Kräften durchströmten Sommer suggestiv festgehalten. Seine Stimmung umgibt seltsam erregend die Menschen des Gutshofs, den derb lebensfrohen Besitzer Vogelreuther, seine Tochter Trudchen und deren Verlobten Georg, der im feurigen Glanz der Johannisnacht dem halb hausmütterlichen (und darum ›Heimchen‹ genannten), halb irrlichtigen Mädchen Marikke verfällt, dessen Mutter, die diebische und versoffene Weßkalnene, beinahe so etwas wie eine litauische Erdhexe ist. Wenn man das Schauspiel nicht naturalistisch, sondern aus einer panischen landschaftlichen Vision spielt (wie in der grandiosen Inszenierung Jürgen Fehlings im Berliner Staatstheater 1943, kurz vor dessen Zerstörung), dann müßte auch heute noch zu erkennen sein, daß Sudermann nicht nur die dramaturgische Routine eines talentierten Schülers der Pariser Boulevarddramatiker, sondern auch etwas von jener Kraft besaß, die eine Voraussetzung des Dichterischen ist – Phantasie, die nicht nur Menschen und Begebenheiten, sondern auch dahinter sieht.

JOSEF RUEDERER

* 15. Oktober 1861 in München
† 20. Oktober 1915 in München

Wenn Ludwig Thoma bei aller satirischen Schärfe doch auch eine echte, gewissermaßen abseits vom ›Simplicissimus‹-Geist und von diesem unangefochten dahinlebende Liebe zu seinen oberbayerischen Bauern besaß, unter denen er selbst geboren war, so gab es für den Städter Josef Ruederer diesen Zwiespalt nicht. Der Münchener Kaufmannssohn, der selbst zuerst Kaufmann war, sah die Bauernwelt aus einer stark kritisch eingestellten städtischen Optik, die ihm zwar den Blick nicht im Sinne der in den neunziger Jahren in Süddeutschland betriebenen ›liberalistischen‹ Propaganda trübte, aber seine unerbittlich genaue Menschenbeobachtung bis ins Grimmige und Ätzende verschärfte. Seine in manchen Situationen umwerfend komische, in der Gesamthaltung aber eher bittere und höhnische Komödie *Die Fahnenweihe* (1895) wendet sich gegen den heimatbündlerischen Schwindel vom kerngesund-unverdorbenen Bauerntum, indem sie eine nicht eben saubere Affäre, die sich damals unter kleinen Geschäftsleuten in Partenkirchen zutrug, in ein rein bäuerliches Milieu verlegt und dieses mit drastischer Karikierung dem Gelächter ausliefert. Die Theaterwirkung des Stückes ist glänzend, obwohl ihm die legere innere Heiterkeit, mit der Hauptmann z. B. im *Biberpelz* oder Rosenow im *Kater Lampe* die moralischen und Charakterschwächen des braven Volkes schildern, so gut wie völlig mangelt.

Ruederers heftiges Temperament, das zu Verzeihung und Nachsicht wenig geneigt war, durchpulst auch seine zehn Jahre später geschriebene Komödie *Morgenröte*, deren Thema der Kampf der unjugendlich verspießten Münchener Studenten gegen die Tänzerin Lola Montez, die Geliebte König Ludwigs I. von Bayern, und deren Vertreibung im Jahr 1848 ist. Als Ruederer eine heroisch-patriotische Episode aus der bayerischen Geschichte, die Tat des *Schmieds von Kochel* 1911 zum Gegenstand eines Trauerspiels machte, erwies es sich, daß seine im Polemischen und Satirischen so wirksamen Gestaltungsmittel für einen eher pathetischen Stoff nicht ausreichten.

ARTHUR SCHNITZLER

* 15. Mai 1862 in Wien, † 21. Oktober 1931 in Wien

Neben Hugo von Hofmannsthal ist Arthur Schnitzler, Sohn eines Wiener Internisten und selbst Arzt, der hervorragendste Vertreter des österreichischen Bühnenschrifttums zwischen

1890 und 1920 gewesen. Er ist der kühle, skeptische, innerlich kaum ergriffene, aber als Diagnostiker ihres Seelenzustands ungemein treffsichere Zuschauer und Schilderer seiner Zeit, soweit sie sich in der großbürgerlichen und kleinadligen Schicht der Wiener Gesellschaft verkörpert (wie Hofmannsthal deren Schilderer in der hochadligen Region ist). Das Verspielt-Melancholische, Verwöhnte, mit einer müden Frivolität den erotischen und intellektuellen Reiz Suchende dieser Gesellschaft, die sich dank ihrer Wohlsituiertheit soignierte seelische Komplikationen leisten (und sie, von Sigmund Freuds Psychoanalyse geschult, mit einer merkwürdigen Schärfe beobachten) konnte – diese so spezifisch wienerische Lebenshaltung in der Abenddämmerungszeit der alten Donaumonarchie hat kein Autor mit so viel impressionistischer Sensibilität und Musikalität zu erfühlen verstanden wie Arthur Schnitzler. Er hatte dank seiner Herkunft aus einem hochangesehenen Professorenhaus teil an der geistigen und ästhetischen Kultur, die dieser Lebenshaltung das Fundament gab, und als assimilierter Jude doch genug Distanz, um sie gelassen und unbeteiligt in dem soziologischen und psychologischen Spätstadium ihrer Überreife betrachten und darstellen zu können. Er sah, was faul und morsch an ihr geworden war, aber es fehlte ihm an jeglichem Pathos und Rigorismus, um – wie etwa sein zwölf Jahre jüngerer Landsmann Karl Kraus – aus seinem Kulturpessimismus eine Anklage zu machen. »Böser Dinge hübsche Formel« – treffender und besser als mit diesen vier Worten aus Hofmannsthals Prolog zu *Anatol* kann man das in der Form so anschmiegsame und elegante Werk Schnitzlers, das neben den Dramen und einigen großen Romanen vor allem eine Reihe meisterhafter Novellen umfaßt, nicht charakterisieren. Seine Zeit ist versunken, ihr Duft aber ist zwischen den Seiten, die Schnitzler geschrieben hat, hängengeblieben.

Schnitzler ist nicht der Erfinder, wohl aber der Vollender des Wiener dramatischen Feuilletonismus. Sein erster großer Bühnenerfolg war der Einakterzyklus *Anatol* (1891), eine Folge von gescheit-melancholischen, mondänen Dialogen zwischen einem berufsmäßigen Lebensgenießer (im Zweifelsfall »Dr. jur. ohne Profession«) und seinen verschiedenen Geliebten, Liaisons und Flirts, erfüllt von der Anmut und dem mehr streichelnden als stechenden Witz der gepflegten

Wiener Konversationskunst, die auch Ernstes leichtzuneh-
men verstand. (*Anatol* und *Der grüne Kakadu* Reclams UB
8399/8400). Der Anatol-Typus kehrt als Held – wie seltsam
mutet diese übliche Bezeichnung für die Hauptfigur eines
Theaterstücks bei den männlichen Repräsentanten eines
schlechthin antiheroischen Lebensgefühls an! – auch noch in
späteren Dramen Schnitzlers, vor allem im *Einsamen Weg*
(1903; Reclams UB 8664) und im *Weiten Land* (1910), wieder, wo er im Mittelpunkt von mehr als spannende Situation
denn als tiefdringende Problematik erlebten Eheaffären
steht. Sein weiblicher Gegentyp ist das ›süße Mädl‹, das
hingebend liebende und sich seinem Gefühl ganz und gar
ausliefernde kleinbürgerliche junge Mädchen, das an seiner
Liebe zugrunde geht, weil sie für den Partner nur eine *Lie-
belei* ist. Das Schauspiel dieses Titels (Uraufführung 1895)
ist Schnitzlers größter Bühnenerfolg geworden und blieb,
wie *Halbes Jugend*, auch noch ständig auf den Spielplänen,
als andere Werke des Dichters schon in Vergessenheit gerie-
ten. Fast ist es – auf außerordentlichem literarischem Niveau
natürlich – ein sentimental-lustiges Operettenlibretto mit
tragischem Ausgang: Christine, das süße Vorstadtmädl,
scheidet aus dem Leben, weil ihr den ›höheren Ständen‹
angehörender Geliebter im Duell wegen einer verheirateten
Dame der Gesellschaft, mit der er ein Verhältnis hatte, gefallen ist; sie wußte nichts von dieser Beziehung, gegen deren
erotische und gesellschaftliche Komplikationen sie mit ihrer
stillen Zärtlichkeit und Herzenswärme gewissermaßen nur
den Ausgleich bilden sollte.

Von den vielen anderen Stücken Schnitzlers soll hier noch
der virtuos zwischen Schein und Wirklichkeit voltigierende
Einakter *Der grüne Kakadu* erwähnt werden, ein Bild aus
der Pariser Revolution am Tag des Bastille-Sturms, weil es
sehr kennzeichnend ist für die Art, in der sich bei Schnitzler
absichtsvolles Spiel zwischen die Vorgänge des Lebens
schiebt. Während der Wirt der Kneipe »Zum grünen
Kakadu«, ein ehemaliger Theaterdirektor, adligen Gästen
von seinen früheren Schauspielern gruseliges ›Verbrecher-
milieu‹ vortäuschen läßt, beginnt draußen der Umsturz;
wollüstig schaudernd genießen die vornehmen Damen und
Herren das ›verworfene‹ Treiben, bis der echte Revolutionspöbel mit der jäh hereindringenden Wirklichkeit dem ge-

schäftstüchtigen Spuk ein Ende bereitet. Als Sensation galt eine Zeitlang der von Empörung und Rufen nach einem Verbot umdröhnte *Reigen* (1896/97), dessen Aufführung Schnitzler selbst bis zur Inflationszeit der zwanziger Jahre, in der die Theater sich mit Pikanterien über Wasser zu halten suchten, verhindert hatte. Es ist wieder ein Einakterzyklus um Liebesverlangen und Liebesgewährung mit jeweils verlöschendem Licht im Mittelpunkt jeder Szene, wobei der eine Partner in der darauffolgenden dasselbe Spiel immer mit einem andern spielt, bis der Graf des letzten Bildes wieder bei der Dirne ankommt, die im ersten mit dem Soldaten den »Reigen« des erotischen Bäumchenwechsels begonnen hat. Mokanter Charme und Lockerheit der Dialoge breiten einen Schleier dekadenter Kultiviertheit über die Eindeutigkeit der Situationen, die man heute bei einer Wiederaufführung kaum noch als lasziv, eher als indiskret empfinden würde. Der delikate französische *Reigen*-Film hat die Erinnerung an Schnitzler wieder wachgerufen, dessen subtiles, individualistisches Theater trotz seiner vergleichsweise ephemeren Konflikte auch einer gelegentlichen Wiedererweckung auf der Bühne wert wäre.

HERMANN BAHR

* 19. Juli 1863 in Linz (Donau)
† 15. Januar 1934 in München

Vorfahren: schlesische und oberösterreichische Bauern. Studium in Wien, Czernowitz und Berlin: klassische Philologie, Jura, Nationalökonomie; Reisen nach Frankreich und Spanien. Durch Brahm Berufung in die Vorstandschaft der »Freien Bühne«, Berlin. Dann in Rußland und in der Schweiz, seit 1894 in Wien. Erzähler, Essayist, Theaterkritiker, Dramatiker. Schaffen für die Bühne zwischen 1887 und 1926. Verheiratung 1909 mit der großen Wagner- und Strauss-Darstellerin Anna von Mildenburg. 1912 Übersiedlung nach Salzburg. 1918 im Direktorium des Burgtheaters. Danach in München. Konversion während des Ersten Weltkrieges.

Bezeichnend heißt das erste Bühnenstück *Die neuen Menschen* (1887). Denn die wechselnde Folge von über dreißig Spielen – unter ihnen: *Der Athlet* (1895), *Wienerinnen* (1900), *Der Krampus* (1902), *Der Meister* (1903), *Sanna* (1905), *Das Konzert* (1909), *Die Kinder* (1911), *Das Prinzip* (1912), *Die Stimme* (1916; dramatische Bekräftigung des endgültigen Übertritts zum Katholizismus) – kreist letztlich um die Erneuerung des zu seiner inneren Freiheit aufbrechenden Menschen. In der Fülle dieser vielgestalteten Varianten seines Grundthemas erreicht ein schöpferischer und zugleich kritischer Geist, voll szenischer Erfindungsgabe, Charakterisierungskraft, Herzenswärme und ironischer Dialektik einen Gipfel des zeitkritischen Gesellschaftsstückes zu Beginn des 20. Jh.s, vornehmlich der Wiener Gesellschaftskomödie. Zugleich einer der großen Essayisten der Zeit, fing Bahr eine ganze Epoche europäischer Kulturgeschichte zwischen Naturalismus und Expressionismus in seinen kunstkritischen Schriften auf und experimentierte dichterisch selbst, höchst beweglich, in den verschiedensten Ideologien und Stilen, denen er meist führend voranging. Seinen weltanschaulichen, politischen und künstlerischen Wandlungen wohnt der unveränderliche Grundzug eines steten Kampfes gegen Unnatur und Konvention für eine organische Entfaltung lebendiger Menschlichkeit inne.

Das Konzert

Lustspiel in drei Akten
Erste Aufführung: 23. Dezember 1909 in Berlin

Personen: Gustav Heink, Pianist – Marie, seine Frau – Dr. Franz Jura – Delfine, seine Frau – Eva Gerndl – Pollinger – Frau Pollinger – Fräulein Wehner – Heinks Schülerinnen.
Ort und Zeit: In Heinks Wohnung und in seiner Berghütte, 1. Hälfte des 20. Jh.s.

Wirbeliger Trubel im Hause des gefeierten Pianisten: der Meister, umdrängt von seinen Schülerinnen, schickt sich an, für kurze Zeit zu verreisen – zu einem Konzert, wie er vorgibt. Die geistes- und herzenskluge Marie, nach elfjähriger Ehe mit Heink das Muster einer verstehenden Künstlerfrau,

durchschaut den wahren Sachverhalt, und der reisefertige
Gatte gesteht ihr, daß ihm das Konzert nur zum Vorwand
dient, um, ungestört von der Anbetung seiner Schülerinnen,
seine strapazierten Nerven wenigstens ein paar Tage auf
seiner Gebirgshütte zu erholen. Im Schwarm der zum (aus-
fallenden) Unterricht versammelten Elevinnen macht die
eifersüchtige Eva Gerndl die aufregende Entdeckung, daß
eine einzige ihrer Mitschülerinnen fehlt: Frau Delfine Jura.
Folglich weiß Delfine um die geheimnisvolle Reise. Evas
Mißtrauen wittert, daß die Rivalin bereits mit dem Verehrten auf der Fahrt zur Hütte ist. Entschlossen, den Meister
vor dieser ›gefährlichen Person‹ zu retten, setzt Eva tele-
graphisch Delfines Mann in Kenntnis, flüchtet dann aber,
verängstigt durch die möglichen Folgen ihrer Tat, hilfesuchend zu Frau Marie. Der gute Doktor Jura freilich ist
von einer gänzlich anderen Art, als die exaltierte Eva sich
vorstellen kann: ein selbstdenkender, originaler Kopf von
vorurteilsloser Menschlichkeit. Grundgescheit und grund-
gütig, wäre er sogar bereit, seine Frau, die er liebt, freizugeben, falls sie wirklich mit einem anderen glücklich würde.
Aber er kennt den andern nicht und befürchtet für sein erst
siebzehnjähriges Delfindl eine herbe Enttäuschung. Frau
Marie hingegen kennt ihren Mann viel zu genau, um zu
wissen, daß er sie braucht und niemals auf sie verzichten
kann. Mit Marie, die Jura in seinem Dilemma aufsucht,
versteht sich der Doktor sofort ausgezeichnet: hellen Verstandes und wachen Herzens denken die beiden den Fall
konsequent durch und beschließen, die Ausreißer auf die
Wahrheit ihrer Gefühle zu prüfen. Jura und Marie fahren
also auch zur Hütte. Dort ist Heink mit Delfine eingetroffen. Anderthalb Jahre schon hat er kein ›Konzert‹ mehr
veranstaltet. Die neugierige Schwärmerin wäre durch die
frostigen Galanterien des alternden Routiniers, dessen wachsendem Bequemlichkeitsbedürfnis die gewohnte Rolle eines
heißblütigen Verführers zu seinem eigenen, nicht geringen
Erstaunen mit einemmal sauer wird, schon zur Genüge bestraft, selbst wenn der erste Abend nicht bereits die überraschende Ankunft der beiden ergänzenden Ehehälften
brächte. Wie der verlassene Ehemann und die betrogene
Ehefrau ihrerseits nun die Verliebten spielen, sozusagen legi-
tim vor den zwei Ertappten (und darüber ernsthaft anein-

ander Gefallen finden), zwingt ihre List das ungleiche Paar,
Farbe zu bekennen. Der verblüffte Virtuose und sein von
einer Verlegenheit in die andere geklemmtes ›Opfer‹ durchlaufen sämtliche Stadien zwischen Trotz, Eifersucht, Angst
vor dem drohenden Gattentausch und Nachgiebigkeit, bis
Heink das Spiel durchschaut, sich mit Jura anfreundet und
endlich befreit aufatmet, als Delfine, von Marie gelenkt,
ihren geliebten Franz aller Gefahr entreißt. Heilfroh, seiner
Frau wieder sicher zu sein, verspricht Heink ihr Besserung.
Kaum aber erscheint, von Furcht und Erwartung beflügelt,
die enthusiastisch schmelzende Eva in der Hütte, schmelzen
auch des Meisters Vorsätze – und ein neues »Konzert« kann
beginnen.

Die auf der Höhe Bahrscher Darstellungskunst stehende
Komödie glossiert mit allein Künstlereitelkeit, Männchen-
eitelkeit und das vielberufene ›Kind im Manne‹, ihr »ver-
trauender Lebenshumor« gibt zugleich das Rezept der
»glücklich verhinderten Ehebrüche«, mit Verstand und gutem
Willen »klare Verhältnisse herzustellen« (Bahr). Der durch-
laufende Dialog zwischen Franz und Marie (der ausgegli-
chensten Frau und dem innerlich jugendlichsten Mann seines
Gesamtwerks) hebt, neue und bessere Menschheitszüge auf-
spiegelnd, diese »aphoristisch blendende Kritik der Ehe,
ihrer Freiheiten und ihrer Unfreiheit« (Handl) über das
Niveau ähnlicher Ehewirrwarr-Lustspiele. (Reclams UB
8646/47.)   *K. G.*

MAX HALBE

* 4. Oktober 1865 in Güttland (Westpreußen)
† 30. November 1944 in Neuötting (Oberbayern)

*Nach seiner Schulzeit in Marienburg studierte Halbe, der
Sohn eines Gutsbesitzers, in Heidelberg, München und Berlin Rechtswissenschaft und Germanistik, ohne jedoch auf
einer dieser Disziplinen später einen Beruf zu begründen.
Seiner Vorliebe für Süddeutschland folgend, ließ er sich bereits 1895 als freier Schriftsteller in München nieder, wo er
die berühmte, von vielen Zerwürfnissen erschütterte, aber
immer wieder neu befestigte Freundschaft mit Frank Wede-*

*kind schloß, die in zahlreichen Literaturanekdoten weiter-
lebt. In Oberbayern ist Max Halbe, der in späteren Jahren
nur noch erzählende Schriften (als letztes die schöne Autobiographie »Scholle und Schicksal«) veröffentlichte, auch gestorben und fern seiner Heimat beigesetzt.*

Halbes Ruhm gründet sich auf den Erfolg der Dramen, die
er in dem Jahrzehnt zwischen 1893 und 1903 schrieb und
von denen mindestens drei – *Jugend* (1893), *Mutter Erde*
(1897) und *Der Strom* (1903) – viele zur gleichen Zeit entstandene Werke des Naturalismus überdauert haben. Fast
schien es, als ob Halbe zumal mit dem Schauspiel *Jugend*
der einzige ernsthafte Rivale Gerhart Hauptmanns geworden wäre, obgleich er gar kein Dramatiker von Geblüt war,
sondern ein Lyriker und Epiker, der sich, wie alle Bühnendichter seiner Zeit an Ibsen geschult, als Dramatiker kostümierte. Wie Theodor Storm in seinen friesischen Erzählungen und Sudermann in seinen litauischen Geschichten hat
Halbe in seinen Romanen und Bühnenwerken die Landschaft seiner Heimat, den Danziger Werder, mit intuitiver
Einfühlung in ihre Natur und ihre Menschen gestaltet, und
von dieser atmosphärischen Kraft leben die Stücke heute
noch – lebten sie mindestens bis zum Zweiten Weltkrieg. Es
wäre denkbar, daß *Jugend*, das einst so populär war wie
Hauptmanns *Versunkene Glocke*, heute an unmittelbarer
Wirkung weit hinter dem *Strom* zurückbleibt – so weit, als
die Dämonie der Natur dem heutigen Menschen, der sie
immer härter mit seinem technischen Eroberungswillen bedrängt, faszinierender erscheint als die ›bloße‹ Verzauberung des Gefühls.

Jugend

Liebesdrama in drei Aufzügen
Erste Aufführung: 23. April 1893 in Berlin

P e r s o n e n : Pfarrer Hoppe – Hans Hartwig, Student, sein Neffe
– Annchen, Amandus, Kinder seiner verstorbenen Schwester – Kaplan
Gregor von Schigorski.
O r t u n d Z e i t : Der Pfarrhof in Ruszno (Westpreußen), in den
neunziger Jahren des 19. Jh.s.

Pfarrer Hoppe, ein ebenso glaubensstarker wie menschenfreundlicher Mann, hat die Kinder seiner verstorbenen Schwester, das achtzehnjährige Annchen und ihren halbblöden Stiefbruder Amandus, zu sich genommen. Hans Hartwig, ein anderer Neffe des Pfarrers, der in Heidelberg studieren soll, kündigt dem Onkel seinen Besuch auf der Durchreise an. Annchens Freude auf den ›neuen‹ Vetter wird von dem fanatischen polnischen Kaplan Gregor von Schigorski gedämpft, der sie, am Geburtstag ihrer Mutter, daran erinnert, daß sie als uneheliches Kind ein Geschöpf der Sünde sei und für die Schuld ihrer Mutter büßen müsse. Ohne Wissen ihres Onkels hat er ihren Eintritt in ein Kloster in Breslau vorbereitet, dessen Oberin ihm in einem Brief mitteilt, daß sie bereit sei, die Novize aufzunehmen. Als Hans Hartwig ankommt, ändert sich jedoch die Situation. Er und Annchen spüren vom ersten Augenblick an eine innige Zuneigung zueinander, die rasch zu einer jugendlich leidenschaftlichen und überschwenglichen Liebe aufflammt. Der Kaplan beobachtet, daß die beiden sich küssen. In dumpfer Eifersucht fühlt der Idiot Amandus, wie ein verzehrender Haß gegen Hans Hartwig in ihm aufsteigt. – Tückisch versucht Amandus, Hans etwas Übles anzutun, aber sein Verhalten verrät seine Absicht. Um den Kretin von seinen bösen Gedanken abzulenken, überläßt ihm Hans ein Flobertgewehr, mit dem er gerade nach der Scheibe geschossen hat. Gierig wie ein Kind nach einem Spielzeug greift Amandus nach der Waffe und macht sich grinsend davon. Fast kommt es nun zu einem Zusammenstoß zwischen Hans und Schigorski, als der Kaplan dem angehenden Studenten Freigeisterei und Glaubenslosigkeit vorwirft, und auch mit Annchen gibt es beinahe ein Zerwürfnis, weil das Mädchen den Freiheitsdrang des jungen Mannes in seiner überströmenden Liebe nicht verstehen kann und ihn nicht fortlassen will. Der jovialen Freundlichkeit und Herzlichkeit des Pfarrers gelingt es jedoch leicht, die Gegensätze auszugleichen, obwohl er nicht weiß, wie es um die beiden steht. Der schöne Frühlingsabend lockt zu einem guten Trunk, es wird gesungen und sogar getanzt, und zur größten Überraschung Hoppes bricht das von strengster geistlicher Selbstdisziplin unterdrückte slawische Temperament des Kaplans in einem wilden Krakowiak durch. Wie vor sich selbst erschrocken,

verfällt Schigorski nach diesem Ausbruch wieder in seine un-
duldsame und fanatische Härte und überhäuft Hans wegen
seiner ›lockeren‹ Lebensauffassung von neuem mit Vorwürfen. Annchen aber, die merkt, welch feindselige Stimmung
bei dem Priester und Amandus gegen Hans aufgekommen
ist, bekennt sich nun bedingungslos zu ihrer Liebe und ist
bereit, ihr in allem zu folgen. – Amandus, wegen eines
Stückes Kuchen, das sie ihm weggenommen hat, böse auf
Annchen, erzählt, um sich zu rächen, dem Kaplan, er habe
gesehen, wie seine Schwester nachts zu Hans in die Stube
gekommen sei. Dazu hat sie noch die Seelenmesse für ihre
Mutter vergessen. Erregt berichtet Schigorski dem Pfarrer
den Vorfall, der darüber entsetzt ist, den Kaplan aber auch
hart anfährt, daß er Annchen ohne sein Wissen und ohne
seine Zustimmung in ein Kloster bringen wollte; zornig
weist er den Fanatiker aus dem Zimmer. Dann nimmt er
Hans ins Gebet. Dieser bekennt, daß er Annchen liebt, aber
der Onkel fragt ihn, wie er sich die Zukunft denke. Als er
sieht, wie ernst es Hans mit seiner Liebe zu Annchen ist,
glaubt er den jungen Mann in väterlicher und geistlicher
Fürsorge auf den rechten Weg führen zu müssen: Hans soll
sofort abreisen, sein Studium beginnen und, wenn seine
Liebe nach gewissenhafter Selbstprüfung Bestand hat, nach
ein paar Semestern wiederkommen; dann müsse man weiter-
sehen. Annchen bäumt sich in leidenschaftlichem Schmerz
gegen die lange Trennung auf, aber Hans will dem Rat des
erfahrenen Onkels folgen und abreisen. Als er von der Geliebten Abschied nimmt, schleicht der Idiot Amandus herzu,
das Gewehr, von dem er sich wie von einem Lieblingsspiel-
zeug niemals trennt, in der Hand. Hans jagt den Zudring-
lichen weg. Von jäher Wut übermannt, hebt Amandus das
Gewehr und zielt auf den verhaßten Günstling der Schwester. Annchen wirft sich dazwischen. Durch den Schuß, der
Hans galt, wird sie getötet.

   Triebhaftes und Geistiges stehen in diesem Drama einander
gegenüber, und in beiden Regionen wird das Natürliche noch
einmal mit dem Entarteten kontrastiert: neben der hell-
aufflammenden Liebe zweier junger Herzen steht die tie-
risch-dumpfe Eifersucht einer stumpfen, trüben Seele, neben
dem humanen, toleranten Christentum des Pfarrers Hoppe
der eifernde Fanatismus seines Kaplans. Aus dieser Konstel-

Hofmannsthal, Jedermann

Wedekind, Frühlings Erwachen

lation entwickeln sich die Konflikte um die Zuneigung der beiden Achtzehnjährigen, die Halbe – selbst nur zehn Jahre älter, als er dieses Schauspiel schrieb – mit einer ungewöhnlichen Feinheit in der Beobachtung seelischer Vorgänge bei so jungen Menschen darstellt. Beider Liebe ist gleich stark, aber das Mädchen ist als Liebende reifer, unbedingter und spontaner als der Student, der zwischen sinnlicher Gebundenheit und geistigem Freiheitsdrang keinen Weg findet; Annchen folgt ihrem Gefühl bis zur Hingabe, Hans braucht den Rat des lebenskundigen Mannes, um sich zurechtzufinden. Über allem aber liegt der Duft und Schmelz, der lachende Jubel und die unerklärliche Schwermut eines ersten Liebesfrühlings vor dem Hintergrund einer ernsten Landschaft mit langen Wintern und später Blüte – ein Zustand, den in seiner Ungreifbarkeit zu gestalten dem Dichter weit besser gelungen ist als die handgreiflichen Verwicklungen, die aus ihm hervorgehen.

Der Strom. Drama in drei Akten. – In diesem, zehn Jahre nach *Jugend* geschriebenen Schauspiel sah man einst ein psychologisches Familiendrama im Schatten Ibsens. Drei Brüder, die ungelöstes Böses in sich tragen, die sich hassen und quälen, eine Frau, das Weib des ältesten, die zwischen allen steht, ihrem Mann als Mitwisserin einer Schuld – er hat, um sich in den Besitz des Hofes in der Weichselniederung zu setzen, das Testament des Vaters unterschlagen, das die Brüder zu Miterben machte – in dumpfem Haß verbunden, vom jüngsten Schwager mit einer krankhaften Inbrunst geliebt, dem mittleren zugeneigt, dazu noch eine lauernde, argwöhnische, von bösem Gewissen gepeitschte Großmutter, die aus der lemurischen Mumienwelt Strindbergs zu stammen scheint: das mußte zu seiner Zeit als ein Paradestück des psychologischen Theaters gelten. Als der geniale Regisseur Jürgen Fehling den *Strom* fast vierzig Jahre nach der Uraufführung (1904) im Berliner Schiller-Theater neu inszenierte, sah man plötzlich, daß in diesem anscheinend rein naturalistischen Schauspiel Schichten verborgen lagen, die im Mythos wurzeln. Die Natur, das Land am Ufer der Weichsel, in dem der Hof des Gutsbesitzers und Deichhauptmanns Peter Doorn liegt, ist hier weit mehr als der landschaftliche Rahmen zu einem Dialektstück – sie ist die magische Kraft,

die über das Menschenschicksal gebietet. Sie ist, obgleich das
Stück nur in der Diele des Doorn-Hofes spielt, mit einer
unheimlichen Gewalt und Nähe spürbar. Jäh und vernichtend wie der Eisgang auf dem Strom bricht nach einer langen Zeit der Erstarrung der Aufruhr in den Seelen der Bewohner los, als der zweite Bruder Doorn, der zwölf Jahre
als Strombaumeister am Rhein gelebt hat und die Wärme
einer freieren Natur mitbringt, zurückkehrt. Er taut die ge-
frorenen Herzen auf wie der Südsturm, der über die Niede-
rung hinbraust und die aufgestauten Eismassen in Bewegung
bringt, daß sie gegen die Dämme krachen und den Deich
bedrohen, der allein Schutz gegen die Überflutung des Landes gewährt. Das Elementare des Naturvorgangs ohne aufdringliche Symbolik ins Menschliche zu übersetzen ist Halbe
hier wie in keinem andern seiner Dramen gelungen, und
auch der Schluß hat, obgleich die Katastrophe ziemlich gewaltsam hereinbricht, jene höhere Versöhnlichkeit, die aus
gebüßter Schuld hervorwächst: als der jüngste Bruder Jakob,
um sich für die Unterschlagung seines Erbes an dem Ältesten
zu rächen, sinnlos vor Wut den Deich durchsticht, eilt Peter
Doorn hinab an den in wildem Eisgang dahinströmenden
Fluß, reißt Jakob zurück und versinkt mit ihm in den Fluten
der tobenden Weichsel. Er hat gesühnt – Haus, Land und
Menschen sind gerettet, denn er hat den Deich vor der Zerstörung bewahren können. (Reclams UB 8976.)

LUDWIG THOMA

* 21. Januar 1867 in Oberammergau
† 26. August 1921 in Rottach am Tegernsee

*Der Sohn eines kgl. bayerischen Oberförsters kam nach an-
fänglichem Forststudium zur Jurisprudenz und wurde
Rechtsanwalt in Dachau und München. Der Erfolg seiner
ersten Novellen und Erzählungen bereitete ihm den Weg
zur Mitarbeit und bald auch in die Redaktion der berühmten politisch-satirischen Wochenschrift »Simplicissimus«.
Mehrmals kam er wegen Majestätsbeleidigung und ähnlicher
obrigkeitsfeindlicher Delikte ins Gefängnis, was seinen*

Ruhm als couragierter Schriftsteller jedoch nur mehrte. Später zog er sich in sein Landhaus am Tegernsee zurück und teilte sein Leben zwischen Landwirtschaft und Literatur.

Ludwig Thoma, den man wegen des bayerischen Lokalkolorits in vielen seiner Romane, Erzählungen, Kurzgeschichten und Bühnenstücke auch heute noch manchmal für einen Heimatdichter hält, ist in Wahrheit eines der sehr seltenen echten satirischen Talente der deutschen Literatur gewesen. Seine fingierten Briefe des bayerischen Landtagsabgeordneten Josef Filser, die zuerst im »Simplicissimus« erschienen, gehören in der Schärfe der Charakterzeichnung, der Genauigkeit der Milieudarstellung und der monumentalen Drastik der Sprache zu den großen Meisterwerken des humoristisch-satirischen Schrifttums; eine glänzendere und dabei volkstümlichere Persiflage auf politisch-konfessionellen Opportunismus und Obskurantismus ist seitdem in Deutschland nicht mehr geschrieben worden. In dem Einakter *Erster Klasse* (1910) hat Thoma seinen Abgeordneten Filser auch auf die Bühne gebracht. Wie diese zünden die Schwänke *Die Lokalbahn* und *Die Medaille* (beide 1901) auch heute noch durch die witzige, vom typisch bayerischen Vergnügen am Jux durchpulste Schilderung politisch-gesellschaftlicher Kleinstadtverhältnisse um die Jahrhundertwende, die auch die erzählenden Schriften Thomas aus dieser Zeit (*Assessor Karlchen, Lausbubengeschichten, Tante Frieda* u. a.) auszeichnet. Das einst viel aufgeführte Lustspiel *Lottchens Geburtstag* (1911), mehr vom harmlosen Ulkhumor der »Fliegenden Blätter« als vom aggressiven Witz des »Simpl« erfüllt, unterscheidet sich dagegen kaum von der Routineproduktion der damals bühnenbeherrschenden Schwankautoren. Daß es Ludwig Thoma aber auch gelang, die Tradition des alpenländischen Volksstücks Anzengruberscher Prägung fortzuführen, ohne in heimatpoetischer Begrenztheit steckenzubleiben, beweist sein Schauspiel *Magdalena*, ein bayerisches Dorfdrama (1912), das in meisterlicher Gedrungenheit und Konzentration der Handlung, knapp wie eine Kalendergeschichte, aber ohne jede Sentimentalität und Krafthuberei das Schicksal eines nach den engen bäuerischen Moralbegriffen der Zeit ›gefallenen‹ Mädchens erzählt. Magdalena, die ›Leni‹ des Bauern Thomas Mayr aus einem Dorf im

Dachauer Bezirk, ist in der Stadt von einem schlechten Kerl
verführt, um ihre Ersparnisse gebracht und sitzengelassen
worden. Ein haltloses und primitives Geschöpf, gerät sie
vollends in die Gosse, bis sie per Schub aus der Stadt entfernt und zu ihren redlichen Eltern zurückgebracht wird.
Die ganze hämische Bosheit und Giftigkeit des Dorfes entlädt sich gegen die Mayrs-Leute, die ›so eine‹ zur Tochter
haben. Die Mutter stirbt, der Hilfsknecht Lorenz verläßt
den Hof, um bei den ›Gerechten‹ nicht ins Gerede zu kommen, der Bürgermeister macht dem Vater der Leni ein heuchlerisches Kaufangebot auf sein Haus, um damit ihn und
seine Tochter zum Wegzug zu veranlassen. Die Leni erkennt
mit ihrem dumpfen Verstand, daß sie die Ursache des hinterhältigen Treibens ist, und will heimlich das Dorf verlassen.
Weil sie aber gar kein Geld hat, hat sie einen Burschen, den
sie in ihre Kammer ließ, um ein paar Mark gebeten. Nun
droht dem Mayr Thomas die Dorfexekution, denn es ist
zwar durchaus üblich, daß die Mädchen den Burschen beim
›Fensterln‹ ihre Gunst gewähren, aber eine Sünd' und
Schand' ist's, dafür Geld zu nehmen. Thomas Mayr, der
seine Tochter hart und streng behandelt und fast eingesperrt
gehalten hat, wie um sie schon in diesem Leben für ihre
einstige Sünde büßen zu lassen, sieht, daß die Leni, aber auch
er selbst, dem ganzen aufgehetzten Dorf zum ›Ärgernis‹
geworden ist. Als der Bürgermeister mit einem johlenden
Haufen junger Burschen zu ihm kommt, um die Leni aus
dem Dorf zu verjagen, sticht er, ein bäuerischer Odoardo
Galotti, seine Tochter nieder.

Man hat von diesem Volksstück gesagt, es sei Hauptmann-
scher Naturalismus in bayerischer Ausgabe. Das trifft zu,
soweit die Genauigkeit der Milieu- und Charakterschilderung damit gemeint ist. Nur daß Thoma eben Charaktere
ganz anders schildert als Hauptmann – viel aggressiver, viel
›aufsässiger‹. Er hat viel weniger Mitleid mit seinen Geschöpfen als der schlesische Dichter. Auch in diesem tragischen Volksstück verbirgt sich der Polemiker, der gegen
Pharisäertum und Herzenshärte in seiner Zeit und Umwelt
mutig zu Felde zieht.

Moral

Komödie in drei Akten
Erste Aufführung: 20. November 1908 in Berlin

P e r s o n e n : Fritz Beermann, Rentier – Seine Frau – Seine Tochter
– Bolland, Kommerzienrat – Prof. Wasner, Gymnasiallehrer – Justizrat
Hauser – Dobler, ein Dichter – Fräulein Koch-Pinneberg, Malerin – Frau
Lund, eine alte Dame – Freiherr von Simbach, herzoglicher Polizeipräsi-
dent – Assessor Ströbel – Kammerherr von Schmettau – Reisacher,
Schreiber – Mme. Ninon de Hauteville, eine Private.
O r t u n d Z e i t : In der Wohnung von Rentier Beermann und im
Amtszimmer des Assessors Ströbel im Polizeipräsidium einer mittel-
deutschen Residenzstadt, etwa 1905.

Rentier Beermann, konservativ-bürgerlicher Reichstagskan-
didat und Vorsitzender des Sittlichkeitsvereins, hat Gäste in
seinem Haus. Die freigeistige alte Frau Lund macht sich
über die Moralheuchelei im gehobenen Bürgertum lustig.
Frau Beermann findet die Tugendphrasen ihres Gatten und
seiner Freunde, des Kommerzienrats Bolland und des Gym-
nasialprofessors Wasner, ebenfalls reichlich abgeschmackt.
Auch der sarkastisch-joviale Justizrat Hauser ergreift die
Partei der Damen und erzählt, während sich die drei Ver-
einsbrüder zu einem Skat niedersetzen und Professor Wasner mit markigen Tacitus-Worten die Sittenreinheit der Ger-
manen preist, beiläufig, daß eine Dame von sehr galanten
Talenten, die ein äußerst gastfreies Haus geführt habe, gerade von der Polizei verhaftet worden sei. Ein sorgfältig
geführtes Verzeichnis ihrer Besucher sei bei der Verhaftung
beschlagnahmt und als corpus delicti im Polizeipräsidium
sichergestellt worden. – Polizeiassessor Ströbel, der die
Untersuchung im Falle Ninon de Hauteville (richtig Therese
Hochstetter) führt, berichtet seinem Chef, dem Präsidenten
Freiherrn von Simbach, über den Stand der Angelegenheit;
mit Hilfe des Verzeichnisses werde es leicht sein, die Besucher der ›Person‹ ausfindig zu machen und als Zeugen zu
vernehmen. Herr von Simbach warnt den Assessor vor amt-
lichem Übereifer. Es könne sein, daß Männer von gesellschaftlichem Ansehen und staatstragender Gesinnung in dem
Buch stünden, die keinesfalls kompromittiert werden dürften. Falls die Herren vom Sittlichkeitsverein in dieser Sache
Auskünfte erbäten, die ja die Notwendigkeit ihrer ver-

dienstvollen Bestrebungen zur Reinigung der öffentlichen
Moral eklatant erwiese, seien sie mit besonderer Verbindlichkeit zu behandeln. Ströbel, in seinem Tatendrang beträchtlich zurückgepfiffen, läßt die Hauteville vorführen,
um wenigstens bei ihr mit der Autorität des Amtes aufzu-
trumpfen. Aber auch hier hat er wenig Glück. Madame trägt
das reizende Näschen sehr hoch und erklärt, wenn die
Öffentlichkeit erführe, *wen* sie bei ihrer Verhaftung gerade
als Besucher bei sich gehabt und rasch in ihrem Kleider-
schrank verborgen hätte, würde das Verfahren sofort niedergeschlagen, und man müsse sich obendrein bei ihr entschuldigen. Trotz des Drängens von Ströbel, dem es etwas schwum-
merig wird, bleibt sie diskret, spart aber nicht mit maliziösen
Anspielungen. Rentier Beermann sucht den Assessor auf und
bittet, doch um Gottes willen keinen Gebrauch von dem Verzeichnis zu machen, die ganze bürgerliche Familienmoral der
Stadt könne dadurch ruiniert werden. Während Ströbel mit
dem Präsidenten telefoniert, gelingt es Beermann, einen Blick
in das fatale Büchlein zu werfen und seinen Namen mehrmals darin zu entdecken. Rasch steckt er es in seinen Paletot
und empfiehlt sich schleunigst. Der Präsident erscheint mit
dem Adjutanten des Erbprinzen, Freiherrn von Schmettau,
und nun bricht das Unheil vollends über den armen Assessor
herein; denn jener Besucher, den Madame Ninon mit soviel
Diskretion umgab, war niemand anders als Seine Hoheit.
Herr von Schmettau brandmarkt die subalterne Plumpheit
der Verhaftung einer so taktvollen und liebenswürdigen
Dame aufs schärfste und verlangt, daß die Sache schnellstens
und ohne jedes Aufsehen rückgängig gemacht werde. Der
Präsident verbürgt sich dafür; man werde Frau von Hauteville sofort aus der Haft entlassen. Assessor Ströbel ist zerschmettert. – In seinem Zimmer durchblättert Beermann
verzweifelt das entwendete Tagebuch; immer wieder stößt
er auf seinen Namen. Auch Professor Wasner bekennt, den
Reizen jener Circe erlegen zu sein. Um sein Gewissen zu erleichtern, habe er den anonymen Brief an die Polizei geschrieben, der zu Ninons Verhaftung geführt hat. Beermann
ist darüber außer sich, zumal ihn auch noch seine Frau bittet,
doch endlich seine Tugendheuchelei aufzugeben. Der von
der ganzen Sache höchlichst amüsierte Justizrat Hauser verspricht den angstbebenden Sündern seine Hilfe und nimmt

zunächst einmal das ominöse Tagebuch an sich, damit es
nicht bei Beermann gefunden wird. Assessor Ströbel läßt sich
melden: genau umgekehrt wie zuvor in seinem Amtszimmer
beschwört *er* nun Beermann, alles zu tun, damit der Prozeß
vermieden wird, und erzählt ihm die Affäre mit dem Erbprinzen. Madame Ninon, im Gefühl ihrer absoluten Un-
anfechtbarkeit, weigere sich, eine Pro-Forma-Kaution in
Höhe von 5000 Mark verfallen zu lassen und aus der Stadt
zu verschwinden – im Gegenteil, sie verlange als angemes-
sene ›Entschädigung‹ für die mit ihrem Wegzug verbundene
Aufgabe eines blühenden Geschäfts runde 10 000. Als nun
auch noch Herr von Schmettau erscheint und zur Wiederherstellung der staatserhaltenden Moral an Beermanns
patriotisch-dynastische Gesinnung appelliert, erklärt dieser
sich im Namen des Sittlichkeitsvereins bereit, die 15 000
Mark aufzubringen und an Madame Ninon zu zahlen. Mit
dem Prädikat ›von‹ winkt ihm dafür der Hausorden Emils
des Gütigen.

Der Geist des »Simplicissimus« in seiner größten Zeit hat
diese glänzende Komödie gegen die Verlogenheit der bürgerlichen Moral inspiriert, die, wenn auch unter ganz anderen gesellschaftlichen Voraussetzungen geschrieben, ihre
Wahrheit heute noch ebenso behauptet wie zur Zeit ihrer
Entstehung. Sie ist eines der besten Lustspiele der deutschen
Bühne – in der obrigkeitsfrommen Epoche der Monarchie bedeutete sie einen imponierenden Beweis für die Zivilcourage
ihres Verfassers – und das ebenso vergnüglich wie schlag-
kräftig formulierte Urteil über die Plüschmöbelzeit, gesprochen von einem Satiriker, der sie nicht, wie der Moralist
Wedekind, aus den Angeln heben, aber mit echt bayerischer
Lust an der ›Gaudi‹ bloßstellen wollte. (Reclams UB 7929.)

KARL SCHÖNHERR

* 24. Februar 1867 in Axams (Tirol)
† 15. März 1943 in Wien

*Früh verwaister Sohn eines Lehrers, verbrachte Schönherr
eine harte Jugend im Vintschgau und besuchte das Gymnasium in Bozen. Mit mühsam zusammengespartem Geld*

studierte er in Wien Medizin und ließ sich dort als Arzt
nieder. Schrieb zuerst Tiroler Heimaterzählungen, dann Büh-
nenstücke, von denen schon die 1908 erschienene Bauern-
komödie »Erde« mit dem Bauernfeld-Preis ausgezeichnet
wurde. Später erhielt Schönherr auch noch den österreichi-
schen Schiller-Preis und den Preis des Wiener Volkstheaters.

Wie der fünf Jahre ältere Arthur Schnitzler war Schönherr
Arzt und Schriftsteller. Aber außer dieser Berufskollegialität
gab es zwischen den beiden Autoren keinerlei Gemeinsamkeit. Schnitzler, der gebürtige Wiener, war ein kosmopoli-
tisch, Schönherr, der Tiroler, ein provinziell eingestellter
Österreicher. Schnitzler nahm alle Reize und Irritationen
des weltstädtisch-gesellschaftlichen Lebens um die Jahrhundertwende mit vibrierenden Nerven in einem unerhört
beeindruckbaren Geist auf, Schönherr blieb, bis er später in
Stücken wie *Narrenspiel des Lebens, Der Armendoktor* und
dem pseudo-psychoanalytischen Drama *Es* auch Probleme
aus dem ärztlichen Lebensumkreis behandelte, auf die
Bauernwelt seiner Heimat beschränkt. Diese Bauernwelt ist
bei ihm genrehaft idyllisiert oder, wie in dem seinerzeit
(1910) sehr erfolgreichen Tiroler Drama aus der Zeit der
Gegenreformation *Glaube und Heimat*, dekorativ patheti-
siert, so daß man – wie bei Schönherrs Landsmann, dem
Maler Defregger – fast ganz übersieht, was ursprünglich an
scharf beobachteter Wirklichkeit in ihr steckte. Ein gutes
Beispiel dafür bietet die Komödie *Erde*, ein Stück von scharf
durchgezeichneter, doch auch hintergründiger Realistik um
ein uriges Mannsbild, den alten Grutzbauern, den der Tod
nicht einmal holt, als er schon wochenlang neben seinem
eigenen Sarg im Bett gelegen hat, und der alle Hoffnungen
seines Sohnes Hannes und seiner Wirtschafterin Mena, als
Paar seinen Hof zu erben, zunichte macht. Aus Heirat und
Hof wird nichts – der Alte steht wieder auf, der Sohn bleibt
Knecht und die Wirtschafterin muß, da sie, koste es, was es
wolle, nach einem eigenen Stück Erde giert, mit dem Eishof-
bäuerle vorliebnehmen, obgleich sie in der sicheren Erwartung des Grutzerbes schon vom Hannes ein Kind empfangen
hat. Als der Alte sich an einem kühlen Vorfrühlingstag vom
Totenbett erhoben hat und es ihn fröstelt, greift er zur
Axt und zerschlägt den Sarg zu Brennholz, damit er's, ins

Leben zurückgekehrt, auch gleich warm hat. Die Erde hat
ihn wieder, die andern haben das Nachsehen. (Reclams
UB 8758.)

Der Weibsteufel

Drama in fünf Akten
Erste Aufführung: 8. April 1915 in Wien

P e r s o n e n : Der Mann – Sein Weib – Ein junger Grenzjäger.
O r t   u n d   Z e i t : Eine Tiroler Gebirgshütte im Grenzgebiet, um das
Jahr 1900.

Am Jahrestag ihrer Hochzeit eröffnet der Mann, ein
schwächliches, dürftiges Stück Mensch, seinem gesunden,
kraftstrotzenden Weib, daß sie nun bald das Geld beisammen haben werden, um ein schönes Haus am Marktplatz in
der Kreisstadt zu kaufen. Die Armut, in der das ungleiche
Paar lebt, ist nur vorgetäuscht, denn vom Erlös des verborgenen Schmuggelguts, das der Mann als Hehler unter der
Diele der Hütte aufbewahrt, hat er sich ein schönes Stück
Geld zurückgelegt. Ein neuer Grenzjäger-Kommandant will
aber den Schmugglern endlich das Handwerk legen: einer
seiner Leute, ein junger, hübscher und starker Bursche, der
bei den Weibern Eindruck macht, soll mit der Frau anban-
deln und ihr in einem Schäferstündchen das Geheimnis entlocken, wo die geschmuggelten Waren versteckt sind. Der
Mann aber hat den Plan erfahren und der Frau verraten.
Als der junge Grenzjäger auf die Hütte zukommt, meint er,
man müsse den Spieß umdrehen; die Frau soll dem Grenzer
den Kopf verdrehen und ihn so lange festhalten, bis das
Schmuggelgut aus dem Keller fortgeschafft ist. Die Frau
sträubt sich anfangs, aber bald wird aus dem gegenseitigen
Düpierungsspiel Ernst; die Sinne erwachen in den beiden
kräftigen jungen Menschen, und vergebens sucht sich der
Gendarm der drohenden Umstrickung zu erwehren. Zwar
bringt er noch den Amtseifer auf, eine Truhe, die die Frau
nicht öffnen will, mit einem Faustschlag zu sprengen, aber
»wie benommen« entfernt er sich, als er darin keine geschmuggelten Stoffballen, sondern Kleinkinderwäsche entdeckt hat. Er beginnt, die unerfüllte Sehnsucht der Frau an

der Seite des »Saugflaschenmandls« zu ahnen, das inzwischen den Keller tadellos »aufgeräumt« hat und sich äußerst vergnügt zeigt, daß die Frau mit so viel Erfolg auf seinen Plan eingegangen ist. Als der Grenzer endlich wieder einmal kommt, erwacht der Weibsteufel in der Frau aufs neue: sie glaubt, schon genug Macht über den Burschen zu haben, daß sie ihm die Seidentücher zeigt, die ihr Mann ihr geschenkt hat und die jetzt, da das übrige Schmuggelgut fortgeschafft ist, unter der Diele liegen. Wieder versucht der Jäger, die Leidenschaft nicht über sein Pflichtbewußtsein Herr werden zu lassen, und geht, mit Anzeige drohend, davon. Doch auch die Frau weiß, daß sie ihrer Begierde nach dem jungen, bärenstarken Kerl nicht mehr lange widerstehen kann. – Immer mehr gerät der Grenzer in die Gewalt des Weibsteufels. Sein Verdacht, daß der Mann mit Schmugglern in Verbindung steht, ist aufs neue erwacht, aber völlig im Bann seiner Leidenschaft für die Frau unterläßt er es – wie es seine Pflicht wäre –, Anzeige zu erstatten. Umgekehrt hat der Mann, der bei all seiner Dürftigkeit listig wie ein Fuchs ist, den Jäger bei seinem Kommandanten angezeigt, er habe sich von der Frau geschmuggelte Sachen schenken lassen, und dieser, nun nur noch von dem Wunsch beseelt, sich aus all den Verstrickungen zu befreien, gibt es zu in der Hoffnung, auf diese Weise seine Strafversetzung zu erreichen. Aber die Katastrophe ist nicht mehr aufzuhalten. Das Weib hetzt die Männer aufeinander, sie will beide loswerden und sich dann als ›Wittib‹ mit irgendeinem jungen Kraftkerl in das Haus am Markt setzen, das der Mann inzwischen erworben hat. Die zwei gehen mit dem Messer aufeinander los, und der Jäger sticht zu. Gellend schreit die Frau auf, er allein habe den Mord begangen, sie sei unschuldig. In sinnlose Raserei getrieben, haut er sie mit dem Säbel wie ein wildes Tier nieder.

Das Beste an diesem Stück der primitiv-tödlichen Leidenschaften ist seine dramaturgische Technik. Wie z. B. der Grenzjäger in jedem der fünf Akte versucht, sich aus der immer engeren Verstrickung des Weibes zu lösen, und nur immer tiefer hineingerät, wie das Motiv des Hauserwerbs an entscheidenden Wendepunkten der Handlung immer wieder zum Vorschein kommt, das könnte bei Strindberg und Ibsen kaum besser sein. Aber der theatralische Effekt drängt sich

bei Schönherr, der in dieser Hinsicht gar nicht der erdhaft-
urwüchsige Dichter war, als den ihn seine zahlreichen Preise
feierten, immer wieder vor und macht aus dem *Weibsteufel*,
der so etwas wie ein bäuerischer Mythos des entfesselten
Eros hätte werden können, ein grellfarbiges ›Sittendrama
aus dem Bauernleben‹. Von Effektdrückern befreit hat sich
Schönherr eigentlich erst in seinem Ärztestück *Haben Sie zu
essen, Herr Doktor?* (1930), in dem das Thema des akademischen Proletariats, des Stellungskuhhandels und der äußerlich erfolgreichen Pseudowissenschaft zu einer sozialkritischen Tragikomödie verarbeitet ist.

EMIL ROSENOW

* 9. März 1871 in Köln
† 7. Februar 1904 in Berlin-Schöneberg

*Der Sohn des aus dem Kreise Neustettin stammenden Schuh-
machermeisters Friedrich Rosenow und einer westfälischen
Mutter wuchs in Köln heran. Tiefe Schatten warf der frühe
Tod der Eltern ins Dasein des bildungshungrigen Knaben,
der gerne studiert hätte. Als Buchhändlerlehrling und Bank-
angestellter mußte er zunächst sein Brot verdienen. Damals
entsteht ein in den künstlerischen Mitteln zwar noch keineswegs bewältigter, jedoch für die innere Entwicklung entscheidender Roman »Die Ungerechtigkeiten des sozialen Lebens«. Kein Wunder, daß die deutsche Sozialdemokratie in
dem jungen Dichter einen begeisterten Anhänger gewann.
Der Einundzwanzigjährige wird Schriftleiter des »Chem-
nitzer Beobachters«, an dem er bis 1898 wirkt. In diesem
Jahre zieht Rosenow als jüngster Abgeordneter in den deutschen Reichstag ein. Vorübergehend redigierte er die »Rhei-
nisch-westfälische Arbeiterzeitung« in Dortmund und siedelte 1900 nach Berlin über, wo ihn in dem Augenblick, da
sich dem Politiker auch eine künstlerisch verheißungsvolle
Laufbahn zu eröffnen schien, ein Gelenkrheumatismus hin-
wegraffte.*

Rosenows Bedeutung beruht in der Hauptsache auf seinem
dramatischen Schaffen. In dem Einakter *Daheim* gestaltete

er Selbstdurchlebtes, Selbsterlittenes zu einem Milieustück
von starker Eindringlichkeit. Konventioneller geriet das an
Ibsens Vorbild, vor allem an *Nora* angelehnte Schauspiel
Der balzende Auerhahn. Völlig aus eigener Anschauung geboren ist die erst nach des Autors Tod uraufgeführte Berg-
mannstragödie *Die im Schatten leben* (Frankfurt am Main
1912), ein Weckruf an das soziale Gewissen der Zeit, in dem
der Aufschrei menschlich erschütterten Herzens das tenden-
ziöse Moment übertönt. Sein Bestes und Reifstes hat Rosenow in der sächsischen Dialektkomödie *Kater Lampe* gegeben, die lange Zeit in einem Atem mit Hauptmanns
Biberpelz genannt wurde. Ein verständnisvoller, nach Ausgleich trachtender Humor verteilt Licht und Schatten in einer
Weise, daß ein echtes Komödienklima von besinnlich-ver-
söhnlicher Heiterkeit entsteht. Das Weitere blieb Fragment,
so der über den Expositionsakt nicht hinausgediehene *Prinz
Friedrich* und die im Milieu fahrenden Volkes angesiedelte
Hoffnung des Vaganten.

K a t e r L a m p e. Komödie in vier Akten. – Schlecht und
recht versieht der derbe und träge Bauer Ermischer die Geschäfte des Gemeindevorstehers in einem Erzgebirgsdorf. Er
erfreut sich weder der Sympathie der Holzspielwaren-
schnitzer noch des Fabrikanten Neubert, des reichsten Mannes am Orte; auch die vorgesetzte Regierungsbehörde scheint
ihn kritischen Auges zu mustern. So muß wieder einmal
etwas ›geschehen‹, um die wankende Autorität des Ge-
meindeoberhaupts zu festigen. In dieser Lage kommt Ermischer der Kater des Schnitzergesellen Neumerkel gerade
recht, zumal das Tier bei seinen nächtlichen Streifzügen den
Unwillen des Ehepaares Neubert erregt hat. Der Gemeindevorsteher nimmt den vierbeinigen Ruhestörer, trotz Neu-
merkels Protest, in behördlichen Gewahrsam und gibt bis
zur Klärung der Kompetenzfrage, ob Gemeinde oder Amts-
hauptmannschaft zuständig seien, den Kater in die Obhut
des Gemeindedieners Seifert. Als Seiferts Frau einen Sonntagsbraten in der Pfanne haben möchte, schlachtet der Ge-
meindediener das ihm anvertraute Pfand. Während der
Braten auf dem Herde schmort, erscheint der Bezirks-
gendarm Weigel, und es bleibt den Seiferts nichts anderes
übrig, als den gefürchteten Mann zum ›Hasenpfeffer‹ ein-

zuladen, was dieser sich nicht zweimal sagen läßt. Als Neumerkel sein Eigentum zurückfordert, wird die Geschichte ruchbar. Ermischer muß zum Ersatz der Unkosten in die eigene Tasche greifen, findet jedoch eine gewisse Genugtuung darin, daß der Angeber Weigel, der ihn oft gepeinigt, diesmal als ›Mitesser‹ den Mund halten muß. Neubert, der mit dem Gedanken gespielt hatte, sich in den Gemeinderat wählen zu lassen, verzichtet wütend auf sein Mandat, da er nach dem Erfahrenen keine Hoffnung hat, mit seinen ›neuen Ideen‹ durchzudringen. Die Holzschnitzer aber, schmunzelnde Beobachter des Sturms im Wasserglas, sorgen dafür, daß dem Schaden der Spott nicht fehle.   *W. Z.*

HUGO VON HOFMANNSTHAL

* 1. Februar 1874 in Wien
† 15. Juli 1929 in Rodaun (Niederösterreich)

Sohn eines jüdischen Bankdirektors und einer sudetendeutschen Mutter italienischer Abstammung. Mit 16 Jahren, noch auf dem Gymnasium, begann er zu schreiben. Studium in Wien. Kurze Zeit war er Mitherausgeber der literarischen Zeitschrift »Der Morgen«, von Stefan George zuerst als aufsteigender Genius begrüßt, dann als Dichter von diametraler Wesensart als »Verworfener« verfemt. Frühen Ruhm fand er mit den schon auf dem Gymnasium geschriebenen »Kleinen Dramen« und kostbarer Jugendlyrik. Nach 1900 griff er antike Tragödienstoffe auf und begann die Zusammenarbeit mit Richard Strauss (»Elektra«, 1906), daneben liegt eine umfangreiche Tätigkeit als Dramatiker, Librettist, Erzähler und Essayist, 1920 Mitbegründer der Salzburger Festspiele. Hofmannsthal starb an einem Herzschlag nach dem Selbstmord seines ältesten Sohnes, erst 55 Jahre alt.

Hugo von Hofmannsthal, ein literarisches ›Wunderkind‹ von kaum faßbarer Frühreife, war einer der letzten großen Zeugen der künstlerischen und geistigen Kultur Altösterreichs, »der letzte und verspätete Träger und Nachfahre des gesamteuropäischen Rokokos der Goldoni, Watteau und Mozart« (Gundolf). Angeregt vom französischen Symbolismus, durchlebte er die Melancholie des Fin de siècle, die bei vielen nur eine modische Attitüde war, mit der echten Schwermut einer von einem gewaltigen Bildungs- und Wissenserbe belasteten und »im Nachgenuß aller je gewesenen Schönheit« früh altgewordenen Jugend. Dem Naturalismus stellte er eine Kunst der hochgezüchteten Form und sprachlichen Erlesenheit gegenüber, mit der er eine zunächst im rein Ästhetischen umgrenzte Erlebniswelt voll subtiler, müder und spielerischer Reize, verborgen hinter vielen Pseudonymen, abbildete. Werke dieser Epoche sind neben den frühen Gedichten die Einakter *Gestern, Theater in Versen, Der Tor und der Tod, Der Tod des Tizian*, die Hofmannsthal fast sämtlich zwischen seinem 18. und 25. Lebensjahr schrieb. Den Weg aus diesem künstlerisch vollendeten, aber eng umgrenzten Bezirk fand er in seiner Beschäftigung mit dem antiken Drama, die 1903 zu der unphilologischen, aber in ihrer nervösen Erregtheit ob der ›nachgeschmeckten‹ mythischen Greuel faszinierenden Neufassung der Sophokleischen *Elektra* führte, und in der mit dieser begonnenen Tätigkeit als Librettist für Richard Strauss. Dieser in der Bühnengeschichte einmaligen Zusammenarbeit entsprang 1911 das Meisterwerk der modernen Musikkomödie *Der Rosenkavalier*, ihm folgten 1912 *Ariadne auf Naxos*, 1919 (nach einer eigenen Erzählung gleichen Namens) *Die Frau ohne Schatten*, 1928 *Die ägyptische Helena* und zuletzt die 1933 uraufgeführte *Arabella*, deren Text Hofmannsthal kurz vor seinem jähen Tod beendet hatte. (Über die Opern von Strauss-Hofmannsthal siehe Reclams Opernführer.)

Die Arbeit am *Rosenkavalier* brachte Hofmannsthal zur Erkenntnis seiner Begabung für das Lustspiel. Fast gleichzeitig mit dem Libretto für Richard Strauss erschien die wie ein sublimierter Goldoni wirkende bezaubernde venezianische Casanova-Komödie *Cristinas Heimreise*, dann folgten einige Molière-Bearbeitungen und Anfang der zwanziger Jahre die beiden meisterhaften Charakterlustspiele aus dem Hofmannsthal so vertrauten Milieu des österreichischen Adels *Der Schwierige* und *Der Unbestechliche*, mit denen der Dichter wieder gegen die Zeit stand: während der Expressionismus die Bühnen beherrschte, schrieb er atmosphärisch-realistische Gesellschaftskomödien; dem ›O-Mensch‹-Schrei der Ekstatiker stellte er die leise, noble Menschlichkeit seiner eigenen, sich in ein Schattenspiel auflösenden aristokratischen Welt gegenüber. Seiner (für ihn wie einst für seinen Landsmann Grillparzer höchst bedeutsamen) Begegnung mit Calderón, die sich schon in dem *Salzburger großen Welttheater* dokumentiert hatte, verdankt das österreichische Theater sein letztes großes Drama, das Trauerspiel *Der Turm*, an dem Hofmannsthal viele Jahre arbeitete, ein Werk von erschütternder Kraft der Prophetie, die (unrealisierbare) Vision von der Ablösung einer Welt der Macht durch die Welt des Geistes.

Der Tor und der Tod. Lyrisches Drama. – Neben der *Weise von Liebe und Tod des Cornets Christoph Rilke* des vierundzwanzigjährigen Rainer Maria Rilke ist das einaktige Drama *Der Tor und der Tod* des neunzehnjährigen Hofmannsthal (erschienen 1894, Uraufführung 13. November 1898 in München) eines der erstaunlichsten Dokumente frühreifer dichterischer Begabung und wie das sechs Jahre jüngere Werk Rilkes von einer heute kaum mehr zu ahnenden Bedeutung für die jungen Menschen aus der Generation der beiden Dichter geworden. Der Weltüberdruß des ausgehenden 19. Jh.s, dem in Frankreich die Symbolisten so weithinwirkenden literarischen Ausdruck gegeben hatten, bedient sich in diesem Totentanzspiel der Sprache von Goethes Alterslyrik, ohne auch nur in einer einzigen Zeile dem Imitationsdrang der Goethe-Epigonen zu erliegen. In dieser also strenggenommen ›entlehnten‹ Sprache sagt sich aus, was das Echteste und Eigenste an dem Wundergymnasiasten Hofmannsthal war – das Wissen, ja fast das Fühlen der Vergänglichkeit des Daseins. Die frühen Dramoletten -- *Gestern* (1890/91), *Der Tod des Tizian* (1892), *Die Frau im Fenster* (1897) u. a. – kreisen insgesamt um diesen Gedanken, dem Hofmannsthal auch später, als er schon der ›letzte österreichische Rokoko-Lustspieldichter‹ geworden war, immer wieder Gestalt gab *(Jedermann, Das Salzburger große Welttheater, Der Turm)*.

Claudio, ein junger Edelmann, ist der Typus des überkultivierten Menschen, der das Leben nur noch als ästhetisches Schauspiel zu fassen vermag. Sein ganzes Lebens-

gefühl ist eigentlich nichts anderes als Todesnähe, seine
Stimmung (die er in einem langen Monolog ausspricht) Hingabe an die Todesahnung. Sein Diener meldet ihm sichtlich
verwirrt, daß sich eine kleine Schar seltsam gekleideter Leute
im Garten eingefunden habe, die aussähen, als ob sie alten
Kupfern entstiegen seien. Zugleich ertönt eine ungreifbare
und geheimnisvoll anziehende Musik, zu der der Tod erscheint, nicht als das Gerippe der mittelalterlichen Toten-
tänze, sondern eher dem Eros Thanatos der Griechen glei-
chend, »aus des Dionysos, der Venus Sippe«. Als seinen
Auftrag an Claudio bezeichnet er, daß er ihn, der sich dem
Leben immer entzogen hat, nun noch einmal lehren werde,
das Leben zu ehren, bevor es für ihn ende. An drei Beispielen zeigt er dem »Toren«, wie er den Wert des Lebens verkannt hat, als er ihm immer nur zusah und sich zu keiner
wirklichen Verpflichtung bereit fand. Zuerst erscheint Claudios Mutter, die sich in Sorge um den Sohn verzehrte, ohne
daß er ihres Lebensopfers auch nur innewurde, dann das
Mädchen, das er an gebrochenem Herzen sterben ließ, ohne
zu ahnen, wie sehr es ihn liebte, zum Schluß der Freund,
der an seiner Gleichgültigkeit im Elend zugrunde ging. Jetzt
erst erwacht Claudio, der durch das ganze Leben nur wie
durch einen Traum hingeschritten ist; aber um nachzuholen,
was er versäumt hat, ist es zu spät. So bittet er den Tod, ihn
im zum erstenmal empfundenen »Fühlensübermaß« hinweg-
zunehmen, ihm das verlorene Leben gleichsam in dem
Augenblick des »aufgewachten« Sterbens zusammengedrängt
zu gewähren. Der Schluß des Gedichts ist eine Huldigung
des Todes vor dem Wunderbaren »dieser Wesen« (d. h. der
Menschen), die »Wege noch im ewig Dunkeln finden«.
    Der junge Hofmannsthal war selbst eine ähnliche Natur
wie sein Claudio. Er sah das Leben in allen seinen Formen
und Gestalten, aber er nahm es nur als Wissens- und Bil-
dungsfülle. Es gibt darüber ein aufschlußreiches Wort von
ihm, 1896 in einem Aufsatz *In memoriam Raoul Richter*
niedergeschrieben: »Ich hatte dreifaches Heimweh in mir,
nach der unschuldigen Jugend, nach der Mitte des Lebens
und nach dem erfüllten Greisenalter; ich hätte mögen in
ihnen allen zugleich sein und stand doch nur seitwärts am
Wege.« Aus der Abgeschlossenheit seiner Jugendberühmtheit
befreite ihn das mit der *Elektra* (1903) beginnende einzig-

artige Werkbündnis mit Richard Strauss, das – ihn zunächst auf die ›dienende‹ Funktion des Librettisten beschränkend – seiner Begabung für fast alle Formen des Theaters zum Durchbruch verhalf.

Jedermann

Das Spiel vom Sterben des reichen Mannes
Erste Aufführung: 1. Dezember 1912 in Berlin

Hauptpersonen: Jedermann – Sein guter Gesell – Seine Mutter – Buhlschaft – Dicker Vetter – Dünner Vetter – Der arme Nachbar – Der Schuldknecht und sein Weib – Der Tod – Der Teufel – Mammon – Jedermanns gute Werke – Glaube.

Im Prolog gibt Gott der Herr, erzürnt über die Abkehr der Menschen, seinem mächtigen Boten, dem Tod, Befehl, Jedermann vor seinen Thron zu laden; er soll sich verantworten und sein »Rechenbuch« mitbringen. – Jedermann, dem sein Hausmeister gerade einen Säckel mit Goldstücken gebracht hat, erzählt seinem guten Gesellen, daß er davon ein Lusthaus für seine Buhlschaft bauen will, und lädt ihn mit, ihm das Grundstück zu besichtigen und beim Kaufabschluß dabei zu sein. Als sie gehen wollen, kommt der arme Nachbar und bittet Jedermann um eine Unterstützung; er wird mit einer geringen Gabe abgefunden. Als zweiter stellt sich ihnen der Schuldknecht in den Weg, der gerade auf Jedermanns Veranlassung in den Turm geführt wird. Jedermann beharrt zwar auf der Strafe, läßt sich aber bewegen, für des Schuldknechts Weib und seine kleinen Kinder zu sorgen. Durch die beiden Begegnungen mit dem Elend ist ihm die frohe Laune so verdorben worden, daß er den guten Gesellen bittet, für ihn den Kauf des Lusthauses abzuschließen. Seiner Mutter, die sich über sein Leben Kummer macht, verspricht er, sich bald zu verheiraten. – Der Abend ist hereingebrochen, und Jedermann gibt seiner Buhlschaft und seinen Freunden ein großes Bankett. Es geht hoch her, Jedermanns Vettern machen ihre Späße, man trinkt und singt und umarmt die Mädchen, aber Jedermann ist seltsam abwesend und führt merkwürdige Reden. Er hört Glocken schlagen und seinen Namen rufen, es ist ihm, wie wenn er abtreten müßte von der Bühne des Lebens. Dem Zureden der Tischgesellschaft und der zärtlichen Sorge seiner Buhlschaft gelingt es endlich, ihm die Grillen zu verscheuchen, und die Fröhlichkeit kehrt zurück – da erscheint hinter Jedermanns Stuhl der Tod und schlägt ihm aufs Herz. In wilder Flucht stiebt alles auseinander, voran die Buhlschaft, die eben noch so zärtlich ihre Liebe zu Jedermann gezeigt hatte. Jedermann bittet den Tod um einen kurzen Aufschub, damit er sich in seiner Verzweiflung Weggenossen suchen kann, aber weder seine Vettern noch sein guter Gesell sind bereit, ihm auf *diesem* Weg zu folgen. Nun will Jedermann wenigstens sein Geld mitnehmen, aber als er den Truhendeckel aufreißt, springt ihm der Mammon entgegen und höhnt ihn: nicht er diene ihm, sondern umgekehrt sei Jedermann der Knecht Mammons gewesen, der weiter in der Welt bleiben werde, auch wenn Jedermann sterben müsse. Der reiche Mann erkennt, daß er ganz allein und verlassen ist. Eine schwache Stimme dringt zu ihm – es ist die seiner wenigen guten Werke, die nun in der Stunde des Gerichts für ihn zeugen wollen. Er faßt sich und beschließt, als er seine alte Mutter zur Frühmette gehen sieht, sich im Glauben zu stärken. So tritt er, vom Glauben und seinen nun gekräftigten guten Werken geleitet, an sein Grab. Der Teufel, der Anspruch auf die ihm anscheinend sicher verfallene Seele erhebt, wird vom Glauben abgewiesen. Mit seinem Sterben geht Jedermann in Gottes Verzeihung ein.

Das unter den ›Moralitäten‹ des Mittelalters an hervorragender Stelle stehende englische *Everyman*-Spiel (um 1509; Reclams UB 8326) diente Hofmannsthal als die stärkste der zahlreichen Gestaltungen des Spiels vom Sterben des reichen Mannes zum Vorbild für seinen *Jedermann*. Er hat es in eine poetisch-altertümliche Verssprache umgegossen, die auf dem alpenländischen Bauerndeutsch, wie es in Bayern und Oberösterreich, Salzburg und Tirol gesprochen wurde, beruht. Es ist eine kernige und bildhafte Sprache, der man kaum anmerkt, daß sie eine aus ästhetischem und historischem Wissen vollendet angewandte Kunstsprache ist, besonders dann nicht, wenn sie vor der ästhetisch vollkommenen Kulisse des Salzburger Domes gesprochen wird. Den Reiz, der in diesem Spiel in der Verbindung von Mittelalter, Barock und Neuromantik liegt, hat der geniale Theatermann

Max Reinhardt gespürt, als er den *Jedermann* 1920 bei den ersten Salzburger Festspielen inszenierte. Obgleich Hofmannsthal bald danach noch ein zweites religiöses Festspiel – *Das Salzburger große Welttheater* nach Calderón – schrieb, das wiederum in Reinhardts Inszenierung 1922 in der Kollegienkirche des großen Barockbaumeisters Fischer von Erlach uraufgeführt wurde, hat sich nur das ältere Spiel bis auf den heutigen Tag im alljährlichen Repertoire der Salzburger Festspiele behauptet. Ja, seine Wirkung geht so weit, daß es, gewissermaßen ins Laienspiel rückübertragen, von zahlreichen bäuerlichen Spielgemeinschaften in den Dörfern zwischen Donau und Alpen zur Darstellung gebracht wird. Hofmannsthals *Jedermann* ist der einzige wirklich in die Breite gedrungene Versuch, ein Mysterienspiel des Mittelalters für die Gegenwart zu erneuern, den allegorischen Figuren des mittelalterlichen Dramas in dieser noch einmal Resonanz zu verschaffen.

Der Schwierige – Der Unbestechliche. – Im *Rosenkavalier* hatte Hofmannsthal das lebendigste Abbild der Wiener Hocharistokratie des Theresianischen Zeitalters gegeben; in den beiden zu Beginn der zwanziger Jahre entstandenen Lustspielen *Der Schwierige* und *Der Unbestechliche* leuchtet der letzte Abglanz dieser versinkenden Welt des österreichischen Adels, der Hofmannsthal selbst entstammte und wie er sie bis zum Ende der Doppelmonarchie in vielen seiner Standesgenossen kennengelernt hatte, noch einmal auf. Es ist die Zeit nach dem Ersten Weltkrieg, der Glanz der Kaiserstadt, der bis auf die Adelssitze in der Provinz ausstrahlte, ist verloschen, die Gesellschaft schleppt die etwas ridikül gewordenen Formen ihrer alten Kultur im Bewußtsein ihrer Sterbestunde noch fort, ist sich aber in ihren klügsten Repräsentanten darüber klar, daß sie sich selbst nur noch ein bald endendes Theater vorspielt. Melancholie und eine müde Lässigkeit, gepaart mit Charme und viel leiser Selbstironie, geben den Grundton dieser beiden Meisterkomödien an, die heute nur darum so selten auf der Bühne erscheinen, weil es die Schauspieler, das jene vollendet Herren- und Damenhafte, die unnachahmliche Mischung von Jovialität und Arroganz, von Standesbewußtsein und legerer Lebensart in der österreichischen ›ersten Gesellschaft‹

verkörpern könnten, nicht mehr gibt. Die Gattung ›Konversationsstück‹ wäre in der deutschen Bühnenliteratur nur sehr spärlich vertreten, hätten sie nicht einige Wiener Autoren wie Hermann Bahr, Arthur Schnitzler und Hofmannsthal (in einigem Abstand auch Alexander Lernet-Holenia und Friedrich Schreyvogl) von Zeit zu Zeit wieder in Erinnerung gebracht. Die beiden Komödien von Hofmannsthal repräsentieren dabei den Typus mit absoluter Vollkommenheit.

Im *Schwierigen* (1918/19) geht es um das, was man in der Clan-Sprache der alten österreichischen Aristokratie in ganz korrektem Französisch ›eine Mariage‹ nannte – eine standesgemäße Heirat unter äußerst distinguierten Personen. Hans Karl Graf Bühl (der »Schwierige«) hat eine Liaison mit der Gräfin Antoinette Hechingen gehabt, die er aber, sehr gegen den Willen des charmant anfälligen Nervengeschöpfs, beendet, weil er in ihrem Mann, seinem Kriegskameraden, einen wertvollen Menschen kennengelernt hat, dessen ganzes Dasein sich in der Liebe zu seiner Frau erschöpft. Graf Bühls Schwester, die verwitwete Gräfin Crescence Freudenberg, fürchtet ihrerseits, daß ihr liebenswürdig alberner und eingebildeter Sohn Stani in die Netze der Hechingen geraten könne, und bittet ihren Bruder, der für den Neffen das Urbild adliger Noblesse ist, den Jungen vor dieser Gefahr zu bewahren. Stani jedoch erklärt mit lachender Entschiedenheit, die Mama sorge sich ganz umsonst, denn er habe beschlossen, die Komtesse Helene Altenwyl zu heiraten. Was der muntere Neffe jedoch nicht weiß, ist, daß sein Onkel Hans Karl eine tiefe innere Zuneigung zu dem ihm nicht nur standesmäßig, sondern in der Zurückhaltung des Empfindens, der seelischen Feinheit und geistigen Vornehmheit ebenbürtigen Mädchen gefaßt hat. Schwierig, das heißt scheu, diskret und sensibel wie er ist, äußert Hans Karl auf einer Soirée bei den Altenwyls sein Gefühl nicht, sondern entwirft – nachdem er sich von der darob völlig gebrochenen Antoinette Hechingen als Liebhaber für immer verabschiedet hat – in einem Gespräch mit Helene Altenwyl das Bild einer idealen Ehe, wie sie dem Mann beschieden sein muß, der sie zur Frau bekommt. Aber daß *er* dieser Mann sein möchte, das bringt er nicht über die Lippen, und so wird das Gespräch zum zweiten Adieu an diesem Abend – würde es, wenn Helene, die ihn längst liebt, jetzt nicht mit der ganzen Energie ihres Herzens die »Konfusionen« beendete. Nach der kaum durch Worte, viel mehr durch das innere Einverständnis vollzogenen Verlobung kommt es noch zu einer höchst ergötzlichen Verwechslung, als die Gräfin Crescence die seelische Bewegung Helenens auf ihren vergötterten Stani bezieht und die Komtesse schon als dessen Braut betrachtet, bis sie von Hans Karl, dem das alles schrecklich peinlich ist, auf genierteste Art über den wahren Sachverhalt unterrichtet wird. Sie ist auch darüber glücklich, noch mehr aber über die »fabelhafte Tenue« ihres Buben, der in seiner unerschütterlichen Arroganz die Wendung der Dinge nur auf das Ungeschick seines Onkels und den daraus resultierenden Verzicht Helenens auf ihn (Stani) zurückführt. So ist er ungeachtet seiner ständigen Beteuerung, er sei ja gerad’ wie Hans Karl, das Gegenteil des Onkels, dessen ganzes Wesen sich in dem Selbstkommentar enthüllt: »Es liegt doch geradezu etwas Unverschämtes darin, daß man sich heranwagt, gewisse Dinge überhaupt zu erleben. Um gewisse Dinge zu erleben und sich dabei nicht indezent zu finden, dazu gehört ja eine so rasende Verliebtheit in sich selbst und ein Grad von Verblendung, den man vielleicht als erwachsener Mensch im innersten Winkel in sich tragen, aber niemals sich eingestehen kann.«

Der *Unbestechliche* (1922) ist der sittenstrenge Musterdiener Theodor, der sich – das Stück spielt im Jahr 1912 auf einem Gut in Niederösterreich – von seinem Herrn, einem lockeren Baron, losgesagt hat und in die Dienste von dessen Mutter getreten ist, deren Haus er mit eherner moralischer Würde regiert. Dahinter steckt jedoch die den eigenen Profit keineswegs aus den Augen verlierende Verschlagenheit eines böhmischen Lakaien mit jenem schon bei Nestroy vorgebildeten Nebeneinander von Dreistigkeit und Servilität, das in den Häusern der österreichischen Aristokratie eine Art Domestikenadel hervorgebracht hatte, der sich seiner Vertrauensstellung wohl bewußt war und kritische Situationen, in die die Herrschaft geriet, diskret und endgültig zu regulieren verstand. So bringt der unbestechliche Theodor den Baron Jaromir wieder mit seiner Frau zusammen, der dieser dank der Anwesenheit zweier ›vorehelicher‹ Freundinnen auf dem Gutshof seiner Mutter zu entgleiten

drohte, indem er die beiden Damen zu rascher Abreise veranlaßt. Das Zimmer, in dem der Baron mit einer von ihnen
eine amouröse Nacht verbringen wollte, reserviert er sich
zum Lohn für seine Tugendrettung für das eigene Rendezvous mit einer im Haus beschäftigten jungen Witwe.

Der Turm

Trauerspiel in fünf Aufzügen
Erste Aufführung: 4. Februar 1928 in München

P e r s o n e n : König Basilius – Sigismund, sein Sohn – Julian, der
Gouverneur des Turms – Anton, dessen Diener – Bruder Ignatius, ein
Mönch, ehemals Kardinalminister – Olivier, ein Soldat, später Rebellen-
führer – Ein Arzt – Graf Adam, ein Kämmerer – Der Beichtvater des
Königs – Simon, ein Jude – Eine Bauernfrau – Woiwoden und Banner-
herren, Höflinge, Kämmerer, Pagen, Offiziere, Soldaten, Diener,
Mönche, Aufrührer.
O r t und Z e i t : Im Königreich Polen, im 17. Jh.

Prinz Sigismund, der Sohn des Königs Basilius, wird seit
seiner Kindheit in einem Turm weitab von allen menschlichen Siedlungen gefangengehalten, weil ein Sternorakel bei
seiner Geburt vorausgesagt hat, er werde sich gegen seinen
Vater erheben, ihn vom Thron stoßen und den Fuß auf seinen Nacken setzen. Ursprünglich war er bei Bauersleuten in
Pflege, dann aber wurde er in den Turm geworfen, dessen
Gouverneur Julian ihn jedoch, den Adel und die Reinheit
seines Wesens erkennend, im Lesen und Denken unterwiesen
hat.

Zu Beginn der Handlung unterhält sich der Gefreite
Olivier, auf Wache vor dem Turm, mit einigen invaliden
Soldaten über eine bevorstehende Umwälzung im Staate,
bei der auch der Gefangene eine Rolle spielen wird. Für die
›Hofschranze‹ Julian sei der Strick schon bereit, ihre unein-
geschränkte Befehlsgewalt über die Vorgänge im Turm und
die ganze Gegend werde ein Ende haben; die Macht der
Kirche werde gebrochen, den schmuggelnden Juden das
Handwerk gelegt. Das Gespräch beendet die Ankunft des
Arztes, eines Mannes von paracelsushafter Größe, dem der
Gefangene vorgeführt wird. Er spürt sofort dessen inneren

Adel und erkennt nach wenigen Augenblicken, daß weder
ein Wahnsinniger noch ein Verbrecher vor ihm steht. Im
Zimmer des Gouverneurs führen der Arzt und Julian ein
Gespräch über den gefangenen Prinzen, aus dem hervorgeht, daß sie beide gegen die Auslieferung der Welt an den
Geist der Gewalt und der verderblichen Macht sind. Als der
Jude Simon, ein Kundschafter Julians, die Nachricht bringt,
der Neffe und präsumtive Nachfolger des Königs Basilius
sei auf der Jagd tödlich verunglückt und der Kardinalminister habe sich ins Kloster zurückgezogen, zugleich suche der
König Kontakt mit seinem Sohn, faßt Julian einen kühnen
Gedanken: der Prinz soll mit Hilfe des Arztes eingeschläfert
und nach seinem Erwachen dem König gegenübergestellt
werden. Der Arzt willigt ein. Ein königliches Handschreiben
mit wichtigen Befehlen für Julian wird von einer Kavalkade
des Hofes überbracht. – König Basilius, dem düstere Prophezeiungen Aufstand und Rebellion in seinem Land verkünden – das Banner der Empörung werde seinem Sohn
vorangetragen –, sucht im Kloster Rat bei seinem ehemaligen
Minister, dem jetzt neunzigjährigen Bruder Ignatius. Der
aber erwidert ihm hart und abweisend, Gott habe sich von
ihm gewendet: »Er kennt dich und will dich strafen.« Basilius glaubt in dem treuen Julian, der inzwischen auf Grund
der ihm übersandten Botschaft ebenfalls in dem Kloster
eingetroffen ist, seinen einzigen wirklichen Berater gefunden
zu haben. Auf seine Frage nach dem gefangenen Wüterich
und Dämon antwortet ihm der Gouverneur, der Königssohn
sei ein sanfter, schöner und argloser Jüngling. In den Turm
zurückgekehrt, teilt Julian dem Prinzen mit, daß er eine
lange, schwere Prüfung überstanden habe, nun solle er das
Elixier des neuen Lebens trinken. Sigismund fürchtet sich
zuerst vor dem Trank; er bittet Julian, ihm zu sagen, wer er
sei. Auf dessen Antwort, er werde es bald erfahren, nimmt
er das Glas. Der Schlafende, für den fürstliche Gewänder
bereitliegen, wird in den Reisewagen getragen.

Im Zimmer der Königin, die an der Geburt des Prinzen
gestorben ist, erwartet Basilius seinen Sohn. Wie sein Groß-
oheim Karl V. ist er bereit, die Krone abzulegen, wenn er in
Sigismund einen würdigen Nachfolger findet. Julian bereitet ihn vor: er werde einem Jüngling von königlicher Haltung, wenn auch nicht von höfischen Manieren begegnen.

Vater und Sohn stehen sich gegenüber, Sigismund will wissen, woher die Macht der Könige stamme. Basilius wird mißtrauisch und stellt dem Prinzen, um ihn zu prüfen, eine Falle: es sei Julian gewesen, der ihn über sein fürstliches Geblüt getäuscht und in der schmählichen Haft gehalten habe. Jäh auffahrend, schlägt Sigismund seinen Vater ins Gesicht, wirft ihn zu Boden und reißt die Insignien des Königs an sich. Die hereindringenden Höflinge glauben Basilius tot, aber nur wenige huldigen Sigismund. Als der König sich wieder erhebt, wird Sigismund überwältigt und von neuem eingeschläfert. Über ihn und Julian verhängt der König den Tod im Angesicht des Volkes. Der Arzt aber weiß, daß die Zeit sich erneuern wird durch ihren Auserwählten.

Als Sigismund und Julian zur Hinrichtung geführt werden sollen, bricht der Aufstand los, und zwar von zwei Seiten: die Großen fallen von Basilius ab wegen seines absoluten Machtanspruchs, das unzufriedene Volk aber hat sich dem Aufwiegler Olivier angeschlossen, der die Sympathien der armen Leute für den so lange gefangengehaltenen Königssohn zunächst für seine Sache ausnutzt. Aber er sowohl wie die Woiwoden täuschen sich. Als Sigismund, der schon auf dem Weg zum Blutgerüst war, befreit ist und auf dem Thronsitz im Schloß Platz genommen hat, weigert er sich, dem Adel die Befugnisse eines Staatsrats, auf die dieser spekuliert hatte, zuzugestehen, und ernennt den inzwischen gleichfalls befreiten Julian zu seinem ersten Minister und Berater. Nachdem König Basilius seine Abdankungsurkunde unterschrieben hat, schickt der neue Minister die Woiwoden nach Hause – keiner soll es wagen, Unfrieden zu stiften. König Sigismund aber werde sich auf die Macht der Bauern und des kleinen Adels stützen, die Julian für ihn aufgerufen habe. Doch nun wendet Sigismund sich auch von Julian: mit diesen Anstalten habe er nichts zu schaffen. Der allzu Eifrige erfährt von seinem Späher Simon, daß Olivier sich mit seiner Aufruhrbewegung selbständig gemacht habe, Julians Befehlen nicht mehr gehorche und mit der Sache des neuen Königs nichts mehr gemein habe. Jetzt erkennt der ehemalige Gouverneur des Turms zu spät: »Ich habe die Hölle losgelassen, und jetzt ist die Hölle los.« – Sigismund ist, während der Aufruhr weiterschwelt, im Schloß geblieben. Ein Haufe ehemaliger Sträflinge dringt herein und huldigt ihm als dem verheißenen Armeleute-König. In ihrer Mitte stirbt Julian, der einsieht, daß er vergebens das Unterste nach oben gekehrt hat. Olivier, in allem Herr der Lage, eröffnet Sigismund, daß er ihn innerhalb seiner Bewegung zu einem »großen Amt« verwenden werde; das Volk werde ihn bei einem Triumphzug mit Heil-Rufen begrüßen, die tatsächliche Macht aber sei in seinen, Oliviers, Händen. Sigismund weist dieses Ansinnen von sich, worauf Olivier ihn für »nicht verwendbar« erklärt. Der Arzt weiß, daß Sigismunds königlicher Sinn damit zu Tode getroffen wird, aber Olivier bleibt kalt. Bevor er geht, gibt er drei Scharfschützen eine geheime Anweisung. Sigismund, der Arzt und der Diener Anton bleiben allein. Vom Hof herauf dringen Stimmen: »Sigismund, verlasse uns nicht!« Dem alten Diener klingen sie unecht, komödiantisch, aber Sigismund tritt arglos ans Fenster, um sich seinen »Freunden« zu zeigen. Von draußen fällt ein Schuß und streckt ihn nieder.

Von diesem Trauerspiel, an dem er viele Jahre gearbeitet hat und von dem mehrere Fassungen existieren – die vorliegende Darstellung folgt der Bühnenausgabe des Verlags S. Fischer –, hat Hofmannsthal selbst gesagt, daß es »die dunkle Verkündung seiner gereiften Weltsicht« enthalte. Stofflich ist es eine Umdichtung von Calderóns berühmtem Schauspiel *Das Leben ist ein Traum*, in der gedanklichen Erweiterung wie auch in der eigentümlichen Vorahnung einer von einem skrupellosen Machtpolitiker (Olivier) entfachten ›Volksbewegung‹, die zu Krieg und Vernichtung führt, gehört es ganz Hofmannsthal. Ähnlich wie Grillparzers *Bruderzwist in Habsburg*, dem es an dichterischem Rang gleichkommt, ist es eine Tragödie der Zeitenwende, in der die rettende Erscheinung des geistgläubigen, gewaltlosen Herrschers gesehen wird, aber nicht in die Wirklichkeit hereingeholt werden kann, weil die Dynamik des in der namenlosen Masse brodelnden Bösen zu stark ist. Zwar sinkt die sterbende Zeit, verkörpert in Basilius und seinem überheblichen, gottfernen Regime, dahin, aber die neue, von Julian und dem Arzt ersehnte, die sich in Sigismund manifestiert, steigt nicht herauf. Der Turm, das Symbol der den Geist vergewaltigenden Macht (aber auch ihrer Angst vor seinem freien Wirken) wird immer wieder neue Opfer beherbergen.

WILHELM VON SCHOLZ

* 15. Juli 1874 in Berlin
† 29. Mai 1969 in Konstanz

Als Primaner kam der Sohn des preußischen Finanzministers Adolf von Scholz nach in Berlin verbrachten Jugendjahren mit seinen Eltern nach Konstanz. Er studierte in Berlin, Lausanne, Kiel und München Literaturgeschichte und Philosophie, erwarb den Doktortitel und lebte als freier Schriftsteller in wechselnden Wohnsitzen, im Isartal, im Odenwald, in Weimar. 1916–22 war er Dramaturg und Spielleiter am Württembergischen Staatstheater in Stuttgart. 1916 brachte er die erste szenische Darstellung von Hölderlins »Empedokles« heraus. Später führte Scholz für einige Jahre den Vorsitz der Abteilung Dichtung an der Preußischen Akademie der Künste in Berlin. Im Spätherbst seines Lebens kehrte er endgültig auf sein Besitztum am Bodensee zurück.

Wilhelm von Scholz hat sich als Lyriker und Erzähler einen Namen erworben. Ein Hauptakzent dieses vielseitigen Lebenswerkes liegt jedoch auf dem Drama. Seine Anfänge fallen in die Hochblüte des Naturalismus, zu dem der junge Dichter jedoch keine Neigung spürte. Empfand er sich doch als Angehöriger einer anderen Generation, die sich lieber am Vorbilde Kleists und Hebbels als an Ibsen oder Hauptmann schulte. Eine im Blut liegende Neigung zum Übersinnlichen, Mystischen trat hinzu. Den ersten nachhaltigen Erfolg errang der Dramatiker mit dem *Juden von Konstanz* (Dresden 1905), der Tragödie des aus idealen Gründen zum Christentum übertretenden jüdischen Arztes Nasson, der jedoch im neuen Glauben keine Heimat, sondern nur den Untergang findet. Noch ausgesprochener in die Richtung des Stildramas zielte *Meroë* (München 1907), deren innere Spannungen aus ideell stark herausgearbeiteten Gegensätzen zwischen weltlichem und priesterlichem Herrschertum, zwischen Vater und Sohn, Gatte und Gattin hervorgehen. Die Groteske *Vertauschte Seelen* (Köln 1910) ist eine »Komödie der Auferstehungen«, die den Gedanken der Seelenwanderung in ein geist- und launenvolles Spiel voll tieferer Bedeutung bannt und zudem auf einem neuen schauspielerischen Grundgedanken basiert. Während das Rokokostück *Gefährliche Liebe* (Stuttgart 1913) und die mittelalterliche Legende *Das Herzwunder* (München 1918) weniger durchdrangen, errang *Der Wettlauf mit dem Schatten* (Stuttgart und Frankfurt a. M. 1920) einen der stärksten Bühnenerfolge der neueren Zeit. In dem Dreipersonenstück paart sich des Autors Neigung für das seelisch Zwielichtige, für die geheimnisvolle Verkettung von Zufall und Schicksal mit einem glänzend beherrschten theatralischen Handwerk. Ein Schriftsteller, der soeben an einem Roman arbeitet, sieht sich plötzlich dem Helden seiner Dichtung leibhaftig gegenüber und erkennt in ihm den Nebenbuhler um die Gunst seiner Frau. Das im Roman geplante Geschehen findet seine Widerspiegelung in der Wirklichkeit des Lebens. Der okkulte Zug beherrscht gleichfalls das Schauspiel *Die gläserne Frau* (Stuttgart 1924). Ein seelenkundiger Arzt behandelt in seiner Klinik eine Frau, die einen Selbstmordversuch unternommen hat, weil sie sich von ihrem Liebhaber nur körperlich, nicht seelisch geliebt fühlte. In dem Arzte glaubt sie zu finden, was sie an ihrem Verlobten vermißte. Der Arzt, bereits an eine andere Frau gebunden, vermag ihr jedoch nicht zu geben, was sie ersehnt, und so verfällt die Patientin, trotz körperlicher Heilung, dennoch ihrem Schicksal. *Die Frankfurter Weihnacht* (Frankfurt a. M. 1938), von Conrad Ferdinand Meyers Ballade *Der gleitende Purpur* angeregt, ist ein von hoher Reife zeugendes Spiel versöhnender Güte, in dem Kaiser Otto I. seinem rebellischen, aber unglücklichen Bruder Heinrich verzeiht, indem er ihn mit dem eigenen Mantel bekleidet. – Erwähnenswert sind ferner die freien Nachdichtungen Calderónscher Dramen *Über allem Zauber Liebe* (1931), *Das Leben ist ein Traum* (1932) und *Der Richter von Zalamea* (1937), die sich ziemlich weit von den spanischen Originalen entfernen und zum Teil neuer Motivierung bedienen. *W. Z.*

FRANK WEDEKIND

* 24. Juli 1864 in Hannover, † 9. März 1918 in München

Sohn eines ostfriesischen Arztes und einer Schauspielerin ungarischer Abstammung. Aufgewachsen im Kanton Aargau in der Schweiz, wohin der Vater aus politischen Gründen übergesiedelt war. Wedekind studierte zuerst Rechtswissenschaft in Zürich und München, war dann eine Zeitlang Reklamechef einer großen Schweizer Lebensmittelfirma und begann in Zürich zu schreiben. Nach Wanderjahren in München, Paris, London, Leipzig und Berlin, wo er kurze Zeit zum Ensemble des Deutschen Theaters gehörte, ließ er sich 1908 endgültig in München als Schriftsteller und Schauspieler nieder. Ständige Kämpfe mit der Staatsanwaltschaft, die seine Werke als ›unsittlich‹ verfolgte. Mitglied des berühmten literarischen Kabaretts »Die elf Scharfrichter« und Mitarbeiter am »Simplicissimus«, Mittelpunkt zahlreicher künstlerischer Fehden, der geistige ›Bürgerschreck‹ seiner Zeit. Schrieb außer den Bühnenwerken Gedichte (»Die vier Jahreszeiten«) und Erzählungen (»Feuerwerk«).

Neben Gerhart Hauptmann war Wedekind die bedeutendste Erscheinung unter den Dramatikern der Jahrhundertwende. Von Anfang an überzeugt, daß die bürgerliche Moral seiner Zeit verlogen, prüde und heuchlerisch war, wurde er der markanteste Vertreter der antibürgerlichen Bohème, deren Lebenselement der Kampf gegen den Spießer war. (Merkwürdigerweise verband sich damit in seiner privaten Lebensführung – er legte Wert auf ein vorbildliches Familienleben – oft eine strenge Pedanterie.) Wedekinds Weltbild war keineswegs weiträumig, und es hat kaum einen Dramatiker gegeben, der in seiner Thematik beschränkter gewesen wäre als er; aber seine sprudelnde Phantasie machte sein enges Weltbild und seine monotone Thematik – den Kontrast zwischen Bürger und Außenseiter – bunt und stets von neuem interessant. Die Zensur, die immer wieder gegen sein Werk einschritt, leistete ihm gegen ihren Willen unschätzbare Dienste, denn sie hielt seinen Angriffswillen und seinen polemischen Witz wach und nötigte ihn zu immer neuen Varianten seiner dramatischen Proklamationen des

von ihm verfochtenen Ethos der Schönheit, Gesundheit und
›gewissenlosen‹ Lebenskraft, hinter dem, sehr deutlich er-
kennbar, Maximen der deutschen ›Sturm-und-Drang‹-Be-
wegung und der Schatten Nietzsches standen. Das Antlitz
des an der sittlichen Verkümmerung und Verlogenheit seiner
Zeit leidenden strengen Moralisten verbarg Wedekind hinter grotesken, zynischen und luziferischen Masken, aus denen
er seine Stimme provozierend grell und schneidend tönen
ließ. Wie sein großer Vorgänger Georg Büchner die Ablösung des geistbeherrschten Zeitalters der Klassik und Romantik durch ein naturwissenschaftliches gespürt hatte, so
spürte Wedekind, der literarische Autor par excellence, das
Absterben der literarischen und intellektuellen Schlußphase
des 19. Jh.s und das Heraufkommen eines neuen Vitalismus.
Aber Wedekind war kein Rousseau seiner Zeit – er sah in
seinen späten Werken wie *Simson* (1914) oder *Herakles*
(1917) mit Grauen, wohin seine These »Das Fleisch hat
seinen eigenen Geist« noch führen würde. Hätte er 1933
noch erlebt, er hätte sein höhnischstes (und verzweifeltstes)
Gelächter losgelassen, wenn er hätte sehen müssen, daß seine
geist- und gewissensfreie schöne Menschenbestie sich, teuf-
lisch pervertiert, in eben jenem Spießertum inkarnierte,
gegen das er sein Leben lang gekämpft hatte.

Die Expressionisten sahen mit Recht in Wedekind einen
ihrer großen Wegbereiter, der die Verwandlung des Menschen zur ›Marionette einer Idee‹, die ihre eigene Dichtung
kennzeichnete, vorausnahm (am deutlichsten in *Hidalla oder
Sein und Haben*, 1904, späterer Titel *Karl Hetmann, der
Zwergriese*, und in *Franziska*, 1911). Exemplarisch für seine
bedeutende dramatische Technik ist der 1899 entstandene,
noch heute immer wieder gespielte Einakter *Der Kammer-
sänger* (Reclams UB 8273). Mit ihr meisterte er ebenso das
realistische Gesellschaftsstück wie den grotesken Schwank
(*Der Liebestrank*, ebenfalls 1899), die hintergründige Moritat (*Schloß Wetterstein*, 1910) wie das neuromantische Maskenspiel (*König Nicolo*, 1901). Dramatische Selbstverteidi-
gungen sind die Einakter *Totentanz* (1905) und vor allem
Die Zensur (1907); ein schon durch den Untertitel »ein
Sittengemälde« hinreichend als Kolportage gekennzeichnetes
Schauerdrama (mit stark gesellschaftssatirischem Aspekt) ist
Musik aus dem Jahr 1906. Das seltsamste Produkt in Wede-

kinds Gesamtwerk ist das historische Schauspiel *Bismarck* (1915) – hier, wo der Dichter objektiv bleiben wollte, blieb er nur trocken.

Frühlings Erwachen. Kindertragödie in drei Akten. – Das Stück, 1890/91 geschrieben und nach der Berliner Erstaufführung am 20. November 1906 ein literarischer Sensationserfolg, zeigt in der genialen Knappheit und Stimmungskraft der Szenen Züge, die Wedekinds Verwandtschaft mit Georg Büchner nachweisen. Kaum Beziehungen zum Naturalismus, vielmehr romantische Elemente, schon in der Widmung des Stückes an den »Vermummten Herrn« – das Leben – und in der grotesken Darstellung der Schulpauker, die in ihrer Borniertheit an die Naturforscher in Grabbes *Scherz, Satire, Ironie und tiefere Bedeutung* erinnern. Ganz neue, bis dahin noch nie auf der Bühne vernommene Töne in der Schilderung der unbewußten Sehnsüchte und Triebregungen des Pubertätsalters, von herber Innigkeit und Zartheit der Empfindung. Das dichterisch-balladeske Moment überwiegt bei weitem das anklägerisch-aggressive, trotzdem wurde das Werk als ›Dokument der Unsittlichkeit‹ verfolgt und angeprangert.

Neunzehn Szenen um die Liebe zweier Vierzehnjähriger. Wendla Bergmann trägt zum erstenmal ein langes Kleid und will die Wahrheit wissen, wie ihre verheiratete Schwester Mutter geworden ist. Die Gymnasiasten Moritz Stiefel und Melchior Gabor grübeln mehr dem Geheimnis der Entstehung des Lebens nach als ihren Schulaufgaben. Melchior trifft Wendla im Wald. Sie bittet ihn, sie zu schlagen; er tut es, bricht aber in Tränen aus. Bei der zweiten Begegnung auf einem Heuboden kommt es zur Umarmung. Moritz Stiefel bleibt in der Schule sitzen und sucht in der tiefen Melancholie seines Zustands den Tod. In der Abenddämmerung begegnet er dem Malermodell und Freudenmädchen Ilse, für die es keine Probleme des Lebens gibt. Durch das Gespräch wird Moritz noch schwermütiger und erschießt sich. Die Lehrerkonferenz aber ist der Meinung, daß sittliche Verwahrlosung als Folge der schriftlichen ›Aufklärung‹, die Melchior seinem Freund gegeben hat und die gefunden wurde, Moritz in den Tod getrieben hat. Melchior wird von der Schule gewiesen und nach der Beerdigung seines Freundes von seinen Eltern in eine Erziehungsanstalt gegeben, aus der er alsbald zu fliehen beschließt. Wendlas Mutter hat inzwischen entdeckt, daß ihr Kind in anderen Umständen ist. Wendla selbst ahnt nichts von ihrem Zustand, hat aber eine unerklärliche Angst vor einer gewissen Frau Schmidt, die zur Behandlung ihrer ›Bleichsucht‹ gerufen wird. Die Behandlung endet mit dem Tod des Mädchens. Auf dem Friedhof, auf dem Wendla und Moritz begraben sind, ruht sich Melchior nach seiner Flucht aus der Erziehungsanstalt aus. Moritz Stiefel steigt aus dem Grab, seinen Kopf unter dem Arm, und will den Freund zu sich nehmen. Schon ist Melchior bereit zu folgen, da tritt ein vermummter Herr in elegantem Abenddreß und Zylinder dazwischen und nimmt den Jungen mit sich – ins Leben. (Reclams UB 7951.)

Erdgeist

Tragödie in vier Aufzügen
Erste Aufführung: 25. Februar 1898 in Leipzig

Personen: Lulu – Medizinalrat Dr. Goll – Schwarz, Kunstmaler – Dr. Schön, Chefredakteur – Alwa, sein Sohn – Schigolch – Prinz Escernay, Afrikareisender – Gräfin Geschwitz – Rodrigo Quast, Artist – Hugenberg, Gymnasiast – Verschiedene Nebenpersonen.
Ort und Zeit: Eine deutsche Großstadt, Ende des 19. Jh.s.

Das Stück beginnt mit einem Prolog: vor einer Schaubude zeigt ein Tierbändiger dem Publikum die Attraktion seiner Menagerie, Lulu, die faszinierend schöne ›Schlange‹. Im Umgang mit Bestien ist eine Waffe vonnöten. Der Revolver kracht zum erstenmal über die Köpfe der Zuschauer hin.

Im Atelier des Kunstmalers Schwarz besichtigt der Chefredakteur Dr. Schön das noch unvollendete Bildnis seiner Braut. Während er sich mit Schwarz unterhält, fällt sein Blick auf das ebenfalls noch unfertige Bild einer jungen Frau im Pierrotkostüm, deren bezaubernde Gestalt er bewundert. Es ist Lulu, genannt Nelly, die Gattin des Medizinalrats Dr. Goll, der zur Sitzung mit seiner Frau erscheint. Der Maler beginnt mit der Arbeit, die Herren unterhalten sich über Kunst. Das Gespräch wird unterbrochen, als Dr. Schöns Sohn Alwa erscheint, um seinen Vater zur Generalprobe seines neuen Balletts abzuholen. Goll geht mit ihnen. Lulu, mit Schwarz allein geblieben, bringt den Maler durch aufreizende Koketterie von Sinnen. Er erliegt ihr. Dr. Goll, voller Unruhe zurückkehrend, findet die Ateliertür verschlossen. Er schlägt sie ein und bricht, als er die Situation mit einem Blick übersieht, vom Schlag getroffen tot nieder. Lulu ist glücklich, ihre Freiheit wiedererlangt zu haben. Sie fürchtet nur, daß Goll noch leben könnte, und berührt den am Boden Liegenden mit der Fußspitze. Schwarz beobachtet, über so viel Gefühlskälte entsetzt, den Vorgang, ist aber Lulu bereits so verfallen, daß er seine Empörung unterdrückt. – Schwarz hat Lulu geheiratet und führt mit ihr ein großes Haus. Er leidet, weil er ihr als Mann gleichgültig ist. Lulu empfängt den als Bettler auftretenden Rinnsteinphilosophen Schigolch, einen alten, keineswegs ungefährlichen Gauner, der angeblich ihr Vater ist, und versorgt ihn mit Geld. Dann erscheint Dr. Schön, der ein Verhältnis mit Lulu hat, es nun aber lösen will, da er ein junges Mädchen aus der besten Gesellschaft heiraten möchte. Lulu aber ist nicht bereit, das Netz, das sie um ihn geworfen hat, zu lockern. Als Schwarz von dieser Beziehung seiner Frau und zugleich ihre niedrige Herkunft erfährt, schneidet er sich mit dem Rasiermesser die Kehle durch; tot wird er im Nebenzimmer gefunden. – Lulu ist durch Alwa Schöns Vermittlung Tänzerin geworden. In ihrer Theatergarderobe nimmt sie die Huldigungen des Afrikaforschers Prinz Escernay entgegen, der in ihr ein Ideal der leiblichen und seelischen Noblesse sieht. Lulus Sinnen geht aber darauf aus, Dr. Schön ganz an sich zu fesseln. Es gelingt ihr, den ihrem Bann völlig verfallenen Journalisten davon zu überzeugen, daß er des unberührten Mädchens, mit dem er sich verlobt hat, nicht würdig sei – ja, als sie ihn soweit hat, daß er vor sich selbst Verachtung empfindet, ihm den Abschiedsbrief an seine Braut zu diktieren, den Schön, gänzlich gebrochen, unterschreibt. – In ihrer dritten Ehe mit Dr. Schön ist Lulu ständig von einem ganzen Rudel trüber und angefaulter Existenzen umgeben; da taucht neben Schigolch der Kunstturner und Zirkusathlet Rodrigo Quast auf und neben der lesbischen Gräfin Geschwitz, die Lulu anhimmelt, als jüngster Anbeter der Gymnasiast Hugenberg, und selbst die Bedienten des Hauses genießen Lulus Gunst. Als es ihr auch gelingt, ihren Stiefsohn Alwa, der schon lange für sie entbrannt ist, zu verführen – andere »Verehrer«, die sich im selben Zimmer aufhalten, werden versteckt –, will Dr. Schön wutentbrannt diesem Sumpf ein Ende machen. Von Ekel übermannt, drückt er Lulu einen Revolver in die Hand, mit dem sie sich selbst erschießen soll. Aber sie richtet die Waffe gegen ihn und feuert in sinnloser Angst mehrere Schüsse ab. Schön stürzt tot zu Boden. Lulu ist völlig gebrochen – sie hat den einzigen Mann getötet, den sie wirklich geliebt hat. Die Polizei dringt in die Wohnung ein und räumt, ehe sie die Mörderin verhaftet, zunächst einmal das Zimmer von den überall versteckten ›Hausfreunden‹. Als letzter wird der Primaner Hugenberg unter dem Tisch hervorgeholt, für den das ganze Drama in der Gewißheit gipfelt: »Ich werde von der Schule gejagt.«

Die Büchse der Pandora

Tragödie in drei Aufzügen
Erste Aufführung: 1. Februar 1904 in Nürnberg

P e r s o n e n : Lulu – Schigolch – Alwa Schön – Rodrigo Quast – Gräfin Geschwitz – Gymnasiast Hugenberg – Marquis Casti-Piani – Kungu Poti, kaiserlicher Prinz aus Afrika – Dr. Hilti, Privatdozent – Jack – Gäste der Abendgesellschaft und andere Nebenfiguren.
O r t : Eine deutsche Stadt, dann Paris und London.

Die Tragödie ist die Fortsetzung von *Erdgeist* und beginnt wie diese mit einem Prolog, in dem sich in einer Buchhandlung der »rührige Verleger«, der »verschämte Autor« und der »normale Leser« mit dem »hohen Staatsanwalt« unterhalten, der das neueste Werk des Autors verbieten will. Gegenstand des Gesprächs ist die Funktion der Kunst im geistigen und bürgerlichen Leben der Nation, wobei ungeachtet einzelner Meinungsverschiedenheiten Autor, Verleger und Leser, in ihrer Gesamtauffassung einig, dem Staatsanwalt gegenüberstehen, dem jedes Kunstwerk nur ein mögliches Delikt im Sinne der Sittlichkeitsparagraphen des Strafgesetzbuchs bedeutet.
Lulu ist wegen der Ermordung Dr. Schöns ins Zuchthaus gekommen, aber die Gräfin Geschwitz hat die Gefangene,

die mit Choleraverdacht in ein Krankenhaus überführt wurde, befreien können. Nun erwartet sie mit dem Artisten Rodrigo Quast und Alwa, dem Sohn von Lulus letztem Opfer, deren Ankunft. Auch der Gymnasiast Hugenberg hat einen Befreiungsplan ausgearbeitet, aber er kommt damit zu spät. Lulu ist schon unterwegs, Hugenberg fliegt hinaus. Schwer mitgenommen und gezeichnet vom Zuchthaus und der Krankheit, betritt Lulu, auf Schigolch gestützt, das Zimmer. Die Geschwitz ist selig, den Gegenstand ihrer Anbetung wieder um sich zu haben, aber Rodrigo Quast ist schwer enttäuscht; sein Plan, mit der skandalumwitterten Lulu nach gelungener Flucht ins Ausland eine artistische Sensationsnummer aufzubauen, scheitert an Lulus Entkräftung. Schigolch heckt einen anderen Fluchtplan aus: Lulu geht mit Alwa Schön, über den sie ihre alte Macht rasch zurückgewonnen hat, nach Frankreich. – Alwa ist in Paris Lulus vierter Gatte geworden, aber auch der ›Marquis‹ Casti-Piani hat ein Auge auf die wieder in voller Schönheit Prangende geworfen – freilich aus andern Gründen. Dem Mädchenhändler und Erpresser scheint ein gutes Geschäft zu winken; er will Lulu verkaufen, andernfalls sie der Polizei überliefern, die eine Belohnung auf sie ausgesetzt hat. Auch Rodrigo ist mit erpresserischen Absichten hinter Lulu her und droht gleichfalls mit Anzeige bei der Polizei. Die Gejagte bittet ihren ›Vater‹ Schigolch, der in dem mehr als anrüchigen ›Gesellschaftsmilieu‹ die Rolle eines Zutreibers und Gelegenheitsmachers spielt, Rodrigo zu beseitigen; sie werde ihm dafür wieder Geld geben. Schigolch stimmt zu. Nachdem sich die beiden Gauner Casti-Piani und Rodrigo, von denen einer im andern den Konkurrenten wittert, gestritten haben, wer den Coup landen wird, gelingt es Lulu, Rodrigo und die durch ihre klebrige Anhänglichkeit lästige Geschwitz in Schigolchs Quartier abzuschieben. Casti-Piani hat inzwischen bereits die Polizei alarmiert, so daß es für Lulu und Alwa höchste Zeit wird, zu fliehen. Der Polizeikommissar hält sich mit der Verhaftung einer andern Blüte aus dem Sumpf von Kuppelmüttern, minderjährigen ›Engelchen‹ und Erpressern schadlos. – Lulus letzte Station: sie ist eine Strichhure niedrigster Sorte geworden und haust mit Alwa und Schigolch in einer trüben, armseligen Dachkammer in London. Während sie in einem Nebengelaß ihre ›Kunden‹ be-

dient, leeren ihr Mann und ihr sogenannter Vater die
Taschen des Gastes. Die Gräfin Geschwitz, Lulu bis in die
Gosse getreu, hat irgendwo das Bild im Pierrotkostüm, das
der Maler Schwarz einst von »Frau Medizinalrat Dr. Goll«
angefertigt hat, aufgetrieben; jetzt wird es ohne Rahmen
auf die modrige Wand genagelt, um die Stimmung der Gäste
zu erhöhen. Lulu bringt den Neger Kungu Poti von der
Straße mit, auf den der geistig total ruinierte Alwa in einem
plötzlichen Eifersuchtsanfall losgeht. Der Neger tötet ihn
mit einem einzigen Hieb seines Totschlägers und entflieht.
Schigolch schafft die Leiche beiseite, damit das Geschäft nicht
gestört wird, und begibt sich dann in sein Stammlokal.
Lulus nächster Gast ist der Schweizer Privatdozent Dr. Hilti.
Er stößt im dunkeln Gang auf den toten Alwa und stürzt
entsetzt davon; Lulu, um ihn aufzuhalten, ihm nach. Die
Geschwitz ist am Ende und versucht sich das Leben zu
nehmen, aber es mißlingt. Wieder schleppt Lulu einen Mann
von der Straße herauf – es ist der letzte in ihrem Leben:
Jack the Ripper erledigt nebenbei das »arme Tier«, die
Geschwitz, dann ersticht er Lulu.

Erdgeist und *Büchse der Pandora*, in den ersten Ausgaben
(1895 und 1902) wegen der unverblümten Drastik ihrer
Sprache noch auf weiten Strecken französisch und englisch
geschrieben, später unter dem Titel *Lulu* zu *einem* Schauspiel
zusammengezogen (Bearbeitung von Frank Wedekinds
Tochter Kadidja in Hamburg 1950 aufgeführt), kreisen um
eine Gestalt, die als Typus des weiblichen Triebwesens mit
der »Kindereinfalt« des Lasters in die Weltliteratur eingegangen ist. Von diesem Geschöpf, das einen Mann um den
andern ins Verderben stürzt und schließlich in einer satanischen Pervertierung seiner eigenen bestialischen Faszination das Opfer eines Lustmörders wird, sagte der Dichter
selbst: »In meiner Lulu suchte ich ein Prachtexemplar von
Weib zu zeichnen, wie es entsteht, wenn ein von der Natur
reich begabtes Geschöpf, sei es auch aus der Hefe entsprungen, in einer Umgebung von Männern, denen es an Mutterwitz weit überlegen ist, zu schrankenloser Entfaltung gelangt. Unter der Herrschaft des spießbürgerlich-engherzigen
deutschen Naturalismus wurde aus dem beabsichtigten
Prachtgeschöpf ein Ausbund bösartiger Unnatürlichkeit, und
ich wurde Jahre hindurch als ein moralwütiger, unbarm-

herziger Weiberinquisitor und Teufelsbeschwörer verschrien.«
Der Hieb ist nicht unberechtigt, denn der Naturalismus, so
gesellschaftsumstürzlerisch er sich auch gab, hat den heiklen
Bezirk gemieden, in dem die faulen Früchte der Moral jener
umsturzreifen Gesellschaft wuchsen. Wedekind hat auf die
Gefahr des permanenten Mißverständnisses hin gewagt, das
verfemte Thema anzupacken und in dramaturgisch groß-
artigem Aufbau für die Bühne zu gestalten. Lulus Aufstieg
im *Erdgeist*, ihr Absturz in der *Büchse der Pandora* – eine
Lebenskurve von extremer Steilheit in beiden Richtungen,
aber wie meisterhaft sicher ist sie geführt! Die Unterwelts-
gestalten von dem angehenden Früchtchen Hugenberg bis zu
der dämonisch-skurrilen Sumpfkröte Schigolch – wie präzis
sind sie gezeichnet! Längst sind die Kämpfe um die ›theatralischen Provokationen‹ der Wedekindschen Geschlechtsmoral
beendet, Thema und Milieu der beiden *Lulu*-Dramen haben
ihre Schrecken verloren, aber ihre Gestalten haben in einem
halben Jahrhundert nichts von ihrer Schärfe und Prägnanz
eingebüßt. Als Beiträge zur dramatischen Analyse der Fun-
damente unserer Zeit, als frühe Nachweise ihrer Brüchigkeit,
die dem Expressionismus dann seinen Paroleschrei »Rettet
den Menschen!« entlockte, sind die beiden Schauspiele um
die Dirne Lulu dokumentarisch.

Der Marquis von Keith. Schauspiel in fünf Aufzügen. – Die Hochstapler-Tragikomödie aus der Zeit der
Gründerjahre in München ist zwischen den beiden *Lulu*-
Dramen um 1900 entstanden, die Uraufführung war am
11. Oktober 1901. Mindestens um der großartigen Charak-
terrolle der Titelfigur willen sollten Bühnen, die über einen
entsprechenden Darsteller verfügen, das Stück wieder spielen.
In dem Spekulanten und Projektemacher von Keith steckt
ebensoviel vom (karikierten) moralischen Übermenschen
Nietzsches wie in seinem Gegenspieler Ernst Scholz vom
Ibsenschen Weltverbesserer von der Art des Gregers Werle
aus der *Wildente*. In ihnen verkörpern sich auch die inneren
Gegensätze Wedekinds selbst – sein Drang nach bedenkenloser, dem ›wilden Leben‹ hingegebener Freiheit, der mit
seinem kategorischen Moralismus ständig im Kampf lag. Der
sprühenden Lebendigkeit der Dialoge in den großen Szenen
des Titelhelden entspricht nicht ganz die Darstellung des

Münchner Lokalmilieu um die Jahrhundertwende: es hat die Genauigkeit, aber auch die Steifheit und das Gestellte der zeitgenössischen Fotografie, und seine Repräsentanten (aus der Schicht der Stammtisch-Honoratioren) sind allzu betont ›waschechte Originale‹.

Ein seltsames Gespann – der gerissene Hochstapler Keith und die gute bürgerliche Molly, mit der er zusammenlebt und die sich wegen der windigen Projekte, die seine Phantasie unaufhörlich produziert, in ständiger Angst befindet. Daneben hat der Marquis aber auch eine standesgemäß attraktive Freundin, die Gräfin Anna Werdenfels, eine vielbewunderte Beauté, die Keith als Gesangsstar groß herausstellen will. Zu diesem Zweck gründet er die »Feenpalast-AG«, die gleichzeitig der Sanierung seiner arg zerrütteten Finanzen dienen soll. Als privates Vergnügen leistet er sich den Spaß, seinen Jugendfreund Ernst Scholz, einen geborenen Moralisten, zum ›Genußmenschen‹ auszubilden. Natürlich kracht die AG, die Keith mit einem opulenten Gartenfest der Münchner Öffentlichkeit präsentiert hat, zusammen, als der Aufsichtsrat entdeckt, daß überhaupt keine Geschäftsbücher vorhanden sind. Scholz, der verhinderte Genußmensch, hat der Gräfin Werdenfels einen Heiratsantrag gemacht, ist aber von ihr zugunsten des reichen Großkaufmanns Casimir, der zu den Feenpalast-Aktionären gehört, abgewiesen worden. Das hat eine Auseinandersetzung mit Keith (wegen seines amoralischen Verhaltens) und einen Nervenzusammenbruch zur Folge. Scholz will sich in eine Heilanstalt begeben und rät auch Keith, als der Feenpalast-Skandal in der Öffentlichkeit nicht mehr zu vertuschen ist, dort unterzutauchen, aber dieser lehnt ab. Gefährlich wird die Situation jedoch, als man Keith die Leiche der braven Molly, die sich aus Verzweiflung in der Isar ertränkt hat, ins Haus bringt. Die empörten Augenzeugen wollen ihn lynchen, aber Herrn Casimir, dem künftigen Gatten der Gräfin Werdenfels und nunmehrigen Besitzer des Feenpalastes, gelingt es, die Gemüter zu beruhigen. Keiths Karriere in München ist beendet. Mit dem berühmten Schlußwort »Das Leben ist eine Rutschbahn« legt er den Revolver, den er schon in der Hand hatte, grinsend wieder beiseite und beschließt weiterzuleben. (Reclams UB 8901.)

König Nicolo oder So ist das Leben. Schauspiel in drei Aufzügen. – Wedekinds dichterisch stärkstes
Werk, eine Selbstverteidigung und Selbstrechtfertigung im
Gewand einer romantischen Tragikomödie (Uraufführung
am 22. Februar 1902 in München), die Wedekind als einen
Vorbereiter des Expressionismus erscheinen läßt. Das Schicksal des umbrischen Königs Nicolo, der zum Hofnarren seines Nachfolgers wird, ist das Schicksal des Dichters, in dem
die Welt nur den Phantasten und Spaßmacher sieht. Gewiß
ist heute nicht zu übersehen, daß hinter dieser symbolischen
Darstellung des Dichterloses die etwas pathetische Sentimentalität des spätromantischen Künstlerbildes steht – der
Künstler als der Ausgestoßene der Gesellschaft, dessen
Würde und innerer Adel nur von ihm selbst und einigen
wenigen Gleichgesinnten erkannt werden –, aber in der
großartig bitteren Selbstironie, die in Nicolos Erfolg als
Damenschneider gipfelt, steckt so viel echt Wedekindsche,
männliche Resignation, daß das Schauspiel sich weit über
den lyrisch zerfließenden Idealismus der zeitüblichen Künstlertragödie hinaushebt; ganz abgesehen von der groteskmakabren Vision der ›Elendkirchweih‹, in der die Grimasse
des Gelächters so dicht neben der des Schmerzes steht, wie es
eben nur bei einem Autor möglich war, der die extremen
geistig-seelischen Spannungen Frank Wedekinds auszuhalten
hatte. Der ursprüngliche Titel *So ist das Leben* verdeutlicht
mit seinem unüberhörbar resignierten Unterton stärker als
der spätere *König Nicolo* das menschliche Klima, in dem
diese Dichtung entstanden ist.

König Nicolo von Umbrien wird bei einer Revolution
gestürzt und von seinem Nachfolger, dem ehemaligen
Schlächter Pietro, mit seiner Tochter Alma verbannt. Er
weigert sich jedoch, den Thronverzicht auszusprechen, und
springt von einer Brücke in den Fluß, der ihn mit sich fortreißt. Man erklärt ihn für tot, aber er hat sich gerettet und
zieht verkleidet mit seiner Tochter durchs Land. Beim angesehenen Schneidermeister Pandolfo als Gehilfe untergekommen, flucht er dem Königtum und wird, obwohl er sein
eigenes meinte – denn das Popanz-Königtum des Schlächters
kommt ihm nicht einmal für einen Fluch in den Sinn –, der
Majestätsbeleidigung angeklagt. In der Gerichtsverhandlung,
der Prinzessin Alma in Knabenkleidern als Schreiber bei-

wohnt, wird Nicolo zu zwei Jahren Kerker und zehnjähriger Verbannung verurteilt. Nach Verbüßung der Strafe ziehen Vater und Tochter, wiederum verkleidet, zur Kirchweih der Elenden, wo sich die fahrenden Gaukler, Komödianten und Taschenspieler treffen. Nicolo spielt einem Theaterbesitzer die Rolle eines entthronten und entmachteten Königs vor und wird daraufhin sofort engagiert – als Komiker. Auf dem Marktplatz von Perugia produzieren sich Nicolo und Alma, die den Hanswurst spielt, in einer tiefsinnigen Stegreifposse vor dem neuen König Pietro. Dieser erkennt den Sinn des Spiels, das wieder um Herrschergröße und -würde geht, und holt Nicolo, da er ihm keine andere Stelle geben kann, als Hofnarren in seinen Palast. Als der Sohn des Königs, Filipo, sich in die schöne Alma verliebt, soll der Narr entscheiden, ob die beiden gegen den Willen Pietros heiraten dürfen. Nicolo meint, nur der König könne befehlen. Als Pietro ihm zornig mit abermaliger Landesverweisung droht, gibt Nicolo, belustigt darüber, daß sein Schicksal stets an denselben Punkt zurückkehrt, sich zu erkennen. Niemand glaubt ihm – da bricht er auf den Stufen des Thrones zusammen und stirbt. Filipo und Alma werden ein Paar, Pietro aber, dem eine tiefe Ahnung sagt, wer sein Hofnarr war, läßt den Toten heimlich in der Fürstengruft beisetzen, ohne daß jemand etwas davon erfährt. Denn der ehemalige Metzger ist zu weise geworden, als daß er sich vor der Geschichte mit dem Odium belastete, einen wirklichen König zum Narren gemacht zu haben.

ELSE LASKER-SCHÜLER

* 11. Februar 1869 in Elberfeld
† 22. Januar 1945 in Jerusalem

Sechstes Kind des Bankiers Aron Schüler, heiratete 1894 den Berliner Arzt Berthold Lasker, 1901 Georg Levin, der unter dem von ihr geprägten Namen ›Herwarth Walden‹ einer der führenden Theoretiker des Expressionismus geworden ist (Scheidung 1912). Sie floh 1933 vor den Nationalsozialisten nach Zürich, lebte 1934 und 1937 vorübergehend, seit 1939 für den Rest ihres Lebens in Palästina.

Vor allem als Lyrikerin war Else Lasker-Schüler in den
zwanziger Jahren sehr erfolgreich. Sie lebte unstet, extra-
vagant, unbürgerlich. Geld und Leben zerrannen ihr sozusagen unter den Fingern. Einerseits lebte sie in einer Phan-
tasiewelt und belegte sich (›Jussuf, Prinz von Theben‹),
Freunde und Feinde mit Phantasienamen, andererseits fällte
sie bewundernswert klare und kritische Urteile über Kunst
und Politik.

Arthur Aronymus und seine Väter, eine Folge von 15 Bil-
dern »aus meines geliebten Vaters Kinderjahren« wurde im
Dezember 1936 unter Leitung von Leopold Lindberg in
Zürich uraufgeführt, aber nur zweimal gespielt. Der (1968
verstorbene) Bühnenbildner Teo Otto notierte während der
Arbeit an den Bühnenbildern: »Immer wieder fällt mir Else
Lasker-Schüler ein, wenn ich heute den Aufstand der Herzen
einer jungen Generation erlebe. Sie hätte – glaube ich – viel
Zuneigung zu den Beatles und Hippies gehabt und war
ihnen nicht unverwandt ... Wie ein verirrter Paradiesvogel
wirkte Else Lasker-Schüler. Sie war ein hinreißendes Ärgernis in dieser Welt der Rechnungen, Ziffern und Zahlen.«

Arthur Aronymus heißt der frühreife Liebling des frommen jüdischen Gutsbesitzers Schüler in Hexengäsecke, einem
katholischen Dorf in Westfalen. Das achte Kind, Dora, ist
nervenkrank und wird darum von den abergläubischen
Dörflern als Hexe verlästert. Pogromstimmung kommt auf,
doch der Bischof von Paderborn und der Dorfkaplan er-
sticken das Unheil rechtzeitig. Juden und Christen, Altes
und Neues Testament, feiern Versöhnung. Eine Bieder-
meier-Ballade aus dem Bergischen Land, voller Aberglauben,
Furcht, Armut und Poesie. Die Hauptfiguren sind mit sanfter Kritik oder Ironie gesehen, die Nebenfiguren mit einer
schlichten Würde aufgewertet.

D i e W u p p e r. Schauspiel in fünf Aufzügen (6 Bildern).
Erste Aufführung: privat 27. April 1919 Berlin, öffentlich
15. Oktober 1927 Berlin. – Ein poetisches Stimmungsbild
aus dem Wuppertal zu Beginn des Industriezeitalters. Einerseits die Armut der Färber und Industriearbeiter, erbärm-
liche und erbarmungswürdige Roheit, Dreck, der auch Herzlichkeit schmutzig macht, andererseits der verfallende Wohlstand der Fabrikantensippe Sonntag. Überschneidung der

Sphären auf dem Rummelplatz, wo der haltlose Juniorchef dem minderjährigen Lieschen Puderbach zutreibt und wo rundum die Wonnen der Gewöhnlichkeit erblühen – bis die drei Penner, die durch das ganze Stück schwanken, mit fegender Gebärde über den Platz tappen: »Wir wollen den Garten nu reinigen von der Sünde.«

H. D.

ERNST BARLACH

* 2. Januar 1870 in Wedel (Holstein)
† 24. Oktober 1938 in Güstrow

Die Dichtungen Barlachs sind die Exegesen seiner Bildwerke. Die erdgebundenen und aller Schwere des Daseins verhafteten Menschen, die er in Holz geschnitzt oder in seinen zeichnerischen Visionen mit dem Stift geschaffen hat, erleben in seinen Dramen ihr Schicksal, welches fast immer das des Gottsuchers ist. Kein Dichter der Zeit nach dem Naturalismus – ausgenommen Kafka – hat das Ringen um Gott so ernst genommen wie Barlach, der norddeutsche, protestantische Mystiker, in dessen Seele wie in der seines französisch-katholischen Gegenbildes Claudel ein tiefsinniger, kauzig-hintergründiger Humor haust. Im Gegensatz zu seinen meisten expressionistischen Zeitgenossen empfand Barlach, der noch um die Heimsuchung des Künstlers durch ›Gesichte‹ wußte, nicht die Erstarrung in falschen Lebensordnungen, nicht die Unterwerfung des Menschen unter die Tyrannei vergötzter usurpatorischer Mächte (wie Staat, Technik, Wirtschaft, Kultur), sondern die innere Leere einer Zeit, der Gott abhanden gekommen war, als das Grundübel. Sein erstes Schauspiel *Der tote Tag*, das er nach der Rückkehr von einer für sein Welterlebnis entscheidenden Rußlandreise 1906 begann und 1907 vollendete, endet mit einem Wort, das als Leitspruch über Barlachs gesamtem dichterischem Schaffen stehen könnte: »Sonderbar ist nur, daß der Mensch nicht lernen will, daß sein Vater Gott ist.« Den Menschen zu diesem Lernen zu bewegen, ist immer Barlachs Anliegen gewesen, der nie etwas mit dem Literaturbetrieb seiner Zeit gemein hatte, einsam in seiner Güstrower Bildhauerwerkstatt lebte und auf die Stimmen seines Innern hörte, die oft die Stimmen von Dämonen, zuweilen auch die von Gnomen und Hauskobolden waren, die ihm das lautlose Gelächter über die Komik der Welt eingaben, das zumeist durch seine Dramen schüttert. *Der arme Vetter* (1911; Reclams UB 8218), ein Schauspiel mit dichter Atmosphäre aus dem Niederdeutschen, spielt an einem Ostertag; Hans Iver, die Hauptgestalt, ein Wanderer zwischen Himmel und Erde, schreckt durch sein Denken wie sein Tun die Mitmenschen in ihrer öden, vom Dichter grimmig belachten Betriebsamkeit auf. In der Tragikomödie *Die echten Sedemunds* (1920) werden Heuchler in einer Kleinstadt durch einen Narren entlarvt. *Der blaue Boll* (1925), wieder in einer norddeutschen Kleinstadt spielend, zeigt in grotesk-komischen Szenen die innere Wandlung eines von unheimlicher Lebenskraft strotzenden Mannes.

Barlach, der nur ein einziges Mal der Aufführung eines seiner Werke (im Berliner Staatstheater) beiwohnte, hat sich um die Gesetze der Bühne wenig gekümmert. Trotzdem hätte ein deutsches Theater, das nicht an wesentlichster (und zudem noch im Dritten Reich unterdrückter) deutscher Dichtung vorbeigehen will, die Verpflichtung, sich um Barlachs Werk zu kümmern, das in dem 1951 in Nürnberg uraufgeführten nachgelassenen Schauspiel *Der Graf von Ratzeburg* gipfelt. Es ist nach dem *Findling* (1919) und der *Sündflut* (1924) das letzte religiöse Drama in deutscher Sprache – das protestantische Gegenstück zu Claudels *Seidenem Schuh*: ein Passionsdrama, das seinen Helden aus der Zeit der Kreuzzüge in einen mythischen Aeon der ›Begegnungen‹ führt, in dem er mit Adam und Eva, Moses und dem gefallenen Engel Marut zusammentrifft. Sein Ziel ist die Loslösung von den (falschen) ›Geltungen‹, das Eingehen in die Wesentlichkeit (im Sinne des Angelus-Silesius-Wortes »Mensch, werde wesentlich«). In der großartigsten Szene des Dramas, dem Disput des unerbittlichen Gesetzesforderers Moses, der das *»du sollst«* des Alten Testaments dem *»du darfst«* des Neuen entgegensetzt, das der christliche Asket Hilarion verkörpert – in dieser Szene beugt sich Graf Heinrich auf dem Berg Sinai nicht dem Eiferer, sondern er gewinnt durch Hilarions Beispiel die Erkenntnis der Demut. »Ich habe keinen Gott, aber Gott hat mich« – in dieser Gewißheit überantwortet er sich, nach unsäglichen Abenteuern wieder in sein mecklenburgisches Land zurückgekehrt, den Häschern.

Alles in diesem Werk mit seiner harten und schweren Sprache ist Gleichnis. Der protestantische, norddeutsche Gottsucher Barlach kennt nur das Seelenlicht, das die Dunkelheit des menschlichen Irrwegs mühsam durchdringt, oder den schmerzhaft grellen, den Menschen bis zum Grund durchflammenden Strahl der Erkenntnis, wie ihn die glühende Sinai-Sonne, das Feuer Gottes, aussendet – nicht aber den Glanz der Gnade, in den der Geprüfte in den katholischen Mysterien Claudels eingeht. Das letzte, was der Graf von Ratzeburg von Gott weiß, ist, daß er ihn *hat*; ob zu seinem Dienst, zu seinem Zeugnis oder aber in seiner Gnade, bleibt ungewiß. Barlach hat den *Graf von Ratzeburg* 1926 begonnen und 1927 zu einem vorläufigen Abschluß gebracht. Als man ihn 1933 mundtot machte, begann der Tiefbetroffene das Stück umzuarbeiten und schrieb daran bis zu seinem Tode. Die Reinschrift ging in den Wirren des Kriegsendes verloren. Ein Freund des Dichters, Friedrich Schult, hat aus den verstreuten Niederschriften, die sich in Barlachs Nachlaß fanden, das Drama wiederhergestellt.

CARL STERNHEIM

* 1. April 1878 in Leipzig
† 3. November 1942 in Brüssel

Sohn eines Bankiers und Zeitungsbesitzers, studierte Philosophie und Kunstgeschichte in München, schrieb epigonale Dramen, heiratete 1900 eine Weinhändlerstochter, zog nach Weimar, 1902 nach Berlin, 1903 nach München und machte Gedichte im Stil Stefan Georges. Als er 1904 in Wiesbaden seine erste Nervenkrise auszukurieren suchte, lernte er eine geistig ebenbürtige Frau kennen, die ihm obendrein einen feudalen Lebensstil ermöglichte: Thea Bauer, Frau eines Anwalts, Tochter eines Schraubenfabrikanten, die er 1907 heiratete. Im Jahre 1908 hatte Sternheim zu sich selbst gefunden und begann den Dramenzyklus »Aus dem bürgerlichen Heldenleben«. Übersiedlung 1912 nach La Hulpe bei Brüssel,

684   *Carl Sternheim*

*wo Sternheim den Herrensitz Claircolline bewohnte, der
1918 sequestriert wurde. Von da an unstetes Leben, 1927
Scheidung von Thea Bauer, 1930 Heirat mit Pamela Wedekind und Übersiedlung nach Brüssel. Dort ist Carl Sternheim nach Jahren des körperlichen und geistigen Verfalls
während der Besatzungszeit an einer Lungenentzündung
gestorben.*

»In einem Dutzend Komödien von 1908 bis 1920 stabilisierte
ich des Bürgers Heldenleben, Bekenntnis zu seiner Ur-
sprünglichkeit. Held ist er, weil aus gesellschaftlichen und
vernünftigen Notwendigkeiten er sich immer stärker gegen
Widerstände in die ... Freiheit hineinspielt, sei es, daß schon
Frisicke, der Budiker in ›Perleberg‹, auf seine mitbürger-
liche Scheußlichkeit ... aufmerksam gemacht, im Siegerton
verkündet: ›Ich bin so!‹, oder daß schließlich Ständer in
›Tabula rasa‹ mit den Worten schließt: ›Unabhängig von
Zunft und Gemeinschaftsideal will ich nur noch mein eigenes
Herz erforschen, die Lehrer suchen, die meine Natur verlangt, und sollte ich sie in China oder in der Südsee finden.‹
Leider gelang es der mit dem roten Tuch der Freiheit scheu
und toll gemachten Kritik, meine klare Tendenz dem Publikum mit dem Syrup des Geschmuses zu verkleben.«

In den zwanziger Jahren gewann Sternheim allmählich
allgemeine Anerkennung als ›Arzt am Leibe seiner Zeit‹.
Noch lange nach dem Zweiten Weltkrieg, als längst in Ost
und West eine Sternheim-Renaissance eingesetzt hatte,
wurde er aber als Satiriker angesehen. Der überspannte,
skelettierte Stil im Namen der Parole »Kampf der Meta-
pher!« bereitete dem Irrtum den Boden, Sternheim habe
seine Botschaft spaßhaft übertrieben. Zwar gab er Figuren
dem Gelächter preis, aber mit seiner Aufforderung war es
ihm ernst: »Werde, der du bist – ohne Rücksicht auf Anstand und Gesetz!« Sternheims moralisch indifferenter Individualismus ist auch sozial und politisch indifferent, so
erklärt sich seine Schwäche für Exklusivität und seine Vorliebe für den Adel und proletarische Emporkömmlinge zugleich. Als Wilhelm Emrich, Professor für Germanistik in
Berlin, 1963 die Herausgabe einer achtbändigen Sternheim-
Ausgabe begann, stellte er das Sternheim-Bild vom Kopf
auf die Füße: Diese Dramen seien »das genaue Gegenteil

von Satire«, weil darin die Wirklichkeit über die Ideale
triumphiere, während – gemäß Schiller – die Satire das Ideal
triumphieren lasse auf Kosten der Wirklichkeit. Allerdings
ist der Begriff ›Wirklichkeit‹ schwer zu definieren; wenn er
›Realität‹ meint, somit Übereinstimmung zwischen Bühne
und Leben, dann sind Sternheims Werke schon weitgehend
verloren. Seine Aufforderung zur unbedingten Selbstverwirklichung wird aber um so brisanter, je massenhafter die
Wirklichkeit wird.

In der *Maske-Tetralogie* (1909–22) wird laut Sternheim
an den Mitgliedern der Familie Maske »alles Wesentliche
des Zeitabschnitts, den wir miterlebten, gezeigt: Aufstieg
und zynisches Verkommen einer bürgerlichen Dynastie bis
zum Augenblick der Entscheidung über Europas Schicksal«.

D i e H o s e. Bürgerliches Lustspiel in vier Aufzügen. –
Das Stück wurde am 15. Februar 1911 in Berlin unter dem
Titel *Der Riese* uraufgeführt, weil der Originaltitel anstößig
erschien.

Die hausbackene Luise Maske hat im Tiergarten beim
Betrachten einer Parade ihre Hose verloren und hat dabei
unwillentlich zwei Eroberungen gemacht, die sich prompt
bei Maskes als Untermieter einnisten: den Dichter Scarron
und den lungenkranken Friseur Mandelstam. Der eine liebt
Nietzsche, der andere Wagner, beide lieben Frau Maske.
Doch Nutznießer ist der sittlich empörte und mit einer
Hammelkeule beruhigte Gatte, der nun pedantischer denn
je den Haushaltungsvorstand hervorkehrt: er macht günstige Mietkontrakte. Luise wagt keinen Seitensprung mit
einem der Untermieter, wohl aber ihr Mann mit der Nachbarin. Dank der günstigen Folgen der mißlichen Affäre erklärt Maske seiner Frau nach einjähriger Ehe: »Jetzt kann
ich es verantworten, dir ein Kind zu machen.« Dann gibt er
Weisungen für den Umgang mit dem Sonntagsbraten, einem
dritten Untermieter, den Zimmerblumen und empfiehlt die
neumodischen Druckknöpfe statt der alten Bänder an
Damenhosen, damit künftiges Malheur vermieden wird.

D e r S n o b. Komödie in drei Aufzügen (Erste Aufführ-
rung am 2. Februar 1914 in Berlin). – Christian, Theobald
Maskes Sohn, möchte unbedingt adlig sein. Er hat es mit

36 Jahren schon zum Generaldirektor gebracht, nun will er
eine Komtesse Palen heiraten, was den gräflichen Vater dazu
bringt, gegen die Sternheimsche These von der Selbstschöp-
fung zu opponieren: »Folgt wirklich dieser Bürgerliche seiner Natur, lebt er unser Leben, wodurch unterscheiden wir
uns von ihm? ... Offenbart dieser Mann, es bedarf keiner
Vorfahren, gewisse unschätzbare Güter zu besitzen, bin ich
in meiner Bedeutung vor mir selbst geleugnet.« Christian
Maske läßt es sich etwas kosten: er erstattet seinen Eltern
die Kosten für Aufzucht und Erziehung (plus fünf Prozent)
und schickt sie in die Schweiz, ruft sie freilich auch, als
es opportun scheint, Eltern zu haben. Allerdings ist Mutter
verhindert: gestorben. (Theobald Maske: »Sie war immer
für das Überraschende.«) Christian heiratet die Grafentochter und unterhält sie während der Vorbereitungen zur
Hochzeitsnacht mit der Geschichte von der Hose – freilich
lokalisiert er sie in die Bois de Boulogne, gibt ihr den Flair
von Pikanterie und deutet den Beginn einer Mesalliance mit
einem Vicomte an: »Es mag ein Jahr vor meiner Geburt
gewesen sein ...« Er will das Gut Buchow kaufen, um seiner
Mutter ein gebührendes Denkmal zu setzen. Während er
seiner Braut aus dem Kleid hilft, doziert er ihr seine Weltanschauung.

1 9 1 3. Schauspiel in drei Aufzügen (Erste Aufführung am
23. Januar 1919 in Frankfurt am Main). – Der Groß-
industrielle Maske hört nun auf den Namen Freiherr
Christian Maske von Buchow und wird mit ›Exzellenz‹ angeredet. Seine Tochter Sophie hat Vaters Geschäftssinn geerbt und ist obendrein eine Gräfin von Beeskow geworden.
Aber für Maske sind die Beeskows nicht ebenbürtig. Maske
warnt seine beiden anderen Kinder vor der Schwester, gesteht ihr aber das Recht des Stärkeren zu, das er selber für
sich in Anspruch genommen hat. Auch die einem Multimillio-
när völlig konträren Ansichten seines Sekretärs Krey impo-
nieren Maske: »Deutschlands besseres geistiges Teil ist von
einem so grenzenlosen Haß gegen die Herrschaft des Geldes
und jeder Überlegenheit, die aus seinem Verbrauch folgt, erfüllt, daß nur Ausrottung des Betriebs es beruhigen kann.«
Sophie zweigt mittels einer Schwindelfirma 40 Millionen
ab. Der Vater macht ihr ein großes Kompliment: »Du bist

die Kanaille, für die ich dich halte«. Aber daß sie mit der holländischen Regierung eine Gewehrlieferung abgemacht hat, ist ein Fall von Insubordination, den er nicht dulden will. Aus Wut wird er katholisch und fällt tot um. Von Krey ist nichts mehr zu erhoffen, denn Maskes andere Tochter Ottilie hat ihn sich geangelt. Darum wendet sich Kreys Mentor Friedrich Stadler (dem Dichter Ernst Stadler ist das Stück gewidmet) mit Grausen. (Reclams UB 8759.)

Das Fossil. Drama in drei Aufzügen (Erste Aufführung am 6. November 1923 in Hamburg). – Irgendwo »auf dem Lande in Preußen« überdauern die Beeskows die Nachkriegszeit. General der Kavallerie a. D. Traugott von Beeskow, das ›Fossil‹, reitet seine Attacken nun auf einem Schaukelpferd. Sein Sohn, der Rüstungsindustrielle Otto von Beeskow, befaßt sich mit Alchimie. Er betrügt seine Frau Sophie, geborene Maske mit der Gouvernante, immerhin einem Fräulein von Rauch. Die Tochter Ulrike treibt es mit dem Chauffeur, einem Mitglied der KP. Ago von Bohna, der Verlobte der Generalstochter Ursula, kommt aus russischer Kriegsgefangenschaft als Salonbolschewist heim. »Die ersten blut- und fleischfetzenden Granaten bewiesen, auch des besessensten Adligen Beharrungswille ist Blödsinn, reißt ihn ein Treffer wie Hinz und Kunz in Stücke.« Ago staunt über die reaktionäre Gesinnung der alten Freunde und preist seinen Gesinnungswechsel: »Was ich tat, tat Kopernikus!« Aber Ursula ist ihm wichtiger als die Revolution, ungestraft darf sie sein Lehrbuch der Revolution ins Feuer werfen. Der General hat die Szene beobachtet und erschießt beide. Der Sohn Otto will den Mörder zur Flucht bestimmen, aber das Fossil will sich dem Gericht stellen. »Was soll mir heutzutage passieren? ... Vorwärts marsch, marsch! Über alles Ordnung und Gerechtigkeit in Deutschland! Hurra!«

Die Kassette. Komödie in fünf Aufzügen (Erste Aufführung am 24. November 1911 in Berlin). – Die Aussicht auf den Inhalt der Geldkassette der Erbtante stört erst den häuslichen Frieden, zerstört dann die Ehe des verschuldeten Oberlehrers Krull. Die Tante hat ihm die Kassette zur Verwahrung gegeben und ihn gebeten, die Wertpapiere darin in einer Liste zu erfassen. Die Besitzgier absorbiert Krull dermaßen, daß er seine junge Frau Fanny vernachlässigt, die sich mit dem Fotografen Seidenschnur tröstet. Auch Seidenschnur ist hinter der Kassette her, darum heiratet er Lydia, Fannys Stieftochter. Erbschleicherei und Liebesschliche gehen ineinander über. Nur die Zuschauer wissen, daß die Tante ihr Vermögen längst der Kirche vermacht hat.

Bürger Schippel. Komödie in fünf Aufzügen (Erste Aufführung am 5. März 1913 in Berlin). – Schippel, ein unehelich geborener Proletarier, hat nichts – außer einem strahlenden Tenor. Diese Stimme nehmen ein paar Honoratioren schweren Herzens in ihren Gesangverein auf, um ein Wettsingen gewinnen zu können. Aber Schippel will bei dieser Gelegenheit gesellschaftlich anerkannt werden. Sein Preis ist hoch: er fordert Thekla, die Schwester des Goldschmieds und Sangesbruders Hicketier, weil deren Stolz ihn beleidigte, als beide noch Kinder waren. Höhnisch erklärt Hicketier, dies ›Kleinod‹ sei schon in anderen Händen gewesen. (In denen des am Orte residierenden Duodezfürsten nämlich.) Da wendet der gelehrige Schippel den bürgerlichen Ehrenkodex an: er sei sich für so eine Partie zu gut. Obendrein warnt er den eiligst ermunterten Ersatzmann, den Hofbeamten Krey. Der reagiert konventionell: er fordert Schippel auf Pistolen. Beide Duellanten schlottern, Schippel erzielt immerhin einen Streifschuß. Damit ist er in die feinere Gesellschaft aufgenommen. Hicketier erklärt: »Dieser Tag soll Folgen haben.« Schippel faßt sein Glück in der Feststellung zusammen: »Du bist Bürger, Paul.«

Tabula rasa. Schauspiel in drei Aufzügen (Erste Aufführung am 25. Januar 1919 in Berlin). – Bürger Schippel ist Glasfabrikant geworden, einer seiner Arbeiter heißt Wilhelm Ständer. Er brauchte sechzig Jahre, um sich zu befreien. Beharrlichkeit und Heuchelei waren seine Mittel dazu. Jahrzehntelang hat er nur heimlich sein Mütchen gekühlt, Dienstboten mißbraucht, Hähnchen gefressen, in Aktien spekuliert, Lohn und Dividende zugleich kassiert. Nach außen hin ein vorbildlicher Arbeiter, treusorgender Familienvater, redlicher Sozialist. Beinah verfängt er sich im Kostüm der Redlichkeit: er soll Mitdirektor der Fabrik werden. Aber das hätte Verantwortung, hätte Arbeit für andere bedeutet.

Ständer verzichtet zugunsten eines Kollegen, und diese großmütige Geste honoriert das Werk mit einer Schenkung. Nun hat Ständer ausgesorgt. Er läßt die Maske fallen. Die letzten fünf Auftritte sind ein triumphierender Kehraus: »Von heute an habe ich freie Möglichkeit und trenne mich entschieden von allem, was als Menschengesetz mir hier gepredigt wird.«

H. D.

GEORG KAISER

* 25. November 1878 in Magdeburg
† 4. Juni 1945 in Ascona (Schweiz)

Kaiser wurde als Sohn eines Kaufmanns geboren, verließ mit Sekundareife die Schule, wurde Kaufmann und ging 1898 nach Südamerika. 1901 kehrte er malariakrank nach Magdeburg zurück. Mit 17 Jahren schrieb er seine ersten Versuche, aber erst 1911 lag das erste Drama gedruckt vor. Die Kritik feierte ihn in den zwanziger Jahren als bedeutendsten Dramatiker seit Gerhart Hauptmann. 1933 verboten, emigrierte er 1938 nach Holland, dann in die Schweiz, wo noch eine größere Anzahl von Dramen entstand. Er starb einsam und fast vergessen. Sein Werk umfaßt allein über 70 Dramen, dazu Romane, Erzählungen und Gedichte.

In keinem andern Autor hat sich der dramatische Expressionismus reiner verkörpert als in Georg Kaiser, dessen ruheloser, fast manisch produzierender Geist Stück um Stück hervorbrachte und die eigentliche Technik des expressionistischen Theaters schuf. Wie Sternheim war er ein glänzender intellektueller Arrangeur seiner Themen, aber im Gegensatz zu jenem lebte in Kaiser etwas Glühendes, fast Fiebriges, das selbst in seiner schneidenden Dialektik durchschlug und ihr eine Unmittelbarkeit der Bühnenwirkung gab, die der frostigen Brillanz Sternheims nie beschieden war. Als ›Denkspieler‹ wurde Kaiser schon 1924 von dem damaligen Kritiker der »Frankfurter Zeitung« Bernhard Diebold charakterisiert, und diese Bezeichnung trifft in der Tat die Eigenart dieses leidenschaftlichen dramatischen Konstrukteurs genau, der seine Stücke mit mathematischer Präzision Zug um Zug

wie eine Schachpartie entwickelt und zu Ende bringt. Die
Gestalten seiner Dramen sind mit ihrer gehetzten, gepreßten,
oft formelhaft verkürzten Sprache (Nachwirkung von Büchners *Woyzeck*) mehr ›Rollen‹ als ›Personen‹ – Figuranten
dessen, was der Literarhistoriker Ernst Alker das »dramatische Experiment ideeller Möglichkeiten« genannt hat. Das
sehr Eigentümliche an ihnen ist die Dynamik, mit der Kaiser
sie in seinen dialektischen Konstruktionen umhertreibt und
auf den Weg zu ihrem inneren Sein jagt, das sie irgendwann
einmal, aufgeschreckt, jählings erkennen und aus ihrer All-
tagswelt ausbrechend zu erreichen trachten. Kaisers ganzes
Werk ist, in zahllosen Varianten, erfüllt von diesem Kampf
um das wahre Sein, von der Jagd nach dem Leben, zu dem
der Mensch als Funktionär zu Tabus gewordener Ordnungen
nie hinfindet. So wollen die Arbeiter in dem zweiteiligen
Schauspiel *Gas* (1918/19), als das Werk in die Luft geflogen
ist, nicht das ihnen vom dem Milliardärssohn angebotene
Siedlungsland, sondern den Wiederaufbau der Fabrik mit
dem Risiko, daß das Gas wieder explodiert.

Gleichsam als Erholung von der strapaziösen Denkspiele-
rei schrieb Kaiser das ausgezeichnete Volksstück *Nebeneinander* (1923), eine Komödie, in der sogar so etwas wie ein
Gefühl zu spüren ist, dann die eminent witzige Parodie auf
die Pseudoromantik der Groschenliteratur *Kolportage*
(1924) und das mit aller Brillanz seiner Technik virtuos
hingesetzte Revuestück *Zwei Krawatten* (1930), in dem mit
einem Mal offenbar wurde, daß Kaiser auch Charme besaß.
Spätwerke, im Krieg entstanden, sind *Alain und Elise, Der
Soldat Tanaka, Das Floß der Medusa.* Kurz vor seinem
Tod schrieb Kaiser, wie Hauptmann mit seinen Atriden-
Tragödien, eine hellenische Trilogie: *Zweimal Amphitryon,
Pygmalion* und *Bellerophon* – Visionen eines reinen Men-
schentums über der Verderbnis der Welt.

Von morgens bis mitternachts. Stück in zwei
Teilen. – »Dreiviertel Film, ein Viertel Innerlichkeit«, sagte
Alfred Kerr von diesem 1912 geschriebenen, aber erst 1917
aufgeführten Schauspiel, in dem die lange verborgene, ja
vielleicht gar nicht einmal bewußt gewordene Lebensgier
eines Automatenmenschen in der Explosion eines einzigen
Tages ausbricht und versprüht. Tagaus, tagein versieht der

Kassierer einer Provinzbank mit ermüdender Eintönigkeit seinen Schalterdienst, zählt und bündelt seine Scheine, quittiert und zahlt aus. Einer Dame aus Florenz aber wird die Auszahlung eines größeren Betrags verweigert, da die Direktion sie für eine Betrügerin hält. Der Kassierer aber, von der faszinierenden Persönlichkeit der Fremden erregt, steckt 60 000 Mark ein und verläßt damit die Bank, gerade als der Direktor eine Bestätigung für die Überweisung an die abgewiesene Dame erhalten hat und nunmehr die Auszahlung anordnen will. Das Verschwinden des als pflichttreu bekannten Kassierers ruft Erstaunen und Bestürzung hervor.

Dieser hat sich inzwischen in das Hotel der Dame begeben, deren Sohn, ein Kunsthistoriker, das Geld für den Ankauf eines Cranach erwartet. Statt ihm das Geld auszuhändigen, fordert der Kassierer die attraktive Mutter auf, mit ihm unverzüglich abzureisen; er wird hinausgeworfen und rast in wilder Flucht in ein verschneites Feld, wo sich angesichts eines grotesken gerippeartigen Gebildes aus eisbedeckten Ästen, das ihm als »Polizei des Daseins« erscheint, sein seelischer Überdruck in einem langen Monolog entlädt. Zerfetzt und abgerissen kommt er nach Hause zu seiner kleinbürgerlichen Familie. Die Mutter, entsetzt ob seines Aussehens und seiner irren Reden, sinkt vom Schlag getroffen tot um. Er eilt wieder davon, der Bankdirektor, der ihn sucht, trifft nur die völlig verzweifelten Hinterbliebenen. Im Sportpalast setzt der Kassierer hohe Prämien für die Fahrer aus, aber einem Mädchen von der Heilsarmee verweigert er einen Groschen. Auch beim zweitenmal, als sie ihn in einem Ballhaus trifft, wo er üppig zecht, weist er sie ab. Um eine Frau mit einem Holzbein, die er verhöhnt hat, kommt es zu einem Streit – wieder ergreift der Defraudant die Flucht. Nächste Station: Versammlungslokal der Heilsarmee. Sünder legen ekstatische Beichten ab, auch der Kassierer, mitgerissen, bekennt sich schuldig und wirft den Rest des veruntreuten Geldes unter die Menge, die sich darum balgt und prügelt. Ein Mädchen – dasselbe, das ihn in die Versammlung brachte – will sich die ausgesetzte Belohnung verdienen und zeigt den Kassierer bei einem Polizisten an. Bevor dieser ihn verhaften kann, erschießt er sich. Im Fallen stürzt er auf ein Kreuz, die Lampen verlöschen: Kurzschluß. (Reclams UB 8937.)

Die Bürger von Calais. Bühnenspiel in drei Akten. – Kaisers bedeutendstes Stück, von der berühmten Bronzegruppe des französischen Bildhauers Rodin (1895) angeregt und 1917 uraufgeführt, läßt zum ersten Male des Dichters neues Menschenbild ganz klar hervortreten: Verzicht auf Gewalt, Bekenntnis zur Erhaltung des Lebens, Dienst der Persönlichkeit an der Gemeinschaft sind seine entscheidenden Züge. Die leidenschaftliche, beschwörende Kraft der Sprache, in kurze, geballte Sätze zusammengedrängt, bewirkt in diesen drei Akten eine ›körperliche‹ Bildhaftigkeit, wie sie Kaiser später höchstens noch einmal in der *Koralle* (1917) und im *Oktobertag* (1928) erreicht hat.

Die ›Gewählten Bürger‹ von Calais, der von den Engländern belagerten französischen Hafenstadt, erfahren von einem englischen Unterhändler, daß das Entsatzheer vernichtet, der König von Frankreich in der Schlacht getötet wurde. Sie glauben dem Bericht nicht, aber ein gefangener französischer Soldat, den der Engländer vorführen läßt, bestätigt seine Wahrheit. Die Stadt fällt der Vernichtung anheim, wenn nicht beim nächsten Morgengrauen sechs Gewählte Bürger »barhäuptig und unbeschuht – mit dem Kittel des armen Sünders bekleidet und den Strick im Nacken« aus dem Tor schreiten und dem englischen König ihre Unterwerfung anzeigen. Der angesehene Eustache de Saint-Pierre rät zur Annahme der Bedingung, um die Stadt zu retten, der französische Hauptmann Duguesclins möchte sie mit Waffengewalt verteidigen. Eustache de Saint-Pierre dringt jedoch mit seinem Antrag durch: sechs Gewählte Bürger sollen sich freiwillig melden, es stellen sich aber sieben. Einer kann also mit dem Leben davonkommen – welcher, darüber soll am Nachmittag das Los entscheiden. Als es soweit ist, zieht jeder aus der verdeckten Urne ein Todeslos: Eustache de Saint-Pierre hat dafür gesorgt, daß nur blaue Todeskugeln hineingelegt wurden. Jetzt soll derjenige frei werden, der, wenn alle am nächsten Morgen gleichzeitig aufbrechen, zuletzt in der Mitte des Marktplatzes ankommt. Beim Morgengrauen ertönt die Glocke, einer nach dem andern erscheint und legt inmitten des Volkes das Armesünderhemd an. Der einzige, der noch fehlt, ist Eustache de Saint-Pierre, der zu dem Opfer aufgerufen hat. Erregung und Empörung bricht aus, man will den anscheinend Abtrünnigen von seinem

Hause holen. Da wird er tot auf einer Bahre hereingetragen. Um den Opferwillen der übrigen sechs wachzuhalten, hat er sich selbst getötet und damit, nach den Worten seines greisen Vaters, der der Bahre gefolgt ist, die Geburt des neuen Menschen eingeleitet. Die Größe seiner Tat wird belohnt: dem König von England wurde in der Nacht ein Sohn geboren, er verzichtet auf das Opfer der Bürger von Calais und gibt die Stadt frei. Der Leichnam Eustaches de Saint-Pierre wird in der Kathedrale aufgebahrt, damit der König, der zum Gebet kommt, auch vor ihm knien soll.

FRITZ VON UNRUH

* 10. Mai 1885 bei Koblenz
† 25. November 1970 in Diez/Lahn

Der Expressionismus sah nicht ohne Grund in dem aus altpreußischem Adel stammenden ehemaligen Offizier Fritz von Unruh eine seiner stärksten dichterischen Begabungen. Eine kleistsche Natur voll innerer Zerrissenheit, rebellisch und ekstatisch, ein Pathetiker des Gefühls und der dauernden seelischen Überwältigung, »riß er sich«, wie der Kritiker Bernhard Diebold es ausdrückte, »das Herz aus dem Leibe, sagte Nein zu den Gespenstern, die einst ihm und den Seinen ein volles Ja gewesen ... und schritt aus der Ehrenpforte seiner Herkunft die Straße zu den Weltbürgern«. Die Gespenster, von denen hier die Rede ist, waren Hohenzollern-Anbetung und preußische Pflichtvergötterung. Machtanspruch des Militäradels und ein in engsten Traditionsbegriffen dynastisch-konservatives Weltbild. Unruh sprengte es schon mit seinem 1911 erschienenen Schauspiel *Offiziere*, das zur Zeit des Herero-Aufstands in Südwestafrika spielt und das Problem des Gehorsams auch gegenüber einem als sinnlos erkannten Befehl mit treffsicherer, zuweilen etwas ironischer Milieucharakterisierung behandelt, dann aber mit der vollen Stoßkraft der innerlich vollzogenen Wandlung in dem dramatischen Gedicht *Vor der Entscheidung* (1915), das in den Kriegsszenen mit der geballten Gedrungenheit seiner Sprache an Kleist *(Robert Guiskard)* erinnert. Von hier aus war es nur noch ein Schritt zu der Tragödie *Ein Geschlecht*, die, 1918 erschienen, einen ragenden Gipfel des expressionistischen Dramas darstellt: in der großartigen Gestalt der Mutter sammelt sich alle Empörung des Mütterlichen gegen das sinnlose Verbrechen des Krieges und drängt mit einer eruptiv-pathetischen Kraft zum Ausbruch. Den Kampf des von ihr verkündeten Ethos einer neuen »Brüderschaft der Liebenden« gegen das in den »Kasernen der Macht« konzentrierte Treiben der militaristischen Reaktion, der Profitler und (in dem wedekindisch grotesken Zeitgenossen Christlieb Schleich verkörperten) Schieber schildert als Fortsetzung das Schauspiel *Platz* (1920), das jedoch gegenüber dem Monumentaleinakter *Ein Geschlecht* schon die Merkmale des rhetorischen Zerfließens und der motivischen Aufgequollenheit zeigt, der Unruh in seinen späteren Dramen *Stürme* (1922, Umarbeitung einer schon 1914 skizzierten Fassung) und *Rosengarten* (1923) völlig erlag: es sind Gesinnungsdokumente eines ekstatischen Pazifismus, aber theatralische Monstrositäten. Auch die Bemühung um eine stärkere dramaturgische Konzentration in dem Schauspiel *Bonaparte* (1927) und der vom Stofflichen her fesselnden Komödie *Phaea* (1930), die zum erstenmal das sich neu bildende wirtschaftliche Machtzentrum der Filmindustrie mit ihrem rücksichtslosen Menschenverschleiß auf die Bühne bringt, blieb angesichts der überwuchernden und verworrenen Fülle der Motive und Handlungselemente erfolglos. Unruh erhielt, für einige Zeit aus Amerika nach Deutschland zurückgekehrt, 1948 den Frankfurter Goethepreis. Die Ehrung gebührt dem mutigen Verkünder der Menschlichkeit und Kämpfer gegen jegliche Diktatur und Tyrannei; der Dichter Unruh konnte, wie auch sein 1952 in Frankfurt uraufgeführtes Stück *Wilhelmus* beweist, darauf kaum noch Anspruch erheben.

Ein bedeutendes Werk Unruhs ist neben dem *Geschlecht* das Drama *Louis Ferdinand, Prinz von Preußen* (1913). Zwar steht Unruh darin noch ganz im Banne des Preußen-Mythos, den der Dichter mit dem Tod Louis Ferdinands bei Saalfeld 1806 in der Aura einer tragischen Verklärung untergehen sieht – die Schlußworte der Königin Luise: »Sucht Preußen – es gibt kein Preußen mehr« –, aber der Schwung der dramatischen Konzeption scheint noch aus dem Impuls

zu kommen, der hundert Jahre zuvor Kleists *Prinz von
Homburg* hervorgebracht hat. Das Schauspiel ist nicht nur
eine Huldigung an den in dem strahlenden Hohenzollern-
prinzen verkörperten deutschen Jünglingsgenius, es ist auch
selbst ein Dokument dieser Jünglingsgenialität, die aus der
Weltliteratur heute so gut wie völlig verschwunden ist.

FRANZ WERFEL

* 10. September 1890 in Prag
† 26. August 1945 in Beverly Hills (Kalifornien)

Franz Werfels dramatisches Werk gliedert sich deutlich in
zwei Abschnitte. Der erste, die Dichtungen *Spielhof, Spiegelmensch* und *Bocksgesang* (1920/21) umfassend, hat heute
wohl nur noch Bedeutung als dokumentarisches Bekenntnis
des Expressionismus, zu dessen führenden Lyrikern der
junge Prager schon vor dem Ersten Weltkrieg zählte. Damals ist auch schon seine Nachdichtung der *Troerinnen* des
Euripides entstanden, der Werfel in dem aufbrechenden
Weltverbrüderungsgefühl der ersten expressionistischen Generation eine deutliche Antikriegstendenz gegeben hatte. Mit
dem Schauspiel *Juarez und Maximilian* kündigte sich im
Jahr 1924 ebenso wie in dem zur gleichen Zeit erschienenen
Roman über das Leben Giuseppe Verdis eine fast radikale
Wandlung des gefühlsüberströmenden Ausdruckshymnikers
zum Realisten, eine scharfe Wendung aus der Seelen- in die
Wirklichkeitswelt an. Bei genauerer Betrachtung offenbart
sich indessen doch der innere Zusammenhang dieser dann
mit den Dramen *Paulus unter den Juden* (1925) und *Das
Reich Gottes in Böhmen* (1930) fortgesetzten Werkreihe mit
denen der ersten Periode. Der österreichische Erzherzog
Maximilian, jüngerer Bruder des Kaisers Franz Josef, der
unter dem Einfluß seiner ehrgeizigen Gemahlin Charlotte
von Belgien den mexikanischen Kaiserthron bestieg und
1867 nach der siegreichen Revolution des eingeborenen
Politikers Benito Juarez hingerichtet wurde – dieser gegen
seinen eigenen Instinkt in die Neue Welt getriebene Habsburger ist im Grunde eine Natur wie der ›Spiegelmensch‹

Thamal, der sich ein ›eigenes Leben‹ vortäuscht, ein Träumer, der seinen guten Willen für ausreichend hält, das Leben zu bewältigen, das tatsächlich in ganz anderen Bahnen verläuft; in denen nämlich, die ihm von primitiven, aber vitalen Menschen wie dem (im Stück übrigens niemals selbst auftretenden) Juarez, seinem General Porfirio Diaz und dessen Anhängern gewiesen werden. Werfels Maximilian ist ein Nachkömmling von Hofmannsthals jungem Edelmann Claudio aus *Der Tor und der Tod*: sein Kaiserreich ist ihm eine beinahe magische Spiegelung des ›prädestinierten‹ Lebens, und er findet erst zu seiner eigenen Wirklichkeit, als ihm, wie jenem Claudio, die Wirklichkeit des Todes unabweisbar vor Augen steht. Diese Entwicklung der Hauptgestalt vollzieht sich in einem exotisch getönten, sehr farbig gesehenen Hofmilieu und in einer Folge von Bildern, die Werfels Begabung für das Theater auch durch die Sicherheit ihrer technischen Anlage deutlich hervortreten lassen.

Ein Thema, das den mit religiösen Problemen immer wieder beschäftigten Dichter – der selbst nie vom Judentum zum Katholizismus übergetreten ist – besonders fesselte, war die Verwirklichung des Glaubens in der Geschichte, der Durchbruch des sich neu verkündenden göttlichen Geistes in einer Welt der nur noch erstarrten Gesetzeserfüllung; diesem Thema galten das Paulus-Drama und das Hussiten-Drama, die vor 1933 viel gespielt wurden.

In der Emigration, die ihn aus Wien über Frankreich in die Vereinigten Staaten führte, schrieb Werfel sein letztes Stück *Jacobowsky und der Oberst* (1942), die Komödie einer Flucht. Vieles von dem, was er selbst auf seinem Fluchtweg erlebt hat, mag in das Bühnenschicksal des bescheidenen, freundlichen, innerlich heiteren und abgeklärten Ostjuden Jacobowsky mit hineingeflossen sein, dieses ganz und gar unmilitärischen Menschen, der in seinen Gesprächen mit einem polnischen Oberst die innere Souveränität eines weisen Mannes auch unter der Bürde schwerer Lebenserfahrungen in einer fast fröhlichen Gelassenheit offenbart. Ein später Abglanz von jener Weltfreundschaft, die der junge Werfel einst in seinen ersten Gedichten mit erfüllt gebliebenen Versen – »O Erde, Abend, Glück, o auf der Welt sein!« – verkündet hatte, liegt auf dieser heiteren Variation eines sehr ernsten Themas.

MAX MELL

* 10. November 1882 in Marburg an der Drau
† 13. Dezember 1971 in Wien

Der gebürtige Steiermärker, der sich mit wachsendem Schaffensringen immer mehr der Verhaftung im Heimatboden bewußt wurde und diese für seine Dichtung fruchtbar machte, empfing seine im Geist des Humanismus erfolgende Bildung in Wien. Früh schon geriet er in den geistigen und menschlichen Bann von Männern wie Hofmannsthal und Rilke. Seine ersten Versuche, nicht unberührt vom ahnungsvoll schwermütigen Zug der Wiener Vorkriegsjahre, stoßen aus einem ursprünglich vorwiegend ästhetischen Bezirk immer kräftiger ins Dichterisch-Gefüllte, in das seiner starken künstlerischen Persönlichkeit Gemäße vor. Erste gültige Prägung erfährt dieser Persönlichkeitsstil in dem Versbuch *Das bekränzte Jahr* (1911), lyrischen Natur- und Landschaftsbildern von Weite und Tiefe des dichterischen Blicks. Die Erzählungen *Jägerhaussage* (1910) und insbesondere *Barbara Naderers Viehstand* (1914) scheinen bereits auf den Dramatiker hinzudeuten, der durch die Erlebnisse des Ersten Weltkrieges und seiner Folgeerscheinungen neben den Lyriker und Erzähler tritt. Mell ist seiner österreichischen Heimat immer treu geblieben.

Die eigenpersönliche, vom üblichen dramaturgischen Schema abweichende Form, die Mell seinen Bühnendichtungen zu geben vermochte, weist auf Einflüsse der mittelalterlichen Mysterienbühne, des Barockdramas, auch des süddeutschen Volksstücks und Laienspiels, verschmilzt jedoch die verschiedenen Anregungen zu absoluter Einheit und innerer Geschlossenheit. Er sucht in seinen Dramen die unmittelbare menschliche Ansprache, ein Wissender um Not und Bedrängnis der Zeit, der den Weg zu innerer Befreiung weisen möchte. In den Lösungen, welche Mell findet, sind Grundkräfte christlichen Fühlens und Denkens wirksam, gemischt mit Zügen des österreichischen Humanismus. So läßt er im *Wiener Kripperl von 1919* einen Straßenbahnwagen voll großstädtischen Elends in den wundersamen Bereich des Christkinds gleiten, das, arm wie die Passagiere selber, die Herzen erhellt und durchwärmt. Im *Apostelspiel* (1923) werden zwei wilde, mordbereite Gesellen durch den schlichten Glauben eines steirischen Bauernmädchens überwunden. *Das Schutzengelspiel* (1923) zeugt von der Kraft sühnebereit sich beugender Demut. Im *Nachfolge-Christi-Spiel* (1927), das, zur Zeit der Türkenkriege spielend, sogar den Kreuzigungsvorgang auf die Bühne bringt, obsiegt mutiger Geist der Opferbereitschaft über den ungestümen Trieb der Rache. *Das Spiel von den deutschen Ahnen* (1935) bringt einem bedrohten Bauernhofe Rettung durch die Wiederkehr der Vorfahren und deren Redlichkeit, Rechtlichkeit und Treue. In allen diesen Spielen, deren Stoffe aus der schöpferischen Phantasie des Dichters erwuchsen, wirkt wegweisende Kraft, die die Wirrnis der Zeit durch menschliche Grundwerte zu bannen trachtet. In den *Sieben gegen Theben* (1932) verläßt Mell die bisher beschrittenen Pfade des Volksdramatischen und stößt zu einer Stiltragödie vor, die jedoch in ihrem Ethos den früheren Schöpfungen verwandt ist. Von der antiken Sage gelangt der Dichter mit der Tragödie *Der Nibelungen Not* (I. Teil 1943, II. Teil 1950) zur deutschen, die ihn auf heimatlich vertrauten Boden führt. Mell rückt den Nibelungenstoff in den Blickpunkt christlicher Schau, die durchaus persönliche Aspekte ergibt, ohne daß der Autor eine ›Vermenschlichung‹ im Sinne der modernen französischen Dramatik erstrebte. Siegfried bereitet sich selbst den Untergang durch jenen Übermut, zu dem ihn ein Übermaß leicht errungener Siege verführte, Brunhild erleidet eine Art Medeaschicksal. Enger an den Urbestand der Sage hält sich der zweite Teil, Kriemhilds Rache, obwohl Hagen zugunsten Dietrichs von Bern seltsam zurücktritt. Überhaupt erreicht dieser zweite Teil, trotz einiger großer Momente und dichterischer Schönheiten, nicht mehr die strenge Geschlossenheit des ersten.

Mells jüngstes, in zehnjähriger Arbeit entstandenes Drama *Jeanne d'Arc* (Uraufführung des Burgtheaters am 19. Juli bei den Bregenzer Festspielen 1956) zeigt den Dichter auf der Höhe reifer Meisterschaft. »Kein Frauenschicksal«, sagt Mell, »kann sich dem ihren an Größe und Tragweite der inneren wie der äußeren Geschehnisse vergleichen.« Diese Geschehnisse, die sich auf den letzten Lebenstag Johannas konzentrieren, sind bis in die Einzelheiten aus den Prozeßakten geschöpft und zu einem Weihespiel geformt, das als

»bedeutendster Beitrag zum christlichen Theater der Gegenwart« (Siegfried Melchinger) gewertet worden ist. Johanna erscheint als tragisches Opfer in des Wortes unmittelbarster Bedeutung. Der Advokat des britischen Königs, Peter Manuel, ein rationaler Skeptiker, von der reinen Glaubensgewißheit der Märtyrerin im Innersten bezwungen und gewandelt, spricht den Epilog: »Es ist ein grausamer Boden, auf den wir ins Leben gesetzt werden. Ein Trost: er kann es nicht hindern, daß auf ihm die Heiligen wachsen.« Die Aufhebung des vor 500 Jahren ergangenen Fehlurteils über die ›Hexe von Orleans‹ und ihre Heiligsprechung durch die Katholische Kirche (1920) wird in Mells Drama dichterisch und menschlich überzeugend in bewegter Handlung nachvollzogen.

Das Apostelspiel

Schauspiel in einem Akt
Erste Aufführung: 1. Januar 1924 in Graz

P e r s o n e n : Der Großvater – Magdalen, seine Enkelin – Johannes – Petrus.
O r t und Z e i t : Ein Bauernhof im österreichischen Alpenland, irgendwann.

Vor dem noch geschlossenen Vorhang deutet der Großvater den Sinn des Spiels, das als tröstliches Zeugnis in wildbewegter Zeit aufgefaßt werden möge. Wenn sich die Szene öffnet, sitzt Magdalen, ein Mädchen von 15 Jahren, ins Lesen der Bibel vertieft in der abendlichen Stube des Einödhofes. Mit gutmütigem Spott hänselt sie der Großvater, daß ihr das Büchel wichtiger sei als der Besen, allein die Enkelin meint, in dies Buch könne man sich nie genug vertiefen. Nur einmal im Leben möchte sie jenen Personen, von denen das Evangelium handelt, persönlich begegnen, denn für Magdalen ist es Gewißheit, daß der Heiland mit seinen Jüngern noch immer unerkannt auf Erden wandle. Nachdem der Alte in den Stall gegangen, treten zwei in russische Militärmäntel gehüllte Männer in die Stube, groß und schlank der eine mit bartlosem Gesicht, der andere von gedrungenerem Wuchs, bärtig und geröteten Antlitzes. Sie erkundigen sich bei Magdalen nach den Bewohnern des Anwesens und erklären auf den Bescheid, daß hier nur der Großvater mit seiner Enkelin hause, über Nacht bleiben zu wollen. Während das Mädchen in der Küche einen Abendimbiß bereitet, erfährt man von den schlimmen Absichten der Gäste. Sie planen Raub und Mord, welche der erste der beiden Fremden damit zu rechtfertigen sucht, daß für den von ihm beabsichtigten radikalen Neubau der Welt erst das Alte, Schwache ausgetilgt werden müsse. Hier ließe sich ein trefflicher Anfang machen. Um die Bewohner in Sicherheit zu wiegen, geben sich die Gesellen als Heilkundige aus der Stadt aus und nennen ihre Namen: Johannes und Petrus. Als Magdalen nach *ihrem* Namen befragt wird, gibt sie vor, sie heiße Maria, und huscht hinaus. Lachend erklärt der Großvater, der Name der Sünderin behage seinem Enkelkinde nicht, Maria klinge ihm lieblicher. Außerdem lasse sie sich nicht ausreden, die beiden Fremden seien die Apostel gleichen Namens, die in der Einöde einkehrten. Johannes rät Petrus, auf den Spaß einzugehen, wozu sich der letztere, dem Verstellung schwerfällt, nur widerwillig bewegen läßt. Im festen Glauben, Jünger des Herrn vor sich zu haben, nähert sich Magdalen den Gästen, richtet Fragen an sie und bittet um Aufklärung über Stellen in der Bibel, die ihr noch Rätsel sind. Von der Unschuld des Kindes und seinem frommen Glauben wird Johannes immer mehr ergriffen und von der an ihn als vermeintlichen Lieblingsjünger des Herrn gerichteten Frage: »Wie ist das, wenn der Heiland liebt?« schließlich überwältigt. Mit der Erlaubnis, künftig den Namen Maria statt Magdalen tragen zu dürfen, schickt er das Mädchen hinaus und drängt den zunächst unwirsch widerstrebenden Petrus zum Aufbruch. Als Maria mit dem Großvater die Stube wieder betritt, sind die Fremden verschwunden. Das Mädchen aber glaubt die Luft von einem wunderbaren Gesang erfüllt. Der Vorhang schließt sich, und der Großvater spricht die Verabschiedung, von der Botschaft ewiger Liebe kündend, die nach unseren Herzen zielt.

Das einaktige Spiel ist in schlichten Knittelversen mit leichten mundartlichen Anklängen geschrieben, aber diese Verse werden zu Trägern lauteren dichterischen Gehalts. Vorzüglich ist die Charakteristik der vier Personen, des von starken intellektuellen Impulsen bewegten Johannes, der sein mit grausamer Logik errichtetes Gebäude vor dem naiven Glauben eines Kindes zusammenbrechen sieht, des derben, wenig Federlesens machenden Petrus, des das Moment des Humors leise ins Spiel mischenden Großvaters sowie der Magdalen selbst, der des Dichters besondere Liebe gehört. Das dem Stoffe innewohnende Ethos wird nirgends äußerlich aufgetragen, es ergibt sich in schlichter natürlicher Weise aus dem dramatischen Ablauf des Spiels, das ein ergreifendes künstlerisches Gleichnis von der alles Böse entwaffnenden Macht des kindlich reinen Gemüts und der schutzengelhaften Kraft des Glaubens darstellt.   W. Z.

JOHANNES VON GUENTHER

* 26. Mai 1886 in Mitau (Kurland)
† 28. Mai 1973 in Kochel

Der schon früh mit der russischen Literatur und dem russischen Theater vertraute Balte war 1909–13 deutscher Redakteur der literarischen Monatsschrift »Apollon« in Petersburg, wo er mit dem Lyriker Alexander Block (1880–1921) und dem Regisseur Wsewolod Meyerhold Freundschaft schloß. Im April 1914 kam er nach Deutschland, leitete 1916–18 den Georg-Müller-Verlag in München, gründete 1919 den Musarion-Verlag und arbeitete seit 1920 meist als freier Schriftsteller – als Lyriker, Essayist, Dramatiker und vor allem Übersetzer. Mit hervorragender Einfühlung und dichterischer Nachbildnerkraft schuf er ein umfangreiches Übersetzungswerk, das fast die gesamte klassische Dichtung Rußlands in die deutsche Sprache umgoß und zum Teil erstmals zugänglich machte (Puschkin, Gribojedow, Alexander Block, Lermontow, Ostrowskis Dramen, Gogol, Turgenjew, Lesskow, Tschechow, Nekrassow u. a.). Daneben gab er eine Reihe von Anthologien russischer Literatur heraus.

Als Bühnenautor hatte Guenther mit seiner Nach- und Neudichtung der Komödie *Don Gil von den grünen Hosen* von Tirso de Molina in Falckenbergs hinreißender Inszenierung (Münchener Kammerspiele 1920) einen nachhaltigen Erfolg.

702   Guenther, Der Kreidekreis

Der dramatischen Ballade *Der Magier* (1916) reihte sich ein
kapriolenerfülltes Szenarium an, *Dummes Zeug wird hier
getrieben* (1925), wiederum nach der Vorlage eines barocken
Spaniers, des Fernando de Rojas. Das dem Tiermimus ent-
wachsene Lustspiel *Reineke* gibt eine modern-witzige Abwandlung der alten Reineke-Fuchs-Fabel (1925). 1941 wurde
Guenthers *Kreidekreis*, ein dem Chinesischen abgewonnenes,
völlig eigenständiges Drama, in Hamburg mit großem Erfolg uraufgeführt. Seinem indischen Spiel *Vasantasena* (Uraufführung München 1943) hat Guenther inzwischen eine
Neufassung gegeben: *Die Bajadere.* Nach Motiven Ostrowskis gearbeitet ist sein Schwank aus dem Moskau vor hundert Jahren *Balsaminow will heiraten.*

Verwendete der dramatische Gestalter Guenther bei Tirso
und Śūdraka *(Vasantasena)* wertvolle literarische Zeugnisse
ihrer Kulturen, so traf dies bei de Rojas schon weniger und
beim *Kreidekreis* am allerwenigsten zu. Denn der Urtext
des chinesischen Spiels aus dem 13. Jh. mit seiner dem 11. Jh.
entstammenden Fabel ist roh und rudimentär, die Zeichnung
der mit reichlichen Prügelstrafen ausgestatteten Vorgänge
wie der Personen brutal. Das Original gab also nur die gro-
ben Grundzüge der Fabel mit Paos Richterspruch. Guenther,
der den Dichter Klabund zuerst auf den chinesischen Stoff
hingewiesen hatte, fühlte sich von dem ungemeinen Reiz der
Dichtung des Freundes lebhaft angesprochen, gleichzeitig
aber durch wesentlich unchinesische Einmischungen gestört.
So hat Guenther selbst die alte chinesische Parabel neu gestaltet.

Der Kreidekreis. Ein Spiel in sechs Bildern. – Das
Stück steht und fällt – und zwar in seinen *beiden* modernen
Bearbeitungen – mit der Gestalt der Haitang, eines siebzehnjährigen Mädchens aus dem vornehmen Geschlecht Tschang.
In ihr verkörpern sich die Tugenden strenger konfuziani-
scher Ethik: die kultische Verehrung der Ahnen und der
Hausgötter, unbedingter Gehorsam gegen die Eltern und
(nach deren Tod) gegen den ältesten Bruder, jungfräuliche
Reinheit, Opferwilligkeit, Demut, Klugheit. Haitang, von
natürlicher Anmut, regem Geiste und poetischer Begabung,
wird den Konflikten ausgeliefert, die sich aus dem Gegensatz solcher traditioneller Erziehung zu den seelischen Ur-

kräften des Menschen, vor allem des Weibes, ergeben: Liebe
zum Geliebten und zum Kinde, eine ganz unbedingte,
naturhafte Liebe, die sich in Opfer, Qual, Marterung in
einem betrügerischen, unmenschlich grausamen Gerichtsverfahren bewähren muß. Die Lösung aus der fast ausweglosen
Tragik und der Verstrickung von wahrer Schuld, verleum-
derischer Anklage, innerer und äußerer Sühne bringt in diesem ›Kriminalstück‹ die Erprobung durch den Kreidekreis
– sie ist die chinesische Parallele zu dem Urteil Salomonis im
Alten Testament: in beiden Fällen geht es darum, die wahre
Mutter zu ermitteln und die falsche zu entlarven; das Eingreifen höherer Weisheit korrigiert am Ende das ungerechte,
lügnerische und blinde Treiben der Menschen.

Das wäre ein Stoff für Kleist gewesen – manche seiner
dramatischen und erzählerischen Werke (besonders die Novelle *Der Zweikampf*) kreisen um eine ähnliche Thematik.
Guenther hat dem alten chinesischen, dem Li Hsing-tao zu-
geschriebenen Lehrstück mit sicherem Griff die entscheidenden Momente der Fabel entlehnt, vor allem den weisen und
menschlichen Schluß. Im übrigen aber hat er in freier Erfindung neue Handlungselemente entwickelt, die Personen beseelt und differenziert, den Gehalt des Stückes wesentlich
vertieft, vor allem durch die Ausdeutung des *Kreidekreises*
gemäß dem Geist altchinesischer Philosophie. Die beiden
polaren Urmächte des Yin und Yang, die in Widerstreit
und komplementärer Ergänzung das All und die einzelnen
Wesen konstituieren, schließen sich zum runden, schönen
Kreis, dem Sinnbild göttlicher Gerechtigkeit und Harmonie
über aller irdischen Wirrnis.

Die sehr geschehensreiche Handlung kann hier im einzelnen nicht erzählt werden. Neben Haitang stehen als Hauptpersonen: ihr heruntergekommener älterer Bruder, der sie an
den reichen Pfandleiher Ma als Nebenfrau verkauft; dieser
selbst, ungeschlacht, aber gutmütig und Haitang zärtlich liebend, zumal er glaubt, sie habe ihm den ersehnten Sohn geboren; eine bösartige ›erste Frau‹ Ah-Siu, die ihren Gatten
vergiftet, Haitang des Mordes anklagt und deren Kind als
ihr eigenes ausgibt, um dadurch in den Genuß des reichen
Erbes zu kommen; der alte Mandarin Pao, der in dem Dop-
pelprozeß gegen Haitang als oberster Richter und Weisheits-
kundiger das gerechte letzte Urteil spricht; sein Schüler Liu-

Po, der Geliebte Haitangs und unwissentlich der Vater ihres
Kindes, mit dem Haitang nach schwerer Prüfung und Sühne
endlich als Gattin vereinigt wird. Das Ergebnis der freien
Neugestaltung Guenthers ist ein äußerst wirksames und
konsequent durchgeführtes Bühnenwerk mit chinesischem
Kolorit, das durch die Gestalt der Heldin, ihr unschuldiges
Leiden, ihre zärtliche Mutterliebe ergreift und durch seine
hohe Ethik aus mystischem Urgrund zu tieferer Bedeutung
durchdringt, ohne daß die Naivität der alten Fabel zerstört
wird. (Reclams UB 7777.)

Die andere dichterische Neugestaltung des Spiels vom
Kreidekreis von *Klabund* (Alfred Henschke, 1890–1928)
wurde 1925 uraufgeführt und erlebte Jahre hindurch außerordentliche Erfolge, nicht zuletzt durch die Kunst der großen
Schauspielerin Elisabeth Bergner. Ihr hat Klabund sein Werk
gewidmet und mit der Haitang eine der schönsten Rollen
für sie geschaffen. Die besondere Stärke des jung verstorbenen Dichters lag im Lyrischen, neben eigener Lyrik sind es
Nachdichtungen chinesischer Lyrik, zumal des Li Tai-po, die
ihn in unserer Literatur fortleben lassen. Auch sein *Kreidekreis* leuchtet in perlenhaftem lyrischem Glanz, der sich
immer wieder zu Versen verdichtet, in denen sich die Seele des
Fernen Ostens in oft bezaubernden Klängen ausspricht. Diesen lyrischen Werten ist nicht ebenbürtig der dramatische
Bau, die Entwicklung der Handlung und die Gestaltung der
Personen. In allzu großer Freiheit hat Klabund den eigentlichen Sinn der chinesischen Vorlage verändert, ihren ethischen Kern außer acht gelassen, dagegen gewisse Tendenzen
seiner eigenen Zeit mit einfließen lassen, ohne daß diese
Mischung ein überzeugendes west-östliches Ganzes ergäbe.
Eine ganz freie Bearbeitung des Stoffes, die sein Thema auf
den Kopf stellt, schuf Bert Brecht mit seinem *Kaukasischen
Kreidekreis.*   *Kn.*

BRUNO FRANK

* 13. Juni 1887 in Stuttgart
† 20. Juni 1945 in Beverly Hills (Kalifornien)

Bruno Frank, der mit einer Anzahl psychologisch feiner und spannend erzählter historischer Novellen einer der meistgelesenen Autoren der Jahre zwischen 1920 und 1930 war, ist auch als Dramatiker ein Novellist. Er schrieb die hübsche Komödie *Nina*, in der eine berühmte Filmschauspielerin den Aufstieg ihres Doubles vom überall herumgestoßenen Atelier-Mauerblümchen zum Weltstar erlebt (ihr szenischer Effekt beruht darauf, daß beide von der gleichen Darstellerin gespielt werden), und das zwischen Volksstück und politischer Satire stehende Lustspiel *Sturm im Wasserglas*, dessen wirkungssicherste Rolle keinem Schauspieler, sondern einem Hund zufällt – dem nicht sehr vornehmen, aber treuen Foxl einer braven Frau aus dem Volk, der er behördlicherseits weggenommen werden soll, weil sie die Hundesteuer nicht bezahlt hat. Der Stadtrat, der das betreffende Dezernat leitet, kandidiert für den Bürgermeisterposten und wirbt um die Stimmen seiner Wähler, indem er bei jeder Gelegenheit betont, wie sehr er mit dem Volk fühle und wie sehr sein Ohr und Herz für dessen Nöte aufgeschlossen seien. In der Praxis erweist er sich jedoch als ein kalter, egoistischer Ehrgeizling, der nur mit Paragraphen und Bestimmungen umzugehen weiß und weder Zeit noch Interesse für eine menschliche Behandlung seiner Ressortangelegenheiten hat. Ein junger Journalist greift den Fall des steuersündigen Foxls auf und erregt damit den Sturm im Wasserglas. Durch seinen menschenfreundlichen Eifer gewinnt er das Herz der von ihrem streberischen Gatten vernachlässigten Frau des Stadtrats und vor allem die öffentliche Meinung, so daß die wackere Besitzerin des Hündchens einen einschlägigen Gerichtstermin nicht nur mit der Gewißheit verläßt, ihren vierbeinigen Liebling zu behalten, sondern auch mit der begründeten Aussicht auf einen soliden Ehemann in Gestalt des Amtsgehilfen aus dem feindseligen städtischen Ressort. Eine Komödie mit gemütvollem bis drastischem Humor auf dem theatralisch bewährten Untergrund des Gegensatzes zwischen gesellschaftlich verkrusteten ›besseren‹ und herzlich gebliebenen ›einfachen‹ Leuten.

· CURT GOETZ

* 17. November 1888 in Mainz
† 12. September 1960 in Grabs bei St. Gallen

Als der Schauspieler Curt Goetz 1921 mit der Komödie
Ingeborg, einer sehr graziösen Variante des alten französischen Dreieckslustspiels – die Frau zwischen zwei Männern –, seinen ersten großen Autorenerfolg hatte, verdankte
er diesen seiner Begabung, einen liebenswürdig-eleganten
und ohne penetrante Pointenhascherei gescheiten Dialog mit
wirksamen, durch schauspielerische Erfahrung gesicherten
szenischen Situationen verbinden zu können. Sein Können
bewährte sich noch glänzender in der Komödie *Der Lügner
und die Nonne* (1928), in der zwar eine junge Kloster-
novize nicht die Mutter des Babys, das man bei ihr findet,
wohl aber der junge Mann, der sie gerettet hat, als sie, um
einen Skandal zu vermeiden, ins Wasser gesprungen war,
des Kindes Vater und zugleich der Sohn des weltweisen
Kardinals ist, der im letzten Akt die ganze Sache souverän
in Ordnung und die beiden jungen Leute zusammenbringt.
   In anderen Stücken ging Goetz einen Schritt weiter auf
Pirandello und den Surrealismus zu, indem er z. B. in *Ho-
kuspokus* (1925) die vorgetäuschte Realität der Bühne noch
einmal durchbrach, das Theater als Gerichtssaal wieder
Theater werden ließ und die Figuren – es geht um die Befreiung einer reizvollen jungen Dame von einem auf ihr
lastenden Mordverdacht – virtuos durch mehrere Individualitäten hindurchjonglierte. Schon hier zeigte sich, daß Goetz
die ganz seltene Begabung besaß, mit Entsetzen Scherz treiben zu können; dem Zuschauer kommt es dank seinem gra-
ziös-frechen Witz kaum zum Bewußtsein, daß es hier um
Kriminaldelikte, ja um ein drohendes Todesurteil geht. Die
Voraussetzung dabei ist ein mit sicherstem Instinkt die
Grenzen erkennendes Taktgefühl, und in dieser Beziehung
hat er mit der 1932 uraufgeführten Komödie *Dr. med. Hiob
Prätorius* (Reclams UB 8445) ein Meisterstück geliefert.
Denn hier läßt er in der Gestalt des Faktotums Shunderson
(einer überaus geistvollen Parodie auf die geheimnisvollen
Butler und unheimlichen Chinesen der englischen Kriminal-
stücke) nicht nur einen Menschen durch die Handlung schlür-

fen, der wegen eines Mordes bereits am Galgen hing und als Scheintoter in der Anatomie von Professor Prätorius wieder zum Leben erweckt und als Diener angestellt wurde – er läßt auch den die Musik, die Liebe und das Leben liebenden Frauenarzt nebst seiner berückend spanisch aussehenden, aber sächsisch redenden Gattin bei einem Autounfall ums Leben kommen, weil er vor Lachen über eine Bemerkung Violettas gegen einen Baum gefahren ist: in vollendeter Konsequenz seiner Lebensmaxime, daß das Lachen der beste Helfer der Ärzte ist, hat Hiob Prätorius sich totgelacht. In der Rahmenhandlung spielt der berühmte Detektiv Sherlock Holmes eine Rolle; dramaturgisch ist das Ganze eine Mischung aus ironisiertem Kriminalreißer, Konversationsstück und Charakterkomödie, zusammengehalten durch überlegene Technik, intellektuellen Charme und einen jeglichen ›Geist der Schwere‹ bannenden Humor.

In der aus einem älteren Einakter *Die tote Tante* entstandenen schwankhaften Komödie *Das Haus in Montevideo* (1945) stellte Goetz die aus dem Geschlecht von Ludwig Thomas Professor Wasner entsprossene Gestalt des teutonischen Oberlehrers Traugott Nägler in den Mittelpunkt einer etwas anrüchig-pikanten Erbschaftsgeschichte, durch die er ein reicher Mann wird. In *Towarisch* (nach einem französischen Lustspiel von Jacques Deval) steht ein aus heroischer Entsagung zu neuem gesellschaftlichem Glanz aufsteigendes russisches Fürstenpaar im Zentrum einer Skandalaffäre, die ein ehemaliger bolschewistischer Kommissar, nunmehr Mitglied einer sowjetischen Handelsdelegation, im Hause eben jenes Pariser Industriellen hervorruft, bei dem der Fürst und die Fürstin als Diener angestellt sind.

In seiner Bearbeitung des berühmten klassischen Schwankes der Brüder Schönthan *Der Raub der Sabinerinnen* hat Goetz die Gestalt der Frau Theaterdirektor Striese, von der im Original immer nur gesprochen wird, in Person auf die Bühne gebracht. 1959 nahm er Abschied vom Theater mit *Miniaturen*, den drei Einaktern *Die Rache, Herbst, Die Kommode*.

FRIEDRICH MICHAEL

* 30. Oktober 1892 in Ilmenau (Thüringen)

Der angesehene Verlagsfachmann, der sich mit Studien zur Geschichte der Theaterkritik und dem sehr anmutigen Roman *Die gut empfohlene Frau* (1932) literarisch eingeführt hatte, überraschte die Öffentlichkeit 1942 mit dem Lustspiel *Der blaue Strohhut* (Reclams UB 8053), der Geschichte eines ›traumhaften‹ Damenhütchens, die nach besten französischen Vorbildern durch ein paar Bühnenstationen mehr durchgeplaudert als durchgespielt wird, ließ dieser die Komödie aus dem intim gekannten Verlagsmilieu *Große Welt* folgen und brachte mit dem mythologischen Götterlustspiel *Ausflug mit Damen* (1944) ein Stück auf die deutsche Bühne, das durch die Kunst, mit der es im Grunde ernste Dinge mit spielerischer Grazie behandelt, den Komödien von Giraudoux vielleicht näherkommt als irgendein anderes Werk der modernen deutschen Bühnenliteratur. Es sollte nicht übersehen werden, daß diese drei delikaten, allerbestes Konversationstheater darstellenden Lustspiele im Krieg geschrieben wurden – ein Beweis dafür, daß »der Geist weht, wo er will«. Kluge, heitere und tolerante Humanität hatte sich, von der klirrenden Unmenschlichkeit des totalen Staates verdrängt, in die abseitigen und unbeachteten Gefilde der Komödie zurückgezogen und dort inmitten der Herrschaft des Todes ihre Lebensfreundlichkeit zum Blühen gebracht. Der *Blaue Strohhut* war seinerzeit (neben der bald verbotenen, höchst witzigen und mokanten geschichtstravestierenden Komödie *Die sechste Frau* von Max Christian Feiler) einer der stärksten Erfolge – kaum zu verstehen, daß bei dem notorischen Mangel an kultivierten und geistvollen Unterhaltungsstücken deutscher Autoren die Theater heute an solchen Werken vorübergehen.

ALOIS JOHANNES LIPPL

* 12. Juni 1903 in München
† 8. Oktober 1957 in Gräfelfing

Lippls bayerische Volksstücke haben weder die satirische Schärfe der Komödien Ludwig Thomas noch gar die beißende Aggressivität derjenigen von Josef Ruederer. Ihr Humor will mehr aufs Gemüt wirken und unterhaltsam sein. Sowohl in der *Pfingstorgel* wie im *Holledauer Schimmel* und im *Engel mit dem Saitenspiel* geht es darum, daß junge Liebesleute den verhärteten Sinn der ganz auf Erwerb und Profit eingestellten Älteren aufbrechen und ihren pfiffig-schlauen Manipulationen die dann natürlich auch obsiegende Kraft ihrer Herzensverbindungen entgegensetzen. Die Ereignisse laufen in der Art von Moritaten ab, vielbildrig und musikumrahmt und vom weißblauen altbayerischen Himmel überstrahlt, wie man ihn ja auch bei Josef Maria Lutz (*Der Brandnerkaspar schaut ins Paradies*) findet. Was den Stücken Lippls ihre eigentliche Farbe und Atmosphäre gibt, ist seine intime Kenntnis ländlicher Volkssitten und -bräuche und seine sichere, wenn auch immer ein bißchen zur gutmütigen Verharmlosung neigende Zeichnung bäuerlicher Charaktere (besonders aus der zwischen München und Nürnberg gelegenen Landschaft Holledau, der bayerischen Hopfenkammer); ihre ›Urwüchsigkeit‹ wird manchmal im Sinne der Heimatkunst allzu stark betont, und ihre oft recht ausgeprägten negativen Eigenschaften werden damit entschuldigt, daß es ja ein gar so kerniger und unerschütterlich in seiner Seinsart ruhender Menschenschlag sei. Dennoch ist nicht zu übersehen, daß Lippl eine ausgesprochene Begabung für den wirklichen Volksschwank besitzt, daß er amüsante Fabeln erfindet (oder auffindet) und das Milieu etwa ländlicher Jahrmärkte und die Stimmung von Hochzeits- oder Leichenschmäusen, bei denen gravitätische Feierlichkeit jederzeit in Gaudi und Krawall umschlagen kann, mit unfehlbarer Wirkung auf der Bühne zu erzeugen versteht.

In dem Schauspiel *Der Passauer Wolf*, in dem sich die ›Wäldler‹ (die Bewohner des Bayerischen Waldes) erfolgreich gegen die Jagdleidenschaft ihres Fürstbischofs, des

Kardinals Leopold Ernst von Firmian, zur Wehr setzen, begibt sich Lippl auf die Spuren Billingers – freilich nur, soweit es die Konfrontierung zwischen Stadt und Land und die sehr farbige und plastische Herausarbeitung einiger Figuren betrifft. Die Hintergründigkeit Billingerscher Menschen wird man bei Lippl vergebens suchen, dessen auch in diesem vom Thematischen her weiter ausgreifenden Schauspiel wiederum zutage tretende Neigung zum Erbaulichen zweifellos einen provinziellen Zug darstellt.

RICHARD BILLINGER

* 20. Juli 1890 in St. Marienkirchen (Oberösterreich)
† 7. Juni 1965 in Linz (Oberösterreich)

Der ursprünglich zum Priester bestimmte Jesuitenzögling bäuerlicher Abstammung, der selbst größte Neigung zum Berufsboxer in sich spürte, studierte schließlich in Innsbruck, Kiel und Wien Philosophie und trat Mitte der zwanziger Jahre mit Gedichten und Dramen an die Öffentlichkeit, von denen »Rauhnacht« (1931) seinen Namen vor allem bekannt machte. Außer Romanen und Erzählungen schrieb Billinger, der längere Zeit in Berlin lebte, auch noch eine Reihe von Filmdrehbüchern, z. T. nach eigenen Bühnenwerken.

Richard Billinger war eine merkwürdige Kreuzung aus naturverbundenem Bauerntum und großstädtischem Urbanismus, sein Theater eine Mischung aus dämonisiertem Naturalismus und komplizierter Psychologie. Die Landschaft des sogenannten ›Innviertels‹ längs der bayerisch-österreichischen Grenze im Voralpengebiet, die der Dramatiker Billinger wuchtigen Schrittes durchschritt, verbirgt unter der Oberfläche bäuerischen Brauchtums nicht nur ein fratzenhaftes Heer von halbheidnischen Erdkobolden, unflätigen Spukteufeln und buhlerischen Nachtmahren, sondern bringt auch seltsame, ›unterschwellige‹ Menschen hervor, die mit einem Teil ihres Wesens selbst dieser Zwischenwelt anzugehören scheinen und mit dem andern ins Forschungsgebiet für Psychiater. In ihrem Triebleben der Ge-

fahr wüster Entartung ausgesetzt, andererseits überschwenglich und ekstatisch religiös, tierhaft primitiv und bis zur
flackernden Hysterie sensibel, ungeschlacht und skurril,
animalische Natur und seelisches Kunstgewerbe, sind sie in
ihrer Widersprüchlichkeit gleichermaßen anziehend wie abstoßend, packend durch Originalität und quälend durch
Manieriertheit – Geschöpfe einer fast visionären Menschenschau und Produkte der literarischen Retorte. Daß sie ins
Leben traten, verdanken sie einer süddeutsch-barocken Theaterphantasie von großer ursprünglicher Kraft, die sich freilich rascher abnützte, als man bei Billingers ersten Bühnenwerken gedacht hatte. Nicht daß man es beklagen müßte,
daß er sich nicht auf den eine Zeitlang erfolgversprechenden
Weg der Schollendramatik begab, nicht daß man ihm Preis-
gabe seiner Bauernkraft an ›Intelligenzler-Interessantheit‹
vorhalten sollte – so billig ist der Fall Billinger nicht abzutun! –, aber daß er seine (in den Gedichten oft noch reich
blühende) Phantasie in eine handlich anwendbare dramaturgische Schablone zwang, ist zu bedauern. In seinen frühen
Stücken, wie dem *Perchtenspiel* (1928), den *Rossen* und der
Rauhnacht (beide 1931) und der Komödie *Stille Gäste*
(1933), ist eine skurril-dämonische Welt zwischen Landschaft und Stadt mit teils rustikal ›spinneten‹, teils urban
›komplizierten‹ Menschen lebendig vor die Zuschauer hingestellt, die späteren wie *Melusine* (1941), *Die Fuchsfalle*
(1942), *Der Galgenvogel* (1948), *Ein Tag wie alle* (1952)
begnügen sich vielfach mit Postkartenoriginalen. Billingers
einziges historisches Schauspiel *Die Hexe von Passau* (1935)
hat im Handlungsablauf die Farbigkeit eines dramatischen
Volksbilderbogens. Das Schauspiel *Der Gigant* (1937) behandelt das Thema ›Dorf und Stadt‹. Die *Bauernpassion*
mit der Musik Winfried Zilligs wurde 1960 uraufgeführt.

R a u h n a c h t. Schauspiel in fünf Aufzügen mit einem
Vorspiel. – Das Stück ging nach seiner Uraufführung am
10. Oktober 1931 in München über fast alle deutschen Bühnen. Im Mittelpunkt steht ein Dorfmädchen, das in der Stadt
in einem Pensionat erzogen wurde und städtische ›Aufge-
wecktheit‹ mit zurückbringt: Kreszenz, die Tochter der Kra-
merin in dem Innviertel-Ort, in dem in der Vorweihnachts-
zeit die alten, heidnischen Bräuche der ›Rauhnächte‹ noch

lebendig sind und einen wilden Teufels- und Hexenspuk
entfachen, eine orgiastische Maskerade, die im Feuerschein
einer brennenden Scheune oder Stallung endet. Alles, was an
versteckten, unterdrückten Lüsten und Begierden in den
Burschen und Dirnen schwelt, tobt sich im Schutz der Rauh-
nachtmasken, die zu den Umzügen getragen werden, aus,
und Triebe, die das ganze Jahr über von der Sitte und von
der Kirche niedergehalten werden, brechen taumelnd hervor,
wenn diese ihr Regiment für drei Tage und Nächte an die
alten Fruchtbarkeitsdämonen der Vorzeit abtreten.

Im Dorf lebt der Bauer Simon Kreuzhalter, der einst
Priester werden wollte, aber noch vor der Weihe als Missionar nach Afrika ging, unter den Eingeborenen lebte, deren
Sprache erlernte und nach und nach so in den Bann ihrer
geheimnisvollen Bräuche und Riten geriet, daß er an ihren
blutigen Opferfesten und kultischen Orgien teilnahm. Zurückgekehrt, ist er ein Sinnierer und Grübler geworden, vor
dem die Bauern eine merkwürdige Scheu empfinden. Die
erste Rauhnacht bricht herein, der Zug der Masken stampft
um die Häuser mit wilden, alten Zaubergesängen und dem
Lärm primitiver Instrumente. Das Mädchen Kreszenz, gierig und lüstern, ist ihrem sinnlichen Taumel ganz verfallen.
Sie geht zu Simon Kreuzhalter, der mit seinen afrikanischen
Geschichten ihre Neugier geweckt hat, und lauscht fiebrig
erregt seinen Erzählungen von den wüsten Festen der Neger,
die ihre Phantasie aufs äußerste anstacheln. Der ehemalige
Missionar aber verfällt selbst dem wollüstigen Reiz ihrer
Hysterie, so daß er sie besinnungslos in seine Schlafkammer
schleppt und in einem Blutrausch mit zahllosen Messerstichen
ermordet. Dann zündet er in rasendem Taumel sein Haus
an. Die ›Rauhnachtler‹ jubeln über das grandiose Feuer, das
den Höhepunkt ihres trunkenen Treibens bedeutet. Plötzlich
aber bemerkt einer, was in dem brennenden Haus des Simon
Kreuzhalter geschehen ist. In rasender Wut setzen sie dem
Flüchtenden nach und jagen ihn in den Fluß, in dessen eisi-
gen Fluten er ertrinkt.

Stille Gäste. Komödie in fünf Bildern. – Die ›Stillen
Gäste‹, die diesem zarten und romantischen Stück (Uraufführung am 5. Dezember 1933 in Leipzig) den Titel geben,
sind die Geister der verstorbenen Bewohner eines österreichi-

Antwort

Wenn wir Sie und Ihre Freunde in Zukunft regelmäßig über unsere Verlagsarbeit unterrichten dürfen, schikken Sie uns bitte diese Karte ausgefüllt zurück.

Philipp Reclam jun. Stuttgart

Philipp Reclam jun.
Abt. Information
Postfach 466

D 7000 Stuttgart 1

Kreuzen Sie bitte an, ob wir Ihnen den neuesten Gesamtkatalog der Universal-Bibliothek bzw. regelmäßig Informationen schicken sollen:

◯ Reclam Gesamtkatalog   Regelmäßige Informationen über die Verlagsgebiete:

◯ Literatur   ◯ Kunst   ◯ Philosophie   ◯ Musik

Die Adresse bitte in Druckbuchstaben bzw. mit Schreibmaschine:

_____   _____
Name   Vorname

_____
Anschrift

_____
Beruf   Alter

Weiterer Interessent:

_____   _____
Name   Vorname

_____
Anschrift

_____
Beruf   Alter

schen Landschlößchens, unter denen es einst im 18. Jh. zu
Mord und Selbstmord aus Eifersucht und verlorener Liebe
gekommen ist. Es sind leise, melancholische Geister, die behutsam spuken, nicht poltern, und still darauf warten, daß
sie von einem echten Liebespaar erlöst werden.

Eines Tages wird das Schlößchen, das jetzt der wohlhabenden Metzgermeisterswitwe Fanny Bachstelzer gehört,
an Passanten aus der Stadt vermietet, Fräulein Josefine
Klösterli, genannt ›Puppi‹, und ihren Verlobten, Baron
Nepomuk von Weinstabl, genannt ›Mucki‹. Die beiden
haben eine Autopanne gehabt, Puppi, der verwöhnte, reiche
und lüsterne Stadtfratz, findet das Spukschlößl hinreißend
romantisch und bringt den faulen, bequemen und gefräßigen
Mucki dazu, daß er mit ihr für einige Tage dableibt. Noch
weit anziehender aber findet sie die muskel- und lenden-
starke Männlichkeit des Metzgergesellen Lorenz Pucher, auf
den seine Chefin, die Frau Bachstelzer, indessen auch ein
mehr als wohlwollendes Auge geworfen hat. Lorenz indessen interessiert sich weit mehr für das pikante Stadtfräulein,
gibt der Chefin ziemlich unverblümt einen Korb und folgt,
ohne zu zögern, Puppis Einladung aufs Schlößchen. Darüber
grämt sich Hedwig Bachstelzer, Frau Fannys feinnervige,
etwas verwachsene Tochter, die ihrerseits heftig in den
strammen Lorenz verliebt ist. Der Tanz der drei Weiber um
das begehrenswerte Mannsbild erregt schließlich auch die
Aufmerksamkeit des bei Fanny Bachstelzer Würsten und
Schinken wohlaufgehobenen Barons Mucki, und er merkt,
daß es ausgerechnet seine Puppi ist, die dem Metzger-Adonis
am heftigsten nachläuft. Er beschließt, das Stelldichein im
Schlößchen zu belauschen, bereitet sich für diese kriminali-
stische Aktion aber durch reichliches Essen und Trinken so
gut vor, daß er auf seinem Beobachtungsposten einschläft.
Die raffinierte Puppi läßt vor Lorenz alle ihre Reize spielen, und die ›Fusion‹ zwischen städtischer Weiblichkeit und
ländlicher Männlichkeit wäre unabwendbar, wenn nicht
Hedwig Bachstelzer, von innerer Unruhe und Angst getrieben, in das Schlößl geeilt wäre, um gerade noch das Finale
von Puppis bewußt kokettem Spiel zu verhindern. Diese
flieht, Lorenz beginnt langsam zu begreifen, daß die Hedwig doch die Richtige für ihn ist, und gelobt ihr Treue. Der
Schlaf der jungen, wirklichen Liebesleute bringt für die

›Stillen Gäste‹ die Stunde der Erlösung. Zum letzten Mal erscheinend, spielen sie noch einmal das Eifersuchtsdrama, das einst ihr Leben beendete, ohne ihnen die Ruhe des Grabes zu gewähren – aber sie spielen es dezent, ohne Affekte und leicht wie eine Szene auf der Bühne; dann dürfen sie für immer verschwinden. Am nächsten Morgen verschwinden auch Puppi und Mucki – sie enttäuscht von den entgangenen erotischen, er hochbefriedigt von den gehabten kulinarischen Genüssen – im reparierten Auto nach Wien. Ein Liebespaar ihrer Art, so meint der Autor mit dieser ebenso zart poetischen wie gelegentlich deftig schwankhaften Komödie, kann unerlösten Geistern keine Ruhe bringen; dazu bedarf es einer Liebe zwischen einfacheren, gefühlsstärkeren und treueren Menschen, wie sie halt auf dem Land besser gedeihen als in der Stadt.

FERDINAND BRUCKNER

* 26. August 1891 in Wien, † 5. Dezember 1958 in Berlin

Der Wiener Theodor Tagger war schon als expressionistischer Schriftsteller und (Anfang der zwanziger Jahre) als Direktor des Berliner Renaissance-Theaters in den literarischen Kreisen der ehemaligen Reichshauptstadt bekannt, bevor er unter dem Namen Ferdinand Bruckner als Autor der Schauspiele *Krankheit der Jugend* und *Die Verbrecher* (beide 1929) zu einer auch das breitere Publikum faszinierenden Theatersensation wurde. Diese beiden Stücke des zunächst vom Geheimnis des Großen Unbekannten umwitterten Verfassers brachten Zeitprobleme von damals brennender Aktualität mit psychoanalytischer Deutlichkeit und reißerhaft packender Handlungsführung auf die Bühne und zeigten, was der Krieg mit seiner Erschütterung des gesamten gesellschaftlichen Gefüges aus jungen Menschen gemacht hatte: zur Liebe kaum noch fähige, malträtierte Sklaven einer krampfhaften, hektischen Erotik, die durch die äußeren Verhältnisse (Wohnungsnot, Arbeitslosigkeit, Inflation) noch tiefer in ihre innere Ausweglosigkeit gestoßen werden und schließlich, wenn nicht im eindeutig kriminellen, so doch im dostojewskischen Sinn zu ›Verbrechern‹ werden müssen. Würde man die Stücke heute wieder spielen, so zeigte sich wahrscheinlich, daß sie doch mehr sind als nur ›Interessantheits‹-Diagramme zur Zeitgeschichte, daß sie bei aller kühl beobachtenden Schärfe in der Darstellung menschlicher Deroutiertheit doch die schockhafte Erschütterung spüren lassen und das tiefe Erschrecken über den Zusammenbruch eines ganzen, wenn auch eigentlich schon seit der Jahrhundertwende nur noch fiktiv aufrechterhaltenen Lebensgefühls. (Ganz abgesehen davon, daß das Ende des Zweiten Weltkriegs die inneren Verwüstungen aufs krasseste bestätigt hat, die man schon nach dem Ersten als seelische Hinrichtungen – wenngleich auch als theatralische Leckerbissen – empfand.)

Von den zahlreichen weiteren Bühnenwerken Ferdinand Bruckners, der 1933 Deutschland verließ und nach langer Exilwanderung durch Österreich, die Schweiz, Frankreich und Amerika 1951 wieder nach Berlin zurückkehrte, ist vor allem das Schauspiel *Elisabeth von England* (Reclams UB 8433/34) bekannt und als bleibender Erfolg bestätigt worden. In der Personencharakteristik ebenso fesselnd wie in der Szenentechnik, entwickelt es auf einer Simultanbühne (also in einer Dekoration, die gleichzeitig mehrere Schauplätze nebeneinander aufweist) den Kampf zwischen der britischen und der spanischen Weltmacht, zwischen der protestantischen und katholischen Glaubensherrschaft. Philipp II., asketisch und fanatisch, ringt für den Sieg einer Idee, Elisabeth ›Gloriana‹, gekrönte Sonne im fröhlichen, wenn auch keineswegs ungefährlichen Alt-England, kämpft mit männlichem Verstand und weiblicher List für ihren Vorteil. In ironischer Perspektive erscheint das Problem der ›Rechtfertigung vor der Geschichte‹: mit fast den gleichen Worten bitten – abwechselnd auf den beiden Schauplätzen – Elisabeth und Philipp Gott um den Sieg, mit fast den gleichen Argumenten empfehlen sie ihm jeweils die eigene Sache als die ›gute‹, die in Seinem Namen getan werde. In die Elisabeth-Handlung schlingt sich noch, mit Bruckners ausgeprägtem Sinn für psychologische ›Würze‹ eingefügt, der alternden Königin tragikomisches Liebesverhältnis mit Lord Essex – gleichsam als privater Kontrapunkt zur politischen Haupthandlung. Das alles ist mit wachem Bühnensinn und dramaturgischer Souveränität gestaltet, nicht Dichtung, aber mehr als nur vordergründiges Theater: ein gescheiter und fesselnder szenischer Kommentar zu einer weltgeschichtlichen Konstellation, die nicht nur historisch interessant, sondern auch amüsant ist, weil eine Frau dabei im Spiel ist; siehe Shaws *Cäsar und Cleopatra*.

Nach dem Krieg wurden von Bruckners neueren Bühnenwerken die *Heroische Komödie* (mit der französischen Schriftstellerin Madame de Staël und ihrem Kampf gegen Napoleon als Mittelpunkt), das psychologisch treffsichere Schauspiel *Fährten* und die nach Racines *Andromache* gestaltete Tragödie *Pyrrhus und Andromache* (mit der von Grillparzer begonnenen, von Hofmannsthal fortgesetzten Rückspiegelung eines modernen, nervös-differenzierten Lebensbewußtseins in die Antike) durch Aufführungen an deutschen, schweizerischen und österreichischen Bühnen bekannt.

ERNST PENZOLDT

* 14. Juni 1892 in Erlangen, † 27. Januar 1955 in München

Der Sohn eines Mediziners und Universitätsprofessors wuchs in der alten Markgrafenstadt Erlangen heran, deren fränkischer Charakter am Bilde des Künstlers nicht unwesentlich mitgeprägt hat. Der Plan, Bildhauer zu werden, führte Penzoldt nach Absolvierung des Gymnasiums zunächst auf die Kunstakademie in Weimar. Hier wirkte Egger-Lienz so nachhaltig auf den Kunststudierenden, daß dieser sich der Malerei widmen wollte. Erlebnisse des Ersten Weltkriegs erweckten den Dichter, ohne daß Penzoldts bildnerische Fähigkeiten dadurch in den Hintergrund gedrängt worden wären. So verbindet sich in dieser Persönlichkeit der Lyriker, Erzähler, Dramatiker und Essayist mit dem Zeichner, Maler und Bildhauer. Keine dieser Tätigkeiten spielt dabei die Rolle einer Nebenfunktion, sie werden sämtlich von den Grundkräften der gleichen künstlerischen Phantasie gespeist, die sich mit eindringender, Humor und Melancholie verschmelzender Liebe in Welt und Menschen versenkt und ihr besonderes Gefallen an den seltsamen Launen von Natur und Kreatur findet. Des Dichters Wahlheimat wurde München, das ihn 1952 mit seinem Dichterpreis auszeichnete.

Obwohl Penzoldts wesentlichste Ausdrucksformen Erzählung und Roman sind, hat er sich doch immer wieder zum Drama hingezogen gefühlt. Für einen Dichter seines Schlages steht das Interesse an eigentümlichen Charakteren, das sich mit Vorliebe abseitigen und skurrilen, aber stets vom Hauch des Lebens gestreiften Naturen zuwendet, das Stimmungshafte, oft die Grenzen zwischen Traum und Wirklichkeit verwischend, im Vordergrund, während eine mehr in reiner Handlung, in starken Willensspannungen gründende ›Dramatik‹ erst in zweiter Linie kommt. Trotzdem ist Penzoldts theatralisches Werk, vor allem für den, der den reinen Klang des Dichterischen, das Symbolhaltige sucht, von fesselndem Reiz.

Die Portugalesische Schlacht (uraufgeführt 1931) ist die dramatische Formulierung einer 1930 erschienenen gleichnamigen Erzählung. Der Dichter nennt sie im Untertitel eine »Komödie der Unsterblichkeit«. Bei dem Versuche, durch die Eroberung Nordafrikas eine große Staatsidee zu verwirklichen, findet König Sebastian von Portugal den Tod. Sein Reich fällt in die Hände der feindlichen Spanier, jedoch sein Geist lebt weiter. Er fließt in den falschen Sebastian, einen einfachen Rosenkranzhändler, über, der mit dem Gefallenen zunächst nur eine äußere Ähnlichkeit teilt. Im Anfang nur widerwillig zur Rolle des Prätendenten getrieben, fühlt sich der falsche Sebastian immer unwiderstehlicher vom Geiste seines Vorgängers erfüllt und stirbt endlich, obwohl ihn ein einziges Wort retten könnte, für den Königsgedanken, der Portugal eines Tages vom spanischen Joch befreien wird. In 17 Bildern, von denen einige meisterhaft gestaltet sind, rollt diese dramatische Ballade ab und weiß sprachliche Plastik mit intensiver Charaktergestaltung zu vereinen.

Im gleichen Jahre noch gelangte, ebenfalls in München, das Drama oder, treffender gesagt, die Charakterstudie *Sand* zur Uraufführung. Die Hauptfigur ist jener Theologiestudent Karl Ludwig Sand, der 1819 in Mannheim den Schriftsteller August von Kotzebue, in dem er einen Agenten des freiheitsfeindlichen zaristischen Rußland vermutete, erdolchte und für diese Tat das Schafott besteigen mußte.

Sand handelt dabei aus einem unklaren, überhitzten Patriotismus und muß später zu der Erkenntnis gelangen, daß er keineswegs gleich seinen antiken Vorbildern Harmodios und Aristogeiton durch einen Tyrannenmord die Sache der Freiheit gerettet, sondern nur eine höchst belanglose Person getötet hat. Das in Einzelheiten fesselnde Stück krankt etwas daran, daß der Titelfigur ein Gegenspieler nahezu völlig fehlt.

In dem dreiaktigen Kammerspiel *So war Herr Brummell* (1933) beschreitet Penzoldt mit Glück und Grazie des Geistes den Weg zur Konversationskomödie. Das gesellschaftliche Milieu Englands um 1800 schlägt den Rahmen um eine locker, aber stets amüsant geführte Handlung, die George Bryan Brummell, den Schöpfer des ›Dandy‹, zum Helden hat. Glanz und bitteres Ende der Modeberühmtheit wird in seinem Schicksal offenbar. Ähnliche Anmut der Gestaltung und Beschwingtheit der Dialogführung bei diskret hintergründiger Bedeutung eignet der Komödie *Die verlorenen Schuhe* (1946), in deren Mittelpunkt der deutsche Graf Schlabrendorf steht, der in der Französischen Revolution der Guillotine nur deswegen entgeht, weil er in dem Augenblick, wo er zur Exekution gerufen wird, seine Schuhe nicht finden kann.

Der gläserne Storch (Hamburg 1952) ist die Frucht romantischer Laune und einer bis in den Bereich des Skurrilen vorstoßenden Einbildungskraft. Der Titel deutet auf die gläserne Retorte, worin ein künstlicher Mensch erzeugt wird. Mit Hilfe der Phantasie sieht sich dieser Homunkulus, nicht ohne tiefere Absicht ›Donatus‹ genannt, ins Getriebe der Menschenwelt und durch mancherlei Schicksale gewirbelt. Endlich läßt ihn der erlösende Kuß der Prinzessin erfahren, was Liebe ist, eine Erkenntnis, die Donatus endgültig zum Menschen macht. Penzoldts letztes Stück *Squirrel oder Der Ernst des Lebens* (München 1953) trägt das sinnweisende Motto Schillers »Das Geschöpf, das du anbetest, bist du selbst«. Von der grauen Einförmigkeit des Lebens angewidert, hat die Familie des Kohlenträgers Kuttelwascher, Vater, Mutter, Sohn und Tochter, versucht, damit Schluß zu machen. Im letzten Augenblick werden sie vor dem Gastod bewahrt. Den nahezu wider Willen Geretteten weht als Findling der Straße Squirrel (das englische Wort für Eichhörnchen) ins Haus, ein junger, achtzehnjähriger Mensch, der durch seine sorglose, nur dem Augenblick geltende Heiterkeit, die Anmut seines Wesens die Liebe sämtlicher Kuttelwaschers gewinnt. Squirrel wird zum Herzpunkt ihres Daseins, obwohl er ein kleiner Egoist ist und keinen Handstreich arbeitet, sich nur füttern und bedienen läßt. Als übelwollende Nachbarn den Kuttelwaschers klarzumachen suchen, der Gast möge sich endlich nützlich machen, verschwindet Squirrel spurlos zur Nachtzeit. Den Verlust betrauernd und doch durch das Erlebnis zu einer anderen Einstellung dem Leben gegenüber gezwungen, bleiben die Kuttelwaschers zurück, und selbst derjenige, der bislang Squirrels Tun am wenigsten verstehen konnte, der Rationalist Herbert, der Verlobte der Tochter, muß gestehen: »Unser Squirrel, ich fürchte, er wird uns recht fehlen.« W. Z.

HANS HENNY JAHNN

* 17. Dezember 1894 in Hamburg-Stellingen
† 29. November 1959 in Hamburg

Jahnn war von Beruf Orgelbauer. Neben seiner mit dem Spätexpressionismus einsetzenden literarischen Tätigkeit befaßte er sich noch mit ausgedehnten biologischen Forschungen, die während seiner Emigrationszeit (1933–45) auf Bornholm in Schweden zu pflanzenzüchterischen Versuchen führten. Nach dem Krieg kehrte Jahnn nach Hamburg zurück, wo er wieder als Sachverständiger für Orgelbau tätig war. Für sein erstes Drama »Pastor Ephraim Magnus« erhielt er 1920 den Kleistpreis. Es folgten »Die Krönung Richards III.«, »Medea« (Reclams UB 8711), »Neuer Lübecker Totentanz« u. a. bis zu dem nach der Rückkehr aus der Emigration veröffentlichten Schauspiel »Armut, Reichtum, Mensch und Tier«. Zwei große Romane »Perrudja« und »Fluß ohne Ufer« erschienen 1929 und 1949–61.

T h o m a s   C h a t t e r t o n. Tragödie in fünf Akten. – Das 1956 im Deutschen Schauspielhaus in Hamburg uraufgeführte Stück behandelt die drei letzten Lebensjahre des ›Wunderkinds von Bristol‹ Thomas Chatterton (1752–70). Getreu dem historischen Vorgang folgend, schildert es, wie der als Schreiber eines Advokaten in seiner Heimatstadt angestellte sensible Junge mit genialer Einfühlung in die alte englische Dichtung seine berühmten »Rowley Poems« verfaßt, die er einem mittelalterlichen Mönch (Rowley) so überzeugend unterschob, daß selbst ausgezeichnete Kenner der Zeit von ihrer Echtheit überzeugt waren. Seine Dichterträume treiben Thomas Chatterton immer mehr in die Isolierung von seiner Familie; nur wenige Freunde verstehen ihn. Er hat Erscheinungen, die ihm ein merkwürdiger, halbdämonischer Mentor namens Aburiel herbeiruft, Visionen von Gestalten des 15. Jh.s, die in seiner Phantasie lebendig werden, wenn er in alten Schriften und Akten in der Registratur seines Brotherrn, des Rechtsanwalts Lambert, blättert. Sein Geist ist stolz, abweisend und unglücklich, sein Leib ist einem zwiespältigen Eros unterworfen, dessen Irrsal durch die (aus Sparsamkeitsgründen bedingte) Gepflogenheit der Zeit, Schulkameraden zu zweit in einem Bett schlafen zu lassen, gefördert wird, obwohl es Thomas Chatterton auch zu Frauen zieht. Als sein weiteres Verbleiben in Bristol unmöglich wird, geht er nach London, wo man noch nichts davon weiß, daß seine Rowley-Gedichte als Fälschungen entdeckt wurden. Er arbeitet als Journalist und Verfasser von Singspielen, auf deren Aufführung er vergeblich wartet. Als er in immer größere Einsamkeit und Not gerät, vergiftet er sich, noch nicht 18 Jahre alt, mit Arsenik. Aburiel hält ihm die Totenrede, die in einer Anklage gegen diejenigen ausklingt, die den vom Genie Berührten hungernd und ausgestoßen verlöschen ließen.

Das Schauspiel ist eine Künstlertragödie, freilich weder aus romantischer noch aus sozialkritischer Sicht, sondern – in einer merkwürdig farblosen, trockenen und diagnostizierenden Sprache geschrieben – aus dem Bewußtsein der ›Verstricktheit‹ des Menschen, auch des schöpferischen, in seinen Wahn und seine Triebe. Der historische Chatterton, nach Eppelsheimer »ein Opfer der Mittelalterbegeisterung seiner Zeit«, erleidet bei Jahnn an sich die Spannungen des klassischen Antagonismus zwischen Bürger und Künstler, zwischen unbeirrbarem Nützlichkeitsdenken und ständig irritierbarer, melancholischer Empfindsamkeit, daneben aber auch zwischen genialer geistiger Frühreife und einer unausgegorenen Pubertät, und geht an ihnen zugrunde.

FRIEDRICH FORSTER

* 11. August 1895 in Bremen, † 1. März 1958 in Bremen

Friedrich Forster, eigentlich Waldfried Burggraf, hat zunächst die Berührung mit der Praxis des Theaters gesucht, denn der Bremer Pastorensohn war erfüllt von der Leidenschaft für Theater und Drama. Der Bühnenschriftsteller, als der er, trotz seiner beachtenswerten Erzählergabe, hauptsächlich zu werten ist, hat Entscheidendes seiner Tätigkeit als Dramaturg, Spielleiter und Schauspieldirektor (u. a. in Nürnberg und München) zu danken. Er besaß einen ausgesprochenen Nerv für dramaturgische Technik und Bühnenwirkung, ließ jedoch in den gelungensten seiner zahlreichen, mitunter etwas ungleichwertigen Stücke auch den dichterischen Atem nicht vermissen. Seine Sprache, knapp und prägnant, abhold einer ästhetisch-artistischen Brillanz, wird vom Blickpunkt und Bedürfnis des Schauspielers her entwickelt, seine Dialoge sind flüssig, mitunter zu packender Antithetik zugespitzt.

Erste Aufmerksamkeit weckte Forster mit Stücken, die in der Hauptsache der Darstellung junger Menschen und ihrer Schicksale gewidmet waren. So zählt die Schülertragödie *Der Graue* (1931) zu den besten Stücken dieser Art; sie wurde verdientermaßen mit dem Preis des Deutschen Volkstheaters in Wien ausgezeichnet. Einer seiner glücklichsten Würfe wurde *Robinson soll nicht sterben* (1932). Auch das reine Märchentheater verdankt Forster manche gehaltvolle Beisteuer, so mit *Der kleine Muck* (1932). Später wandte sich der Autor mehr dem historischen Drama und Lustspiel zu, so in *Wasa* (1932) und *Die Weiber von Redditz* (1934). Viel gespielt wurde seine Neubearbeitung von Gozzis *Turandot*. Weiterhin seien hervorgehoben: *Die Gesteinigten* (1948), eine dichterische Vision vom Ende Alexanders des Großen, sowie *Die Liebende* (1949), eine neue, bühnenwirksame Gestaltung des Medea-Stoffes.

Der Graue. Schauspiel in vier Akten (Erste Aufführung am 20. Februar 1931 in Köln). – Nach dem Tode seiner kränklichen Mutter hat Hans Meyer, der Sohn eines kleinen Beamten, das Internat, das er bis dahin besuchte, mit dem Gymnasium seiner Vaterstadt vertauscht. Wegen seines unkleidsamen grauen Internatsanzuges, den Hans weiterträgt, erhält er von Lehrern und Mitschülern den Spitznamen ›Der Graue‹. Vergeblich wendet sich der Gedemütigte an die Haushälterin seines Vaters wie an diesen selbst mit der Bitte um einen neuen Anzug. Man erklärt, die Verhältnisse erlaubten eine solche Anschaffung nicht. Mehr Verständnis findet Hans bei einer Nachbarin, der Filialleiterin Selma Schwan. Sie leiht ihrem Schützling das Geld für das begehrte Kleidungsstück. Da man zu Hause nichts von dem Handel erfahren darf, zieht sich Hans in Selmas Laden vor und nach der Schule um. Im neuen Anzug erwirbt sich Hans die Sympathie seines Klassenlehrers Dr. Sick und seiner Mitschüler; er scheint, auch was seine Leistungen im Unterricht anbelangt, ein Verwandelter, innerlich Befreiter geworden zu sein. Doch bei Selma, die in Hans einen späten Mädchentraum verwirklicht glaubt, muß er dafür einen teuren Preis bezahlen. Als sie Grund zur Eifersucht zu haben glaubt, kommt es zum Bruch, und Hans ist wieder ›Der Graue‹. Der Klassenlehrer deutet diesen Rückfall als Verstocktheit und setzt Hans vor der ganzen Klasse herunter. In seiner Verzweiflung offenbart sich Hans der Haushälterin seines Vaters, die in seinem Tun jedoch nur jugendliche Verworfenheit erblickt. In dem Augenblick, als der Vater in das Vorgefallene eingeweiht werden soll, stürzt sich Hans im Treppenhaus in die Tiefe. Zu spät erkennt Dr. Sick die Zusammenhänge. Die Klasse, solidarisch mit dem Toten, begegnet ihm mit stummem Vorwurf, und unfähig, weiter unterrichten zu können, bricht der Lehrer den Unterricht ab.

Ein technisch vorzüglich gebautes, folgerichtig entwickeltes Stück, von einer mehr leisen als lauten Anklage, knapp und treffend in der sprachlichen Formulierung, in den mit menschlichem Verständnis gezeichneten Charakteren für die gestaltende Kraft des Schauspielers sehr ergiebig.

Robinson soll nicht sterben. Spiel in drei Akten (Erste Aufführung am 17. September 1932 in Leipzig). –

Daniel Defoe (1660–1731), der weltbekannte Verfasser des *Robinson Crusoe*, ist alt und gebrechlich geworden. Erblindet lebt er im Hause der Witwe Cantley, rührend umsorgt von deren vierzehnjähriger Tochter Maud, seinem ›Geistchen‹. Defoes einstiger Reichtum ist unter den Händen seines liederlichen Sohnes Tom bis auf den letzten Rest zerronnen. Als Tom aus dem Vater keinen Penny mehr herauspressen kann, entwendet er ihm den einzigen Schatz, den er noch besitzt, das Manuskript des *Robinson Crusoe*, um es beim Trödler zu Geld zu machen. Maud verspricht dem verzweifelten Alten, das Manuskript wieder zur Stelle zu schaffen. Sie weiß sich den Beistand von fünf Londoner Jungen zu sichern, einer Bande, welche die Begeisterung für ›Robinson‹ zusammengeführt hat. Unter dem Feldgeschrei »Robinson soll nicht sterben!« zieht die junge Schar zur Schenke, wo Tom Defoe gerade die Neige des ergaunerten Geldes vertrinkt. Ehe er sich's versieht, wird Tom von seinen Widersachern überwältigt, gefesselt und fortgeführt. Maud will den Schutz des Königs anrufen, um dem alten Defoe zu seinem Recht zu verhelfen. Ohne ihn zunächst zu erkennen, begegnet sie am Tor des Schloßparks dem Monarchen, und dieser verspricht den Kindern den Zutritt zur Krone. Aus dem Munde der Kleinen erfährt er bald von Toms Diebstahl, von Defoes Not. Auf Bitten seiner jungen Freunde läßt sich der König zu einem Gnadenakt herbei, indem er Tom eine stattliche Summe in die Hand drückt, die er zum Rückkauf des Manuskripts und zum Beginn eines neuen Lebens verwenden soll. Schließlich begibt er sich in eigener Person in Defoes Wohnung, wo er das Leben des greisen Dichters sicherstellt, der künftig in einem behaglichen Hause ohne Not und Sorgen mit seinem ›Geistchen‹ und deren Mutter wohnen soll.

Über diesem Stück, dem die besondere Liebe Gerhart Hauptmanns gehörte, liegt ein zarter, poetischer Schimmer, der die realistischen Vorgänge des Geschehens unmerklich ins Märchenhafte hinübergleiten läßt. Die jungen Menschen sind mit ebensoviel Liebe wie Natürlichkeit gezeichnet. Defoe selbst wird durch diskrete Mittel in seinem Dichtertum bestätigt, der König zum Träger einer unaufdringlichen, mit Humor des Herzens begabten Humanitas.   *W. Z.*

ALFRED NEUMANN

* 15. Oktober 1895 in Lautenburg (Westpreußen)
† 3. Oktober 1952 in Lugano

Westpreußischer Abkunft, verlebte Alfred Neumann seine Jugend in Berlin und ging hierauf studienhalber nach München, wo er bald Lektor des Verlages Georg Müller wurde. Eine Zeitlang wirkte er auch als Dramaturg der Münchner Kammerspiele. Bekannt wurde er durch seinen der französischen Geschichte entnommenen Roman »Der Teufel«, der ihm 1926 den Kleistpreis einbrachte. Zahlreiche weitere Romane meist geschichtlichen Charakters folgten. Seinen nachhaltigsten Bühnenerfolg errang Neumann mit dem Drama »Der Patriot« (1926), während sich »Königsmaske« (1927), »Frauenschuh« (1929) und »Haus Danieli« (1930) nicht in gleichem Maße durchzusetzen vermochten. Nach 1933 lebte Alfred Neumann in Italien, Frankreich und in den USA, kehrte jedoch 1949 wieder nach Europa zurück.

Neumanns literarische Bedeutung fußt in erster Linie auf seinem Romanschaffen, in dem er Geschichte und Dichtung, historische und frei erfundene Figuren geschickt ineinander zu verweben vermag und deutliche Bezüge auf die Gegenwart, nicht ohne eine gewisse Ironie, hervortreten läßt. Das bereits in den Romanen vorhandene, glänzend beherrschte dialogische Element weist zugleich auf eine dramatische Berufung, die Neumann vor allem im *Patrioten*, einem dramaturgisch meisterhaft gebauten Theaterstück, dem auch ein ideeller Hintergrund nicht fehlt, erhärtete.

D e r P a t r i o t. Drama in fünf Akten (Erste Aufführung: 20. November 1926 in Stuttgart). – Das Stück spielt in Rußland zur Regierungszeit des Zaren Paul I. (1796–1801). Der ›Patriot‹ ist Graf Pahlen, Kriegsgouverneur von Petersburg, der seine Machtstellung dazu benützt, den Sturz des wahnsinnigen Kaisers vorzubereiten. Mit der verbissenen Energie des Fanatikers weiß Pahlen die Stimme des Gewissens in seiner Brust zum Schweigen zu bringen, denn »man tötet das Gewissen, oder das Gewissen tötet uns«. Als Pahlen den Zarewitsch Alexander, der seinem Vater nachfolgen soll, mit ins Vertrauen zieht, muß er auch dessen Gewissen auf sich nehmen, denn dieser gibt seine Einwilligung zu dem Plane nur unter der Bedingung, daß alles ohne Blutvergießen ablaufe. Jedoch der Zar widersetzt sich der Abdankung und wird, ohne Pahlens Schuld, bei dem geleisteten Widerstand ermordet. Pahlen sühnt hierauf den Bruch des dem Thronfolger gegebenen Versprechens durch einen freiwilligen Tod. So ist ihm zwar nicht das eigene, aber das Gewissen Alexanders zum Verhängnis geworden. *W. Z.*

CARL ZUCKMAYER

* 27. Dezember 1896 in Nackenheim (Rheinhessen)

Zuckmayer ist der Sohn eines Fabrikanten und wuchs in Mainz auf. Nach seiner Teilnahme am Ersten Weltkrieg studierte er in Heidelberg, lebte dann als Regieassistent und Schriftsteller in Berlin und nach einer Lapplandreise 1922 als Dramaturg in Kiel. Über München kam er wieder nach Berlin, wo er mit Bert Brecht am Deutschen Theater arbeitete. Sein erster großer Erfolg, der »Fröhliche Weinberg«, brachte ihm 1925 den Kleistpreis. 1929 erhielt er auch den Georg-Büchner-Preis. Bereits 1926 hatte er sich in Henndorf bei Salzburg ein Haus gekauft, in dem er 1933–38 lebte. Dann emigrierte er über die Schweiz und Kuba nach den USA, wo er schließlich 1940–46 eine Farm in Vermont bewirtschaftete. 1946 kam er, zunächst im Auftrag der US-Regierung, nach Deutschland zurück. 1958 siedelte er sich in Saas-Fee im Wallis an. Zuckmayer ist in erster Linie Bühnenschriftsteller, aber auch Lyriker von ausgeprägter Eigenart, Erzähler und Essayist.

Schon zu Lebzeiten des von ihm hochverehrten Gerhart Hauptmann war Carl Zuckmayer der einzige deutsche Dramatiker, der sich in der Breite des Erfolgs mit dem großen Schlesier vergleichen durfte. Wie dieser liebt Zuckmayer die Fülle des naturverbundenen, erosgesegneten Lebens, wie dieser hat er die Kraft des plastischen Menschenbildners, dessen Gestalten sich beinahe unabhängig von ihrer Bühnenfunk-

tion als geschichtliche oder Zeiterscheinungen der Erinnerung
einprägen. Was den Nachkommen rheinhessischer Weinbauern jedoch von dem Sohn schlesischer Weber und Gast-
wirte unterscheidet, ist das gleiche, was auch den Charakter
der hellen, lieblichen, von südlich linder Luft durchwehten
westdeutschen Stromlandschaft gegenüber dem des herben,
strengen ostdeutschen Riesengebirgslandes bestimmt: die
Heiterkeit. Hauptmann entbehrte keineswegs des Humors
und der Genußfreudigkeit, aber im Grunde war sein Wesen
ernst und schwerblütig. Zuckmayer aber besitzt das beweg-
liche, lange jugendlich bleibende Temperament, den Sinn
für Spaß und Witz, das sonnenempfängliche Auge des
Rheinländers, verbunden mit der spezifisch hessischen Begabung für Kritik und geistige Diagnostik. Er ist kein Tragiker und ist nie einer gewesen – auch nicht, als er sich als
ganz junger Autor mit seinem völlig im Bann des Expressionismus stehenden Drama *Kreuzweg* (Berlin 1921) selbst dafür hielt. Wenn er sich auch in seinem unbedingten Bekenntnis zu geistiger und politischer Freiheit (ebenso wie in seiner
Leidenschaft für soziale Gerechtigkeit) mit seinem großen
hessischen Landsmann Georg Büchner (1813–37) trifft, so ist
doch ganz gewiß einer seiner literarischen Ahnen auch dessen
wiederum landsmännischer Zeitgenosse Ernst Elias Niebergall (1815–43), der Verfasser der genialen Darmstädter
Dialektkomödie *Datterich*: Zuckmayer ist der legitime Erbe
seines kritischen Humors und seiner knappen, präzisen
Charakterisierungskunst – das zeigt sich schon im *Fröhlichen
Weinberg* und am deutlichsten in dem Meisterwerk *Der
Hauptmann von Köpenick*, mit dem Zuckmayer eine der
großen deutschen Komödien und eine der großen politischen
Satiren, an denen es unserer Literatur so sehr mangelt, ge-
lungen ist.

Das Lustspielhafte ist ein Wesenselement der Zuckmayer-
schen Dichtung, es breitet sich selbst in einem vom Stoff her
durchaus tragischen Werk wie *Des Teufels General* aus, und
sogar in einem überwiegend aus dem Gedanklichen konzi-
pierten Drama wie dem *Gesang im Feuerofen* fehlt es nicht
ganz. In der Verbindung mit dem Lyrischen, das bei Zuckmayer manchmal etwas geradezu Schwärmerisches bekommt,
macht das Lustspielhafte das eigentlich Volkstümliche seiner
Bühnenwerke aus, die an Sicherheit des theatralischen Hand-

werks in der zeitgenössischen Produktion kaum ihresgleichen finden. (Brecht, im Ansatzpunkt und in der Zielsetzung seines Schaffens der denkbar größte Gegensatz zu Zuckmayer, kann hier nicht als Parallele herangezogen werden.) Zuckmayers Stücke sind, als Handlung zuweilen mit ausgesprochener Fabulierlust erfunden, in ihrer Bilder- und Gestaltenfülle so wirklichkeitsnah, daß man heute kaum noch begreift, daß seine Anfänge so tief wie nur je bei ausgemachten ästhetischen und Weltanschauungsdichtern in der Literatur stecken. In dieser Hinsicht ist es ebenso interessant wie amüsant, daß er, als er sich davon befreite, mit dem Stück aus dem fernen Westen, das noch vor dem *Fröhlichen Weinberg* unter dem Titel *Pankraz erwacht* erschien, zuerst keineswegs in die Wirklichkeit, sondern in jene Literatur geriet, die deren populärstes Surrogat ist – in die Kolportage. Seither hat er sich keines Rückfalls mehr ›schuldig gemacht‹. Was seine Kunst über den Realismus im engen Sinn hinausträgt, ist Zuckmayers tiefe Lebensfrömmigkeit und -gläubigkeit, die in allen seinen Stücken an irgendeiner Stelle zuweilen geradezu hymnisch durchbricht – am stärksten in jenem nächtlichen Gespräch gegen Ende des ersten Akts in *Des Teufels General*, in dem der alte erfahrene Weltkriegsflieger dem jungen todeswilligen Leutnant Hartmann von der Völkermischung am Rhein erzählt: das Leben quillt und erhält sich von allen Seiten und Himmelsrichtungen und bricht immer wieder auf zu ewiger Erneuerung. In diesem strömenden Lebensgefühl wurzeln Wesen und Dichtung Carl Zuckmayers. Neben den im folgenden ausführlich behandelten Stücken Zuckmayers sind noch hervorzuheben *Der Schelm von Bergen* (1934), die niederrheinische Volkssage von der Kaiserin und dem Scharfrichterssohn dramatisierend, *Barbara Blomberg*, ein breit und farbig ausgeführtes Episodenstück aus der Zeit Karls V., und *Die Uhr schlägt eins* (1961), ein Schauspiel, das unsere von der Vergangenheit belastete Gegenwart zum Thema hat. Dem Schauspiel *Der Rattenfänger* (uraufgeführt 1975 in Zürich) liegt die Sage vom Rattenfänger von Hameln zugrunde.

Der fröhliche Weinberg

Lustspiel in drei Akten
Erste Aufführung: 22. Dezember 1925 in Berlin

Personen: Jean Baptiste Gunderloch, Weingutsbesitzer – Klärchen, seine Tochter – Eismayer, Landskronenwirt – Babettchen, dessen Tochter – Knuzius, Assessor, Klärchens Verlobter – Jochen Most, Rheinschiffer – Annemarie, seine Schwester – Rindsfuß, Vogelsberger, Stenz, Weinhändler – Frau Rindsfuß – Fräulein Stenz – Hahnesand, Löbsche Bär, Weinreisende – Kurrle, Beamter – Raunz, Küfermeister – Studienassessor Bruchmüller – Chinajockel, Stopski, Ulanenchorsch, Veteranen, Weinbauern, Musikanten, Polizei.

Ort und Zeit: Rheinhessen, Weinlese, Spätnachmittag bis zur Frühe des nächsten Morgens, 1921.

Der Weingutsbesitzer Gunderloch, ein Witwer in den besten Jahren, führt eine Anzahl von Weinhändlern und Weinreisenden durch seinen Wingert, um ihnen den tadellosen Zustand seines Besitzes zu zeigen. Es ist die Zeit der beginnenden Weinlese. Gunderloch will die Hälfte seines Weingutes und seiner Kellerbestände verkaufen und sich irgendwo im Taunus aufs Altenteil zurückziehen; die andere Hälfte seines Besitzes soll seiner Tochter Klärchen und deren künftigem Mann, dem Assessor Knuzius, gehören. Vor der Heirat aber muß eine Bedingung erfüllt sein, die der lebensfrohe und verschmitzte Gunderloch seinem künftigen Schwiegersohn gestellt hat: er muß den Beweis liefern, daß er imstande ist, die Sippe der Gunderlochs fortzusetzen. Klärchen aber würde viel lieber als den Sprüchemacher und Fatzken Knuzius den Rheinschiffer Jochen Most zum Mann nehmen, dem ihr Herz gehört. Ihre Freundin Babettchen Eismayer, die Tochter des Landskronenwirts, würde dagegen dem schneidigen ehemaligen Korpsstudenten ganz gern ihre Hand zum Lebensbund reichen. Annemarie Most, Jochens Schwester, die Gunderloch die Wirtschaft führt und eine starke Zuneigung zu ihrem ansehnlichen Brotherrn fühlt, rät Klärchen, dem Knuzius weiszumachen, »es wäre bereits so weit«; dadurch müsse er schonend und rücksichtsvoll gegen sie sein, und sie gewänne auf jeden Fall Zeit. Klärchen geht voller Freude darauf ein. Gunderloch stellt den Geschäftsfreunden seine Tochter vor, meint aber, als jene bereits zur Verlobung gratulieren wollen, im Hinblick auf

seine insgeheim gestellte Bedingung, noch könne man nicht
mit Bestimmtheit sagen, ob Knuzius wirklich der künftige
Schwiegersohn sei. Dieser ist darob nicht wenig verbiestert
und fühlt sich in seiner Mannesehre gekränkt. Als Klärchen
ihm aber nun etwas ins Ohr flüstert, rennt er wie närrisch
mit dem Ruf »Schwiegerpapa – Großpapa!« hinter Gunderloch her, der mit seinen Gästen bereits zum Abendessen in
die »Landskrone« unterwegs ist. – Dort geht es hoch her,
das Winzerfest ist in vollem Gang, man tanzt, singt und
trinkt, was das Zeug hält, und den meisten Spektakel machen
die Veteranen vom Chinafeldzug, die, einem alten Brauch
entsprechend, in jedem Weinherbst von Gunderloch reichlich
mit Freimost traktiert werden. Der Schiffer Jochen kommt
und setzt sich, da er glaubt, Klärchen habe sich endgültig
für Knuzius entschieden, an dessen Tisch, um ihn mit herausfordernd mürrischer Hartnäckigkeit anzustarren. Knuzius fühlt sich »fixiert« und versucht kommentmäßig, Jochen
auf die Toilette zu bitten, aber Gunderloch verbittet sich
derartige Krakeelereien. Klärchen wird es unbehaglich zwischen den beiden Rivalen, sie geht mit Jochens Schwester
nach Hause. Knuzius macht Babettchen Eismayer den Hof,
die sich seine albernen Huldigungen geschmeichelt gefallen
läßt. In gewaltig gehobener Stimmung gibt es mit einem
Mal Krach, als Gunderlochs Tischgesellschaft gefühlvolle
Rheinlieder singt und die nunmehr total besoffenen Veteranen dazwischengrölen. In der allgemeinen Rauferei stürzt
sich Jochen Most auf Knuzius, um privat mit dem vermeintlichen Nebenbuhler abzurechnen – Gunderloch, der sich zu
Annemaries bewunderndem Entzücken als der stärkste und
ausdauerndste Kämpfer erweist, setzt beide durchs Fenster
hinaus ins Freie. Krach und Jubel vermischen sich in einer
dithyrambischen Symphonie der entfesselten Geister des
alten und jungen Weins. – Vor dem Landskronen-Wirtshaus.
Jochen Most verbindet sein Knie, das er sich aufgeschlagen
hat, als Gunderloch ihn durchs Fenster an die Luft beför-
derte. Klärchen hat ihn mit Annemarie noch einmal wollen
ihn unbedingt sprechen, aber er geht wieder in die Gaststube
zurück. Als Gunderloch herauskommt, eilt Klärchen davon.
Wenige, vom Wein beschwingte Worte genügen, daß sich der
rüstige Jean Baptiste (auf rheinhessisch: Schambes) und die
resolute Schiffersschwester über ihre gegenseitigen Gefühle

klar werden; den frischen Herzensbund zu bekräftigen, ist
die verschwiegene Ligusterlaube hinterm Wirtsgarten der geeignete Ort. Knuzius, vom Wein reichlich illuminiert, zieht
Babettchen hinter sich her, die sich seinen Tiraden jedoch
entwindet. Schwer benebelt landet er auf einem Misthaufen,
wo er schnarchend einschläft. Klärchen, die ihrem Jochen
irgendwo in die Arme gerannt ist, findet endlich Gelegenheit, ihm zu sagen, wie's wirklich steht – daß sie gar kein
Kind von Knuzius bekommt und daß alles nur Schwindel
war, um den unerwünschten Bräutigam hinzuhalten. Der
glücklichen Aufklärung folgt – wiederum in der gerade unmittelbar vorher von Gunderloch und Annemarie verlassenen Ligusterlaube – die endgültige Versöhnung. Ein drittes
irrendes Paar, der Weinreisende Hahnesand und die Tochter
des Kölner Weinhändlers Stenz, findet im Heu in der
Scheuer gerade noch eine Unterkunft, bevor im dämmernden
Morgen Eismayers großes Schlachtfest mit dem Abstechen
einer Prachtsau beginnt. Gunderloch und Annemarie, Jochen
und Klärchen begrüßen sich wechselseitig als Verlobte
(Jochen hat die berühmte Bedingung inzwischen erfüllt),
während Knuzius vollkommen gehirnlahm auf dem Misthaufen erwacht. Da Babettchen aber erklärt, ihn doch heiraten zu wollen, macht auch er sein Glück. Gunderloch bleibt
nun auf seinem Besitz, er macht das Verkaufsangebot rückgängig und lädt die enttäuschten Geschäftsfreunde zur Dop-
pelhochzeit ein. Die Sonne geht auf, die Sau wird gestochen,
die Traubenlese geht weiter und mit ihr das fleißige und
lustige Leben im fröhlichen Weinberg.

Mit diesem Lustspiel ist Carl Zuckmayer der Durchbruch
aus der expressionistischen Gedankenwelt seiner Frühzeit in
die Wirklichkeit der Menschenwelt mit einer Vehemenz gelungen, von deren Wirkung sich nur diejenigen noch eine
Vorstellung machen können, die bei der triumphalen Uraufführung 1925 mit dabei waren. Die deutsche Literatur, die
seit Ernst Elias Niebergalls *Datterich* (1841) keine wirkliche
Volkskomödie mehr hervorgebracht hatte – Hauptmann
war mit dem *Biberpelz* und Emil Rosenow mit dem *Kater
Lampe* auf dem Weg dazu –, sah sich plötzlich um ein Lustspiel bereichert, das nicht nur die Menschen, sondern auch
die Farbe und das Klima, ja den ›Geruch‹ einer Landschaft
auf die Bühne brachte. Wie Niebergall mit seinem Realismus

gegen die Phantastik der Romantiker, so stand sein hessischer Landsmann Zuckmayer gegen die Fratzenhaftigkeit der Spätexpressionisten und pumpte Leben in die Literatur. Es war ein Aufbruch, der dem jungen Dichter sofort seinen Platz sicherte. Daß der *Fröhliche Weinberg* nach 1945 nicht mehr denselben durchschlagenden Erfolg hatte wie vor zwanzig Jahren, lag (abgesehen von vergröbernden Aufführungen) nicht daran, daß das Stück sich ›überlebt‹ hatte, sondern an der umgekehrten Tendenz der Zeit: nach der expressionistischen Seelenverkapselung sehnte man sich nach Wirklichkeit, nach den grauenhaften Formen, in denen man sie im Zweiten Weltkrieg erfahren hatte, floh man aus ihr.

Schinderhannes

Schauspiel in vier Akten
Erste Aufführung: 13. Oktober 1927 in Berlin

P e r s o n e n : Johann Bückler, genannt Schinderhannes – Julchen Blasius, Tochter eines Bänkelsängers – Ihre Kameraden – Ihre Zeitgenossen. O r t u n d Z e i t : Am Mittelrhein, im Hunsrück und in der Festung Mainz, zur Zeit Napoleons.

Das linke Rheinufer steht unter französischer Herrschaft, auf dem rechten Ufer wird eine deutsche Gegenarmee aufgestellt. In der unruhigen Gegend zwischen Mainz und Koblenz, besonders im Hunsrück, treibt der Räuberhauptmann Johann Bückler, im Volksmund ›Schinderhannes‹ genannt, sein Unwesen. Genaugenommen ist es aber gar kein Unwesen, zumindest wird es vom Volk nicht so empfunden. Denn der Schinderhannes brandschatzt zwar die Reichen, besonders wenn sie Franzosenfreunde sind und mit der Okkupationsarmee Geschäfte machen, aber die armen Leute läßt er in Ruhe, ja, er hilft ihnen noch, wenn sie in Not sind. Darum kann er sich auch auf sie verlassen, sie warnen ihn und gewähren ihm Versteck und Obdach. Unerkannt sitzt er in ihrer Mitte im Wirtshaus »Zum grünen Baum« an der Nahe und lauscht den Liedern des Bänkelsänger-Julchens. Zwischen ein paar Gästen mit dicken Geldbeuteln und den kleinen Leuten, die bei ihrem Gläschen Wein sitzen, gibt es

Reibereien, in deren Verlauf Hannes Bückler die Partei der
Armen gegen die Besitzbürger ergreift, denen er sich als
Krämer Jakob Ofenloch vorstellt und gründlich die Mei-
nung sagt. Julchen verliebt sich Hals über Kopf in das
prächtige Mannsstück und folgt ihm, als der Hannes plötz-
lich rasch das Lokal verläßt, nach. Eine Gendarmerieabtei-
lung ist auf der Suche nach dem Räuberhauptmann. – Im
Dollbachwald treffen Julchen und ihre Schwester Margaret
Hannes und seinen Kumpan, den Iltis-Jakob. Hannes fragt
Julchen, ob sie bei ihm bleiben wolle. Sie antwortet: »Gern.«
– Vor einer alten Mühle am Dollbach sitzen Hannes und
Julchen auf einer Bank. Im Haus wohnt Kaspar Bückler,
des Hannes alter Vater, den die Gendarmen, wenn sie schon
den Sohn nicht kriegen, verhaften wollen. Hannes ruft seine
Bande herbei, sie nehmen den Gendarmen die Waffen ab
und jagen sie mit Spott und Schande davon.
   Ein Jahr später. Niemand weiß, wo der Schinderhannes
sich aufhält. Aber am Ostersamstagabend ist seine ganze
Bande im »Grünen Baum« und vergnügt sich mit Saufen
und Tanzen. Der Metzger Zoppi, der die französische
Armee mit Vieh und Fleisch beliefert, kehrt zum Essen ein
und macht sich wenig Sorgen darum, daß die Schinder-
hannes-Leute seine Ochsen stehlen könnten, denn er weiß,
daß starke Truppenabteilungen im Anmarsch sind, um die
Gegend von den Banditen zu säubern. Außerdem sollen sie
Soldaten ausheben. Die seit Jahren durch Kriegssteuern und
Kontributionen bedrückte Bevölkerung möchte am liebsten
den Schinderhannes zu Hilfe rufen – da öffnet sich die Tür,
und Hannes und Julchen treten ein. Hannes hat ein Glanzstück vollbracht, er hat sich als »ortskundiger Revierförster«
zu einem französischen Detachement gesellt, es in die Nähe
gelockt und will es nun mit seiner Bande in der Nacht überfallen. Um die richtige Stimmung für das Unternehmen zu
schaffen, verliest er einen Steckbrief, den die Franzosen
gegen ihn erlassen haben: 5000 rheinische Goldgulden winken dem, der ihn tot oder lebendig ausliefert. Julchen hat
Angst, Hannes soll sich nicht in zu gewagte Abenteuer ein-
lassen; Krieg auf eigene Faust gegen die Franzosen führen
– das könne er nicht. Aber Hannes ist von einem wilden
Furor gepackt, er schmettert Julchen, die sich an ihn hängt,
zu Boden und befiehlt den Überfall auf die ahnungslosen

Soldaten. Brüllend, johlend und singend unternimmt die Bande mit ihrer Losung »Himmelhund« den Sturm.

Julchen hat den Schinderhannes, weil sie ihn geschlagen hat, verlassen. Es steht schlecht um ihn, die Bevölkerung ist seit dem Erlaß des Steckbriefs ängstlich geworden und hilft ihm nicht mehr wie früher. Ein paar Mitglieder seiner Bande, die, gehetzt und ohne Unterstützung, in den Wäldern ihr Leben fristen, sind über den Rhein gegangen und haben sich drüben bei den deutschen Truppen anwerben lassen. Auch Hannes Bückler selbst könnte sich überm Rhein in Sicherheit bringen, doch wichtiger als alles ist ihm, Julchen wiederzufinden. Dem Rest seiner Kumpane, der noch treu zu ihm steht, rät er, sich aus der Franzosengrenze, wo ihre Köpfe keinen Batzen mehr wert sind, davonzumachen, aber sie wollen bei ihm bleiben. Margaret Blasius kommt, der Erschöpfung nahe, und berichtet dem Hannes, daß Julchen in einem Kornfeld liege, die Wehen hätten schon eingesetzt, das Kind müsse jeden Augenblick zur Welt kommen. Hannes, der gar nicht gewußt hat, daß seine Geliebte ein Kind erwartet, als sie ihn verließ, rennt wie ein Besessener zu dem Feld an der Nahe, die andern hinter ihm her. – Hannes hat Julchen im Kornfeld gefunden und ist glücklich über seinen kleinen Sohn. Er vergißt seine mißliche Lage und verspricht Julchen in überströmender Freude, mit ihr zu bleiben, »wo's gut ist«. – Da sie auf dem französischen Rheinufer keinerlei Sicherheit mehr haben, sind Hannes und seine letzten Getreuen auch auf die deutsche Seite gegangen und haben sich bei den kaiserlichen Truppen anwerben lassen. Sie sind der Meinung, daß der französische Steckbrief hier nicht gilt. Als sie aber in die Kaserne kommen, wo zwei ihrer früheren Kameraden bereits Rekruten sind, werden sie eines andern belehrt. Die beiden verraten sie, um sich die 5000 Goldgulden zu verdienen, und als ›politische‹ Verbrecher werden sie verhaftet.

Schinderhannes, zum Tode verurteilt, erwartet im Holzturm zu Mainz seine Hinrichtung. Als Henkersmahlzeit hat er sich Schweinebraten, Wein und Holländer Zigarren bestellt. Julchen, die als seine Geliebte mit verhaftet wurde, wird am nächsten Tage wegen erwiesener Unschuld freigelassen. Hannes darf die letzte Nacht bei ihr verbringen, ohne Fesseln, frei . . . – Ganz Mainz ist auf den Beinen, um zu sehen, wie der Schinderhannes und seine 19 Mann geköpft werden. Es geht zu wie beim Volksfest, alle Sitzplätze sind »ausverkauft«. In der Menge wird Benzel, der früher zu der Bande gehörte und Hannes später beim Militär verraten hat, erkannt und von den Hunsrücker Bauern, die zum Abschied von ›ihrem‹ Schinderhannes gekommen sind, totgeschlagen. – Hannes erwacht in Julchens Armen. Die Glocken läuten, das aufgeregte Brausen in der Stadt dringt bis zu ihrer Kammer im Holzturm hinauf. Hannes wird zu seinem letzten Gang abgeholt – alle 19 Mitverurteilten, an der Spitze sein Vater, sind mit heraufgekommen. Voll Stolz berichtet der alte Bückler seinem Sohn, daß 15 000 Menschen zu dem Schauspiel versammelt sind. Hannes drückt Julchen noch einmal beide Hände, dann geht er mit dem Kommando »Los jetzt« hinaus. Julchen, allein, flüstert vor sich hin: »Fünfzehntausend Leut'! –«

Zuckmayers *Schinderhannes* ist der aus Volksromanzen und Moritatenpoesie glanzvoll auf der Bühne auferstandene populäre Räuberheld mit dem Herzen für die Armen und Unterdrückten. Er ist bei weitem nicht so edel wie Schillers Karl Moor und auch nicht von dessen hochfliegendem Idealismus beseelt, aber doch wie jener ein Kämpfer (freilich außerhalb des Gesetzes) für soziale Gerechtigkeit und Freiheit. Die historische Gestalt des Johann Bückler ist legendär und poetisch verklärt, so wie sie in Rheinhessen noch heute in Geschichten und Anekdoten lebt. Auch die patriotische Gloriole eines Widersachers der ›Franzosenzeit‹ ist dem Räuberhauptmann dort verliehen worden. Zuckmayers Eigentum an der Gestalt und besonders an der des Julchens ist die schöne, unsentimentale Gefühlsstärke und der bildhaft kräftige Humor, der dem im Grunde tragischen Stück den fröhlichen, lustspielhaften Zug gibt, auch in den zahllosen Neben- und Episodenfiguren, die wie im *Fröhlichen Weinberg* mit einer frappierenden landschaftlichen Echtheit gezeichnet sind. Das kurze Kornfeld-Bild ist eine der stimmungsstärksten lyrischen Bühnenszenen, die einem deutschen Autor nach Gerhart Hauptmann gelungen sind.

Katharina Knie

Seiltänzerstück in vier Akten
Erste Aufführung: 21. Dezember 1928 in Berlin

Personen: Karl Knie senior, genannt Vater Knie – Katharina, seine Tochter – Fritz Knie, Lorenz Knie, ihre Vettern – Ignaz Scheel, Julius Schmittolini, Bobbi, genannt Bibbo, Mario, Mitglieder und Artisten des Zirkus Knie – Martin Rothacker, Landwirt – Rothackerin, seine Mutter – Membel, Gerichtsvollzieher – Dillinger, Polizeikommissar – Bloomaul, Tätowierer – Berberitzsche, Zettelausträger – Musikanten, Lausbuben, Publikum.
Ort und Zeit: Im Zirkus Knie auf dem Marktplatz einer pfälzischen Kleinstadt, die beiden ersten Akte im Inflationsjahr 1923, die beiden letzten 1924.

Der gutmütige und menschenfreundliche Gerichtsvollzieher Membel hat den peinlichen Auftrag, den Zirkus Knie wegen nicht abgeführter Lustbarkeitssteuer zu pfänden. Die Geschäfte gehen, obgleich das solide alte Familienunternehmen der Knies in ganz Hessen, Baden und der Pfalz gut bekannt und beliebt ist, schlecht; die Inflation frißt den Leuten das Geld weg, und wenn sie für Vergnügungen überhaupt noch etwas übrig haben, tragen sie's ins Kino. Aber die Zirkusleute halten zusammen, das bißchen, was sie noch haben, wird verborgen, und der brave Membel findet zu seiner persönlichen Befriedigung nichts, was sich pfänden ließe. Kaum ist dieses Ungemach abgewendet, naht ein neues: dem Landwirt Rothacker sind drei Sack Hafer gestohlen worden, jetzt kommt er mit dem Polizeikommissär Dillinger, um bei den Seiltänzern, die er im Verdacht hat, eine »Haussuchung« vornehmen zu lassen. Der alte Knie ist außer sich, sowas ist ihm in seinem bald siebzigjährigen Leben noch nicht vorgekommen. Seine Tochter Katharina gesteht, sie habe den Hafer gestohlen, um ihr Eselchen Mali füttern zu können. Rothacker, dem das Mädchen sichtlichen Eindruck macht, zieht die Anzeige zurück und erklärt, daß er den Hafer der Truppe Knie schenke. Vater Knie ist noch immer wie vor den Kopf geschlagen; plötzlich rafft er sich auf und befiehlt ingrimmig Strafübung für das ganze Personal. – Katharina hat den Hafer dem Bauern Rothacker wieder zurückgebracht. Sie ist in ihn verliebt und schämt sich, daß er sie für eine Diebin halten könnte. Umgekehrt gefällt sie aber auch

dem reichen Landwirt so gut, daß er, eine Gelegenheit des
Wiedersehens suchend, seinerseits den Hafer (und dazu noch
Melasse und Rüben) in den Zirkus zurückbringt. Katharina
erzählt ihm von ihrem Wanderleben, der alte Knie kommt
hinzu, und unvermittelt fragt ihn Rothacker, ob er seine Tochter nicht bei ihm lassen wolle, damit sie die Gutswirtschaft
und Ökonomie lernen könne. Der Alte ist zuerst ganz fassungslos – eine Zirkuskünstlerin, noch dazu aus einer Familie, die seit dem 16. Jh. einen Gewerbeschein als freie Seiltänzer besitzt, auf einem Bauernhof ... unmöglich. Als aber
Katharina selbst erklärt, zu Rothacker gehen zu wollen, gibt
er mit fast jäher Hast seine Einwilligung; insgeheim hofft
er, daß sie als rechtes Artistenkind doch bald wieder zum
fahrenden Volk zurückkehrt. Katharina nimmt ihre wenigen
Habseligkeiten und ihr Eselchen und folgt strahlend dem
Bauern. Vater Knie, der nichts von der Liebe der beiden
weiß, sagt zu seinen Leuten (und mehr noch zu sich selbst):
»Da kannste Gift drauf nehme: Die kommt wieder –!«

   Die Inflationszeit ist vorüber, aber die Verhältnisse sind
nicht viel besser geworden. Wieder gastiert der Zirkus Knie
in dem kleinen Pfalzstädtchen, und noch immer wartet der
alte Seiltänzer, daß seine Tochter wieder zur Truppe zurückkäme. Als deren Mitglieder aber erfahren, daß Katharina
und Rothacker heiraten wollen, verschweigen sie die Neuigkeit, um Vater Knie, der nach wie vor seinen Hochseilakt
vorführt, nicht aufzuregen und ihn dadurch in seiner gefährlichen Arbeit unsicher zu machen. Auch Katharina, die mit
ihrem Verlobten zur Vorstellung kommt, weiß, wie schwer
der Vater ihren endgültigen Abschied von der Truppe nehmen wird, und will ihm deshalb erst nach der Vorstellung
alles erzählen. Der Alte aber ist tief bewegt, als er der Tochter wiedersieht, und glaubt, ihr Besuch bedeute die Rückkehr
zu ihm und zum Zirkus. Voller Freude macht er auf dem
Seil die kühnsten Kunststücke, und es bedarf der ganzen
Aufmerksamkeit und Disziplin seiner Partner, um ein Unglück zu verhüten. Ein richtiges Fest soll den großen Abend
beschließen, aber Vater Knie hat sich in seiner freudigen
Aufregung doch zuviel zugemutet. Er muß sich bald hinlegen, die andern ziehen sich zurück, nur Katharina bleibt
neben seiner Bank sitzen. Nun soll sie ihm alles sagen, was
sie auf dem Herzen hat – er schließt die Augen und hört zu.

Brecht, Die heilige Johanna der Schlachthöfe

Brecht, Mutter Courage

Katharina beginnt stockend zu sprechen und erzählt dem Vater, wie sie und Rothacker einander lieben, daß sie ganz bei ihm bleiben und ein Kind mit ihm haben wolle, damit sie ganz sicher wisse, wo sie hingehöre. Aber all das hört der alte Mann nicht mehr – er ist still und ohne die Augen noch einmal aufzumachen für immer eingeschlafen. – Vater Knie ist begraben worden, seine verwaiste Truppe kehrt in geliehenen schwarzen Anzügen und Trauerkleidern in die zum Abbruch bereitstehende kleine Arena zurück. Der Clown Julius Schmittolini, das älteste Mitglied, hält dem heimgegangenen Artistenvater eine aus tiefstem Herzen kommende Trauerrede. Niemand weiß, was nun werden soll – nur Katharina weiß es und die Rothackerin, des Großbauern alte Mutter, die das Zirkuskind liebgewonnen hat. Sie versteht, daß Katharinas Platz jetzt bei der Truppe ist, und wird es ihrem Sohn sagen. Die Rückgabe des Verlobungsrings weist sie zurück: »Der wird bei uns nit mehr gebraucht.« Katharina huscht, bevor die andern sie sehen, in den Wohnwagen ihres Vaters. Die Artisten sind verzweifelt, weil Dillinger ihnen mit Haft droht, wenn sie nicht sofort ihre alten Schulden bezahlen. Da kommt Katharina aus dem Wagen, gibt dem Polizeikommissär Rothackers goldenen Verlobungsring als Ersatz für Bargeld und befiehlt: »Anspannen!« Weiter geht's in den nächsten Ort, der Zirkus und seine Leute sind gerettet. Das Artistenblut hat in Katharina Knie, so schwer ihr der Verzicht auch fiel, gesiegt.

Der Theaterdichter Zuckmayer, der sein Handwerk versteht wie wenige, hat eine tiefe Liebe zur handwerklichen Sauberkeit und Redlichkeit der Artisten. Dieser Liebe hat er in der heiter-sentimentalen Romanze von der Herzensverwirrung des Zirkuskindes Gestalt gegeben, die zugleich, wie alle seine Stücke, ein subtil ausgeführtes Milieu- und Charakterbild ist. Die historische Figur des alten Seiltänzers Knie, den Zuckmayer in seiner Jugend noch in seiner rheinhessischen Heimat auftreten sah, ist mit den Mitteln seines poetisierenden Realismus weit über das Anekdotische hinausgehoben und zum Sinnbild einer inzwischen ausgestorbenen Mimen- und Fahrenden-Künstlerwelt gesteigert worden. Kein Wunder, daß der große Mime Albert Bassermann den Vater Knie zu seinen Lieblingsrollen zählte.

Der Hauptmann von Köpenick

Deutsches Märchen in drei Akten
Erste Aufführung: 5. März 1931 in Berlin

P e r s o n e n : Wilhelm Voigt, Schuster – Frau Marie Hoprecht, seine
Schwester – Friedrich Hoprecht, deren Mann – Bürgermeister Dr. Obermüller – Frau Mathilde Obermüller – Adolf Wormser, Uniformschneider
– Wabschke, Zuschneider – Hauptmann von Schlettow – Zeitgenossen
aller Art.
O r t und Z e i t : Berlin und Umgebung, erster Akt um 1900, zweiter
und dritter zehn Jahre später.

1. Akt, 1. Bild: Hauptmann von Schlettow vom 1. Garderegiment zu Fuß läßt sich beim Uniformschneider Wormser
in Potsdam einen neuen Ausgehrock anfertigen. Bei der An-
probe stellt sich heraus, daß noch eine Kleinigkeit geändert
werden muß. Der Schuster Wilhelm Voigt, der nach Arbeit
fragen möchte, wird von Wormser mit der Bemerkung:
»Hier wird nicht gebettelt« aus dem Laden gewiesen. 2. Bild:
Voigt bemüht sich auf einem Polizeirevier vergeblich um
einen Paß. Als junger Mensch hat er wegen einer Posturkun-
denfälschung 15 Jahre Zuchthaus bekommen, dann hat er
jahrelang in Rumänien gearbeitet, bis ihn das Heimweh
wieder nach Deutschland trieb. Dort hat er sich unter einem
falschen Namen zurückgemeldet, um nicht als Vorbestrafter
zu gelten, und ist wegen Paßvergehen und Irreführung der
Behörden wieder für 15 Monate hinter schwedischen Gardi-
nen verschwunden. Jetzt will er wieder in seinem Beruf
arbeiten – dazu braucht er eine Aufenthaltserlaubnis, die
man jedoch nur bekommt, wenn man bereits Arbeit hat.
Also muß er wieder ins Ausland, aber einen Paß stellt nur
die Heimatbehörde aus. Diese hat ihn seit zwanzig Jahren
aus ihrem Melderegister gestrichen. Für den Fall Wilhelm
Voigt ist kein Amt mehr ›zuständig‹. 3. Bild: Im Café »National« in der Berliner Friedrichstraße (Für Militär verboten!) erzählt Wilhelm Voigt einem alten ›Sanatoriums‹-
Kumpan, der ihn freihält, wie fein der Mensch heraus ist,
der eine Uniform hat. Hauptmann von Schlettow spielt – in
Zivil natürlich – mit dem Arzt Dr. Jellinek Billard. Ein an-
getrunkener Grenadier betritt trotz des Verbots in Uniform
das Lokal und fängt wegen der »Plörösenmieze«, die bei

Voigt und seinem Freund Kalle am Tisch gesessen hat, mit diesem Krach an. Hauptmann von Schlettow will einschreiten, wird aber von dem betrunkenen Soldaten tätlich angegriffen. Die Polizei nimmt beide mit zur Wache. 4. Bild: Voigt versucht in der Schuhfabrik »Axolotl« Arbeit zu bekommen. Ungedient, gesessen, keine Papiere – solche Leute kann man nicht gebrauchen. 5. Bild: Hauptmann von Schlettow hat nach der Affäre im Café »National« seinen Abschied nehmen müssen. Die geänderte Uniform, die Wormsers Zuschneider ihm in seine Wohnung bringt, schickt er wieder zurück. 6. Bild: In der Herberge zur Heimat verabredet Voigt mit seinem Freund Kalle einen Einbruch in das Potsdamer Polizeirevier: mit Paßformularen, Stempeln und Dienstmarken will er sich selbst die Papiere ausstellen, die ihm die Behörden vorenthalten. 7. Bild: Wormser liest in der Zeitung, daß zwei alte Zuchthäusler bei einem Einbruch in ein Potsdamer Polizeirevier gefaßt wurden. Der Einjährige Dr. Obermüller, der soeben zum Leutnant der Reserve ernannt worden ist, kauft die für Schlettow angefertigte Uniform: für einen preußischen Kommunalbeamten mit Ambitionen gibt es kein stolzeres Ziel, als Reserveoffizier zu werden.

2. Akt, 8. Bild: Wilhelm Voigt hat wieder zehn Jahre Gefängnis bekommen. In der Strafanstalt Sonnenberg fällt er am Tag vor seiner Entlassung bei einer Sedan-Feier dem jovialen, militärnärrischen Direktor durch seine strategischen Kenntnisse höchst angenehm auf: fast wie wenn er gedient hätte ... 9. Bild: Als entlassener Strafgefangener findet Wilhelm Voigt zunächst bei seiner Schwester Marie, die mit einem kleinen Beamten verheiratet ist, Unterkunft. Der Schwager Hoprecht, ein redlicher, gutmütiger Mann, soll am nächsten Tag zu einer Landwehrübung einrücken und bei dieser zum Vizefeldwebel befördert werden. Den Portepeesäbel hat er sich schon gekauft. 10. Bild: Dr. Obermüller, inzwischen Bürgermeister des Berliner Vororts Köpenick geworden, muß zum Kaisermanöver. Mit den Jahren hat er sich zu seiner Würde auch das entsprechende Embonpoint zugelegt, so daß die alte Schlettowsche Uniform, als er sie anziehen will, in allen Nähten kracht. Wormser liefert in höchster Eile eine neue und erhält dafür »als Anzahlung« die ausrangierte zurück. 11. Bild: Voigt will sich, damit er

nicht wieder ausgewiesen wird, beim Polizeirevier in Rixdorf melden, wo er immer noch bei seiner Schwester wohnt.
Es gelingt ihm nicht, weil ein Offizier mit Einquartierungsangelegenheiten den gesamten Publikumsverkehr stillegt.
12. Bild: Während Wilhelm Voigt einem lungenkranken
jungen Mädchen, das als Untermieterin eine Kammer bei
seiner Schwester bewohnt, aus den »Bremer Stadtmusikanten« vorliest, erreicht ihn der Ausweisungsbefehl: binnen
48 Stunden hat er Rixdorf zu verlassen. Das Mädchen bittet
ihn weiterzulesen. Er fährt in dem Märchen fort: »Komm
mit, sagte der Hahn. – Etwas besseres als den Tod werden
wir überall finden.« 13. Bild: Wormser präsidiert als frischgebackener Kommerzienrat einem Manöverball, bei dem
seine Tochter Auguste Viktoria in der ehedem Schlettow-
Obermüllerschen Uniform ein schneidiges Couplet vorträgt:
das gesamte Offizierskorps ist entzückt. Wormsers unmilitärischer Sohn gießt infolge einer ungeschickten Bewegung Sekt
über seine Schwester. Jetzt ist die Uniform so verdorben,
daß man sie nur noch einem Trödler geben kann. 14. Bild:
Schwager Hoprechts Hoffnung ist enttäuscht worden: es
war nichts mit dem Vizefeldwebel, nach neu herausgekommenen Bestimmungen war er gar nicht ›dran‹. Wilhelm
Voigt ist über dieses Unrecht empört, aber Hoprechts Untertanengehorsam fügt sich, wenn auch bekümmert, den Entscheidungen der Obrigkeit. Auch Voigt soll nicht an die
Weltordnung pochen und sich seinem Ausweisungsbefehl
fügen.

3. Akt, 15. Bild: Voigt kauft beim Trödler Krakauer in
der Grenadierstraße die Uniform des ehemaligen Gardehauptmanns von Schlettow mit Säbel, Feldbinde und Mütze
»für einen Maskenball«. 16. Bild: Im Park von Sanssouci
beobachtet Voigt, auf einer Bank sitzend, den Nachmittagsspaziergang der besseren Leute. Die Uniform hat er in einer
Pappschachtel neben sich liegen. 17. Bild: Eine Toilette des
Schlesischen Bahnhofs dient Voigt als Umkleidekabine. Wie
er sie als ›Hauptmann‹ verläßt, steht ein Bahnbeamter, den
ein dringendes Bedürfnis bereits sehr ungeduldig gemacht
hat, erschrocken stramm. Der arbeitslose Schuster erfährt
zum erstenmal die Zaubermacht der Offiziersuniform.
18. und 19. Bild: Wilhelm Voigts großer Coup: der vermeintliche Hauptmann hat auf der Straße eine Abteilung

Soldaten unter sein ›Kommando‹ gestellt und ist mit ihnen zum Rathaus in Köpenick marschiert, das er besetzen läßt. Bürgermeister Obermüller wird »auf Allerhöchsten Befehl« verhaftet, der Stadtkämmerer muß die Stadtkasse abliefern. Seinen Soldaten gibt Voigt Befehl, die ›Gefangenen‹ nach der Neuen Wache in Berlin zu transportieren; er selbst verschwindet, nachdem er jedem der seine Anordnungen widerspruchslos ausführenden Grenadiere aus Mitteln der beschlagnahmten Stadtkasse eine Bockwurst und ein Helles spendiert hat. 20. Bild: Ganz Berlin lacht über den grandiosen Streich des Hauptmanns von Köpenick, der eine Weltsensation zu werden verspricht. Wilhelm Voigt, wieder in seiner alten Zivilkluft, lauscht in einer Bierkneipe unerkannt den sich überschlagenden Berichten. 21. Bild: Gegen die Zusage, ihn mit einem Paß zu versehen, hat Voigt sich freiwillig der Polizei gestellt. Im Präsidium gibt er an, daß er den Marsch aufs Köpenicker Rathaus nur unternommen hat, um sich Formulare und Stempel für einen Paß zu beschaffen; was er nicht gewußt hat, ist, daß es dort überhaupt keine Paßstelle und daher auch nicht die dazu nötigen Utensilien gibt. Die ganze Aktion war also von ihm aus gesehen ein Fehlschlag. Das ›beschlagnahmte‹ Geld aus der Stadtkasse gibt er wieder zurück, bittet aber, man möge ihn doch noch einmal die Hauptmannsuniform anziehen lassen und ihm einen Spiegel bringen, denn er hat sich noch nie als ›Offizier‹ gesehen. Die amüsierten Beamten – sogar Majestät hat gelacht, wie eine ganze Stadtverwaltung vor der Uniform pariert! – erfüllen seine Bitte. Voigt tritt vor den Spiegel und sieht, in ungeheures Gelächter ausbrechend, was keiner von all den Untertanen gesehen hat: »Unmöglich!«

In dieser ironisch »Ein deutsches Märchen« genannten, menschlich ergreifenden Meistertragikomödie begegnen sich auf dramaturgisch überaus fruchtbare Weise deutsche Wirklichkeit und deutscher Mythos. Deutsche Wirklichkeit: das ist der Kampf eines Menschen um seine behördlich anerkannte Existenz, das vergebliche Anrennen gegen die ›Zuständigkeiten‹, die Machtlosigkeit des Individuums gegenüber der korrekten, absoluten Herzlosigkeit der bürokratischen Apparatur. Deutscher Mythos aber ist die Allmacht der Uniform. Wilhelm Voigt überwältigt den Staat, der ihn zu überwältigen drohte, nur dadurch, daß er sich dessen

großartigstes Tabu aneignet, zu bescheidenstem Zweck (nämlich um einen Paß zu erhalten, damit er sich durch ehrliche
Arbeit sein Brot verdienen kann) die im wahren Sinn des
Wortes majestätischsten Mittel anwendet. Wie Zuckmayer
aus der historischen Groteske des wirklichen Hauptmanns
von Köpenick in diesem Szene für Szene packenden, amüsie-
renden und erschütternden Bilderbogen ein Lebensschicksal
mit einer großen politischen Satire, ein liebevoll gezeichne-
tes Charakterbild mit einer scharf ironisch pointierten Karikatur verschmilzt – das verrät ebenso den Meister der Menschengestaltung wie der Bühnenform.

Des Teufels General

Drama in drei Akten
Erste Aufführung: 14. Dezember 1946 in Zürich

Personen: Harras, General der Flieger – Lüttjohann, sein Adjutant – Korrianke, sein Chauffeur – Friedrich Eilers, Oberst und Führer
einer Kampfstaffel – Hartmann, Writzky, Hastenteufel, Pfundtmayer,
Fliegeroffiziere – Siegbert von Mohrungen, Präsident des Beschaffungs-
amts für Rohmetalle – Baron Pflungk, Attaché im Außenministerium –
Dr. Schmidt-Lausitz, Kulturleiter – Der Maler Schlick – Oderbruch,
Ingenieur im Luftfahrtministerium – Anne Eilers – Waltraut von Moh-
rungen, genannt Pützchen, ihre Schwester – Olivia Geiß, Diva – Diddo
Geiß, ihre Nichte – Lyra Schoeppke, genannt die Tankstelle – Otto,
Restaurateur – François, Herr Detlev, Kellner – Buddy Lawrence, ame-
rikanischer Journalist – Zwei Arbeiter – Ein Polizeikommissar.
Ort und Zeit: In Berlin, Herbst 1941.

General Harras hat die mit dem Ritterkreuz ausgezeichne-
ten Offiziere der Kampfstaffel Eilers nach einem offiziellen
Empfang beim Reichsmarschall zu einer kleinen privaten
Feier eingeladen, bei der man ohne Rücksicht auf amtliche
Parolen sagen kann, was man denkt. Der General ist als
›Original‹ weithin bekannt und macht aus seinem Herzen
keine Mördergrube; er haßt den NS-Staat, obwohl er aus
fliegerischer Leidenschaft in seine Dienste getreten ist. Die
Gestapo aber mißtraut ihm. Sie läßt nicht nur seine Gespräche durch versteckte Abhörgeräte (wie hier im Restau-
rant Horcher) belauschen, sondern schickt ihm auch in Ge-

stalt des ›Kulturleiters‹ Dr. Schmidt-Lausitz einen ihrer gefährlichsten Spione auf den Hals. Weit mehr als dieser sichtbare Feind bekümmert den General ein unsichtbarer Gegner: in der ihm unterstellten Flugzeugproduktion stimmt
etwas nicht, man wittert Sabotage und sieht in Harras deren
Führer. Der Industrielle von Mohrungen, zwar, wie so viele
seiner Art, durch finanzielle Zuwendungen an die Macht-
haber an den Verhältnissen mitschuldig, aber innerlich zweifelnd und schwankend, warnt als ›Wehrwirtschaftsführer‹
den General, die Dinge weiter treiben zu lassen. Harras
selbst ist der Meinung, daß die Sabotage von der Gestapo
aufgezogen wird, um eine Handhabe gegen ihn zu finden
und ihn zu stürzen. Nun aber widmet er sich seiner Gesellschaft, tanzt mit seiner alten Freundin, der Operettendiva
Olivia Geiß, und verliebt sich Hals über Kopf in deren
Nichte, die junge Schauspielerin Diddo. Man trinkt Wein,
Sekt und Schnäpse und amüsiert sich über die schnoddrigen
Bemerkungen von Mohrungens kesser Tochter Pützchen, die
in Wahrheit ein gefährliches, eiskaltes kleines Biest ist, das
mit Hilfe seiner erotischen Anziehungskraft und der Partei
höchst ehrgeizige Pläne verwirklichen zu können hofft und
sich darum für Harras (der sie auch als Mann reizt) interessiert. Olivia Geiß bittet Harras in einem unbewachten
Augenblick um Hilfe für jüdische Freunde, die von der
Gestapo bedroht sind; er sagt sofort zu. Gerade als er auf
die Bitte der anderen Fliegerlieder zur Klampfe singt, bringt
der Adjutant Lüttjohann die Meldung, daß im Osten ›dicke
Luft‹ herrsche: die beurlaubten Ritterkreuzträger müssen sofort an die Front zurück. Das Fest bricht jäh ab. Harras
bleibt mit dem jungen Fliegerleutnant Hartmann allein zurück, der aus der Hitler-Jugend hervorgegangen ist und die
Welt nur mit deren Augen sieht. Er begreift die Haltung
des von ihm hochverehrten Generals nicht – außerdem ist er
niedergeschlagen, daß Pützchen wegen einer Unklarheit in
seinem Stammbaum ihr Verlöbnis mit ihm kaltschnäuzig gelöst hat. Harras öffnet dem Jungen die Augen über die Unsinnigkeit von Krieg und Todesbereitschaft und malt ihm
ein Bild von der Fülle und Schönheit des friedlichen Lebens.
Als er endlich aufbricht, hört er in der Wand das Abhör-
gerät, die ›Höllenmaschine‹, die der im Dienst der Gestapo
stehende Kellner Detlev eingeschaltet hat, ticken.

General Harras kehrt in seine Wohnung zurück, in der
Lüttjohann und sein treuer Chauffeur Korrianke schon verzweifelt auf ihn warten. Angeblich ist er auf Inspektions-
reise an der Front gewesen, in Wahrheit hat man ihn für
vierzehn Tage zu einer Untersuchung wegen der Sabotage-
akte in seinem Amt zur Gestapo geholt. Schmidt-Lausitz,
der sich ebenfalls in Harras' Wohnung eingefunden hat, teilt
ihm mit, daß die Vorgänge im Materialbeschaffungsamt
binnen zehn Tagen aufgeklärt sein müßten, andernfalls
Harras persönlich unter Anklage gestellt würde. Harras
wirft den bösartigen, ressentimentgeladenen SS-Bonzen hinaus und empfängt voller Freude Diddo Geiß, die seine
Liebe zärtlich erwidert und sich die fürchterlichsten Sorgen
um ihn gemacht hat. Mit einem seltsamen Galgenhumor setzt
er ihr auseinander, daß es eigentlich schon mit ihm aus und
sein Leben keinen Pfifferling mehr wert sei; sie solle sich in
Sicherheit bringen und das ihr angetragene Engagement in
Wien sofort annehmen. Sanitäter bringen Diddos Tante
Olivia, die unterwegs vor Aufregung über das Schicksal
ihres alten Freundes ›Harry‹ ohnmächtig geworden ist, herein. Nachdem sie wieder zu sich gekommen ist, gibt sie ihm
einen Abschiedsbrief der jüdischen Freunde, denen Harras
helfen wollte, die aber vor der geplanten Flucht gefaßt
worden sind und sich das Leben genommen haben. Harras
legt ihn erschüttert auf den Schreibtisch. Pützchen kommt
mit ihrem Vater, der, um sich zu decken – sein Gespräch mit
Harras bei Horcher ist ja abgehört worden –, in der Untersuchung einige belastende Aussagen gegen den General gemacht hat. Nun eröffnet er ihm, daß die Sache noch abge-
bogen werden könne, wenn Harras die Luftwaffe der SS
unterstelle. Kurz und bündig lehnt der General ab: er will
sich nicht selber anspucken müssen. Die Gesellschaft wird jäh
unterbrochen durch die Nachricht, daß Oberst Eilers, Mohrungens Schwiegersohn, mit seiner Maschine abgestürzt ist.
Nun wird der Industrielle des Generals offener Gegner – er
verlangt rücksichtslose Aufklärung. Alle gehen, nur Pützchen
ist geblieben. Sie begehrt Harras für sich, er ist der Mann,
mit dem sie an die Macht kommen will; er soll sich von ihr
»die Sporen einsetzen« lassen, um die große Karriere bis
zum Platz unmittelbar hinter dem Führer zu machen. Als
Harras nicht darauf eingeht, zeigt sie ihm den Brief seiner

jüdischen Freunde, den sie vom Schreibtisch genommen hat.
Harras jagt die Erpresserin mit der Peitsche aus dem Zimmer, dann verlassen ihn für einen Moment die Nerven. Er
stürzt ans Fenster, reißt die Vorhänge zurück und sieht am
Himmel ein Strahlenbündel von fünf Flak-Scheinwerfern,
das wie eine riesige Hand nach ihm zu greifen scheint.
Angstgewürgt springt er ins Zimmer zurück – in diesem
Augenblick tritt sein Chefingenieur Oderbruch ein, den er
wegen des Falles Eilers zu sich bestellt hat. Er ist sein nächster, vertrautester Mitarbeiter, ein stiller, sachlicher, schweigsamer Mann. Harras hat sich sofort wieder in der Gewalt
und beginnt mit Oderbruch die Durchsicht der Materialprüfungsergebnisse, während die Sirenen wieder einmal
Fliegeralarm heulen.

Am letzten Tage der dem General Harras gesetzten Frist.
In seinem Büro auf dem Militärflugplatz, in dem er an der
Aufdeckung der Sabotage arbeitet, ist er praktisch schon ein
Gefangener der SS, die alle Zugänge besetzt hält. Zwei Arbeiter werden verhört – ergebnislos. Schmidt-Lausitz läßt sie
ins Konzentrationslager bringen und übermittelt Harras den
Befehl, seinen Bericht bis zum Abend abzuschließen und der
Untersuchungskommission vorzulegen. Harras weiß, was das
bedeutet, er ist der Lösung ganz nahe, aber er wagt seinen
Gedanken noch nicht zu Ende zu denken. Leutnant Hartmann meldet sich. Er ist verwundet, hat im Lazarett über
alles, was Harras ihm sagte, nachgedacht und sieht nun die
Dinge mit völlig anderen Augen. Da er keinen Frontdienst
mehr machen kann, bittet er Harras um Einstellung bei seiner Dienststelle. Der General schickt ihn zu Oderbruch, der
einen verläßlichen Mitarbeiter braucht. Anne Eilers, die
Witwe des abgestürzten Fliegers, fordert von Harras
Rechenschaft: ihr Mann sei nicht gefallen, sondern ermordet
worden – Harras sei der Mörder. Er schicke Menschen in den
Tod für eine Sache, an die er nicht glaube, Friedrich Eilers
aber habe gekämpft, weil er an die deutsche Zukunft geglaubt habe, auch wenn der Weg, der zu ihr führte, zuerst
durch Unrecht, Gewalt und Verbrechen gegangen wäre; das
seien die Geburtswehen einer neuen Zeit, so hätte er gesagt
– nun aber sähe sie, daß sein Glaube vergebens gewesen
sei. Harras habe gewußt, daß das Regime verbrecherisch,
der Krieg ungerecht sei, aber er habe nichts dagegen unter-

nommen, im Gegenteil, er habe all dem gedient und darum
Mordschuld über Mordschuld auf sich geladen. Ihr letztes
Wort, als Harras sie fragt, was sie sagen werde, wenn sie
einmal höre, er sei tot, ist: »Nichts.« »Nichts – geht in Ordnung«, ist seine bestätigende Antwort. – Es ist Abend, der
Bericht ist fertig, im Grunde steht nichts drin. Oderbruch
soll gegenzeichnen. Auf seinen Einwurf, Harras habe ja
selbst noch nicht unterzeichnet, meint dieser, das, was er nun
ziemlich sicher wisse, habe man ja doch nicht hineinschreiben
können. Oderbruch sieht seinen alten Fliegerkameraden an
– da bricht endlich die Frage von des Generals Lippen: »Sie
– Oderbruch?« Und er antwortet: »Wir.« Um das Volk, um
die Welt zu retten, gebe es keine andere Möglichkeit; auch
die Kameraden und Freunde habe man nicht schonen können, um der Befreiung willen: »Wir können nicht halt-
machen vor denen, die wir lieben.« Harras könnte sich retten, wenn er Oderbruchs Geständnis verriete; aber er weiß,
daß Oderbruch die Sache vertritt, die auch die seine war,
ehe er des Teufels General wurde. Nun wird er das Ganze
bereinigen und abgehen, auf seine Weise. Er läßt Hartmann
kommen und legt ihn Oderbruch ans Herz – als Mitstreiter
im Kampf für die Freiheit. Dann steigt er mit der Schwester-
maschine zu derjenigen, mit der Eilers zu Tode gestürzt ist,
auf. Wenige Minuten später meldet Schmidt-Lausitz dem
Hauptquartier: »Reibungslos abgewickelt. General Harras
soeben in Erfüllung seiner Pflicht tödlich verunglückt. Beim
Ausprobieren einer Kampfmaschine. Jawohl – Staatsbegräb-
nis.«

   Des Teufels General war der größte deutsche Bühnenerfolg nach dem Kriege. Gewiß trug dazu das Stoffliche
(der Einblick in die Kriegsmaschinerie des Dritten Reichs)
und das Biographische (die Parallelen in Charakter und
Schicksal des Generals Udet und des Generals Harras) entscheidend bei, gewiß war es auch faszinierend, zu beobachten, wie ein deutscher Autor im fernen Vermont – das Stück
ist 1942 konzipiert! – mit einer geradezu unheimlichen Vor-
stellungskraft Milieu und Atmosphäre im kriegsgelähmten
und gleichzeitig im Bereich der Kriegsapparatur hektisch
betriebsamen Berlin zu treffen vermochte, aber das allein
erklärt nicht das Aufsehen, das das Drama hervorrief. Das
innere Thema, die Frage nach dem moralischen Recht, ja nach

der sittlichen Verpflichtung zum Widerstand gegen ein Verbrecherregime, selbst wenn diejenigen, die diesem Regime mit reinem Herzen dienen, dabei geopfert werden – das war es, was dem Stück die brennende Anteilnahme sicherte. Dazu die zweite Frage, welche Schuld ein Mann von der Begabung, Intelligenz und Tüchtigkeit des Generals Harras auf sich lädt, wenn er den innerlich verachteten und verhaßten Repräsentanten des Satansregimes sein berufliches Können, seine Autorität und sein Ansehen zur Verfügung stellt, und wie solche schwer wiegende Schuld gesühnt werden kann. Zuckmayer zeigt nur die Möglichkeit der persönlichen Beendigung des Konflikts, weil er weiß, daß es eine die sittliche Forderung rundum befriedigende Lösung nicht gibt, solange das dialektische Problem der militärischen Pflichterfüllung gegenüber den Befehlen einer moralisch verwerflichen Führung nicht zu lösen ist. Das Theaterstück *Des Teufels General* ist eine virtuose Leistung des Dramatikers Zuckmayer.

Der Gesang im Feuerofen. Drama in drei Akten. – Das Stück gehört in den Erlebniskomplex, mit dem sich der Dichter in *Des Teufels General* auseinandergesetzt hat. Noch mehr als dieser verlangt es vom Zuschauer historisches Unterscheidungsvermögen und unvoreingenommenes Urteil, denn ihm fehlt in der Darstellung eines der abscheulichsten SS-Verbrechen im Zweiten Weltkrieg eine in all ihrer Problematik so gewinnende, ja strahlende Zentralfigur wie der General Harras. Das Menschliche bleibt im *Gesang im Feuerofen* verdeckter, der ›Fall‹ tritt krasser hervor, die moralische Sinndeutung vollzieht sich aber auch mit einem bei Zuckmayer in gleicher Stärke früher kaum zutage getretenen beschwörenden Ernst.

Das Drama spielt Ende 1943 in dem von den Deutschen besetzten französischen Alpendepartement Hoch-Savoyen in der Nähe der Schweizer Grenze. Auf die Anzeige eines jungen Franzosen, Louis Creveaux, erscheint am Heiligen Abend die deutsche Heerespolizei, die zur Waffen-SS gehört, vor einem alten Bergschloß, in dem sich eine Gruppe französischer Widerstandskämpfer aus der Gegend mit ihren Mädchen zu einem Ball eingefunden hat, riegelt es ab und steckt es in Brand. Die jungen Leute, die ins Freie zu entkommen suchen, werden von MG-Garben niedergemäht, die andern verbrennen; mit ihnen der deutsche Funker Sylvester, der das Mädchen Sylvaine liebt und gekommen ist, um die Résistancegruppe zu warnen. Sechsunddreißigfacher Mord lastet auf dem Gewissen des Verräters Creveaux, der, von dem bei Kriegsende fliehenden SD-Trupp wie ein räudiger Hund zurückgestoßen, von den wider ihn aufstehenden Naturmächten seiner befreiten Heimat in die Arme der Garde Mobile getrieben und gefangengenommen wird. Das Gericht, vor das er in der prologartigen Eingangsszene des Schauspiels gestellt wird, ist nicht das Militärtribunal von Lyon (das den wirklichen Creveaux zum Tode verurteilte), sondern das Gericht seiner Opfer. Mit Kopfverbänden erscheinen die Erschossenen, mit Aschenkreuzen auf der Stirn die Verbrannten – Louis Creveaux aber trägt auf seiner Stirn das Kainszeichen. Die allumfassende, allgerechte Erde soll richten; aber »das letzte Urteil bleibt unbekannt wie die Macht, die es vollstreckt«. Entschieden wird über die Schuld des Louis Creveaux, so furchtbar sie ist, in dem Schauspiel nicht. Die Auseinandersetzung in diesem Stück, das, 1950 in Göttingen uraufgeführt, in der Verbindung von Realismus und Symbolik auch formal einen für Zuckmayer neuen Weg beschreitet, vollzieht sich auf der moralischen und religiösen Ebene. Das dichterische Zeichen dafür ist das »Te Deum laudamus«, das die im brennenden Schloß dem Flammentod Preisgegebenen anstimmen, indessen draußen die MGs bellen: der Gesang im Feuerofen.

Das kalte Licht. Drama in drei Akten. – Im September 1939 treffen sich in einem Londoner Park der emigrierte deutsche Physikstudent Kristof Wolters und der kommunistische Funktionär Buschmann, ein Spanienkämpfer, der jetzt ›die Versprengten sammeln‹ will. Wolters, aus der KPD ausgetreten, interessiert Buschmann vor allem als Wissenschaftler, sein Fach könnte kriegsentscheidend werden. Seine Einladung zu einer KP-Versammlung lehnt Wolters brüsk ab. Im Mai 1940 werden mit einem Transport von Internierten und ›unzuverlässigen‹ Emigranten auch Wolters und Buschmann nach Kanada gebracht. Im Spätsommer 1941 ist Wolters wieder in London. Auf seine neuartigen Berechnungen aufmerksam geworden, hat man ihn aus dem Internierungslager geholt, promovieren lassen, und er gelangt in den Mitarbeiterstab des britischen Kernphysikers Sir Elwin Ketterick, der an der Herstellung der Atombombe arbeitet. Dessen vierte Gattin ist Wolters' Studienfreundin Hjördis Lundborg. Wenig später hat es auch Buschmann verstanden, das Lager zu verlassen. Auf dem Weg in die Sowjetunion trifft er in London Wolters, der ihm wichtige Aufzeichnungen aushändigt: er fühlt sich von Sir Elwins nationalistischem Prestigedenken abgestoßen und betrachtet wissenschaftliche Forschung als Gemeingut. Zielbewußt geht Buschmann auf Wolters' Gedanken ein, um ihn zur Spionage für die Sowjetunion zu gewinnen, zumal Kristof, nun britischer Staatsbürger, zu Forschungszwecken in die USA reisen soll.

Anders als Ketterick ist der Leiter der amerikanischen Atomforschungsgruppe, Löwenschild, ein Mensch, der sich der Verantwortung bewußt ist, die er mit seinen Arbeiten auf sich nimmt. Am Abend des 6. August 1945 wird er eine Party geben, als Gäste werden auch Ketterick und Hjördis anwesend sein. Am Mittag auf dem Tennisplatz kündigt Löwenschilds Sekretärin für den Abend eine Sensation an; Hjördis und Kristof haben sich auf dem Tennisplatz ihre Liebe gestanden. Beim Weggehen fällt aus seiner Tasche ein Zettel, auf dem eine Verabredung notiert ist. Auf ihre Frage dazu verweigert er die Antwort, und sie fühlt sich in ihrem Vertrauen tief enttäuscht. Auf der Party sprechen Löwenschild und Ketterick über ihre Arbeit und die Konsequenzen. Löwenschild spricht den Wunsch aus, daß die Atombombe niemals gegen Menschen angewendet werden möge. Da kommt aus dem Lautsprecher die Meldung vom Atombombenabwurf auf Hiroshima – die angekündigte Sensation.

Wieder in London, bekommt Wolters neue Aufträge von einem Kontaktmann, das gleichzeitig übergebene Geld zerreißt er – aber sein Gewissen ist nicht mehr unbefangen. Mittlerweile ist es Dezember 1949 geworden, in der Sowjetunion hat es die erste Atomexplosion gegeben, und der britische Geheimdienst vermutet Spionage in der britischen Atomforschung. Der Beamte Northon spricht mit Ketterick über Wolters. Ein erstes Gespräch mit diesem selbst bleibt ohne Ergebnis, aber Northon spürt die Unruhe in Wolters' Gewissen. Inzwischen sagt Hjördis ihrem Mann, daß sie Kristof liebte, sich aber, durch die Zettelepisode enttäuscht,

von ihm abwandte. Als Sir Elwin den Zettel in der Hand
hält, weiß er, daß es sich um einen Agententreff gehandelt
hat. Er ruft Northon an und will ihm sofort den Zettel
bringen. In dieser Nacht kommt Wolters in Northons Wohnung, von seinem Gewissen angetrieben. Northon sagt ihm,
daß er durch den Zettel überführt sei – aber Sir Elwin ist
auf der Fahrt tödlich verunglückt. Wolters bittet Northon
aufzuschreiben, was er ihm sagen werde, nicht als ›Geständnis‹, sondern als Botschaft. Das Flämmchen menschlichen
Gewissens hat das ›kalte Licht‹ überstrahlt. Im selben Park,
in dem sich Buschmann einst mit Wolters traf, übergibt
Northon Hjördis diese Botschaft. Hjördis hat ihr Vertrauen
zu Kristof wiedergefunden und wird auf ihn warten.

Zuckmayer sagt in seinem Nachwort, daß es ihm im Stück
um die Krise des Vertrauens ginge, um die Denk- und Glau-
benskrise der Gegenwart. Nicht der sensationelle Stoff der
Atomspaltung war ihm wichtig, sondern die Stellung des
Wissenschaftlers zwischen zweckfreier Forschung und politischen Konsequenzen. Wolters ›verrät‹ aus Idealismus: der
Gedanke, daß die Atomspaltung in ihrer Perversion als
Atombombe *einer* Partei als Machtmittel zur Verfügung
steht, ist ihm unerträglich. In seiner ›Botschaft‹ hat er kein
Verbrechen zu gestehen, sondern er sucht den Weg zu sich
selbst, weil er um seine moralische Verantwortung weiß. Die
Strafe, mit der die Gesellschaft seinen ›Verrat‹ belegt, be-
deutet ihm nicht Sühne, sondern Selbsteinkehr.

BERTOLT BRECHT

* 10. Februar 1898 in Augsburg
† 14. August 1956 in Berlin

*Bertolt Brecht studierte an der Münchner Universität Natur-
wissenschaften und Medizin, schrieb nach »Baal« (1919) das
mit dem Kleistpreis ausgezeichnete Heimkehrerstück »Trommeln in der Nacht« (Uraufführung 1922 bei Otto Falcken-
berg an den Münchner Kammerspielen). Brecht wurde dort
Dramaturg, jedoch bald von Max Reinhardt nach Berlin
verpflichtet. 1933 emigrierte er in die Schweiz, später nach*

*Skandinavien, in die UdSSR, schließlich in die USA. Mit
Lion Feuchtwanger und Willi Bredel gab er in Moskau die
Zeitschrift »Das Wort« heraus. Nach 1945 kehrte er über die
Schweiz nach Deutschland zurück, wurde österreichischer
Staatsbürger und leitete mit seiner Frau, der Schauspielerin
Helene Weigel, das Berliner Ensemble im Theater am Schiff-
bauerdamm in Ost-Berlin. 1954 erhielt er den Stalinpreis.*

Die Schauspiele *Im Dickicht der Städte* (1923), *Leben Eduards
des Zweiten von England* (1924; nach Christopher Marlowe,
zusammen mit Lion Feuchtwanger), *Mann ist Mann* (1926;
zusammen mit E. Burri, Slatan Dudow, Elisabeth Hauptmann, Caspar Neher, B. Reich) bilden mit der Gedichtsammlung *Hauspostille* (1926) die erste Periode im Schaffen
des Dichters. Sein Thema in den Jugendwerken ist noch die
Suche nach einem Menschentyp jenseits aller Vorurteile, Ge-
sellschaftsordnungen und Parteien.
    Nach dem internationalen Erfolg der *Dreigroschenoper*
1928, die auch verfilmt wurde und später als *Dreigroschen-
roman* (1934) erschien, folgen *Das Badener Lehrstück vom
Einverständnis* (1928), *Aufstieg und Fall der Stadt Maha-
gonny* (1929; wieder zusammen mit Elisabeth Hauptmann,
Caspar Neher und Kurt Weill), *Die heilige Johanna der
Schlachthöfe* (1930), *Der Jasager* und *Der Neinsager* (1930)
und *Die Maßnahme* (1930). Es ist die Periode des ›epischen
Theaters‹ und der Versuch Brechts, auf seine Weise der
Wirklichkeit näherzukommen, von ihr belehrt zu werden,
weil nur diese Belehrung es vermag, die Wirklichkeit zu
ändern: »... und so müssen die fertiggestellten Abbildungen
in völliger Wachheit abgeliefert werden, damit sie in Wachheit empfangen werden können.« Es folgen: *Die Gewehre
der Frau Carrar* (1937), *Furcht und Elend des Dritten Reiches* (1938), *Mutter Courage und ihre Kinder* (1939), *Das
Verhör des Lukullus* (1939), *Leben des Galilei* (1939), *Herr
Puntila und sein Knecht Matti* (1941), *Der gute Mensch
von Sezuan* (1942), *Der kaukasische Kreidekreis* (1945), *Der
Hofmeister* (1950; nach der Komödie von Jakob Michael
Reinhold Lenz); die Abhandlungen *Fünf Schwierigkeiten
beim Schreiben der Wahrheit*, *Die Anmerkungen zum Volksstück*, *Neue Technik der Schauspielkunst*, *Kleines Organon
für das Theater*. Das am 19. November 1958 in Stuttgart

uraufgeführte Schauspiel *Der aufhaltsame Aufstieg des
Arturo Ui* hat die Machtübernahme Hitlers zum Thema. Entstanden 1941 im Exil, weist es unheimliche satirische Szenen
auf, zugleich eine Warnung vor aller Diktatur.

Kennzeichnend ist die künstlerische Zusammenarbeit mit
den Komponisten Kurt Weill und Paul Dessau und vor
allem mit seinem Augsburger Freund und ehemaligen Schulkameraden, dem Maler, Bühnenbildner und Schriftsteller
Caspar Neher und dem Regisseur Erich Engel. Sie haben
gemeinsam den einmaligen ›Brechtschen Stil‹ geschaffen. Die
Klage gegen die herrschenden Gesellschaftsklassen und die
Überzeugung, daß »unser Erdteil in Barbarei versinkt, weil
die Eigentumsverhältnisse mit Gewalt festgehalten werden«,
sind Grundzüge von Brechts orthodox-marxistischer Ge-
schichtsauffassung, die sich in fast allen seinen Dramen,
Schauspielen, Komödien, Lehrstücken, Opern, Gedichten,
Romanen und theoretischen Schriften dokumentiert.

Das Gesamtkunstwerk des Dichters, Regisseurs und Thea-
termanns Bertolt Brecht ist unverwechselbar, in der Geschichte des europäischen Theaters richtungweisend und
schulbildend, nicht nur zeit-erfüllend, sondern auch zeit-
sprengend, ebenso wie die Kraft und die Eigenständigkeit
seiner Sprache, sein urbayerischer Humor, der oft bis zum
Zynismus vorgetrieben wird, orientiert an Johann Nestroy
und Karl Valentin, sein Aufspüren neuer theaterwirksamer
Möglichkeiten und die unbeirrbare Konsequenz in der
Durchführung der von ihm als richtig erkannten Maximen
und Theorien.   *R. B.*

Die Dreigroschenoper

Prolog und drei Akte
Erste Aufführung: 31. August 1928 in Berlin

P e r s o n e n : Macheath, genannt Mackie Messer – Jonathan Jeremiah
Peachum, Besitzer der Firma »Bettlers Freund« – Celia Peachum, seine
Frau – Polly Peachum, seine Tochter – Brown, oberster Polizeichef von
London – Lucy, seine Tochter – Die Spelunken-Jenny – Pastor Kimball
– Filch – Ein Moritatensänger – Mackies Bande – Bettler – Huren –
Konstabler.
O r t   u n d   Z e i t : London im 18. Jh.

Die Oper hält sich im Text ziemlich nah an das Vorbild, die *Bettleroper* John Gays (1685–1732); was Brecht als eigenes dazubringt, ist vor allem die theaterwirksame Fügung der Szenen. Die Songs haben das Stück berühmt gemacht. Die Gesellschaftskritik Brechts ist hier sehr zynisch.

1. Akt: Nach einer Moritat, welche die Taten Mackie Messers schildert (Vorspiel), beklagt der ›Bettlerkönig‹ Peachum die zunehmende Verhärtung der Menschen. Er lebt vom Mitleid, das andere mit seiner Hilfe erregen. Gerade gibt er einem jungen Mann, der bisher als illegaler Amateur bettelte, Konzession und Ausstattung (1). Peachums Tochter Polly treibt sich mit Mackie Messer herum. Die schlimmsten Befürchtungen der Eltern werden übertroffen: Polly heiratet Mackie in einem leeren Pferdestall. Mackies Bande übernimmt die Ausstattung mit Diebesgut und die musische Ausgestaltung der Feier. Polly revanchiert sich mit dem »Lied der Seeräuber-Jenny«: »Meine Herren, heute sehen Sie mich Gläser abwaschen / Und ich mache das Bett für jeden ...« Die Feier wird durch das Erscheinen des Sheriffs Tiger-Brown gestört. Aber keine Angst, er kommt privat. Mackie und Tiger-Brown frischen gemeinsame Erinnerungen an den Kolonialkrieg auf durch Absingen des »Kanonen-Songs«: »Soldaten wohnen / Auf den Kanonen / Vom Cap bis Couch Behar ...« (2). Polly verrät tags darauf ihren entrüsteten Eltern, daß sie geheiratet hat. Peachum geht zum Sheriff, um seinen Schwiegersohn anzuzeigen. Seine Frau will eine Hure in Mackies Absteigequartier bestechen, damit sie Mackie an die Polizei verrät (3). Zunächst bestreitet Familie Peachum aber noch einträchtig das erste Finale: »Wer möchte nicht in Fried und Eintracht leben? / Doch die Verhältnisse, die sind nicht so!«

2. Akt: Mackie flieht, weil Tiger-Brown ihn fallenließ, und Polly übernimmt die Führung der Geschäfte (1). Mackie wird bei den Huren in Turnbridge verhaftet (2). Tiger-Brown weint bittere Tränen, als sein Freund eingeliefert wird. In der Zelle singt Mackie die »Ballade vom angenehmen Leben«: »Nur wer im Wohlstand lebt, lebt angenehm!« Vor seinem Gitter trifft Polly mit Lucy, Browns Tochter, zusammen, die Mackie ebenfalls einmal ›geheiratet‹ hat. Sie beschimpfen sich aufs heftigste. Mit Lucys Hilfe bricht Mackie aus, zur kurzen Freude Browns, denn Peachum

macht ihm daraufhin die Hölle heiß. Er will den Krönungszug der Königin stören (3). Im zweiten Finale verkünden
Mackie und die Spelunken-Jenny: »Erst kommt das Fressen,
dann kommt die Moral.«

3. Akt: Noch in der Nacht rüsten sich die Bettler Londons
zur Demonstration ihres Elends. Brown leitet persönlich die
Gegenaktion der Polizei. Peachum versucht vergeblich, ihn
umzustimmen. Dann gibt er das Stichwort zum Abmarsch.
Man singt dazu das »Lied von der Unzulänglichkeit mensch-
lichen Strebens«: »Der Mensch lebt durch den Kopf / Der
Kopf reicht ihm nicht aus / Versuch es nur, von deinem
Kopf / Lebt höchstens eine Laus.« Brown erkennt, daß er
nachgeben muß. Er verspricht, Mackie wieder festzunehmen.
Peachum nennt ihm dessen Aufenthaltsort und ändert vor-
erst die Marschrichtung seiner Kolonnen (1). Lucy und
Polly versöhnen sich als Schwestern im Leid; da wird
Mackie wieder eingeliefert (2). Hilfe bleibt aus. Mackie
macht seinen Geschäftsabschluß mit Tiger-Brown und seine
Rechnung mit dem Himmel in einer Ballade à la François
Villon: »Man schlage ihnen ihre Fressen / Mit schweren
Eisenhämmern ein. / Im übrigen will ich vergessen / Und
bitte sie, mir zu verzeihn.« (3). Jetzt wird die ironische Des-
illusionierung endlich bis zur Auflösung der Handlung getrieben: Brown verkündet als reitender Bote der Königin
die Begnadigung. Mackie wird in den erblichen Adelsstand
erhoben, bekommt ein Schloß und eine ansehnliche Lebens-
rente. Das dritte Finale schließt mit der amoralischen Moral:
»Verfolgt das Unrecht nicht zu sehr.«

Mutter Courage und ihre Kinder

Chronik aus dem Dreißigjährigen Krieg
Erste Aufführung: 19. April 1941 in Zürich

P e r s o n e n : Mutter Courage – Ihre Tochter Kattrin – Ihre Söhne,
Eilif und der jüngere Fejos, genannt »Schweizerkas« – Der Feldwebel
– Der Werber – Der Koch – Der Feldprediger – Der Feldhauptmann –
Der Zeugmeister – Yvette – Der Schreiber – Der Fähnrich – Soldaten,
Bauern und Bäuerinnen.
O r t und Z e i t : Feldlager in Dalarne (Schweden) und Norddeutsch-
land, 1624–36.

Brecht schrieb die *Courage* (12 Bilder), deren Stoff auf
Grimmelshausen zurückgeht, in Schweden vor Ausbruch des
Zweiten Weltkrieges. Für die deutsche Erstaufführung
(11. Januar 1949 in Berlin) machte er einige geringfügige
Änderungen, welche die persönliche Tragik der Mutter zu-
rücktreten lassen und die überpersönliche Problematik des
Stückes betonen sollten. Sämtliche Hauptpersonen leben
vom Kriege, und zwar zuerst gut und dann immer schlechter. Da sie aber bis zum Schluß an den merkantilen Nutzen
des Krieges glauben, entdeckt der Betrachter eine wachsende
Kluft zwischen ihren Ansichten und den Tatsachen. »Solang
die Masse das Objekt der Politik ist, kann sie, was mit ihr
geschieht, ... nur als ein Schicksal ansehen; sie lernt so wenig
aus der Katastrophe wie das Versuchskarnickel über Biolo-
gie lernt. Dem Stückeschreiber obliegt es nicht, die Courage
am Ende sehend zu machen, ... ihm kommt es darauf an,
daß der Zuschauer sieht.« Diese lehrhafte Selbstbeschrän-
kung Brechts führte zu einer das Stück belebenden komödiantischen Grundsituation: Die Zuschauer wissen mehr als
die handelnden Personen. Das Stück ist durchsetzt mit zug-
kräftigen Songs, die Paul Dessau vertonte. Es sind vor allem
das Lied der Mutter Courage: »Ihr Hauptleut, laßt die
Trommel ruhen« und ihr »Lied von der Großen Kapitulation«: »Einst, im Lenze meiner jungen Jahre / Dacht auch
ich, daß ich was ganz Besondres bin.«
  Mutter Courage trifft, mit ihrem Marketenderwagen
durch Südschweden ziehend, auf Werber, die ihr den Sohn
Eilif abspenstig machen. Sie weissagt dem Feldwebel den
Tod, die Lose zeigen aber auch an, daß sie ihre Kinder verlieren wird. Zwei Jahre später trifft die Courage den Eilif
in Polen. Sein Hauptmann zeichnet ihn gerade für einen
Streich gegen die Bauern aus. Die Courage belohnt sein
Heldentum mit einer Ohrfeige. Auch ihren zweiten Sohn
Schweizerkas ist sie losgeworden, zum Glück wurde er Zahl-
meister. Weil er – wie seine stumme Schwester Kattrin –
dumm ist, hat ihn seine Mutter zur Redlichkeit erzogen.
Jetzt schlägt sich die Courage mit dem Mannsvolk herum,
um das gutmütige Mädchen zu schützen. Ein Überfall der
Katholischen zeigt, daß es bei keinem weit her ist mit der
Treue zur protestantischen Sache. Schweizerkas ist aber
dumm genug, sich für die Regimentskasse verantwortlich zu

fühlen. Er rettet das Geld, bringt sich aber dadurch vors
Feldgericht. Die Mutter verleugnet ihren Sohn, will jedoch
ihren Wagen verpfänden, um ihn auslösen zu können. Sie
feilscht so lange, bis Schweizerkas erschossen worden ist.
Ihre Waren werden mutwillig vernichtet, sie will sich beim
Rittmeister beschweren, besinnt sich aber, daß es erfolgreicher ist, im Kriege Handel zu treiben als Gerechtigkeit zu
suchen. Sie schließt sich dem Heer der Katholischen an. Der
protestantische Feldprediger, der seine Soutane versteckt hat,
hilft ihr und macht ihr gelegentlich einen Antrag. Tilly ist
aber gerade gefallen, und deswegen droht Frieden auszubrechen. Die Zeiten sind also zu schlecht zum Heiraten.
Freilich hat auch der Krieg seine Schattenseiten. Kattrin ist
überfallen und blutiggeschlagen worden. Die Courage wechselt die Front, aber nun droht auch noch König Gustav
Adolfs Tod sie zu ruinieren. Eilif ist das erste Opfer des
scheinbaren Friedens. Er ist wie üblich eingebrochen und hat
dabei eine Bauersfrau umgebracht. Das kostet ihm unter
diesen Umständen den Kopf. Kaum wurde er weggeschleppt,
da bringt die Courage ahnungslos die Freudenbotschaft, daß
der Krieg weitergeht. Vier Jahre darauf, schlechte Jahre für
die Courage, zwingen ein paar kaiserliche Soldaten einen
Bauern, ihnen einen Schleichweg in die protestantische Stadt
Halle zu verraten. Kattrin belauscht die Szene, steigt mit
einer Trommel auf das Dach des Bauernhauses und trommelt die belagerte Stadt wach. Sie wird heruntergeschossen.
Die Courage kommt von einem Geschäftsgang zurück und
kann's nicht fassen, daß Kattrin tot ist. Sie singt ihr ein
Schlaflied. Dann zieht sie allein weiter, den Soldaten nach,
in der Hoffnung, Eilif zu finden. Der Krieg geht weiter. Er
hat Mutter Courage ins Elend gestürzt. Aber sie hat nichts
daraus gelernt. Mühsam ihre Karre zerrend, stimmt sie in
den Gesang der Soldaten ein.

Der gute Mensch von Sezuan

Parabelstück in zehn Bildern
Erste Aufführung: 4. Februar 1943 in Zürich

P e r s o n e n : Die drei Götter – Shen Te – Shui Ta – Yang Sun, ein
stellungsloser Flieger – Frau Yang, seine Mutter – Wang, ein Wasser-
verkäufer – Der Barbier Shu Fu – Die Hausbesitzerin Mi Tzü – Die
Witwe Shin – Die achtköpfige Familie – Der Schreiner Lin To – Der
Teppichhändler und seine Frau – Der Polizist – Der Bonze – Der Ar-
beitslose – Der Kellner – Die Passanten des Vorspiels.
O r t und Z e i t : Die ziemlich europäisierte Hauptstadt von Sezuan.
Gegenwart.

Das Stück wurde 1938 in Dänemark begonnen und 1942 beendet. Brecht begnügt sich hier mit einer Kritik an der alten
Gesellschaftsordnung, ohne die marxistische Heilslehre an-
zuwenden. Der offene Schluß soll die Zuschauer zwingen,
weiterzudenken. Im Epilog heißt es: »Wir stehen selbst enttäuscht und sehn betroffen / Den Vorhang zu und alle Fragen offen ... Verehrtes Publikum, los, such dir selbst den
Schluß! / Es muß ein guter da sein, muß, muß, muß!« Von
den Songs, die Paul Dessau vertonte, prägen sich »Das Lied
vom Sankt Nimmerleinstag« und »Das Lied vom achten
Elefanten« am nachhaltigsten ein.

Das Vorspiel bringt drei Götter nach Sezuan; sie suchen
gute Menschen, die noch dazu glücklich sind. Der Wasser-
verkäufer Wang will ihnen Obdach vermitteln, bringt sie
aber nur bei dem Freudenmädchen Shen Te unter. Die Götter haben das Nachtquartier so gut bezahlt, daß Shen Te
sich einen Tabakladen kaufen konnte. Statt der Kunden
kommen aber Gläubiger, Bettler und schmarotzende Verwandte. (1) Sie erfinden einen Vetter Shui Ta, der angeblich
für alle Schulden aufkommen wird. Wang hält – wie während des ganzen Stückes – die Götter auf dem laufenden.
(Es ergeben sich dadurch kurze Zwischenspiele.) Der eben
erst erfundene Vetter Shui Ta erscheint leibhaftig und wirft
das verblüffte Gesindel hinaus. (2) Shen Te hindert den
stellungslosen Flieger Sun, sich im Stadtpark aufzuhängen.
Sie verlieben sich. (3) Shen Te kann es nicht lassen, mildtätig
zu sein, und hat bald das Gesindel wieder auf dem Hals.
Dem Flieger leiht sie sogar eine große, aber noch nicht ge-

nügend große Geldsumme, die sie selbst erst borgte, damit
er wieder fliegen kann. (4) Shen Te tritt vor den Vorhang,
um das »Lied von der Wehrlosigkeit der Götter und Guten«
zu singen. In ihren Händen erblickt das ahnungsvolle Publikum Maske und Anzug des Shui Ta. Der rettende Shui Ta
erkennt, daß Sun seine Braut ausnützen will. Er weigert
sich, die Restsumme herbeizuschaffen, und versichert sich
der Hilfe des reichen Barbiers Shu Fu, der sich Hoffnungen
auf Shen Te macht. Kaum hat Shui Ta den Rücken gekehrt,
da trifft Sun auf Shen Te und macht sie sich gefügig. (5) Es
soll Hochzeit gehalten werden, die Gäste sind versammelt,
nur Shui Ta fehlt und vor allem der Restbetrag. Der Bräutigam wird ausfällig, und da sieht auch Shen Te ein, daß Sun
schlecht ist und sie seinetwegen ihre Kostgänger und Gläubiger nicht sitzenlassen darf. (6) Shen Te merkt, daß sie ein
Kind bekommen wird. Um dieses Kindes willen entschließt
sie sich zur Härte. Als Shui Ta saniert sie den Laden mit
Hilfe eines Blankoschecks des Shu Fu. (7) Aus dem Laden
wird das elegante Kontor einer Tabakfabrik. Shui Ta wird
zum erbarmungslosen Ausbeuter und Sun sein Aufseher.
(8) Sun erfährt von Wang, daß Shen Te ein Kind von ihm
erwartet, und ist nun über ihr Verschwinden doppelt aufgebracht. Er veranlaßt eine Haussuchung, die Shen Tes Kleider zutage fördert. (9) Shui Ta wird verhaftet. Die Verhandlung gegen Shui Ta wird von den Göttern geführt, die
sich durch einen Trick die Richtersessel erschwindelt haben.
Shui Ta erkennt die Götter und demaskiert sich mit den
Worten: »Euer einstiger Befehl, gut zu sein und doch zu
leben, zerriß mich wie ein Blitz in zwei Hälften ... Ach,
eure Welt ist schwierig! Zu viel Not, zu viel Verzweiflung!
... Wer den Verlorenen hilft, ist selbst verloren!« Die Götter sind ratlos: »Sollen wir eingestehen, daß unsere Gebote
tödlich sind? ... Niemals! Soll die Welt geändert werden?
Wie? Von wem? Nein, es ist alles in Ordnung.« Sie fahren
in rosigem Licht, lächelnd und winkend, in den Himmel auf,
die um Rat und Hilfe rufende Shen Te zurücklassend.

Der kaukasische Kreidekreis

Vorspiel und fünf Akte
Erste deutsche Aufführung: 9. November 1954 in Berlin

P e r s o n e n   i m   V o r s p i e l : Arkadi Tscheidse, der Sänger – Die dreiköpfige Truppe des Sängers – Vier Delegierte vom Ziegenzuchtkolchos Galinsk – Sechs Vertreter vom Obstbaukolchos Rosa Luxemburg – i m   1.   A k t : Georgi Abaschwili, der Gouverneur – Natella Abaschwili, seine Frau – Simon Chachava, Soldat, Grusches Verlobter – Grusche Vachnadze, eine Magd – Arsen Kazbeki, der fette Fürst – Bizergan Kazbeki, sein Neffe – Ärzte, Baumeister, Gesinde, Soldaten – i m   2.   A k t : Ein alter Milchbauer – Eine Bäuerin – Ein Bauer, ihr Mann – i m   3.   A k t : Lavrenti Vachnadze, Grusches Bruder – Aniko Vachnadze, seine Frau – Bäuerin, vorübergehend Grusches Schwiegermutter – Jussup, ihr Sohn, vorübergehend Grusches Mann – Michel, das Gouverneurskind – Viele Hochzeitsgäste, Kinder und Soldaten – i m   4.   A k t : Azdak, Dorfschreiber, später Richter – Schauwa, Polizist, später Öffentlicher Ankläger – Der flüchtende Großfürst – Zahlreiche Bittsteller, Zuschauer, Zeugen – i m   5.   A k t : Illo Schuboladze, Anwalt – Sandro Oboladze, Anwalt – Eine Alte – Ein Alter.
O r t   u n d   Z e i t : Ein zerschossenes kaukasisches Dorf, bald nach dem Zweiten Weltkrieg.

Brechts *Kreidekreis*, 1945 in der Emigration entstanden und am 4. Mai 1948 in Northfield (Minnesota) zum erstenmal (in englischer Sprache) aufgeführt, verändert die alte chinesische Legende im Rahmen marxistischen Denkens. Im Original und in den zahlreichen bisherigen Bearbeitungen bringt es die wahre Mutter nicht über sich, ihr Kind aus dem Kreidekreis zu zerren, während die falsche gleichzeitig herzlos Gewalt anwendet. Bei Brecht ist es die falsche, die proletarische Ziehmutter, welche dem Kind nicht wehtun will; die hochgeborene leibliche Mutter des Kindes wird als roh und besitzgierig charakterisiert. Dem Recht auf Grund der Geburt wird das Anrecht gegenübergestellt, das durch Arbeit und Fürsorge erworben wurde. »Das Muttertum wird hier sozial bestimmt.« Daher wurde die Fabel in einem Land entsprechender Sozialstruktur angesiedelt, in Sowjetrußland. Politische Tendenz und Elemente eines Volksstükkes sind untrennbar miteinander vermischt.

Im Vorspiel bewilligt die Kolchose der Ziegenzüchter die Einbeziehung eines umstrittenen Tals in den Bewässerungsplan des Obstbaukolchos. Zu Ehren der Ziegenzüchter spie-

len die Obstbauern, angeleitet durch den Volkssänger und
seine Truppe, eine Parabel, welche symbolisieren soll, daß
das Anrecht auf das Tal von der Arbeit für den Ertrag abhängig ist.

1. »Das hohe Kind.« Der Gouverneur und seine Familie
gehen zur Kirche, gefolgt vom Dienstpersonal. Der fette
Fürst macht seine Reverenz. Grusche lernt den Soldaten
Simon kennen. Nach dem Gottesdienst kommt der Aufstand
zum Ausbruch, den der fette Fürst anzettelte, begünstigt
durch eine schlechte Wendung im persischen Krieg. Die Herrschaft flieht. Eilig geben sich Grusche und Simon das Eheversprechen. Die Frau des Gouverneurs rettet ihre Kleider,
aber nicht ihr Kind. Grusche flieht mit dem Säugling.

2. »Die Flucht in die nördlichen Gebirge.« Zwei Panzerreiter verfolgen Grusche. Hunger und Teuerung herrschen,
sie kann das Kind kaum ernähren. Eine Bäuerin willigt ein,
es als ihr eigenes aufzunehmen; aus Angst vor den Soldaten
verrät sie sich aber. Grusche schlägt den einen hinterrücks
nieder und flieht unter Lebensgefahr über einen Gletscher-
steg, den die Soldaten nicht zu betreten wagen.

3. »In den nördlichen Gebirgen.« Mit letzter Kraft erreicht Grusche den Hof ihres Bruders. Der Bruder beschwichtigt seine bigotte Frau mit frommen Lügen. Doch nach dem
Winter muß Grusche weiter. Sie heiratet einen Sterbenden,
damit sie aus dem Haus ist und das Kind einen Vater bekommt. Die Trauung durch einen versoffenen Mönch, der
Klatsch der Gäste und die plötzliche Genesung des Gatten,
der alle hinauswirft, sind Szenen derber Komik. Im Laufe
der Zeit fordert der Bauer immer ungehaltener seine ehelichen Rechte, die Grusche ihm aus Treue zu Simon verweigert. Der Krieg geht siegreich zu Ende, Simon findet
Grusche, aber gleichzeitig fordern Panzerreiter von ihr das
Kind. Der Soldaten wegen behauptet Grusche, sie sei die
Mutter, worauf Simon sie verläßt. Die Soldaten nehmen das
Kind mit in die Hauptstadt.

4. »Die Geschichte des Richters.« Der Dorfschreiber Azdak
wird von den Soldaten zum Richter ernannt. Der neue Richter Azdak schröpft die Reichen und hilft den Armen.

5. »Der Kreidekreis.« Die Gouverneursfrau und Grusche
haben sich zum Prozeß um die Mutterschaft eingefunden.
Unter den Zuschauern befindet sich Simon, der inzwischen

die Wahrheit erfuhr und schwören will, der Vater des Kindes zu sein. Azdak verlangt die Probe mit dem Kreidekreis, aber Grusche weigert sich: »Ich hab's aufgezogen! Soll ich's zerreißen? Ich kann's nicht.« Azdak spricht Grusche das Kind zu und scheidet ihre Ehe mit dem Bauern. Es herrscht allgemeine Freude unter den proletarischen Zuschauern. Der Volkssänger aus der Rahmenhandlung verkündet die gesellschaftspolitische Nutzanwendung: »daß da gehören soll, was da ist, denen, die für es gut sind.«

Herr Puntila und sein Knecht Matti

Volksstück
Erste Aufführung: 5. Juni 1948 in Zürich

Personen: Gutsbesitzer Puntila – Matti, sein Chauffeur – Eva, seine Tochter – Attaché Eino Silakka, Evas Verlobter – Der Richter – Der Advokat – Der Probst – Die Pröbstin – Schmuggler-Emma – Apothekerfräulein – Kuhmädchen – Telefonistin – Arbeiter und Gesinde auf Puntila.
Ort und Zeit: Tawasthus, Lammi und Puntila in Südfinnland, Gegenwart.

Der *Puntila* beutet den Klassengegensatz Herr–Knecht in bezug auf seine komischen Möglichkeiten aus. Er wurde 1940 in Finnland geschrieben und geht auf eine Idee von Hella Wuolijoki zurück. Brecht schrieb 1940 in seinen *Anmerkungen über das Volksstück*: »Der ›Puntila‹ ist alles andere als ein Tendenzstück. Die Rolle des Puntila darf also keinen Augenblick und in keinem Zug ihres natürlichen Charmes entkleidet werden; es wird eine besondere Kunst nötig sein, die Betrunkenheitsszenen poetisch und zart, mit so viel Variation wie möglich und die Nüchternheitsszenen so ungrotesk und unbrutal wie möglich zu bringen.« Aber auf dem Theaterzettel des Deutschen Theaters in Ostberlin nannte Brecht den Puntila ein kapitalistisches Ungeheuer, »auszulachen im Suff, verabscheuungswürdig in der Nüchternheit«. Paul Dessau vertonte 1949 das »Puntilalied«, das die Handlung in acht Strophen zusammenfaßt.

Der Gutsbesitzer Puntila hat in zweitägiger Mühe ein paar Honoratioren unter den Tisch gesoffen. Anschließend

beklagt er sich bei seinem Chauffeur Matti über regelmäßige
Anfälle von Nüchternheit. Sie treffen mit zweitägiger Ver-
spätung auf dem Gut Kurgela ein, wo Puntilas Tochter Eva
mit ihrem Bräutigam, dem Attaché Silakka, auf ihn wartete.
(2) Eva verweigert dem Vater weiteren Alkohol. Daraufhin
fährt Puntila weg, um im Dorf Schnaps zu besorgen. Bei
dieser Gelegenheit verlobt er sich mit dem Apothekerfräulein, dem Kuhmädchen, der Telefonistin und der Schmuggler-Emma. (3) Zusammen mit Matti engagiert Puntila auf
dem Gesindemarkt zwei Arbeitskräfte. Die Tagelöhner be-
argwöhnen Puntilas Leutseligkeit und wahren ihrerseits
Distanz. (4) Zu Hause versöhnt Puntila sich sogar mit dem
Waldarbeiter Surkkala, dem er kündigen wollte, weil er
›rot‹ sei. Dann geht er in die Sauna und trinkt Kaffee.
Matti weiß im voraus, was der bevorstehende Anfall von
Nüchternheit bringen wird. Puntila schickt sofort die eben
angeworbenen Arbeiter weg und macht Matti schwere Vorwürfe. (5) Eva zieht Matti ins Vertrauen: sie möchte den
Attaché loswerden. Matti erbietet sich, Eva zu kompromit-
tieren. Sie gehen gemeinsam in die Badehütte. Puntila weist
Matti zurecht, aber der angehende Schwiegersohn beschwichtigt ihn. Er will seiner Schulden wegen Eva unbedingt heiraten. Eva bemüht sich in der Folgezeit ernsthaft um Matti.
(6) Die vier Bräute Puntilas stellen sich tatsächlich ein; sie
hoffen auf einen kleinen Spaß auf Puntilas Kosten. Leider
haben sie das Pech, ihren gemeinsamen Bräutigam nüchtern
anzutreffen. Bevor Matti diesen Schaden beheben kann,
wirft Puntila die Mädchen hinaus. (7) Auf der Verlobungs-
feier seiner Tochter erreicht Puntila wieder seinen Normal-
zustand. Sein Exzeß geht so weit, daß er beginnt, sozial zu
denken. Er schickt den Attaché zum Teufel und will Eva
mit Matti verloben. Eva willigt ein, doch dem Matti ist eine
›feine‹ Frau zu unpraktisch. Er examiniert Eva vor allen
Gästen, und sie versagt. Puntila verstößt daraufhin seine
Tochter. (9) Am nächsten Morgen ist Puntila wieder nüchtern und macht alles rückgängig. Sogar den ›roten‹ Waldarbeiter entläßt er. Er beschließt, nie wieder zu saufen, und
läßt sich alle Schnapsflaschen bringen, um sie zu zerschlagen.
Diesen ›unabänderlichen Beschluß‹ feiert er mit einem Gläschen und ist bald wieder betrunken. Er möchte mit Matti
einen Berg besteigen und befiehlt, daß aus dem Mobiliar ein

Berg gebaut wird. Auf den Trümmern seiner Möbel preist
Puntila die Schönheit Finnlands. (11) Da der Suff diesmal
besonders furchtbar war, geht Matti der Ernüchterung aus
dem Wege, indem er seinen Herrn verläßt. (12) Obendrein
treibt ihn die Solidarität mit dem kommunistischen Waldarbeiter. Er verabschiedet sich mit einem klassenkämpferi-
schen Epilog:

> *»'s wird Zeit, daß deine Knechte dir den Rücken kehren.*
> *Den guten Herrn, den finden sie geschwind*
> *Wenn sie erst ihre eignen Herren sind.«*

Leben des Galilei

Schauspiel in fünfzehn Bildern
Erste Aufführung: 9. September 1943 in Zürich

P e r s o n e n : Galileo Galilei – Frau Sarti, Galileis Haushälterin,
Andreas Mutter – Andrea Sarti, Federzoni, kleiner Mönch: Mitarbeiter
Galileis – Ludovico Marsili, ein reicher junger Mann – Der Kurator der
Universität Padua, Herr Priuli – Sagredo, Galileis Freund – Virginia,
Galileis Tochter – Cosmo de Medici, Großherzog von Florenz – Pater
Clavius, Astronom – Der Kardinal Inquisitor – Kardinal Barberini,
später Papst Urban VIII. – Kirchliche und weltliche Würdenträger, Ge-
lehrte, Höflinge, Mönche, Volk.
O r t und Z e i t : Oberitalien und Rom, 1610–37.

Dieser etwas schwerfällige Bilderbogen mit den gutsitzenden
Szenen entstand 1938/39 im dänischen Exil. Die Unsicherheit,
ob Zwang oder Zynismus Brechts Haltung in Ost-Berlin bestimmt habe, führte dazu, den *Galilei* als prophetische
Selbstaussage seines Autors anzusehen. Galilei sagt zu
Andrea (Bild 14): »Einige Jahre lang war ich ebenso stark
wie die Obrigkeit. Und ich überlieferte mein Wissen den
Machthabern, es zu gebrauchen, es nicht zu gebrauchen, es zu
mißbrauchen, ganz wie es ihren Zwecken diente. Ich habe
meinen Beruf verraten.« Es ist das Drama eines zwischen
Selbstaufgabe und Opposition schwankenden Geistes.

1. Padua. Galilei erklärt Andrea Sarti, dem Sohn seiner
Haushälterin, das Kopernikanische System. Frau Sarti schilt
über diesen vermeintlichen Unsinn. Sie kündigt einen jungen
Herrn an, der Unterricht wünscht, und hofft, Galilei werde

ausnahmsweise ans Geldverdienen denken. Der angehende
Schüler, Ludovico Marsili, weiß ein Fernrohr zu beschreiben,
das in Amsterdam verkauft wird. Der Kurator der Universität meldet, Galileis Bitte um Gehaltserhöhung sei abgeschlagen worden. Sein Wissen bringe der Republik nur in-
direkten Nutzen und außerdem könne er froh sein, vor der
Inquisition geschützt zu werden.

2. Venedig. Galilei präsentiert dem Rat der Stadt ein nach
Marsilis Beschreibung gebautes, angeblich soeben erfundenes
Fernrohr. Dafür ihm die gewünschte Gehaltszulage.

3. Padua. Galilei und sein Freund Sagredo finden dank
des Fernrohrs das Kopernikanische System bestätigt. Sagredo
ist entsetzt, er vermißt Gott in diesem neuen Weltbild. Er
warnt Galilei, zumal da dieser an den von der Inquisition
überwachten Hof von Florenz will, wo er mehr Zeit für
seine Forschungen zu finden hofft.

4. Florenz. Der Großherzog von Florenz, noch ein Kind,
kommt zur Besichtigung des Fernrohrs. Bevor die Hofschranzen eintreffen, prügelt er sich mit Andrea. Wortfüh-
rend sind ein Philosoph und ein Mathematiker, die Aristoteles als Brett vor dem Kopf benutzen und vermeiden, sich
durch einen Blick durch das Rohr von der Wirklichkeit zu
überzeugen.

6. Rom. Während Pater Clavius, der Astronom des Päpstlichen Collegiums, sich von der Richtigkeit der Angaben
Galileis überzeugt, wird im Vorsaal die neue Lehre teils
derb verspottet, teils dogmatisch abgetan.

7. Rom, eine Ballnacht. Galileis Tochter Virginia, die das
Leben sorglos genießt, hat sich mit Ludovico Marsili verlobt. Man läßt den Vater wissen, das Heilige Offizium
habe seine Lehre verdammt. Der Inquisitor unterhält sich in
abgründiger Ironie mit Virginia; er versichert sich vorsorg-
lich des nichtsahnenden Mädchens.

9. Florenz. Galilei und seine Mitarbeiter vertaten acht
Jahre mit gleichgültigen Experimenten. Marsili bringt die
Nachricht, der Papst liege im Sterben und sein Nachfolger
werde Kardinal Barberini sein, ein Mathematiker. Sofort
läßt Galilei die Instrumente zur Sonnenbeobachtung holen.
Daraufhin löst Marsili die Verlobung.

11. Florenz. Galilei will dem Großherzog sein neues Buch
über die Mechanik des Universums überreichen. Der Groß-

herzog übersieht das Werk geflissentlich, huldvolle Phrasen drechselnd. Die Inquisition holt Galilei nach Rom.

12. Vatikan. Der Inquisitor erkämpft sich vom Papst die Erlaubnis, Galilei einzuschüchtern.

13. Rom, Palast des florentinischen Gesandten. Um fünf Uhr, bei Glockengeläut, soll Galilei abschwören. Seine Tochter betet darum, seine Mitarbeiter hoffen, daß er widersteht. Als der Widerruf zunächst ausbleibt, sind sie überglücklich. Dann dröhnt die Glocke, und ein Ausrufer verkündet: »Ich ... schwöre ab, was ich gelehrt habe, daß die Sonne das Zentrum der Welt ist ...« Als Galilei auftaucht, ein gebrochener Mann, wird er von seinen Freunden beschimpft.

14. Landhaus bei Florenz. Galilei, sehr gealtert und fast blind, lebt als Gefangener der Inquisition, bewacht von seiner bigotten Tochter und einem Mönch. Er kroch zu Kreuze und erntete Wohlleben. Andrea, inzwischen ein Mann von mittleren Jahren, besucht ihn. Er ist auf dem Wege ins freie Holland. Der Gefangene steckt ihm eine heimliche Abschrift seiner »Discorsi« zu, einer Abhandlung über die Mechanik und die Fallgesetze. Daraufhin ist er in Andreas Augen rehabilitiert.

15. Am Schlagbaum. Andrea liest, während sein Gepäck durchsucht wird, seelenruhig die »Discorsi«. Er darf passieren.

S c h w e y k   i m   z w e i t e n   W e l t k r i e g. – Brechts Version von Jaroslav Hašeks (1883–1923) bravem Soldaten Schweyk (Schwejk), den schon Max Brod und Hans Reimann auf die Bühne gebracht haben, wurde 1957 in Warschau uraufgeführt, in Deutschland zuerst am 1. März 1958 in Erfurt gespielt. Der Hundefänger Schweyk ist berühmt geworden für seine List, sich dumm zu stellen. Er benutzt das Brett vor dem Kopf als Schutzschild. Vor der kleinbürgerlichen List des schlecht Regierten wird alle Ideologie zuschanden – auch der Antifaschismus. Schweyk ist weder Saboteur noch Deserteur, sondern ein übereifriger Mitläufer. Als Brecht 1941 Hašeks ironische Fabel der Destruktion wieder einmal las, fand er Schweyks Weisheit »umwerfend«. Seine »Unzerstörbarkeit macht ihn zum unerschöpflichen Objekt des Mißbrauchs und zugleich zum Nährboden der Befreiung.« Er verpflanzte Hašeks Beispiel für unbotmäßige

Anpassung aus dem Ersten in den Zweiten Weltkrieg. Realität und Surrealität wurden dabei miteinander verschränkt. In den ›niederen Regionen‹ ducken sich die Tschechen vor den Eroberern, in den ›höheren‹ beraten ab und zu die Nazi-Götter. Es sind wirkungsvolle (»Und was bekam der Soldaten Weib«) und stimmungsträchtige Lieder (»Am Ufer der Moldau wandern die Steine«) eingefügt.

In Frau Kopeckas Wirtschaft »Zum Kelch« verkehren SS-Leute, denen die Wirtin den frühen Tod aus der Hand liest, und der Spitzel Bretschneider, der sich Hoffnung auf die Wirtin macht, anderseits Tschechen, wie der ewig hungrige Baloun und sein Freund Schweyk. Frau Kopecka meidet politische Gespräche, doch Schweyk nimmt an allem Unangenehmen lauthals und freundlich Interesse. Prompt wird er ins Hauptquartier der Gestapo geschafft. Dort beträgt er sich so kriecherisch und nazistisch, daß der Scharführer Bullinger ihn als Idioten laufen läßt. Schweyk verspricht ihm einen Hund, den Spitz vom Ministerialrat Vojta. Der ist leider ein Kollaborateur, kein Jude, das erschwert die Sache. Nach dem Hundediebstahl werden Baloun und Schweyk aufgegriffen und zur Arbeit auf dem Güterbahnhof geschickt. Auch dort stiftet Schweyk Verwirrung. Bullinger ist empört, daß Schweyk 200 Kronen für den Spitz verlangt. Eine brutale Haussuchung im »Kelch« bringt den Spitz zutage, aber Bullinger erkennt ihn nicht. Er hat sich nämlich in ein Fleischpaket für Baloun verwandelt. Schweyk kommt wegen Schwarzhandel ins Militärgefängnis, wo er wieder demoralisierenden Trost verbreitet, und von da an die Front: »Guten Tag, wo geht der Weg nach Stalingrad?« Im Nachspiel trifft Schweyk im Schneetreiben eine überlebensgroße Gestalt: Hitler. Der kann ihm auch keinen Rat geben »bei diesen verrotteten bolschewistischen Verkehrsverhältnissen«.

Turandot oder Der Kongreß der Weißwäscher. – Der Mißbrauch des Intellekts ist ein Themenkomplex, der Brecht seit den dreißiger Jahren bis zu seinem Tod beschäftigt hat. In einem fragmentarischen Roman, Erzählungen, Traktaten, Kurzgeschichten und einem 1954 zu Ende geschriebenen, am 5. Januar 1969 in Zürich uraufgeführten Theaterstück stellte Brecht die Denkweise der Intellektuellen dar, der ›Tellekt-Uell-Ins‹, kurz ›Tuis‹ genannt. So entstand ein Seitenstück zum *Arturo Ui.* Der Diktator erscheint diesmal als der Straßenräuber Gogher Gogh. Eine gute Baumwollernte hat dem Baumwollmonopol des Kaisers geschadet. Der Kaiser stellt den Ministerpräsidenten vor die Alternative, die Ernte verschwinden zu lassen oder sich mit dem Rücktritt des Kaisers abzufinden. Im Teehaus der Tuis werden Meinungen verkauft, da trifft die Meldung ein, die Baumwolle werde konfisziert. Das Verschwinden der Baumwolle empört das Volk. Der Bund der Kleidermacher konspiriert gemeinsam mit dem Bund der Kleiderlosen. Kai Ho hat eine ganze Provinz aufgewiegelt. In einem Flugblatt erinnert er daran, daß der erste Mandschukaiser nur einen einzigen Mantel besessen habe. Man sagt, das Volk hänge so lange am Kaiser wie dieser Mantel im Tempel an seinem Strick hänge. Auf einer außerplanmäßigen Tui-Konferenz, dem ›Kongreß der Weißwäscher‹, erlügen die Tuis Gründe für das Verschwinden der Baumwolle. Der Kaiser verspricht seine Tochter demjenigen, der das Volk überzeugt. Keinem gelingt es. Sie lügen sich um Kopf und Kragen. Turandot besichtigt die Köpfe der Tuis, dabei trifft sie den Räuber Gogher Gogh, der nach vergeblichen Versuchen, die Tui-Würde zu erkaufen, nun drakonische Maßnahmen empfiehlt. »Majestät, geben Sie mir 24 Stunden Zeit, und Sie werden Ihre Hauptstadt nicht wiedererkennen.« Mit Hilfe seiner Räuberbande führt Gogh ein Schreckensregiment. Turandot ist hingerissen. Den halben Vorrat an Baumwolle läßt Gogh verbrennen und beschuldigt andere der Brandstiftung. Der Preis steigt wieder. Der Bauer Sen, der in die Hauptstadt gekommen ist, um dort zu studieren, erklärt seinem Enkel: »Man verkauft Meinungen wie Fische, und so ist das Denken in Verruf gekommen ... Doch ist das Denken das Nützlichste und Angenehmste, was zu tun es gibt.« Er erwartet von Kai Ho eine Boden- und Gedankenreform. Jeder soll dann studieren können. Im Mandschutempel will Gogh Turandot heiraten, die allerdings für Denker schwärmt. Unruhen verzögern die Zeremonie. Der Mantel des Mandschukaisers ist verschwunden. Ein eindringender Soldat ruft im Namen der draußen wartenden Menge: »Weg mit euch!«

C o r i o l a n. Bearbeitung des gleichnamigen Trauerspiels von Shakespeare, uraufgeführt 1964 durch das »Berliner Ensemble« im Theater am Bertolt-Brecht-Platz (ehemals Schiffbauerdamm). – Brecht hat den Stoff in den Jahren 1951/52 bearbeitet und die ersten Proben 1953 geleitet, im Jahre des Volksaufstandes. Günter Grass geht davon aus in seinem ›deutschen Trauerspiel‹ *Die Plebejer proben den Aufstand.* »Es mag dabei bleiben, daß es sich für den Coriolan lohnt, seinen Stolz so maßlos auszuleben, daß Tod und Untergang nicht ins Gewicht fallen. Aber schließlich zahlt die Gesellschaft, bezahlt Rom mit; es kommt ebenfalls in die Nähe des Untergangs dadurch. Und was den Helden betrifft, ist die Gesellschaft an einem anderen Aspekt interessiert, ... nämlich dem Glauben des Helden an seine Unersetzlichkeit ... Das setzt sie in unabdingbaren Gegensatz zu diesem Helden« (Brecht). Die Bearbeitung endet mit einer Sitzung des Senats, der den Antrag abschlägt, den Namen des Coriolan am Kapitol zu verewigen. Die Gesellschaft hat den Helden beseitigt und tilgt auf Antrag der Volkstribunen die Erinnerung an ihn. Anders als bei Shakespeare hat das Volk die Ernennung von Volkstribunen erzwungen, um sich im Senat besser vertreten zu wissen. Coriolan wird nicht zum Konsul gewählt, weil er sich als Volksfeind entlarvte, als die Tribunen ihn nach seinem Programm fragten. Brechts Eingriffe machten Coriolan zum Klassenfeind, an dem die Volksvertreter ein Exempel statuieren. *H. D.*

HANS REHBERG

* 25. Dezember 1901 in Posen, † 20. Juni 1963 in Duisburg

Rehberg hat seinem Zyklus von Preußendramen, in denen er die Geschichte der Hohenzollern darstellt, eine klare kompositorische Idee zugrunde gelegt: er beginnt mit dem Schauspiel der Staatsgeburt *(Der Große Kurfürst)* und führt über die Komödie der Staatsrepräsentation *(Friedrich I.)* zur Tragödie der Staatsmacht *(Friedrich Wilhelm I.)* und zur Passion eines Königs, der die Widersetzlichkeit der ihm überlieferten Staatsmaterie gegen die Formung aus dem

Brecht, Der gute Mensch von Sezuan

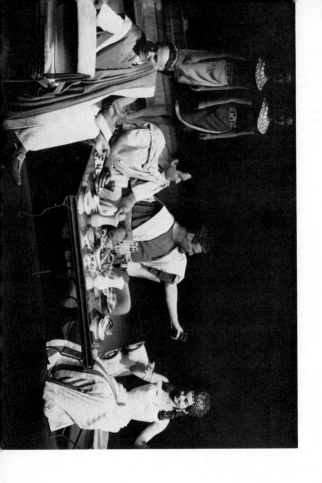

Shaw, Cäsar und Cleopatra

herrscherlichen Geist erkennt (das Doppeldrama *Kaiser und König* und *Der Siebenjährige Krieg*).

Nach verschiedenen Bühnenwerken über Gestalten aus der Weltgeschichte wandte er sich 1953 mit der zweiteiligen, stark psychologisierenden Atriden-Tragödie *Der Gattenmord* (mit dem Vorspiel *Der Opfertod*) und *Der Muttermord* dem Mythos zu. Sein 1956 in Duisburg uraufgeführtes Schauspiel *Rembrandt* verläßt sich ganz auf das Theatralische.

FRANZ KAFKA

* 3. Juli 1883 in Prag, † 3. Juni 1924 in Kierling bei Wien

Kafkas Leben verlief ohne äußerlich bemerkenswerte Ereignisse in Prag, wo er, einer alten jüdischen Familie entstammend, eine Zeitlang dem Kreis Franz Werfels und seines Freundes Max Brod angehörte, dann in Zürau, Berlin und Wien. Nach dem Rechtsstudium promovierte er 1906 an der Prager Universität, 1908–17 war er Beamter einer Prager Versicherungsanstalt, später lebte er als freier Schriftsteller, zunehmend bedroht von der Lungentuberkulose, der er schließlich erlag. Sein Werk umfaßt Romane, Erzählungen, Tagebücher und das dramatische Fragment »Der Gruftwächter«.

Franz Kafka, heute ein »Brennpunkt der Weltliteratur« (Eppelsheimer), ist einer der großen Seher und Vorausseher des heutigen Weltzustands und der daraus entstandenen Problematik des Menschen gewesen, ein Visionär der modernen Lebensangst, und darum nacheinander von den literarischen Bewegungen in Anspruch genommen worden, deren Kardinalthema die Situation des Menschen unter der Herrschaft der Angst ist – vom Expressionismus, vom Surrealismus und vom Existentialismus. Er schrieb eine eigentümlich trockene, spröde, glasklare Prosa, die jede Einzelheit der dinglichen Welt mit der Schärfe einer beinahe wissenschaftlichen Beobachtung erfaßt und wie gemeißelt hinstellt, randvoll von konkreter Anschauung und Sachbestimmtheit; die

Welt aber, die sich aus derart realistisch gebildeten Einzelheiten aufbaut, ist vollkommen ungreifbar und unwirklich, raum- und ortlos, und darum für den Menschen, der in ihr leben muß, ausweglos verwirrend, beängstigend und schrecklich. Es ist nicht Aufgabe dieses Handbuchs, die immense Erscheinung Franz Kafkas, über die eine riesige Literatur existiert, zu interpretieren, nicht einmal, die zahlreichen und unter sich sehr verschiedenen, zuweilen gänzlich widersprüchlichen Interpretationen miteinander in Vergleich zu setzen. Die richtigste ist wahrscheinlich die, daß Kafka, ein nur aus der metaphysischen Tradition des Judentums erklärbarer Mystiker, ein vom Gefühl der Schuld gepeinigter und darum verzweifelt und inbrünstig um befreiende Gnade ringender Gottsucher war, dessen grotesk-makabre Visionen Thomas Mann zu der nicht unbedenklich verkürzten, aber den Kern des Phänomens treffenden Formulierung bewogen, Kafka sei ein »religiöser Humorist«. Der Humor, den er offenbart, ist freilich von jener grausamen Akribie, mit der sich auf den Weltgerichtsdarstellungen der mittelalterlichen Malerei etwa die Teufel der umständlichen und soliden Quälerei der Verdammten hingeben; auch Dantes Inferno in der _Göttlichen Komödie_ ist voll von (in diesem Sinne) ›humoristischen‹ Episoden.

Der Epiker Kafka erscheint hier unter den Dramatikern, weil seine beiden großen Romane _Der Prozeß_ und _Das Schloß_, die erst nach seinem Tod veröffentlicht wurden, in jüngster Zeit die Vorlage für zwei Bühnenwerke abgaben, die heute ebenso großes Aufsehen erregen wie vor einem Vierteljahrhundert die Bücher. _Der Prozeß_ wurde von André Gide und dem berühmten französischen Schauspieler und Regisseur Jean Louis Barrault dramatisiert (und 1950 in Paris uraufgeführt), _Das Schloß_ von Kafkas Freund und Herausgeber seines Nachlasses, dem 1969 in Israel verstorbenen Prager Dichter Max Brod. _Der Prozeß_ ist außerdem in einer Textbearbeitung von Boris Blacher und Heinz von Cramer von dem österreichischen Komponisten Gottfried von Einem als Oper vertont worden; die Uraufführung war 1953 in Salzburg im Rahmen der Festspiele. (Siehe Reclams Opernführer.) Um die beiden Dramen, die innerlich im Zusammenhang stehen, richtig zu erfassen, muß man wissen, daß Kafka das ganze Dasein des Menschen in der Abhängigkeit von metaphysischen Instanzen sah, die er sich als einen ungeheuren und allmächtigen, aber völlig anonymen Behördenapparat vorstellte, mit dem der Mensch ständig zu tun hat, der aber für ihn nur auf seinen untersten Stufen zugänglich ist. Was er auch unternimmt, um in seiner Angelegenheit ›Existenz‹ irgendeine Entscheidung zu erhalten, um eine dafür wesentliche Sache zu einem Ende zu bringen: es ist unmöglich, über die subalternen Funktionäre, über das Heer der Schreiber, Sekretäre, Erhebungs- und Untersuchungsbeamten hinauszudringen. Das ganze Leben, das von diesen wieselnden, werkelnden, ameisenhaft emsigen Legionen der Subalternität gelenkt und reglementiert wird, ist nur ein Vorstadium, an dessen Ende auch der Tod keine Entscheidung bringt. Das Merkwürdigste und für den skurrilen Humor Kafkas Bezeichnendste ist nun, daß diese allmächtige Justiz- oder Verwaltungsbürokratie, welche die ihr unterworfenen Menschen in tiefsten ›existentiellen‹ Schrecken versetzt, bei all ihrer Dämonie unvorstellbar schäbig, lumpig und lemurenhaft, ein widerliches, in Bosheit, Verkommenheit und Unzucht dahinlebendes Gekröse ist, ebenso pervers als Institution wie perfekt als Organisation. Erkennt man nicht mit Schaudern, wie Kafka die Perfektion des Unmenschlichen in seiner inferiorsten Form, wie sie heute in satanischer Glorie dasteht, vorausgeahnt, ja vorausgestaltet hat?

Die Hauptfigur der beiden Dramen, deren Handlungen jedoch keine äußeren Beziehungen zueinander haben, ist ein Mann namens Josef K. Es ist sicher, daß Kafka sich mit ihm identifiziert, freilich nicht im autobiographischen, sondern im transzendenten Sinn. Im *Prozeß* sucht Josef K. sich der ihn ständig umkrallenden, unausweichlichen metaphysischen Instanz ebenso vergeblich zu entziehen, wie er ihr im *Schloß* zu begegnen und sich ihr unentbehrlich zu machen sucht. Beide Versuche enden mit seiner ›Verurteilung‹ – er ist des Todes ›schuldig‹. Die ›Schuld‹ bleibt im einen wie im andern Fall als Tatbestand ebenso ungreifbar, wie sie als Verhängnis allgegenwärtig bleibt.

Der Prozeß beginnt damit, daß der Bankprokurist Josef K. eines Morgens, als er gerade in seinem Pensionszimmer frühstücken und dann in sein Büro gehen will, von

zwei schäbig aussehenden Männern die Mitteilung empfängt,
daß er verhaftet sei. Ein auch gleich im Nebenzimmer, das
von einem Fräulein Bürstner bewohnt wird, etablierter
Untersuchungsbeamter eröffnet K., daß er sich ständig zur
Verfügung des Gerichts zu halten habe; im übrigen könne
er völlig ungehindert seinem Beruf nachgehen – er sei lediglich verhaftet, nichts weiter. In K. erwacht ein unbestimmtes,
ungreifbares Schuldgefühl. Jede Bemerkung seiner Zimmer-
wirtin, jeden Blick der Leute auf der Straße bezieht er auf
dieses ständig in ihm wachsende, ihn immer stärker beun-
ruhigende Gefühl; alle scheinen zu wissen, daß er verhaftet
ist, alle scheinen an seine Schuld zu glauben. In seiner Beklommenheit wendet er sich an Fräulein Bürstner, weil er
meint, daß eine Frau ihn am ehesten von der seltsamen Be-
drückung, die auf ihm lastet, befreien kann. Jedoch Fräulein
Bürstner läßt sich zwar von ihm küssen, findet aber alles nur
»riesig interessant«. In seiner Bank versieht Josef K. nur
noch mechanisch seinen Dienst. Da erreicht ihn eine Vorladung vors Gericht, und er glaubt, jetzt wenigstens zu erfahren, wessen man ihn beschuldigt. Aber er findet nur einen
Untersuchungsrichter, der mit sinnlosem Eifer auf einem
halbvermoderten, von Würmern und Ratten angefressenen
Dachboden amtiert, umgeben von einer vulgären Masse von
apathischen Angeklagten und grinsenden Zuschauern, der
ihn vernimmt, ohne irgendwie auf den Gegenstand des Prozesses einzugehen. Nur noch tiefer im Dunkel tappend, verläßt K. diesen verrotteten, aber mit schauerlicher Geschäftigkeit seinen unerkennbaren Pflichten obliegenden Amtsbetrieb.
Angstgetrieben setzt er nun alles daran, endlich einem in
den Prozeß eingeweihten Richter gegenübergestellt zu werden, aber es ist unmöglich, einen der hohen Beamten des Gerichts zu Gesicht zu bekommen. Einmal ist er ganz nahe
daran, als er mit seinem Onkel einen diesem bekannten, nun
aber bettlägerigen Anwalt aufsucht, der von seiner Verhaftung weiß und zufällig gerade Besuch von einem Kanzleirat
(also einem höheren Funktionär der Behörde) hat; aber im
entscheidenden Augenblick verläßt Josef K. das Zimmer, um
sich mit Leni, der verderbten und anziehenden Pflegerin des
kranken Anwalts, die zu all dessen Klienten höchst zweideutige Beziehungen unterhält, einzulassen. Auch der Versuch, über den bohèmehaft verkommenen Maler Titorelli,

der seit Jahrzehnten die Richter porträtiert, einen von diesen zu erreichen, schlägt fehl. Der Maler, durch ständigen Umgang mit dem Gericht – »es gehört ja alles zum Gericht« – in dessen Praktiken erfahren, belehrt Josef K., daß es drei Arten von Befreiung gibt: den wirklichen Freispruch (der aber niemals vorkommt), den scheinbaren Freispruch und die Verschleppung. Diese ist zu empfehlen, weil dadurch der Prozeß dauernd im niedrigsten Stadium gehalten wird; der Prozeß hört zwar nicht auf, aber der Angeklagte ist vor einer Verurteilung fast ebenso gesichert, wie wenn er wirklich frei wäre. Josef K. schöpft neue Hoffnung und geht wieder seinem Beruf nach. Eines Tages bittet ihn der Bankdirektor, einem ausländischen Kunden die Sehenswürdigkeiten der Stadt zu zeigen. K. geht, um sich vorzubereiten, in den mit vielen Denkmälern geschmückten Dom, wo er einen Priester trifft, der natürlich – »alles gehört zum Gericht« – Gefängnisgeistlicher ist. Mit ihm beginnt er ein langes, von den Gedanken und Forderungen einer strengen Theologie getragenes Disputationsgespräch, an dessen Ende er, ohne sie zu kennen, von seiner Schuld überzeugt ist. Vor der Stadt begegnen ihm zwei Herren, die wie alte, abgetakelte Schmierenschauspieler aussehen. Es sind Emissäre des Gerichts, die den inzwischen verurteilten Josef K. mit höflichen Manieren hinrichten, indem sie ihm ein Messer in die Brust bohren.

Das Schloß erblickt Josef K. am Ende einer langen, mühseligen Wanderung durch eine fremde, erstorbene Winterlandschaft von fern wie eine Vision. Um in dem Dorf, das er nun betritt, ein Nachtquartier zu erhalten, gibt er sich als Landvermesser aus, der von der gräflichen Verwaltung angestellt wurde. Kaum hat er sich in der Gaststube des Brückenwirtshauses, wo man ihn wenig einladend empfing, auf einem Strohsack niedergelegt, da erscheint der Sohn des Schloßkastellans und teilt ihm mit, daß niemand ohne Erlaubnis der gräflichen Behörde übernachten dürfe; er habe das Dorfgebiet, das zu der Schloßherrschaft gehört, sofort zu verlassen. K. gebraucht noch einmal seine Notlüge, er habe eine Anstellung als Landvermesser, entschlossen, sich nicht mehr vertreiben zu lassen. Zu seinem größten Erstaunen erfährt er, als der Sohn des Kastellans telefonisch im Schloß rückfragt, daß es damit seine Richtigkeit habe. Sofort ändert der Wirt sein Benehmen, er wird unterwürfig, und als gar noch der Schloßbote Barnabas erscheint und K. einen Brief des »Vorstands der zehnten Kanzlei«, Klamm, überbringt, in dem dieser ihm die Anstellung bestätigt, scheint alles in Ordnung. Aber unter den Bauern geht ein unterdrücktes Murren, daß sie keinen Landvermesser brauchen, und Josef K. merkt bald, daß das nur der Ausdruck einer bösen, unheimlichen Verachtung und Feindschaft dem Fremden gegenüber ist. Nun beginnt – genau wie im *Prozeß*, nur mit umgekehrter Tendenz – sein von der Angst um seine Existenz (im materiellen wie im metaphysischen Sinn) getriebenes Bemühen, zu der Behörde im Schloß vorzudringen, die ihn brieflich angestellt hat. Alles ist vergeblich, wieder sind es nur die niederen Instanzen, die Unterkastellane und Untersekretäre, die ihn mit einer ungreifbaren, aber schrecklichen, reglementierenden, verordnenden und verbietenden Macht im Rücken, hinhalten, demütigen und erniedrigen. Schließlich wird ihm eine Art Gnadenbrot gewährt – er darf sich, mit einem hochmütigen, haßerfüllten Lehrer als Vorgesetzten, als Schuldiener betätigen. Die Herrschaft im Schloß thront in völlig unerreichbarer Ferne, darum versucht Josef K. wenigstens den ›Vorstand‹ Klamm zu erreichen, um bei ihm seine Angelegenheit zu klären, aber auch das ist vollkommen aussichtslos. Wie im *Prozeß* sucht er Hilfe bei Frauen. Das Schankmädchen Frieda aus dem ›Herrenhof‹, dem Gasthaus, in dem die Beamten des Schlosses wohnen, wenn sie ins Dorf kommen, wird seine Geliebte, aber sie hilft ihm, obgleich sie mit dem Vorstand Klamm ein Verhältnis hat – dieser selbst tritt in dem Schauspiel nicht in Erscheinung –, ebensowenig wie der Gemeindevorsteher und der Untersekretär Bürgel, die in seiner Sache nicht ›zuständig‹ sind. Es stellt sich überhaupt heraus, daß niemand zuständig ist; das Schloß bedient sich für seinen Verkehr mit Josef K. nur des Boten Barnabas, der mit seinen beiden Schwestern Olga und Amalia einer ganz verachteten Familie angehört, die fast so gemieden wird wie ein Fremder. Denn Amalia hat sich, ein unerhörter Vorgang unter den Frauen im Dorf, geweigert, die Geliebte eines der Schloßbeamten zu werden. (Ihre Schwester Olga sucht diese ›Schuld‹ zu sühnen, indem sie den Dienern und Knechten des Vorstands Klamm, einem außerhalb des Schlosses zuchtlosen und gierigen Gesindel, zu Willen ist.) Auch hier geht Josef K. am Ende zugrunde, verworfen um einer metaphysischen Schuld willen, die er nie zu ergründen vermag. »Wer zeigt mir den Weg ins rechte Leben? Wer hilft meiner großen Not? Wohin mit mir, wohin?« – das ist Josef K.s letzter Aufschrei, bevor das Bild des Herrenhof-Wirtshauses in den Friedhof überblendet, auf dem er gerade beigesetzt wird, als der Bote Barnabas eine Entscheidung in seiner Sache meldet: »Ein Wohnrecht bei uns hat er allerdings nicht. Das ging aus allen Akten zweifelsfrei hervor. Aber das Wohnrecht wird ihm nun, da seine Bewerbung so langdauernd, eifrig und fehlerfrei war, gnadenweise geschenkt und amtlich zugestanden.«

Noch stärker als den *Prozeß* wird man *Das Schloß* als eine mystische Tragikomödie empfinden, durchzogen von einem gespenstigen, unterschwelligen Humor (z. B. in den zwei ›Gehilfen‹, die dem ›Landvermesser‹ Josef K. vom Schloß geschickt werden – Clowns aus einem metaphysischen Varieté) und erfüllt von einer Ausweglosigkeit, die ebenso die echte Verzweiflung über die Sünde des ›Irrtums‹ im strengsten theologischen Sinne hervorruft wie jenes Gruseln, das einen zuweilen in einem Juxplatz-›Labyrinth‹ befällt. Beim Vergleich mit den Romanen, die Kafka übrigens nur als Fragmente hinterlassen hat, stellt man fest, daß Gide und Barrault sich im *Prozeß* enger an das Original gehalten haben als Max Brod, der im *Schloß* namentlich den Schluß sehr stark zu einer Tröstlichkeit hin verändert hat, auf die es, ungeachtet der Bemerkung des Dichters, so habe er den Roman enden lassen wollen, in seinem Fragment keinen Hinweis gibt.

MAXIM GORKI

* 28. März 1868 in Nischni Nowgorod
† 18. Juni 1936 in Moskau

Dieser Name ist ein Pseudonym, das, übersetzt, Maxim der Bittere lautet; viele russische Revolutionäre legten sich Pseudonyme bei, die oft programmatisch waren, so auch Gorki, der sich dieser Bewegung anschloß. Er hieß in Wahrheit Alexej Maximowitsch Peschkow. Seine Eltern starben früh, der Knabe war damals erst neun, er kam ins Haus seines Großvaters, eines Färbermeisters von rauhen Sitten. Indes wurde er bald als Lehrling fortgegeben, und nun ging es durch alle nur erdenklichen Gewerbe. Schusterlehrling, Heiligenbildermaler, Küchenjunge, Bäckergeselle, Obsthändler, Hafenarbeiter, Lastträger; er trieb sich mit Landstreichern in ganz Rußland herum. 1892 schrieb er als Eisenbahnarbeiter in Tiflis seine erste Erzählung, fünf Jahre darauf war sein Name weithin bekannt. 1902 brachte eine große Zeitschrift ein Gedicht von ihm, »Der Sturmvogel«; sie wurde daraufhin verboten – so kam es, daß er über Nacht der Sturmvogel der aufdämmernden Revolution wurde. Die Unruhen 1904–06 fanden Gorki im linken Lager der Sozialdemokraten. Der Zusammenbruch der revolutionären Bewegung zwang ihn, ins Ausland zu fliehen, nach kurzen Aufenthalten in Paris und den USA ließ er sich auf der Insel Capri nieder. Während des Ersten Weltkrieges kehrte er nach Rußland zurück und beteiligte sich am Umsturz 1917, doch verließ er 1921 Rußland unzufrieden zum andern Male. 1928 kehrte er endgültig und hochgeehrt zurück und starb 1936. Seine Geburtsstadt trägt heute seinen Namen: Gorki.

1902 brachte das Moskauer Künstlertheater Gorkis Stück *Die Kleinbürger* (Reclams UB 8096 [2]); kurz darauf erreichte ihn der Ruhm mit dem Barfüßerstück *Nachtasyl*, dem 1903 die deutsche Erstaufführung, inszeniert von Richard Vallentin im »Kleinen Theater« Berlin, zum Welterfolg verhalf. Außer Romanen und Erzählungen schrieb er die Bühnenwerke: *Sommergäste* (1904; Reclams UB 9791[2], *Barbaren* (1905), *Feinde* (1906), *Wassa Schelesnowa* (1910), *Jegor Bulytschow und die andern* (1932).

Nachtasyl

Sozialkritisches Schauspiel in vier Akten
Erste Aufführung: 18. Dezember 1902 in Moskau

P e r s o n e n : Kostylew, Wirt einer Nachtherberge – Wassilissa, seine Frau – Natascha, deren Schwester – Medwedjew, der Polizeimann, deren Onkel – Wasska Pepel – Satin – Der Baron und andere Bewohner der

Nachtherberge – Nastja und Kwaschnja, Bewohnerinnen der Nachther-
berge – Luka, ein Pilger.
O r t und Z e i t : Nachtherberge in einer russischen Stadt, um die
Jahrhundertwende.

Im Elendsquartier des Ehepaars Kostylew, das auch gelegentlich als Nachtherberge benutzt wird, sind feste Plätze:
Verschläge, Betten und Pritschen an eine buntgewürfelte Gesellschaft von Leuten vermietet, die vormals etwas anderes
waren, nun aber ›unten in der Tiefe‹ angelangt sind. Da ist
der Schlosser Kleschtsch nebst seiner sterbenden Frau, da
sind das Strichmädchen Nastja und die Pastetenverkäuferin
Kwaschnja, da ist der Mützenmacher Bubnow, da ist der
Herumtreiber und ehemalige Dieb Wasska Pepel, der ein
Verhältnis mit Wassilissa, der Frau des Besitzers hat, der
aber in Wahrheit in deren Schwester Natascha verliebt ist,
da sind der kranke Schauspieler und der philosophische
Falschspieler Satin, da ist der Schuster Aljoschka und der
nicht näher qualifizierte vormalige »Baron«, schließlich sind
da auch noch der Lastträger Schiefkopf und der Tatar. Die
Atmosphäre in dem Elendsquartier, in dem zu viele nah
aufeinanderhocken, ist allgemein gereizt und zudem voll
von Sonderspannungen. Der Herbergswirt ist seiner Frau
wegen auf Wasska Pepel eifersüchtig, er spioniert beiden
nach; die Frau ist auf ihre eigene Schwester eifersüchtig, mit
der es tagtäglich Schimpfereien und Schlägereien gibt. Ein
ständiger Besucher des Elendsquartiers ist der Onkel dieser
beiden, der Polizist Medwedjew, der ein Auge auf die
Pastetenverkäuferin geworfen hat. Diese, das Strichmädchen
und der sogenannte Baron hausen in einer besonderen Kammer, der Baron hilft der Pastetenverkäuferin, ihre Waren
zum Markte zu bringen, und steht außerdem zu dem Mädchen, das als strohdumm und romantisch geschildert wird
(sie liest billige Schundromane und träumt sich in deren
Helden und Heldinnen hinein), in Beziehungen. In diese
Gesellschaft hinein schneit nun der alte Pilgersmann Luka,
halb weltklug, halb fromm; er tröstet die sterbende Frau
des Schlossers mit einem Ausruhen nach ihrem Tode im Para-
diese Gottes, er verlockt Wasska, den Dieb, mit dem freien
und goldenen Land Sibirien, wo dieser ganz anders voran-
kommen könnte, er gibt dem heruntergekommenen Schauspieler Hoffnung, indem er ihm von einer wunderbaren

Heilanstalt für Trinker erzählt, in der man umsonst kuriert wird, kurz, mit seiner nicht restlos glaubhaften frommen Güte hilft er gleichzeitig und bringt dennoch alles durcheinander, so daß die Fiebertemperatur im Elendsquartier bedrohlich zu steigen beginnt. Ohnehin geht der Tod um: die Frau des Schlossers stirbt, und Pepel, verführt von der Legende des Pilgers vom Lande der Gerechten und von den Aussichten in Sibirien, nähert sich Natascha noch mehr denn zuvor, er wolle ein anderer Mensch werden und sie solle mit ihm gehen, sie könne ihn retten; doch er reizt hierdurch die Eifersucht und alle dunklen Instinkte des Raubtiers Wassilissa, der Frau des Herbergswirts, die ihn ja liebt, so daß ein allgemeines Durcheinander entsteht, das sich in der üblichen Familienprügelei auswirkt, nur daß diesmal Wasska Pepel für seine Braut eintritt und mehr oder weniger unverhofft den Wirt erschlägt. Die Frau des Getöteten, seine vormalige Geliebte, gibt ihn bei der Polizei an, doch auch Natascha läßt von ihm in jäh aufschießendem Mißtrauen. Er entkommt. Die Pastetenverkäuferin übernimmt das Elendsquartier, und der Polizist schließt sich ihr an. Natascha liegt in der Heilanstalt, Pepel ist verschwunden, und so unterhalten sich die Übriggebliebenen über den ebenfalls beim Auftauchen der Polizei verschwundenen Pilgersmann. Der Falschspieler Satin verteidigt ihn und entwickelt dabei eine eigenartige (in den Farben Nietzsches schillernde) Philosophie des starken Menschen, des freien Menschen, des Herrenmenschen, eine Apologie eines Kollektivdaseins zugunsten eines jeweiligen Übermenschen. Nur der skeptische Baron und der meuterisch eingestellte Schlosser schließen sich ihm nicht an. Der Schwächste aber, der völlig zusammengebrochene Schauspieler, dem seine Hoffnung auf die wunderbare Heilanstalt für Trinker entschwunden ist, geht hin und erhängt sich. Diese Nachricht stört ein kleines Gelage, das sich gerade entwickeln will. Der falschspielende Philosoph quittiert die Nachricht mit dem gleichmütigen: »Muß uns der das Lied verderben … der Narr!« – die letzten Worte des Stückes.

Daß dieses merkwürdige, unausgeglichene, aber erregende Stück in Rußland viele tausend Male gespielt wurde, ist nicht verwunderlich; unbegreiflich erscheint dagegen der große Erfolg im Berlin der Jahrhundertwende, wo es mehrere hundertmal hintereinander en suite gespielt wurde, und von wo aus es auch in die Provinz gelangte. Es war sicher nicht nur das Exotische des russischen Barfüßertums, das den saturierten Bürgern nach Ibsens und Tschechows Salonstükken den Reiz des Neuen bot, vielmehr wurde damals die Frage nach dem, was hinter der Fassade ist, laut – Hauptmanns *Weber* hatten das Leben der ausgebeuteten Arbeiter auf die Bühne gebracht, und die soziale Frage war nicht mehr totzuschweigen.

Der Titel des Stückes hat seine Geschichte. Gorki nannte es zuerst *Notschleschka – Nachtasyl.* Da der Titel seinen Freunden zu robust erschien, betitelte er es *Na dnje shisni,* was etwa mit *Auf dem Grunde* übersetzt werden kann. In Deutschland bürgerte sich jedoch der ursprüngliche Name *Nachtasyl* ein. (Reclams UB 7671.) *J. v. G.*

JEWGENI SCHWARZ

* 25. Oktober 1896 in Kasan
† 18. Januar 1958

Sohn eines Arztes; er brach das kurz vor dem Ersten Weltkrieg in Moskau begonnene Jurastudium ab, als der Vater eingezogen wurde. Gab Unterricht, spielte Theater, begann zu schreiben, war seit 1930 freier Schriftsteller.

Schwarz verfaßte ungefähr 25 Theaterstücke, viele davon nach Märchenmotiven (Brüder Grimm, Andersen, russische Volksmärchen), denen er aktuelle Bedeutung gab. *Der Drache* beispielsweise ist 1943 als Protest gegen den Faschismus verstanden, dann aber mit Rücksicht auf den Stalinismus verboten worden.

Der Schatten. Märchenkomödie in drei Akten. – Die erste Aufführung des Stückes fand in deutscher Sprache am 3. April 1947 in Berlin statt, in der Sowjetunion gelangte es erstmals 1960 in Leningrad auf die Bühne. In irgendeiner Märchenstadt kehrt ein junger Gelehrter ein; er sieht die Königstochter. Sie soll sich nach dem Wunsch ihres inzwischen verstorbenen Vaters einen redlichen Freier suchen, keine Hofschranze nehmen, wie die Wirtstochter Annunziata dem Gast berichtet. Der Schatten des Gelehrten folgt der Königstochter an den Hof, macht sich dort zum König. Der Gelehrte entlarvt den Schatten, der Schatten läßt ihn dafür hinrichten, überlebt die Tötung aber selber nicht und wird mit dem Wasser des Lebens wiedererweckt, was auch dem Gelehrten zugute kommt. Der wendet nun die Zauberformel an, die ihm für Notfälle mitgeteilt worden ist: »Schatten, wisse, wo dein Platz ist!« Da ist es aus mit der Schattenherrschaft. Der junge Gelehrte verläßt mit Annunziata das Land.

Der Drache. Märchenkomödie in drei Akten. – Uraufführung am 7. Januar 1961 in Nowa Huta (Polen), deutsch erstmals gespielt im Dezember 1962 in Stuttgart. Ein Drache fordert alljährlich ein Mädchen, diesmal Elsa, die Tochter des Archivars. Die Bürger haben sich längst damit abgefunden, immerhin schützt sie dieser Drache vor anderen Drachen. Der fahrende Ritter Lanzelot besiegt den Drachen, wird aber dabei selber verwundet und zieht sich in die Berge zurück. Daraufhin läßt der Bürgermeister sich selber als Sieger feiern und heiratet Elsa. Lanzelot kehrt zurück, sieht, wie schlecht die Freiheit genutzt wurde, setzt den Bürgermeister ab, heiratet Elsa und wird in der Stadt bleiben, bis keine Rückfälle mehr zu fürchten sind.   H. D.

RABĪNDRANĀTH TAGORE

* 7. Juli 1861 in Kalkutta
† 7. August 1941 in Śāntinikitan (Indien)

Tagore (anglisiert aus Thākur) stammte aus einer vornehmen bengalischen Brahmanenfamilie. Er studierte in England Rechtswissenschaft und gründete nach seiner Rückkehr bei Bolpur in Bengalen eine Hohe Schule für ethische und nationale Erziehung. Als er 1913 für sein in bengalischer Sprache geschriebenes literarisches Gesamtwerk den Nobelpreis erhielt, veranstaltete er selbst eine englische Ausgabe

*seiner Bücher, die dann die Grundlage für die Übersetzung
in viele europäische Sprachen bildete. Nach dem Ersten
Weltkrieg wurde Tagore auf langen Europareisen sehr gefeiert und fast eine Art indischer Modedichter, dem dann
– in diesem Fall zu Unrecht – das übliche Schicksal raschen
Vergessenwerdens nicht erspart blieb.*

Wenn auch der Schwerpunkt des dichterischen Schaffens
von Rabīndranāth Tagore zweifellos auf dem Gebiet der
Lyrik liegt, so hat er doch auch eine Reihe von Bühnenspie-
len geschrieben, die dem europäischen Theater (von dem sie
die Technik entlehnten) erhalten bleiben sollten. Es sind un-
dramatische, poetisch zarte, von einer milden und gütigen
Humanität erfüllte szenische Parabeln – die literarische
Form, deren sich auch Gotama Buddha in seinen Reden mit
Vorliebe bediente! –, in denen meist eine Weisheitslehre eingeschlossen ist. Ihre dichterische Qualität liegt in der selbst
noch in den Übersetzungen spürbaren Musikalität der
Sprache, ihre szenische in der Verdichtung der Stimmung, in
der Kunst, Gefühls- und Naturerregungen ineinander zu
verflechten, in kleinen menschlichen Anlässen Gleichnisse für
den Gang des Lebens überhaupt zu entdecken. Auf der deutschen Bühne wurden in den zwanziger Jahren Tagores
Schauspiele *Chitra, Das Opfer* und vor allem *Der König der
dunklen Kammer*, ein literarisch etwas preziöses Gebilde
von mehr dekorativem als wirklichem Tiefsinn, viel gegeben.

Das Postamt, ein einaktiges Bühnenspiel, ist unter
den Theaterstücken des indischen Dichters das schönste.
Eigentlich ist es nur eine Folge von Dialogen eines kleinen
Knaben namens Amal, der wegen einer unerklärlichen
Krankheit von einem unvernünftigen und scharlatanhaften
Arzt ständig im Zimmer gehalten wird, mit Leuten, die an
seinem Fenster vorübergehen. In seiner Sehnsucht, das Zimmer zu verlassen und draußen auf weiten Wegen die Welt
entdecken zu können, lehrt Amal den Milchmann, den Polizisten, das Blumenmädchen und sogar den poltrigen Dorf-
vorsteher, mit ihren Berufen zufrieden zu sein, denn sie alle
tun ja etwas, was wenigstens *einem* Menschen Glück bringt,
und sei es auch nur ein kranker kleiner Knabe. Alle Wünsche
und Träume Amals aber kreisen um das seinem Fenster

gegenüberliegende, neuerbaute Postamt, das für ihn ein Um-
schlagplatz der ganzen Welt ist, und auf nichts wartet er
sehnlicher als auf den Postboten, der ihm einen Brief des
Königs bringen wird. Der Dorfschulze, lärmend-gutmütig,
aber wenig feinfühlig, macht sich den Spaß, ihm ein leeres
Blatt Papier hinzuhalten und ihm weiszumachen, dies sei
eine Botschaft des Königs. Aber Väterchen, ein alter Spaßmacher und Kinderfreund, der den kleinen Amal in der
Tracht eines Fakirs besucht und ihm von seinen (natürlich
nur erfundenen) wunderbaren Reisen erzählt, geht auf den
Scherz ein und bestätigt dem Jungen, der König habe geschrieben, daß er selbst mit seinem Leibarzt kommen und
nach Amal sehen werde. Indem klopft es an die Tür, und
der Generalarzt des Königs tritt in Person ein; er befiehlt,
alle Fenster und Türen weit zu öffnen, die Lampen auszu-
löschen und nur das Sternenbild hereinscheinen zu lassen.
Amal schläft ein, und es bleibt offen, ob zum Tod oder zum
Leben. Aber die Phantasie eines Kindes hat die Wirklichkeit
verzaubert und erträumte Gestalten in die Realität gerufen.
Der feine, poetische Reiz dieses kleinen Spiels beruht darin,
wie aus einer an sich unbedeutenden Alltagsszene der Zauber einer innigen, östlich-mystischen Legende aufblüht, die
rührend und erheiternd zugleich ist.

FERENC MOLNÁR

* 12. Januar 1878 in Budapest
† 1. April 1952 in New York

*Molnár war der Sohn eines Arztes, wuchs in Budapest auf
und studierte dort und in Genf Jura. Ab 1896 arbeitete er
für Budapester Zeitungen, im Ersten Weltkrieg als Kriegs-
korrespondent. Seine ersten Novellen erschienen 1897, das
erste Lustspiel 1907. Mit seinen virtuos gearbeiteten Stücken
errang er Weltruf, war daneben aber auch ein Meister des
Feuilletons. Er emigrierte nach Amerika, wo er in Hollywood auch an Filmen mitarbeitete.*

Unter den erfolgreichen ungarischen Dramatikern (Ferenc
Herczeg, Menyhért Lengyel, Sándor Márai) der erfolgreich-

ste, fand Molnár schon mit seinem ersten Theatererfolg *Der Teufel* (1907) internationale Beachtung. Zwei Jahre später zeigte sich der Filou *Liliom* erstmals im Rampenlicht und verhalf in der Folgezeit dem feinorganisierten Volksstück zum Bühnentriumph. Es folgte (1910) *Der Leibgardist*, dessen Vorwurf ehemännlicher Untreue *Das Märchen vom Wolf* (1912) erneut abwandelte. *Der Schwan* (1920) goß seinen Spott über absurde Erscheinungen des Hoflebens. *Die rote Mühle* (1922) versuchte sich, als Lebensmühle, symbolistisch, *Der gläserne Pantoffel* (1924), mit einem Budapester Serviermädel im Mittelpunkt, neuromantisch. Die Einakter (insbesondere *Souper* und *Eins, zwei, drei*, 1926) üben mit wendigen Bühneneffekten satirische Sozialkritik. Doch je hurtiger sich der glänzende Theatertechniker zwischen den Stilen und den Zielen seines Witzes bewegte, desto spürbarer verlor er an Substanz. Die Komödie *Spiel im Schloß* (1926) holte noch einmal den großen Erfolg zurück, mit selbstironischem Spaß demonstriert sie geistvoll das fixe Handwerk des Stückeschreibers. *Olympia* (1928) attackierte wiederum das Große Leben, *Die Fee* (1930) weht die Platzanweiserin eines Budapester Theaters in ihrem Wunsch, allen Gutes zu tun, durch einen Wirbel von Abenteuern. – Molnárs beste Stücke haben einen menschlichen Hintergrund, auf dem sich die Vorzüge seines Theatertalents: die eigentümliche Durchdringung von tragischen und humorigen Elementen, die Schlagkraft der szenischen Situationen und der Charme seines Witzes entfalten.

Liliom

Vorstadtlegende in sieben Bildern
Erste Aufführung: 7. Dezember 1909 in Budapest

P e r s o n e n : Liliom – Julie – Marie – Frau Muskat – Frau Hollunder – Luise – Ficsur – Der junge Hollunder – Wolf Beifeld – Der Drechsler – Linzmann – Der himmlische Polizeikonzipist – Der Gutgekleidete – Der Ärmlichgekleidete – Nebenpersonen.
O r t und Z e i t : Budapest, um 1910.

Andreas Zavoczki, genannt Liliom, ›Hutschenschleuderer‹ und Ausrufer am Karussell der Frau Muskat auf dem Ver-

gnügungsplatz im Budapester Stadtwäldchen, umschwärmt
von den weiblichen Fahrgästen und ob seiner Rauflust von
den Burschen gefürchtet, faßt eine stumme Zuneigung zu
dem jungen Dienstmädchen Julie Zeller. Die wütend eifersüchtige Karussellbesitzerin verbietet dem Mädchen ihr
Etablissement, und als Liliom Julies Partei ergreift, setzt die
Muskat ihren ehemaligen Geliebten auf die Straße. Trotzdem eine Razzia die Unerfahrene vor dem Dienstbotenver-
führer warnt, läßt Julie ihm zuliebe ihre Stellung fahren.
Liliom, im Grunde ein großes Kind, wie versiert er sich auch
als der verfluchte Kerl gibt, ist von der Bedingungslosigkeit
ihres Gefühls getroffen, ihm dämmert die dumpfe Hoffnung, »doch noch ein Mensch zu werden«. Der entlassene
Schaukelbursche heiratet das entlassene Dienstmädchen. Sie
leben bei einer alten Verwandten Julies in der Bretterbude
des Schnellfotografen Hollunder im Stadtwäldchen. Mutter
Hollunder, die »nur mit dem Maul bös ist«, gibt ihnen freies
Quartier. Liliom hat kein Handwerk gelernt und geht nicht
in Taglohn, er ist unglücklich, daß er nichts arbeitet, und er
schlägt seine Frau, weil sie recht hat. Doch sie spürt seine
Schläge nicht; denn sie weiß, daß er seine eigene Verletzlich-
keit hinter seiner Brutalität verbirgt und daß sein Trotz ihn
stets das Gegenteil dessen aussprechen läßt, was er empfindet. Nur wenn er den neuen Leierkasten von ›seinem‹ Karussell herüberhört, wird er zahm. Fast gelingt es Frau Muskats
Lockungen, Liliom um den Preis der Trennung von Julie in
seine wahre Heimat und unter ihre Fittiche zurückzuziehen
– da gesteht ihm Julie, die Gefahr witternd, daß sie ein
Kind erwartet. In jäher Freude sagt Liliom der Muskat endgültig ab. Nun aber braucht er den Spezi, mit dem er sich
jetzt ständig herumtreibt, den Einbrecher Ficsur, um rasch
zu Geld zu kommen. Ficsur hat einen sauberen Plan ausgeheckt: er verführt Liliom zu einem gemeinsamen Überfall
auf den Juden Linzmann, der als Kassierer der Lederfabrik
jeden Samstag auf dem Feldweg neben dem Eisenbahndamm
den Wochenlohn für die Arbeiter allein zur Fabrik bringt.
Das geraubte Geld soll ein halbes Jahr vergraben werden,
dann wollen die beiden mit Julie und dem Kind nach
Amerika auswandern. Ficsur zerstreut Liliems Furcht vor
einer Verantwortung im Jenseits, wo es fürs Lumpenvolk
doch nur ein höheres Polizeikommissariat gibt. Auf Ficsurs

Drängen steckt Liliom Frau Hollunders Küchenmesser zu sich. – Am Bahndamm lauern die beiden auf den Kassierer, sie vertreiben sich die Zeit mit Kartenspiel, wobei Ficsur seinem Komplicen schon im voraus den erwarteten Raubanteil abgewinnt. Unverhofft taucht der Kassierer auf, der Anschlag mißlingt. Der stämmige Linzmann zwingt Ficsur in die Knie und hält Liliom mit seinem Browning in Schach. Gleichzeitig reiten zwei Polizisten heran. Mit einem mächtigen Ruck befreit sich Ficsur und entkommt, Liliom, den Pistolen Linzmanns und der Polizisten ausgeliefert, sticht sich das Küchenmesser in die Brust. Der Schwerverletzte wird auf einer Bahre in Hollunders Behausung gebracht. Im Wundfieber nimmt Liliom zwischen Trotz, Rechthaberei und Zärtlichkeit Abschied von seinem Weib und stirbt. Mit dem Toten allein, gesteht sie ihm zum erstenmal alle ihre Liebe. Dann ist Einsamkeit um den Toten. Aus tiefer Finsternis treten zwei Männer der Polizei Gottes an die Bahre, erwecken den Selbstmörder und holen ihn, daß er Rechenschaft ablege, mit hinüber. Bei der himmlischen Vernehmung nützt dem Liliom kein Ableugnen und keine Verstockung: aus Liebe zu Julie und dem Kind unter ihrem Herzen hat er sich das Leben genommen. Damit der Hochmut aus seiner trotzigen Seele gebrannt werde, muß er auf 16 Jahre ins rosafarbene Feuer. Wenn seine Tochter 16 Jahre alt sein wird, darf Liliom einen Tag zur Erde hinab, um durch eine gute Tat an seinem Kind die Läuterung seiner Seele zu beweisen. Der Tag ist da, der Erdenwanderer steht vor seiner Witwe und seiner Tochter, die ihm ausnehmend gefällt. Als angeblicher Bekannter des Liliom erzählt er ihr so viel schlechte Dinge über den Strizzi von Vater, daß ihn Julie entrüstet von der Schwelle weist. Der zudringliche Besucher aber möchte seiner Tochter noch etwas besonders Schönes antun, als Mitbringsel hat er einen leuchtenden Stern vom Himmel gestohlen. Luise weist dem Dieb energisch die Türe, da schlägt ihr Liliom erbittert auf die Hand. Das Unglück ist geschehen, doch das Mädchen hat den Schlag gar nicht gespürt. Bestürzt erinnert sich Julie ihrer eigenen Erfahrung ... Zwei himmlische Detektive geleiten den Unverbesserlichen an den Ort seiner Reinigung zurück.

Das schwermütig verhangene Mollthema der Liebe des Liliom und seiner Julie hat zum lustigen Gegenthema die geschwätzige Dreigroschenseligkeit ihrer Freundin Marie, während die hellhörige Menschlichkeit des Stückes mehr aus dem Unausgesprochenen, atmosphärisch Untergründigen kommt. Dies Ausgesparte gibt dem impressionistisch durchnuancierten Szenengefüge einen sublimen Stimmungsreiz und eine dichterische Transparenz, der das Hinübergleiten aus der sozial-realistischen Wirklichkeitssphäre in das leis ironisierte Sinnbild des Legendenspiels fugenlos gelingt. In deutscher Sprache wurde *Liliom* erstmals 1912 in Wien aufgeführt, die Übersetzung und Bearbeitung stammte von Alfred Polgar.

JULIUS HAY

* 5. Mai 1900 in Abony (Ungarn)
† 7. Mai 1975 in Intragna/Tessin

Er studierte seit 1917 in Budapest Architektur, kam dabei mit sozialistischen und radikalen Studenten in Verbindung und arbeitete nach der Revolution unter Georg Lukács im Volkskommissariat für Unterricht. Hay mußte vor der Gegenrevolution fliehen, studierte 1920 in Dresden Bühnenarchitektur und 1921 in Berlin Gebrauchsgraphik und Malerei. Bekanntschaft mit Brecht. Nach der Uraufführung des historischen Schauspiels »Sigismund«, 1932 in Breslau, erregte das Stück unter dem Titel »Gott, Kaiser und Bauer« in Berlin die Wut der Nationalsozialisten. Hay wurde Mitglied der KP, floh 1933 ins Ausland, wurde 1935 zu einem Studienaufenthalt in die Sowjetunion eingeladen und lebte dort zurückgezogen bis 1945. Nach dem Kriege große Publizität und Bühnenerfolge, vor allem in den Ostblockstaaten, doch seit 1949 wachsende politische Schwierigkeiten, 1955 Verbot des Dramas »Gaspar Varros Recht« (Uraufführung 1965 in Wuppertal), das einen Schweinehirten als Sündenbock für Schwierigkeiten beim Übergang von der Privatwirtschaft zum Genossenschaftswesen zeigt. Nach Rákosis Sturz (1955) wurde Hay Vizepräsident des liberalisierten ungarischen Schriftstellerverbandes, nach dem Volksaufstand von 1956 zu sechs Jahren Kerker verurteilt und 1960 amnestiert. Seit 1965 lebte er in Ascona.

Hay ist ein marxistischer, wie er sagt ›induktiver‹ Dramatiker, weil er von eigenen Erfahrungen aus zu umfassenden Resultaten komme, im Gegensatz zu den ›deduktiven‹ Autoren, die von vorgefaßten Meinungen ausgehen. Er schreibt ungarisch und deutsch, projiziert dabei seine bitteren Erfahrungen gern in die Geschichte. Die 1933 in Österreich begonnene, 1955 in Ungarn vollendete Tragikomödie *Der Barbar* (Uraufführung Köln 1965) spiegelt den Ost-West-Konflikt mit Hilfe von Mithridates VI. von Pontus, der im ersten Jahrhundert nach Christus 25 Jahre lang die Römer vergeblich aus Kleinasien zu vertreiben suchte. Die Komödie *Das Pferd* (geschrieben 1960, uraufgeführt 1964 bei den Salzburger Festspielen) verspottet die Tyrannei des Caligula, der angeblich einen Hengst zum Konsul ernannt hat. Die Tragödie *Attilas Nächte* (geschrieben 1961, uraufgeführt 1966 während der Bregenzer Festspiele) porträtiert einen gewalttätigen Träumer. Im Gefängnis entstand 1958–60 die Tragödie *Mohács* (in der Schlacht von Mohács – 1526 – fiel König Ludwig II. von Ungarn, der größere Teil des Landes wurde türkisch). Gegenwartsnahe Stoffe behandeln *Haben*, *Der Putenhirt* (geschrieben 1937/38, uraufgeführt 1954 in Ost-Berlin), *Gerichtstag* (geschrieben 1943 unter dem Eindruck der Kriegswende bei Stalingrad, uraufgeführt 1945 in Ost-Berlin), *Der Großinquisitor* (uraufgeführt 1968 in Wien). Der Autor kommentierte seine späten Erfolge ironisch mit der Erinnerung an Münchhausens Posthorn: der Lügenbaron hängte es an die Wand, weil es an einem Wintertag plötzlich versagte. Dann kam Tauwetter – und alle verstummten Töne erklangen plötzlich.

H a b e n. Schauspiel in dreizehn Bildern (Uraufführung am 18. Mai 1945 in Budapest, deutsche Erstaufführung am 23. Oktober 1948 in Berlin). – Dieses erfolgreichste Drama von Julius Hay geht von einem Giftmordprozeß aus, der 1929 in Ungarn verhandelt worden ist: Bäuerinnen aus dem ›Theißwinkel‹, in dem Hay geboren ist, hatten aus Habgier ihre Männer vergiftet. »Der Schriftsteller mußte diesen Prozeß fortsetzen ... Angeklagt waren auch die Besitzverhältnisse, unter welchen diese Weiber lebten, ja, unter welchen in einem weiteren Sinne Millionen Menschen, ganze Völker einer veralteten Welt ihr Leben fristeten.« Hay begann diese

Arbeit 1934 in einem Wiener Gefängnis, wo er als Teilnehmer am Aufstand der Arbeiter gegen das Dollfuß-Regime
inhaftiert war. Das Stück wurde 1936 in Moskau beendet,
die Uraufführung im Nationaltheater war die erste ungarische Premiere nach dem Kriege.   *H. D.*

ÖDÖN VON HORVÁTH

* 9. Dezember 1901 in Fiume
† 1. Juni 1938 in Paris

*»Ich bin eine typische alt-österreichisch-ungarische Mischung,
ungarisch, kroatisch, tschechisch, deutsch, nur mit semitisch
kann ich leider nicht dienen.« Als Sohn eines (ungarischen)
Diplomaten hatte Ödön eine unruhige Jugend. »Während
meiner Schulzeit wechselte ich viermal die Unterrichtssprache
und besuchte fast jede Klasse in einer anderen Stadt.« 1919
machte er in München das Abitur und blieb dort einige
Jahre, um zu schreiben. Von 1924 an versuchte er, sich in
Berlin durchzusetzen, was 1931 mit Heinz Hilperts Inszenierung der »Geschichten aus dem Wiener Wald« in Max
Reinhardts Deutschem Theater gelang. Das neue Regime
verbannte 1933 Horváths Stücke von der Bühne. Es begann
für den Autor eine neue Phase der Rastlosigkeit, auch der
finanziellen Sorgen, bis ein absurder Unfall diesem Leben
ein Ende machte: Horváth wurde mitten auf den Champs-
Elysées von einem morschen Ast erschlagen.*

Horváth hinterließ 18 politische Volksstücke, keine Thesendramatik, sondern die Vorführung von Fehlverhalten aus
mangelnder Vernunft, privater Notwendigkeit. Er zeigt
scharf gesehene, lebendige Zeitgenossen, nicht wie Sternheim
vivisezierte Patienten des Zeitgeistes, die zum Teil bei der
Behandlung draufgegangen sind. »Ich habe kein anderes
Ziel als dies: Demaskierung des Bewußtseins. Keine Demaskierung eines Menschen, einer Stadt – das wäre ja furchtbar billig!« Horváth hielt nichts von ›Weltanschauung‹, er
notierte, was um ihn herum sich abspielte. So wurde er zum

Chronisten der nationalen Festigung, der sozialen Zersetzung, der nationalsozialistischen Radikalisierung. In scheinbarer Gemütlichkeit enthüllte er eine gesellschaftliche Fehlentwicklung. »Alle meine Stücke sind Tragödien, sie werden nur komisch, weil sie unheimlich sind.«

Italienische Nacht. Volksstück in sieben Bildern (Erste Aufführung am 20. März 1931 in Berlin). – Eine Saalschlacht in Murnau, wo Horváths Eltern ein Landhaus hatten, regte den Sohn an zu einer Darstellung der Auseinandersetzung zwischen den Roten und den Braunen im Stadium der Vereinsmeierei. Aber die ›Machtübernahme‹ steht bevor. Der Republikanische Schutzverband trinkt, tarockt und politisiert beim Lehninger. Der Stadtrat, Vorsitzender der Ortsgruppe, läßt sich die Laune nicht verderben: »Von einer akuten Bedrohung der demokratischen Republik kann natürlich keineswegs gesprochen werden.« Am Abend soll im Wirtsgarten das gewohnte Sommerfest ›Italienische Nacht‹ gefeiert werden. Martin, der Wortführer der jungen Generation, hat herausbekommen, daß der Wirt sein Lokal für den Nachmittag an die Faschisten vergeben hat. Sie wollen einen ›Deutschen Tag‹ feiern. Abends holt der Wirt die schwarzweißrote Fahne nieder und hißt die schwarzrotgoldene. Inzwischen haben die politischen und die erotischen Verhältnisse sich zugespitzt: zwei Republikaner beschmierten ein Denkmal mit roter Farbe, und einer der Faschisten hat die Untat gesehen, als er unter politischem Gerede mit Martins Anna einig werden wollte. Bei der ›Italienischen Nacht‹ ist sowieso dicke Luft, weil die Jungen die Vereinsmeier provozierten und ausgeschlossen werden. So trifft das faschistische Rollkommando nur noch auf den kampfunfähigen Rest der Republikaner. Der schlotternde Stadtrat soll es den Faschisten schriftlich geben, daß er ein Schweinehund sei. Das ist der große Moment der kummervollen und kümmerlichen Stadtratsgattin, sie wagt es als einzige, den Stiefelknechten des Führers Paroli zu bieten. Inzwischen kommt der radikale Flügel der Demokraten zurück, um ihren Vorstand herauszuhauen. Rasch verdrückt sich die braune Bande. Sofort sind die alten Herren wieder obenauf. »Solange ich hier die Ehre habe, Vorsitzender der Ortsgruppe zu sein, so lange kann die Republik ruhig schlafen«, erklärt der Stadtrat. Martin wünscht daraufhin spöttisch »Gute Nacht« und behält damit das letzte Wort. In einer nach der Handschrift ergänzten Berliner Fassung von 1968 (Freie Volksbühne) kommt es zur Prügelei. Nachher läßt sich der Draufgänger Martin von seinem Mädchen anhimmeln: »Wenn sie alle so wären wie du, was könnte da alles schon da sein in dreißig Jahren.« Da beginnt Martin zu rechnen: »1960?« Er lacht »1960!«

Geschichten aus dem Wiener Wald. Volksstück in drei Teilen (16 Bilder). – Noch vor der Uraufführung (2. November 1931) wurde Horváth für dieses Stück (zusammen mit Erik Reger) von Carl Zuckmayer mit dem Kleistpreis ausgezeichnet: »Es ist anzunehmen, daß er der dramatischen Kunst ... neue lebensvolle Werte zuführen wird.« Die Horváth-Renaissance in den sechziger Jahren bestätigte dieses Urteil.

Das goldene Wiener Herz, eine tüchtige Portion Gemeinheit und die allgemeine wirtschaftliche Misere bestimmen das private Trauerspiel, das die Figuren einander bereiten. Marianne, die Tochter des ›Zauberkönigs‹, ist mit dem Fleischhauer Oskar verlobt, verfällt aber dem charmanten Taugenichts Alfred. Bisher hat er sich von der Trafikantin Valerie aushalten lassen, nun muß Marianne für ihn sorgen. Vergeblich versucht sie, auf den Strich zu gehen. Beim Stehlen wird sie erwischt. Als sie sich umbringen will, beklagt sich der Vater, der sie verstoßen hat: »Mit was hab ich denn das verdient?« Mariannes und Alfreds Kind kommt zu Alfreds Mutter in die Wachau. Dort stellt die Großmutter das Bett mit dem Kind nachts in die Zugluft, damit es stirbt, weil es nicht ehelich ist. Alfred kehrt zu Valerie zurück, der Ehe zwischen Marianne und Oskar steht nun nichts mehr im Wege. Der verliebte Fleischhauer atmet auf: »Jetzt, nachdem sich alles so eingerenkt hat ...« Ein Happy-End, bei dem stillschweigend darüber hinweggegangen wird, daß Marianne, die rührendste Mädchengestalt bei Horváth, ihr Kind und ihren Glauben an Gott und die Welt verloren hat. Oskar führt Marianne weg, »und in der Luft ist ein Klingen und Singen, als spielte ein himmlisches Streichorchester die G'schichten aus dem Wienerwald von Johann Strauß«. Das Spiel desillusioniert doppelt schmerzlich, weil die

Schauplätze gemütsträchtig sind: ein Weingarten, eine Biedermeiergasse im Herzen Wiens, das Ufer der schönen blauen Donau, der Stephansdom, die Wachau. *H. D.*

LUIGI PIRANDELLO

* 28. Juni 1867 in Girgenti (Sizilien)
† 10. Dezember 1936 in Rom

»Der geheimnisvolle Italiener« studierte in Rom und Bonn Philosophie und Sprachwissenschaften und war dann Professor für Literaturgeschichte an einem römischen Lehrerseminar. Nachdem er zuerst nur realistische Erzählungen und Romane, meist aus der Umwelt seiner sizilischen Heimat, veröffentlicht hatte, begann er, schon über 50 Jahre alt, für die Bühne zu schreiben. Mit seinen Stücken rasch zu Erfolg gelangt, gründete er 1925 in Rom ein eigenes Theater, mit dessen Ensemble er viele Gastspiele im Ausland, darunter auch in Deutschland (wo er in Berlin besonders gefeiert wurde) unternahm. 1934 erhielt er den Nobelpreis.

Eine so typisch deutsche Literaturbewegung wie der Expressionismus konnte in den romanischen Ländern den Realismus nicht ablösen, der in Italien das Schrifttum und das Theater (unter stärkstem französischem Einfluß) bis zum Ersten Weltkrieg beherrscht hatte. Der Futurismus, der dazu berufen schien – in keinem anderen europäischen Land hat sich eine ›avantgardistische‹ Gegenbewegung gegen Realismus und Naturalismus schon kurz nach 1900 mit so viel herausforderndem Umsturzwillen bemerkbar gemacht –, blieb seltsamerweise ohne Echo und Wirkung. So war es nur Gabriele d'Annunzio (1863–1938), der in seinen Wandlungen vom Symbolismus über die Dekadenz des Fin de siècle bis zum ästhetisch-heroisch drapierten Nationalismus die verschiedensten Strömungen einer antinaturalistischen Kunstgesinnung in sich vereinte, bis mit dem Auftreten des Dramatikers Pirandello auch das italienische Theater aus den Fesseln einer (meist noch provinziell verengten) naturalistischen Bühnentradition befreit wurde.

Pirandellos einziges Thema, das er in allen seinen Stücken mit einer bohrenden Dialektik abwandelt, ist die ständige Umkehrbarkeit von Schein und Sein und der daraus entspringende Zweifel »an der Kontinuität des persönlichen Ichs«. Der Mensch ist weder als natürliches noch als gesellschaftliches Wesen eindeutig fixierbar und einer eigenen Wirklichkeit nie völlig sicher. Pirandello nimmt – als psychologische Konsequenz dieser durch und durch skeptischen Haltung – die ›Lebensangst‹ voraus, die nach dem Zweiten Weltkrieg insbesondere von der französischen ›Littérature noire‹ als das Grundgefühl des heutigen Menschen proklamiert wurde – freilich mit dem Unterschied, daß Pirandellos merkwürdige, ohne Zweifel der deutschen Romantik verwandte (und durch seine Beschäftigung mit dieser während seiner Bonner Studienzeit geförderte) Ironie auch dieses Gefühl selbst erfaßt und zuweilen wieder aufhebt. Der Titel *Maschere nude (Nackte Masken)*, den er seinem zehn Bände umfassenden dramatischen Werk gibt, ist sehr bezeichnend für die Eigenart dieses um 1925 zu weltweitem Ruhm gelangten und ein Jahrzehnt danach trotz des Nobelpreises beinahe schon wieder vergessenen Dichters: die Maske (der Schein) verhüllt das Nackte (das Sein), aber die paradoxe Möglichkeit, daß in der Maske das Nackte auch hervortreten kann, verhindert jede Gewißheit über die Wahrheit und Wirklichkeit der menschlichen Existenz. So bleibt auch in Pirandellos Stücken, von denen *Heinrich IV.* (das Drama einer Bewußtseinsspaltung) beinahe die Tragödie streift, der Ausgang immer offen. Pirandello ist der ›Denkspieler‹ des romanischen Theaters; aber all seine eminent gescheite Dialektik führt nicht über die resignierte Erkenntnis hinaus, daß das Leben blind und unerbittlich über alles Denken hinwegflutet, durch das es zur Offenbarung seines Sinnes gezwungen werden soll. Die meisten Bühnenwerke des originellen Sizilianers sind mehr Stückskizzen als fertige Stücke, und doch ist in ihnen allen etwas von der philosophischen Problematik des menschlichen Daseins eingefangen: Grund genug, daß das Theater sich ihrer wieder einmal annehmen sollte.

Sechs Personen suchen einen Autor

Ein Stück, das gemacht werden soll
Erste Aufführung: 10. Mai 1921 in Rom

P e r s o n e n : Der Vater – Die Mutter – Die Stieftochter – Der Sohn
– Der kleine Junge und das kleine Mädchen (stumme Personen) – Madame
Pace – Der Theaterdirektor, die Schauspieler und Schauspielerinnen, der
Inspizient, der Requisiteur, der Souffleur, das technische Personal, der
Theatersekretär und der Theaterdiener.
O r t und Z e i t : Auf der Bühne eines Theaters am Vormittag.

»Meine kleine Dienerin Phantasie hatte vor einigen Jahren den bösen Einfall, die üble Laune, mir eine ganze Familie ins Haus zu schleppen, ich wüßte nicht einmal zu sagen,
wo und wie sie die aufgefischt hat, aber nach ihrer Meinung
hätte ich aus der den Stoff für einen herrlichen Roman her-
ausholen können«, sagt Pirandello 1930 in seinem Vorwort
zur 9. Auflage der Buchausgabe.
 Das Stück hat weder Akte noch Szenen. Es beginnt bei
offenem Vorhang auf leerer Bühne, wie jeder gewöhnliche
Probenvormittag in einem Theater. Ein Stück von Luigi
Pirandello wird probiert, der Direktor selbst führt Regie.
Gerade als er den Schauspielern die ersten Anweisungen gibt
– es handelt sich um die sogenannte Stellprobe, bei der zunächst nur die Auftritte und Stellungen im Großen festge-
legt werden –, erscheinen auf der Bühne sechs Personen, die
nicht das geringste mit dem Theater zu tun haben: eine
Familie in Trauerkleidern, Vater, Mutter und vier Kinder.
Auf die unwillig erstaunte Frage des Direktors, was sie
denn hier wollten, antwortet der Mann, sie suchten einen
Autor. Einen Autor, der das Drama schriebe, das sie mit-
brächten – ihr eigenes Familiendrama. Sie seien ›Bühnen-
figuren‹ – Rollen, die nach Gestaltung verlangten. Die Schauspieler dagegen seien Menschen, die Rollen suchten; was gäbe
es also Besseres, als daß die Schauspieler aus den Rollen, die
sie (die sechs Personen) seien, Gestalten machten?
 Auf dieser dialektischen Grundthese des fortwährenden
Ineinanderfließens von Schein und Wirklichkeit baut sich
nun das »Stück, das gemacht werden soll«, auf, dergestalt,
daß die Familie ihr Schicksal, das wie ein furchtbarer Druck
auf ihr lastet und das sie als ›Spiel‹ loswerden will, vor den

Theaterleuten darstellt. Der Angelpunkt ist die Szene, in
der der Vater, ein galantes Abenteuer suchend, in dem zwei-
felhaften Modesalon der Madame Pace seiner eigenen Stieftochter (aus der ersten Ehe seiner Frau), die nicht in der
Familiengemeinschaft lebt, begegnet. Das unverhoffte Dazwischentreten der Mutter verhindert die widernatürliche
Vereinigung, aber die Familie erkennt sich nun gegenseitig
in ihrer schrecklichen Besudelung. Die Schauspieler, inzwischen wie der Direktor von dieser skandalös-tragischen
Affäre aufs höchste gefesselt, versuchen, den ›Bühnenfigu-
ren‹ zu wirklichem Bühnenleben zu verhelfen, und siehe, es
ist unmöglich. Diejenigen, die ihr Schicksal gelebt haben,
finden jeden Versuch seiner Nachgestaltung auf der Bühne
schon im ersten Ansatz lächerlich, denn das, was für die
Schauspieler nur ein Spiel der Kunst ist, bedeutet für sie die
einzige Wirklichkeit ihres Lebens. Als der konsternierte
Direktor den Vater fragt, ob er sich mit »dieser Komödie«
für wirklicher und reeller hielte als ihn (den Direktor) selbst,
antwortet der Mann mit größtem Ernst: »Aber daran ist
doch gar nicht zu zweifeln, Herr Direktor.« Dennoch geht
das Spiel, das eigentlich Wirklichkeit ist, weiter – so weit,
daß sich auf der Bühne vollendet, was unvollendet geblieben
ist: der kleine Sohn, der den Zerfall der Familie, ohne die
Gründe zu kennen, mit steigender Angst erlebt hat und
irgend etwas Entsetzliches fürchtet, erschießt sich. Die Schauspieler halten es für »Spiel«, aber Vater und Mutter wissen,
daß das Kind wirklich tot ist. (Sie sind ja von Anfang an in
Trauerkleidung gewesen.) Alle stürzen schreiend davon, nur
der Direktor bleibt allein zurück und wischt sich die Stirn:
»So etwas ist mir noch nicht vorgekommen!« ist sein Kommentar. Dann läßt er die Lichter löschen. Plötzlich tauchen
im Licht eines einzelnen Scheinwerfers die ›überlebenden‹
Personen auf. Die Stieftochter bricht in gellendes Gelächter
aus und stürzt durch den Zuschauerraum ins Foyer. Vorhang.

Mit diesem Witz, der das reale, im Theater anwesende
Publikum auch noch in das Spiel einbezieht und als fiktiv
behandelt, schließt das Stück. Das späte Echo der romantischen Ironie, ein gutes Jahrhundert nach ihrer berühmten
Definition durch Karl Solger von einem Italiener erweckt,
eröffnet dem Dichter den Rückzug aus seiner seltsamen Ge-

staltenwelt, ohne ihn in die Notwendigkeit zu versetzen, darüber Rede stehen zu müssen, ob es irgendwo einen Ausweg aus ihrer hintergründigen Problematik gibt. Wie alle Stücke Pirandellos endet auch *Sei personaggi in cerca d'autore*, das bei aller Fauligkeit der Charaktere sein amüsantestes ist, mit einem Fragezeichen. (Reclams UB 8765.)

DIEGO FABBRI

* 2. Juli 1911 in Forli

Fabbri studierte Rechtswissenschaften und promovierte zum Dr. juris, kam aber bereits sehr früh zur Literatur und zum Theater. Er veröffentlichte zahlreiche kritische Studien zur neueren dramatischen Dichtung in Italien und debütierte selbst als Dramatiker 1941 in Rom mit dem Schauspiel »Gleise«. Nach dem Krieg errang er mit dem Drama »Inquisition« (1948) einen staatlichen Theaterpreis und kam bald mit diesem und weiteren Bühnenwerken zu bedeutsamen Erfolgen in seinem Heimatland und insbesondere in Paris. In Deutschland wurden Werke von Fabbri in Berlin, Stuttgart und München gespielt.

Prozeß Jesu. Vorstellung in zwei Teilen und einem Zwischenspiel. – Die Bühne zu diesem 1955 in Mailand uraufgeführten Stück ist lediglich mit einem Tisch mit roter Decke und fünf hohen Lehnstühlen möbliert. Im übrigen ist an den Wänden des kahlen Raumes nur ein Plakat zu sehen: »Heute abend ist das Publikum eingeladen, am Prozeß Jesu teilzunehmen.« Diesen Prozeß veranstaltet eine jüdische Gemeinschaft unter Führung des einstigen Tübinger Professors für Bibelkritik Elias. Durchdrungen von einem unstillbaren Bedürfnis nach Gerechtigkeit, hat dieser Mann eine Art Wandertribunal eingesetzt, das von Ort zu Ort zieht und in der ›Vorstellung‹ eines Gerichtsverfahrens zu klären sucht, ob Jesus einst nach dem geltenden Gesetz zu Recht oder Unrecht zum Tod verurteilt wurde. Hinter diesem Drang nach Gerechtigkeit steht die leidvolle Erfahrung der Verfolgung des jüdischen Volkes durch Jahrtausende: Ist sie über

Israel verhängt worden, weil Christus wirklich der Messias war und er zu Unrecht gekreuzigt wurde, so ist sein Blut mit Recht über das Volk gekommen, das ihn verurteilt hat. Um Gewißheit darüber zu erlangen, verteilt Elias die Rollen der Ankläger und der Verteidiger in seinem ›Ensemble‹ jeden Abend neu, aber dennoch ist es ihm nicht gelungen, ein Urteil zu finden, von dem er überzeugt ist, daß es der Wahrheit standhält. Die Zeugen – ebenfalls Mitglieder der Wandertruppe – machen ihre Aussagen und bemühen sich als die historischen Teilnehmer am Prozeß Jesu ihr durch die Evangelien überliefertes Verhalten zu begründen; Anklage und Verteidigung suchen die Argumente, die Maria und Josef, Maria Magdalena, der Hohepriester Kaiphas, der römische Landpfleger Pilatus und die Jünger Petrus, Johannes, Thomas und Judas vorbringen, jeweils in ihrem Sinne auszulegen. Kaiphas z. B. – was kann man ihm vorwerfen, wenn er den Ruhe und Ordnung im Lande gefährdenden ›Aufrührer‹ Jesus gefangennehmen ließ? Judas – muß man ihm nicht seine Eifersucht auf Johannes zugute halten, der sich Jesu besondere Zuneigung zu gewinnen wußte? Und Pilatus – handelte er nicht genau nach den Vorschriften des römischen Rechts? Der alte Elias verzweifelt, wie Tag um Tag, aus all den Gründen und Gegengründen jemals die Wahrheit ermitteln zu können.

Das Zwischenspiel deutet die Wendung an. Während der Verhandlungspause gesteht Sara, Elias' Tochter und an diesem Abend mit der Verteidigung des Kaiphas betraut, ihrem Geliebten David, der die Rolle des Anklägers spielt, daß sie selbst angeklagt und vor Gericht gestellt werden müßte; denn Sara hat ihren Mann Daniel bei einer Judenverfolgung von David denunzieren und den Verfolgern ausliefern lassen, die ihn ermordeten. Wo, so fragt sie, wollen mit so schweren Vergehen belastete Menschen das Recht hernehmen, im Prozeß Jesu bei der Urteilsfindung mitzuwirken? Gibt es etwas anderes als Freispruch (und damit Teilnahme an der Erlösung)?

Als die Verhandlung wieder aufgenommen wird, greifen die Zuschauer, die bisher den forensischen Vorgängen stumm folgten, in die Diskussion ein. Ein katholischer Geistlicher meldet theologische Bedenken an, ein intellektueller Zweifler am Christentum greift das Argument auf, das schon

Kaiphas vorgebracht hatte: Warum tat Jesus nicht sein größtes Wunder und vernichtete seine Feinde? Was hat sich denn, da er es unterließ und am Kreuze starb, seit seinem Tod geändert – wo ist denn das Christentum in dieser Welt von heute? Ihm treten eine Frau entgegen, die sich selbst als eine moderne Maria Magdalena bezeichnet, und ein junger Mann aus der Provinz, der das Schicksal des verlorenen Sohnes an sich erfahren hat, zuletzt die Putzfrau des Theaters, deren Sohn, wie einst Jesus von seinen Eltern, von ihr fortgegangen ist. Sie alle bezeugen die Gegenwart Christi, bezeugen auch die entscheidende Änderung, die seit seinem Opfertod in der Welt vorgegangen ist: Die Sünde kann nicht mehr anders als unter christlichem Aspekt, d. h. unter dem Aspekt der Vergebung und der Liebe, gesehen werden. Das alttestamentliche Rachegesetz des »Auge um Auge, Zahn um Zahn« ist durch das in Jesus verkörperte Gesetz der Liebe umgestürzt worden. Elias verkündet das Ende des Prozesses, nicht in Form eines Urteils, sondern in der Erkenntnis, daß in der göttlichen Liebe auch er und sein Volk Frieden finden können.

Es mag gewagt erscheinen, ein so schwieriges, heikles und an die Redlichkeit des Gewissens so hohe Anforderungen stellendes Thema in der überaus theaterwirksamen Form einer Gerichtsverhandlung auf die Bühne zu bringen, die sich neuerdings wieder großer Beliebtheit bei den Autoren erfreut – siehe Wouks *Meuterei auf der Caine* oder Anouilhs *Jeanne*. Aber man kann Diego Fabbri bei aller Virtuosität in der Anwendung effektvoller dramaturgischer Mittel im *Processo a Gesù* weder den künstlerischen Takt noch den sittlichen Ernst absprechen. Die Spannung, die er hervorruft, ist mehr als die eines bloßen ›interessanten‹ Kriminalfalls; es ist die Spannung, in die man durch eine Diskussion versetzt wird, die Fragen von einer brennenden Aktualität im Moralischen, Religiösen (und schließlich auch Politischen) aufwirft.

OSCAR WILDE

* 16. Oktober 1854 in Dublin
† 30. November 1900 in Paris

Oscar Wilde (Oscar Fingall O'Flahertie Wills), Sohn eines irischen Arztes, führte nach Studienjahren in Dublin und Oxford das Leben eines snobistischen Ästheten und dandyhaften Genießers, bis er, 1895 wegen sittlicher Verfehlungen zu einer zweijährigen Zuchthausstrafe verurteilt – ihr literarischer Niederschlag ist die berühmte »Ballade vom Zuchthaus zu Reading« –, von der Gesellschaft ausgestoßen und verfemt wurde. Er ging nach Paris, wo er zum Kreis des gesellschaftlich ebenfalls »anrüchigen« genialen Malers Henri de Toulouse-Lautrec gehörte. Arm und gebrochen ist er dort schon im Alter von 46 Jahren gestorben.

Wilde, der Meister des geistvoll-paradoxen Bonmots, mit dem er das Theaterpublikum heute noch verblüfft und erheitert, war selbst eine im tieferen Sinn paradoxe Existenz. Narzißhaft in seinen eigenen funkelnden Geist verliebt, verachtete er die Gesellschaft, die doch sein Lebenselement war und die er, indem er sie mit seinen Frechheiten und Sottisen empörte, zugleich aufs glänzendste unterhielt. In seinen Komödien porträtierte er sie, obgleich es ihm auf die Ausbildung wirklicher Charaktere und lebensvoller Gestalten überhaupt nicht ankam, mit verblüffendem Scharfblick. Seine Stücke verdeutlichen eine bestimmte Lebensart, eben die der englischen ›high society‹ seiner Zeit, als solche – weniger die Menschen, die ihr Leben in dieser Art führten. Solange Wilde sich an die Spielregeln der Gesellschaft hielt, erlaubte man ihm, sich auf der Bühne über sie lustig zu machen; man applaudierte und entzückte sich an dem ironischen Witz und der aphoristischen Eleganz, mit der er das tat, aber man lauerte auch insgeheim auf eine Gelegenheit, ihm die Überheblichkeit heimzuzahlen, mit der er die ›bürgerliche Moral‹ verspottete. Bekenntertum war Wildes Sache nicht. Verteidigte er, wie in seiner Komödie *Eine Frau ohne Bedeutung* (1892; Reclams UB 8780), ein ›Opfer‹ der Gesellschaft, so nicht, um Mißstände anzuprangern, sondern um sich über sie zu amüsieren. Das ist, im schärfsten Gegensatz zu dem Moralisten Shaw, die Haltung des Ästheten, der das Leben völlig ›jenseits von Gut und Böse‹ spielerisch genießt. Höchster Ausdruck dieses Ästhetentums ist sein sprachlich mit einer Überfülle kühner und bizarrer Bilder prunkendes, dem Verruchtheits- und Schönheitskult des französischen Symbolismus entstammendes (und in französischer Sprache geschriebenes) einaktiges Drama *Salome* (1891), das in der Vertonung von Richard Strauss 1905 ein Welterfolg wurde. (Siehe Reclams Opernführer.) Als Wilde nach der Skandalaffäre mit dem jungen Lord Alfred Douglas 1895 zu zwei Jahren Zuchthaus verurteilt wurde, hatte die Gesellschaft endlich die Möglichkeit, sich an ihrem arroganten Kritiker und mokanten Spaßmacher zu rächen. Die Tiefe menschlichen Leids, in die das triumphgewohnte ›enfant terrible‹ der Londoner Salons stürzte, fand ihren erschütternden Ausdruck in der Bekenntnisschrift *De profundis*, die neben dem Künstlerroman *Das Bildnis des Dorian Gray* (1890) und den bezaubernden Märchen (1888 bis 1891) die versteckteren Züge in Wildes aus hochmütiger Blasiertheit und poetischem Phantasiedrang seltsam widersprüchlich zusammengesetzter Persönlichkeit hervortreten läßt: ein melancholischer Ernst wirft seine Schatten auf das brillante Bild des blendenden, skeptisch-frivolen und spöttisch-sentimentalen Genußmenschen.

Lady Windermeres Fächer

Komödie in vier Akten
Erste Aufführung: 22. Februar 1892 in London

P e r s o n e n : Lady Windermere – Lord Windermere – Lord Darlington – Lord Augustus Lorton – Mr. Dumby – Mr. Cecil Graham – Mr. Hopper – Die Herzogin von Berwick – Lady Carlisle, ihre Tochter – Lady Stutfield – Lady Jedburgh – Mrs. Erlynne – Parker, Butler u. a. O r t und Z e i t : Innerhalb von 24 Stunden in London in den Häusern von Lord Windermere und Lord Darlington, Ende des 19. Jh.s.

Lady Windermere, mit der Vorbereitung einer großen Gesellschaft zu ihrem Geburtstag beschäftigt, erfährt von Lord Darlington, der eine heimliche Neigung für sie empfindet, daß ihr Mann Beziehungen zu einer Dame von etwas zwei-

felhaftem Ruf unterhält. Darlingtons Vorschlag, sich dafür
zu »revanchieren«, lehnt die Lady zwar ab, doch seine Bemerkung, es könne sein, daß sie bald einen Freund brauche,
gibt ihr zu denken. Die konfuse und klatschsüchtige Herzogin von Berwick bestärkt sie in ihrem Verdacht: jene
»schreckliche Frau«, eine gewisse Mrs. Erlynne, die vor einem
halben Jahr ziemlich mittellos nach London gekommen sei,
habe plötzlich ein reizendes Haus in Mayfair und lebe auf
großem Fuß, seit sie »den armen, lieben Windermere« kenne.
Ein Skandal scheint unvermeidlich, als Lord Windermere
verlangt, seine Frau solle Mrs. Erlynne zu ihrer Geburtstags-
feier einladen. Ihre empörte Weigerung beantwortet der
Lord damit, daß er das Einladungsbillet schreibt und zu
Mrs. Erlynne bringen läßt. Seine Frau erklärt ihm, daß sie
ihm in dem Augenblick, in dem Mrs. Erlynne gemeldet
würde, vor allen Gästen den Fächer, den er ihr zum Geburtstag geschenkt hat, ins Gesicht schlagen werde. – Als
Mrs. Erlynne am Abend tatsächlich zu dem Fest erscheint,
läßt Lady Windermere ihren Fächer nach einem Augenblick krampfhafter Anspannung fallen. Darlington hebt ihn
auf und verläßt mit der Lady, die den unwillkommenen
Gast fast verächtlich kühl behandelt, kurz darauf den Saal.
Die Gesellschaft tuschelt über die Erlynne, der die Herren
jedoch sichtlich mit galantem Interesse begegnen. Darlington
kehrt mit der Lady zurück; er versucht sie davon zu überzeugen, daß sie mit einem Mann, der ihr die Schmach dieser
Einladung angetan habe, nicht länger zusammenleben könne,
und gesteht ihr seine Liebe. Als er gegangen ist, verläßt auch
Lady Windermere das Haus. Den Abschiedsbrief, den sie
ihrem Mann geschrieben hat, findet Mrs. Erlynne. Nach kurzem innerem Kampf öffnet sie ihn und liest ihn mit größter
Bestürzung. – Mrs. Erlynne ist Lady Windermere in Darlingtons Wohnung nachgeeilt. Sie beschwört die Lady, sofort
nach Hause zurückzukehren, wird aber höhnisch abgewiesen. Als Mrs. Erlynne sie jedoch an ihr kleines Kind erinnert, läßt die Lady sich umstimmen. In dem Augenblick,
als die beiden Frauen aufbrechen wollen, kommt Lord Darlington mit einigen Freunden, darunter Lord Windermere
und Lord Augustus Lorton, der sich sehr um Mrs. Erlynnes
Gunst bemüht, zurück. Die Damen verbergen sich, wobei
Lady Windermere ihren Fächer in der Eile liegenläßt. Ihr

Gatte, der dem nun anhebenden Gespräch entnommen hat, daß Darlington in eine verheiratete Frau verliebt ist, findet beim Abschied den Fächer und wird von einem furchtbaren Verdacht befallen. In diesem Augenblick tritt Mrs. Erlynne ins Zimmer und erklärt, während Lady Windermere das allgemeine Erstaunen dazu benutzt, um unbemerkt hinauszuschlüpfen, daß *sie* bei Lord Windermeres Gesellschaft offenbar ihren eigenen Fächer mit dem seiner Frau verwechselt habe. Die Verwirrung steigt auf den Gipfel: Lord Windermere ist nun überzeugt, daß die Erlynne eine Liebesabenteurerin ist und ihren schlechten Ruf verdient, Lord Augustus schickt sich an, seine Neigung zu begraben, und Darlington sieht sich wütend und erstaunt der Fatalität ausgesetzt, in den Augen der Londoner Gesellschaft als Mrs. Erlynnes Liebhaber zu erscheinen. – Lady Windermere, wieder in ihrem Haus, macht sich Gedanken über die Motive von Mrs. Erlynnes Opfer; die ›zweifelhafte‹ Frau erscheint ihr nun in einem ganz andern Licht. Als diese ihr den Fächer zurückbringt, verlangt Lord Windermere, daß sie aus seinem Lebensumkreis für immer verschwinde; es werde ihr gewiß nicht schwerfallen, denn sie habe ja schon einmal ihr Kind verlassen und sei mit einem Liebhaber durchgebrannt. Dieses Kind aber ist niemand anders als Lady Windermere, die ebensowenig weiß, daß Mrs. Erlynne ihre Mutter ist, wie der Lord das Opfer versteht, das diese dem gesellschaftlichen Ansehen ihrer Tochter gebracht hat. Mrs. Erlynne wird England verlassen – als Lady Augustus Lorton, nachdem sie ihren künftigen Gatten davon überzeugt hat, daß ihr Besuch bei Darlington durchaus nicht das bedeutete, was er vermutete. Als Abschiedsgeschenk bittet sie sich Lady Windermeres Fächer aus, den diese ihr gern überläßt – überzeugt, daß er in die Hände einer klugen und guten Frau kommt.

In seiner ersten Komödie, dem ›Stück von einer guten Frau‹, zeigt sich Wilde noch um eine einigermaßen glaubhafte Psychologie bemüht, vor allem in der Gestalt der Lady Windermere, deren anfänglicher gesellschaftlicher Hochmut gegenüber der etwas zwielichtigen Mrs. Erlynne mehr und mehr einer menschlichen Zuneigung weicht, ohne daß die Lady erfährt, wer die Frau, deren Charakterwerte sie schätzen lernt, in Wahrheit ist. Eine köstliche, nicht nur durch ironische Belichtung (wie die andern Gesellschaftstypen), sondern vom Wesen her komische Figur ist der Lord Augustus Lorton, und in der Herzogin von Berwick ist die Gestalt der zerfahren-amüsanten, klatschsüchtigen und halb liebenswürdigen, halb gefährlichen Salonbestie französischen Ursprungs (die Herzogin von Marlborough in Eugène Scribes *Glas Wasser*), auf das englische Theater gelangt, die sich seitdem bis zu Thomas Stearns Eliots Julia Shuttlethwaite in der *Cocktail-Party* ihre feste Stellung in der Gesellschaftskomödie bewahrt hat. (Reclams UB 8981.)

Bunbury

oder Die Bedeutung, ernst zu sein

Triviale Komödie für ernsthafte Leute
Erste Aufführung: 14. Februar 1895 in London

P e r s o n e n : Jack Worthing – Algernon Moncrieff – Lady Bracknell – Gwendolen, ihre Tochter – Cecily Cardew, Jacks Mündel – Miß Prism, ihre Gouvernante – Kanonikus Chasuble, Pastor in Woolton – Mr. Crisby, Rechtsanwalt – Lane, Diener bei Algernon – Merriman, Diener bei Jack.
O r t u n d Z e i t : Algernons Wohnung in London, der Garten und das Gartenhaus Jacks in Woolton, Ende des 19. Jh.s.

Bunbury ist unter allen Bühnenstücken Oscar Wildes das witzigste und amüsanteste, freilich auch das in der Handlung lockerste und in der Technik salopeste, das er geschrieben hat. Schon die Gattungsbezeichnung »Eine triviale Komödie für ernsthafte Leute« unter dem ursprünglichen Titel »Die Kunst, ernst zu sein« ist ein Witz, denn gerade ernsthafte Leute schütteln über dieses Stück, in dem jeder Satz ein Aphorismus, ein Aperçu oder mindestens ein Bonmot, also das Gegenteil von ›trivial‹, ist, die Köpfe. Es ist eine richtige Farce und eigentlich mehr ein freilich höchst geistvoller Studentenulk als ein (wenigstens der Technik nach seriöses) Bühnenlustspiel, die Ausgeburt einer Laune, um nicht zu sagen ein Streich, wie er oft genug in den alten College-Häusern von Oxford, die Wilde als Student kennengelernt hatte, ausgeheckt worden sein mag. Die Hauptfigur ist ein Phantom, ein Lügengeschöpf, das gar nicht existiert – Jack Worthings ›Bruder‹, der von seinem Freund Algernon

Moncrieff gespielt wird und, da zwei vergnügte junge Damen auf den Spaß eingehen, allerhand beträchtliche Verwirrungen anrichtet. Eine Handlung kann nicht erzählt werden, denn es gibt keine, sondern nur Situationen, die aus fortwährenden Verwechslungen entstehen. Der tiefere Sinn – wenn es dem Dichter überhaupt darauf ankam – liegt wohl darin, zu zeigen, wie substanzlos eine Gesellschaft ist, die ein Phantom ernst nimmt, wenn seine Erfinder nur ihrerseits ernst genug zu bleiben vermögen, um es als real hinzustellen. So finden sich denn gerade in *The Importance of Being Earnest* die witzigsten und spritzigsten Einfälle der Wildeschen Gesellschaftsglossierung, denn von einer Gesellschafts-*Kritik*, wie sie Ibsen und später Shaw betrieben, kann hier noch weniger als in Wildes anderen Komödien die Rede sein. Die Gestalt der Lady Bracknell ähnelt der Herzogin von Berwick in *Lady Windermeres Fächer* – die in allen Salons gefürchtete und dennoch unentbehrliche ›grand old Lady‹ mit raschem, wenn auch kurzem Verstand, Falkenaugen hinter dem Lorgnon und einem zermalmend bissigen Mundwerk. Man nehme *Bunbury* nicht als Stück, sondern als Jux, als Darbietung des spezifisch britischen Talents, mit Charme albern sein zu können, und sehe über die Eitelkeit hinweg, mit der Wilde sich als ein Magnat dieses Talents produziert. (Reclams UB 8498.)

Ein idealer Gatte

Schauspiel in vier Akten
Erste Aufführung: 3. Januar 1895 in London

P e r s o n e n : Der Earl von Caversham – Viscount Goring, sein Sohn – Sir Robert Chiltern, Unterstaatssekretär im Außenministerium – Vicomte de Nanjac, Attaché an der französischen Botschaft – Mr. Montford – Lady Chiltern, Sir Roberts Frau – Lady Markby – Mrs. Marchmont – Die Gräfin von Basildon – Miß Mabel Chiltern, Sir Roberts Schwester – Mrs. Cheveley – Mason, Kammerdiener bei Sir Robert – Phipps, Kammerdiener bei Lord Goring, u. a.
O r t und Z e i t : In London, im Hause von Sir Robert Chiltern und bei Lord Goring, Ende des 19. Jh.s.

Auf einem Ball im Haus des Unterstaatssekretärs Sir Robert Chiltern versucht die im Ruf einer etwas abenteuerlichen

Existenz stehende Mrs. Cheveley, eine Schulkameradin der
Lady, den Hausherrn für ein Kanalprojekt in Argentinien
zu interessieren, an dem sie finanziell beteiligt ist. Mit Hilfe
eines in ihrem Besitz befindlichen kompromittierenden Do-
kuments über Sir Roberts Vermögensgrundlage gelingt es ihr
rasch, den anfänglichen Widerstand des ehrgeizigen Politikers zu brechen. Mabel Chiltern, mit der der reiche, mokant-
gescheite Lord Goring flirtet, findet eine Brosche; Goring
nimmt sie an sich – vor Jahren hat er sie einmal einer Dame
zum Geschenk gemacht. Nachdem die Gäste das Haus verlassen haben, bittet Lady Chiltern ihren Gatten, der für sie
das Ideal eines untadeligen Ehrenmannes ist, sich nicht in
Geschäfte mit der schon in der Schule als Lügnerin verrufenen Mrs. Cheveley, von der sie sich sehr betont distanziert
hat, einzulassen. Vergebens versucht Sir Robert, seine Frau
von der politischen Zweckmäßigkeit der Verbindung mit
dem Projekt der Cheveley zu überzeugen; in anrüchige
Dinge will sie ihn nicht verstrickt sehen. In einem Brief an
Mrs. Cheveley widerruft Sir Robert seine Zusage. – Sein
Freund Goring empfiehlt ihm, seiner Gattin die Wahrheit
zu sagen, aber Chiltern fürchtet, die Liebe seiner Frau zu
verlieren, wenn er nicht mehr der ›ideale Gatte‹ ihrer
Träume sein kann. Goring wird vorsichtig versuchen, Lady
Chiltern auf eventuelle Schwierigkeiten, die ihrem Mann
begegnen könnten, vorzubereiten. – Im Hause Chiltern
kommt es zwischen Mrs. Cheveley, die sich nach ihrer verlorenen Diamantbrosche erkundigt, und Lady Chiltern zu
einem erregten Auftritt. Gereizt durch die offenkundige
Verachtung der Dame des Hauses, gibt die Cheveley den
Makel preis, der an Sir Robert haftet: er hat vor Jahren
einem Börsenmann ein Kabinettsgeheimnis um einen sehr
hohen Geldbetrag verkauft und damit sein Vermögen begründet. Der Unterstaatssekretär muß, dazukommend, mit
anhören, wie die Cheveley das Idealbild, das seine Frau sich
von ihm gemacht hat, zerstört. Vergebens wendet er ein, daß
es ja gerade dieses eigensinnig erschaffene und festgehaltene
Trugbild sei, dem seine Frau ihre Liebe zugewendet habe
und dessen Vernichtung ihn nun öffentlich bloßstellen
werde. Lady Chiltern sieht mit der Ehrenhaftigkeit ihres
Gatten auch ihre Ehe zusammenbrechen. – Im Wohnzimmer
Lord Gorings findet Mrs. Cheveley einen Brief Lady Chil-

terns, die dem Freund ihres Mannes ihren Besuch ankündigt, um sich mit ihm zu beraten. Sie will den Brief an sich nehmen, wird aber durch Gorings Vater gestört und eilt in ein Nebenzimmer. Als der Earl gegangen ist, erscheint Sir Robert. Während er mit dem Freund die aussichtslose Situation erörtert, entdeckt er, durch ein Geräusch aufmerksam gemacht, im Nebenzimmer die Cheveley, die er für Gorings Geliebte hält. Das ist zuviel – verzweifelt und empört verläßt er Goring, der seinerseits Lady Chiltern erwartet hatte und höchst betroffen nun der Cheveley gegenübersteht. Diese erklärt ihm, sie sei bereit, das den Staatssekretär belastende Papier auszuliefern, wenn Goring sie heirate und damit gesellschaftlich legitimiere. Aber Goring pariert die Intrige: er weiß, daß Mrs. Cheveley die Brosche, die Mabel Chiltern fand, gestohlen hat, denn er hat sie früher einmal seiner Cousine geschenkt. Das Dokument für die Brosche – das ist die Bedingung, unter der er die Diebin nicht verraten wird. Sie muß sich fügen, droht aber dennoch triumphierend, sie werde den Brief Lady Chilterns an Goring als Beweis für ein Rendezvous Sir Robert senden. – Da, auf dem Höhepunkt des wechselseitigen Ränkespiels, wendet sich alles zum Guten. Sir Robert hat im Unterhaus, Charakter über Karriere stellend, eine große Rede *gegen* das argentinische Kanalprojekt gehalten und sich seiner Frau damit von neuem als idealer Gatte präsentiert. Lord Goring erfährt von seinem Vater im Hause Chiltern diese glückliche Wendung, und in seiner Freude darüber macht er Mabel Chiltern, die ihn schon seit langem anbetet, eine Liebeserklärung. Da auch Mrs. Cheveleys sauberer Plan, Lady Chiltern mit Hilfe des Briefes an Goring der ehelichen Untreue zu verdächtigen, fehlgeschlagen ist, steht der Versöhnung der Ehegatten nichts mehr im Wege.

Deutlicher als in seinen anderen Bühnenwerken tritt in *An Ideal Husband* die Technik des französischen Intrigenstücks zutage, die Wilde von den Virtuosen des Pariser Boulevard-Theaters (Scribe, Sardou) gelernt hatte. Da werden Fallen gestellt, aus denen man doch wieder herauskommen, Schlingen gelegt, aus denen man doch wieder entschlüpfen kann, da spielen Verwechslungen und Mißverständnisse eine bedeutende Rolle, da wird geblufft und Trumpf um Trumpf ausgespielt. Die dramaturgische Apparatur läuft wie auf

Kugellagern. Was dem Schauspiel die persönliche Farbe gibt, ist die Brillanz des Wildeschen Witzes, das Glitzern und Funkeln der gesellschaftskritischen Aphorismen, die so elegant formuliert sind, daß der Zuschauer im Theater gar nicht danach fragt, ob sie wirkliche Kritik oder nur Sottisen enthalten. So ist es auch mit den Figuren des Stückes – sie sind so amüsant, daß man darüber hinwegsieht, daß es unter wirklichen Menschen kaum so permanente Charme- und Geistproduzenten wie Lord Goring und kaum so exemplarisch durchtriebene Salonbestien wie Mrs. Cheveley gibt. Erheiternd effektvolle Bühnenexistenz ersetzt hier unbekümmert menschliche Substanz. (Reclams UB 8641.)

GEORGE BERNARD SHAW

* 26. Juli 1856 in Dublin
† 2. November 1950 in Ayot St. Lawrence (England)

Shaw, Sohn eines Kaufmanns und einer Gesangslehrerin, kam nach einer bedrängten Jugend 1876 als Kontorist nach London, wo er sich, sozialistischen Gedankengängen von vornherein nahestehend, 1884 der Fabian Society, einem aus bürgerlichen Radikalen zusammengesetzten Sozialistenbund, anschloß. 1879 bis 1883 hatte er seine fünf ersten, künstlerisch wertlosen Romane veröffentlicht, von 1888 bis 1894 schrieb er unter dem Pseudonym »Corno di Bassetto« (Bassetthorn, Holzblasinstrument) für die Zeitungen »The Star« und »The World« Musikkritiken, dann auch Kritiken über Schauspielaufführungen. Von 1899 ab veröffentlichte er als freier Schriftsteller die lange Reihe seiner Bühnenwerke, die ihm 1925 den Nobelpreis eintrugen. Shaw, den die Welterfolge seiner Stücke zum Millionär machten, lebte und starb auf seiner Besitzung in dem kleinen Flecken Ayot St. Lawrence in der Umgebung von London.

Nach seinem eigenen Bekenntnis hat Shaw »um der reinen Kunst willen keinen einzigen Satz zu schreiben für der Mühe wert gefunden«. Er war genau der Gegenpol zu dem Ästheten Wilde, der nur um der Kunst willen schrieb und nicht im entferntesten daran dachte, mit seiner Gesellschaftskritik den Anstoß zu moralischen oder gar sozialen Verbesserungen zu geben. In Shaw aber verkörperte sich ein ausgesprochener Reformerwille, dem es weit mehr um die Durchsetzung seiner Ideen und deren praktisch greifbare Ergebnisse als um Erfolge als Bühnenautor und Dichterruhm ging. Sein Ideal des Zukunftseuropäers – des nüchtern verstandesklaren, vernünftig tätigen, gegen Illusionen und Romantik jeder Art gefeiten freien Menschen, den er, Nietzsche ironisierend, als »Übermenschen« bezeichnete – entwarf Shaw zuerst in Romanen, die keinen, dann in Theaterstücken, die bald riesigen Erfolg hatten. Die Gesetze der Kunst interessierten ihn kaum, weder im Roman noch im Drama, doch als er sein Talent fürs Stückeschreiben erkannt hatte, zögerte er keinen Augenblick, es in den Dienst seiner sozialistischen Reformideen zu stellen. Dabei wollte er aber keineswegs in erster Linie als Dramatiker, sondern als Agitator, Prediger und Dialektiker wirken, und in diesem Sinn ist seine Äußerung zu verstehen, noch wichtiger, als seine Stücke auf der Bühne zu sehen, sei es, ihre Vorreden zu lesen. In der Tat ist Shaw durch diese angriffslustigen, geist- und witzsprühenden Abhandlungen (von denen manche länger sind als das nachfolgende Stück) genauso berühmt geworden wie als Dramatiker; in ihnen stellt er die Debattierthemen, setzt er sich mit seinen Gegnern auseinander, widerlegt er im vorhinein deren mögliche Einwände oder leistet, wie in der Vorrede zu *Major Barbara*, Erste Hilfe für Kritiker. Wer Shaws Ideenwelt, die weit mehr evolutionäre als revolutionäre Züge aufweist und von Darwin, Marx, Nietzsche und Ibsen, aber auch von dem anti-marxistischen Sozialismus der Fabian Society angeregt wurde, kennenlernen will, der muß die Vor- und Nachreden, die Anhänge (z. B. zu *Mensch und Übermensch*) oder die einleitenden Essays (wie den berühmten über die Aussichten des Christentums in *Androklus und der Löwe*) unbedingt lesen. Shaw wollte seine Zeitgenossen durch seine Stücke unterhalten und durch seine Traktate erbauen. Unterhaltsamkeit und Erbaulichkeit waren die wichtigsten Forderungen, die er selbst seinem schriftstellerischen Werk gegenüber erhob.

Was nun die Unterhaltsamkeit betrifft, so hat Shaw, um seine Ideen an den Mann zu bringen, sich nie davor ge-

scheut, als Clown und Spaßmacher aufzutreten, wo es ihm
nötig erschien. Das beweisen Stücke wie *Die große Katharina, Man kann nie wissen* oder *Die Millionärin.* Shaw
konnte sich das Narrenkostüm leisten, denn er war einer
der witzigsten und intelligentesten Autoren, die je gelebt
haben, vergleichbar dem Aristophanes der Griechen, dem
Voltaire der Franzosen, dem Heine der Deutschen. Er ist
unter den großen Schriftstellern seiner Zeit der ›lustige Rat‹,
der es auf sich nimmt, um der Wahrheit willen, die er ausspricht, belacht zu werden. So durchsetzte er schon sein erstes
Stück, die im Grunde sehr bittere und scharf anklägerische
Komödie *Die Häuser des Herrn Sartorius*, mit den Kaprio-
len seines Witzes, so behielt er die schwank- und possenhaf-
ten Elemente selbst da noch bei, wo er jede dramaturgische
Sorgfalt beiseite ließ und nur noch mit verteilten Rollen
predigte wie in *Zurück zu Methusalem* oder der *Insel der
Überraschungen.* Dieser Mann aber, dem »die Maske des
Narrentums zum Medium der Verkündigung« wurde, dieser
Puritaner, für den die Kunst selbst bei weitem nicht so viel
wert war wie eine wohlfunktionierende Nationalökonomie,
hat als beinahe Siebzigjähriger einmal in seinem Leben ein
Werk geschrieben, das zur großen Dichtung dieses Jahrhun-
derts gehört und neben dem eminenten Geist auch seine
Seele offenbart, die, wie Shaws Landsmann und katholischer
Antipode Gilbert Keith Chesterton einmal gesagt hat, »die
Keuschheit und Heftigkeit Irlands« aufweist: die drama-
tische Chronik *Die heilige Johanna.*

Frau Warrens Gewerbe

Schauspiel in vier Akten
Erste Aufführung: 5. Januar 1902 in London

P e r s o n e n : Frau Kitty Warren – Vivie, ihre Tochter – Sir George
Crofts – Praed, Architekt – Pastor Samuel Gardner – Frank, sein Sohn.
O r t   u n d   Z e i t : In Vivie Warrens Landhaus, im Pfarrgarten und
einem Büro, in der Nähe von London, Ende des 19. Jh.s.

Frau Kitty Warren hat ihrer Tochter Vivie eine ausgezeichnete Erziehung zuteil werden lassen, die mit einer wissenschaftlichen Prüfung abgeschlossen wurde. Vivie erwartet

ihre Mutter in ihrem Landhaus, entschlossen, sich eine selbständige Zukunft zu schaffen, denn außer ihren regelmäßigen und reichlichen Geldzuwendungen hat sich Frau Warren nie viel um ihr Kind gekümmert, und Vivie will sich jetzt nicht mehr unter der Autorität einer ihr fast entfremdeten Mutter beugen. Frau Warrens alter Freund, der Architekt Praed, glaubt, daß es darum heftige Auseinandersetzungen zwischen Mutter und Tochter geben wird. Kitty Warren kommt in Gesellschaft des trüben und lasterhaften Geschäftsmanns Sir George Crofts, den Vivie sofort sehr abstoßend findet. Könnte er, wie aus einem Gespräch zwischen ihm und Praed hervorgeht, Vivies Vater sein? Noch ehe es darüber Klarheit gibt, kommt der junge Frank Gardner, der Vivie liebt und sie seinem Vater als künftige Schwiegertochter vorstellen möchte. Der alte Pastor Gardner, der seinem Sohn gegenüber sehr salbungsvolle Reden führt, ist in seiner Jugend durchaus kein Tugendbold gewesen; 50 Pfund hat er einst als Rückkaufpreis für etwas kompromittierende Briefe geboten, die er einer Dame geschrieben hatte. Frank Gardner weiß das, und dementsprechend behandelt er seinen Vater wenig respektvoll. Frau Warren kommt, um Ehrwürden Gardner zu begrüßen, und siehe da, sie kennt ihn schon von früher und besitzt sogar noch Briefe, die sie vor langer Zeit von ihm empfangen hat.

Frank Gardners Absicht, Vivie zu heiraten, erweckt in Frau Warren widerstreitende Gefühle. Sie weiß nicht, ob sie dafür oder dagegen sein soll, schließt sich aber zuletzt der Meinung von Sir George und Pastor Gardner an, die ihr in merkwürdiger Übereinstimmung von der Verbindung zwischen Frank und Vivie abraten. Crofts selbst hat Absichten auf das Mädchen, aber Frau Warren warnt ihn, sich ihrer Tochter zu nähern. Vivies Unbehagen an der ganzen zwielichtigen und zweideutigen Atmosphäre um ihre Mutter entlädt sich nun in der Drohung, sie werde Frau Warren verlassen, wenn sie ihr nicht endlich die volle Wahrheit sage. Ist Crofts ihr Vater? Frau Warren wehrt exaltiert ab: weder er noch sonst einer von den Menschen, die Vivie jemals begegneten, sei es. Vivie beginnt zu ahnen, welch ein Leben ihre Mutter geführt hat, und wendet sich erschüttert ab. Nun aber hält ihr Frau Warren empört eine mütterliche Strafpredigt über ihren Hochmut, die sich zu einer groß-

artigen Anklage gegen die Scheinheiligkeit der gesellschaftlichen Moral steigert. Ihre Herkunft, so sagt sie, habe ihr
keine andere Wahl gelassen, als das zu werden, was sie geworden ist. Vivie solle ihr dankbar sein, daß sie nicht den
gleichen Weg zu gehen brauche, sondern dank der Fürsorge
ihrer Mutter sich anständig durchs Leben schlagen könne.
Das beste wäre, sich mit einem Mann zu verbinden, der in
der Lage ist, für sie zu sorgen und gut zu ihr zu sein. Vivie
ist von der Offenheit und illusionslosen Aufrichtigkeit der
Mutter stark beeindruckt.

Das gute Verhältnis zwischen Vivie und der zweifelhaf-
ten Mutter, das sich seit dieser Aussprache herausgebildet
hat, verdrießt Frank Gardner. Im Garten des Pfarrhauses
macht er ihr deswegen Vorwürfe, und Vivie ist schließlich
beinahe so weit, diesen und Franks bestrickendem Eifer zu
erliegen; sie verteidigt ihre Mutter nur noch sehr schwach.
Da kommt Crofts hinzu, entfernt den jungen Mann und
macht Vivie einen Heiratsantrag. Sie weist ihn scharf ab,
aber Crofts gibt nicht nach. Er eröffnet ihr, daß er es war,
der ihrer Mutter durch die Gründung des gemeinsamen ›Geschäfts‹ zu ihrem Vermögen verholfen habe, daß dieses Geschäft heute noch blühe und es darum gut sei, wenn sein
Geheimnis und der Gewinn, den es abwerfe, gewissermaßen
in der Familie blieben. Die entsetzte Vivie, für die es nun
keinen Zweifel über das ›Gewerbe‹ ihrer Mutter mehr gibt,
ruft Frank gegen die Zudringlichkeiten des alten Lüstlings
zu Hilfe. Dieser stürzt mit einem Gewehr herbei, worauf
der aufs äußerste erschrockene Crofts, um sich zu salvieren,
ihm ins Gesicht schreit, Vivie sei seine Halbschwester, denn
kein anderer als Pastor Gardner sei ihr Vater. Hochdrama-
tischer Aktschluß: Frank legt auf Crofts an, Vivie wirft sich
dazwischen, um eher von der Hand des Freundes zu sterben, als sich mit jenem Reptil zu verbinden, reißt sich aber
dann los und enteilt, mehr Zorn, Scham und Empörung als
Liebe in sich fühlend, Hals über Kopf nach London.

Im Grunde ist Vivie Warren ein Blaustrumpf. Verbissen
in ihre Arbeit in einem Londoner Büro, lehnt sie des nobeln
Mr. Praed Angebot, ihn nach Italien zu begleiten, ebenso ab
wie Frank Gardners Versuch, die ›Enthüllungen‹ Crofts' zu
widerlegen. Ihrem Stolz genügt es, beide Männer über das
Gewerbe ihrer Mutter aufgeklärt zu haben und Frank zu

überzeugen, daß er so schmutziges Geld, wie Vivie es mit in die Ehe brächte, nicht annehmen könne. Frank verschwindet aus dem Büro und aus Vivies Leben. Frau Warren gelingt es nicht, ihre Tochter in einer letzten Unterredung zur Rückkehr zu bewegen. Die beiden Frauen haben einander nichts mehr zu sagen. Auch hier ist es, als die Mutter die Tochter verläßt, ein Abschied für immer.

Mrs. Warren's Profession ist eines der schärfsten sozialkritischen Stücke Shaws. Mit einer Verbissenheit, die an Strindberg, und einem Temperament, das an Wedekind gemahnt, geht der siebenunddreißigjährige Sozialreformer mit der Gesellschaft seiner Zeit ins Gericht. Die Härte des Konflikts zwischen der ›Directrice‹ höchst fragwürdiger, aber geschäftlich blühender Etablissements auf dem Kontinent und der Tochter, die vom Geld der Mutter ahnungslos studiert hat und ein Mädchen von trockener Tüchtigkeit geworden ist, läßt keine Lösung zu. Niemand hat am Schluß recht, jeder redet am andern vorbei. Das Schauspiel ist dialektisch, nicht realistisch gemeint. Die Argumente bedeuten mehr als die Personen. Gewiß enthüllt sich in der großen Lebensbeichte der Frau Warren ihrer Tochter gegenüber ein Schicksal, dessen menschliches Eigengewicht sich neben der sozialen Anklage behauptet, und ebenso zeichnet sich in Vivies verlustreichem Sieg über ihre Mutter der Umriß eines Seelendramas ab; aber das sind gewissermaßen Nebenwirkungen des Prozesses, der der Gesellschaft gemacht wird. Eine tiefe (und böse) Ironie steckt darin, daß Kitty Warren, die durch die sozialen Verhältnisse zu ihrem Gewerbe gekommen ist, dieses nun im Dienst derselben Gesellschaft, deren Opfer sie ist, kapitalistisch ausbeutet. Die Unauflösbarkeit dieses Widerspruchs ist es, die Vivie Warren letztlich sich für immer von ihrer Mutter abwenden läßt.

Candida

Mysterium in drei Akten
Erste Aufführung: Frühjahr 1897 in Aberdeen

P e r s o n e n : Pastor Jakob Morell – Candida, seine Frau – Burgess, Candidas Vater – Alexander Mill, Hilfspfarrer – Proserpina Garnett, Sekretärin Morells – Eugen Marchbanks, ein junger Dichter.

Ort und Zeit: In Pastor Morells Haus in der Pfarrei zu St. Dominik in London, im Herbst 1894.

Pastor Jakob Morell, viel beschäftigter und viel umschwärmter Seelsorger seiner Gemeinde, empfängt statt seiner Frau, die er von einem Landaufenthalt zurückerwartet, den Besuch seines Schwiegervaters Burgess, eines recht rüden Geschäftemachers und Parvenüs, mit dem er in einem Gespräch über soziale Fragen beinahe in einen Streit gerät. Da kommt Candida und bringt einen Anbeter mit, den gänzlich lebensunerfahrenen jungen Eugen Marchbanks, der in seiner dichterisch-traumverlorenen Natur von seiner vornehmen Familie völlig mißverstanden wird. Als Liebender aber ist Marchbanks, dessen gesellschaftliche Herkunft dem alten Selfmademan Burgess ungemein imponiert, von einer überraschenden Kühnheit. Indem er dem verblüfften Morell seine Leidenschaft für Candida gesteht, nennt er den Pastor einen eitlen, in sein Predigertalent verliebten und von seiner Popularität berauschten Toren, der eine Frau wie Candida überhaupt nicht verdiene und sie um seiner eigenen Erfolge willen vernachlässige. Morell hört ihm zuerst überrascht, dann belustigt zu und versucht schließlich, Eugens überschwengliche Schwärmerei durch väterliche Güte zu dämpfen. Als er damit gar nichts erreicht, wird er zornig und packt den störrischen Geniejüngling am Kragen, um ihn hinauszuwerfen. Candida, die den Aufruhr in der Seele des Jungen erkennt, schlichtet den Streit und lädt den Verstörten mit heiterer Unbefangenheit zum Essen ein.

Marchbanks aber will sich nicht beruhigen. Er findet es, wiederum dem Pastor gegenüber, erniedrigend, daß Candida sich mit häuslicher Arbeit abgeben muß. Nun ist sie es, die den Phantasten in die Wirklichkeit zurückruft, gleich darauf aber auch ihrem Jakob Morell sehr deutliche Worte über seine Selbstgefälligkeit sagt. Im Grunde wiederholt Candida noch einmal alles, was Morell schon von Marchbanks hören mußte – auch daß dieser Candida liebt; nur daß sie viel mehr aus der Überlegenheit des Herzens spricht, als der seelisch vollkommen verwirrte Dichter es seinem ›Nebenbuhler‹ gegenüber vermochte. Marchbanks kommt mit Burgess. Candida ermuntert Morell, doch zu seiner Versammlung zu gehen und zu sprechen, sie würden alle mitkommen; denn der Pastor hatte, von Eugens Vorwürfen immerhin beeindruckt, abgesagt, um einmal daheim zu bleiben und sich seiner Frau zu widmen. Als er doch aufbricht und alle ihm folgen wollen, erklärt Morell plötzlich, Candida und March-banks sollten zu Hause bleiben. Candida wird es bei dem Gedanken, vielleicht allein dem drängenden Liebeswerben ihres romantischen Anbeters ausgesetzt zu sein, ein bißchen unheimlich.

Alles bleibt jedoch unverfänglich, solange Marchbanks der geliebten Frau aus seinen Gedichten vorliest. Als die Unter-haltung eine gefährlichere Wendung zu nehmen droht, kommt Morell zurück, und wieder verwickelt der hart-näckige und nervös-unduldsame Junge den Pastor in ein Streitgespräch, wobei es ihm gelingt, Morells Selbstsicherheit ziemlich zu erschüttern. Candida, die Sache immer noch mit Humor nehmend, verbietet dem rabiaten Verehrer, ihren Mann weiter anzugreifen; sie werde ihn gegen seine Un-gezogenheiten in Schutz nehmen. Morell, in seiner Eitelkeit getroffen, springt auf: er brauche ihren Schutz nicht und werde für sich selbst einstehen. Des Pfarrers Mitarbeiter und Burgess kommen, noch erfüllt von Morells rednerischem Triumph in der Versammlung, zurück und wollen March-banks mitnehmen. Aber Candida hat erkannt, daß jetzt die Stunde der Entscheidung gekommen ist. Sie hält Eugen zu-rück und zwingt die beiden ›Rivalen‹, den reifen Mann und den schwierigen Jungen, zu bekennen, was sie für ihre Liebe einzusetzen haben. Morell bietet sein Ansehen, seine Stel-lung, seine Ruhe und vor allem seine beschützende Männlich-keit, Marchbanks seine Sensibilität, seine Verwundbarkeit, seine Einsamkeit und Verzweiflung. Candida erklärt, sie habe sich entschieden: dem Schwächeren werde sie gehören. Morell glaubt, daß er verloren habe, aber er hat gewonnen. Denn er, der scheinbar so Starke, Erfolgreiche, braucht die Hilfe der Frau, die ihm immer wieder die Möglichkeit ver-schafft, seinen Glauben an sich selbst zu bewahren. Eugen aber, der Dichter und Träumer, ist es gewohnt, verkannt zu sein. Er wird darum der Wirklichkeit eher standhalten kön-nen als der auf seine Illusionen angewiesene Pfarrer, dem erst jetzt, bei Candidas Entscheidung, aufgeht, was alles er ihrer Liebe zu verdanken hat. Er nimmt sie in seine Arme, während Eugen Marchbanks in trunkenem Seelenschmerz entsagend in die Nacht hinausgeht.

Nie – mit Ausnahme der *Heiligen Johanna* – ist der Prediger, Moralist und Puritaner Shaw der Dichtung näher gewesen als in diesem Kammerspiel, dessen Untertitel »ein Mysterium« nur bedingt ironisch zu verstehen ist. Die Witze und Clownerien sind hier ganz auf die Nebenpersonen, insbesondere den vergnügten Unterpfarrer Mill und die etwas säuerlich-charmante, in Morell verliebte Schreibmaschinendame »Prossi« Garnett verteilt, während die drei Hauptgestalten von ihrem Autor menschlich viel ernster genommen werden, als es sonst bei Shaw der Fall ist. Eugen Marchbanks ist als verliebter Schwärmer ein Nachkomme von Shakespeares liebesverzauberten Jünglingen und als dem Weltschmerz verfallener Dichter eine aus dem morbiden Lebensgefühl der intellektuellen Jugend des ausgehenden 19. Jh.s geschaffene späte Variante von Goethes Tasso. Candida aber – der Name besagt ›die Reine‹ – ist ungeachtet ihrer soliden Bürgerlichkeit ein Wesen voller Zauber und Charme, voller Humor und Gefühlswärme, eine der reizvollsten Frauengestalten der neueren Bühnenliteratur, bei der die Vernunft, sonst bei dem Rationalisten Shaw immer eine Funktion des Verstandes, ganz aus dem Herzen kommt. (Was denn wohl schon genug ›Mysterium‹ sein mag.)

Cäsar und Cleopatra

Historie in fünf Akten
Erste Aufführung: 15. März 1899 in Newcastle-on-Tyne

P e r s o n e n : Cäsar – Cleopatra, Königin von Ägypten – Ptolemäus, ihr zehnjähriger Bruder – Rufio, römischer Befehlshaber – Britannus, Cäsars Sekretär – Pothinus, Vormund des Ptolemäus – Theodotus, sein Erzieher – Achillas, Heerführer – Ftatateeta, Amme der Cleopatra – Apollodorus, ein Sizilier – Belzanor, Kommandant der Leibwache Cleopatras – Ein Perser aus der Leibwache Cleopatras – Bal Affris, Tempelwächter.
O r t und Z e i t : Ägypten, 48 und 47 v. Chr.

Cleopatra, die sechzehnjährige ägyptische Königin, ist aus Angst vor den Römern, die vor ihrer Hauptstadt Alexandria stehen, in die Wüste geflohen, nachdem in ihrem Palast schreckliche Nachrichten über die Grausamkeit der Eroberer verbreitet wurden. Freilich haben diese Greuelnachrichten auch einen ›innenpolitischen‹ Hintergrund: die Partei ihres zehnjährigen Bruders Ptolemäus, die nach der Regentschaft strebt, versucht Cleopatras ohnehin noch nicht sehr ausgeprägtes Herrschergefühl nach Kräften zu verwirren und unsicher zu machen. Bei der Sphinx trifft die verängstigte Nachfolgerin der Pharaonen einen älteren Herrn in römischer Tracht, den sie nach dem fürchterlichen Cäsar ausfragt. Der Fremde verspricht ihr, den berühmten General in ihren Palast zu bringen, und kehrt selbst mit ihr dorthin zurück. Zunächst stärkt er ihr Selbstgefühl und zeigt ihr vor allem, daß sie sich ihrer Amme Ftatateeta gegenüber viel stärker durchsetzen muß. Gerade als Cleopatra sich zum erstenmal richtig als Königin fühlt, erscheinen die Römer und enthüllen das Geheimnis ihres unbekannten Beschützers: der väterliche Herr mit der Glatze ist niemand anders als Cäsar selbst.

Der Imperator greift sogleich in die Palastintrigen ein und ordnet an, daß Cleopatra mit ihrem Bruder Ptolemäus, den seine Erzieher gegen die Römer aufzuhetzen versuchen, gemeinsam herrschen solle. Die ägyptischen Hofschranzen deuten diesen staatsmännischen Entscheid als Schwäche und glauben, die Eroberer leicht wieder vertreiben zu können. Cäsar setzt sich über die Bedenken seines Truppenkommandeurs Rufio hinweg und behandelt die Verschwörer großmütig; sie mögen sich aus Alexandria zurückziehen, er selbst wird bleiben. Halb tändelnd verspricht er Cleopatra, er werde ihr Marcus Antonius, dem sie schon früher einmal begegnet ist und der gewaltigen Eindruck in ihrem jungen Herzen hinterlassen hat, nach Ägypten schicken. Da kommt eine schlimme Kunde: die von Cäsar entlassenen Konspirateure haben ihre Anhänger gesammelt und drohen, die Römer vom Hafen, wo ihre Schiffe liegen, abzuschneiden. Cäsar läßt Pothinus, den Vormund des Ptolemäus, der ein Ultimatum überbringt, gefangennehmen und begibt sich in sein außerhalb des Palastes gelegenes Hauptquartier, wohin sich auch Cleopatra, in einen Teppich gewickelt, von dem verschlagenen Sizilianer Apollodorus bringen läßt. Die Ägypter rüsten sich, die römische Stellung zu stürmen. Cäsar springt, wieder mit des Apollodorus Hilfe, von der Mauer und schwimmt zu seinen Schiffen. Abermals folgt ihm Cleopatra, während Cäsars Sekretär Britannus, angesichts der kühnen Tat seines Chefs seine angeborene Reserviertheit und Steifheit vergessend, begeistert in den Ruf »Hip hip hurra« ausbricht.

Pothinus, der sich als Gefangener frei bewegen darf, spinnt weiter seine Intrigen, aber immer gelingt es Cleopatra, die unter Cäsars Leitung wirklich die Kunst des Herrschens gelernt hat, sie wieder zu zerreißen. Als Pothinus Cäsar hinterbringt, Cleopatra betrachte ihn nur als Stütze ihrer Macht und wolle ihn wieder nach Rom zurückschicken, sobald ihre Herrschaft endgültig gefestigt sei, meint der Imperator, nichts sei natürlicher, und schenkt dem liebedienerischen Intriganten mit ironischer Großmut die Freiheit. Cleopatra, wütend über die Angeberei, läßt Pothinus von ihrer Amme Ftatateeta umbringen; dabei versucht sie Cäsar zu überzeugen, daß sie keinen sehnlicheren Wunsch habe, als ihn immer in Ägypten zu behalten. Cäsar aber hat an anderes zu denken: der Tod des Pothinus hat den Aufruhr der Ägypter entfesselt, und der Entscheidungskampf steht bevor. Ungehalten über die primitive Mordtechnik Ftatateetas – sie hat nicht einmal den Todesschrei des Pothinus verhindern können, der das Signal zum Aufstand gab –, befiehlt Cäsar, ehe er in die Schlacht eilt, seinem getreuen Rufio, die Amme mit mehr Kunst und weniger Geräusch aus dem Wege zu räumen.

Nach seinem Sieg eben im Begriff, sich nach Rom einzuschiffen, wird Cäsar, der die kleine Ptolemäerin über seinen militärischen und staatsmännischen Angelegenheiten ganz vergessen hat, noch einmal von Cleopatra aufgehalten, die ihn der Ermordung ihrer Amme anklagt. Rufio, der als Cäsars Statthalter in Alexandria bleiben wird, beweist ihr mit römischer Logik die politische Notwendigkeit seiner Tat, der auch Cäsar, obgleich er ›grundsätzlich‹ gegen Tötungen ohne Rechtsverfahren ist, seine Billigung gibt. Versöhnt scheidet er von der nunmehr alleinigen Herrscherin des Nillandes – der kleine Ptolemäus ist im Kampf ertrunken –, von dem launenhaften, listenreichen und verzogenen Weibchen, das er zur wirklichen Königin gemacht hat.

Cäsar und Cleopatra ist nach dem drei Jahre früher geschriebenen Napoleon-Einakter *Der Mann des Schicksals* Shaws erste Komödie, in der die Geschichte und ihre Helden desillusioniert werden. Desillusioniert – nicht ironisiert. Denn Cäsar ist, obgleich er sich bei Shaw sämtlicher Eigen-

schaften, die sein Genie und seinen geschichtlichen Ruhm
ausmachen, fast immer nur halb spielerisch, wenn nicht gar
widerwillig bedient, ohne Zweifel ein großer Mann und
soll auch von dem Zuschauer als solcher gesehen werden.
Die ganze Vielfalt seiner faszinierenden Persönlichkeit – der
Feldherr, der Staatsmann, der Liebhaber – wird von der
Vernunft zusammengehalten und reguliert, und eben im
richtigen Gebrauch der Vernunft zeigt sich, nach Shaw,
Cäsars eigentliche Größe. Des legendären Nimbus bedarf er
nicht, der ›heroischen‹ Züge, die das illusionäre Bild der
Geschichtshelden gemeinhin entscheidend bestimmen, entbehrt er völlig. Nicht die militärische und politische, sondern
die diplomatische Genialität ist es, die wir an Shaws Cäsar
bewundern sollen.

Cleopatra erscheint hier keineswegs, wie in Shakespeares
gewaltiger weltgeschichtlicher Tragödie *Antonius und Cleopatra*, als die in ihrer Weiblichkeit ebenbürtige Gegenpotenz
des männlichen Helden (obzwar sie im dramaturgischen Sinn
durchaus eine echte Gegenspielerin ist), sondern ganz und
gar als sein Geschöpf. Mit hellem Verstand empfängt sie
nützt sie Cäsars Lehren und wird, wenn sie auch ihrer Natur
nach Orientalin bleibt, in ihrem Denken fast ›Römerin‹.
Von leidenschaftlicher Entflammtheit füreinander, der Voraussetzung zu Cäsars und Cleopatras historischem Liebes-
bund, ist in Shaws Erziehungskomödie im Gewand der ›Historie‹ nicht die Rede; ein charmanter Flirt genügt. Die Ironie
bleibt in diesem Stück für die Charakteristik der Nebenfiguren aufgespart – für die intriganten Ägypter, den windig-
eleganten Sizilianer Apollodorus und vor allem für den Insulaner Britannus, dem Naturell und Gehabe sämtlicher
Mittelmeervölker unverständlich und ›shocking‹ erscheinen.

Kapitän Brassbounds Bekehrung. Abenteuer
in drei Akten. – Diese noch vor der Jahrhundertwende entstandene, aber erst 1906 in London öffentlich auf die Bühne
gelangte Komödie, die Shaw seinen ›Stücken für Puritaner‹
zurechnet, spielt in Marokko. Aber man glaube nicht, daß es
dem Dichter auf atmosphärische Echtheit ankommt oder auf
einen wirklichen inneren Zusammenhang zwischen Thema
und Schauplatz, zwischen den Gestalten und ihrem Milieu.
Shaws Afrika ist, wie in dem viel später entstandenen Stück

Zu wahr, um schön zu sein, nichts als exotische Kulisse, die
dem trockenen irischen Witz der drei Akte einen bunten
Theaterhintergrund gibt. In der romantischen Welt des
Atlasgebirges streift Lady Cicely Wainflete zwischen Berber-
stämmen und britischen Seeleuten umher, eine jener typisch
englischen Frauen, die ihre total phantasielose Vernünftig-
keit durch eine sozusagen naiv-unverschämte Liebenswürdigkeit kompensieren. Niemand kann ihrem penetranten
Charme widerstehen, niemand sich ihrer wahrhaft spleeni-
gen Menschenfreundlichkeit entziehen. Als das härteste Objekt ihrer Bemühungen, Gutes zu wirken, erweist sich der
Kapitän Brassbound, der einzig und allein dem Gedanken
der Rache an einem ungerechten Richter nachhängt, über
dessen Spruch sich seine Mutter einst zu Tode gegrämt hat.
Lady Cicely öffnet dem rauhen und innerlich verhärteten
Seemann die Augen über das Illusionäre und Vergebliche
seiner Jagd nach Vergeltung, die er mit dem Fanatismus
eines Menschen betreibt, der von seiner ›Mission‹ überzeugt
ist. Wie jeder echte Fanatiker ist er eher bereit, sich mit der
Erfüllung seiner ›Sendung‹ selbst zugrunde zu richten, als
davon abzulassen, wie jeder Besessene sieht er alle Werte
verzerrt und hält Rachedurst für ein edles, heiliges Gefühl.
Lady Cicely bekehrt den Kapitän nach mancherlei vergeblichen Versuchen schließlich, indem sie ihn im wahren Sinn
des Wortes ›zur Vernunft bringt‹. Er sieht ein, daß Rach-
sucht etwas Böses ist, und entdeckt – Zeichen seiner Wandlung zum Besseren – sein Vergnügen an dem predigenden
Charme seiner Bekehrerin. Daß er auch noch sein Herz für
sie entdeckt, ist weniger eine thematische als eine dramaturgisch gefällige Schlußpointe der Komödie.

Major Barbara

Komödie in drei Akten
Erste Aufführung: 28. November 1905 in London

P e r s o n e n : Andrew Undershaft, ein Rüstungsfabrikant – Lady
Britomart Undershaft, seine Frau – Stephan, sein Sohn – Barbara, Sarah,
seine Töchter – Charles Lomax – Adolphus Cusins – Mitglieder der
Heilsarmee und Leute, die von ihnen versorgt werden.
O r t und Z e i t : In London, zu Beginn des 20. Jh.s.

Der Rüstungsgroßindustrielle Andrew Undershaft, der als
Findling von dem Vorbesitzer des Unternehmens adoptiert
und der mächtigste ›Kanonenkönig‹ Englands geworden ist,
lebt getrennt von seiner Familie, die sich aus moralischen
Erwägungen von ihm zurückgezogen hat und ganz andere
Wege zu gehen scheint. Die Tochter Barbara ist Major bei
der Heilsarmee und mit einem Altphilologen verlobt, der
weniger aus Überzeugung als ihr zu Gefallen ebenfalls
dieser Organisation angehört. Mit ziemlichem Herzklopfen
erwarten Lady Britomart und ihre Kinder einen Besuch des
Familienoberhaupts, der sich wegen der Zukunft des Sohnes
und der beiden Töchter als unumgänglich erweist. Bei dem
Zusammentreffen stellt sich heraus, daß Undershaft sen.
wiederum einen Findling sucht, dem er seinen Konzern einst
übergeben kann, denn sein Sohn Stephan besitzt keinerlei
Talent für die Leitung eines solchen Unternehmens. Während das Verhältnis des Millionärs zu seinem Sohn deswegen auch ziemlich kühl bleibt, entdecken Barbara und ihr
Vater, die doch entsprechend ihrer moralischen und sozialen
Anschauungen eigentlich unversöhnliche Gegner sein müßten,
eine lebhafte Neigung füreinander. Dem Alten gefällt die
Unbedingtheit und Aufrichtigkeit des Heilsarmee-Mädchens,
und es scheint ihm nützlich, diesen starken Charakter für
die Religion der Kanone (an Stelle der Religion der Liebe)
zu gewinnen. Auch bei ihrem Verlobten Adolphus Cusins,
dem Professor für Griechisch, glaubt er die Voraussetzungen für eine erfolgreiche ›Bekehrung‹ zu finden. – Undershaft begibt sich ins Regionalquartier der Heilsarmee, wo
Barbara gerade einem Strizzi die Schleusen seines Gewissens
geöffnet hat, und stiftet der Organisation, von den ahnungslosen Mitgliedern als Wohltäter gefeiert, einen vielstelligen
Geldbetrag. Nur die gescheite Barbara merkt, daß die ›Soldaten Christi‹ damit in Wahrheit gekauft wurden, und lehnt
es nach einem heftigen inneren Kampf ab, weiter einer Kör-
perschaft anzugehören, die solches Blutgeld, und sei es auch
zu besten Zwecken, angenommen hat: sollte die ›Moral der
Kanone‹ doch irgendwo recht haben, wenn die Religion der
Liebe so von ihr getäuscht werden kann? Barbara nähert
sich dem Standpunkt des Vaters, den der fixe Adolphus
Cusins, griechisches Ethos und Rüstungsgeschäft für gar nicht
so unvereinbar haltend, beinahe schon völlig teilt. Entzückt

darüber, macht Undershaft den Interpreten Homers und Platons zu seinem künftigen Nachfolger, zumal dieser noch das Glück hat, ein Findelkind zu sein. – Die gesamte Familie Undershaft besichtigt unter Führung des »Vater Kolossos« den riesigen Rüstungsbetrieb, dessen soziale Einrichtungen Barbaras Herz entflammen. Zum materiellen Wohlstand, den sie schon besitzen, will sie den vielen tausend Arbeitern ihres Vaters auch noch die Botschaft des Heils bringen, um sie geistig zu läutern, und Adolphus, der künftige Chef, will die traditionelle indifferente Kanonenmoral dadurch überwinden, daß er in Zukunft nur noch den ›Guten‹ Waffen liefert, d. h. solchen, die Macht verdienen. Im Wirbel dieser euphorischen Phantasien bleibt Undershaft allein davon überzeugt, daß die reale Macht, die seinem Schwiegersohn und Nachfolger als künftigem Konzernbeherrscher zufallen wird, diesen bald so in ihren Bann zieht, daß er seine ethischen Reformpläne rasch vergessen und zur guten alten Geschäftsmoral der Waffenlieferung an alle, die dafür bezahlen, zurückkehren wird.

Diese Komödie von der Moral der Kanonen ist eines der wichtigsten und bedeutendsten Werke Shaws. Um das Gewissen der Zuschauer wachzurütteln, nimmt der Moralist Shaw den Clown Shaw zu Hilfe, der sein Publikum damit amüsiert, daß er die von dem Moralisten mit echtem sittlichem Abscheu bekämpfte Weltanschauung Undershafts triumphieren läßt. Unter all den zahllosen Paradoxien, mit denen Shaws (tief entrüsteter) Spaßmachergeist zeit seines Lebens die Menschheit zu verblüffen liebte, ist dies vielleicht die gewagteste und kühnste: daß der Sozialist und Kriegsgegner sich auf der Bühne scheinbar zum Sprecher des Kapitalismus und Rüstungsmagnatentums macht – natürlich nur, um zu beweisen, daß dieses die verwerflichste und unmoralischste Spielart des Kapitalismus ist. Im Dienst seiner sittlichen Idee riskiert der Sozialist Shaw hier einen geistigen Kopfstand (den ein weniger harter und heller Kopf als der seine nicht einmal dramaturgisch über drei Akte hin durchgehalten hätte).

Als das Stück erschien, hat man wohl die Kühnheit seiner Antithese – Rüstungsmoral gegen Bibelmoral – bewundert und den Witz genossen, der darin liegt, daß die Tochter eines Kanonenkönigs die Fahne der Heilsarmee trägt. Welch

beklemmend zutreffende Diagnose der furchtbaren moralischen Erkrankung unserer Zeit Shaw mit *Major Barbara*
schon im Frühstadium dieser Krankheit gestellt hat, vermochte freilich erst die Generation zu ermessen, über die
deren Folgen gekommen sind. Die Bedeutung des Werkes
wurde frühestens nach dem Ersten Weltkrieg erkannt und
nach dem Zweiten gewürdigt. Es ist eines der größten Lehr-
stücke der »Schaubühne als moralischer Anstalt«, ein pädagogischer Monumentalwitz von einer Schärfe und Tiefe,
wie ihn nur der satirische Geist eines modernen Aristophanes
zustande bringen konnte.

Der Arzt am Scheideweg

Schauspiel in fünf Akten
Erste Aufführung: 20. November 1906 in London

P e r s o n e n : Sir Colenso Ridgeon, Sir Patrick Cullen, Sir Ralph
Bloomfield Bennington, Dr. Cutler Walpole, Dr. Blenkinsop, Dr. Loony
Schutzmacher, sämtlich Ärzte – Louis Dubedat, Maler – Jennifer, seine
Frau – Redpenny, Ridgeons Assistent – Emmy, seine Wirtschafterin –
Minnie Tinwell, ein Dienstmädchen – Ein Reporter.
O r t u n d Z e i t : London, 1900.

Am Tag seiner Erhebung in den Adelsstand empfängt
Dr. Colenso Ridgeon, nunmehr ›Sir Colenso‹, die Glück-
wünsche seiner Kollegen. Nach Dr. Schutzmacher, einem geschäftstüchtigen Praktiker, gratuliert Ridgeons alter Lehrer
Patrick Cullen, danach der Chirurg Walpole, ein Opera-
tionsfanatiker, der nahezu sämtliche Krankheiten auf
Blutvergiftung vom Blinddarm aus zurückführt. Mit ihm
erscheint Sir Ralph Bloomfield Bennington, kurz ›B. B.‹
genannt, der Modearzt der reichen Leute, der sich den Anschein gibt, auf der Höhe der Forschung zu stehen, und
stets die neuesten Mittel anwendet, darunter auch ein von
Sir Colenso gerade in die Heilkunde eingeführtes Tuberkulosemittel, mit dem dieser jedoch noch sehr vorsichtig umgeht; B. B.s Praktiken damit erklärt er kurzweg für Mord.
Dennoch lädt er ihn zusammen mit den andern zu einem
festlichen Abendessen ein, und alle brechen vergnügt auf,
als die Frau des Malers Dubedat, die schon seit Stunden im

Wartezimmer sitzt, endlich noch zu Sir Colenso vordringt
und ihn bittet, die Behandlung ihres lungenkranken Mannes
zu übernehmen. Ridgeon lehnt ab, da seine Klinik überfüllt
ist. Jennifer Dubedat zeigt ihm Bilder ihres Mannes, zu
denen sie Modell gestanden hat, um den als kunstinteressiert
bekannten Arzt von der Genialität des Kranken zu überzeugen. Ridgeon ist von den Bildern entzückt, mehr aber
noch von dem reizenden Modell. Er lädt Jennifer und ihren
Mann ebenfalls zum Festbankett ein, in dessen Verlauf die
Ärzte gewissermaßen in einem improvisierten Consilium
entscheiden sollen, ob Dubedat vor andern Patienten bevorzugt zu werden verdient, z. B. vor Ridgeons altem Studien-
kollegen Dr. Blenkinsop, einem fast mittellosen Armenarzt,
der dem berühmten Freund ebenfalls gratuliert hat; wie
Dubedat ist Dr. Blenkinsop an Tuberkulose erkrankt. Zunächst sieht es so aus, als ob der Maler, der mit seinem mori-
bunden Charme alle bezaubert, den Sieg davontragen würde.
Aber nach und nach stellt sich heraus, was für ein Früchtchen
er ist: nicht nur, daß er von jedem Teilnehmer des Festessens
hohe Geldbeträge erschwindelt hat, er hat auch seine rechtmäßige Frau, die jetzt als Dienstmädchen in dem Restaurant, in dem das Souper stattfindet, beschäftigt ist, verlassen, nachdem er ihr vorher noch ihre ganzen Ersparnisse
abgenommen hat. Merklich abgekühlt verlassen die Gäste
die Tafel, nur Ridgeon und der alte Sir Patrick bleiben zurück und erwägen, ob der unbedeutende Dr. Blenkinsop nicht
doch eher gerettet zu werden verdiente als das gänzlich gewissenlose Genie Dubedat. Sir Colenso ist sich klar darüber,
daß er Jennifer liebt; er kann ihren Mann, von dessen Gau-
nereien sie nichts weiß, sterben lassen und sie dann heiraten.
Was tun? Der alte, erfahrene Menschenkenner Cullen schlägt
vor, das Dilemma dadurch zu umgehen, daß ein anderer
Arzt die Behandlung des Malers übernimmt. Ridgeon erkennt sofort die Chance und gibt Dubedat in die Hände
Benningtons.

Das Unvermeidliche geschieht: B. B.s Behandlung endet
mit dem Tod des Patienten. Den ihn umstehenden Ärzten
bekennt er, seine Sterbestunde als ›große Szene‹ ausspielend,
seinen Glauben an die Kunst und ihre Berufung – ein Reporter schreibt seine Worte mit! –, und Jennifer soll nach
seinem Tod nicht klagen und trauern, sondern dem Geist der

Schönheit, den sie für ihn verkörperte, weiterdienen. So tritt sie strahlend und köstlich gekleidet vor die Herren hin und dankt jedem mit einem Händedruck noch einmal für seine Bemühungen um den Verschiedenen. Der einzige, den sie dabei übergeht, ist Sir Colenso.

Bei der Gedächtnisausstellung, die Jennifer für Louis Dubedat veranstaltet, stellt sie Ridgeon, der inzwischen Blenkinsop mit seinem neuen Tuberkulosemittel völlig geheilt hat, zur Rede: warum hat er ihren Mann sterben lassen? Sir Colenso, der sich zuerst mit der Unsterblichkeit des Künstlers Dubedat herauszureden sucht, gesteht ihr schließlich, er habe Bennington Dubedats Behandlung nur deshalb anvertraut, weil er wußte, daß dieser sein Mittel, das Blenkinsop zur Genesung verholfen hat, falsch anwenden würde; aus Liebe zu ihr habe er also gleichsam einen Mord begangen. Im übrigen sei es aber auch im Interesse des Toten geschehen, der ein Halunke gewesen sei und nun im Gedächtnis der Nachwelt als ein Frühvollendeter verklärt weiterlebe. Das alles macht auf Jennifer nicht den geringsten Eindruck. Sie lacht Ridgeon einfach aus und glaubt all seinen Enthüllungen zum Trotz völlig unangefochten weiter an die wundervolle Vollkommenheit des Verstorbenen. Als sie schließlich des Doktors Liebesgeständnis nur mit der lachenden Frage »Ein Mann in Ihrem Alter?« aufnimmt und ihm erklärt, sie sei bereits wieder verheiratet, steht der große Arzt erschüttert und verwundert da und erkennt, daß er einen ganz »uneigennützigen Mord« begangen hat.

Shaw ist sein ganzes Leben lang ein heftiger Gegner der Schulmedizin und damit auch der in ihr angewandten ärztlichen Praktiken gewesen. Sein Haupteinwand in dieser ungemein aggressiven und schonungslosen Tragikomödie richtet sich aber vor allem gegen die Moral eines Standes, der aus einem echtes Menschentum und höchstes Ethos voraussetzenden Beruf ein Gewerbe gemacht hat. Diese Moral bloßzustellen ist das eine Ziel von *The Doctor's Dilemma*. Das zweite ist, in eine echte Problematik hineinzuleuchten, vor die sich der verantwortungsbewußte Arzt gestellt sieht: darf er bei seinen Patienten einen Unterschied zwischen wertvoll und weniger wertvoll machen, darf er überlegen, *wem* seine Kunst zugute kommt? Louis Dubedat, als Maler ein Genie und unersetzlich für die Kultur, ist menschlich ein

Lump; Blenkinsop, ein Durchschnittsmediziner und für die Wissenschaft gänzlich bedeutungslos, ist ein anständiger, gewissenhafter und pflichteifriger Armendoktor. Wen soll Ridgeon, der zum großen Arzt berufen, aber moralisch selbst ein wenig anfechtbar ist, retten? Shaw läßt keinen Zweifel, daß er den anständigen Durchschnittsmenschen für würdiger hält, von Sir Colenso geheilt zu werden, als den genialen Windbeutel. Aber des Doktors Dilemma hat noch einen anderen Aspekt: wie weit ist er an Dubedats Tod mitschuldig, wenn er den Maler in Benningtons Behandlung gibt? Ridgeon weiß, daß der Modearzt im Grunde ein Scharlatan ist, der bedenkenlos und ohne genügende klinische Erprobung mit neuen Heilmitteln, darunter auch seinem (Ridgeons) Tuberkulosemittel, umgeht. Andererseits hat B. B. damit auch eine Reihe von Zufallserfolgen gehabt. Sir Colenso spielt also mindestens mit dem Tod Dubedats, getrieben von dem eigennützigen Hintergedanken, Jennifer zu ehelichen, falls ihr Mann der Behandlung Benningtons erliegt. Als ›uneigennützig‹ (im Sinne einer echt Shawschen, stechenden Ironie) stellt sich das ganze moralisch ziemlich zweideutige Manöver erst heraus, als der Arzt, der wie Herakles am Scheideweg zwischen Wohltat und Verbrechen stand, erfährt, daß die Begehrte einen andern geheiratet hat.

In der Schärfe und Prägnanz der Charakterzeichnung, der Lebendigkeit der Szenenführung und im intellektuellen Glanz der Dialoge ist dieses angreiferische Stück ein Meisterwerk.

Pygmalion

Komödie in fünf Akten
Erste Aufführung: 16. Oktober 1913 in Wien

Personen: Frau Higgins – Professor Henry Higgins, ihr Sohn – Oberst Pickering – Alfred Doolittle, ein Müllkutscher – Eliza, seine Tochter – Frau Eynsford Hill – Freddy, Clara, ihre Kinder – Frau Pearce, Wirtschafterin bei Professor Higgins, u. a.
Ort und Zeit: London, zu Beginn des 20. Jh.s.

Unter den Theaterbesuchern, Straßenpassanten und Bummlern, die unter dem Vordach eines Gebäudes in der Londoner City das Ende eines Platzregens abwarten, befindet sich

auch der Phonetiker Professor Henry Higgins, der allen
Menschen auf Grund ihres Dialekts auf den Kopf zusagen
kann, woher sie stammen. Ein Blumenmädchen, das seine
Sträußchen feilbietet, erregt mit seiner ebenso ordinären wie
originellen Aussprache die Aufmerksamkeit des Professors;
er notiert ihre Laute, was den lebhaften Protest der Göre
hervorruft. Ein Herr, der sich in den Streit einmischt, stellt
sich als Higgins' gerade aus den Kolonien zurückgekehrter
Fachkollege Oberst Pickering heraus, dessen Bekanntschaft
Higgins schon lange suchte. Halb im Scherz wirft er die Bemerkung hin, er könne mit Hilfe seines Sprachlehrsystems
aus einem Rinnsteingeschöpf wie diesem Blumenmädel eine
vollendete Dame der Gesellschaft machen. Der junge Freddy
Hill, der für Mutter und Schwester ein Taxi ausfindig gemacht hat, wirft ein Auge auf das immer noch maulende
und heulende Ding, das Eliza Doolittle heißt.

Während Higgins und Oberst Pickering lautvergleichen-
den Studien obliegen, erscheint Eliza in der Wohnung des
Professors, um bei ihm Sprechunterricht zu nehmen, denn sie
will Verkäuferin in einem Blumenladen werden. Higgins
wettet, daß er das Mädchen nach einiger Zeit so vollendet
sprechen lehren würde, daß niemand sie von einer geborenen
Herzogin unterscheiden könne; doch müsse sie bei ihm zu
Hause bleiben und sich allen seinen Anordnungen widers-
spruchslos fügen. Eliza gewöhnt sich nach anfänglichem
Mißtrauen in die Absichten des Professors rasch in die neuen
Verhältnisse, während ihr Vater, der philosophische Müllkutscher Doolittle, daraus einigen klingenden Profit zu ziehen hofft, um sich die bescheidenen Freuden zu verschaffen,
die ein von der »Moral des Mittelstandes« Ausgestoßener
sich gerade noch leisten kann.

Professor Higgins, der selbst äußerst schlechte Manieren
hat, führt Eliza Doolittle nach einigen Wochen sprachlicher
Dressur bei seiner Mutter ein, die dem Experiment sehr
skeptisch gegenübersteht, weil sie mit fraulichem Instinkt
erkennt, daß ihr Sohn und sein Freund Pickering die Veränderungen, die im Gemüt des Mädchens vor sich gehen,
überhaupt nicht bemerken. Frau Hill erscheint mit ihren
Kindern zum Empfang, und Eliza macht Konversation. Als
sie einigemal kräftig aus der Rolle fällt, zeigt sich Freddy
Hill, während Higgins sehr verdutzt ist, darüber höchst amü-

siert. Seine Schwester Clara aber hält Elizas Rückfälle in den
Gossenjargon für einen neuen gesellschaftlichen Umgangston
und macht sich sofort ihre ungehörigsten Ausdrücke zu eigen.

Higgins hat seine Wette gewonnen. Eliza, zu »mörderi-
scher Schönheit« erblüht, hat auf einer großen Party sämtliche echten Herzoginnen ausgestochen. Aber während sie
für Higgins nur ein Gegenstand methodischer Abrichtung
geblieben ist, hat sich auch ihre Seele entfaltet – aus dem
primitiven Gassenkind ist eine fühlende und denkende junge
Frau geworden. Sie ahnt eine kritische Wendung ihres bis
dato völlig neutralen Verhältnisses zu dem Professor, dessen Kälte und brutaler Egoismus sie empören. Sie erklärt
ihm, als sie von dem für Higgins so triumphal verlaufenen
Dinner zurückkehren, daß sie aus seinem Hause weggehen
werde, und gibt ihm einen Ring zurück, den Higgins ihr
geschenkt hatte. Dieser erklärt sie für ein undankbares
impertinentes Geschöpf, das seine Fürsorge nicht verdiene,
und wirft den Ring voller Wut in den Kamin. Beglückt über
seinen Ausbruch holt Eliza, als er die Tür hinter sich zuge-
worfen hat, das mißhandelte Geschenk wieder daraus hervor. Sie weiß, wie es um den Professor steht.

Eliza hat ihre Drohung wahr gemacht und Higgins' Haus
verlassen. Voller Unruhe berichten die beiden Gelehrten,
von denen sich Pickering immer mehr als wohlerzogener
Gentleman erweist, darüber der Mutter des Professors, ohne
zu ahnen, daß die Durchgängerin sich in deren Obhut befindet. Elizas Vater, von einem amerikanischen Millionär,
den Higgins auf den »originellsten englischen Moralisten
unserer Zeit« aufmerksam gemacht hat, mit einem namhaften Legat bedacht, erscheint in Cut und Zylinder, um seine
Vermählung mit seiner ›Madame‹ anzuzeigen: die Moral
des Mittelstandes, deren Opfer Alfred Doolittle jetzt in
einem andern Sinn geworden ist, zwingt ihn zur Anerkennung bürgerlicher Konventionen, für die er früher zu ›unwürdig‹ war. Im Sinne dieser Konventionen erklärt er sich
jetzt auch bereit, für seine Tochter angemessen zu sorgen.
Dagegen protestiert aber Professor Higgins: Eliza gehöre
zu ihm, denn ihr Vater habe sie ihm seinerzeit ja sozusagen
verkauft. Frau Higgins holt Eliza, damit sie selbst ihre Entscheidung treffe. Das Gespräch nimmt eine ernste Wendung,
als Eliza erkennen muß, wie schwer es für ein Proletarier-

kind ist, in höheren Gesellschaftsschichten heimisch zu werden, auch wenn die Verwandlung zur vollkommenen Lady äußerlich völlig gelungen ist. Vielleicht ergibt sich die Möglichkeit dazu, wenn Higgins oder Freddy Hill sie heiratet. Am Schluß des Stückes ist es klar, daß sich der Egoist Henry Higgins in sein Geschöpf bis über beide Ohren verliebt hat. Aber es bleibt offen, ob sich Elizas Herz ihm oder dem jungen Hill zuneigt.

Nach der Sage war Pygmalion ein griechischer Bildhauer, der eine weibliche Statue von solcher Schönheit schuf, daß er sich leidenschaftlich in sein eigenes Werk verliebte. Aphrodite erweckte, wie Ovid in den *Metamorphosen* berichtet, auf sein inständiges Bitten das zauberhafte Bild zum Leben. Genau dasselbe widerfährt Henry Higgins, nur mit dem Unterschied, daß er das Erwachen zum Leben, das sich mit der Wandlung des Lumpenlieschens Eliza zur Dame vollzieht, überhaupt nicht bemerkt. Im Gegensatz zu seinem antiken Vorläufer ist der seinem wissenschaftlichen Hochmut und seinem Egoismus ausgelieferte Professor eben kein Schöpfer, sondern nur ein Dresseur, der gar nicht auf den Gedanken kommt, daß sein Geschöpf auch eine Seele haben könnte. Dabei ist er trotz seiner Eitelkeit, seiner Selbstsucht und seines schlechten Benehmens nicht ohne Charme, ein großer Lausbub von jener saloppen Männlichkeit, die ihren Eindruck auf Frauen keineswegs verfehlt. Überhaupt ist die Charakteristik der Personen in dieser Komödie so treffend und ihr brillanter figuraler Umriß so mit menschlicher Substanz gefüllt, daß *Pygmalion* zu einem der erfolgreichsten und meistgespielten Stücke Shaws in der ganzen Welt wurde; auch als Textvorlage zu dem Musical *My Fair Lady* hat es seine Anziehungskraft bewiesen. Higgins, seine Mutter, Eliza Doolittle und ihr Vater Alfred (eine der klassischen Volkstypen des europäischen Theaters) sind bei den Schauspielern als Rollen genauso begehrt, wie sie beim Publikum als Gestalten populär sind. Der Ernst hinter dem heiteren Spiel wird in der Nachrede zur Textausgabe hervorgehoben: diese Gestalten leben alle in einem sozialen oder beruflichen Milieu, das für die wirkliche Entfaltung ihres Menschentums entweder zu bedrückend oder zu anspruchsvoll ist und sie den Gefahren der ›Deklassierung‹ nach unten oder oben aussetzt. (Reclams UB 8204.)

Die heilige Johanna

Dramatische Chronik in sechs Szenen und einem Epilog
Erste Aufführung: 28. Dezember 1923 in New York

P e r s o n e n : Johanna – Der Dauphin (später Karl VII. von Frankreich) – Dunois, Bastard von Orleans – Richard von Beauchamp, Graf
von Warwick, englischer Feldherr – La Trémouille, Marschall von
Frankreich – Hauptmann La Hire – Robert von Baudricourt, Schloß-
hauptmann – Bertrand von Poulengey – Gilles de Rais, Blaubart – Her-
zogin von Trémouille – Der Erzbischof von Reims – Peter Cauchon,
Bischof von Beauvais – Johann von Stogumber, englischer Kaplan – Der
Inquisitor – Bruder Martin Ladvenu – D'Estivet, Domherr – Courcelles,
Domherr von Paris – Ein Schloßverwalter – Der Scharfrichter von Rouen
– Ein englischer Soldat – Ein Herr aus dem Jahr 1920 – Edelknaben,
Hofleute, Mönche, Soldaten.
O r t und Z e i t : In den Jahren 1429, 1431 und 1456 in Frankreich.

Der Schloßhauptmann Robert von Baudricourt beschimpft
seinen Verwalter, daß die Hennen keine Eier legen. Sehr
ungnädig empfängt er das Bauernmädchen Johanna, das
von ihm ein Pferd und eine Rüstung haben will, um in
Gesellschaft seines Freundes Bertrand von Poulengey und
einiger Soldaten zum Dauphin zu reiten. Sie werde die von
den Engländern belagerte Stadt Orleans entsetzen, behauptet Johanna, und den Dauphin in Reims zum König krönen
lassen. Um die hartnäckige Bittstellerin endlich loszuwerden,
gibt Robert seine Genehmigung. Während Johanna mit
einem Freudenschrei davonstürzt, erscheint der Verwalter
und berichtet in höchster Aufregung, daß die Hennen wie
verrückt legen. – Johanna erkennt den Dauphin, der seinen
Platz mit dem ›Blaubart‹ Gilles de Rais getauscht hat, am
Hofe sofort und bringt den zaudernden, wegen seiner Un-
ansehnlichkeit und schlechten Kleidung vom ganzen Gefolge
wenig ehrerbietig behandelten Fürsten dazu, daß er ihr den
Oberbefehl über sein Heer überträgt. Im Gegensatz zu der
Hofgesellschaft, die sich eine ziemlich bündige Behandlung
von dem komisch (nämlich als Soldat) angezogenen Mädchen gefallen lassen muß, begegnet Johanna dem Erzbischof
von Reims ungeachtet der Skepsis, die er ihr und ihrer
›Mission‹ entgegenbringt, mit besonderer Ehrfurcht. Sie bittet um seinen Segen, ehe sie mit dem Ruf »Gott und die
Jungfrau, nach Orleans« ins Feld eilt. Von ihrer Begeiste-

rung mitgerissen, stimmen die Ritter und Hofleute in diesen
Schlachtruf ein. – Graf Dunois hadert am Ufer der Loire
mit dem Wind, der immer aus der falschen Richtung weht,
so daß er mit seinen Truppen nicht über den Fluß setzen
und die Engländer vor Orleans angreifen kann. Johanna
redet eifrig auf ihn ein, um ihn trotzdem zum Handeln zu
bringen, aber er meint, mit Gottvertrauen allein könne man
die Stadt nicht befreien, wenn man den Wind gegen sich habe.
Johanna sinkt auf die Knie, um zu beten; noch ehe sie die
Lippen öffnet, hat sich der Wind gedreht. Der Bastard, von
des Mädchens Glaubenskraft gepackt, beschließt den Angriff.

Der englische Befehlshaber Graf Warwick erwartet in seinem Zelt den französischen Bischof Peter Cauchon von
Beauvais. Er nimmt die Niederlage, die Johanna den Engländern tatsächlich beigebracht hat, äußerlich gelassen hin,
indessen sein Kaplan Stogumber, ein wütender, bornierter
Nationalist, darüber außer sich ist. Während die beiden Engländer die Vernichtung der ›Hexe von Orleans‹ aus militärischen und politischen Gründen wünschen, ist der Bischof,
obwohl Franzose, gegen Johanna, weil sie die Autorität des
Klerus gefährde: sie stelle ihr Land über die Kirche und
handle, als ob sie die Kirche selbst wäre, in Gottes Auftrag.
Sie sei keine Hexe, sondern schlimmer, eine Ketzerin. Darum ist Cauchon bereit, sie den Engländern in die Hände zu
spielen.

Johanna hat ihr Versprechen gehalten und den Dauphin
in der Kathedrale von Reims zum König krönen lassen.
Aber statt ihr zu danken, machen ihr die Paladine Karls die
bittersten Vorwürfe. Vergeblich versucht sie ihnen die Notwendigkeit klarzumachen, daß man die geschlagenen Engländer, die einen Preis von 6000 Pfund auf sie geboten
haben, weiter verfolgen und Frankreich ganz von ihnen befreien müsse. Der Erzbischof zeiht sie der Sünde des Hochmuts; die Kirche werde sie verleugnen und sie ihrem Schicksal überlassen, wenn sie ihren ›Stimmen‹ mehr glaube als
den Lehren ihrer geistlichen Vorgesetzten. Und sogar Dunois,
ihr »lieber Waffenbruder«, der eine herzliche persönliche
Zuneigung zu ihr gefaßt hat, läßt ihr eröffnen, daß auch die
Armee sie im Stich lassen werde, wenn sie bei ihren
militärischen Befehlen weiterhin die Ratschläge ihrer Feldherren eigensinnig mißachte. Auch König Karl empfindet

das unbequeme Mädchen, das ihm die Bürde des Herrscher-
amtes aufgezwungen hat, als eine Belastung und erklärt ihm
mit dürren Worten, daß sie von ihm keine Hilfe zu erwarten habe. Johanna erkennt, daß sie völlig allein ist; aber in
unerschütterlichem Gottvertrauen beschließt sie, ihren Weg
weiterzugehen, selbst wenn er in den Tod führt. – Die Engländer haben Johanna gefangen und stellen sie vor das
Inquisitionsgericht in Rouen. Dabei ergibt sich ein für ihre
politischen Absichten unangenehmes Dilemma: wenn die
Jungfrau ihre religiösen Irrtümer bekennt und widerruft,
ist das geistliche Gericht gehalten, Barmherzigkeit zu üben
und sie vor dem Feuertod zu bewahren, dem sie nur als
verstockte Ketzerin überantwortet werden kann. Graf Warwick erklärt darum Cauchon und dem Inquisitor, die den
Vorsitz bei der Verhandlung führen, er werde Johanna aus
politischen Gründen auf jeden Fall töten lassen, einerlei, ob
die Kirche sie schuldig spreche oder nicht. Bruder Martin
Ladvenu beschwört die Jungfrau, ihre Irrtümer einzugestehen und ihre Seele zu retten, aber sie bleibt dabei, daß
ihre Stimmen von Gott kamen und sie recht beraten hätten.
Als sie jedoch erfährt, daß alles zu ihrer Verbrennung vorbereitet sei, wird sie in ihrer Festigkeit wankend und glaubt,
teuflischen Einflüsterungen erlegen zu sein. Sie unterschreibt
den Widerruf, und das Gericht spricht sie vom Bannfluch
los. Für ihren Ungehorsam gegen Gott und die heilige
Kirche aber wird sie mit lebenslänglichem Kerker bestraft.
Verzweifelt, ihrer Freiheit beraubt zu sein, zerreißt Johanna, was sie eben unterschrieben; lieber will sie den Feuertod erleiden, als das Licht des Himmels nicht mehr sehen,
aus dem Gott und die Heiligen sie riefen. Nun gibt es keine
Rettung mehr: als Ketzerin wird sie aus der Gemeinschaft
der Kirche ausgestoßen, Kaplan Stogumber, der schon während der Verhandlung stachelte und hetzte, brüllt: »Ins
Feuer mit der Hexe!« Die englischen Soldaten ergreifen sie
und reißen sie auf den Scheiterhaufen. Noch ist der Wider-
schein der Flammen in dem Gerichtssaal nicht erloschen, als
Warwick und Cauchon sich schon mit abgefeimter Höf-
lichkeit gegenseitig für den Tod einer Unschuldigen verantwortlich zu machen suchen. Bruder Martin Ladvenu kommt
erschüttert vom Richtplatz zurück, völlig gebrochen und
verzweifelt aber wankt der Wüterich Stogumber herein, der

gesehen hat, wie Johanna im Anblick eines Kreuzes aus zwei zusammengebundenen Stöcken, das ein englischer Soldat vor ihr Antlitz hielt, gestorben ist. Von Reue über seine Schuld gepeinigt, rast Stogumber nun gegen sich selbst.

Der *Epilog* spielt 25 Jahre später, im Jahre 1456. König Karl liegt in seinem Bett und liest. Da erscheint Bruder Martin und berichtet ihm, daß der Fall Johanna d'Arc vor ein Revisionsgericht gekommen und das Todesurteil, das vor einem Vierteljahrhundert gefällt wurde, aufgehoben worden ist. Johanna, die plötzlich neben dem Bett des Königs steht, hat dafür nur ein wehmütiges Lächeln; sie weiß, daß sie im Andenken der Menschen fortlebt. Nacheinander erscheinen nun der Geist des exkommunizierten Bischofs Cauchon, der sich zu rechtfertigen versucht, des englischen Soldaten, der Johanna das Kreuz auf den Scheiterhaufen reichte und dafür alljährlich einen Tag Urlaub aus der Hölle bekommt, des Kaplans Stogumber, der durch seine Reue seine Seele gerettet zu haben hofft, und des Grafen Warwick, der mit kavalierhaftem Bedauern die Möglichkeit politischer Irrtümer einräumt. Ein Geist besonderer Art ist Hans Dunois, der sich von seinem noch lebenden und friedlich im Bett schlummernden Leib entfernt hat, um der alten Waffengefährtin Johanna zu versichern, daß er in dem Revisionsverfahren Zeugnis für sie abgelegt habe. In diese illustre Geisterversammlung tritt plötzlich ein Herr in Cut und Zylinder und verkündet als Abgesandter des Vatikans, daß Johanna am 16. Mai 1920 heiliggesprochen worden ist. Alle sinken vor ihr auf die Knie und preisen sie im Namen der Sünder, zu denen jeder von ihnen auf seine Art gehört. Die neue Heilige, naiv und zuversichtlich, wie sie im Leben war, stellt die Frage, ob sie wieder auf die Erde zurückkehren solle. Allgemeines Entsetzen ist die Antwort der Geister, die sich schleunigst von dannen heben. Die heilige Johanna erkennt zum zweitenmal, daß sie ganz allein ist. Ihre letzte Frage richtet sich an Gott: wie lange wird es dauern, bis die Erde, seine wundervolle Schöpfung, bereit sein wird, seine Heiligen zu empfangen?

Gäbe es von Shaw nichts als *St. Joan*, so würde kein Mensch auf der Welt anstehen, in dem Verfasser dieses Werkes einen großen Dichter zu sehen. Da es aber fast ein halbes Hundert Theaterstücke von Shaw gibt und kaum

weniger eigene Kommentare und Erklärungen dazu, kommt
man an seinen Versicherungen, daß er vom Dichten als solchem wenig hielt und es keinesfalls als sein Handwerk (und
schon gar nicht als seine ›Kunst‹) betrachtet wissen wollte,
nicht vorbei. Auch bei der *Heiligen Johanna*, der eine der
längsten und gescheitesten Vorreden, die Shaw geschrieben
hat, vorangestellt ist, ging es ihm nicht um Dichterruhm. Er
wollte eine dramatische Historie schreiben, fern von romantischer Verklärung (wie in Friedrich Schillers *Jungfrau von
Orleans*), fern von mystischer Verzückung (wie in Paul
Claudels von Arthur Honegger vertonter *Johanna auf dem
Scheiterhaufen*). Ihm kam es auf den Konflikt an, den die
Erscheinung eines außerordentlichen Menschen notwendig in
der Welt der Ordentlichen hervorrufen, auf die Spannung,
die das Außergewöhnliche im Umkreis des Gewöhnlichen
bewirken muß. Denn ordentlich und gewöhnlich, keineswegs
niederträchtig oder gemein, sind Johannas Gegner, die sich
und ihre Lebensordnung in ihren politischen, sozialen und
Glaubenstraditionen erhalten wollen und darum zwangsläufig gegen einen Menschen vorgehen müssen, der die in
diesen Traditionen dokumentierte Autorität erschüttert – zumal wenn dieser Mensch ein schon durch seine soldatische
Tracht provozierendes und Anstoß erregendes Mädchen ist,
das mangels jeglicher Bildung und geistiger Schulung Wesen,
Begründung und Notwendigkeit solcher Autorität überhaupt nicht begreift. Johanna kann ihre einem ganz direkten und natürlichen Vernunftdenken entspringenden Erkenntnisse nicht begründen und mit dialektischen Argumenten
verteidigen; sie kann sie nur als die ›Stimmen der Heiligen‹, als Auswirkung einer ›göttlichen Berufung‹ erklären. Gerade damit aber muß sie die Kirche herausfordern, die
ihre Autorität ja auf die ihr *allein* zuteil gewordene Offenbarung stützt. In dem großen Gespräch zwischen Warwick
und Cauchon im vierten Bild – einem der großartigsten Dialoge, die je für die Bühne formuliert wurden – bezichtigt der
Bischof sie denn auch des ›Protestantismus‹, wie der englische Feudallord sie des ›Patriotismus‹ bezichtigt, der den
Universalitätsanspruch des mittelalterlichen Monarchiegedankens zu unterhöhlen droht.

    Johanna steht also gegen die geistliche und weltliche
Autorität ihrer Zeit – darum muß sie verbrannt werden.

Auch hier gefällt es dem Ironiker Shaw wieder, seine Heldin
auf möglichst paradoxe Weise zu rechtfertigen. Aber in keinem andern Bühnenwerk Shaws glaubt man darüber hinaus
so viel innere Anteilnahme für das Menschliche dieser Heldin (und ihrer Widersacher), so viel – wenn das Wort bei
Shaw überhaupt erlaubt ist – Ergriffenheit von der Tragik
eines historischen Schicksals wahrzunehmen wie in der *Heiligen Johanna*. Wenn man zuweilen gesagt hat, Shaws Büh-
nenfiguren seien im wesentlichen nur die Träger von Spruch-
bändern, auf denen ausschließlich die Meinung des Autors
verzeichnet stünde, so formt sich in dieser »dramatischen Chronik« die Sprache, wie bei Shakespeare, Menschen und Charaktere, bildet sie Individuen aus, die durch ihr Eigenleben
und ihre figurale Plastik unvergeßlich bleiben. Shaws Gestaltungskraft als Dramatiker steht in der *Heiligen Johanna*
auf einsamer Höhe. Zur Geistesfülle tritt hier die Lebensfülle, das szenische Epigramm rundet sich zum echten dramatischen Szenarium, das Argument gewinnt Farbe und
Leuchtkraft des Bildes. In diesem Meisterwerk wird Shaw
– gegen sich selber – zum Dichter.

Der Kaiser von Amerika

Politische Komödie in drei Akten
Erste Aufführung: 1929 in Birmingham

P e r s o n e n : König Magnus – Mathilde, seine Frau – Orinthia, seine
Geliebte – Alice, seine Tochter – Proteus, Premierminister – Nicobar,
Minister des Äußern – Boanerges, Handelsminister – Pliny, Schatzkanz-
ler – Crassus, Kolonialminister – Balbus, Innenminister – Amanda,
Ministerin für Verkehrswesen – Lysistrata, Wirtschaftsministerin – Sempronius und Pamphilius, Sekretäre des Königs – Vanhattan, der amerikanische Botschafter.
O r t u n d Z e i t : Im Arbeitszimmer des Königs, im Boudoir Orin-
thias und auf der Gartenterrasse des königlichen Schlosses, zu Ausgang
des 20. Jh.s.

Der neugebackene sozialistische Handelsminister Boanerges
will König Magnus, den konstitutionellen Monarchen eines
britischen Zukunftsreichs, über eine Krise, die zwischen dem
Herrscher und der Regierung entstanden ist, zur Rede stellen

und ihm dabei einmal gehörig die Meinung eines freien
Mannes sagen. Mit lächelnder Eleganz und bestrickender
Liebenswürdigkeit bringt der kluge König den massiven
Arbeiterführer, der nur die primitive Schlagwortdialektik
der Wahlversammlungen beherrscht, im Handumdrehen zur
Räson, und seine Tochter Alice macht ihn mit einigen süffi-
santen Komplimenten über seine Kleidung vollends lamm-
fromm. Die Minister erscheinen zur Kabinettssitzung. Der
Premierminister beschwert sich, daß die Beliebtheit des Königs die parlamentarische Autorität der Regierung gefährde,
und verlangt, daß der Monarch keine Reden mehr hält,
seine guten Beziehungen zur Presse abbricht und auf das ihm
zustehende Vetorecht verzichtet. Magnus antwortet mit einer
großartigen Darlegung der Verantwortlichkeit des Königs,
der nicht wie die Minister und Abgeordneten auf Parteien
und Interessenverbände Rücksicht nehmen muß. Er bittet
den Premierminister um Bedenkzeit und bescheidet das Kabinett auf den Abend wieder zu sich. Ein anschließendes
Erholungsstündchen im Boudoir seiner äußerst kapriziösen
Geliebten Orinthia zeigt den eben noch so souveränen Diri-
genten des Kabinettsrats in voller männlicher Abhängigkeit
von den Launen und Einfällen einer ebenso reizenden wie
verwöhnten und anspruchsvollen Frau, die ihm katzenhaft
mit Pfötchen und Krallen zu Leibe geht.

Dem Königspaar überbringt zur nachmittäglichen Tee-
stunde der amerikanische Botschafter Vanhattan den Vorschlag seiner Regierung, die Vereinigten Staaten wieder mit
dem britischen Mutterland in einem großen Staatsgebilde
zusammenzufassen und die Kaiserwürde dieses neuen Rie-
senstaats zu übernehmen. Die Minister, die sich zur Fortsetzung der Kabinettssitzung einfinden, stehen diesem phantastischen Projekt gar nicht so ablehnend gegenüber, denn
sie sehen die Macht ihrer Ämter und die Größe ihrer Ein-
künfte gewaltig anwachsen. Magnus erinnert sie aber daran,
daß sie gekommen sind, um seine Entscheidung über die
Forderungen des Premierministers entgegenzunehmen: er
lehnt einen Verzicht auf seine verfassungsmäßigen Rechte
ab und muß deshalb auf den Thron verzichten. Das Kabinett
stimmt seinem Vorschlag, seinen Sohn als Nachfolger anzuerkennen, zu, gerät aber in gewaltigen Schrecken, als der
König seine Absicht äußert, nunmehr als unabhängiger Bür-

ger für einen Parlamentssitz zu kandidieren. Denn bei seiner Beliebtheit wird er rasch Minister, ja sogar von seinem Sohn und Nachfolger zum Regierungschef berufen werden. Da ist dem Premierminister und seinen Kollegen Magnus auf dem Thron des konstitutionellen Herrschers denn doch lieber, und Proteus zieht seine Forderungen zurück. Magnus bleibt mit den beiden weiblichen Kabinettsmitgliedern, mit denen er auf freundschaftlich vertrautem Fuße steht, allein und erörtert mit ihnen noch einmal das amerikanische Angebot. Er, der nicht an Amt, Macht und Gewinn hängt, weiß, daß seine Annahme das Ende Europas und den Verlust der abendländischen Kultur bedeuten würde. Die Königin, obwohl zuerst von der Kühnheit der amerikanischen Konzeption (und wohl auch ein wenig im Gedanken an den Glanz der Kaiserkrone) beeindruckt, fügt sich der besseren Einsicht ihres Gatten. Im Hausregiment aber verlangt sie Folgsamkeit und schickt Magnus zum Essen.

The Apple Cart – das Werk eines Dreiundsiebzigjährigen – ist ein unvergleichliches Beispiel für die Wirkung des Theaters als Stätte der geistigen Auseinandersetzung. Die Sprache dieser an äußeren Bühnenvorgängen armen, an überlegenem ironischem Humor aber überreichen politischen Komödie entnimmt ihre Bestandteile der wissenschaftlichen Dialektik und der diplomatischen Kabinettsrede, dem Jargon der Parlamentspolitiker und dem Schlagwörterarsenal der Parteitribunen, der Bühne und der Zeitung, dem Konversationsstück und dem Kabarett. Zu jeder Sprachart gehört eine Menschenart. Oft wird mit wenigen Sätzen eine Figur nicht nur gekennzeichnet, sondern auch entlarvt. Das Stück enthält die geistvollste kritische Diskussion der modernen Demokratie, die bis jetzt geschrieben, die witzigste, die auf der Bühne gesprochen wurde.

H e l d e n (Arms and the Man, uraufgeführt 1894 in London, dt. Erstaufführung 1904 in Berlin). Hauptfigur dieser witzig-ironischen Dialogkomödie: der Schweizer Bluntschli, der in einem serbisch-bulgarischen Krieg vor allem um sein Leben besorgt ist und mit verblüffender Nüchternheit patriotische Phrasen entlarvt. Ein Exempel für Shaws Freude am kritischen Verstand.

JAMES MATTHEW BARRIE

* 9. Mai 1860 in Kirriemuir (Schottland)
† 19. Juni 1937 in London

Barrie war der Sohn eines Webers. Er studierte in Dumfries und Edinburgh und arbeitete ab 1885 als freier Journalist. Er schrieb anfangs vorwiegend Erzählungen und Romane, nach 1900 Dramen. Nach den Londoner Aufführungen von Ibsens »Gespenstern« 1891 erzielte Barrie im gleichen Jahr seinen ersten Bühnenerfolg mit der Burleske »Ibsen's Ghost«. 1903 wurden gleichzeitig drei seiner Stücke (»Quality Street«, »The Admirable Crichton«, »Little Mary«) aufgeführt, 1904 sein berühmtestes Werk »Peter Pan«. Aus der nachfolgenden Opusreihe ragen die Komödien »Was jede Frau weiß« (1908), »Ein Kuß für Cinderella« (1916), »Dear Brutus« (»Johannisnacht«, 1917) und »Mary Rose« (1920) heraus. — Mehr noch als die Erhebung zum Baronet und die Wahl zum Rektor der Universität Edinburgh beweist das zu Barries Lebzeiten im Londoner Kensington-Garden aufgestellte Peter-Pan-Denkmal das weithallende Echo, das der Dichter im englischen Volk fand.

Vier Jahre jünger als Shaw, teilt der schottische mit dem irischen Dramatiker seit mehr als einem halben Jahrhundert Ruhm und Aufführungsziffern in den angelsächsischen Ländern. Wo der Moralist Shaw eine besserungsbedürftige Welt mit der Schärfe des Intellekts, weiser Skepsis und sarkastischem Witz attackiert, spielt der Antipode Barrie einen hintersinnig-burlesken Humor aus, der seine Satire versöhnlich durchleuchtet. Die zuweilen schummerige Gefühlhaftigkeit wird meist vom koboldigen Charme einer doppelbödigen Ironie aufgefangen. Mit Vorliebe flicht Barrie in das Gesellschaftsspiel atmosphärebildende Lyrik und eine quellende Märchenphantastik, die, bester englischer Dichtertradition entspringend, zu originalen, eigentümlich opalisierenden und transzendierenden Gebilden findet.

Auf dem Entwicklungswege der englischen Komödie von Wildes Gesellschaftslustspielen bis hin zur entbundenen Aufsteigerung Fryscher Bühnenpoesie bezeichnet Sir James eine deutlich markierte, verweilsame Station: sie bringt dem ›wirklichen‹ Vorgangsbezirk die unerschöpften Möglichkeiten aus den unwirklichen Daseins- und Traumbereichen zu.

Peter Pan
oder Das Märchen vom Jungen,
der nicht groß werden wollte

Schauspiel in fünf Akten
Erste Aufführung: 27. Dezember 1904 in London

P e r s o n e n : Frau Darling – Herr Darling – Wendy, John, Michael,
ihre Kinder – Nana, das Kindermädchen (Neufundländer) – Liza, das
Dienstmädchen – Peter Pan – Klingklang, eine Fee – Die verlorenen
Jungens – Kapitän Haken – Bootsmaat Smy – Der feine Starkey – Weitere Seeräuber – Die Tigerlilly und ihre Rothäute – Nixen – Ein Krokodil – Nebenpersonen.
O r t : In London und im Lande Nirgendwo.

Peter Pan, seine Abenteuer, seine Welt: die Wunschwelt aller
Jungens und Mädchen hat Gestalt angenommen, ihre Phan-
tasieträume sind Wirklichkeit geworden in dieser berühmten
englischen Märchenkomödie. – Peter Pan war schon an seinem Geburtstag den Eltern entwischt, als sie über seiner
Wiege zankten, was er einmal werden solle. Weil Peter sein
Lebtag aber ein lustiger kleiner Junge bleiben wollte, lief er
geradewegs in den Kensington-Park zu den Elfen und Feen.
Ihr Lieblingskind, lernte er fliegen wie sie, ihre Sprache
verstehen und auf der Flöte der Natur spielen. Im Land
Nirgendwo ist er nun der Anführer der ›Verlorenen Jungens‹, jener Bürschchen, die einst zappelig ihren unachtsamen
Wärterinnen aus dem Kinderwagen purzelten und dann
nicht mehr ›abgeholt‹ wurden. Lauter Jungens, fühlen sie
sich in dem wundersamen Fabelland doch recht einsam, weil
ihnen keine Mutter Geschichten erzählt. Deshalb lauscht
Peter auch immer gierig vorm Fenster des Kinderzimmers
der biederen Familie Darling, wenn die junge Mutter ihre
drei Kinder mit den schönsten Märchen erfreut. Einmal
treibt ihn die Begierde mitten ins Zimmer hinein, doch er
muß auf jäher Flucht seinen ins Fenster geklemmten Schatten zurücklassen. Das unentbehrliche Gespinst wiederzuho-
len, zieht er mit einer alten Freundin, der Fee Klingklang,
aus und hat das Glück, daß die Eltern Darling just an diesem Abend ausgehen. Eine schimmernde kleine Kugel, dem
Homunculus gleich, durchleuchtet Klingklang klingelnd die

Verstecke, findet den verlorenen Schatten, wird aber sofort
eifersüchtig, als Peter sich mit der Ältesten der Darling-
kinder anfreundet. Es gelingt ihm, Wendy, die so viele Geschichten weiß, samt ihren beiden jüngeren Brüdern das
Fliegen beizubringen und sie ins Land Nirgendwo zu locken.
Dort erleben die Neuankömmlinge Wunder über Wunder:
Sonne und Mond stehen gleichzeitig am Himmel, über Busch
und Baum lacht der Sommer, der Fluß daneben aber ist
winterlich zugefroren. Die ›Verlorenen Jungs‹ hausen,
winzige Robinsone, in einem von Peter ausstaffierten Hohl-
raum unter den Baumwurzeln in der Erde. Über ihnen
wachen nachts ihre Freunde, die Rothäute, beim Lagerfeuer;
als böse Feinde streichen die grimmigen Seeräuber blutdur-
stig über die Insel. Den Rothäuten gebietet die schöne Tigerlilly (»und alle möchten sie zur Frau«); über die Piraten
herrscht, düster und schrecklich, ihr Kapitän Jack Haken:
statt der rechten Hand trägt er eine eiserne Klaue, »und mit
der schlägt er wie mit Geierkrallen zu«. Peter und Haken
verbindet eine alte Feindschaft, seit der kleine Held dem
großen den Arm absäbelte und einem vorüberschwimmenden
Krokodil in den Rachen warf, so daß das Untier, nach dem
restlichen Kapitän gierig, seinen künftigen Leckerbissen rastlos verfolgt. Zu Hakens Glück verschluckte das Biest inzwischen eine Uhr, deren Ticktack sein Nahen verrät – Haken erblaßt schon lang bei der Aussicht, die Warnuhr im
Krokodil werde eines Tages stehenbleiben . . . Unterdessen
hat Wendy mit ihren Brüdern sich bei Peter und den Jungens eingewöhnt, seine Rasselbande folgt ihr wie am Schnür-
chen, sie sorgt als ihre Mutter für sie und erzählt ihnen spannende Geschichten. Bis endlich das Heimweh über die Kleine
kommt und sie kurz entschlossen sich aufmacht, mit John
und Michael zu den verlassenen Eltern heimzukehren.
Selbstverständlich wollen alle Jungens mit. Nur Peter Pan
bleibt, obwohl Wendy ihn richtig lieb hat, traurig und trotzig mit seiner Flöte zurück, um auch weiterhin ein kleiner
Junge zu sein. Den allgemeinen Aufbruch stört ein gewaltiger Schicksalsschlag: die Seeräuber fallen über die Rothäute
her und vernichten unter gräßlichem Getöse den Stamm bis
auf einen kläglichen Rest, mit dem die Tigerlilly entkommt.
Schon leckt sich der Käpten die Lippen nach den Jungens, er
täuscht die Kinder drunten in ihrer Höhle, so daß sie bei

ihrem Auszug ins Freie den Mordgesellen in die Hände laufen und aufs Piratenschiff geschleppt werden, während Peter, allein im unterirdischen Haus, durch Klingklangs Hilfe einem Giftanschlag Hakens entgeht und unverzüglich die Spur der Seeräuber aufnimmt. Es ist auch die höchste Zeit; denn auf Deck der verrufenen Brigg befiehlt Haken bereits, die wehrlosen Jungens vor den Augen der an den Mast gefesselten Wendy über die Planke zu treiben. Peters heimliche Ankunft ändert schlagartig die Situation. Mit den Koboldkünsten eines Puck prasselt Peter Pan einen Hagel von Täuschungsmanövern auf den verdutzten Käpten und seine verwirrten Kerls nieder, so daß die Jungens der abergläubischen Banditen Herr werden und einen Seeräuber nach dem andern in die ewigen Jagdgründe schicken, bis sich die beiden Erzwidersacher zum letzten Kampf gegenüberstehen und der große Haken, nach gewaltigem Schlagwechsel von Peter arg bedrängt, solcher Demütigung einen stil- und formgerechten Selbstmord vorzieht: verzweifelt stürzt sich der Ruchlose in den Rachen ›seines‹ Krokodils. Die befreiten Kinder – Pan, der Retter, und Wendy an ihrer Spitze – fliegen eilends zu Wendys Elternhaus, wo eine noch immer auf die Rückkehr der Ausreißer wartende Mutter ihre drei Heimkehrer glückselig in die Arme schließt und der brave Pappi programmgemäß die ganze Schar fremder Buben adoptiert. Peter Pan dagegen widersteht allem mütterlichen Anerbieten: wie sehr er auch Wendy liebt, vermag er seine ungebundene Freiheit doch nicht aufzugeben und entschwindet wehmütig mit seiner Flöte ins Feenland der ewigen Kindheit.

Barrie schrieb das romantisch-ironische Märchen zuerst als Kinderbuch, um es zwei Jahre später dramatisiert auf die Bühne zu stellen. Seit einem halben Jahrhundert entflammt seine hinreißende Poeterei nun schon Generationen von Kindern und Erwachsenen der englischsprechenden Welt. 1952 fand Englands großes klassisches Märchenspiel, darin die ganze englische Romantik zwischen Robin Hood und Shakespeare, Dickens, Stevenson, Melville und den neukeltischen Dichtern, den Zugang auch auf die deutsche Bühne. – Erich Kästners am 23. April 1952 in München erstmalig gespielte Übertragung ist ein Glücksfall, weil sie erstaunlich den Barrie-Klang trifft, jene genau ausgewogene Dosierung

von schweifender Fabulierlust und parabolischer Besinnlich-
keit, naiver Märchenfülle, burlesker Phantastik und humo-
rig-unheimlicher Hintergründigkeit, von purer Poesie und
einer in allen Skalen schimmernden Ironie.

Mary Rose

Spiel in drei Akten
Erste Aufführung: 22. April 1920 in London

Personen: Herr und Frau Morland – Mary Rose, ihre Tochter –
Simon Blake – Harry – Herr Amy, Geistlicher – Cameron – Frau Otery,
Hausverwalterin.
Ort und Zeit: In Schottland und in Mary Roses Elternhaus. Der
Gesamtablauf des Spiels umspannt den Zeitraum von 1889 bis 1919; der
deutsche Bearbeiter verlegt ihn zwischen die Jahre 1910 und 1945.

Mary Rose, bezaubernd, natürlich, impulsiv, übersensibel,
ist ein Mädchenwesen besonderer Art: als sie, ein Kind von
zwölf Jahren, in den Ferien mit ihren Eltern einen abgelegenen Landstrich Schottlands besuchte, drang auf einer kleinen, einsamen Insel ein überirdischer Ruf zu ihr, den nur
diejenigen zu hören vermögen, »an die er gerichtet ist«. Sie
vernahm »den Ruf der Insel«, war wie verschluckt von der
Erde und wurde nach dreißig Tagen, unverändert und ohne
Erinnerung an ihr Erlebnis, an der gleichen Stelle wiedergefunden, von der sie verschwand. Die Neunzehnjährige
heiratet den Jugendfreund Simon Blake, der durch ihre
Eltern in das Geheimnis ihrer dem Übersinnlichen geöffne-
ten Natur eingeweiht ist. Nach drei Jahren glücklicher Ehe
gibt der Mann der Sehnsucht seiner noch immer kindlichen
Mädchenfrau nach, zusammen mit ihm und ihrem kleinen
Jungen die geliebte Insel wiederzusehen. Mary Rose hört
von neuem den Ruf, muß seinem Zwang folgen und ist den
Ihren entrückt: »Die Insel hat von ihr Besitz ergriffen.«
Der fassungslose Gatte hält nach langem Warten seine Frau
für immer verloren. Volle achtundzwanzig Jahre vergehen,
da wird Mary Rose, jung wie zuvor – »nur ihre Kleider
sind ausgeblichen« –, schlafend auf der Insel gefunden. Wieder weiß sie nicht, wo sie gewesen ist, und glaubt, nur eine
Stunde sei inzwischen verflossen. Ins Elternhaus zurück-

gebracht, erwacht die Sichgleichgebliebene, tief erschrocken durch das veränderte Aussehen ihres Mannes und ihrer Eltern, aus der Verzauberung, begreift die neue Situation nicht und verlangt nach ihrem Kind. Harry hat als zwölfjähriger Junge heimlich das Haus verlassen, um zur See zu gehen. Die verstörte Mutter kann ihren Sohn nicht mehr finden ... Nach dem Krieg sucht (in den beiden Szenen der Rahmenhandlung) der Soldat Harry das Haus seiner Kindheit auf, das ein scheu gemiedenes Spukhaus geworden ist. Dort gewinnt der Sohn Mary Roses die Gewißheit, daß »der sehnsüchtige kleine Geist«, der hilflos im verlassenen Haus umherirrt, seine Mutter ist, die ohne Ruhe nach ihrem Kind sucht. Seinem Mitleid gelingt es, das auch drüben noch kindliche, erinnerungslose »Geistlein« behutsam zur Ahnung eines irdischen Bewußtseins zurückzuführen, so daß Mary Rose sich auf die Knie ihres erwachsenen Sohnes setzt und damit einen im Sommerglück des Lebens auf der Insel ausgesprochenen Wunsch erfüllt und erlöst wird.

Mit der ihrer Umgebung plötzlich Entrissenen und schließlich geisterhaft Wiederkehrenden objektivierte der Dichter das eigene, schwere Leiderlebnis des Verlustes seines Adoptivsohnes durch den Ersten Weltkrieg in letztmöglicher geistiger Sublimierung, die den Ton dieses Spiels zwischen Daseinslust, panischen Schrecken, Trauer und einen jenseitigen Anruf stellt. Gleich der drei Jahre zuvor geschriebenen Komödie vom *Zauberwald* Barries reifer Kunst entwachsen, bindet die Dichtung ihre von prägnant realistischer Episodik getragene Wirklichkeitsdarstellung an eine kaum erahnte und doch zwingende Sphäre des Unwirklichen und hüllt die elbische Mädchengestalt in einen seltsam luziden Glanz. Das Stück wurde in der deutschen Bühnenfassung von Peter Lotar am 26. September 1951 in Frankfurt am Main erstmalig gespielt. *K. G.*

JOHN MILLINGTON SYNGE

* 16. April 1871 in Rathfarnham bei Dublin
† 24. März 1909 in Dublin

Er war das achte Kind eines Rechtsanwalts, vernachlässigte das Brotstudium zugunsten der Musik, reiste im Herbst 1893 mit seiner musikalischen Cousine Mary nach Deutschland, um dort seine Musikstudien fortzusetzen. »Ich bemerkte, daß die Deutschen eine unendlich größere Begabung in musikalischen Dingen hatten als ich, so daß ich mich entschloß, die Musik an den Nagel zu hängen und mich lieber der Literatur zu widmen«, schrieb er an seinen Übersetzer Meyerfeld. In Würzburg begann er, Gedichte und Dramenentwürfe zu schreiben. Von 1895 an studierte er an der Sorbonne Gälisch, Französisch und Italienisch. Auf Anraten von William Butler Yeats suchte er 1896 schriftstellerische Anregung auf den Aran-Inseln. In den folgenden Jahren lebte er wechselweise auf den Inseln, in Paris und in Dublin. Im Jahre 1903 schloß er sich der »Irish National Theatre Society« in Dublin an, deren Präsident Yeats war. Synge widmete sich immer mehr der Theaterarbeit, inszenierte Sudermann und Molière, doch seine schwache Gesundheit behinderte erst, verhinderte dann die Arbeit.

»Wirklichkeit und Fröhlichkeit« sollen seine Dramen ausstrahlen, notierte Synge. Sie taten es in einem Maße, das zu seinen Lebzeiten überall Skandal machte. Die erste Synge-Premiere *Die Nebelschlucht (In the Shadow of the Glen)*, am 8. Oktober 1903 in Dublin, spaltete die Irish National Theatre Society. Es liegt eine alte gälische Volkserzählung zugrunde, die Geschichte von dem Mann, der sich totstellt, um seine Frau bei einem andern zu erwischen. Synge-Premieren erweckten moralische, klerikale und nationale Entrüstung. *Kesselflickers Hochzeit (The Tinker's Wedding*, uraufgeführt in London 1909) darf noch heute in Irland nicht gespielt werden: es wird gefeilscht, geflucht, betrogen und geprügelt wegen einer Hochzeit, die dann doch nicht zustande kommt. *Reiter ans Meer (Riders to the Sea*, uraufgeführt 1904 in Dublin) zeigt den Fatalismus von Inselbewohnern, die Jahr für Jahr Ertrunkene zu beklagen haben. Die Zentralfigur, Mutter Maurya, hat ihren Mann, ihren Schwiegervater und sechs Söhne verloren. Brecht hat diese Gestalt benutzt für sein Schauspiel *Die Gewehre der Frau Carrar* (1937).

Der Held der westlichen Welt. Komödie in drei Akten. – Bei der Uraufführung von *The Playboy of the Western World* am 26. Januar 1907 in Dublin hat das Stück einen großen Skandal verursacht. Heute überall als bedeutendes irisches Volksstück und als bestes Werk von Synge anerkannt, wurde es mehrfach ins Deutsche übersetzt, darunter vom Ehepaar Böll und vom Ehepaar Hacks. Die Version von Hacks übt Gesellschaftskritik, auch in hinzugefügten Songs (»Wehe den Mördern, die kein Bargeld haben!«). In Ost-Berlin wurde bei der Aufführung des Berliner Ensembles der Begriff ›Western World‹ tagespolitisch verdreht. Für Synge war die ›Western World‹ der Westen Irlands, die Grafschaft Mayo. Der Playboy von Synge genießt den Ruhm, ein Vatermörder zu sein. Ängstlich sucht er in einer Schenke Schutz, ist erstaunt, daß ihn sein Geständnis zum Helden des Tages macht und findet Geschmack an der Rolle. Als der totgeglaubte Vater racheschnaubend auftaucht, ist der Sohn ruiniert. Ehrensache, daß Vater noch einmal den Spaten über den Schädel bekommt. Doch die Verehrer des Helden sind durch diese Untat vor ihren Augen ernüchtert. Sie wollen den Kerl der Polizei übergeben. Da taucht der Vater wieder auf, endlich von der Tatkraft des Sohnes überzeugt und darum zum Frieden bereit. Der Mörder und der so ziemlich Ermordete ziehen gemeinsam davon, dem Ruhm entgegen, den ihnen die Besonderheit ihres Verhältnisses einbringen wird.

»In ›Playboy of the Western World‹ habe ich, wie auch in meinen anderen Bühnenstücken, nur wenige Worte benutzt, die ich nicht unter dem irischen Landvolk gehört oder in meiner eigenen Kinderstube gesprochen habe, ehe ich noch lesen konnte«, schrieb der Autor, »und ich bekenne mit Freuden, wieviel ich der urwüchsigen Phantasie dieses prachtvollen Menschenschlages verdanke.« H. D.

SEAN O'CASEY

* 31. März 1884 in Dublin
† 18. September 1964 in Torquay (Devon)

Er war das jüngste Kind von acht, fünf wuchsen auf, der Vater starb bald, die Mutter mußte die Kinder allein durchbringen. Die schlechte Ernährung schädigte die Augen des kleinen John, der darum kaum etwas lernte und sich später das Nötigste selber aneignete, sogar Gälisch und den gälischen Vornamen Sean. Vom Laufburschen diente er sich zum Eisenbahner empor. Er wurde Sekretär der irischen Transportarbeiter-Gewerkschaft und des Dubliner Theatervereins. Sean O'Casey beteiligte sich 1916 am Osteraufstand der Irish Citizen Army und entging dem Standgericht nur zufällig. Er trat der Sozialistischen Partei bei. Als im Jahre 1923 am Abbey-Theater in Dublin seine Tragödie »The Shadow of a Gunman« Erfolg hatte, war O'Caseys weiterer Lebensweg klar. Engstirnigkeit trieb ihn nach England ins ›freiwillige Exil‹. Dort wurde er berühmt. Er war befreundet mit Shaw und vertrat einen idealen Kommunismus, ungetrübt von sowjetischer Praxis. O'Casey experimentierte mit Formen und Motiven, die dem Märchen, dem Symbolismus, Expressionismus und der Posse entstammen. »Die meisten Stücke auf dem heutigen Theater zeigen das Leben mit dem Kopf im Gasofen, entschlossen, allem ein Ende zu machen. Meine Anschauung ist das genaue Gegenteil.«

Der Rebell, der keiner war (The Shadow of a Gunman), die Geschichte einer Opfertat (uraufgeführt am 12. April 1923 in Dublin, deutsch 1960 in Ulm) und *Der Pflug und die Sterne* (uraufgeführt am 11. Februar 1926, deutsch 1931 in Osnabrück) gehen beide vom Erlebnis des Aufstands von 1916 aus, bei dem die Unabhängige Irische Republik ausgerufen und von den Engländern blutig zerschlagen wurde. In beiden Fällen wird der irische Patriotismus verspottet. Die Reaktionen auf *The Plough and the Stars* veranlaßten O'Casey, in dem von ihm so geschmähten England zu leben.

J u n o u n d d e r P f a u. Tragödie in drei Akten. – In dem 1924 in Dublin uraufgeführten Stück *Juno and the Paycock* stehen die beiden Titelgestalten für das Ehepaar

Boyle: er eitel wie ein Pfau, sie eine derbe, mutterwitzige
Proletarierin. Sie ist die einzige kernfeste Person inmitten
von Schwätzern, die sich klassenkämpferisch oder fromm gebärden. Ein Volksstück, das weltberühmt geworden ist.

Der Preispokal. Tragikomödie in vier Akten. – Der
Pokal, der dem 1929 in London uraufgeführten Stück *The
Silver Tassie* den Titel gibt, ist eine Fußball-Trophäe, die
der F. C. Avondales dem Entscheidungstor verdankt, das
Harry Heegan schoß. Er und seine Kameraden müssen in
den Ersten Weltkrieg, und als sie wiederkommen, gibt es ein
paar Krüppel in der ehemaligen Mannschaft. Harrys Beine
sind gelähmt, sein Mädchen tanzt mit einem andern, er
wirft ihr den Preispokal vor die Füße und hadert mit Gott
und der Welt. Eine bittere Darstellung des Lebens kleiner
Leute in angeblich großer Zeit.

Purpurstaub. – Die ›abwegige Komödie‹ *Purple Dust*
wurde 1945 zum erstenmal aufgeführt. Darin haben zwei
reiche Engländer irgendwo in Irland ein verfallendes Her-
renhaus aus der Tudor-Zeit gekauft und wollen dort ihren
Traum vom Herrenleben nach Urvätersitte realisieren. Aber
die irischen Handwerker demolieren das Haus beim Repa-
rieren, die irischen Freundinnen der Engländer gehen mit
den Handwerkern durch. Eine »Wolke von Purpurstaub«
ist alles, was die beiden uninspirierten Raffkes von den
spirituellen Werten der irischen Vergangenheit erhaschen
können. Zum Schluß zeigt sich der metaphorische Strom der
Zeit als reale Überschwemmung und überflutet das Zurückgebliebene und die Zurückgebliebenen.   *H. D.*

THOMAS STEARNS ELIOT

* 26. September 1888 in St. Louis (Missouri)
† 4. Januar 1965 in London

*Eliots Vorfahren wanderten im 17. Jh. aus England ein.
Großvater und Vater gehörten zur Unitarischen Kirche, und
puritanischer Geist beherrschte Thomas Eliots Erziehung.
Stearns ist der Familienname der Mutter, deren literarische*

*Begabung er geerbt hatte. Ab 1906 studierte er Philosophie
und Philologie an der Harvard-Universität, machte 1910
sein Examen und studierte anschließend an der Sorbonne
und in Oxford. Mit einem Stipendium reiste er 1914 nach
Europa, den Kriegsausbruch erlebte er in England. Vorübergehend arbeitete er als Lehrer und im Bankfach, gab
von 1922 bis 1939 die literarische Zeitschrift »Criterion«
heraus, erwarb 1927 die britische Staatsangehörigkeit und
trat der anglikanischen Hochkirche bei, zu deren rechtem
Flügel, dem Anglo-Katholizismus, er gehörte. Er war Lyriker, Kritiker, Essayist, Dramatiker und zuletzt Verlagslei-
ter. 1948 erhielt er den Nobelpreis.*

Das Werk eines der universalsten Geister der europäischen
Gegenwart läßt sich zwar in seine gattungsgemäßen Zu-
sammensetzungen auseinandernehmen, die drei Schaffens-
formen des Lyrikers, Kritikers (als Literatur-, Gesellschafts-
und Kulturkritiker) und des Dramatikers bilden indessen
eine unlösliche Einheit. Das Anliegen des Denkers und Dichters Eliot zielt auf nichts weniger als eine innere Erneuerung
des heutigen Menschen. Geistiger Ausgangspunkt ist die
frühe und leidvolle Erfahrung einer aus allen Wurzeln
gerissenen, in ihrer Maßstablosigkeit unsicheren, sinn-
entleerten, vermaterialisierten Welt, ausgesprochen bereits
in der ersten großen Gedichtsammlung *Prufrock und
andere Betrachtungen* (1917), die sich des durch den Blitz-
strahl des Ersten Weltkrieges bloßgelegten katastrophischen Zustandes der modernen Zivilisation mit den Waffen
der Ironie und Skepsis erwehrt. Nicht umsonst trägt die er-
barmungslose Demaskierung der modernen Gesellschaft den
Titel *Die hohlen Menschen* (Versdichtung, 1925), deren
Scheindasein in der Verzweiflung endet. Das illusionsferne
»Wissen um die Zerrüttung unserer Zeit« konzipiert Eliots
berühmtesten Gedichtzyklus *Das wüste Land*: eine sympho-
nal angelegte Komposition von fünf ›Sätzen‹ enthüllt in
erschreckend luziden, intellektuell-mystischen Visionen »die
Brachlandschaft der Seele des keiner Bindung und keines
Glaubens mehr fähigen Gegenwartsmenschen« (Hennecke).
Die ›Enormität‹ der ihrer tödlichen Krisis zutreibenden Un-
fruchtbarkeit darzustellen, ruft der Dichter ungewöhnliche,
mehrformige, völlig neue Ausdrucksmittel auf. Wenn die

spätere Selbstbezeugung seines Standortes – »als religiöser
Mensch Anglo-Katholik, als Politiker Royalist, als Dichter
Klassizist« – ihn einem puren Traditionalismus überantwor-
tend könnte, die traditionstiefe und zugleich revolutionierend
epochemachende Werkgestalt erweist in zumindest gleicher
Stärke Eliot als literarischen Experimentator von bahn-
brechendem Format. Nach der »mit kalter Verzweiflung
vorgenommenen Diagnose« einer heillosen Zeit, aus der kein
Weg zu führen scheint, vollzieht Eliot die entscheidend veränderte Seinshaltung: er findet zur orthodoxen Gläubigkeit
(1927). Nun ist seinem auf den Grundlagen der abendländischen Kultur – des antiken und christlichen Humanismus –
gebauten Bewußtsein das Mittel in die Hand gelegt, an der
Heilung der durch ihn unheimlich scharf erfaßten Krankheit
mitzuwirken. In diesen neuen Sinnzusammenhang ordnet
sich die Vielgestaltigkeit der weiteren, eng in sich verbundenen Produktion ein. Während die sechs ›Sätze‹ des *Ascher-
mittwoch*-Gedichtes (1930), geistig und formal an Dante als
mächtigem Vorbild orientiert, erst einmal den religiösen
Durchstoß bezeichnen, gewinnt der Entschluß, die profunde
metaphysische Erkenntnis dem gegenwärtigen Leben unmittelbar mitzuteilen, einen neuen Darstellungsbereich hinzu: die Bühne. Bisher lagen, aus den Jahren 1926/27, lediglich zwei »Fragmente eines aristophanischen Dramas« vor:
Sweeney Agonistes zerrte die hinter der vorgeblendeten tri-
vialen Pose sich versteckende bare Angst heutiger ›Existenz‹
aus dem Vegetationsdunkel, ohne ihr noch eine Botschaft zu
wissen. Fortan hingegen gilt dem Dichter die Botschaft, so
versucht er, dem Theater die Kanzel einzubauen und zunächst die Gattung des christlichen Kultspieles aus Überlieferung und neuzeitlich-persönlichem Geist zu reformieren.
Das geistliche Festspiel *Der Fels* (1934) wie das große Weihespiel *Mord im Dom* (1935) holt die Elemente seiner Form-
synthese aus substantiellen und technischen Energien sowohl
der spätmittelalterlichen Mysterien- und Passionsdramatik
wie der antiken Dramaturgie, wobei ins spätere Werk noch
Bestandteile des Typus eines heutigen Schwurgerichtsverfah-
rens eindringen, während die christlich-moderne Sinngebung
alle Glieder lebendig durchpulst. Beide Stücke bringen der
neuen englischen Bühne eine gültige Wiedererweckung des
Versdramas zu, dessen Erneuerung einer der vordringlichsten

Forderungen Eliots entspricht. Der rhythmisch modulierende
Vers organisiert gleichermaßen die sich der neuesten und
raffinierten Techniken bedienenden ›Konversationsstücke‹,
ersonnen, des Dichters ethisch-religiöse Absicht im maskier-
ten Spiel des Geistes »unter die Leute zu bringen«: die Brillanz der Gesellschaftskomödie zieht den immer verblüffte-
ren Zuschauer hinter die Prunkfassade und vor den Krater
eines Eliotschen Mysteriums. Die geistige Spekulation des
ebenso kühnen wie fesselnden Experiments scheint durch
ihre Effektwirkung bestätigt und läßt gleichwohl die Frage
nach der Tiefenwirkung offen. Auf Eliots spiritueller Bühne
markiert das Weihespiel die äußerste dem Theater zugängliche liturgisch-sakrale Grenze, das Schauspiel *Der Familientag* (1939) einen metaphysisch-transzendenten Grenzfall,
die ›Komödie‹ der *Cocktail-Party* (1949) den theologischen.
Den Kenner freilich nimmt bereits des Dichters Tendenz gefangen, an Brennpunkten seines vielgestaltigen Werkes
Richtfeuer zu entzünden und hinweisende Wechselbeziehun-
gen herzustellen. So reflektieren im *Familientag* zeichen-
gebende Lichter aus den Zyklen der geistlichen Gedichte,
deren Höhenzug die großgeartete, logisch-intuitive Weltsicht
der *Vier Quartette* (1944) erklimmt, indessen eine der be-
deutungsvollsten kulturkritischen Schriften Eliots, *Die Idee
einer christlichen Gesellschaft* (1939), auf der Suche »nach
neuen Wegen, auf denen das Christliche in einer Gesell-
schaftsform verwirklicht werden kann« (Clemen), zugleich
tief in die religiöse Problematik der *Cocktail-Party* greift.
Anscheinend ein wenig säkularisierter gibt sich Eliots Komödie *Der Privatsekretär* (uraufgeführt bei den Edinburgher Festspielen, August 1953). Wieder hat die Dichtung die
zwiegesichtige Dialektik eines funkelnden Dialogs des in
komödiantischer Sprühlust ironisch die Farce streifenden Gesellschaftslustspiels und in der Tiefenschicht das Mysterium,
dessen Mitte die Frage nach unserem Ursprung und den
Rätseln des menschlichen Seins einschließt. Noch dies Geist-
spiel bestätigt Eliot als den »großen Aufklärer unserer Zeit«.
   In dem Schauspiel *Ein verdienter Staatsmann* (Uraufführung 1958 in London; deutsche Erstaufführung 1959 in
Köln) gibt Eliot eine kritische Durchleuchtung der politischen und gesellschaftlichen Welt, wiederum als ein Autor
des hintergründigen Dialogs.

Mord im Dom

Geistliches Spiel
Erste Aufführung: Juni 1935 in Canterbury

Personen: Erzbischof Thomas Becket – Drei Priester – Vier Versucher – Vier Ritter – Ein Bote – Chor der Frauen von Canterbury.
Ort und Zeit: Canterbury, 1170.

Das kultisch-chorische Drama *Murder in the Cathedral*, als festliches Weihespiel für Canterbury geschrieben, in dessen Dom der Erzbischof Thomas Becket (29. Dezember 1170) ermordet wurde, der später zum Nationalheiligen Englands emporstieg, ist ein Erneuerungsversuch des mittelalterlichen Mysterienspiels in der Verbindung mit antiken Formelementen aus modern-christlichem Geist. (Deutsche Übertragung von Rudolf Alexander Schröder, deutsche Erstaufführung am 20. Oktober 1947 in Köln und München.)

Thomas Becket, Kanzler und Freund des die Staatshoheit Englands gegen die päpstlichen Ansprüche verteidigenden Königs Heinrich II., vermochte nach seiner Wahl zum Erzbischof und Primas der englischen Kirche im Gehorsam zu Rom sein weltliches Amt nicht mehr mit seiner geistlichen Sendung zu vereinen und mußte vor dem Zorn des Königs nach Frankreich fliehen, wo er sieben Jahre blieb. Dann erst bereitete eine formelle Aussöhnung mit Heinrich dem Erzbischof wieder den Weg in die Heimat.

Der Chor der Frauen von Canterbury wartet auf die Rückkehr ihres Oberhirten und fürchtet, in der Angst vor einer gewaltsamen Auseinandersetzung mit dem König, für sich und die Stadt nahendes Unheil. Die Rückkunft des Erzbischofs bezeugt seinen unbeugsamen Willen, auf der Kraft seines geistlichen Auftrages zu beharren. Die Zwiesprache des Erzbischofs mit seinen Gedanken und den Spannungen seines Innern wird in die Erscheinung von vier Versuchern nach außen projiziert: sie nähern sich ihm als Verlockung zur Sinnenlust seines vorherigen Hoflebens, zur Macht und Herrlichkeit des weltlichen Amts, zu Rebellion und Umsturz, und, am gefährlichsten, weil mit dem eigenen Wunsch verführend, zur ewigen Glorie des Märtyrertums. Thomas Becket widersteht dem Drang geistlichen Hochmuts nach der Märtyrerkrone. Die Weihnachtspredigt des

Erzbischofs am Tag des hl. Stephanus als des ersten Blut-
zeugen erklärt der Gemeinde in unmißverständlicher Bezüglichkeit einen Märtyrertod nicht als Bekundung menschlichen
Willens, vielmehr stets als die Absicht Gottes. Am vierten
Tag nach dem Fest dringen vier Ritter »auf Königs Befehl«
zu Becket vor, beschuldigen ihn der Konspiration mit dem
Papst und dem französischen König, des Mißbrauchs des
Kirchenbanns und des Hochverrats. Sie fordern Zurück-
nahme seiner Übergriffe und laden ihn vor den König, wogegen Thomas seine Sache vor den Papst zu bringen droht.
Schützend drängen die Priester ihren Oberhirten zum Gottesdienst an den Altar und verriegeln die Pforten des Doms.
Der Erzbischof läßt die Türen aufwerfen, Christi Kirche
auch seinen Feinden zu öffnen. Die Ritter haben sich Mut
angetrunken, überwältigen den Unbeugsamen und töten ihn.
Der Chor, von Entsetzen getroffen, ruft seine Anklage über
die Fäulnis der Welt. In diesem Augenblick zerspringt plötzlich die bisher gehaltene dramatische Form, und ein Stil-
bruch ohne Beispiel, inspiriert von der ironisch-aggressiven
Ansicht des Dichters, schiebt sich, den Zuschauer attackie-
rend, in den Ablauf der Geschehnisse. Wie in einer modernen Gerichtsverhandlung treten die vier Ritter in die
Schranken und verteidigen vor dem Publikum den Mord.
Ihre in die heutige Terminologie gefaßte Argumentation
bedient sich des seit je gebräuchlichen Vokabulars der Rechtlichkeit, Uneigennützigkeit und staatspolitischen Notwendigkeit, dessen abgegriffene Floskeln noch immer die Wahrheit verdrehten, wenn es galt, den politischen Gewaltakt zu
legitimieren. Durchdrungen vom Bewußtsein ihres Rechts,
verlassen die Ritter den Tatort. Der Abschluß des Spiels
schwingt, liturgisch überhöht, in die vorige Stilhaltung zurück mit der Totenklage der Priester und ihrem Lobpreis des
neuen Heiligen, mit der Lobpreisung Gottes durch den Chor
im Tedeum.

Der Familientag

Schauspiel in zwei Teilen
Erste Aufführung: 21. März 1939 in London

P e r s o n e n : Amy, verwitwete Lady Monchensey – Ivy, Violet,
Agatha, ihre jüngeren Schwestern – Oberst Gerald Piper, Charles Piper,
Brüder ihres verstorbenen Mannes – Mary – Harry, Lord Monchensey,
Amys ältester Sohn – Downing, sein Diener – Dr. Warburton – Sergeant
Winchell – Die Eumeniden.
O r t und Z e i t : Schloß Wishwood in Nordengland, Gegenwart.

Die alte Lady Amy versammelt an ihrem Geburtstag zum
erstenmal seit acht Jahren die Mitglieder der Familie auf
dem Adelssitz in Nordengland. Ihre drei Söhne werden erwartet. Lord Harry, der älteste von ihnen, durchreiste inzwischen die halbe Welt und soll nun nach seiner Rückkunft
die Herrschaft in Wishwood übernehmen. Vor einem Jahr
verlor Harry seine Frau, sie wurde im Mittelatlantik »von
Deck gefegt mitten in einem Sturm«. Die Mutter plant seine
Wiederverheiratung mit Mary, einer jüngeren Verwandten
des Hauses, die sie von Anfang an zu ihrer Schwiegertochter
bestimmt hatte. Als Harry das Elternhaus betritt, starren
ihm aus dem Fenster die Eumeniden entgegen. Seit dem Tod
seiner Frau spürt er die Rachegeister stets näherdringen,
sichtbar werden sie seinen Augen erst auf der väterlichen
Schwelle. Verstört gesteht der Heimgekehrte einer ungläubigen Umgebung seine Schuld am Tod seiner Frau: er selbst
stieß sie über Bord. Was die anderen, schon ihrer Reputation
halber, als neurotische Zwangsvorstellungen von Harrys zer-
rütteter Gesundheit abtun wollen, ist sein Erlebnis dieser
zwiegesichtigen, zutiefst kranken Welt. In der Zuflucht des
Vaterhauses, wo er sich vor den Gespenstern sicher hoffte,
nistet in allen Winkeln eine rätselhafte Bedrohung, hier bleiben ihm die Eumeniden stets gegenwärtig. Wollen die Ewigen ihn auf ein Geheimnis weisen, ihm »irgendeinen Ursprung des Jammers« zeigen? Agatha, die jüngste Schwester
seiner Mutter, sieht hinter die Dinge, weiß sie sibyllisch zu
wahren und zu deuten. Tante Agatha enthüllt dem Rat-
suchenden das Geheimnis seiner Familie: kurz bevor der
älteste Sohn geboren wurde, belud sich Harrys Vater aus
Leidenschaft zu Agatha mit der Gedankenschuld, seine Frau

zu beseitigen, und nur die Geliebte hielt ihn, des Kindes
wegen, vor dem Mord zurück. Ist es nun so, daß der Sohn
vollzog, was der Vater in seiner Absicht trug? Auch auf der
Mutter liegt schwere Gedankensünde: Mary glaubt, die
Willensstarke habe die Schwiegertocher durch ihren Willen
getötet. Harry sieht sein Leben wie einen Traum, »geträumt
durch mich hindurch von Geistern anderer«. Das Wissen um
die vom Vater überkommene Schuld befreit den Sohn bis
zur Beglückung. Denn nun begreift er die Eumeniden nicht
mehr als die rächenden Verfolgerinnen, sondern als seine
Weiserinnen zur innersten, reinigenden Selbstbesinnung. Aus
diesem Bewußtsein zieht Harry die bedingungslose Folgerung eines völligen Neubeginns seiner inneren Existenz. Erwählt, die Last des ganzen Hauses auf sich zu nehmen, den
Fluch durch selbstgewählte Sühne zu lösen, folgt er, wenn
auch das alte Leben der Mutter über seinem Abschied ver-
lischt, »den hellen Engeln« auf dem einzig möglichen, harten, einsamen Weg ins Ungewisse, »irgendwohin jenseits der
Verzweiflung«, wo eine ferne Versöhnung wartet.

Das Bild der Familie will nicht das Porträt einer englischen Familie zeichnen, es weitet sich zum erschreckenden
Abbild einer aus ihrer Ordnung stürzenden Welt. Diesem
unseligen Haus sind helfende Kräfte zugestimmt, die in der
Doppelfunktion von Mithandelnden und ›als Wächter‹ und
›Warter‹ eines höheren Auftrages stehen, sie nennen sich
hier Agatha und Mary. Der sittlichen Absicht des Dichters
ist die Fassade eines Gesellschaftsstückes vorgeblendet, doch
bald durchlichtet sich das anfängliche Alltagsgeschwätz und
wird transparent. Ein Chorus hat sich formiert aus den ge-
stuften Individualitäten irgendwelcher Onkel und Tanten,
spricht wie unter höherem Zwang und von fern her den
Kommentar der inneren Vorgänge, um danach jedesmal wieder in die vorige Bedeutungslosigkeit auseinanderzufallen.
Mit dem Chorquartett und dem Erscheinen der Eumeniden
sind antikische Elemente eingeführt, wie sich hier allenthalben antike, zeitbezogene und christliche Motive durchdrin-
gen.

Die Cocktail-Party

Komödie in drei Akten
Erste Aufführung: 22. August 1949 in Edinburgh

P e r s o n e n : Edward Chamberlayne – Lavinia Chamberlayne – Julia
Shuttlethwaite – Celia Coplestone – Alexander MacColgie Gibbs – Peter
Quilpe – Der unbekannte Gast, Sir Henry Harcourt-Reilly – Sekretärin
– Diener.
O r t und Z e i t : In Chamberlaynes Wohnung, Gegenwart.

Auch *Cocktail Party* ist ein Ideendrama und ein Mysterium,
auch dies vielfältig verschlüsselte Werk gibt sich den Anschein eines englischen Gesellschaftsstückes, auf weite Strek-
ken hin überdies getarnt als Konversationskomödie. Des
Dichters hintergründige Ironie bedient sich in raffiniertem
Täuschungseffekt zunächst des bewährten Dreieck- und Ehe-
bruch-Schemas, um allmählich die flach verstellten Tiefen-
räume zu öffnen, aus denen das Geheimnis der christlichen
Heilsbotschaft dringt, und wieder mit dem Vexierspiel abzuschließen.

Das Ehepaar Chamberlayne hat zu einer Cocktail-Party
geladen, aber man vermißt die Hausfrau. Angeblich ist sie
zu einer Tante gefahren, in Wahrheit hat Lavinia, wie der
Hausherr einem unbekannten Gast der Party eingesteht,
ihren Mann verlassen, ohne die Gründe zu nennen. Edward
Chamberlayne, durch eine fünfjährige Ehe an seine Frau
gewöhnt, wenn er sie auch nicht eigentlich liebt, wünscht
Lavinia zurück. Zwar unterhält er mit der schönen und
begabten Celia Coplestone ein Liebesverhältnis, besitzt aber
nicht die Liebesfähigkeit, sich im Augenblick der ihm überraschend zurückgegebenen Freiheit für die ihn Liebende zu
entscheiden. Wie der Fremde dem Hausherrn voraussagt,
kommt seine Frau zu ihm zurück: ein Schock trieb Lavinia
aus dem Haus, nachdem sie entdecken mußte, daß der junge
Peter Quilpe, den sie in ein Verhältnis gezwungen hatte,
Celia zu lieben begann. Das Zerwürfnis zwischen den Ehe-
leuten besteht weiter. Auf den Rat Celias und seines Freundes Alexander konsultiert Edward den berühmten Psycho-
therapeuten Sir Henry Reilly. Erstaunt erkennt Edward in
Reilly den fremden Gast seiner Party. Wochen zuvor schon
hatte Lavinia ohne Wissen ihres Mannes den Psychiater auf-

gesucht, jetzt stellt Reilly die beiden Gatten unerwartet einander gegenüber. Die unter seiner Führung erfolgende Auseinandersetzung entblößt den Kern ihres Wesens, die Diagnose für jeden der Partner ist erbarmungslos: »Ein Mann,
der sieht, daß er nicht imstande ist, zu lieben, und eine
Frau, die sieht, daß kein Mann sie lieben kann.« Reilly
demonstriert den beiden, wieviel Durchschnittlich-Gemein-
sames sie haben, es ist »das gleiche Ausgeschlossensein«, die
zugeschüttete Vereinzelung der heutigen Menschen. So bleibt
den Chamberlaynes nur übrig, »aus einer heillos verfahre-
nen Lage das Beste zu machen«. Sie werden zurückgeschickt,
auf dem Gemeinsamen ihr Leben zu bauen und ihre Ehe, so
gut es geht, wiederherzustellen. Celia, die als Sir Henrys
dritte Patientin ihre Seele erforscht, ist von anderer Beschaffenheit. Sie spürt den verzweifelten Zustand der Welt,
ahnt ungewiß, daß sie mitwirken müsse an der Bereitung
des Guten, empfindet deshalb ihre gegenwärtige Existenz
als sinnentleert und wird von »einem Gefühl der Sünde«,
ja des Sühnen-Müssens bedrängt. Der Berater zeigt ihr die
möglichen Wege, der eine verläuft in der bewußten Begrenzung eines desillusioniert sich begnügenden Daseins, der andere verlangt den Mut des außerordentlichen Wagnisses, den
Entschluß des »Glaubens, der aus der Verzweiflung entspringt«. Celia wählt den zweiten Weg. Sie trägt die Substanz in sich, aus der sich die Heiligen bilden. Reilly schickt
sie auf »eine grauenvolle Reise«. Das Pauluswort (des
Philipperbriefs), mit dem er seine Besucher zu entlassen
pflegt, gibt er der Scheidenden mit auf die Reise: »Gehe hin
in Frieden und schaffe, daß du selig wirst, mit Eifer.« ...
Nach den Konsultationen seiner drei Patienten zieht der
Seelenarzt das Fazit ihrer inneren Situation, assistiert von
zwei geheimen Helfern, die sich bislang unter der Maske
schaler Gesellschaftskonvention verbargen: in Wahrheit sind
Julia Shuttlethwaite, das betuliche Originalexemplar einer
geschwätzigen Society, und der versierte Weltmann Alexander Gibbs zu ›Wächtern‹, ›Nothelfern‹ durch eine höchste
Instanz bestellt, die der geheimnisumgebene Sir Henry mit
dem ganzen Anspruch seines Amtes vertritt. – Die Ehe der
Chamberlaynes ist nach Reillys Rezept tatsächlich wiederhergestellt. Und während sie aufs neue die Gäste einer
Cocktail-Party erwarten, berichtet Alexander, von einer

Reise in die Tropen zurück, über das Schicksal Celias. Vor zwei Jahren trat sie einem strengen Schwesternorden bei und wurde in den Dschungel einer tropischen Insel geschickt, pestkranke Eingeborene zu pflegen. Bei einem Aufstand wollte sie die Sterbenden nicht verlassen, fiel in die Hände der Aufständischen und wurde von ihnen auf grausame Weise ums Leben gebracht. Ihren Märtyrertod preist Reilly, aus dem verborgenen Tiefenraum katholischer Gläubigkeit, einen glücklichen Tod. Als er Celia Coplestone zum erstenmal bei jener Party traf, sah er hinter der mondänen jungen Dame ihr Todesbild. Alles, was er für sie tun konnte, war, »sie auf den Weg der Vorbereitung zu weisen«.

Wie Harry Monchensey im *Familientag* »aus einer Welt des Wahnsinns« in die Transzendenz aufbricht, so hier, in fast wörtlicher Entsprechung, Celia Coplestone. Aber wenn dort Harry die brüchige Welt seiner erlittenen Erfahrung verläßt, um den Weg durch die ihn umlauernden Schrecken in die einsame Ferne jenseits aller Erfahrung einzuschlagen, folgt er seiner Verheißung in hellster Bewußtheit. Celia dagegen, nichts als Unschuld, erahnt nur die tieferen Zusammenhänge, wie entschieden sie auch, von ihren Schutzgeistern bewacht, den freigewählten »Weg zur Verklärung« betritt und bis zum Ende ausschreitet. Die gegensätzlichen Voraussetzungen einer verschwisterten Thematik zeitigen zwei entgegengesetzte Ergebnisse. Während im voraufgehenden Stück der innere Aufbruch Zug um Zug szenisch umgesetzt und in aller Deutlichkeit miterlebbar wird, entschwindet hier Celia nach dem entscheidenden Entschluß, ihre weitere Entwicklung ist hinter die Szene gelegt, und erst das Endresultat wird mitgeteilt und soll überzeugen. Auf solche Weise ist das frühere Bühnengedicht Drama geworden und behält das spätere den Grundzug des Mysteriums, selbst wenn (oder weil) die Kernfigur der in ihrer vielschichtigen metaphysischen Dialektik höchst geistreich geformten Komödie – dies ist sie im Sinne Dantes – unüberhöbar Sir Henry Reilly heißt, der entsandt wurde, um in der Rolle eines modernen Nervenarztes (wie ein wertvoller Deutungsversuch interpretiert) »den in die Hölle des eigenen Ich eingekerkerten Menschen« dieser Zeit »Heilung durch das Heil« zu bereiten.

K. G.

Der Privatsekretär. Komödie in drei Akten. –
Dieses bei den Edinburgher Festspielen 1953 uraufgeführte
Bühnenwerk (1954 deutsche Erstaufführung bei den Ruhr-
festspielen in Recklinghausen) ist dem äußeren Anschein
nach die Komödie einer Familie mit höchst verwickelten
Verwandtschaftsverhältnissen. Die Handlung ist einfach, die
in ihrem Verlauf zutage tretenden Beziehungen der einzelnen Personen zueinander sind überraschend und kompliziert.
Äußerlich geht es um die Einarbeitung des jungen Mr. Colby
Simpkins als Privatsekretär des erfolgreichen Londoner
City-Geschäftsmanns Sir Claude Mulhammer, dessen früherer Sekretär Eggerson, auch jetzt noch Sir Claudes Freund
und Berater, seinen Posten verlassen und sich in der Nähe
von London aufs Land zurückgezogen hat. Sir Claude hofft,
daß Eggersons Nachfolger auf seine gerade aus der Schweiz
zurückgekehrte Gattin Elizabeth, die sich viel auf ihre ›Intuition‹ zugute tut, einen günstigen Eindruck macht. Denn
Colby Simpkins ist ein Sohn Sir Claudes, von dem Lady
Elizabeth nichts weiß; da sie ihrerseits noch immer mit ihren
Gedanken an einem Sohn hängt, den sie vor ihrer Ehe mit
Sir Claude besaß und den sie verloren hat, hofft ihr Gatte,
daß sie ihm den Vorschlag machen wird, Colby zu adoptieren, wenn der junge Mann ihr gefällt. Seine musischen Neigungen – Colby wollte ursprünglich Organist werden, wie
Sir Claude selbst am liebsten Kunsttöpfer und Keramiker
geworden wäre – werden ihn der sprunghaften und zerfah-
renen, aber menschenfreundlichen und gutherzigen Lady
Elizabeth sicher sympathisch machen. In der Tat ist sie sogleich für ihn eingenommen und glaubt alles aufs beste geordnet, als die familiären Komplikationen beginnen. Denn
da ist eine junge Dame namens Lucasta Angel, befreundet
mit einem jungen Mann namens B. Kaghan, die, von Colbys
Klavierspiel entzückt, einen Flirt mit dem neuen Privatsekretär beginnt, ohne zu wissen, daß sie seine Schwester ist:
eine Tochter Sir Claudes, die von manchen für seine Geliebte
gehalten wird, obwohl Lady Elizabeth sie kennt und von
ihrer wirklichen verwandtschaftlichen Beziehung zu ihrem
Gatten weiß. Colby ist schmerzlich betroffen, als Lucasta
ihm diesen Sachverhalt mitteilt, gibt sich ihr gegenüber mit
Rücksicht auf den gemeinsamen Vater jedoch nicht als ihr
Halbbruder zu erkennen. Lucasta glaubt, daß Colby sie ver-

achte, und wendet sich wieder betont ihrem Freund B. Kaghan zu, der ihr und Colby erzählt, daß er ein Findelkind sei, »ganz ohne jede Herkunft«; daher sein Bestreben, es in der City zu Macht und Ansehen zu bringen. Als die beiden gegangen sind, meint die inzwischen in Colbys Wohnung erschienene Lady Elizabeth, sie seien »etwas zu gewöhnlich« und nicht ganz der richtige Umgang für ihn. Im Verlauf des Gesprächs glaubt sie auf Grund einiger Namen, die Colby nennt, in dem wohlerzogenen jungen Mann ihren verlorenen Sohn wiederzuerkennen. Sir Claude, dem sie aufgeregt diese Vermutung mitteilt, eröffnet ihr nunmehr, daß Colby *sein* Sohn sei. Um der Verwirrung ein Ende zu machen, beschließen beide, ihn als ihren gemeinsamen Sohn anzusehen, aber Colby, der elternlos aufwuchs, meint, dies wäre für ihn viel leichter zu akzeptieren, wenn er wirklich weder mit Sir Claude noch mit Lady Elizabeth verwandt wäre. Man beschließt, eine gewisse Mrs. Guzzard, die Colby als Tante erzogen hat, aus Teddington nach London kommen zu lassen und sie zu bitten, das Geheimnis um seine Abstammung aufzuklären.

Das erste, was man von Mrs. Guzzard erfährt, ist, daß auch sie ein Kind verloren hat. Des weiteren stellt sich heraus, daß Colby dieses Kind ist, das Mrs. Guzzard, als ihr Mann, ein Organist auf dem Lande, früh starb und sie arm zurückließ, Sir Claude als Kind ihrer Schwester unterschob, um des Bübchens Karriere zu sichern. Denn die Schwester, die mit Sir Claude ein Liebesverhältnis hatte, starb, bevor das tatsächlich erwartete Kind zur Welt kam; so war es möglich, den damals in Kanada weilenden, noch nicht geadelten Mulhammer zu täuschen. Nun könnten Sir Claude und Lady Elizabeth Colby als ihren Sohn adoptieren, da sein Wunsch, Adoptiveltern zu haben, mit denen er nicht verwandt ist, ja erfüllt ist. Aber Colby will sich nun zu seinem richtigen (verstorbenen) Vater bekennen und wie dieser Organist auf dem Land werden; Eggerson, der mit ebenso zarter wie geschickter Hand die Fäden entwirren half, verspricht ihm, in seinem Dörfchen eine gerade vakant gewordene Stelle für ihn freizuhalten. Bei Sir Claude und seiner konfusen Gattin aber bleiben Lucasta, die wirklich Sir Claudes Tochter ist, und B. Kaghan – der verlorengeglaubte Sohn von Lady Elizabeth.

Hinter der Fassade des Gesellschaftslustspiels stellt Eliot im *Confidential Clerk* die Frage nach dem Woher und Wohin des Menschen, nach seinen Sehnsüchten und seinen Wünschen, denen er sich, sind sie einmal erfüllt, anpassen muß. (»Das kann ein schmerzhafter Prozeß sein«, wie Mrs. Guzzard zu wissen glaubt.) Im Grunde ist diese kuriose Familie Mulhammer nicht kurioser als die Menschenfamilie in ihrer Koexistenz überhaupt, die ständig von Unwirklichem umflossen ist, so wirklich sie sich selbst auch in ihren gegenseitigen Beziehungen vorkommt. Von einem religiösen Auftrag, wie in der *Cocktail-Party*, ist im *Privatsekretär* nicht die Rede, wohl aber von der Notwendigkeit der Selbstprüfung und der Rechtfertigung des menschlichen Handelns.

JOHN B. PRIESTLEY

* 13. September 1894 in Bradford (England)

John Boynton Priestley, Lehrerssohn aus der Grafschaft Yorkshire, kam erst nach einer Kaufmannslehre und Teilnahme am Ersten Weltkrieg zum Studium in Cambridge. Als Dreißigjähriger begann er zu schreiben. Er unternahm viele Reisen, auch in die Sowjetunion, deren sozialistische Experimente er anfänglich, obwohl weder Kommunist noch Marxist, mit großem Interesse verfolgte. Priestley mußte ziemlich lange um seine Anerkennung kämpfen.

Mit Shaw teilt Priestley zwar das Bekenntnis zum Sozialismus und den reformatorischen Eifer, keinesfalls aber besitzt er Shaws ironischen Witz und rationalistische Logik. Im Gegenteil – man kann Priestley eher einen Anti-Rationalisten nennen, der der Mechanistik der modernen Weltanschauungen seine Überzeugung vom Fortbestand metaphysischer Kräfte entgegenstellt. In seinem umfangreichen, Romane, Bühnenstücke und Essays umfassenden schriftstellerischen Werk tritt zu dem exakten, stark sozialkritisch betonten Realismus seiner Schilderung des mittelständisch-bürgerlichen Lebens im heutigen England oft eine surreale Dimension, aus der warnende, mahnende und zu ernster

Selbstbesinnung rufende Stimmen an die für menschliche Verpflichtungen ziemlich tauben Ohren der Zeitgenossen dringen. Das geschieht bei Priestley freilich unpathetisch, unauffällig, ohne Bemühung eines dekorativen überirdischen Apparats, aber mit der Überzeugungskraft eines Mannes, der weiß, wie rettungsbedürftig die moderne Zivilisationsmenschheit ist. Von seinen dramatischen Werken erregten *Die Zeit und die Conways* (1937) und *Johnson über Jordan* (1939) in England beträchtliches Aufsehen. Auf den deutschen Bühnen ist vor allem *Ein Inspektor kommt* (1945) wegen seines unmittelbar nach dem Krieg besonders eindringlich wirkenden Appells gegen Selbstüberhebung und Herzensverhärtung viel gespielt worden. Daneben wurden auch *Die gefährliche Kurve* (1932), die amüsante Komödie *Seit Adam und Eva* (1947) und *Solange es Tag ist* (1948) bekannt. Nach einem Atomkrieg spielt *Sommertagstraum* (1949).

Ein Inspektor kommt

Schauspiel in drei Akten
Erste Aufführung: Sommer 1946 in Moskau

P e r s o n e n : Arthur Birling – Sybil Birling, seine Frau – Sheila, seine Tochter – Eric, sein Sohn – Gerald Croft, Sheilas Bräutigam – Edna, Hausmädchen – Inspektor Goole.
O r t und Z e i t : Im Eßzimmer der Birlings in Brumley, einer nordenglischen Industriestadt, an einem Frühlingsabend im Jahre 1912.

Arthur Birling, ein vermögender Fabrikbesitzer in der englischen Provinz, hat soeben mit seiner Familie und Gerald Croft, dem Verlobten seiner hübschen Tochter Sheila, gut zu Abend gespeist, und nun unterhält man sich beim Portwein über die künftige Zusammenlegung der Firmen Birling und Croft, die bislang miteinander konkurrierten, und erörtert die Weltlage, deren Aspekte Arthur Birling recht optimistisch beurteilt. Während Mrs. Birling, die ihrem Mann sozial und an Bildung überlegen ist, sich mit ihrer Tochter für kurze Zeit zurückzieht, meldet das Dienstmädchen die Ankunft eines Polizei-Inspektors, der Mr. Birling sprechen möchte. Es handelt sich, wie der unauffällige, aber

sehr bestimmt wirkende Mann mitteilt, um den Freitod einer
jungen Arbeiterin, die Salzsäure getrunken hat. Sie war
früher einmal in Birlings Fabrik beschäftigt. Im Verlauf der
Erhebungen, die der Inspektor nun anstellt, erweist es sich,
daß alle vier Birlings und auch Gerald Croft irgendwie mit
dem Schicksal des Mädchens verknüpft waren, und zwar
hat jeder aus der kurz vorher noch so vergnügten Gesellschaft irgendeine Schuld auf sich geladen, so daß alle zusammen, wenn auch nicht direkt, die Verzweiflung des jungen
Geschöpfs und schließlich auch seinen Selbstmord herbeigeführt haben. Selbstverständlich sind alle empört, mit dieser
undelikaten Affäre in Zusammenhang gebracht zu werden
– nur Sheila erkennt, daß der geheimnisvolle Inspektor
weniger aus kriminalistischen als aus Gründen der Ge-
wissenserforschung gekommen ist, und ist als erste bereit,
ihre Schuld einzugestehen. Die Selbstsicherheit der andern
gerät erst ernstlich ins Wanken, als sich herausstellt, daß
Eric Birling der Vater des Kindes ist, das die Selbstmörderin
erwartete.

Als der Inspektor mit den mahnenden Worten »Wir sind
füreinander verantwortlich. Und ich sage Ihnen, die Zeit
wird kommen, in der die Menschen das lernen werden, es
unter Feuer und Blut und Tränen lernen werden« gegangen
ist, äußert Sheila ihre Vermutung, daß dieser merkwürdige
Mann kein gewöhnlicher Polizei-Inspektor gewesen sei, und
ihr Bruder, für den die Sache am schlechtesten aussieht,
stimmt ihr bei. Da kommt Gerald Croft, dem Sheila ihren
Verlobungsring zurückgegeben hatte und der nach seiner
Vernehmung gegangen war, mit der Neuigkeit zurück, daß
es einen Inspektor Goole bei der städtischen Polizei überhaupt nicht gebe und daß niemand ihn je gesehen habe.
Birling überzeugt sich durch einen Anruf beim Polizei-
kommando, daß es sich tatsächlich so verhält. Während
Sheila und Eric darauf beharren, daß dies an ihrer Schuld
und ihrem Schuldbewußtsein gar nichts ändere, fällt den
Alten ein Stein vom Herzen; sie glauben, einem Schwindler
oder allenfalls einem Jux zum Opfer gefallen zu sein, und
haben nichts Eiligeres zu tun, als ihre Reue von vorhin zu
vergessen. Denn nun ist ja die Gefahr eines öffentlichen
Skandals beseitigt, und das soziale Selbstbewußtsein hat
zwar einen Stoß erlitten, braucht aber keine Niederlage ein-

zugestehen. Die gute Stimmung kehrt zurück, nur Sheila behält ihre Beklommenheit und ungewisse Angst, die von den andern für Hysterie gehalten wird. Da klingelt das Telefon: die Polizei teilt mit, ein Mädchen habe durch Einnehmen von Salzsäure Selbstmord begangen und ein Inspektor sei auf dem Weg zu den Birlings, um ein paar Fragen zu stellen ...

Die Spannungstechnik des Kriminalstücks wird hier sehr geschickt benutzt, um Priestleys Hauptanliegen, die Aufforderung zur Gewissenseinkehr, auf theatralisch fesselnde Weise an das Publikum heranzubringen. Das Element des Überwirklichen, das die Gestalt des undurchschaubaren Inspektors umhüllt, bringt einen weiteren Spannungsreiz in die an sich sehr einfache Bühnenhandlung, obgleich es sich dabei um mehr als die auf dem englischen Theater heimische und sehr beliebte Spielart der spiritistischen Komödie handelt. Denn dieser Inspektor Goole – ein mehr kleinbürgerlicher Vorläufer von Eliots berühmtem und gleichfalls höchst geheimnisvollem Nervenarzt Sir Henry Harcourt-Reilly aus der *Cocktail-Party* – ist ja der Vertreter sehr ernster, sehr dringlicher ethischer Forderungen, ein ›Seelenretter‹, von dem wir annehmen dürfen, daß er mindestens noch an die Beeinflußbarkeit junger Menschen (Sheila und Eric) zum Guten glaubt. Das Stück ist ein Beispiel für die undoktrinäre und unschulmeisterliche Art, mit der die englische sozialistische Autoren ihre Überzeugungen und Forderungen von der Bühne herab zu verkünden verstehen. (Reclams UB 7883.)

Schafft den Narren fort! Stück in zwei Akten. Uraufführung am 29. Dezember 1955 in Wien. – In der Silvesternacht, die das 19. Jahrhundert beendet und das 20. eröffnet, hat der alkoholisch schon stark illuminierte Clown Joey, ein Mann von etwa 55 Jahren, nach Schluß der Zirkusvorstellung einen tollen Traum. Er sieht sich in eine total perfektionierte, vollkommen entseelte Maschinen- und Apparatewelt versetzt, die von nur planenden und reglementierenden Funktionären gesteuert, von ›Lobos‹ genannten, zu willenlosen Arbeitssklaven ›umgearbeiteten‹ Menschen bedient wird. Dieses Ungeheuer von einem Fabrik- und Laboratoriumsstaat heißt ›Das Projekt‹, und Joey findet

dort die Mitspieler aus seinem Clown-Divertissement in
unheimlicher Verwandlung wieder: Aus dem schmachtend-
eleganten Harlekin ist der Mitarbeiter im Forschungsstab
des Hauptquartiers Kin geworden, aus dem gutmütigen
Pantalon der Oberrevisor Lon und aus dem komischen Polizisten der Inspektor Zist. Colombine aber, die graziöse Tänzerin, die Harlekin liebt, ist eine Arbeiterin in irgendeiner
der tausend ameisenhaft werkelnden Abteilungen des ›Projekts‹. Joey, der große Clown, erkennt, daß er in dieser
Welt voller Grauen und Erbarmungslosigkeit der einzige
fühlende Mensch geblieben ist – nur Colombine hat sich
noch durch ihre Liebe zu Harlekin ihre empfindende Seele
zu bewahren vermocht –, und er begreift, daß ihm die Aufgabe gestellt wurde, das Menschliche und seine Freiheit vor
der endgültigen Überwältigung durch die Maschinerie der
Unmenschlichkeit und Erniedrigung und der totalen Kon-
trolliertheit zu bewahren. Die Funktionäre des ›Projekts‹,
zu denen auch noch ein Oberaufseher und eine Personal-
referentin gehören, spüren natürlich den Widerstand, der
ihnen aus einer lebendig atmenden Brust entgegendringt;
ein Geschöpf, das in ihrer Welt noch begehrt, ein Mensch zu
sein und zu bleiben, kann nur ein Narr sein. Er muß fortgeschafft werden – nach der projektüblichen Methode heißt
das, daß er von einem Psychiater getestet und, von diesem
selbstverständlich als unbrauchbar befunden, zum ›Lobo‹,
dem Werkler der untersten Stufe, umgearbeitet wird. Joey
erkennt die Gefahr und sieht das einzige Mittel, ihr zu begegnen, darin, daß er die Devise »Schafft den Narren fort!«
mutig umkehrt: Nicht *er* ist lächerlich, d. h. lachen machend
und darum gefährlich, sondern die total humorlosen, stur
planenden Kreaturen des ›Projekts‹ sind es. Joey bringt
durch seine unerschütterliche, heitere Vernunft – wie sehr sie
von Angst überschattet ist, läßt er nicht merken – den Psychiater Dr. Bushtact zur Verzweiflung, der denn auch mit
seinem Test nicht zu Rande kommt. Ermutigt durch Joeys
Beispiel macht auch Colombine den Versuch, Kin an seine
einstige Existenz als Harlekin zu erinnern, und siehe, es gelingt. Die Welt der genormten, sinnlosen Geschäftigkeit, des
total verplanten Lebens beginnt sich aufzulösen, Joey tritt
aus ihrem zerbröckelnden Trauminventar der Vorverhör-,
Kontroll- und Testmaschinen zurück in die Wirklichkeit und

feiert mit seinen Mitspielern den Anbruch des neuen Jahrhunderts, von dem einer erwartet, daß es der Menschheit einen wunderbaren Fortschritt bescheren werde. Aber Joey, dem grausigen Traumspuk nachsinnend, trinkt auf das alte, versinkende Jahrhundert: »Es war nicht immer gut – aber es hätte viel schlechter sein können.«

Der »Zusammenstoß zwischen kämpferischer Romantik und skelettierter Wirklichkeit«, schrieb der Kritiker Oskar Maurus Fontana nach der Wiener Uraufführung, mache Priestley hier zu einem E. T. A. Hoffmann unserer Tage. Man denkt bei dieser skurril-entsetzlichen Bühnenmontage einer alles verschlingenden, alles entseelenden technisierten Welt aber auch an Priestleys Landsmann George Orwell und seine berühmte Vision von der modernen Hölle in dem faszinierend grauenhaften Roman *1984*, der indessen, im Gegensatz zu Priestleys Stück, ausweglos endet. Das Werk mit dem Shakespeare-Zitat aus *Was ihr wollt* als Titel ist kaum eine Dichtung – dafür fehlt es seinen Gestalten an individuellem Profil –, aber es ist eine äußerst bühnenwirksame dramatische Warnung vor jener hemmungslosen Fortschrittlichkeit, die nur noch der ›Spitzenleistung‹ in Industrie und Technik nachjagt, wobei der Mensch als geschöpfliche Einheit von Geist, Leib und Seele auf der Strecke bleibt. Wie in Giraudoux' *Irrer von Chaillot* ist es auch hier der Narr, der den Ausweg zur Rettung findet.

NOËL COWARD

* 16. Dezember 1899 in Teddington
† 26. März 1972 auf Jamaika

Coward wurde als Sohn eines Musikers geboren und stand schon als Kind auf der Bühne. Als Autor, Schauspieler, Regisseur, Komponist und Chansonsänger bei Theater und Film wurde er gleichermaßen bekannt.

Von den vielen erfolgreichen Stücken Noël Cowards sind die Komödien *Weekend* und *Geisterkomödie* (Uraufführung London 1941) an deutschen Bühnen am häufigsten gespielt worden. Auch *Quadrille* hat Erfolg gehabt. Die Vorzüge dieser Stücke: unterhaltsame Fabel, sympathische, humorvoll gesehene Figuren, amüsante Dialoge und verblüffende szenische Situationen. Ein Schuß Shawscher Sozialkritik und die ironische Belichtung gesellschaftlicher Zustände, Moden und Torheiten geben den leichtgefügten Bühnenstücken Cowards, der mit *Cavalcade* auch das ernsthafte Drama einer Familienentwicklung geschrieben hat, über das reine Unterhaltungstheater hinausgehendes Gewicht und persönlichen Charakter. Der in England so beliebte Umgang mit Geistern und Gespenstern ist das Ziel seines Spottes in der von Curt Goetz bearbeiteten *Geisterkomödie*, doch scheint es, als habe sich der Autor in seinen überaus anmutigen, kapriziösen und koketten Geist Elvira selbst so verliebt, daß aus der ursprünglich wohl als Gesellschaftssatire gedachten Komödie ein reizendes, sehr fideles und ein wenig frivoles Märchen um den Schriftsteller Charles Condomine, seine Frau Ruth und seine erste Frau Elvira geworden ist, die ihm bei einer spiritistischen Sitzung in seiner Wohnung als Geist erscheint und aus alter Anhänglichkeit gleich dableibt. Auf ihre Nachfolgerin eifersüchtig, führt sie einen Autounfall herbei, der Ruth das Leben kostet, so daß diese ebenfalls als Geist zu ihrem Mann zurückkehrt. Nach unsäglichen Verwirrungen gelingt es der Beschwörerin Madame Arcati endlich mit Hilfe des Dienstmädchens, die süßen Quälgeister wieder zu vertreiben, die ihrem Abschied von dem gemeinsamen Gatten durch stückweise Demolierung seiner Wohnung einen durchaus zünftigen Aplomb geben. Das Gruselige zum Anlaß für einen ausbündigen Jux zu nehmen, ist – man denke an Wildes *Gespenst von Canterville* – eine sehr eigenartige Fähigkeit des spezifisch englischen Humors: das Ungewöhnliche, ja Unbegreifliche wird, wenn es erst einmal hereingebrochen ist, mit Gleichmut in die gewohnte Lebensordnung herübergenommen, und man ist als Gentleman – in tiefstem Respekt vor dem obersten Gebot »Du sollst nicht auffallen!« – verpflichtet, auf elegante und korrekte Art damit fertig zu werden.

O'Neill, *Eines langen Tages Reise in die Nacht*

Anouilh, Antigone

CHRISTOPHER FRY

* 18. Dezember 1907 in Bristol

Ursprünglich dem .Lehrerberuf zuneigend, wurde Christopher Fry 1927 Schauspieler in der südenglischen Bäderstadt Bath. Nach einem abermaligen Zwischenspiel als Lehrer übernahm er 1934 die Leitung einer angesehenen Theatergruppe, für die er auch seine ersten Stücke – Schäferspiele mit z. T. eigener Musik – schrieb. 1940 wurde Fry Direktor des Oxford Playhouse, dann leistete er als Pionier vier Jahre Kriegsdienst. Nach seiner Rückkehr hatte er mit seinen Stücken große Erfolge.

Die Erscheinung Christopher Frys bedeutete nach Eliot die zweite große Umwälzung für das britische Theater der jüngsten Vergangenheit. Mit ihm ergriff nämlich die poetische Phantasie wieder Besitz von einer Bühne, die bis dahin ganz von der rationalistischen Ironie und dem moralistischen Kritizismus Shaws und der mehr oder weniger ernsthaft zeit- und gesellschaftsanalytischen Produktion Priestleys, Robert Cedric Sheriffs (des Verfassers des bekannten Kriegsstücks *Die andere Seite*), Somerset Maughams, Charles Morgans, Noël Cowards u. a. beherrscht gewesen war. Die Diskussionssprache Shaws, die Konversations- und Pointensprache der Komödienschreiber wird in den Werken Frys abgelöst von einer von Bildern und Metaphern überströmenden, poetischen Sprache, die die Anschaulichkeit der altenglischen Theatersprache Ben Jonsons, Marlowes und Shakespeares und die der großartigen Barockdichtung der ›Metaphysicals‹, ohne auch nur mit einer Zeile in die Stilkopie zu verfallen, wiedererweckt. Fry schreibt seine Stücke in einem lockeren, musikalisch schwingenden Versrhythmus, der gesprochen kaum wahrnehmbar ist, dem Sprecher aber von vornherein eine unnaturalistische, von rhythmischen und melodischen Gesetzen bestimmte Diktion auferlegt. Über die Absicht seiner Dichtung hat sich der von der englischen Kritik zuerst mit Erstaunen, dann mit Entzücken begrüßte Autor in der Londoner Zeitschrift »Adelphi« folgendermaßen ausgesprochen: »Die Komödie ist eine Flucht, doch nicht eine Flucht vor der Wahrheit, sondern vor der Verzweiflung: eine enge Pforte zum Glauben. Sie glaubt an

einen allgemein gültigen Ursprung der Freude, obwohl die
Erkenntnis dieses Ursprungs uns immer wieder genommen
wird … Irgendwie müssen die Charaktere unangreifbar
werden: das Leben bejahen, sich den Tod vertraut machen
– und an der Freude festhalten … doch nicht durch einen
leicht verwundbaren Optimismus, sondern durch eine hart
erkämpfte Freude. Die Fröhlichkeit ist zu lange auf seiten
des Teufels gewesen – und so ist eine der wichtigsten Forderungen unserer Zeit, sie zurückzugewinnen.« Die knappste
szenische Exegese dieses ›Programms‹, das sich sozusagen
verkürzt auch im Titel seines den Winter symbolisierenden
Spiels *Das Dunkel ist licht genug* (1953) ausdrückt, hat
Christopher Fry in seinem charmanten, nur scheinbar frivo-
len Einakter *Ein Phönix zuviel* gegeben, der das alte, schon
von Lessing zu einem (geplanten) Lustspiel herangezogene
Thema der Witwe von Ephesus auf eine ebenso kühne wie
anmutige Weise neu gestaltet: die Fröhlichkeit überwindet
die Trauer, das Leben besiegt den Tod. Der Grundzug des
Dichters Fry ist ein vitaler Enthusiasmus, der die naturi-
schen Mächte, wie sie z. B. den Jahresablauf bestimmen,
auch auf den Menschen hinüberleitet und im Wirken der
Elemente und Gestirne die Kräfte sieht, die ihm neue, freu-
dige Lebensimpulse zuleiten. Fry steht genau am Gegenpol
zu der ›Littérature noire‹, wie sie im und nach dem Kriege
in Frankreich und z. T. auch in Amerika aufgekommen ist
– ein Verkünder des siegreichen Lebens, der die Phantasie
über den Intellekt setzt, freilich ohne sich einer platten und
primitiven Intellektfeindlichkeit zu überlassen; dazu ist er
zu klug – und zu sehr Engländer, als daß er das Emotionale
aus der Kontrolle der Vernunft, das Gefühl aus der des
Verstandes entließe.

Die Dame ist nicht für's Feuer

Komödie in drei Akten
Erste Aufführung: 10. März 1948 in London

Personen: Hebble Tyson, Bürgermeister – Thomas Mendip, ein
entlassener Soldat – Margaret Devize – Nicholas, Humphrey, ihre Söhne
– Alizon Eliot – Richard, ein Schreiber – Jennet Jourdemayne – Ein
Kaplan – Edward Tappercoom, Richter – Matthew Skipps.

Ort und Zeit: Im Haus des Bürgermeisters Hebble Tyson in dem kleinen englischen Marktflecken Cool Clary, 1400, mehr oder weniger, oder auch ganz genau.

Der entlassene Soldat Thomas Mendip überrascht den Schreiber Richard des Bürgermeisters Tyson mit der Mitteilung, er wünsche gehängt zu werden. Das Mädchen Alizon Eliot, siebzehnjährig, kommt voll Unruhe dazu, denn sie soll Humphrey Devize heiraten, weiß aber, daß auch dessen Bruder Nicholas in sie verliebt ist. Nicholas folgt ihr auf dem Fuß, und gerade, als er sie wegtragen will, kommt auch die Mutter der beiden Nebenbuhler herein und verfällt über den Streit ihrer Söhne in komisches Entsetzen. Thomas meldet sich wieder und verlangt, endlich gehängt zu werden; dem inzwischen auch noch erschienenen Bürgermeister versichert er, sein Wunsch sei durchaus nach Recht und Gesetz, denn er habe den Lumpensammler Matthew Skipps umgebracht und gleich auch noch irgendeinen Zuhälter mit zum Teufel geschickt. Während Tyson, vergeblich nach einem Präzedenzfall suchend, noch mit dem ungewöhnlichen Bittsteller streitet, meldet Nicholas seinem bürgermeisterlichen Onkel, daß ihn eine Hexe zu sprechen wünsche. Das ist zuviel auf einmal für den Wackeren, besonders als nun auch noch eine zwar etwas ramponierte, aber offensichtlich sehr hübsche junge Dame eintritt und vom Bürgermeister ebenfalls Recht und Gesetz fordert, was dessen Schwester Margaret zu der erstaunten Frage veranlaßt: »Beide verlangen bestraft zu werden! Ist Tod denn heute die modernste Art zu leben? Bei dieser Jugend überrascht mich nichts mehr.« Jennet Jourdemayne – so heißt die Hexe – belehrt sie aber, daß sie keineswegs bestraft zu werden wünsche, sondern Schutz vor einer tobenden Menge verlange, die sie der unsinnigsten Zaubereien bezichtige. Dieselbe Menge sucht aber auch den Missetäter, der den Lumpensammler und den Kuppler umgebracht habe, und Thomas Mendip, der zu all den Verwirrungen – Hochzeitsvorbereitung, Hexenjagd und Mörderverfolgung – auch noch für abends den Weltuntergang voraussagt, begehrt, indessen sich die Jugend immer mehr auf die Seite Jennets schlägt, nunmehr energisch den Galgen, bevor er sich rettungslos in die inzwischen abgeführte Hexe verliebt.

Der Bürgermeister berät mit dem bratschespielenden Kaplan und dem Stadtrichter Tappercoom, was man mit den beiden lästigen Inkulpaten anfangen soll: Thomas gesteht immerzu, ohne auch nur den Schatten eines Beweises für seine angeblichen Morde beizubringen, und Jennet leugnet hartnäckig die Hexereien, deren man sie anklagt. Auf der Straße geht der Aufruhr, durch Weltuntergangshysterie verstärkt, weiter. Nicholas Devize bekam, als er eine Ansprache an die Leute halten wollte, einen Ziegelstein an den Kopf, während sein Bruder Humphrey, der Alizon heiraten soll, den Gefangenen einen Besuch abstattete; es stellte sich heraus, daß auch Nicholas dort war, und die beiden Brüder streiten sich, was wohl die Gründe für ihr Interesse an dieser Unternehmung gewesen sein könnten. Während die andern sich zur weiteren Beratung zurückziehen, bringt der Schreiber Richard Jennet, die Hexe, und Thomas, in dem man vielleicht den Teufel vermuten könnte, in das Zimmer, dessen Boden er schrubben soll, um das Gespräch der beiden zu belauschen. Thomas bemüht sich, Jennet seine Teufelsnatur zu explizieren, während sie ihn umgekehrt zu überzeugen sucht, daß sie, obwohl die Tochter eines reichen Alchimisten und mit dessen Laboratoriumskünsten ein wenig vertraut, keineswegs eine Hexe sei. Das ganze Gespräch ist nichts anderes als ein hinter Ironie und zärtlicher Provokation verborgenes Geständnis der beiderseitig erwachenden Liebe, das jählings endet, als Jennet erfährt, daß sie am nächsten Tag als Hexe verbrannt werden soll. Sie fällt in Ohnmacht, erholt sich aber bald wieder und hört, daß Thomas wegen »Misanthropie, Galle und Selbstmordsucht« dazu verurteilt wird, den Abend in froher Gesellschaft auf Alizons Hochzeit zu verbringen. Er ist nur bereit, in diesen Aufschub vom begehrten Galgen zu willigen, wenn die Dame Jennet teilnimmt »an den großartigen Festlichkeiten der Nacht«, nach der beide, wie sie gemeinsam bekennen, kein großes Interesse an der Welt mehr haben dürften.

Die Festlichkeiten indessen sind nicht sehr heiter. Wegen des vorausgesagten Jüngsten Gerichts sind nur wenig Gäste gekommen, die Hexe Jennet hat die Herzen der Brüder Devize verwirrt, so daß Humphrey sich nur dunkel erinnert, daß eigentlich seine Vermählung mit Alizon gefeiert werden soll, und Thomas Mendip ist mit sich und der Welt, die ihm

den Galgen vorenthält, zerfallen. Jennet erscheint in einem
kostbaren Kleid, das ihr Mutter Devize geliehen hat, hin-
und hergerissen in ihren Gedanken zwischen dem nahen
Feuertod und der Liebe zu Thomas. Dieser bedrängt den
Bürgermeister, von der Verbrennung abzustehen, und verläßt, als jener nicht darauf eingeht, entrüstet den Raum, so
daß der Richter Tappercoom meint, er habe sich davonge-
macht, und nun seien sie diese ganze lästige Affäre mit dem
juristisch nicht zu legitimierenden Galgen los. Indessen steigen die Verwirrungen der Nacht weiter an. Die Hexe bezaubert alle durch ihre Anmut und Vernunft, und Alizon
bekennt dem Schreiber Richard ihre herzliche Zuneigung.
Beide beschließen zu fliehen. Jennet sucht Thomas, immer
verfolgt von den Brüdern Devize, die alles um sich her vergessen; Humphrey will als Ratsmitglied sogar Gründe her-
beibringen, um die Verbrennung aufzuschieben – da erscheint
Thomas Mendip durchs Fenster und gesteht Jennet, daß er
sie liebe. Prompt erwidert sie ihm, daß er seine ganze Mord-
geschichte nur erfunden habe, um die Aufmerksamkeit
der Stadt von der Hexenjagd abzulenken. Zum Beweis
schwankt, stockbesoffen, der alte Skipps herein. Nunmehr
kann Richter Tappercoom den Fall Thomas Mendips Rech-
tens für abgeschlossen erklären und ihm und Jennet empfehlen, sich in der Stille der Nacht, die ohne Hochzeit und
Weltuntergang endet, aus dem Staube zu machen. So geschieht es, denn die Dame, die durch ihren Zauber Falsches
in Ordnung gebracht, Alizon vor einer verkehrten Heirat
bewahrte und den rechten Mann finden ließ – die Dame ist
nicht für's Feuer.

Venus im Licht

Spiel in drei Akten
Erste Aufführung: 18. Januar 1950 in London

P e r s o n e n : Der Herzog von Altair – Edgar, sein Sohn – Reedbeck,
sein Verwalter – Dominic, dessen Sohn – Perpetua, Reedbecks Tochter
– Rosabel Fleming – Jessie Dill – Hilda Taylor-Snell – Kapitän Fox
Reddleman, Hausmeister des Herzogs – Bates, zweiter Diener.
O r t u n d Z e i t : Im heutigen England, teils im Sternwartzimmer,
teils im »Tempel der antiken Tugenden« in Stellmere Park, dem Besitztum des Herzogs.

Der etwa fünfzigjährige, früh verwitwete Herzog von Altair, ein Freund und Kenner der Frauen und der Sterne, gedenkt sich wieder zu verheiraten und hat deshalb unter dem Vorwand, sie auf seiner Privatsternwarte eine Sonnenfinsternis beobachten zu lassen, drei seiner ehemaligen Geliebten auf sein Besitztum eingeladen. Bevor die Damen Rosabel Fleming (eine Schauspielerin), Jessie Dill und Hilda Taylor-Snell eintreffen, bittet der Herzog seinen fünfundzwanzigjährigen Sohn Edgar, sich unter ihnen eine Mutter auszusuchen; er soll, wie einst Paris, der Erwählten einen Apfel reichen. Eine weitere junge Dame erscheint – Perpetua, die Tochter des herzoglichen Verwalters Reedbeck, die aus Amerika zurückkommt. Der Herzog, sogleich von ihr entflammt, bittet seinen Sohn, ihr den Apfel zu reichen, aber Edgar, vom Reiz des Mädchens nicht minder hingerissen, weigert sich, denn dann würde er ja die Wahl für seinen Vater treffen. Edgar bittet Perpetua, abends mit ihm zum Allerheiligentanz zu gehen, sie lehnt jedoch ab, sie sei zu müde. In Wahrheit hat sie dem Herzog versprochen, in sein Observatorium zu kommen, zu einer Stunde Unterweisung in den Gestirnen. – Während sie das Fernrohr auf den Saturn richten, erzählt der Herzog Perpetua, daß Mädchen, die in der Allerseelennacht in einen Spiegel blicken, darin das Bild ihres künftigen Gatten sehen. Als Perpetua sich dem Spiegel zuwendet, stellt der Herzog sich so hinter sie, daß sie auch ihn sehen muß. Aber jählings dreht sie sich um und sagt ihm, sie habe das Bild seines Sohnes Edgar gesehen. Der Herzog überhört, daß er verloren hat.

Feuer bricht aus, Rosabel Fleming hat es gelegt. Sie wollte die Sternwarte vernichten, um den Herzog zu den Menschen hinabzuziehen. Er verzeiht ihr, da er dorthin gelangt sei, »wo die Qual des einsamen Menschentums ganz unbekannt ist«, denn er glaubt sich von Perpetua geliebt. Doch Perpetua widerspricht. Endlich erkennt der Herzog, woran er ist: »Venus stand uns im Licht, uns und sich selbst.« Er beschließt, Rosabel, die ihn als einzige wirklich liebt, nach Verbüßung ihrer Gefängnisstrafe zu heiraten.

The Lady's Not for Burning und *Venus Observed* sind Teile eines noch nicht abgeschlossenen Zyklus von vier Komödien der Jahreszeiten. Dort ist es der April, der mit seinen wilden Frühlingsspäßen ein braves mittelalterliches

Städtchen hexentoll macht, hier der Herbstrausch des leuchtenden Oktobers, der die Melancholie des erstarrenden Jahres noch einmal durchbricht und mit seinen Sternen und Früchten (dem symbolischen Apfel!) Unruhe und Verwirrung schafft. Christopher Fry, einem Dichter des naturfernen 20. Jh.s, das seine eigentliche Aufgabe in der totalen Überwindung und Unterwerfung der Natur sieht, ist es hier gelungen, die Natur noch einmal ganz elementar zu sehen, als das Reich der panischen Verzauberung, wie sie Shakespeare im *Sommernachtstraum* (und danach noch ein einziges Mal Hauptmann in *Schluck und Jau*) gesehen hat. In diesem Reich ist auch der merkwürdige, halb skurril-spukhafte, halb trocken-sarkastische Humor beheimatet, der den Schabernacksgeist des Shakespeareschen Puck zu neuem Leben erweckt und sogar seine Sprache mit dem begrifflich abstrahierenden Vokabular der Gegenwartssprache neu gestaltet hat. In der stark verdüsterten Welt des modernen Dramas steht Fry eindeutig auf der Seite des Lebens und der Jugend, die in den beiden Komödien vom Frühling und vom Herbst siegreich ihr Recht behauptet. Die Kraft der poetischen Phantasie erschafft bei diesem Dichter das Welt- und Menschenbild – ein Gegenbild zu jenem, das so viele andere als das einer durchaus mißgeschaffenen Welt nur skeptisch und ironisch zu sehen vermögen, wenn sie es nicht gar voller Angst, Ekel und Verzweiflung anstarren.

Das Dunkel ist licht genug

Winterkomödie in drei Akten
Erste Aufführung: 23. März 1954 in Brighton

P e r s o n e n : Jakob – Dr. Kassel – Belman – Stefan – Bella – Franz – Gelda – Richard Gettner – Gräfin Rosmarin Ostenburg – Oberst Janik – Graf Peter Zichy – Soldaten, Posten.
O r t u n d Z e i t : Das Landhaus der Gräfin Ostenburg in der Nähe der ungarischen Grenze, Winter 1848/49.

Im Haus der Gräfin Ostenburg herrscht Aufregung. Die Ungarn haben revoltiert. Sie fordern die Herausgabe eines Deserteurs, des Hauptmanns Richard Gettner, der früher mit der Tochter der Gräfin verheiratet gewesen ist. Inzwi-

schen ist die Tochter eine Gräfin Zichy. Die Ungarn, deren
Wortführer ein Oberst Janik ist, haben den Grafen gefangen und wollen Zichy gegen Gettner tauschen. Die Damen
lehnen ab. Sie verteidigen Gettners Recht, sein eigenes Leben zu leben. Der Verfolgte taucht auf, wird von seinem
ehemaligen Schwager Stefan Ostenburg provoziert und dadurch zum Duell gezwungen. Gettner meldet, Ostenburg
erschossen zu haben. Das erweist sich als Irrtum, Ostenburg
wurde nur leicht verwundet, doch die Gräfin ist vor Schreck
erkrankt.

Die Revolution ist niedergeschlagen. Nun bittet Oberst
Janik um ein Versteck. Es wird ihm gewährt. Kaum ist der
Oberst in Gettners ehemaligem Versteck verschwunden, da
tritt Gettner herein. Er habe gehört, die Gräfin liege im
Sterben. Unvermittelt macht er ihr einen Heiratsantrag,
denn er glaubt, sie habe ihn aus Liebe gerettet. Die Gräfin
lehnt ab. Auf die Frage, was er ihr denn bedeutet habe, erwidert sie: »Einfach, was jedes Leben bedeutet.« Freilich
habe sie ihn manchmal gern gehabt. Immer sei sie in ihrem
Leben »verliebt in irgend etwas« gewesen, und das sei sie
auch jetzt, in ihren letzten Augenblicken.

Auch in diesem Schauspiel, das in Frys Jahreszeiten-
Spielen den Winter vertritt, verkündet der Dichter seine
Lebensbotschaft: Kein Dunkel ist so tief, daß es ein Licht
nicht doch durchdränge.

PETER USTINOV

* 16. April 1921 in London

*Englischer Dramatiker, Schauspieler, Regisseur, Romancier,
Zeichner – ein beliebter Tausendsassa. »Mein Grundgefühl
bei allem ist: Das Tragische ist das Komische, das schief-
gegangen ist, und das Komische ist das Tragische, das schief-
gegangen ist ... Wenn man meine Stücke ›kabarettistisch‹
nennt, so möchte ich dazu bemerken: sie sollen so nicht gespielt werden. Wenn sie ernst gespielt werden, sind sie sehr
komisch.«*

Ustinov hatte einen Welterfolg mit der Komödie *Die Liebe der vier Obersten* (London 1950), die politische Spannungen als Märchen-Allegorie darstellt: ein französischer, ein englischer, ein amerikanischer und ein russischer Oberst versuchen vergeblich, ein deutsches Dornröschen zu gewinnen. *Romanoff and Juliet* (Edinburgh 1956) war ein weniger erfolgreicher Versuch, Ost-West-Problematik zu allegorisieren. Mit *The Life in my Hands* (Nottingham 1965, *Das Leben in meiner Hand*, Wien 1966) beteiligte sich Ustinov an der Diskussion um Strafrechtsreform, Indizienbeweis und Todesstrafe. *The Empty Chair* (London 1956, *Der leere Stuhl*, Zürich 1956) charakterisiert den Gegensatz zwischen Ideal und Wirklichkeit am Beispiel der Französischen Revolution. In *Photo Finish* (London 1962, *Endspurt*, Berlin 1962) betrauert der achtzigjährige Schriftsteller Sam Kinsale versäumte künstlerische Möglichkeiten: Mutwillig sind Zeitfolge und Einheit der Person aufgehoben; Kinsale begegnet sich selber als Zwanzig-, Vierzig- und Sechzigjähriger. »Ich ändere meinen Charakter, verkaufe meine Seele, nur um des lieben Friedens willen – und jede dieser Veränderungen hat etwas Beschämendes.« Kinsale ist an den Rollstuhl gefesselt und seiner tyrannischen Gattin Stella ausgeliefert, macht sich aber noch einmal zum literarischen ›Endspurt‹ auf.

Halb auf dem Baum. Komödie in drei Akten. – Das 1963 in Berlin uraufgeführte Stück *Halfway up the Tree* ist eine originelle Variante des Generationskonflikts. Nach jahrelanger Abwesenheit kommt General Fitzbuttress pensionsreif aus den Tropen heim. Er findet seine Kinder beklagenswert verändert vor: seine Tochter erwartet ein Kind, ohne den Vater zu kennen. Sein Sohn zieht als Gammler herum. Getreu dem strategischen Grundsatz, sich nicht überrumpeln zu lassen, begegnet er seinen Kindern verblüffend liberal: »Ich rechne es euch hoch an, daß ihr darauf besteht, selbständig zu denken, und daß ihr versucht, eure spontanen Gefühle mit vernünftigen Argumenten zu rechtfertigen.« Er gibt den ›Tagesbefehl‹ aus: »Von jetzt an sagen wir nur noch das, was wir denken.« Die Folgen dieses Grundsatzes sind schockierend, jahrzehntelange Heuchelei, jahrzehntealte Seitensprünge kommen zur Sprache. Vor allem ändert der alte General seine Lebensweise: er lebt auf einem Baum, noch dazu mit einer Negerin zusammen. (In der New Yorker Fassung war es eine Weiße: die Freundin des Sohnes, der der General sich anstandshalber angenommen hat.) Mittlerweile werden die Kinder aus Oppositionsgeist bürgerlich. Das erlaubt dem General herabzusteigen. Sein Hausfreund und Brigadegeneral a. D. Gilliatt-Brown wird jetzt seine Verhältnisse zu regeln suchen, indem er einen Baum bewohnt, obwohl Fitzbuttress gesteht: »Zukunft hat die Sache nicht – wenn ich auch begeisterte Reden schwinge. In unserem Alter ist man einfach zu sehr an den alten Trott gewöhnt. So hoch man auch steigt – im Geiste ist man doch nur halb auf dem Baum.«

EUGENE O'NEILL

* 16. Oktober 1888 in New York
† 27. November 1953 in Boston

Sohn eines aus Schottland stammenden Schauspielers, der ihn bei seinen Gastspielen durch die Vereinigten Staaten mitnahm, lernte Eugene Gladstone O'Neill schon früh das Theater kennen. Nachdem er wegen Unbotmäßigkeit mit 19 Jahren von der Universität Princeton verwiesen worden war, wurde er nacheinander Goldsucher, Schauspieler, Seemann, Weltreisender und Journalist. Er lernte die Werke von Ibsen, Strindberg, Shaw und Wedekind kennen, daneben las er auch Nietzsche und Sigmund Freud. 1914 trat er in George Pierce Bakers »Workshop« für das Drama an der Harvard-Universität ein. 1916 begann er Bühnenstücke zu schreiben, die seinen Namen rasch in den Staaten und bald auch in Europa bekanntmachten. Schon zweimal hatte er den amerikanischen Pulitzerpreis empfangen, als er 1936 für sein bis zu diesem Zeitpunkt vorliegendes Gesamtwerk den Nobelpreis erhielt. Unmittelbar danach ging er auf sein Landgut nach Kalifornien und verharrte fast ein volles Jahrzehnt in völligem Schweigen, bis er 1946 mit seinem Schauspiel »Der Eismann kommt« seinen Ruhm als Amerikas bedeutendster Dramatiker von neuem bestätigte.

Bevor O'Neill auftrat, gab es in Amerika nur reines Unterhaltungstheater, dessen Repertoire ausschließlich vom Kassenrapport bestimmt wurde. Unter dem Eindruck des großen europäischen Dramas entdeckte er die Psychologie für die amerikanische Bühne. Er bringt Ibsens und Strindbergs dramaturgische und analytische Technik mit, aber er verachtet ihre Probleme. Sie erscheinen ihm zu gesucht, zu gequält, zu morbid – die Probleme eines ›alten‹ Erdteils. Mit der Psychologie des europäischen Theaters dringt er in die urwüchsigere, robustere Welt Amerikas ein, mit ihr stellt er deren Menschen in ihre ›ewigen Dilemmas‹, seziert er »die düsteren, heftigen Leidenschaften ihrer hoffärtigen Leiblichkeit«. *Der haarige Affe* ist die Tragödie eines primitiven Schiffsheizers (1921), *Gier unter Ulmen* zeigt zerstörerische Leidenschaft inmitten der scheinbaren Idyllik ländlichen Lebens (1924). Die Welt der amerikanischen Neger brachte er in *Kaiser Jones* (1920) und *Alle Kinder Gottes haben Flügel* (1923) auf die Bühne. Erst 1956 brachte Frankfurt die deutsche Erstaufführung von *Die Marco Millionen* (1925), ein gesellschaftskritisches Stück, das Marco Polo in satirischer Sicht als Exponenten skrupelloser Händlerzivilisation in Gegensatz stellt zu der Lebensform altchinesischer Weisheit. O'Neills Drang, die Seelen der Menschen zu enthüllen, ihre geheimen Gedanken, gierigen Wünsche und verborgenen Triebe ans Tageslicht zu bringen, hat mitunter etwas Grausames; jedoch bewirkt er damit auch eine merkwürdige Transparenz des Traumhaften, eine Vertauschung des Wirklichen mit dem Imaginären wie in seinem *Seltsamen Zwischenspiel* (1927), das zu den eigenartigsten Werken der zeitgenössischen dramatischen Literatur überhaupt gehört, oder aber auch eine heilsame Seelendurchleuchtung, die durchaus ›therapeutisch‹ gedacht und darum von einem stark dosierten Humor unterstützt ist, wie in dem als »Komödie der Erinnerung« bezeichneten Stück *O Wildnis* (1932). Es ist eines der auf dem amerikanischen Theater ungemein beliebten Familienschauspiele, in dessen Mittelpunkt ein in der ›Wildnis‹ der Pubertät um Klarheit und rechte Lebenseinstellung ringender Junge steht – ein Reflex von Wedekinds *Frühlings Erwachen* und *Halbes Jugend* in der Literatur der Neuen Welt, deren ungebrochene Lebenskraft und unerschütterlicher Glaube an die Vernunft (hier auf dem Gebiet der

Erziehung) die düsteren Schatten jener europäischen Vorbilder aber gar nicht erst aufkommen läßt. Autobiographischen Charakter hat das Familiendrama *Eines langen Tages
Reise in die Nacht* (1940).

Die Erscheinung O'Neills ist nicht eindeutig zu fassen. In
der mächtigen Kraft des Lebensimpulses fast Thomas Wolfe
verwandt, wechselt er zwischen schöpferischer Originalität
und bedenkenloser Routine, dokumentiert er in seinen Werken bald eine urwüchsige, kühn in den Dschungel der
menschlichen Natur einbrechende Potenz, bald eine bittere,
menschenverachtende Resignation. Zuweilen schlägt er seine
Geschöpfe, wie von Ekel gepackt, brutal mit der Faust nieder, zuweilen hilft er ihnen liebe- und humorvoll, eine Ordnung in ihrem Dasein zu finden. Über seinen Realismus fallen nicht selten romantische Schleier. Unbestreitbar aber ist
seine Fähigkeit der interessanten stofflichen Erfindung, der
Erregung fesselnder und packender Konflikte, der kraftvollen Menschengestaltung. Als eigentlicher Begründer des
modernen amerikanischen Dramas hat er den Nobelpreis
erhalten, und daß sein Schaffen, wiewohl im Vitalen verwurzelt, der geistigen Beziehung zur großen abendländischen
Dichtung nicht entbehrt, beweist sein europäischer Erfolg,
der in Deutschland in seinem bedeutendsten Werk, der Trilogie *Trauer muß Elektra tragen*, gipfelt.

Der große Gott Brown. – Das 1926 in New York
uraufgeführte Schauspiel basiert auf dem bis zu tragischer
Unauflöslichkeit vorgetriebenen Neben- und Miteinander
von Sein und Schein. Zwei junge Männer, William A. Brown
und Dion Anthony, beide Söhne von Bauunternehmern und
beide zur Zeit ihrer Schulentlassung in dasselbe Mädchen,
Margaret, verliebt, beginnen ihren Lebensweg: William
Brown, genannt Billy, ist ein strebsam nüchterner Mensch,
bei dem – er wird auf Wunsch der Eltern Architekt und
Chef einer gut florierenden Baufirma – die geschäftlichen
Talente die künstlerischen bei weitem überwiegen, Dion
Anthony dagegen eine phantastische, ja dämonische Natur,
die ihre innere Sensibilität, Reizbarkeit und Empfindsam-
keit hinter der Maske eines Zynikers und mephistopheli-
schen Verneiners verbirgt. Aus dieser ›Maskiertheit‹ der
Seele entwickelt O'Neill in einer höchst eigentümlichen und

faszinierenden dramaturgischen Technik das Maskenspiel der Handlung, in deren Verlauf Dion Anthony, der Margaret geheiratet hat und von ihr leidenschaftlich geliebt wird, an seiner inneren Zerrissenheit zugrunde geht, während Billy Brown, den Dion wegen seiner etwas billigen praktischen Lebenserfolge mit ironischer Verachtung »den großen Gott Brown« nennt, in einer unheimlichen seelischen Verwandlung in dessen Charakter und Gestalt eingeht und sein (Dions) Leben an der Seite Margarets weiterlebt, bis auch er in dem wahrhaft ›bodenlosen‹ Abgrund dieser Doppelexistenz versinkt. Das technische Mittel der Verdeutlichung dieser Gespaltenheit ist die Maske, die von den Schauspielern getragen und jeweils abgenommen wird, wenn das ›wahre Gesicht‹ zum Vorschein kommt. Es wandelt sich im Verlauf der Handlung, die sich über 14 Jahre erstreckt, in der Weise, in der das Leben seine Zeichen in ein Menschenantlitz eingräbt, aber auch die Maske wandelt sich, denn sie ist ja auch ihrerseits ein Reflex der Lebenssituation. Als Kontrastfigur zu den drei tragischen Gestalten des Schauspiels – Dion, Billy und Margaret – verkörpert die Dirne Cybel (der Name ist abgeleitet von dem der kleinasiatischen Erdgöttin Kybele, der ›Magna Mater‹ der Alten) die unzerstörbare mütterliche Lebenskraft, die stärker ist als alle Masken, auch als die der Verworfenen, die Cybel selbst trägt.

In kaum einem andern Stück O'Neills kommt eine so tiefe religiöse Verzweiflung zutage, wie sie die Gestalt des Dion Anthony erfüllt. Sein vergebliches Bemühen, Gott zu erkennen, um aus dieser Erkenntnis den Sinn seines gepeinigten und auf jeder Station seines Weges wieder verlorenen Lebens zu begreifen, bricht in die hinter der Maske des grinsenden Zynikers hervorgestoßene, blasphemische Anrede an seinen Jugendfreund Billy Brown aus, der ihm in seinem Architektenbüro eine Stellung verschafft hat: »Der alte Spaßmacher da oben hat mir nur schwache Augen gegeben, ich konnte ihn nicht erkennen, und so muß ich jetzt abschwören mein Forschen nach ihm und statt dessen eintreten für den Allgegenwärtigen, Erfolgreichen, Gediegenen, für den großen Gott Mr. Brown.« Mit diesem Augenblick beginnt die geheimnisvolle innere Verwandlung Billy Browns, dessen Maske die Züge von Dions wahrem Gesicht annimmt

– das Zeichen, daß er vorm Gericht der ewigen Wahrheit
ebensowenig zu bestehen vermag wie jener, dessen Rolle er
spielt, weil er nur in Dions Maske die Liebe Margarets auf
sich zu wenden vermag, die ihn als Billy Brown verachtet.
Nachdem der wahre und der falsche Dion gestorben sind,
ist diese Maske das letzte Stück der Erinnerung an ihre große
Liebe, das Margaret an ihrem Herzen birgt.

Trauer muß Elektra tragen

Trilogie
Erste Aufführung: 26. Oktober 1931 in New York

Personen : Brigadegeneral Ezra Mannon – Christine, seine Frau –
Lavinia, ihre Tochter – Orin, Leutnant der Infanterie, ihr Sohn – Peter
Niles, Artilleriehauptmann – Hazel Niles, seine Schwester – Adam Brant,
Kapitän eines Seglers – Seth Beckwith, Amos Ames, Abner Small und
andere Nebenfiguren.
Ort und Zeit : Das Haus des Brigadegenerals Ezra Mannon in
New England, die Handlung beginnt kurz nach Beendigung des Amerika-
nischen Bürgerkriegs 1865 und endet im darauffolgenden Jahr.

Erster Teil: *Heimkehr.* Spiel in vier Akten. – General Ezra
Mannon, der aus dem Bürgerkrieg als einer der Truppen-
kommandeure der siegreichen Nordstaaten in seine Heimat
zurückkehrt, findet sein Haus merkwürdig verändert vor.
Christine, seine schöne Frau, hat ihre leidenschaftliche Liebe
seinem Vetter, dem Kapitän Adam Brant, zugewandt, der
in der puritanischen Familie Mannon als verfemt gilt, denn
er ist der Sproß der freien Verbindung seines Vaters mit
einem verachteten Kanuckenmädchen. Lavinia, des Generals
Tochter, weiß um die Schuld ihrer Mutter und verfolgt sie
mit doppeltem Haß: einmal, weil sie den abgöttisch geliebten Vater betrogen hat, zum andern aber, weil sie, Lavinia,
selbst von einer glühenden Liebe zu dem halbblütigen Kapitän verzehrt wird. Um ihrer Leidenschaft freie Bahn zu
schaffen, tötet Christine Mannon ihren Gatten durch Gift.
Mit dem geschärften Instinkt der rasenden Eifersucht errät
Lavinia die Zusammenhänge und das Verbrechen ihrer Mutter. Außer sich vor Haß und Schmerz zischt sie der nach
dem Mord ohnmächtig zu Boden Gesunkenen ins Ohr: »Du
sollst es büßen.«

Zweiter Teil: *Die Gejagten.* Stück in fünf Akten. – Leutnant Orin Mannon, der Sohn des Generals, ist ebenfalls aus dem Krieg zurückgekehrt. Dem Vater Ezra und dem Onkel Adam auffallend ähnlich, ist er sensibler als die beiden Älteren; eine Kopfverwundung macht ihn darüber hinaus reizbar und überempfindlich. Eine seltsame, hektische Liebe verbindet ihn mit seiner Mutter – darum ist es ein furchtbarer Schlag für ihn, als er durch Lavinia von dem ehebrecherischen Bund zwischen Christine und Brant erfährt. Auch in ihm lodert die Eifersucht auf und peitscht ihn in die ›Pflicht‹, die Ermordung des Vaters zu rächen: er tötet Brant in dessen eigner Kapitänskajüte und treibt die geliebte Mutter durch sein Geständnis dieses Mordes in den Tod.

Dritter Teil: *Die Verfluchten.* Spiel in vier Akten. – Lavinia, die die Rache an der Mutter mit unerbittlicher Härte betrieben hat, macht nach deren Tod eine seltsame Verwandlung durch. Die Elemente der mütterlichen Natur, triebhafte Sinnlichkeit und weibliche Faszination, ergreifen von ihr Besitz und drängen das väterlich-puritanische Erbe zurück. Sie steigert sich mit ihrem Bruder, der ihr an Willenskraft weit unterlegen ist, in den romantischen Traum eines Lebens der ›Verheißung‹, in dem Liebe und sinnliche Leidenschaft nicht Sünde sind – aber der Fluch der Schuld liegt schon auf den Geschwistern, und die Sünde ihrer Rachemorde wiegt zu schwer, als daß sie sich von den Qualen ihres Gewissens befreien könnten. Orin nimmt sich, verzweifelt über den von ihm verschuldeten Tod der Mutter und inbrünstig die Wiedervereinigung mit ihr suchend, das Leben. Lavinia aber erkennt mit der erbarmungslosen Klarheit ihres Verstandes, daß weder die Flucht in den romantischen Paradiesestraum noch der Ausweg des Bruders (in den Selbstmord) sie von ihrer Schuld befreien könne. Sie muß die Sühne für die Greuel ihrer Familie allein und in ihrer ganzen Schwere auf sich nehmen – Trauer tragen bis ans Ende ihrer Tage, eingeschlossen in den verödeten Räumen mit den Gespenstern der Toten, die sie hetzen werden, bis der Fluch getilgt ist. Sie läßt alle Blumen hinauswerfen und die Fenster vernageln, bevor sie »hölzernen Schrittes« ins Haus geht, sich einer furchtbareren Gerechtigkeit zu unterwerfen, als Tod oder Kerker es je sein könnten.

Nicht die äußere Parallelisierung der Handlung mit der
Orestie des Aischylos macht die Bedeutung von O'Neills
Trilogie *Mourning Becomes Electra* aus, sondern die Verwandlung der klassischen Atridentragödie in ein modernes
psychologisches, ja psycho-analytisches Schauspiel. Die Gestalten entsprechen genau denen des antiken Dramas: Ezra
Mannon dem Agamemnon, Christine der Klytaimnestra,
Adam Brant dem Aigisth, Lavinia und Orin sind die Gegenbilder zu Elektra und Orest. Der Chor des griechischen
Theaters wird hier auf eine Reihe von Nebenfiguren verteilt, Angestellte und Nachbarn der Mannons, die die Vorgänge im Haus des Generals mit kleinbürgerlicher Neugier
und Hinterhältigkeit verfolgen und an Stelle des allgemeinen Gewissens, das der antike Chor vertrat, den allgemeinen
Klatsch setzen. Gewiß, man kann gegen O'Neill in verstärk-
tem Maß einwenden, was man schon vor bald fünfzig Jahren gegen Hugo von Hofmannsthals *Elektra* vorbrachte:
daß er den Menschen nicht mehr der Macht des (antiken)
Schicksals, sondern der Macht der Triebe unterworfen zeige,
daß sein Verhängnis nicht mehr von den Göttern, sondern
von der Begierde (der Freudschen ›Libido‹) komme; doch ist
dies ja gerade eine moderne, wenn auch einigermaßen verzweifelte Erkenntnis, daß seine Triebe dem Menschen zum
Schicksal werden können.

Wesentlich ist noch eine weitere Umdeutung, die O'Neill
an dem klassischen Thema vornimmt. Dort beginnen die
Greuel des Atridenhauses mit einem grausamen Akt der
Staatsräson – der Opferung Iphigeniens, um die Ausfahrt
des Griechenheeres gegen Troja zu sichern. Der Unmenschlichkeit der Staatsräson entspricht bei O'Neill die Unmenschlichkeit der Familienräson, die aus moralischer Überheblichkeit Adam Brant, den Sohn einer freien Liebe, ächtet. Die
heroische Hybris, der Schicksalstrotz des antiken Menschen,
wandelt sich bei dem amerikanischen Dichter – und man
möchte da fast von einer grausamen Parodie sprechen – zur
puritanischen Hybris, die der Liebe (als einer Triebsünde)
trotzen zu können glaubt. Der Gewalt seiner Triebe aber
entgeht der seelisch gespaltene, überdifferenzierte moderne
Mensch ebensowenig, wie der antike sich der Gewalt des
Schicksals zu entziehen vermochte. Im Gegensatz zu diesem
aber bleibt ihm die Entsühnung durch die Götter, die Aischy-

los mit der Einsetzung des Araiopags durch Athene am Schluß der *Orestie* vornimmt, versagt. Die furchtbare Strafe, die O'Neills puritanische Elektra über sich verhängt, endet erst mit ihrem Tod.

Eines langen Tages Reise in die Nacht. Drama in vier Akten. – *Long Day's Journey into Night* wurde am 10. Februar 1956 in Stockholm uraufgeführt. O'Neill sagte von diesem stark autobiographischen Stück, es sei »geboren aus frühem Schmerz« – in die Figur des Edmund hat er sein eigenes Erleben einfließen lassen.

Wenn der erste Akt beginnt, ist es Morgen an einem Augusttag 1912, am Schluß des Stückes ist es Mitternacht des gleichen Tages. Dazwischen wird das Leben und das Leiden der Familie deutlich: James Tyrone, der Vater, erfolgreicher Schauspieler, der mit immer der gleichen Rolle durch die Vereinigten Staaten reist; Mary, die Mutter, seit 36 Jahren sein unstetes Leben teilend; James, der Sohn, Jamie genannt, Schauspieler ohne innere Überzeugung, dem Alkohol und den Dirnen verfallen; Edmund, nach dem Versuch, in Abenteuern und Ausschweifungen seinen Weg zu finden, lungenkrank und mittellos im elterlichen Sommerhaus gelandet.

Der Vater gilt als geizig. Seine hohen Gagen verwendet er fast ausschließlich zum Kauf von Grundstücken, bei dem er oft übervorteilt wird, und für Whisky, denn sein Alkoholkonsum ist beträchtlich. Dafür spart er an allem andern, wohnt auf seinen Tourneen in zweitklassigen Hotels, läßt nur billige Ärzte gelten und läuft zu Hause in den ältesten Anzügen herum. Nichts fürchtet er mehr als ein Alter im Armenhaus; sein Vater hatte Frau und Kinder verlassen, so daß er als Junge schon die Not kennenlernte; nur Grund und Boden hält er für wertbeständigen Besitz – nicht zufällig ist er stolz auf seine irische Abstammung. Mit seiner kräftigen Natur geht er rücksichtslos um, aber für seine Familie hat das Folgen. Mary ist an diesem Leben zerbrochen. Nach der Geburt Edmunds wurde sie schwer krank; der Arzt linderte ihre Schmerzen auf dem bequemsten Wege: mit Morphium. Damit begann ihr Verhängnis. Jetzt ist sie von einer Entziehungskur nach Hause zurückgekehrt, aber sie schafft es nicht, das Gift zu meiden. Edmunds Beschwer-

den jagen ihr Angst ein: ihr Vater ist an der Schwindsucht
gestorben. Und gegen Edmund hat sie stets ein schlechtes
Gewissen: nachdem sie ihr zweites Kind durch Krankheit
verloren hatte (sie glaubt, daß Jamie damals den Kleinen
aus Neid absichtlich ansteckte), wollte sie kein Kind wieder,
denn Kinder müßten ein Zuhause haben. Doch Edmund kam
zur Welt, nervös, sensibel, zart. Während Jamie von seinem
Vater auch zum Schauspieler gemacht wurde, versuchte sich
Edmund in verschiedenen Berufen. Fernweh trieb ihn zur
See, seine schlechte Gesundheit zwang ihn an Land, er schrieb
für Zeitungen. Er liebt Baudelaire, Dowson, Nietzsche und
leidet an dem Leben seines Vaters. Was er sagt und wie er es
sagt, läßt den Dichter in ihm ahnen. Jamie waren während
der Schulzeit glänzende Anlagen bescheinigt worden, aber
schon im Internat begann er zu trinken. Er leidet nicht zuletzt an dem großen Erfolg seines Vaters, den er im Grunde
als Schmierenkomödianten durchschaut, und an der Ge-
schäftsmäßigkeit und den Intrigen des Theaterbetriebs.

Am Morgen des Tages weiß Jamie, daß die Mutter in der
Nacht wieder zur Morphiumspritze gegriffen hat. Der Vater
und Edmund wollen es noch nicht wahrhaben. Nicht wahrhaben will auch die Mutter Edmunds Krankheit, sie spricht
immer nur von einer ›Sommergrippe‹. Am Nachmittag soll
der Vater Edmunds Arzt besuchen. Am Mittag ist Marys
Morphiumrausch stärker, sie hat sich wieder gespritzt. Draußen ist Nebel aufgekommen. Am Telefon erfährt der Vater
schon, daß Edmund Schwindsucht hat, er wird am Nachmittag mit dem Arzt über einen Sanatoriumsaufenthalt zu
sprechen haben. Am Abend ist die Mutter aus der Stadt
zurückgekehrt, sie hat neues Morphium eingekauft und
taucht nun immer tiefer in die Vergangenheit ein. Der Vater
und Edmund kommen nach Hause. Angeekelt von den
gegenseitigen Vorwürfen der Eltern geht Edmund wieder
hinaus – in den nun schon starken Nebel. Um Mitternacht
sitzt der Vater allein mit seiner Whiskyflasche in der Diele.
Edmund kommt herein, er war am Strand im dichten Nebel,
dann James, schwer betrunken aus dem Freudenhaus. In die
Versuche von gegenseitigem Verständlichmachen und Verstehen, von Vorwürfen und Selbstvorwürfen hinein vollzieht sich der gespenstische Auftritt der Mutter in völliger
Entrücktheit. Ihr Brautkleid hinter sich herschleifend ist sie

in ihrer Erinnerung bei ihrer Jungmädchenzeit angelangt:
»Ja, ich erinnere mich. Ich verliebte mich in James Tyrone
und war so glücklich eine Zeitlang.«

In langen Monologen und Dialogen, in sorgfältig ausge-
feilten Regieanweisungen läßt der Dichter diese Zusammenhänge und Wechselwirkungen deutlich werden. James, Mary
und Jamie sind drei egozentrische Menschen, leidvoll aneinander gebunden, kaum fähig, sich aus diesem Geflecht
von Abhängigkeiten zu lösen. Edmund, der schon versucht
hat, einen Weg aus diesem Haus zu suchen, wird in ein Sanatorium gehen, um seine Krankheit auszukurieren, ein Schritt
aus dem Teufelskreis. (Reclams UB 8530/31.)

Fast ein Poet

Schauspiel in vier Akten
Erste Aufführung: 29. März 1957 in Stockholm

P e r s o n e n : Cornelius Melody – Nora, seine Frau – Sara, beider
Tochter – Mickey Maloy, Schankkellner – Jamie Cregan, ehemaliger
Korporal – Dan Roche, Paddy O'Dowd, Patch Riley, irische Siedler –
Mrs. Harford – Nicholas Gadsby, Anwalt.
O r t   u n d   Z e i t : Speiseraum in Melodys Gasthof, nahe Boston,
27. Juli 1828.

Es handelt sich um das Fragment eines dramatischen Riesen-
werkes, das in neun Dramen, die meist acht bis zehn Stunden
Aufführungsdauer beansprucht hätten, 150 Jahre amerikanischer Geschichte darstellen sollte. *A Touch of the Poet*
bietet großartige Rollen, die Charaktere sind außergewöhn-
lich und zugleich typisch in der Auseinandersetzung der
alten mit der jungen Generation, obendrein sind sie Teile
historischen Schicksals. Die strikte Bindung an die drei klassischen Einheiten (der Handlung, der Zeit und des Ortes)
erbrachte eine musterhafte Geschlossenheit des Dramas,
wurde aber dadurch erkauft, daß Entscheidendes außerhalb
des Bühnenraums geschieht. (Deutschsprachige Uraufführung: 29. Juli 1957 in Salzburg.)

In den ersten zwei Akten definieren die Personen einander in Gesprächen, erst im dritten entlädt sich die angestaute Spannung in Aktion. Die zentrale Figur ist der Gast-

wirt Cornelius Melody, ein ehemaliger Offizier, den nur
seine militärische Vergangenheit aufrecht hält. Er versucht
geheimzuhalten, daß sein Vater ein Wucherer war, der seinem Sohn allerdings eine erstklassige Erziehung gekauft hat.
Eines Ehrenhandels wegen mußte Cornelius den Dienst in
der englischen Armee quittieren und kaufte sich nahe Boston
an. Dabei wurde er dermaßen übers Ohr gehauen, daß er
nun Besitzer einer verschuldeten Kneipe ist. Darum haßt er
die Yankees, von denen er andererseits als gleichrangig anerkannt werden möchte. Obendrein verachtet er die irischen
Einwanderer, weil sie ihn an seine Herkunft erinnern.
Melody markiert auf Kosten seiner Familie den Herrn, er
arbeitet nicht, zitiert mit Vorliebe Byron, reitet aus, ist auch
immer noch eine stattliche Erscheinung, besonders in Uniform. Er ist ein schwerer Trinker und läßt, vor allem wenn
er betrunken ist, Frau und Tochter ihre Unbildung fühlen.
In Momenten der Schwäche sieht er ein, daß er nur ein
Poseur ist. Er erweckt dann widerwilliges Mitleid. Seine
verhärmte Frau, der man ihre einstige Schönheit noch ansieht, ist seine Dienerin. Sie liebt »Con« bedingungslos und
empfindet ihre Liebe als ein Wunder, aus dem sie immer
neue Kraft schöpft. Andererseits hält sie zu ihrer Tochter.
Die Tochter Sara haßt ihren Vater, weil er seine Familie
ausnutzt. Sie versucht vergeblich, ihn zu zwingen, seine Erbärmlichkeit einzugestehen. Sara ist schön, sie will diesen
Vorzug ganz nüchtern nützen und nicht so enden wie ihre
Mutter. Gegenwärtig läßt sich ein romantisch veranlagter
junger Mann, dessen Vater begütert ist, von Sara gesund-
pflegen. Ihn hat sie ausersehen, um voranzukommen. Im
zweiten Akt erscheint eine Mrs. Harford, die Mutter des
Patienten, um nach dem Rechten zu sehen. Sara ahnt eine
Feindin, wird aber aus ihr nicht klug. – Am Abend (dritter
Akt) feiert der alte Melody in scharlachroter Galauniform
den Jahrestag einer Schlacht. Er hat einige irische Trunken-
bolde eingeladen, die er zwar verachtet, aber braucht, weil
sie ihn um des Schnapses willen als General behandeln. Frau
und Tochter müssen dem Gesindel servieren. Im Verlauf des
Abends erklärt der Vater, er habe dem jungen Harford ab-
geraten, Sara zu heiraten, denn das würde die gleiche Mesalliance sein, unter der er selbst leide. Bald darauf erscheint
der Anwalt der Harfords und bietet 3000 Dollars, wenn

Sara verzichtet. Das kränkt den Vater denn doch, er läßt den Unterhändler hinauswerfen und zieht mit seinen Kumpanen los, um dem alten Harford einen Denkzettel zu geben. Sara verführt ihren Patienten, die Heirat zu erzwingen. Ihrer Mutter erzählt sie glücklich (vierter Akt), sie habe das Wunder der Liebe erfahren, an das sie nicht glauben konnte. Der erstrebte Vorteil ist ihr gleichgültig geworden. Plötzlich versteht sie ihre Mutter. Der Vater kommt verprügelt und in zerrissener Uniform heim. Er hat die Illusionen verloren und erschießt sein Reitpferd. Künftig wird er die Wonnen der Gewöhnlichkeit nicht mehr mit schlechtem Gewissen, sondern mit selbstzerstörerischer Genugtuung genießen.

Ein Mond für die Beladenen. Drama in vier Akten. – Man hat O'Neill den ›Dramatiker der Neurose‹ genannt. Das 1943 beendete, 1947 uraufgeführte, fünf Jahre später in Buchform veröffentlichte vieraktige Schauspiel *A Moon for the Misbegotten* (deutsche Erstaufführung September 1954 in Berlin) könnte die Berechtigung dieser Bezeichnung, wenn sie auch nur einen Teil seiner Eigenart trifft, erweisen. Wie so oft in seinen Stücken – besonders auch in dem Spätwerk *Der Eismann kommt* – schildert O'Neill in dem auf einer Farm in Connecticut spielenden Drama das vergebliche Bemühen der Menschen, ihr Mißbehagen an der Wirklichkeit des Lebens durch die Flucht in eine Illusion zu vergessen. Das Mädchen Josie, die kräftige, an harte Arbeit gewöhnte Tochter des ewig schimpfenden, gewalttätigen und jähzornigen Farmers Phil Hogan, deren Brüder längst vor dem klobigen Vater davongelaufen sind, liebt einen begüterten jungen Mann, den Eigentümer der Farm, die der alte Hogan gepachtet hat. Um sich über die Unerfülltheit dieser Liebe hinwegzutäuschen, phantasiert sich die unberührte Josie ganze Kolonnen von Liebhabern zusammen, denen sie schon angehört haben will; selbst ihr Vater glaubt, daß das sonst so tüchtige, ihm allein Widerpart bietende Mädchen in dieser Beziehung ein Luder sei. Josie weiß, daß sie von James (»Jim«) Tyrone wiedergeliebt wird, aber sie weiß auch, daß der haltlose, den Härten des Daseins nicht gewachsene Junge jeder Versuchung erliegt, dem Alkohol verfallen ist und sich aus Ekel vor sich selbst immer wieder mit den Dirnen des New Yorker Broadways

herumtreibt. Eine Sommermondnacht führt Josie und Jim,
während Phil Hogan im Wirtshaus sitzt, auf der Farm zusammen. Sie offenbaren einander ihre Liebe, aber während
ihres langen, aus der Einsamkeit der Nacht aufsteigenden
Gesprächs fällt der Mondstrahl auch in den Abgrund der
Seele Jims, und Josie erkennt die Wüste, zu der das Leben
darin verdorrt ist. Jim, von Whisky schwer betrunken,
schläft ein; Josie bettet seinen Kopf in ihren Schoß – das ist
die ganze, von aller Erfüllung weit entfernte Wirklichkeit
der Liebesnacht eines Mädchens, das andern gegenüber mit
seinen »hundertfachen Erfahrungen« renommiert. Als Jim
am Morgen erwacht, wird er sich wieder der Trost- und
Aussichtslosigkeit seiner zerbrochenen, verfallenen Existenz
bewußt. Aber ganz auf dem Grund seiner Seele schlummert
noch das Bewußtsein einer sittlichen Verantwortung, das mit
vom scharfen Licht des Tages geweckt wird und ihm gebietet,
das Schicksal des Mädchens nicht an sein verlorenes Leben
zu ketten. Mit einem Abschiedskuß verläßt er sie für immer,
wissend, daß kein Mond den Weg des Säufers in den Abgrund mehr erhellen wird. Josie erwartet weiter ein Leben
harter Arbeit, des unaufhörlichen Kampfs und der trotzigen
Selbstbehauptung gegenüber dem Vater – ein Leben der
Mühsal und der Beladenheit.

Der nach wenigen Stunden vor der Tageswirklichkeit ver-
sinkende Zauber der Mondnacht ist das Symbol für die
Flüchtigkeit aller Illusionen, die nach des sechzigjährigen
Dichters bitterer Erkenntnis den Menschen niemals von dem
Zwang des Entschlusses zu Verzicht und Entsagung zu be-
freien vermögen.

ELMER RICE

* 28. September 1892 in New York
† 8. Mai 1967 in Southampton

*E. L. Reizenstein, der sich später den Schriftstellernamen
Elmer Rice zulegte, studierte zuerst Rechtswissenschaft, begann aber bald Stücke zu schreiben und gründete mit einigen
anderen Bühnenautoren die »Playwrights' Company«. 1929
wurde ihm der Pulitzerpreis zuerkannt. Sein naturalistisches*

*Schauspiel »Street Scene« (1928; dt. »Die Straße«, 1930) hat
Kurt Weill 1946 als Text für ein Musical verwendet.*

Die Einflüsse des deutschen Expressionismus, in der neueren
amerikanischen Bühnenliteratur vielfältig bemerkbar, schlagen sich in ihren geistigen Tendenzen im Schaffen von Elmer
Rice schon auffallend früh nieder. Das Schauspiel *Die
Rechenmaschine* schrieb Rice 1923, und zuweilen glaubt
man, Georg Kaiser habe ihm dabei die Hand geführt: sein
Held, der Buchhalter Null, ist ein amerikanischer Vetter von
Kaisers Kassierer aus *Von morgens bis mitternachts* und zugleich ein Vorläufer von Arthur Millers Handlungsreisen-
dem Willy Loman. Bemerkenswert ist auch, daß Rice, genau
wie Kaiser, die Technik des surrealistischen Dramas vorausnimmt. Scharfe Stellungnahme gegen Kapitalismus und Pro-
tektionismus kennzeichnet den sozialen Standort dieses für
die Rechte des Individuums gegenüber wirtschaftlichen
Machtgruppen eintretenden Dramatikers.

Die Rechenmaschine. Schauspiel in sieben Szenen
(Uraufführung 1923). – Die Frau des Buchhalters Null
macht ihrem Mann Vorwürfe, daß er es trotz fünfundzwanzigjähriger gewissenhafter Pflichterfüllung in dem
Warenhauskonzern, in dem er angestellt ist, zu nichts gebracht habe. Sein Leben lang hat er Zahlenkolonnen addiert
und verbucht und ist immer ein übersehener kleiner Mann
geblieben, der vor lauter Berufseifer nicht einmal gemerkt
hat, daß die unscheinbare Miß Daisy Devore, die ihm in
seinem Büro gegenübersitzt, in ihn verschossen ist. Daisy ist
darob so verzweifelt, daß sie am liebsten den Gashahn
aufdrehen möchte, während Null am Tage seines fünfundzwanzigjährigen Jubiläums dem Gedanken nachhängt,
daß er mit besserem Gehalt in die Direktionsabteilung versetzt würde. Statt dessen eröffnet ihm aber der Direktor,
daß ihm die Rationalisierungsfachleute der Firma die Anschaffung von Rechenmaschinen empfohlen hätten, die im
Betrieb rentabler seien als die menschliche Arbeitskraft; es
täte ihm sehr leid, sich von einem langjährigen Angestellten
trennen zu müssen. Null sticht ihn mit einem scharfen Brieföffner nieder, wird, gerade als er mit seinen Arbeitskollegen
und ihren Frauen zur Feier seines Jubiläums zu Hause bei

Tisch sitzt, verhaftet, wegen Mordes angeklagt und trotz
einer die soziale Ungerechtigkeit seines Falles hinausschreien-
den Verteidigungsrede zum Tod verurteilt.

Die zweite Hälfte des Stückes spielt dann im Jenseits.
Null steigt aus seinem Grab, trifft auf dem Friedhof einen
andern Toten, der sich für einen Muttermörder hält, obgleich
er seine Mutter nur durch ein Mißgeschick beim Zerlegen
einer Lammkeule ums Leben gebracht hat, und gelangt mit
ihm in eine liebliche Landschaft, die man die »Elysischen
Gefilde« nennt, worüber der sanfte puritanische Herr Shrdlu
völlig verzweifelt ist, denn er hat sich auf ewige Höllenqual
als Sühne für sein ›Verbrechen‹ vorbereitet. Hier begegnet
Herr Null auch Miß Devore, die, als er zum Tod verurteilt
wurde, tatsächlich den Gashahn aufgedreht hat. Nun kann
sie ihm endlich ihre Liebe gestehen; er küßt sie, und sie denken daran, vielleicht jetzt zu heiraten. Aber da fällt ihnen
ein, daß ein Mörder und eine Selbstmörderin ja gewiß nicht
im Elysium bleiben können, doch Shrdlu belehrt sie, daß es
hier von Tagedieben, Faulenzern und Nichtstuern nur so
wimmele und überhaupt alles ganz anders sei, als es sich die
guten Menschen auf der Erde vorstellen. Null versteht das
nicht. Er war im Leben immer ein pflicht- und arbeitseifri-
ger Buchhalter und lehnt es ab, als Toter nun mit solch fau-
lem Gesindel zusammensein zu müssen. Er macht sich davon
und läßt Miß Devore wieder verzweifelt zurück; denn ohne
ihn hätte sie gerade so gut am Leben bleiben können. Jetzt
erfährt Null aber auch, warum es im Jenseits so merkwürdige Verhältnisse gibt: es ist eine Art Reinigungsanstalt für
Seelen, in der diese nur so lange aufbewahrt werden, bis es
für sie Zeit ist, wieder auf die Erde zurückzukehren. Ein
seltsamer »Leutnant« mit einem Panamahut und roten Teu-
felsbeinen teilt ihm in dürren Worten mit, daß er ein »Ab-
fallprodukt, ein Fehler der Schöpfung« sei und immer wieder in ein inferiores Dasein, in die Existenz einer »Null«
zurück müsse. Um ihn nicht völlig zu entmutigen, verspricht
er, ihm die Hoffnung mitzugeben, verschweigt ihm aber,
daß diese gar nicht existiert, sondern nur ein Phantom in der
Einbildung so armseliger Kreaturen ist, die wie Null immer
wieder »hinunter« und dort »unten« bleiben müssen.

Sehr viel liebenswürdiger als in dieser pessimistischen,
makabren Groteske *The Adding Machine* wendet Elmer

Rice die surrealistische Technik des fortwährenden Hinüber-
blendens aus der Realität ins Imaginäre in seiner amüsanten
und originellen Komödie *Das träumende Mädchen* an. In
psychologisch fein beobachtetem Wechsel von teils sentimen-
talen, teils exaltierten Phantasien ergänzt sich eine junge
Amerikanerin aus gutem Haus ihr von Lieben, Flirten, gesellschaftlichen Verpflichtungen und ein bißchen ›Beruf‹ als
Buchhändlerin und Romanschriftstellerin kaum ausgefülltes
Leben nach ihren Wunschbildern, bis sie von einem resoluten
und ganz und gar unträumerischen Journalisten, einem charmanten ›Ekel‹, vom Fleck weg geheiratet wird.

THORNTON WILDER

* 17. April 1897 in Madison (Wisc.)

*Thornton Wilder ist Sohn eines Zeitungsverlegers und einer
Pastorstochter. Sein Leben verlief jedenfalls äußerlich ohne
Risiko. Über eine englische (1911) und eine deutsche Mis-
sionsschule (1912) in Shanghai, wo der Vater Generalkonsul
war, ging der Bildungsweg zur Berkeley High School in
Kalifornien, zum Oberlin-College in Ohio, zur Yale-Uni-
versität, zu archäologischen Studien in Rom, zum akademischen Grad »Master of Arts« in Princeton (1925). Gegen
Ende des Ersten Weltkriegs diente Wilder einige Monate
als Küstenartillerist, im Zweiten gehörte er drei Jahre lang
als Offizier zu einem amerikanischen Luftwaffenstab in
Afrika und Italien. Wilder war Professor für vergleichende
Sprachwissenschaft in Chicago, er war 1950/51 Professor
für Dichtkunst in Harvard, er leitete 1952 die amerikanische
Delegation der Unesco-Konferenz in Venedig. 1957 Frie-
denspreis des deutschen Buchhandels und Friedensklasse des
Pour le Mérite.*

Wilders bekannteste Arbeiten sind Weiterentwicklungen von
Bildungsgütern. So kam er schon in relativ jungen Jahren
zu bleibenden Ergebnissen. Seine Dreiminutenspiele (1928)
und Einakter (1931) bieten christliches Welttheater in der
verkürzenden und auf illusionistische Mittel verzichtenden
Spielweise des asiatischen Theaters. Zwei abendfüllende

Spiele dieser Art machten dann Epoche, und zwar formal wie inhaltlich: *Our Town*, 1938 (*Unsere kleine Stadt*, 1939) und *The Skin of Our Teeth*, 1942 (*Wir sind noch einmal davongekommen*, 1944). Diese mit Pulitzerpreisen bedachten Parabeln vom Leben und Überleben haben wesentlichen Anteil an der Wiedererweckung des deutschen Theaters nach dem Zweiten Weltkrieg.

Das Weiterleben der Antike bildet das Thema des ersten Buches von Wilder *The Cabala*, 1926 (*Die Cabala*, 1929). Der Kurzroman *The Bridge of San Luis Rey*, 1927 (*Die Brücke von San Luis Rey*, 1929) wirft unentschieden die Problematik von Theodizee und Prädestination auf. Er wurde mit dem Pulitzerpreis ausgezeichnet. In der Erzählung *The Woman of Andros*, 1930 (*Die Frau von Andros*, 1931) und in dem Drama *Alcestiad*, 1955 (*Die Alkestiade*, 1960) entfaltet sich die Auseinandersetzung zwischen antikem und christlichem Glauben. Als erzählerisches Hauptwerk gilt der Caesar-Roman *The Ides of March*, 1948 (*Die Iden des März*, 1949).

Thornton Wilder ist weniger Schöpfer als Vermittler zwischen den Kulturen, ein geistiger Botschafter der Vereinigten Staaten. Er ist nicht originell, steht so fest in der Überlieferung, daß er eher ein Abendländer als ein Amerikaner zu sein scheint. Nur zwei seiner Bücher entstammen der amerikanischen Gegenwart: *Heaven's my Destination*, 1934 (*Dem Himmel bin ich auserkoren*, 1935), die Auseinandersetzung Wilders mit seiner eigenen puritanischen Erziehung und der wirtschaftlichen Depression in den frühen 30er Jahren, und das Alterswerk *The Eigth Day*, 1967 (*Der achte Schöpfungstag*, 1968), das Kritik an amerikanischer Lebensart und Denkweise mit mystischem Trost mischt: der Mensch sei »Geschöpf des achten Tages«, die Menschheit stehe erst am Beginn der zweiten Woche.

Das Theater Thornton Wilders besagt: in einer in ihrem ganzen äußeren Bestand brüchig, in ihrem gesamten (politischen, moralischen, wirtschaftlichen, ja selbst technischen) Ordnungssystem fragwürdig gewordenen Welt, die immer mehr von zentrifugalen Kräften getrieben wird, hat sich der Mensch als Substanz in einer geradezu erstaunlichen Weise als haltbar erwiesen. Es ist seine erste Aufgabe, mit der ihm zugewachsenen Kraft und Widerstandsfähigkeit auch die

Welt und ihre Ordnungen so haltbar zu machen, daß sie nicht endgültig zerfallen. Der immense Glaube, der hinter der Zuweisung einer so gewaltigen Verantwortung an den Menschen steht, stellt Thornton Wilder an den Gegenpol des Katholizismus Claudelscher wie des Existentialismus Sartrescher Prägung.

Unsere kleine Stadt

Schauspiel in drei Akten
Erste Aufführung: 22. Januar 1938 in Princeton

Personen: Der Spielleiter – Dr. Gibbs – Mrs. Gibbs – George, Rebekka, ihre Kinder – Mr. Webb – Mrs. Webb – Emily, Willy, ihre Kinder – Joe Crowell jun. – Howie Newscome – Prof. Willard – Simon Stimson – Mrs. Soames – Polizist Warren – Si Crowell – Joe Stoddard – Sam Craig – Mr. Carter – Mehrere Nebenpersonen, ein Gesangverein, Baseball-Spieler und verschiedene Tote.
Ort und Zeit: Grover's Corners in New Hampshire, 1901–13.

Auf der leeren, halberleuchteten Bühne, die weder einen Vorhang noch irgendeine Dekoration aufweist, erscheint der Spielleiter und erklärt den Zuschauern den nicht vorhandenen Schauplatz – die kleine Provinzstadt Grover's Corners in New Hampshire (USA), dicht an der Grenze von Massachusetts. Nach und nach treten einige Personen auf, Bürger dieser Stadt, die ihren Tag beginnen: zuerst Mrs. Gibbs, die Frau des Arztes Dr. Gibbs, die für ihre Kinder das Frühstück bereitet, bevor sie in die Schule gehen; das gleiche tut ihre Nachbarin Mrs. Webb, dann kommt Dr. Gibbs von einer Geburt zurück und beginnt ein Gespräch mit dem Zeitungsausträger Joe Crowell jun., der dann, wie man von dem Spielleiter erfährt, die Technische Hochschule in Boston besucht und eine glänzende Laufbahn als Ingenieur vor sich hatte, aber leider als Soldat in Frankreich gefallen ist. Auf diese Weise werden, immer von dem Spielleiter vorgestellt, alle handelnden Personen ins Spiel gebracht und in ihren gegenseitigen Beziehungen erklärt. Was dabei mit Hilfe der zu ständiger Mitarbeit aufgerufenen Phantasie des Zuschauers entsteht, ist kein ›Schauspiel‹ im überlieferten Sinn, sondern eine Art gesprochener Pantomime; die Darsteller

tragen zwar Kostüm und Maske, aber sie spielen ohne Bühnenbild und Requisiten. Alles wird nur gestisch angedeutet,
aber akustisch realisiert, z. B. das Knarren der Räder an
Howie Newscomes Milchwagen und das Hufestampfen der
alten Bessie, die ihn (imaginär) zieht. Mit Hilfe dieser Technik eines ›gesehenen Hörspiels‹ ist es möglich, das Publikum
in einer Abfolge von längeren und kürzeren episodischen
Szenen durch das Alltagsleben einer kleinen amerikanischen
Stadt und ihrer Menschen zu führen, die den Zuschauern
eben durch die Abwesenheit alles bühnenüblichen Beiwerks
so nahekommen, als lebten sie mitten unter ihnen. Die
menschliche Substanz dieser unauffälligen, durch keinerlei
irgendwie bemerkenswertes Schicksal ›interessanten‹ Durch-
schnittsamerikaner ist so stark, daß sie in der mitprodu zierenden Einbildung des Zuschauers eine dichtere Wirklichkeit
gewinnen, als wenn sie in der perfekten Scheinrealität einer
gegenstandstreuen Bühnenillusion stünden. Die ›Handlung‹
von *Our Town* ist darum auch weniger wichtig – viel mehr
kommt es Wilder darauf an, das Verhalten normal guter
und normal schlechter, im ganzen also braver Mitmenschen
in bestimmten Situationen und zu bestimmten Vorgängen
des Lebens (z. B. Liebe und Hochzeit, Abschied und Trennung, Tod und Begräbnis) zu zeigen und die im Parkett
Sitzenden nicht mit einem unverbindlichen ›Seht, so sind
sie‹, sondern mit einem nachdenklichen ›Seht, so sind *wir*‹
nach Hause zu entlassen. Die Projektion des ganzen, in seinem Wirklichkeitsbild so einfachen und übersichtlichen, in
seiner Bühnenform so kühnen, an die Phantasie statt an die
Illusion appellierenden Spiels auf einen symbolischen Welt-
horizont wird noch einmal mit den letzten Sätzen des Spielleiters unternommen, in denen er auf diesen nach allgemei-
ner gelehrter Annahme einzigen bewohnten Stern im Weltall
zu sprechen kommt: »Nur dieser eine hier müht sich ab; er
müht sich die ganze Zeit ab, um etwas aus sich zu machen.
Die Mühe ist so groß, daß die Menschen sich alle sechzehn
Stunden niederlegen müssen, um auszuruhen... Gute
Nacht.« (In deutscher Sprache wurde das Stück erstmals am
9. März 1939 in Zürich gespielt.)

Wir sind noch einmal davongekommen

Schauspiel in drei Akten
Erste Aufführung: 15. Oktober 1942 in New Haven

P e r s o n e n : Mr. George Antrobus – Mrs. Antrobus – Henry, ihr Sohn – Gladys, ihre Tochter – Sabine, das Dienstmädchen – Viele Nebenpersonen, Nachbarn, Badegäste, Bingo-Spieler.
O r t und Z e i t : Excelsior in New Jersey, zu unbestimmter Zeit.

Thornton Wilders bedeutendstes Werk, eines der wichtigsten Stücke des zeitgenössischen Theaters überhaupt, umschließt alle Formen des Bühnenspiels vom Kabarettulk bis zum Mysterium. Sein Kern ist das Familienstück – der Typus, dem mit einigen ganz wenigen Ausnahmen (Steinbeck, einiges von O'Neill) alle amerikanischen Schauspielautoren in ihrem Schaffen fast ausschließlich huldigen. Aber was ist aus diesem Familienstück in der Hand Wilders geworden! Ein Stück Welttheater von ungeheurer symbolischer Kraft; in seinen Gestalten verkörpern sich Elementartypen der Menschheit, in ihren Beziehungen stellen sich Elementarordnungen der irdischen Gesellschaft dar. Mr. George Antrobus ist der schaffende, planende, erfindende Mann, seine Frau das sorgende, hütende, schirmende Weib. Das negative männliche Prinzip inkarniert sich in ihrem Sohn, dem Zerstörer und Rebell, das negative weibliche in dem Dienstmädchen Sabine, der ewigen Verführerin und Buhlerin. Unschwer erkennt man in dieser Gruppierung die Konstellation Adam (= Antrobus) zwischen der biblischen Eva (= Mrs. Antrobus) und der talmudischen Lilith (= Sabine) und dem Empörer und Mörder Kain (= Henry). Diese Urfamilie und ihre Widersacher, von denen einer ja dem Schoß der Familie selbst entstammt (und als erster die Hand gegen den Vater erhebt, nachdem er als Kriegskommandeur seine Menschenbrüder getötet hat) –, diese Keimzelle des Menschengeschlechts und seiner Gesellschaft wird in drei Katastrophen gestellt, welche beide zu vernichten drohen: das Hereinbrechen der Eiszeit, 'der Sintflut und des Bombenkriegs. Immer kommt Familie Antrobus, d. h. das Menschengeschlecht, noch einmal davon, aber von Mal zu Mal wird die Warnung des Dichters dringlicher. Es ist eine Warnung, die aus der Liebe zum Menschen und dem Glauben an den Menschen kommt, dem die Kraft gegeben wurde, immer wieder ins Leben zurückzufinden, sogar auch noch – wie lange noch? – nach Katastrophen, die nicht in außermenschlichen Naturereignissen (Sintflut), sondern im Willen des Menschen selbst (Krieg) ihre Ursache haben.

Um den Zuschauern seine Warnungen und seinen Glauben einzuhämmern, greift Wilder zu den verblüffendsten szenischen Mitteln. Seine drei Akte sind sozusagen ein surrealistisch-metaphysischer Jux, der stellenweise so jäh in die Tragödie wie andererseits in die ausschweifende Burleske führt, Raum und Zeit ständig durcheinanderschüttelt und sogar die Hauptfiguren gleichzeitig auf zwei verschiedenen Zeitebenen agieren läßt. So sind Mr. und Mrs. Antrobus im ersten Akt zugleich Gegenwarts- und Eiszeitmenschen, halten sich ein perfektes Dienstmädchen mit Schürzchen und Häubchen und Dinosaurier und Mammut als Haustiere. Unter ihren Nachbarn, die vor dem Kältetod infolge der Vereisung der Welt am Kamin der Antrobus' Schutz suchen, befinden sich der alttestamentliche Moses und der Sänger Homer. Die Sintflut bricht herein, kurz nachdem Sabine am Badestrand von Atlantic City zur Schönheitskönigin gewählt wurde (zweiter Akt). Im dritten Akt, als Mrs. Antrobus mit ihrer Tochter und deren Kind aus dem Luftschutzkeller kriecht, enthüllt das Mal auf der Stirn in dem als ewiger Landsknecht und Aufrührer aus dem Krieg zurückkehrenden Henry den biblischen Brudermörder Kain. So bewegt sich das Stück ständig auf mehreren einander fortwährend durchdringenden Ebenen, zu denen gelegentlich auch noch das Theater als solches kommt, wenn sich die Schauspieler mit ihren privaten Namen anreden und über die totale ›Unverständlichkeit‹ des Stückes oder die ›Zumutung‹ ihrer Rollen unterhalten. Um so erstaunlicher ist es dann, wenn auf diesem Theater der romantischen Ironie und der Aufhebung aller auch nur annähernden Wahrscheinlichkeit der Mensch plötzlich in seiner existentiellen Wirklichkeit dasteht, die sich immer gleichbleibt.

Noch stärker als in der *Kleinen Stadt* appelliert Wilder in *The Skin of Our Teeth* an die Phantasie des Zuschauers, noch raffinierter durchlöchert er die Illusion der Bühne. Mit den ›auflösenden‹ Formmitteln einer destruktiven Zeit demonstriert er die Überzeugung von der menschlichen Fähigkeit, die Einbrüche des Destruktiven wohl nicht aufhalten, aber sich wieder aus ihnen befreien zu können. (Erstaufführung in deutscher Sprache: Zürich 1944.)

Die Heiratsvermittlerin. Farce in vier Akten. – Diese 1954 in den USA uraufgeführte neue Fassung des bereits 1938 gespielten *Merchant of Yonkers* ist eine Huldigung des amerikanischen Dichters an den Geist des Wiener Volkstheaters. Die Handlung folgt fast genau derjenigen von Johann Nestroys berühmter Posse *Einen Jux will er sich machen*. Wilder machte aus der Posse vom reichen Provinzler, der sich einen Jux in der Hauptstadt machen will, die Farce von einer Heiratsvermittlerin, die sich das beste Objekt selber sichert. Er verlegte Zeit und Ort vom biedermeierlichen Wien in das New York von 1880. Zu einem Welterfolg kam der Stoff 1964 als Musical *Hallo Dolly!*

Die Alkestiade. Schauspiel in drei Akten mit einem Satyrspiel. – Eine dramatische Bearbeitung der griechischen Sage von der Thessalierkönigin Alkestis, in der sich Poesie und Posse, christliche und antike Gedanken mischen. Die Uraufführung fand 1955 während der Festspiele in Edinburgh unter dem Titel *A Life in the Sun* statt; am 27. Juni 1957 erstmals in deutscher Sprache (Zürich), die dritte Fassung am 5. Oktober 1957 in Frankfurt am Main. Die drei Akte der *Alkestiade* liegen jeweils zwölf Jahre auseinander, jeder zeigt einen Tagesablauf im Hinterhof des Palastes von König Admetos, »viele Jahrhunderte vor der großen Zeit Griechenlands«.

1. Akt: Prinzessin Alkestis will König Admetos nicht heiraten und Priesterin werden. Sie erfleht von Apoll ein Zeichen. Der Seher Teiresias, hier ein uralter Trottel, bringt die Nachricht, Apoll werde als einer von vier dreckigen Hirten, die vor dem Tore stehen, am Hofe weilen. Alkestis faßt dies als das ersehnte Zeichen auf. – 2. Akt: Einer der Hirten hat im Rausch Admetos tödlich verletzt, nur ein Opfertod könnte ihn retten. Alkestis stirbt für ihn. Herakles, ein betrunkener Rüpel, beschließt, Alkestis der Unterwelt zu entreißen. – 3. Akt: Admetos ist inzwischen gestorben, Alkestis lebt als alte Sklavin am Hofe des Usurpators Agis. Die Pest herrscht, und Agis stellt dem herandringenden Volk Alkestis

als Schuldige hin. Ihr Sohn kehrt heim, um die Mutter zu rächen. Alkestis weiß den Sohn, den König und das Volk zu beschwichtigen. Sie bleibt allein zurück und wird von Apoll ins ewige Leben geleitet. – An dieses Schauspiel schließt sich ein Satyrspiel *Die beschwipsten Schwestern.* Apoll, als Küchenjunge verkleidet, erschleicht von den Parzen die Zusage, das Leben des Admetos zu verlängern. Allerdings bestehen die Parzen darauf, daß ein anderer freiwillig für Admetos stirbt. Apoll ahnt, was kommen wird, und läuft schreiend davon.

WILLIAM FAULKNER

* 25. September 1897 in New Albany (Miss.)
† 6. Juli 1962 in Oxford (Miss.)

Faulkner, aus einer im amerikanischen Bürgerkrieg verarmten Familie aus der Pflanzeraristokratie der Südstaaten stammend, war im Ersten Weltkrieg Flieger und studierte dann Literatur. Eine Zeitlang arbeitete er als Zimmermann, später auch als Journalist in New Orleans. Schrieb mit virtuoser Ausnützung aller der europäischen Prosa in der Nachfolge von James Joyce zugewachsenen Stilmittel eine Reihe sehr bedeutender Romane, in denen er die Menschen seiner engeren Heimat mit schonungslosem Realismus aus dem Aspekt eines »tragischen Pessimisten und bizarren Zynikers« schildert. »Wendemarke« (1935) und »Absalom! Absalom!« (1936) verbreiteten seinen Ruhm auch in Deutschland. 1950 erhielt Faulkner den Nobelpreis.

Requiem für eine Nonne. – Keineswegs handelt es sich in diesem 1951 veröffentlichten, in deutscher Sprache zuerst 1955 in Zürich aufgeführten dramatischen Werk des großen Romanciers und unbarmherzigen Bloßstellers der verfallenden Gesellschaftsmoral des USA-Südens um eine Nonne in unserm Sinn. Die Negerin und Kindsmörderin Nancy Mannigoe, die zum Tod verurteilt ist und in der Hinrichtungszelle eines Gefängnisses auf den Strang wartet, ist vielmehr eine einstige Dirne und Morphinistin, und die Bezeichnung ›a nun‹ hat einen doppelten, nur schwer

Frisch, Die chinesische Mauer

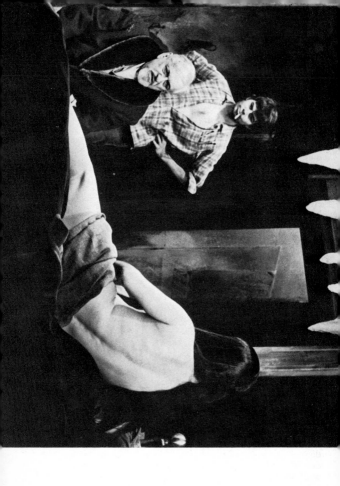

Dürrenmatt, Der Meteor

erschließbaren Sinn. Einmal – so scheint es – einen ehrenden, insofern sie ihre Tat aus einem einfältigen Herzen zur Bewahrung eines kleinen, sechs Monate alten Mädchens vor einem schrecklichen Leben begangen hat (also gleichsam in der Einfalt einer Nonne); zum andern aber scheint das Wort ›nun‹ mit zynischer Ironie auf Nancys ehemalige Zugehörigkeit zu einem ›Orden‹ hinzudeuten, dessen Mitglieder gewiß nicht durch ein Keuschheitsgelübde gebunden sind. Und ebenso wie durch das Wort ›Nonne‹ wird der Zuschauer dieses quälenden, den entblößenden und erniedrigenden Psychologismus der modernen amerikanischen Literatur bis zum peinigenden Extrem treibenden Stückes mit dem Wort ›Requiem‹ vexiert. Denn die Handlung schildert in Form einer ›Beichte‹ die seelische Besudelung der Mutter jenes von Nancy Mannigoe erstickten kleinen Kindes, des ehemaligen College-Girls Temple Drake, die in dasselbe Bordell geriet, in dem Nancy war, und mit Lust darin blieb, später aber, nachdem sie von Gowan Stevens geheiratet wurde, schreckliche Enthüllungen durch perverse Briefe fürchtete, die sie einst in jenem Bordell geschrieben hatte und die dann ein Erpresser auszuliefern drohte. Zwar weiß Gowan um die merkwürdige Vergangenheit seiner Frau, aber in die Abgründe, die sich in jenen Briefen auftun, möchte Temple ihn doch um keinen Preis blicken lassen. Nancy, von Temple später in ihr Haus aufgenommen und als Mädchen für ihre beiden Kinder beschäftigt, sah, wie das ältere – ein Junge – schon in die Wirbel der unaufhaltsam ausbrechenden Zerwürfnisse zwischen Temple und Gowan geriet, und ahnte die Katastrophe, die eintreten würde, wenn erst jene Briefe bekannt würden. Vor dieser Vergiftung seines jungen Lebens wollte sie das kleine Mädchen bewahren und hat es getötet.

Der äußere Anlaß zu der Beichte Temples ist der Versuch, den sie mit Gowans Onkel Gavin Stevens, einem Rechtsanwalt und Verteidiger Nancys, beim Gouverneur des Staates Mississippi unternimmt, die Verurteilte durch einen Gnadenakt vor der Hinrichtung zu bewahren. In der Nacht vor der Exekution erzählt sie dem Gouverneur und dem Anwalt, die hier gewissermaßen die Rolle des Arztes bei der psychoanalytischen Behandlung spielen, die schrecklichen Verwirrungen ihres Lebens. Immer wieder (und bis zum Überdruß) unterbrechen ›symbolische‹ Handlungen wie das

Entzünden von Zigaretten, die nie geraucht werden, oder das Entfalten von Taschentüchern, um Tränen zu trocknen, die nie geweint wurden, den Verlauf der Erzählung; z. T. wird sie auch in rückblendenden Szenen dargestellt.

JOHN STEINBECK

* 27. Februar 1902 in Salinas (Kalifornien)
† 20. Dezember 1968 in New York

John Steinbeck, von deutsch-irischer Abstammung, studierte zuerst Naturwissenschaften und führte dann das für so viele amerikanische Autoren bezeichnende, anfangs recht kärgliche Wanderleben zwischen zahlreichen Berufen; er war u. a. Chemiker, Plantagenarbeiter, Maler, Maurer und Journalist. Der Roman »Cup of Gold« (1929) war sein erster Erfolg, einige Erzählungen, die er schon vorher geschrieben hatte, waren unbeachtet geblieben. Im Zweiten Weltkrieg ging er als Frontberichterstatter nach Frankreich und Italien. Der Roman »Früchte des Zorns«, durch den Steinbeck international bekannt wurde, erhielt 1940 den Pulitzerpreis. 1962 wurde Steinbeck mit dem Nobelpreis ausgezeichnet.

Steinbecks Theaterstücke sind nicht für die Bühne konzipiert, sondern dramatisierte Romane. Er ist ein Erzähler von großer Schärfe und Genauigkeit der Beobachtung – das gibt auf der Bühne klar umrissene, lebensnahe Gestalten. Er liebt die handlungsreiche, dramatische Story – das bedeutet dramaturgisch eine fesselnde Fabel und spannungsvolle Situationen. Er schreibt einen knappen, manchmal fast kargen Stil, dem verhaltene Zartheit ebenso eignet wie explosive Kraft – das sichert einen konzentrierten, schlagkräftigen, im Poetischen nie süßlichen, im Ausbruch nie kraftmeierischen Dialog. Bei Steinbeck ereignet sich der seltene Fall, daß die Vorzüge des Romanciers auch dem Bühnenautor zugute kommen; seine Epik ist schon latent dramatisch.

Die Jahre, in denen Steinbeck sich als Baumwollpflücker in den Südstaaten der USA sein Brot verdienen mußte, haben seinen sozialkritischen Sinn geschärft, aber sie ließen

ihn nicht in agitatorische Schwarzweiß-Malerei verfallen.
Gerade weil Steinbeck die Zustände, die die soziale Lage
z. B. der wandernden Farmarbeiter bestimmen, objektiv darstellt, erreicht er für seine kalifornischen Kameraden eine
wirkliche Besserung. Die Exaktheit des Naturwissenschaft-
lers ist dem Dichter Steinbeck aus seiner Biologenzeit geblieben; sie beherrscht seine Psychologie und gibt ihm die
Möglichkeit, auch im Alltagsleben die Spannungen zu entdecken, die zu echten Konflikten und Schicksalen führen.
Von einer Literatur, die immer nur Grenzbereiche des Seelischen aufsucht und von ›extremen Situationen‹ lebt (wie
die existentialistische), hält er nicht viel. Ihn interessiert das
Menschliche schlechthin, und er kämpft für seine Befreiung
von Zwang und Unterdrückung, sei es durch soziale Ungerechtigkeit, durch doktrinäre Ideen oder politische Macht-
verhältnisse. Das überzeugendste Manifest dieser humanitären Gesinnung ist John Steinbecks in Deutschland nur in
einer Hörspielbearbeitung bekanntgewordenes, in Österreich
und der Schweiz aber viel gespieltes Stück *Der Mond ging
unter*, das – eine Dramatisierung des Romans *The Moon is
Down* – den norwegischen Widerstandskampf gegen die
deutsche Besatzung behandelt. Die Grundthese dieses die
Position beider Parteien vorurteilslos und gerecht darstellenden Schauspiels ist, daß die Besetzung eines fremden Landes
als Akt der Machtpolitik ebenso wider alle ethische und
praktische Vernunft ist wie die Auflehnung dagegen. Die
Menschen sollen dafür sorgen, daß es keine Unterdrückung
mehr gibt – dann entfällt auch die fatale Notwendigkeit,
Widerstand zu leisten und dadurch immer wieder neuen
Haß zu erzeugen. Steinbeck weiß, wie schwer es ist, eine
positive Lösung für dieses durch die menschliche Unzulänglichkeit hervorgerufene schreckliche Dilemma zu finden. Er
hütet sich vor geschwätzigem, idealtrunkenem Optimismus,
aber er glaubt an die Chance einer von Zwängen freien
Lebensordnung.

Von Mäusen und Menschen (1937). – Keines
seiner Werke läßt die menschliche Haltung und die dichterische Stärke John Steinbecks deutlicher hervortreten als das
auf einer südkalifornischen Großfarm spielende Stück von
den heimatlosen Landarbeitern, deren tiefste Sehnsucht es

ist, einmal auf einem eignen Stückchen Boden seßhaft zu werden. Der atmosphärische Realismus dieses packenden Schauspiels umfaßt Partien von großer idyllisch-lyrischer Zartheit, wenn der Traum von der endlich gefundenen Heimat die einfachen Menschen befällt, um derentwillen sie die Mühe und Plage ihres Daseins immer wieder auf sich nehmen.

Auf dem Weg zu einer Farm, auf der sie sich als Feldarbeiter verdingt haben, rasten George und Lennie am Flußufer und spinnen wieder ihr Lieblingsgarn: ein bißchen eignen Landbesitz, auf dem Lennie, der gutmütige, bärenstarke Tölpel mit dem Spatzengehirn, eine Kaninchenfarm einrichten kann. Mit seinen Riesenpranken streichelt er gern alles, was klein und zart ist, aber die Leute verstehen das nicht immer so harmlos, wie es gemeint ist. George denkt für den ungefügen, infantilen Klotz mit und sucht ihn vor Torheiten seines armseligen Verstandes zu bewahren, die sie beide dann ihre Stellung kosten, wie eben gerade an ihrem letzten Arbeitsplatz, den sie verlassen mußten, weil Lennie ein Mädchen gestreichelt hatte. Eindringlich mahnt George den Freund, sich auf der neuen Farm zusammenzunehmen, und Lennie verspricht es, halb zerknirscht und halb betrübt, denn er hat doch nun mal den Drang, zu allen kleinen Geschöpfen, seien es Mäuse oder Menschen, liebevoll und zärtlich zu sein. Zunächst läßt sich alles gut an, die beiden finden einen Arbeitskameraden, der etwas Geld zurückgelegt hat und bereit ist, mit ihnen zusammen eine Parzelle zu erwerben. Die Kameradschaft ist überhaupt gut auf der Curley-Farm, aber die von ihrer Ehe mit dem Sohn des Besitzers unbefriedigte und vom Landleben gelangweilte junge Frau Curley, ein lüsternes, kokettes Weibchen, sucht die Männer aufzureizen. Es ist schwer, sich ihrer Zudringlichkeit zu erwehren, doch die Leute wissen, daß, wer sich mit ihr einläßt, erbarmungslos fliegt, und Arbeit und Verdienst sind ihnen lieber. Dennoch gibt es Krach und Schlägereien, und George hat genug zu tun, die Fäuste Lennies dabei vom allzu harten Zuschlagen zurückzuhalten. Die Frau aber gibt keine Ruhe. Sie stellt dem starken Lennie nach, der jedoch viel weniger ihren Verführungskünsten als seinem Drang, ihr glänzendes Haar und die schimmernde Seide ihres Kleides zu streicheln, erliegt. Plötzlich bekommt sie allerdings vor der plumpen

Kraft des Bären Angst und will um Hilfe rufen. Lennie
selbst aber denkt daran, daß George ihm gesagt hat, er
werde nie zu seiner Kaninchenfarm kommen, wenn er wieder Dummheiten mache, und hält ihr den Mund zu. Sie
wehrt sich, und als sie wieder schreien will, drückt er ihr
seine Faust so fest ins Gesicht, daß sie erstickt. In panischem
Entsetzen flieht Lennie in den Buschwald am Fluß, wo
George ihn findet, als der Mann der Toten mit den andern
Farmarbeitern schon die Verfolgung des Mörders aufgenommen hat. George weiß, daß sie Lennie lynchen, wenn sie ihn
fangen, und davor will er seinen Freund bewahren. Während er ihm noch einmal von der Kaninchenfarm erzählt
und Lennie beseligt in kindlicher Freude zuhört, streckt er
den armen Kerl durch einen Schuß in den Kopf nieder, in
dem so wenig Gedanken Platz hatten außer dem einen,
kleine, weiche Wesen zu streicheln ...

Vielleicht wirkt dieser Schluß wie ein brutaler Effekt, um
die Handlung, wenn schon nicht zur Lösung, so doch zum
Ende zu bringen. Aber er hat doch auch symbolische Bedeutung: Die Sehnsucht der Plantagenarbeiter nach eignem
Landbesitz bleibt immer nur ein Traum, dessen Erfüllung
sich die Wirklichkeit eines sozial gedrückten Daseins nicht
nur mit der Unzulänglichkeit der Gesellschaftsordnung,
sondern auch mit der Brutalität des Lebens entgegenstellt.

JOHN PATRICK

* 17. Mai 1905 in Louisville (Kentucky)

*Von irischen Emigranten stammend, hat Patrick mehrere
Dramen, Hörspiele und vor allem eine größere Anzahl sehr
erfolgreicher Drehbücher für Hollywood geschrieben. Die
Komödie »The Teahouse of the August Moon« (1953) ging
dann als ein Zugstück über die amerikanischen und europäischen Bühnen.*

Das kleine Teehaus. Spiel in drei Akten. – Die
Komödie der demokratischen Erziehung nach den staats-
pädagogischen Grundsätzen der USA, geschrieben nach

einem Roman von Vern Snyder, spielt auf der von den
Amerikanern besetzten Insel Okinawa im Stillen Ozean,
zwischen Japan und den Philippinen. Oberst Purdy, der
gern General werden möchte, nimmt es mit den in Washington ausgearbeiteten Vorschriften zur Redemokratisierung
der Japaner sehr genau und weist daher als Kommandeur
der Insel die ihm unterstellten Ortskommandanten an, strikt
nach dem ›Plan B‹ zu verfahren, der ihnen vorschreibt, zuerst eine Gemeinderat und eine Frauenliga für Demokratie
zu bilden und dann eine Schule zu bauen. Danach sind Vor-
träge über Demokratie zu halten und zweimal im Monat
schriftlicher Bericht über die dabei erzielten Fortschritte zu
erstatten. Mit dieser Ordre begibt sich auch Captain Fisby
in das Dorf Tobiki, um der dortigen Bevölkerung die Seg-
nungen der Demokratie, made in USA, zu bringen. Seine
rechte Hand ist der Insulaner Sakini, ein geriebener Bursche,
der ausgezeichnet Englisch spricht und als Dolmetscher fungiert. Die Leute von Tobiki empfangen den Captain äußerst
höflich mit vielen Geschenken und spenden seinem Demo-
kratisierungsprogramm, das er ihnen mit Hilfe Sakinis vorträgt, enthusiastischen Beifall; vor allem diejenigen, die dabei – im Gemeinderat und in der Frauenliga – zu Amt und
Würden kommen. Einer von ihnen, Mr. Sumata, überbringt
dem Kommandanten ein besonders wertvolles ›Geschenk‹,
die reizende kleine Geisha Lotosblüte, die Fisby, der ob dieser Gabe reichlich verlegen ist, durch ihre Anmut, ihre guten
Manieren und ihre Liebenswürdigkeit bald sehr für sich einzunehmen weiß. Die Dörfler, durch die Anwesenheit einer
städtischen Geisha sehr geschmeichelt, äußern den dringenden
Wunsch, sich in dem durch die junge Dame repräsentierten
Lebensstil zu versuchen, und bitten Captain Fisby, an Stelle
des vorgesehenen Schulhauses ein Teehaus zu bauen. Fisby,
des ›Plans B‹ gedenkend, zögert etwas, das bereits von der
US-Army angelieferte Bauholz nicht den Vorschriften ent-
sprechend zu verwenden; da ihm Sakini aber versichert, der
Bau eines Teehauses stelle den Wunsch der Mehrheit der
Bevölkerung dar, sei also demokratisch unanfechtbar, willigt
der Captain ein. Auf ebenso unanfechtbare Weise setzen die
Damen der Frauenliga ihren Willen durch, von Fräulein
Lotosblüte in der Kunst der Geishas unterrichtet zu werden,
und alle sind mit der Demokratie höchst zufrieden. Nur

Oberst Purdy wundert sich in seinem Hauptquartier, daß Fisbys Berichte aus Tobiki nichts vom Bau der Schule erwähnen, und ruft den Captain besorgt an. Als er dessen konfuse Antworten vernimmt, beschließt er, den Armeepsychiater Dr. McLean nach Tobiki in Marsch zu setzen und Fisby auf seinen Gesundheitszustand untersuchen zu lassen.

Kaum ist der Doktor dort, als er ebenfalls den Reizen des idyllischen Dorflebens zu verfallen beginnt – zumal er hier eine Möglichkeit sieht, ausbündig seinem Privathobby, der Bodenmelioration, frönen zu können. Als er dies dem wiederum anrufenden Oberst am Telefon mitteilt, glaubt dieser entsetzt, der Psychiater sei gleichfalls verrückt geworden, und bricht eilends nach Tobiki auf. Zusammen mit seinem Sergeanten Aldrich trifft er dort ein, als gerade das Teehaus mit einem zünftigen Fest eingeweiht wird und Fisby und McLean, nachdem Ringkämpfe und ein Tanz von Fräulein Lotosblüte die Gäste aufs höchste entzückt haben, gemeinsam unter brausendem Beifall den Song »Ganz tief im Herzen von Texas« zum besten geben. Um die Moral der amerikanischen Armee vor dem völligen Zusammenbruch zu bewahren – inzwischen haben nämlich die geschäftstüchtigen Bewohner von Tobiki auch einen schwunghaften Schnapshandel mit der Flottenstation von Awasi angefangen –, gibt Purdy Befehl, das Teehaus sofort abzureißen und sämtliche Schnapsbrennanlagen zu vernichten, die er, da alle Einwohner gleichmäßig am Gewinn beteiligt sind, für ein kommunistisches Produktions-Kollektiv hält. Als Sergeant Aldrich eben den Vollzug des Befehls meldet, trifft aus Washington die Nachricht ein, daß ein Senator in einer Rede den Wiederaufbau von Tobiki als Musterbeispiel amerikanischer Initiative bezeichnet hat und die Erfolge der Demokratisierung auf Okinawa in allen Zeitungen stehen. Eine Senatsdelegation ist bereits auf dem Weg, um die Erfolgsmethoden an Ort und Stelle zu studieren – und nun hat Purdy alles niederreißen lassen! Aber der unentbehrliche Sakini weiß Rat: die Insel Okinawa ist im Lauf ihrer langen Geschichte schon so oft erobert und besetzt worden, daß die Bewohner gelernt haben, sich auf die Methoden der jeweiligen Besatzungsmacht einzustellen. Das praktikable Teehaus ist im Nu wieder aufgebaut, und die Destillierapparate für den Schnaps hat man sorgfältig versteckt; was Sergeant Aldrich, des köstlichen Brandys voll, zerschlagen hat, waren Wasserbehälter. Oberst Purdy kann den Generalssternen entgegensehen. Fisby aber hat von den ebenso liebenswerten wie schlauen und gewitzten Insulanern gelernt, »wie man sich mit Anstand und Weisheit in sein Schicksal fügen kann ...« Das demokratische Experiment – das ist das Fazit der reizenden, liebevoll ironischen und an glänzenden humoristischen Einfällen reichen Komödie – endet, obwohl einigermaßen verunglückt, mit einem unbestreitbaren humanen Gewinn.

WILLIAM SAROYAN

* 31. August 1908 in Fresno (Kalifornien)

Der von armenischen Eltern abstammende und schon mit 13 Jahren seine ersten Geschichten erfindende William Saroyan, dessen erzählerischen Stil präzise Beobachtung, Knappheit, Humor und eine versteckte zarte und zuweilen auch bizarre Lyrik kennzeichnen, schreibt für das Theater keine festgefügten, dramatisch akzentuierten Stücke, sondern szenische Impressionen, die in einer traumhaften Atmosphäre von Poesie und Musikalität dahingleiten und sich nur zeitweilig zu einer dingfesteren, skurrilen Wirklichkeit verdichten. Das Schauspiel *Mein Herz ist im Hochland* (1939) ist mit seinem an manche alten Chaplin-Filme erinnernden melancholisch-karikaturistischen Humor eines der zartesten Werke des amerikanischen Theaters, halb Komödie, halb Elegie, reich an verhaltenem Gefühl und unausgesprochenem Empfinden – ein szenisches Scherzo con sordino: ein alternder Mann, sehr unbedeutender Dichter und Phantast mit einer sensiblen Seele, dessen kindlicher Sohn ihn als Genie bewundert und vor den Fährnissen der Welt beschirmt, die achtlos an ihm vorübergeht – eine Gestalt mit fernen Dickensschen oder Hamsunschen Zügen –, ist der passive ›Held‹ dieses Stückes. Ein Mensch, der zu nichts taugt, als sich durchs Leben zu träumen, und der dennoch unendlich liebenswert ist. Die Ausstrahlung seiner Persönlichkeit macht die Leute, denen er begegnet, liebenswürdig, öffnet ihre Herzen der Zärtlichkeit und erweckt in ihnen die Lust zu

Scherz und Musik. Eine greifbare Handlung gibt es so wenig wie eine innere Entwicklung der Charaktere; alles ist Stimmung, die Stille klingt vernehmlicher als das Laute. Nicht die Vorgänge des Stückes sollen im Zuschauer haften, sondern seine Melodie: ein lyrisches Gedicht wandert über die Szene.

Das gleichfalls 1939 veröffentlichte Schauspiel *Die Zeit unseres Lebens* (anderer deutscher Titel *Ein Leben lang*) hat eine ähnlich traumhafte Atmosphäre, wenn auch das Milieu – eine Hafenbar in San Francisco – hier konkreter gezeichnet, die Personen bestimmter umrissen sind. Zu tun haben sie kaum etwas, es sei denn, Wolken und Sterne zu betrachten. Sie leben in einer ›schönen Zeit‹, die sozusagen als Idyll im hektischen Tempo der Weltstadt ausgespart ist. (Es ist die eigentümliche Kunst Saroyans, diesen fliegenden City-Puls gleichsam hörbar zu machen; bei allem ursprünglichen Sinn des Armeniersprößlings für das Märchenhafte – ein Romantiker ist er nicht.) Die tiefe Versunkenheit des Barlebens in die Beobachtung kleiner, kaum irgendwie wichtiger Ereignisse und in die »Muße, einander in die Augen zu schauen«, wird unterbrochen durch eine ungemütliche Polizeiaktion, die der Leiter des Sittendezernats, ein »Schweinehund«, veranlaßt hat. Er ist der Vertreter jener schauerlich konventionellen Wirklichkeit, die immerfort nach dem Rechten sieht, jedoch Gemeinheit, Verlogenheit und Haß konsequent übersieht. Aber die Bargäste vermögen den Eindringling ohne eigentlich große Mühe wieder aus ihrer Welt zu entfernen, die dann leise und mit einer kaum merklich heiteren Genugtuung wieder in ihre Traumhaftigkeit zurückgleitet. Die Dialoge dieses Stückes haben einen Reichtum an Zwischentönen, eine oszillierende Farbigkeit und innere Musikalität, wie man sie nur in wenigen Werken des zeitgenössischen Theaters findet. Irgendwo findet sich bei Saroyan, dem die Beobachtung der Gegensätzlichkeiten des amerikanischen Lebens einen ungeheuren Spaß macht, noch etwas vom Humor orientalischer Schelmenerzählungen und von der Gleichniskraft der Parabeln östlicher Dichtung und schimmert, wie in der *Zeit unseres Lebens*, fremdartig leuchtend durch alles Amerikanische hindurch. Sein Schauspiel *Sam Egos Haus* hat inzwischen auch den Weg auf europäische und deutsche Bühnen (Essen 1954) gefunden, ebenso die etwas älteren *Unschuldigen* (München 1955).

TENNESSEE WILLIAMS

* 26. März 1914 in Columbus (Mississippi)

Als Fünfundzwanzigjähriger gewann Thomas Lanier Williams, der an den Universitäten von Iowa und St. Louis Literatur studiert hatte, bereits einen bedeutenden Dramatikerpreis für seinen Einakter »American Blues«, dem 1945 der Pulitzerpreis für das Schauspiel »Glasmenagerie« folgte. Williams ist zwar hauptsächlich Bühnenschriftsteller, hat aber auch Gedichte und Kurzgeschichten veröffentlicht. In Europa wurde er erst nach dem Krieg bekannt und rasch einer der meistgespielten amerikanischen Autoren der Gegenwart.

Tennessee Williams, der selbst aus Mississippi stammt, hat den Menschen der amerikanischen Südstaaten auf die Bühne gebracht, und zwar vornehmlich denjenigen, der ohne Berührung mit der dort eingesessenen Pflanzeraristokratie in den heißen, von hektischem Erwerbsgeist ergriffenen Städten lebt oder von da in die Städte anderer Unionsstaaten verschlagen wurde. Von den verschiedensten europäischen Nationen abstammend, spüren diese Menschen alle, ob sie sich's eingestehen oder nicht, ihre Wurzellosigkeit, und versuchen deshalb, sich wie Amanda Wingfield in der *Glasmenagerie* oder Blanche du Bois in *Endstation Sehnsucht* eine Art Heimatgefühl für das Land des ›Vaters der Ströme‹ und die Zugehörigkeit zu dessen Menschen vorzutäuschen, in deren abgeschlossene, konservative und hochmütig rassestolze Kreise sie niemals Eingang gefunden haben. Tennessee Williams ist ein glänzender Szenentechniker und Rollenschreiber; er besitzt den scharfen Wirklichkeitssinn eines Hemingway (ohne dessen unerbittliche Aufrichtigkeit) und die Stimmungskraft eines Saroyan (ohne dessen poetische Transparenz). Immer ist man interessiert an seinen Gestalten und ihren selbst noch so abseitigen Schicksalen, zuweilen ist man verstimmt über seine geradezu brutalen Geschmacklosigkeiten, die etwa ein Stück wie *Die tätowierte Rose* (1951) trotz der amüsanten Unverblümtheit in der Schilderung des Lebens einer sizilianischen Kolonie irgendwo am Rand des Golfs von Mexiko nur schwer erträglich machen. Der Erfolg Tennessee Williams' in Amerika beruht wohl vor allem auf dem lebendigen Bild einer sozusagen interkontinentalen Exotik, das seine Stücke vermitteln – ungefähr in der Art, wie man in Kopenhagen neapolitanisches Volksleben als ›exotisch‹ empfindet –, sein Erfolg in der Alten Welt aber sicher auf den Reflexen des europäischen psychologischen Theaters von Strindberg bis zu Henry Bernstein, die daraus zurückstrahlen.

Die Glasmenagerie

Spiel der Erinnerung. Schauspiel in zwei Teilen
Erste Aufführung: 26. Dezember 1944 in Chicago

P e r s o n e n : Amanda Wingfield, die Mutter – Laura, ihre Tochter – Tom, ihr Sohn – Jim O'Connor, der Herr zu Besuch.
O r t u n d Z e i t : Eine Seitengasse in St. Louis (USA), Gegenwart und Vergangenheit.

Frau Wingfield, deren Mann, Angestellter bei einer Telefongesellschaft, sie vor vielen Jahren verlassen hat und auf Abenteuer gegangen ist, lebt mit ihrer hinkenden, verschüchterten Tochter Laura von dem bescheidenen Gehalt ihres Sohnes Tom, der in einem Lagerhaus beschäftigt ist, aber gern ein Dichter sein möchte. Von einer großen, aber konfusen Vitalität erfüllt, klammert sich Amanda Wingfield an die Erinnerungen ihrer Vergangenheit, als sie noch ein vielumschwärmtes Mädchen war und hoffte, einen reichen Pflanzer im Süden heiraten zu können. Laura hingegen ist ein fragiles, ganz in sich eingesponnenes Geschöpf, das mit seinen 24 Jahren ohne jeden Kontakt mit der Realität vor ihrer Glasmenagerie dahinlebt, einer Sammlung von kleinen, zerbrechlichen Tierchen, die sie wie ihre alten Grammophonplatten zärtlich liebt. Sie ist selber schon so etwas wie ein gläsernes Wesen geworden, lebensängstlich, scheu und von Minderwertigkeitsgefühlen befallen, die ihre Mutter und ihr Bruder ihr vergebens auszureden versuchen. Amanda macht sich um die Versorgung Lauras, der es an jeder Herrenbekanntschaft fehlt, die größten Sorgen, und ihr erster und letzter Gedanke ist, das Mädchen im wahren Sinn des Wortes an den Mann zu bringen. Tom, der auch als Ansager in dem viel mit surrealistischen Überblendungseffekten arbeitenden Spiel fungiert, berichtet dem Publikum, was alles schon vergeblich unternommen wurde, um Laura ihrer scheuen Selbstversponnenheit zu entreißen. Als die Mutter ihn eines Tages aber auffordert, endlich auch einmal an die Zukunft der Schwester zu denken und einen soliden jungen Mann aus dem Kreis seiner Arbeitskollegen mit ins Haus zu bringen, lädt Tom, um der immer unerträglicher werdenden Atmosphäre in der Wohnung ein Ende zu machen, den ersten besten unter seinen Freunden, Jim O'Connor, der auch bereitwillig mitkommt. Amanda Wingfield legt alles auf ›guten Eindruck‹ an, hat die Wohnung und sich selbst auf Hochglanz hergerichtet und ein feines Abendessen vorbereitet, aber Laura kann vor Scheu und Schüchternheit nichts essen. Erst als sich herausstellt, daß Jim in die gleiche Schule gegangen ist wie sie und Tom, ja daß sie sich früher schon flüchtig gekannt haben, geht sie ein wenig aus sich heraus. Jim ist nett zu ihr, sie zeigt ihm ihre Glastierchen und schenkt ihm als ›Souvenir‹ ein Einhorn (das Symbol der Jungfräulichkeit). Nach einem Glas Wein läßt sie sich sogar von Jim küssen, der sich aber bald darauf vergnügt und höflich dankend empfiehlt, um seine Braut vom Bahnhof abzuholen. Alles war vergeblich. Tom, der heimlich Mitglied einer Seemannsgewerkschaft geworden ist und wie sein Vater durchzubrennen beabsichtigt, hat gar nichts davon gewußt, daß Jim schon verlobt ist und nur eben mal einen netten Abend mit den Wingfields verbringen wollte. Laura aber, die das ›große Erlebnis‹ in sich aufbrechen zu fühlen glaubte, bleibt einsam und enttäuscht in ihrer Glasmenagerie zurück, und ihre konfuse, kindische Mutter gewinnt einen Schimmer von Würde und tragischer Schönheit, als sie ihr armes Kind in die Arme nimmt und mit ihrer hilflosen Zärtlichkeit zu trösten sucht.

Endstation Sehnsucht

Drama in drei Akten
Erste Aufführung: 3. Dezember 1947 in New York

P e r s o n e n : Blanche du Bois – Stella Kowalski, geb. du Bois, ihre Schwester – Stanley Kowalski, deren Mann – Harold Mitchell – Steve Hubbell – Eunice Hubbell, seine Frau – Pablo Gonzales – Ein Arzt –

Eine fremde Frau – Ein junger Mann – Verschiedene Gestalten aus dem Stadtviertel.

O r t und Z e i t : Das französische Viertel von New Orleans, Gegenwart. Die Handlung erstreckt sich über Frühjahr und Sommer bis zum Herbstbeginn.

Blanche du Bois, Lehrerin für englische Literatur an einer Kleinstadtschule in Mississippi, kommt zu ihrer mit dem eingewanderten Polen Stanley Kowalski verheirateten Schwester Stella zu Besuch. Eine Straßenbahn mit der seltsamen Linienbezeichnung ›Sehnsucht‹ brachte sie zu dem Haus im Franzosenviertel von New Orleans, in dem die Kowalskis ihre Zweizimmerwohnung haben. Blanche ist eine affektierte und exaltierte Frau, die sich das Air einer vom Unglück verfolgten Dame gibt. Der Schwester erzählt sie, daß die Besitzung »Belle Rêve«, die einst der Familie du Bois und nach dem Tod aller übrigen Verwandten allein den Mädchen Blanche und Stella gehörte, »verlorengegangen« sei. Ihr Schwager Kowalski, ein robuster, vitaler Mannskerl, der Blanche zum erstenmal begegnet, interessiert sich sehr für diesen ›Verlust‹, denn nach dem in New Orleans geltenden Code Napoléon ist der Gatte Mitbesitzer des Vermögens seiner Frau; wenn »Belle Rêve« Stella gehört hat, so hat es also auch ihm gehört, und er verlangt von Blanche Rechenschaft über den Verlust. Sie wirft ihm ein Bündel Dokumente, die sie in ihrem im übrigen nur von luxuriösen, wenn auch etwas ramponierten Toiletten angefüllten Koffer mitgebracht hat, auf den Tisch. Bei der ungeheuren Verschiedenheit ihrer Naturen können sich die hysterische, fragile Blanche und der animalische, brutale Schwager, dem seine Frau – wie er ihr – in unersättlichem sinnlichem Begehren verfallen ist, von vornherein nicht sympathisch sein. Blanche sucht auf Stella einzuwirken, sie solle sich von Stanley trennen, obgleich sie ein Kind von ihm erwartet, aber diese denkt nicht daran – auch nicht, als Stanley ihr nach einem wilden Pokerabend mit einigen Freunden, erregt und angetrunken, einen Faustschlag versetzt hat. Im Gegenteil – gerade danach kriecht sie, als er kindisch wütend nach ihr schreit, zu ihm ins Bett. Blanche aber hat an Stanleys Freund Harold Mitchell, genannt Mitch, einem stillen, freundlichen und höflichen Menschen, der bei seiner alten Mutter lebt, Interesse gewonnen. Sie spielt ihm ihre feinsten Nuancen vor, gibt sich gebildet, verträumt, ätherisch, verbirgt ihm, daß sie eine heimliche Trinkerin ist, und bleibt damit nicht ohne Eindruck. Während sie ihrer Schwester vorlügt, ein reicher Ölquellenbesitzer aus Texas mache ihr den Hof, hat Stanley herausbekommen, daß sie gar nicht in »Belle Rêve«, sondern in der kleinen Stadt Laurel in einem mehr als zweideutigen Hotel gelebt hat und nicht, wie sie sagte, von ihrer Schule auf einen Erholungsurlaub geschickt, sondern entlassen wurde, weil sie sich mit ihren siebzehnjährigen Schülern eingelassen hat; und nach New Orleans mußte sie schließlich kommen, weil sie aus Laurel wegen ihres Lebenswandels ausgewiesen wurde. Alles dies hat Stanley seinem Freund Mitch berichtet, den Blanche inzwischen durch die sentimentale Erzählung vom Schiffbruch ihrer Ehe mit einem ganz jungen, degenerierten Mann völlig für sich gewonnen hatte. Mitch zieht sich daraufhin von ihr zurück, und auch zur Feier ihres Geburtstages, zu dem sie ihn eingeladen hatte, kommt er nicht.

Während des Geburtstagsessens bricht Stanleys lang verhaltene Wut gegen Blanche, die er verachtet, die ihn aber dennoch durch ihren morbiden Reiz irritiert, aus. Er fegt das Geschirr vom Tisch und präsentiert Blanche mit höhnischer Liebenswürdigkeit ein Geschenk: eine Rückfahrkarte nach Laurel per Autobus. Sie flieht entsetzt ins Badezimmer, Stanley hält Stella vor, wie glücklich sie beide waren, bevor Blanche ins Haus kam. In dieser fürchterlichen Aufregung setzen bei Stella plötzlich die Wehen ein. Stan bringt seine Frau rasch in die Klinik, kehrt aber nach ein paar Stunden wieder zurück, da man ihm gesagt hat, das Kind werde erst gegen Morgen zur Welt kommen. Zu Hause hat Blanche inzwischen eine Auseinandersetzung mit Mitch gehabt, der spät abends noch einmal vorbeigekommen ist, um ihr zu sagen, daß er sie nicht heiraten werde; dann hat sie allein ununterbrochen getrunken. In dieser Verfassung trifft Stanley sie an. Die Spannung zwischen den beiden steigert sich ins Unerträgliche: Blanche lügt Stan an, sie habe eine Einladung ihres alten Verehrers zu einer Lustreise in die Karibische See bekommen, Stan erwidert ihr brutal, daß alles Schwindel sei, daß ihre ganze Existenz nichts sei als billiges, schlechtes Theater – dann trägt er die vor Angst und Verzweiflung halb Irre, die mit einer Flasche nach ihm schlagen will, in sein Schlafzimmer und wirft sie aufs Bett. – Stella ist mit ihrem neugeborenen Kind in die Wohnung zurückgekehrt und packt mit Hilfe einer Nachbarin Blanches Sachen, während die Männer wieder beim Poker sitzen. Man hat der völlig zusammengebrochenen Blanche gesagt, daß man sie zur Erholung aufs Land schicken würde, in Wahrheit aber ihre Überführung in eine Heilanstalt vorbereitet. Blanche selbst aber glaubt, daß ihr erfundener Ölmillionär sie zu der versprochenen Seereise abholen werde, und ist sehr erschrocken, als ein unbekannter Herr und eine unbekannte, streng aussehende Dame erscheinen und sie mitnehmen wollen. Plötzlich packt die fremde Frau Blanche mit einem harten Griff und drückt sie zu Boden, aber der Herr wehrt ihr und tritt seinerseits, den Hut lüftend, sehr höflich auf Blanche zu, die ihn erst zweifelnd, dann lächelnd anblickt, während Stanley die völlig aufgelöste, schluchzende Stella beruhigt. Auch Mitch ist am Pokertisch schluchzend zusammengesunken. In der tiefen, erschütternden Stille schreitet Blanche am Arm des Irrenarztes wie an dem eines neuen Anbeters entrückt lächelnd hinaus, ihrer Endstation entgegen.

A Streetcar Named Desire ist wohl das stärkste Beispiel für den extremen psychologischen und psychoanalytischen Realismus der Amerikaner, das bis jetzt auf der deutschen Bühne bekannt wurde. Die grellen und brutalen Effekte der Handlung dürfen nicht dazu verführen, daß man die deskriptive Schärfe und Feinheit des Seelenbildes der Blanche du Bois übersieht, die sozusagen harte Subtilität, mit der es gezeichnet ist. Dennoch wäre dieses Bild einer Paranoikerin als Bühnenfigur uninteressant, wenn nicht zu dem beschreibenden ein poetisches Element käme – die Phantasie, die in diesem aus der Bahn geworfenen Geschöpf lebt und ihm in manchen Augenblicken die Grazie und Transparenz einer Märchenprinzessin verleiht, deren Heimat wirklich jene Gefilde sind, zu denen ihre Sehnsucht hinüberweht. Realismus und Phantastik ist ein Merkmal der ganzen amerikanischen Dramatikergeneration, die auf O'Neill fußt und zu der auch Tennessee Williams gehört.

Camino Real. Stück in 16 Stationen. – Das Thema dieses Stückes, das 1953 in New York zur Uraufführung kam und am 6. November 1954 in Darmstadt zum ersten

Male in Europa gegeben wurde, ist die Frage nach den
Möglichkeiten des Menschen, die Welt, die nichts weniger
als seine Heimat ist, zu ›bestehen‹. Im Gegensatz zur psychoanalytischen Durchleuchtung dieser Welt in seinen früheren
Dramen strahlt Tennessee Williams sie diesmal symbolisch
an: ›Camino Real‹ (spanisch) ist ein in den iberischen und
ibero-amerikanischen Ländern sehr häufiger Straßenname,
der in der Übersetzung doppeldeutig wird, denn er kann
sowohl ›Königsweg‹ wie ›Weg in die Wirklichkeit‹ heißen.
Die Gestalten, die diesen Weg in einer phantastischen Stadt
in einem imaginären südamerikanischen Land bevölkern,
verkörpern Möglichkeiten des menschlichen Selbst, die entweder im Traum von der Wahrheit des Daseins versinken
wie der Ritter Don Quijote oder von dieser Wahrheit zusammengeschlagen werden wie der abgemusterte amerikanische Matrose Kilroy, der den Camino Real als Weg der
Wirklichkeit bis zum bitteren Ende gehen mußte, so daß er
nun gewürdigt wird, mit dem Ritter den Königsweg in den
Zeit und Raum umfassenden Daseinstraum zu beschreiten.
Zeit und Raum sind auch auf der Bühne völlig aufgehoben;
neben Don Quijote erscheinen noch die historischen Gestalten Casanovas, Lord Byrons und der ›Kameliendame‹ Marguerite Gautier in dem modernen Milieu jener infernalischen
Stadt, aus der alle fliehen wollen, selbst wenn es ihnen bestimmt ist, mit dem Superflugzeug ›Fugitivo‹ abzustürzen.
Auch Sancho Pansa, Don Quijotes Gefährte, ist angst-
gepeitscht davongerannt, als er den Camino Real mit seinem
Herrn betrat. Nun sucht Don Quijote einen neuen Begleiter,
aber weder der abgetakelte Liebesabenteurer Casanova, dem
das Dasein alle Illusionen geraubt hat, noch der literarische
Griechenschwärmer Lord Byron taugt dazu. Bleibt also nur
jener Seemann Kilroy, ein Mensch mit einem Herzen, so
groß wie der Kopf eines Babys, den die Polizei malträtiert
und der mit seinen Clownerien die Gäste des Hotelbesitzers
Gutman, des kalten, geschäftsgewandten Managers am Eingang des Camino Real, unterhält. Als sein großes Herz gebrochen ist, stellt sich bei der Obduktion heraus, daß es aus
purem Gold ist. Nun weiß Don Quijote, daß er seinen Gefährten gefunden hat, und mit dem Ruf »Die Veilchen in
den Bergen haben die Felsen durchbrochen« gibt er das
Signal zum Aufbruch.

Camino Real ist Williams' schwierigstes, aber auch sein reichstes und blühendstes Werk – ein modernes Traumspiel, das die Tiefen und Abgründe einer seelisch ruinierten Welt durchmißt und den angstvollen Herzschlag des darob verzweifelten Menschen hörbar macht, zugleich aber auch die Tapferkeit und Güte des Herzens als helfende und rettende Kräfte entdeckt: eine erschreckende, jedoch auch Hoffnung weckende Diagnose unseres Daseins mit den Mitteln der Poesie.

D i e K a t z e a u f d e m h e i ß e n B l e c h d a c h. Stück in drei Akten. – Es geht in diesem Schauspiel mit dem merkwürdigen Titel (Uraufführung am 24. März 1955 in New York, deutsche Erstaufführung 1955 in Düsseldorf) um die Erbschaft des millionenreichen Baumwollplantagen-Besitzers Pollitt, genannt Big Daddy, im Mississippidelta. Seine Familie feiert seinen 65. Geburtstag in anscheinend fröhlichster Stimmung und herzlichster verwandtschaftlicher Zuneigung, aber in Wahrheit ahnen alle außer Big Daddy selbst, daß die Auskunft einer Klinik, er habe nur ein harmloses Darmleiden und keinesfalls Krebs, falsch ist, und die familiäre Eintracht ist nur eine Lüge; denn Big Daddy kann seine ewig exaltiert liebevolle, albern trällernde Frau Big Mama nicht ausstehen, und sein ältester Sohn, der Rechtsanwalt Cooper, beschnüffelt mit seinem gesundheitsprotzenden, ›gebärfreudigen‹ Weib Mae das unglückliche Eheleben seines Bruders Brick, den er mit allen Mitteln von der Erbschaft der Millionen und der 2800 Morgen umfassenden Plantage ausschließen will. Brick war einst ein berühmter Fußballspieler und Radio-Sportkommentator, jetzt aber ist er ein Säufer geworden, geht an Krücken und ist mit dem Leben zerfallen, obgleich seine Eltern ihn im Grunde mehr lieben als den intriganten Streber Cooper. Seine Frau Margaret lebt mit einer verzweifelt triebhaften, unerfüllten Sehnsucht neben ihm her, brünstig wie eine Katze, die sich auf einem glühendheißen Blechdach sonnt. Brick hat sie nicht mehr angerührt, seit sie seinen Freund Skipper homoerotischer Neigungen zu ihm bezichtigte, ihn zu einem blamablen Abenteuer mit ihr nötigte und ihn in den Tod trieb. Seit dieser Zeit ist Brick von einem tiefen Lebensekel erfaßt, den er im Trunk zu vergessen sucht. Cooper und Mae verhöhnen die unfruchtbare ›Katze‹ Maggie, auf ihre eigne blühende Kinderschar verweisend, in der sie ihren Anspruch auf die Erhaltung des Familienbesitzes und -vermögens begründet sehen. Big Daddy glaubt, alle Illusionen und Spekulationen über seine Nachfolge mit seiner neu erwachten Vitalität zerstören zu können, die, wie er auf Grund der schonungsvoll falschen Auskunft der Klinik annimmt, das Regiment über seine Familie, sein Land und seine Arbeiter noch viele Jahre sichern wird. Eine Aussprache mit Brick jedoch, die immer wieder durch lächerliche Aufzüge, Liedvorträge und sonstige nervenzermürbend ›lebensvolle‹ Unternehmungen der ›süßen‹ Kinder Coopers unterbrochen wird, zerreißt jählings das ganze Lügengewebe brutal, und der Säufer schleudert seinem Vater entgegen, daß alle wüßten, daß es sein letzter Geburtstag sei. Tobend vor Wut und Entsetzen rennt Big Daddy davon und verschließt sich in sein Zimmer, während die Familie die als Geburtstagsgäste anwesenden Freunde des Hauses, den Arzt Dr. Baugh und den Pfarrer Tooker, bittet, Big Mama über den wahren Zustand ihres Mannes aufzuklären, über den sie sich in ihrer trällernden Dummheit bis jetzt immer hinwegtäuschte. Nachdem sie die Wahrheit erfahren hat, glaubt Cooper mit seinen schon sorgfältig vorbereiteten Plänen für die Regelung der Erbschaft (selbstverständlich in seinem und Maes Sinn) herausrücken zu können. Dahin will es Big Mama, die sich jetzt angesichts der furchtbaren Klarheit als resoluter erweist, als man annehmen konnte, aber auf keinen Fall kommen lassen: Sie bittet Maggie, ihr zu helfen, daß Brick wieder in Ordnung kommt, daß er die Sache mit dem Haus und dem Erbe »in die Hand nimmt«. Während ein Sturm über das Land hinwegrast, kommt Big Daddy wieder herunter, um auch im Haus die Luft vom Gestank der Lüge zu reinigen. Maggie erzählt ihm, daß sie von Brick ein Kind erwarte; Big Daddy glaubt es und kann nun beruhigt von seinem ›Königreich‹ Abschied nehmen, weil er weiß, daß es nicht in Coopers gierige Hände fällt. Maggie aber hat gelogen – nicht wegen der Erbschaft, sondern um Brick zur Wiederaufnahme der ehelichen Gemeinschaft zu bewegen. Sie hofft, daß er sie nicht als Lügnerin bloßstellen wird: Es ist ihr letzter Versuch, aufs Ganze zu gehen, Brick und sich selbst zu retten. Die Katze wagt den Sprung vom heißen Blechdach.

Im Gegensatz zu seinen früheren Stücken, in denen Tennessee Williams fast immer das Leben der unteren Schichten, der Eingewanderten oder Deklassierten, in den Südstaaten der USA schilderte, führt er mit *Cat on a Hot Tin Roof* in das Milieu der herrschenden Klasse. Trotz ihres Reichtums und ihrer scheinbaren Lebenskraft – Big Daddy ist ein Selfmademan großen Kalibers, die Ehe seines Sohnes Cooper ist so fruchtbar, daß das immerfort zeugende Paar mit den fast urgeschlechtlich klingenden Namen »Bruder Mann« und »Schwester Frau« angeredet wird – ist sie innerlich ausgehöhlt und verdorben, von bösen Leidenschaften und Lastern befallen und verzehrt von gegenseitigem fressendem Haß. Nachklänge des Naturalismus und der Seelenentblößung Strindbergs kreuzen sich in diesem Werk mit der amerikanischen Vorliebe für ›Analysen‹ und einem Wahrheitsdrang, dessen Schonungslosigkeit teils dem Willen zu brutal aufrichtiger Zeitkritik, teils aber auch der literarischen Marotte, das Morsche, Verbogene und Verlorene für bereits ›an sich interessant‹ auszugeben, entspringt. Den Charakter von Analysen haben auch die Theaterstücke *Orpheus steigt herab* (1956), *Süßer Vogel Jugend* (1958) und *Plötzlich im letzten Sommer* (1958).

HERMAN WOUK

* 27. Mai 1915 in New York

Sohn eines russischen Emigranten. Studierte an der Columbia-Universität Philosophie und Literatur und arbeitete nach seiner Promotion hauptsächlich für den Rundfunk, dann eine Zeitlang für das amerikanische Schatzamt. Nach dem japanischen Flottenüberfall auf Pearl Harbour wurde Herman Wouk Marineoffizier und tat im Pazifik Dienst. 1947 erschien sein erster Roman »Aurora Dawn«, dem 1948 »City Boy« und 1951 »The Caine Mutiny« folgten. 1952 wurde er dafür mit dem Pulitzerpreis ausgezeichnet. Der anhaltende Erfolg des Buches veranlaßte ihn zur Dramatisierung des Romans, die am 12. Oktober 1953 in Santa Barbara (Kalifornien) zur Uraufführung kam.

Meuterei auf der Caine. – Oberleutnant Stephen
Maryk, im Krieg Erster Offizier auf der USS »Caine«,
einem alten Zerstörer, ist vor einem Marinegericht angeklagt, seinen Kapitän, Lt. Com. Queeg, während eines Tai-
funs wegen Geistesverwirrung seines Kommandos enthoben
und selbst die Führung des Schiffes übernommen zu haben.
Lautet das Urteil des Gerichts auf Meuterei, so erwartet ihn
die Todesstrafe. Die Handlung des Schauspiels zeigt in den
beiden ersten Bildern den Verlauf der Gerichtsverhandlung,
die nach amerikanischem Verfahren in der Hauptsache im
Kreuzverhör der Zeugen – auch der Angeklagte kann in eigner Sache als Zeuge auftreten – durch den Vertreter der
Anklage und den Verteidiger besteht. Maryks Anwalt, der
Fliegerleutnant Barney Greenwald, im Zivilberuf einer der
erfolgreichsten jungen Rechtsanwälte in San Francisco, ist
entschlossen, den Prozeß unter allen Umständen zu gewinnen, d. h. den Freispruch für seinen Klienten zu erwirken,
obwohl er dabei Bedenken hat. Dank seiner glänzenden
Vernehmungstechnik gelingt es ihm auch, den anfänglich
vorzüglichen Eindruck, den Kapitän Queeg auf das Gericht
macht, trotz der im Kommandanten günstigen Gutachten zweier Marinepsychiater immer mehr zu erschüttern,
bis schließlich auch die Richter zu der Überzeugung kommen, daß Queeg ein Psychopath ist, der während des Tai-
funs in der Tat die Nerven völlig verloren hatte und durch
unsinnige Befehle das Schiff und die gesamte Besatzung in
äußerste Gefahr brachte. Oberleutnant Maryk wird freige-
sprochen. Als er (drittes Bild) den glücklichen Ausgang des
Prozesses im Kreise seiner Kameraden, die fast alle als Zeugen vernommen wurden, feiert, beginnt der ebenfalls anwesende Greenwald zu aller Überraschung mit einer Verteidigung Queegs die Frage des militärischen Gehorsams
aufzuwerfen, die sich ihm in ihrer zugespitztesten Problematik stellt: Wer hätte Hitler und seine Armeen aufgehalten, wer hätte seine, des Juden Greenwald, Mutter vor der
Vernichtung bewahrt, wenn nicht der sture, kleinliche und
subalterne Schikanierertyp Queeg, den es in der Marine zu
Tausenden gibt, auf dem Posten gewesen wäre und seine
Pflicht getan hätte? Die eigentliche Entscheidung, auf die es
über das den Fall Maryk oder Queeg beendende Urteil des
Kriegsgerichts hinaus ankommt, vollzieht sich im Gewissen

des einzelnen, das, wie es der Übersetzer des Stückes, Franz Höllering, ausdrückt, »mit dem Anspruch eines im Interesse eines Ganzen notwendigerweise geforderten unbedingten Gehorsams in Konflikt kommt«.

ARTHUR MILLER

* 17. Oktober 1915 in New York

Miller war, um sein Studium zu finanzieren, Hafen-, Land- und Fabrikarbeiter, Tellerwäscher und Gehilfe in einem Laboratorium. Sein erstes Stück »The Man Who Had All the Luck« kam 1944 heraus, wurde aber nach sechs Vorstellungen abgesetzt. Den ersten nachhaltigen Erfolg brachte ihm 1947 sein Schauspiel »Alle meine Söhne«, der aber zwei Jahre später vom »Tod des Handlungsreisenden« weit übertroffen wurde.

Miller ist einer der zeitgenössischen amerikanischen Autoren, die die posthume Nachwirkung Ibsens in den Vereinigten Staaten beweisen. In der Tradition der amerikanischen Literatur – auch im Roman – spielt die Familie und das Leben in der häuslichen Gemeinschaft eine große Rolle; das ist nicht verwunderlich in einem Land, das von Auswanderern besiedelt wurde und eine lange Zeit seiner Entwicklung im Zustand des kolonialen Lebens verharrte. Die Familie und die Sicherung ihrer Existenz in der Zukunft blieb die Hauptsorge der Einwanderer, auch als die nachfolgenden Generationen längst ›Amerikaner‹ geworden waren; sie steht auch heute noch mit einem für das geschichtsbestimmte Denken des Europäers oft mißverständlichen Gewicht hinter dem amerikanischen Business- und Prosperity-Denken. Erst spät wurde dieser für die Daseinsform des ›Yankees‹ notwendige Sekuritäts-Optimismus von der Welle des Zweifels unterspült, die Ibsen mit seinem Kampf gegen die ›Lebenslüge‹ schon in der zweiten Hälfte des 19. Jh.s in Europa ausgelöst hatte. Millers Schauspiel *Alle meine Söhne* wendet Ibsens dramaturgische Entlarvungstechnik auf den Fall eines Kriegsgewinnlers an, der durch Lieferung minderwertigen

Materials für den Flugzeugbau den Tod vieler junger Männer verschuldet. Im *Tod des Handlungsreisenden (Death of a Salesman)* geht Miller mit der Einbeziehung ›filmischer‹ Rückblendungen (nach dem Prinzip von Wilders *Kleiner Stadt*) technisch über Ibsen hinaus, in der Wahrhaftigkeit und Eindringlichkeit der Menschenschilderung erweist er sich als ein Meisterschüler des großen Norwegers.

Der Tod des Handlungsreisenden

Zwei Akte und ein Requiem
Erste Aufführung: 7. Oktober 1949 in New York

Personen: Willy Loman, ein Handlungsreisender – Linda, seine Frau – Biff, Happy, seine Söhne – Ben, sein Bruder – Charley, Nachbar – Bernard, dessen Sohn – Howard Wagner, Lomans Chef – Stanley, Kellner – Das Weib – Jenny – Fräulein Forsythe – Letta.
Ort und Zeit: In Willy Lomans Wohnung im heutigen New York und teilweise auch auf den imaginären Schauplätzen von Willys Erinnerungen, Gegenwart.

Willy Loman, ein dreiundsechzigjähriger Handelsvertreter, kommt müde und niedergeschlagen von einer erfolglosen Reise zu Kunden in New England in seine New Yorker Wohnung zurück. Seine Firma hat ihm, der sie mehr als dreißig Jahre aufs beste vertreten hat, jetzt, da er alt geworden ist, das Gehalt gestrichen, so daß er mit seiner Frau und seinen zwei Söhnen nur noch auf seine Provision angewiesen ist. Das Leben bedrückt ihn, er bringt kaum noch die Konzentration auf, seinen alten Chevrolet zu fahren, aber er sucht seine Angst vor dem Ruin durch einen falschen, brüchigen Optimismus und durch die krampfhaft aufrechterhaltene Illusion, was für ein überall beliebter, erfolgreicher ›Mordskerl‹ er sei, zu betäuben. Längst weiß seine gute, geduldige Frau Linda, wie es um ihn steht, und die Söhne, die bei guten Anlagen auch nichts Rechtes geworden sind, ahnen es. Des Vaters Verhältnis zu seinem Liebling Biff ist gespannt, bald setzt er überschwengliche Hoffnungen in den immerhin schon 34 Jahre alten Jungen, bald beschimpft er ihn als Faulpelz und Nichtstuer. Oft versinkt er – dramaturgisch wendet Miller hier die Technik der Rückblendung und der Irrealisierung des Schauplatzes an – in Erinnerungen an die Jugendzeit der Kinder, als sie noch große Pläne hatten und hoch hinaus wollten im Leben; dann denkt Willy Loman auch an seinen smarten Bruder Ben, der als halber Junge nach Alaska oder Afrika ging und dort reich geworden ist, oder an die eine oder andere Frau, die er früher, ein stattlicher Mann, auf seinen Vertreterreisen kennengelernt und vielleicht auch mal zu einem kleinen Seitensprung bereitgefunden hat. Aber das ist nun alles vorbei. Willy Loman will seinem Chef Howard Wagner, den er schon als kleines Kind gekannt hat, sagen, daß er nicht mehr herumreisen mag, und ihn um eine Beschäftigung bei der Zentrale in New York bitten. Biff dagegen will sich wieder bei einer Firma melden, bei der er schon einmal vor Jahren als Verkäufer tätig war, da sich der Gedanke, mit seinem schürzenjägerischen Bruder Happy irgendwo im fernen Westen eine Farm zu gründen, doch nicht verwirklichen läßt. Die ganze Existenz der Lomans hängt in der Luft. Willy, der sie alle ernähren muß, macht sich sorgenvolle Gedanken. Wenn nur die Prämien für seine Lebensversicherung immer pünktlich gezahlt werden – ein paarmal hat er schon auf seinen Reisen Unfälle mit seinem Auto gehabt! Manche Leute wollen sogar gesehen haben, daß er geradezu auf diese Karambolagen losgesteuert sei. Und Linda Loman hat an der Gasheizung im Keller einen merkwürdigen Anschlußschlauch gefunden ... Biff geht hinunter und nimmt ihn an sich.

Willy Loman begibt sich zu Howard Wagner. Auch Biff ist in Begleitung seines Bruders zu seiner alten Firma gegangen, und am Abend wollen sich die beiden Söhne mit dem Vater in einem Restaurant treffen und die beiderseitigen Erfolge mit einem guten Essen feiern. Aber Lomans Juniorchef hat für seinen alten Mitarbeiter keine Beschäftigung in New York und meint, Willy solle die Vertretung überhaupt niederlegen, sich mal eine Zeitlang ausruhen, und dann werde man schon sehen. Das heißt: Kündigung, Hinauswurf, Verdienstlosigkeit. Und Biffs einstiger Chef Oliver erinnert sich seines ehemaligen Verkäufers, der in Wahrheit nur Packer war, überhaupt nicht mehr. Dazu hat Biff noch, halb gedankenlos vom vielstündigen Warten, halb wütend, Mr. Olivers goldenen Füllfederhalter von dessen Schreibtisch mitgenommen. Aber man trifft sich doch mit dem Vater in

dem vereinbarten Restaurant, greift sich sogar noch zwei
Mädels – aber in einem plötzlichen Verzweiflungsausbruch
stürzt Biff davon, und als eins der Mädchen meint, nun solle
Happy sich doch um seinen Vater kümmern, verleugnet der
den alten Mann: das sei nicht sein Vater, sondern irgendein
Gast. Sie sollten Biff gemeinsam folgen, ihn zur Räson bringen und dann die Stadt auf den Kopf stellen. Willy bleibt
allein zurück; die zweideutigen Mädchen haben ihn (Rückblendung) daran erinnert, wie er einmal in Boston in einem
Hotelzimmer mit einer Frau von seinem Sohn Biff überrascht wurde, der ihm sagen wollte, daß er in der Reife-
prüfung durchgefallen sei. Verwirrt findet Loman zur
Gegenwart zurück. Er erhebt sich und verläßt das Lokal.
Zu Hause kommt es zu einer Auseinandersetzung mit Biff,
der sich als ›Niete‹ bezeichnet und seine Eltern für immer
verlassen will. Gereizt vom Verhalten des Vaters, wirft er
den Gasschlauch auf den Tisch, zum Zeichen, daß er Willy
Lomans Absichten durchschaut hat. Jetzt hält er die Stunde
der Wahrheit endlich für gekommen. Er gesteht, daß er immer wegen kleiner Diebereien aus seinen Stellungen hinaus-
geflogen ist, daß er nichts kann und nichts ist – Dutzend-
ware, wie sein Vater, die »überall beliebte Erfolgskanone«,
auch. Weinend bricht Biff nach dieser Beichte zusammen,
und Willy Loman erkennt zum erstenmal, daß sein miß-
ratener Sohn ihn wirklich liebt. Nun weiß er, daß es auch
für ihn Zeit ist – 20 000 Dollar beträgt die Versicherungs-
summe. Er geht in die Garage, man hört den Motor ansprin-
gen und ein Auto in voller Fahrt davonbrausen …
Am Grabe Willy Lomans spricht ihm sein alter Freund
und Nachbar Charley das Requiem: »Willy war Handlungsreisender. Und für einen Handlungsreisenden hat das
Leben keinen festen Boden. Er ist ein Mann, der irgendwie
in der Luft schwebt, der mit seinem Lächeln reist und mit
seiner Bügelfalte. Und wenn sein Lachen nicht mehr erwidert wird – dann stürzt eine Welt ein … Ein Handlungsreisender muß träumen. Das gehört zu seinem Beruf.«

Hexenjagd. Drama in zwei Akten. – Die Handlung
des 1953 in New York uraufgeführten Stückes spielt im
Jahre 1692 in der von neu-englischen Puritanern bewohnten
Stadt Salem (Massachusetts) im Osten von Nordamerika.

Der engstirnige, bigotte Pastor Parris ist voller Furcht, daß seine Feinde den allgemein umgehenden Hexenglauben dazu benutzen werden, sein eigenes Haus in Verdacht des unsauberen Treibens zu bringen; denn er hat seine Tochter Betty und seine Nichte Abigail und noch andere junge Mädchen angetroffen, wie sie nachts im Wald zu den Liedern der Negersklavin Tituba tanzten. Er glaubt sogar, daß einige von ihnen nackt waren – ein Zeichen, daß es sich um den Umgang mit dem Teufel handelt. Nun liegt Betty regungslos und mit geschlossenen Augen im Bett; niemand vermag die Ursache dieses Tiefschlafs zu ergründen, und die Nachbarn, die ungeniert hereinkommen, sind der Überzeugung, daß sich darin Hexentum und die Macht böser Geister offenbart. Die Mädchen, die an dem Tanz teilnahmen, fürchten, daß sie ausgepeitscht werden, wenn die gefährlich hysterische siebzehnjährige Abigail etwas ausplaudert; sie drohen ihr, dann ihrerseits zu verraten, daß Abigail einen Zaubertrank getrunken habe, um die Frau des Bauern Proctor zu töten, bei der Abigail im Dienst war und die sie entlassen hat, weil Abigail anfing, ihren Mann in ihre Netze zu ziehen. Als Proctor nun eintritt, erinnert ihn das Mädchen an seine leidenschaftliche Liebe und beschwört ihn, wieder zu ihr zurückzukehren. Psalmensingend kommen immer mehr Nachbarn hinzu, alle voll eifernder Überzeugung, daß Betty verhext sei, bis auf die alte Rebecca Nurse, die die andern warnt, überall nach bösen Geistern zu suchen, und sie mahnt, sich lieber im Geist zu stärken. Auch Proctor leistet dem allgemeinen Wahn Widerstand, der sich in hitzigen Debatten offenbart, bis Pastor Hale von Beverly eintritt, der als Spezialist im Kampf gegen den bösen Feind gilt und von seinem Amtsbruder Parris herbeigerufen wurde, um festzustellen, ob Betty vom Teufel besessen ist. Als Hale Abigail fragt, was sie nachts im Walde machten, antwortet sie, daß die Negerin Tituba sie veranlaßte, Blut zu trinken. Tituba gesteht in gräßlicher Angst, daß sie Umgang mit dem Bösen habe, der als seine Sendboten Frauen aus Salem zu ihr schickt. Nun stimmt auch Abigail in das Geständnis ein: scheinbar entrückt nennt sie die Namen der Frauen, die ihr als ›Hexen‹ bekannt sind, und mit einem Mal richtet sich auch Betty auf und beginnt Namen zu schreien. Wie ein ekstatischer Jubelgesang gellen die Namen der Frauen durch

den Raum, Pastor Parris liegt auf den Knien und dankt
Gott, daß sich die Zungen lösten, Pastor Hale ist stolz, daß
es ihm gelang, die Geständnisse hervorzurufen. In Wahrheit
›gestehen‹ Abigail und Betty aber nur, weil sie wissen, daß
aller Verdacht von ihnen abfällt, wenn sie andere in Verdacht bringen.

Nun beginnt, von der grundbösen und verderbten Abigail
entfacht, überall die Hexenjagd. Nachbarn, die wegen eines
Stückes Land oder einer Kuh Streit miteinander haben, brin-
gen einander in den Verdacht des bösen Zaubers. Proctors
Frau Elizabeth wird verhaftet, niemand ist mehr vor
Denunziationen sicher. Abigail und ein paar andere junge
Mädchen, die sie mit ihrer Hysterie ansteckt, gelten als Zeu-
ginnen Gottes gegen den Teufel. Insgeheim hofft sie, daß
Proctor, wenn seine Frau als Hexe verurteilt wird, sich wieder ihr zuwendet und daß sie als Elizabeths Nachfolgerin
auf dem Hof einziehen kann. Aber Proctor durchschaut ihr
Spiel und ist bereit, um sie zu entlarven, vor Gericht den
Ehebruch mit ihr zuzugeben, obwohl er weiß, daß darauf
für ihn selbst die Todesstrafe steht; aber er will seine Frau
unter allen Umständen retten. Vor dem Oberrichter Dan-
forth und Pastor Parris, der sich aus Feigheit und Eigennutz
als fanatischer Hexenjäger betätigt, führt Abigail mit ihren
Gefährtinnen noch einmal eine tolle Komödie auf, als Proctor durch seine Magd Mary Warren die Lügenhaftigkeit
der Anklagen gegen seine Frau beweisen will. Er gesteht den
Ehebruch mit Abigail, aber Elizabeth, die aus dem Gefängnis herbeigeholt ward, behauptet, um nun ihrerseits ihren
Mann zu retten, daß sie von dieser Verfehlung nichts wisse.
Nun wird Proctor selbst der bösen Machenschaften und des
Bundes mit dem Teufel für schuldig befunden und zum Tod
durch den Strang verurteilt, nachdem er einen Widerruf
verweigert hat; denn sein Gewissen verbietet ihm, hundert
andere für eine Sünde in den Tod gehen zu lassen, die sie
sowenig begangen haben wie er selbst.

Der Erfolg von *The Crucible* beruht auf seiner außerordentlichen Bühnenwirksamkeit und der Schärfe der Charakterzeichnung aller Personen bis zur kleinsten Randfigur.
Dazu kommt ein echter menschlicher Konflikt in dem von
einer tiefen gegenseitigen Liebe durchströmten Verhalten des
Ehepaars Proctor und vor allem die durchschlagende Kraft

des Sinnbildlichen, denn dieser historisch bezeugte Hexen-
wahn aus der amerikanischen Kolonialzeit ist ja nichts anderes als ein Gleichnis für jede Art von Massenwahn und
Kollektivhysterie, die heute auf dem Gebiet der Politik nicht
weniger schrecklich und gefährlich sind als damals im Bereich der Religion.

B l i c k v o n d e r B r ü c k e. Stück in einem Bild. – Die
Tragödie eines Hafenarbeiters, wie sie, sinnbildlich gesehen,
ein Blick von der berühmten Brooklyn-Brücke auf den
Stadtteil von New York vermittelt, deren Namen sie trägt.
Eddie Carbone, ein italienischer Einwanderer, ernährt sich
und seine Familie schlecht und recht vom Löschen und Beladen von Schiffen im New Yorker Hafen. Bei ihm lebt
seine ›angeheiratete‹ Nichte Catherine, ein Mädchen von
18 Jahren, an dem er mit zärtlicher Liebe hängt und das er
beruflich gut versorgt wissen will; Kathie soll Stenotypistin
bei einem Anwalt oder etwas ähnliches werden, aber Eddie
will sie noch möglichst lange in seinem Haus behalten. Daß
die Zuneigung, die er für das Mädchen trägt, mehr ist als
eine nur väterliche Liebe, kommt Eddie erst zum Bewußtsein, als zwei Vettern seiner Frau Beatrice aus Sizilien auftauchen, die illegal in die Vereinigten Staaten eingewandert
sind und dort arbeiten wollen, um die trostlose Lage ihrer
Angehörigen in ihrem Heimatland durch regelmäßige Sen-
dungen ersparten Geldes zu verbessern. Es gilt als unge-
schriebenes Gesetz aller aus Italien stammenden, in Amerika
eingebürgerten Hafenarbeiter, daß sie illegal herübergekomme-
ne Landsleute bei sich aufnehmen, ihnen Arbeit verschaffen und sie so lange wie möglich vor der Entdeckung durch
die Einwanderungsbehörden schützen; denn diese schicken
jeden, der nicht mit den nötigen Papieren eingereist ist, unbarmherzig wieder zurück.

So läßt auch Eddie die beiden Vettern Marco und Rodolfo, zwei Brüder, bei sich wohnen und rät ihnen, sich
möglichst wenig außerhalb ihres Arbeitsplatzes im Hafen
sehen zu lassen, damit sie den Behörden nicht auffallen.
Marco hält sich strikt an diesen Rat, aber der junge, sehr
hübsche und lustige Rodolfo, ein blonder Sizilianer, fällt
schon dadurch auf, daß er bei der Arbeit singt und seine
Kameraden durch allerlei Scherze unterhält, die den rauhen,

grobschlächtigen Burschen irgendwie unmännlich vorkommen.
Rodolfo und Catherine fassen bald starke Zuneigung zueinander, so daß in Eddie die Eifersucht erwacht. Bald wütend,
bald flehend, versucht er, seine Nichte von Rodolfo zu trennen, quält seine Frau Beatrice, die zu den beiden hält – natürlich auch, um Eddies für sie peinliche Neigung für Kathie
zu dämpfen –, und als alles nichts hilft, verdächtigt er Rodolfo, gar kein richtiger Mann zu sein. Im Verlauf einer erregten Auseinandersetzung nennt er ihn mehrmals »Weib«
und küßt ihn sogar auf den Mund. Aber selbst nach dieser
widerlichen Szene hält Catherine zu ihrem Rodolfo, und die
beiden beschließen, sobald als möglich zu heiraten, denn
durch die Ehe mit einer Amerikanerin wird auch Rodolfo
legalisiert und darf in den Staaten bleiben. Als Eddie merkt,
daß nichts Catherine von ihrem Entschluß abbringen kann
und daß der Hochzeitstermin schon festgesetzt ist, tut er das
Böseste und Verächtlichste, was ein Brooklyner Hafenarbeiter tun kann – er zeigt Marco und Rodolfo bei der Ein-
wanderungsbehörde an. Marco, der stille, fleißige Arbeiter,
der jeden verdienten Cent beiseite legt, um seiner darbenden
Familie daheim in Sizilien zu helfen, gerät darum in einen
furchtbaren Streit mit Eddie, der sein Messer zieht und auf
Marco eindringt. Dieser umklammert sein Handgelenk, aber
mit einemmal fährt das Messer nieder und Eddie in die
Brust. Er sinkt zu Boden und stirbt.

Wie Arthur Millers frühere Stücke enthält auch das 1955
in New York uraufgeführte *A View from the Bridge* deutliche Anspielungen auf soziale und politische Probleme, auf
das Elend der von Arbeitslosigkeit und Hunger bedrohten,
überzahlreichen Proletarierfamilien in Süditalien, auf die
harten und stur angewandten amerikanischen Einwande-
rungsgesetze, auf das Solidaritätsbewußtsein der von ihnen
Betroffenen und die daraus abgeleitete Moral der Illegali-
tät. Der Konflikt des Schauspiels entsteht jedoch nicht aus
den Verhältnissen, die es zeigt, sondern aus der Leidenschaft
des Mannes Eddie für das Mädchen Catherine. Das Stück
ist kein soziales Drama, sondern eine Liebestragödie.

Nach dem Sündenfall. Schauspiel in zwei Akten.
– *After the Fall*, der Titel des 1964 uraufgeführten Stückes,
das im gleichen Jahr nach Wien kam, meint den Moment im

Garten Eden, in dem Gut und Böse zu unterscheiden waren, somit die Frage nach der Schuld beantwortet werden mußte. Miller selbst steht verkleidet als Anwalt Quentin auf der Bühne, er analysiert sein Leben. Ort der Handlung ist gewissermaßen das Gehirn der Hauptpersonen. Zwei Ehen gingen ihm in die Brüche, die zweite auf weltbekannte Weise, nämlich mit der Filmschauspielerin Marilyn Monroe (im Stück »Maggie«), die sich 1962 mit einer Überdosis Schlaftabletten vergiftete. Nach Maggies Selbstmord führt Helga (Miller heiratete 1962 eine österreichische Fotografin) Quentin zu einem ehemaligen Konzentrationslager und erklärt: »Niemand ist unschuldig, den sie nicht getötet haben.« Die selbstquälerische Conference soll die Einsicht in die Mitschuld aller vermitteln, und diese Selbsterkenntnis zum Kampf gegen das Böse aktivieren.

Z w i s c h e n f a l l   i n   V i c h y . – *Incident in Vichy* wurde im Dezember 1964 in New York uraufgeführt, im deutschen Sprachraum erstmals im Mai 1965 in Wien. Im Jahre 1942 sind in einem Haftlokal in Vichy neun Arrestanten versammelt: ein Zigeuner, zwei Christen und sechs Juden. Einer von ihnen ist von Beruf Psychiater, er erklärt einem der versehentlich verhafteten Arier: »Jude ist nur der Name, den wir den Fremden geben ... Jedermann hat seinen Juden und das ist der andere. Und auch die Juden haben ihre Juden. Und jetzt müßten Sie erkennen, daß Sie Ihren haben – den Mann, dessen Tod Ihnen das erleichternde Gefühl gibt, daß sie nicht er sind. Und eben darum ist alles umsonst und wird alles umsonst bleiben – es sei denn, Sie erkennen Ihre Mitschuld an Ihrer eigenen Unmenschlichkeit.« Die Wartenden werden nacheinander in das Zimmer eines deutschen ›Rasseforschers‹ zur Untersuchung gebracht und kehren nicht wieder. Todesangst greift um sich. Der ›Zwischenfall‹ besteht darin, daß einer der Arier dem jüdischen Psychiater seinen Passierschein zuspielt und damit sein Leben stellvertretend opfert.

D e r   P r e i s . – *The Price* wurde im Februar 1968 in New York uraufgeführt und gelangte im April 1968 nach Berlin. Die Brüder Victor (ein Polizist) und Walter (ein Chirurg) treffen sich nach vielen Jahren absichtlicher Trennung im

Vaterhaus, um über den Verkauf des Mobiliars der Eltern mit einem Trödler zu verhandeln. Bei dieser Gelegenheit ziehen sie Bilanz: Victor hat seine Karriere dem hilfsbedürftigen Vater geopfert und wirft das seinem egoistischen Bruder vor. Der Autor enthält sich des Urteils, um beide in ihrer ganzen Menschlichkeit und von ihrem jeweiligen Standpunkt aus zeigen zu können. »Wie sollen wir den idiotischen Konflikt zwischen unserer Selbstverwirklichung und dem Gefühl für die Pflichten gegenüber anderen ... beenden?«

N. RICHARD NASH

* 1916 in Philadelphia

Zur »mittleren Generation« der amerikanischen Dramatiker gehörend wie Arthur Miller, Tennessee Williams, Herman Wouk u. a., studierte Nash an der Universität von Pennsylvania und übernahm danach ebendort eine Stellung als Dozent für Schauspiel und Theater. Dann wurde er Regisseur an mehreren Studentenbühnen und Drehbuchautor für die großen Filmgesellschaften in Hollywood. Mit seinen beiden ersten Stücken »The Young and Fair« und »See the Jaguar« eroberte er sich den Broadway, der ihm den Weg zum internationalen Erfolg eröffnete.

Der Regenmacher. Romantische Komödie in drei Akten. – Das Stück spielt im amerikanischen Westen an einem heißen Sommertag während der Zeit der großen Dürre im Jahr 1913. Der alte H. C. Curry bewirtschaftet mit seinen Söhnen Noah und Jim und seiner Tochter Lizzie seine Farm und hofft, daß es endlich einmal regne, damit seine Felder nicht verdorren. Ebenso hofft er aber auch, daß das allmählich ›spät‹ werdende Mädchen Lizzie vor dem leiblichen und seelischen Vertrocknen bewahrt bleiben möge, und sucht daher mit seinen beiden Jungen eifrig einen Mann für Lizzie. Keineswegs wollen der Vater und die Brüder sie los werden; aber sie haben trotz ihrer rauhen Manieren ein feines Gefühl für die innere Not ihrer Schwester und spüren, daß nur ein Mann ihr helfen kann. Doch alle ihre Bemühungen bleiben so vergeblich wie ihre Hoffnung auf Regen.

Da erscheint ein Kerl namens Bill Starbuck auf der Curry-Farm, ein fideler, aufgeräumter Scharlatan, der sich erbötig macht, für 100 Dollar einen erfrischenden, ausgiebigen Regen herzuzaubern. Während man auf dieses Wunder wartet, gelingt es dem Regenmacher, Lizzie, die schon nahe am Resignieren ist und sich, obgleich der stattliche Gehilfe des Sheriffs, File, ihr offen seine Sympathie bezeigt, bar jeder Wirkung auf Männer glaubt, wieder von sich selbst zu überzeugen. Das geschieht auf die einfachste Weise, indem Bill, mit stillschweigender Duldung Vater Currys, Lizzie ihre Anziehungskraft auf Männer in einem Geräteschuppen neben dem Haus bei sich selbst erproben läßt; mit poetischen Worten huldigt er ihrer Schönheit, nennt sie »Melisande« und bewirkt im Verlauf des nächtlichen Stelldicheins eine so vollkommene Wandlung in ihr, daß sie plötzlich die Werbung Files versteht und einwilligt, die Seine zu werden. Als sich nun gar noch das zweite Wunder begibt und – zu des wackeren Windhunds Bill eigenem größten Erstaunen – ein mächtiges Gewitter losbricht, kassiert der Regenmacher von Jim Curry schleunigst die 100 Dollar und rennt davon, hinaus in den Guß, der Felder und Menschen erfrischend vom Himmel herunterprasselt.

N. Richard Nash hat mit der in der Rollenprägung vortrefflichen Komödie *The Rainmaker* dem amerikanischen Familienstück einen romantischen Schimmer gegeben – nicht so verzaubernd, wie das Saroyan vermag, und schließlich doch mit der Entscheidung für die bürgerliche Solidität (denn Lizzie folgt ja nicht dem Fabulierer und Vagabunden Bill, sondern dem braven Vizesheriff File), aber in einer leichten, liebenswürdig spielerischen Art und mit einer szenischen Lebendigkeit, die nicht einen Augenblick aussetzt. Auch hier ist das Vorbild des deutschen Naturalismus überall zu erkennen, der hier auf dem Umweg über die amerikanischen Dramatiker sogar in der romantisierenden Spielart, die ihm Gerhart Hauptmann gegeben hat, wieder in sein Ursprungsland zurückkehrt. Das Stück ging nach seiner New Yorker Uraufführung 1954 in den folgenden Jahren auch über viele deutsche Bühnen.

FEDERICO GARCÍA LORCA

* 6. Juni 1899 in Fuentevaqueros bei Granada
† 19. August 1936 bei Viznar bei Granada

*Sohn eines reichen Bauern und einer Lehrerin. Studium
(Philosophie, Literatur, Rechtswissenschaft) an den Universitäten Granada, Madrid und New York. Musikunterricht
bei Manuel de Falla. Der Freundschaft mit dem großen
Komponisten, dem surrealistischen Maler Salvador Dali und
der namhaften Schauspielerin Margarita Xirgu verdankt
García Lorca entscheidende künstlerische Förderung. Noch
in Granada Veröffentlichung seines einzigen Prosabuches
»Eindrücke und Landschaften« (1918). Erste Gedichtsammlung Madrid 1921, ein zweiter Gedichtband erschien 1927
in Malaga. Ein Jahr darauf begründete die Sammlung
moderner Zigeuner-Romanzen »Romancero Gitano« (1924
bis 1928) García Lorcas Ruhm als Lyriker in den breitesten
Schichten Spaniens. Wie der Dichter seine lyrischen Bände
selbst illustrierte, schrieb er sich auch die Musik zu seinen
Bühnenstücken. Nach einer Amerikareise übernahm García
Lorca 1931 Organisation und Leitung der studentischen
Theatergruppe »La Barraca«, die ein vorwiegend klassisches
Repertoire durch Spaniens Provinzen trug. 1933 führte ihn
eine Reise nach Südamerika. 1936 fiel er dem Bürgerkrieg
zum Opfer: Soldaten der Falange erschossen ihn.*

Das dramatische Schaffen eröffnen 1921 das Marionetten-
spiel *Die Hexerei des Schmetterlings* und 1928 das Drama
Mariana Pineda. Der ›tolle Schwank‹ *Die wundersame
Schustersfrau* (1930) verschmilzt die Prinzipien der Commedia dell'arte und des Puppentheaters in der Urwüchsigkeit
andalusischer Folklore. Das grazil-hintersinnige Kammerspiel *In seinem Garten liebt Don Perlimplin Belisa* (1931)
schließt, psychologisch durchfühlt und voll schwebender
Musikalität, an die Tradition der ›Mantel-und-Degen-
Stücke‹ an. Surrealistische Züge zeigt im gleichen Jahre das
tiefgründige Drama *Sobald fünf Jahre vergehen.* Zwei
Jahre darauf entsteht die große Bühnenballade *Bluthochzeit. Yerma* (1934) ist die Tragödie einer durch die Gefühlskälte ihres Mannes kinderlosen Bäuerin. Nach der zärtlich-
harten Szenenromanze *Doña Rosita bleibt ledig* (1934) setzt

die Tragödie *Bernarda Albas Haus* (1936) den krönenden Schlußstein seines Schaffens.

Die elementare Dramatik, die García Lorcas gesamtes Werk zwischen die Gegenkräfte Natur und Verhärtung, tödliche Konvention und zerstörenden Ausbruch spannt und in eruptive Bewegung setzt, ist ebenso grundspanisch, wie sie durch die Anwendung der höchst differenzierten künstlerischen Darstellungsmittel zu einem völlig neuen, suggestiven Ausdruck kommt. Indem García Lorca die volle Problematik unserer heutigen, von der Fülle des Lebens angezogenen, durch die Gewalt des Daseins unheimlich bedrohten Existenz enthüllte, gab er den dichterischen Beitrag Spaniens zum Kulturbewußtsein der europäischen Gegenwart, wie ihn zuvor de Falla für die Musik, Picasso und Dali für die Malerei, Unamuno und Ortega y Gasset für die Philosophie Spaniens leisteten.

Bluthochzeit

Lyrische Tragödie in drei Akten und sieben Bildern
Erste Aufführung: 5. März 1933 in Madrid

P e r s o n e n : Die Mutter – Der Bräutigam – Die Braut – Der Vater der Braut – Die Magd – Leonardo – Die Frau Leonardos – Die Schwiegermutter – Der Mond – Der Tod (als Bettlerin) – Die Nachbarinnen – Mädchen – Gäste – Holzfäller – Nebenpersonen.
O r t und Z e i t : Andalusien, Gegenwart.

Wie die anderen großen Dramen García Lorcas (sämtlich von Enrique Beck ins Deutsche übertragen) wurzelt die Tragödie tief in der andalusischen Erde, entnimmt sie ihre Substanz dem geistig-seelischen Klima südspanischer Dörfer und ihrer bäuerlichen Menschen, die auf einem uralten, von widersprüchlichen Wirkkräften genährten Kulturboden stehen. Durch die wechselvolle Geschichte des Landes bestimmt, wurde dessen Sonderheit von den das iberische Stammvolk durchdringenden keltischen, griechischen, phönizischen, karthagischen, römischen und westgotischen Einflüssen, von der arabisch-maurischen Kultur, mit jüdischen und zigeunerischen Zumischungen, und schließlich von der christlich-spanischen Feudalherrschaft geprägt. Ein solcherart span-

nungsgeladener Humus, auf dem das zähe Beharrungsver-
mögen einer (in Europa sonst kaum mehr bestehenden)
feudal-aristokratischen Hierarchie und einer spanisch-kon-
fessionell erstarrten Tradition jede menschlich-soziale Be-
freiungstendenz tödlich bekämpft, wirft polare Kraftströme
aus: sie mit den empfindlichsten Tastorganen aufzufangen
und in die unmittelbare, noch körperfühlige künstlerische
Gestalt zu heben, war García Lorcas humane und dichterische Bestimmung.

Die als erste in Deutschland bekanntgewordene Bühnendichtung des spanischen Dramatikers wandelt das ihm ur-
eigene Grundthema innerhalb ihres Konfliktfeldes, wie stets
bei ihm, bis zur letzten Folgerung ab: den Dualismus zwischen dem unbeugsamen Gesetz überkommener Sitten- und
Ehrbegriffe und dem revoltierenden Anspruch der individuellen Persönlichkeit auf das natürliche Recht der Lebenserfüllung. Auch hier erhebt sich der tragische Austrag über
der sozialen Komponente.

Da lebt eine Mutter in der beständigen Angst, der ihr
einzig verbliebene Sohn ende einmal wie Vater und Bruder
als Opfer von der Hand eines aus der seit Generationen rivalisierenden Sippe der Felix. Jedes Messer wird der Sorgen-
den zum Sinnbild drohenden Mordes, so daß sie es hütend
verwahrt. Der Sohn hat eine schöne Braut, verschlossen und
einsam lebt sie im Ödland bei ihrem Vater. Als Fünfzehn-
jährige war das Mädchen mit einem Jugendfreund verlobt,
doch dieser erwies sich als nicht wohlhabend genug, die Ehe
mit ihr zu schließen. Nach Jahren heiratete Leonardo eine
ihrer Kusinen, die ihm ein Kind gebar, doch blieb er im
Bann der Geliebten. Erschreckt hört die Mutter des jetzigen
Bräutigams vom früheren Verlöbnis der künftigen Schwiegertochter. Leonardo entstammt dem gehaßten Mörder-
geschlecht... Die kostbaren Brautgeschenke des Bräutigams
wecken nur die Freude der Magd, ihre Herrin lauscht dem
Hufschlag des nächtlichen Reiters, dessen Unrast sein Pferd
bis zur Erschöpfung durchs Ödland hetzt. In der Frühe des
Hochzeitstages überrascht Leonardo als der erste Gast die
bräutlich sich Schmückende und gesteht ihr seine untilgbare
Leidenschaft. Schwer sinkt das Bekenntnis in die noch Ab-
wehrende. Das Hochzeitsfest entfaltet den ganzen sinnvollen Reiz andalusischen Brauchtums: Wechselgesänge des

Morgens vorm Kirchgang, und nach der Trauung die Feier am Abend mit Liedern, Reigen, Mahl und Tanz – doch »das Sakrament wiegt der Braut wie Blei«. In die steigende Feierlust der Gäste fallen gewittrige Schatten, jäh zerreißt ein Aufschrei den Festlärm: die Braut flieht mit dem Jugendgeliebten auf seinem Pferd in den Abend hinaus – wie eine Erscheinung sind die beiden verschwunden. Der Bräutigam jagt ihnen mit seinen Burschen nach. Die Gruppe der Hochzeitsgäste spaltet sich in zwei Parteien, der Familien der Braut, des Bräutigams. Wie die Dunkelheit einbricht, wechselt die harte Realistik und der gegenständlich gebundene Lyrismus der beiden ersten Akte ins traumhaft-surrealistische Element hinüber, vernehmbar werden die Stimmen der lauernden Nacht, des rauschenden Blutes, der Geheimnisse des Lebens und Todes... Im feuchtdunklen Wald bangen Holzfäller um das Schicksal der Flüchtigen, nach denen man überall sucht und die noch der Schutz der Finsternis einhüllt. Der Mond – »in Substitution einer alten, der Leidenschaft abholden« Gottheit, der Mond-, Jagd- und Todesgöttin Artemis« (Enrique Beck) – verlangt, als ein junger Holzfäller, nach der Wärme des springenden Blutes, das noch in dieser Nacht seine Wangen röten wird. Deshalb erhellt er alle Pfade: »Entkommen können sie nicht.« Die Bettlerin Tod hockt am Wegrand und weist dem rasenden Verfolger die Richtung. Den Bräutigam erhitzt die Begier nach Blutrache, die Bettlerin geleitet ihn zum Wald. Auf der Flucht fiebern die beiden Liebenden in der Glut ihres Zueinanderbestimmtseins, ohne daß sie sich umfingen. Die Braut bereitet sich zum Verzicht auf den Geliebten, damit er sein Leben rette. Leonardo läßt nicht von ihr, weiterfliehend suchen sie sich in einer Höhle zu bergen. Im mondhellen Wald geraten die Rivalen aneinander und fallen beide. – Der Schlußakt ist eine szenisch komponierte Elegie auf das Gewesene, vorgangliche, liedhafte und chorisch gegliederte Totenklage. Der noch frohe Beginn (im Wechsellied warten Dorfkinder auf die Rückkehr von der Hochzeit) schlägt sofort um ins Unheimliche: die Bettlerin kündet genießerisch die Ankunft der Toten. Die drei plötzlich ihrer Männer beraubten Frauen werden vorgeführt: Leonardos Weib, die Mutter, daheim wieder im jählings veröderten Haus, und die Braut, die von der Mutter den Tod fordert. Unberührt geblieben, verdient die Trostlose weder Schlag noch Beschimpfung. In den chorischen Strophen der Totenfeier reckt sich das düstere Gegenbild zu den kaum verklungenen Hochzeitscarmina. Zwei Männer in der Blüte der Jahre sterben hin für die Liebe durch ein kleines Messer, an einem Tag, »der vorherbestimmt war«.

Verherrlichung der Blutrache? Apologie der Triebhaftigkeit? Diesem Dichter geht es um das pure Gegenteil irgendeiner Verherrlichung. Er gibt die objektiv-direkte Aussage einer leidenschaftlichen menschlichen Verflechtung, deren tragische Ausweglosigkeit durch das Unrecht der herkömmlichen soziologischen Zustände entsteht. Es ist die unbestechliche Kritik an einer falschen Gesellschaftsordnung, die sich von der wahren, sittlich-natürlichen, dem göttlichen ordo, abgekehrt hat. Der ethischen Absicht entspricht als das ihr adäquate künstlerische Ausdrucksmittel eine knappe, unverschminkt echte Prosa und die assoziative Einbeziehung des zugehörigen Brauchtums. Auf solche Weise wird die Verwendung folkloristischer Bestandteile (der Lieder, chorischen Strophen, Wechselgesänge) zum strukturbildenden Element mit dramaturgischer Funktion, ähnlich dem tektonischen Prinzip des antiken Chores – wie denn überhaupt das gräcolateinische Erbe wesentlich die dramatische Form García Lorcas mitbestimmt. Diese bewahrt zugleich in der Komposition ihrer Bauglieder (Wort, Musik, Gesang, Tanz) die traditionelle Bühnengestalt der spanischen Klassik. Wenn der moderne Dichter zu bezeichnender Akzentuierung schließlich noch surrealistische Wesenszüge hereinnimmt, wird in der Verbindung der verschiedensten Materialien ein »Verschmelzungsvorgang« (E. Beck) vollzogen, der organische Vollkommenheit erreicht.

Doña Rosita bleibt ledig
oder Die Sprache der Blumen

Granadiner Dichtung um das Jahr Neunzehnhundert
Drama in drei Akten
Erste Aufführung: 13. September 1935 in Barcelona

Personen: Doña Rosita – Tante – Onkel – Haushälterin – Neffe – Die drei Manolas – Drei alte Jungfern – Die Mutter der drei alten Jungfern – Die zwei Fräulein Ayola – Nebenpersonen.

Die junge, temperamentvolle Rosita, eine Waise, lebt als
Tochter im Haus bei Onkel und Tante. Der skurril-gütige
Onkel züchtet, in seine Liebhaberei versponnen, rare Blumen, insbesondere seltene Rosensorten, als kostbarste die
»rosa mutabilis«, die Veränderliche, die am Morgen rot erblüht, mittags glüht, abends weiß wird und nachts sich ent-
blättert: Gleichnis der aufblühenden und schicksalhaft vergehenden Mädchenblüte Rosita. Sie liebt ihren Vetter und ist
mit ihm verlobt. Sein alter Vater hat in Amerika eine Farm
gekauft, der Sohn folgt ihm nach und nimmt zärtlichen
Abschied von seiner Braut mit dem Versprechen, bald wiederzukommen. Doch nur seine Liebesbriefe finden zu ihr.
Jahr für Jahr wartet Rosita in unverbrüchlicher Treue auf
den Geliebten. Andere Bewerber stellen sich ein, Rosita fühlt
sich gebunden. Nach 15 Jahren erreicht sie an ihrem Namens-
tag der Vorschlag des Bräutigams, bis zu seiner späteren
Ankunft die Heirat »durch Vollmachten« zu vollziehen.
Rosita spürt das Hinhalten, aber sie will glauben und krallt
sich in ihre Hoffnung fest. Sie welkt in zehn weiteren Jahren
hin, verblüht. Endlich gesteht der empörten Tante ein Brief
des Treulosen, daß er vor langer Zeit sich drüben verheiratet
hat, während seine Beteuerungen immer noch zu der Verlassenen gingen – selbst dann noch, als Rosita durch eine
Bekannte bereits die ganze Wahrheit wußte. Inzwischen
änderte sie ihr Wesen nicht, verfing sich tief in einer »von
Schluchzen erfüllten Illusion« und liebt, noch jenseits aller
Erfahrung, unwandelbar. Was ihr bleibt, ist die lebendige
Erinnerung und die scheu behütete Würde ihres spanischen
Ehrgefühls. – Um die tragische Romanze von Rositas zunehmender Vereinsamung und sterbender Hoffnung spielt
die soziale Elegie des vergehenden Wohlstandes ihrer Familie, die zugleich den Verfall einer ganzen Gesellschaftsschicht
in sich schließt. Der Onkel, »die reinste, christlichste Seele«,
half der Bedürftigkeit, wo immer sie ihn anging, und nahm,
um der in der Wartezeit sich häufenden Aussteuer Rositas
willen, eine Hypothek auf Haus und Mobiliar auf. Jahre
nach seinem Tod muß die bedrängte Witwe das leergewor-
dene Haus räumen, für Rosita das Haus ihres Lebens. Zu-
verlässiger Halt ist den beiden verängstigten Frauen die bäue-
risch-resolute Haushälterin, die der alten Herrin und ihrem
Sorgenkind Rosita in bedingungsloser Treue ergeben ist.

Der Dichter bringt den herzhaften Wirklichkeitssinn dieser elementaren Natur in eine beziehungsreiche, urspanische Antithese zu Rositas treibhaushaft-illusionärer Liebe; wie es überhaupt García Lorca eigentümlich ist, innere Entwicklungen in szenische Vorgänge umzusetzen und durch entsprechende oder gegensätzliche Figuren und Situationen zu kontrapunktieren. So steht der schwingenden Innerlichkeit Rositas die Lebenslust der drei Schwestern Manola gegenüber, diese entspricht zugleich dem vorwaltenden Glückszustand vor dem Abschied des Verlobten. Der sinkenden Lebenskurve ist die gekünstelte Fröhlichkeit der Namenstagsfeier mit dem Ensemble der drei alten Jungfern und der im Schwips ihre verschämte Armut ausplaudernden Mutter adäquat, pointiert wiederum durch den albernen Lachreiz der beiden reichen Fotografentöchter Ayola. Wenn zu Beginn des Mittelaktes die steifbürgerliche Grandezza eines Professors der Volkswirtschaft als eines vergeblichen Werbers den noch bestehenden Wohlstand des Hauses bezeugt, versinnbildet im Schlußakt der schicksalsgezauste alte Lehrer mit der heimlich getragenen Dichterwürde (gleichwie Rosita ihre menschliche Würde bewahrt) die wachsende Trostlosigkeit; und wenn zuletzt der Sohn einer verstorbenen Freundin wie ein Gruß jungen Lebens diesen Raum der verlorenen Erwartung betritt, wird wehmütig-satirisch das unaufhaltsame Verströmen der Zeit atmosphärisch eingefangen.

Der erzählerische Stoff einer Novelle, nicht eines Dramas – aber mit welcher dichterischen Subtilität wurde er inszeniert! Es ist eine große Kunst der abgestimmten Töne, genauer Farbgebung, duftiger und dunkler Valeurs, assoziativer Bildhaftigkeit und unerbittlicher Gleichniskraft in einem ganz eigenen Klang zwischen Härte und zarter Sensibilität; die moderne spanische Romanze der Vergänglichkeit.

Bernarda Albas Haus

Frauentragödie in spanischen Dörfern
Erste Aufführung: 8. März 1945 in Buenos Aires

Personen: Bernarda Alba – María Josefa, Bernardas Mutter – Angustias, Magdalena, Amelia, Martirio, Adela, Bernardas Töchter – La Poncia, Magd – Jüngere Magd – Bettlerin – Nebenpersonen.

García Lorcas letztes Stück, ein Gipfel zugleich seines unmittelbar danach ausgelöschten Schaffens, nimmt – in haar-
scharfer gestalterischer Übereinstimmung mit der Sonderart
des thematischen Vorwurfs – die Darstellung der varianten-
fülligen Ereignisse zu einer letztmöglichen Verdichtung zusammen. Der in antiker Wucht gedrängte Szenenblock läßt
für die in den anderen Dramen des Dichters neuerweckte
spanisch-klassische Bühnenform (mit dem Einbau von Musik, Gesang, Tanz) keinen Raum mehr. Die abgründige
Kritik an der Tyrannis denaturierter bäuerlich-bürgerlicher
Moral- und Ehrauffassung wird zur schonungslosen sozialen
Anklage gegen einen introvertierten Kodex abgelebter
Scheinwerte und stellt die Geschehniskette mit unerhörter
Eindringlichkeit noch kantiger, nackter, entlarvender als
sonst heraus – ohne dabei jemals die Objektivität des echten
Dramatikers aufzugeben. (Deutschsprachige Erstaufführun-
gen: 22. November 1947 in Basel und 1. März 1950 in
Essen.)

Schneidende Ironie, antithetisch gesetzt, exponiert den
Aufriß der Tragödie: dem dörflichen Trauerpomp für den
soeben verstorbenen zweiten Mann der Bernarda Alba mit
feierlichem Begräbnis und endlosen Responsorien kontrastiert der dumpfe Aufruhr der Mägde zu Hause gegen die
Herrschsucht seiner verhaßten Witwe und wirft sein zuk-
kendes Schlaglicht auf Unterdrückung und Triebleben des in
allen kirchlichen und weltlichen Ehren Bestatteten, indessen
die häusliche Trauerzeremonie den Standesstolz und die
Herzensstarre Bernardas bloßlegt. Nichts geht der Despotin
über den äußeren Ruf und den nur mit Mühe aufrecht-
zuerhaltenden Rang ihres Hauses. Die jeder freiheitlichen
Regung Unzugängliche schließt ihre fünf nicht eben anziehenden Töchter noch ausschließlicher auf viele Jahre von
jeglichem Leben ab und sperrt sie ins sommerheiße Haus,
um zu verhindern, daß die Mädchen unter ihrem Stand heiraten, während sie für eine Verehelichung nach außerhalb,
bei den andersortigen Besitzverhältnissen, nicht reich genug
sind. Zusammengepfercht sitzen die Gefangenen Tag um
Tag zwischen den abgedunkelten Kalkwänden und nähen
– bitteres Gleichnis vergeblichen Wartens, unbefriedigter
Sehnsucht – an der Aussteuer, für die sie niemals werden Verwendung finden. Lediglich die ältlich-säuerliche Angustias,

Tochter aus der ersten Ehe und durch ihres Vaters Tod
begütert, darf sich mit ihren schier vierzig Jahren verloben.
Ihr junger, gutaussehender Bewerber Pepe el Romano ist der
einzige Mann, der in den Bannkreis des streng gehüteten
Hauses gelangt – nur folgerichtig, daß er den in ihren Wünschen eingekerkerten Frauen ›der Mann‹ und Gegenstand
ihres schwelenden Verlangens wird. Pepe aber geht nach dem
Geld, steht nächtens vorm Gitterfenster der mageren Angustias und stillt insgeheim, Bernarda täuschend, seine Lust an
Adela, der jüngsten und schönsten der Albatöchter, die sich
ihm, ohne von seiner Absicht auf die Stiefschwester zu wissen, inbrünstig hingab und ihn, unter ständiger Angst vor
Entdeckung, mit glühender Leidenschaft liebt. Am gefährlichsten wird der liebesblinden Adela ihre bucklige Schwester
Martirio: der im Minderwertigkeitskomplex Herangewach-
senen entzog der Familiendünkel der Mutter den einzigen
Bewerber, weil sein Vater Ackerknecht war – Verzicht und
Triebverdrängung machten die Mißgestaltete argwöhnisch,
neidisch, bösartig. Martirio spürt Adelas verstohlene Zu-
sammenkünfte mit Pepe im Stall aus, ihre spitze Zunge
schreckt die jüngere Schwester mit hämischer Andeutung und
versteckter Drohung. Die vor unterdrückter Erregung kni-
sternde Atmosphäre, in deren Spannungsfeld zunächst
Adela, Angustias und Martirio geraten, versucht eine ältere
Magd, die Vertraute der Mädchen, zu entschärfen. La Poncia, verwandt mit Doña Rositas Haushälterin, von real den-
kendem Verstand wie diese, doch unfrei, weil in demütigen-
der Abhängigkeit von einer starrköpfigen Herrin, warnt
mit bauernschlauem Kompromißvorschlag vergeblich die
ihren unbedingten Liebesanspruch rebellisch verteidigende
Adela. Als die angestaute Gewitterschwüle sich erstmals in
jäh ausbrechendem Streit der Mädchen um ein der Angustias
gestohlenes Bild ihres Verlobten entlädt, das sich in Marti-
rios Bett findet, und die aus Furcht vorm Gerede der Nachbarn verblendete Mutter die Zügel nur noch fester strafft,
beschwört La Poncia erfolglos Bernardas Hochmut, die
widernatürlichen Fesseln zu lockern, die Augen offenzuhal-
ten vor nahendem Unheil, Adela statt Angustias mit Pepe
zu verheiraten. Die Bäuerin bleibt unbelehrbar. Der Zündstoff glimmt gefährlicher als je: die entlarvte Martirio wirft
allen in ihr hochschwimmenden Neid erbarmungslos gegen

die um ihre Liebe angstgepeinigte Adela und weist der zu-
sammenbrechenden Schwester am gleichzeitigen Vorfall einer
auf der Straße gelynchten Kindsmörderin, zu deren ent-
menschter Tötung Bernarda die Menge fanatisiert, das künftige Geschick. Doch dann erstarkt am sadistischen Haß der
Verwachsenen Adelas Kraft im Bewußtsein des Rechtes auf
ihre Liebe zu Mut und Verwegenheit. Sie ist zu allem entschlossen, »und die andern wachen unermüdlich«. Nur Bernarda wähnt sich in ihrer Überheblichkeit sicher vor jedem
Schlag des Schicksals, den La Poncia stündlich für das fried-
lose Haus befürchtet. Die Nacht zwingt Adela wieder in
den Stall, sie gehört ihrem Liebsten an, Martirio lauert ihr
auf, ruft schließlich die glückliche Rivalin heraus. Der
Kampf zwischen den beiden Mädchen beginnt, Martirio fordert Adelas Verzicht, gesteht ihre unfruchtbare Begierde
nach dem gleichen Mann und eine sie überwachende höllische Kraft der Zerstörung. Am Rande tödlicher Gefahr
leuchtet Adelas Zubestimmung für Pepe in dunkler Glut
auf, sie ist zum höchsten Frauenopfer bereit, gegen das
ganze Dorf die Geliebte des künftig mit ihrer Halbschwester
verheirateten Mannes zu werden. Die Rückkehr in den Stall
verwehrt ihr die vor Eifersucht rasende Martirio, sie schreit
die Mutter wach und verrät Adelas Geheimnis. Zu innerer
Unabhängigkeit befreit, zerbricht Adela die Zuchtrute der
Gebieterin, nur der Mann drinnen hat ihr noch zu befehlen.
Außer sich holt Bernarda ihre Flinte und schießt auf den
Eindringling, der entflieht. Die Nebenbuhlerin ins Herz zu
treffen, lügt ihr Martirio Pepes Tod. Verzweifelt stürzt
Adela in den nächtlichen Stall und erhängt sich, wo sie ihr
Glück genoß. Pepe reitet unverletzt nach Haus, Bernarda
kündet ihm Blutrache an. Ihr zweiter Gedanke gilt der
Wahrung des äußeren Rufes, versteint befiehlt sie die jung-
fräuliche Aufbahrung ihrer unberührt gestorbenen jüngsten
Tochter und allen ein undurchdringliches Schweigen.

Kaum, daß eine seelentötende Scheinmoral sich hüllen-
loser zeigen könnte als durch Frau Albas Selbstbekenntnis:
»Die Herzen gehen mich nichts an, aber ich will eine schöne
Fassade und Einigkeit in der Familie.« Gegen die Unmütter-
liche hält der Dichter Bernardas eigene Mutter »als Symbol
des Nur-Natürlich-Mütterlichen und somit als antipolares
Prinzip« (Beck) – inmitten der verdrängten und um so

brennenderen Süchte der eingesperrten Mädchen fiel die greise
María Josefa in fluktuierende Geistesgestörtheit und wird
von ihrer drakonischen Tochter hinter Schloß und Riegel
verwahrt. Den freiheitsberaubten, verhemmten Frauen tauchen aus La Poncias Beobachtung drei Gegenbilder sexueller
Hemmungslosigkeit entgegen (Ehebrecherin, Tänzerin, Kindermörderin). Der einzige Mann in dieser Frauentragödie,
der Mann, dessen Anwesenheit das Begehren der Frauen
stachelt: ein meisterlicher dramaturgischer Schachzug holt
ihn nicht auf die Szene, er bleibt bis zum bitteren Ende unsichtbar und ist dennoch von einer hautnahen Gegenwärtig-
keit. Über der regional bestimmten sozialkritischen Problematik »in spanischen Dörfern« ist *La casa de Bernarda Alba*
das gültig aufgestellte Sinnbild der Unterdrückung, an der
das Leben vorbeirauscht, ›das Haus‹ der menschlichen Vergewaltigung – eine bestürzend aktuell gebliebene Demonstration. (Reclams UB 8525.)   *K. G.*

ALEJANDRO CASONA

* 23. März 1903 in Tineo (Asturien)
† 17. September 1965 in Madrid

Casona (eigentlich Alejandro Rodríguez Álvarez), zunächst
Lehrer im Arán-Tal (Asturien), trat erstmals 1929 mit einem
Gedichtband an die Öffentlichkeit. Sein nächstes Buch, das
Prosawerk »Legenden-Auslese«, erhielt den nationalen Lite-
raturpreis. Neben der Bühnenbearbeitung von Stücken des
Lope de Vega festigt die Übersetzung einiger Dramen
Ibsens dem jungen Dramatiker das handwerkliche Rüstzeug.
Kenntnis des Publikums vermittelt ihm die Leitung einer
Studentenbühne, mit der er bis 1936 in über vierhundert
Städten und Dörfern spanische Klassiker zur Aufführung
bringt. Casonas erstes Bühnenwerk »Die versunkene Sirene«
(1934) wird mit dem Lope-de-Vega-Preis ausgezeichnet und
gelangt noch im gleichen Jahr in Madrid zur Uraufführung.
Die begeisterte Aufnahme bestimmt den Dichter, künftig
ausschließlich als Dramatiker zu arbeiten. Freund und Weg-
genosse García Lorcas und wie dieser Gegner der Diktatur,

emigriert er nach dessen Ermordung (1936) nach Südamerika und findet in Buenos Aires eine neue Heimat. Dort entsteht eine ganze Reihe von Stücken, darunter »Die Frau im Morgengrauen«, »Das Boot ohne Fischer«, »Das dritte Wort« und »Bäume sterben aufrecht«. Die letztgenannte Komödie brachte es allein in Buenos Aires zu 650 Aufführungen. Mit diesen Werken gewann Casona die europäische Bühne. 1962 kehrte er nach Spanien zurück, wo er 1965 starb.

Den Dramen Casonas eignet – wie denen Federico García Lorcas – die lyrisch-balladeske Gestimmtheit und die Verstrickung in starke seelische Spannungen. An García Lorca gehalten, zeigt sich der Jüngere weicher, versöhnlicher, literarisch-verbindlicher. Wo jener polare Urkräfte auslöst, hält dieser thematisch, koloristisch und dichterisch interessierende, einfallsreiche und oft überraschende Bühnenwirkungen bereit.

Bäume sterben aufrecht. Komödie in drei Akten. – Uraufführung am 1. April 1949 in Buenos Aires, deutsche Erstaufführung 1950 in Stuttgart. Die attackierende Verblüffungstaktik der Eingangsszenen bevölkert das hypermodern-sachliche Büro des »Instituts zur Hebung der Lebensfreude« mit einem anscheinend willkürlichen Durcheinander seltsam verkleideter, skurriler Gestalten – nach etlichem Rätselraten stellen sich diese als zweckentsprechend kostümierte Angestellte der Firma heraus. Die uneingeweihten Besucher der philanthropischen Organisation sind ein junges Mädchen und ein alter Mann. Marta-Isabella, im Verzweiflungsanfall über den Verlust ihrer Stellung vor dem Selbstmord, wurde just im rechten Augenblick von Felix, dem Direktor des Instituts höchstpersönlich, mit einem durchs Fenster geworfenen Rosenstrauß (dem ersten ihres Lebens) neuem Mut zugeführt und zur Mitarbeit an dem mysteriösen Unternehmen gebeten. Dort sucht auch Balboa, der Großvater, Hilfe. Vor 20 Jahren warf er seinen ungeratenen Enkel aus dem Haus. Das Früchtchen ging nach Kanada und sank vom Spiel zu Betrug und Verbrechen herab. Vergeblich wartet die ahnungslose Großmutter auf seine Rückkunft. Sie zu trösten, täuschte der Großvater seine Frau durch gefälschte Briefe, in denen der Enkel um Versöhnung

bat, sein Examen bestand, Architekt wurde und ein liebens-
wertes Mädchen heiratete. Der holde Trug wirkt weiter – bis
plötzlich ein Telegramm den Besuch des Enkels aus Kanada
ankündigt. Die »Saturn«, auf der er sich einschiffte, sinkt
mit sämtlichen Passagieren. Um die alte Dame vor neuen
Schrecken zu bewahren, ist es nötig, daß irgendein ›Enkel‹
ankommt, der dem entworfenen Bild entspricht. Direktor
Felix übernimmt selbst den Part des avisierten Heimkehrers
und Isa, die neugebackene Mitarbeiterin, die Rolle seiner
jungen Gattin. Das Wiedersehen der überglücklichen Großmutter mit dem vermeintlichen Enkel verläuft programmgemäß. Felix und Isa gewinnen ihr altes Herz. Aber während die Großmutter zu sichtlicher Beruhigung findet, beginnt zwischen den angeblichen Ehepartnern eine seltsame
Unruhe zu rumoren: die vorgetäuschten Liebesbeziehungen
werden Wirklichkeit. In das allseitig wachsende Glück platzt
der wirkliche Enkel hinein, der, mit der Vorsicht des von
der Polizei Gesuchten, ein späteres Schiff benutzte. Der
Zweck seines Besuchs ist die Erpressung der Großeltern: er
verlangt den Verkauf ihres Hauses, um seine Komplicen
zufriedenzustellen. Der alte Mann und die beiden Jungen
suchen vergebens den Ankömmling von einer Begegnung mit
der Großmutter zurückzuhalten. Doch als die alte Dame
dem rücksichtslos Fordernden gegenübertritt, ist sie durch
ihren Mann bereits über alles aufgeklärt. Sie erkennt, daß
der mit allen Gefühlen Zurückerwartete ihr keinerlei Gefühl mehr entgegenbringt, sie im Gegenteil zu opfern bereit
ist, nur um das eigene Leben zu retten. Entschlossen weist
die Großmutter dem Eindringling die Tür. Aller Hoffnungen beraubt, gestattet sich die Schwerenttäuschte kein Zusammenbrechen. Bewußt schaltet sie sich jetzt in die ihr mit
den jungen Leuten bereitete Vorspiegelung ein, der Schein
wird zur Wahrheit, und die beiden liebgewonnenen Gäste
werden als echte Enkel angenommen. Der Trost des groß-
mütterlichen Lebensabends richtet sich nun auf die zu erwartenden Kinder des nach dem anstrengenden Abenteuer
schleunigst heiratenden Paares.

Wie das allgemeine Vexierspiel des Beginns nicht die Zuschauer nur, auch die Beteiligten selbst einbezieht und erst
allmählich einer Klärung zustrebt, so auch das Scheinspiel
im Hause der Großeltern. Dieser Parallelzug in der Hand-

lungsführung des Vorbereitungsbildes wie der beiden Durchführungsakte betont die sich entwickelnde Neuordnung der bisherigen Verhältnisse und sucht zugleich die deutliche Zweiteilung der Disposition zu überspielen, ihr eine gewisse Geschlossenheit zu verleihen. Das lokale Kolorit der wohl in der südamerikanischen Wahlheimat Casonas spielenden Komödie *Los árboles mueren de pie* ist weitaus unbestimmter als in seinen anderen Stücken, wenigstens in der vorliegenden deutschen Bearbeitung.

ROMAIN ROLLAND

* 21. Januar 1866 in Clamecy (Nièvre)
† 30. Dezember 1944 in Vézelay

Nach Schuljahren in Paris studierte er Kunst- und Musikgeschichte in Paris und Rom, später war er Lehrer dieser Fächer an der Ecole Normale Supérieure und der Sorbonne in Paris. Seinen ersten Bühnendichtungen »Théâtre de la Révolution« 1898–1902 war noch wenig Resonanz beschieden, 1904 begann das große Romanwerk »Jean Christophe«, das Rolland 1913 den Preis der Académie Française eintrug, zu erscheinen, 1915 erhielt er den Friedens-Nobelpreis. Einer langen Reihe großer geistesgeschichtlicher Biographien (Goethe, Händel, Beethoven, Michelangelo, Tolstoi, Gandhi) folgten das fröhliche Buch »Meister Breugnon« (1919) und der vierteilige Roman »Verzauberte Seele« (1934), das letzte dichterische Werk Rollands, der außerdem noch zahlreiche politische Kampfschriften und zeitkritische Essays veröffentlicht hat.

Romain Rolland war einer der letzten großen Romantiker, ein leidenschaftlicher Humanist und geistiger Nachfolger Rousseaus, der unbeirrt von Krieg und Völkerhaß (aber tief daran leidend) seine Stimme für Versöhnung und Menschlichkeit erhob. Gegen die Vorherrschaft der ›lateinischen‹ Tradition in seinem Vaterland eingestellt, beschäftigte er sich in seinem riesigen schriftstellerischen Werk vornehmlich mit den ›heroischen Idealisten‹ anderer Nationen, und

942 Rolland, Ein Spiel von Liebe und Tod

insbesondere zur deutschen Dichtung und Musik hat er ein
inniges, von tiefstem Verstehen getragenes Verhältnis gehabt. (Die Gestalt, die seinen Namen weltberühmt gemacht
hat, der Musiker Jean Christophe, ist ein Deutscher, das
zehnbändige Werk, in dessen Mittelpunkt er steht, überträgt
die Tradition des großen deutschen Bildungs- und Kultur-
romans ins Französische.) Das Drama nimmt im Schaffen
Romain Rollands keine zentrale Stellung ein, wenn er auch
durch seine Gedanken zu einem *Theater des Volkes* (1903)
viel zu einer Revision der ästhetischen Grundlagen des (damals fast ausschließlich an die Pariser Boulevard-Autoren
ausgelieferten) französischen Theaters beigetragen hat. Schon
in seinem frühen Zyklus aus der Revolutionszeit *Der
14. Juli – Danton – Die Wölfe* tritt er für das Ziel ein, »aus
dem Chaos die reinen Werte der menschlichen Seele zu retten«. »Menschliche Bewährung in unmenschlicher Zeit« ist
auch das Thema seines einaktigen Schauspiels *Le jeu de
l'amour et de la mort* (1924), das insbesondere nach dem
Zweiten Weltkrieg auf zahlreichen deutschen Bühnen erschien und den noch in ihre Not verstrickten Menschen den
Trost seiner reinen und mutigen Gesinnung gegen Gewalt
und Barbarei spendete.

Ein Spiel von Liebe und Tod

Drama in einem Akt
Erste Aufführung: 26. März 1925 in München

P e r s o n e n : Jérôme de Courvoisier, Mitglied des Konvents – Sophie
de Courvoisier, seine Frau – Claude Vallée, geächteter girondistischer
Abgeordneter – Lazare Carnot, Mitglied des Wohlfahrtsausschusses –
Denis Bayot – Horace Bouchet – Lodoiska Cerizier – Chloris Soucy –
Crapart, Delegierter des Sicherheitsausschusses.
O r t und Z e i t : In Paris bei Jérôme de Courvoisier, Ende März
1794.

Die fröhliche, frühlingsfreudige Stimmung einer kleinen
Freundesrunde bei Sophie de Courvoisier wird unterbrochen, als der »Kurier der Gleichheit« meldet, daß die gegen
die Revolutionstruppen kämpfenden Koalitionsarmeen sich
wieder sammeln. Der junge republikanische Offizier Horace

Bouchet, den die lebensdurstige Lodoiska Cerizier liebt, wird wieder ins Feld müssen – das Vaterland, richtiger gesagt: die Schreckensmänner wollen es so. Lodoiska bewundert ihre Freundin Sophie, die ebenso über den Nöten der Liebe wie über den Schrecken der Revolution steht, mit Voltaire befreundet war und nun die Gattin des großen Gelehrten, Philosophen und Humanisten Jérôme de Courvoisier ist, dem selbst die Führer der Schreckensherrschaft ihre Achtung nicht verweigern können und den sie sogar zum Mitglied des Konvents gemacht haben. Skeptisch meint Sophie, die Sicherheit, die ihr und ihrem Mann scheinbar gewährt sei, stünde auf schwachen Füßen, allerdings habe Jérôme den mächtigen Carnot zum Freunde. Wieder kommt eine Zeitungsmeldung: eine Anzahl der geächteten girondistischen Abgeordneten ist in der Gegend von Bordeaux tot, halb von Wölfen angefressen, aufgefunden worden. Sophie unterdrückt einen Schrei – Claude Vallée ist darunter, der Mann, den sie heimlich liebt. Aus dem folgenden Gespräch errät Lodoiska die Zusammenhänge; mit verzweifelter Bitterkeit gesteht ihr Sophie, daß Vallée sich seiner Überzeugung geopfert habe, sie selbst aber habe sich ebenfalls geopfert, nämlich ihrer Überzeugung von der Unantastbarkeit der Ehe, und sei darum nicht Vallées Geliebte geworden. In diesem Augenblick erscheint ein abgehetzter, schmutzverkrusteter Mann in der Tür – es ist Vallée, den alle kennen. Der alte Denis Bayot schleicht sich schnell davon, die andern lassen auf ein Zeichen von Horace Bouchet Sophie und den todmüde umgesunkenen Flüchtling allein. Wieder ein wenig gekräftigt, erzählt der Geächtete ihr, wie er sich vor den ihn verfolgenden Revolutionsbehörden versteckt gehalten hatte, nun aber alles daransetzte, um sie, die Geliebte, noch einmal wiederzusehen. Nun solle sie mit ihm fliehen, es sei ihr, dank der weitreichenden Verbindungen ihres Mannes, ein leichtes, ihm eine Verkleidung und einen falschen Paß zu beschaffen, mit dessen Hilfe sie in die Schweiz entkämen. Sophie aber will ihren Mann nicht allein lassen, der alt ist, sie liebt und ihr vertraut. Vallée entgegnet ihr zornig, Courvoisier brauche sie nicht, da er seine Wissenschaft, seinen Ruhm, seinen Ehrgeiz und die Freundschaft der Tyrannen habe. Als Schritte vernehmbar werden, verbirgt Sophie den Geliebten rasch in einem Nebenzimmer.

Jérôme de Courvoisier kommt aus der Konventssitzung zurück. Er ist gebrochen, verzweifelt über die Barbarei, die in dieser »Herde versklavter, grausamer Tiere« herrscht, in der jeder dem andern mißtraut, einer gegen den andern wütet. Danton ist zum Tod verurteilt, Robespierre hat verlangt, daß namentlich darüber abgestimmt würde; als die Reihe an ihn, Jérôme, kam, hat er die Sitzung verlassen. Er weiß, was dies bedeutet, weiß auch, daß er ausgespäht wird und von falschen Freunden, wie dem alten Denis Bayot, umgeben ist. Sophie fährt entsetzt auf – Bayot war ja dabei, als Vallée in die Tür trat. Sie läßt ihn ins Zimmer, Courvoisier will ihn umarmen, aber der Geächtete wendet sich kalt von ihm ab; er hält Jérôme für einen Opportunisten, der sich aus Eigenliebe der Tyrannei zur Verfügung stellt. Courvoisier bemerkt, wie es um seine Frau und Vallée steht, versteckt den Flüchtling aber vor einer herannahenden Haussuchung in einem Geheimverschlag. Der Sicherheitsdelegierte Crapart, ein roher, pöbelhafter Bursche, läßt das Haus durchstöbern. Um ihn von Vallées Spur – der alte Bayot hat ihn in der Tat verraten – abzulenken, spielt Jérôme dem Spürhund das Manuskript einer Anklageschrift »Gegen die Knechtschaft«, das er verfaßt hat, in die Hand. Als Crapart Courvoisier abführen will, tritt der mächtige Carnot herein und weist Crapart und seinen Mob kurzerhand aus dem Haus. Er bringt zwei Pässe, damit Courvoisier, dessen Gesinnung ihn aufs Schafott liefert, mit seiner Frau fliehen kann. Robespierre selbst weiß von der Sache – die Republik will sich mit dem Kopf eines so berühmten Mannes nicht belasten: »Sie schließt die Augen.« Jérôme erkennt die Chance für Vallée und Sophie, er gibt seine Frau frei, sie soll mit dem Freund fliehen. Aber nun bleibt Sophie, die Courvoisiers Seelengröße erkennt, bei ihrem Mann. Vallée nimmt Abschied, da die Geliebte sich gegen ihn entschieden hat. Jérôme und Sophie, allein geblieben, erwarten ruhig und gefaßt ihre Verhaftung.

EDMOND ROSTAND

* 1. April 1868 in Marseille, † 2. Dezember 1918 in Paris

Sohn eines Volkswirtschaftlers und Journalisten. 1890 erschien sein erster Gedichtband »Les musardises«, später schrieb er vor allem für das Theater und wurde 1901 Mitglied der Académie Française. Aus gesundheitlichen Gründen lebte er seit etwa 1910 vorwiegend zurückgezogen auf seinem Landsitz in Cambo.

Schon der Titel des ersten Stückes *Die Romantischen* (1894) enthält ein Programm, das neuromantische, mag auch das Lustspiel überromantische Empfindelei und Abenteuerlichkeit ironisieren. *Die Prinzessin im Morgenland* (1895) nimmt das Motiv (idealer Liebe, des Verzichts und der Glorifizierung des Selbstopfers) auf, mit dem der Dichter, zwei Jahre später, in einer vom Tragischen ins Tragikomische geführten Variante seinen triumphalen Theatererfolg erzielte: im *Cyrano de Bergerac* (1897). Rostand stellte damit der Bühne des Naturalismus der neunziger Jahre ein neuromantisches Versdrama voll Geist und Theatralik entgegen. Die Erfolgswelle des als Nationaldrama gefeierten *Cyrano* brachte noch das Drama des ›Jungen Adlers‹ mit dem Geschick des Sohnes Napoleon I. (*L'aiglon*, 1900) zu beträchtlicher Resonanz, um mit der Parabel des *Chantecler* (1910) auszuklingen, darin die Tiere des Hühnerhofes und des Waldes die Bühne betreten, um die Satire auf Zeiterscheinungen mit einem Hymnus an die Natur zu mischen. Der Nachlaß enthielt die Stücke *La dernière nuit de Don Juan* und *Le vol de la Marseillaise* (herausgegeben 1921).

Cyrano von Bergerac

Heroische Komödie in fünf Akten
Erste Aufführung: 28. Dezember 1897 in Paris

P e r s o n e n : Cyrano von Bergerac – Christian von Neuvillette – Graf Guiche – Vicomte Valvert – Ragueneau – Le Bret, Cyranos Freund – Hauptmann Carbon – Lignière – Montfleury, Schauspieler – Roxane, Cyranos Kusine – Ihre Duenna – Nebenpersonen.
O r t und Z e i t : Paris und Feldlager vor Arras, 1640, letzter Akt 1655.

Der historische Cyrano (1619–55), Zeitgenosse Molières und
eine der originellsten Persönlichkeiten des französischen
Barock, verband überschäumendes dichterisches Temperament mit einem umfassenden wissenschaftlichen, sich ins
Neuland der satirisch-phantastischen Utopie vorwagenden
Geist. Zugleich als Haudegen berüchtigt, wußte dieser erstaunliche Charakter ein abenteuerliches Leben mit enzy-
klopädischen Erkenntnissen und einer zarten Empfindung
zu vereinen. Die Gascogner Kompanie, der er angehörte,
bestand vorwiegend aus den jüngeren und deshalb nicht erb-
berechtigten Söhnen adliger Familien, sie wurden ›Kadetten‹
genannt. Ihre sprichwörtlich gewordene Rauflust übertraf
Cyrano, dieser »Dämon der Tapferkeit«, noch um ein Viel-
faches. Eine Reihe von Vorkommnissen der Komödie entspricht der geschichtlichen Überlieferung.

   Der poetische Raufbold Cyrano de Bergerac riskiert sein
Leben tausendfach, aber er riskiert nicht, seiner Cousine
Roxane die Liebe zu gestehen, seiner berühmt häßlichen langen Nase wegen. Ihn wegen dieses Organs zu hänseln, ist
lebensgefährlich. Nur der schöne, aber dumme Christian
von Neuvillette darf es wagen, weil er Roxanes Geliebter
ist. Entsagungsvoll setzt der häßliche, aber geistvolle Cyrano
dem Nebenbuhler die Liebesbriefe auf, er souffliert sogar in
einer nächtlichen Balkonszene dem ausdrucksarmen Tölpel
wirksame Wortkaskaden. Er wimmelt einen Nebenbuhler
ab, verhilft dem Paar zur raschen Trauung, schützt Christian
im Krieg, doch der sucht und findet den Tod, als er erkennt,
daß Roxane nicht ihn liebt, sondern den Briefschreiber. Nach
Christians Tod bringt Cyrano es erst recht nicht fertig, sich
als Korrespondent zu erkennen zu geben. Cyrano und
Roxane pflegen gemeinsam sentimentale Erinnerungen und
werden zusammen alt, sie als Klosterfrau, er als umstritte-
ner Schriftsteller. Ein Angriff aus dem Hinterhalt verletzt
ihn lebensgefährlich. Sterbend kommt er zum letzten Stelldichein, bekommt Christians letzten Brief zu lesen und verrät sich endlich ungewollt. Zu spät. (Reclams UB 8595/96.)

H. D.

PAUL CLAUDEL

* 6. August 1868 in Villeneuve-sur-Fère (Departement Aisne)
† 23. Februar 1955 in Paris

*Der Dichter, der durch seinen Beruf in alle Gegenden der
Welt geführt werden sollte, hat sich dankbar zu der »gewaltigen Landschaft« seiner Abkunft bekannt und dem Umstand, daß »vier Generationen meiner Ahnen in Erwartung
des Auferstehungstages« dort auf dem Kirchhof ruhen, seine
»Verbundenheit mit unserm alten christlichen gallischen Boden« zugeschrieben. Nach Abschluß seiner Studien trat Claudel in den diplomatischen Dienst. Er war 1893/94 in den
Vereinigten Staaten (in New York und Boston), weitere
14 Jahre in China mit Reisen nach Japan, Indochina, Palästina und Syrien, kam 1909 nach Prag, 1911 (als Generalkonsul) nach Frankfurt am Main, 1913 nach Hamburg.
Während des Ersten Weltkriegs und gleich danach hatte er
wichtige Missionen in Kopenhagen und Oberschlesien. Er
wurde Bevollmächtigter Minister in Rio de Janeiro und
1921 Botschafter in Tokio. 1926 ging er als Botschafter nach
den Vereinigten Staaten, kehrte 1930 nach Europa zurück,
um bis 1934 noch einmal die Vertretung seines Landes in
Brüssel zu übernehmen. Er verlebte die Jahre seines Alters
in Brangues an der Rhône, bis zuletzt unermüdlich schaf-
fend.*

Das umstürzende Ereignis seines Lebens war seine Konversion in Notre Dame am Weihnachtstag des Jahres 1886, es
ist eines der bedeutendsten Damaskuserlebnisse in der neueren Zeit. Obwohl von beiden Seiten in einer Ahnenreihe
von Gläubigen stehend, war der junge Claudel durch Erziehung und Umwelt dem Materialismus des damaligen
naturwissenschaftlichen Weltbildes völlig verfallen. Die erste
Erweckung erfuhr der mit sich und dem Leben tief Unzufriedene durch die Begegnung mit der Dichtung Rimbauds.
Die Teilnahme am Weihnachtshochamt brachte die Umkehr.
Als die Knaben der Singschule das Magnifikat anstimmten,
fühlte er sich wie vom Blitz getroffen. »In einem Nu wurde
mein Herz ergriffen, und ich glaubte. Ich glaubte mit einer
so mächtigen inneren Zustimmung, mit einem so gewalt-

samen Emporgerissenwerden meines ganzen Seins, mit einer
so starken Überzeugung, mit solch unerschütterlicher Gewißheit, daß keinerlei Platz auch nur für den leisesten
Zweifel offen blieb, daß von diesem Tage an alle Bücher,
alles Klügeln, alle Zufälle eines bewegten Lebens meinen
Glauben nicht zu erschüttern, ja auch nur anzutasten vermochten. Ich hatte plötzlich das durchbohrende Gefühl der
Unschuld, der ewigen Kindschaft Gottes, einer unaussprech-
lichen Offenbarung.« Der ›alte Mensch‹ leistete noch vier
Jahre Widerstand, aber der entscheidende Schritt war bereits getan; das Studium Blaise Pascals, der Schriften Jac-
ques-Bénigne Bossuets, Dantes *Divina Commedia*, der Gesichte der Katharina Emmerick, dazu die Arbeit an der
Metaphysik des Aristoteles und der Summa des Hl. Thomas
von Aquin führten zur Klärung. »Aber das große Buch, das
vor mir aufgeschlagen war und in dem ich zur Schule ging,
war die Kirche. Gelobt sei auf ewig die große, herrliche
Mutter, auf deren Knien ich alles gelernt habe!« Am Weih-
nachtstage des Jahres 1890 endete dieser Prozeß mit der
Kommunion.

Er hat seitdem die Welt mit anderen Augen angesehen
und sein ganzes Leben daran gesetzt, die katholische Lehre
von Gott, Welt und Mensch zu erfassen. Die Freude, mit
Gott verbunden und durch Christus erlöst zu sein, gibt ihm
zu allen Dingen ein neues Verhältnis. Die Rätselschrift des
Seins verliert ihre Schrecken, die Teile der Welt, die bisher
ohne Zusammenhang zu sein schienen, schließen sich zusammen, die scheinbar sich selbst überlassene und in einsamer
Verzweiflung dahintreibende Erde weiß sich geborgen in
den Händen ihres Schöpfers. Claudel sieht das Universum
von einem neuen, dem »katholischen Standpunkt«, »ich
meine jenen, der nicht damit zufrieden, die ganze Welt um
sich zu scharen, sie auch mit dem Himmel zu verknüpfen
trachtet«. So wird er zum Verkünder der katholischen Heilslehre. Er tut es durch sein ganzes Wesen, sein Dasein und
durch seinen diplomatischen Beruf. Er will auch seine Dichtung als Dienst an einer größeren Aufgabe gewertet wissen.
Nichts ist ihm fremder als ein Leben für die Kunst um der
Kunst willen. »Der Schriftsteller Claudel sollte ganz vergessen werden« (an seinen Interpreten Jacques Madaule).
Das große Werk, das er gleichwohl geschaffen hat, ist unter

vielfacher innerer Nötigung entstanden, gewiß unter dem
Diktat der Phantasie und seines Schöpfertums, das sich Aus-
druck verschaffen wollte; aber Claudel schrieb in erster
Linie, um sich eines Auftrags zu entledigen. Er beginnt sein
dichterisches Werk vor der Konversion mit dem Drama
L'Endormie; *Une mort prématurée* entsteht während seines
Kampfes um seinen Glauben, den er gefunden hat, als er
Goldhaupt 1889 beendet. Es ist das Drama der Humanität
ohne Gott. *Die Stadt* (1890) leitet dann die lange Reihe der
Dramen ein, deren deutsche Erstaufführung zumeist in Hel-
lerau stattfand: *Der Tausch* (1894), *Mittagswende* (1905),
Der Bürge (1910), *Mariä Verkündigung* (1911), *Das harte
Brot* (1914), *Der erniedrigte Vater* (1916). Sein größtes
Werk, *Der seidene Schuh*, begann der Dichter 1919 in Paris,
er vollendete es 1924 in Tokio. Das 1927 entstandene Drama
Christoph Columbus (Reclams UB 8495), geschrieben als
Text für die Vertonung durch Darius Milhaud, bewahrt das
Eigenrecht des Wortes; es gibt sich als szenische Darbietung
eines Buchtextes, der geschichtliche Vorgang wird symboli-
siert, ein Ansager verdeutlicht das Mysterium. Neben dem
dramatischen Werk stehen zahlreiche kritische und betrach-
tende Bücher. Das wichtigste wurde *Art poétique* 1907. Das
Werk ist weit mehr als eine Ästhetik; die Welt ist ihm ein
Geheimnis, das er ergründen will mit den Augen des gläubigen Menschen. Als lyrischer Dichter erweist er sich 1910 in
seinen *Cinq grandes odes.*
    Claudels Stil steht im Gegensatz zu den gewohnten For-
men des Dramas, zumal des französischen; wer sich seinem
Werk nähert, ist gezwungen, sich von vertrauten Vorstellungen freizumachen. Er ist weit entfernt von der ›clarté‹ im
Sinne des französischen klassischen Dramas; er liebt es, an
die Stelle eines strengen, nach Regeln verfahrenden Aufbaus
eine bewegte Fülle zu setzen, die alle Grenzen überschreitet.
Aber auch dies ist französisch. Vorgänge, Gestalten, Erscheinungen sind ebenso Träger einer Symbolwelt wie deren
Ausdruck, die Sprache. Das Bemühen, das Universum mit-
spielen zu lassen, führt zur Herstellung vieler Bezüge, die
nicht immer leicht zu durchschauen sind. Die großen Span-
nungsbögen seines Werkes verwirren manchmal den Blick.
Zudem verbindet auch der Stil seiner Bühnenstücke die verschiedensten Elemente miteinander; erschütternder Ernst

kann neben der Komik, ja der Groteske stehen, vordergrün-
dige Realität neben der Einwirkung unsinnlicher Mächte. In
der Kunst der Menschengestaltung ist Claudel der Schöpfer
unvergeßlicher Gestalten, die handeln und leiden; zugleich
lebt sein Werk von der Kraft der großen Lyrik, die der
Sprache des Dramas gerade an den wichtigsten Stellen Glut
und Erhabenheit des Pathos verleiht. Zeit und Raum spielen
bei Claudel eine sehr geringe Rolle; für die äußeren Gegebenheiten eines Konfliktes gibt er nur ganz allgemein an-
deutende Anweisungen. Was Claudel zu sagen hat, betrifft
den Menschen an sich; er will diesen zwischen Gott und der
Schöpfung begreifen und darstellen, das Universum ›in
sprachlicher Verkürzung‹ darbieten, mit seinem Werk den
Gedanken Gottes nachgehen und damit Dichtung zu ihrem
letzten Sinn, dem Lobe des Höchsten, zurückführen. Claudel
bekennt sich zu einigen Freunden in der Weltliteratur, an
erster Stelle zu Aischylos, Vergil und Dante, sodann zu sehr
wenigen Franzosen, die ihm die ›älteren Gefährten‹ sind:
Charles Baudelaire, Paul Verlaine, Stéphane Mallarmé und
insbesondere Arthur Rimbaud. Mit Francis Jammes war er
40 Jahre lang, bis zu dessen Tode, in Freundschaft verbunden.

D e r   B ü r g e . Drama in drei Akten. – Am 5. Juni 1914 in
Paris wurde das Stück uraufgeführt. Sein Stoff beruht auf
der freien Erfindung des Dichters. Er führt in die Zeit
Napoleons; sie wird begrenzt durch die Kaiserkrönung, die
im Stück vorausgesetzt wird, und das Ende der Napoleonischen Macht und die Rückkehr der Bourbonen. Der Ort
der Handlung ist in den beiden ersten Akten die Bibliothek
der ehemaligen Zisterzienserabtei Coufontaine, im dritten
Akt das Schloß Pantin bei Paris.
Bei dieser Abtei handelt es sich um eine Gründung der
Ahnen des Geschlechtes Coufontaine; die letzte, noch be-
güterte Erbin des Geschlechtes, Synge, hat das Gebäude erworben, nachdem in den Stürmen der Revolution das Schloß
und die übrigen Besitztümer der Familie niedergebrannt
worden waren. Auch das Geschlecht ist ausgerottet; übriggeblieben ist nur Synge selbst und ihr Vetter, Georg von
Coufontaine, der sich hat retten können. Im ersten Akt
erfahren wir zudem, daß Coufontaine seine Frau durch Un-

treue, seine beiden Kinder durch ein tödliches Fieber verloren hat. So hängen über dem Stück die dunkelsten Schatten. Es beginnt mit der unvermuteten Wiederkehr des flüchtigen Vetters. Über den beiden Verwandten liegt die tiefe Freude des Wiedersehens. Beide sind entschlossene Gegner des kaiserlichen Regimes. Aber während der Graf ganz politisch denkt und sich Beauftragter des Königs Ludwig für die Champagne und Lothringen nennt, gründet sich die Gegnerschaft von Synge auf kirchliches Ordnungsdenken und religiöses Bewußtsein. Daran hat Georg nur geringen Anteil; vielmehr ist er durch die vielen bitteren und kaum noch erträglichen Erlebnisse in seinem Gottesglauben erschüttert, obwohl er treu zur Kirche hält. Zwischen den beiden auch in ihren geistigen Anlagen so nahe Verwandten besteht von Anfang an ein Unterschied des Charakters. Georg will sein Recht und verteidigt sein Eigentum; er will Gott zwingen zu offenbaren, ob er es mit seinen Getreuen, die auf dieser Welt für ihn leiden, halte, oder mit den Sündern, den Abtrünnigen und den Verrätern. Synge ist ganz demütig, selbstlos, verzichtend: »Nichts ist unser, alles ist sein, als des höchsten Herrschers.« Beide reichen sich die Rechte zum Treuebund; zwar ist es kein Eheversprechen, aber das Gelöbnis der unzerbrechlichen Zusammengehörigkeit in dieser Zeit der Not und der Verderbnis. »Es möge an Coufontaine zumindest Coufontaine nicht freveln.« Die unbedingte Redlichkeit dieses Schwurs wird dadurch nicht beeinträchtigt, daß Coufontaine in männlicher Ungeduld bekennt, er wolle Synge dem Einsatz seines Spiels beifügen.

Dieses Spiel hat bereits begonnen. Georg hat einen greisen Priester mitgebracht. Er läßt die Kusine lange im unklaren, wer der Ankömmling sei. Erst am Ende der langen Szene erfährt sie, daß der Vetter den Papst aus seinem Gefängnis befreit und hierher gebracht habe, weil er ihn hier in der größten Sicherheit glaube. Die mächtigen Spannungen des Beginns werden in der zweiten Szene noch vergrößert. Die Aussprache des erschöpften Papstes mit dem kraftvollen Coufontaine zeigt an, in welchem Maße das fehlende menschliche Vermögen durch göttliche Weihe und Begnadung ersetzt wird. Dem Drängen des Grafen, ihm auf dem Wege nach England zu folgen und die heillose Welt vorübergehend dem despotischen Cäsar zu überlassen, setzt der Papst sein

Nein entgegen. Er kann sich nicht von dieser Welt lossagen,
er steht im Dienste des höheren Willens jener Kirche, »deren
unscheidbarer Gemahl ich bin«. Auch kann er nicht den
Bannstrahl gegen den frevlerischen Kaiser schleudern, nicht
einmal gegen »dies ganze neue Recht« der Revolution, das
die Welt in Unordnung gebracht hat. Gegen den politischen
Zorn des Grafen, der auch den Papst wesentlich aus politischen Gründen befreit hat, steht der religiöse Auftrag eines
Mannes, der sich zum *Bürgen* des göttlichen Willens ausersehen weiß.

Der zweite Akt eröffnet das Gegenspiel. An der Spitze
der kaiserlichen Behörden steht Toussaint Turelure, Sohn
des Hexenmeisters Quiriace und der Magd der Gräfin
Synge, Suzanne, ehemaliger Novize der Abtei, ein Abenteurer der Revolution, der 1793 die Angehörigen des Klosters hinrichten ließ und auch der Mörder der Familie Coufontaine geworden ist. Heute ist er kaiserlicher Präfekt. Als
Chef der Polizei ist er über die Vorgänge in den Ruinen des
Gutes unterrichtet, ohne daß Synge es sicher weiß; er hat
nicht nur Kenntnis davon, daß Coufontaine sich in der Abtei
aufhält, sondern auch, daß der Papst anwesend ist. Dies
macht den gemeinen Mann mutig, sich in einer Mischung
von Leidenschaft und Berechnung der Gräfin erpresserisch
zu nähern; er will sie zur Gattin, um ihren Namen und
ihren Besitz zu gewinnen. Die Gräfin weist ihn mit Abscheu
zurück. Sie läßt sich dazu hinreißen, auf ihn mit der Schuß-
waffe anzulegen, doch verhindert Turelure durch eine blitz-
schnelle Wendung einen schlimmen Ausgang.

Die zweite Szene des Aktes, die Begegnung Synges mit
dem Pfarrer Badilon, bringt die für Claudels theologisches
Denken und dramatisches Gestalten typische außerordent-
liche Verschärfung. Badilon legt ihr um der Rettung des
Papstes und auch Coufontaines willen nahe, das Opfer der
Ehe mit dem verabscheuungswürdigen Turelure zu bringen.
Es ist der Rat eines Menschen, der selbst ganz demütig ist.
Die Ungeheuerlichkeit dieses Ansinnens wird begreiflich
durch die Erhabenheit des Gottesbegriffs, der solcher Zu-
mutung zugrunde liegt. Hier steht keine sittliche Nötigung
zur Frage, keine Erfüllung eines Gesetzes. »Christliche Seele!
Kind Gottes! Du selbst mußt es tun aus freien Stücken.«
Das Opfer ihrer selbst wäre die freie Tat einer bis zum

heroischen Selbstverzicht bereiten Seele. Nach furchtbarem innerem Kampf ist Synge zu dieser Tat entschlossen.

Der letzte Akt im Schloß Pantin, dem Hauptquartier der Armee, die Paris gegen die Verbündeten verteidigt, zeigt zu Beginn die Auflösung der kaiserlichen Macht. Die Gegensätze stoßen im engen Raum hart aufeinander. Während aus der Ferne Kanonendonner in die Szene dringt, läuten die Glocken zur Taufe von Synges Kind, und während der Vater, Turelure, mit seinen Kumpanen im Nebenzimmer den neuen Erdenbürger feiert, läßt er die Mutter gefühllos zurück, damit sie einen politischen Auftrag erfülle. Dieser besteht darin, in die Übergabe von Paris einzuwilligen, wofern die restlichen Güter Coufontaines mitsamt dem Namen des Geschlechtes ihm und den Erben überschrieben werden und der König die Krone Frankreichs aus der Hand der Truppen empfängt, die Paris verteidigen. Wer Paris hat, hat Frankreich. Mitten im Todernst der Tragödie spielt ein Stückchen Groteske mit. Der Abgesandte des Königs aber ist niemand anders als Coufontaine, der der ehemals Geliebten als ein Fremder und Enttäuschter gegenübertritt, ohne zu ahnen, welche Seelenkämpfe sie hat bestehen müssen. Für ihn ist Synge eine Verräterin. Synge selbst durchlebt diese Stunde in einer ungeheuren Verwirrung der Gefühle. Auf die Frage des Grafen, warum sie ihm das alles angetan habe, könnte sie antworten: aus dem Willen zur tiefsten Selbsterniedrigung. Aber sie macht das »böse Blut« in ihr verantwortlich. Das plötzliche Erscheinen Turelures vor dem tieferregten Coufontaine ruft einen Kugelwechsel hervor. Synge wirft sich zwischen die Streitenden, doch kann sie Coufontaine nicht retten und wird selbst tödlich verwundet. Ihr Sterben bringt keine Versöhnung. Wie sie seit ihrer Verbindung mit Turelure zu einer fast krankhaft aussehenden Kopfbewegung neigte, die ein »Nein« andeutete, so stirbt sie jetzt mit einem klaren »Nein«, als der Pfarrer mit ihr die Gebete der Versöhnung und der Barmherzigkeit sprechen will. Ihre letzten Worte sind: »Alles ausgekostet.« Aber es scheint, daß der Pfarrer auch für diese im Leid Erstarrte das Wort göttlicher Vergebung findet. Für die Sterbende spricht er, den Wahlspruch der Coufontaine variierend, die Anrufung: »Jesus Sohn Davids, adsum!« Im Augenblick des Scheidens, heißt es, reckt sich Synge plötzlich

auf und wirft heftig beide Arme kreuzweis über den Kopf.
Vielleicht ist damit doch die Annahme des unbegreiflichen
Willens Gottes angedeutet. Turelure empfängt zum Schluß
den König; der neue Staat weiß nichts von den Opfern, die
um seinetwillen gebracht worden sind, und nimmt nur die
Ergebnisse hin. Turelure wird seine Rolle weiterspielen; der
König ernennt ihn inmitten seines Hofstaates zum Grafen.

Unter den Dramen Claudels ist *L'otage* am wenigsten
lyrisch, dafür besonders dramatisch bewegt. Starken Eindruck gewinnt man von der Kunst der dialektischen Ge-
sprächsführung in den verschiedenen Situationen. Es geht in
den Auseinandersetzungen um die letzten Entscheidungen,
die für das religiöse Gewissen des Christen denkbar sind.
Im Vergleich zu der Frauengestalt des nächsten Dramas liegt
freilich über Synge eine große Trostlosigkeit, die durch die
Dunkelheit des Sterbens noch vermehrt wird. Während dort
Leben und Sterben die Tat eines gotterfüllten frohen Menschen ist, liegt über dem Ende Synges das Grauen der Verzweiflung. Aber der Schluß ist berechtigt, daß die Unverständlichkeit menschlichen Leidens um so mehr einen Ausgleich findet durch die göttliche Barmherzigkeit. Vielleicht
ist aber auch der Einwand verständlich, daß hier in der Tat
das Maß menschlicher Leidensfähigkeit überschritten wurde.

Mariä Verkündigung. Geistliches Spiel in vier Akten und einem Prolog. – *L'annonce faite à Marie* (in der
ersten deutschen Übersetzung von Jakob Hegner *Verkündigung* genannt) blickt auf zwei frühere Fassungen zurück.
Die Arbeit an dem Motiv begann 1893, die zweite Fassung
führt in das Jahr 1898, die *Verkündigung* wurde am 20. Dezember 1912 in Paris uraufgeführt. Der Weg vom Beginn
bis zur Beendigung der Dichtung zeigt die zunehmende Bedeutung der sakral-liturgischen Elemente; zur Weltfülle der
ersten Dichtung gesellt sich die Macht der Übernatur. Der
Lenker der Geschicke in der *Verkündigung* ist Gott selbst,
der die Herzen bewegt.

Das Stück gliedert sich in ein ›Vorspiel‹ und vier ›Ereignisse‹. Es ist also eine Art fünfaktiges Drama entstanden,
doch handelt es sich auch hier um eine von den klassischen
Formen abweichende Fügung, wodurch dem einzelnen ›Ereignis‹ im Zusammenhang des Ganzen eine größere Selb-

ständigkeit eingeräumt ist. Die Zeit der Handlung ist nur angedeutet. Sie »spielt in einem Mittelalter freier Erfindung, so etwa, wie sich die mittelalterlichen Dichter das Altertum vorgestellt haben«.

Im Vorspiel hat die Heldin des Stückes, die schöne, heitere und liebenswert reine Violaine, die Tochter eines Gutsherrn, eine Liebesbegegnung mit dem Steinmetzen Pierre de Craon. Der Künstler ist erfüllt von der Leidenschaft zur großen Leistung, die er im Dienste Gottes und aus gläubigem Herzen zu vollbringen hofft. Aber er ist seit einem Jahr am Aussatz erkrankt, und obwohl ihm das furchtbare Schicksal der Aussätzigen, an einem Orte der Verbannung seine Tage beschließen zu müssen, durch eine besondere Erlaubnis seines Bischofs erspart geblieben ist, darf er sich doch nur in seltenen Fällen in der Nähe der Menschen aufhalten. Mit dem Kuß, den sie dem ebenso geliebten wie verehrten Manne gibt, empfängt Violaine die todbringende Ansteckung. Sie wird es später erfahren. Zeugin des Kusses war aus der Ferne Violaines Schwester Mara. Mit diesen Voraussetzungen gehen wir in das eigentliche Drama.

Das ›erste Ereignis‹ gliedert sich in drei ›Verwandlungen‹. Im Gespräch zwischen Vater und Mutter entwickeln sich die Verhältnisse der Familie und die künftigen Bewegungslinien des Stückes. Die Ehe der Eltern war lange kinderlos, dann wurde ihnen nach Jahren die Tochter Violaine geboren, die »liebliche Narzisse«, alsdann die »schwarze Mara«; ein Sohn, den sich die Eltern heiß ersehnten, wurde ihnen nicht gewährt. Jetzt möchte der Vater die ältere Tochter verheiraten und mit dem Schwiegersohn den männlichen Erben ins Haus nehmen. Der Erwählte ist Jacques. Den Einwand der Mutter, er wisse nicht, ob die füreinander bestimmten jungen Leute sich lieben, läßt er ebensowenig gelten wie ihren Hinweis auf die gefährliche Eifersucht der zügellosen Mara. Die Leidenschaft der Liebe gilt wenig gegenüber dem Willen zur Einordnung in Gesetz und Pflicht. Das Drängen des Vaters ist begründet durch seine Absicht, für längere Zeit das Haus zu verlassen, da er eine Pilgerfahrt nach Jerusalem unternehmen will. Auf die Frage der Mutter, was ihn aus seinen nächsten Pflichten weghole, antwortet er vielsagend: »Ein Engel und seine Trompete ... Die Trompete, die von Zeit zu Zeit alle Menschen vorladet, damit ihre Lose noch

einmal verteilt würden.« Obwohl nicht verstehend, stimmt
die Mutter den Entschlüssen des unbeugsamen Mannes zu.
Mara war Zeuge auch dieser Szene. Kaum hat der Vater
den Raum verlassen, als sie in größter Heftigkeit und in
tückischem Starrsinn der Mutter erklärt, sie und nicht Violaine werde Jacques' Frau sein; sie droht, sich das Leben zu
nehmen, wenn sich nicht die Mutter zur Mittlerin ihrer
Wünsche mache. Diese folgt ihr nur halb, indem sie den
Bräutigam der älteren Tochter über die Raserei der jüngeren
unterrichtet, ohne ihm zuzumuten, dem ungezügelten Eigen-
sinn Maras nachzugeben. In der Abschiedsszene gibt der Vater dem jungen Mann die Tochter Violaine zur Braut. Zwischen ihnen erglüht eine reine Liebe. Aber die letzte Stunde
ist schwer. Die Mutter weiß, daß sie den Gatten nicht wiedersehen wird, und Violaine ahnt, daß sie in Zukunft ohne
den Vater einsam einem dunklen Schicksal entgegengehen
wird.

In der Mitte des ›zweiten Ereignisses‹ steht das Gespräch
zwischen Violaine und ihrem Bräutigam. Die dramatischen
Spannungen zeigen sich im einfachen Dialog in außerordentlicher Verdichtung. Zwischen beiden blüht die Liebe, die die
schönsten, entzückendsten Bilder findet, die Wonnen der
Freude auszusprechen vermag. Aber Violaine bedrückt ein
wehes Herz. Sie muß dem Geliebten sagen, daß sie den
Aussatz an ihrem Leibe trägt. Langsam führt sie das Gespräch zu der entscheidenden Stelle. Auf der Höhe des Dialogs bittet sie ihn um sein Messer; sie schneidet seitlich in den
Leinenstoff ihres Kleides und zeigt ihm die ersten Spuren
des Aussatzes an ihrem befleckten Fleisch. Das Wort der
Liebe verwandelt sich im Munde des Mannes jäh in das des
Abscheus und der Verachtung. Mara war längst zur Verräterin an ihrer Schwester geworden, ohne doch zwischen
die Liebenden einen Schatten werfen zu können. Der Aussatz am Leibe der Braut aber scheint dem Manne der Beweis
dafür zu sein, daß ihm das Mädchen untreu war, als der
Vater sie für ihn bestimmte. Der fehlende Ring ist ihm eine
weitere Bestätigung. Violaine rechtfertigt sich nicht. Die
Mutter wird auf eine schonende Weise im unklaren gelassen;
vorerst werde die Tochter der künftigen Schwiegermutter
zur Hilfe sein. In Wirklichkeit zieht sie das reiche Kleid für
immer aus und legt das schwarze Gewand der Aussätzigen

an, um in einsamer Höhle von der Gnade der Mildtätigen zu leben.

Acht Jahre danach – es ist das ›dritte Ereignis‹ – erscheint Mara in der Nähe der Höhle; sie wagt sich bis zu der Grenze, wohin die Aussätzige gehen darf, um sich Nahrung zuwerfen zu lassen. Der Schatten der Kranken fällt breit über die Bühne, als ihr Straßenarbeiter in großem Schwunge und mit allen Zeichen des Abscheus ein Brot entgegenschleudern. Mara folgt ihr in ihre Verlassenheit. Sie hat ihr totes Kind unter ihrer Verhüllung; sie hofft, daß die Schwester an ihm ein Wunder tun könne. Ein wunderbares Spiel beginnt in dieser Weihnachtsstunde. Violaine bekennt der Schwester die Wahrheit über sich selbst; ihr Verhältnis zu Peter von Craon war unschuldige, mitleidvolle Liebe. In dem Augenblick aber, da die Mutter ihr die eifersüchtige Liebe Maras mitgeteilt habe, sei ihr die Größe der ihr zugemessenen Aufgabe gewiß geworden, so sehr, daß »... ich nur noch IHN selbst vernahm«. Es war das Ereignis *ihrer* Verkündigung Mariens. Unter der Macht des ihr zugeschobenen Auftrags, ein Leben des Leidens, der Sühne und der Buße zu führen, habe sie sich nicht gegen den ungerechten Verdacht gewehrt. An der jetzt beginnenden Feier der Geburt des Herrn nimmt der Himmel teil. Engelstimmen, nur für Violaine, nicht für Mara hörbar, erfüllen die Luft, und während das Universum in verhaltenem Jubel dem König der Erde huldigt, erlebt Violaine das Wunder einer Erweckung von den Toten: die Tochter der Schwester, die sie an sich gepreßt hat, schlägt die Augen auf, es sind die blauen Augen Violaines, nicht mehr die schwarzen der Schwester, und auf den Lippen des Kindes hängt ein Tropfen Milch aus ihrer Brust.

Das ›vierte Ereignis‹ führt zum Anfang zurück, die Kulisse ist dieselbe wie in der ersten Szene. Peter von Craon, geheilt vom Aussatz, trägt auf seinen Armen die ohnmächtige, schwerverletzte Violaine; er hat sie unter einer Wagenladung Sand hervorgezogen. Mara, die wilde, gottlose Schwester, hat auf sie einen Anschlag ausgeübt, unbekehrt, trotz allem, was geschehen ist. Zum Bewußtsein erweckt, hat Violaine ein Gespräch der Liebe und Versöhnung mit Jacques. Der Sinn ihres Lebens war das Leiden. Daß die Mächte des Himmels auf ihrer Seite waren, erfuhr sie in jener Nacht, als es ihr vergönnt war, dem ehemals bräutlich

geliebten Mann das Kind der Schwester als das ihrige zurückzugeben. Peter von Craon trägt sie hinaus, sie wird in ihrer
Einsamkeit sterben. Ihre letzten Worte sind eine Huldigung
vor Gott: »Wie schön ist eine reiche Ernte! Ja, selbst jetzt
denk ich daran und finde, daß es schön ist ... Und schön ist
das Leben und Gottes Herrlichkeit, die kein Ende hat! ... Aber
schön ist auch das Sterben. Alles ist dann vollbracht, und
dann senkt sich auf uns allmählich das Dunkel, ein ganz dichter
Schatten.« Der Vater, in diesem Augenblick aus der Fremde
zurückkehrend, spricht die Weisheit des Spiels aus: man
überwindet die Welt nicht durch die große Tat, wie er selbst
es einmal meinte, sondern durch das Opfer und das Leid.

Mariä Verkündigung ist ein Werk von wunderbarer
Schönheit. Natur und Übernatur wirken zusammen, die
irdische Welt steht zur himmlischen in steter Beziehung. Die
Symbole der Dichtung sind nichts als Hinweise auf über-
natürliche Realitäten; wenn die Stimmen aus der Ewigkeit
hörbar werden, so leben wir nicht in einer nur erdachten
Welt, sondern sind Zeugen der realen Verbindung zwischen
Unten und Oben. Daß Violaine auf ihrem schweren Wege
von den Mächten des Himmels begleitet wird, macht der
Dichter eindrucksvoll durch Glockenschlag und Engelsstim-
men deutlich, die immer dann erscheinen, wenn ein Augenblick der Entscheidung erreicht wird: im Vorspiel, als sich
ihr künftiger Weg bestimmt, zu Beginn des ›zweiten Ereignisses‹, das sie zu Abschied und Verzicht zwingt, auf der
Höhe des ›dritten Ereignisses‹, als sie bei der Feier des
Mysteriums der göttlichen Geburt die wunderbare Berührung ihres Leibes durch die segnende Hand des Herrn verspürt. Auf diese Weise wird das Spiel aus dem irdischen
Bereich ins Überirdische gehoben, und doch ist es die Erde,
die das Heil zu kosten bekommt; es sind durchaus wirkliche
Gestalten, die in den Aufgaben des Lebens stehen und die
Welt klar und nüchtern sehen, den Schwingungen des Jahres
vom Frühling (im Vorspiel) bis zum Winter (in den beiden
letzten Ereignissen) folgen, Gutes und Böses in sich vereinigen, ja, wie es scheint, unheilbaren Dämonien ausgeliefert
sein können und dennoch wissen, daß die Welt ihre volle
Wirklichkeit nur hat durch die Teilnahme am Reich des
Himmels und daß dort allein ein höherer Grad von Wirklichkeit zu finden ist.

Der seidene Schuh

Spanische Handlung in vier Tagen
Erste Aufführung: 27. November 1943 in Paris

Claudel selbst betrachtete dieses Drama als die Höhe seines Schaffens. *Le soulier de satin* ist sein Weltbekenntnis, die Summe seines Glaubens, Erfahrens und Wissens um Gott, Welt und Mensch. Es ist sein oberster Beitrag zu den Auseinandersetzungen unserer Gegenwart und zur Verwirklichung einer besseren Welt. Damit ist kein geringer Anspruch erhoben.

Raum und Zeit sind mit einigen Strichen gezeichnet. Wir befinden uns im Spanien Philipps II. Spanien ist nicht nur die Weltmacht der Erde, sondern zugleich Hüter des katholischen Glaubens. Der spanische König ist der Katholische König. Andere Mächte treten am Horizont auf und werfen ihren Schatten in das Zentrum des Spiels: England, das im Begriffe ist, eine eigene Weltmacht zu werden und auf diesem Wege der Hort der neuen Irrlehren; Afrika, das in den Händen des Islam und des Heidentums ist; Asien, das aus dem Fernen Osten seine Abgesandten schickt. Dem Dichter kam es sehr wenig auf Genauigkeit an. In der Bühnenanweisung heißt es: »Der Schauplatz dieser Handlung ist die Welt, und genauer das Spanien des ausgehenden sechzehnten Jahrhunderts, unter Umständen auch des beginnenden siebzehnten. Der Verfasser hat sich die Freiheit genommen, Länder und Zeiten ineinanderzuschieben, wie etwa aus einer gewissen Entfernung verschiedene getrennte Bergzüge zu einem einzigen Horizont verschmelzen.«

Um sowohl seinen Herrschaftsbereich wie seinen Missionsauftrag zu sichern, hat der König einen seiner besten Männer, Don Pelayo, beauftragt, ihn in Afrika zu vertreten. Don Pelayo, ehemals der oberste Richter in Spanien, galt als ein Mann von unbestechlicher Gerechtigkeit. Er ist jetzt vorübergehend um einiger Geschäfte willen nach Spanien zurückgekehrt und soll abermals seine Statthalterschaft wahrnehmen. Bevor dies geschieht, muß er eine kleine Reise durch das Innere Spaniens unternehmen. Seine junge Gattin, Doña Proeza, soll ihn jedoch nicht auf diesem Wege begleiten. Er gibt sie dem flandrischen Offizier Don Balthasar, damit er sie in Obhut nehme und sie in die ›Herberge‹ geleite. Hier setzt die Handlung ein.

Sie beginnt mit der grotesken Szene des Ansagers, der die Bühne beschreibt: ein steuerloses Schiff, der Atlantische Ozean einige Grad unterhalb des Äquators, »in gleicher Entfernung von der Alten und der Neuen Welt«, umgekippte Kanonen, »Leichen ringsum«, einen ans Kreuz gebundenen Jesuiten, dies alles das Werk von Piraten. Neben dem Komiker steht der Todgeweihte: er öffnet den Mund zu seinem letzten Gebet, das ein Lob Gottes ist für seine Herrlichkeit, ein Dank für die Leiden und eine Bitte für den Bruder Rodrigo, den Leidenschaftlichen und Unersättlichen, daß er Ruhe und Heilung finde in der Liebe einer Frau, die doch nicht die Seine werden kann. Das Thema der Dichtung ist angeschlagen, und wir spüren, daß die Erhörung bereits gewährt, das Ende des Dramas schon angedeutet ist.

Die Kräfte des Dramas kommen in Bewegung durch die auflodernde Liebe zwischen der schönen, jungen Frau und Don Rodrigo. Beide werden bis auf den Grund ihres Wesens durchglüht. Insbesondere fühlt Proeza sich hinweggeschwemmt auf das offene Meer der Leidenschaft, obwohl sie ihren Gatten liebt und ihm die Treue gehalten hat und ihn als einen untadeligen Bewahrer der Ordnung verehrt. Aber der Greis hat sie nicht zur Frau zu erwecken vermocht; jetzt erst findet sie ihr eigentliches Wesen. Kompliziert wird die Handlung durch den Abenteurer Camillo, der später in ihrem Leben eine große Rolle spielen wird; er wird in vielbedeutender Weise gleich zu Anfang eingeführt. Die Aussicht, von dem Geliebten dauernd getrennt zu werden, ruft einen Sturm der Gefühle in ihr hervor. Don Balthasar erklärt sie, daß sie an Rodrigo geschrieben habe und alles tun werde, um sich der Aufsicht zu entziehen. Aber einem anderen Wächter wird sie sich nicht entziehen können: Gottes Engel, an ihrer Seite seit den Tagen ihrer Kinderunschuld. Das ist das Grundmotiv dieser Dichtung: »Ein Engel gegen die Dämonen!« In der blitzartigen Erkenntnis ihrer Gefährdung durch die eigene Natur wendet sich Proeza zur Statue der Mutter Gottes, legt ihren seidenen Schuh zwischen deren Hände und betet zu ihr, daß sie ihren Schuh bewahren solle, damit es mit hinkendem Fuß geschehe, wenn sie sich in Sünde stürze.

Inzwischen hat Rodrigo Proezas Brief erhalten; auf dem Wege zu ihr gerät er in ein Geplänkel mit Wegelagerern und wird verwundet auf sein väterliches Schloß gebracht. Doña Proeza erhält in ihrem Gewahrsam Kunde von diesem Ereignis; es gelingt ihr, zu entfliehen. Der Dämon und der Schutzengel stehen sich gegenüber: während sie, von Leidenschaft getrieben, sich durch den tiefen Graben, der die Herberge umgibt, den Weg bahnt und sich in Dornen, Schlinggewächsen und Gestrüpp verfängt, tritt ihr – unsichtbar für sie – der Schutzengel entgegen. Er setzt den Fuß auf das Herz der Ohnmächtigen. Sie reißt sich jedoch los: »Ich bin dein, Rodrigo! Du siehst, ich habe für dich diese harte Fessel zerrissen!« Aber der Engel wird sie an den Ort der äußersten Gefährdung begleiten. Balthasar selbst kommt um. Damit endet der ›erste Tag‹. Indessen wird Proeza den Geliebten nicht sehen. Sie steht in der Obhut von Rodrigos Mutter, aber diese selbst verhindert jede Annäherung. Statt dessen tritt ihr unerwartet der eigene Gatte entgegen. Das Gespräch der beiden ist einer der Mittelpunkte des Stückes. Der Stimme des Herzens, das nach andern Lösungen verlangt, steht die Verbindlichkeit des Gesetzes gegenüber. Die wandernde Liebeskraft der Menschen ist gebunden im Sakrament der Ehe; aus ihr kann keine Willkür befreien. »Ihr könnt einem andern nicht schenken, was Ihr Gott ein für allemal hingegeben habt.« Don Pelayo verhängt über die Gattin eine Strafe, ihr zum Heile: sie soll den Oberbefehl im Schlosse Mogador im Lande Afrika übernehmen, um den verräterischen Camillo zu überwachen. So wird sie, »verschollen zwischen See und Sand«, eine einsame Stellung halten müssen, ohne zu wissen, ob und wann sie je einmal von dieser Aufgabe befreit wird. Sie beugt sich – schweigend – diesem Auftrag und tut damit den ersten Schritt zur Sühne. Der König äußert Don Pelayo gegenüber Bedenken, ob diese Behandlung der Gattin nicht zu hart sei und ihr Schaden an Leib und Seele zufüge. Um sie zu prüfen, will er die beiden Liebenden noch einmal zusammenführen und sie auf diese Weise einer schweren Probe aussetzen. Rodrigo selbst soll Proeza einen Brief des Königs überbringen, der ihr die Entscheidung überläßt, ob sie bleibt oder geht. Proeza tut den zweiten Schritt im Kampfe mit sich selbst: sie weigert sich, den Geliebten zu empfangen, und läßt ihm durch Camillo

ihre Entscheidung überbringen: »Ich bleibe. Geht.« So erzwingt sie die Trennung. Rodrigo übernimmt das Amt des
Vizekönigs in Amerika und gibt sich in der Enttäuschung
seiner Liebe einer unermüdlichen, nach Reichtum und Macht
gierigen Tätigkeit hin; Proeza steht auf einsamem Posten.
Auf die Erfüllung ihrer Liebe verzichtend, tragen sie sie
unauslöschbar auf dem Grunde ihrer Seele. Über dem ›zweiten Tag‹ senkt sich die Dämmerung.

Der ›dritte Tag‹ ist ein vielverschlungenes Gewebe von
Handlungen und Schicksalen. Don Rodrigo baut sein Reich
auf und scheint verfangen zu sein in irdischer Lust. Proeza
ist nach dem Tode Pelayos die Gattin Camillos geworden;
sie hat das Opfer ihrer Person gebracht, um den Nichtswürdigen daran zu hindern, schlimme Taten zu vollbringen.
Aber die Liebe zu Rodrigo ist so lebendig wie am ersten
Tag: das Kind, das ihr in ihrer neuen Ehe geschenkt wird,
trägt die Züge des fernen Geliebten. Zehn Jahre sind vergangen, seitdem sie in einer Anwandlung von Verzweiflung
über die ihr von Camillo angetane Schmach und Mißhand-
lung einen Brief an Rodrigo mit der Bitte um Hilfe ins
Meer warf. Mittlerweile ist ihr der Schutzengel zum zweiten Male erschienen, um ihr zu sagen, daß er sie nie verlassen habe, und um ihr zugleich die Nähe des Todes anzukündigen. Als Rodrigo endlich in den Besitz des Briefes kommt,
bricht er von Mexiko auf, um seine Geliebte in Mogador
zu befreien; er belagert die Feste, und als Camillo merkt,
daß er verloren ist, schickt er Proeza, um mit dem Gegner zu verhandeln. Nach langen Jahren stehen sich die Geliebten wieder gegenüber. Das Kind an ihrer Hand bezeugt, daß ihr Herz ganz von ihm erfüllt war. Aber jetzt
will sie nicht mehr erlöst werden. Ihre Liebe zu Rodrigo
ist ganz unkörperlich, ganz seelisch, ganz im Dienst der
höchsten Aufgabe. Ihre Liebe ist ein reines Opfer, das
sie Gott übergibt. Rodrigo versteht es nicht. Während
das Mädchen bei ihm zurückbleibt, verläßt Proeza das Ad-
miralsschiff, von Kopf zu Füßen verhüllt; drüben wartet
der Tod auf sie. Mogador wird noch in derselben Nacht gesprengt.

Der ›vierte Tag‹ bringt in weit ausgedehnter Handlung
eine Fülle von Unternehmungen; an ihr wird besonders
deutlich, wie weit sich Claudel von klassischen Forderungen

entfernt. Jahre sind vergangen. Mogador ist vernichtet, Rodrigo kehrt aus seinen amerikanischen Gründungen zurück. Neue Pläne kommen auf ihn zu; die Blicke des Königs gehen nach Asien, das dem katholischen Spanien untertan gemacht werden soll. Es geht Rodrigo dabei nicht gut. Ergraut und mit einem hölzernen Bein kommt er abermals nach Spanien. Der König entzieht ihm sein Wohlwollen; er muß sich fortan kümmerlich ernähren: er verkauft »Kitschbilder von Heiligen«, die sein japanischer Diener nach seinen Angaben anfertigt. Claudel zwingt den Übermenschen auf eine groteske Weise zur Einsicht in die Nichtigkeit des Lebens und die Notwendigkeit vollkommener Selbstentäußerung. Seine Laufbahn ist jedoch noch nicht ganz zu Ende. Der neue König von Spanien, der Pik-König, der an die Stelle des Herz-Königs der beiden ersten Tage getreten ist, ein »bleicher Mann mit sehr tiefliegenden Augen«, steht im Kriege mit England, dem Lande der Häresie; er empfängt die Nachricht, die Armada sei siegreich gewesen. Ein Statthalter für das unterworfene England wird berufen; Don Rodrigo soll seine Pläne entwickeln. In einer Szene von gespenstischer Unwirklichkeit setzt er sich ein für Friede und Versöhnung unter den feindlichen Völkern. Alle Völker sollen »ihr Osterfest begehen um den riesigen Tisch zwischen zwei Meeren«. »Gebt allen diesen kleinen zusammengepferchten Völkern Europas, die eins dem andern auf die Füße treten, Raum, sich zu rühren!« Der Hof ist empört, nur der König bewahrt Besonnenheit. Die Nachricht von der Vernichtung der Armada stellt die Verhältnisse auf den Kopf, Rodrigo wird als Verräter behandelt und vom König seinem Kämmerer zur freien Verfügung übergeben, dieser wiederum verkauft ihn weiter, und so wird er zum Schluß der Diener einer Klosterfrau, die ihn von einem Soldaten als ein wertloses Geschenk hinnimmt. Er wird die Bohnen aushülsen an der Pforte des Klosters und die Sandalen abwischen, die bedeckt sind vom Staube des Himmels. Die letzten Worte des Stücks sprechen Hoffnungen aus. In der Ferne kündigt sich das Schiff Don Juan d'Austrias an; er wird in den Kampf gegen die Türken ziehen. An Bord hat er Siebenschwert, Proezas liebliche Tochter. Don Rodrigo nennt sie »sein« Kind. Am Ende steht ein friedliches Wort: »Erlösung den gefangenen Seelen!«

Die Inhaltsangabe mußte sich auf einige Hauptzüge beschränken; die ungeheure Vielfalt des Werkes wird durch die Verengung des Rahmens in hohem Maße eingegrenzt. Es ist unvermeidlich, daß durch die Herauslösung wichtiger Linien das Gefüge des Ganzen Schaden leidet. Aber es scheint, daß nur auf diesem Wege der Handlungskern verständlich wird.

Claudel hat mit seinem opus mirandum, dem »wunderbaren Werk«, wie er es doppelsinnig nennt, ein modernes ›Welttheater‹ geschaffen. Die ganze Erde spielt mit, und am Spiel der Menschen sind Himmel und Hölle beteiligt. So gehen die Kräfte des Dramas quer durch alle Regionen des Universums. Das Werk vermittelt einen Blick auf den »Kosmos der Völker« (Becher), die Ordnung der Welt wird aufgezeigt, Vielfalt und Eigenart der Nationen und Rassen sind in das Spiel eingefügt. Die Gemeinschaften wie die Individuen befinden sich auf dem Wege zu Gott; die ganze Erde ist auf der Wanderung zu ihrem letzten Ziele. Dieser Weg ist belastet mit den Beschwernissen des Sündenfalls; die Völker gehen mit Schmerzen durch die Jahrhunderte, und die Boten des Evangeliums beflecken sich mit den Freveln ihrer Gewalttaten. So werden auch diejenigen ihre Reinheit einbüßen, die am Ende des Spiels den Auftrag zu weiterem Handeln empfangen, Siebenschwert und Don Juan. Aber auch in ihren Fehlern ist die Welt in den Händen Gottes; ja es ist die ausdrückliche Auffassung des Dichters, daß sogar die Sünde durch den Willen Gottes zu einem Instrument der Heilung werden kann; daß – nach dem vielzitierten portugiesischen Sprichwort, das der Dichter seinem Stück voranstellt – »Gott gerade auch auf krummen Linien schreibt«. »Das Schlimmste trifft nicht immer zu«, weil die Gnade es abwendet. Die Anwesenheit Gottes in dieser Welt bezeugt sich besonders im Leben der einzelnen Personen. Proeza lebt wie an einer Angel gehalten. Die Menschheit ist ein Heilszusammenhang. In den Händen Gottes dient der eine, ohne es zu wissen, zur Rettung des andern; seine guten Taten und seine Opfer sind Leistungen zur Hilfe des anderen, »auch die Sünde« (das Wort des hl. Augustinus gehört zum Vorspruch des Dramas) dient dem höchsten Herrn der Welt zur Verwandlung der Menschen. Die sündige, leidenschaftliche und zuletzt büßende Proeza ist der ›Köder‹ Gottes für Rodrigo, damit er auch den Weg zum Heile findet.

Während Proeza den Sturm ihres Herzens besänftigt und zu Opfer und Verzicht bereit wird, muß Rodrigo einen längeren Weg gehen. Der rücksichtslose Eroberer, der sich die Welt unterwirft, muß dulden, daß er selbst nicht weniger hart angefaßt wird, bis er begreift, in welche Richtung er gehört. Ein Kind, Proezas Tochter Siebenschwert, macht ihn darauf aufmerksam, was in dieser Welt zu tun ist: nicht das Ungeheure, sondern das Nächstliegende, nicht die Erlösung des ›Gewimmels‹, sondern der Dienst am Nebenmenschen. Im Stil einer mächtigen Groteske entwickelt der Dichter in der Handlung des ›vierten Tages‹ den Zerfall der Macht, die Auflösung großer Gebilde, die ihre Existenz den stärksten Anstrengungen der Menschen verdanken. Rodrigo muß erleben, wie er aus den Höhen menschlicher Größe herabsinkt bis zu einem Nichts, dessen sich eine Klosterfrau erbarmt, weil ihr eine rostige Pfanne dreingegeben wird. Auch das Böse, das sich der Rettung entzieht, hat in diesem Drama seine Stelle. Es ist vertreten durch Don Camillo, der selbst durch Proeza nicht auf den Weg des Heils geführt werden kann.

Das Drama läßt viele Fragen offen, hinsichtlich der Form wie des Inhalts. Claudel ist nicht nur ein gewaltiger, er ist auch ein gewalttätiger Dichter. Er läßt sich nicht auf Rede und Gegenrede ein. Sein Werk steht groß und mächtig da, nicht immer beruhigend, sondern auch herausfordernd. Im gegenwärtigen dichterischen Schaffen erreicht es gewiß eine Kammlinie. Da es eine Dichtung aus ungebrochen christlicher Gesinnung ist, verkündet es in einer Zeit, die in mühseliger Auseinandersetzung mit dem Erbe des Pessimismus ist, die frohe Botschaft von der Anwesenheit Gottes unter den Menschen. *W. G.*

JEAN GIRAUDOUX

* 29. Oktober 1882 in Bellac (Limousin)
† 31. Januar 1944 in Paris

Einer der französischen Diplomaten-Dichter wie Claudel und Morand, Sohn eines Ingenieurs. Schüler der Pariser Ecole Normale Supérieure. Studium an der Sorbonne und in Deutschland (Berlin, Bonn), große Reisen durch Europa

966   *Jean Giraudoux*

und Amerika, dann Eintritt in den auswärtigen Dienst seines Landes; Legationsrat in Moskau und an verschiedenen Missionen im Orient. Zu Beginn des Krieges 1939 Chef des Pariser Informationsamts, langjähriger literarischer Mitarbeiter der Zeitung »Matin«. Dramatiker, Romancier, Essayist und Kulturkritiker; universaler, der lateinischen und antiken Tradition Frankreichs verbundener Geist.

Jean Giraudoux gehört zu den glänzendsten Vertretern des ›Esprit français‹ in unserer Zeit. Die Tatsache, daß er der am meisten aufgeführte französische Autor auf dem deutschen Theater ist (und schon vor dem Krieg war), entspricht durchaus seinem überragenden Rang als Bühnenschriftsteller. Von André Gide geistig geprägt, hat er seinen lateinischen Humanismus zu einer ungewöhnlichen und seit Romain Rolland einzigartigen fruchtbaren Verbindung mit der Irrationalität der deutschen Romantik geführt, die er während seiner Studienjahre in Deutschland kennen und lieben lernte. Das französisch-deutsche Verhältnis ist denn auch eines der Generalthemen seines Lebens und Schaffens geworden, und eine der ersten Sensationen, die der Dramatiker Giraudoux hervorrief, war die Bühnenbearbeitung seines Romans *Siegfried et le Limousin*, die der große verstorbene Schauspieler und Regisseur Louis Jouvet 1928 in Paris aufzuführen gewagt hatte. (Der Held des Schauspiels ist ein französischer Offizier, der im Ersten Weltkrieg infolge einer Verletzung sein Gedächtnis verliert und dann unter dem Namen Siegfried als Deutscher weiterlebt, bis er, gleichsam als ein Amalgam der seelischen und charakterlichen Eigenschaften beider Nationen, wieder in sein Vaterland zurückkehrt.) Mit der ein rundes Jahrzehnt später entstandenen *Undine* (Reclams UB 8902) hat Giraudoux dann eine poetisch-phantastische Bühnendichtung geschrieben, die bekundet, wie sich deutsches romantisches Gefühl in französischem Geist spiegelt, wie elementarer Märchen- und Naturzauber sich mit blendender, d. h. Blendwerk schaffender Verstandeshelle verbindet. Eine Variante des Romantischen zum Surrealistischen hin stellt *Intermezzo* (1933) dar, ein Märchen, das in der Gegenwart spielt, ebenso Giraudoux' nachgelassenes und erst nach seinem Tod aufgeführtes Meisterwerk *Die Irre von Chaillot*.

Die zweite Werkgruppe vereinigt die Stücke, in denen sich Giraudoux gemäß der lateinischen Tradition seines Landes antiken Themen und Stoffen zuwendet, beginnend mit der zauberhaften Komödie *Amphitryon 38* (Reclams UB 9436/36a) – der Titel soll andeuten, daß es ungefähr die achtunddreißigste Fassung des bis auf den Römer Plautus zurückgehenden klassischen Hahnrei-Lustspiels ist –, in der Giraudoux die bohrende Seelendurchforschung des Kleistschen Jupiters an dem unerschütterlichen gallischen ›bon sens‹ der Feldmarschallin Alkmene scheitern läßt, die sich bei ihrer Vorgängerin Leda Rat holt, wie man sich als sterbliche Geliebte eines Gottes verhält; die Grazie und Eleganz Molières, die Goethe schon an dessen *Amphitryon* entzückt hatte, ist hier im ironischen Witz eines götterskeptischen und menschenverliebten Dichters wiedererweckt. Dann folgen 1935 *Der Trojanische Krieg findet nicht statt* und 1937 *Elektra.* Eine dritte Gruppe umfaßt die Beiträge, die Giraudoux zu dem ihn stark beschäftigenden Problem der Beziehungen zwischen Mann und Frau geschrieben hat – die Schauspiele *Judith* (1931) und *Sodom und Gomorrha* (1943) und die einaktigen Komödien *Das Lied der Lieder* und *Der Apoll von Bellac.* Das letzte Werk aus dem Nachlaß von Giraudoux *Für Lukrezia* wurde 1953 in Paris uraufgeführt und gelangte auch auf die deutsche Bühne.

Wie fast alle großen Schriftsteller unseres Jahrhunderts ist auch Jean Giraudoux ein Zeit- und Gegenwartskritiker. Aber hinter seiner Kritik steht nicht die Verzweiflung und der Nihilismus, sondern die grundsätzliche Bejahung des Lebens, der Welt und des Menschen. Daß die Geschöpfe so oft und absichtlich aus der Grundordnung der Schöpfung heraustreten, daß sie die Wahrheit mißachten, die Leidenschaften über die Erkenntnis triumphieren lassen – all das ist für Giraudoux keine Veranlassung, am Sinn der Schöpfung zu verzweifeln oder den Geschöpfen, selbst den Menschen, seine Liebe zu entziehen. Auch wo die böse Realität die humane Forderung anscheinend völlig außer acht läßt – der Trojanische Krieg findet ja doch statt! –, geschieht es nur, um die Notwendigkeit der unablässigen Bemühung zur Erfüllung dieser Forderung um so dringlicher zu betonen. Und selbst wo Gottes Strafgericht wirklich über die Menschen, die sich nicht so sehr gegen seine Gebote wie gegen seine

Gedanken versündigen, hereinbricht wie in *Sodom und Gomorrha*, bedeutet es nicht die endgültige Vernichtung, sondern nur gewissermaßen eine einmalige Urteilsvollstreckung: »Der Tod war nicht genug. Das Spiel geht weiter.« Giraudoux war ein Ironiker, aber kein Zyniker; er war ein Skeptiker, aber kein Nihilist. Er hat nicht von ungefähr den Gärtner zu einer seiner Lieblingsfiguren gemacht, den Hüter, Pfleger und Bewahrer des in der natürlichen Ordnung und Unschuld verharrenden Lebens. Er war ein unerschütterlicher Humanist.

Der Trojanische Krieg findet nicht statt

Schauspiel in zwei Akten
Erste Aufführung: 21. November 1935 in Paris

P e r s o n e n : Hektor – Priamus – Paris – Troilus – Demokos – Olpides – Busiris – Der Geometer – Der Kapitän – Odysseus – Ajax – Andromache – Helena – Hekuba – Kassandra – Die kleine Polixenia – Die Friedensgöttin – Iris – Nebenpersonen.

Andromache, die Frau des jungen trojanischen Feldherrn Hektor, mit seinem Kind unter ihrem Herzen, vermag nicht zu glauben, was ihre Schwägerin Kassandra voraussagt: ein Krieg ist zu Ende, und schon steht ein neuer bevor. Hektor, siegreich zurückgekehrt, mußte im Feld das furchtbare Mißverhältnis zwischen dem falschen heroischen Klang und der grausamen Wirklichkeit des Krieges bis zum Abscheu erfahren. Unterdessen hat sein Bruder Paris die Gattin des Königs Menelaos aus Sparta geraubt. Helena ist in Troja – ihr Bleiben bedeutet für die Trojaner den Krieg. Den neuen, gehaßten Krieg zu vermeiden, ist das Heimkehrers Hektor inständiges Bemühen: es ist das Thema des Stücks. Zunächst muß Hektor versuchen, die griechische Fürstin nach Hause zu schicken. Helena amüsiert sich zwar mit ihrem Verführer, liebt aber zu sehr die Abwechslung, um sich nicht vielleicht doch zur Abfahrt bewegen zu lassen. Nur, der Wahrer des Friedens macht seine Rechnung ohne die lüsternen alten Männer, die ›Bärte‹ Trojas, an ihrer Spitze Vater Priamus und der chauvinistische Haß- und Schlachtgesänge liefernde Literat Demokos, denen der Griechin verführerisch kalter

Charme, ihre raffiniert-dumme Seelenlosigkeit Maß und
Ziel aller Dinge sind. Die Griechen landen, Ajax randaliert
betrunken durch die Stadt: Vorwände genug für die trojanische Kriegspartei, eine Verletzung des Völkerrechts zu
konstruieren. Der Geschicklichkeit Hektors gelingt noch zur
rechten Zeit die Widerlegung. Den Frieden durch die landes-
übliche Symbolhandlung zu sichern, läßt er, dem gegne-
rischen Protest zum Trotz, die »Pforten des Krieges« schließen, sehr unüblich erforscht dagegen seine Ansprache an die
Gefallenen das Gewissen der Überlebenden. Und er ist
Manns genug, um seines hohen Zieles willen die Verachtung
der Nationalisten und selbst noch die Ohrfeige des rüden
Ajax hinzunehmen, weil er dessen provokatorische Absicht
durchschaut. Als Griechenlands gewiegtester Diplomat,
Odysseus, den Trojanern die unerfüllbare Bedingung stellt,
Helena in der gleichen Verfassung zurückzugeben, in der sie
geraubt wurde, zögert der pazifistische Feldherr keinen
Augenblick, wissentlich die Unwahrheit zu versichern, ja
die Vielbegehrte und ihren Paris zu falschen Aussagen an-
zustiften. In der durch eine vieldeutige Botschaft des Zeus
anbefohlenen Friedensverhandlung der beiden Delegierten
gesteht Odysseus offen Griechenlands Absicht eines Raub-
zuges gegen das goldstrotzende Ilion und motiviert diese
Absicht, schlecht genug, damit, daß das Schicksal der beiden
hochgezüchteten Völker einander zum Krieg entgegenreifen
ließ. Dennoch bringt Odysseus den Mut auf, sich gegen die
»Politik des Schicksals« zu stellen, Helena zurückzunehmen,
ja kraft seiner überwältigenden Beredsamkeit sie noch selbst
an ihre Tugend glauben zu machen. Der wahre Grund jedoch, der Odysseus bewegt, mit seinem Gegner gemeinsame
Sache zu machen, ist die gemeinsame Reinheit und Anmut
ihrer Frauen: »Andromache hat den gleichen Augenaufschlag
wie Penelope.« Die Griechen, selbst der zögernde Ajax,
suchen ihre Schiffe auf, Hektor hat mit des Odysseus Hilfe
»die herkömmliche Geschichtsmetaphysik« überwunden und
verkündet: »Der Trojanische Krieg findet nicht statt.« Der
Vorhang fällt – da stürzt sich der fanatisierte Literat Demokos mit der Meute der kriegsgierigen trojanischen Greise auf
die Gardine, reißt sie hoch und belfert »Verrat«. Den
Schreier stillzumachen, haut ihn Hektor zusammen. Der
Sterbende beschuldigt Ajax des Mordes und hetzt seine

Landsleute auf den Griechen, den sie töten. Der ersehnte
›Zwischenfall‹ ist gegeben, die »Pforten des Krieges« öffnen
sich aufs neue und lenken den Blick auf den Kriegsanlaß,
Helena, die sich soeben in der Umarmung mit dem jüngsten
trojanischen Prinzen delektiert. Der Krieg kann beginnen.

E l e k t r a. Tragödie in zwei Akten. – Am 13. Mai 1937
wurde Giraudoux' *Elektra*-Version in Paris uraufgeführt.
Unter den vielen Modernisierungen des Atriden-Stoffes gibt
es keine größeren Gegensätze als die beiden *Elektra*-Dra-
men von Gerhart Hauptmann und Jean Giraudoux. Bei
Hauptmann ein Zurücktauchen in die mythische Urvision,
die den Dichter fast überwältigt, bei Giraudoux die völlige
Loslösung vom Mythischen und Verarbeitung, man möchte
sagen: Filtrierung des Stoffes durch den Intellekt. Die
Grundthese, von der das Stück ausgeht, äußert der Regent
von Argos, Ägisth, zu dem Gerichtspräsidenten, dem Oberhaupt der strebsamen Beamtenfamilie Theokathokles: »In
einer Umwelt dritter Ordnung vermag auch das wütendste
Schicksal nur einen Schaden dritter Ordnung anzurichten.«
Ägisth weiß, daß ihm von Elektra Verderben droht, denn
er hat zusammen mit ihrer Mutter Klytämnestra ihren Vater
Agamemnon ermordet; er kennt die verzehrende Kraft des
Hasses und der nach Rache rufenden Gerechtigkeitsleiden-
schaft der Prinzessin, die auch die Götter beunruhigen muß,
wenn sie sich einmal ›offenbaren‹ wird, wie es der Glosseur
des Stückes ausdrückt, von dem man nicht weiß, ob er ein
dem Trunk verfallener Bettler oder ein Gott ist. Darum will
Ägisth Elektra mit dem Gärtner des Palastes, einem minde-
ren Mitglied der Familie Theokathokles, verheiraten, die
den Göttern unsichtbar ist und keine Gestalt für sie hat:
»Im Schoß dieser Familie werden Elektras Augen und Gebärden ihre Zündkraft verlieren, der Schaden, den sie an-
richten kann, wird bürgerlich lokalisiert sein.« Trotz eines
außerordentlichen Aufwands an intellektuellem Raffinement – das Stück ist in den Streitgesprächen zwischen Elektra
und ihrer Mutter Klytämnestra, in ihren Auseinandersetzungen mit Ägisth und ihrem Bruder Orest auf lange Strek-
ken eine durch exquisiteste Argumentation fesselnde szenische Debatte, die noch besonders durch die ironischen
Kommentare des Bettlers gewürzt wird –, trotz des scharf-

sinnigen und konsequenten Vorgehens des Ägisth gelingt es
ihm jedoch nicht, den Fall Elektra, der vom Wesen her eine
Sache erster Ordnung ist, in eine Umwelt dritter Ordnung
abzudrängen und ihn dadurch gewissermaßen zu entschärfen. Die Heirat mit dem Gärtner unterbleibt durch die Rückkehr des Orest, der allein der Mann ist, mit dem Elektra sich
verbinden kann, weil er der Vollstrecker ihrer Rachegedanken ist. Zum Zeichen dessen, daß die Götter den Atriden-
Palast unbekümmert um die Listen und Winkelzüge des
Ägisth durchaus als Umwelt erster Ordnung betrachten,
deren Angehörige sich keinesfalls in eine solche dritter Ordnung versetzen lassen, schicken sie dem Orest die Eumeniden
mit – ungezogene, vorlaute kleine Mädchen, die auf eine
kindisch-grausame Weise ›Schicksal spielen‹ und so rasch
wachsen, daß sie an dem Tag, an dem Orest die Rache vollzieht, so alt sind wie Elektra, d. h. deren Rachebegehren nun
ihrerseits als echte Erinyen mit Bezug auf den Muttermörder Orest übernehmen. Der Grundgedanke der Schicksals-
bestimmtheit, wie ihn die antike Tragödie vertrat, bleibt
also auch bei Giraudoux, so sehr er ihn in der *Elektra* hinter
einem leuchtenden Gewebe von Ironie, Skepsis, Frivolität
und Immoralismus (im Gideschen Sinn) verbirgt, wahrnehmbar – und daneben der zweite, den der Dichter in allen
seinen Werken in immer wieder neuen Varianten ausspricht
und den er hier dem guten, redlichen Gärtner in den Mund
legt, der um seine Hochzeitsnacht gekommen ist und darum
seine milde Klage an die Zuschauer richtet: »Offenbar ist
das Leben eine verfehlte Angelegenheit, aber schön ist das
Leben, sehr schön.«

Die Irre von Chaillot

Stück in zwei Akten
Erste Aufführung: 19. Dezember 1945 in Paris

P e r s o n e n : Präsident – Baron – Makler – Prospektor – Kellner –
Die Irre (Aurélie) – Irma, Geschirrwäscherin – Lebensretter – Polizist
– Jadin – Pierre – Lumpensammler – Kloakenreiniger – Constance –
Gabriele – Josefine.
O r t   u n d   Z e i t : Auf der Terrasse des Café »Chez Francis«, Place
de L'Alma, im Stadtviertel Chaillot und in der Kellerbehausung der
Irren ebendaselbst im heutigen Paris.

Eine Gruppe von finanzkräftigen Glücksrittern, angeführt
von dem ›Präsidenten‹, einem völlig gewissenlosen Ausbeuter und Sklavenhalter der Menschheit, geht mit dem Gedanken um, die Stadt Paris zu zerstören, weil im Boden,
auf dem die französische Hauptstadt steht, Erdöl vermutet
wird. Auf der Terrasse des Cafés »Chez Francis« gründen
der Präsident, der Baron, der Makler und der zu diesem
edlen Trio stoßende Prospektor eine Aktiengesellschaft, die
mit dem erhofften Erdöl groß ins Geschäft einsteigen will.
Um sich voreinander zu sichern, muß auf Vorschlag des
Präsidenten jeder den andern eine ›vertrauliche Mitteilung‹
machen; die Berichte über die Schandtaten stellen unter dem
Kleeblatt die schönste Gangsterharmonie her. Der Prospektor eröfinet seinen drei Geschäftsfreunden, daß um zwölf
Uhr mittags eine Bombe das Haus ihres gefährlichsten Gegners zerstören wird – eines staatlichen Ingenieurs, der verbietet, daß innerhalb der Stadt Grabungen angestellt werden. Der junge Mann aber, der die Bombe werfen sollte,
hat Angst bekommen und wollte sich in die Seine stürzen,
ist jedoch von einem übereifrigen Wächter des Flußrettungs-
dienstes daran gehindert worden, der dem aufgeregten Pierre
einfach eins über den Schädel gehauen hat und den Ohnmächtigen nun, stolz auf seine ›Rettungstat‹, angeschleppt
bringt. Um ihn bemüht sich zuerst das kleine Küchenmäd-
chen Irma aus dem Café – »ein Engel« –, das sich sofort in
den hübschen Jungen verliebt, dann aber die Irre von Chaillot, die sich wie jeden Tag der Speiseabfälle des Cafés holen
wollte. Bei dem armen Volk steht die Irre, eine abenteuer-
liche Erscheinung in der vermoderten Eleganz früherer Zeiten, in höchstem Ansehen. Die Lumpensammler, Straßen-
sänger, Bettelartisten, aber auch der Cafékellner und der
Revierpolizist nennen sie nur ›die Gräfin‹, und sie nimmt
diese Huldigung mit vollendeter Würde entgegen. Hinter
ihrem verschrobenen Wesen verbirgt sie ein warmes, men-
schenliebendes Herz und einen sehr klar und logisch denkenden Verstand. Auf die reizendste Art befreit sie den allmählich wieder zu sich kommenden Pierre von seiner Angst
und entfacht in ihm neuen Lebensmut und neue Lebensfreude.
Durch ihn erfährt sie aber auch von der Absicht der Banditen, Paris zu zerstören, und sofort steht ihr Plan fest, dieses
ungeheuerliche Verbrechen mit Hilfe ihrer Freunde zu ver-

eiteln. Der Lumpensammler, ein kluger, weltweiser Lebens-
philosoph, macht sie auf die Schwierigkeit ihres Unterfangens aufmerksam: die ganze Welt sei voller Aufpasser, Aus-
horcher und Spione im Dienst der Manager; sie sei nicht
mehr schön und glücklich, seit diese Bosse mit ihren Krea-
ren die Macht über Leben und Tod hätten. Aber nun steht
die Irre nur um so fester zu ihrem Plan: »Was jammert ihr
alle, statt zu handeln? Könnt ihr eine Welt ertragen, in der
man nicht glücklich ist vom Aufstehen bis zum Schlafen-
gehen?« Sie läßt von einem Taubstummen, ebenfalls aus der
Schar ihrer Freunde, einen Brief an das Präsidium und die
anderen Erdöl-»Interessenten« verteilen, in welchem sie diesen mitteilt, sie habe von ihrem bedeutsamen Vorhaben gehört, und sie einlädt, sich in ihrer Kellerwohnung in der
Rue de Chaillot persönlich von dem Erdölvorkommen unter
den Fundamenten von Paris zu überzeugen. – Die Gangster
gehen in der Tat in die Falle. Von dem Keller der Irren
führt nämlich eine Treppe tief hinab in das Labyrinth der
unterirdischen Kanäle, in dem sich nur die Kloakenreiniger
auskennen. Einer von ihnen kennt das Geheimnis der Treppe
und weiß, wie man denen, die einmal drunten sind, die
Rückkehr für immer verwehren kann. Er verrät es der
›Gräfin‹, die ihre Freundinnen Constance (die Irre von
Passy), Gabriele (die Irre von Saint-Sulpice) und Josefine
(die Irre von La Concorde) zur Feier der großen Befreiung
der Welt vom Bösen zu sich eingeladen hat. Der Präsident
und seine Konsorten verschwinden nacheinander in der
Tiefe, und die Irre verschließt die Tür, die sich nie mehr
öffnen wird. Beglückt strömen alle die Armen und Beiseite-
geschobenen, die aber in Wahrheit die einzigen wirklich
Freien sind, herein, um ihrer Retterin zu danken. Die ›Gräfin‹ gibt Pierre und Irma zusammen und verpflichtet den
Lumpensammler, sie sofort wieder zu alarmieren, wenn noch
einmal »eine zweite Invasion der Ungeheuer« droht. Dann
fordert sie alle auf, mit ihr nach oben zu kommen: »Hier
unten gibt es nur Menschen. Beschäftigen wir uns nun mit
den Wesen, die es wert sind.«

Nicht nur in dem ritterlichen Märchenstück *Undine* hat
Jean Giraudoux dokumentiert, wie sehr er die deutsche Romantik liebte. Auch *La folle de Chaillot* ist, wiewohl in der
thematischen Voraussetzung skrupelloser Ausbeutung der

Natur und der Menschen zum einzigen Zweck des Geld- und
Machterwerbs sehr heutig, im Grunde ein romantisches Feen-
märchen. Aurélie, die alte ›Gräfin‹ und mit der Glorie der
Narrheit gekrönte Herrscherin über die letzten Freien, die
darum frei sind, weil sie so arm sind, daß die ›Unternehmer‹ sich weder für ihre Person noch für ihr Gut interessieren – diese Verrückte ist die skurrile Fee, die von dem für
die ›Normalen‹ freilich nur als Wahnsinn erklärbaren Gedanken besessen ist, daß man im Leben glücklich sein müsse.
So wirkt sie mit vollkommen unerschütterlichem Mut, mit
Witz, List und auch einer tüchtigen Dosis Bosheit für das
Glück ihrer armseligen, ganz wörtlich: in ihrer Armut seligen Freunde und greift ohne Waffen und nur mit der Kraft
ihrer Überzeugung das Konsortium der geballten Macht, die
Manager, Spekulanten und Agenten, die Schieber, Gangster
und Börsenreptile an und besiegt sie. Der Individualismus
triumphiert in Gestalt seiner bizarrsten Vertreter (man
denke nur an das Quartett der vier Irren im zweiten Akt,
von denen jede immer die drei andern für verrückt und sich
selbst für völlig normal hält) über die Exponenten des Kol-
lektivismus, denen jedes Gesicht mit eigenem Profil ein
Greuel ist. »Wer einen Kopf so ganz ohne Leben hat, auf
den kann man sich verlassen« – nach dieser Erfahrung sucht
sich der famose ›Präsident‹ und dreihundertfünfzigfache
Aufsichtsrat seine Mitarbeiter zusammen, das Corps der
›Aufpasser‹, von denen der Kloakenreiniger spricht; keine
Gesichter – der uniforme Mensch ist es, den die Invasion der
Bösen zum Ziel hat. Im äußersten Gegensatz dazu will die
Irre sogar im Uniformierten nur einen Streiter für das Leben
sehen: »Wenn man es sich ausgesucht hat, sein Vorkämpfer
zu sein«, sagt sie zu dem Polizeiwachtmeister, »wenn man
Uniform trägt, dann muß das Leben einem insgeheim oder
offen Freuden bieten.« Es bedarf nur des Mutes, den Menschen vom Zwang zu befreien, dann wird er wieder zur
rechten Lebensordnung zurückfinden und glücklich sein –
das ist die Wahrheit, die Giraudoux in seinem ebenso geist-
wie liebreichen Märchen von der Irren von Chaillot verkündet. (Daß nur eine verrückte alte Frau solcher Einsicht
fähig ist, bedeutet freilich das Eingeständnis einer äußerst
skeptischen Auffassung vom heutigen Zustand der Welt.)

PAUL RAYNAL

* 25. Juli 1885 in Narbonne
† 20. August 1971 in Paris

Raynal studierte Rechtswissenschaft. Seine Erlebnisse als Soldat an der europäischen und der orientalischen Front bestimmten sein dichterisches Schaffen nachhaltig.

Das erste Drama *Der Meister seines Herzens* (1909) mit der tragischen Verstrickung einer Frau zwischen zwei Freunden, viel gerühmt der leidenschaftlichen Empfindung, subtilen Durchführung und des fechterischen Dialogs wegen (uraufgeführt 1920), machte Raynals Namen im Frankreich der Zwischenkriegszeit bekannt, wo das Stück in der Folge immer erneut aufgeführt wurde. Die Summe des Ersten Weltkrieges in der seelischen und geistigen Erfahrung des Frontsoldaten zieht, fünf Jahre nach Kriegsende, *Das Grabmal des unbekannten Soldaten* (1924), es wird als »verinnerlichte Abrechnung mit dem Krieg und der Schuld der Väter« *das* Kriegsstück von literarischem Rang und erreicht im Siegeszug über die Bühnen europäischen Ruhm. Mit dem *Grabmal* schließen sich die Stücke *La francerie* (1933) und *Le matériel humain* (1946) zu einem Kriegszyklus für den Frieden. Das Schauspiel *Napoléon unique* (1936) durchleuchtet die Voraussetzungen zu des Korsen Bruch mit Josephine, das Passionsdrama *A souffert sous Ponce-Pilat* (1939) die Beweggründe für den Verrat des Judas. Den bis jetzt neun Gliedern der Dramenreihe Raynals eignet geistig eine bedingungslose ethische Grundhaltung, substantiell die Belebung aus der Kraft des echten Gefühls und formal ein klassizistischen Tendenzen zugeneigter Traditionalismus.

Das Grabmal des unbekannten Soldaten

Tragödie in drei Akten
Erste Aufführung: 1. Februar 1924 in Paris

P e r s o n e n : Soldat – Der Vater – Aude (20 Jahre alt).
O r t und Z e i t : Frankreich im Ersten Weltkrieg.

Der Soldat – namenlos steht er für die Frontgeneration des
Ersten Weltkrieges – erhielt nach vierzehnmonatigem Kriegsdienst, am Vorabend einer Entscheidung an einem Kampf-
abschnitt, von seinem Hauptmann auf dessen eigene Verantwortung und gegen das Versprechen, notfalls sofort
wieder an die Front zurückzufahren, einen Urlaub von vier
Tagen, um seine Braut zu besuchen und sie heiraten zu können. Diese, Aude, lebt bei dem Vater ihres Verlobten auf
dem Gut, seinem Erbteil mütterlicherseits, das ihm der Vater
verwaltet. Die erste Wiedersehensfreude überschattet dem
Heimkehrenden die Furcht, ob denn nicht die Depesche eingetroffen sei, die ihn zurückruft. Während der Soldat die
Seinen in der Hoffnung bestärkt, die große französische
Offensive in der Champagne werde den Sieg und den Frieden schon in wenigen Monaten bringen, spürt er schmerzhaft genug den Abstand, den der Krieg im Bewußtsein der
Frontkämpfer zwischen ihrem der »beständigen Gegenwart
des Todes« ausgesetzten Dasein und dem ungefährdeten Leben der von ihnen verteidigten Heimat aufspalten mußte …
Die Depesche läßt sich nicht mehr verheimlichen: sie war
schon vor dem Urlauber da – vier Stunden bleiben ihm nur
noch zum Frühzug. Aude hat die für die Nacht vorbereitete
Hochzeitsfeier abgesagt, damit die karge Spanne Zeit ihnen
allein gehöre. Eine unendliche Liebe umfängt die beiden,
das Mädchen ist in dieser alle ihre Gefühle aufs innigste
zusammendrängenden Stunde bereit, dem geliebten Mann
auch ohne Zeremonie sich hinzugeben; der Krieg hat jede
herkömmliche Sitte getilgt. Vor ihrer Vermählung grüßt der
Soldat, im festlichen Frack nun und mit erhobenem Sektglas,
seine gefallenen Freunde und lädt die Toten feierlich zum
Fest seines Lebens. »Die reinste aller Hochzeiten« wird begangen, die beiden Liebenden steigen in die höchste, ihnen
heilige Entzückung auf. Doch die Angst um den Bestand
ihres Glücks treibt die eben noch überglückliche Aude, der
Wahrheit über das Ende des Krieges nachzuforschen, bis ihr
der Mann bekennt: die Offensive ist aufgehalten, die Entscheidung eines Sieges in der Ferne, der Krieg wird noch
Jahre dauern. In einem Anfall entsetzten Kleinmutes über
die ihr aufgebürdete neue Trennung von dem Geliebten
wähnt Aude auch ihre Liebe zu ihm in Gefahr. Tief getroffen gesteht ihr der Mann, daß er, um sie umarmen zu kön-

nen, sein Leben gegen diesen Augenblick gesetzt hat: den kurzen Urlaub erwirkte ihm sein Versprechen, nach der Rückkehr an die Front – als der einzige Freiwillige seiner Kompanie – einen den sicheren Tod bringenden Auftrag durchzuführen. Audes verzweifelte Selbstanklage gibt sich die Schuld an seinem Tod. Der nichts mehr vom Leben erwartet, sucht nach dem Sinn der Menschenopfer des Krieges: ihr unschuldiges Blut wird das Menschengeschlecht vom Fluch der Kriege erlösen. Aude aber weiß jetzt, daß ihre Liebe unvergänglich ist. Vor dem aufdämmernden Morgen und seiner erbarmungslosen Wirklichkeit entrückt sie der Liebende tröstlich in die Träume des Friedens und eines sich ihnen beiden nie erfüllenden Glückszustandes, über dessen Märchen sie erschöpft einschlummert. Da bricht der ganze Schmerz des Mannes ungehemmt aus ihm, und er weint fassungslos in die Helle des beginnenden Tags. Als, eine Stunde vorm Abschied des Sohnes, der Vater den Geschehnissen der Nacht nachspioniert und nichts als Vorwürfe gegen seinen Sohn aufbringt, entzündet er den zwischen den Angehörigen zweier Generationen glimmenden Konflikt zu offenem Streit, der sich zur großen Auseinandersetzung der Wortführer des Schützengrabens und des Hinterlandes vertieft. Aus der immer nackter sich enthüllenden Eigensucht des den Krieg glorifizierenden Vaters, dem die Dazwischenkunft des illusionslos seine Pflicht erfüllenden Frontsoldaten nur die gewohnte Bequemlichkeit stört, wird dem Sohn der verzweifelte Klarheit: »Weil niemals die ins Feuer gehen, die den Krieg entfachen, weil die Alten mit den vertrockneten Herzen fortfahren, die Geschicke der Menschen zu regieren, darum wird es immer Kriege geben.« Aude, zur Entscheidung aufgerufen, flieht vor dem Egoismus des Alten zu dem geliebten Mann und eröffnet dem Vater das todesgewisse Schicksal seines Sohnes. Über dem ihn bedrohenden Verlust bekommt der Alte zum erstenmal die Unerbittlichkeit des Krieges zu spüren, und er sieht seine Schuld ein. Aber auch der Soldat begreift, daß er »die Unbedingtheit von draußen« allzu selbstgerecht in die anderen Bedingungen unterworfene Heimat mitbrachte. Er gibt seine Frau in die Obhut des Vaters zurück und scheidet, ein Todgeweihter, unter den gegenseitigen Liebesbeteuerungen der drei Menschen von den Seinen, die ihn überleben werden.

Fast alle Probleme, die der Krieg dem Frontsoldaten aufgibt, drängen in dem ›klassischen‹ Kriegsstück _Le tombeau sous l'Arc de Triomphe_ zu objektivem Austrag. Die Situation der Neubegegnung mit der Heimat treibt – weit über ihre Eigenbedeutung hinaus – am Gleichnis eines unentrinnbar dem Tod Verfallenen, dem sich Wiedersehen, Lebenserfüllung, Abrechnung und der Abschied für immer in nur wenige Daseinsstunden zusammenpressen, zur letztmöglichen Konsequenz. Der äußerste Ausdruck innerer Spannung bedient sich tiefenpsychologischer Einblicke, sie holen das Unbewußte, dunkel Unterbewußte ins grelle Licht des Bewußtwerdens und der Aussage. So werden seelische Zustände ausgesprochen, welche die Menschennatur meist nur ahnt, verschweigt oder verbirgt. Die oratorische Erfassung der verästelten, differenzierten Seelenvorgänge wird von einer Diktion aufgefangen, die zwischen äußerster Prägnanz, lyrisch-hymnischer Aufsteigerung, dramatischer Entladung und breiten ideologischen Perioden in bewußter Aufteilung wechselt: sie bezeichnet zugleich die besondere Eigenart dieses Bekenntnis- und Seelendramas. Das 1926 in Berlin erstmalig in deutscher Sprache gespielte Stück wurde auch nach dem Zweiten Weltkrieg wieder aufgeführt.

GEORGES BERNANOS

* 20. Februar 1888 in Paris, † 5. Juni 1948 in Paris

Spanisch-französischer Blutmischung entstammend, verbrachte Bernanos seine Kindheit in einem Dörfchen des Artois, wurde in Jesuiteninternaten erzogen und studierte in Paris Rechtswissenschaft und Philologie. Seine journalistische Tätigkeit bei der royalistischen »Action Française« wurde unterbrochen durch den Dienst als kriegsfreiwilliger Flieger 1914–18, jedoch 1919 endgültig abgebrochen. Er heiratete und führte eine kinderreiche Ehe. Nach Jahren des Broterwerbs als Versicherungsagent brachte der Roman »Die Sonne Satans« (1926) den großen Erfolg. Seitdem freier Schriftsteller in verschiedenen Provinzstädten, 1933 durch Motorradunfall invalide. In den Jahren auf Palma de

*Mallorca entstanden die Romane »Tagebuch eines Land-
pfarrers« und »Geschichte der Mouchette« und bald darauf
die Kampfschrift »Die großen Friedhöfe unter dem Mond«
gegen falangistisches Unrecht und die von der spanischen
Kirche geleistete Hilfestellung – zornige Polemik eines gläubigen Katholiken. 1938 wanderte er nach Brasilien aus und
erwarb einige Farmen. Dort entstanden sein Kriegstagebuch
1940/41, sein letzter Roman »Monsieur Ouine« und die
Schrift »Wider die Roboter«. Nach Kriegsende kehrte er
nach Frankreich zurück, reiste durch Europa (auch Deutschland), übersiedelte schließlich nach Tunis. Während der Vor-
arbeiten zu einem »Leben Jesu« und der Ausarbeitung der
»Dialogues des Carmélites« starb der an Leberkrebs er-
krankte Dichter in Paris 1948.*

Zwei Grundprobleme beherrschen das dichterische und zeitkritische Schaffen Bernanos': das ›Mysterium iniquitatis‹,
das Geheimnis des Bösen, in seiner realen Gegenwart, aufgefangen als Begegnung und Streit mit dem Widersacher in
immer neuen Abwandlungen (dargestellt insbesondere an
den Seelenkämpfen seiner Priestergestalten) – und die unerbittliche Auseinandersetzung mit dem Tod, verdichtet im
Alpdruck der Todesangst, wie sie Bernanos sein Leben lang,
bis in »vorweggenommene Agonien« hinein, umklammert
hielt. Das künstlerische und kritische Werk durchglüht der
apologetische Drang, die Menschen des heraufkommenden
Atomzeitalters »am Rande des Nichts zu einer letzten Entscheidung aufzurufen«. Den großen Verstrickungen des
modernen Menschen ins Satanische, Materialistische, Mecha-
nisierte wie in eine alles verklemmende Angst kann in Bernanos' christlicher Sicht einzig die Gnade Gottes lösend ent-
gegenwirken. Die Einbeziehung der übernatürlichen Welt in
die natürliche bestimmt zugleich den eigentümlichen Stil der
Darstellung, den nach des Dichters Worten ein »katholischer
Realismus« prägt.

Die begnadete Angst

Dramatische Prosadichtung
Erste Aufführung: 14. Juni 1951 in Zürich

P e r s o n e n : Marquis de la Force – Sein Sohn – Blanche, seine Toch-
ter – Mutter Henriette vom Namen Jesu, Priorin des Karmel – Mutter
Thérèse vom heiligen Augustin, die neue Priorin – Mutter Maria von der
Inkarnation Christi, die stellvertretende Priorin – Mutter Jeanne –
Mutter Gérard – Neun Schwestern des Karmel – Schwester Constance
von St. Denis – Der Beichtvater – Javelinot, Arzt – Drei Volkskommis-
sare – Aristokraten – Nebenrollen.
O r t und Z e i t : Paris und Compiègne, 1789–94.

Die in der Novelle *Die Letzte am Schafott* von Gertrud von
Le Fort (1931) geschilderte Liquidierung des Klosters der
Karmeliterinnen von Compiègne durch die Französische
Revolution und die Hinrichtung der Schwestern (am 17. Juli
1794) ist durch die Aufzeichnungen der einzigen Überlebenden geschichtlich belegt. Die Gestalt der Blanche de la Force
erfand die Intuition der Dichterin, noch ehe sie die historische Einkleidung vornahm. Bernanos, vor die Aufgabe gestellt, in das nach der Le Fortschen Erzählung vom
Dominikanerpater Raymond Bruckberger geschriebene Film-
szenarium einen eigenen Text einzuarbeiten, sah sich einem
persönlichsten Anliegen gegenüber. Das Ergebnis der Arbeit
des Dichters ist, an die Novelle gehalten, ein ihr verpflichte-
tes, geistig und gestalterisch jedoch neudurchorganisiertes,
eigengeartetes Werk. Die szenische Bearbeitung nahm Albert
Béguin vor; deutsche Übersetzung: Eckart Peterich.

   Blanche de la Force wurde während der Hochzeit Ludwigs XVI., als die große Revolution bereits zu wetterleuch-
ten begann, in einer Stunde tödlichen Schreckens ihrer Mutter geboren, die an der verfrühten Geburt starb. »Geboren
aus Angst, hineingeboren in die Zeiten der Angst«, empfing
sie als Erbteil ein panisches Schreckgefühl. Um ihre entwürdigende Schwäche zu überwinden, ist Blanche entschlossen,
ins Kloster einzutreten. Nur zögernd läßt ihr der Vater den
Willen. Die Priorin des Karmel von Compiègne warnt die
junge Postulantin vor der Härte der Ordensregel wie vor
der illusionslosen Einsamkeit einer echten Klosterfrau und
nimmt sie nach weiser Prüfung ins Noviziat. Blanche de la

Force wählt, in Umkehrung ihres weltlichen Namens, den
Klosternamen: Schwester Blanche von der Todesangst
Christi. Damit hat sie sich selbst den Weg gewiesen, die
eigene Todesangst durch das Nachleben der Passion Christi
zu bezwingen. Bald erkennt die Priorin in der Neuauf-
genommenen die Gefährdetste ihrer Töchter. Blanches Ver-
ängstigung ist stärker als ihr Wille, zumal sie ein neues Ereignis bis in die Tiefen erschüttert. Schwere Krankheit wirft
die Priorin nieder, sie liegt auf dem Sterbebett. Eine starke
Natur wehrt sich in wildem Aufruhr gegen den Tod und
entfesselt in der ehrwürdigen Frau einen grauenvollen
Todeskampf, in dem ihr sogar Gott zum Schatten wird –
eine der gnadenlosesten Sterbeszenen der Literatur. Blanches
Geschick beunruhigt die Sterbende, sie übergibt die Novizin
der Liebe ihrer Stellvertreterin, der Mutter Maria von der
Inkarnation, und opfert ihren armseligen Tod für Blanche
auf. Die Vision der geschändeten Klosterkapelle schreckt die
Hinübergehende, ihre gellenden Schreie entsetzen die verstörten Schwestern. Constance, die andere der beiden Novizinnen, in ihrer unbefangenen, kindlich-hintersinnigen
Natürlichkeit, versteht diesen Tod zu deuten: es war ein stell-
vertretender Tod, der Tod einer anderen, der einmal das
Sterben wunderbar leicht sein wird ... Seit sie Blanche zum
erstenmal sah, weiß Constance auch, daß Gott ihr Gebet
um einen frühen Tod erhören und daß die Gefährtin gemeinsam mit ihr sterben wird. Schwester Constance verkörpert im Ensemble der Nonnen die ›christliche Fröhlichkeit‹,
die ja Teil des echten Christentums ist. Die Wahl der neuen
Priorin trifft nicht auf die hochgemute Mutter Maria von
der Inkarnation, sondern die fromm-demütige, mit gesundem
Menschenverstand gerüstete Mutter Thérèse vom heiligen
Augustin. Sogleich erweist sich, welcher Segen ihr Wirklichkeitssinn in der Sturmzeit für die klösterliche Gemeinschaft ist. Denn auch nach innen hat sie einer Gefahr zu
wehren: dem ihr als ehrsüchtig verdächtigen Drängen nach
dem Martyrium, wie es Mutter Marias stolze Opferbereitschaft anstrebt – der Geist der Ordensregel hingegen verlangt, daß die armen Töchter des Karmel ihren Ruhm nicht
mit dem Seelenheil ihrer Henker erkaufen ... Die Einkleidung der beiden Novizinnen wird vollzogen, der Ruf des
vereinsamten Marquis de la Force nach seiner Tochter, weil

das Kloster nicht mehr Sicherheit bietet, kommt für Blanche
zu spät: Pflicht und Angst halten sie zurück. Nach der Ent-
eignung des Gemeinschaftsbesitzes bricht Schlag auf Schlag
über den Karmel herein. Der Durchsuchung des Klosters
durch Volksbeauftragte folgt die Amtsenthebung des Beicht-
vaters der Schwestern, er wird proskribiert. An die Aufhebung aller religiösen Weihen schließt sich das Verbot des
Ablegens von Ordensgelübden (Oktober 1789) – die Maßnahme trifft Constance und die immer schreckhaftere
Blanche. Der Mob dringt zur Plünderung in das Kloster
und schändet die Klosterkapelle, wie es die sterbende Priorin
vorausgeschaut hatte. Zwingender befestigt sich nun in den
Schwestern der Gedanke an die Notwendigkeit des Martyriums, um mit ihrem Blut für Gott zu zeugen, damit das
Christentum in Frankreich gerettet werde. Aus Rücksicht auf
die Schwachen in der Gemeinschaft untersagt jedoch die
Priorin das Gelübde des Opfertodes. Die Priorin wird von
ihren Oberen nach Paris gerufen. Mutter Maria übernimmt
an ihrer Stelle die Verantwortung. Das Edikt vom August
1792 befiehlt die Räumung des Klosters, die Schwestern erhalten weltliche Kleidung. Für Mutter Maria ist die Zeit der
großen Verpflichtung gekommen: das Gelübde der Blut-
zeugenschaft wird in geheimer Abstimmung beschlossen und
gemeinsam auf das Evangelium beschworen. Auch Blanche
leistet den Eid, aber dann flieht sie unbemerkt nach Paris
in das Haus ihres Vaters. Die Priorin kehrt zurück, die
Schwestern müssen das Kloster verlassen, leben verstreut in
Compiègne und treffen sich zu geheimen Gottesdiensten.
Mutter Maria erhält von der Priorin die Erlaubnis, Blanche
aus Paris zurückzuholen. Im Stadthaus des Marquis de la
Force findet sie eine völlig Zerstörte: der Vater ist guilloti-
niert, Blanche zur Magd erniedrigt. Gebrochen in Angst und
Selbstverachtung, bewahrt sie dennoch die verzweifelte
Kraft der Verantwortlichkeit, findet aber nicht den Mut,
ihrer Hüterin nach Compiègne zu folgen. Dort wurden die
Schwestern wegen angeblicher »Konspiration gegen den
Staat« gefangengesetzt. Mutter Maria sucht ohne die ihr ent-
wichene Blanche zu den Gefährtinnen zu eilen, doch der
Beichtvater stellt sie unter die Pflicht des Gehorsams, zuvor
die Weisung ihrer Priorin abzuwarten. Verurteilt erwartet
die Gemeinschaft der Schwestern im Kerker den Tod. Die

Priorin verfügt über den Anteil der Mutter Maria an dem
Gelübde und nimmt deren Platz ein. Während die Karmeliterinnen singend ihren letzten Gang antreten, wird Blanche,
die unerkannt unter der Volksmenge ist, vom Strahl der
göttlichen Gnade getroffen, aus der Gnade wächst ihr die
Kraft, freien Willens den Schwestern auf dem Weg zum
Schafott zu folgen. »Ihr Gesicht scheint von jeglicher Angst
befreit.«

Nicht zum Drama bestimmt, reiht sich eine nach innen
verspannte Folge von Gesprächen und Szenen. Sie fugiert
(innerhalb der Klostergemeinschaft) das Grundthema von
den letzten Dingen und wird durch ein Gegenthema (der
›Mächte der Welt‹) kontrapunktiert. Das Leitmotiv der
Todesnähe und Todesangst spiegeln die fünf Hauptgestalten
in deutlich kontrastierten Varianten, die der Chorus der
Klosterfrauen aufnimmt, dabei wird greifbar, wie für Bernanos der Karmel zum Abbild der urchristlichen Gemeinde
wird. Das Gleichnis setzt zu seinem vollen Verständnis die
Glaubenswelt des Katholizismus voraus. Die Vorgänge bilden keine Tragödie, weil im christlichen Aspekt die Tragik
durch das Mysterium des Opfers und der göttlichen Gnade
überhöht wird. Das Werk ist eher eine Passion mit den
Kreuzwegstationen, ein ›Nachfolge-Christi-Spiel‹.   *K. G.*

MAURICE ROSTAND

* 26. Mai 1891 in Cambo
† 21. Februar 1968 in Ville d'Avray/Paris

*Der Sohn und zunächst auch literarische Erbe Edmond
Rostands begann als Bühnenschriftsteller mit kleineren Stükken, die er zusammen mit seiner Mutter Rosemonde Gérard
verfaßte und von denen »Un bon petit diable« (1911) zwei
Jahre später auf dem Broadway erfolgreich war. Romanti-
sierende Versdramen in der Manier des Vaters reihten sich
an: »La gloire« (1921) zeigt die Tragödie des unbegabten
Sohnes eines großen Malers als Variante des L'aiglon-The-
mas, »Le phénix« (1923) Glanz und Elend der Komödianten – die Höhe des neuromantischen Theaters aber vermochte*

Maurice nicht mehr zurückzurufen. Die gegenläufige Wendung nahm sein Schaffen mit dem Zeitdrama »L'homme que j'ai tué« (»Der Mann, den sein Gewissen trieb«), das fast gleichzeitig mit Raynals »Grabmal« entstand (1924) und den Namen des jüngeren Dichters weithin bekannt machte. Die Durchschlagskraft dieses ehrlich pazifistischen Kriegsdramas wurde von den weiteren Bühnenarbeiten Maurice Rostands, »Napoléon IV.« (1928) und »Le procès d'Oscar Wilde« (1935), nicht mehr erreicht.

Der Mann, den sein Gewissen trieb. Schauspiel in einem Vorspiel und drei Akten. – Der junge Franzose Marcel Laurain hat im Ersten Weltkrieg in einem Angriff bei Tilloy einen deutschen Soldaten getötet. Der Blick des Sterbenden brennt in Marcel weiter und überschattet sein ganzes Leben. Auf der Armbanduhr, die Marcel neben dem Getöteten fand, ist der Name des Deutschen eingraviert. Vergeblich sucht der Gemarterte bei einem Priester Tröstung; denn die ihm gebotene Absolution vermag ihn vor sich selbst nicht freizusprechen. Das Gewissen treibt ihn in die Heimat des Gemordeten, seiner Familie die Tat zu bekennen und ihr Urteil auf sich zu nehmen. Marcel findet die Angehörigen des Toten, Mutter, Vater und Verlobte, die ihn für einen Freund ihres Sohnes halten. Im Bannkreis des Gefallenen strömt die brüderliche Nähe des ehemaligen Feindes zwingend in Marcel ein. Erschüttert liest der Fremde in Hermanns Briefen an die Mutter: »Es ist mir bisher erspart geblieben, Auge in Auge einen Menschen töten zu müssen; aber wenn es einmal notwendig würde, ich könnte es nicht, ich hätte die Kraft nicht dazu.« Aus seiner tiefen Bestürzung errät Angelika die Wahrheit, die er dem Mädchen nun voll eingesteht. Den Eltern die Freude über den gefundenen Freund ihres Sohnes nicht in das Entsetzen vor dem Mörder zu verwandeln, verlangt Angelika Schweigen von Marcel. Zur Sühne wird er unter dem Druck des Gewissens leben und den Eltern seines Opfers ihren Sohn zu ersetzen suchen.

Die Problemstellung trifft heute nicht weniger unmittelbar als im Entstehungsjahr des Werkes. Ihre dramaturgisch-szenische Verwirklichung geschieht mit packender Eindringlichkeit, die sich der inneren wie äußeren Wirkung gewiß ist.

K. G.

JEAN COCTEAU

* 5. Juli 1889 in Maisons-Laffitte
† 11. Oktober 1963 in Milly-La-Forêt bei Paris

*Cocteau stammt aus einer Juristenfamilie, war zunächst
Journalist und Zeichner, im Ersten Weltkrieg Sanitäter und
später interessanter, vielseitiger ›Avantgardist‹.*

Einen Autor voll »reizender Windbeuteleien« hat der berühmte Kritiker Albert Thibaudet Jean Cocteau genannt,
der das Universaltalent unter den französischen Schriftstellern dieses Jahrhunderts war. Seine Vielseitigkeit und Wendigkeit waren in der Tat phänomenal: Als Dichter war er
Lyriker, Romancier und Dramatiker, dazu Essayist und
Kulturkritiker. Daneben hat er Operntexte und Ballett-
handlungen für Igor Strawinsky, Arthur Honegger, Darius
Milhaud und andere führende Musiker der Gegenwart geschrieben und für deren Aufführungen die Dekorationen
und Kostüme entworfen. Seine Filme wurden wegen ihrer
originellen Drehbücher ebenso berühmt wie wegen ihrer
geistvollen Gestaltung (Cocteau war immer sein eigner
Regisseur), und auf Gemäldeausstellungen erregten seine
Bilder Entzücken. Alles, was Cocteau produzierte, hatte so
viel Esprit, daß es ihm über vier Jahrzehnte hinweg gelang,
die literarische Öffentlichkeit Frankreichs und Europas an
seinem Schaffen wie an Sensationen zu interessieren, obgleich
er im Grunde keine schöpferische Natur war, sondern vielmehr, dank seiner unheimlichen Witterung für alles, was ›in
der Luft lag‹, ein Anreger, Hervorrufer und Wegbereiter
größten Formats. Wenn auf irgend jemand, so paßte auf
ihn die Bezeichnung ›Avantgardist‹ in voller Wörtlichkeit.
Er war immer der erste, der die Parolen neuer künstlerischer
Bewegungen formulierte, der spürte, was im Kommen war,
der neue Möglichkeiten (z. B. des in Frankreich kaum bodenständigen Expressionismus ebenso wie des dort heimischen
Surrealismus und Existentialismus) ausprobierte und der
Welt präsentierte. Das alles geschah bei ihm mit einer echten
Kraft der Bezauberung und mit einer Leichtigkeit, als wäre
Cocteaus gesamtes Wirken nur dem Spieltrieb seines Geistes
entsprungen. Er war der Jongleur der modernen franzö-
sischen Literatur und bei aller Kultiviertheit und Schärfe

seines eminenten Kunstverstandes immer bereit, ihr Spaßmacher zu sein. »Sein innerer Engel macht manchmal einem
Harlekin Platz« – dieser Ausspruch von Ernst Robert Cur-
tius trifft genau die Eigenart des Phänomens Cocteau.

Zu den Harlekinaden des Dramatikers Cocteau ist zweifellos ein Stück wie das Schauspiel *Der Doppeladler* (1946)
zu rechnen, ein Reißer im Stil literarisch drapierter Drei-
groschenromantik um ein Königinnenschicksal, das stofflich
einige Ähnlichkeit mit dem der ermordeten Kaiserin Elisabeth von Österreich aufweist, nur daß hier der Mörder auch
noch der Geliebte des Opfers wird, bevor er das Stilett aus
den Krachledernen zieht. Ein Reißer ist auch der Einakter
Die geliebte Stimme (1930), nicht romantisch, aber psychologisch höchst effektvoll dekoriert: das ganze Stück ist ein
einziger Monolog am Telefon, das Abschiedsgespräch einer
Frau mit ihrem Geliebten, der sie verlassen hat, um eine
andere zu heiraten. Sämtliche Exaltationen einer bis ins
Tiefste aufgewühlten weiblichen Seele stürzen gleichsam in
Kaskaden der Hysterie herab ins Publikum, bis die Sprecherin sich am Schluß des bemerkenswerten Telefonats mit der
Schnur des Apparates erdrosselt. Der Verbindung von
außergewöhnlichen Seelenzuständen mit Manipulationen
der modernen Technik gilt ebenso wie dem ›zivilisatorisch‹
reagierenden Verhalten des Menschen gegenüber mythischen
Tatbeständen eine merkwürdige Vorliebe Cocteaus, der er
in den beiden Schauspielen *Die Schreibmaschine* (eine Variante des dem klassischen französischen Theater gehörenden
»Phädra«-Themas) und *Die Höllenmaschine* (ironische Paraphrase der Ödipus-Sage) Ausdruck gibt.

Das gewichtigste seiner Dramen ist zweifellos die (vielleicht als Kontroverse von dem für einen ästhetischen Katholizismus begeisterten Cocteau gegen Sartres *Der Teufel und
der liebe Gott* geschriebene) Historie *Bacchus* (1951). Ihr
Szenarium geht auf einen seltsamen altschweizerischen
Brauch zurück, zur Zeit der Weinlese einen Jüngling zum
›Bacchus‹ zu wählen und ihm für einige Tage die unum-
schränkte Herrschaft über den Festort zu übertragen. Aus
diesem Brauch der ›Regentschaft en miniature‹ entwickelt
Cocteau die Tragikomödie der Güte oder vielmehr des Guten – jenes Guten, das in der Seele des unverdorbenen jungen Menschen wohnt und sich, als ein Unbedingtes vulka-

nisch hinausgeschleudert in die Welt des allenthalben Bedingten, dortselbst in heilloser Einsamkeit verliert. Das Schicksal des Bauernjungen Hans, der in den Wirren der Reformation in einer kleinen deutschen Stadt nahe der Schweizer Grenze seine Siebentageherrschaft als ›Bacchus‹ dazu benützen will, ein Reich des radikal und rigoros Guten zu begründen, ist das Schicksal des Idealisten, der entschlossen auf der Seite Gottes gegen den Teufel antritt und eben darum als Ketzer erscheint. Sein großer Gegenspieler ist der römische Kardinallegat Zampi, der den ›kleinen Bruder‹ zwar nicht vor dem Untergang, aber mittels einer ›frommen Lüge‹ vor der nichtswürdigen Niederlage des Selbstverrats bewahrt. Er ist der einzige, der in der Kernszene des Stückes, dem mit dem ganzen Glanz der Cocteauschen Dialektik geführten Gespräch über Schuld und Freiheit im zweiten Akt, die reine Flamme in der Seele des jungen Eiferers erkennt und deren Rettung in eben jenem Augenblick vornimmt, da er ihm mit den Worten »Sie glauben nicht an Gott« ihre scheinbare Verlorenheit ins Gesicht schleudert. Hinter dem theatralisch mit allem Raffinement von Cocteaus Bühnensinn gemachten Schauspiel erscheint im Neonlicht geistreichster literarischer Koketterie der Gedanke einer Art Theodizee – nach Cocteaus eigenen Worten die Absicht, »Gott endlich wieder mit der Intelligenz zu begaben, für die man den Teufel haftbar macht«.

MARCEL PAGNOL

* 28. Februar 1895 in Aubagne bei Marseille
† 18. April 1974 in Paris

Pagnol wuchs in Marseille auf. Ab 1915 war er Englischlehrer an verschiedenen Orten, seit 1922 in Paris, wo er für das Theater zu schreiben begann. Daneben redigierte er eine Literaturzeitschrift und arbeitete für den Film, schrieb Essays und übersetzte u. a. Shakespeare-Dramen.

Nach Anfängen in der neuromantischen Art eines Edmond Rostand (das Versdrama *Catull*, 1922, und *Ulyss bei den Phöniziern*, 1925) öffnete der Griff mitten in die bittere

Erfahrung der Frontgeneration nach dem Ersten Weltkrieg dem jungen Dramatiker den Zugang zu seiner glänzenden ironisch-satirischen Begabung (mit dem Zeitstück *Kriegsgewinnler* in Zusammenarbeit mit Paul Nivoix, 1925). Dem satirischen Zwischenspiel *Jazz* (1926) folgte nach Jahren eine polemisch gesteigerte Attacke gegen die Korruption der Nachkriegszeit in der Komödie *Topaze*, deutsch *Das große Abc* (1928), die neben ihrer sozialpolitisch-satirischen Absicht den Rang einer Charakterkomödie zu erreichen sucht. Sie brachte ihrem Autor den Durchbruch zu internationalem Erfolg. Gleichwohl fand der Provençale Pagnol erst völlig zu seiner unverwechselbaren Eigenart im souveränen Humor der *Marius-Trilogie* (1929–36) mit ihrer beispielhaft echten Abschilderung der Vollblutmenschen seiner Marseiller Heimat. Hier, in der menschlichen Atmosphärik des großen, geisterhellten, modernen Volksstückes, liegt die eigentliche Bedeutung von Pagnols dichterischer Leistung. Die Reihe der weiteren dramatischen Arbeiten – *Toni* (1936), *Regain* (1939), *Die Tochter des Brunnenmachers* (1940) – krönt das provençalische Spiel *Madame Aurélie (Die Frau des Bäckers)*, eine der zauberhaftesten Komödien des zeitgenössischen Theaters.

Die Marius-Trilogie

In den drei Stücken weht die Luft der französischen Mittelmeerküste, sie prägt die Eigenart ihrer Bewohner, dieser »äußerst entzündlichen Menschen, gleich heftig in Freude und Schmerz, fast ohne Übergang von einem zum anderen wechselnd, übertrieben in allen Äußerungen ... Im ganzen ein fröhliches, gutmütiges und kindliches Volk« (Pagnol). Die Konflikte, die sich ihnen ergeben, setzen sich, wo sie Sache jäher Aufwallung sind, mit impulsiv gesteigerter Rhetorik in Szene, um beim ersten Anlaß in gerührter Versöhnung zu enden. Gehen sie aber tiefer ins Menschliche, werden sie fast wortlos getragen und finden durch ein unverdorbenes Menschentum und in schweigender Selbstverständlichkeit zu ihrer schließlichen Lösung. Der reiche Humor des Dichters und seine in feinsten Nuancen spielende Ironie sind in ihrem Element.

Zum goldenen Anker

Trilogie

P e r s o n e n : Marius – César, sein Vater, Inhaber einer Kneipe im
Alten Hafen von Marseille – Panisse, Segelmacher – Escartefigue, Kapi-
tän einer Dampffähre – Brunk, Zollinspektor – Piqueoiseau, ein Bettler
– Ein Obermaat – Fanny, Muschelverkäuferin – Honorine, ihre Mutter
– Nebenrollen.
O r t und Z e i t : Marseille, Gegenwart.

1. Teil: M a r i u s . Schauspiel in vier Akten. – César,
Prachtexemplar eines gewitzten Geschäftsmannes und liebenden Vaters, sucht vergeblich seinem Sohn Marius die
kleinen Kniffe des erfahrenen Kneipenwirtes beizubringen
– dem Jungen steht heimlich der Sinn in die Ferne. Von
Jugend an zieht es ihn hinaus auf die See. Seine Gefühle für
Fanny, die Jugendfreundin, will Marius erst gar nicht wahrhaben, scheu verbirgt er ihr seine wahre Empfindung bis zu
dem Augenblick, da er sie durch die Werbung des reichen
Witwers Panisse zu verlieren glaubt. Seine Eifersucht schlägt
hoch in einem Streit mit dem auf Fannys leckere Jugend
erpichten Panisse, dessen honorigen Eifer sich das Mädchen
gefallen läßt, um Marius, den sie seit ihrer Kindheit liebt,
endlich zum Sprechen zu bringen. Erst als Fanny sich ihrer
Mutter Honorine anvertraut und dem Panisse absagt, Honorine dem hocherfreuten César den Sachverhalt klarmacht
und César seinen Sohn ins Gebet nimmt, kann Marius der
Geliebten sein Geständnis nicht mehr länger vorenthalten.
Doch im selben Atemzug gibt er ihr das Geheimnis preis,
weshalb er sie nicht an sich binden kann: Herr seiner selbst
nicht mehr, drängt ihn eine unbezähmbare Sucht aufs Meer.
Eben jetzt scheint sich ihm die ersehnte Gelegenheit zu bieten. Da zerschlägt der Lauf der Dinge des Marius Hoffnung
– er muß bleiben. Die jungen Menschen schließen sich inniger
zusammen, die beiden Alten haben bereits alle Bedingungen
der Eheschließung ausgehandelt. Honorine fährt, ihren Bruder zu besuchen, Marius verbringt die Nacht bei Fanny. Die
Mutter, zeitiger zurück als vermutet, ertappt die beiden
schlafend in Fannys Zimmer. Ohne das Paar zu wecken,
überbringt Honorine dem Vater César das Beweisstück,
Marius' Gürtel, und verlangt die sofortige Heirat. Als wisse

er von nichts, redet César voll gütigen Humors und in tiefem Ernst dem Übernächtigten ins Gewissen und empfängt sein Versprechen, bei Fanny auf die Hochzeit zu drängen. Das erhaltene Wort besiegelnd, schleudert ihm der Vater den Gürtel hin; Marius hat verstanden und ist zur Ehe mit Fanny entschlossen. Just an dieser Wende tritt ihn die Versuchung mit verstärkter Gewalt an: das Schiff seiner großen Wünsche rüstet zur Ausreise in die Südsee, endlich ist Marius in die Mannschaftsliste eingetragen. Beklommen weist er das längsterwartete Angebot zurück, um bei Fanny zu bleiben. Sie ist ungesehen Zeuge der Unterhandlung des Obermaats mit Marius – seine Verstörung trifft sie zutiefst. Ein erregender Kampf hebt für die beiden an. Das Meer lockt mit allen Fernen wie nie, verzweifelt zwingt Marius sich zum Verzicht. Immer schmerzhafter erkennt Fanny das Opfer, das er ihr bringt. Doch liebt sie Marius zu sehr, als daß sie ihn unglücklich machen könnte. Im Zwiespalt ihres Gefühls greift sie zur Verstellung: sie schützt Familienrücksichten vor, durch die ihr eine Ehe mit Marius fragwürdig wird. Dieser müßte sie freilich besser kennen, aber nun hat sie ihm eine Entschuldigung zur Verfügung durch die sie selbst in die Hände gespielt, mit der er sich von ihr lösen kann. Marius folgt seinem schicksalhaften Trieb – mit Aufbietung ihrer letzten Kräfte hilft ihm Fanny, unbemerkt von seinem Vater zu entkommen. Während das Schiff ausläuft, sinkt sie in den Armen des nichtsahnenden César zusammen.

2. Teil: F a n n y. Komödie in vier Akten. – Verdüstert und voll Unruhe wartet César in seiner Hafenkneipe auf Nachricht von seinem Sohn, der, ohne ihm ein Wort zu sagen, vor nun zwei Monaten auf See ging. Ein Meister im Verbergen seiner Gefühle, beantwortet César die Mitsorge der Freunde mit rauher Ablehnung. Noch mehr leidet Fanny unter dem Verlust des Geliebten. Endlich erhält César einen Brief aus Port Said: Marius tut Dienst bei ozeanographischen Messungen. Seine Sorge gilt Fanny: hat sie Panisse geheiratet, ist sie mit ihm glücklich? Panisse hält erneut um Fanny bei ihrer Mutter an, und diese schenkt ihm reinen Wein ein, denn der Vorfall ist kein Geheimnis geblieben. Nur eines verschweigt sie ihm: daß Fanny ein Kind erwartet. In vierzehn Tagen soll die Hochzeit sein. Zum hellen

Entsetzen von Mutter und Tante klärt Fanny ihren künftigen Mann über ihren Zustand auf – und dieser ist glücklich!
Lange wartet er schon auf den Erben, nur darf niemand erfahren, daß das Kind nicht von ihm ist. Aber einer kommt
dahinter: César. Dieser hält an dem Anspruch seines Sohnes
auf Fanny fest. In zwei Jahren wird er zurückkommen und
soll dann Fanny heiraten. Darüber kommt es zu schwerer
Auseinandersetzung zwischen den Freunden. Panisse muß
selber mit der Sprache heraus, denn Fanny *kann* nicht zwei
Jahre warten. César begreift, aber er möchte auf ›seinen
Enkel‹ nicht verzichten. Erst als ihm Fanny die Zukunft
eines unehelichen Kindes ausmalt, muß er klein beigeben.
Aber wenigstens soll das Kind die Namen César Marius
tragen! Panisse ist einverstanden und bietet dem Freunde
die Patenschaft an ... Fanny ist mit Panisse verheiratet und
ihr kleiner Junge zehn Monate alt. Plötzlich steht Marius
vor Fanny. Von Australien, wo sein Schiff liegt, kam er mit
einem Transport nautischer Apparate. Sein Fernenrausch ist
verflogen, und er hat erkannt, daß Fanny in jenem kritischen Augenblick sich ihm zuliebe geopfert hat. Ihretwegen
nur ist er zurückgekommen. Sie gibt ihm die Wahrheit zu
und entzieht sich nicht dem Geständnis seiner Liebe, doch
alles ist jetzt für sie zu spät. Unwillkürlich schließt Marius
sie in die Arme. Zur rechten Zeit stiftet César Ordnung,
aber Marius fordert Fanny von Panisse zurück. Dieser überläßt seiner Frau die Entscheidung, das Kind aber will er
behalten. Fanny spricht ihre Liebe zu Marius offen aus, doch
die Pflicht hält sie bei ihrem Mann ... Den Ernst der großen Aussprache löst der satyrspielartige Wirbel einer Groteske ab mit der sich übersteigernden Angst um die Gesundheit des Kindes. Marius, der eben noch die mühsam gefügte
Ordnung zu sprengen drohte, kommt sich mit einemmal überflüssig vor. Sein Vater bringt ihn zum nächsten Zug.

3. Teil: C é s a r. Schauspiel in drei Akten. – Nach zwanzigjähriger glücklicher Ehe mit Fanny liegt der gute alte
Panisse herzleidend auf dem Sterbebett. Zum Abschied hat
er seine alten Kumpane aus der Hafenkneipe um sich versammelt, und vor ihnen nimmt der Pfarrer dem alten Sünder die Beichte ab, aus der noch einmal seine pralle Daseinslust leuchtet ... Fannys Sohn Césariot studiert auf dem

Polytechnikum in Paris und besucht den todkranken Vater.
Der Pfarrer verlangt, daß Panisse vor seinem Tode den
Jungen über die wirklichen Verhältnisse aufkläre. Panisse
aber verteidigt mit zäher Entschiedenheit seinen Besitz, er
will als der wahre Vater von dem Sohne scheiden, als der er
sich ihm zeitlebens erwies. Noch einmal flackert sein Lebens-
lichtlein auf, aber nicht für lang ... Nach dem Tode von
Panisse drängt der Pfarrer die Witwe, ihrem Sohn die
Wahrheit über seine Herkunft zu bekennen. Fannys Geständnis ruft in dem verwirrten Jungen Konflikte auf, wie
sie mit aller Wucht einst die Mutter selbst durchschüttert
hatten. Vom Paten César, den er nun als seinen Großvater
erkennt, hört Césariot, Marius habe in Toulon eine Garage,
er wurde nie mehr in Marseille gesehen, seit ihm vor vielen
Jahren César das Haus verbot. Als Césariot sein Examen
bestanden hat, drängt es ihn zur Suche nach dem Vater.
Unter Vorgabe eines falschen Reisezieles segelt er mit dem
Schiff der Mutter nach Toulon und spricht unerkannt seinen
Vater. Dessen Teilhaber, Fernand, macht sich den zweifel-
haften Spaß, dem naseweisen jungen Herrn, der ihn über
Marius auszuholen sucht, wüste Gangstermärchen aufzubin-
den, die Césariot für bare Münze nimmt und seiner ver-
zweifelten Mutter überbringt. Da erscheint Marius selbst in
Marseille, um sich zu rechtfertigen und seinem Sohn zu be-
weisen, daß er einen ehrlichen Mann zum Vater hat. Seine
Selbstverteidigung wird zur bitteren Anklage gegen das
Mißtrauen und die Vorurteile, die Césariot das Geschwätz
Fernands glauben ließen. Zugleich deckt Marius die gründlich verfahrene Situation auf, in der sie nun alle vier stecken:
»Mein Sohn trägt nicht meinen Namen. Meine Frau ist eine
Witwe, trotzdem ich nicht gestorben bin, und mein Vater ist
ein trauriger Großvater, der sich verstecken muß. Jetzt ist
nichts mehr zu ändern.« Aber sein Sohn soll ihm in Toulon
stets willkommen sein. Fanny hält unentwegt den Glauben
an Marius fest, César forscht seinem cholerischen Temperament ernstlich nach, und Césariot hätte nichts einzuwenden,
wenn das Telefongespräch seiner Mutter nach Toulon zu der
richtigen natürlichen Ordnung führte ... In der Sakristei,
aus der zu Beginn des Stückes César den Pfarrer zum Ver-
sehgang holte, sitzen die beiden sich immer noch Liebenden
das erste Mal wieder beisammen, aber jetzt ist dem Marius

Beckett, Endspiel

Genet, Die Wände

das viele Geld der reich gewordenen Fanny im Wege. Seine
Hemmungen versteht César mit dem Hinweis auf Césariot
zu zerstreuen, und der Pfarrer meint, Panisse da droben
freue sich bestimmt.

Während die beiden ersten Stücke sich zu thematischer wie
formaler Geschlossenheit runden, leugnet die lockere, aus
geistvollen Einfällen gefügte Improvisation des Schlußstük-
kes nicht die Herkunft aus dem Drehbuch; doch gelangt es
in den beiden Außenakten, die so unvergeßliche Akzente
wie des Panisse Abschied oder die Rechtfertigung des Marius
zu setzen wissen, zur volleren dramatischen Wirksamkeit.
Die drei Stücke, in der Einheit des Lokalkolorits, ihrer Menschen und im vibrierenden Umriß ihrer psychologischen Entwicklungsstadien, hält ein wehmütig schwebender Grundton
zusammen, der genau auf dem Schnittpunkt von Geist und
Gefühl liegt.   *K. G.*

Die Tochter des Brunnenmachers. Komödie
in fünf Akten. – Dieses im Jahr 1941 veröffentlichte Stück,
das erst viel später (1955) auf die deutschen Bühnen gelangte, ist in den Grundzügen der Handlung dem *Goldenen
Anker* sehr ähnlich. Der Brunnenmacher Pascal Amoretti,
ein Witwer aus der Gegend zwischen Arles und Aix-en-
Provence, hat sechs Töchter, von denen die Älteste, die
ebenso reizende wie brave Patricia, an ihrem 19. Geburtstag
einen jungen Mann kennenlernt, der sie, als sie ihrem Vater
und seinem Gehilfen Félipe Rambert das Mittagessen an ihre
Arbeitsstätte hinausgebracht hat, mit seinem Motorrad nach
Hause fährt. Beide finden sofort großen Gefallen aneinander, und als Patricia von Félipe, den Amoretti gern als
seinen Schwiegersohn sehen möchte, zu einem Schaufliegen
auf einem nahe gelegenen Flugplatz eingeladen wird, nimmt
sie gern an, weil sie erfahren hat, daß der Looping-Pilot,
der die Hauptattraktion des Programms bildet, der char-
mante junge Mann mit dem Motorrad ist – Jacques Mazel,
der Sohn eines reichen Warenhausbesitzers in der kleinen
Stadt Salon. Als Jacques, der Fliegerleutnant ist, kurz darauf ganz plötzlich zu seiner Truppe nach Afrika versetzt
wird, ist Patricia bereits von ihm Mutter eines Kindes. Da
der Brief, in dem er ihr seine Versetzung mitteilt, Patricia
nicht erreicht, glaubt sie sich von ihm verlassen; zu stolz,

994 Pagnol, Die Tochter des Brunnenmachers

um ihm ihrerseits zu schreiben, bekennt sie jedoch ihrem Vater, wie es um sie steht. Ein Versuch des alten Amoretti, Jacques' Eltern an die Verpflichtung ihres Sohnes gegenüber seiner Tochter zu erinnern, scheitert am Dünkel der Mazels. Der gutmütige, ehrliche Félipe ist nach wie vor bereit, Patricia zu heiraten, aber sie lehnt sein Angebot ab, da sie ihn, obwohl sie ihn gern mag, nicht liebt. Amoretti weist die Tochter, an der er dennoch mit zärtlicher Liebe hängt, wegen ihrer ›Schande‹ aus dem Haus, kann sich aber, als Patricia bei seiner Schwester, der Wäscherin Nathalie, einen Knaben zur Welt gebracht hat, doch nicht enthalten, das Enkelkind zu besichtigen. Die Mazels haben ihr unfaires Verhalten gegen Patricia und ihren Vater inzwischen bereits bedauert, zumal nachdem sie die Nachricht erhalten haben, daß Jacques nach einer militärischen Unternehmung in Afrika vermißt sei. Amoretti hat sich auf den ersten Blick in sein Enkelkind verliebt und ist zunächst keineswegs bereit, die Großvaterschaft mit den Mazels zu teilen, obgleich diese, zum Andenken an ihren Sohn, versprechen, für Patricia und den Kleinen aufs beste zu sorgen. Erst über einen Geschäftsauftrag – Mazel will seinen Brunnen von Amoretti nachsehen lassen – kommt es zwischen den auf so heikle Weise verschwägerten Alten zu einer Annäherung. Patricia geht wieder zu ihrem Vater und ihren Schwestern, und eines Sonntags stürzt der brave Félipe mit einem Telegramm ins Haus, daß Jacques Mazel, am Arm verwundet, aber sonst wohlauf, wiedergefunden und bereits auf dem Weg in die Heimat sei. Ungetrübtes Glück zieht ein, als Jacques, inzwischen Hauptmann geworden, mit seinen Eltern beim Brunnenmacher Amoretti erscheint und in aller Form um seine Tochter anhält. Félipe aber verlobt sich bei dieser Gelegenheit, um in der Familie zu bleiben, mit Patricias Schwester Amanda, die ihm schon lange gewogen ist.

Die Figuren dieses Spiels, das weder den Deftigkeiten noch der Sentimentalität des Volksstücks aus dem Weg geht, haben wohl die Lebensechtheit des provençalischen Menschentyps, sind aber als Charaktere flacher und flüchtiger gezeichnet als die Gestalten der *Marius*-Trilogie. Die Story ist im Grunde nichts anderes als eine Abwandlung der alten Geschichte vom feschen Gardeleutnant und dem armen süßen Mädel und mehr auf den Filmeffekt zugeschnitten als für

die Bühne durchgeformt; in der Tat war *La fille du puisatier*
ein Film, ehe Pagnol sie zu einem Theaterstück umschrieb.
Geblieben ist bei dieser Transskription die schauspielerische
Ergiebigkeit der Rollen.

HENRY DE MONTHERLANT

* 21. April 1896 in Neuilly-sur-Seine
† 21. September 1972 in Paris

*Sohn einer sehr alten französischen Adelsfamilie. Freiwilli-
ger im Ersten Weltkrieg, lebte später lange in Spanien und
Afrika. Montherlant, von dem in Deutschland zuerst der
Stierkämpfer-Roman »Die Tiermenschen« bekannt wurde,
vertrat anfangs in seinen Prosaschriften eine heroisch-vitali-
stische Lebenshaltung und einen etwas hochmütig männlichen
Aristokratismus, beeinflußt von Chateaubriands romanti-
schem Royalismus und dem Nationalismus Maurice Barrès';
später unter dem Eindruck von Claudel einer der literarischen Führer des französischen »Renouveau Catholique«.*

Port Royal. Drama in einem Akt. – Dieses 1955 mit
der seltenen Auszeichnung einer Uraufführung an der
Comédie Française bedachte Schauspiel gehört sicherlich zu
den merkwürdigsten und bedeutendsten Werken des gegenwärtigen französischen Theaters. Merkwürdig ist dieser
monumentale Einakter wegen seiner Form, der das von der
klassischen Dramaturgie des 17. Jh.s aufgestellte (obzwar auf
einer irrtümlichen Auslegung der Aristotelischen Poetik beruhende) Gebot der ›Drei Einheiten‹ – Einheit des Orts, der
Zeit und der Handlung – streng beachtet, bedeutend aber
durch das Gewicht der Fragestellung, die die Handlung
bewegt und die sich kurz so formulieren läßt: Ist eine Überzeugung etwas Absolutes und von jeder Konstellation Un-
abhängiges, oder gibt es die Möglichkeit, sie mit den wechselnden Forderungen des Augenblicks in Übereinstimmung
zu bringen? Montherlants gesamtes Werk beruht auf dem
Problem, mit der Widersprüchlichkeit der Welt fertig zu
werden, was nach seiner These nur so möglich ist, daß man
sie konsequent in sich auslebt. In *Port Royal* wird dieses

Problem zu der erwähnten Frage verdichtet und mit einer großartigen Unerbittlichkeit in einer Handlung diskutiert, die so voll innerer Dramatik ist, daß der Mangel an äußeren dramatischen Momenten dem anteilnehmenden Zuschauer kaum zum Bewußtsein kommt.

Das Schauspiel führt, historisch weiter auseinanderliegende Vorgänge in den Ablauf eines einzigen Tages zusammendrängend, auf den Höhepunkt der Verfolgungen, denen die sogenannten Jansenisten im Jahr 1664 durch die französische Regierung und den Klerus ausgesetzt waren. Sie waren Anhänger der Gedanken des Bischofs Cornelius Jansenius von Ypern (1585–1638), der die augustinische Lehre von der ›Unwiderstehlichkeit der Gnade‹ durch einen Kompromiß zwischen Calvinismus und traditioneller katholisch-kirchlicher Lehre neu zu beleben suchte. Von ihrem Zentrum, dem Kloster Port Royal bei Versailles, aus bekämpften die Jansenisten, sich auf Lehre und Praxis des frühen Christentums berufend, den Opportunismus der offiziellen Kirchenrepräsentanten und sahen vor allem in der vermeintlichen Laxheit der Jesuiten eine gefährliche Abirrung vom wahren Glauben. (Einer ihrer hervorragendsten Führer war der große Physiker, Mathematiker und Philosoph Blaise Pascal.) Die Kirche ihrerseits sah durch den Jansenismus, der eine unmittelbar auf Gott gerichtete Religiosität des einzelnen erstrebte, ihren Anspruch auf das alleinige Mittlertum zwischen Mensch und Gott bedroht und ging mit den schärfsten Waffen – mehrere wichtige Glaubenssätze der Jansenisten wurden als Häresie erklärt – gegen die durch ihren hohen sittlichen Ernst weite Kreise erfassende Bewegung vor. Die Nachwirkungen dieser Kämpfe sind in Frankreich, obgleich die Anhänger des Jansenius, um der Bedrängung durch den König und die Kirche zu entgehen, ins Ausland, zumeist nach Holland, flohen oder sich schließlich in einem schwarmgeistigen Sektierertum verloren, nie ganz verschwunden.

Montherlant zeigt im Bühnenvorgang den ›schrecklichen Tag‹ des 26. August 1664, an dem der Erzbischof von Paris, M. Beaumont de Péréfixe, allen Klosterschwestern von Port Royal, die ihrer jansenistischen Überzeugung unbeirrbar treu bleiben, die Teilnahme an den Sakramenten verbietet und zwölf von ihnen, die als die ›Rädelsführerinnen‹ gelten, aus Port Royal in ein anderes Kloster deportieren läßt, das unter Leitung der Jesuiten steht. An ihrer Stelle werden, um den Geist des Jansenismus unter den Zurückbleibenden zu brechen, zwölf Nonnen aus dem den Jesuiten unbedingt ergebenen Orden zu Mariae Heimsuchung in Port Royal eingewiesen. Der Erzbischof, den Montherlant recht maliziös als einen zwar taktisch geschickten, aber leicht gekränkten und nicht gerade überragend gescheiten Mann zeichnet, hat es gegenüber den klugen, zu jedem Opfer bereiten Schwestern von Port Royal nicht leicht, die Autorität der Kirche (und ihren Anspruch darauf) zu verfechten. In seinen Augen sind die Nonnen nichts anderes als »Hochmütige«, die einen sträflichen Geist der Auserwähltheit pflegen, »wodurch«, wie er sagt, »die Tugend zu schwer für die Welt, das Evangelium übertrieben und das Christentum unmöglich erscheint«. Dem Problem der Autorität und ihres Mißbrauchs, der den Verfolgten das Recht zum Widerstand gibt, stellt Montherlant das Problem des Glaubens und der Anfechtung durch den Zweifel an die Seite, der sich dann bedrohlich erhebt, wenn die Prüfung des Unglücks über die Gläubigen kommt. Schwester Angelika vom heiligen Johannes, eine Nichte des Jansenisten-Führers Arnauld d'Andilly und Subpriorin von Port Royal, muß diesen Kampf mit dem Zweifel in ihrer eignen Seele bestehen; die große Szene, in der es zwischen ihr und der alten ehemaligen Äbtissin Mater Katharina Agnes vom heiligen Paulus (der Schwester Arnaulds und also Angelikas leiblicher Tante) zu einer Aussprache kommt, ist der innere Höhepunkt des Werkes. Sein äußerer ist die Deportation der zwölf Nonnen, die sich weigern, dem Erzbischof zu gehorchen, wobei der Verrat der unterwerfungswilligen Schwester Flavia an den Tag kommt, und die den Schluß des Stücks bildende stumme Ankunft der ganz in Schwarz gekleideten »Schwestern der Nacht«, die an Stelle der Verbannten in Port Royal einziehen. Die großartig strenge, klare und wie gemeißelte Sprache des Schauspiels, die auch in der deutschen Übersetzung von Robert Schnorr nichts von ihrer geistigen Schönheit verloren hat, empfindet man als einen modernen Reflex der Sprache Pascals, der seine berühmten *Gedanken* im Kloster Port Royal – er hatte sich nach seiner mystischen Erleuchtung im Jahre 1654 dorthin zurückgezogen –, von Krankheit und schwerem Leiden heimgesucht, niederschrieb.

JEAN-PAUL SARTRE

* 21. Juni 1905 in Paris

Sartre stammt aus bürgerlichen Verhältnissen und war der Vetter Albert Schweitzers. Er studierte 1924–30 Philosophie und Literaturwissenschaft, lebte 1931–33 in Le Havre und studierte 1933/34 in Berlin die deutsche Philosophie. Zwischen 1936 und 1940 gab er philosophisch-psychologische Publikationen heraus, war Mitarbeiter an Pariser Fachzeitschriften, Kritiker der »Nouvelle Revue Française«, wo 1938 sein erster Roman »La nausée« erschien, und Dozent der Philosophie. Als Krankenträger wurde er eingezogen, nach seiner Rückkehr aus deutscher Gefangenschaft (1941) beteiligte er sich maßgeblich an der Résistance. Sein erstes Drama »Les mouches« (»Die Fliegen«), mit dem Sartre die Zensur der Besatzungsmacht täuschte, erschien 1943, gleichzeitig das Ergebnis der Systematisierung seiner Existentialphilosophie, das Hauptwerk des Existentialismus »L'être et le néant« (»Das Sein und das Nichts«). Die Verteidigung und Kommentierung der Hauptthesen gab 1946 die Schrift »L'existentialisme est un humanisme« (»Ist der Existentialismus ein Humanismus?«). Seit 1945 Herausgeber der existentialistischen Zeitschrift »Les Temps Modernes«.

Sartres Existentialismus, gestützt auf die Philosophie Descartes', Hegels, Kierkegaards, Heideggers und Jaspers', kommt aus dem Grunderlebnis einer katastrophischen Zeit und stellt den Menschen ohne Rückverbindung mit einem göttlichen Prinzip, jeder religio fern, allein auf sich selbst in die Mitte der seine innerste Existenz bedrohenden Welt, sammelt demnach »das gesamte philosophische Denken in dem Problem des menschlichen Daseins auf Erden«. »Es gibt kein anderes All als ein menschliches All, als das All der menschlichen Ichgebundenheit.« »In die Welt geworfen«, findet der Mensch keine bestehenden Ordnungen, an die er sich halten kann, sich selbst überlassen, ist er »zur Freiheit verurteilt«, seine Handlungen allein zu bestimmen. Er wird erst existent, indem er sich entscheidet, er »existiert nur in dem Maße, in welchem er sich verwirklicht«: »Der Mensch ist, was er vollbringt.« Zugleich trägt er die volle Verantwortung für seine, stets aufs neue sich erschaffende Existenz; durch seine Entscheidung ist der einzelne der ganzen Menschheit verantwortlich. Aus dem Bewußtsein dieser Verantwortlichkeit entsteht Angst und Vereinsamung, doch ist die Folgerung einer Nichtexistenz Gottes bis zur letzten Konsequenz zu ziehen. »Es kann nichts a priori Gutes mehr geben, da es kein unendliches und vollkommenes Bewußtsein mehr gibt, um es zu denken.« Sämtliche »etablierten Werte«, Kosmos und Transzendenz negierend, »beginnt das menschliche Leben jenseits der Verzweiflung«. Zweifellos schließt die illusionslose Härte der Sartreschen Lehre nackte ethische Verpflichtungen in sich, deren von ihrem Urheber behaupteter Optimismus allerdings höchst fragwürdig erscheint. Denn die Tragik des Menschen zeigt sich als ausweglos, weil sie nicht über die Urverzweiflung hinauszugelangen vermag. Das gequält verlorene Diesseits schließlich wird abgelöst durch die Verewigung eines selbstgeschaffenen Zustandes im Jenseits, so daß die Verzweiflung unaufhörliche Dauer annimmt.

Sartres dichterische Produktion sucht die denkerischen Ergebnisse an Hand unterschiedlicher, blitzartig ins Bewußtsein gerissener Problemstellungen des Daseins zu erhärten. Gleichzeitig mit der erzählenden Prosa, als deren Hauptwerk die Romantrilogie *Les chemins de la liberté* (1945–49) Bedeutung gewinnt, ergreift Sartre das Medium der Bühne, um die geistige Auseinandersetzung in eine unmittelbar verstärkte Wirksamkeit hineinzutreiben. Dem politisch-humanen Zweck der inneren Befreiung seiner Landsleute nach dem militärischen und psychischen Zusammenbruch Frankreichs dient zunächst die Erneuerung der Atridensage aus dem Geiste der Résistance: das Drama *Die Fliegen* (1943) proklamiert die existentialistische Hauptthese der vollen Handlungsfreiheit für den Menschen. Ein Jahr darauf fasziniert die Pariser, später das europäische Publikum der surrealistische Einakter *Hinter geschlossenen Türen* (1944) mit seiner ethisch wie metaphysisch erregenden Demonstration der Verantwortlichkeit subjektiv-menschlichen Tuns über den Tod hinaus. *Die ehrbare Dirne* (1946; Reclams UB 9325) nimmt Sartres Forderung nach verantwortlicher Entscheidung eines dem Widerstreit zwischen der eigenen moralischen Ehrlichkeit und einer utilitaristisch-verdorbenen Ge-

sellschaftsmoral hilflos ausgelieferten Menschenwesens zum
Thema heftiger sozialkritischer Anklage. Nach der Befreiung
des Landes wird die schonungslose Darstellung grauenvoller
Leiden einer Gruppe von Widerstandskämpfern in den Händen französischer Milizsoldaten szenisches Ereignis: das
Résistancestück *Tote ohne Begräbnis* (1946) führt mit dramatischer Eindringlichkeit die Probleme der Selbstbehauptung und Bindung des Einzelgeschicks an das Gesamtschick-
sal in die These von der Verlorenheit der menschlichen
Existenz. Wie die Situation der Dirne Lizzie tödliche Vorurteile der westlichen Welt (Rassenhaß, Rücksichtslosigkeit,
Mißbrauch der Macht und Korruption der Oberschicht)
attackiert, schlägt das Drama *Die schmutzigen Hände* (1947)
gegen den Osten und trifft zugleich ganz allgemein Opportunismus, Demagogie und Gewalttat einer jeden Partei-
doktrin, wobei das mehrdeutige Stück den Sartrebegriff des
freien Entschlusses zur Tat an zwei entgegengesetzten Beispielen (Tatmensch – Zauderer) und an noch weiteren zugeordneten Varianten psychologisch, soziologisch und politisch abwandelt. – Den jenseitigen Bezirk, der stets bei Sartre
die gnadenlose, ununterbrochene Wiederholung der selbst-
bereiteten Erdenexistenz ist, bringt noch einmal der Film
Das Spiel ist aus; zwischen Diesseits und Jenseits spannungsvoll wechselnd, birgt selbst dieses den Weltruhm erntende
Meisterwerk einen Bruch der logischen Konsequenz, weil die
folgerichtig laufende Entwicklung der Fabel durch das vor-
gegebene Theorem gebeugt werden muß, soll der Lehrsatz
seine Beweiskraft behaupten. Das ist die eine Ursache, weshalb sich immer einmal ein Riß oder ein Sprung in der Fort-
führung der Handlungszüge bei Sartre findet, der andere
Grund liegt in der Theaterwirkung, der zuzeiten geopfert
wird. Das verzweigte Szenarium *Der Teufel und der liebe
Gott* (1951) faßt die Grundthesen des existentialistischen
Individualisten, apodiktischen Moralisten, kritischen Marxi-
sten, metaphysisch sich verfangenden Atheisten und skeptischen Humanisten in ihrer ganzen Widersprüchlichkeit zusammen. *Im Räderwerk* (1952), nicht als Drama konzipiert,
sondern als Bühneneinrichtung eines Filmszenariums, poten-
ziert das politische Thema der *Schmutzigen Hände* und
führt in der analytischen Technik eines Gerichtsprozesses
die unaufhaltsam zermalmende Mechanik einer totalitären

Staatsmaschine um die nackte Gewalt vor. Die Stilmittel, deren Sartre sich als Dramatiker bedient, wechseln mit dem Gegenstand, dem sie Ausdruck geben. Konsequenter Naturalismus bis zur Brutalität sind die politischen, sozialkritischen Stücke *(Dirne, Tote, Hände, Räderwerk)*, Naturalismus und Surrealismus verschmelzen zu höchst persönlicher Synthese in den Spielen von den *Fliegen* und den *Geschlossenen Türen*. In dem Schauspiel *Die Eingeschlossenen* (deutsche Erstaufführung 1960 in München) stellt Sartre das Schicksal einer Altonaer Familie dar, ihre Schuld aus der Zeit des NS-Regimes, ihre Sühne und vor allem ihre Todessehnsucht.

Die Fliegen

Drama in drei Teilen
Erste Aufführung: 3. Juni 1943 in Paris

P e r s o n e n : Jupiter – Aigisth – Klytaimnestra – Orest – Elektra – Pädagoge – Die Alte – Volk – Soldaten – Wachen – Diener – Drei Erinyen – Chor der Erinyen.
O r t und Z e i t : Argos, in griechischer Vorzeit.

Dies erste der Öffentlichkeit bekanntgewordene Bühnenwerk Sartres, abgefaßt gegen die Mutlosigkeit und »unfruchtbare Selbstverleugnung« der Franzosen nach der Niederlage, mit dem Aufruf zur freigestellten Entscheidung und Selbstverpflichtung trotz alledem auf »eine Zukunft der freien Menschen«, die »das menschliche Leben lebenswert macht«, gehört – gleich wesentlichen Fundamenten des Sartreschen Denksystems und wie die meisten seiner Stücke – ursprunghaft der ›littérature engagée‹ an. Aus dem zerstörerischen Zustand depressiver Selbstaufgabe, mit dem die Gewalthaber den unterworfenen Gegner niederzuhalten pflegen, erklärt sich die geistige Gesamtkonzeption des Dramas, insbesondere der Gestalt des Gottes Jupiter, dem die Affekte der Angst, Reue und Buße die Mittel zur Unterdrückung eines verzweifelten Volkes in die Hand geben, weshalb die neue Orest-Interpretation von einer bedingungslosen Verdammung jedes selbstanklägerischen Reue-Bewußtseins ausgeht, um für eine Befreiung wirken zu können. (Deutsche Erstaufführung: 7. November 1947 in Düsseldorf.)

Unter dem Namen Philebes besucht der junge Orest mit
dem Erzieher seine Heimat Argos. Ehemals eine lebensfrohe
Stadt, ist sie zu einer Stätte des Grauens geworden; ihre
angstverstörten Bewohner, in schwarzer Trauer, meiden hinter fensterlosen Häusern und blutbeschmierten Mauern die
in der Hitze siedenden Straßen, die Millionen von Schmeiß-
fliegen bedecken. Vor fünfzehn Jahren hat ein mächtiger
Aasgeruch die Fliegen in die Stadt gelockt: es sind die
Erinyen, von den Göttern zur Strafe der sündigen Bevölkerung geschickt, weil sie sensationslüstern zuließ, daß ihr aus
Troja siegreich zurückgekehrter König Agamemnon von seiner Frau Klytaimnestra und deren Buhlen Aigisth grausam
im Bad erschlagen wurde. Die Mörder selbst nahm Jupiter
von der Strafe aus; denn um die Macht des Usurpators zu
behaupten, hält der nachträglich über sein Verbrechen entsetzte Aigisth die Stadt seitdem in verzweifelter Reue und
Buße. »Die Angst, das schlechte Gewissen sind ein angeneh-
mes Düftchen für die Nasen der Götter«; »Um eines toten
Menschen willen, zwanzigtausend andere in Reue vergehend,
das ist die Bilanz.« Jupiter hat »keinen schlechten Handel
gemacht«, und er teilt dies, als Handelsherr Demotros verkleidet, dem angewiderten Orest mit, um, seinen Ekel meh-
rend, ihn aus der Stadt zu vertreiben, damit wenigstens im
weitum gemiedenen Argos »die Frömmigkeit, so recht aus
Furcht und Schrecken geboren«, ungestört erhalten bleibe.
Des seltsamen Gottes Absicht fände Erfüllung, würde Orest
nicht unerkannt Zeuge einer haßerfüllten Begegnung seiner
Schwester Elektra mit Klytaimnestra, der Mutter, die ihrer
Tochter den Befehl Aigisths überbringt, heute, am Jahrestag
der Ermordung des Vaters, in Trauerkleidern bei der Totenfeier zu erscheinen. Die Demütigung der zur Spülmagd Erniedrigten hält den Bruder in der Stadt zurück. Der Tag der
Toten in Argos aber hat seine eigene Bewandtnis: Aigisth
bannt die Seelen seiner Untertanen in die Blasphemie des
Aberglaubens, »ihre Toten« entstiegen alljährlich dem
Schlund der Unterwelt, um die Schuldigen – und alle sind
schuldig – für das ihnen angetane Unrecht einen fürchterlichen Tag lang zu quälen. Dies unwürdige Schauspiel versetzt
die Menschen in Ekstasen von Angst, doch der vernunfterzo-
gene Orest durchschaut entrüstet Aigisths »Affentheater«.
Elektra, entgegen dem Gebot des Königs im Festkleid,

tanzt vor der Menge, die Lüge des Herrschers zu entlarven,
dieser verweist die Rebellin des Landes. Philebes-Orest
rät der Gefährdeten zur gemeinsamen Flucht, sie aber muß
bleiben, Orest, ihren fernen Bruder erwartend, damit er
endlich die tiefersehnte Rache an den Frevlern vollziehe.
Der Fremde gibt sich der Schwester zu erkennen, an der
Glut ihrer Leidenschaft reift sein Entschluß, das Schicksal
der Atriden zu erfüllen, die Meuchler seines Vaters sühnend
zu töten und gleichzeitig so die Verbrechen der ganzen Stadt
auf sich zu nehmen. Aigisth, durch Jupiter vor den Verschwörern gewarnt, doch zu müde, sich zu wehren, belädt
Orest mit der Schuld des Mordes, damit er die gleiche Last
wie er trage, und läßt sich kampflos niedermachen. Elektra
schaudert jetzt vor dem heißgewünschten Muttermord zurück, so vollzieht Orest allein die furchtbare Tat. Während
das Geschehene den Bruder endgültig zu innerer Freiheit
löst, fühlt die Schwester sich unfrei gebunden, und die
Erinyen gewinnen Macht über sie, die dem Rat Orests folgt,
im Heiligtum des Apoll, »vor Menschen und Fliegen geschützt«, die Nacht zu verbringen. Umlauert von der Gier
der Erinyen, erwachen die beiden zur Erkenntnis ihrer Tat.
Das steigende Bewußtwerden des Verbrechens scheidet Elektra, durch die Rachegeister gestachelt, von der Gemeinsamkeit mit dem Bruder, sie vermag die Folgen der Schuld nicht
mit ihm zu tragen und ruft in ihrer Bedrängnis nach Jupiter,
daß er sie, die bereut und ihr Leben der Sühne gibt, von den
ewigen Verfolgerinnen rette. Orest dagegen steht zur Einsamkeit seiner erlittenen Tat, weil sie für ihn gerecht ist,
und trotzt dem Gott, der ihn mit allen Überredungskünsten
zur Anerkennung seiner Gesetze zu zwingen versucht.
»Wenn einmal die Freiheit in einer Menschenseele aufgebro-
chen ist, können die Götter nichts mehr gegen diese Menschen.« Dem gegen ihn tobenden Volk tritt Orest als sein
rechtmäßiger König entgegen, doch verzichtet er auf den
ihm von Jupiter angebotenen Thron, weil seine Tat die
Schrecken der terrorisierten Untertanen nur noch unerträglicher verstärken müßte. Orest nimmt sein Verbrechen für
sich allein in Anspruch und zieht, jenseits der Angst und der
Erinnerung, die Schuld und Ängste aller auf sich, »ihnen das
Gefühl für ihre Würde zurückzugeben«, damit sie ihr Leben
neu beginnen. Den freigewählten Weg antretend, geht er in

die Einsamkeit, die Erinyen verlassen die Stadt und stürzen ihm heulend nach.

Der sezierende Intellekt des modernen Analytikers nimmt die antike Mythe in ihre Bestandteile auseinander, entzieht diesen eine genau bemessene Menge der jahrtausendealten Substanz, füllt sie mit dem Inhalt eines neuen Denksystems und fügt sie um eine andere als die vorherige (kultisch-religiöse), nun um die auf einem geistigen Kalkül errichtete Mitte. Eine ätzende Ironie zersetzt die herkömmlichen, institutionell sanktionierten, vielfach abgebrauchten und so zur Lüge gewordenen Begriffe landläufiger Moral mit höhnendem Zynismus. Im grimmen Zerstörungseifer gegen taube Scheinwerte kommen freilich auch wahre Werte unter die scharfen Messer der Sartreschen Analytik. Luft und Licht wird geschaffen, doch auch sehr viel (existentialistisch bestätigte) Leere. Auf dem ausgeräumten Bühne kann der neue Orest das Schulbeispiel einer neuen Lehre demonstrieren: wie er nach Argos kommt, ist er zwar ›existent‹, doch noch nicht ›essentiell‹ vorhanden, deshalb fühlt er sich vor dem schweren Geschick seines Hauses noch ›ein Phantom‹. Da er zur Erfahrung seiner Welt gelangt, gewinnt er an Wesen, das er unter schwesterlichem Beistand durch seinen schicksalsentscheidenden Entschluß für immer behält. Im Vollzug der Tat, mag sie auch die bedrückendste sein, wird er frei, und kein Gott (Sartrescher Observanz) vermag etwas über ihn. Dennoch begeht Orests innere Freiheit, seine Glaubenslosigkeit einen logischen Schnitzer: er dürfte nämlich nicht – und sei es um der an seiner Tat unfrei gewordenen Schwester willen – im Tempel bei Apoll Schutz suchen. Daß er diesen Schutz tatsächlich erhält, kreiden wir nicht dem jungen Mann, doch seinem Dichter an. Dabei ist Apoll einem Höheren untertan: Jupiter. Dieser jedoch ist der Gott der Fliegen, der Rache und des Todes. Es ist unerklärlich, wieso er dann über dem apollinischen Gott der Schönheit steht. Die hierarchische Ordnung stimmt nicht. Weshalb auch benützt Sartre alte Mythen, wo doch sein Denksystem mythenentleert ist? Er nimmt Jupiter sein Postament: dieser gibt sich als hämischer, kleinlich despotischer Dämon, und wenn er zaubert, weiß er selbst um die Ironie seiner Kunststücke. »Sauhund«, sagt Elektra als das erste Wort ihres ersten Auftritts zu ihm. Wie er sich hier benimmt, hat er's verdient, erschrickt er doch selbst über das blutbeschmierte Abbild, das sich die Menschen von ihm machen. Soweit wäre nun alles gut oder schlecht, dieser kleine Gott gründlich durchschaut, die blasphemische Absicht aber – weil die Bezüglichkeit weiterreicht – liegt auf der Hand. Wie kommt ein reduzierter Kobold dazu, sich plötzlich als Schöpfer-Gott zu offenbaren, Herr der Welt in den schönsten Dichterworten zu sein? Denn selbst ein zwiegesichtiger Gott trüge auf der nächtigen Seite ein anderes Antlitz. Der logische Widerspruch dieser wirkungsstarken Dichtung löst sich nicht auf.

Hinter geschlossenen Türen
(Geschlossene Gesellschaft)

Drama in einem Akt
Erste Aufführung: 27. Mai 1944 in Paris

Der Schauplatz spiegelt den inneren Zustand des Stückes wider, er ist dessen genauer Ausdruck. »Der aus den Situationen des Stückes geordnete Raum«: ein geschmackloser Salon eines fünftrangigen Hotels im Stil des Zweiten (französischen) Kaiserreiches, mit steifen Plüschmöbeln garniert, verwohnt, abgewetzt, widerwärtig. Ohne Fenster und ohne Tageslicht, künstliches Licht dafür, das man nicht abdrehen kann, mit einer eisernen Türe verschlossen, die nur von außen sich öffnen läßt. Bald stellt sich heraus, daß dies der Ort der Verdammten ist, die Hölle des heutigen Menschen. Die endlosen Korridore entlang hausen die Verstorbenen in den abgesperrten, verschlissenen, überheizten Hotelzimmern, aber keiner für sich allein. Die anonyme Direktion hat die infernalische Angewohnheit, nur Leute zusammenzustecken, die einander im Wege sind und sich also ihr totes Leben gegenseitig zur Hölle machen. In unserem besonderen Fall weist der befrackte ›Kellner‹, lüstern im Vorgenuß der zu erwartenden Ereignisse, drei ›Tote‹ an die Stätte ihrer ewigen Qual. Hier sollen sie, zwei Frauen und ein Mann, fremd einander, jeder auf die Folter seiner eigenen Süchte gespannt, gemeinsam die Rechnung ihres verpfuschten Lebens bezahlen. Er, Garcin, Intellektueller, Journalist und Deserteur, soeben liquidiert durch ein Hinrichtungskommando, bezeugt, so salopp er sich auch geben möchte, mit jedem Wort und jeder Bewegung das traurige Fazit seines feigen, gehetzten, erbärmlichen Daseins. Jung ausgelöscht an Lungenentzündung ist Estelle, die Kindsmörderin, um so hektischer flackkert ihre mannstolle Lebensgier noch über den Tod hinaus und verlangt in aller Ewigkeit nichts anderes als einzig die Stillung ihrer frühverdorbenen, unersättlich-sinnlichen Reizbarkeit. Durch Gasvergiftung aus dem Leben geschieden und in den Kerker der ewigen Pein gerufen ist Ines, die Lesbierin. Gefährlich schwelt die Glut ihrer Perversion, droht sich und die anderen zu verbrennen. Zündstoff ist in jedem der drei Geschöpfe genug gehäuft, noch verhüllen sie sich voreinander, belauern und betrügen sich, bis die Kettenreaktion ausgelöst wird. Estelle begehrt den Mann und nur den Mann, Ines das seelenlos flirrende Weibswesen; der Mann wird, allen rationalistischen Selbsterhaltungsversuchen zum Trotz, zwischen den beiden Frauen, der begehrlichen Nymphe und der aggressiven Sadistin, zerrieben. Jetzt schlägt die nackte Selbstsucht aus ihnen hoch, und sie schleudern sich ihren Haß, ihren Ekel, ihre Verachtung entgegen. »Die Hölle, das sind die andern.« Wenn die Qual auch ins Unerträgliche steigt, können sie doch nicht ausbrechen, nicht aus dem selbstgeschaffenen Ich und nicht aus dem Kerker ihrer Verdammnis. Keine Hilfe wird ihnen zuteil, die Hotelklingel funktioniert nicht, die Türe ist fest verschlossen, der blanke Brieföffner lockt zu Mord und Selbstmord, aber er sticht, ohne die Toten zu töten. Sie sind an den Zustand geschmiedet, den sie sich selbst auf Erden bereiteten, an das Ergebnis, das sie als Menschen aus sich und ihrem Dasein herausholten. Ohne Pause und Schlaf (deshalb haben ihre Augen keine Lider, und das künstliche Licht brennt weiter, ohne ihnen als ein ewiges Licht zu leuchten), ausweglos, ohne Gnade und Erbarmung müssen sie das, was sie selbst aus sich gemacht haben, wiederholen. Da gibt es kein Ende. »Weitermachen«, ihre eigene, selbstgewählte Existenz, »weitermachen« – das ist die Hölle der Existentialisten.

Das virtuos gemachte Stück *Huis-clos* fesselt durch die verblüffende Konstruktion, mit der es den bohrenden Realismus seiner exakt modernen Psychologie auf den irrationalen Raum überträgt, so daß man fast darüber den Einwand vergißt, was denn jene anonyme Direktion des Totenhotels zu bedeuten habe. Gäbe es also schließlich doch so etwas wie eine höhere Macht? Oder ist diese den raffiniertesten Strafvollzug erklügelnde, letzte Instanz nur um des Theatereffektes willen bemüht und füllt somit nur eine Lücke in der kristallharten Logik? Der Existentialist Sartre läßt die Frage offen.

Der Teufel und der liebe Gott

Stück in drei Teilen
Erste Aufführung: 7. Juni 1951 in Paris

P e r s o n e n : Götz – Nasty – Heinrich – Der Erzbischof – Der Bischof – Bankier Fugger – Wormser Wachsoldaten, Bürger, Volk – Die Frau – Der Prophet – Offiziere von Götz – Katharina – Hilda – Karl – Die Ritter Schulheim, Nossak, Rietschel – Der Pfarrer – Tetzel – Zwei Mönche – Der Aussätzige – Bauernführer – Bauernvolk – Viele Episoden- und Nebenpersonen.
O r t und Z e i t : Vor und in Worms, Götzens Schloß Heidenheim, 1524/25.

Befragt, weshalb er die Probleme seines Stückes in die Zeit der deutschen Reformation und des Bauernkrieges (genau: in die Jahre 1524 und 1525) einkleidete, antwortete Sartre, ihn habe die Tatsache besonders interessiert, daß die religiöse Ideologie jener Zeit bei allen reformatorischen Sekten mit einem sozialen Krisenzustand und mit sozialen Forderungen verbunden war. »Ich bin der Ansicht, daß die Ideologien, die sich heute gegenüberstehen, unser ganzes Menschenbild und unsere Transzendenz in Frage stellen. Ich glaube, daß die reformatorische These, derzufolge jedermann ein Prophet sei, viel aufschlußreicher ist als die These der Französischen Revolution, wonach alle Menschen von Geburt gleichberechtigt seien. Diese These des absoluten und religiösen Wertes, den jeder Mensch für alle anderen besitzt, ließ mich die Reformation und vor allem die bäuerlichen Propheten jener Zeit allen anderen geschichtlichen Situationen und Gestalten vorziehen.« Es wurde also versucht, »auf dem Hintergrund der Reformation die Problematik der Existenz Gottes so darzulegen«, wie sie unsere Zeit bewegt. »Die heutige Problematik der menschlichen Freiheit und des

Menschen an sich gibt uns Anlaß, unsere Beziehungen zu Gott
unter dem gleichen Gesichtspunkt zu überprüfen wie während der Reformation. Auch heute kann das Problem des
politischen Bösen nicht anders gestellt werden, sobald man
an eine Transzendenz glaubt.« Ein von Sartre erstrebter
zeitgenössischer Humanismus aber, der die Transzendenz
ausschließt, richtet die menschliche Existenz auf der Ebene
des Menschen selbst auf. »In Wirklichkeit aber kann der
Mensch nicht aus sich heraus, weiß nicht, was er selber ist,
und kann nicht durch von außen her auferlegte Gesetze und
Regeln geleitet werden. Was er ist, bestimmt der Mensch
selbst – bis zu einem gewissen Grad sogar blindlings.«

Der Landsknechtführer Götz belagert die gegen den Erzbischof aufständische Stadt Worms, darin die Armen, be-
feuert durch Nasty, einen eifernden Sektierer, ihren Bischof
und alle Geistlichen gefangenhalten, mit Ausnahme Heinrichs, des Leutpriesters, den die Menge liebt. Das Volk mordet den fanatischen Bischof. Dieser übergibt sterbend Heinrich den Schlüssel zu einem unterirdischen Gang, durch den
er Götz gegen das Versprechen, die zweihundert Priester
von Worms freizugeben, in die Stadt führen soll. Der Auftrag bedeutet die Auslieferung von zwanzigtausend Menschen an den Feind. Heinrich glaubt, Verrat sei das von Gott
ihm auf Erden zuerteilte Los, und fügt sich in den höheren
Willen. So erhält Götz den Schlüssel mit der Bitte Heinrichs,
die Armen der Stadt zu schonen. Götz aber, der Bastard,
ein inbrünstiger Verwirklicher des Bösen, lehnt jede Gnade
ab. In hybrider Auflehnung gegen Gott verspricht Götz ein
Blutbad in Worms, Heinrich der Folter zu übergeben, Nasty,
der den Unzugänglichen zu seiner Ideologie bekehren will,
hängen zu lassen und Katharina, seine Geliebte, der Soldateska auszuliefern. Heinrich beweist dem Großsprecher des
Lasters, daß der Prahlende sich in nichts von dem allgemeinen Zustand der Welt abhebe, die immer nur das Böse
wirke, indessen sich keiner des Guten annehme. Götz, im
innersten Lebensnerv getroffen, entscheidet sich, fortan der
»Feldhauptmann des Guten« zu sein, sofern er, Gott »in die
Enge treibend«, beim Würfelspiel verliert. Als passionierter
Falschspieler verlierend, gewinnt er sich den Part des Guten.
Die neuen Taten des also Gewandelten zu wägen, wird
Heinrich nach Jahr und Tag zur Stelle sein. Unmäßig im

Bösen zuvor, stürmt Götz nun in ein Übermaß des Guten.
Er zieht sich auf sein Schloß Heidenheim zurück und beginnt Grund und Boden an seine Bauern zu verschenken,
erntet bei ihnen aber nur Mißtrauen und zugleich den gewalttätigen Protest der benachbarten Feudalherren: aller
Demütigung zum Trotz bleibt Götz bei seinem Entschluß.
Er wirbt um Nastys, des Führers der Armen, Beistand, zusammen mit ihm ein Reich Gottes auf Erden zu bauen.
Nasty, verstrickt in seine eigenen Ideologien, lehnt ab. Während Götzens aufopferungsvolle Menschenliebe unerwidert
bleibt, versteht sich der Ablaßkrämer Tetzel trefflich auf die
Gunst der Menge: die Geschäftemacherei mit der Religion
ist erfolgreicher als alle Mühe einer ehrlichen religio. Heinrich, inzwischen der Kirche abtrünnig, ist den entgegengesetzten Weg gegangen und hat sich dem Bösen verschrieben.
Zynisch registriert er Götzens Fehlschläge. Katharina, durch
Götz verdorben, liegt im Sterben, er findet sie in der Kirche,
gepflegt von Hilda, die im Dienste der Armen – anders als
Götz – deren Liebe empfängt. Götz schreit zu Gott, daß der
Allmächtige die Sünden und Schwären der von Dämonen
heimgesuchten Katharina ihm aufbürde, damit ihre Seele
gereinigt in den Frieden eingehe. Der Herr ist für die Menschen gestorben, die Leiden der Menschen fordern von Gott
einen neuen Opfertod, den Götz, der Mensch, ihm abzunehmen verlangt. Ekstatisch begehrt seine Liebeskraft, in ge-
waltsamer Beschwörung und blasphemischer Überheblichkeit, Christi Wunden – Gott bleibt ›taub‹. Da hilft Götz
sich selbst und stößt mit dem Dolch die Wundmale in seine
Hände und seine Seite. Der einströmenden Menge zeigt
Götz das überzeugende Wunder der blutenden Stigmata.
Katharina stirbt erlöst. Die Menschen beugen sich vor
›Christi Blut‹. Endlich hat Götz das Volk für sich gewonnen. Er geht daran, »die Stadt des Lichts« zu gründen. Seine
Bauern läßt er in der Liebe und Gewaltlosigkeit erziehen.
Hilda, die ihm zuerst widerstrebt und sich durch den »heiligen Mann« des Vertrauens der Bauern beraubt sieht, gerät
zusehends in seinen Bann: sie kann sich ihrer Liebe zu Götz
nicht mehr erwehren. Durch seine sozialen Reformen und
das Evangelium der Liebe verwandelt Götz die Bewohner
seines Gebietes zu glücklichen Menschen. Inmitten des sie
umgebenden Elends versklavter Nachbarn leben sie auf einer

Insel des Friedens. Ringsum brandet der Aufruhr rebellie-
render Bauern gegen ihre Herren, weil die Ritter ihnen die
Wohltaten, wie sie Götz seinen Untertanen bereitet, weigern. Nasty bietet Götz, »als dem besten Kriegsmann
Deutschlands«, die Führung über das Bauernheer an, doch
dieser allzu genaue Kenner des Krieges will kein Blut mehr
vergießen und beschließt mit Hilda, sein Land aus dem
Streit der Parteien zu halten. Beide werden sie gemeinsam
die Folgen tragen. Den Frieden zu retten, begibt sich Götz
mit Nasty ins Lager der Aufständischen, um den wilden
Haufen von der Unmöglichkeit eines Sieges über die Truppen der Feudalherren zu überzeugen, findet aber nur Feindschaft und entkommt lediglich durch Nastys Machtwort dem
Zorn der Rebellen. Die Revolte greift auf das zwischen den
Gegnern neutrale Land des Götz über, bewaffnete Bauern
verbrennen die ›Stadt des Lichts‹ und metzeln die wehrlosen Bewohner. Götz findet sein Dorf in Trümmern und
Hilda als die einzig Überlebende. Wieder hat sich ihm das
Gute ins Böse verkehrt. Götz nimmt Gottes Antwort an, die
ihm die Bosheit der Menschen offenbart. Ihre Sünden in
seinem eigenen Fleisch zu züchtigen, wird er der Welt absterben und keines Menschen Antlitz mehr sehen. Am Jahrestag von Worms findet sich Heinrich bei dem Büßer Götz
ein, der sich geißelt und kasteit. In der Gewissenserfor-
schung, die der abtrünnige Priester mit dem verzweifelten
Kämpfer des Guten vornimmt, gelangt ein jeder von ihnen,
im Ringen um Gott, Gut und Böse, Sein und Nichts, zum
entgegengesetzten Ergebnis seiner letzten geistigen Aus-
gangssituation: Heinrich legt ein Glaubensbekenntnis für
Gott ab, während Götz die Existenz Gottes leugnet. Dieser
hält seinen Prozeß nicht für verloren, weil kein Richter erschien, und macht sich daran, das Leben wieder von vorne
anzufangen; jener besteht auf sofortiger Abrechnung. »Die
Komödie des Guten endet mit einem Mord«: Heinrich will
den Antipoden erwürgen, Götz setzt sich zur Wehr und
tötet ihn, Heinrich wird drüben »weiter hassen, weiter leiden«, dort, wo »nichts ist, nichts«. Götz zieht sein Fazit mit
dem Nietzsche-Wort: »Gott ist tot.« Weil ihm Gott tot ist,
geht er wieder zu den Menschen, die ihm den Himmel verbergen. »Auf dieser Welt und zu dieser Zeit sind Gut und
Böse verquickt; ich muß mich abfinden, böse zu sein, um gut

werden zu können.« Götz meldet sich bei Nasty und übernimmt den Oberbefehl über die Armee der aufständischen
Bauern, für eine verlorene Sache.

Die drei Gott- und Weltsucher dieses Dramas sind also
gescheitert. Die Linien ihrer Schicksale laufen trostlos im
Kreis. »Götz, im Bösen wie ein Ungeheuer, im Guten wie
ein Heiliger, faßt das Gute als ein Absolutum auf, weil er
eine gewisse Beziehung zu Gott aufrechterhalten will. Wenn
er dann zu den Menschen herabsteigt, verzichtet er – weil er
bescheiden geworden ist und sich nicht mehr auf Gott bezieht – auf jegliche Forderung nach dem Absoluten in der
Überzeugung, daß das Gute in einer auf Ungerechtigkeit
gegründeten Gesellschaft unmöglich ist. Wenn die ganze Gesellschaft schlecht ist, kann man nur noch am Kampf teilnehmen, auch wenn dieser Kampf aussichtslos ist, wie im
Falle des Krieges der Bauern gegen die Adelsherren« (Sartre).
Heinrich, der Armenpriester, glaubt zunächst an Gott und
das absolut Gute. Als Götz ihn zum Verrat zwingt, wendet
er sich dem Bösen zu und hat den Teufel zum ständigen
Begleiter. Weil die Menschen ihn verdammen, findet er wieder zu Gott zurück; denn er »möchte lieber gerichtet werden
von einem unendlichen Wesen als von denen, die seinesgleichen sind«. Seine grenzenlose Einsamkeit wird ebenso
Götz zuteil wie schließlich dem Propheten Nasty, der noch
an seiner Sendung festhält, als die Menschen schon nicht
mehr auf ihn hören. Wie Verdammte horchen sie alle atemlos, ob nicht fernher ein Echo von Gott töne, alle gehen sie
in eine hoffnungslose Vereinzelung ein, stehen sie am Ende
in der dünnen Luft der unendlichen Leere, verlassen im
baren Nichts.

Die großangelegte szenische Diskussion über die Existenz
Gottes, über die Urbegriffe von Gut und Böse und fast alle
Probleme und Hauptthesen der Sartreschen Philosophie
wird in metaphysischer wie soziologischer Kontrapunktie-
rung mit spürbarer Lust an der radikal durchdachten, gei-
stesgeschliffenen, stoßkräftigen Dialektik ausgetragen. Der
antithetisch gespannte, funkelnde Dialog durchdringt weite
Partien des Ideendramas und formt in packender Anschaulichkeit Szenen von einer Faszination, wie sie das moderne
Theater selten aufzuweisen hat. Der ganze erste Teil der
riesigen Bühnendichtung steht in der Plastizität einer mei-

sterlichen Dramaturgie und gestaltenträchtigen Charakterisierungskunst, obwohl eine Diktion gewählt ist, die eine
sprachlich abschattierende Herauszeichnung der Einzelper-
sonen unterläßt. Wenn dagegen das letzte Stückdrittel an der
Ausführlichkeit erkenntnistheoretischer Debatten erlahmt
und Sartres frappierende Formulierungen in intellektualisti-
schen Spitzfindigkeiten zu versanden drohen, ändert das
Bedauern darüber nichts mehr an dem zuvor gewonnenen,
nachhaltigen Eindruck, den trotz allem das phantasiemäch-
tige Werk ausspielt. Die realistisch-naturalistische Stilhaltung
bezieht eine durchhellende Transparenz ein, so daß eine Art
des magischen Naturalismus entsteht, von dem suggestive
Bildkraft ausgeht.

Auch dieses vielgestaltige und vielschichtige Werk *Le
diable et le bon Dieu* enthält Widersprüche und logische
Risse genug, die vornehmlich dann sichtbar werden, wenn
das Theatertemperament Sartres effektvoll das Thesen-
gebäude überwächst. Die Angriffe auf Gott und seine Existenz stoßen mit leidenschaftlicher Heftigkeit in den Kern
der Erörterung, wobei die Unzahl der Blasphemien, Läste-
rungen, Provokationen die gegenteilige Wirkung auslöst:
das Stück ist so übervoll der Substanz des geleugneten Gottes, daß es nicht wundernehmen würde, schlüge dies über-
hitzte Negieren plötzlich in sein Gegenteil um. Hierin wurzelt jedoch zugleich »die Stärke dieses Theaters: das Urthema
Gott–Mensch ist in Aktion«, wodurch Gott dauernd gezwungen wird, »mit im Spiele zu sein« (Krings). Ein Dokument der Zeit, ihrer inneren Not und Verzweiflung, zwingt
das Stück zur Stellungnahme und Auseinandersetzung und
wird so selbst bei einer völligen Ablehnung seiner Theorien
fruchtbar. Letztlich erfassen die anläßlich der Uraufführung
niedergeschriebenen Sätze von François Mauriac die besondere Situation: »Dieser Gott, den der Held in Sartres Stück
lächerlicherweise im Raume sucht und von dem er ein Zeichen verlangt, dieser Gott lebt in uns, und das Zeichen, das
er uns gibt, ist der Mensch selber. Es ist der Mensch Sartre
und der franziskanische Geist, der ihn erfüllt: seine Treue
zu den Ärmsten der Armen, jene Treue, die er ihnen hält,
obgleich ihre Partei ihn in Acht und Bann getan hat; dieser
Mensch mit seiner entflammten Beredsamkeit und der krebs-
artigen Wucherung eines Geistes, der sich selbst verzehrt, der

sich an einem Wort stößt: Gott; dieser Mensch Sartre, der sich weigert, bis zum Ursprung jener Macht des Geistes und der Seele vorzudringen, von der er selber doch ganz erfüllt ist und deren wahrer Name die Liebe ist.« *K. G.*

JEAN ANOUILH

* 23. Juni 1910 in Bordeaux

Jean Anouilh fing schon als Schüler an, Theaterstücke zu schreiben. Mit zwölf Jahren kam er nach Paris, wo er später studierte und eine Zeitlang Sekretär des berühmten, 1951 gestorbenen Schauspielers und Regisseurs Louis Jouvet war. Als Zwanzigjähriger hatte er mit den Dramen »Das Herme-lin« (1932) und »Die Wilde« (1934) seine ersten durchschlagenden Erfolge, die ihm im großen und ganzen auch bei seiner umfangreichen späteren Produktion treu blieben. Nach dem Kriege wurde Anouilh neben Giraudoux und Cocteau einer der meistgespielten modernen Franzosen in Deutschland. In Debatten über die moderne Dramatik wird sein Name allenfalls geringschätzig genannt. Anouilh sagt dazu: »Seit 1925, als ich begann ins Theater zu gehen, habe ich gesehen, daß die Stücke der Avantgarde immer die gleichen waren. Nichts ändert sich weniger als die Avantgarde.«

Mit der bei fast allen französischen Bühnenautoren traditionellen Sicherheit und Perfektion des technischen Könnens verbindet Jean Anouilh eine sehr persönliche und für seine Generation charakteristische geistige Haltung. Es ist die eines standhaften, aufrechten Pessimismus gegenüber dem Unheil der Welt, dem der Mensch auf gar keine Weise entgehen kann. Zweifellos hat die existentialistische Philosophie Sartres bei der Ausprägung dieser Haltung mitgewirkt, doch ist sie keineswegs in allem für Anouilh verbindlich, der sehr deutlich zwischen dem Edlen und dem Gemeinen unterscheidet. Der französische Dramatiker, Philosoph und Kritiker Gabriel Marcel spricht geradezu von einer »seelischen Verwundung«, aus der Anouilhs Werk entstanden sei und die sein Lebensgeheimnis bilde. Merkwürdig ist jedenfalls, daß

er eine Reihe von Stücken geschrieben hat – er nennt sie seine
›Pièces Noires‹ (›Schwarze‹, d. h. ernste Stücke) –, in denen
das Edle und Reine sich zum Tod flüchtet, weil es nur bei
ihm die Geborgenheit findet, die ihm das Leben nicht zu gewähren vermag *(Antigone, Eurydike, Medea, Bestrafte
Liebe)*. Ist es nicht der Tod, dann doch mindestens die
Namenlosigkeit, die Auslöschung der Person wie in dem
Schauspiel *Der Reisende ohne Gepäck* (1936), der Geschichte
eines Mannes, der im Krieg sein Gedächtnis verlor und dann
von mehreren Familien aus egoistischen und habsüchtigen
Gründen als vermißter Anverwandter reklamiert wird, so
daß er alles daran setzt, das ›Gepäck‹ seiner Personalität um
jeden Preis wieder loszuwerden und in die Anonymität zu-
rückzusinken: freilich spielt er dann doch eine Person – den
wirklich vermißten Verwandten eines kleinen Jungen, der
um sein Vermögen und seine Zukunftsaussichten gebracht
würde, wenn sich dieser Verwandte nicht einfände. Das
Stück will also besagen, daß man sich als ›Persönlichkeit‹
nur dann ins Leben der Gesellschaft einschalten soll, wenn
sich damit eine gute Tat vollbringen läßt; sonst hat es kaum
einen Sinn. Zu den ›Pièces Noires‹ gehört auch die Komödie
Romeo und Jeannette (1946), in der eine Frau mit rück-
sichtsloser, ja fast räuberischer Zielstrebigkeit den einer anderen versprochenen Mann an sich fesselt.

Die Menschen-, mindestens aber die Gesellschaftsverach-
tung, die aus all dem spricht, findet sich auch in Jean
Anouilhs ›Pièces Roses‹ (›Rosige‹, d. h. heitere Stücke).
Wenn *Der Ball der Diebe* (1932), *Das Rendezvous von
Senlis* (1937), *Leocadia* (1939) und vor allem auch das auf
dem alten Schwankmotiv der verwechselten Zwillinge be-
ruhende Lustspiel *Einladung aufs Schloß* (1947) viele Ele-
mente der auf dem französischen Theater heimischen ver-
gnüglichen Stückgattung der Farce zeigen – ihr Meister war
Georges Courteline (1860–1929) –, so ist doch in all diesen
Werken der zuweilen schneidend höhnische Unterton der
Gesellschaftssatire nicht zu überhören, die pessimistische
Grundstimmung nicht zu verkennen, am wenigsten, wenn
Anouilh sein eignes Milieu, das des Theaters, das er liebt
und haßt, auf die Bühne bringt wie in *Colombe* (Paris
1951). Das unterscheidet die Generation Anouilhs, die sich
zwei mörderischen Kriegen ausgesetzt sah, von der, zu der

Giraudoux gehörte; bei aller Skepsis und Enttäuschung über die fortschreitende Barbarisierung der Welt glaubten diese verspäteten Humanisten vom Schlage Giraudoux' und seines Altersgenossen Jules Romains (geb. 1885, Verfasser der ironischen Komödie *Dr. Knock oder Der Triumph der Medizin*) noch an ›bon sens‹ und ›bonne volonté‹. Weitere Komödien Anouilhs: *Der Herr Ornifle* (1955), *General Quixotte oder Der verliebte Reaktionär* (1959) und *Majestäten* (deutsch 1960), in diesem Einakter läßt er Napoleon und Ludwig XVIII. vom gleichen Schauspieler darstellen, um die Historie zu ironisieren.

Le boulanger, la boulangère et le petit mitron (Paris 1968, *Bäcker, Bäckerin und Bäckerjunge*, Berlin 1969) variiert Anouilhs triste Meinung vom ›verwelkten Herzen‹ im Bilde einer kleinbürgerlichen Ehe. Die Zermürbung der Gatten Adolphe und Elodie führt zum Gezänk, sogar in Gegenwart des kleinen Toto. Alle drei erträumen sich ein besseres Leben: Elodie versetzt sich in gehobene Kreise und verkehrt dort mit ausländischen Grafen; Adolphe träumt von Börsengewinnen, der Macht und der Sekretärin seines Chefs; Toto erinnert sich seines Geschichtsbuches und sieht sich als Dauphin, seine Eltern als Louis XVI. und Marie-Antoinette. Als die königliche Familie 1789 nach Paris zurückgebracht worden war, glaubte der Pöbel die Hungersnot behoben und schrie: »Wir bringen den Bäcker, die Bäckerin und den Bäckerjungen zurück!« – daher der seltsame Titel.

Antigone

Drama in einem Akt
Erste Aufführung: 4. Februar 1944 in Paris

P e r s o n e n : Antigone – Ismene – Die Amme – Eurydike (stumm) – Kreon – Hämon, sein Sohn – Drei Wächter – Ein Bote – Der Sprecher. O r t und Z e i t : Neutrales Bühnenbild, moderne Kostüme.

Beim Aufgehen des Vorhangs sind alle Personen auf der Bühne. Sie plaudern, stricken oder spielen Karten. Der Sprecher tritt vor und macht die Zuhörer mit den einzelnen Gestalten bekannt, nennt ihre Namen und ihre Hauptcharaktereigenschaften. Zugleich erklärt er die aus der Sophokleischen Tragödie bekannte Voraussetzung der Handlung. Nun wird der Fall im Konversationston durchgespielt. Nicht mehr das Fatum, sondern die Psychologie bestimmt die Verhaltensweise der Personen. Onkel Kreon hat nicht minder gute Argumente (Staatsräson, Ordnungsprinzip) wie seine Nichte Antigone, die auf Verwandtschaft und persönliches Recht pocht. Antigone erhängt sich, sie stirbt für ihr oder an ihrem Prinzip, ihre Unbedingtheit ist nicht von dieser Welt. Kreon muß den Fluch der Macht tragen, er bleibt allein, nachdem sein Sohn Hämon sich in seinen Degen gestürzt und seine Frau Eurydike sich den Hals durchschnitten hat. Kreon hat das Beste gewollt, nämlich »die Ordnung der Welt etwas weniger sinnlos zu gestalten«. Er rechtfertigt sich mit dem typischen Argument derer, die sich nicht nach der Moral, sondern nach den Verhältnissen richten: »Sie sagen, es sei eine schmutzige Arbeit. Aber wer soll sie tun, wenn man sie nicht tut?«

Neben den Atriden (Agamemnon, Klytämnestra, Iphigenie, Elektra und Orest) ist Antigone, die Tochter des Ödipus, diejenige Gestalt der antiken Tragödie, die die Dichter späterer Zeiten immer wieder zu neuer Behandlung angeregt hat. Wir verzeichnen hier nur in den drei Jahrzehnten zwischen 1920 und 1950 die Deutschen Walter Hasenclever und Bert Brecht und die Franzosen Cocteau und Anouilh. In dem hier besprochenen Drama, das zusammen mit dem *Reisenden ohne Gepäck* seinen Verfasser bald nach dem Zweiten Weltkrieg in Deutschland bekannt gemacht hat (Deutsche Erstaufführung: 30. März 1946 in Darmstadt), darf man wohl Elemente des Résistance-Geistes erblicken – *Antigone* ist unter den Augen der deutschen Besatzung in Paris monatelang gespielt worden –, aber der Widerstand des ›kleinen Dummkopfs‹ gegen den der ›Staatsräson‹ entspringenden Befehl des Kreon ist nicht das Kernstück der Tragödie. Dieses ist vielmehr der Gedanke, daß es Menschen geben muß, die gegenüber allen kompromißlerischen und opportunistischen Versuchen, mit den Problemen des Lebens auf irgendeine möglichst glatte, aber in jedem Fall unredliche Weise ›fertig zu werden‹, unbedingt bleiben. Anouilhs Kreon ist gar kein grausamer und selbstherrlicher Despot; er ist auf seine Weise ein tüchtiger Regent, der die Ärmel aufkrempelt und an die Dinge herangeht, die ihm sein Amt zu bewältigen aufgibt – nur eben daß er keine höhere Idee anerkennt als das Gesetz des praktischen Handelns. Aus diesem Grunde muß Antigone alle seine Versuche, sie zu retten, zurückweisen. Die Kompromißlosigkeit der Jugend zeichnet dieses Mädchen aus, das keineswegs ohne Gefühle, aber ohne Illusionen ins Leben blickt und den Tod zwar fürchtet, aber ihm nicht ausweicht. Interessant ist die Lockerung der Form, die durch den Sprecher bewirkt wird. Mitten im Stück, da, wo nach der klassischen Dramaturgie die Peripetie einsetzen müßte, macht er das Publikum auf die Vorzüge der Gattung ›Tragödie‹ aufmerksam, d. h. er ironisiert die Unausweichlichkeit der tragischen Konstellation: »Beim *Drama* gibt man sich immer verlorene Liebesmüh', weil man hofft, sich noch aus der Affäre ziehen zu können. Das ist ein ganz widerwärtiger Zweckstandpunkt. Bei der *Tragödie* ist das ganz anders. Sie ist etwas für Könige. Und alle Versuche, jemand zu retten, bleiben vergeblich.« Diese Ironie ist freilich nur eine Retirade des modernen Geistes, gleichsam eine Entschuldigung des Autors vor sich selbst, daß er dennoch die Notwendigkeit der tragischen Haltung (wie sie Antigone vertritt) zugibt.

Eurydike

Schauspiel in vier Akten
Erste Aufführung: 8. Dezember 1942 in Paris

P e r s o n e n : Orpheus – Sein Vater (beide Musikanten einer Wanderkapelle) – Eurydike – Ihre Mutter – Vincent – Mathias (sämtlich Schauspieler einer Provinztruppe) – Dulac, Theaterdirektor – Der Hilfsregisseur – Zwei junge Mädchen der Truppe – Hotelkellner – Autobusschaffner – Bahnhofskellner – Die schöne Büfettdame (stumm) – Herr Hein.
O r t und Z e i t : Südfrankreich, in und bei Marseille, Gegenwart.

Eurydike als Schauspielerin in einem Provinzensemble, Orpheus als Geiger in einer Wanderkapelle. Sie lernen einander in einem Bahnhofsrestaurant kennen, gehen miteinander auf und davon. Aber der Theaterdirektor, mit dem Eurydike ein Verhältnis hat, macht ältere Rechte geltend.

Eurydike verläßt Orpheus und verunglückt dabei tödlich. Ein Herr Hein, der sich bisher beobachtend beiseite gehalten hat, macht nun aus Mitleid mit dem vor Trauer rasenden Orpheus das berühmte Angebot: Rückkehr Eurydikes – vorausgesetzt, daß Orpheus ihr eine Nacht lang nicht ins Gesicht blickt. Verführt von Zweifel und Eifersucht, bricht Orpheus sein Versprechen, und Eurydike entschwindet ins Totenreich. Der Vater predigt seinem Sohn Vernunft und künftige Freuden, doch Herr Hein gewinnt Orpheus für das Totenreich, indem er das Leben und die Lebenden schmäht: »Diese Heuchelei, diese Schwerfälligkeit, diese Theatralik ... Spaziere mit deiner kleinen Eurydike darin herum, und schon nach kurzer Zeit wirst du ihr Kleid voller Fingerspuren und dich selber sonderbar durchtrieben finden. Ich hingegen, ich biete dir eine unberührte Eurydike mit ihrem wahren Gesicht, das ihr das Leben nie und nimmer gelassen hätte.«

Jeanne oder Die Lerche. Schauspiel in zwei Teilen. – *L'alouette* wurde am 16. Oktober 1953 in Paris uraufgeführt, in Deutschland zuerst im Dezember 1953 in Frankfurt am Main gespielt. Nach Shaws *Heiliger Johanna* (1923) und Claudels *Johanna auf dem Scheiterhaufen* (1935) ist Anouilhs *Lerche* das dritte moderne Bühnenstück, dessen Zentralgestalt die Jungfrau von Orleans ist. Der Virtuose unter den führenden französischen Dramatikern der Gegenwart bewegt sein Spiel um das kleine Hirtenmädchen von Domremy – ein ›Spiel‹ im eigentlichen Sinn des Wortes – mittels einer sehr reizvollen dramaturgischen Mechanik, indem er Jeanne, die wegen ihrer jugendlichen Frische und Herzensreinheit ›die Lerche‹ genannt wird, die Geschichte ihrer Berufung, ihrer Siege und ihrer Wunder in Form einer szenischen Chronik vor dem geistlichen Gericht in Rouen aufführen läßt, das sie nach ihrer Gefangennahme durch die Engländer der Ketzerei angeklagt hat. Die historischen Persönlichkeiten versammeln sich wie die Darsteller eines improvisierten Theaters auf der Bühne, die zugleich Gerichtssaal ist, und agieren aufs Stichwort ihre Rollen als mehr oder zumeist minder rühmliche Figuranten der Geschichte, die dabei noch fortwährend den Reiz des brillanten komödiantischen Auftritts genießen dürfen. Zwischen einzelnen Szenen, welche die entscheidenden Stationen des Lebenswegs der kleinen Jeanne darstellen, unterbrechen dialektisch glänzend geführte, mit maliziöser Ironie gewürzte Gespräche der ›Zuschauer‹ das Spiel; seine hervorragendsten Partner sind der englische Oberbefehlshaber Graf Warwick und der französische Bischof Pierre Cauchon, der Vorsitzende des Gerichts. Sie liefern den Kommentar zu den Vorgängen um Jeanne und geben unverblümt die machtpolitischen Interessen kund, die sowohl auf seiten der Militärs wie der Kirche die glatte Bereinigung des ›Falles Jeanne d'Arc‹ erheischen. Jeanne wird verurteilt, der Henker zerrt sie auf den Scheiterhaufen. Da wird erklärt, man habe vergessen, das größte Ereignis in ihrem Leben, die Krönung des Dauphins in der Kathedrale zu Reims, spielen zu lassen. Man bringt ihr Schwert und Standarte. Strahlend schreitet sie dem Krönungszug voran, der sich rasch formiert hat, denn »das wahre Ende der Geschichte«, so sagt der Bischof Cauchon, »wie man es in den Bilderbüchern malen und immer noch erzählen wird, wenn man längst unsere Namen vergessen hat, das ist nicht das kleine gequälte Mädchen zu Rouen – das ist die Lerche hoch im Himmel, das ist Jeanne zu Reims in ihrem Glanz und Ruhm. Das wahre Ende der Geschichte Jeannes ist fröhlich! Jeanne d'Arc, das ist eine Geschichte, die ein gutes Ende hat.« (Reclams UB 8970.)

Der Walzer der Toreros

Spiel in fünf Akten
Erste Aufführung: 8. Januar 1952 in Paris

P e r s o n e n : Der General – Gaston, sein Sekretär – Die Generalin, seine Frau – Estelle und Sidonie, ihre Töchter – Ghislaine de Sainte-Euverte – Madame Dupont-Fredaine, Schneiderin – Der Professor – Der Pfarrer – Zwei Dienstmädchen.
O r t und Z e i t : Französische Kleinstadt, Gegenwart.

Le valse des toréadors – eine »traurige Farce«, wie die Zentralfigur, der General, sagt. Er ist eine besonders traurige Gestalt in Anouilhs Serie der liebesuchenden bürgerlichen Roués. Er altert, ohne jemals wirklich gelebt zu haben, und klammert sich darum in lächerlicher Weise an die Jugend.

Der alte General wird beim Versuch, dem Sekretär seine Memoiren zu diktieren, mehrfach gestört: seine neurotisch gelähmte Frau plagt ihn mit Eifersucht, der Hausarzt kommt sie untersuchen, die Töchter wünschen neue Kleider, die Jugendfreundin Ghislaine meldet ihre Rechte an. Vor 17 Jahren, auf einem Offiziersball, haben sie den ›Walzer der Toreros‹ miteinander getanzt und warten seitdem aufeinander. Eine Kette von Liebesenttäuschungen löst eine Serie von mißglückten Selbstmordversuchen aus: Ghislaine aus Enttäuschung über den General, die beiden Generalstöchter wegen ihrer unerwiderten Liebe zum Sekretär des Generals, die Gattin als sie erlauschte, ihr Mann sei nur aus Mitleid bei ihr geblieben. Sie kontert: vor 17 Jahren, als der damals junge Offizier mit »irgendeinem braunhaarigen Trampel« den Walzer der Toreros tanzte, habe sie eine Männer-bekanntschaft gemacht, die der Anfang zahlloser Liebschaf-ten geworden sei. Inzwischen hat der Sekretär bei Ghislaine Erfolg gehabt. Ein Racheplan des Generals wird von der Meldung des Pfarrers durchkreuzt, der Sekretär sei ein un-ehelicher Sohn des Generals. Die Töchter erkennen, wie recht sie hatten, den Sekretär zu lieben. Die Generalin ruft wie zu Anfang aus dem Nebenzimmer, um sich der Anwesenheit ihres Mannes zu versichern. Da resigniert der General und tröstet sich mit dem neuen Dienstmädchen.

Becket oder Die Ehre Gottes

Drama in vier Akten
Erste Aufführung: 1. Oktober 1959 in Paris

P e r s o n e n : Der König (Heinrich II. von England) – Seine Mutter, seine Gattin und seine Söhne – Thomas Becket – Der Erzbischof – Gilbert Folliot, Bischof von London – Der Bischof von Oxford – Der Bischof von York – Der kleine Mönch – Die vier englischen Barone – König Ludwig von Frankreich – Zwei französische Barone – Der Papst – Der Kardinal – Gwendoline – Mönche, Soldaten, Geistliche, Sachsen, Pagen und Mädchen.
O r t u n d Z e i t : England, Frankreich, Rom, zwischen 1155 und 1170.

Das in der Rückblendetechnik geschriebene Stück beginnt damit, daß König Heinrich II. von England mit entblößtem

Oberkörper am Grabe des Erzbischofs Thomas Becket in der Kathedrale von Canterbury kniet und die Mönche erwartet, die ihn geißeln. Das ist die Bußübung, der er sich wegen der Ermordung des Erzbischofs durch vier seiner Barone unterworfen hat – des Erzbischofs, der sein vertrautester Freund und treuester Diener war, bis es zwischen ihnen zum Bruch kam. Die Geschichte dieser Freundschaft und ihres Endes berichtet die nun anhebende Handlung, die um 15 Jahre in die Vergangenheit zurückblendet.

Sowie der König seinen Günstling zum Erzbischof von Canterbury gemacht hatte, um dessen glänzende Gaben noch besser nutzen zu können, galt Becket die Ehre Gottes mehr als der Vorteil des Reiches. Des Königs Liebe schlug in Haß um. Beiderseits wurden Intrigen gesponnen, die sogar Ludwig VII. von Frankreich und den Papst ins Spiel brachten. Als König Heinrich, übermannt von Zorn, seine Barone fragte, ob ihn denn keiner von dem geliebten Feind befreie, da eilten sie nach Canterbury und erschlugen Thomas Becket in seiner Kathedrale an den Stufen des Altars. Die Schlußszene nimmt den Anfang wieder auf: Heinrich hat aus politischer Vernunft den tatsächlich nicht von ihm befohlenen Mord auf sich genommen, tut dafür öffentlich Buße und läßt verkünden, daß Beckets Andenken wie das eines Heiligen verehrt werden soll.

Der Reiz des technisch wiederum brillant gebauten Schauspiels *Becket ou l'honneur de Dieu* beruht in seiner geistreichen, mit viel bitterbösen Sarkasmen und stechender Ironie gewürzten Dialektik. Sie ist der Ausdruck des ambivalenten Verhältnisses zwischen dem König und seinem Freund – zwei Gestalten, die durch die auch schon von Shaw so erfolgreich benützte Brille des historischen Relativismus scharf gesehen und mit kritischer Skepsis gegenüber legendärer geschichtlicher Größe gezeichnet sind. Möglichkeiten und Grenzen der Beziehungen zwischen einem intellektuellen Vernunft- und einem vitalen Machtpolitiker werden in einer theatralisch überaus farbigen, spannungs- und aktionserfüllten Handlung dargestellt, die stofflich mit T. S. Eliots Tragödie *Mord im Dom* identisch, geistig von ihr aber so weit entfernt ist wie das symbolische Drama von der ironischen Komödie.

Die Grotte. Schauspiel in zwei Teilen. – Das am 4. Oktober 1961 in Paris uraufgeführte Stück benutzt wie *Becket oder Die Ehre Gottes* die Rückblendetechnik, diesmal zur Aufklärung eines Kriminalfalls in einem Haus der vornehmen Pariser Gesellschaft vor dem Ersten Weltkrieg. Die ›Grotte‹ ist die im Souterrain dieses Hauses gelegene Küche, in der man die siebenundvierzigjährige Köchin Marie-Jeanne mit einer tödlichen Stichverletzung aufgefunden hat. Ein Kommissar der Kriminalpolizei führt seine Ermittlungen, gehemmt durch die Anweisung der Präfektur, mit den Mitgliedern der hochangesehenen gräflichen Familie, in deren Diensten Marie-Jeanne stand, möglichst rücksichtsvoll zu verfahren. Das Interesse an der Überführung des Täters tritt alsbald ganz zurück hinter der Entfaltung eines ›Sittengemäldes‹ mit grellen, unbarmherzigen Aspekten auf die streng geschiedenen Welten der ›Herrschaft‹ und der Domestiken; die einzigen Verbindungen, die zwischen beiden bestehen, sind die amourösen Beziehungen der Herren Grafen zum weiblichen Personal.

ALBERT CAMUS

* 7. November 1913 in Mondovi (Algerien)
† 4. Januar 1960 bei Sens

Als Sohn eines Landarbeiters, der in der Marneschlacht fiel, studierte Camus in Algier Philosophie, war Schauspieler und Journalist. Während der Besetzung Frankreichs durch deutsche Truppen aktives Mitglied der Widerstandsbewegung und Mitbegründer der Résistance-Zeitschrift »Combat«, war er einer der ersten französischen Schriftsteller, die nach dem Krieg wieder Verbindung nach Deutschland und zu deutschen Freunden aufnahmen. Romancier, Essayist und Dramatiker, erhielt er 1957 den Nobelpreis für Literatur.

Albert Camus' ›Philosophie des Absurden‹ wurde zuerst für eine Variante der Philosophie Jean-Paul Sartres und er selbst für einen Anhänger des Existentialismus gehalten. Das stimmt nur insoweit, als auch Camus erklärt, daß Gott für den modernen Menschen nicht mehr existiere. Der gottverlassene, nur auf sich selbst gestellte Mensch befindet sich in einer ›absurden‹ und ›unmöglichen‹ Situation, deren widersinnigstes Phänomen der Tod ist. Gegen ihn und alle ihm dienstbaren menschlichen Einrichtungen und Entartungen – Gewalt, Despotie, Unterdrückung, ungerechte Gesetze – ruft Camus zur Rebellion auf; es genügt nicht, die Daseins-Absurdität als ein metaphysisches Verhängnis hinzunehmen, man muß ihr mit einer neuen Ethik, durch die das Los aller gebessert werden kann, entgegentreten. Gerade weil ihm ein ›sinnloses‹ Dasein auferlegt ist, ist der Mensch zu Mut und Verantwortung im Leben gezwungen.

In dem Drama *Caligula* (1938, deutsche Erstaufführung 1947) hat Camus seine These von der Notwendigkeit des Widerstandes gegen Mörderherrschaft und Tyrannei, auch wenn diese immer wieder aufersteht, in einer erregenden und faszinierenden Theaterform demonstriert. Caligula ist kein brutaler Despot, sondern ein raffinierter, geistfunkelnder, intellektueller Verbrecher, der seine Untaten immer weitertreibt, gleichsam experimentierend, um zu prüfen, was alles die menschliche Erduldungsfähigkeit sich zumuten läßt. Als er endlich unter den Dolchen der Verschwörer zusammenbricht, verkündet er mit seinen letzten Worten »Ich lebe immer noch« seinen Glauben, daß seinesgleichen unausrottbar sei – woraus sich für Camus die Folgerung ableitet, daß auch die Verpflichtung zum Widerstand niemals erlischt. Das Schauspiel *Das Mißverständnis* (1941), in dem ein Mörderpaar – Mutter und Tochter – den unerkannt heimgekehrten Sohn und Bruder tötet, eröffnet einen trostlosen Ausblick in die von Camus verkündete Sinnlosigkeit der menschlichen Lebenssituation, fesselt aber durch die Schärfe und Härte der Charakterzeichnung insbesondere der beiden verbrecherischen Frauen.

Belagerungszustand

Schauspiel in drei Teilen
Erste Aufführung: 27. Oktober 1948 in Paris

Personen: Die Pest – Die Sekretärin – Nada – Victoria – Der Richter – Die Frau des Richters – Diego – Der Gouverneur – Der Alkalde – Die Frauen und Männer der Stadt.

O r t   u n d   Z e i t : Eine spanische Stadt, befestigt, in irgendeiner legendären Gegenwart.

Über einer spanischen Stadt – es könnte Cadiz sein – erscheint am Himmel ein Komet. Das Volk fürchtet Krieg und Weltuntergang, der Säufer Nada (= das Nichts) führt lästerliche Reden, aber der Gouverneur läßt verkünden, daß nichts vorgefallen und es als unwahr zu betrachten sei, daß ein Komet erschienen wäre. Nada aber beharrt darauf, daß die große Komödie des allgemeinen Sterbens beginnen werde. – Zunächst geht das Leben weiter, das Volk vergnügt sich auf einem Jahrmarkt mit Astrologen und Wanderkomödianten, und der Gouverneur freut sich, daß nichts sich verändert hat, denn »nichts ist gut, was neu ist«. Plötzlich wankt einer der Schauspieler auf dem Podium, fällt zu Boden und stirbt, während ein gellendes Alarmsignal ertönt. Lähmendes Entsetzen, ein junger Mann spricht, nachdem sich zwei Ärzte um den Toten bemüht haben, das furchtbare Wort aus: »Die Pest!« Im Haus des Richters betet man Psalmen, die Frau fürchtet, daß ihre Tochter Victoria von der Krankheit befallen werden könnte; aber der Richter erklärt, daß er das Haus verbarrikadiert habe, sie solle für Vorräte sorgen. Victoria trifft ihren Geliebten Diego in der Kirche, und er gesteht ihr, er habe Angst. Der Gouverneur läßt beruhigende Bulletins verbreiten, daß der Seewind die Epidemie bald wieder vertreiben werde – da erscheinen, während die Totenglocke läutet und wieder die Alarmschläge dröhnen, ein unbekannter Mann und eine Frau, beide in Uniform. Der Mann grüßt den Gouverneur und bittet ihn höflich, ihm sein Amt abzutreten; als dieser ihn von der Wache verhaften lassen will, streicht die uniformierte Dame in ihrem Notizbuch etwas aus, und die Wache fällt tot zu Boden. Der Fremde stellt sie als seine Sekretärin vor: »Eine glückliche Natur, fröhlich, zufrieden, sauber.« Der Gouverneur sieht, daß er hier nichts mehr ausrichten kann, und ist bereit, die Stadt der »neuen Macht« zu überantworten. Der uniformierte Mann ist die Pest, die Dame, seine Sekretärin, ist der Tod. Sie verkünden für die Stadt den Belagerungszustand.

Die Pest etabliert ein totales Regime. Mit den neuesten Propagandamitteln werden die Parolen ihrer Herrschaft im Volk verbreitet: »Eine Pest – ein Volk! – Konzentriert Euch, vollstreckt, beschäftigt Euch! – Deportiert, quält, es wird

Weiss, Marat / de Sade

Handke, Kaspar

immer etwas übrigbleiben!« Alle Verbrechen und Gemein-
heiten der Menschen kommen unter der Regierung der Pest
ans Tageslicht. Des Richters Urteile waren immer nur vom
Haß diktiert, dem er den Namen des Rechts umhing; seine
Frau hat ihn betrogen. Nada ist ein Funktionär des neuen
Regimes geworden und bereitet mit dem ebenfalls der Pest
dienenden Alkalden gefälschte Wahlen vor. Allein Victoria
findet in ihrer Liebe zu Diego die Kraft zu innerem Widerstand, doch die ›Sekretärin‹ hat Diego bereits gezeichnet
und mahnend darauf hingewiesen, daß die Liebe verboten
ist. Nun endlich erwacht auch in ihm der Wille, sich zu
widersetzen, er überwindet die Angst und nimmt einem der
zum Pesttod Verdammten den Knebel aus dem Mund. Die
›Sekretärin‹ gesteht ihm, daß sie nun, da er keine Angst
mehr hat, nichts mehr gegen ihn vermag; es ist Vorschrift,
daß der Tod von denen abläßt, die ihn nicht fürchten. Der
Himmel hellt sich auf, der Wind weht vom Meer her. Durch
Diegos Tat ist die Herrschaft der Pest zum erstenmal erschüttert, und nun beginnt sich die Bevölkerung mit der
Parole »Habt keine Angst mehr!« gegen den Belagerungszustand zu organisieren. Das Regime muß sich zu Konzes-
sionen bequemen. Die Pest bietet Diego an, ihn und Victoria, die inzwischen wirklich von der Krankheit befallen
wurde, fliehen zu lassen, vorausgesetzt, daß sie ihr in der
Stadt freie Hand ließen, denn »ich muß Herr sein über alles,
oder ich bin es über nichts«. Diego aber nimmt das Anerbieten nicht an, und es kommt zu einem letzten Tauschhandel
zwischen der Pest und dem Tod, der älter ist als jene. Der
Tod (die ›Sekretärin‹) nimmt Diego, für den sie schon lange
eine sentimentale Sympathie hatte, zu sich und gibt Victoria
dem Leben wieder. Diese ist es also, die mit dem Tod des
Geliebten letztlich die Befreiung der Stadt bezahlen muß.
Kaum haben Pest und Tod sie verlassen, als die Alten wiederkommen, die Regierenden von gestern, um ihre Plätze
wieder einzunehmen. »Die Regierungen vergehen, die Polizei bleibt bestehen, es gibt also eine Gerechtigkeit«, ist Nadas
letztes Wort, bevor er ins Meer stürzt. Der Belagerungszustand ist beendet – ob die Freiheit wiedergekehrt ist, bleibt
offen.

L'état de siège ist stofflich mit Camus' Roman *Die Pest*
verwandt. Es ist so etwas wie ein Lehrstück über die Not-

wendigkeit der Furchtlosigkeit entstanden, die allein den Menschen befähigt, das Unmenschliche zu überwinden. Nicht zu übersehen ist freilich, daß Camus in der Schilderung der hereinbrechenden Herrschaft der Despotie, die mit dem Ausbruch der Pest großartig allegorisiert wird, viel stärker ist als im Aufzeigen der Möglichkeiten der Befreiung. Es ist unsere Zeit, die den Dichtern mit der Etablierung perfekt ruchloser Herrschaftssysteme reichhaltiges Material für die dramatische Gestaltung des total Bösen liefert, sie aber ziemlich im Stich läßt, wenn die *dagegen* aufgerufenen Kräfte gestaltet werden sollen. Wie sich der angstschaffende Terror der Pest verbreitet und verschärft, wird dem Zuschauer im *Belagerungszustand* mit einer beklemmenden szenischen Sinnfälligkeit vor Augen geführt; daß in einem der Terrorisierten (Diego) die Angst plötzlich schwindet, so daß sich nunmehr der Widerstand aktivieren kann – das muß man glauben. Die erste Hälfte des gleichwohl bedeutenden und wichtigen Stückes ist Handlung, Vorgang, Ereignis; die zweite bleibt Mahnung, Forderung, Appell. (In deutscher Sprache wurde das Stück erstmals am 20. Juli 1950 in München gespielt.)

PAUL WILLEMS

* 1912 in Edegen bei Antwerpen

Sohn der flämischen Schriftstellerin Marie Gevers. Von Beruf Jurist, ist er Generalsekretär des »Palais des Beaux Arts« in Brüssel. Willems ist viel gereist, er kennt ganz Europa, Amerika und Rußland. Nachdem er mit einer Reihe von Prosaschriften, darunter dem auch in Deutschland bekannten Roman »Die Schwanenchronik«, hervorgetreten war, begann er auf Anraten seiner Freunde, die ein starkes Theatertalent in ihm vermuteten, auch für die Bühne zu schreiben. Sein Schauspiel »Der gute Wein des Herrn Nuche« und seine Märchenkomödie »Der Bärenhäuter« wurden bereits in Deutschland gespielt.

O f u n d d e r M o n d. Stück in drei Akten. – Dieses 1955 erst in der belgischen Provinz, dann in Brüssel und in

Deutschland zuerst in Köln aufgeführte Stück ist bezeichnend für den von romantischen Lichtern umspielten Realismus des flämischen Autors. In einer nahe dem Meer gelegenen flandrischen Kleinstadt läuft dem Versicherungsvertreter
Eric, als er eines Abends eine an ihrem Fenster stehende
junge Frau beobachtet und bei deren Mutter einen erfolglosen Berufsbesuch gemacht hat, der herrenlose Hund Of zu,
ein Tier, das kluge Gedanken äußert und von Eric alsbald
als eine Art Postillon d'amour zu jener jungen Frau geschickt
wird, die mit dem Tankstellenbesitzer und Transportunter-
nehmer Pierre verheiratet ist, einem braven, redlichen Mann,
der indessen nur an die Erweiterung seines Geschäfts und an
die materielle Sicherung seiner noch kinderlosen Familie
denkt. Als Erics Schatten, vom Licht des aufgehenden Mon-
des auf ihr Haus geworfen, Louisa wie mit einer zärtlichen
Geste ›berührt‹ hat, ist ihr, die sich nach einem Kind sehnt,
das Unerfüllte ihres Lebens zum Bewußtsein gekommen.
Von dem fast immer auf Transportfahrten begriffenen
Pierre viel zu viel alleingelassen, von ihrer gutmütigen, aber
ewig klagenden Mutter Milie noch immer wie ein unselb-
ständiges Wesen behandelt, sieht sie in Eric gleichsam den
personifizierten Ruf des Lebens voller Liebe und Zärtlichkeit – in Eric, der im Grunde ein ebenso übersehenes, un-
behaustes Dasein führt wie sein philosophierender Hund Of.
Ihrer jungen Freundin Simone gegenüber gesteht Louisa die
Verwirrung des Gefühls, und eines Tages ist sie bereit, den
ihr immer wieder von Of überbrachten werbenden Botschaf-
ten Erics nachzugeben und sich mit ihm zu treffen. Als es
jedoch so weit ist, bekommt sie Angst und bittet ihren Mann,
sie auf eine nächtliche Fahrt mit seinem Lastwagen mitzu-
nehmen. Verwundert willigt Pierre ein; Eric aber ist über
Louisas Ausbleiben so enttäuscht, daß er die Stadt verläßt
und monatelang nichts mehr von sich hören läßt. Als er endlich wiederkommt, bekennt ihm Louisa, daß sie sich ihrerseits von seiner Liebe mehr erwartet habe: er hätte nicht
bitten, sondern fordern sollen, dann wäre sie mit ihm gegangen. Nun aber sei es zu spät, sie könne aus ihren kleinbürgerlichen Gefühlen nicht mehr heraus, die sie nur einmal,
ein einziges Mal, hätte überwinden können. Jetzt erwartet
sie ein Kind von Pierre, die häusliche Atmosphäre wird er-
träglicher werden, weil ihre Mutter die gemeinsame Woh-

nung verlassen und den Altwarenhändler Balu heiraten
wird, der sich um Milie beworben hat, seit sie Witwe wurde.
Eric geht davon, Louisa kehrt in ihr Haus zurück. Niemand
will den Hund Of haben, der sich immer so vor dem Mond
fürchtet: seine treuen Dienste für Eric und Louisa sind vergessen. Traurig geht der alte, pensionierte Mathematikpro-
fessor Raymond über den Platz, der Milies zweiter langjähriger Freier war und dem sie jetzt den gerissenen Balu
vorgezogen hat. Of beschließt, den freundlichen Mann als
seinen neuen Herrn zu ›adoptieren‹, und der Professor willigt ein. Zwei Einsame haben sich gefunden.

Off et la lune ist eine Folge von zart verhaltenen oder
auch diskret komisch pointierten Genreszenen, die klar und
liebevoll beobachtet sind; man denkt an die niederländischen
Kleinmeister des 17. Jh.s, obwohl die Frauen nicht mehr am
Brunnen stehen, sondern an der Benzinpumpe der Tankstelle. In dieser realen, nüchternen Welt gibt es Menschen
mit ungewissen Sehnsüchten, gibt es den redenden Hund Of,
dessen Existenz in echt surrealistischer Doppelbödigkeit von
allen ohne jede Verwunderung hingenommen wird – so wie
eine stille lyrische Melodie die Alltagssprache des Stückes
durchzieht, besonders reizvoll, wenn sie von dem blutjungen
Liebespaar Simone und dem Primaner Tony gesprochen
wird, dem Sohn jenes alten Mathematiklehrers, bei dem der
herrenlos gewordene Of schließlich wieder unterkommt.

Zur Geschichte des Schauspiels

In der zweiten Hälfte des 20. Jahrhunderts

Nach dem Zweiten Weltkrieg scheint die Situation des europäischen Theaters unproblematischer als sie ist. Es gilt, vor allem in Deutschland, die Theaterhäuser wiederaufzubauen, über die weitere Entwicklung der Dramatik zu informieren, verboten Gewesenes nachzuholen, verfemte Autoren zu rehabilitieren. Besonders die Brecht-Rezeption ist in Theorie und Praxis nachhaltig und fruchtbar. Man knüpft dort an, wo man 1933 wohl oder übel aufgehört hat, und bagatellisiert die Pause. Die ›Verdrängung‹ der Zwischenzeit rächt sich. Nach erneuter Etablierung des Systems in neuen, schönen, perfekten Gebäuden wird bewußt, daß man sich mitten in einer Phase der Restauration befindet. Zwar wird die Währung reformiert, aber nicht das Denken. Der Erleichterung, »noch einmal davongekommen« zu sein, folgen Widerwille gegen jegliche Politik und Freude am Wohlstand, doch die allmählich herangewachsene Nachkriegs-Jugend will sich auch geistig etablieren, stellt Fragen, bald auch Forderungen, revoltiert endlich. Es wird klar, daß der Krieg nur ein nationalistischer Exzeß gewesen ist, der ein gemeingefährliches Extrem beseitigt, die eigentlichen Weltprobleme aber nicht gelöst hat. Übervölkerung, technische Entwicklungen, Glaubensverlust, Veränderung von moralischen Ansichten und des Bildungsideals wandeln die Umwelt und die Mentalität. Das Theater hat allzu lange als Diener der Überlieferung zu den bremsenden Faktoren gezählt, statt phantasievoll der Entwicklung vorauszueilen und zukunftsträchtige Daseinsentwürfe spielerisch zur Debatte zu stellen. Nun sieht es sich plötzlich kaum noch fähig, Spiegel der Gesellschaft zu sein, einer klassenlosen Wohlstandsgesellschaft nämlich. Zur Überalterung des Repertoires kommt, daß der Verlust des Unterhaltungsmonopols sich auswirkt: das Kino ist gesellschaftsfähig, das Fernsehen ein Massenereignis geworden. Ganze Industrien konkurrieren mit dem Theater um Geld und Freizeit des Publikums. Das alles führt zu der Forderung, Theater »nach Auschwitz«

und »in der industriellen Revolution« müsse »anders« sein.
Es müsse sich auf sein ureigenstes Gebiet zurückziehen, auf
das elementare Spiel, den Vollzug psychischer Verwandlung,
die Darstellung phantastischer Gegenwirklichkeit. Weniger
puristische Theoretiker fordern die Darstellung sozialer
Prozesse. Jedenfalls sei das Illusionstheater verlogen, die
Vortäuschung von Wirklichkeit weder nötig noch wünschenswert. Das hat auch architektonische Konsequenzen,
führt zur Ablehnung der ›Guckkastenbühne‹ und der ihr
traditionell zugeordneten ›undemokratischen‹ Gliederung
des Zuschauerraums durch Logen und Ränge.

Diese Neuorientierung beruft sich auf Vorläufer, deren
Bedeutung zu ihrer Zeit nicht erkannt worden ist. *Alfred
Jarry* (1873–1907) war der erste große Zerstörer des bürgerlichen Theaters. Seinen naiven Anarchismus hat er in der
Figur des Vaters Ubu verkörpert, eines unflätigen, tücki-
schen, brutalen Unmenschen. Jarry formt seine Empörung
zu destruierendem Witz; André Breton hat dafür den Begriff ›humeur noir‹ (Schwarzer Humor) geprägt. Die Uraufführung von »Ubu-Roi« im Pariser Théâtre de l'Œuvre
am 10. Dezember 1896 machte schon beim ersten Wort
Skandal: »Merdre!« (»Schreiße« in der deutschen Erstaufführung im Münchner Werkraum-Theater 1959). Fortsetzungen sind »Ubu enchaîné« (in Ketten) und (aus dem Nachlaß) »Ubu-Cocu« (Hahnrei). Der Schauspieler und Regisseur *Antonin Artaud* (1896–1948) nennt seine Truppe
»Théâtre Alfred Jarry«. Artaud propagiert ein ›Theater der
Grausamkeit‹. Es handelt »sich nicht um jene Grausamkeit,
die wir uns gegenseitig antun können, ... sondern um die
sehr viel schrecklichere und notwendigere Grausamkeit,
welche die Dinge uns gegenüber üben können. Wir sind nicht
frei. Und noch kann uns der Himmel auf den Kopf fallen.
Und das Theater ist dazu da, uns zunächst einmal dies beizubringen ... Bei dem Degenerationszustand, in dem wir
uns befinden, wird man die Metaphysik durch die Haut
wieder in die Gemüter einziehen lassen müssen.« Artaud
verabscheut den Naturalismus mit seiner Psychologie. Er
hat wenig Erfolg, gewinnt aber Einfluß auf wichtige Regisseure: Jean Louis Barrault, Jean Vilar, Roger Blin, Roger
Planchon, Jorge Lavelli sowie auf die Autoren Eugène
Ionesco, Jean Genet, Arthur Adamov (1908–70), Boris

Vian, Jacques Audiberti, Peter Weiss (»Marat/de Sade«) und andere.

Das von Judith Malina und Julian Beck geleitete »Living Theatre« war ein Kollektiv, das sich auf Artaud berief, ihm aber zuwiderhandelte, weil die Art von Grausamkeit, »die wir uns gegenseitig antun können«, stark betont wurde. Die in New York gegründete Truppe durchquerte seit 1964 Europa, weil ihr in New York das Auftreten unmöglich gemacht worden war. Sie hat sich Anfang 1970 in Berlin in drei Gruppen gespalten, die einzeln unterschiedliche Versuche zur Aktivierung der Zuschauer machen wollen.

Auch das ›absurde‹ Theater, das zwischen 1955 und 1965 Mode ist, beruft sich auf Jarry und Artaud. Sein berühmtester Vertreter ist *Eugène Ionesco*, der Brechts zweckhafte Parabeln in Essays verspottet. *Wolfgang Hildesheimer* (geb. 1916) und *Günter Grass* erscheinen zwischen 1956 und 1959 als Schüler Ionescos. Im Jahre 1954 erklärt *Friedrich Dürrenmatt* in dem Vortrag »Theaterprobleme« die absurde Tendenz mit ihrem verzweifelten Witz aus dem Geiste der Zeit: »Die Tragödie setzt Schuld, Not, Maß, Übersicht, Verantwortung voraus. In der Wurstelei unseres Jahrhunderts, in diesem Kehraus der weißen Rasse, gibt es keine Schuldigen und auch keine Verantwortlichen mehr. Alle können nichts dafür und haben es nicht gewollt... Uns kommt nur noch die Komödie bei.« *Samuel Beckett* vertieft das Gefühl der Absurdität zum philosophischen Kummer über Menschen in Endsituationen.

Rolf Hochhuth setzt mit seinem Papstdrama »Der Stellvertreter« einen neuen Anfang, unter Berufung auf Schiller, geschult am »Wallenstein«. Es soll der Geschichte wieder ein ›Sinn‹ abgewonnen werden. Die weit über Deutschland hinausgreifenden Polemiken für und gegen Hochhuth bereiten einer ›Dokumentardramatik‹ den Boden, die der ›Aufklärung‹ dienen möchte. Der erfolgreichste Autor neben Hochhuth ist *Heinar Kipphardt*. Wichtige Beiträge liefern *Peter Weiss* mit »Die Ermittlung« (Auschwitz-Prozeß) und *Tankred Dorst* mit »Toller, Szenen aus einer deutschen Revolution« (Räterepublik in München). Verschärfung des politischen Klimas bringt Polemik in die Dokumentationen, zum Beispiel bei Peter Weiss: »Gesang vom lusitanischen Popanz« (1966, gegen Salazar und die portugiesische Kolonialpolitik) und »Vietnam-Report« (1968). Die allgemeine Politisierung gibt dem gesellschaftskritischen Realismus neue Chancen.

Fehlt diese kritische Absicht, so entsteht wieder Naturalismus. Objektive oder nicht merklich wertende Abbildungen von Milieu und Denkweise der Leute von heute kollidieren mit der öffentlichen Meinung und wirken daher stark, z. B. die Darstellungen bindungsloser Beziehungen junger Leute und ihrer modischen Laster Sex, Sadismus, Rauschgift in »Magic Afternoon«, »Change«, »Silvester oder Das Massaker im Hotel Sacher« von *Wolfgang Bauer* (geb. 1941 in Graz).

Tests auf die Mentalität der Zuschauer und provozierende Abkehr von der Welt des Schönen sind die Happenings (engl. to happen = sich ereignen). *Wolf Vostell* (geb. 1932) und andere versuchen, das Publikum durch theatralische, überraschende Konfrontationen zu Reaktionen zu veranlassen, wobei Wechselwirkungen zwischen psychischer Freiheit und Terror entstehen. Diese Versuche sind vorgebildet von dem Dadaisten *Kurt Schwitters* (1887–1948) und seiner »Merz-Bühne«, auch bei Futuristen und Kubisten. *Bazon Brock* (geb. 1936) verficht eine positivere Richtung: das Bekenntnis zur Konsumwelt durch ihre triumphale Präsentierung. Es gibt Berührungspunkte zur Pop-Kunst (engl. popular = volkstümlich) und Op-art (optische Kunst). Wenn Sprache dabei verwendet wird, dann formelhaft. Aus der Sprache, also nicht aus Situationen, entwickelt *Peter Handke* seine ›Sprechstücke‹.

Das amerikanische Theater der zweiten Jahrhunderthälfte ist von einer Krise des Theaters am Broadway gekennzeichnet. In den dreißiger Jahren gibt es in New York etwa sechzig Theater, in den sechziger nur noch dreißig. Das ist die Folge mangelnder Rentabilität, erstens, weil die Produktionskosten sich zwischen 1939 und 1969 verdreifacht oder vervierfacht haben, zweitens, weil die alten Erfolgsformeln versagen. Dafür ist die Bedeutung der ›Little Theatres‹ abseits vom Broadway (›Off-Broadway‹) gewachsen. Sie entstanden in den Jahren vor dem Ersten Weltkrieg, entstammen einer Aktivität, welche die perfektionierte Unterhaltung am Broadway zugunsten ernsthafter Aussage verachtet und mit den ›Freien Bühnen‹ in Europa vergleichbar ist. Viele der Off-Broadway-Theater sind im Laufe der Jahrzehnte dem Mißerfolg, viele aber auch dem Erfolg erlegen, indem sie sich Broadway-Methoden anpaßten. Das führt zu einer weiteren Sezession, zur Gründung von Off-off-Broadway-Bühnen in Kellern und Kneipen, 38 allein in Greenwich Village (1968). Sie bringen viel Indiskutables, aber auch Impulse, die bis nach Europa wirken. Off-off-Broadway hat Edward Albee angefangen. Ideelle Erfolge werden rasch kommerzialisiert.

In England brach die Uraufführung von *John Osbornes* »Blick zurück im Zorn« (1956) Bahn für eine kraftvolle, junge Dramatik, die überwiegend zeitkritisch orientiert ist. Hauptvertreter sind *John Arden* (geb. 1930), *Harold Pinter* und *Arnold Wesker* (geb. 1932), der mit Hilfe der Gewerkschaften 1962 ein »Centre 42« gründete, um durch Festspiele in Arbeiterstädten ›die Kunst dem Volke‹ zu bringen. Desillusionierende Erfahrungen bei dieser Arbeit sind in dem Schauspiel »Their Very Own and Golden City« (»Goldene Städte«, Mannheim 1967) dargestellt. Den Schwerpunkt der mehr oder minder autobiographischen Dramen Weskers bildet die Trilogie aus dem Leben der jüdischen Arbeiterfamilie Kahn: »Chickensoup with Barley«, 1958 (»Hühnersuppe mit Graupen«, 1963), »Roots«, 1959 (»Tag für Tag«, 1962) und »I'm Talking about Jerusalem«, 1960 (»Nächstes Jahr in Jerusalem«, 1963).

Stalins Tod im Jahre 1953 löst eine vorsichtige Revision der Politik aus, beginnend mit einer relativen Liberalisierung im Machtbereich der Sowjets. Eine Novelle von Ilja Ehrenburg gibt der Periode den Namen ›Tauwetter‹ (1954). Der XX. Parteitag der KPdSU mit Chruschtschows Rede über die Verbrechen Stalins (1956) beschleunigt diese Entwicklung, in deren Verlauf auch Dramatiker periphere Schattenseiten des Kommunismus zu schildern wagen und fordern, der Heuchelei ein Ende zu machen. »Auf der Suche nach Freude« ist der programmatisch erscheinende Titel eines Alltagsdramas von *Viktor Rosow* (geb. 1913). Dieses Stück wird in allen Ostblock-Staaten gespielt, während der Saison 1957/58 in der Sowjetunion allein an 98 Theatern in 46 662 Aufführungen. Auf dem III. Kongreß der Sowjetischen Schriftstellerverbandes 1959 wendet sich Rosow gegen dogmatische Kritik und ihre Forderungen nach Einfachheit, Konfliktlosigkeit, Optimismus und die Verächtlichmachung von Familiendramen. Private Konflikte werden zugelassen, sollen sich aber mit gesellschaftlichen Fragen ver-

binden. Musterstücke dafür schrieben Alexander Kornej-
tschuk (geb. 1905), Nikolai Pogodin (1900–62), Leonid
Leonow (geb. 1899) und andere.

Majakowskis Satiren dürfen 1956 wieder in Moskau gespielt werden, 1967 wird er selber zum Gegenstand einer
mitreißenden Revue (»Posluschaitje!« – »Hört her!«) im
»Theater an der Tajanka«. Im gleichen Theater hatte 1966
die politische Revue »Antimiry« (»Antiwelten«) einen viel
beachteten Neubeginn in der Nachfolge von Meyerholds
Totaltheater gemacht.

Von *Leonid Sorin* (geb. 1924) werden in Moskau in den
fünfziger Jahren sieben psychologische oder satirische Dramen aufgeführt, 1966 erscheint die ›heroische Komödie‹
»Dion« (Deutsche Erstaufführung: Düsseldorf 1967). Sie
zeigt eine von Furcht und Opportunismus gelähmte Gesellschaft zur Zeit des Kaisers Domitian. *Alexander Wampilow*
schildert in der Komödie »Abschied im Juni« (Deutsche Erstaufführung unter dem Titel »Das Staatsexamen«, Oberhausen 1968) russische Studenten. Eine Szene, in der eine Elster
abgeschossen wird, entspricht dem Tod der Möwe in Tschechows Drama, und charakterisiert hier wie dort ausweglose
Traurigkeit der jungen Generation.

In Polen überlebt das nationale Theater den Zweiten
Weltkrieg als Untergrundbewegung. Schauspielschulen in
Warschau, Krakau, Wilna und Lemberg bilden Kräfte aus
für das von einem Theater-Hauptrat konzipierte Theater im
freien Polen. Die erste Aufführung findet im November
1944 im zerstörten und besetzten Warschau statt. Ende 1946
gibt es in Polen schon mehr als zwanzig Theater; als Warschau wieder aufgebaut wird, entstehen dort vorübergehend
mehr Theater als Kinos. Aufführungen von Dramen der
nationalen Romantik (Adam Mickiewicz, 1798–1855; Juliusz
Slowacki, 1809–49; Zygmunt Krasinski, 1812–59) werden
Manifestationen patriotischer Erschütterung. Im Jahre 1949
setzt die sowjetische Kulturpolitik ein, die Theater werden
verstaatlicht, der sozialistische Realismus erzwungen, die
Zensur eingeführt. Sowjetische Stücke beherrschen den Spielplan. Satirische Taschentheater und Studentenbühnen spielen oppositionell, erst im Geheimen, seit 1954 zunehmend
öffentlich. Sie entwickeln einen grotesken, improvisatori-
schen, ironischen Stil, der bekannte Ereignisse und Personen,

auch Bühnengestalten entfremdet und zur Zeit des ›Tauwetters‹, als die · sozialrealistischen Machwerke mit ihren ›positiven Helden‹ abgesetzt werden, Schule macht. Seit Oktober 1956 lockert sich allmählich die Abhängigkeit von der Sowjetunion, zugleich werden die einst engen Beziehungen zu Westeuropa, besonders zu Frankreich, intensiviert. Aus dem Verschnitt mit absurder Dramatik, die mit anderen Werken der westlichen Moderne eingelassen wird, bildet sich die ›schielende Literatur‹, welche die Wahrheit verblümt sagt. Ihr Exponent ist Slawomir Mrozek. Als das Tauwetter absurde Stücke nach Polen bringt, schlägt die Stunde für *Stanislaw Ignacy Witkiewicz* (1885–1939). Er schrieb 36 ›formistische‹ Theaterstücke für distanzierte Spielweise: Drama dürfe keinen Inhalt haben, es solle ›reine Form‹ bieten wie die Musik, lehrte Witkiewicz. Er hätte in den dreißiger Jahren Epoche machen müssen, fiel aber der Epoche zum Opfer. Nach 1956 wird Realismus nicht mehr befohlen, aber empfohlen, klassische Dramen sollen als ›Klartexte‹, nicht als Schlüsselstücke gespielt werden. Dem Mangel an politischen Dramen im Sinne des Regimes sollen ›Faktomontagen‹ abhelfen. In den sechziger Jahren werden die Freiheiten wieder eingeschränkt, doch das Theater wird verhältnismäßig wenig behelligt, es gilt als weniger gefährlich und als wertvoller Exportartikel. 1966 wurden in der Bundesrepublik 32 polnische Dramen aufgeführt, im Januar 1968 spricht die polnische Wochenzeitschrift »Kultura« mißvergnügt von einem »permanenten polnischen Festival« in der Bundesrepublik. Manchmal geht die westdeutsche Premiere der polnischen voraus, zum Beispiel wird »Die Zeugen oder Unsere kleine Stabilisierung« von *Tadeusz Rozewicz* (geb. 1921) 1963 in der »Werkstatt« des Schillertheaters Berlin aufgeführt und 1966 erst in Warschau. Der Titel »Unsere kleine Stabilisierung« wird in Polen zum Slogan für eine zwischen Liberalität und Reaktion schwankende Epoche.

Auch auf tschechischen Bühnen wird während der Besatzungszeit jede Gelegenheit ergriffen, das Nationalgefühl zu stärken. Der Vertreibung der deutschen Besatzung folgt eine kurze Epoche der Freiheit von Zensur und der Wiedergutmachung. Die Verstaatlichung beendet zudem ökonomische Einschränkungen. Bald beginnen scharfe ideologische

Auseinandersetzungen, in deren Verlauf eine Volksdemo-
kratie gebildet und die bekannte ›Gleichschaltung‹ durchgesetzt wird. Die Wahl des ersten Sekretärs der KP zum
Staatspräsidenten (1957) zeigt ihren Höhepunkt an. Inzwischen ist das Volk der politischen Auseinandersetzungen
und der entsprechenden Thesendramatik müde. Private
Thematik kommt auf, das anspruchslose Spiel »So eine
Liebe« von *Pavel Kohout* geht von 1957 an sogar durch den
ganzen Ostblock und überwindet als erstes tschechisches
Theaterstück den ›Eisernen Vorhang‹. Als die Liberalisierung seit 1963 bessere Beziehungen zu Westeuropa ermöglicht, wird dem ›absurden‹ Theater gesellschaftspolitischer
Hintersinn abgewonnen. Da das Publikum gewöhnt ist, daß
nicht gesagt werden kann, was gemeint ist, versteht es Metaphern, Allegorien, Symbole ohne weiteres im oppositionellen
Sinne. *Karel Čapeks* (1890–1938) Dramen, die als Früchte
der ersten, ›bürgerlichen‹ Republik unerwünscht gewesen
sind, werden wieder gespielt. Franz Kafka wird Mode. *Ivan
Klima* (geb. 1931) schreibt das von Kafkas Roman inspirierte Schauspiel »Ein Schloß«, in dem pensionierte Funktionäre als arrogante, wirklichkeitsfremde, mörderische Nutznießer des ›Personenkults‹ auftreten. *Milan Kunderas* (geb.
1929) Kleinbürgerdrama »Schlüsselbesitzer« (1962) betrifft
jede Art von Privilegien. *Ladislav Smoček* (geb. 1932) und
Josef Topol (geb. 1935) schreiben hintersinnige Grotesken.
Václav Havel macht in der Groteske »Das Gartenfest«
(1963) Karrieristen und Phraseure, in der Satire »Die Benachrichtigung« (1965) die Bürokratie, in der ›Collage aus
dem Alltag eines europäischen Intellektuellen‹ »Erschwerte
Möglichkeit der Konzentration« (1968) den Versuch einer
Persönlichkeitsanalyse lächerlich.

Mitte der sechziger Jahre wird in Prag die Lust, Tabus
zu brechen immer stürmischer. Immer mehr von den 30 Bühnen in der Hauptstadt werden zu Tribünen für neue Formen und unbotmäßige Gedanken. Eine selbstherrliche und
kopflose Maßregelung der Schriftsteller im Sommer 1967
beschleunigt die Entfesselung. Die Auseinandersetzung greift
ins Politbüro über, im Januar 1968 kommt es zur Trennung
der Ämter des 1. Parteisekretärs und des Staatspräsidenten.
Damit wird eine Demokratisierung eingeleitet, die auf den
Bühnen wesentlich vorbereitet worden ist. Seit der Beset-

zung der Tschechoslowakei von Sowjettruppen und Verbündeten im Warschauer Pakt am 21. August 1968 wird der Spielraum der Freiheit wieder eingeschränkt.

Das Theater in der Sowjetischen Besatzungszone, seit 1949 ›Deutsche Demokratische Republik‹, wird vom Ministerium für Kultur in Ost-Berlin zentral gelenkt. Private Bühnen gibt es seit 1953 nicht mehr. Die Anstrengungen um eine ›neue sozialistische Dramatik‹ sind groß, aber fast erfolglos. Aus der Thesendramatik ragen »Katzgraben« (1954) von *Erwin Strittmatter* und »Frau Flinz« (1961) von *Helmut Baierl* hervor, beide von Brecht beeinflußt. Im Jahre 1955 ist *Peter Hacks* aus München nach Ost-Berlin übergesiedelt, wo er sich zu Brechts bestem Schüler entwickelte. Die erste (1959) und zweite (1964) Bitterfelder Konferenz mit der Aufforderung »Kumpel, greif zur Feder, die sozialistische Nationalkultur braucht dich!« bringt der Dramatik keinen nennenswerten Nutzen.

Etwaige Talente werden durch die doktrinäre Haltung der Kulturfunktionäre immer wieder entmutigt. *Heinar Kipphardt* siedelt darum 1959 nach Düsseldorf über. *Peter Hacks* zieht sich nach politischen Auseinandersetzungen um seine Zeitstücke »Die Sorgen und die Macht« (1960/62) und »Moritz Tassow« (1965) von der aktuellen Thematik zurück. *Heiner Müller* (geb. 1928), der zusammen mit Inge Müller Modellstücke des sozialistischen Realismus geschrieben hat (»Der Lohndrücker«, 1958; »Die Korrektur«, 1958), bekommt mit seiner weniger naiven neueren Produktion Schwierigkeiten. »Herakles 5« (1964/66) und »Philoktet« (1958/66) variieren die antiken Vorlagen in sarkastischer Weise. Auch *Hartmut Lange* (geb. 1937) krempelt mit seinem »Herakles« (1966) das Vorbild um. Er zeigt einen gigantischen Untäter, der genehm ist, weil er von Fall zu Fall politisch notwendige Verbrechen begeht und man sich dann von ihm distanzieren kann. ›Umfunktionieren‹ alter Vorlagen ist auffällig häufig, offenbar handelt es sich um Tarnung von Meinungen, die direkt nicht geäußert werden können. Hartmut Lange siedelt 1965 von Ost- nach West-Berlin über. Auch *Jochen Ziem* (geb. 1932), der 1967 in West-Berlin mit realistischen Studien hervortritt (»Die Einladung«, »Nachrichten aus der Provinz«), ist aus Ost-Berlin gekommen. Westliche Gegenwartsdramatik wird in Mitteldeutschland nur zögernd (O'Casey, Dürrenmatt) oder gar nicht aufgenommen. Unverfängliche (»Schloß Gripsholm« nach Tucholsky) oder politisch risikolose (»Prozeß von Nürnberg«, »Zehn Tage, die die Welt erschütterten« nach John Reed) Bearbeitungen sind beliebt.

Mit seinem Stück »Die neuen Leiden des jungen W.« (ur-aufgeführt 1972 in Halle, auch als Erzählung publiziert) hat *Ulrich Plenzdorf* (geb. 1934 in Berlin) Diskussionen her-vorgerufen. Ein Lehrling, der mit seinem Ausbilder Diffe-renzen hat, verläßt den volkseigenen Betrieb und taucht in Ostberlin unter. Er haust in einer Wohnlaube, tanzt und singt für sich allein, malt abstrakte Bilder und liest in einem zufällig gefundenen Reclam-Heft *Werthers Leiden*. Eines Tages verliebt er sich in eine Kindergärtnerin, die mit einem anderen verlobt ist und diesen heiratet. Mit individualisti-schem Ehrgeiz versucht er ein Spezialwerkzeug zu basteln, dabei kommt er durch einen Stromschlag um. Erich Honecker und Literaturkritiker der DDR haben vor diesem Einbruch der Subjektivität gewarnt.

Eines ist unverändert: die alte Theaterpyramide, in der (Ost-)Berlin die Spitze darstellt, zu der alle Talente streben. Nur dort kann man Karriere machen. Das größte Renom-mee haben das »Berliner Ensemble« im »Theater am Schiff-bauerdamm«, das nach dem Tode von Brechts Witwe Helene Weigel von Ruth Berghaus geleitet wird, und das »Deutsche Theater« mit seinen »Kammerspielen«, die ehemaligen Büh-nen von Max Reinhardt. Die ›neue sozialistische Dramatik‹ wird möglichst den Provinztheatern überlassen, die keinen Ruf zu verlieren haben.   *H. D.*

MAX FRISCH

* 15. Mai 1911 in Zürich

Max Frisch, Sohn eines Architekten und eine Zeitlang selbst in diesem Beruf tätig, dann Essayist, Erzähler – sein 1954 erschienener Roman »Stiller« gehört zu den wesentlichsten Dokumenten zeitgenössischer erzählender Prosa – und Bühnenschriftsteller, ist neben dem Berner Pfarrersohn Friedrich Dürrenmatt heute der bekannteste deutsch-schweizerische Dramatiker. Er unternahm viele Reisen und brachte ein ganzes Jahr (1951/52) in Amerika zu. Frisch lebt als an den humanen und sozialen Problemen der Gegenwart scharf und kritisch beobachtend teilnehmender Autor in seiner Vaterstadt Zürich.

In Deutschland wurde man auf Max Frisch aufmerksam, als kurz nach dem Krieg sein Schauspiel *Nun singen sie wieder*, das eigentlich mehr ein szenisches Requiem ist, in München aufgeführt wurde. Ein Schweizer Dramatiker hatte in ihm die Stimmen der Deutschen laut werden lassen, deren Mund im eignen Land noch vom kaum überwundenen Entsetzen verstummt war. Nach der dramatischen Romanze *Santa Cruz* (uraufgeführt 1946), einem von verhangener Lyrik, fernträumender Erinnerung und unerfüllter Sehnsucht durchzogenen Kammerspiel mit einigen dichterisch sehr schönen Szenen, nahm Frisch in der dramatischen Farce *Die chinesische Mauer* (1946) in halb dozierender, halb kabarettistischer Form zu dem ewigen und nach der deutschen Niederlage wieder ganz aktuellen Problem von Macht und Schuld Stellung, ohne dabei freilich zu einer bestimmter umrissenen Position zu gelangen als der naturgegebenen der moralischen Distanzierung des Intellektuellen von den Anbetern der Gewalt; auch die 1955 erschienene, in Berlin uraufgeführte Neufassung unterscheidet sich darin nicht wesentlich von der alten, vor der sie indessen die schärfere dialektische Prägung der Dialoge voraus hat. Stärker als diese schwer verständliche szenische Parabel beeindruckte das Schauspiel *Als der Krieg zu Ende war* (1949) die deutschen Zuschauer, denn es diskutiert das Problem der Schuld am menschlichen Einzelfall. Eine Berlinerin, deren Haus einem russischen Obersten als Wohnung dient, versteckt ihren Mann, der deutscher

Offizier war, im Keller. Um keinerlei Verdacht zu erwekken, nimmt sie Einladungen des Russen, der eine Art ›gesellschaftlichen‹ Stil pflegen will, an und soupiert mit ihm auf seinem Zimmer. Obgleich beide kein Wort von der Sprache des andern verstehen, entsteht zwischen ihnen eine menschliche Zuneigung, die zu einer verhaltenen Liebe aufblüht. Von Eifersucht gepeinigt, verläßt der Mann sein Versteck und trifft Anstalten, seine ›verletzte Ehre‹ zu rächen – da wird er von einem russisch-jüdischen Soldaten als einer der Schuldigen an dem Warschauer Judengemetzel erkannt. Um die Frau zu schonen, übergibt ihn der Oberst nicht der Militärpolizei, sondern verläßt wortlos das Haus. Nun sucht sich der Schuldige zu rechtfertigen: der Selbsterhaltungstrieb sei stärker gewesen als das moralische Gewissen, er habe keinen anderen Ausweg gehabt. Die Frau müsse das doch verstehen, sie selbst habe ja auch nicht anders gehandelt, als sie die Beziehung zu dem Russen aufnahm. Dieser arroganten Trivialisierung ihrer Gefühle und Motive ist die an ihren Nerven aufs äußerste strapazierte Frau nicht mehr gewachsen. Sie stürzt sich aus dem Fenster – und die Frage »Was ist Schuld?« bleibt offen.

Ein stark reflektierendes, aus der Sphäre Georg Kaiserscher Denkdialektik stammendes Stück ist Frischs *Graf Öderland* (Uraufführung 1951), die in ihren inneren Voraussetzungen ziemlich komplizierte Geschichte eines Staatsanwalts. Nach ihr bedeutete das folgende Werk des immer mehr in den Vordergrund tretenden Zürcher Dramatikers eine Überraschung – die 1953 in Zürich uraufgeführte Komödie *Don Juan oder Die Liebe zur Geometrie,* eine ebenso erheiternd wie tiefsinnig paradoxe Umkehrung des die Dichter, Musiker und Dramatiker seit Tirso de Molina (1571 bis 1648, erster Bühnenbearbeiter des Stoffes) immer wieder fesselnden Don-Juan-Themas. Der panerotische Liebeszauberer ist bei Frisch nicht der Verfolger, sondern der Gejagte, ein kluger, etwas zynischer Melancholiker, der sich von Trug und Eitelkeit der heroisch und moralisch aufgedonnerten Welt, die ihn umgibt, angeekelt, nach der Klarheit, Reinheit und Selbstgenügsamkeit der geometrischen Figuren und der reinen geistigen Schönheit der mathematischen Abstraktion sehnt. Hinter diesem amüsanten Theaterstück verbirgt sich die Tragikomödie des modernen Intellektuellen.

Biedermann und die Brandstifter, uraufgeführt in Zürich 1958, hat den Untertitel »Ein Lehrstück ohne Lehre«. Es ist eine satirische Komödie, in der ein biederer Bürger sich aus Angst Brandstiftern ausliefert, die es darauf anlegen, seine Welt zu zerstören. Das Geschehen wird von einem Chor der Feuerwehrmänner tragikomisch kommentiert – eine Travestie des antiken Chores.

Mit der Uraufführung von *Biografie* in Zürich und Düsseldorf (1968) wurde eine thematische und formale Wandlung sichtbar. Die Romane von Max Frisch *(Stiller, Homo Faber, Mein Name sei Gantenbein)* haben private Thematik. Mit *Biografie* greift sie auf seine Dramatik über: was würde man tun, wenn man sein Leben korrigieren könnte? Der Verhaltensforscher Kürmann verspielt diese Chance, die seine Partnerin Antoinette sofort fröhlich ergreift. Zu dem thematischen Wechsel kommt ein formaler Umschwung: Frisch verachtet inzwischen das ›Abbildungstheater‹ und sagt: »Die einzige Realität auf der Bühne ist, daß auf der Bühne gespielt wird. Alles, was darüber hinwegtäuschen will, wirkt kindisch.«

Andorra

Stück in zwölf Bildern
Erste Aufführung: 2. November 1961 in Zürich

Personen: Andri – Barblin – Der Lehrer – Die Mutter – Die Señora – Der Pater – Der Soldat – Der Wirt – Der Tischler – Der Doktor – Der Geselle – Der Jemand – Der Judenschauer – Ein Idiot – Soldaten in schwarzer Uniform – Das andorranische Volk.
Ort: Der fiktive Kleinstaat Andorra.

1. Bild: Die neunzehnjährige Lehrerstochter Barblin fühlt sich durch hinterhältige Fragen des Soldaten bedrängt, wer wohl ihr künftiger Bräutigam sein werde. Die Frage zielt auf Andri, den zwanzigjährigen Pflegesohn des Lehrers, den dieser angeblich, um ihn rassischer Verfolgung durch einen Nachbarstaat zu entziehen, als Kind in sein Haus genommen hat. Alle halten den jungen Mann für einen Juden. Wie die meisten Andorraner fürchtet auch Barblin, daß die ›Schwarzen‹ – das sind die Armeen jenes tyrannischen und

antisemitischen Nachbarstaats – ihr Land überfallen und
besetzen werden; dann wird jeder Jude an einen Pfahl gebunden und erschossen. Der Lehrer will Andri, der Tischler
werden möchte, bei einem Meister in die Lehre geben; der
Meister verlangt dafür ein hohes Entgelt, in der Hoffnung,
daß er dann den Jungen nicht in seine Werkstatt aufzunehmen braucht, der seiner Meinung nach ohnehin mehr fürs
Geschäft als fürs Handwerk geboren ist. Aber Andri beharrt
darauf, Tischler zu werden, auch als der Soldat, der hinter
Barblin her ist, ihn großsprecherisch hänselt und ihm empfiehlt, sich bei ihm ›beliebt‹ zu machen, damit er auch für
ihn kämpfen werde, wenn die Schwarzen kämen. 2. Bild:
Andri und Barblin, die sich lieben, führen auf der Schwelle
von Barblins Kammer ein Gespräch, in dem Andri zu erkennen gibt, daß die Andorraner ihn nicht für einen der Ihren
halten; sie lassen ihn fühlen, daß er ein ›anderer‹ ist. 3. Bild:
Andri und der Tischlergeselle haben je einen Stuhl gemacht.
Der Meister prüft die Arbeiten und findet, daß Andri ein
schlechtes Werkstück gemacht hat, das sich zerbrechen läßt;
er hat es ja immer gefühlt, daß Andri fürs Tischlern nichts
tauge und lieber in den ›Verkauf‹ gehen solle. Der schlechte
Stuhl ist aber nicht Andris, sondern des Gesellen Werk. Vergebens protestiert er gegen die Unterstellung, eine Pfusch-
arbeit geliefert zu haben. Der Meister läßt den Gesellen, der
vielleicht zur Wahrheit bereit wäre, gar nicht zu Wort kommen. Andri erkennt, daß gegen ein tiefsitzendes Vorurteil
nichts zu machen ist. Der Tischler aber erklärt, er habe nicht
das mindeste gegen Andri, und läßt ihn von nun an als
Kundenwerber für sein Geschäft arbeiten; dabei könne er
viel Geld verdienen, weil ihm das Schnorren ja im Blut läge.
4. Bild: Der Doktor, ein mit ölig-patriotischen Sprüchen
sich werfender Scharlatan, untersucht den an einer Hals-
entzündung erkrankten Andri und verbreitet sich dabei über
die Juden, durch deren Ehrgeiz die vaterlandsbewußten
Andorraner um die Stellungen gebracht werden, die eigentlich ihnen zukommen. Der Lehrer wirft den renommieren-
den Nichtskönner hinaus und ermuntert Andri, sich nicht zu
fürchten. Als ihn aber Andri bittet, ihm Barblin zur Frau zu
geben, wehrt der Lehrer erschrocken ab: Das ginge auf keinen Fall. Andri glaubt, sein Pflegevater verwehre ihm nur
deshalb diese Heirat, weil er (Andri) ein Jude sei. 5. Bild:

Der Lehrer spült seinen Kummer über Andri – in Wahrheit
ist es sein eignes Gewissen, das ihm zusetzt – in der Kneipe
mit Schnaps hinunter. Auch ihm, dem ›Judenretter‹, werde
man nachsagen, das eigne Kind sei ihm für einen Juden zu
schade. Ein Zeitungsleser macht ihn darauf aufmerksam,
daß ›die da drüben‹ wieder drohen ... 6. Bild: Vor Barblins
Kammer. Andri hat seine Situation als ›anderer‹ begriffen
und beschließt, zu ihr zu stehen. Er will hassen lernen, Geld
verdienen und Barblin auch gegen den Willen ihres Vaters
heiraten. Der Lehrer wankt betrunken herein und lallt seltsame Andeutungen, daß Andri nicht verstünde, was ihn
bekümmere – er werde noch die Wahrheit erfahren. Aber
der Junge hört nicht auf ihn; ihm liegt nichts mehr an Wahrheiten anderer, seit er glaubt, über sich selbst Bescheid zu
wissen. Als der Lehrer gegangen ist, will Andri in Barblins
Kammer, aber als er an der verschlossenen Tür rüttelt, öffnet sich diese von innen, und der Soldat tritt heraus. 7. Bild:
In der Sakristei will sich Pater Benedikt, der Andri gern hat,
mit dem Jungen aussprechen, weil dieser ihn gefragt hat, ob
es stimme, daß er nicht so sei wie die anderen Andorraner,
daß er kein Gemüt besitze, nicht so fröhlich sei wie sie und
etwas Gehetztes habe. Der Pater bemüht sich, Andri davon
zu überzeugen, daß er und seine Pflegeeltern, auch wenn sie
ihm Barblin nicht zur Frau gäben, doch immer nur sein
Bestes wollten. Warum der Lehrer ihm dann seine Tochter
verweigere, die doch sein Bestes sei, fragt Andri – doch nur,
weil er sie keinem Juden geben wolle. Der Pater meint, er
sei überempfindlich wie alle Juden und mache es ihm, der
doch besten Willens sei, wahrhaftig nicht leicht. Andri sei
nicht feig, wie die anderen immer sagen – dann nämlich
nicht, wenn er es annehme, ein Jude zu sein. 8. Bild: Die
Gerüchte von einem bevorstehenden Überfall der Schwarzen
auf Andorra verdichten sich. Unruhig diskutiert die Bevölkerung die Lage. Der Soldat renommiert: »Sollen sie kommen, sie werden ihr blaues Wunder erleben ...« Der Doktor
salbadert: Niemand würde wagen, Andorra anzugreifen, in
der ganzen Welt sei kein anderes Land so beliebt. In dieser
Situation stellt man erregt fest, daß eine Señora aus dem
Land der Schwarzen nach Andorra gekommen ist. Man tritt
gegen ihre Koffer, die sie vor dem Gasthaus abstellen läßt,
in dem sie Wohnung nehmen will. Als die Dame selbst

kommt, entfernen sich alle Andorraner bis auf den Soldaten, der sie frech begafft. Andri kommt hinzu; er hat noch
mit dem Soldaten wegen des Vorfalls in Barblins Kammer
abzurechnen und schlägt ihm die Mütze vom Kopf. Hinzu-
kommende Kameraden des Soldaten und der Tischlergeselle
packen Andri und traktieren ihn mit Fußtritten – es fehlte
gerade noch, daß der Jude sie lächerlich mache vor einer
Fremden. Die Dame nimmt sich des im Gesicht blutenden
Andri an und bittet ihn, sie zu seinem Vater zu führen. Der
Wirt und der Doktor, der zurückgekommen ist, wundern
sich, daß Andri und die Fremde Arm in Arm miteinander
weggehen. 9. Bild: Im Hause des Lehrers erklärt die fremde
Señora, Andri werde bald alles verstehen, aber sie müsse
jetzt fortgehen, da man sie, die feindliche Ausländerin, darum bitte. Sie schenkt Andri einen Ring und geht. Was Andri
erfahren soll, ist, daß er ihr und des Lehrers Kind, dieser
also sein leiblicher, nicht nur sein Pflegevater ist; der Lehrer
hat später, da ein Andorraner keine Ausländerin zur Frau
nimmt, eine Andorranerin geheiratet und verbreitet, Andri
sei ein Judenkind aus dem Lande der Schwarzen, das er, um
es vor ihrem Zugriff zu schützen, von dort heimlich nach
Andorra gebracht und als seinen Pflegesohn aufgezogen
habe. Pater Benedikt soll dem Jungen diesen wahren Sachverhalt mitteilen, der für Andri die Erkenntnis bedeutet,
daß er kein Jude ist. Es kommt zum Gespräch, von dem der
Pater meint, es werde Andri ›erlösen‹. Aber dieser, dem
man immer gesagt hat, er sei anders, ist nun überzeugt, daß
es in der Tat so ist; er bekennt sich zu allen ›jüdischen‹
Eigenschaften, die man stets an ihm entdecken wollte, und er
weiß, daß ihn niemand schützen wird, wenn die Schwarzen
ins Land kommen. Da stürzt der Lehrer herein: Die Señora,
die sich zur Abreise anschickte, ist durch einen Steinwurf
getötet worden, und man sagt, Andri habe dies getan. Der
Wirt behauptet, es mit eignen Augen gesehen zu haben.
10. Bild: Der Tod der Señora hat die Invasion ausgelöst.
Die Schwarzen sind im Land, ihre Panzerwagen fahren
durch die Straßen. Andri verbirgt sich nicht wie alle anderen, weil er guten Gewissens ist; er hat den Stein nicht geworfen. Der Lehrer, der sich jetzt fast trotzig zu seinem
Sohn bekennt, kommt mit einem Gewehr hinzu, während
die anderen Männer ihre Waffen abliefern. Auch der an-

geberische Soldat ist entwaffnet, aber er hat sich bereits mit den Invasoren auf guten Fuß gestellt und übermittelt ihre Befehle an seine Landsleute. Zusammen mit anderen Andorranern, die sich vor den fremden Truppen ducken, nimmt er dem Lehrer das Gewehr ab; alle wundern sich, »was in den gefahren ist«. 11. Bild: Während die schwarzen Patrouillen die Stadt durchstreifen, fragt Andri Barblin, die ja jetzt nicht mehr seine Braut sein kann, weil sie seine Schwester ist, ob sie ihre Liebe vergessen habe. Der Soldat weiß, daß das Mädchen Andri in seiner Kammer verstecken wird; er führt eine Streife der Schwarzen in das Haus, die den Juden sucht. Als Barblin ihm entgegenschreit, daß Andri kein Jude ist, bemerkt er höhnisch, die Judenschau werde es erweisen. Andri wird gefesselt und abgeführt. 12. Bild: Die Judenschau. Auf dem Platz ist die Bevölkerung von Andorra angetreten, von Soldaten in schwarzer Uniform umzingelt. Alle müssen ihre Schuhe ausziehen und den Kopf mit einem schwarzen Tuch verhüllen. Der Judenschauer, ein unauffälliger, korrekter Beamter in Zivil, kommt und nimmt stumm auf einem Stuhl Platz. Auf einen Pfiff müssen die Andorraner an ihm vorbeigehen, während er ihre Füße beobachtet. Bei dreimaligem Pfiff muß jeder stehenbleiben und das Tuch vom Gesicht nehmen. Der Soldat kommandiert diensteifrig nach den Anweisungen der Schwarzen die entwürdigende Prozedur. Barblin sucht die Andorraner aufzuwiegeln, daß sie dem Befehl nicht gehorchen; sie wird ergriffen und fortgeschleppt. Die Leute beginnen, an dem Judenschauer vorbeizugehen. Auf den dreifachen Pfiff bleibt einer der Vermummten stehen, aber er nimmt das Tuch nicht ab; der Lehrer reißt es ihm herunter – es ist Andri, sein Sohn. Die Soldaten treten an ihn heran, um ihm seine Wertsachen abzunehmen. Als er den Ring der Señora nicht hergeben will, hauen sie ihm den Finger ab. Dann wird er umringt, und man hört ihn schreien. Die Andorraner gehen auseinander – jeder in dem Bewußtsein: Was kann ich dafür? – In einer Art Epilog streicht Barblin, der man die Haare geschoren und die den Verstand verloren hat, das Pflaster des Platzes mit heller Farbe an; man soll die Blutflecken von Andris Hinrichtung nicht mehr sehen, Andorra soll wieder ›weiß‹ werden. Der Lehrer hat sich erhängt, die Andorraner wollen, daß man Barblin in eine Anstalt bringt; sie soll ihnen ihre

Ruhe lassen. Bevor sie mit dem Pater weggeht, betrachtet sie
noch einmal Andris Schuhe, die von der Judenschau her auf
dem Platz stehengeblieben sind; sie sollen da bleiben, damit
er sie findet, »wenn er wiederkommt . . .«.

Max Frisch bemerkt zu dem Schauspiel, das auf eine Auf-
zeichnung in seinem *Tagebuch* zurückgeht: »Das Andorra
dieses Stücks hat nichts zu tun mit dem wirklichen Kleinstaat
dieses Namens, gemeint ist auch nicht ein anderer wirklicher
Kleinstaat; Andorra ist der Name für ein Modell.« Es ist
das Modell einer menschlichen Verhaltensweise, die von
Vorurteilen bestimmt wird, von Konventionen, die geglaubt
werden, ohne daß sich irgend jemand die Mühe macht, ihre
Voraussetzungen zu prüfen oder die Frage nach ihrer
Glaubwürdigkeit zu untersuchen. Andri, der Nichtjude,
wird das Opfer einer Klischeevorstellung vom ›Jüdischen‹,
die in den Köpfen der Andorraner – Frisch meint, ungeachtet der Bemerkung, daß er nicht an einen wirklichen
Kleinstaat denke, mit ihnen doch wohl vor allem seine eid-
genössischen Landsleute – festsitzt und die öffentliche Meinung ihres Landes beherrscht. Indirekt sind sie mit ihrem
latenten Antisemitismus an Andris Schicksal genauso schuldig wie die Schwarzen, die ihn gemäß ihrer offen verkündeten Rassenlehre direkt und ›legal‹ liquidieren. Niemand von
den Andorranern will an Andris Tod schuld sein. In kurzen
Zwischenszenen zwischen den einzelnen Bildern treten sie
einer nach dem andern gleichsam in den Zeugenstand eines
imaginären Gerichts und beteuern, »so« hätten sie es mit
ihren Vorbehalten gegen Andris Judentum ja gar nicht gemeint. »Ich bin nicht schuld, daß es so gekommen ist« – das
ist der Refrain all dieser natürlich mit biedermännischem
Bedauern vorgetragenen Beteuerungen, und »einmal muß
man ja auch vergessen können«. Das tief Unmenschliche und
Unmoralische dieses Verhaltens kann kaum schärfer, ankla-
gender – aber ohne jedes anklägerische Pathos – demonstriert werden als in dieser szenischen Parabel mit ihrer
knappen, von Spannung vibrierenden Sprache und der wie
in einem Brennspiegel konzentrierten Anschaulichkeit des
Bühnenvorgangs.

FRITZ HOCHWÄLDER

* 28. Mai 1911 in Wien

War Handwerker und nennt sich noch heute mit Stolz so, im Hinblick auf seine gut gebauten Stücke. Er ging 1938 nach der Besetzung Österreichs illegal in die Schweiz und machte dort, durch die Gesetze zur Untätigkeit verdammt, sein Hobby zur Hauptbeschäftigung: das Dramenschreiben. Er lebt in Zürich.

Das heilige Experiment (1941) schildert in frei erfundener Handlung den Untergang der von Jesuiten geleiteten Eingeborenen-Siedlungen, die von 1609 bis 1767 am Mittellauf von Uruguay und Paraná bestanden haben. Es ist wohl das erfolgreichste deutsche Schauspiel der Gegenwart – ein Stück ohne Liebe, ja ohne eine einzige Frauenrolle. »Bei näherer Beschäftigung mit dem Stoff«, sagt Hochwälder, »erkannte ich die einzigartige Möglichkeit, einige Probleme der Menschheit ... durch Ansiedlung in einem geschichtlichen Raum zu objektivieren und dadurch unserer Gegenwart nahezubringen.« Es blieb seine Spezialität, in alten Stoffen Aktualität zu entdecken. *Hôtel du Commerce* (Uraufführung Prag 1946) geht auf Maupassants Erzählung *Boule de suif* zurück und entlarvt am Verhalten einer 1871 vor den Preußen fliehenden Reisegesellschaft moralische und patriotische Verlogenheit. *Der öffentliche Ankläger* (Uraufführung Stuttgart 1948) ist ein Drama von der Angst der Tyrannen, dargestellt am jakobinischen Terror im Jahre 1794. Das Schauspiel *Donadieu* (Uraufführung Wien 1953) fußt auf C. F. Meyers Ballade *Die Füße im Feuer*. Dem protestantischen Schloßherrn Donadieu bringt ausgerechnet der Mörder seiner Frau das Gnadenedikt Ludwigs XIII. Donadieu verzichtet um des Friedens seiner Glaubensgenossen willen auf Rache. Das Schauspiel *Der Flüchtling* (Uraufführung Biel/Solothurn 1945) ist hingegen ein direktes Zeitstück. *Donnerstag* (Uraufführung in Salzburg 1959) ist ein modernes Mysterienspiel. An einem Donnerstag läuft die dreitägige Bedenkzeit ab, die der Erfolgsmensch Pomfrit zugestanden bekam, bevor er einen Teufelspakt abschließen soll. In der Komödie *Der Unschuldige* (Wien 1958, Hamburg 1959) wird ein Industrieller eines Mordes beschuldigt.

Das heilige Experiment

Schauspiel in fünf Aufzügen
Erste Aufführung: 24. März 1943 in Biel/Solothurn

P e r s o n e n : Alfonso Fernandez, S. J., Provinzial – Rochus Hundert-
pfund, S. J., Superior – William Clarke, S. J., Prokurator – Ladislaus
Oros, S. J. – Don Pedro de Miura, Visitator – Don Esteban Arago und
Don Miguel Villano, andere Spanier – Lorenzo Querini, Legat des
Ordensgenerals – André Cornelis, holländischer Teehändler – Carlos
Gervazoni, Bischof von Buenos Aires – José Bustillos, Garcia Queseda
und Alvaro Catalde, Gutsbesitzer – Indianische Kaziken.
O r t u n d Z e i t : Jesuiten-Collegio in Buenos Aires, 16. Juli 1767.

Der Pater Provinzial erwartet einen Abgesandten des
Ordensgenerals in Rom (1, 2) und des Königs Visitator, der
prüfen wird, ob die Anschuldigungen gegen den Jesuiten-
staat berechtigt sind (1, 3). Die Bischöfe, Gutsbesitzer und
Kaufleute hassen die Jesuiten wegen ihrer Erfolge. 150 000
Indios sind schon seßhaft geworden (1, 1). Der Visitator,
ein spanischer Edelmann, trifft ein. Er umarmt den Provinzial freudig (1, 9) – und erklärt alle Jesuiten für verhaftet
(1, 10). Die Anschuldigungen lauten: Untreue gegen den
König, Verheimlichung von Silberbergwerken, Wucher,
Unterdrückung der Indios (2, 1). Der Bischof von Buenos
Aires behauptet, man habe das Priestertum profaniert und
unter dem Vorwand der Religion eine Utopie eingerichtet.
Aus den Indios seien keine Christen, sondern Materialisten
geworden (2, 3). Der Visitator schließt die Untersuchungen
ab: »Es ist klar – die Beschuldigungen, die man gegen euch
erhoben hat, sind falsch!« Gleichzeitig zieht er ein Schreiben
des Königs aus der Tasche, das alle Anklagepunkte für bestätigt erklärt und die Jesuiten verurteilt, Paraguay zu verlassen. »Weil ihr recht habt, müßt ihr vernichtet werden ... Wie
lange dauert es noch – und euch gehört der ganze Kontinent! ... Narren wären wir, wenn wir euch nicht verjag-
ten, solange es noch Zeit ist! ... Die Übergabe der Siedlungen an uns – müßt Ihr selbst befehlen! ... Eure Weigerung
wäre der Untergang Eures Ordens im ganzen spanischen
Weltreich!« (2, 8). Der Provinzial läßt den Visitator verhaften (2, 9). Ein Unbekannter gibt sich als Legat des
Ordensgenerals zu erkennen. Er erklärt, das königliche Edikt

sei dem Orden willkommen. »Wir haben uns um äußeren
Erfolges willen selbst in die Netze der Macht verstrickt...
Aber Gott ist kein Politiker.« Der Provinzial unterwirft
sich der Ordensdisziplin (3, 2). Die Kaziken bitten, von den
Jesuiten in den Kampf geführt zu werden (4, 2). Pater Oros,
der Befehlshaber der Truppen, rebelliert. Er will kämpfen
(4, 3). Im Gespräch mit den Kaziken erkennt der Provinzial,
daß er jedenfalls theologisch tatsächlich im Unrecht ist: die
Eingeborenen unterscheiden zwischen dem guten und nütz-
lichen Christus der Jesuiten und dem bösen der Bischöfe
(4, 4). Es kommt zum Kampf. Der Provinzial wird beim
Versuch, Frieden zu stiften, verwundet (4, 6). Damit ist die
Widerstandskraft der Jesuiten gelähmt. Der Visitator triumphiert: »Wir sind am Ziel. Das Reich Gottes ist beim Teufel« (4, 8). Die Patres werden zur Deportation, dreißig von
ihnen zum Tode verurteilt (5, 1). Auch der Rädelsführer
Oros wird zum Tode verurteilt. Der Provinzial vergibt ihm
seine Sünde, damit auch ihm seine ketzerische Überzeugung,
die er aber nicht bereuen kann, vergeben werde. Sterbend
wendet er sich an das Bildnis des hl. Franz Xaver, des großen Ordensmissionars. Er verkündet Franz Xavers Auferstehung, die allen Menschen Erlösung bringen wird (5, 3).
Der Visitator erblickt das Bild Franz Xavers und murmelt:
»Und doch – ist in meinem Herzen ... etwas ... das spricht
– ›Was hülfe es, wenn ich die ganze Welt gewönne, und
nähme doch Schaden an meiner Seele ...‹« (5, 4). – (Die
Inhaltsangabe folgt beim 5. Aufzug der 1964 erstmals im
Wiener Burgtheater aufgeführten revidierten Fassung [Re-
clams UB 8100].)

Die Herberge

Dramatische Legende in drei Akten
Erste Aufführung: 30. März 1957 in Wien

P e r s o n e n : Kavolius, der Wirt – Staschia, seine Tochter – Minjotai,
Holzfäller – Berullis, Wucherer – Andusz, Fuhrmann – Smalejus, Amtmann – Simkala, Gendarm – Smelte, Sargmacher – Schimke, Wanderer.
O r t   u n d   Z e i t : Dorf im Baltikum, Winternacht (im Grunde ort-
und zeitlos).

Der Wucherer Berullis kehrt mit seinem Knecht und einer Kassette voller Goldstücke in der Herberge des Kavolius ein. Sein Kommen scheuchte den armen Holzfäller Minjotai, der heimlich die Wirtstochter Staschia besucht hat, in ein Versteck. Berullis geht sein Zimmer inspizieren und läßt den Knecht mit der Kassette zurück. Staschia lockt den Wächter beiseite, um ihrem Liebsten Gelegenheit zur Flucht zu geben, der verschwindet aber mit der Kassette. Der bestohlene Wucherer holt Amtmann und Gendarm. Inzwischen kommt der Dieb zurück und beschwört Staschia zu schweigen, da das Geld ihnen die Heirat ermöglichen soll (1). Da Staschia und der Knecht schweigen, bleibt das Verhör des Amtmanns ergebnislos. Minjotai kommt betteln, um den Verdacht von sich zu lenken. Als der Bestohlene dessen Namen hört, verzichtet er plötzlich auf weitere Nachforschungen (2). Der Amtmann hat die Kassette unterm Heu gefunden, dazu einen Landstreicher, den er für den Dieb hält. Als das Geständnis aus diesem herausgeprügelt werden soll, bekennt Minjotai sich schuldig. Da zeiht sich auch der Bestohlene des Diebstahls. Er hat nämlich vor vielen Jahren den Vater Minjotais um die gleiche Summe geprellt. Der Amtmann verzweifelt an der Gerechtigkeit, doch der Landstreicher tröstet ihn: »Mitten im Unrecht wohnt Gottes Gerechtigkeit – wie ein Kern in der Frucht« (3).   *H. D.*

PETER WEISS

* 8. November 1916 in Nowawes bei Berlin

Fabrikantensohn. Kam 1934 über England nach Prag, wo er an der Kunstakademie Malerei und Graphik studierte. Als die Tschechoslowakei durch Hitlers Überfall ihre staatliche Selbständigkeit verlor, ging Weiss zuerst in die Schweiz, dann nach Schweden, wo er seitdem ansässig ist.

Von seinen Prosaarbeiten wurde vor allem der autobiographische Roman *Fluchtpunkt* bekannt (1963). Mit *Marat* errang er einen sensationellen Theatererfolg. 1965 kam *Die Ermittlung* zur Uraufführung, ein ›Oratorium in elf Gesängen‹, dessen Thema der Frankfurter Auschwitz-Prozeß (1963–65) ist und das keiner ästhetischen Bewertung als ›Schauspiel‹ unterliegt, sondern als Dokumentation der Anklage gegen ein jedes faßbare Maß übersteigendes Verbrechen geschrieben wurde. Als Anklage ist auch der *Gesang vom lusitanischen Popanz* (uraufgeführt 1966 in Stockholm) zu verstehen, ein Protest gegen die moralische Verwerflichkeit jeglicher Kolonial-Machtpolitik. Der *Diskurs über die Vorgeschichte und den Verlauf des lang andauernden Befreiungskrieges in Viet Nam als Beispiel für die Notwendigkeit des bewaffneten Kampfes der Unterdrückten gegen ihre Unterdrücker sowie über die Versuche der Vereinigten Staaten von Amerika, die Grundlagen der Revolution zu vernichten*, uraufgeführt 1968 in Frankfurt am Main, umschließt fast 2500 Jahre. 1970 wurde sein Schauspiel *Trotzki im Exil* in Düsseldorf uraufgeführt. In dem Stück *Hölderlin* (Uraufführung 1971 in Stuttgart) stellt Weiss den Dichter als Revolutionär dar, der, von den Anfängen der Französischen Revolution begeistert, in seinem *Empedokles* die »mythologische Ahnung« politischer Veränderung gestaltet hat. Enttäuscht von der Realität, zieht er sich, getarnt mit Wahnsinn, in den Turm zurück, wo ihn Karl Marx besucht. Die Szenen des zum Teil in Knittelversen geschriebenen Stücks werden von einem »Sänger« verbunden und kommentiert.

Die Verfolgung und Ermordung Jean Paul Marats, dargestellt durch die Schauspielgruppe des Hospizes zu Charenton unter Anleitung des Herrn de Sade. Drama in zwei Akten. – Schauplatz der Bühnenvorgänge des am 29. April 1964 im Berliner Schillertheater uraufgeführten Stückes ist der Badesaal der Heilanstalt Charenton bei Paris, in der der Marquis de Sade von 1801 bis zu seinem Tod im Jahr 1814 wegen Lastern, »deren Offenbarung sich nicht für das öffentliche Gerichtsverfahren schickte«, interniert war. Daß er dort mit den Insassen einige seiner Schauspiele inszenierte und selbst als Schauspieler darin auftrat, ist historisch bezeugt. – In Gegenwart und mit Einverständnis des Anstaltsdirektors Coulmier und seiner Familie läßt de Sade ein Stück aufführen, das die Ermordung des Revolutionärs Marat am 13. Juli 1793 zum Gegenstand hat. Seine Mörde-

rin Charlotte Corday wird von einer jungen Schlafsüchtigen
dargestellt, er selbst von einem an der Krätze Erkrankten.
Sein Tribun Roux, ein ehemaliger Priester, fällt als Rolle
einem wegen Tobsuchtsverdacht in der Zwangsjacke stecken-
den Patienten zu; den Liebhaber der Corday spielt, seine
Triebneigungen dabei nach Kräften ausnützend, ein Eroto-
mane. Die übrigen Insassen des Hospitals, die ständig von
Klosterschwestern und Wärtern beaufsichtigt werden, bilden
das Publikum, werden aber auch, je nach den Erfordernissen
der Handlung, als Jakobiner, Sansculotten oder Volk zum
Mitspielen herangezogen. Nach einem Prolog des Direktors
Coulmier und einer Präsentation der Hauptdarsteller durch
einen in Knittelversen sprechenden Ausrufer wird die Französische Revolution nachgespielt bis zu jenem Tag, an dem
die vierundzwanzigjährige schöne Novizin Corday Marat
im Bade ersticht. (Wie der historische Marat sitzt sein krätze-
kranker Darsteller – auf dem Theater im Theater – in der
Badewanne, aber nicht nur bei dieser Szene, sondern während der ganzen Dauer des Stückes.) Der Ablauf der vor-
gestellten Handlung wird immer wieder dadurch unterbrochen, daß der Marquis de Sade, der bei Marats Totenfeier
die Gedenkrede gehalten hatte, in das Spiel eingreift und
seine radikal individualistischen Ideen mit den sozialrevolutionären Marats in dialektisch zugespitzten Streitgesprächen
konfrontiert, wobei beiden der Irrenhausdirektor als Vertreter der Restauration, in die die Revolution mündete,
entgegentritt. Musikanten spielen zu Aufmärschen und Umzügen auf, Pantomimen unterstreichen gestisch, intensivie-
rend oder parodierend, was im Wort ausgesprochen wird.
Elemente des mittelalterlichen Mysterien-, des naturalistischen, expressionistischen und des Brecht-Theaters werden
von Peter Weiss mit übersprudelnder szenischer Phantasie
ins Spiel gebracht und teils zur Verdeutlichung, teils zur
Verfremdung der gedanklich diffizilen Thematik des Stük-
kes eingesetzt, die darauf hinausläuft, daß Marat – einer
von denen, »die dabei waren, den Begriff des Sozialismus zu
prägen« – gegenüber Sade recht behält. Der grausam ironische Epilog scheint ihn freilich zu widerlegen: Das ›Volk‹
huldigt in einem phantastischen Umzug Napoleon, der 1808
bereits vier Jahre Kaiser der Franzosen war. Diese Huldigung der Narren und Kranken gehört natürlich nicht mehr

zur Regie des Herrn de Sade, sondern ist spontan, wie alle Huldigungen, die zu allen Zeiten von enthusiasmierten Geistesschwachen den Diktatoren dargebracht werden.

FRIEDRICH DÜRRENMATT

* 5. Januar 1921 in Konolfingen bei Bern

Dürrenmatt wurde als Sohn eines protestantischen Pfarrers geboren. Er studierte nach dem Gymnasiumsbesuch in Bern an verschiedenen Schweizer Universitäten Philosophie und Theologie, arbeitete dann an der »Weltwoche« als Zeichner und Theaterkritiker und lebt jetzt als freier Schriftsteller in Neuchâtel.

Das Grundthema aller Stücke Dürrenmatts, der in seiner Heimat als eine Art ›Enfant terrible‹ unter den heutigen Schweizer Schriftstellern gilt, ist der Versuch, den Standort des Menschen zu bestimmen. Das geschieht mit den Mitteln eines bohrenden, fragerischen Intellekts und einer ausschweifenden, berstenden Theaterphantasie. Dürrenmatt wird von seinem Temperament getrieben, alles auf eine verwegene und äußerst unbequeme Art zu tun. Nicht nur durch manche stilistische Reminiszenzen, mehr noch durch die stürmische, zuweilen schreiende Direktheit, mit der er den Zuhörer zwingt, zu erkennen, daß es um seine (des Zuhörers) eigene Sache geht, erinnern Werke wie das chaotisch brodelnde Wiedertäuferdrama *Es steht geschrieben* oder das makabre Mysterium aus dem Dreißigjährigen Krieg *Der Blinde* (beide 1947) an den Expressionismus, der ebenso zu Dürrenmatts geistigen Ausgangsregionen gehört wie Wedekind. Wie dieser verbirgt der Schweizer hinter dem Grotesken und Bizarren seiner Bühnenvisionen die Leidenschaft des Moralisten, nur daß er viel mehr Humor hat, als Wedekind je besaß. Freilich ist es ein entlarvender und darum äußerst ungemütlicher Humor, mit dem Dürrenmatt sein Publikum attakkiert, selbst wenn er eine Komödie schreibt, die wie sein *Romulus der Große* (1948) die Klamaukmittel eines Bierulks nicht zu verschmähen scheint; es sind Clownerien des Zornes, die sich darin austoben. Außer Zweifel steht, daß Dürrenmatt eine der stärksten und unkonventionellsten Begabungen des heutigen deutschsprachigen Theaters ist; das gilt besonders für sein erfolgreichstes Werk, die tragische Komödie *Der Besuch der alten Dame*; das ist selbst noch in einem weniger gelungenen Stück wie *Ein Engel kommt nach Babylon* (1953) zu erkennen. Die Krise seines Schaffens wird sichtbar in dem Schauspiel *Porträt eines Planeten* (Uraufführung 1970 in Düsseldorf), einer Art kabarettistischer Geschichtsrevue unter kosmischer Perspektive, wie auch in dem Stück *Die Mitmacher* (uraufgeführt 1972 in Zürich).

Eine Bearbeitung von Dürrenmatt gehört zur schöpferischen Shakespeare-Nachfolge: Am Beispiel von Johann Ohneland (1199–1216), Shakespeares *König Johann*, wird das Regieren als lebensgefährliches Gesellschaftsspiel hingestellt. Dürrenmatt hat in diesem 1968 in Basel uraufgeführten Stück der nationalen Geschichte sozialen Sinn gegeben. Johann wird zum Reformpolitiker, der auf das Volk setzt. Er wird nicht mehr dynastischen Interessen geopfert, sondern das Feudalsystem stößt einen Abtrünnigen aus. – Seine Bearbeitung von Strindbergs *Totentanz* wurde unter dem Titel *Play Strindberg* 1968 in Basel uraufgeführt.

Die Ehe des Herrn Mississippi

Komödie in zwei Teilen
Erste Aufführung: 26. März 1952 in München

P e r s o n e n : Anastasia – Florestan Mississippi – Frédéric René Saint-Claude – Graf Bodo von Übelohe-Zabernsee – Der Minister Diego – Das Dienstmädchen – Drei Geistliche – Drei Männer in Regenmänteln, die rechte Hand in der Tasche – Zwei Wärter – Professor Überhuber – Irrenärzte.
O r t : Ein Zimmer in spätbürgerlicher Pracht und Vergänglichkeit, die zum Himmel stinken sollte.

Ein Mann mit dem merkwürdigen Namen Florestan Mississippi erscheint bei einer Dame namens Anastasia zu Besuch und überführt sie, während er mit ihr Kaffee trinkt, des Giftmordes an ihrem Gatten; zugleich bittet er sie um ihre Hand, da auch er seine Frau mit Gift getötet hat. Die Ehe des Herrn Mississippi soll nach dem Willen des seltsamen Hochzeiters die ›Sühne‹ der beiden Mörder sein. Denn Herr

Mississippi ist von Beruf Staatsanwalt, und sein einziges
Anliegen auf dieser Welt ist es, dem Gesetz Mosis in seiner
ganzen unbarmherzigen Strenge wieder uneingeschränkt
Geltung zu verschaffen. Er hält unter allen Staatsanwälten
des Landes den Hinrichtungsrekord; er hat die ihm ange-
traute Frau des Treubruchs überführt und privatim hingerichtet. Deswegen sieht er nun seiner eigenen Hinrichtung in
der ›fürchterlichen‹ Ehe mit der Gattenmörderin Anastasia
entgegen.

In dieser Hirn und Nerven der Zuschauer weidlich strapa-
zierenden Komödie unternimmt Dürrenmatt den Versuch,
die ins Nichts-als-Existieren abgesunkene Welt und Menschheit sozusagen einem Beschuß mit Geist auszusetzen, um zu
sehen, was dabei herauskommt. Er unternimmt ihn mit dem
Mittel der sokratischen Ironie und in einer Form, die man
als groteske Allegorie bezeichnen könnte. Die Elemente des
Kriminalstücks verbinden sich mit denen der politischen
Satire, der Film spielt mit den wiederholt angewandten
Kunstkniffen seiner Rückblendetechnik hinein, und hinter
allem erscheint zuweilen der zynisch und sarkastisch getarnte
Rigorismus Frank Wedekinds.

Die vier allegorischen Personifizierungen, die diese ebenso
witzige wie bittere Komödie tragen, sind die vollkommen
lieblose, absolute Gerechtigkeit in der Gestalt des Staatsanwalts Mississippi, der am Ende von Anastasia vergiftet
wird, weil sich das Leben immer vom Absoluten tödlich bedroht fühlt, die vollkommene Gleichheit, repräsentiert in
dem Weltrevolutionär Saint-Claude, den die Kommunistische Partei liquidiert, weil er die Idee vor die Taktik
stellt, die christliche Liebe, verkörpert in dem aus der Welt
Tolstois und Dostojewskis stammenden heruntergekommenen, trunksüchtigen Tropenarzt Graf Übelohe-Zabernsee,
und schließlich die ›Frau Welt‹ des alten Mysterienspiels
-- Anastasia, das begehrenswerte, völlig amoralische Lügengeschöpf, das jedem anheimfällt und jeden verrät, das nichts
als den Augenblick liebt und mit einer beschworenen Unwahrheit auf den Lippen stirbt.

Worauf läuft diese Komödie mit so vielen Toten hinaus?
Auf die bittere Erkenntnis, daß die ohne Liebe, Gerechtig-
keit und Brüderlichkeit bloß dahinlebende Welt ebenso der
Vernichtung ausgeliefert ist wie die weltlose Idee. Von den

drei donquijotischen Narren der Idee bleibt nur der Narr der Liebe, jener verkommene Graf und Arzt Übelohe-Zabernsee, am Leben, weil er, selbst zerrüttet und an Leib und Seele ruiniert, die ebenfalls ruinierte Welt liebt – so wie sie ist. Und noch einen läßt der Autor dieser grandiosen eschatologischen Komödie am Leben – einen, den das Glück in den Armen der Frau Welt so wenig anficht wie der Kampf mit dem Narren, die sie durch Geist verbessern wollen: den Minister Diego, der kalt und skrupellos, »die Macht begehrend und sonst nichts, die Welt umarmte«. Das Außergewöhnliche dieser Komödie versuchte die Münchner Kritik zu kennzeichnen, die sie treffend als eine ›dämonische Revue‹ und ein ›Schlachtfeld der Weltanschauungen‹ charakterisierte.

Der Besuch der alten Dame

Tragische Komödie in drei Akten
Erste Aufführung: 29. Januar 1956 in Zürich

Personen: Claire Zachanassian, geb. Wäscher, Multimillionärin – Ihre Gatten VII bis IX – Der Butler – Toby, Roby, Woby, Voby, Koby, Loby, ihr Gefolge – Ill – Seine Frau – Seine Tochter – Sein Sohn – Der Bürgermeister – Der Pfarrer – Der Lehrer – Der Arzt – Der Polizist – Bürger, Bahnbeamte, lästige Presse- und Kameraleute.
Ort und Zeit: Güllen, eine Kleinstadt, Gegenwart.

In der Kleinstadt Güllen irgendwo diesseits oder jenseits der deutsch-schweizerischen Grenze erwartet man den Besuch einer reichen alten Dame, der Multimillionärin Claire Zachanassian, die als Klara Wäscher in Güllen geboren und aufgewachsen ist. Ihr Vermögen ist unübersehbar, die Zahl ihrer Gatten bereits so groß, daß sie die einzelnen Ehemänner durcheinanderwirft; der erste war ein armenischer Ölquellenbesitzer, der ihr seinen Reichtum vererbt hat, danach hat sie sich umschichtig durch die verschiedensten Berufe durchgeheiratet und geschieden. Augenblicklich ist sie mit Gatten VII im Anzug. Während der Bürgermeister und die Notabilitäten des einst wohlhabenden, nun aber völlig verarmten und heruntergekommenen Städtchens sich vor dem verwahrlosten Bahnhof versammeln, um Claire Zachanas-

sian einen rührenden Empfang in der alten Heimat zu bereiten – sie hoffen natürlich, daß sie eine ansehnliche Stiftung machen wird, die die Finanzen der Stadt und den
Lebensstandard ihrer Bürger wunderbarlich heben könnte –,
erzählt der Kaufmann Ill, ein Mann von Mitte Sechzig, was
die Kläri Wäscher für ein bildhübsches, wildes und leidenschaftliches Mädchen gewesen ist und daß leider das Leben
sie nach einer stürmischen Liebe von ihm getrennt hat. Noch
ehe er damit zu Ende ist, erscheint Frau Zachanassian – sie
hat einfach die Notbremse des D-Zuges gezogen, der fahr-
planmäßig in Güllen nicht hält – mit ihrem Gatten und
ihrem Gefolge, vier unentwegt Kaugummi kauenden ehemaligen Gangstern und Zuchthäuslern, die ihre Sänfte tragen, und zwei kindisch fröhlichen, blinden Eunuchen. Die
Ovationen, die ihr dargebracht werden, unterbricht sie kurz
und bündig mit der Ankündigung, sie werde der Stadt die
Summe von einer Milliarde stiften, unter der Bedingung,
daß sie sich dafür ›Gerechtigkeit‹ kaufen könne – d. h., daß
jemand sich bereit findet, Ill zu töten. Er hat sie nämlich
im Jahre 1910 mit einem Kind sitzenlassen und in einem
Vaterschaftsprozeß, den sie anstrengte, zwei bestochene Zeugen mitgebracht, die beschworen, ebenfalls ein Verhältnis
mit Kläri Wäscher gehabt zu haben. Es sind die beiden
Eunuchen, die sie, als sie reich geworden war, aufspüren,
entmannen und blenden ließ und dann in ihr Gefolge aufnahm; ihr Butler aber ist der Oberrichter, der damals den
Vorsitz in dem Prozeß gegen Ill führte. – Nun geht eine
seltsame Veränderung in Güllen vor. Natürlich hat der Bürgermeister sich geweigert, die Milliardenstiftung unter der
abstrusen Bedingung eines ›Gerechtigkeits‹-Mordes anzunehmen, aber alle Einwohner fangen mit einemmal an, auf grö-
ßerem Fuß zu leben, Anschaffungen zu machen, besser zu
essen und zu trinken – kurz, alle leben so, als ob sie sicher
mit einem beträchtlichen Vermögenszuwachs rechnen könnten. Sie lassen überall anschreiben, und merkwürdig, die
Kaufleute gewähren ihnen ebenso sorglos Kredit, wie jene
ihn in Anspruch nehmen. Ill wird es unbehaglich. Zwar gewährt auch er seinen Kunden Kredit, aber er fühlt, daß sich
etwas gegen ihn zusammenzieht. Claire Zachanassian aber, die inzwischen Gatten VII gegen VIII, einen
Film-Beau, getauscht hat und einen Nobelpreisträger als IX

erwartet, sitzt ruhig im Hotel zum Goldenen Apostel und
beobachtet die Entwicklung der Dinge. Als ein schwarzer
Panther, den sie als Haustier bei sich hat, ausbricht und die
männlichen Bewohner von Güllen infolgedessen alle mit
Schußwaffen herumlaufen, fühlt Ill sich zum erstenmal
wirklich bedroht. Er will die aufblühende Stadt verlassen,
ist aber innerlich bereits so im Netz seiner Angst, seines
schlechten Gewissens und seines Schuldgefühls verstrickt,
daß er es nicht mehr vermag, ja daß er sich eines Tages, als
Claire Zachanassians suggestiv-passives Abwarten genügend
gewirkt hat, bereit findet, sich dem Gericht seiner Mitbürger
zu stellen. Er selbst und alle wissen, wie es ausgeht, der
Bürgermeister aber findet einen genialen Dreh, den moralisch verurteilten Ill nach außen hin zu rehabilitieren: Die
Presse wird informiert, daß die Milliardenstiftung von Frau
Zachanassian durch Vermittlung des Herrn Ill, ihres ›Ju-
gendfreundes‹, zustande gekommen ist. Die Bürger bilden
eine Gasse, durch die Ill auf einen ›Turner‹, der ihn an ihrem
Ende erwartet, zuschreitet. Die Gasse schließt sich. Als sie
sich wieder öffnet, liegt Ill am Boden, tot. »Herzschlag«,
stellt der Stadtarzt fest, »aus Freude«, kommentiert die
Presse. Claire Zachanassian läßt ihn in den Sarg legen, den
sie unter ihrem Reisegepäck mitgebracht hat, und dem an-
kommenden Gatten IX bestellen, er werde nicht mehr benötigt: »Ich habe meinen Geliebten gefunden.« Der Bürgermeister erhält den Scheck über eine Milliarde.
  Eine gallenbittere Komödie, so bitter, daß sie von Sartre
sein könnte, wenn dieser die groteske Phantasie von Dürrenmatt hätte. Natürlich geht es dem Autor in diesem Stück
nicht darum, die banale Wahrheit ›Mit Geld läßt sich alles
kaufen‹ durch eine Bühnenparabel zu erhärten. Die makabre
Automatik einer moralischen Pervertierung, die sich daraus
ergibt, ist vielmehr das Thema dieser drei Akte, die wahrhaft mit Entsetzen Scherz treiben: Daß nämlich die Aussicht
auf die Milliarde das ›sittliche Gewissen‹ der Güllener so
mobilisiert, daß sie in der Tat Gerechtigkeit zu üben glauben, wenn sie ihren Mitbürger Ill töten. Kein Mensch hätte
je danach gefragt, wenn einer aus ihrer Mitte ein armes
Mädchen mit einem Kind hätte sitzenlassen – der ›Frevel‹
an der Milliardärin aber verlangt Sühne. Mag das Recht
auch eine integrale Größe sein, die ›Gerechtigkeit‹ ist eine

relative und wird dem zuteil, der sie zu kaufen vermag. Das ist die vernichtende Feststellung dieser wirklich tragischen Komödie, die mit einer ätzend scharfen Parodie auf den Schlußchor der Sophokleischen *Antigone* (»Ungeheuer ist viel«) endet.

Die Physiker

Komödie in zwei Akten
Erste Aufführung: 21. Februar 1962 in Zürich

P e r s o n e n : Fräulein Dr. Mathilde von Zahnd, Irrenärztin – Marta Boll, Oberschwester – Monika Stettler, Krankenschwester – Uwe Sievers, Oberpfleger – Herbert Georg Beutler, genannt Newton, Patient – Ernst Heinrich Ernesti, genannt Einstein, Patient – Johann Wilhelm Möbius, Patient – Missionar Oskar Rose – Frau Lina Rose – Ihre drei Buben – Richard Voß, Kriminalinspektor – Zwei Pfleger, zwei Polizisten.
O r t : Der Salon des Privatsanatoriums »Les Cerisiers« in der Nähe einer kleinen Stadt.

In dem von der reichen buckligen Ärztin Dr. Mathilde von Zahnd geleiteten Luxus-Privatsanatorium für nervenkranke Millionäre, Bankiers und Wirtschaftsbosse leben drei berühmte Physiker – Verrückte, von denen einer glaubt, er sei Newton; der zweite hält sich für Einstein, der dritte und genialste, Möbius mit Namen, meint, daß der Geist des Königs Salomo über ihn gekommen sei. Die Kriminalpolizei ist im Haus, weil eine Krankenschwester von ›Einstein‹ mit einer Lampenschnur erdrosselt worden ist. Es ist bereits der zweite ›Unglücksfall‹ dieser Art, denn drei Monate vorher wurde eine andere Schwester unter ganz ähnlichen Umständen ein Opfer ›Newtons‹. Als auch Möbius seine Geliebte, die Schwester Monika umbringt, die ihm auf den Kopf zugesagt hat, daß er nur ›verrückt‹ spiele, um sich und die Welt vor dem Zwang der Auswertung seiner für die Menschheit mörderischen wissenschaftlichen Entdeckungen zu bewahren, kommt es an den Tag, daß alle drei Physiker Simulanten sind: Möbius spielt immerhin aus moralisch hochachtbaren Gründen den Irrsinnigen, die beiden anderen aber sind von ihren gegeneinander mißtrauischen Regierungen (einer westlichen und einer östlichen) ausgesandte Geheimagenten, die sich um jeden Preis in den Besitz der Möbius-

schen Formeln setzen sollen. Doch auch in ihnen sind noch
so viel ethische Skrupel lebendig geblieben, daß sie mit
Möbius gemeinsame Sache machen und beschließen, freiwillig mit ihm im Irrenhaus zu bleiben, damit nicht die ganze
Menschheit dem Irrsinn der Vernichtung anheimfällt. Da
aber stellt sich zu ihrem Entsetzen heraus, daß die Ärztin
von Zahnd sich mit der planenden Logik der wirklich Ver-
rückten längst des Geheimnisses bemächtigt, die Möbiusschen
Aufzeichnungen an sich gebracht und nun ihrerseits die
Macht hat, die Welt ins Verderben zu stürzen. Sie eröffnet
den dreien, daß die Rechnung aufgegangen sei, »nicht zugunsten der Welt, aber zugunsten einer alten buckligen
Jungfrau«. Über dieser teuflischen Wendung der Dinge werden auch die Physiker, nun keine freiwilligen Insassen der
Anstalt mehr, sondern Gefangene der irrsinnigen Ärztin,
wirklich verrückt.

Mit der Spannungs- und Überraschungstechnik des Kriminalstücks britischer Herkunft (und auch mit seinem ›schwarzen‹ Humor) hat Dürrenmatt die Tragikomödie der Repräsentanten der Wissenschaft geschrieben, die wie keine
zweite das Bild der gegenwärtigen Welt verändert hat und
ihr Schicksal bestimmt. Mit der Logik des Absurden wird
die ausweglose Situation sowohl derjenigen geschildert, die
sich, wie Beutler und Ernesti (›Newton‹ und ›Einstein‹) in
den Dienst der Macht stellen und ihr Genie der Politik
unterwerfen, als auch der andern, die wie Möbius ihre ethische Verantwortung gegenüber der Menschheit bejahen und
sich lieber selbst auslöschen als jene. »Nur im Irrenhaus sind
wir noch frei. Nur im Irrenhaus dürfen wir noch denken«,
sagt Möbius, »in der Freiheit sind unsere Gedanken Spreng-
stoff.« Die Physiker haben keine andere Wahl, als vor der
Wirklichkeit zu kapitulieren, der sie einerseits mit ihren Gedanken weit vorausgeeilt sind, die ihnen aber andererseits in
der Auswertung dieser Gedanken ebenfalls davongelaufen
ist. Spione zu werden oder als Irre zu gelten – das ist die
verzweifelte Alternative, die Dürrenmatt ihnen in diesem
nach den strengsten klassischen Regeln der Einheit des Ortes,
der Zeit und der Handlung gebauten Stück läßt, das in seiner geistigen Problematik ebenso bestürzend und faszinierend wie in seiner theatralischen Wirkung fesselnd und amüsant ist.

Der Meteor

Komödie in zwei Akten
Erste Aufführung: 20. Januar 1966 in Zürich

P e r s o n e n : Wolfgang Schwitter, Nobelpreisträger – Olga, seine
Frau – Jochen, sein Sohn – Carl Koppe, sein Verleger – Friedrich Georgen, Starkritiker – Hugo Nyffenschwander, Kunstmaler – Auguste, dessen Frau – Emanuel Lutz, Pfarrer – Der große Muheim, Unternehmer
– Professor Schlatter, Chirurg – Frau Nomsen, Geschäftsfrau – Glauser,
Hauswart – Major Friedli, von der Heilsarmee – Schafroth, Polizeiinspektor – Kritiker – Verleger – Polizisten – Heilsarmisten.

Im Atelier des Kunstmalers Nyffenschwander, der gerade
ein Aktporträt seiner Frau malt, erscheint ein höchst lebendiger Toter, der Dramatiker und Nobelpreisträger Wolfgang
Schwitter, der kurz vorher in einer Klinik gestorben, aber
sogleich wieder auferstanden ist. Er will endgültig in dem
schäbigen Raum sterben, in dem er vor 40 Jahren seine
Karriere begonnen hat. Aber auch hier ist es nichts mit einem
redlichen Exitus – Schwitter bleibt so rabiat am Leben, wie
er sterben will, dagegen sterben diejenigen, die das Phänomen zu bestaunen kommen und keineswegs sterben wollen;
wenn sie nicht sterben, werden sie in ihrer Existenz oder
ihrer gesellschaftlichen Reputation vernichtet: Irgendwie erschlägt sie der ›Meteor‹, der nicht vom Himmel, sondern aus
dem Totenbett gefallen ist, alle.
   Zuerst verlöscht ein Pfarrer, der vor dem ›Auferstehungswunder‹ gläubig in die Knie geht. Dem Maler Nyffenschwander eröffnet seine Frau, der Schwitter gerade unwiderleglich seine Lebendigkeit bewiesen hat, daß sie ihn
fürder weder als Künstler noch als Mann ästimiere, worauf
der darob begreiflicherweise völlig Verstörte einen gewaltsamen Tod findet – der ›große Muheim‹, Hausbesitzer und
Schwerkapitalist, wirft ihn die Treppe hinunter, und er
bricht sich das Genick. Aber auch Muheim wird ruiniert, erst
als illusionsfroh der Treue seiner Gattin sicherer Ehe-, dann
als Geschäftsmann – ihm winkt die Gefängnis. Schwitters
nächste Opfer sind sein eigener Sohn, dessen Erbe – die dem
Nobelpreisträger aus seinen schriftstellerischen Erfolgen zugeflossene Million – er verbrennt, und sein Arzt Professor
Schlatter, der ihm zweimal den Totenschein ausgestellt hat;

sein wissenschaftlicher Ruf ist durch die Tatsache, daß Schwitter dennoch weiterlebt, vernichtet. Dann vergiftet sich Schwitters Frau, ein früheres Call-Girl, weil sie es nicht mehr verkraften kann, immer wieder von ihm Abschied zu nehmen, denn sie liebt ihn wirklich. Vor einer von Zynismus berstenden Begegnung mit ihrer Mutter, einer moralisch gänzlich wertfreien und ihm darum als einzige gewachsenen Abortfrau, scheint Schwitter, zu Beginn des zweiten Aktes, endgültig gestorben zu sein. Er liegt von Kränzen umgeben auf seinem Bett, und der Starkritiker Georgen spricht ihm einen ›ehrenden‹, in Wahrheit niederträchtig-boshaften Nachruf. Aber Schwitter wird wieder lebendig, und jetzt ist es die Heilsarmee, die sich seiner als eines Gnadenwunders bemächtigt und ihn mit Blasmusik und Gesang feiert. Das wird selbst ihm zuviel, und verzweifelt schleudert er seinen letzten Schrei ins Publikum: »Wann krepiere ich denn endlich?«

Dürrenmatts eigner Kommentar zu seiner von teils billigen, teils brillanten Theatercoups lebenden und von giftigem Witz geätzten Komödie, die nach ihrer Zürcher Uraufführung auch von zahlreichen deutschen Bühnen gespielt wurde: »Die Auferstehung ist in meinem Stück als das genommen, was sie eigentlich ist, als ein Skandalon, als eine anstößige Geschichte.« Den Titel ›Meteor‹ aber nennt er ›symbolisch‹ für ein Werk, »das von der Kraft handelt, die ein Sterbender entwickeln kann«. Der Entscheidung des Zuschauers bleibt es überlassen, ob solchem Anspruch nicht die Häufung exzessiv grotesker Einfälle und Situationen in Dürrenmatts Text entgegensteht.

HEINAR KIPPHARDT

* 8. März 1922 in Heidersdorf (Schlesien)

Kipphardt, dessen Vater als politischer Häftling im KZ umkam, studierte Medizin und arbeitete nach dem Krieg als Assistenzarzt in einem Ost-Berliner Krankenhaus. 1950 ging er jedoch als Dramaturg an das dortige Deutsche Theater, das er neun Jahre später nach heftigen Auseinandersetzun-

gen mit der Kulturkommission, die ihm ›revisionistische Tendenzen‹ vorwarf, wieder verließ. In diesen Jahren waren seine satirischen Komödien »Shakespeare dringend gesucht« und »Der staunenswerte Aufstieg und Fall des Alois Piontek« sowie der Einakter »Entscheidungen« aufgeführt worden, die ebenso Zustimmung wie Widerspruch fanden. 1960 übersiedelte Kipphardt in die Bundesrepublik, war zuerst kurze Zeit als Dramaturg in Düsseldorf tätig und ließ sich dann in München nieder, wo sein nach einer eigenen Erzählung geschriebenes Schauspiel »Der Hund des Generals« 1962 zur Uraufführung kam. Die Münchner Kammerspiele brachten auch zusammen mit der Berliner Volksbühne seinen szenischen Dokumentarbericht »In der Sache J. Robert Oppenheimer« heraus, gegen den der darin als Zentralgestalt auftretende amerikanische Atomphysiker bald nach der Uraufführung (1964) Einspruch erhob. Im Jahre 1965 folgte »Joel Brand. Die Geschichte eines Geschäfts«. Es ist die Schilderung eines makabren und gescheiterten Tauschs, den Eichmann mit den Alliierten machen wollte: ungarische Juden gegen Lastwagen.

In der Sache J. Robert Oppenheimer. Szenischer Bericht. – Historischer Hintergrund sind die Sitzungen eines Sicherheitsausschusses der Vereinigten Staaten von Nordamerika, die am 12. April 1954 begannen und im Verlauf von etwa drei Wochen die Frage klären sollten, ob sich der Physiker und langjährige Leiter der amerikanischen Atomforschung Dr. J. Robert Oppenheimer einer illoyalen Haltung der Regierung seines Landes gegenüber schuldig gemacht habe. Der Bericht, der ursprünglich für den Rundfunk gedacht war (und von Frankfurt auch gesendet wurde), ist unter Benutzung von Originaldokumenten geschrieben. Die Szene zeigt ein Zimmer im Gebäude der Atomenergiekommission in Washington, in dem der Sicherheitsausschuß unter Vorsitz des Zeitungsverlegers und ehemaligen Staatssekretärs im Kriegsministerium Gordon Gray und mit dem Chemieprofessor Ward V. Evans und dem Industrie-Generaldirektor Thomas A. Morgan als Beisitzern tagt. Für die Kommission treten die Anwälte Roger Robb und C. A. Rolander, für Dr. Oppenheimer Lloyd K. Garrison und Herbert S. Marks auf. Es geht darum, ob Oppenheimer, der

entscheidende Mann beim Bau der Hiroshima-Bombe, neun
Jahre nach deren Abwurf ein Sicherheitsrisiko für die USA
oder, weniger amtlich ausgedrückt, ein Spion für die Sowjetunion ist. Man spürt die ›Hexenjagd‹-Atmosphäre der
McCarthy-Zeit mit ihrer hysterischen Kommunistenfurcht,
wenn Oppenheimer nach seinen ›linken‹ Sympathien und
Verbindungen gefragt wird, auch nach denen ihm nahe-
stehender Personen, seines Bruders Frank Oppenheimer,
seiner Kollegen und Schüler. Die beiderseitigen Anwälte
nehmen nach Art des amerikanischen Gerichtsverfahrens
– obgleich die Prozedur vor dem Sicherheitsausschuß keine
Gerichtsverhandlung ist – Oppenheimer als Zeugen in eigner
Sache ins Kreuzverhör, um herauszufinden, ob seine Distanzierung von der Hiroshima-Bombe und seine Weigerung, an
der Entwicklung der Wasserstoffbombe mitzuarbeiten, humanen Skrupeln entspringen oder politisch subversiven Absichten wie der, den bereits an der Wasserstoffbombe arbeitenden Russen ihren zeitlichen Vorsprung zu lassen. Den
Fragen der Vertreter der Atomenergiekommission ist, bei
aller betonten Korrektheit und Wahrung des Respekts
gegenüber dem genialen Wissenschaftler, deutlich anzumer-
ken, daß sie ihn antiamerikanischer Umtriebe überführen
wollen, und die Aussagen des als Zeugen auftretenden Ge-
heimdienstlers Boris T. Bash scheinen dies zu bestätigen,
während der früher ebenfalls dem Geheimdienst angehören-
de Rechtsanwalt John Lansdale erklärt, keinerlei Anhalts-
punkte für ein illoyales Verhalten Oppenheimers gefunden
zu haben. Die Verhandlung – Kipphardt zeigt sie in insgesamt neun Phasen – spitzt sich immer mehr auf das Oppenheimer quälende Problem des Gewissenskonflikts zu, das
von seinen ebenfalls als Zeugen erscheinenden berühmten
Kollegen Edward Teller (dem ›Vater der Wasserstoffbombe‹), Hans Bethe und Isadore Isaac Rabi zwar auch
gespürt, jedoch auf mehr oder weniger pragmatische Weise
beiseite geschoben wird. In der letzten Szene liest der Aus-
schußvorsitzende Gordon Gray die Beurteilung der ›Sache
J. Robert Oppenheimer‹ vor, die der Atomenergiekommission übermittelt werden soll. Darin wird ausgeführt, daß
Oppenheimers ›gegenwärtige‹ Beziehungen zu linksintellek-
tuellen Kreisen zwar kein Anzeichen von Illoyalität darstellen, daß er aber wegen grundsätzlicher charakterlicher

Mängel keinen Anspruch mehr auf das bedingungslose Vertrauen der Regierung habe und ihm die ›Sicherheitsgarantie‹ daher zu verweigern sei. Abweichend davon erklärt das Ausschußmitglied Ward V. Evans, daß er nach den in der Verhandlung vorgebrachten Tatsachen für seine Person Oppenheimer für völlig loyal halte. Da aber Mehrheit entscheidet, wird der Atomenergiekommission empfohlen, die Sicherheitsgarantie an Oppenheimer nicht zu erteilen. Dieser stellt in seinem melancholisch-resignierten Schlußwort die Frage, ob sich die mit der Kernspaltung befaßten Physiker nicht vielmehr der Illoyalität gegenüber dem Geist ihrer Wissenschaft schuldig gemacht haben, als sie ihre Forschungsarbeiten den Militärs überließen, ohne an die Folgen zu denken. Seine Selbstprüfung klingt aus in der Erkenntnis: »Wir haben die Arbeit des Teufels getan.«

TANKRED DORST

* 19. Dezember 1925 in Sonneberg (Thüringen)

Nach Kriegsgefangenschaft in den USA, Belgien und England studierte er Germanistik, Theaterwissenschaft und Kunstgeschichte. Dorst lebt als freier Schriftsteller in München, schrieb zunächst für eine Marionettenbühne.

Tankred Dorst hatte Anfang der sechziger Jahre mit *Die Kurve* und *Große Schmährede an der Stadtmauer* viel Erfolg, andere Stücke von ihm gingen unter. In der Stoffwahl und stilistischen Ausführung fällt Eklektizismus auf, Übersetzungen und Bearbeitungen verstärken diesen Eindruck. In *Eiszeit* (uraufgeführt 1973 in Bochum) erscheint als Hauptfigur der alte Dichter Knut Hamsun; Exempel für den Gegensatz der Generationen, für das Verhältnis zu Umwelt und Geschichte.

Toller. Szenen aus einer deutschen Revolution. – Der Dichter Ernst Toller (1893–1939, Freitod in New York) ist in den Mittelpunkt einer am 9. November 1968 in Stuttgart uraufgeführten politischen Revue gestellt worden, welche die Räterepublik in Bayern schildert, eine Phase, die von Anfang April bis Anfang Mai 1919 dauerte. Dorst hat keine historische Rekonstruktion geliefert. (»Was weiß ich, wie Toller wirklich war.«) Er zeigt die Parteien in Aktion, aber er ergreift nicht Partei. Er stieß auf Tollers autobiographischen, romanhaft verklärten Bericht über sein politisches Abenteuer und fand ihn brauchbar zur Darstellung des Verhaltens von Intellektuellen, die eine politische Aktion starten. Die Charaktere von Toller, dem revolutionären Schriftsteller Erich Mühsam (1878–1934, gestorben an Mißhandlungen) und dem idealistischen Anarchisten Gustav Landauer (1870–1919, ermordet) zeigen drei Arten von Zweifelhaftigkeit. Ihnen steht der Kommunist Eugen Leviné (1883–1919, standrechtlich erschossen) als entschlossener Taktiker gegenüber. Er läßt wider besseres Wissen die andern putschen. Die Streitfrage, ob damals eine Chance verpaßt oder eine Gefahr abgewendet worden sei, wird nicht entschieden. Toller ist sympathisch, aber eitel und weltfremd. Die Regierung ist politisch im Recht, aber moralisch im Unrecht. Landauer und die Anarchisten sind moralisch im Recht, aber politisch im Unrecht. Die offene Form der Revue gibt den Regisseuren viel Spielraum. Es wird mit Projektionen von historischem und aktuellem Material gearbeitet, mit Filmen und Musiken aus der Revolutionszeit und aus der Gegenwart, um auf gegenwärtige Parallelen hinzuweisen.   *H. D.*

GERD OEHLSCHLEGEL

* 28. Oktober 1926 in Leipzig

Nach der Rückkehr aus der Kriegsgefangenschaft 1946 studierte er an der Kunstakademie Leipzig. Aus politischen Gründen ins Uranbergwerk zwangsverpflichtet, ging er 1947 nach Hamburg und studierte bei Gerhard Marcks. Aus schriftstellerischen Gelegenheitsarbeiten wurden schließlich Erfolge bei Funk und Fernsehen. Im April 1956 wurde sein Schauspiel »Die tödliche Lüge« in Wiesbaden uraufgeführt, 1957 die Komödie »Staub auf dem Paradies« in Hamburg.

Romeo und Julia in Berlin

Schauspiel in sechs Bildern
Erste Aufführungen: 17. Februar 1957 in Bremen, Hamburg
und Wiesbaden

P e r s o n e n : Paul und Emmi Lünig, Wirtsleute – Judith, beider
Tochter – Hans und Hanna Brink, Verpächter der Kneipe – Karl, beider
Sohn – Postbote – Liebespaar – Betrunkener – Steffen, Karls Freund
– Kriminalkommissar – Gäste.
O r t und Z e i t : Berlin, in den fünfziger Jahren.

Der Wohnungsinhaber und Kneipenbesitzer Brink, dessen
Wohnung in Ost-Berlin, unmittelbar an der Sektorengrenze,
liegt, haßt seinen neuen Untermieter und Kneipenpächter
Lünig. Zu den alltäglichen Reibereien, die unvermeidlich
sind, weil die beiden Familien zu nah beieinander wohnen
– die Bühne ist geteilt, sie zeigt gleichzeitig Brinks Wohnzimmer und Lünigs Schankraum – kommen politische Gegensätze: Lünig ist Kommunist, Brink denkt ›bürgerlich‹. Während bei Lünigs eine Verlobung gefeiert wird, kommt Brinks
Sohn Karl, bisher Ingenieur in der Zone, auf der Flucht vor
dem ›Staatssicherheitsdienst‹ heim. Als der SSD eindringt,
entweicht Karl in die Kneipe. Niemand kennt ihn dort, doch
Lünigs Tochter Judith errät, wer er ist. Sie stellt ihn als
Freund einer Freundin hin und ermöglicht ihm so die Flucht
(1). Der alltägliche Kleinkrieg zwischen Brinks und Lünigs
geht weiter. Karl läßt Judith an einen Treffpunkt in West-
Berlin bestellen (2). Karl und Judith treffen sich wiederholt
heimlich. Sie lieben sich und suchen gemeinsam einen Ausweg. Karl ist anerkannter Flüchtling und soll bald in den
Westen ›ausgeflogen‹ werden. Wenn sie heiraten würden,
könnte Judith mit. Aber sie fürchtet Repressalien der Partei
an ihrem Vater (3 und 4). Lünig lauert auf den Flüchtling,
um Brink hereinzulegen und Karls Zimmer zugesprochen zu
bekommen. Lünigs Tochter macht ihrem Vater klar, daß
Brinks Sohn in derselben Lage sei wie er, der Kommunist
Lünig, einst unter Hitler (5). Vater Lünig wird mit dem
Vorwurf seiner Tochter innerlich nicht fertig. Tage später
gibt er zu, es werde vielleicht vieles falsch gemacht. Aber die
Alten, meint er, könnten nicht mehr anders. Der Haß sitze
zu tief. Außerdem sei der Klassenkampf ihr einziger Lebens-

inhalt. Brink kündigt Lünigs Pachtvertrag. Karl kommt
heim, um Judith zu sagen, sie müsse sofort ins Lager, morgen gehe ihr Flugzeug. Vor Frau Lünig entweicht er in die
Wohnung seiner Eltern. Ein überraschter Ausruf seiner Mutter verrät sein Hiersein Herrn Lünig, und der läuft zur
Polizei. Das Haus wird umstellt. Judith gesteht ihrem Vater,
sie habe Karl geheiratet. Sie beschwört ihn, während die
Häscher einzudringen suchen, Karl zu decken. Lünig ringt
zu lange mit sich. Zwar zeigt er einen Fluchtweg, doch Karl
wird auf der Flucht erschossen. Er liegt im anderen Sektor.
Man kann ihn nicht holen.   *H. D.*

LEOPOLD AHLSEN

* 12. Januar 1927 in München

*Ahlsen fing schon während des Schulbesuchs in seiner Vater-
stadt München an, Stücke für die Bühne zu schreiben, für die
er von früh an regstes Interesse hatte. Gegen Ende des Zweiten Weltkriegs war er Luftwaffenhelfer und studierte nach
1945 an der Münchner Universität Literaturwissenschaft
und Philosophie. Für die Funkfassung seines Dramas »Philemon und Baukis« erhielt er den Hörspielpreis der Kriegs-
blinden und den Gerhart-Hauptmann-Preis der Stadt Berlin.*

P h i l e m o n   u n d   B a u k i s. – Nach der antiken Sage,
die u. a. auch Ovid in seinen *Verwandlungen* erzählt, waren
Philemon und Baukis ein altes, redliches und gastfreund-
liches Ehepaar, das mit großer Liebe aneinanderhing. Einst
kehrten Zeus und Hermes in der Gestalt von Wanderern bei
ihnen ein und wurden aufs beste aufgenommen, bewirtet
und beherbergt. Als die Götter sich zu erkennen gaben und
die beiden Alten aufforderten, sich eine Belohnung zu wünschen, baten sie darum, einst gemeinsam sterben zu dürfen,
damit keins ohne das andere zurückbleiben müsse. Die Götter willfahrten dieser Bitte und verwandelten Philemon und
Baukis nach ihrem Tod in zwei schöne Bäume, deren Zweige
sich ineinanderrankten.

Das am 9. Januar 1956 in den Münchner Kammerspielen
uraufgeführte Schauspiel benutzt die antike Sage als thema-

tische Grundlage für eine Handlung, die während des Krieges im besetzten Griechenland spielt. Griechische Partisanen führen einen verbissenen Kleinkrieg gegen die Deutschen. Pawlis, der Sohn des alten Bauernpaars Nikolaos und Marulja, ist schon in diesen Kämpfen gefallen, und das Mädchen Alka, das ihn heiraten sollte, bangt wiederum ständig um das Leben ihres jetzigen Verlobten Alexandros. Nikolaos und Marulja haben sich vierzig Jahre lang redlich zusammengerauft, gehänselt und manchmal auch geprügelt, aber Marulja weiß doch, was sie an ihrem verschmitzten, dem Wein und dem Schnaps zugetanen Nikolaos hat, und er weiß auch von ihr, daß sie trotz ihres ungewaschenen Mauls und ihres widerborstigen Wesens ein Prachtstück von einem Weibsbild ist. Hin und wieder kommen die Partisanen auf Schleichwegen in ihr einsames Gehöft, werden bewirtet und beherbergt, und einmal hat Nikolaos auch den Partisanenkommandeur Petros in einem gut getarnten Verschlag vor den Deutschen verborgen und ihm so das Leben gerettet. Als eines Abends aber auch drei von ihrer Truppe abgesprengte Deutsche, ein Leutnant und zwei Soldaten, nach einem Gefecht mit den Partisanen an ihre Tür klopfen, lassen Nikolaos und Marulja sie herein; denn sie halten fest am uralten Brauch des Gastrechts, daß der Verfolgte und Verletzte Obdach finden soll, wo immer es sich bietet, und daß es dabei keinen Unterschied zwischen Freund und Feind gibt. Einer der deutschen Soldaten, Franz, ist schwer verwundet. Marulja pflegt ihn, so gut sie kann. Der Leutnant und später auch der Gefreite Karl verlassen das Haus wieder. Vorher hat Marulja noch ihrem Gespräch entnommen, daß die Deutschen nunmehr Geiseln verhaften und erschießen werden, um dem Partisanenkrieg ein Ende zu machen. Nikolaos geht noch in der Nacht ins Dorf hinunter, um die Leute zu warnen. Der Soldat Franz stirbt an seiner schweren Verwundung; das Mädchen Alka kommt wieder, um Alexandros zu suchen, denn sie ahnt, daß die Partisanen eine neue Unternehmung planen. Nikolaos hatte, bevor er ins Dorf ging, dem Partisanenführer Petros noch versichert, er habe keine Deutschen gesehen oder gar bei sich aufgenommen. Petros traut der Sache nicht, und als der Soldat Karl auf dem Fluchtweg von seinen Leuten erschossen wird, weiß er, daß Deutsche im Haus von Nikolaos und Marulja gewesen sein müssen. Damit sind die beiden Alten nach Kriegsrecht Verräter im Befreiungskampf ihres Volkes, und Petros gibt Befehl, Nikolaos, der inzwischen wieder zurückgekehrt ist, aufzuhängen. Marulja kennt die harte Entschlußkraft des Kommandeurs und weiß, daß es für ihren Mann keine Rettung mehr gibt. Da fordert sie Petros auf, sie mit Nikolaos zusammen zu hängen, und als dieser unwirsch ablehnt, erklärt sie ihm, sie werde ins Dorf zu dem deutschen Stab gehen und dort alles erzählen, was sie von den Partisanen wisse. Nun befiehlt Petros, auch Marulja aufzuhängen. Die beiden trinken zum letztenmal Wein und Schnaps miteinander, fassen sich an der Hand und gehen hinaus – zu den Bäumen, die vor der Tür stehen.

Ahlsens Schauspiel, traditionell im Formalen, aber sehr beherrscht in den handwerklichen Mitteln, macht den Versuch, einen dramatischen Einzelfall aus dem Kriegsgeschehen ins Allgemeingültige zu überhöhen und an ihm den tragischen Zwiespalt zwischen Gewalt und Gewissen, zwischen Kriegspflicht und Menschenpflicht aufzuzeigen. In dem packenden, zuweilen etwas milieuumständlichen Realismus, mit dem die spannende Handlung gestaltet wird, vernimmt man Ahlsens eigentliches Anliegen: Den Aufruf zu einer menschlichen Haltung, auch wenn keine Belohnung hilfreicher Götter mehr winkt.

MARTIN WALSER

* 24. März 1927 in Wasserburg (Bodensee)

Sohn eines Gastwirts, studierte nach Teilnahme am Zweiten Weltkrieg in Tübingen Literaturwissenschaft, Philosophie und Geschichte und promovierte 1951 mit einer Arbeit über Kafka zum Dr. phil. Lebt jetzt nach vorübergehender Tätigkeit als Funk- und Fernsehregisseur beim Süddeutschen Rundfunk Stuttgart als freier Schriftsteller in Friedrichshafen. Nach den beiden Romanen »Ehen in Philippsburg« (1957) und »Halbzeit« (1960) und kürzeren Prosaerzählungen begann Walser mit der satirischen Farce »Der Abstecher« für die Bühne zu schreiben. Sein zweites Stück »Eiche und

Angora« wurde 1962 bei den Berliner Festwochen urauf-
geführt. Das Stuttgarter Staatstheater brachte die beiden
folgenden Bühnenstücke Walsers zur Uraufführung: »Über-
lebensgroß Herr Krott – Requiem für einen Unsterblichen«
(1963) und »Der schwarze Schwan« (1964). Walser, der auch
eine Anzahl Hörspiele verfaßt hat, erhielt 1962 für sein
Gesamtschaffen den Gerhart-Hauptmann-Preis.

E i c h e   u n d   A n g o r a . Deutsche Chronik. – Im April
1945 hat der Kreisleiter Gorbach irgendwo im deutschen
Südwesten den Auftrag, im Waldgelände unweit des Städtchens Brezgenburg die anrückenden Franzosen hinzuhalten,
bis eine Kampftruppe der SS eintrifft. Zum ›Eichkopf‹, wo
er seinen Beobachtungsstand einrichtet, begleitet ihn Alois
Grübel, ein einstiger KPD-Mann, der im Konzentrationslager so gründlich umgeschult wurde, daß er nicht nur ein
gläubiger Bekenner nationalsozialistischen Gedankenguts
wurde, sondern auch seiner Männlichkeit verlustig ging, dafür freilich eine schmelzend schöne Stimme »wie eine Nachtigall« gewann. Sein ganzes Sehnen geht dahin, nach dem
Krieg Mitglied eines Gesangvereins zu werden (denn deutsche Gesangvereine können nicht untergehen). Aus dem KZ
entlassen, hat er sich mit Genehmigung der Partei der Zucht
von Angorakaninchen gewidmet, was jetzt zur Kapitulation
von Brezgenburg führt. Denn Alois, vom Kreisleiter, der
inzwischen auf dem Eichkopf zusammen mit anderen Ein-
satzleitern des Volkssturms eine Art Hauptquartier errichtet
hat, mit einem Auftrag in die Stadt geschickt, hat die Gelegenheit benutzt, sein Lager an Angorafellen aufzulösen,
um die Bevölkerung, weil sie sich vielleicht mit den Kleider-
karten-Punkten verrechnet haben könnte, mit irgend etwas
Wärmendem zu versorgen. Die Brezgenburger haben die
weißen Felle aber in ihre Fenster gehängt und damit dem
nahenden Feind die Kapitulationsbereitschaft ihres Städtchens kundgetan. Auf Betreiben des forschen Musik-Ober-
studienrats Potz soll Alois deswegen in den allerletzten
Kriegstagen als ›Rückfälliger‹ an einer der schönen deutschen
Eichen auf dem Bergrücken aufgehängt werden; er bittet,
vorher noch einmal »Über allen Gipfeln ist Ruh« singen zu
dürfen. Inzwischen ist die Situation aber so kritisch geworden, daß sich die schleunigste Auflösung des ›Hauptquar-

tiers‹ empfiehlt, und Alois entgeht dem Tode. Nach dem
Krieg gilt er als eine Art Retter seiner Heimat und wird
durch Fürsprache Gorbachs, der jetzt auf dem Eichkopf ein
Höhenrestaurant erbaut, in den ›Liederkranz‹ aufgenommen, den sein ehemaliger Gegner Potz als Dirigent leitet. In
seiner Dankrede bringt der gerührte Alois die schönsten
Nazi-Sprüche an – sein zweiter Rückfall in eine überwun-
dene Zeit; um die peinliche Situation zu beenden, wird er
abgeführt und als unzurechnungsfähig in einer Anstalt
untergebracht. Zehn Jahre danach soll auf dem Eichkopf,
wo jetzt Gorbachs Restaurant steht, ein Wettstreit zwischen
verschiedenen Männerchören stattfinden; der ehemalige
Kreisleiter, jetzt ›Herr Direktor‹, fürchtet aber, daß der bei
Westwind herandringende Stallduft von Alois Grüblers
Angorakaninchen ihm die Gäste vertreibt. Alois, der sich
nach seiner Entlassung aus der Heilanstalt wieder der Zucht
der von ihm so geliebten Tiere gewidmet hat, sieht das in
seiner grenzenlosen Anpassungsfähigkeit auch ein und willigt in ihre Tötung. Danach aber befällt den ewigen Be-
fehlsempfänger, der es allen seinen früheren Peinigern und
heutigen Mäzenen immer nur recht machen wollte, zu späte
und vergebliche Reue: »Ich hätt's nicht einsehen dürfen, daß
die Hasen wegmüssen«, sagt er; »es ist ein Unglück, wenn
man immer alles einsieht.« Ein einziges schwaches Kaninchen
nimmt er, der jetzt auch nicht mehr singen will, im Rucksack
mit, als er wieder freiwillig in eine Anstalt geht, nicht, um
mit dem ›miekrigen Daniel‹ wieder eine Zucht zu beginnen,
sondern weil er an ihn gewöhnt ist.

Der schwarze Schwan. – Zwei medizinische Kapa-
zitäten, der Chirurg Goothein und der Psychiater Liberé,
miteinander befreundet, haben im ›Dritten Reich‹ als Handlanger der Euthanasie schwere Schuld auf sich geladen.
Goothein ist später dafür mit einigen Jahren Zuchthaus bestraft worden und glaubt damit ausreichend gesühnt zu
haben. Sein Gewissen ist beruhigt, im Gegensatz zu seinem
Freund Liberé, der, einst auf den Namen Leibniz hörend,
unter seinem Tarnnamen eine Nervenheilanstalt leitet, dort
freiwillig unter den Bedingungen eines Gefangenen lebt, aus
dem Blechnapf ißt und, um ständig an seine Schuld erinnert
zu bleiben, ein geistesschwaches Kind adoptiert hat. Seiner

Tochter Irm, die früher Hedi hieß, hat er erzählt, daß er die Jahre des Unheils in Indien verbracht habe; sie weiß nichts von seinen Verbrechen. Ihr Jugendfreund Rudi Goothein aber entdeckt Dokumente, die ihm die Augen über die Tätigkeit seines Vaters als Euthanasie-Arzt öffnen. In seiner Erinnerung steigen die Kinderjahre mit Hedi auf, in denen sie ›KZ‹ und ›Verbrennung‹ spielten und er, den SS-Mann darstellend, von der kleinen Gefährtin ›Schwarzer Schwan‹ genannt wurde. Stellvertretend für den Vater, vor dem er seine Entdeckungen verschweigt, regt sich in ihm das Gewissen; er verlangt vor ein Gericht gestellt zu werden, und will die Anklage, die eigentlich gegen den bewunderten Vater erhoben werden müßte, auf sich ziehen. Dieser, über Rudis ihm unerklärliches Verhalten konsterniert – er weiß nicht, daß der Sohn in seiner Vergangenheit geforscht hat – hält ihn für psychisch gestört und bittet seinen Freund Liberé, ihn zu behandeln. In dessen Klinik wird Rudis Gewissen in Gesprächen mit dem Arzt auf eine harte Probe gestellt; er verbohrt sich immer tiefer in die Frage der Aufrichtigkeit seines Schuldgefühls und beschließt, um aus der Pein seiner widerstreitenden Empfindungen herauszukommen, den Vater zum Eingeständnis seiner (des Vaters) Schuld zu zwingen: Wie Hamlet arrangiert er in einer Art Auschwitz-Szenerie ein Theaterspiel, in dem das Bild der Erinyen heraufbeschworen wird, aber es gelingt ihm nicht, Goothein damit den Mund zu öffnen. Rudi selbst aber wird, schlimmer als je zuvor, von der Frage gepeinigt, wie er selbst, wäre er seinerzeit in seines Vaters Situation gewesen, gehandelt hätte. Kann er so sicher sein, daß er sich als ›Gewissensheld‹ bewährt hätte? Er zwingt sich selbst in die Situation, einen völlig unschuldigen Menschen töten zu sollen: Seine Kinderfreundin Irm, Liberés Tochter, soll das Opfer eines sinnlosen Mordes sein; wenn er auf sie zielt, wird er vielleicht Klarheit über sich selbst gewinnen. Aber nicht Irm, die bereit ist, über das Vergangene Gras wachsen zu lassen, begleitet ihn zu dem Lebensbaum Thuja, unter dem die entsetzliche äußerste Gewissensprüfung stattfinden soll, sondern Tinchen, jenes schwachsinnige Mädchen, das Liberé adoptiert hat und das seinerzeit, wie alle seinesgleichen, unzweifelhaft den Euthanasietod von seiner oder Gootheins Hand hätte sterben müssen. Das hilflose Geschöpf

jagt Rudi Entsetzen vor seiner geplanten Tat ein, er richtet
die Pistole gegen sich selbst und tötet sich. Wie vorher das
Erinyenspiel auf seinen Vater, bleibt aber jetzt auch sein
Tod auf Liberé ohne Wirkung. Nur um Rudi Goothein zum
Ruhm eines mit dem Tod besiegelten Gewissensopfers zu
verhelfen, fühlt er sich nicht veranlaßt, seine getarnte Existenz aufzugeben, sein Pseudonym zu enthüllen und sich
den Gerichten zu stellen. (Mit diesem Schluß wurde das
Stück bei der Stuttgarter Uraufführung im Oktober 1964
gespielt. Walser hatte zuerst einen anderen Schluß geschrieben, bei dem Liberé seine Absicht kundgibt, die freiwillige
Verbannung aufzugeben und in die Stadt zurückzukehren
– was sich als innere Umkehr und Bereitwilligkeit, seine
Schuld von einst nun auch vor aller Welt auf sich zu nehmen, deuten ließe.)

Eiche und Angora und _Der schwarze Schwan_ sind die
beiden ersten Teile einer Trilogie _Deutsche Chronik,_ deren
Schlußstück (mit dem vorläufigen Titel _Ein Pferd aus Ber-_
lin) noch aussteht.

Z i m m e r s c h l a c h t. Übungsstück für ein Ehepaar in
zwei Akten. – Uraufgeführt in München 1967. Ein Ehepaar
schlägt einen Abend tot. Sie kränken und vertragen sich,
können miteinander nichts anfangen. – Ursprünglich ein
Hörspiel, dem der Autor auf Fritz Kortners Vorschlag hin
einen zweiten Akt anhängte: Fortsetzung 15 Jahre später.
Das Stück fiel durch, machte aber danach als Einakter, also
ohne den zweiten Teil, die Runde über viele Bühnen.

GÜNTER GRASS

* 16. Oktober 1927 in Danzig

Günter Grass rückte mit seinen beiden Romanen »Die Blech-
trommel« (1959) und »Hundejahre« (1963), in denen sich
die Tradition des barocken deutschen Schelmenromans mit
aktuellem politischem Engagement und scharf-satirische zeit-
geschichtliche Kritik mit üppig wuchernder Phantastik ver-
binden, in die erste Reihe führender deutscher Schriftsteller

der Gegenwart vor. Für die Bühne hat er, der weiterhin politisch ebenso profiliert aktiv blieb wie literarisch, eine Reihe von Stücken geschrieben, die man ob ihrer Bizarrerie zum absurden, ob ihres aggressiven, zornig grundierten Humors zum engagierten Theater rechnen kann: »Hochwasser« (Frankfurt 1957), »Onkel, Onkel« (Köln 1958), »Die bösen Köche« (Berlin 1961). Sie blieben jedoch Einzelerscheinungen im Repertoire, dramatische Etüden ihres Autors, Anregungen für experimentierfreudige Theaterleiter und Regisseure.

Die Plebejer proben den Aufstand. Deutsches Trauerspiel in vier Akten. – Der Untertitel, den Grass seinem am 15. Januar 1966 im Berliner Schillertheater uraufgeführten Stück gegeben hat, ist von halb grimmiger, halb resignierender Ironie. Es spielt am Tag des Arbeiteraufstands, am 17. Juni 1953, auf der Bühne eines Ost-Berliner Theaters. Man probiert unter Leitung des ›Chefs‹ – einer Figur, für die Grass sich den Dramatiker und Regisseur Bertolt Brecht als Modell ausgesucht hat – die Szenen des Plebejeraufstands in Shakespeares *Coriolan*, die der ›Chef‹ ideologisch verändern will. Die Plebejer, beziehungsweise die sie zum Klassenbewußtsein erziehenden Volkstribunen, sollen gegen den Reaktionär Coriolan Recht behalten. Da erscheint eine Abordnung von Berliner Arbeitern und bittet den ›Chef‹, der als ein Freund ihrer Sache bekannt ist, seine Autorität bei dem Regime einzusetzen und sich mit einem Manifest für ihre Forderungen – weniger rigorose Arbeitsnormen, Verbesserung ihres sozialen Status – einzusetzen. Der ›Chef‹ entdeckt sogleich Parallelen dieses realen Aufstands zu jenem, den er gerade auf der Bühne probiert, und nimmt ihn als willkommenes ›Muster‹ für die Verhaltensweise rebellischer Plebejer, an dem sich alles studieren läßt, was man für ihre (seinen Absichten entsprechende) Darstellung im *Coriolan* braucht. Die Wünsche und Forderungen der Arbeiter sind ihm völlig gleichgültig; um sie als Modelle für seine Bühnen-Aufständischen dabehalten zu können, läßt er ihnen aus der Kantine Bockwurst und Bier bringen und arrangiert nach ihren Berichten über die Straßentumulte in Berlin, Leipzig und Halle seine Szenen im alten Rom. Seine Darstellerin der Volumnia (der Mutter Coriolans), die

Grass mit Zügen der Brecht-Witwe und Ost-Berliner Schauspielerin Helene Weigel ausgestattet hat, kommentiert seine
Unempfindlichkeit für die realen Bedrängnisse der angeblich
von ihm ideologisch gestützten, in Wahrheit aber gleich
Coriolan verachteten Plebejer mit der maliziösen Bemerkung: »Was bist du doch für ein mieser Ästhet!«

Von anderen im Aufruhr begriffenen Städten sind Dele-
gationen nach Berlin gekommen und begehren vom ›Chef‹
die Formulierung eines Aufrufs zum Generalstreik. Als er
nicht darauf eingeht, fühlen sie sich von ihm verraten und
wollen ihn und seinen Dramaturgen Erwin aufknüpfen.
Nur das von diesem zitierte Gleichnis von dem Bauch und
den Gliedern aus Shakespeares *Coriolan* bewahrt beide vor
dem Tod. Verwundete werden gebracht, man hört die russischen Panzer rollen, eine wild agitierende Friseuse bringt
den ›Chef‹ für einen Moment dahin, daß er über den Rundfunk zu den Aufständischen sprechen will. Aber es ist zu
spät – Kriegsrecht und Ausnahmezustand sind verhängt, der
Elan des ›Chefs‹ verpufft und es geht ihm in dieser gefährlichen Situation nur noch darum, sein Theater zu erhalten.
Er taktiert geschickt und listig mit denen, die den Aufstand
niedergeworfen haben, schreibt Ulbricht einen Brief, von
dem er genau weiß, daß das Regime daraus nur sein Bekenntnis zur Sozialistischen Einheitspartei Deutschlands ver-
öffentlichen wird, und läßt, um auch im Westen sein Gesicht
zu wahren, Durchschläge mit dem gesamten Wortlaut an
seine dortigen Anhänger und Freunde schicken. Sein Ruf als
international angesehener Dramatiker und Theatermann ist
nicht lädiert – wohl aber, so scheint es am Schluß des Schauspiels, ist sein Gewissen etwas angekratzt. Und sein Zynismus.

Sosehr Grass den Leser oder Zuschauer seines Stückes
zwingt, angesichts der Figur des ›Chefs‹ immer wieder an
Brecht zu denken, sein ›Trauerspiel‹ ist doch etwas anderes
als nur eine (dramaturgisch nicht durchaus geglückte) Mon-
tage möglicher Anti-Brecht-Affekte. Es ist eine Parabel vom
gegenseitigen Mißverstehen, von gegenseitiger Enttäuschung;
der ›Chef‹ denkt anders, als die Arbeiter dachten, daß er
dächte, und die Aufständischen vom 17. Juni 1953 sind anders, als der literarische Theoretiker und Fürsprecher prole-
tarischer Revolutionen sie sich vorgestellt hat. Der ideolo-

gische Entwurf und das geschichtliche Faktum – sie stimmen
nicht überein; Lehrmeinungen, seien sie noch so bedeutend
formuliert (wie beispielsweise in den Stücken Brechts), und
spontane emotionale Ausbrüche sind nicht unter einen Hut
zu bringen.

D a v o r. Stück in dreizehn Szenen. – Aus seinem Roman
Örtlich betäubt bearbeitete Grass ein Kapitel für die Bühne;
es wurde am 14. Februar 1969 im Berliner Schillertheater
uraufgeführt. Der Oberschüler Scherbaum will die Berliner
aufschrecken und darum mitten auf dem Kurfürstendamm
zur Hauptverkehrszeit seinen Hund verbrennen. Eine Mit-
schülerin bestärkt ihn in seinem Plan, Studienrat Starusch
versucht, ihn davon abzubringen – schließlich mit Erfolg.
Enttäuschung bei Scherbaums Freundin, Resignation bei
einer sympathisierenden Lehrerin, die an einem alten Schuld-
komplex laboriert: sie hat im Krieg jemanden denunziert.
Sarkastische Befriedigung bei Starusch: »Jetzt haben wir ihn
geschafft . . . Jetzt ist er erwachsen.«

PETER HACKS

* 21. März 1928 in Breslau

*Sohn eines Rechtsanwalts, studierte in München Soziologie,
Philosophie, Germanistik und Theaterwissenschaft, promovierte 1956 über »Das Theaterstück des Biedermeier«, siedelte 1955 nach Ost-Berlin über, erhielt 1956 dort den Les-
singpreis, 1965 den F.-C.-Weiskopf-Preis der Akademie der
Künste für »Reinerhaltung und schöpferische Weiterent-
wicklung der deutschen Sprache«. Hacks wurde Chefdrama-
turg und Hausautor des Deutschen Theaters. Seit 1963 freier
Schriftsteller.*

Hacks ist der Meisterschüler Brechts, man findet bei ihm
›Verfremdungen‹ und Umformungen historischer Stoffe
wieder, auch Sarkasmus, desillusionierenden Witz, Neigung
zu Derbheiten und populären Redensarten, deren landläufiger Sinn verdreht ist. Wie Brecht will Hacks ›Vergnügen

an der Einsicht‹ vermitteln. Mit Brechts Tod 1956 haben Hacks und viele andere ihren Schutzherrn verloren. Sein Gegenwartsstück *Die Sorgen und die Macht* wurde auf dem 6. Parteitag der SED (1963) von Walter Ulbricht persönlich kritisiert. Hacks verlor daraufhin seine Stellung. Auch die Komödie um die Bodenreform, *Moritz Tassow* (1965), wurde nach wenigen Vorstellungen abgesetzt. Solche Erfahrungen erklären die zahlreichen Bearbeitungen unverfänglicher Stoffe: *Der Frieden* nach Aristophanes (1962), *Polly* nach John Gay (1963), *Die schöne Helena* nach Meilhac und Halévy (1964), *Amphitryon* nach Plautus und Kleist (1968).

Die Schlacht bei Lobositz. Komödie in drei Akten (21 Bilder). – In dem am 1. Dezember 1956 in Ost-Berlin uraufgeführten Stück hat Hacks ein Kapitel der lesenswerten Erinnerungen von Ulrich Bräker (1735–98) dramatisiert. »Das Stück bildet einen Teil der menschlichen Bemühungen um Abschaffung des Krieges.« Mit der Schlacht bei Lobositz begann der Siebenjährige Krieg. Auf preußischer Seite wurde Bräker ins Treffen geführt, der sich von einem Werbeoffizier hatte übertölpeln lassen. Er glaubte sich als Diener engagiert, bis ihm eines Tages in Berlin ein Sechsgroschenstück und ein Kommißbrot aufgenötigt wurden, mit der Begründung, er sei Rekrut geworden. Während besagter Schlacht schlug er sich in die Büsche. Einige Österreicher, die sich ebenfalls verdrückt hatten, nahmen ihn gefangen. Später ließ man ihn laufen. »Das Stück stellt den Krieg dar als Verschwörung der Offiziere gegen die Menschen. Dieser Gesichtspunkt ... führt den Soldaten ... zu der Möglichkeit einer Verschwörung der Menschen gegen die Offiziere. Das Stück lehrt die Trennung jener von diesen.«

Das Volksbuch vom Herzog Ernst oder Der Held und sein Gefolge. Vorspiel und drei Abteilungen. – Das schon 1953 konzipierte Stück wurde 1967 in Mannheim uraufgeführt. Als Reichsfeind verleumdet und vom Kaiser bekriegt, muß der Herzog nach Byzanz fliehen. Im Orient trifft er Schnabelmenschen und den Vogel Rock, gerät er in die Arme einer indischen Prinzessin und an den Magnetberg. Mit einigen mißgestalteten Exoten kehrt er heim, tötet seinen Verleumder und erlangt die Verzeihung des Kaisers. Indem Hacks den fast tausendjährigen Stoff aufgriff, der allerlei Motive aus Sage und Geschichte zu einer bunten Folge von Abenteuern vereint, stülpte er die idealistische Vorstellung vom Heldentum um: Der Held übersteht alle Fährnisse auf Kosten der kleinen Leute. Dreimal würde er untergehen, wenn er nicht dreimal, stets am Aktschluß, dank seiner privilegierten Herkunft gerettet würde. »Sein Heldentum vermindert sich in genauer Abhängigkeit von seiner Macht.«

Der Müller von Sanssouci. Bürgerliches Lustspiel. – Uraufführung am 5. März 1958 in Ost-Berlin. Man kennt die Anekdote von der Mühle, deren Geklapper den ›Alten Fritz‹ störte, die er aber nicht beseitigen lassen wollte, weil der Müller dem König mit dem Königlichen Kammergericht drohte. Das Geschichtchen, das nicht historisch ist, wurde gern zum Lobe der Rechtsstaatlichkeit Preußens kolportiert. Brecht kam auf die Idee, den Sinn der Sache ins Gegenteil zu verkehren, und Hacks führte die Idee aus. Friedrich wurde zum Despoten, dem der Streit mit dem Müller dienlich erscheint, um sich einmal demonstrativ dem Gesetz zu beugen. Dem ängstlichen Müller wird die notwendige Standhaftigkeit eingebleut, schließlich vor versammeltem Volk mit dem Krückstock. Heulend gibt der Krieger endlich das Stichwort: »Es gibt noch Richter in Berlin!« Der König kapituliert vor dem Gesetz, freilich auch insofern, als er nichts gegen die gesetzliche Aushebung des Müllerknechts machen zu können vorgibt. Der Müller, ein Kriegsinvalide, kann ohne den Knecht sein Gewerbe nicht ausüben, die Mühle ist damit also stillgelegt.   *H. D.*

ROLF HOCHHUTH

* 1. April 1931 in Eschwege bei Kassel

Sohn eines Fabrikanten. Ging ohne Abitur von der Schule in die Lehre als Sortimentsbuchhändler und wurde 1955 Verlagslektor. Nach mehreren unveröffentlichten literarischen Arbeiten geriet er mit seinem 1963 an der Berliner Volks-

bühne uraufgeführten Schauspiel »Der Stellvertreter« in heftige Kontroversen mit der katholischen Kirche, die ihm Geschichtsfälschung vorwirft, während ihm literarische Gremien Preise (u. a. den Berliner Kunstpreis 1962) zusprachen. Hochhuths zweites Schauspiel »Soldaten. Nekrolog auf Genf. Tragödie« (1967) stellt eine Auseinandersetzung mit dem Bombenkrieg dar; Churchill wird darin als schuldig am Tode des polnischen Generals Sikorski hingestellt. In dem Stück »Guerillas« (1970) ist ein geplanter Staatsstreich in USA das Thema. »Die Hebamme« (1972) befaßt sich mit dem Obdachlosenproblem. Die Komödie »Lysistrate und die Nato« wurde 1974 in Essen und Wien uraufgeführt.

Der Stellvertreter. Schauspiel in fünf Akten. – Das Stück kreist um die Frage, ob Papst Pius XII., der als Nuntius Eugenio Pacelli den Vatikan lange Jahre diplomatisch in Deutschland vertreten hat, mit einer offenen Stellungnahme gegen die nazistischen Judenverfolgungen und ihre ›Endlösung‹ Millionen von unschuldigen Menschen vor dem Tode hätte retten können. Der diese Frage unaufhörlich stellt, ist der Jesuitenpater Riccardo Fontana, Sohn des am Heiligen Stuhl als Syndikus amtierenden Grafen Fontana. Pater Riccardo lernt bei einem Aufenthalt in Deutschland im Sommer 1942 die nazistische Judenpolitik und ihre verbrecherischen Methoden kennen. Er glaubt, daß die Kirche zum Widerstand und aktiven Protest gegen diese Greuel verpflichtet ist, und verficht diese seine Meinung mit glühendem Eifer. Zuerst bestürmt er die Nuntiatur in Berlin, den Papst zum Einschreiten zu veranlassen, d. h. sich mit der Autorität des ›Stellvertreters Christi‹ vor die drangsalierten Juden zu stellen. Unerwartete Hilfe wird ihm durch den SS-Obersturmführer Kurt Gerstein, der ein heimlicher, aber sehr tätiger Gegner des Regimes ist und in einem gefährlichen Doppelspiel alles in seiner Macht Stehende tut, um die Juden ihren Verfolgern zu entziehen. Er hat in Polen die Transporte mit den Opfern der ›Todesfabriken‹ aus ganz Europa ankommen sehen und ist wie Pater Riccardo überzeugt, daß nur ein entschiedenes Wort des Vatikans dem Morden Einhalt gebieten kann. Aber der Nuntius will die oberste Spitze der katholischen Kirche in keinem Fall mit diesen heiklen Dingen befaßt wissen und erklärt sich für unzuständig. Wie die Maschine weiterläuft, wird in einer Reihe von Szenen gezeigt, die verschiedene Repräsentanten des Naziregimes, Ärzte, Universitätslehrer, Parteileute, Beamte und Funktionäre, Fanatiker und Opportunisten, ›Gemütliche‹ und Radikale, in breiter Schilderung auf die Bühne bringen. Gerstein versucht in Rom, italienische Juden vor dem Zugriff der SS und ihrer Handlanger in der faschistischen Miliz zu bewahren. Pater Riccardo, ebenfalls nach Rom zurückgekehrt, setzt seine Bemühungen fort, Papst Pius zu einer Äußerung zugunsten der Juden zu bewegen, und versucht zunächst, bei einem mit seinem Vater befreundeten Kurienkardinal Verständnis und Hilfe zu finden. Aber der joviale Kirchenfürst, durchaus voller Mitleid für die Opfer des Naziterrors, hält Riccardos Eifer für Überschwang eines unerfahrenen jungen Ordensgeistlichen, der die politischen Gründe nicht zu erkennen vermöge, die dem Heiligen Vater Schweigen auferlegen. Im Herbst 1943 gelingt es dem Pater, in Gegenwart seines Vaters und des Kardinals den Papst selbst zu sprechen, der jedoch unter Berufung auf seine ständigen allgemeinen Appelle zur Humanität und seine Bemühungen, die Leiden des Krieges zu lindern, sich weigert, die Judenfrage im besonderen zum Gegenstand eines Protests bei Hitler zu machen; denn er sieht in ihm den Mann, der die Russen wenigstens so lange aufhalten kann, bis die Kirche die Möglichkeiten eines Arrangements mit dem Europa wahrscheinlich doch überflutenden Kommunismus geprüft hat. Verzweifelt darüber, daß der Papst eine elementare Forderung des christlichen Gewissens seinen rein kirchenpolitisch-taktischen Überlegungen unterordnet, heftet sich Pater Riccardo selbst den Judenstern an und läßt sich mit einem Transport römischer Juden nach Auschwitz bringen, wo er nach einer Auseinandersetzung mit dem ›Doktor‹, einer eiskalten Bestie à la Heydrich, erschossen wird. Sein erst heimlicher und dann offener Verbündeter Gerstein, den der Arzt als Nazigegner erkannt hat, wird auf dessen Befehl verhaftet.

Es ist nicht die Aufgabe eines Schauspielführers, in und zu dem Streit zwischen den Gegnern und den Verteidigern Rolf Hochhuths Stellung zu nehmen. Was mitgeteilt werden muß, ist, daß beide Seiten dem Autor vorhalten, er habe seine Absicht, nur der historischen Wahrheit zu dienen, dadurch selber in Frage gestellt, daß er den Charakter des Papstes

verzeichnet habe. Zum anderen, daß die Grundfrage un-
gelöst bleibt, ob Pius XII. wirklich das Leben unzähliger
Juden hätte retten können, wenn er bei Hitler protestiert
hätte, oder ob dessen Vernichtungswille dadurch nicht noch
viel stärker angefacht worden wäre. Unbestreitbar bleibt
Hochhuths Mut, dieses Problem auf der Schaubühne erörtert
zu haben.

PETER HANDKE

* 6. Dezember 1942 in Griffen (Kärnten)

*Handke verbrachte einige Kinderjahre in Berlin, ging dann
in Griffen und Klagenfurt in die Schule, studierte 1961–65
Rechtswissenschaften an der Universität Graz, lebte dann
in der Bundesrepublik, seit 1970 in Paris.*

Handke entwickelt Aktion aus der Sprache, sein ›Wortbeat‹
hat keine ›Handlung‹, braucht keine Bühnenbilder, keine
Requisiten. »Die Sprechstücke sind Schauspiele ohne Bilder,
insofern, als sie kein Bild von der Welt geben ... Die Sprechstücke sind theatralisch insofern, als sie sich natürlicher Formen der Äußerung in der Welt bedienen ..., der Beschimpfung, der Selbstbezichtigung, der Beichte, der Aussage, der
Frage, der Rechtfertigung, der Ausrede, der Weissagung, der
Hilferufe. Sie bedürfen also eines Gegenübers ... Insofern
sind die Sprechstücke Theaterstücke. Sie ahmen die Gestik
all der aufgezählten natürlichen Äußerungen ironisch im
Theater nach ... Sie wollen nicht revolutionieren, sondern
aufmerksam machen« (Handke). Im Gegensatz zum Straßen-
theater, Kirchentheater, Kaufhaustheater, Hörsaaltheater
usw. nennt Handke die herkömmliche Spielart ›Theater-
theater‹. Er gesteht ihm Tauglichkeit zur Schärfung des Bewußtseins zu, aber nicht »zur unmittelbaren Änderung von
Zuständen: es ist selber ein Zustand.«

P u b l i k u m s b e s c h i m p f u n g. – Diese 1966 in Frankfurt am Main uraufgeführte Rederei für vier Sprecher
war die Überraschung der ersten Woche des Experiment-
theaters in Frankfurt, der ›Experimenta‹, und machte den

Namen des Autors blitzschnell bekannt. Zum ersten Mal
trat jemand auf, der nichts Außergewöhnliches versprach,
sondern das Gegenteil. »Sie werden hier nichts hören, was
Sie nicht schon gehört haben. Sie werden hier nichts sehen,
was Sie nicht schon gesehen haben ... Diese Bretter bedeuten
keine Welt, sie gehören zur Welt ... Das ist keine andere
Welt als die Ihre. Sie sind keine Zaungäste mehr, Sie sind
das Thema ... Die Leere dieser Bühne bedeutet nichts ...
Das Licht, das uns beleuchtet, hat nichts zu bedeuten. Auch
die Kleidung, die wir tragen, hat nichts zu bedeuten ... Wir
spielen keine Gefühle.« Handke verlangt, daß vorher für
die übliche erwartungsträchtige Stimmung gesorgt wird:
Hantieren hinter dem Vorhang, Klingelzeichen, langsames
Erlöschen des Lichts. Dann geht es den Zuschauern so wie
den Besuchern eines Jahrmarktzeltes, die für eine versprochene Überraschung gezahlt hatten und durch den Hinter-
ausgang hinausgeworfen wurden: sie mußten zugeben, daß
dies eine Überraschung war. Die Publikumsbeschimpfung,
die den Tiraden den so überaus wirksamen Titel gibt, bildet
die letzten zehn Minuten. »Sie werden beschimpft werden,
weil auch das Beschimpfen eine Art ist, mit Ihnen zu
reden ... Wir werden niemanden meinen ... Sie brauchen
sich nicht getroffen zu fühlen ... Ihr Griesgrämer, ihr
Schleimscheißer, ihr geistiges Proletariat, ihr Protze, ihr
Niemande, ihr Dingsda!«

W e i s s a g u n g (Uraufführung 1966 in Oberhausen) besteht aus 209 ins Futurum gesetzten Tautologien nach dem
Muster »Die Fliegen werden sterben wie die Fliegen«.

S e l b s t b e z i c h t i g u n g (Uraufführung 1966 in Oberhausen). — Zwei Sprecher beschreiben in Allerweltsworten
eine Allerweltsentwicklung: »Ich bin auf die Welt gekommen.
Ich bin gezeugt worden. Ich bin entstanden. Ich bin gewachsen.« Dann klagen sie sich der Allerweltssünden an: »Ich
habe über Tote nicht Gutes gesprochen. Ich habe Abwesenden Übles nachgeredet. Ich habe gesprochen, ohne gefragt
zu sein.« Sie wechseln Tempo, Tonfall, Positionen, verstüm-
meln, ergänzen einander ihre Sätze. Mit der Versicherung
»Ich werde es nie wieder tun« enden die Tiraden.

Hilferufe (Uraufführung 1967 in Stockholm). – Eine
Folge von Redensarten, Bekanntmachungen, Behauptungen,
Zitaten wird jeweils mit »Nein« beantwortet und mündet in
den Chor »Freiheit für Nein!« und den Ruf »Die Erde er-
dröhnt von Metaphern – Hilfe!«

Kaspar (Uraufführung 1968 in Frankfurt am Main und
Oberhausen). – »Das Stück zeigt, wie jemand durch Sprechen zum Sprechen gebracht wird. Das Stück könnte auch
›Sprechfolterung‹ heißen« (Handke). Ein ›pudelnärrisch‹
wie Kaspar Hauser gekleideter Simpel lernt auf der Bühne
gehen und einfache Einrichtungsgegenstände ›begreifen‹.
Als Wortmaterial steht ihm zunächst nur ein Satz zur Verfügung: »Ich möcht ein solcher werden wie einmal ein andrer
gewesen ist.« (Der echte Hauser sagte: »A sechtner möcht i
wähn wie mei Votta wähn is.«) Kaspar spricht das in zahllosen Varianten, dann melden sich ›Einsager‹, die ihm Erklärungen zur Umwelt und zur Wechselbeziehung zwischen
Eindruck und Ausdruck geben. Aus semantischen Schwierigkeiten entsteht Rhetorik: Assoziationen, Variationen, gram-
matische Mustersätze mit mehr oder minder albernem Inhalt. Kaspar nimmt lernend alles in sich auf. Es tauchen nach
und nach zehn Kaspar-Komparsen auf, die mit mehr oder
minder artikuliertem Lärm die Mitteilungen des Ur-Kaspars
begleiten. Kaspars Resümee lautet: »Ich bin nur zufällig ich.«

Das Mündel will Vormund sein (Urauffüh-
rung 1969 in Frankfurt am Main) ist ein stummes Spiel von
herausfordernder Alltäglichkeit.   *H. D.*

Der Ritt über den Bodensee (Uraufführung 1971
in Berlin) erörtert die Gebundenheit des Menschen an Sprache
und Gesten; die Spieler haben Namen aus der Theaterwelt
wie Elisabeth Bergner, Henny Porten, Emil Jannings u. a.

Die Unvernünftigen sterben aus (Urauffüh-
rung 1974 in Zürich). Ein Stück der Gedankenspiele. Die
Hauptfigur ist ein Unternehmer namens Quitt, der sich
Stifter vorlesen läßt, sein »altmodisches Ich-Gefühl als
Produktivmittel« einsetzt und seine Unternehmerfreunde
hereinlegt. Gegenspieler: sein Diener und ein Kleinaktionär.

MARTIN SPERR

* 14. September 1944 in Steinberg (Niederbayern)

Gelegenheitsarbeiter und Schauspieler in Wien und Wiesbaden, 1965 Regieassistent in Bremen, danach Mitarbeit bei der Schaubühne am Halleschen Ufer in Berlin, darauf Schauspieler in München. Er erarbeitete für Peter Zadek eine stark umstrittene Fassung von »Maß für Maß«. Schrieb die bairische Fassung von »Gerettet«. Erhielt 1965 den Förderungspreis des Gerhart-Hauptmann-Preises und 1968 den Förderungspreis des Schiller-Gedächtnispreises von Baden-Württemberg.

Jagdszenen aus Niederbayern, uraufgeführt 1966 in Bremen, zeigt die Verfolgung eines Außenseiters durch eine Gruppe: die Dörfler von Reinöd jagen den homosexuellen Sohn einer Tagelöhnerin. *Landshuter Erzählungen,* uraufgeführt 1966 in München, sind der Bericht vom Kampf zweier Bauunternehmer gegeneinander. Der Sohn des einen heiratet die Tochter des Konkurrenten, der Alte kriegt beim Familienstreit einen Herzinfarkt. Auf beiden Seiten wird mit kriminellen Mitteln gekämpft, aber am Ende ist alles gut: das fusionierte Geschäft floriert und ermöglicht eine wirtschaftswunderliche Idylle. Anfang 1970 wurde in Stuttgart *Koralle Meier* uraufgeführt, 1971 in Düsseldorf *Münchner Freiheit.*   H. D.

SAMUEL BECKETT

* 13. April 1906 in Dublin

Der Dramatiker und Erzähler Samuel Beckett hat anfangs englisch geschrieben, später ist er zum Französischen übergewechselt. Er ging 1928 nach Frankreich, war zwei Jahre lang Lehrer für englische Sprache an der Ecole Normale Supérieure, dann der französischen Sprache am Trinity College in Dublin. Er war Freund und Sekretär von James Joyce, übersetzte Joyce-Texte ins Französische. Seit 1938 wieder in Frankreich, während des Krieges Mitglied der

Résistance, wich er 1942 in die unbesetzte Zone aus, arbei-
tete 1945 für das Irische Rote Kreuz. Lebt jetzt in Paris.
Von 1947 an entstanden die Romane »Molloy«, »Malone
stirbt« und »Der Namenlose« sowie das Schauspiel »Warten
auf Godot«. 1969 erhielt er den Nobelpreis.

»Becketts Stücke haben die Eigenart von Panzerwagen und
Idioten«, meinte der englische Regisseur Peter Brook, »man
kann sie beschießen, man kann sie mit Kremtorten bewer-
fen: sie setzen ihren Weg gelassen fort.« Als *En attendant
Godot* zum drittenmal in Paris inszeniert wurde, schrieb die
Wochenzeitung »Arts«: »1953 Avantgardestück, 1956 Stück
fürs Bürgertum, 1961 offizielles Schaustück.« Es ist inzwischen ungefähr siebzigmal in deutscher Sprache inszeniert
worden, 1968 in der »Werkstatt« des Berliner Schiller-thea-
ters von Beckett persönlich. Die Spiele nach *Godot* reduzie-
ren die Wirklichkeit immer weiter. Sie kommen teils ohne
Sprache (*Akt ohne Worte* I und II, 1957 und 1961) aus, teils
ohne Anschauung, sind nämlich als Hörspiele konzipiert:
Aschenglut (*Embers*, 1959; Reclams UB 7904), *Worte und
Musik* (1963), *Cascando* (1963). Hugh Kenner schreibt über
Beckett: »Wir sollen nicht wie Hunde, die der Geruch von
unsichtbarem Fleisch erregt, nach einem Fetzen Gewißheit
schnappen, die der Autor sehr wohl besitzt und gleich hinter
dem Vorhang bereithält. Darauf ausgehen, hieße die Eigenart von Becketts Universum mißverstehen, denn es ist von
Geheimnis durchdrungen und von Dunkelheit begrenzt;
diese Eigenart anzugreifen . . ., ist leichtfertig, herabsetzend
und widersinnig. Wie frühen Astronomen steht es uns frei,
Wiederholungen zu beobachten, uns an Symmetrien zu
freuen, die verborgenen Mächte zu versöhnen: mehr zu
unserer als zu ihrer Beruhigung.«

W a r t e n   a u f   G o d o t. Schauspiel in zwei Akten. – Das
Stück ist eine Parabel, ohne jede Handlung, ohne jegliche
Entwicklung. Zwei in ihrem beruflichen und sozialen Stande
völlig unerkennbare Männer unbestimmten Alters, Wladimir
und Estragon geheißen und allenfalls als Vagabunden zu
bezeichnen, warten auf einer Landstraße auf Godot. Am
Schluß jedes der beiden Akte kommt ein Botenjunge, dem
Barnabas aus Kafkas *Schloß* vergleichbar, und teilt ihnen

mit, daß Godot heute leider nicht kommen könne; bestimmt käme er morgen. Was Godot bedeutet, haben zahllose Kommentatoren des Stückes herauszufinden versucht, wobei so extrem widersprüchliche Deutungen wie ›Tod‹ oder ›Gott‹ – das englische Wort ›god‹ scheint sich in der Tat in dem Namen Godot zu verbergen – nebeneinander aufgetreten sind. Godot ist je nach der Stimmung der beiden permanent in einer total sinnlosen Situation verharrenden negativen Helden entweder eine tröstliche Hoffnung oder eine schreckliche Gewißheit. Oberflächlich gesehen, mag man sie für Nihilisten halten; indessen sind sie es keinesfalls, da sie ja noch hoffen oder erschrecken können, also an eine übergeordnete Macht, sei sie rettend oder vernichtend, glauben. Sie sind in all ihrer Erbärmlichkeit – einer tragisch-grotesken Erbärmlichkeit übrigens, die viel innere Verwandtschaft mit dem frühen Chaplin hat – noch schäbige Allegorien des Menschlichen, während ihre Gegenspieler Pozzo und Lucky Allegorien der äußersten Entstellung des Menschlichen, der vollkommenen Gemeinheit (Pozzo) und des vollkommenen Elends (Lucky) sind. Der zweite Akt des seltsamen, sowohl tiefste Verwirrung und selbst Entsetzen wie auch, von den schauspielerischen Möglichkeiten her gesehen, komödiantisches Behagen verbreitenden Stückes ist eine nur geringfügig variierte Wiederholung des ersten – ein Kunstgriff, um die Unveränderlichkeit der Situation der beiden Helden darzustellen, den ›Stillstand‹ der Zeit (und entsprechend die Neutralisierung des Raums), die nicht mehr weitergeht, die nur noch ›vertrieben‹ werden kann. Mit einer wahrhaft diabolischen Ironie stellt Beckett, dem das irische Erbteil eines äußerst beunruhigenden Humors zuteil wurde, in Wladimir und Estragon Menschen dar, die gar nichts mehr haben außer Zeit, deren einzige Beschäftigung das Warten ist und die darum die stagnierende Zeit dadurch zu vertreiben suchen, daß sie spielen, sie hätten keine. Um des Zeitfressens willen – denn sie wissen nicht, daß die Zeit sich nicht fressen läßt – erfinden sie sinn- und belanglose ›Handlungen‹ und zelebrieren sie, durch die der vom modernen Zeitmangel zugrunde gerichtete Zeitgenosse sich mühsam und mißmutig durchhetzt, wie kultische Spiele. Und auf dem Grunde ihres ganz und gar sinnlosen Daseins schimmert diese Fähigkeit zum Spiel doch noch wie ein Trost.

Vielleicht haben diejenigen Kommentatoren und Kritiker recht, die meinen, daß es in diesem durchaus singulären Bühnenwerk letztlich um religiöse Dinge geht.

E n d s p i e l. – Am 3. April 1957 wurde *Fin de partie* in London uraufgeführt, erstmals deutsch am 30. September 1959 in Berlin gespielt. Vier Personen warten auf das Ende. Es sind wahrscheinlich die vier letzten Menschen: Hamm, der blind ist und nicht stehen kann, der Diener Clov, der nicht sitzen kann, und Hamms Eltern Nagg und Nell, die keine Beine haben und in zwei Mülleimern vegetieren. Hamm hält die anderen in tierischer Abhängigkeit.

D a s l e t z t e B a n d. – *Krapp's Last Tape*, 1958 in London uraufgeführt, kam 1959 in Berlin auf die Bühne. Krapp hört seine Vergangenheit auf Tonbändern ab, auf der Suche nach der Fixierung eines glücklichen Moments: des Blickes in die Augen eines Mädchens. Inzwischen hat er längst nichts mehr zu hoffen.

G l ü c k l i c h e T a g e. Stück in zwei Akten. – *Happy Days*, 1961 in New York uraufgeführt und im gleichen Jahr auch in Berlin inszeniert, ist wieder ein Endspiel: Winnie, eine Fünfzigjährige, steckt anfangs bis zu den Hüften, später bis zum Hals in der Erde. So lange es geht, hält sie auf Hygiene, Kosmetik und Kontakt mit ihrem Mann, dem sechzigjährigen Willie, der irgendwo verdeckt dem Tode entgegenwartet. Zum Schluß kommt er mit letzter Kraft, aber in gesellschaftsfähiger Aufmachung angekrochen. Winnie macht daraufhin Konversation. »Dies wird ein glücklicher Tag gewesen sein«, strahlt Winnie. – Ob aus Winnie heitere Gelassenheit oder bittere Ironie spricht, ist Sache der Interpretation.

S p i e l. Ein Akt. – *Play* wurde 1963 in deutscher Sprache in Ulm uraufgeführt. Zwei Frauen und ein Mann sitzen in Urnen, nur ihre stets teilnahmslosen Gesichter sind zu sehen. Es redet jeweils der Kopf, den das Scheinwerferlicht trifft. Sie gedenken vereinzelt vergangener Gemeinsamkeit, ohne Kontakt miteinander, ohne Bewußtsein voneinander spult jeder seine Erinnerung ab.   *H. D.*

EUGÈNE IONESCO

* 26. November 1912 in Slatina (Rumänien)

*Sohn eines Rumänen und einer Französin, seit 1936 mit einer
Chinesin verheiratet. Ionesco lebte wechselweise im Vaterland und im Mutterland, bis er 1938 mit einem Staats-
stipendium für einen Studienaufenthalt nach Paris ging.
Während des Krieges lebte er in Marseille als Redakteur der
»Cahiers du Sud«. Sein Werk ist geprägt von Existenzangst
und Abneigung gegen jegliche Autorität. Das gestörte Verhältnis zur Realität, das mutwillig schien, geht wohl auf eine
seelische Verletzung in der Kindheit zurück: der Vater trieb
die Mutter zum Selbstmordversuch, ließ seine Familie im
Stich, erzwang die Scheidung. »Alles, was ich getan habe,
habe ich in gewissem Sinne gegen ihn getan.«*

Im Jahre 1949 formte Ionesco spielerisch Sprachklischees zu
Dialogen. »Unglückliches Beginnen: von der Anhäufung dieser Wortleichen erdrückt und von den Automatismen der
Konversation abgestumpft, erlag ich beinahe dem Ekel und
einer unnennbaren Traurigkeit, einer nervösen Depression
und einer richtigen Erstickung.« Ein junger Spielleiter
brachte den Text erfolglos auf die Bühne: *Die kahle Sängerin*, uraufgeführt am 11. Mai 1950 im Théâtre des Noctam-
bules in Paris. Das war die Geburt eines Dramatikers aus
dem Ungeist der Gemeinplätze, eines der folgenreichsten
Ereignisse im Theaterleben. Seitdem hat Ionesco drei Dutzend Theaterstücke geschrieben. 1952 wurde der Einakter
Die Stühle uraufgeführt, 1957 *Der neue Mieter* (beide in
Reclams UB 8656/57).
  Er verachtet Realismus auf der Bühne, erst recht jegliche
Thesendramatik. »Ich schreibe kein Theaterstück, um eine
Geschichte zu erzählen.« Das ›Streben nach Natürlichkeit‹
sei aufzugeben, Psychologie müsse man vermeiden, »besser
noch: ihr metaphysische Transparenz geben«. Kunstgriffe
dürfe man nicht verstecken, sondern man müsse sie enthüllen. »Keine Salonkomödie mehr, sondern Farcen, äußerste
parodistische Übertragungen. Humor, ja! Doch mit den Mitteln des Burlesken. Das Komische hart, übertrieben, ohne
Zartheit ... Alles bis zum Paroxysmus treiben, dahin, wo
sich die Quellen des Tragischen öffnen.«

Die erste deutsche Ionesco-Premiere war die ›Komödie in drei Akten‹ *Amédée oder Wie wird man ihn los*, 1956 in Bochum. 1957 folgte in Darmstadt das ›Pseudodrama‹ *Opfer der Pflicht*. Es verursachte in der Einstudierung von Gustav Rudolf Sellner einen so eindrucksvollen Theaterskandal, daß Ionesco noch jahrelang daran gemessen worden ist. Nachdem die absurden Kurzdramen durchgesetzt waren, begann mit der Uraufführung des Dreiakters *Die Nashörner* in Düsseldorf unter Karlheinz Stroux eine neue Phase der Ionesco-Rezeption: die repräsentativen Ur-Inszenierungen von Problemstücken, die immer schwermütiger wurden. Einen breiten Achtungserfolg errang *Der König stirbt*, zuerst 1963 in Düsseldorf. Damit war Ionesco in die Überlieferung eingekehrt, hatte er Totentanz und Königsdrama konzipiert. Zwiespältig war die Wirkung von *Hunger und Durst* (1965), einem Dreiakter voll finsterem, allegorisiertem Pessimismus. Das Schauspiel *Macbett* (1972) geht auf Shakespeare zurück. Ionesco hat bisher in Deutschland viel Erfolg, aber wenig Glück gehabt: erst wurde er beschimpft und ausgelacht, dann wurden immer größere Ansprüche an ihn gestellt. Sein ›Kasperletheater der Weltangst‹ hat Epoche gemacht. Neben Samuel Beckett und Arthur Adamov repräsentiert er das ›absurde‹ Theater.

Die Nashörner

Drama in drei Akten
Erste Aufführung: 31. Oktober 1959 in Düsseldorf

Personen: Die Hausfrau – Die Kolonialwarenhändlerin – Hans – Behringer – Die Kellnerin – Der Kolonialwarenhändler – Der ältere Herr – Der Logiker – Der Wirt – Daisy – Herr Schmetterling – Stech-Wisser – Frau Ochs – Ein Feuerwehrmann – Herr Hans – Die Frau von Herrn Hans – Mehrere Nashornköpfe.
Ort und Zeit: Irgendein Provinzstädtchen, Gegenwart.

Das bisher erfolgreichste Stück Ionescos, wohl weil es phantastisches Spiel mit verständlicher Geschichte vereint: die Vernashornung der Menschheit karikiert Opportunismus und Massenpsychosen in der Art einer Tierfabel. Nur einer widersteht: Behringer (Bérenger), eine Jedermann-Figur

Ionescos, die vorher in *Mörder ohne Bezahlung* (1958), nachher in *Fußgänger der Luft, Der König stirbt* und *Hunger und Durst* eine Rolle spielt.

Vor einem Kaffeehaus beim Bier sitzend, nörgelt Hans, ein penibler Bürokrat, an dem nachlässigen Behringer herum. Da trampelt (für die Zuschauer nur hörbar) ein Nashorn vorbei, später noch eins. Das gibt dem Gespräch, in das sich mehr oder minder Blech redende Passanten mischen, vorübergehend eine andere Wendung. Im zweiten Akt beredet Büropersonal an Hand der Zeitung die Erscheinung des Nashorns. Behringer, der wieder einmal zu spät kam, bezeugt den Vorfall, doch Kollege Wisser erklärt das ganze als Einbildung oder Schwindel. Da erscheint die Frau des Kollegen Ochs, sichtlich verstört: ein Nashorn habe sie verfolgt. Man sieht und hört die Treppe unter einem gewaltigen Gewicht zusammenstürzen. Alles schaut hinaus – und Frau Ochs erkennt in dem Nashorn ihren Mann. »Ich komme. Liebling, ich komme!« Die Feuerwehr hilft dem Büropersonal ins Freie. – Behringer besucht Hans, der an Kopfschmerzen leidet. Behringer entdeckt eine Beule auf der Stirn von Hans. Sie wächst rasch, und der Patient, der zunächst sein Leiden bagatellisiert, benimmt sich immer ungebärdiger. Bald muß sich Behringer vor Hans Nashorn in Sicherheit bringen. Da sieht er sich von zahllosen Nashörnern belagert. Im dritten Akt bekommt Behringer, der sich nach Hause gerettet hat, Besuch vom Kollegen Stech. Sie bereden die bedauerliche Nashörnerei, während draußen die Untiere herumgaloppieren. Stech entschuldigt die Nashörner und beschönigt die Verhältnisse. Die Kollegin Daisy bringt etwas zu essen und neue Nachrichten: die Nashörner sind bereits eine sehr starke Minderheit. Viele Läden sind »wegen Verwandlung geschlossen«. Blicke aus dem Fenster zeigen, daß die Nashörner die Straße beherrschen. Stech geht zu ihnen über. Daisy und Behringer schließen sich unter dem Druck der Verhältnisse zusammen. Als die Verhältnisse unhaltbar werden, weil die Nashörner offenbar alles bis auf Behringers Zimmer erobert haben, geht auch Daisy fort, welche die Untiere gar nicht mehr so übel findet. Behringer betrachtet sich im Spiegel, holt Fotos hervor und monologisiert: »Ich bin nicht schön ... Die sind's, die schön sind. Ich hatte unrecht! Oh, wie gerne wäre ich wie die! ... Ich hätte ihnen beizeiten folgen sollen. Jetzt ist es zu spät!« Doch zuletzt packt er sein Gewehr und ruft: »Ich bin der letzte Mensch. Ich werde es bleiben bis zum Ende. Ich kapituliere nicht!«

Fußgänger der Luft

Stück in einem Akt
Erste Aufführung: 15. Dezember 1962 in Düsseldorf

P e r s o n e n : Herr Behringer, Fußgänger der Luft – Josephine, seine Frau – Martha, die Tochter – Der Onkel Doktor – Der Leichenbitter – Der Herr aus der Anti-Welt – John Bull, Chorführer, auch als Henker verkleidet – Etliche Engländer – Der Richter – Der Beisitzer – Der Mann in Weiß.
O r t und Z e i t : Ländliche Gegend in Gloucester, Gegenwart.

»Das Thema des neuen Stückes ist durch Drohung verhinderte Freude, es ist die Freude, die jeder Mensch empfindet, die er in sich trägt, die ihm hilft, das große Glück zu genießen, das darin besteht, zu existieren, Bewußtsein seiner Macht zu erhalten... Fliegen bedeutet, seinem Glück und seiner Kraft Ausdruck geben« (Ionesco).

Der französische Schriftsteller Behringer hat sich in ein englisches Landhaus zurückgezogen, wo er einem Journalisten widerwillig ein Interview gibt, das Selbstaussagen Ionescos zu enthalten scheint: »Es ist unnötig zu entlarven, was schon entlarvt ist. Das ist Konformismus... Ich bin der Kritiken, seien sie gut oder schlecht, überdrüssig, überdrüssig des Theaters, überdrüssig der Schauspieler, überdrüssig des Lebens... Ich möchte vom Tode genesen.« Behringers Häuschen wird zerbombt, ohne daß irgend jemand sich davon betroffen zeigte. Im selben Moment erscheinen Frau und Tochter Behringer als Sonntagsbesuch. Ständig flanieren allerlei Passanten unter allerlei Gerede vorbei, auch parapsychologische Phänomene ereignen sich, so das Erscheinen eines Mannes aus der ›Anti-Welt‹, wohl infolge einer ›fehlerhaften Weichenstellung‹. Behringer erregt öffentliche Aufmerksamkeit, indem er vor Freude zu hüpfen beginnt. Sein Hüpfen steckt an, aber nur ihm widerfahren nennenswerte Schwebezustände. Schließlich fliegt er, was seine Frau

zu Kummer (»Herbert, komm herunter!«) und Stolz hinreißt. Er erklärt das Fliegen für eine natürliche Fähigkeit.
Nichtfliegen sei schlimmer als Hungerleiden. »Wer will, der
kann!« Kaum ist der Gatte entflogen, erleidet Frau Behringer einen Angsttraum, in dem die freundlichen Passanten
bösartige Fratzen zeigen, vielleicht ihr wahres Gesicht. Angeführt von John Bull, nähern sie sich mit tückischer Teilnahme. Verwandelt in eine Trauergesellschaft, treten sie zur
eigenen Erschießung an. Erst die Kinder, dann die Mütter,
dann die Väter. Ein Reporter knipst. Es handle sich um
›präventive Euthanasie‹, sagt der Leichenbitter. Der Arzt
bestätigt, daß die Kinder »gut und gern tot sind«. Ein Mann
in Weiß fordert Frau Behringer auf, sich eines plötzlich auf-
getauchten Galgens zu bedienen. Sie sträubt sich, die Tochter
löst den Bann mit der Erklärung: »Wenn du nur willst, ist
es nicht wahr.« Da kommt der Luftfußgänger zurück, tief
verstört. Er hat Grauenhaftes gesehen, beschwichtigt aber
seine Familie: »Noch ist es nichts... noch nicht... im
Augenblick...«   *H. D.*

JACQUES AUDIBERTI

* 25. März 1899 in Antibes
† 10. Juli 1965 in Paris

*Sohn eines Bauunternehmers, war zunächst Gerichtsschreiber,
seit 1925 Journalist in Paris, arbeitete vornehmlich für den
»Petit Parisien«, und war u. a. mit Apollinaire befreundet.
In einem von Jean Paulhan organisierten Kursus für Poesie
wurde Audibertis dichterisches Talent entdeckt, Paulhan half
zur Veröffentlichung der ersten Vers- und Prosabände
Audibertis. Er debütierte als Dramatiker 1946 in Paris mit
der Farce »Quoat-Quoat«.*

Stilistisch und thematisch war Audiberti sehr wandelbar. Er
lehnte die ›littérature engagée‹ ab und vereinigte Surreales
und Allegorisches in oft barock ausschweifender Ausdrucksweise. »Mein Theater stützt sich auf dasselbe Thema wie
mein anderes Werk: die Inkarnation und Gefangenschaft
des Individuums in der eigenen Person.«

Der Lauf des Bösen (*Le mal cours*, uraufgeführt 1947, deutsch erstmals 1957 in Essen) ist ein politisches Märchen.

Der Glapion-Effekt. Parapsychokomödie. – *L'effet glapion* wurde am 9. September 1959 in Paris uraufgeführt, deutsch erstmals 1961 in Frankfurt am Main gespielt und besteht in der »Auswertung einer konkreten objektiven Tatsache durch visionäre Logik«. Bei einem Mittagessen mit ihrem Mann und einem Gendarmerie-Hauptmann gerät eine junge Arztfrau ins Tagträumen – sie ›glapioniert‹, worauf sich die Verhältnisse phantastisch verkehren. »Das Leben besteht aus Illusionen. Manche nehmen Gestalt an. Diese bilden die Realität.« Also: wir alle glapionieren.

Die Ameyss im Fleische. Stück in zwei Aufzügen. – *La fourmi dans le corps*, am 14. Oktober 1961 in Darmstadt in deutscher Sprache uraufgeführt, zeigt die Bekehrung eines Klosterfräuleins zur Liebe und die Rettung eines Damenstifts vor Marschall Turenne im Jahre 1695.

Äpfelchen... Äpfelchen (*Pomme... pomme... pomme*, 1962 in Paris uraufgeführt) zieht Komik aus dem Zusammenprall von Phantasie und Realität. Ein strenger Vater engagiert den Zauberkünstler Zozo und dessen Assistentin Äpfelchen, damit diese beiden seinen Sohn aus dem süßen Nichtstun mit Vévette reißen.

H. D.

JEAN GENET

* 19. Dezember 1910 in Paris

Fürsorgezögling unbekannter Herkunft. Wuchs bei einer Bauernfamilie auf, kam als Zehnjähriger in die Erziehungsanstalt von Mettray, lief nach einigen Jahren davon, vagabundierte durch Europa, war kurze Zeit in der Fremdenlegion, bestritt seinen Lebensunterhalt durch Diebstahl, Zuhälterei und Schmuggel. Mehrfach zu Freiheitsstrafen verurteilt, wurde ihm das Schreiben zum Akt der Selbstbefreiung. In einigen Büchern bekennt er sich zu den sozial Ge-

ächteten. Er stilisierte sich zum leidenschaftlichen Immorali-
sten, der seine Wortgewalt in den Dienst einer moralischen
Umwertung stellt: Diebstahl, Homosexualität und Verrat
werden als Tugenden hingestellt. Der Mord wird verherr-
licht, weil er den Täter zum Komplicen des Todes mache.
Schreibend eroberte sich Genet die Gesellschaft zurück, die
ihn als Schädling ausgestoßen hatte. Cocteau und Sartre,
der Genet einen Heiligen und Märtyrer nannte, erwirkten
die Begnadigung aus lebenslänglicher Haft. Danach ist Genet
kaum davon abzuhalten gewesen, im Rundfunk gegen die
Milde der Justiz zu protestieren, die den Verbrecher um
das Erlebnis der Haft bringe.

»Das Theater hat für mich mehr Realität als die Wirklichkeit, genau so wie ein Gedicht. Wenn meine Bühnenstücke
das kleine bißchen Wirklichkeit der sozialen Welt verleugnen, so müssen sie dafür poetische Wirklichkeit erschaffen.«

Unter Aufsicht. Einakter. – *Haute surveillance,* am
26. Februar 1949 in Paris uraufgeführt, deutsch 1960 in Kiel
auf die Bühne gelangt, schildert eine Auseinandersetzung
zwischen drei Verbrechern in einer Gefängniszelle, die wie
im Traum ablaufen soll. Maurice verehrt den Mörder Grünauge und bestreitet, daß Lefranc jemals ein echter Verbrecher werden könne. Lefranc ermordet Maurice, um das
Gegenteil zu beweisen und aus Eifersucht, doch Grünauge
erkennt das Motiv nicht an, Lefranc bleibt ausgeschlossen.

Die Zofen. Tragödie in einem Akt. – *Les bonnes,* am
17. April 1947 in Paris uraufgeführt, deutsch erstmals 1957
im Bonner »Contra-Kreis«. Zwei Schwestern, die als Zofen
bei einer ›gnädigen Frau‹ dienen, sind in Haßliebe aneinander und an ihre Herrin gekettet. Sobald die Herrin ausgegangen ist, übernimmt eine der Schwestern die Herrschaft.
Sie haben die Verhaftung des ›gnädigen Herrn‹ erwirkt.
Als sie erfahren, daß er rehabilitiert ist, fürchten sie Entdeckung und wollen die Herrin vergiften. Der Anschlag
mißlingt. Daraufhin läßt sich eine der Zofen in ihrer Rolle
als ›gnädige Frau‹ stellvertretend vergiften. »Ich versuchte
eine Distanzierung zu erreichen, die gleichzeitig einen dekla-
matorischen Ton zulassen und es ermöglichen sollte, das
Theatralische ins Theater zu bringen. Ich hoffte, dadurch

die Charaktere abzuschaffen ... Ich wollte erreichen, daß
die Figuren auf der Bühne nur noch Metaphern dessen waren, was sie darstellen sollten.«

Der Balkon. Schauspiel in neun Bildern. – *Le balcon*
(zunächst in London am 22. April 1957 privat uraufgeführt,
deutsch 1959 in Berlin, französisch 1960 in Paris) handelt
von einem Institut, in dem jeder gegen Bezahlung die
Wunschrolle seines Lebens spielen darf: Bischof, General,
Richter, Bürgermeister, Baby – was es auch sei. Unter Umständen ist der Aufwand, sind also auch die Kosten beträchtlich, im übrigen wird jeder Klient vorurteilslos bedient.
Eine Revolution bewirkt, daß einige falsche Honoratioren ihre Rolle künftig in der Öffentlichkeit spielen müssen. Die Chefin des Wunschsalons rückt sogar zur Königin
auf, regiert aber schließlich doch lieber ihr Gedankenbordell
weiter. Eine aus Liebe entlaufene Hure kehrt ins Haus der
Illusionen zurück, um vom dortigen Balkon aus die Revolutionäre anzufeuern, wird aber erschossen. Der Triumph der
Reaktion ist vollkommen, als ein ehemaliger Revolutionär
gegen Entgelt den korrupten Präsidenten spielt, den die
Revolution beseitigen wollte. Der echte Präsident zieht sich
daraufhin in sein Mausoleum zurück, beglückt darüber, in
den Himmel der Wünsche eingegangen zu sein. Nicht Politik,
sondern existentielle Verstrickungen sind das Thema. Eine
der Dirnen spricht es aus: Madame habe ja keine Ahnung,
was das Spiel in der Seele anrichtet.

Die Neger. Clownerie in einem Akt. – In *Les nègres*
(uraufgeführt am 28. Oktober 1958 in Paris, deutsch 1964
in Darmstadt) feiern Neger die Ermordung einer Weißen,
ein weißer Hofstaat (Königin, Richter, Gouverneur, Missionar, Diener) schaut zu. Schwarz und Weiß meinen hier
feindliche Prinzipien, Ausgebeutete stehen Ausbeutern gegenüber, mythische und logische Denkweise treffen aufeinander.
Wie eine schwarze Urmutter ruft eine der Negerinnen den
dunklen Kontinent auf, die weiße Königin ruft daraufhin
die Früchte des Abendlandes zum letzten Gefecht: »Herbei
zu mir, Jungfrauen des Parthenon, steinerne Engel vom
Portal der Kathedrale von Reims, Valerianische Säulen,
Musset, Chopin ...« Unter dem Leichentuch werden nur

zwei Stühle gefunden, und der Neger, der ~~~~ 1097
Weiße zu markieren hatte, erklärt von der ~~~~
wissermaßen vom Himmel aus, die irdischen Geger~~~te
belanglos.

Die Wände. Drama. – *Les paravents* wurde ~~
19. Mai 1961 in Berlin uraufgeführt, französisch erstm~~
1966 in Paris gespielt. Die von verborgenen Bühnenarbeiter~
bewegten, die jeweilige Szenerie andeutenden Paravents
ordnen vier Spielgruppen, die der Autor so übereinander
in einem Freilichttheater vorgestellt hat: die archaische Dorf-
gemeinschaft, die Rebellen, die Kolonialherren und die Toten. Im Mittelpunkt der Ereignisse, die in Algerien zur Zeit
des Aufstandes lokalisiert sind, stehen Said und Leila, der
›ärmste Sohn‹ und die ›häßlichste und billigste‹ Tochter des
Landes. Sie sind so erbärmlich, daß nicht einmal das Totenreich sie einläßt. Wie Genet einst als junger Verbrecher, so
lädt Said Schuld auf sich und verlangt Strafe. Er will büßen,
findet aber nur einen resignierenden Kadi. Was mit Dieb-
stählen nicht zu erreichen war, bewirkt Saids Verrat seines
Volkes an die Kolonialherren. Das Übermaß der Erbärmlichkeit macht ihn zum negativen Helden; es wird fast unmöglich, ihn zu erschießen. – In Briefen an Roger Blin, den
Regisseur der französischen Erstaufführung, hat Genet Erklärungen gegeben: »Normalerweise sagt man, hätten die
Stücke einen Sinn: dieses nicht. Dies ist ein Fest, dessen
Teile nicht zusammenpassen, es ist die Feier von nichts . . .
Am Schluß müßten die Zuschauer in ihrem Mund den bekannten Geschmack von Asche und Fäulnis mit nach Hause
nehmen. Und dennoch soll das Stück die Härte eines Feuer-
steins haben.«

H. D.

RENÉ DE OBALDIA

* 22. Oktober 1918 in Hongkong

*Sohn einer französischen Mutter und eines panamanesischen
Vaters, damals Konsul in Hongkong. Studierte in Frankreich, geriet 1940 in Kriegsgefangenschaft und wurde in
einem Lager in Schlesien interniert.*

1098 ... nen sein erstes Gedichtbuch, 1952 folgten Prosa-
..., von 1954 an Prosa. Etwa 1950 begann Obaldia
...natisches zu schreiben. Es entstanden inzwischen sechs
...Komödien zum Nachdenken‹: *Genusien, Der Satyr aus der
Vorstadt, Der unbekannte General, Seeluft, Der Bauer als
Astronaut* und die viel gespielte Western-Parodie *Wind in
den Zweigen des Sassafras.*
H. D.

BORIS VIAN

* 10. März 1920 in Ville-d'Avray
† 23. Juni 1959 in Paris

*Besuchte 1939 die Ecole Centrale des Arts et Manufactures
in Angoulême, floh 1940 vor den Deutschen, kam 1943 nach
Paris und studierte dort Philosophie und Mathematik. 1942
Ingenieurexamen, arbeitete bis 1947 als Ingenieur, war daneben und danach Jazztrompeter, Chansonnier, Schauspieler
und Übersetzer. Raymond Queneau förderte ihn und half
1946 bei der Veröffentlichung von Vians erstem Buch. Vian
erlag einem Herzschlag während der Probevorführung des
Films, der aus seinem Roman »J'irai cracher sur vos tombes«
(»Ich werde auf eure Gräber spucken«) entstanden war. Er
hinterließ zehn Romane, einige Gedichtbände sowie Chan-
sons, Kurzprosa und vier Theaterstücke.*

Alle in die Grube. Anarchistisches Vaudeville in
56 Szenen. – *L'equarissage pour tous*, 1950 uraufgeführt,
deutsch 1967 in Frankfurt am Main. Im Augenblick der
Invasion in der Normandie landen Angehörige verschiedener in den Krieg verwickelter Nationen im Hause eines Abdeckers, den sein Beruf gezwungen hat, außerhalb des Dorfes zu wohnen. Sie verbrüdern sich miteinander, pokern um
ihre Uniformen. Krieg und Frieden prallen auf groteske
Weise zusammen. Eine der Töchter des Abdeckers hat vier
Jahre lang mit einem Deutschen geschlafen, nun soll geheiratet werden. Zwei Geschwister kommen durchs Dach
geschwebt: ein amerikanischer Fallschirmjäger und eine
sowjetische Luftlanderin. Der Bräutigam wird herbeitele-
foniert, allerdings von seinem Hauptmann bald unter vie-

len Entschuldigungen reklamiert, weil ihm nur noch dieser Soldat übriggeblieben sei. Im Laufe des Spiels verschwinden alle mehr oder minder motiviert in die Abdeckergrube, das Brautpaar im Walzerschritt. Das Haus des Abdeckers bleibt als einziges weit und breit stehen, wird aber nach der Befreiung gesprengt, weil es dem Wiederaufbau im Wege steht.

Die Reichsgründer oder das Schmürz. – In *Les bâtisseurs d'empire ou le Schmürz* (uraufgeführt 1959, deutsch zuerst in Berlin 1960) bezieht eine Familie (Vater, Mutter, Tochter, Dienstmädchen) eine neue Wohnung, wird dort von Geräuschen geängstigt, richtet sich recht und schlecht ein, mißhandelt nebenbei ohne Grund das Schmürz: ein stummes, blutendes, hinkendes, bandagiertes Wesen, das sich alles gefallen läßt. Die Wohnverhältnisse und der Zustand des Schmürz werden immer kläglicher. Das Dienstmädchen kündigt, die Tochter wird ausgesperrt, die Mutter verröchelt ihr Leben. Als das Schmürz tot zusammensinkt, stürzt der Vater aus dem Fenster »und vielleicht öffnet sich die Tür und es treten ungenaue Schattenbilder in das Dunkel, lauter Schmürze ...« – Vian meinte, man könne dieses Stück »als Farce oder auch als nationale Tragödie, als Anklageschrift, als realistisches Drama oder als Allegorie spielen; das Stück soll die Zuschauer in Verlegenheit bringen«.

H. D.

ARMAND GATTI

* 26. Januar 1924 in Monaco

Entstammt einer italienisch-russischen Emigrantenfamilie; der Vater war Straßenkehrer, er starb als der Sohn 15 Jahre alt war. Während des Krieges Mitglied der Résistance, zum Tode verurteilt, wegen seiner Jugend zu Zwangsarbeit begnadigt, konnte er nach England fliehen und meldete sich als Freiwilliger zu den Fallschirmjägern. Nach dem Kriege Gerichtsjournalist, dann die Welt bereisender Chefreporter großer Zeitungen. Drehbuchautor und Dramatiker. Er gilt als Anarchist, man hat ihn einen »Vulkan in dauernder Eruption« genannt.

»Es gibt keine Kunst ›an sich‹. Kunst ist immer an einen Kontext gebunden ... Was der Kunst Sinn gibt, ist der Kampf mit den Alltagsgewalten... Meine Kunst, das ist Kampf... Die Kunst ist eine Aktivität des Gewissens, das Nein sagt.« Gatti begann die lange Reihe seiner Stücke 1956 mit einem Epitaph auf seinen Vater: *Das imaginäre Leben des Straßenkehrers Auguste G.* Dort rekapituliert ein Sterbender – er ist während eines Streiks zusammengeschlagen worden – sein Dasein und erkennt den Kampf für die Revolution als Sinn des Lebens. Danach wandte sich Armand Gatti globaleren Themen zu. Er versucht, die vielfältigen Verknüpfungen, die unser Bewußtsein bestimmen, szenisch zu realisieren; er erzählt keine Geschichte, sondern weitet seine Themen zum politischen Welttheater aus, das Erdteile und Epochen, Mythen und Fakten miteinander verbindet.

Der schwarze Fisch. – Der Titel des 1957 geschriebenen, 1964 in Toulouse uraufgeführten Stückes – deutsch zuerst 1966 in Frankfurt am Main – symbolisiert den Kaiser Tsin, der im Jahre 221 v. Chr. das erste chinesische Großreich gegründet hat. Der Gewalt dieses Kaisers widerstrebt geschmeidig, aber hoffnungslos der humane Fürst Tan. Beide vereint ein ›furchtbares Brüdertum‹. An beiden Höfen regiert in der Gestalt eines legendären Affen derselbe Ministerpräsident, hier in Schwarz, dort in Grün, hier kriecherisch und gerissen, dort überlegen freundschaftlich. Der Doppelminister scheitert, auch beide Kaiser gehen unter: Tan unterliegt und Tsin verschwindet geheimnisvoll, doch der Machtapparat funktioniert ohne ihn. Währenddessen sucht Tsin in den Tiefen des Grenzflusses den Schwarzen Fisch, sein wahres Selbst.

Die zweite Existenz des Lagers Tatenberg. – Das 1962 in Lyon uraufgeführte Stück – deutsch 1965 in Essen – zeigt die Vergewaltigung der Gegenwart durch die Vergangenheit. Die Kriegerwitwe Hildegard und der ehemalige Häftling Ilya treffen als Schausteller im Prater zusammen. Sie hat Marionetten, er einen Musikroboter. Sie finden nicht zusammen, denn jeder von ihnen lebt in seiner Vergangenheit. Er denkt an das Lager Tatenberg, sie an den Tod ihres an der Ostfront füsilierten Mannes. Gestalten der Vergangenheit beherrschen das Stück.

Die Schlacht der sieben Tage und sieben
Nächte. – *Un homme seul,* 1966 in St-Etienne uraufgeführt, deutsch 1968 in Celle, zeigt in 72 Bildfragmenten
die Familie eines Partisanenführers, eine Partisanengruppe
und einige Kuomintang-Offiziere. Sie sind zu einem ›imaginären Gericht‹ aufgeboten, das der Partisanenführer über
sich selber verhängt hat. Es steht zur Debatte, was ›ein
Mann allein‹ bewirken kann, und was nicht. Der Partisan
opfert sich selber, aber auch Weib und Kind und alle Welt.
Er grübelt, welchen Platz er wohl in der noch nicht ver-
wirklichten Volksrepublik China einnehmen werde.

General Francos Leidenswege. – Das 1967 in
Kassel uraufgeführte Stück schildert Leidenswege, die Franco
verursachte. Es geht weniger um den Caudillo persönlich,
auch nicht um die reale Situation in Spanien, sondern um
die Vorstellungen von und die Erinnerungen an Spanien,
die spanische Emigranten sich bewahren. Die dargestellte
Meinung ist nicht einheitlich, denn es handelt sich um Exil-
spanier zweier Generationen und um Gastarbeiter. Gatti
zeigt nicht nur Haß gegen Franco, Alpträume einstiger
Spanienkämpfer und einen Spitzel unter Gastarbeitern, sondern auch die Jugend, welche Gedanken und Gefühle der
Väter nicht teilt und die Exilregierung in Mexiko nicht
achtet. Die Frage, was uns das angehe, kontert Gatti mit der
Konstatierung von Mitschuld: »Franco, das sind wir. Wir
sind, die ihn erzeugen. Wir müssen ihn auch zum Verschwinden bringen.«

V wie Vietnam. – Das Stück wurde 1967 in Toulouse
uraufgeführt, deutsch 1968 in Wuppertal. Es stellt zwei
Denkformen und infolgedessen auch Kampfesweisen einander gegenüber: Material gegen Menschen. Im Pentagon
wird der Krieg als Rechenexempel geführt. Auch die Gegner
erarbeiten eine neue Denkweise, ein vietnamesischer Lehrer
stellt darum ein ›revolutionäres Lexikon‹ zusammen. Unter
»V wie Vietnam« notiert er ein »Tier mit grauem Fell, das
schwierig zu fangen ist und das Gesicht der Welt verändert,
wenn es sich erhebt.« Hauptinhalt des Agitationsstücks ist
ein Manöver in Kalifornien. Es kommt zu bedrohlicher Verwirrung, als der Super-Computer im Hauptquartier unbot-

mäßig wird. Er liefert unerwünschte Informationen aus
Vietnam und verbreitet Nachrichten der Gegner, die sogar
dem Gerät leibhaftig entsteigen.   *H. D.*

FRANÇOIS BILLETDOUX

* 7. September 1927 in Paris

*Schon als Halbwüchsiger rezitierte er Verse im Kabarett
»Lapin Agile« auf dem Montmartre, 1944 besuchte er die
Schauspielschule von Charles Dullin, 1955 das Institut für
Filmkunst. In der Nachkriegszeit trat er in verschiedenen Kabaretts der »rive gauche« auf und arbeitete als Regisseur beim
französischen Rundfunk. 1949 wurde er Programmdirektor
der französischen Rundfunk- und Fernsehstation in Fort de
France auf Martinique, 1957 Programmdirektor der Rund-
funkgesellschaft »La France d'Outre-Mer«.*

»Ich lebe – und das ist nicht immer bequem – ohne feste
Gewohnheiten, ohne Systeme, ja fast ohne Gedächtnis ...
So habe ich auch keine festen Vorstellungen vom Theater
oder irgend etwas anderem. Jedenfalls hoffe ich das. Ich
zwinge mich dazu, keinen Gedanken zu unterdrücken.«

T s c h i n – T s c h i n. – Diese 1959 in Paris uraufgeführte
Komödie (deutsch 1959 in Zürich) war bisher der größte
Erfolg des Autors. Zwei einander fremde Menschen, nämlich
eine kalte Engländerin und ein sanguinischer Italiener,
suchen gemeinsam einen modus vivendi, denn sie haben einen
gemeinsamen Kummer: ihr ist der Mann, ihm die Frau fort-
gelaufen, und zwar jeweils mit dem Partner des anderen.
Sie verkommen langsam im Suff. – Der Alkohol sei symbolisch, sagt der Autor, er »habe beweisen wollen, daß sich
zwei anders geartete Menschen ergänzen können, in dem
Maße, wie sie von dem Wunsch beseelt sind, der Lüge zu
entrinnen und die Wahrheit zu suchen«.

G e h   d o c h   z u   T h o r p. Komödie. – *Va donc chez
Törpe* wurde 1961 in Lüttich uraufgeführt, deutsch zuerst

1962 in Berlin. Wenn einer leicht sterben will, sagt man ihm »Geh doch zu Thorp«, nämlich in die Pension des Fräulein Thorp, deren Gäste sämtlich Selbstmordkandidaten sind. Ein Inspektor soll die Todesfälle aufklären. Nur ein Gast stellt sich auf den Standpunkt des Kriminalisten, wird daraufhin von den anderen fallengelassen und erschießt sich aus Verzweiflung, isoliert zu sein. Auch der Inspektor gerät in den Bann der zwielichtigen Wirtin.

W i e   g e h t ' s   d e r   W e l t ,   M o s s j ö h ? – S i e   d r e h t
s i c h ,   M o s s j ö h ! Komödie. – *Comment va le monde,
Môsieu? – Il tourne, Môsieu!* Uraufgeführt 1964, deutsch zuerst in Münster 1966. Vierzehn Stationen auf dem gemeinsamen Wege des Amerikaners Job und des Lothringers Hubert, Pat und Patachon im Karussell des Schicksals. Der eine ein dumpf, aber instinktsicher fühlender Riese, der andere ein kleiner Mann mit großer Schnauze, die ein Leben lang ums nackte Leben redet. Der Weg führt aus einem deutschen Konzentrationslager über Paris nach Texas, wo der Amerikaner gesteht, ein Mörder zu sein, den es zum Tatort zieht. Am Ziel wird Job von Rächern, die auf ihn gewartet haben, abgeknallt. Also war alles ein Opfergang, hinter Job verbirgt sich der biblische Hiob. Schnoddrigkeit und Frömmigkeit wechseln ständig, mit verwegenem Witz wird die Frage nach dem Wert des Menschen gestellt.

D u r c h   d i e   W o l k e n. – *Il faut passer par les nuages*,
1964, deutsch erstmals 1965 in Mannheim. Ein ursprünglich als ›gefallenes Mädchen‹ verachtetes Familienmitglied regiert die Sippe und ihre Fabrik mit Energie, bis es von einem Rausch der Selbstaufgabe erfaßt wird und alles verschleudert. Daraufhin scheitern die jäh auf sich selbst angewiesenen Familienangehörigen. – »Ich habe hier das Gedicht einer Müllkatze geschrieben, die zu einer Zeit, da die Kater unbesonnen und nach allen Seiten auf ihre Vergnügungen ausgingen, sich zu bürgerlichen Anschauungen aufschwang.«

H. D.

FERNANDO ARRABAL

* 11. August 1932 in Melilla (Spanisch-Marokko)

Arbeitete in einer Madrider Papierfabrik und studierte abends Jura. 1955 ging er nach Frankreich, weil die spanische Zensur die Veröffentlichung seiner Arbeiten behinderte. Arrabal mußte für 18 Monate in ein Sanatorium, weil er tuberkulös war. Diese erzwungene Ruhe bezeichnet er als die Chance seines Lebens.

Ein Dutzend grausamer Spiele machten ihn zu einem beachteten Herausforderer. Sein ›théâtre panique‹ soll das Publikum treffen »wie ein Haufen niederprasselnder Steine«. Der schockierende Autor ist selbst schockiert: sein Vater wurde 1941 in Burgos eingekerkert, seitdem ist er verschwunden. Der Sohn gibt der Mutter die Schuld, sie habe den republikanisch gesinnten Mann bei der Polizei verraten. Dieses Ereignis bewirkte ein Trauma, das öfters in seinen Stücken hervorbricht, sehr deutlich in *Die Nacht der Puppen*. Dort wird ein buckliger Jüngling von seiner Mutter in seelischer, sexueller und geistiger Abhängigkeit gehalten. Meistens stellt Arrabal Weltfremdlinge in böse Verhältnisse: Ein Liebespaar wird unter Trümmern begraben, ohne daß es merkt, was ihm geschieht *(Guernica)*; die Eltern vom Lande, die ihren Sohn an der Front besuchen, werden vernichtet *(Picknick im Felde)*; ein unschuldiger Narr übt bis zu seinem Tode die Tonleiter, ohne das Furchtbare zu verstehen, was rundum passiert *(Die Tonleiter)*; Clochards schlagen weltvergessen die Zeit und einen Fremden tot *(Das Dreirad)*; zwei Männer geraten in die Fänge einer uneinsichtigen, bürokratischen, tödlichen Gerichtsbarkeit *(Das Labyrinth)*. *H. D.*

JAMES SAUNDERS

* 8. Januar 1925 in London

Nach Kriegsdienst in der Marine versuchte er sich in verschiedenen Berufen, so in der Herstellung von Lacken, von Pflastersteinen, als Kellner, Chemielehrer; seit 1964 ist er freier Schriftsteller.

Ein Eremit wird entdeckt. – *Next Time I'll Sing to You*, wurde 1962 in Ealing uraufgeführt, 1963 in Berlin erstmalig deutsch gespielt. Nicht Saunders, sondern Raleigh Trevelyan hat den Eremiten entdeckt. Trevelyan lebte in der Nähe von Great Canfield in Essex, wo Jimmy Mason 60 Jahre lang in einer verbarrikadierten Hütte hauste, Tagebuch führte und sich nicht sehen ließ. Im Jahre 1940, zwei Jahre bevor der Einsiedler vierundachtzigjährig starb, entdeckte Trevelyan das Tagebuch und schrieb ein Buch über Mason. Saunders griff den Stoff auf, um ein existenzphilosophisches Kabarett zu entfesseln. Drei Schauspieler und eine Schauspielerin treffen sich auf der Bühne, um den Fall zu klären. »Ich will nur eines: den Sinn des Lebens ergründen«, sagt Rudge, »bei einem einzigen Menschen ... Ist das zuviel verlangt?« Nicht nur jener einsiedlerische Greis dient als Beispiel, sondern auch die Bühne selbst. Die dauernde Wiederholung der Rolle wird zum Vorwurf gegen den Alltag. Die Lebenskonvention wird gesprengt, damit man einsieht: es ist alles Theater. Die Theaterkonvention wird mit Illusionsdurchbrechungen und Selbstironie gesprengt, damit man das Spiel als Abbild des Lebens erkennt.

Ein Duft von Blumen. – *A Scent of Flowers*, 1964 in London uraufgeführt, deutsch zuerst 1965 in Berlin. Eine an ihrer Einsamkeit, an der Liebe zu einem verheirateten College-Professor, an ihrem Sündenbewußtsein und einer Überdosis Schlaftabletten gestorbene Studentin kommentiert ihr Leben und ihren Tod. Der Sarg steht immer im Mittelpunkt des Spiels, dessen elegische Heiterkeit bisweilen in makabren Witz und handfeste Zynismen umschlägt.

Der Einakter *Wer war Hilary* befaßt sich mit den »konventionellen englischen Ansichten über die konventionellen europäischen Ansichten über den Engländer – ist damit Karikatur einer Karikatur«, erklärte Saunders. Im Einakter *Der Schulmeister* bildet das Publikum eine Schulklasse. Der Lehrer möchte Vertrauen in die Weltordnung vermitteln, in den natürlichen Adel des Menschen, in die Vernunft, die stets gesiegt habe. Aber während er seine Botschaft vorbringt, wird sie immer fragwürdiger. – 1972 wurde sein Stück *Hans Kohlhaas* (nach Kleist) in London uraufgeführt, deutsch 1974 in Bonn, Dortmund und Stuttgart.   *H. D.*

JOHN OSBORNE

* 12. Dezember 1929 in London

*John Osborne ist einer der gegen die Konvention rebellie-
renden jungen Leute (›angry young men‹), die sich in der
Rolle von ›Outsidern‹ gefallen. »Look back in Anger«
(»Blick zurück im Zorn«) erlöste ihn aus einem dürftigen
Dasein als Provinzschauspieler. In dem dreiaktigen »Epitaph
für George Dillon« (deutsch erstmals in Stuttgart, November 1958) schildert Osborne einen jungen Meuterer gegen
die Welt der Bourgeoisie. Er läßt sich von Kleinbürgern
aushalten und geht schließlich zu ihnen über. Im April 1957
wurde in London »The Entertainer« mit Sir Laurence
Olivier in der Titelrolle uraufgeführt. Im September 1957
folgte die deutsche Erstaufführung mit Gründgens in Hamburg. Der Entertainer ist ein Vergnügungsindustrieller, der
in einer Music-Hall angewidert seine Späße mit den schein-
heiligsten Gütern der Nation macht.*

Blick zurück im Zorn

Theaterstück in drei Akten
Erste Aufführung: 8. Mai 1956 in London

P e r s o n e n : Jimmy Porter – Alison, seine Frau – Cliff Lewis,
Freund beider – Helena Charles, Freundin beider – Colonel Redfern,
Alisons Vater.
O r t und Z e i t : Porters Dachzimmer in einer mittelenglischen Groß-
stadt, Gegenwart.

1. Akt. Jimmy ist vom Dasein angeödet und pflegt seinen
Ekel an seiner Frau und seinem Freund auszulassen. »Niemand denkt, niemand ist interessiert an irgend etwas. Kein
Glaube, keine Überzeugungen, keine Begeisterung.« Alison
versucht, die Provokationen zu überhören, Cliff möchte aus-
gleichen. Alison sagt ihm heimlich, sie bekomme ein Kind,
wage aber nicht, es ihren Mann wissen zu lassen. Jimmy
steigert sich bis zur Niedertracht: »Oh, mein teures Weib ...
wenn dir nur irgend etwas zustieße, damit du aus deinem
Dauerschlaf erwachst. Nehmen wir an, du bekommst ein

Kind und es würde sterben . . . Oh, ich würde für mein Leben gern sehen, wie du damit fertig wirst.«

2. Akt. Jimmys Haß auf die Lethargie und die ›feinen‹ Leute (speziell die Eltern seiner Frau) findet ein neues Objekt, Alisons Freundin Helena. Helena veranlaßt, daß Colonel Redfern seine Tochter heimholt, während Jimmy in London die sterbende Mutter eines Freundes besucht. Zurückkehrend findet er nur Helena vor und einen Abschiedsbrief seiner Frau. Er wirft Helena hinaus.

3. Akt. Einige Monate später. Die gleiche Situation wie zu Beginn, nur die Frau ist eine andere, nämlich Helena. Plötzlich kommt Alison zurück, krank und unansehnlich. Sie hat ihr Kind verloren. Alison macht keine Rechte geltend, doch Helena räumt das Feld. Alison bekennt sich zu ihrem Mann. Er erbarmt sich der Erniedrigten, die versteckte Sentimentalität bricht durch. Er sagt »mit zarter, komischer Ironie«, ein schon mehrfach angeklungenes »Bären- und Eichhörnchenmotiv« aufnehmend: »Wir werden zusammenbleiben – und von Honig und Nüssen leben – vielen, vielen Nüssen . . . Aber wir müssen vorsichtig sein und aufpassen, denn ringsum liegen schreckliche Fallen aus Stahl, bereit für gewisse kleine, ein wenig wahnsinnige, ein wenig teuflische und sehr scheue und furchtsame Tiere. Willst du mir dabei helfen?« Alison nickt, sieht ihn »lächelnd und mit großer Zärtlichkeit« an und umarmt ihn. (Deutsche Erstaufführung: 7. Oktober 1957 in Berlin.)

H. D.

HAROLD PINTER

* 10. Oktober 1930 in Hackney

Sohn eines jüdischen Schneiders. Als Halbwüchsiger schrieb er Gedichte für kleine Zeitschriften. Er nahm Schauspielunterricht und spielte unter dem Namen David Baron in der englischen Provinz und in Irland. Nach dem vergeblichen Versuch, einen Roman zu verfassen, schrieb er seit 1957 zahlreiche Stücke für Bühne (»Der Hausmeister«, 1960; »Die Heimkehr«, 1965; »Alte Zeiten«, 1971), Hörfunk, Film und Fernsehen.

Pinter gibt Milieu und Ausdrucksweise der Unterschicht im
Londoner Eastend, dem er entstammt, so genau wieder, daß
seine Arbeiten sozusagen ein nationaler Markenartikel geworden sind. Der Naturalismus gewinnt bei Pinter absurde,
tragikomische, bisweilen auch unheimliche Aspekte. »Ich gehe
bei meinen Stücken von der Vorstellung einer Situation aus
und von einem Figurenpaar, das in diese Situation verwik-
kelt ist. Und diese Leute bleiben für mich immer wirklich.«

Der Hausmeister. Stück in drei Akten. – *The Care-
taker* wurde am 27. April 1960 in London uraufgeführt,
deutsch erstmals im gleichen Jahr in Düsseldorf gespielt.
Aston, ein gutmütiger Irrer in mittleren Jahren, nimmt den
Landstreicher Davies in die Bude auf, die er zusammen mit
seinem Bruder Mick bewohnt, dem Besitzer des verkommenen Hauses. Aston bietet Davies eine Stelle als Hausmeister
an, Mick ebenfalls. Aston hat sich dem Landstreicher gegenüber eine Blöße gegeben, als er ihm erzählte, er habe in der
Jugend eine Elektroschock-Behandlung durchgemacht. Davies glaubt sich von Mick protegiert und geht auf Aston mit
dem Messer los. Doch die Brüder werfen den Störenfried
gemeinsam hinaus.   *H. D.*

EDWARD BOND

* 18. Juli 1934 in London

*Bond verließ mit 15 Jahren die Schule, schrieb Gedichte,
arbeitete in verschiedenen Berufen. Nach der Militärzeit be-
gann er, sich für das Theater zu interessieren. Das Londoner
Royal Court Theatre nahm ihn (wie John Arden, Ann
Jellicoe, John Osborne, Arnold Wesker und andere) in sein
Autoren-Team auf.*

»Selbst wenn die Welt politisch und ökonomisch so beschaffen wäre, daß sie sich nicht ändern ließe, wäre es, glaube
ich, sinnvoll, die Tatsachen genau darzustellen: damit man
sie nicht in Illusionen verhüllt. Man soll seine Lage verstehen, selbst wenn sie hoffnungslos ist.« 1962 Uraufführung

des ersten Stücks von Bond: *The Pope's Wedding*, 1965 des
zweiten: *Saved*. Es folgte 1968 die Komödie *Early Morning*
(Trauer zu früh). Sie durfte in London nur privat gezeigt
werden. Ebenfalls 1968 wurde *Narrow Road to the Deep
North* uraufgeführt, 1972 *Lear* (nach Shakespeare), 1973 *Die
See*.

G e r e t t e t. Dreizehn Szenen. – Das Stück wurde kurz
nach der Uraufführung am 3. November 1965 im Londoner
Royal Court Theatre (die deutschsprachige Erstaufführung
fand am 12. Mai 1966 in Wien statt) vom Theaterzensor
verboten. Doch der Autor nennt es »fast unverantwortlich
optimistisch. Len, die Hauptfigur, ist von Natur aus gut,
trotz seiner Erziehung und Umgebung, und er bleibt auch
gut, trotz allem Druck, dem er in dem Stück ausgesetzt
ist ... Einen hartnäckigeren, disziplinierteren und ehrliche-
ren Optimismus kann ich mir nicht vorstellen. Vor fünfzig
Jahren, als die moralischen Ansprüche, wie die ... Kritiker
wahrscheinlich sagen würden, höher waren, hätten sie ihn
gepriesen wegen der Loyalität und Ergebenheit, mit denen
er auf seinem Posten blieb.« Bond hat *Saved* im Jargon der
Süd-Londoner Arbeitervorstädte geschrieben. Für das Wiener Ateliertheater am Naschmarkt wurde es sprachlich in die
Pratergegend versetzt, für die Münchner Kammerspiele in
die Isarauen, für das Stadttheater Dortmund ins Ruhrgebiet.
Pamela hat Len zwar noch nicht kennengelernt, liegt aber
schon mit ihm auf der Couch (1). Sie wollen heiraten (2).
Die bisherigen Freunde verspotten sie deswegen (3). Pam
hat ein Baby gekriegt, jetzt hausen sie zu dritt in der kümmerlichen Wohnung der Eltern. Pam kümmert sich kaum
um das Kind, will Len fortekeln, doch der schluckt geduldig
jede Provokation, sogar die Mitteilung, nicht er, sondern
Fred sei der Vater des Kindes (4). Fred und seine Freunde
schmieden im Park einen Plan für den Abend, da fährt Pam
mit dem Kinderwagen dazwischen. Weil Fred sich auf keine
Verabredung einläßt, haut Pam ab, den Wagen zurücklassend. Len läuft ihr nach. Die Kerle treiben rohe Scherze mit
dem Säugling, schließlich steinigen sie ihn im Kinderwagen
(6). Sogar als Fred in Untersuchungshaft sitzt, zeigen Len
und Pam sich anhänglich (7). Nach seiner Entlassung will
Fred erst recht nichts mehr von Pam wissen (10). Daheim

geht der Krach weiter, verstärkt durch Auseinandersetzungen zwischen Pams Eltern (11). Endlich will Len verschwinden, aber Pams Vater bestimmt ihn, dazubleiben. Der resignierte alte Mann rät dem jungen, zu schweigen und sich zu ducken (12). Das letzte Bild ist fast stumm. Len repariert einen Stuhl, Pam liest die Radiozeitung, der Alte füllt einen Totoschein aus, seine Frau thront auf der Couch, die sie von ihrem eigenen Geld gekauft hat.

H. D.

EDWARD ALBEE

* 12. März 1928 in Washington

Adoptivsohn des Theaterunternehmers Reid A. Albee. Begann nach sehr unregelmäßigem Schulbesuch (infolge dauernden Umherziehens des väterlichen Theaters) Mathematik zu studieren, hörte aber bald wieder damit auf und schlug sich als Werbeberater, Schallplattenverkäufer und Buchhändler durch, bis ihm 1952 eine Erbschaft einen längeren Aufenthalt in Florenz ermöglichte; dort schrieb er seinen ersten (unveröffentlichten) Roman. Sein erstes Bühnenstück, der Einakter »Zoogeschichte«, kam 1959 in Berlin zur Uraufführung und ging nach dem großen Erfolg am dortigen Schillertheater über zahlreiche deutsche Bühnen, bevor es 1960 auch in New York herauskam. Ihm folgten eine Reihe surrealistischer Kurzkomödien und das gegen die amerikanische Rassendiskriminierung gerichtete Drama »Der Tod der Bessie Smith«. Nach dem sensationellen Erfolg des Schauspiels »Wer hat Angst vor Virginia Woolf?« gelangten weitere Stücke von Albee ins deutsche Repertoire: »Winzige Alice« (Hamburg 1966), eine für das Verständnis komplizierte Mischung aus Mysterium und Kriminalreißer, und »Empfindliches Gleichgewicht« (Berlin und München 1967), die mit makabrem Witz durchsetzte Komödie von der den modernen Menschen jäh überfallenden und ihn durch ihre Unerklärlichkeit schrekkenden Lebensangst. 1968 folgte »Kiste – Worte des Vorsitzenden Mao Tse-tung«. 1969 kam sein Schauspiel »Alles im Garten« zur Aufführung, 1971 »Alles vorbei«, der Dialog einer Familie am Sterbebett eines Erfolgreichen.

Wer hat Angst vor Virginia Woolf? Stück
in drei Akten. – *Who's Afraid of Virginia Woolf* (uraufgeführt am 13. Oktober 1962 in New York) hat nichts mit
der britischen Dichterin Virginia Woolf (1882–1941) zu tun,
sondern ist eine parodistische Verzerrung des Kinderliedes
»Wer fürchtet sich vor dem bösen Wolf?«, das wie ein Can-
tus firmus in dem Inferno der brutalsten Seelenentblößung,
die je ein dramatischer Autor an seinen Figuren vorgenom-
men hat, immer wieder einmal angestimmt wird. Schauplatz
des Infernos ist die Wohnung eines unbedeutenden Ge-
schichtsprofessors an einer kleinen Universität der amerikanischen Ostküste. Er ist mit der sechs Jahre älteren Tochter
des Rektors dieser Universität verheiratet, die ihm in einem
höllischen Ehekrieg mit boshafter Lust immer wieder vorhält, daß er ein Totalversager als Gelehrter und Ehemann
ist; dem vitalen, trinkfesten, nahezu nymphoman sinnlichen
Weibsteufel begegnet er mit Hinterlist, Heimtücke und kleinen, aber schmerzhaften seelischen Peitschenhieben. Nach
einer Party im Hause ihres Vaters bekommen George und
Martha spät in der Nacht noch den Besuch eines Kollegen-
Ehepaars, des stämmigen jungen Biologen Nick und seiner
dümmlichen Frau Putzi, die ebenfalls auf der Rektoren-
Party waren. Alle sind schon ziemlich alkoholisiert, aber
man säuft unentwegt weiter – Martha, George und Nick
Whisky, Putzi Cognac, den sie immer wieder von sich gibt.
(Von ›Kotzen‹ im physischen und psychischen Sinn ist viel
die Rede.) Man vertreibt sich die Zeit mit ›Gesellschaftsspie-
len‹ (Titel des ersten Akts) von der Art ›Beleidigt die Gäste‹
oder ›Demütigt den Hausherrn‹, mit denen George und
Martha ihre Besucher ob der Bosheit und abgefeimten Niedertracht ihrer selbstquälerischen Erfindungen in befremdet
amüsiertes Erstaunen setzen. Der Clou dieser Erfindungen
ist ein ›Sohn‹, der am nächsten Tage 21 Jahre alt werden
soll, aber nicht im Hause lebt, weil ihn der Jammerlappen
von Vater oder die inzestuös begehrliche Mutter anekeln
– je nachdem, wer von den Ehepartnern ihn gerade für sich
in Anspruch nimmt. Im sich steigernden Delirium des Alko-
hols und des Hasses – der zweite Akt ist ›Walpurgisnacht‹
betitelt –, in das die Besucher mit hineingezogen werden,
nehmen auch die Gesellschaftsspiele ärgere Formen an, man
wechselt übers Kreuz den Partner, und schließlich holt

George, wohl wissend, daß die Kinderlosigkeit seiner Ehe die Ursache dafür ist, daß das Zusammenleben mit Martha zur Hölle wurde und der erfundene Sohn als eine Art seelischer Hilfskonstruktion sie allein dieses Dasein überhaupt noch ertragen läßt, zu einem niederschmetternden Schlag aus: Er verkündet der bislang in Whisky-Exzessen furios triumphierenden Martha, der Sohn sei gestorben, und schlägt die verzweifelt um die Aufrechterhaltung dieser für sie lebensnotwendigen Illusion Kämpfende mit der sadistisch wiederholten Beteuerung von der Gewißheit dieses Todes vollends zu Boden. (Titel des dritten Akts: ›Die Austreibung‹.) In ihr Jammern spricht er wie ein Priester die lateinischen Totengebete des Requiems und schickt Nick und Putzi, die von zeitweisen Mitfiguranten des satanischen Reigens schon längst wieder zu bloßen Statisten herabgesunken sind, brüsk nach Hause. Im Morgengrauen bleiben die beiden in ihrer Verlorenheit und Haßliebe unauflöslich miteinander Verbundenen allein.

Das dramaturgisch meisterhaft gebaute und in einem bald ätzend ironisch-liebenswürdigen, bald bis zur Obszönität brutalen Dialog geschriebene Stück ist eine extreme Steigerung der seelischen Konfliktsituation aus Strindbergs *Totentanz*, basierend, wie es der Berliner Kritiker Friedrich Luft formuliert hat, auf den drei bedrängendsten ›Kümmernissen‹ der amerikanischen Gesellschaft: »Teufel Alkohol; Hölle des verheirateten Lebens; Impotenz.«

SLAWOMIR MROZEK

* 26. Juni 1930 in Borcezin bei Krakau

Sohn eines Postbeamten, studierte in Krakau Architektur, Orientalistik und Malerei, arbeitete danach als Karikaturist. Im Jahre 1958 trat er mit dem Satirenband »Der Elefant« und dem Theaterstück »Die Polizei« hervor, die beide Welterfolge wurden. Seitdem schrieb er zahlreiche szenische Grotesken, von denen die meisten politisch vieldeutig sind, darum in Ost und West aufgeführt werden können, zum Beispiel »Das Martyrium des Pjotr O'Hey«, »Auf hoher See«, »Striptease«, »Die Propheten«. Mrozek distanzierte sich von der Strafexpedition der Mitglieder des Warschauer Pakts gegen die Tschechoslowakei im August 1968. Seit der Zeit lebt er in Paris.

D i e P o l i z e i. Drama aus dem Gendarmenmilieu in drei Akten. – Das Stück wurde am 27. Juni 1958 in Warschau uraufgeführt, deutsch erstmals 1959 in Frankfurt am Main gespielt. Eine Diktatur in freundlich antiquiertem Milieu hat sich so vollkommen durchgesetzt, daß der Zwang als Freiheit erscheint und der letzte politische Häftling als Lobredner des Regimes entlassen wird. Damit die Polizei nicht überflüssig wird, läßt sich ein Polizeisergeant befehlsgemäß als Provokateur verhaften. Im Gefängnis wird er zum wirklichen Aufrührer.

T a n g o. Schauspiel in drei Akten. – Das 1965 in Warschau uraufgeführte Stück gelangte deutsch erstmals in Düsseldorf 1966 auf die Bühne. In einem bürgerlichen Salon entwickelt sich doppelsinniges Familienleben. Mrozek präsentiert das Ende der Revolte gegen die bürgerliche Lebensform: totale Konventionslosigkeit. Der sympathische, korrekt gekleidete Student Artur bekämpft dieses Chaos. Er will Anstand und Ordnung wiedereinführen und seine liederliche Cousine Ala demonstrativ in aller Form heiraten. Mit vorgehaltener Pistole nötigt er der Oma den Segen ab. Zu Beginn des dritten Akts ist das Biest Ala eine weiße Braut geworden. Aber der Bräutigam kommt angetrunken und desillusioniert heim. Er bittet alle um Verzeihung, die ›verklungene Würde‹, die er der Familie aufgezwungen habe, sei nicht die richtige. Gemeinsam wird eine neue Idee gesucht. Gott? Sport? Fortschritt? Es wird alles verworfen. Mangels Idee reißt Artur die Macht an sich. Sowie Artur ein Zeichen von Schwäche zeigt, revoltiert die Familie. Der Diener Edek erschlägt Artur. Vater spricht das Requiem: »Er wollte die Gleichgültigkeit und das Irgendwie besiegen. Er lebte aus dem Verstand, aber zu leidenschaftlich.« Edek, »Repräsentant der kollektiven Vernunft«, ist der neue Herrscher. Er tanzt mit dem alten Onkel Eugen einen Tango, über Arturs Leiche hinweg. »Wenn das Licht im Zuschauerraum angeht, ertönt die Melodie noch immer aus zahlreichen, im ganzen Theater aufgestellten Lautsprechern.«   *H. D.*

PAVEL KOHOUT

* 20. Juni 1928 in Prag

Wollte Schauspieler werden, wurde 1946 Angestellter der tschechoslowakischen Botschaft in Moskau, 1951/52 Chefredakteur einer satirischen Zeitschrift in Prag. 1952 als Lyriker, seit 1955 als Dramatiker hervorgetreten. Theater- und Filmregisseur. Im Zentralkomitee erst des tschechischen Jugendverbandes, dann des Schriftstellerverbandes. Befürworter des Prager Reformkurses.

Im Zweiakter *So eine Liebe* (1957, deutsch zuerst in Bonn 1968) wird ein imaginärer Lokaltermin anberaumt, um die Motive für den Selbstmord eines jungen Mädchens zu klären. Dabei zeigt sich, daß alle mitschuldig sind, die mit Lida zusammenkamen. Das Stück ist »vor allem denen zugedacht, die sich Tag für Tag das Recht nehmen, die Schicksale anderer Menschen zum Schauspiel zu machen, ohne selbst die Pflicht zu fühlen, diese Schicksale zu begreifen und sie wenigstens in einem Bruchteil als ihre eigenen zu erkennen«.

A u g u s t , A u g u s t , A u g u s t . Komödie. – Uraufführung in Prag 1967, deutsch zuerst in Krefeld 1969. Ein dummer August will Lipizzaner dressieren. Man sagt ihm, das könne nur ein Direktor machen, er müsse also Direktor werden. Um dieses Zieles willen erfüllt er viele Bedingungen. Schließlich muß die Direktion ihm seinen Wunsch erfüllen. Sie schickt ihm aber Tiger statt Lipizzaner in die Manege. August wird mit Weib und Kind gefressen. – Nach der Besetzung der Tschechoslowakei im August 1968 gab Kohout seiner Komödie ein Vorwort, in dem es heißt, er habe eine »Allegorie auf das Schicksal des schöpferischen Menschen« schreiben wollen. »Ich sah nicht voraus, daß es eine Allegorie auf das Schicksal meines Landes und meiner Partei werden würde.«

Drei Roman-Dramatisierungen von Kohout werden immer wieder gespielt: *Reise um die Erde in achtzig Tagen* (nach Jules Verne), *Josef Schwejk* (nach Jaroslav Hašek) und *Der Krieg mit den Molchen* (nach Karel Čapek). *H. D.*

VÁCLAV HAVEL

* 5. Oktober 1936 in Prag

Mit 15 Jahren wurde er Laborant, besuchte nebenher das Abendgymnasium und machte 1954 das Abitur. Wollte Kunstgeschichte studieren, konnte aber nur »Ökonomie des Automobiltransports« an der Technischen Hochschule belegen. Ging als Bühnenarbeiter ans »Theater am Geländer« in Prag, rückte zum Beleuchter, Sekretär, Lektor und Dramaturgen auf, ›Hausautor‹ dieser Bühne.

»Schlüsselthema von Havels Schauspielen ist die Mechanisierung des Menschen«, erklärt Jan Grossman, der Schauspieldirektor des Theaters am Geländer. »Im ›Gartenfest‹ ist es der Mechanismus der Phrase ... Nicht der Mensch benutzt die Phrase, sondern die Phrase benutzt den Menschen. Die Phrase ist der Held des Stückes ... Man könnte sagen, der Mechanismus sei in der ›Benachrichtigung‹ psychologisiert.«

Das Gartenfest. Spiel in vier Aufzügen. – Uraufführung 1963 in Prag, deutsch zuerst in Berlin 1964. Hugo Pludek will seiner Karriere aufhelfen und nimmt darum an einem Gartenfest teil, auf dem Funktionäre der gegensätzlichen Ämter für Eröffnung und für Auflösung gemeinsam feiern und einander belauern. Hugo nutzt die Gunst der Stunde und wird Leiter einer projektierten Zentralkommission für Eröffnung und Auflösung. Er führt ein System ein, das keiner versteht und darum alle loben.

Die Benachrichtigung. Schauspiel in zwölf Bildern. – Uraufführung 1965 in Prag, deutsche Erstaufführung in Berlin 1965. Erst wird eine künstliche Bürosprache (»Ptydepe«) eingeführt, dann wird sie verboten, darauf eine andere Amtssprache verbreitet, welche die Verständigung in ähnlicher Weise behindert. Im Büroleben löst das Machtkämpfe, Intrigen, Positionswechsel, Bezichtigungen und Selbstanklagen aus.

Erschwerte Möglichkeit der Konzentration. Stück in zwei Akten. – 1968 in Prag uraufgeführt, deutsch im gleichen Jahr in Berlin gespielt. Die Konzentrationsschwierigkeiten des Soziologen Dr. Huml werden von vier Frauen verschuldet: der Gattin, der Geliebten, der Sekretärin und einer Besucherin. Die Besucherin kommt amtlich, mit drei Fachleuten und >Puzuk<, dem Elektronengehirn, das das Privatleben Humls zwecks Statistik ergründen soll. Puzuk ist faul, anfällig und launisch. Angesichts des maschinellen Fiaskos erlangt der Prüfling sein Selbstvertrauen wieder und kanzelt die Vorführdame ab. Der Mensch sei viel zu komplex, sagt er in langer, wohlgesetzter Rede. Puzuk wird er los, dafür hat er aber nun die zugehörige Dame am Hals. – Der Autor hat diese schlichte Geschichte geschickt verrätselt, indem er sie zerriß und falsch zusammensetzte. So entstand eine »Collage aus dem Alltag eines europäischen Intellektuellen«.   *H. D.*

Nachtrag

Karl Otto Mühl, geboren 1923 in Nürnberg, lebt als Exportkaufmann in Wuppertal. In seinem realistischen Stück *Rheinpromenade* (Uraufführung 1973 in Wuppertal) zeigt er mit einfühlender Psychologie und Humanität das Schicksal eines alten Mannes, der sich gegen die Vereinsamung wehrt. *Der Rosenmontag* (1974).

Thomas Bernhard, geboren am 10. Februar 1931 in Heerlen (Holland), aus österreichischer Familie stammend, studierte Musik, lebt seit 1965 in Ohlsdorf (Österreich). Nach Gedichten veröffentlichte er den Roman *Frost* (1963), die Erzählungen *Amras* (1964), *Ungenach* (1968), *Watten* (1969) und andere Prosa: Monologe über Tod, menschlichen Verfall, Krankheit, Angst, Düsternis der Natur. *Ein Fest für Boris* (1970 in Hamburg uraufgeführt): alle Figuren darin sind Krüppel, an den Rollstuhl gefesselt – ein grausames

Exempel zerstörten Lebens. *Der Ignorant und der Wahnsinnige* (Uraufführung 1972, Salzburger Festspiele) zeigt menschliche Selbstentfremdung und Seelenleere in »theatralischer Eiseskälte«: eine zum Automaten gewordene berühmte Sängerin als »Königin der Nacht« und einen auf Anatomie spezialisierten Doktor. *Die Jagdgesellschaft* (Uraufführung 1974, Burgtheater Wien). Ein Stück mit Bernhards Hauptthemen Tod und Verfall. Ein General, Besitzer des Jagdschlosses, leidet an einer unheilbaren Krankheit; sein Wald ist vom Borkenkäfer befallen und muß abgeholzt werden. *Die Macht der Gewohnheit* (Uraufführung 1974, Salzburger Festspiele). Diese Komödie beruht auf einem lustigen Einfall: Der Zirkusdirektor Caribaldi probt mit seinen Mitarbeitern Schuberts »Forellenquintett«, wie er es seit Jahren immer wieder tut, ohne eine Aufführung zustande zu bringen. *Der Präsident* (Uraufführung 1975, Burgtheater Wien): Monologe eines Diktators und seiner Frau.

D i e t e r F o r t e , geboren 1935 in Düsseldorf, zunächst in der Werbung tätig, dann Regieassistent beim NDR-Fernsehen, Mitarbeiter des Basler Theaters, lebt in Basel. Schrieb die Hörspiele *Die Wand* und *Porträt eines Nachmittags* (beide 1965; Reclams UB 9453), das Fernsehspiel *Nachbarn* (1970). In seinem umstrittenen Theaterstück *Martin Luther & Thomas Münzer oder Die Einführung der Buchhaltung* (Uraufführung 1970 in Basel) kritisiert er mit Schärfe das traditionelle Lutherbild sowie den Kapitalismus der Fugger, zugleich verficht er die revolutionären Ideen Münzers. Bearbeitungen: *Die weißen Teufel* (nach John Webster, uraufgeführt 1972 in Basel), *Cenodoxus* (nach Jakob Bidermann, uraufgeführt 1972 bei den Salzburger Festspielen).

H e i n r i c h H e n k e l , geboren 1937 in Karlsruhe, gelernter Maler, lebt in Basel. In seinem häufig gespielten Stück *Eisenwichser* (uraufgeführt 1970 in Basel), das genau die Arbeitsvorgänge schildert, streichen zwei Maler Röhren an; der ältere von ihnen hat sich mit der Monotonie seiner Beschäftigung abgefunden, der jüngere wehrt sich dagegen. Henkel über sein Thema: »Ich habe nur schlichte Fragen aus der Arbeitswelt an die Gesellschaft gerichtet und bin kein Politiker geworden.« Maler, Plattenleger und Installateur treffen sich in dem Einakter *Frühstückspause* (uraufgeführt 1971 in Basel wie sein Stück *Spiele um Geld*). *Olaf und Albert* (uraufgeführt 1973 in Basel).

R a i n e r   W e r n e r   F a s s b i n d e r , geboren am 31. Mai 1946 in Bad Wörishofen, besuchte eine Münchener Schauspielschule, 1967 beim »Aktionstheater«, 1968 Mitbegründer des »antitheaters« München. Schauspieler, Autor, Film- und Bühnenregisseur. Zahlreiche Filme, darunter *Pioniere in Ingolstadt* nach Marieluise Fleißer, deren soziales Engagement ihn beeinflußt hat. Sein Stück *Katzelmacher* (Uraufführung 1968 in München, auch von ihm verfilmt) demonstriert die dumpfe Welt der Vorurteile am Schicksal eines »Fremdarbeiters«. Weitere Stücke: *Preparadise sorry now* (uraufgeführt 1969 in München), *Der Werwolf* (uraufgeführt 1969 in Berlin), *Die bitteren Tränen der Petra von Kant* (uraufgeführt 1971 in Frankfurt a. M.). Bearbeitungen: *Das Kaffeehaus* von Goldoni, *Das brennende Dorf* von Lope de Vega, *Die Verbrecher* von Ferdinand Bruckner, *Orgie Ubu* nach Alfred Jarry.

F r a n z   X a v e r   K r o e t z , geboren 1946 in München. Besuch einer Schauspielschule, dann Schauspieler an einem Bauerntheater, an Kellertheatern und am Münchener »antitheater«, lebt in München. Er schreibt, wie er selbst gesagt hat, über Leute, die er kennt, »die sogenannten Randgruppen der Gesellschaft«, die »Sprachlosen«. Marieluise Fleißer, Ödön von Horváth und den jungen Brecht hat er als seine Anreger bezeichnet. In seinen zahlreichen naturalistischen Stücken verwendet er auch den Dialekt, Einflüsse des Bauerntheaters werden spürbar: *Heimarbeit* (Streit um eine Abtreibung, Kindsmord), uraufgeführt 1971 in München zusammen mit *Hartnäckig* (ein Gastwirtssohn hat durch Unfall ein Bein eingebüßt und verliert deshalb Braut und Erbe), *Wildwechsel* (Verführung einer Minderjährigen und Vatermord; uraufgeführt 1971 in Dortmund), *Männersache* (1971 Darmstadt), *Stallerhof* (1972 Hamburg), *Geisterbahn* (1972), *Dolomitenstadt Lienz* (1972), *Wunschkonzert* (ohne Dialog; 1973), *Maria Magdalena* (»Komödie in drei Akten frei nach Friedrich Hebbel«; 1973), *Oberösterreich* (1974), *Das Nest* (1974), *Sterntaler* (1974).

Erläuterungen von Fachwörtern

Absurdes Theater: Es stellt sinnlose und nicht ausdeutbare Geschehnisse dar, als Reaktion auf eine Welt, die als sinnwidrig und unberechenbar empfunden wird. Häufig handelt es sich um Verkehrung bekannter Verhältnisse, unpassende Anwendung von Verhaltensmustern, wörtliche Anwendung von Sprachklischees (lat. absurdus heißt falsch tönend). Die Banalität wird dämonisiert, das Erhabene banalisiert. Beckett beschränkt sich auf hermetische Realitätsreste, Ionesco erfand teils traurige, teils mutwillige Clownerien. Auch übergenaue Darstellung des Alltags kann das Gefühl der Absurdität hervorrufen.

Akt: Unterteilung im theatralischen Kunstwerk. Das Wort stammt von lat. actus (Passivform von agere = handeln). Die griechische Antike kannte die Akteinteilung nicht, wohl aber die römische (Seneca, Plautus, Terenz). Das spätere europäische Theater bevorzugte die Einteilung in 5 oder 3 Akte (seltener in 4). Auf eine Akteinteilung verzichtete die Sturm-und-Drang-Dichtung und der Expressionismus. An ihre Stelle trat die Bildfolge, die auch im modernen Drama zumeist angewandt wird.

Amphitheater: Gebräuchlicher Ausdruck für die großen, theaterartigen Bauwerke der römischen Kaiserzeit, in denen Gladiatorenkämpfe, Tierhetzen (venationes), gelegentlich auch Wasserschlachten (Naumachien) stattfanden. Es gibt noch heute über hundert Ruinen von ihnen in Italien, Frankreich, Jugoslawien, Nordafrika und Kleinasien. Das berühmteste war das »Amphitheatrum Flavium« (das sog. Colosseum) in Rom, erbaut 80 n. Chr.

Analytische Technik: Fachausdruck der Dramaturgie (siehe dort). Die Handlung eines Dramas wird so geführt, daß nur das Endstadium gezeigt und die Vorgeschichte kunstvoll allmählich ›enthüllt‹ wird. Die analytische Technik wurde von den Griechen erfunden. Das berühmteste Beispiel aus der Antike ist der *König Ödipus* des Sophokles. In neuerer Zeit wandten vor allem Kleist und Ibsen die analytische Technik mit großer Virtuosität an.

Arlecchino (deutsch = Harlekin, franz. = Arlequin): Hauptfigur der Commedia dell'arte (siehe dort).

Barockbühne: Theaterbau im Barockstil, der große Entfaltungsmöglichkeiten für technische Einrichtungen zur szenischen Darstellung von Schauplätzen der Erde, des Himmels, des Meeres, der Hölle usw. bot, wie sie vor allem die Barockoper erforderte. Das am besten erhaltene Beispiel eines Barocktheaters in Deutschland ist das alte Markgräfliche Opernhaus in Bayreuth, das von dem italienischen Architekten Giuseppe Galli-Bibiena 1744–48 erbaut wurde.

Bühne: Das Wort stammt von dem althochdeutschen ›buhne‹ = Brett. Die Antike kennt das Bühnenhaus (Skene) und die vor diesem liegende Spielfläche (Proszenium). Das Mittelalter prägte den Begriff der Simultan-Bühne (siehe dort), das italienische Theater den der Perspektiv-Bühne (siehe dort) und der Kulissen-Bühne, d. h. der nach dem Hintergrund zu offenen, rechts und links mit Kulissen versehenen Bühne.

Commedia dell'arte: Italienische Volkskomödie, Stegreifkomödie, aus dem Augenblick geborenes Spiel, bei dem lediglich besondere Typen (Masken) und der Grundriß der Handlung feststehen. Das übrige bleibt der Laune und der Phantasie der Spieler überlassen. Die hauptsächlichen Masken der Commedia dell'arte waren: der *Arlecchino*, die eigentliche Spaßmacher- und Narrenfigur, die alles glossiert und heruntermacht, der *Pantalone*, der geizige, mißtrauische alte Kaufmann, der *Dottore*, der belesene, gerne mit gelehrten Brocken um sich werfende Rechtsgelehrte aus Bologna, der *Capitano*, der bramarbasierende Soldat, und (als weibliche Hauptrolle) die *Colombine*. Doch entwickelten die verschiedenen Landschaften in Italien noch zahlreiche weitere Masken. Die Commedia dell'arte, die ihren Ursprung in den Atellanen (Volkslustspielen) der alten Römer hat, übte einen ungeheuren Einfluß auf das europäische Theater aus. Ihre Spuren finden sich ebenso bei Shakespeare wie bei Molière, bei Goldoni wie im österreichischen Volkstheater.

Dekoration: Die Bühnenausstattung eines Stückes, besonders gepflegt und bevorzugt im Barock und in der romantischen Oper. Von ›gesprochener Dekoration‹ spricht man, wenn der Text der Dichtung so angelegt ist, daß er die (nicht sichtbare) Dekoration in der Phantasie der Zuschauer wachruft. Dies ist häufig bei Shakespeare der Fall.

Deus ex machina: Der Gott aus der Maschine (wörtlich übersetzt), d. h. die göttliche Instanz, die im letzten Augenblick vor einer Katastrophe oder einer tragischen Entwicklung durch ihr Eingreifen alles zum Guten wendet. Er findet sich bereits in der antiken Tragödie, besonders bei Euripides, wo der Gott auf einer Flugmaschine erschien.

Drama: Das Wort stammt aus dem Griechischen und bedeutet soviel wie ›Handlung‹. Im Gegensatz zur Lyrik oder Epik, die es mit Aussage oder Erzählung zu tun haben, stellt das Drama eine Handlung leibhaftig und in Rede und Gegenrede auf die Bühne. Dies hat besondere Kunstmittel zur Voraussetzung, die in dem Begriff der ›Dramaturgie‹ zusammengefaßt werden.

Dramaturgie nennt man die Kunst der Handlungsführung im Drama, gleichzeitig ist sie der Begriff für die handwerkliche

Lehre vom Bau des Dramas. Die älteste Dramaturgie schuf der
griechische Philosoph Aristoteles, der in seiner *Poetik* genaue
Beschreibungen über Sinn und Aufgaben der griechischen Tra-
gödie gibt und die Mittel nennt, mit denen sie arbeiten muß.
Dramaturgische Lehrbücher kannte auch das indische Theater.
In Deutschland sind die bekanntesten, noch heute lesenswerten
Dramaturgien Lessings *Hamburgische Dramaturgie* (in erster
Linie Theaterkritiken, die aber eine Fülle von grundsätzlichen
Erkenntnissen über das Wesen des Dramas enthalten) und Frey-
tags *Technik des Dramas* (1863). An neuzeitlichen Büchern ist
zu erwähnen Gottfried Müllers *Die Dramaturgie des Theaters,
des Hörspiels und des Films* (7. Auflage 1962).

Drehbühne: Drehbare Bühnenfläche, die eingebaut sein kann oder
auch nur aus aufgelegten Drehscheiben besteht. Sie ermöglicht
eine schnelle Verwandlung des Bühnenbildes, unter Umständen
bei offenem Vorhang. Sie war schon im Altertum bekannt, findet sich im japanischen Kabuki-Theater wieder und wird seit
etwa 1900 im europäischen Theater als bühnentechnisches Hilfsmittel vielfach verwendet.

Epilog: Abschließendes Wort zum Theaterstück. Gegenstück zum
Prolog (siehe dort).

Episches Theater: Ein von Brecht ins Gespräch gebrachtes Schlag-
wort, das gegen die herkömmliche Illusionsdramatik polemisiert.
Im ›epischen‹ Theater entfällt die Fiktion, daß die Vorgänge
auf der Bühne Wirklichkeit seien, als ob die Schauspieler nicht
wüßten, daß sie beobachtet werden und die Zuschauer nicht
wüßten, daß bezahlte Darsteller ihnen etwas vormachen. Es soll
wie im Epos berichtet, nicht wie im Drama gehandelt werden,
nicht Gefühle sollen aufgeputscht oder bestätigt werden, sondern Erkenntnisse vermittelt und Ansichten korrigiert (›Lehrstück‹). An die Stelle der Suggestion soll das Argument treten.
Herr Soundso soll sich nicht in einen König oder Liebhaber verwandeln, sondern einen König oder Liebhaber markieren, damit
die Zuschauer kritisch beobachtende Distanz bewahren können,
statt sich einzufühlen, zu träumen, sich ›verzaubern‹ zu lassen.
Sie sollen nicht ›mitgerissen‹ werden, sondern darauf achten,
wie warum wer was tut. Zu diesem Zweck hat Brecht desillusionierende ›Verfremdungseffekte‹ genutzt oder entwickelt:
Prologe, die auf den Sinn der Sache hinweisen und den Inhalt
verraten, Aus-der-Rolle-Fallen, kommentierende und pointie-
rende Songs, während denen die Handlung ruht, Verkleidungen
auf offener Bühne, Lichtwechsel, Schrifttafeln.

Existentialismus: Aktualisierung der Existenzphilosophie (Heidegger, Jaspers, Dilthey, Husserl) zur ›Weltanschauung‹, vor
allem durch Sartre und Camus. Transzendenz wird geleugnet,
die Endlichkeit des Menschen betont. Der Mensch sei »zu sich

selbst verurteilt«, zur »Freiheit verdammt«, sagt Sartre. Dieser
Standpunkt ist dramatisch ergiebig, denn er fordert Moralvor-
stellungen heraus, löst Bindungen der Religion, des Charakters
sowie des Milieus und stellt Menschen dar, die sich handelnd
neu definieren, ihr Schicksal selber bestimmen, geistig ihr eigener
Schöpfer sind, wie Jean Genet, über den Sartre eine umfangreiche Studie schrieb. Weniger erfolgreich als der atheistische
Existentialismus ist die auf Kierkegaard fußende christliche
Variante, deren Hauptvertreter Gabriel Marcel ist.

Exposition: Der Auftakt eines Theaterstückes, in welchem sich das
Thema bereits keimhaft andeutet und die Handlung in Bewegung gesetzt wird.

Expressionismus: Eine Richtung, die von der Ansicht ausging, alle
Kunst, vor allem die dramatische, sei unmittelbar Ausdruck
(Expression) von Gefühlen, sei ungebrochener ›Schrei der Seele‹.
So wurde die Form des Dramas gesprengt. Naturwahrheit und
Formschönheit wurden geopfert zugunsten einer moralischen
Utopie: daß der unverbildete, seinen Gefühlen folgende Mensch
gut sei, daß der Dichter die Menschheit zur Güte und Brüderlichkeit führen könne. Der Expressionismus kam um 1910 auf,
unter dem Eindruck des Ersten Weltkrieges nahm er pazifistische
Gedanken auf. Es traten ›Gefühlsrevolutionäre‹ auf (wie Fritz
von Unruh), deren Schwärmerei schon in den frühen zwanziger
Jahren unglaubwürdig wurde. Die politischen Schwärmereien
wurden von Ekstasen des Gefühls abgelöst, man pries das ›Tier
im Menschen‹, es kam zu effektvollen Stilisierungen. In der
zweiten Hälfte der zwanziger Jahre lief die ›Neue Sachlichkeit‹
mit dokumentarischen Szenenfolgen diesem extremen Subjekti-
vismus den Rang ab.

Farce (›Füllsel‹): Ein französisches Wort für den aus der Mode
geratenen, aus dem frühneuhochdeutschen stammenden Begriff
›Posse‹ (›Zierat‹). Es bezeichnet dieselbe Sache: derbkomische
Theaterstücke, die von Zufällen und Verwechslungen des Alltags zu starker Motorik angetrieben werden. Nicht Charakter-
komik sondern Situationswitz, nicht Irrungen des Gefühls oder
des Verstandes sondern lächerliche Umstände dominieren. Die
Farce wird neuerdings als komische Abart des absurden Theaters
aufgewertet (Feydeau).

Guckkastenbühne: Von den Schaubuden auf Jahrmärkten abgelei-
teter Begriff für die italienische Kulissenbühne des 17. Jh.s.
Frühestes Beispiel: das Teatro Farnese des Architekten Giovanni
Battista Aleotti 1619 in Parma.

Illusionsbühne: Bühnenform, bei der mit allen Mitteln eine möglichst weitgehende ›Verzauberung‹ des Zuschauers durch Vorspiegelung der Wirklichkeit herbeigeführt werden soll. Male-
rische Wirkungen und Lichteffekte sind dafür ausschlaggebend.

Den Gegensatz zur Illusionsbühne bildet das Symbolische Theater, bei dem die Schauplätze nur angedeutet werden. Die geschichtlichen Höhepunkte der Illusionsbühne lagen in der Zeit der Barockoper und im Wagnerschen Musikdrama. Doch hat auch das Schauspiel Epochen gekannt, in denen die Illusion des Zuschauers als höchstes Ziel angestrebt wurde, z. B. in der Mitte des 19. Jh.s in den um absolute historische Treue bemühten Inszenierungen der ›Meininger‹.

Jesuitentheater: Spezialform des Theaters im 17. und 18. Jh., das sich der szenischen Mittel der Barockbühne bediente und sie in den Jesuitengymnasien zur Eigenform ausbildete. Im Mittelpunkt steht das religiöse Lehrdrama, das unter Aufgebot von zahlreichen Figuren und Massenszenen verlebendigt wird.

Kammerspiel: Kleinform des Dramas, ein ganz auf das Innenleben der handelnden Personen gestelltes, intimes Theaterstück. Es verhält sich zur Großform des Dramas etwa wie das Streichquartett zur Symphonie. Das ›klassische‹ Beispiel der deutschen Kammerspielliteratur ist der Einakter *Die Geschwister* von Goethe. Stücke mit der speziellen Bezeichnung ›Kammerspiel‹ schrieben in neuerer Zeit Strindberg, Schnitzler u. a.

Klassik, klassisch: Das Wort leitet sich vom Lateinischen her: classicus = hervorragend. Es wird heute im Sinne von Vorrangstellung angewandt, die ein Kunstwerk einnimmt, das sich über die Zeit seiner Entstehung hinaus in seinem Wert als bleibend erwiesen hat. So war z. B. bereits für die Renaissance die griechische Antike ›klassisch‹. Allmählich ging man dazu über, die größten Kunstleistungen einzelner Völker und Meister überhaupt als ›klassische‹ zu bezeichnen. So spricht man von Shakespeare als dem englischen Klassiker, von Corneille, Racine und Molière als den Klassikern des französischen Theaters; Goethe, Schiller, Kleist gelten als deutsche Klassiker usw.

Komödie: Das Wort leitet sich her von den griechischen Wörtern komos = Umzug und adein = singen; Komödie bedeutet also ursprünglich das Lied, das beim Umzug gesungen wurde. Gemeint ist der Umzug beim Dionysosfest. Die Wurzel der Komödie ist in dieser Beziehung die gleiche wie die der Tragödie (siehe dort).

Kothurn: Bezeichnung für die überhöhten Schuhe, die von den Schauspielern der antiken Tragödie getragen wurden, um die Gestalten des Dramas auch körperlich groß und über das menschliche Maß hinausragend erscheinen zu lassen.

Kulinarisches Theater: Ausdruck für amüsante oder artistisch vollkommene Darbietungen, die schwelgerisch genossen werden. Heutzutage ist dieser Begriff wohl immer verächtlich gemeint, da die Meinung um sich greift, Theater sei nicht dazu da, ›schöne Stunden‹ zu vermitteln – und wenn, dann wenigstens mit schlechtem Gewissen.

Mysterienspiel: Der Begriff meint zunächst das religiöse Drama des Mittelalters, das Teile des Heilsgeschehens darstellte, vor allem die Passion. Auch Totentanz-Spiele und Jedermann-Dramen gehören zu dieser Gattung. Meist handelt es sich um Szenenfolgen, deren sämtliche Schauplätze auf einer Bühne gleichzeitig (›simultan‹) vorhanden sind und ins Spiel kommen, wenn die Handlung von Station zu Station (›Stationsdrama‹) weiterschreitet. Das christliche Mysterienspiel entspricht dem antiken Drama, das ursprünglich ebenfalls Glaubensinhalte deutete und ausschmückte. Wie das antike, so verweltlichte auch das christliche Mysterienspiel, es löste sich vom vorgegebenen Inhalt (Euripides, Claudel).

Orchestra: Im antiken Theater der Raum, in den zu Beginn der Tragödie der Chor einzog. In der Mitte der Orchestra befand sich der Altar des Gottes Dionysos. Ursprünglich kreisrund, wurde sie später halbiert und dadurch näher mit dem Zuschauerraum und mit der Bühne in Verbindung gebracht. In der weiteren Entwicklung wurde aus der ›Orchestra‹ der ›Orchestergraben‹, der Raum, in dem heute das ›Orchester‹ sitzt.

Pantomime: Stummes Theater, bei dem nur die Mimik, die Gebärde und der Tanz (unter Umständen von Musik begleitet) die Mittel der theatralischen Darbietung sind.

Perspektivbühne: Im Anfang des 16. Jh.s in Italien von Bramante und Peruzzi erstmalig entworfene, später auch praktisch ausgeführte Tiefenbühne, die das Bühnenbild so in Erscheinung treten läßt, wie das menschliche Auge zu sehen gewohnt ist. Der Kunstgriff dabei besteht in der Verkleinerung nach der Tiefe zu. Die plastisch durchgeführte Perspektive auf der Bühne zeigte erstmalig das Teatro Olimpico in Vicenza 1584 von Palladio und Scamozzi.

Prolog: Vorspruch zu einem Theaterstück, in welchem die Handlung andeutungsweise oder auch ganz vorweg erzählt wird, um den Zuschauer einzuführen und vorzubereiten. Der Prolog wurde durch Euripides zum Stilmittel der Tragödie erhoben. Das Gegenstück ist der Epilog (siehe dort).

Proszenium: Vorbühne (siehe unter Bühne).

Psychologisches Drama: Sein Ziel ist die Lebenswahrheit der Charaktere, es setzt Menschenkenntnis voraus und brilliert mit Individualpsychologie: wie sich bestimmte Leute in bestimmten Situationen verhalten. Es ermöglicht den Zuschauern, sich mit Personen des Dramas zu identifizieren und wird in realistischer Spielweise dargeboten. Die Gesellschaftskomödie und das Kriminalstück sind ohne psychologisch korrekte Texte nicht denkbar. Nachdem Freuds Tiefenpsychologie sich durchgesetzt hatte, wurden auch diese Erkenntnisse für die Dramatik ausgewertet. Das führte zur Darstellung unterbewußter Beweggründe, vor allem sexualpathologischer Fälle (Tennessee Williams) und traumhafter Vorfälle (Kafka).

Regie, Regisseur: Die Wörter stammen aus dem Französischen und leiten sich von dem Verbum régir = regieren, verwalten ab. Regie bedeutet die Arbeit des Spielleiters (Regisseurs), der für die Inszenierung verantwortlich ist, die vorbereitet und leitet und durch das Medium der Darsteller mit Hilfe der Bühnentechnik das Werk des Dichters in szenisches Geschehen umsetzt. Zunächst von einzelnen Schauspielern oder auch Dichtern besorgt, ist die Regie seit dem 19. Jh. zu einem entscheidenden Faktor im Theaterleben geworden.

Repertoire: Spielplan eines Theaters, im besonderen die ständig aufgeführten Werke.

Requisit: Das Wort stammt aus dem Lateinischen: requisitum = das Erfordernis. Gebräuchlicher Ausdruck für all das, was an realen Gegenständen bei einer Aufführung benötigt wird (z. B. Becher, Tische, Stühle, Brief u. a.). Das Requisit kann zum wichtigen Bestandteil eines Stückes werden, wie z. B. das ›Glas Wasser‹ bei Scribe oder Krogstads Brief in Ibsens *Nora.*

Shakespeare-Bühne: Die nach dem großen englischen Dramatiker benannte besondere Bühnenform in England um 1600. Sie bestand aus einer breiten, ins Parkett hineinragenden *Vorderbühne,* auf der sich die meisten Szenen abspielten, einer (wahrscheinlich durch einen Vorhang abgetrennten) *Hinterbühne,* die sinngemäß in das Spiel einbezogen werden konnte, und einer *Oberbühne* (für Balkon-, Turm- und Belagerungsszenen). Gelegentlich fand ein szenischer Zusammenklang aller drei Spielflächen statt, z. B. in *Romeo und Julia* (IV. Akt, 5. Szene), wo oben Julia scheintot auf dem Lager liegt und von der Amme und ihren Eltern beklagt wird, unten (auf der Hinterbühne) die Vorbereitungen für das Hochzeitsmahl weitergehen und vorne (auf der Vorderbühne) Graf Paris mit den Musikanten auftritt.

Simultanbühne: Eigenform des christlichen Theaters des Mittelalters, bei der verschiedene Schauplätze neben- oder auch übereinander aufgebaut wurden. Das Wort stammt aus dem Lateinischen: simul = gleichzeitig.

Skene: Griechisches Wort, ursprünglich ›Zelt‹ oder ›Hütte‹. Im antiken Theater ist die Skene das erhöhte Bühnenhaus, auf dem die Schauspieler auftraten. Hieraus leitet sich das heutige Wort ›Szene‹ ab, das sowohl Teil eines Theaterstücks (Untergliederung im Akt) bedeuten kann wie (im alten Sinne) die Bühnenfläche.

Sozialistischer Realismus: Offizielle Kunstdoktrin in den Ostblock-Ländern, seit Ende der dreißiger Jahre mit eiserner Strenge durchgesetzt unter Stalin, besonders durch Shdanow. Im Gegensatz zum ›kritischen Realismus‹ der bürgerlichen (›kapitalistischen‹) Literatur, die sich um die Darstellung der Gesellschaft ›wie sie ist‹ bemüht, will der sozialistische Realismus die Gesellschaft ›parteilich‹ schildern, ›wie sie zu sein hat‹. Er kennt nur ›positive Helden‹ im Sinne marxistischer Entwicklungsvorstellungen, die gerade deshalb meist klischeehaft und langweilig bleiben. Gefordert wird außerdem ›Volksnähe‹, womit Allgemeinverständlichkeit gemeint ist. Was den genannten Kriterien nicht entspricht, wird als ›formalistisch‹ denunziert oder gar verfolgt. Je nach politischer Notwendigkeit werden diese Grundsätze mehr oder minder eng ausgelegt.

Stegreifkomödie: Siehe Commedia dell'arte.

Szenarium: Grundriß eines Theaterstückes (als Dichtung und in der Inszenierung).

Szene: Siehe Skene.

Telari: Theaterdekorationsstücke in der frühen Renaissance, die aus dreiseitigen Prismen bestanden, deren Flächen verschieden bemalt wurden. Eine Vorform kannte bereits die Antike in den sog. Periakten. Man spricht auch von einer Telari-Bühne, die ausführlich der deutsche Architekt Joseph Furttenbach (1653) beschreibt.

Theater: Das Wort stammt aus dem Griechischen: theatron = Raum zum Schauen. Ursprünglich nur den Zuschauerraum bezeichnend, ist es heute zum Sammelbegriff für die ganze Kunstform geworden.

Tragikomödie: Mischform von Tragödie und Komödie, eine der höchsten und schwierigsten Kunstformen des Theaters. Sie kann sich auf ganze Stücke beziehen wie auch auf einzelne Charaktere. Eine echt tragikomische Figur ist z. B. der Malvolio in Shakespeares *Was ihr wollt*, eine moderne Tragikomödie ist Ibsens *Wildente*.

Tragödie: Das Wort kommt aus dem Griechischen und bedeutet wörtlich ›Bocksgesang‹, nach dem Bocksgewand, das in der Antike die Sänger und Tänzer trugen, die im Festzug des Dionysos den Wagen des Gottes begleiteten. Da hier der Ursprung des Theaters der Griechen liegt, erhielt sich das Wort und wurde zum Gattungsbegriff für die eine Form des Dramas, die den ›tragischen‹ Zusammenprall von Gottheit und Mensch, Mensch und Schicksal darstellte. Die andere Form wurde die der Komödie (siehe dort).

Vorhang: Abschluß der Bühnenöffnung. Ihn kannte bereits das römische Komödientheater. In neuerer Zeit ist der Vorhang nachweisbar seit 1519. Das 19. Jh. liebte den bemalten Vorhang, während man heute überall den einfachen Stoffvorhang bevorzugt.

Wagenbühne: Eigenform des mittelalterlichen Theaters, besonders in Spanien und England. Szenische Vorstellungen wurden von einem Wagen herab geboten, dessen Ausstattung die einzelnen Zünfte übernahmen. Heute versteht man unter Wagenbühne die ›Schiebebühnen‹, bei denen Szenenbilder fertig eingerichtet und auf ›Wagen‹ gestellt werden, um in schneller Abfolge von der Seite her auf die Bühne geschoben zu werden.

Zeitstück: Spielt in der Gegenwart und behandelt ihre Probleme. In weiterem Sinne muß jedes Theaterstück ein ›Zeitstück‹ sein, nämlich eine in der Gegenwart interessierende Frage aufwerfen, sonst ist es wirkungslos. Viele klassische Dramen sind ›Zeitstücke‹ gewesen: Schillers *Kabale und Liebe*, Büchners *Woyzeck*, Goethes *Clavigo*, sogar unser ältestes Drama überhaupt: *Die Perser* von Aischylos.

Zellenbühne: Bühnenform des 15. Jh.s, auch Terenz-Bühne genannt, auf der im Zeitalter des Humanismus die Stücke des Terenz so aufgeführt wurden, daß aus verhängten Türen die Schauspieler wie aus Häusern heraustraten, die in Wirklichkeit nur kleine Zellen waren.

Abbildungsverzeichnis

Verzeichnis der Autoren*

* Die Seiten, auf denen für das betr. Stichwort ein eigener Artikel in Reclams Schauspielführer enthalten ist, sind im Verzeichnis der Autoren und im Verzeichnis der Werke in *Kursiv*-Satz aufgeführt.

Verzeichnis der Werke